현대 영어 활용 사전

현대 영어 활용 사전
A Dictionary of Modern English Usage

이홍배 지음

한국문화사

사랑하는 손주 동민, 정빈, 서빈에게

머리말

시간이 나는 대로 오랫동안 이 책을 위해 자료를 모아오고 있었으나 이만하면 충분하다는 생각이 들지 않았다. 자료를 점검할 때마다 부족한 부분이 눈에 띄었으나 나이도 있고 해서 이 정도로 그간 모아온 자료들을 책으로 묶어 출판하기로 했다. 이 책은 영문법의 기본 개념을 어느 정도 알고 있다는 가정 하에서 쓰였기 때문에 영어를 처음 배우는 사람에게는 좀 어려움이 있을 수 있다.

모든 다른 언어와 마찬가지로 영어에도 우리가 비교적 쉽게 그리고 체계적으로 설명할 수 있는 문법적 문제가 있는가 하면, 널리 사용되는 표현들 중에는 그 표현들이 왜 (문법적으로?) 허용되는가를 논리적으로 설명할 수 없는 것들이 허다하다.

영어에서는 많은 단어가 한 가지 문법적 범주로만 사용되지 않을 때가 많다. 예를 들어 "that"라는 단어를 생각해 보자. "that"는 지시대명사로 쓰일 수 있으며(예: That's my boy.), "a"나 "the"와 같은 관사와 같이 한정사로 쓰일 수 있다(예: That boy is my son.). "that"는 또한 명사절을 이끄는 접속사로 쓰일 수 있을 뿐만 아니라(예: He said that he loved her.), 관계대명사로도 쓰이며(예: I lost the wallet that my wife bought for me.), 나아가서 부사로서 형용사와 부사를 수식할 수 있다(예: The fish he caught was that big; I didn't know he could run that fast.).

책의 성격상 많은 예문이 주어지고 예문을 중심으로 설명을 전개하고 있다. 자연히 어떤 예문은 문법적으로 허용되지만 어떤 표현은 허용되지 않는다, 예를 들어 "Richard Burton was one of the most famous actors"는 가능하지만 "*Richard Burton was one of my most favorite actors"는 허용되지 않는다. 영어에서 일반적으로 받아들여지지 않는 표현 앞에는 별표지(*)를 붙여 표시하였다. 물론 영어에서 어떤 표현이 문법적이고 어떤 것이 비문법적인지를 모두 논리적으로 설명할 수 있는 것은 아니다. 어떤 표현에 대해서는 단순히 "이렇게" 사용되지 않는다고 말할 수밖에 없는 경우도 상당히 많다. 예를 들어 영어에는 날짜를 표현하는 "today, tomorrow, yesterday"가 있고, 하루의 한 부분을 표현하는 "morning, afternoon, evening, night"라는 단어가 있다. 그러나 이들 두 집단의 단어를 자유롭게 결합할 수 있는 것은 아니다. 앞의 세 단어 중에 tomorrow만이 뒤의 네 단어와 자유롭게 결합할 수 있으며 (tomorrow morning, tomorrow afternoon, tomorrow evening, tomorrow night), yesterday의 경우에는 "*yesterday night"라고 하지 않고 "last night"라고 한다. 그러나 today는 "morning, afternoon, evening, night"의 어떠한 단어와도 결합할 수 없으며 (*today morning, *today afternoon, *today evening, *today night), 대신에 this를 사용하지만 (this morning, this afternoon, this evening) "*this night"라고 하지 않고 "tonight"라는 단어가 별도로 존재한다.

영어에는 흥미롭고 신기한 현상이 많다. "The lecture was a bit boring."과 "The lecture was a little boring."은 의미가 유사하지만, "He was not a bit surprised."와 "He was not a little surprised."는 왜 다른 의미로 해석되는 것일까? 가령 여러분이 인천국제공항에서 미국인 관광객을 만났다고 하자. 그 외국인에게 "한국에 처음 오셨습니까?"라고 묻고 싶은데 "Have you ever been to Korea?"와 "Have you been to Korea before?" 중에 어느 문장이 자연스러울까? 우리는 "It'll take a long time to get there."라고는 해도 "*It won't take a long time to get there."라고 하지 않으며, 대신 "It won't take long to get there."라고 한다. 우리는 "dozens of eggs, hundreds of people"이라고는 해도 "*two dozens of eggs, *five hundreds of people"이라고는 하지 않는다. 이 책은 문법적으로 궁금한 점뿐만 아니라 실제로 표현하는 데 나타나는 다양한 제약을 다루고 있다.

책 끝에 비교적 상세한 어휘 색인(lexical index)을 마련하여 독자의 관심이 가는 표현을 쉽게 찾을 수 있게 했다. 또한 사용된 용어의 이해를 도울 수 있는 용어 해설(glossary)과 특정 문법 현상에 관심이 있는 사람을 위해 주제 색인(subject index)도 준비했다.

이 책의 출판을 흔쾌히 허락해 주신 한국문화사 김진수 사장님께 감사드린다. 또한 유난히 더운 여름에 원고의 수정과 편집에 애써주신 한국문화사 김태균 전무님을 비롯한 편집진에 특별한 감사를 드린다.

2018년 11월
이 홍 배

음성부호

■ 모음

ɪ	sit	i:	seat	eɪ	make
ɛ	set	ɑ:	father	aɪ	like
æ	cat	ə:	bird	ɔɪ	toy
ɒ	pot	ɔ:	law	əʊ	note
ə	about	u:	foo	oʊ	boat
ʌ	but			aʊ	house
ʊ	foot			ɪə	dear
				eə	air
				uə	tour

■ 자음

p	pen	m	mom	z	zip	θ	think
b	bed	n	noon	ʃ	show	ð	then
t	ten	ŋ	sing	ʒ	pleasure	l	left
d	day	f	fit	h	hat	r	right
k	kid	v	voice	tʃ	choose	w	win
g	go	s	sit	dʒ	jury	j	yes

차례

- 머리말 / vii
- 음성부호 / ix

➡ **A**

A1	a(n)(부정관사)	1
A2	abbreviations(약자)	2
A3	a bit과 a little	3
A4	(a) few와 (a) little	4
A5	a lot of와 양화사	6
A6	about와 (a)round	9
A7	about와 on	10
A8	above와 below	11
A9	above와 over	12
A10	according to	14
A11	across, over, through	15
A12	active verb forms(능동형 동사)	16
A13	adjectives(형용사)-1: 개요	18
A14	adjectives-2: 한정적 기능	19
A15	adjectives-3: 명사 뒤에 오는 구조	24
A16	adjectives-4: 서술적 기능	26
A17	adjectives-5: 수식받는 명사가 없는 구조	32
A18	adjuncts(부가어)	34
A19	adverbial phrases(부사구)-1: 개요	39
A20	adverbial phrases-2: 기능	40
A21	adverbial phrases-3: 의미와 위치	42
A22	adverbs와 adjectives(부사와 형용사): 혼란스러운 것들	43
A23	advising(충언)	46
A24	afraid	46
A25	after와 before	47
A26	after, in, afterwards, later	50
A27	after all	51
A28	age	51
A29	ago와 before	52
A30	agreeing(동의)	53

A31	agreement(일치)-1: 주어와 동사의 일치	54
A32	agreement-2: 명사와 일치	57
A33	agreement-3: 등위접속 주어와 일치	58
A34	agreement-4: 기타 표현과 일치	60
A35	all	64
A36	all과 every	66
A37	all, everybody, everything	67
A38	all과 (대)명사	68
A39	all과 negation(부정)	69
A40	all과 whole	70
A41	allow, permit, let	72
A42	almost와 nearly	73
A43	alone, lonely, lonesome, lone	75
A44	along과 alongside	75
A45	already, still, yet	76
A46	also, as well, too, either, neither, nor	79
A47	although와 though	81
A48	am	82
A49	American English(미국영어)와 British English(영국영어)-1: 문법	82
A50	American English와 British English-2: 어휘	86
A51	American English와 British English-3: 철자	89
A52	American English와 British English-4: 발음	93
A53	and	94
A54	another, other, others	97
A55	any	100
A56	anyway	104
A57	apologies(사과)	104
A58	apposition(동격)	105
A59	articles(관사)-1: 개요	106
A60	articles-2: 정관사 the	110
A61	articles-3: 부정관사 a/an	114
A62	articles-4: 영의 관사	116
A63	articles-5: 고유명사와 정관사	120
A64	as	130
A65	as/so ... as와 as much/many (...) as	132
A66	as와 like(유사성)	135
A67	as와 though	138
A68	as와 while	139
A69	as if와 as though	140
A70	as it is와 as it were	142
A71	as/so long as	142

A72	as to, as for, as of/from	143
A73	as well as	143
A74	at	145
A75	at, on, in(장소)	146
A76	at, on, in(시간)	149
A77	at, in, on, to	153
A78	at all	154
A79	auxiliary verbs(조동사)	155
A80	away	158

⇒ **B**

B1	bad와 badly	160
B2	be	161
B3	be able to	162
B4	be about to	164
B5	be going to	164
B6	be gone	165
B7	be supposed to	166
B8	be to	166
B9	be willing to	168
B10	because	168
B11	because, as, since, for	170
B12	because of, due to, owing to	171
B13	become	171
B14	before	172
B15	before와 in front of	174
B16	behind와 ahead (of)	175
B17	below와 under	176
B18	beside와 besides	179
B19	besides, except, but, apart from, aside from	179
B20	besides와 in addition (to)	180
B21	between, among, amid	181
B22	beyond	183
B23	both (of)	184
B24	but	187
B25	but for와 but then	188
B26	by	189

⇒ **C**

C1	can과 could-1: 기본적 의미	193
C2	can과 could-2: 능력	193
C3	can과 could-3: 가능성	196
C4	can과 could-4: 허가	199

C5	can과 could-5: 의지적 의미	199
C6	can't help (but)와 cannot but	200
C7	care	201
C8	case(격)	202
C9	causative verbs(사역동사)	203
C10	certain(ly)과 sure(ly)	203
C11	clauses(절)	205
C12	cleft sentences(분열문)	207
C13	close to와 near (to)	210
C14	come과 go	210
C15	comparatives(비교급)와 superlatives(최상급)-1: 비교급의 유형과 구조	211
C16	comparatives와 superlatives-2: 형용사	216
C17	comparatives와 superlatives-3: 부사	220
C18	comparatives와 superlatives-4: 비교급의 용법	221
C19	comparatives와 superlatives-5: 최상급의 용법	223
C20	comparatives와 superlatives-6: 수식어들	225
C21	complements(보어)	229
C22	congratulations(축하)	231
C23	conjuncts(접속어)	232
C24	conjunctions(접속사)	236
C25	contractions(축약)	240
C26	contrast(대조)	244
C27	coordination(등위접속)	245
C28	copular/linking verbs(연결동사)	246
C29	correlative conjunctions(상관 접속사)	248
C30	could와 might	249

➡ **D**

D1	dare	251
D2	dates(날짜)	252
D3	dead와 die	254
D4	degree words(정도어)-1: 개요	255
D5	degree words-2: 형용사와 부사의 수식	257
D6	degree words-3: 명사의 수식	260
D7	degree words-4: 동사의 수식	261
D8	degree words-5: 양화사와 전치사의 수식	262
D9	demonstratives(지시사): this/these와 that/those	264
D10	derived noun phrases(파생명사구)	267
D11	determiners(한정사)	274
D12	different	277
D13	direct object(직접목적어)	278
D14	direct speech(직접화법)	279

D15	disjuncts(부연어)	280
D16	do-1: 개요	281
D17	do-2: 조동사	283
D18	do-3: 다목적 동사	284
D19	do, do so, do it, do this, do that	286
D20	duration	289

➡ E

E1	each	292
E2	each와 every	294
E3	each other와 one another	295
E4	early	296
E5	either	297
E6	either ... or	299
E7	elder/older와 eldest/oldest	300
E8	ellipsis(생략)-1: 개요	300
E9	ellipsis-2: 등위접속사와 생략	301
E10	ellipsis-3: 동사구와 생략	302
E11	ellipsis-4: 종속접속사와 생략	305
E12	ellipsis-5: 상황적 생략	307
E13	ellipsis-6: 명사 생략	308
E14	ellipsis-7: 극단적 생략	309
E15	else	309
E16	emphasis(강조)	311
E17	enough	315
E18	even	317
E19	even if와 even though	318
E20	ever	318
E21	every	320
E22	every-	322
E23	except (for)	323
E24	exclamations(감탄)	324
E25	extraposition(외치)	327

➡ F

F1	far	329
F2	feel	331
F3	finite verbs(정형동사)와 non-finite verbs(비정형동사)	332
F4	first와 at first	333
F5	for	334
F6	formal English(형식영어)와 informal English(비형식영어)	337
F7	fractions(분수)	337
F8	frequency(빈도)	339

	F9	from	340
	F10	from과 since	342
	F11	fronting(전치)	343
	F12	future time(미래시간)	345

➡ G

G1	gender(성)	348
G2	genitives(속격)-1: 형태	350
G3	genitives-2: 의미와 용법	352
G4	genitives-3: 이중속격	355
G5	gerunds(동명사)-1: 개요	356
G6	gerunds-2: 동명사의 주어	358
G7	gerunds-3: 동사 다음에서	360
G8	gerunds-4: ing형과 부정사	362
G9	gerunds-5: 명사와 형용사 다음에서	367
G10	gerunds-6: 전치사 다음에서	368
G11	get	369
G12	give와 action nouns(행위명사)	373
G13	go ... ing와 go for a ...	374
G14	good wishes(축복)	375
G15	goodbye(작별)	376
G16	greetings(인사)	377

➡ H

H1	had better	379
H2	half	380
H3	hardly, scarcely, barely, no sooner	382
H4	have-1: 개요	383
H5	have-2: have + 행위명사	384
H6	have-3: have(got)(상태동사)	385
H7	have-4: 사역과 경험동사	388
H8	have (got) to	389
H9	hear와 listen (to)	391
H10	help	393
H11	here와 there	394
H12	holiday, holidays, vacation	395
H13	home과 house	396
H14	how	397
H15	however	399

➡ I

I1	-ic와 -ical	401
I2	if-1: 형태와 일반적 용법	404
I3	if-2: 다른 용법	405

I4	if-3: 특별한 용법	406
I5	if-4: 다른 형태의 조건절	409
I6	if only	409
I7	ill과 sick	410
I8	imperative sentences(명령문)	411
I9	in	413
I10	in case와 if	416
I11	in case of	417
I12	in front of, facing, opposite	418
I13	in spite of와 despite	418
I14	indeed	419
I15	indefinite pronouns(부정대명사)-1: 단순부정대명사	420
I16	indefinite pronouns-2: 복합 부정대명사	422
I17	indirect object(간접목적어)	424
I18	indirect speech(간접화법)-1: 직접화법과 간접화법	424
I19	indirect speech-2: 간접진술	429
I20	indirect speech-3: 간접질문과 간접감탄	430
I21	indirect speech-4: 간접명령, 제안, 발언행위	431
I22	infinitives(부정사)-1: 형태와 용법	433
I23	infinitives-2: 종류	434
I24	infinitives-3: 시간표현	436
I25	infinitives-4: 원형부정사	437
I26	infinitives-5: 명사구	441
I27	infinitives-6: 형용사구	451
I28	infinitives-7: 부사구	453
I29	information structure(정보의 구성)	454
I30	instead (of)	456
I31	into	457
I32	inversion(도치)-1: 개요	458
I33	inversion-2: 조동사의 전치	458
I34	inversion-3: 동사구의 도치	461
I35	invitations(초대)	462
I36	it's time	464

➡ **J**

J1	just	465

➡ **K**

K1	kind of, sort of, type of	467
K2	know	469

➡ **L**

L1	last와 the last	473
L2	late, later, latest	474

L3	lay, lie, lie	476
L4	least와 fewest	477
L5	less와 fewer	480
L6	lest	482
L7	let(사역동사)	483
L8	let's	484
L9	letters(편지)	485
L10	life	488
L11	like(동사)	489
L12	likely와 probable	491
L13	long과 (for) a long time	492
L14	look (like)	494

➡ M

M1	make	497
M2	make와 전치사/부사	499
M3	man	501
M4	manner(양태), means(수단), instruments(도구)	502
M5	many와 much	506
M6	marry와 divorce	509
M7	matter	510
M8	may와 might-1: 개요	512
M9	may와 might-2: 가능성	513
M10	may와 might-3: 허가	515
M11	may와 might-4: 제안과 소망	516
M12	may와 might-5: 목적절, 간접화법, 대조적 내용	517
M13	mean	518
M14	means	519
M15	measurements(치수): 유표형과 무표형	520
M16	mind(동사)	522
M17	miss	524
M18	modal auxiliary verbs(양상조동사)-1: 개요	526
M19	modal auxiliary verbs-2: 확실성	528
M20	modal auxiliary verbs-3: 의무	529
M21	modal auxiliary verbs-4: 능력, 습관, 비실제적 상황	531
M22	modifiers(수식어)와 head-words(핵어)	532
M23	money(화폐)	533
M24	mood(서법)와 modality(양상성)	535
M25	more	536
M26	most	538
M27	multipliers(배수)	540
M28	must-1: 개요	541

M29	must-2: 의무	542
M30	must-3: 확실성	543

➡ N

N1	names(인명)와 titles(직함)-1: 개요	546
N2	names와 titles-2: 호칭	547
N3	names와 titles-3: 글과 말	549
N4	nationalities와 countries(국적과 국가)	550
N5	near (to), nearby, nearly	552
N6	nearest와 next	554
N7	need	554
N8	negatives(부정적 표현)-1: 특성	556
N9	negatives-2: 부정문의 구성	557
N10	negatives-3: 다른 단어에 의한 부정	560
N11	negatives-4: 전이된 부정	562
N12	negatives-5: 부정문의 해석	563
N13	neither (of), neither/not ... nor, not ... either	566
N14	never	569
N15	next와 the next	569
N16	no와 not	572
N17	no doubt	573
N18	no more, not anymore, no longer, not any longer	574
N19	no one과 nobody	575
N20	no one과 none	575
N21	nonassertive expressions(비단언적 표현)	578
N22	not only (... but also)	580
N23	nouns(명사)-1: 유형과 기능	581
N24	nouns-2: 가산명사와 불가산명사	583
N25	nouns-3: 구상명사와 추상명사	589
N26	nouns-4: 규칙명사	591
N27	nouns-5: 불규칙명사	594
N28	nouns-6: 복수형 명사	597
N29	nouns-7: 단수형 명사	600
N30	nouns-8: 복합명사의 복수형	603
N31	nouns-9: 여타 복수형	605
N32	noun-noun structures-1: 명사 + 명사 구조	606
N33	noun-noun structures-2: 속격 + 명사 구조	607
N34	noun phrases(명사구)-1: 기본 구조	609
N35	noun phrases-2: 선행수식어	610
N36	noun phrases-3: 제한적 수식어	612
N37	noun phrases-4: 후행수식어	615
N38	now와 nowadays	616

	N39	numerals(수사)	617

➡ O

O1	object(목적어)	626
O2	object complement(목적어 보충어)	627
O3	of	627
O4	of course	631
O5	often	632
O6	on	633
O7	once	636
O8	one	638
O9	one, you, we, they	644
O10	only	646
O11	open과 close	648
O12	operators(연산자)	649
O13	opposite와 across	650
O14	or	651
O15	otherwise	653
O16	ought to	654
O17	out of	656
O18	over	657
O19	own	658

➡ P

P1	part	661
P2	participles(분사)-1: 개요	661
P3	participles-2: 형용사적 용법	664
P4	participles-3: 부사적 용법	665
P5	participles-4: -ing형과 -ed형	668
P6	partitive constructions(부분사 구조)	672
P7	passives(수동문)-1: 형태	675
P8	passives-2: 타동사	678
P9	passives-3: 행위자	681
P10	passives-4: 수동문의 사용	683
P11	passives-5: 전치사적 동사	684
P12	passives-6: 이중타동사	685
P13	passives-7: 절 목적어	688
P14	passives-8: 복합 타동사	690
P15	past tenses(과거시제)-1: 단순과거	691
P16	past tenses-2: 과거진행	694
P17	past tenses-3: 과거완료	695
P18	past tenses-4: 과거완료진행	697
P19	past tenses-5: 현재와 미래	697

P20	past time(과거시간)	699
P21	perception verbs(지각동사)-1: 특성	702
P22	perception verbs-2: 지각동사 + 목적어 + 동사 구조	703
P23	phrasal verbs(구동사)	706
P24	place(장소)	708
P25	politeness(공손함)	710
P26	predeterminers(한정사 선행어)-1: all, both, half	711
P27	predeterminers-2: 배수와 빈도	713
P28	predeterminers-3: 분수와 특별한 표현	714
P29	prepositions(전치사)-1: 개요	716
P30	prepositions-2: 유형	718
P31	prepositions-3: 전치사의 선택	720
P32	prepositions-4: 전치사의 생략	725
P33	prepositions-5: 독립 전치사	731
P34	preposition stranding(전치사 좌초)	733
P35	prepositional verbs(전치사적 동사)	735
P36	present tenses(현재시제)-1: 단순현재	739
P37	present tenses-2: 현재진행형	741
P38	present tenses-3: 현재완료형	743
P39	present tenses-4: 현재완료진행형	744
P40	progressive verbs(진행형 동사)	745
P41	pronouns(대명사)-1: 핵심 대명사	750
P42	pronouns-2: 개별 대명사의 특성	753
P43	pronouns-3: it	754
P44	pronouns-4: 용법	758
P45	pronouns-5: 주어형과 목적어형	760
P46	punctuations(구두법)-1: 대문자	763
P47	punctuations-2: 마침표, 의문부호, 감탄부호	763
P48	punctuations-3: 쉼표	764
P49	punctuations-4: 세미콜론	768
P50	punctuations-5: 아포스트로피	769
P51	punctuations-6: 따옴표	770
P52	punctuations-7: 콜론	772
P53	punctuations-8: 대쉬	773
P54	punctuations-9: 괄호	774
P55	punctuations-10: 이탤릭체와 밑줄	774
P56	purpose(목적)	775

➡ Q

Q1	quantifying words(양화사)	777
Q2	questions(의문문)-1: 기본적 속성	778
Q3	questions-2: 가부의문문	780

Q4	questions-3: wh-의문문		782
Q5	questions-4: 반응의문문		787
Q6	questions-5: 수사의문문		788
Q7	questions-6: 부가의문문		790
Q8	quite		792

➡ **R**

R1	rarely와 seldom		795
R2	rather		795
R3	reason과 cause(이유와 원인)		798
R4	recently와 lately		800
R5	reflexive pronouns(재귀대명사)		800
R6	reinforcement(보강)		804
R7	relative clauses(관계절)-1: 구조와 관계사		805
R8	relative clauses-2: 비제한적 관계절		811
R9	relative clauses-3: 명사적 관계절		814
R10	relative clauses-4: 여타 관계절		816
R11	requests(요청)		818
R12	rest, leftover, remains, residue, remainder		820
R13	result(결과)		821

➡ **S**

S1	same		823
S2	say와 tell		825
S3	see		828
S4	see, look, watch		829
S5	seem		831
S6	sentences(문장)		833
S7	shall		835
S8	should		836
S9	since(시간)		839
S10	small과 little		842
S11	smell		843
S12	so-1: 부사		844
S13	so-2: 접속사		846
S14	so-3: 대용어		847
S15	so, then, therefore		849
S16	so much와 so many		850
S17	so that과 in order that		851
S18	some		852
S19	some과 any		855
S20	some time, sometime, sometimes		856
S21	soon		857

S22	sound	858
S23	speak와 talk	859
S24	spelling(철자)	861
S25	spelling과 pronunciation(철자와 발음)	864
S26	street, avenue, boulevard	866
S27	stress(강세), rhythm(운율), intonation(억양)	867
S28	subjuncts(종속어)	869
S29	subjunctive mood(가정법)	872
S30	substitution(대치)	873
S31	such와 so	878
S32	suggest와 propose	881

➡ T

T1	take	883
T2	taste	885
T3	that	886
T4	that-절-1: 명사절	887
T5	that-절-2: 형용사절과 부사절	889
T6	that-절-3: that의 생략	891
T7	that-절과 비교절	895
T8	there is와 there are	896
T9	think	899
T10	through	903
T11	time	903
T12	time expressions(시간 표현)	905
T13	to	908
T14	too	911
T15	too much와 too many	913

➡ U

U1	unless	915
U2	until과 till	917
U3	up과 down	919
U4	up to	921
U5	used to-부정사	922
U6	used to + 동명사	923

➡ V

V1	verbs(동사)-1: 정형동사와 비정형동사	924
V2	verbs-2: 의미	928
V3	verbs-3: 보충어	931
V4	Verbs-4: 단순타동사	935
V5	Verbs-5: 이중타동사	939
V6	Verbs-6: 복합타동사	942

	V7	verbs-7: 경동사	946
	V8	verbs-8: 불규칙동사	948
	V9	verbless clauses(무동사절)	954
	V10	very	955

➡ **W**

	W1	-ward와 -wards	957
	W2	way	958
	W3	we	960
	W4	well, good, fine	961
	W5	were	962
	W6	what	962
	W7	when	965
	W8	when-절과 if-절	966
	W9	whether (or)	967
	W10	whether와 if	968
	W11	which	969
	W12	while	971
	W13	wh-어와 ever	972
	W14	who, whom, whose	973
	W15	whoever, whatever 등	974
	W16	why와 why not	977
	W17	will	979
	W18	wish	980
	W19	with	982
	W20	within과 without	985
	W21	worth, worthwhile, worthy	986
	W22	would	988

➡ **Y**

	Y1	yes와 no	993
	Y2	you	994

➡ **Z**

	Z1	zero elements(영의 요소)	996

- 용어 해설 / 998
- 참고문헌 / 1012
- 사전 / 1014
- 찾아보기 / 1015

■ 일러두기 [별표(*)의 이해]

문법적으로 허용되는 표현과 허용되지 않는 표현을 구별하기 위해, 허용되지 않는 표현 앞에 별표(*)를 붙였다. 예를 들어 영어에서 "Only a few children in this class like maths"와 "Only a few of the children in this class like maths"는 허용되지만, "children" 앞에서 정관사 "the"가 빠진 "*Only a few of children in this class like maths"는 허용되지 않는다. "She was surprised (*at) that he noticed her"와 같은 예문에서는 "at"가 선택된 "*She was surprised at that he noticed her"은 문법적으로 허용되지 않는 표현이고, "at"가 빠진 "She was surprised that he noticed her"은 허용되는 표현이다. 또한 "Everything is/*are going smoothly"와 같은 예문에서는 "is"가 선택된 "Everything is going smoothly"는 허용되지만, "are"이 선택된 "*Everything are going smoothly"는 허용되지 않는다.

A1 a(n)(부정관사)

부정관사에는 a와 an 두 가지 형태가 있다. an는 모음으로 시작하는 단어 앞에 나타나고, a는 그 외의 경우에 나타난다.

1 **형태**: 문자 "e, o, u"로 시작하는 단어가 자음으로 발음되면 a를 사용하고 그 외의 경우에는 an을 사용한다. 문자 "h"는 시작하는 단어 중에는 "h"가 묵음이 되는 경우가 있으며, 이 경우 an이 사용된다.

a + 자음	an + 모음
a European style	an Egyptian darkness
a one-way ticket	an only child
a unique opportunity	an unknown artist

a + h	an + 묵음 h
a holy place	an honor student
a huge building	an hour's rest

2 **약자와 문자**: "a, e, i, o, f, h, l, m, n, r, s, x" 문자는 독립적으로 발음할 때 모음으로 시작하기 때문에 이들 문자로 시작하는 약자나 문자 앞에는 an이 사용되고, 그 외의 경우에는 a가 사용된다.

a KBS announcer	an MBC reporter
a VIP room	an FBI agent
a "k"	an "x"
a "u"	an "o"

3 **숫자**: 모음으로 발음이 시작되는 숫자 앞에는 an이 오고, 자음으로 발음이 시작되는 숫자 앞에는 a가 온다.

a "1"	an "8"
a "10"	an "11"
a "20"	an "18"

4 자음 앞에 오는 a에는 강형 /eɪ/와 흔히 쓰이는 약형 /ə/가 있고, 모음 앞에 오는 an에는 강형 /æn/과 흔히 쓰이는 약형 /ən/이 있다.

He's **a** /ə/ doctor. (그는 의사다.)
I gave him **a** /eɪ/ THOUSAND dollars. (나는 그에게 천 불을 주었다.)

He's **an** /ən/ engineer. (그는 공학자다.)
NATO is **an** /æn/ ACRONYM. (나토는 두문자어다.)

부정관사의 용법에 대해서는 A58 보라.

A2 abbreviations(약자)

우리는 글이나 말에서 매우 자주 약자(abbreviations)를 접하게 된다.

He was born in **ca.** 1769. (그는 대략 1769년에 태어났다.)
(= approximately in the year 1769; circa의 약자)
Often a man uses a more formal style when addressing a woman. (**cf.** Trudgill 1986).
(남성은 종종 여성에게 말할 때 더 격식적인 말투를 쓴다.)
(= compare with Trudgill 1986; confer의 약자)
NATO was organized under the leadership of the United States after World War II.
(나토는 세계 2차대전 이후에 미국의 주도 아래 조직되었다.)
(NATO는 **N**orth **A**tlantic **T**reaty **O**rganization의 약자)

1 **약자와 마침표**: 현대 영국영어에서는 약자에 일반적으로 마침표를 찍지 않는 데 반하여 미국영어에서는 찍는 것이 정상이다.

Mr (미국 **Mr.**) = Mister (일반적으로 완전한 형태로 쓰지 않는다)
Ltd (미국 **Ltd.**) = Limited (company)
kg (미국 **kg.**) = kilogram

2 **두문자 약자**: 어떤 약자는 단어의 첫 문자로 구성된다. 이러한 단축은 기관이나 조직의 이름에서 자주 볼 수 있다.

BBC = the British Broadcasting Corporation (영국방송협회)
FBI = the Federal Bureau of Investigation (연방수사국)
UNESCO = United Nations Educational, Scientific and Cultural Organization
(유네스코: 유엔 교육 과학 문화기구)
(**NATO**는 the North Atlantic Treaty Organization의 약자)

3 **두문자어**: 두문자 약자에는 문자 하나하나를 발음하는 (예를 들어 BBC) 것과 어떤 것은 단어처럼 발음하는 (예를 들어 UNESCO) 것이 있다. 후자를 두문자어(acronyms)라고 부른다.

▶ 두문자 약자

NBC = the National Broadcasting Company (미국의 방송회사)
ROTC = Reserve Officers' Training Corps (예비역 장교 훈련단)
UPI = the United Press International (미국의 통신사)

▶ 두문자어

AIDS/Aids /eɪdz/: Acquired Immune Deficiency Syndrome (후천성 면역결핍 증후군)
WASP /wɑːsp/: White Anglo-Saxon Protestant (앵글로 색슨 백인 신교도)
AWOL /eɪwɑːl/: absent without leave ((군무의) 무단이탈)

4 **약자와 정관사**: 두문자 약자 앞에는 정관사 the가 올 수 있지만, 두문자어 앞에는 올 수 없다.

She works as a newscaster for **the KBS**. (그녀는 KBS에서 뉴스캐스터로 일한다.)
The CIA sometimes collides with **the FBI** on issues related to national securities.
((미)중앙정보국은 국가안보 문제와 관련된 문제에서 때때로 (미)연방수사국과 충돌을 일으킨다.)

She served as a spokeswoman for **(*the) NATO** from 2010 to 2012.
(그녀는 2010년부터 2012년까지 북대서양 조약기구의 대변인으로 일했다.)
He has spent all his life to find cure for **(*the) AIDS**.
(그는 후천성 면역결핍 증후군의 치료법을 찾는 데 평생을 보냈다.)

A3 a bit과 a little

a bit와 a bit of는 적은 양이나 조각을 의미하며 양화사(quantifying words)의 일종이다. a bit는 특히 구어체 영국영어에서 a little과 같은 의미로 종종 정도부사로 사용되고, a bit of는 뒤에 오는 명사가 불가산명사일 때 사용된다.

I think people feel **a bit more confident** of the success of the project.
(나는 국민들이 그 계획의 성공을 조금 더 확신하고 있다고 생각한다.)
You're **a bit too young** to watch the film. (너는 그 영화를 보기에는 좀 어리다.)

Let me give you **a bit of advice** on that matter.
(내가 너에게 그 문제에 대해서 충고를 좀 해줄게.)
She only ate **a bit of cheese** for lunch. (그녀는 점심으로 치즈를 조금 먹었을 뿐이다.)

1 **a bit of a**: 구어체에서 "a bit of a"는 정도의 개념이 포함된 명사 앞에서 사용될 수 있으며, ("rather a"처럼) 의미의 강도를 약화하는 역할을 한다. (R2를 보라.)

We're having **a bit of/rather a holiday** next week.
(우리는 다음 주에 잠시 휴가 좀 가지려고 한다.)
He's **a bit of a fool**, if you ask me. (네가 나에게 묻는다면, 그는 약간 멍청하다.)
That comes as **a bit of a disappointment**. (그건 좀 실망스럽다고 생각된다.)
It was **a bit of a strange decision**. (그것은 좀 납득이 안 가는 결정이었다.)

2 **a bit와 a little**: 비교급이 아닌 형용사와 함께 쓰이면 일반적으로 부정적이거나 비판적인 의미를 나타냄으로, 긍정적 의미의 형용사와는 일반적으로 사용되지 않는다.

He's **a bit tired**. (나는 좀 피곤하다.) (*He's **a bit happy**.)
The tie is **a bit expensive**. (넥타이가 좀 비싸다.) (*The tie is **a bit good**.)
The lecture was **a little boring**. (강의가 좀 지루하다.)
(*The lecture was **a little interesting**.)

3 **not a bit**: "not at all (조금도 ... 않다)"을 의미한다. (A78을 보라.)

I'm really **not a bit surprised**. (나는 조금도 놀랍지 않다.)
"Do you mind if I put some music on?" "**Not a bit**."
("음악을 좀 틀어도 괜찮겠습니까?" "괜찮고말고요.")

► "not a bit"는 드물게 쓰이는 문어적 표현인 "not a little(= quite)"과는 다르다는 것에 유의하라. 다음을 비교해보라.

He was **not a bit** annoyed. (그는 조금도 귀찮아하지 않았다.)
(= He was **not annoyed at all**.)
He was **not a little** annoyed. (그는 상당히 귀찮아했다.)
(= He was **considerably** annoyed.)

양화사에 대해서는 Q1을 보라.
비교급 형용사와 부사와 함께 쓰이는 a bit과 다른 수식어에 대해서는 C20을 보라.

A4 (a) few와 (a) little

1. a few와 a little: a few는 수는 부족하지만 "몇 개/몇 명"을, a little은 양은 부족하지만 "약간/조금"을 의미하는 양화사의 일종이다. 다음을 비교해보라.

    His ideas are difficult, and **few people** understand them. (= not many people)
    (그의 사상은 너무 어려워서 이해하는 사람이 많지 않다.)
    His ideas are difficult, but **a few people** understand them. (= some people)
    (그의 사상은 너무 어려워서 몇 사람만이 이해한다.)

    Cactuses need **little water**. (= not much water)
    (선인장은 물을 많이 필요로 하지 않는다.)
    Give the roses **a little water** every day. (= not a lot, but some)
    (장미에 매일 물을 조금씩 주어라.)

2. few와 little: few는 "수의 부족"을 뜻하고 little은 "양의 부족"을 뜻하는 부정적 의미를 갖는다. 따라서 (a) few는 복수가산명사와 함께 쓰이고 (a) little은 불가산명사와 함께 쓰인다.

    So **few people** attended the party that it was embarrassing.
    (파티에 너무 적은 사람이 와서 난처했다.)
    I have **a few friends** in Rome. (나는 로마에 친구가 몇 명 있다.)

    Her comforting words had **little effect** on the crying child.
    (그녀의 위로의 말이 우는 아이에게는 별로 효과가 없다.)
    Susan speaks **a little French**, though she lived in France for two years.
    (수잔은 프랑스에 2년이나 살았지만 프랑스어를 조금밖에 못 한다.)

3. (a) few/(a) little (of): (a) few (of)는 복수대명사나 복수명사구 앞에 오고, (a) little (of)는 단수대명사나 불가산명사를 갖는 명사구 앞에 온다.

    Only **a few children** in this class like maths.
    Only **a few of the children** in this class like maths.
    (이 반에서 몇 명의 아이만이 수학을 좋아한다.)
    Only **a few of them** in this class like maths.
    (이 반의 사람 중에 몇 명만이 수학을 좋아한다.)

Few people can say that they always tell the truth.
Few of the people can say that they always tell the truth.
(항상 진실만을 말한다고 할 수 있는 사람은 많지 않다.)
Few of us can say that we always tell the truth.
(우리 중에 항상 진실만을 말한다고 할 수 있는 사람은 많지 않다.)

Could I try **a little wine**? (포도주를 좀 마실 수 있을까요?)
Could I try **a little of your wine**? (당신의 포도주를 좀 마셔볼 수 있을까요?)
Could I try **a little of it**? (그것 좀 마셔볼 수 있을까요?)

He had **little money** because of his long unemployment.
(그는 장기간의 실직으로 돈이 별로 없다.)
He saved **little of his money** because of the luxurious life.
(그는 사치스러운 생활로 인해 돈을 별로 저축하지 못했다.)
His parents left a lot of money, but **little of it** now remains.
(그의 부모님이 많은 돈을 남겼지만 지금은 남은 것이 별로 없다.)

▶ (a) little of와 (a) few of 다음에 오는 명사구는 반드시 the, his, John's와 같은 한정사를 포함해야 한다.

*Only **a few of children** in this class like maths.
***Few of people** can say that they always tell the truth.
*Could I try **a little of wine**?
*He saved **little of money** because of the luxurious life.

4   not much/many: little과 few는 글이나 공식적 말에서 자주 쓰인다. 일상적인 대화나 구어체의 글에서는 일반적으로 little 대신에 "not much, few" 대신에 "not many"를 사용한다.

There was **not much** milk left. (우유가 별로 남아있지 않다.)
I think **not many** people saw what happened.
(내 생각에는 무슨 일이 일어났는지를 본 사람이 많지 않다.)

5   대명사: few와 little은 함께 쓰이는 명사가 이미 언급되었거나 이해될 때 동반하는 명사가 생략되고 홀로 대명사로 쓰일 수 있다.

She's eating so **little**—I'm quite worried. (그녀가 너무나 적게 먹어서 정말 걱정이 된다.)
"Some more cake?" "Just **a little**, please." ("케이크 더 먹을래?" "조금만 더요.")

He suggested many different methods, but here are just **a few**.
(그는 많은 다양한 방법을 제안했는데, 여기 몇 가지가 있습니다.)
Very few can afford to pay those prices for clothes.
(이런 가격의 옷을 감당할 수 있는 사람은 별로 없다.)

6   be 동사: little과 few는 "not much"와 "not many"의 의미로 "be 동사"의 보어로 사용되지 않는다.

We drank **a little wine**. (우리는 포도주를 조금 마셨다.)
*The wine we drank **was little**. (참고: The wine we drank **was not much**.)
Few people came to the meeting. (모임에 많지 않은 사람이 왔다.)
*People who came to the meeting **were few**.
(참고: People who came to the meeting **were not many**.)

▶ 그러나 little이 "연령"을 의미할 때는 "be 동사"의 보어로 쓰일 수 있다. (S10.2를 보라.)

We didn't have toys like this when I **was little**. (내가 어릴 때는 이런 장난감이 없었다.)
Here's the picture of your father when he **was really little**.
(네 아버지가 아주 어릴 때 사진이 여기 있다.)

7   비교급 수식어: (a) little은 비교급을 수식할 수 있지만 매우 제한적이며, 형용사나 부사를 수식할 수 없다.

We have to wait **a little longer** to see what happened.
(우리는 어떤 일이 일어났는가를 보기 위해 조금 더 오래 기다려야 한다.)
The new model is **little faster** than the old one. (신형이 구형보다 별로 더 빠르지 않다.)
*She married a millionaire but is **little happy**.
She married a millionaire but is **not very happy**.
(그녀는 백만장자와 결혼했지만 별로 행복하지 않다.)

▶ 그러나 (a) little은 많은 경우 과거분사형 형용사를 수식할 수 있다.

He was **a little surprised** at her reaction. (그는 그녀의 반응에 약간 놀랐다.)
For many years his theories were **little understood**.
(오래 동안 그의 이론은 별로 받아들여지지 않았다.)
He is studying the work of **a little known** German novelist.
(그는 별로 알려지지 않은 독일 소설가의 작품을 연구하고 있다.)

8   a little bit (of): 양이 적거나 정도가 낮음을 가리킬 때 사용된다.

With **a little bit of** luck we can finish by five o'clock.
(약간의 행운이 있으면 5시까지 끝낼 수 있을 것이다.)
Let me tell you **a little bit** about myself. (너에게 나에 대해서 좀 말할게.)
I'm **a little bit** disappointed with the decision. (나는 그 결정에 조금 실망했다.)

양화사에 대해서는 Q1을 보라.

A5   a lot of와 양화사

영어에는 대표적인 양화 한정사 "many, much, few, little, several, most"가 있지만, 이들 외에도 수량을 표현하는 표현이 많다. 이들을 모두 양화사라고 부른다면, 이들을 결합할 수 있는 명사에 따라 분류하면 다음과 같다.

a number/a lot/lots/plenty/the majority + **of** + 복수명사

a great deal/a large amount/a lot/lots/plenty + of + 불가산명사

many와 much는 M5를, little과 few는 A4를, most는 M26을 보라.

1 **전치사 of**: 위의 양화사들은 뒤에 명사가 올 경우 반드시 전치사 of를 삽입해야 한다.

They provided **a lot of food** for the refugees. (그들은 피난민을 위하여 많은 식량을 준비했다.)
(*They provided **a lot food** for the refugees.)
The majority of tourists are Chinese. (대부분의 관광객이 중국인이다.)
(***The majority tourists** are Chinese.)
There are **plenty of hamburgers** for everybody here.
(모든 사람을 위한 충분한 햄버거가 있다.)
(*There are **plenty hamburgers** for everybody here.)

2 **a lot of, lots of, plenty of**: 이들은 불가산명사와 복수(대)명사 앞에 올 수 있다. 동사가 단수가 되느냐 복수가 되느냐는 동반하는 명사의 수에 따라 결정된다.

A lot of money was/*were spent on gambling. (도박에 많은 돈이 쓰인다.)
A lot of people were/*was killed in World War Two.
(많은 사람들이 2차 세계대전에서 죽었다.)
Lots of patience is/*are needed for adults to learn a foreign language.
(어른이 외국어를 배우려면 많은 인내가 필요하다.)
Lots of plants grow/*grows wild by the river. (많은 식물이 강가에서 야생한다.)
Plenty of food is/*are provided for the refugees.
(피난민을 위하여 충분한 식량이 준비되어 있다.)
There **were/*was plenty of opportunities** to improve your skills.
(너의 기술을 향상시킬 많은 기회가 있었다.)

3 **a large amount of, a great/good deal of, a (large) number of**: 이들은 a lot of나 lots of보다 더 문어적이다. "a large amount of"와 "a great deal of"는 불가산명사와 함께 사용되고, "a (great/large) number of"는 복수명사와 함께 사용되며 동사도 복수가 된다.

The new tax caused **a large amount of public anger**.
(새로운 세금은 큰 대중적 분노를 야기했다.)
Mr. Lucas has spent **a great deal of time** in the Far East.
(루카스 씨는 극동에서 많은 시간을 보냈다.)

The experts believe **a large number of people are** at risk.
(전문가들은 많은 수의 사람들이 위험에 처해있다고 믿고 있다.)
A number of options were open to us. (여러 가능성이 우리에게 열려 있었다.)

4 **the majority of**: 대체로 복수명사와 복수동사와 함께 사용된다.

The majority of students are from foreign countries. (학생 대부분이 외국 학생이다.)

The **majority of the employees have** university degrees.
(직원의 대부분이 대학의 학위를 가지고 있다.)
*He spent **the majority of his money** for drinking and gambling.
(참고: He spent **most of his money** for drinking and gambling.)

▶ 종종 미국영어에서는 "majority of-구"가 단수 동사를 허용한다.

A majority of residents is Mormon. (과반수의 거주민이 모르몬교도다.)
The majority of population favors death sentence. (주민의 대부분이 사형을 찬성한다.)

5 **치수 명사와 양화사**: "시간, 거리, 무게, 화폐" 등 치수의 단위를 나타내는 명사 앞에는 "many, much, several, most"가 사용된다.

They have lived in Africa for **many years**. (그들은 아프리카에서 여러 해 동안 살았다.)
(*They have lived in Africa for **a lot of years**.)
It took **many days** to finish the assignment. (숙제를 하는 데 여러 날이 걸렸다.)
(*It took **lots of days** to finish the assignment.)
I paid **several pounds** for it. (나는 그것을 사려고 몇 파운드를 지불했다.)
(*I paid **a lot of pounds** for it.)
They lived **many miles** from the town. (그들은 시내에서 많이 떨어져서 살고 있었다.)
(*They lived **plenty of miles** from the town.)

6 **독립적 사용**: "a (large) number"를 제외하고는 의미가 명백할 경우 이들 표현들은 of를 대동하지 않고 명사 없이 홀로 사용될 수 있다.

In many countries women are **in the majority**. (많은 나라에서 여성이 과반을 넘는다.)
I still have **a lot** to learn. (나는 아직도 배울 것이 많다.)
It's a great city with **lots** to see. (여기는 볼 것이 많은 멋있는 도시다.)
There's **plenty** to do and see in Seoul. (서울에서는 할 것과 볼 것이 많다.)
Although he had never met her, he knew **a great deal** about her.
(그는 그녀를 만나본 적이 없지만, 그녀에 대해서 많이 알고 있었다.)
*Can't you see **a large number** waiting for interview?

7 **부사**: "a lot"과 "a great deal"은 부사로도 사용될 수 있다.

We go on walking **a lot** on holidays. (우리는 휴일에 많이 걷는다.)
The manager's going to improve the working conditions **a great deal**.
(지배인은 작업 여건을 크게 개선하려고 한다.)

▶ 이들은 부사로서 비교형 형용사나 부사를 수식할 수 있다. (C20을 보라.)

I'm **a lot better** than I was yesterday. (나는 어제보다 많이 좋아졌다.)
They still need **a great deal more** money to finish the project.
(그들은 그 계획을 끝내려면 아직도 큰돈이 더 필요하다.)
You'll get there **a lot quicker** if you take the expressway.

(고속도로를 타면 그곳에 훨씬 빨리 도착할 것이다.)
His new sports car drives **a great deal faster** than my car.
(그의 스포츠카는 내 것보다 훨씬 빠르게 달릴 수 있다.)

양화사의 다른 통사적 특성에 대해서는 Q1을 보라.

A6   about와 (a)round

about와 (a)round는 전치사로 쓰이기도 하고 부사로도 쓰이며, 그 의미가 같을 때도 있고 다를 때도 있다. 미국영어에서는 이 경우 around를 사용한다.

The children ran **about/around** in the park.   [부사]
(아이들이 공원에서 여기저기 뛰어다니고 있었다.)
The children ran **about/around** the park.   [전치사]
(아이들이 공원 주위를 뛰어다니고 있다.)

1   **곡선**: 원 또는 곡선상의 위치나 이동을 말할 때 일반적으로 영국영어에서는 round를, 미국영어에서는 around를 사용한다.

She had a red scarf **(a)round** her neck. (그녀는 빨간 스카프를 목에 두르고 있었다.)
The family sat **(a)round** the dinner table. (가족이 저녁식사를 위해 식탁 주위에 둘러앉았다.)
"Where did you park the car?" "Just **(a)round** the corner."
("어디에 주차를 했습니까?" "바로 모퉁이를 돈 곳에요.")

2   **방향**: 명확하지 않은 이동이나 위치("여기저기(here and there)/여러 곳에/어디엔가")를 가리킬 때는 around 또는 about를 사용한다.

He always leaves her clothes lying **around/about** on the floor.
(그는 항상 옷을 방바닥 여기저기에 벗어놓는다.)
The children were running **around/about** everywhere.
(아이들이 여기저기 사방으로 뛰어다니고 있었다.)
He was sitting **around/about** all morning waiting for the plumber.
(그는 오전 내내 배관공이 오기를 기다리며 앉아있었다.)

▶ around와 about는 한가로운 행동이나 우스꽝스러운 행위를 말할 때도 사용된다.

He spent the afternoon **fooling around/about** on the beach.
(그는 해변에서 어슬렁거리며 오후를 보냈다.)
Don't **fool around/about** with matches. They're dangerous.
(성냥 가지고 장난치지 마라. 성냥은 위험하다.)
He spent his vacation **messing around/about** on the farm.
(그는 농장에서 빈둥거리며 휴가를 보냈다.)

3   **근사치**: around와 about는 수치의 대략적인 크기를 표현할 때 사용된다. (N39.17을 보라.)

He finished writing his second book **about/around** three months ago.

(그는 약 3개월 전에 두 번째 책을 탈고했다.)
Only **about/around** thirty people attended the funeral. (약 30명가량만이 장례식에 참석했다.)

▶ about는 (around와는 달리) 형용사나 동사 앞에서 "almost/nearly"의 의미로 사용될 수 있다.

The car was exactly what I was looking for, and the price was **about/*around right**.
(그 차는 내가 찾고 있던 차였고, 가격도 대강 적절했다.)
We've just **about/*around finished** the shopping. (우리는 쇼핑을 막 끝냈다.)

almost와 nearly에 대해서는 A42를 보라.

A7　about와 on

1　about와 on: 일반적으로 about는 "일상적인 것"에 대하여 말할 때 사용되고, on은 "특정 주제"에 대해서 말할 때 사용되는 경향이 있다.

Mary talks **about** Joyce all the time. (메리는 항상 조이스에 대해서 말한다.)
I think she lied **about** her age. (나는 그녀가 나이를 속였다고 생각한다.)
I've been thinking **about** what you said, and yes, I will support you.
(나는 네가 말한 것을 생각해 봤는데, 너를 지지하기로 했다.)

He organized an international conference **on** global warming.
(그는 지구온난화에 대한 국제회의를 조직했다.)
The professor is planning to write a new textbook **on** African history.
(교수님은 아프리카 역사에 대해서 새로운 교과서를 쓸 계획에 있다.)
Everybody in the class enjoyed his lecture **on** modern economics.
(이 반의 모든 학생들이 현대경제학에 대한 그의 강의를 재미있게 들었다.)

▶ about/on과 유사한 의미를 가진 표현으로는 "concerning, regarding, re, with regard to 등"이 있다.

2　on과 concerning: about를 사용하는 것이 일반적이지만, on은 "advice/decision/information/opinion/idea" 등의 명사 다음에서 종종 쓰이고, concerning은 "details/fact/letter" 등의 명사 다음에서 종종 쓰인다.

He asks his parents' **opinion on/about** every important decision.
(그는 중요한 결정을 내릴 때마다 부모의 의견을 묻는다.)
If you want any **advice on/about** buying a house in this area, Mr. Johnson should be able to help you. (만약 이 지역에서 집을 사려는 데 조언을 얻기를 원한다면, 존슨 씨가 당신을 도와줄 수 있을 것입니다.)
She refused to give any **details concerning/about** what had happened.
(그녀는 어떤 일이 일어났는지에 대해 상세히 말하는 것을 거부했다.)
He does not intend to give the **facts concerning** his son's car crash.
(그는 자신의 아들의 자동차 사고에 대해 사실을 말할 의향이 없다.)

3   **regarding, re, with regard to**: "regarding"은 특히 공식적 서신에서 사용되고, "re"는 비공식적 서신에서 사용되며, "with regard to"는 주제를 도입하는 공식적 표현으로 자주 사용된다.

Thank you for your letter **regarding** the annual subscription to our magazine.
(우리 잡지의 연간 구독에 관한 당신의 서신에 대해 감사합니다.)
Re planning meeting on Friday, please bring sales figures.
(금요일 회의를 계획하기 위해 매출 수량을 가져오십시오.)
With regard to the matter of unemployment, I would like to add a few remarks to those of the previous speaker.
(나는 실업문제에 대해서 앞의 발표자가 한 내용에 몇 가지 추가하고 싶습니다.)

about의 다른 용법에 대해서는 A6을 보라.
on의 다른 용법에 대해서는 A75-A77와 O6을 보라.

A8   above와 below

above와 below는 반의어 관계에 있는 장소 전치사로서 각각 "... 보다 높음"과 "... 보다 낮음"을 표현한다.

1   **높은 위치와 낮은 위치**: 어떤 것이 다른 것보다 단순히 위에 있음을 표현할 때는 "above"를, 단순히 아래 있음을 표현할 때는 "below"를 사용한다.

The old man lives on the floor **above us**. (그 어르신은 우리보다 위층에 사신다.)
At that time, we lived in a little apartment **above a grocery store**.
(그 당시에 우리는 식료품가게 위에 있는 작은 아파트에 살고 있었다.)
The old man lives on the floor **below us**. (그 어르신은 우리보다 낮은 층에 사신다.)
There is a grocery store **below our little apartment**.
(작은 우리 아파트 밑에 식료품가게가 있다.)

2   **기준 이상과 이하**: "온도, 높이, 깊이, 계급 등"에서 높은 위치에 있거나 어떤 기준보다 높을 경우에는 "above"를 사용하고, 반대의 경우에는 "below"를 사용한다.

The temperature can drop **below ten degrees Celsius**.
(온도가 섭씨 영하 10도 아래로 떨어질 수 있다.)
The temperature can creep up to **above twenty degrees Celsius**.
(온도가 섭씨 20도 위로 오를 수 있다.)
The rainfall has been **above/below average** this year.
(강수량이 올해에는 평균 이상/이하였다.)
You were driving **above/below the speed limit**.
(당신은 제한속도 이상/이하로 운전하고 있었다.)
Taebaek Mountain is about 1,550 meters **above sea level**. (태백산은 해발 약 1,550미터다.)
The Dead Sea is about 400 meters **below sea level**. (사해는 해발 약 -400미터다.)
A colonel is **above a major** in the Korean army. (한국군에서 대령은 소령보다 높다.)

A major is **below a colonel** in the Korean army. (한국군에서 소령은 대령보다 낮다.)

3 **상류/북쪽과 하류/남쪽**: above는 "... 상류에/북쪽에"의 뜻으로, below는 "... 하류에/남쪽에"의 뜻으로 쓰인다.

They decided to build a bridge **above/below the river**. (= on the upper/lower stream)
(강 상류/하류에 다리를 건설하기로 결정했다.)
The city is located 10 kilometers **above/below Seoul**. (= to the north/south)
(이 도시는 서울 북쪽으로/남쪽으로 10킬로미터 위치에 있다.)

4 **부사**: above와 below는 부사로 사용될 수 있으며, above는 "이미 언급했거나 논의한 것"을, below는 "앞으로 언급하거나 논의할 것"을 표현할 때 사용된다.

Several conclusions could be drawn from the results described **above**.
(위에서 설명한 결과에서 몇 가지 결론을 도출할 수 있었다.)
Full details can be found in the table **below**. (상세한 것은 아래 도표에서 볼 수 있다.)

▶ 글이나 책에서 "앞에 쓴 내용을 보라"고 때는 "see above"를, "뒤에 논의할 내용을 보라"고 할 때는 "see below"를 사용한다.

See above/below for the reasons for closing down the factory.
(공장 폐쇄에 대한 이유에 대해서는 위/아래를 보라.)

5 **형용사**: above는 below와는 달리 형용사로 쓰일 수 있다.

For further information, write to **the above address**.
(더 알고 싶은 것이 있으면 위의 주소로 편지를 보내십시오.)
For **the above reasons**, the management has no choice but to close the factory.
(위와 같은 이유로 경영자는 공장을 폐쇄하는 것 외에는 선택이 없다.)

▶ 글에서 앞에서 언급한 내용의 일부를 가리킬 때 "the above"를 사용할 수 있다.

If none of **the above** applies to us, we may be able to reclaim tax.
(위의 어떠한 사항도 우리와 상관이 없으면, 우리는 세금을 되돌려 받을 수 있다.)

A9   above와 over

above와 over는 어떤 것이 다른 것보다 "더 높은 위치에" 있음을 표현한다.

1 **높은 위치**: 어떤 것이 다른 것보다 단순히 위에 있음을 표현할 때는 above와 over 둘 다 사용할 수 있다.

Young girls wear skirts **above/over** the knees.
(젊은 여성들은 스커트를 무릎 위로 입는다.)
They saw a drone flying **above/over** the City Hall.

(그들은 드론이 시청 위로 날아가는 것을 보았다.)

▶ "바로 위인" 경우에는 over를, 바로 위가 아니고 "높은 위치"를 가리키는 경우에는 above를 사용한다.

The lights **over the stage** suddenly grew dim and the actors came on.
(무대 위에 있는 등이 갑자기 흐려지면서 배우들이 등단했다.)
Scientists have discovered a hole in the ozone layer **over Antarctica**.
(과학자들은 남극 위의 오존층에 구멍이 있음을 발견했다.)
There's a mirror **above the washbasin**. (세면대 위에 거울이 있다.)
His name comes **above mine** on the list. (그의 이름은 명단에서 내 이름 위에 있다.)

2 **근접성/연속성**: 하나가 다른 것을 덮거나 접촉된 상태일 경우, 혹은 두 대상 사이에 연속성이 있는 것으로 생각할 때는 over를 사용한다.

Keep the blanket **over the patient**. (담요를 환자에게 덮어주어라.)
There are black clouds hung **over the mountains**. (산 위에 검은 구름이 드리워져 있다.)
He put on a thick fur coat **over his underwear**.
(그는 내복 위에 두꺼운 털 코트를 입고 있었다.)

3 **기준 이상**: 온도, 높이, 깊이, 계급 등에서 높은 위치에 있거나 어떤 기준보다 높을 경우에는 above를 사용한다.

People feel comfortable at about 20 degrees Celsius **above zero**.
(사람들은 영상 섭씨 약 20도에서 편안함을 느낀다.)
Halla Mountain is exactly 1,947.269 meters **above sea level**.
(한라산은 정확히 해발 1,947.269미터다.)
A colonel is **above a major** in the Korean army. (한국군에서 대령은 소령 위다.)
I borrowed money from the bank at interest **above average**.
(나는 은행에서 평균보다 비싼 이자로 돈을 빌렸다.)

4 **한계 이상**: over는 연령, 속도, 수량 등에서 "어떤 한계를 넘는 것(more than)"을 나타낼 때 사용된다.

You have to be **over 17** to get married in this country.
(이 나라에서는 결혼하려면 17세를 넘어야 한다.)
She was driving at **over 100mph** that is well above the speed limit.
(그녀는 제한속도를 훨씬 넘는 시간당 100마일 이상으로 운전하고 있었다.)
Over 100,000 spectators watched the football game between Brazil and Korea.
(100,00명 이상의 관중이 한국과 브라질의 축구경기를 관람했다.)

5 **상류와 반대쪽**: above는 "... 상류에"의 뜻으로, over는 한편에서 반대편으로 "가로지르는"의 뜻으로 쓰인다.

They decided to build a bridge **above the river**. (= on the upper stream)
(강 상류에 다리를 건설하기로 결정했다.)
They decided to build a bridge **over the river**. (= across the river)
(다리를 가로질러 다리를 건설하기로 결정했다.)
You can park your car **above the street**. (= up the street)
(길 위쪽에 주차할 수 있습니다.)
You can park your car **over the street**. (= across the street)
(길 건너에 주차할 수 있습니다.)

6   see above/over: 글이나 책에서 "see above"는 "앞에 쓴 내용을 보라"는 뜻이고 "see over"는 "다음 페이지를 보라"를 뜻한다.

See above/over as to black people's struggle for equal rights.
(평등권을 얻기 위한 흑인들의 투쟁에 대해서는 위/아래를 보라.)

▶ 이런 점에서 "see over"는 "see below"와 그 의미가 유사하다.

See below for his stance on abortion. (낙태에 대한 그의 입장에 대해서는 아래를 보라.)

7   over: over는 어떤 것이 다른 것을 넘어 한편에서 다른 편으로 가로지르는 것을 표현한다.

The man jumped **over** the fence with a baby on his back.
(그 사람은 등에 어린아이를 업고 울타리를 뛰어넘었다.)
The plane was flying **over** Denmark. (비행기는 덴마크의 상공을 날고 있었다.)
Electricity cables stretch **over** the fields. (전기선이 들판을 가로질러 뻗어있었다.)

above의 반의어인 below와 over의 반의어인 under에 대해서는 B17을 보라.
over와 유사한 의미를 가진 across에 대해서는 A11을 보라.

A10   according to

1   진실: 말한 내용이나 보여준 것이 "... 사실이라면"이라는 뜻으로 쓰인다.

According to Harry (= If what Harry says is true,), we're getting a new English teacher next semester. (해리에 따르면 우리는 다음 학기에 새로운 영어 선생을 맞게 될 것이다.)
According to the report, the people planned a big demonstration in front of the City Hall. (보도에 따르면 시민들이 시청 앞에서 대규모 시위를 계획했다.)
According to the timetable, the plane departs at 8:27 a.m.
(시간표에 따르면 비행기는 오전 8시 27분에 떠난다.)

▶ 일반적으로 according to를 써서 자신의 의견을 제시하지 않는다. 대신에 "in my opinion"을 사용한다.

In my opinion, she's a very intelligent lady. (내 생각에는 그녀는 매우 명석한 사람이다.)
(***According to me**, she's a very intelligent lady.)

In my opinion, he's not making a good job of it.
(내 생각으로는 그는 그 일을 잘 해내지 못하고 있다.)

2   **depending on**: A according to B는 "B에 따라 A가 변하다/발생하다/진행하다"의 뜻을 갖는다.

Telephone charges vary **according to the time of day**. (전화비는 시간에 따라 달라진다.)
We group our students **according to their level of competence**.
(우리는 학생들을 그들의 능력에 따라 분류한다.)
They're put in different groups **according to their ability**.
(그들은 그들의 능력에 따라 다른 집단에 배정된다.)

3   **following**: 정해진 규칙이나 계획에 따르는 것을 의미할 수 있다.

The game will be played **according to the rules** agreed in the last meeting.
(경기는 지난 회합에서 결정한 규칙에 따라 진행될 것이다.)
Everything went **according to plan**, and we arrived on time.
(모든 것이 계획대로 되어서 우리는 정각에 도착했다.)

A11 across, over, through

1   across와 over

▶ across와 over는 "선, 강, 길, 다리" 등의 반대편을 가리킬 수 있다.

They live just **across/over** the border. (그들은 국경 바로 건너에 살고 있다.)
He's too small to jump **across/over** the stream. (그는 개울을 뛰어 건너기에는 너무 작다.)
There was no bridge **across/over** the river, so we had to swim across.
(강에 다리가 없어서 우리는 헤엄을 쳐서 건너야만 했다.)

▶ over는 높이가 있는 물체를 넘어 반대편으로의 이동을 의미한다.

The dog jumped **over** the fence. (개가 울타리 뛰어넘었다.)
(*The dog jumped **across** the fence.)
No one have succeeded in climbing **over** the wall. (아무도 그 담을 넘는 데 성공하지 못했다.)
(*No one have succeeded in climbing **across** the wall.)

▶ across는 평탄한 지역이나 물 위의 반대편을 말할 때 보통 사용된다.

They decided to walk **across** the desert. (그들은 사막을 가로질러 걷기로 했다.)
(*They decided to walk **over** the desert.)
The ship sailed **across** the lake. (배는 호수를 가로질러 항해했다.)
(*The ship sailed **over** the lake.)

2 across와 through

▶ across와 through의 차이는 on과 in의 차이와 비슷하다. across와는 달리 through는 3차원 공간에서의 이동을 말할 때 많이 사용된다. 다음을 비교해보라.

She walked **across** the field. (그녀는 들판을 가로질러 걸었다.) (She was **on** the field.)
I walked **through** the forest. (나는 숲 속을 가로질러 걸었다.) (I was **in** the forest.)
The soldiers marched **across** the field. (병사들이 들판을 가로질러 행진했다.)
The soldiers marched **through** the towns in the north.
(병사들이 북쪽에 있는 시내를 가로질러 행진했다.)

▶ 그러나 across와 through는 많은 경우 거의 의미적 차이 없이 쓰이기도 한다.

We made our way **across/through** the village to the farm.
(우리는 마을을 가로질러 농장까지 나아갔다.)
We passed **across/through** France on our way to Spain.
(우리는 스페인으로 가는 도중에 프랑스를 통과했다.)

3 across, over, through

▶ across, over, through는 맥락에서 그 목적어를 추측할 수 있을 경우 목적어가 생략될 수 있으며, 목적어 없는 독립 전치사(즉, 전치사적 부사)로 사용될 수 있다.

She walked **across (the room)** to the window. (그녀는 방을 가로질러 창문까지 걸어갔다.)
Heat this syrup and pour it **over (my dessert)**. (이 시럽을 데운 다음 내 후식 위에 부어라.)
He went straight **through (the hall)** to the kitchen to get a can of beer.
(그는 캔 맥주를 가지러 복도를 똑바로 가로질러 부엌으로 갔다.)

above와 over에 대해서는 A9를 보라.
시간과 관계된 through에 대해서는 T10을 보라.
독립 전치사에 대해서는 P33을 보라.

A12 active verb forms(능동형 동사)

능동 동사형이란 수동 동사형와 대조를 이루는 형태다. 영어의 능동동사는 단순현제와 단순과거를 제외하고는 조동사 be나 have와 결합하여 다양한 시제형의 능동동사를 구성한다.

1 **현재시제 동사형**: 단순현재형, 현재진행형, 현재완료형, 현재완료진행형이 있다.

▶ 단순현재: 삼인칭 단수 주어인 경우 동사에 -(e)s를 붙인다.

주어	동사형
I/you/we/they	speak
he/she/it	speaks

We **speak** English well. (우리는 영어를 잘한다.)
He **speaks** English well. (그는 영어를 잘한다.)

▶ 현재진행: 주어의 수, 인칭에 따라 be 동사형이 바뀌고, 본동사에는 현재분사형이 온다.

I	am working
he/she/it	is working
you/we/they	are working

He **is working** hard. (그는 열심히 일하고 있다.)
They **are working** hard. (그들은 열심히 일하고 있다.)

▶ 현재완료: 삼인칭 단수의 경우에는 has가 사용되고 그 외의 경우에는 have가 사용된다. 본동사는 과거분사형이 사용된다.

| I/you/we/they | have worked |
| he/she/it | has worked |

They **have worked** for a law firm. (그들은 법률회사에서 일해 왔다.)
She **has worked** for a law firm. (그녀는 법률회사에서 일해 왔다.)

▶ 현재완료진행: 삼인칭 단수의 경우에는 has가 사용되고 그 외의 경우에는 have가 사용되며, be동사는 과거완료형이 사용되고 본동사는 현재분사형이 사용된다.

| I/you/we/they | have been working |
| he/she/it | has been working |

I **have been working** for a design company. (나는 설계회사에서 일해오고 있다.)
He **has been working** for a design company. (우리는 설계회사에서 일해오고 있다.)

현재시제 동사의 용법에 대해서는 P36-P39를 보라.

2 **과거시제 동사형**: 단순과거형, 과거진행형, 과거완료형, 과거완료진행형이 있다.

▶ 단순과거: 주어와 관계없이 모든 경우에 동일한 과거형이 사용된다.

| 모든 주어 | worked |

He **worked** as a teacher until retirement. (그는 은퇴할 때까지 교직에서 일했다.)
We **worked** as teachers until retirement. (우리는 은퇴할 때까지 교직에서 일했다.)

▶ 과거진행: 단수주어의 경우에는 was가 사용되고, 이인칭과 복수주어의 경우에는 were가 사용되며, 본동사는 현재분사형이 사용된다.

I/he/she/it	was working
we/you/they	were working

She **was working** for a law firm. (그녀는 법률회사에서 일하고 있었다.)
They **were working** for a law firm. (그들은 법률회사에서 일하고 있었다.)

▶ 과거완료: 삼인칭 단수주어의 경우에는 has가, 그 외의 경우에는 have가 사용되며, 본동사는 과거분사형이 사용된다.

모든 주어	had worked

I **had worked** for a law firm until recently. (나는 최근까지 법률회사에서 일했었다.)
He **had worked** for a law firm until recently. (그는 최근까지 법률회사에서 일했었다.)

▶ 과거완료진행: 모든 주어의 경우에 had가 사용되고 be동사는 과거분사형, 본동사는 현재분사형이 사용된다.

모든 주어	had been working

I **had been working** at the university. (나는 대학에서 가르치고 있었었다.)
They **had been working** at the university. (그들은 대학에서 가르치고 있었었다.)

과거시제 동사의 용법에 대해서는 P15-P19를 보라.
불규칙 동사에 대해서는 V8을 보라.
조동사에 대해서는 A79를 보라.
수동형 동사에 대해서는 P7을 보라.

A13   adjectives(형용사)-1: 개요

1   **형태**: big, good, red와 같이 많은 형용사들은 특징적인 형태를 갖지 않지만, 상당수의 형용사들은 몇 가지 특징적인 파생 접미사를 갖는다.

-**ar**: familiar, particular, polar, popular, regular, similar
-**y**: angry, dirty, funny, guilty, healthy, hungry, icy
-**ly**: daily, likely, manly, monthly, quarterly, weekly, yearly
-**(i)al**: exceptional, mental, general, physical, professional, special
-**ous**: anxious, conscious, famous, joyous, serious, various
-**ic(al)**: atomic, basic, electric(al), historic(al), scientific, sympathetic
-**ish**: boyish, Danish, foolish, girlish, Scottish, wolfish, womanish
-**ary**: customary, honorary, imaginary, ordinary, secondary
-**ful**: beautiful, careful, faithful, grateful, skillful, tactful
-**less** : blameless, careless, childless, harmless, senseless
-**ant**: dominant, dormant, hesitant, irritant, pleasant, tolerant

-ent: ancient, convenient, dependent, excellent, frequent, urgent
-able: enjoyable, fashionable, navigable, reliable
-ible: incredible, possible, sensible, visible, responsible
-ive: active, attractive, expensive, native, sensitive
-ed: confused, excited, limited, related, surprised
-ing: amusing, disappointing, growing, surprising, willing

-ic(al)어미를 가진 형용사에 대해서는 I1을 보라.

2 **기능**: 형용사의 가장 중요한 기능은 뒤따라 오는 명사를 수식하는 "한정적(attributive) 역할"과 연결동사나 복합타동사 구문에서 주어보어 또는 목적어보어로 쓰이는 "서술적(predicative) 역할"이다.

A **young man** was driving his **new car** through the **rough road**.   [한정적 역할]
(한 젊은이가 울퉁불퉁한 도로에서 새 차를 운전하고 있었다.)
The author of this book is very **famous**.   [주어보어]
(이 책의 저자는 매우 유명한 분이다.)
I consider myself **fortunate**. (나는 나 자신을 행운아로 생각한다.)   [목적어보어]

A14   adjectives-2: 한정적 기능

여러 개의 형용사가 명사를 앞에서 수식할 경우에 이 형용사들은 특별한 순서로 배열된다. 예를 들어 "a fat old lady"라고는 말하지만 "*an old fat lady"라고는 말하지 않으며, "a small shiny black leather handbag"라는 해도 "*a black shiny small leather handbag"라고 하지는 않는다. 불행하게도 형용사 수식어의 순서를 규정하는 법칙은 매우 복잡하며, 문법책에 따라 상세한 부분은 다를 뿐만 아니라 화자가 말하고자 하는 의도에 따라 달라질 수도 있다는 점에 유의하라.

▶ 한정적 형용사 수식어의 순서

제한형용사	(주관적) 평가형용사	기술형용사	분류형용사

1 **제한형용사**: 수식하는 명사구의 지시 범위를 제한하는(limiting) 역할을 한다.

authentic	certain	chief	key
main	only	particular	primary
prime	same	sole	specific 등

The recent rise in crime is a matter of our **main concern**.
(최근의 범죄율 증가는 우리의 주요 관심사다.)
Do you have any **specific/particular reason** to believe that?
(당신은 그것을 믿을만한 특별한 이유를 알고 있습니까?)
He was named as the **prime suspect** in the murder investigation.
(그는 살인 수사에서 주 용의자로 지목되었다.)

2 **(주관적) 평가형용사**: 수식하는 명사에 대해서 화자나 필자가 주관적(subjective)으로 어떤 속성을 가진 것으로 평가하는(evaluative) 역할을 한다.

bad	beautiful	crazy	dependable
expensive	famous	favorite	gentle
good	handsome	impudent	kind
lovely	nice	outstanding	polite
principal	reliable	sensible	smart
stupid	ugly	valuable	wise 등

Abandoning the ship seemed like the **only sensible thing** to do.
(배를 포기하는 것이 가장 현명한 일인 것 같았다.)
The workers are my **prime dependable supporters** of the legislation.
(노동자들이 입법을 위한 나의 가장 믿음직한 지지자들이다.)
That's funny, he proposed exactly the **same crazy idea**.
(그가 정확히 같은 기이한 생각을 하다니 우스꽝스럽다.)
Oil is the country's **sole reliable source** of income.
(오일이 그 나라의 유일하게 확실한 수입원이다.)

3 **기술형용사**: 기술(descriptive)형용사에는 수식받는 명사의 가시적 또는 내재적 속성을 표현하며, 여러 개가 함께 나타날 수 있다. 그 순서는 반드시 지켜지는 것은 아니지만 대략 다음과 같다.

크기	모양	연령	색채	분사	기원/양식	재료

▶ 평가형용사 다음에는 일반적으로 크기, 길이, 높이 등을 의미하는 기술형용사가 온다.

He owns an **expensive big house** in the suburb.
(그는 교외에 고가의 대저택을 소유하고 있다.)
Who is that **gentle tall person** at the doorstep?
(문간 층계에 서 있는 저 멋지고 키 큰 사람이 누굽니까?)

▶ 크기(size) 기술형용사 다음에는 일반적으로 모양 기술형용사가 온다.

There are several **large square rooms** in the building.
(이 건물에는 크고 네모반듯한 방이 몇 개 있다.)
The company purchased **wide rectangular space** for a new office building.
(회사는 새로운 사무실 건물을 짓기 위해 직각사각형의 넓은 부지를 구입했다.)

▶ 모양(shape) 기술형용사 다음에는 일반적으로 연령 기술형용사가 온다.

Do you know the meaning of this **square modern structure**?
(당신은 이 네모난 현대식 구조물의 의미를 아십니까?)
I slept in the **oval traditional room** of the house.
(나는 이 집의 둥근 모양의 전통적 침실에서 잠을 잤다.)

▶ 연령(age) 기술형용사 다음에는 일반적으로 색채 기술형용사가 온다.

She decided to wear the **new blue dress** for the graduation party.
(그녀는 졸업파티를 위해 새로운 하늘색 드레스를 입기로 했다.)
He has an office in the **modern white building**.
(그는 현대식 흰색 건물에 사무실을 가지고 있다.)

▶ 색채(color) 기술형용사 다음에는 일반적으로 분사형 기술형용사가 온다.

You shouldn't drive over the **yellow dividing line** on the street.
(도로에서 운전할 때 노란색 경계선을 넘지 말아야 한다.)
I bought this **green carved stature** in Africa.
(나는 이 초록색 조각상을 아프리카에서 샀다.)

▶ 분사형(participles) 기술형용사 다음에는 일반적으로 기원/양식 기술형용사가 온다.

She stepped into the **renovated Victorian reception room** of the mansion.
(그녀는 저택의 새로 단장한 빅토리아식 접견실로 들어갔다.)
He's going to marry a **good-looking Korean girl** next week.
(그는 다음 주에 예쁜 한국 여성과 결혼할 예정이다.)

▶ 기원/양식(origin/style) 기술형용사 다음에는 일반적으로 재료(material) 기술형용사가 온다.

They bought an **Italian wooden table** for their new kitchen.
(그들은 새로운 주방을 위해 이태리식 나무 식탁을 샀다.)
She has been collecting **Korean earthen pots** since 1950.
(그녀는 1950년 이래 한국의 토기를 수집하고 있다.)

4   **분류형용사**: 분류(classifying)형용사는 명사가 가리키는 지시를 어떤 기준에 따라 분류하는 의미를 갖는다.

atomic (scientist)   bodily (harm)   chemical (engineer/plant)
criminal (law)   educational (standards) medical (building/school)
musical (comedy)   polar (bear)   short (story)
social (life)   solar (energy) 등

I heard he graduated from a **famous Belgian medical school**.
(나는 그가 유명한 벨기에 의과대학을 졸업했다는 말을 들었다.)
A number of **young Korean atomic scientists** attended the Conference.
(많은 젊은 한국 핵 과학자들이 회의에 참석했다.)
This is my **favourite traditional Italian musical comedy**.
(이것은 내가 가장 좋아하는 이탈리아 전통 음악희곡이다.)

5   **명사 수식어**: 형용사 수식어와 명사 사이에는 다른 명사 수식어가 올 수 있다.

He wore a pair of **black Italian leather shoes**.

(그는 검은색 이탈리아 가죽구두를 신고 있었다.)
The police are looking for the **stolen white sports car**.
(경찰은 도난당한 흰색 스포츠카를 찾고 있다.)
She ordered a **lovely large oval mahogany dinner table** for her new home.
(그녀는 자신의 새집을 위해 크고 멋있는 타원형 마호가니 식탁을 주문했다.)

상세한 명사 수식어에 대해서는 N32를 보라.

6 **수사 (numerals)**: 기수는 일반적으로 형용사 앞에 오고 서수(first, next, last 등)는 기수(one, two, three 등)를 앞선다.

She bought **six large** eggs in the grocery store.
(그녀는 식료품가게에서 큰 달걀 여섯 개를 샀다.)
They live in the **second big** house on Oxford Street.
(그들은 옥스퍼드 가의 두 번째 큰 집에서 살고 있다.)
I spent my **first three** days looking for a place to live.
(나는 첫 번째 3일을 살 곳을 찾는 데 보냈다.)
He hasn't been satisfied with his **last two** jobs, so he's looking for the third one.
(그는 마지막 두 개의 일자리에 만족할 수 없어서 세 번째 일자리를 찾고 있다.)

수사에 대한 상세한 논의에 대해서는 N39를 보라.

7 **한정적 형용사와 부정관사**: 한정적 형용사는 부정관사 다음에 오는 것이 정상이지만 형용사가 "as, how, so, too, this, that"의 수식을 받을 경우 한정적 형용사가 부정관사 a/an 앞에 온다.

as/how/so/too/this/that + 형용사 + a/an + 명사

She has **as interesting a hobby** as you. (그녀는 너처럼 재미있는 취미를 가지고 있다.)
(*I have **as an interesting voice** as you.)
I don't know **how good a pianist** he is.
(나는 그가 얼마나 훌륭한 피아니스트인지 모르고 있다.)
It was **so fine a day** that I could hardly stay at home.
(날씨가 너무 좋아서 나는 집에 있을 수가 없었다.)
(참고: It was **such a fine day** that I could hardly stay at home.)
She's **too polite a person** to refuse. (그녀는 매우 예의 바른 사람이어서 거절할 수 없었다.)
We couldn't afford **that big a house**. (우리는 그렇게 큰 집을 감당할 수가 없다.)
I've never seen **this big a hamburger** before. (나는 이렇게 큰 햄버거를 본 적이 없다.)

▶ enough의 수식을 받는 형용사도 부정관사를 앞선다.

He's **rich enough a man** to own a Ferrari. (그는 페라리를 가질 만큼 부자다.)
(*He's a **rich enough man** to own a Ferrari.)

▶ 위의 구조는 부정관사 a/an 없이는 성립하지 않는다.

*I like **so beautiful your country**.
*They are **too kind girls** to refuse.

8 한정적으로만 쓰이는 형용사

▶ "elder. eldest, live"와 같은 형용사는 한정적 위치에만 나타나고 서술적 위치에는 다른 단어가 사용된다. (E7을 보라.)

My **older/elder** sister is a pilot. (나의 누나는 비행기 조종사다.)
She's three years **older/*elder** than me. (그녀는 나보다 세 살이 많다.)

▶ live가 (/laɪv/로 발음됨) 형용사로 쓰일 때는 한정적으로만 쓰이며, 서술적 위치에는 alive가 사용된다.

The cat was playing with a **live/*alive** mouse. (고양이가 살아있는 쥐와 놀고 있다.)
He caught a fish two hours ago, but it's still **alive/*live**.
(그가 두 시간 전에 물고기를 잡았는데 아직도 살아있다.)

▶ -en으로 끝나는 대부분의 형용사는 서술적으로 쓰일 수 없다.

drunken	earthen	eastern	golden
leaden	northern	silken	southern
western	wooden	woolen 등	

Drunken driving is very dangerous. (음주운전은 매우 위험하다.)
(*He is **drunken**이라고 하지 않고 He is **drunk**라고 한다.)
I like **western** movies. (나는 서부영화를 좋아한다.) (*This movie is **western**.)
We slept on the **earthen** floor. (우리는 흙마루에서 잠을 잤다.)
She bought a **wooden** bed. (그녀는 목침대를 샀다.)

▶ 다음의 표현에서 형용사들은 모두 한정적 수식어로만 쓰인다.

an **atomic** scientist	the **chief** economist	a **criminal** lawyer
my **favorite** toy	the **former** part	an **inner** room
the **latter** part	a **lonely** life	the **lower** class
the **main** idea	a **medical** school	the **only** person
the **outer** walls	the **particular** reason	a **polar** bear
the **prime** suspect	the **principal** cause	the **sole** responsibility
a **tidal** wave	the **upper** lip 등	

▶ 강조 (intensifying) 형용사도 몇몇을 제외하고는 일반적으로 한정적 위치에서만 사용된다.

bloody	complete	definite	exact
mere	outright	perfect	plain
real	regular	sheer	thorough
total	true	utter 등	

He's a **mere** child. (그는 그저 아이일 뿐이다.) (*That child is **mere**.)
It's **sheer** madness. (그것은 완전히 미친 짓이다.) (*That madness is **sheer**.)
You **bloody** fool! (너 참 바보구나!) (*That fool is **bloody**.)
It came as a **total surprise** to many fans that he would marry soon.
(그가 곧 결혼할 것이라는 것은 많은 팬에게는 대단한 놀라움이었다.)

9   **a-로 시작하는 형용사**: afraid처럼 a-로 시작하는 대부분의 형용사는 한정적 수식어로 쓰이지 않는다.

ablaze	afire	afloat	afraid
alike	alive	alone	aloud
ashamed	asleep	awake	aware 등

The baby fell **asleep**. (아기가 잠이 들었다.)
Don't disturb **the sleeping/*asleep baby**. (잠자는 아이를 방해하지 마라.)
The ship's still **afloat**. (배가 아직도 떠 있다.)
It's **a floating/*an afloat ship**. (그것은 물 위에 떠 있는 배다.)
The boy was **afraid**. (그 남자아이는 두려워했다.)
He's just **a frightened/*an afraid boy**. (그는 겁에 질린 아이일 뿐이다.)
The cowboy is **alone**. (카우보이는 고독하다.)
He is **a lonely/*an alone cowboy**. (그는 고독한 카우보이다.)

▶ "alert, aloof, amoral, amorphous" 등은 한정적 수식어로도 쓰인다.

We have to be **alert**, while the boss's away. (대장이 없는 동안 우리는 방심해서는 안 된다.)
The thief was spotted by **an alert neighbour**. (도둑놈이 경계심이 높은 이웃에게 목격되었다.)
Young children are **amoral**. (어린아이들은 도덕관념이 없다.)
It is not difficult to see **amoral politicians** nowadays.
(오늘날에는 도덕관념이 없는 정치인을 찾는 것이 어렵지 않다.)

A15   adjectives-3: 명사 뒤에 오는 구조

명사를 수식하는 한정적 형용사는 일반적으로 명사 앞에 오지만, 몇몇 구조에서는 명사 뒤에 온다.

1   **부정대명사**: 부정대명사를 수식하는 형용사는 그 뒤에 온다. 다시 말해서 부정대명사는 자신의 앞에 형용사의 한정적 위치를 허용하지 않는다. (I16을 보라.)

| something | everything | anything | nothing |
| somebody | anywhere | anyone | somewhere 등 |

Have you read **anything interesting** lately? (근래에 재미있는 것 읽은 것 있나?)
Let's go **somewhere quiet**. (조용한 곳으로 가자.)

2   **치수 표현**: 치수(measurement)를 나타내는 표현에서는 형용사가 치수명사구 다음에 온다.

The fence is **two meters high**. (담의 높이 2미터다.)
The canal is **two miles long**. (수로의 길이가 2마일이다.)
The boy is **ten years old**. (그 소년은 10살이다.)
The pond is **six feet deep**. (연못의 깊이가 6피트다.)

3   **형용사 보충어**: 뒤에 보충어를 가진 모든 형용사는 명사를 뒤에서 수식할 수 있다.

They have **a house larger than yours**. (그들은 당신보다 큰 집을 가지고 있다.)
The boys easiest to teach are in my class.
(가르치기가 매우 쉬운 남자아이들이 내 반에 있다.)

구어체에서는 종종 보충어는 제자리에 둔 채 형용사만 한정적 수식어 위치로 이동하는 경우가 있다.

They have **a larger house than yours**. (그들은 네 집보다 더 큰 집을 가지고 있다.)
The easiest boys to teach are in my class.
(가르치기가 매우 쉬운 남자아이들이 내 반에 있다.)

▶ 이런 현상은 "different, similar, the same, next, last, first, second 등" 단어와 "비교급과 최상급 형용사" 그리고 "difficult와 easy 같은 형용사"에서 흔히 나타난다.

a **different** life from his one ~ a life **different** from his one
the **next** house to the Royal Hotel ~ the house **next** to the Royal Hotel
the **second** train from the platform ~ the train **second** from the platform
the **best** mother in the world ~ the mother **best** in the world
a **difficult** problem to solve ~ a problem **difficult** to solve

4   **여타의 예**

▶ 현대영어에서는 한정적 형용사를 명사 뒤에 위치시키는 것은 몇몇 고정된 표현에 국한된다.

Secretary **General**   court **martial** (= military court)
Poet **Laureate**   President **elect**
God **Almighty**!   Attorney **General**

▶ 몇몇 형용사들은 관계절과 마찬가지로 명사 다음 위치에만 나타난다. -able 또는 -ible 어미를 가진 형용사는 명사가 다른 최상급 형용사의 수식을 받거나 only, all 또는 last, next 따위의 서수사의 수식을 받고 있으면 명사 뒤로 이동할 수 있다.

the best **possible** use ~ the best use **possible**
the only **suitable** actor ~ the only actor **suitable**
all the **available** tickets ~ all the tickets **available**

-able/-ible 어미를 가진 형용사 중에는 한정적으로 사용될 때와 후치 수식어로 사용될 때와 뜻이 달라지는 것이 있다. 예를 들어 "the stars **visible**"은 "어떤 시점에 눈에 보이는 별들"

을 뜻하고 "the **visible** stars"는 "눈에 보일 수 있는 모든 별들"의 범주를 가리킨다. 이러한 뜻의 차이는 "rivers **navigable**" (어떤 특정한 경우에 항해할 수 있는 강)과 "**navigable** rivers" (언제나 항해 가능한 강)에서도 찾아볼 수 있다.

▶ present는 명사 앞에 오면 시간을 의미하지만, 명사 뒤에 오면 "참석한(not absent), (특정 장소에) 존재하는"을 의미한다.

All the **present members** of the club attended the 2001 general meeting.
(클럽의 모든 현존 회원들이 2001년 총회에 참석했다.)
We need a list of names of all the **members present** at the 2001 general meeting.
(우리는 2001년 총회에 참석한 모든 회원의 명단이 필요하다.)
We were studying the **gases present** in the earth's atmosphere.
(우리는 지구의 대기권에 존재는 기체를 연구하고 있다.)

▶ proper는 명사 앞에 오면 (특히 영국영어에서) "적절한/올바른"을 뜻하고, 명사 뒤에 오면 어떤 대상의 "진정한/중심의"를 가리킨다.

Everything was in its **proper place**. (모든 것이 제 자리에 있었다.)
Try to eat **proper meals** instead of fast-food takeouts.
(주문한 즉석 음식 대신에 적절한 식사를 하도록 애써야 한다.)
The chat before the **interview proper** is intended to relax the candidate.
(본격적인 회견에 앞서 잡담을 하는 것은 후보의 긴장을 풀기 위한 것이다.)
It's a suburb of London—I wouldn't call it **London proper**.
(여기는 런던 변두리로 진정한 런던이라고 할 수 없다.)

▶ 몇몇 부사들도 이와 같이 쓰인다.

Why don't you take a shower in **the bathroom downstairs**.
(아래층 목욕실에서 샤워를 하지 그래?)
He wants to talk to **the woman upstairs** about her noisy party last night.
(그는 어젯밤 시끄러운 파티에 대해서 위층 여자에게 말하고 싶어 한다.)
He turned off **the lights outside** and went to bed. (그는 밖의 불을 끄고 잠자리에 들었다.)
The house requires a lot of **repairs inside** before we move in it.
(이 집은 우리가 이사 들어가기 전에 대대적인 내부 수리가 필요하다.)

such/what +형용사 + 명사의 구조에 대해서는 S31과 E24를 보라.
late as I was ...와 같은 표현에 나타나는 형용사 + as 구조에 대해서는 A64와 A67을 보라.

A16 adjectives-4: 서술적 기능

형용사의 서술적(predicative) 기능이란 주어보어(subject complement)와 목적어보어(object complement)로 사용되는 것을 가리킨다.

The new secretary is **smart and beautiful**.　　　　　　　　　　[주어보어]
(새로 온 비서가 총명하고 예쁘다.)

He seemed very **encouraged** after he met the personnel manager.
(그는 인사담당 이사를 만난 후에 매우 고무되어 있는 것 같았다.)

You should always keep vegetables **fresh**.   [목적어보어]
(채소는 항상 신선하게 보존해야 한다.)
I found the coffee too **strong** for me.
(커피가 나에게는 너무나 강했다.)

1 **주어보어**: 연결동사(linking/copular verbs) 중에는 형용사를 주어보어로 취하는 동사는 다음과 같다. (C28과 V3.2를 보라.)

be	appear	become	feel
look	remain	seem	smell
sound	stay	taste	turn 등

The road **isn't wide** enough, is it? (도로가 충분히 넓지 않지요?)
She **appears delighted**. (그녀는 즐거워 보였다.)
I **feel tired**. (나는 피곤하다.)
Our friends **seem ready** to help. (친구들이 도와줄 준비가 되어있는 것 같다.)
The weather will **stay fine** during the World Cup. (월드컵 동안은 일기가 계속 좋을 것이다.)

2 **목적어보어**: 다음의 복합타동사는 자신의 목적어 다음에 형용사를 목적어보어로 허용한다. (V6.2를 보라.)

believe	call	certify	confess
consider	declare	drive	find
get	have	hold	imagine
judge	keep	leave	like
make	paint	prefer	presume
proclaim	pronounce	prove	render
report	think	send	set
suppose	think	turn	want
wish 등			

We **painted the house white**. (우리는 집을 흰색으로 칠했다.)
I **found the cage empty**. (새장이 비어 있었다.)
The doctor **announced the man dead**. (의사는 그 남자가 사망했다고 선언했다.)
The blow to his head **rendered him unconscious**.
(머리에 가해진 충격으로 그는 정신을 잃었다.)

3 **형용사와 전치사**: 서술적으로 쓰이는 많은 형용사는 자신의 의미를 완성하기 위해 다른 표현을 동반하게 되는데, 우리는 이것을 보충어라고 부른다. 형용사는 일반적으로 전치사구를 보충어로 취하며, 전치사는 형용사에 의해 선택된다.

absent from	acceptable to	adjacent to
afraid of	angry at/with/about	anxious for
applicable to	attentive to	aware of
beneficial to	bound for	capable of
careful about/to	certain of	comparable with
complete with	conscious of	consistent with
content with	critical of	different from
deficient in	dependent on	deserving of
desirous of	detrimental to	devoid of
distinct from	eager for	efficient in
enough for	enthusiastic about/over	envious of
essential to	expert at/in	faithful to
familiar to/with	famous for	fearful of
fit for	fond of	free from
friendly to	full of	generous to
gentle with	glad of	good at/for/with
grateful for	guilty of	happy about
hostile to	identical to/with	ignorant of
inferior to	innocent of	jealous of
intent on	kind to	natural to
necessary for	obedient to	painful to
partial to	patient with	pleasant to
polite to	preferable to	positive of
proficient in	proper for	proud of
remote from	responsible for	rich in
rude to	safe from	separate from
similar to	slow at/in	sorry for
successful in	thoughtful of	tolerant of
worthy of 등		

My brother is very **fond of horses**. (나의 형은 말을 매우 좋아한다.)
My brother is very **fond of pointing out my mistakes**.
(내 처는 나의 잘못을 지적하는 것을 매우 좋아한다.)

The airline is legally **responsible for the safety of its passengers**.
(항공회사가 승객들의 안전에 법적으로 책임이 있다.)
He's **responsible for recruiting and training new staff**.
(그는 새로운 직원을 뽑고 훈련시킬 책임이 있다.)

Alex's very **good at languages**. (앨릭스는 언어에 큰 소질이 있다.)
Nobody would believe that he was **innocent of murder**.
(아무도 그가 살인과 무관하다고 믿지 않을 것이다.)
The company is very **proud of his achievements**.
(회사는 그의 업적을 매우 자랑스러워한다.)

4 **-ed형 형용사와 전치사**: "-ed 분사형 형용사"들도 특정한 형태의 전치사를 필요로 한다.

absorbed in	acquainted with	accustomed to
alarmed at/by	amazed at/by	annoyed at/by
ashamed of	associated with	astonished at/by
attached to	blessed with	bored with
committed to	composed of	concerned about/over
confused at/by	covered with	dedicated to
delighted at/by	deprived of	disappointed in/with
drunk on	embarrassed at/by	endowed with
gifted with	hurt at/by	indebted to
interested in/by	irritated at/by/with	known for/to
married to	occupied with	pleased with/by/at
puzzled at/by	qualified for	related to
satisfied with	shocked at/by	startled at/by
suited to/for	surprised at/by	tired from/of
troubled by/about	upset with 등	

I'm not **ashamed of anything** I've done. (나는 내가 한 일에 대해서 부끄러울 게 없다.)
We are **blessed with many children**. (우리는 많은 아이들로 축복을 받았다.)
John was **irritated by her all questions**. (존은 그녀의 모든 질문에 짜증이 났다.)
I'm **interested in cookery**. (나는 요리법에 흥미가 있다.)
You're not still **upset with me**, are you? (너는 아직까지도 나한테 화나 있는 것 아니지?)

▶ 몇몇 -ed형 형용사에서는 동사의 경우에 /d/나 /t/로 발음되는 것을 /ɪd/로 발음된다.

aged /éɪdʒɪd/ (= very old)	naked /néɪkɪd/
beloved /bɪlʌ́vɪd/	ragged /rǽgɪd/
blessed /blésɪd/	rugged /rʌ́gɪd/
crooked /krʊ́kɪd/	sacred /séɪkrɪd/
cursed /kə́ːrsɪd/	wicked /wíkɪd/
dogged /dɔ́gɪd/	wretched /rétʃɪd/
learned /lə́ːrnɪd/	two/four-legged /légɪd/

aged는 "very old"의 의미(예: my aged parents)를 가질 때에는 /éɪdʒɪd/로 발음되고, 나이를 표현(예: He has a daughter aged ten)할 때와 동사(예: He was worried to see how much he'd aged)로 쓰일 때는 /éɪdʒd/로 발음된다. marked는 형용사(예: The patient showed a marked improvement in her condition)로 쓰일 때는 /máːrkt/로 발음되지만, -ly어미가 붙은 부사가 된 markedly는 /máːrkɪdlɪ/로 발음된다.

5 **that-절 보충어**: 어떤 형용사는 that-절을 보충어로 선택한다.

afraid	angry	certain	clear
essential	glad	happy	important

likely	necessary	obvious	possible
pleased	sorry	surprised	true 등

I'm **glad that you were able to come**. (나는 네가 올 수 있어서 기쁘다.)
It's **important that everybody should feel comfortable**.
(누구나 편안함을 느끼는 것이 중요하다.)
We were all **pleased that you were promoted to senior manager**.
(네가 선임이사가 되어서 우리는 모두 기뻤다.)

6   **to-부정사 보충어**: 어떤 형용사는 to-부정사를 보충어로 선택한다.

able	afraid	anxious	ashamed
careful	certain	content	delighted
determined	eager	(un)fit	free
glad	happy	keen	likely
ready	silly	sorry	sure
surprised	thankful	willing	wise 등

You don't look **happy to see me**. (나를 만난 것이 기쁘지 않은 것 같다.)
The soup is **ready to eat**. (수프가 먹을 준비가 됐다.)
The party was so good that she was **reluctant to leave**.
(파티가 너무나 재미있어서 그녀는 집에 갈 생각이 없었다.)
This house is **unfit for anyone to live in**. (이 집은 사람이 살기에 적합하지 않다.)

7   **to-부정사 보충어의 주어**: to-부정사를 보어로 갖는 형용사가 예비 it-구문에 나타날 경우에 부정사의 주어는 일반적으로 전치사구로 표현된다. 전치사구의 유형에 따라 형용사를 분류하면 다음과 같다.

▶ for-구를 주어로 가지는 형용사

advantageous	advisable	beneficial	delightful
difficult	easy	essential	good (=beneficial)
hard	hopeless	important	necessary
(im)pertinent	(= relevant)	(un)pleasant	(im)possible
preferable	(im)	proper	(ir)relevant
satisfactory	useful	useless	worthwhile 등

It's **advisable for you** to write a carrier objective at the start of your resume.
(이력서 초반에 삶의 목표를 쓰는 것이 바람직하다.)
It was very **impertinent for a young boy** to make such a remark.
(어린 소년이 그런 말을 하는 것은 매우 주제넘은 것이었다.)
It's **worthwhile for you** to clarify the matter. (그 문제를 명백하게 밝힐 가치가 있다.)

▶ of-구를 주어로 가지는 형용사

considerate	generous	good (=kind)	intelligent

| kind | (dis)loyal | magnanimous | magnificent |
| malicious | nice | (un)worthy 등 | |

It was **good of him** to offer you a lift. (그가 차를 태워주다니 좋은 사람이다.)
It's really **kind of them** to let us use their pool.
(그들의 수영장을 사용하게 하다니 그들은 정말로 친절한 분들이다.)
It's **malicious of him** to spread these rumors.
(이런 소문을 퍼트리는 것은 그가 악의를 품고 있어서다.)

▶ for-구나 of-구를 주어로 가지는 형용사

(dis)courteous	foolish	impertinent	(un)natural
noble	(im)polite	(im)proper	rash
right	rude	strange	stupid
wicked	(us)wise	wrong 등	

It's **foolish for/of him** to do. (그런 일을 하다니 그 사람은 어리석다.)
It's not **polite for/of you** to speak with your mouth full.
(입속에 음식이 가득한 채로 말하는 것은 예의 바른 것이 아니다.)
It's **wrong for/of them** to assume that technical advance improves the quality of our life. (그들이 기술적 발전이 우리의 삶의 질을 높일 것이라고 생각하는 것은 잘못된 것이다.)

▶ to-구나 for-구를 주어로 가지는 형용사: 특히 감정을 표현하는 "-ing 분사형 형용사"는 일반적으로 to-구를 주어로 가지는 경향이 있으며, 어떤 것들은 for-전치사구를 주어로 갖는다.

alarming	amusing	annoying	astonishing
disappointing	disgusting	disturbing	embarrassing
fascinating	interesting	intriguing	irritating
pleasing	puzzling	satisfying	shocking
startling	surprising	terrifying	troubling 등

It's **amazing to me** to learn how old the lady was. (그 여자 분의 나이를 알고 나는 놀랐다.)
It was **disappointing to the young violinist** not to have won the first prize.
(그 젊은 바이올리니스트는 일등상을 타지 못해서 실망했다.)
It would be **embarrassing for/to him** to give a speech in public.
(그에게는 대중 앞에서 연설하는 것이 당황스러운 일일 것이다.)
It's **fascinating for/to the child** to observe the way that the toy works.
(장난감이 작동하는 방식을 보는 것이 아이에게는 황홀한 것이다.)

8 **보충어의 선택**: 많은 형용사들은 두 유형 이상의 보충어를 선택할 수 있다.

I'm **pleased about her promotion**. (나는 그녀가 승진해서 기뻤다.)
I'm **pleased to see you here**. (여기서 당신을 만나서 기쁩니다.)
I'm **pleased that we seem to agree**. (우리가 뜻을 같이하는 것 같아서 기쁘다.)

Kids are usually **afraid of the dark**. (아이들은 일반적으로 어둠을 무서워한다.)
Don't be **afraid to ask for help**. (도움을 요청하는 것을 주저하지 마라.)
I'm **afraid you've come to the wrong address**. (주소를 잘못 찾아오신 것 같은데요.)

일반적인 보충어에 대해서는 C21을 보라.
형용사 다음에 오는 -ing형에 대해서는 G9를 보라.
형용사 다음에 오는 절의 가정법에 대해서는 S29를 보라.

A17 adjectives-5: 수식받는 명사가 없는 구조

한정적 형용사를 가지고 있는 명사구에는 명사가 나타나는 것이 정상이다.

She is **a beautiful woman**. (그녀는 아름답다.) (*She is **a beautiful**.)
The welcome news is that house prices will fall. (좋은 소식은 집값이 하락할 것이라는 것이다.)
(***The welcome** is that house prices will fall.)

1   **the + 형용사**: 인칭명사를 수식할 수 있는 형용사는 수식받는 명사 없이 종종 정관사와 함께 사용될 수 있으며, 특별한 신체적 혹은 사회적 여건에 처해있는 집단을 표현한다. 이런 점에서 the + 형용사 구조는 일반적으로 복수가 된다.

The poor have become a major concern of this government.
(가난한 사람들이 이 정부의 주요 관심사가 되었다.)
The young should look after **the old**. (젊은이들이 노인들을 돌봐야 한다.)
The society should help **the physically and mentally handicapped**.
(사회는 육체적 정식적 장애인들을 도와주어야 한다.)

▶ 이 구조는 일반적으로 집단 전체를 가리키지만, 경우에 따라 제한적인 집단을 가리킬 수 있다.

After the accident, **the injured** were taken to hospital.
(사고 후에 부상자들은 병원으로 이송되었다.)
Many soldiers were killed and wounded, and **the wounded** were transported to the rear.
(많은 병사들이 전사하고 부상을 당했으며, 부상자들은 후방으로 후송되었다.)

▶ 이러한 유형의 표현으로 가장 흔한 것은 다음과 같다.

the blind	the dead	the deaf
the handicapped	the homeless	the jobless
the mentally ill	the mentally retarded	the old
the physically disabled	the poor	the rich
the unemployed	the young 등	

위의 표현은 모두 복수 표현으로 "the dead"는 "all dead people" 혹은 "the dead people"을 의미한다. 절대로 "the dead person"을 뜻하지는 않는다.

2 **속격 -'s**: 이 표현에는 속격 -'s가 쓰일 수 없으며 복수어미 -(e)s를 붙일 수도 없다.

There's no country without **the problems of the poor/*the poor's problems**.
(가난한 사람들의 문제가 없는 나라가 없다.)
We have to respect **the old/*the olds**.
(우리는 나이 많은 사람들에게 존경하는 마음을 가져야 한다.)
The facility is not easily accessible by the physically **handicapped/*handicappeds**.
(육체적 장애인들은 시설에 쉽게 접근할 수가 없다.)

3 **관사와 형용사**: the 없이는 형용사가 이런 방식으로 쓰이지 않는 것이 정상이다.

This government doesn't care about **the poor.** (이 정부는 가난한 사람들에게 관심이 없다.)
(*This government doesn't care about **poor**.)

▶ 그러나 대조를 이루는 등위접속 구문(and 혹은 or)에서는 종종 관사가 생략될 수 있다.

The government gave equal opportunities to both **(the) rich and (the) poor**.
(정부는 부자와 가난한 사람에게 동등한 기회를 주었다.)
The candidate isn't acceptable to either **(the) old or (the) young**.
(그 후보는 노인들에게나 젊은이들에게 다 환영받지 못한다.)

▶ 또한 양화사 many나 more 다음에서나 소유격 한정사 다음에서는 관사 없이 형용사가 사용될 수 있다.

There are **more unemployed** than ever before. (실업자가 지금보다 더 많은 적이 없다.)
Give them to **your poor**. (가난한 사람들에게 그것들을 줘라.)

4 **나라이름 형용사**: -sh, -ch로 끝나는 국가명 형용사 "Irish, Welsh, English, British, Spanish, Dutch, French" 등은 명사 없이 the와 함께 쓰일 수 있으며, 이 경우 해당 국민 전체를 가리키는 복수명사구가 된다. (N4.4를 보라.)

The Irish are very proud of their sense of humor.
(아일랜드인들은 자신의 유머 감각에 큰 자부심을 가지고 있다.)
The English have a lot to learn from **the Dutch**.
(영국인들은 네덜란드인에게서 배울 점이 많다.)

▶ 단수를 표현하려면 어떤 국가명 형용사의 경우에는 -man 또는 -woman을 붙이고, 어떤 경우에는 별도의 어휘가 있다.

an **Irishman/Irishwoman/*Irish**   a **Welshman/Welshwoman/*Welsh**
a **Dane/*Danish/*Danishman**)   a **Pole/*Polish/*Polishwoman**

▶ 개인을 가리키는 별도의 어휘를 가진 복수 표현은 "the ...ish"보다 단수형에 복수어미 -s를 붙인 것이 선호된다.

a **Dane**   the **Danes**   a **Polish**
the **Poles**   a **Turk**   the **Turks**

5 **단수/복수 예**: 몇몇 문어체의 고정 표현에서는 "the + 형용사"가 단수가 된다.

    the accused   the undersigned   the deceased
    the former   the latter 등

The accused was released on bail. (피의자는 보석으로 방면되었다.)
The deceased left a large sum of money to **his** cousin. (고인이 그의 사촌에게 큰돈을 남겼다.)

▶ 물론 복수 의미도 가능하다.

All the accused were released on bail. (모든 피의자들이 보석으로 방면되었다.)
The deceased were buried in one big grave. (고인들은 하나의 큰 무덤에 매장되었다.)

6 **추상적 개념**: 때때로 형용사와 관사 the를 결합하여 추상적 개념을 표현할 수 있다. 이 표현들은 일반적으로 단수가 된다.

The latest (news) is that he is going to run for re-election.
(최근의 뉴스에 따르면 그는 재선에 나갈 것이다.)
They ventured into **the unknown** (world). (그들은 미지의 세계로 위험을 무릅쓰고 들어갔다.)
He admires **the mystical** (power). (그는 신비스러운 힘을 좋아한다.)
I'm interested in **the supernatural** (beings). (나의 처는 초자연적 존재에 관심이 있다.)

7 **명사의 생략**: 이미 앞에서 언급했기 때문에 다시 말할 필요가 없는 경우에 형용사 다음에서 명사를 종종 생략할 수 있다.

"Do you have any bread?" "Do you want **white (bread) or brown (bread)**?"
("빵 있으세요?" "흰 빵을 찾으십니까 혹은 갈색 빵을 찾으십니까?")
I'd like two three-hour video-cassettes and one **four-hour (video-cassette)**.
(세 시간짜리 비디오 두 개와 네 시간짜리 비디오 하나 주세요.)
Do you want **regular (coffee) or black (coffee)**?
(보통 커피를 드릴까요, 블랙커피를 드릴까요?)

▶ 최상급도 종종 이런 방식으로 사용된다.

My wife was **the tallest** in her family. (내 처가 그녀의 가족 중에 제일 크다.)
She always buys **the cheapest**. (그녀는 항상 가장 값싼 것을 산다.)

▶ 이 경우 색채를 나타내는 형용사에 때때로 복수 -s를 붙일 수 있다.

Wash **the reds** and **blues** separately. (= red and blue clothes)
(빨간색 옷과 푸른색 옷을 따로따로 빨아라.)

A18   adjuncts(부가어)

1 **통사적 특성**: 부가어에는 "시간, 공간, 양태, 수단/도구와 행위자, 방식, 정황 부사구"가 있다. 부가어는 문장의 필수 성분인 "주어, 동사, 목적어, 보어"처럼 문장의 중요한 성분으로

해석되는 경우가 많다. 부가어의 통사적 특성은 문장의 필수 성분처럼 분열문에서 초점의 대상이 될 수 있고 또한 질문의 대상이 될 수 있다.

He used to invite his friends **to his summer house twice a year in the 1990s**.
(그는 1990년대에 매년 두 번씩 그의 여름별장에 친구들을 초청했었다.)
It was **to his summer house** that he used to invite his friends twice a year in the 1990s.
(그가 1990년대에 매년 두 번씩 친구들을 초청한 곳은 그의 여름별장이었다.)
It was **twice a year** that he used to invite his friends to his summer house in the 1990s.
(그가 1990년대에 그의 여름별장으로 친구들을 초청한 것은 매년 두 번씩이었다.)
It was **in the 1990s** that he used to invite his friends to his summer house twice a year.
(그가 매년 두 번씩 그의 여름별장으로 친구들을 초청하던 때는 1990년대였다.)

분열문에 대해서는 C12를 보라.

Where did he use to invite his friends twice a year in the 1990s?
(그가 1990년대에 친구들을 매년 두 번씩 초청한 곳이 어디냐?)
How often did he use to invite his friends to his summer house in the1990s?
(그는 1990년대에 그의 여름별장에 친구들을 얼마나 자주 초청했느냐?)
When did he use to invite his friends to his summer house twice a year?
(그가 매년 두 번씩 그의 여름별장에 친구들을 초청한 때가 언제냐?)

wh-의문문에 대해서는 Q4를 보라.

2 **시간 부가어**: 문미위치에 가장 흔히 나타나지만, 강조를 위해 문두위치에도 올 수 있으며, 시간 부사구는 종종 문중위치에도 온다. 시간 부사구에는 시점, 기간, 빈도, 상대적 시간 부사구가 있다.

▶ 시점 부가어: "when"에 대한 응답이 될 수 있는 부가어다.

a week ago	at two o'clock	two days after/before,
immediately	just	last summer
late	lately	now
recently	then	today
tomorrow	some day	long ago 등

"**When** are you going there?" "**Tomorrow**." ("그곳에 언제 가려고 하느냐?" "내일이요.")

▶ 기간 부가어: "how long"의 응답이 될 수 있는 시간 부가어다.

| for a long time | all night long | for two hours |
| for ever | temporarily 등 | |

"**How long** have you lived there?" "**For three years./Since I was born**."
("그곳에 얼마나 오래 살았느냐?" "삼 년 동안이요./태어난 이후 쭉 살았어요.")

▶ 빈도 부가어: "how often"의 응답이 될 수 있는 부가어로서 일반적으로 문중위치에 온다.

| always | ever | frequently |
| hardly | normally | never |

occasionally	often	rarely
seldom	sometimes	several times a week
from time to time	usually 등	

"**How often** do you go to church?" "I **seldom** do."
("얼마나 자주 교회에 가십니까?" "별로 자주 못갑니다.")
We **usually** go to Thailand in winter. (우리는 보통 겨울이 되면 태국으로 간다.)

▶ -ly 어미를 가진 시간을 의미하는 형용사는 형태 그대로 빈도부사로도 쓰이며, 이들은 일반적으로 문미위치에 온다.

hourly	daily	weekly
monthly	quarterly	yearly 등

The database is updated **hourly**. (데이터베이스는 시간마다 새롭게 한다.)
The magazine is published **monthly**. (이 잡지는 월간으로 출판된다.)

▶ 빈도 부사구는 종종 문두위치에도 나타난다.

Sometimes, Grandma would tell us stories about her childhood.
(할머니는 때때로 자신의 어린 시절에 대해서 우리에게 말해주곤 했다.)
Occasionally, John looked up from his book. (존은 가끔 책에서 눈을 들어 위를 봤다.)

▶ 상대적 시간 부가어: 두 시점 간의 상대적 시간관계를 표현하는 부가어로서 일반적으로 문중위치에 온다.

already	just	lately	recently
so far	soon	yet 등	

They have **already** decided to buy the car. (그들은 이미 차를 사기로 결정했다.)
I have **recently** been studying Swahili. (나는 최근에 스와힐리어를 공부하고 있다.)

▶ 순서: 시점, 기간, 빈도 부사어구가 함께 문미에 올 때는 일반적으로 기간 + 빈도 + 시점 부사어구의 순서로 나타난다.

I stayed there **for a short while twice a week last year**.
(나는 지난해에 그곳에 매주 두 번씩 잠시 머물렀다.)

3 **공간 부가어**: 일반적으로 문미위치에 오지만 강조를 위해 문두위치에도 나타난다. 공간 부가어에는 장소, 방향, 거리 부사구가 있다.

▶ 장소 부가어: 의문사 where의 응답이 될 수 있는 부가어다.

above	abroad	below
beneath	downstairs	elsewhere
here	home	indoors
outside	somewhere	there
upstairs	in the park	on the table
at the zoo 등		

I met her **at the opera**. (나는 그녀를 오페라 관람 중에 만났다.)
The children were playing **in the park**. (아이들은 공원에서 놀고 있었다.)

▶ 방향 부가어: towards what place의 응답이 될 수 있는 부사어구다.

forwards	upwards	northwards
into the house	across the park	towards the building
over the fence	onto the table	out of the room 등

The soldiers marched **forwards**. (병사들이 앞으로 행진했다.)
They were running **towards the station**. (그들은 정거장을 향해 달렸다.)
He kicked the ball **over the fence**. (그는 울타리 너머로 공을 찼다.)

▶ 근원/목표 부가어: 이 부가어는 방향과 결과적 위치를 의미한다.

off something	into something	on something
over something	across something 등	

He jumped **onto/off the platform**. (그는 연단 위로 뛰어올랐다/아래로 뛰어내렸다.)
He swam **across the river**. (그는 강을 가로질러 헤엄쳐 건너갔다.)
They went right **into the room**. (그들은 바로 방 안으로 들어왔다.)

▶ 거리 부가어: how far의 응답이 될 수 있는 부사어구다.

(for) ten miles	two blocks	from A to B
between A and B	a considerable distance 등	

We drove **(for) 200 kilometers** last night. (우리는 어젯밤에 200킬로미터를 운전했다.)
Some of them travelled **a considerable distance** to attend the meeting.
(그들 중에 몇 명은 그 회합에 참석하려고 상당한 거리를 여행했다.)
The cottage is **some distance** from the road. (그 집은 도로에서 좀 떨어져 있다.)

▶ 세 개의 공간 부가어가 문미에 함께 나타나면 일반적으로 거리 + 방향 + 장소 부사어구의 순서를 따른다.

The boy walked **a few steps toward her in the living room**.
(소년은 거실에서 그녀를 향해 몇 걸음 걸어갔다.)

4 **양태 부가어**: 양태(manner) 부가어는 how의 답변이 될 수 있는 부사구로서 일반적으로 문미위치에 온다. 그러나 양태 부가어가 문장 구성의 의무적 성분이 아닐 경우에는 문중위치에도 올 수 있다.

badly	beautifully	coldly	differently
fast	foolishly	generously	gently
gracefully	honestly	impatiently	loudly
quietly	quickly	slowly	softly
thoroughly	well	like his father	in the rude way
with courage	with great grace 등		

He **quickly** hid the ring when he heard footsteps. (그는 발소리를 듣고 반지를 급하게 감췄다.)
(= He hid the ring **quickly** when he heard footsteps.)
She **slowly** opened her eyes and looked around. (그녀는 천천히 눈을 떠서 주위를 살펴보았다.)
(= She opened her eyes and looked around **slowly**.)

The villagers treated us **generously**. (마을 사람들은 우리를 관대하게 대해주었다.)
(*The villagers **generously** treated us.)
He talks and walks **like his father**. (그는 자신의 아버지처럼 말하고 걷는다.)

5   **수단, 도구, 행위자 부가어**: 수단(means), 도구(instrument), 행위자(agent)를 표현하는 부사구는 일반적으로 문미위치에 온다.

    microscopically   surgically   by someone
    by means of something by bus   with a knife 등

    He was fired **by his boss**. (그는 그의 상사에게 해고당했다.)
    He was murdered **with a hunting knife**. (그는 사냥용 칼로 살해되었다.)
    The doctor decided to treat the patient **surgically**.
    (의사는 환자를 외과적으로 치료하기로 결정했다.)

6   **양태 부가어**: 양태(mode) 부가어는 종종 종속어(A21를 보라)나 부연어(A22를 보라)로도 사용되며, 부가어로 표현될 경우에는 술부의 일부로 해석되며 문미위치에 온다.

    economically   ethically   geographically
    legally   politically   scientifically
    technically 등

    We try to produce food as **economically** as possible.
    (우리는 식량을 가급적 경제적인 방법으로 생산하려고 애쓴다.)
    She was advising us **legally**. (그녀는 우리를 법적으로 도와주고 있다.)
    What you have done is **technically** illegal. (네가 한 짓은 원칙적으로는 불법이다.)

7   **이유 부가어** (reason): why 또는 "what ... for"의 답변이 될 수 있는 부사구로서 문미위치에 온다.

    for   because of something   for one's sake
    for the sake of 등

    She works late **for her family**. (그녀는 가족을 위해서 늦게까지 일한다.)
    He couldn't come to the picnic **because of the accident**.
    (그는 사고로 야유회에 올 수 없었다.)
    Let's not disagree **for the sake of a few dollars**. (몇 불 때문에 우리 서로 다투지 말자.)

8   **상대적 순서**: 문미위치에서 몇 개의 부가어가 함께 나타나면 그 순서는 일반적으로 공간 부가어 + 여타 부가어 + 시간 부가어의 순서를 따른다.

The old man was walking **along the street quietly last night**.
(노인네가 어젯밤에 거리를 따라 조용히 걷고 있었다.)
John has been working **in the factory for his family since 1982**.
(존은 1982년부터 가족을 위해 공장에서 일해오고 있다.)

A19 adverbial phrases(부사구)-1: 개요

1 **형태**: 여기서 부사구(adverbial phrases)라 함은 부사(adverbs)뿐만 아니라 부사적으로 사용되는 전치사구(prepositional phrases), 부정사구(infinitival phrases), 분사구(participial phrases) 그리고 부사절(adverbial clauses) 모두를 가리킨다.

I'll go to Seoul **tomorrow**.	[부사]
(나는 내일 서울에 갈 것이다.)	
I went to Seoul **in the following day**.	[전치사구]
(나는 그다음 날에 서울에 갔다.)	
He's visiting Seoul **to meet my parents**.	[부정사구]
(그는 부모를 만나려고 서울에 와 있다.)	
She went hiking, **neglecting her doctor's advice**.	[분사구]
(그녀는 의사의 충고를 무시하고 등산을 갔다.)	
They returned to their country, **because they were homesick**.	[부사절]
(그들은 향수를 느꼈기 때문에 조국으로 돌아왔다.)	

부정사 부사구에 대해서는 I28을 보라.
분사 부사구에 대해서는 P4를 보라.

2 **기능**: 부사구의 문법적 기능은 "수식기능, 연결기능, 전치사의 목적어 기능 그리고 치수명사구의 수식기능"으로 나눌 수 있다.

Frankly, I think he's not a good doctor.	[수식기능]
(솔직히 말해서 그는 좋은 의사가 아니라고 생각한다.)	
The state of Arizona is **largely** desert.	
(애리조나주는 대부분이 사막이다.)	
The book has no main character.	[연결기능]
Consequently, it lacks a traditional plot.	
(이 책에는 주인공이 없다. 그래서 전통적인 구상이 결여되어 있다고 할 수 있다.)	
This is a simple process. **However**, there are dangers.	
(이것은 간단한 과정이다. 그러나 위험이 있다.)	
They love goods imported **from abroad**.	[전치사 목적어]
(그들은 외국에서 수입한 상품을 좋아한다.)	
We've been living in Yongin **until recently**.	
(우리는 최근까지 용인에서 살고 있었다.)	

He managed to dive **30 meters down**. [수치 명사구 수식]
(그는 30미터 아래까지 잠수하는 데 성공했다.)
The river is **2km across**.
(이 강은 폭이 2킬로미터다.)

A20   adverbial phrases-2: 기능

부사는 다양한 형태의 표현을 수식할 수 있다.

1   문장수식: 문장을 수식하는 부사는 일반적으로 "it ... (부사의) 형용사형 + that ..."로 바꾸어 쓸 수 있다. (D15를 보라.)

Fortunately, everything worked out all right in the end.
(다행히도 결국 모든 것이 잘 풀렸다.)
(= **It is fortunate that** everything worked out all right in the end.)
This would **probably** be a good time to have a break. (지금이 어쩌면 좀 쉴 때인 것 같다.)
(= **It is probable that** this would be a good time to have a break.)

2   동사수식: 동사를 수식하는 부사는 일반적으로 의문사로 바꾸어 의문문을 만들 수 있다. (A18을 보라.)

Slowly they walked back home. (그들은 천천히 걸어서 귀가했다.)
~ **How** did they walk back home? (그들이 어떻게 걸어서 귀가했느냐?)
The student visited the professor **yesterday**. (학생은 어제 교수를 찾아갔다.)
~ **When** did the student visit the professor? (학생이 언제 교수를 찾아갔느냐?)

3   형용사/부사/전치사 수식: 부사는 바로 뒤에 오는 형용사/부사/전치사를 수식할 수 있다. (S28을 보라.)

She has a **really beautiful** face. (그녀는 정말로 얼굴이 아름답다.)
It is **technically impossible** to implement his proposal.
(그의 제안을 실행에 옮긴다는 것은 기술적으로 불가능하다.)

They are smoking **very heavily**. (그들은 담배를 심하게 피운다.)
We expect them **pretty soon**. (우리는 그들이 곧 오기를 기다리고 있다.)

He knocked the man **right out**. (그는 상대를 바로 때려누였다.)
He made his application **well within** the time. (그는 마감 시간을 넉넉히 남겨 놓고 지원했다.)

4   명사구/한정사/수사 수식: 부사는 대명사/한정사 선행어/수사/명사(구)를 수식할 수 있다. (S28을 보라.)

Nearly everybody came to our party. (거의 모두가 파티에 왔다.)
I think she loves **only you**. (나는 그녀가 너만을 사랑하고 있다고 생각한다.)

They recovered **roughly half** their equipment. (그들은 장비의 거의 절반을 복구했다.)
He received **about double** the amount he expected. (그는 기대한 것의 거의 두 배를 받았다.)

Over two hundred deaths were reported. (200명 이상이 죽은 것으로 보도되었다.)
We counted **approximately the first thousand** votes.
(우리는 대략적으로 처음 천 명의 표를 합산했다.)

That was **quite a party** we had last night. (어젯밤에 있었던 파티는 대단한 파티였다.)
He was **such a fool** that he almost killed himself. (그는 바보 같게도 거의 죽을 뻔했다.)

We always lose the **away games**. (우리는 항상 원정경기에서 진다.)
The meeting will be held in the **downstairs hall**. (회의는 아래층 강당에서 열릴 것이다.)

5   else: else는 "-body, -one, -place, -thing, -where" 따위의 어미를 가진 복합 부정대명사와 부사 그리고 의문사와 의문부사를 뒤에서 수식할 수 있다.

Somebody else must have done it. (다른 사람이 한 것이 틀림없다.)
Who else did you meet? (그 외에 누구를 만났습니까?)
Where else have you looked? (그 외에 어떤 곳을 찾아보았습니까?)

6   kind/sort of: "kind/sort of (일종의, 그저 그런), a bit of (약간의, 좀), a heck/ hell of (아주 나쁜, 대단한) 등"의 표현들은 명사구를 앞에서 수식하며, "on earth (도대체, 전혀), (in) the heck/hell(도대체, 제기랄)"은 의문사를 뒤에서 수식하는데 주로 허물없는 사이의 구어체에서 널리 사용된다.

He is a **kind/sort of** gentleman. (그는 그저 그런 신사라고 할 수 있다.)
(= He is **kind/sort of** a gentleman.)
I had **a bit of** a shock. (나는 좀 충격을 받았다.)
They asked **a heck of** a lot. (그들은 굉장히 질문을 많이 했다.)
He had **a hell of** a nasty accident. (그는 정말 끔찍한 사고를 당했다.)
What **on earth** is the matter with you? (도대체 왜 그러는 거야?)
Who **the hell** do you think you are? (도대체 네가 누구라고 생각하느냐?)

7   **연결기능**: 부사어구 중에는 접속사처럼 두 개의 표현을 연결하는 기능을 가진 것들이 있다. (C23을 보라.)

She has bought a big house, **so** she must have a lot of money.
(그녀가 큰 집을 산 것을 보면 돈이 많은 것이 틀림없다.)
All our friends are going to Mt. Sorak this summer. We, **however,** are going Haewundae.
(모든 친구들이 올해 여름에는 설악산으로 간다고 하지만, 우리는 해운대로 가려고 한다.)

8   **전치사의 목적어**: 시간과 장소를 의미하는 부사들 중에 상당수가 전치사의 목적어로 쓰일 수 있다.

▶ here와 there: 장소부사 here와 there는 대부분의 전치사와 함께 쓰일 수 있다.

Come **over here**! (이리 왜!)
How did you get **out of there**? (거기서 어떻게 나온 거야?)

▶ home: home은 "at, (away) from, close to, near, toward(s) 등"의 목적어로 쓰일 수 있다.

I want to stay **at home** tonight. (오늘 밤에는 집에 있고 싶다.)
The man has been away **from home** for ten years. (그 사람은 10년 동안 집을 떠나 있었다.)

▶ from: 다른 장소부사들은 from의 목적어로만 사용될 수 있다.

I've got a letter **from abroad**. (나는 외국에서 편지 한 통을 받았다.)
I've heard their footsteps **from downstairs**. (나는 아래층에서 나는 그들의 발소리를 들었다.)

▶ 목적어: 시간부사 중에 몇몇은 전치사의 목적어로 쓰일 수 있다.

until recently	from now	for ever
before long	since then	by tomorrow 등

They've been meeting **until quite recently**. (우리는 아주 최근까지 만나고 있었다.)
I haven't seen her **since then**. (그 이후 나는 그녀를 보지 못했다.)
We'll be together **before long**. (머지않아 우리는 함께 할 것이다.)

9   **치수 명사구 수식**: 치수 명사구를 뒤에서 수식할 수 있다.

The lake is **two miles across**. (호수는 폭이 2마일이다.)
They dug **ten feet down**. (그들은 10피트 아래까지 파 들어갔다.)
I met her **a week before/earlier**. (나는 그녀를 일주 전에 만났다.)
I met her **a week ago**. (나는 그녀를 일주 전에 만났다.)

ago와 before/earlier의 차이에 대해서는 A29를 보라.

A21 adverbial phrases-3: 의미와 위치

1   **의미**: 부사구는 문장 내에서 하는 역할이 매우 다양하기 때문에 그것이 표현하는 의미도 다양하다. 부사구는 이들이 문장 내에서 수행하는 의미적 기능에 따라 "부가어, 종속어, 부연어, 접속어"로 나뉜다.

We're going to be there **tomorrow**. (우리는 내일 그곳에 갈 것이다.)   [부가어]
Personally, he has nothing to do with her death.   [종속어]
(개인적으로 그는 그녀의 죽음과 관련이 없다.)
Obviously, he had forgotten the appointment.   [부연어]
(그가 약속을 잊어버린 것이 확실하다.)
The rent is reasonable, and, **moreover**, the location is perfect.   [접속어]
(방세가 합리적이고, 더욱이 위치가 최고다.)

부가어에 대해서는 A18을, 종속어에 대해서는 S28을, 부연어에 대해서는 D15를, 접속어에 대해서는 C23을 보라.

2　위치: 부사는 다른 품사와는 달리 비교적 문장 내에서 위치가 자유롭다. 부사가 올 수 있는 중요한 세 위치로는 문두위치, 문중위치, 문미위치가 있다. 문두위치란 주어 앞 위치를 가리키고, 문중위치란 주어와 동사의 사이 또는 조동사와 본동사의 사이를 가리키며, 문미위치란 문장의 끝 위치를 가리킨다.

At last John finished his homework.　　　[문두위치]
John **at last** finished his homework.　　　[문중위치]
John finished his homework **at last**.　　　[문미위치]
(존은 드디어 숙제를 끝마쳤다.)

▶ 조동사나 be 동사가 있는 문장에서는 문중위치에 올 수 있는 부사는 일반적으로 조동사나 be 동사 다음 위치에 온다.

John **has at last** finished his homework. (존은 드디어 숙제를 끝냈다.)
John **is at last** a doctor of philosophy. (존은 드디어 철학박사가 되었다.)

▶ 부사는 그 종류에 따라 나타나는 위치에 대한 제약이 다르다. 물론 여기서 말하는 부사의 위치란 수식받는 표현 바로 앞에 오는 부사의 위치는 제외하였다. 부사의 위치는 절대적인 것이 아니며 화자/필자가 표현하고자 하는 의미에 따라 바뀔 수 있다.

?**Forwards** the soldiers marched.
*The soldiers **forwards** marched.
The soldiers marched **forwards**. (병사들이 앞으로 행진해 갔다.)

***Completely** he has ignored my advice.
He has **completely** ignored my advice.
He has ignored my advice **completely**. (그는 나의 충고를 완전히 무시했다.)

▶ 부사는 일반적으로 동사와 목적어 사이에 나타나지 않는다.

*John finished **at last** his homework.
*He has ignored **completely** my advice.

A22　adverbs와 adjectives(부사와 형용사): 혼란스러운 것들

대부분의 부사와 형용사는 서로 다른 형태를 가지지만 어떤 부사들은 상응하는 형용사와 그 형태가 동일하다.

1　**의미적 차이가 없는 것들**: 부사로 쓰일 때와 형용사로 쓰일 때 의미적 차이가 거의 없는 것들이 있다.

▶ -ly 어미를 가진 시간 형용사와 몇몇 다른 형용사는 형태의 변화 없이 부사로도 쓰인다.

hourly	daily	weekly	monthly
early	yearly	quarterly	deadly
kindly	likely	unlikely 등	

The magazine is published **monthly**. (이 잡지는 월간으로 출간된다.)
I've to subscribe a **monthly** magazine for my wife.
(나는 내 처를 위하여 월간잡지를 구독해야 한다.)

I'm **deadly** serious, this isn't a game. (나는 정말로 심각하다. 이것은 장난이 아니다.)
The enemy attacked us with **deadly** weapons. (적은 치명적인 무기로 우리를 공격했다.)

I'd very **likely** have done the same thing in your situation.
(내가 네 입장이라도 똑같이 했을 가능성이 높다.)
His poor leadership is the most **likely** cause of the problem.
(그의 치졸한 지도력이 문제의 주 원인일 가능성이 높다.)

▶ "lonely, costly 등"은 -ly 어미를 가졌지만 형용사로만 쓰인다.

My uncle had a **lonely** life with few friends.
(나의 삼촌은 친구도 별로 없이 고독한 삶을 살았다.)
The holiday in Japan can be very **costly**, so why not go to Taiwan?
(일본에서의 휴가는 비용이 많이 들 수 있으니까 대만으로 가지 그래?)

▶ 스스로 형용사와 부사로 쓰일 수도 있고 -ly 어미를 붙여 부사로도 쓰일 수 있다.

clean	clear	dear	deep
direct	fair	fine	free
full	high	last	light
loud	low	right	sharp
short	slow	sure	tight
wide	wrong 등		

The incident inflicted a **deep** wound on him. (그 사건은 그에게 깊은 상처를 입혔다.)
It cut **deep** into his right foot. (그것은 그의 오른쪽 발 깊숙이 파고들었다.)
He is **deeply** distressed. (그는 깊은 슬픔에 빠졌다.)

He wants some **light** reading for the summer holidays.
(그는 여름휴가 동안에 약간의 가벼운 독서를 하고 싶어 한다.)
I like you best in that **light** brown suit. (나는 네가 연한 갈색 양복을 입었을 때 최고로 좋다.)
She patted him very **lightly** on the shoulder. (그녀는 그의 어깨를 아주 가볍게 다독거렸다.)

I'm **sure** of his living to eighty. (나는 그가 80까지 살 것이라고 확신한다.)
Korean is difficult to learn. It **sure** is. (한국어는 배우기가 어렵다. 확실히 그래.)
She's recovering slowly but **surely**. (그녀는 느리지만 확실하게 회복되고 있다.)

▶ -ly 어미가 붙은 부사와 그렇지 않은 부사를 항상 자유롭게 바꾸어 쓸 수 있는 것은 아니다.

First/Firstly, I would like to express my thanks to my friends.
(먼저 나는 친구들에게 감사의 말을 하고 싶다.)
I was **first/*firstly** notified of the accident. (나에게 먼저 사고가 통보되었다.)

The dinner in that restaurant cost us **dear/dearly**.
(그 식당에서의 식사는 우리에게 큰 부담이었다.)
They loved his son **dearly/*dear**. (그는 아들을 끔찍이 사랑했다.)

The store is **directly/*direct** opposite the police station. (가게가 경찰서 바로 반대편에 있다.)
This bus goes **directly/direct** to Busan. (이 버스는 부산직행 버스다.)

▶ 스스로 형용사와 부사로 쓰일 수 있으면서 -ly 어미 부사형이 없는 단어들이 있다.

alike	alone	extra	fast
hard	late	long	next
straight 등			

He's a **fast** runner. (그는 빠른 주자다.)
He runs very **fast**. (그는 매우 빨리 달린다.)

He has waited **long**. (그는 오랫동안 기다렸다.)
We met a **long** time ago. (우리는 오래전에 만났다.)

▶ late와 hard에 -ly 어미가 붙으면 의미상으로 완전히 다른 단어가 된다.

Everybody went to bed **late** last night. (어젯밤에는 모두 늦게 잠자리에 들었다.)
I haven't been abroad **lately**. (나는 근래에 외국에 나가지 않았다.)

I hit him **hard** on the head. (나는 그의 머리를 세게 때렸다.)
I can **hardly** understand what he says. (나는 그가 말하는 것을 이해할 수가 없다.)

2 **의미적 차이가 있는 것들**: 형용사로 쓰일 때와 부사로 쓰일 때 의미 차이가 큰 것들이 있다.

about	dead	even	far
ill	jolly	just	only
pretty	sometime	still	straight
very	well 등		

He's **about to leave** his office. (그는 사무실을 막 나가려고 한다.)
About five hundred people were present. (약 500명의 사람들이 참가했다.)

He's been **ill** for two years. (그는 2년 동안 병을 앓았다.)
He won't speak **ill** of you. (그는 너에 대해서 나쁘게 말하지 않을 것이다.)

He's **very** kind. (그는 매우 친절하다.)
He proposed to me in this **very** room. (그는 바로 이 방에서 나에게 프러포즈했다.)

He's been **dead** for 10 years. (그는 죽은 지 10년이 됐다.)
I'm **dead sure** that he won't turn up. (나는 그가 나타나지 않을 것이라고 확신한다.)

We'll go to Africa **sometime** in November. (우리는 11월 언젠가 아프리카에 갈 것이다.)
Dr. Johnson, **sometime professor** of Sogang University, was a friend of mine.
(서강대학교 교수였던 존슨 박사는 나의 친구였다.)

A23 advising(충언)

우리는 상대방이 어떻게 하는 것이 그에게 도움이 될 것으로 생각할 때 "충고"를 하게 된다. 충고를 받아들일 것인가 아닌가는 전적으로 상대에게 달려있다. 충고할 때 가장 흔히 쓰이는 구조는 다음과 같다.

명령문   [매우 비격식적]
If I were you +주절
Why don't you/Why not + 동사 ...   ⇕
You should/ought to/had better + 동사 ...
I('d) advise you to + 동사 ...   [매우 격식적]

Go to bed early for tomorrow! (내일을 위해서 일찍 잠을 자라.)
Why not look for a more interesting job? (좀 더 흥미 있는 일자리를 찾아보지 그래?)
If I were you, I'd listen to your parents. (내가 너라면 부모님의 말씀을 들었을 것이다.)
You ought to read this book before the exam. (시험 전에 이 책을 읽어야 한다.)
You should stay in bed. (침대 계속 누워있는 것이 좋겠다.)
I'd advise you to see a lawyer before you move.
(내가 충고하는데 진행하기 전에 변호사를 만나라.)

should에 대해서는 S8을, ought to에 대해서는 O16을 보라.
why not과 why don't you에 대해서는 W16을 보라.

A24 afraid

1   be afraid: 동사 fear와 유사한 의미를 갖지만 구어체에서 더 많이 사용한다.

   Don't **be afraid**. (무서워하지 마라.)
   Are you **afraid** of snakes? (뱀이 무서우냐?)
   I'm afraid that I might run into my boss. (나는 나의 상사와 마주칠까봐 겁이 난다.)

2   afraid to do/of doing: 두렵거나 놀라서 어떤 일을 할 의향이 없을 때 사용한다.

   Everybody's **afraid to express** their political views.
   (우리는 모두 자신의 정치적 견해를 표현하는 것을 꺼린다.)
   He's still **afraid of sleeping** in his bedroom. (그는 아직도 자신의 방에서 자는 것을 두려워한다.)

3   I'm afraid that: 종종 "I'm sorry to tell you (that)" 뜻으로 "거절하는 것을 변명"을 하거나 "나쁜 소식"을 전할 때 종종 사용된다.

   I'm afraid (that) you're not accepted to the job. (미안합니다만 당신은 채용되지 않았습니다.)
   I'm afraid that she missed the train. (미안합니다만 그녀가 기차를 놓친 것 같습니다.)

   ▶ I'm afraid를 "I'm sorry to tell you"의 뜻으로 쓸 때는 afraid 앞에 very 대신에 very much를 종종 사용한다.

I'm very much afraid he's out. (죄송합니다만 그는 외출했습니다.)

afraid 다음에 나타나는 -ing형과 부정사에 대해서는 G8.7을 보라.

4   I'm afraid so/not: 긍정 또는 부정의 "짧은 응답"으로 사용된다.

"It's going to rain." "Yes, **I'm afraid so.**"
("비가 올 것 같습니다." "네, 그럴 것 같은데요.")
"Can you borrow your bicycle?" "**I'm afraid not.**"
("자전거를 좀 빌릴 수 있을까요?" "안 되겠는데요.")

afraid not/so에 대해서는 S14.3과 S30.12를 보라.

A25   after와 before

after와 before는 반의어 관계에 있으며, after는 어떤 정해진 시점이나 사건 "보다 늦게/후에"를, before는 "보다 일찍이/전에"를 의미한다. 이들은 흔히 전치사나 접속사로 사용되며 종종 부사나 전치사로 사용된다.

Let's meet at my place **after/before the show**.   [전치사]
(공연 후에/전에 내 사무실에서 만납시다.)
He used a different name **after/before he moved to France**.   [접속사]
(그는 프랑스로 이사한 후에/이사하기 전에 다른 이름을 썼다.)
She ate raw fish for dinner.
  Shortly before/after, he ate a hamburger.   [부사]
(그녀는 저녁 식사로 생선회를 먹었었는데, 바로 전에/후에 햄버거를 먹었다.)
She became increasingly weak in **after years**.   [형용사]
(그녀는 그 후에 점점 더 쇠약해졌다.)

1   **접속사**: after와 before는 접속사로서 종속절을 이끌 수 있다.

After/Before he finished college, he got married.
(그는 대학을 졸업한 후에/졸업하기 전에 결혼했다.)
He gave me a part-time job **after/before I left school**.
(내가 학교를 그만둔 후에/그만두기 전에 그는 나에게 시간제 일자리 주었다.)

2   **종속절의 시제**

▶ after/before-절이 미래 시간을 의미할 경우 현재시제를 사용한다.

The band **will play** the national anthem **after the President arrives**.
(대통령이 도착한 후에 악대는 국가를 연주할 것이다.)
(*The band **will play** the national anthem **after the President will arrive**.)
I'll see you again **before you return home**. (네가 집에 돌아오기 전에 너를 다시 볼 것이다.)
(*I'll see you again **before you'll return home**.)

We'll go to Hawaii **after/before the children finish school**.
(아이들이 학교를 마친 후에/마치기 전에 우리는 하와이에 갈 것이다.)

▶ after-절의 현재완료나 과거시제 또는 과거완료시제는 주절의 사건이 일어나기 전에 종속절의 사건이 끝났다는 것을 의미하고, before-절의 과거시제는 주절의 사건이 일어난 후에 종속절의 사건이 일어났다는 것을 의미한다. 후자의 경우 주절의 시제는 일반적으로 과거완료가 된다.

I'll come home **after I've done my assignment**. (숙제를 끝낸 후에 나는 집에 올 것이다.)
After I had finished my last novel, I went to Jejudo for a vacation.
(나는 마지막 소설을 끝낸 후에 제주도로 휴가를 떠났다.)
I **had done** my assignment before he **came** home. (나는 집에 오기 전에 숙제를 끝냈다.)
We **had gone** to Jejudo for a vacation before I **finished** my last novel.
(나는 마지막 소설을 끝내기 전에 제주도로 휴가를 떠났다.)

3   **-ing절**: after와 before 다음에 -ing절이 종종 사용되며, 특히 과거의 일을 말할 때는 "after having +과거분사형"도 가능하다.

After completing the paper, submit it to the assistant.
(논문을 끝낸 후에 조교에게 제출하시오.)
He came home yesterday **after touring/having toured Mongolia**.
(그는 몽고를 여행한 후에 어제 집으로 돌아왔다.)

He usually takes a shower **before having breakfast**.
(그는 아침을 먹기 전에 보통 샤워를 한다.)
He completed the paper **before submitting it to the assistant**.
(그는 조교에게 제출하기 전에 논문을 끝냈다.)

4   **수식어**: 시간 명사구나 부사를 앞에 두어 after/before-구가 표현하는 시간을 좀 더 구체화할 수 있다.

Ten years/months after she bought the painting, she discovered that it was a fake.
(그녀는 그림을 산 지 10년/개월 후에 그 그림이 모작이라는 것을 알았다.)
She bought the painting, **ten years/months before** she discovered that it was a fake.
(그녀가 그림이 모작이라는 것을 알기 10년/개월 전에 그 그림을 샀다.)
He retired from teaching **soon/shortly after** he received the Nobel Prize.
(그는 노벨상을 탄 직후에 교직에서 은퇴했다.)
He received the Nobel Prize **soon/shortly before** he retired from teaching.
(그는 교직에서 은퇴하기 직전에 노벨상을 탔다.)

5   **부사**: 위의 문장을 재정열하면 소위 after의 "부사적 용법"이라고 하는 표현이 만들어 진다.

She bought the painting, and she discovered that it was a fake **ten years/ months after**.
(그녀가 그림을 샀는데 10년/개월 후에 그 그림이 모작이라는 것을 알았다.)

She discovered that the painting that she bought **ten years/ months before** was a fake.
(그녀는 10년/개월 전에 산 그림이 모작이었다는 것을 알았다.)

He received the Nobel Prize, and retired from teaching **soon/shortly after**.
(그는 노벨상을 타고 잠시 후에 교직에서 은퇴했다.)

He retired from teaching and received the Nobel Prize **soon/shortly before**.
(그는 교직에서 은퇴했으며, 은퇴 조금 전에 노벨상을 탔다.)

▶ before와는 달리 after는 독립적으로는 부사로 사용하는 것이 부자연스러우며, 대신에 "afterwards, then, later"와 같은 표현을 쓰는 것이 더 자연스럽다.

I've seen that film **before** with my sister. (나는 그 영화를 내 누이와 전에 봤다.)
You should have told me so **before**. (너는 사전에 나에게 그렇게 말했었어야 했다.)
He studied medicine **afterwards/*after**. (그는 그 후에 의학 공부를 했다.)
I'll see you **later/*after**. (나중에 봅시다.)

6 **기간**: after구는 어떤 상황이 있기까지 필요한 기간을, before는 시점을 표현할 때 사용된다.

After 10 minutes remove the cake from the oven. (10분 후에 케이크를 오븐에서 꺼내라.)
The agreement was finally settled **after months of negotiation**.
(몇 개월의 협상 끝에 결국 합의에 도달했다.)

Remove the cake from the oven **before ten thirty**.
(10시 30분 이전에 케이크를 오븐에서 꺼내라.)
The agreement was finally settled **before the end of January**.
(1월 말 이전에 결국 합의에 도달했다.)

7 **순서**: after와 before는 목록이나 중요성 또는 위치의 순서를 표현할 때 사용된다.

His name was **after/before mine** on the list. (명단에 그의 이름이 내 이름 뒤에/앞에 있었다.)
The date should be written **after the address**. (날짜는 주소 다음에 써야 한다.)
The address should be written **before the date**. (주소는 날짜 앞에 써야 한다.)
Tennis is my favorite sport **after baseball**. (테니스는 야구 다음으로 내가 좋아하는 운동이다.)

8 **시간과 날짜**: after와 before는 시간과 날짜를 말할 때 사용된다.

The match starts a quarter **after/before ten**. (경기는 10시 15분에/전에 시작한다.)
(= The match starts a quarter **past/to ten**.)

I'll see you again **the day after tomorrow**. (모레 너를 다시 보러 올게.)
We only got back from vacation **the day before yesterday**.
(우리는 그저께 바로 휴가에서 돌아왔다.)

9 **일련의 행위**: after는 일련의 행위를 하나씩 계속하는 것을 표현할 때 사용된다.

I gave ten apples. She ate all the apples **one after another/the other**.

(내가 사과 10개를 주었는데, 그녀는 그 사과를 하나하나 다 먹었다.)

10 **긴 기간**: after는 상당히 긴 기간 동안 계속되는 것을 표현할 때 사용된다.

I've worked in that office **week after week**, **year after year**, since I was 20.
(나는 20살 때부터 해마다 주마다 이 사무실에서 일해 왔다.)

A26 after, in, afterwards, later

1   **after**: after는 전치사 또는 접속사로 쓰이며, 특정 시점이나 사건 이후를 가리킨다. (A25를 보라.)

He came home sometime **after 4 o'clock** in the morning.
(그는 새벽 4시 좀 지나서 집에 왔다.)
I'm busy now—could you come again **after 6:30**?
(내가 지금 바쁜데 6시 30분 이후에 다시 오겠습니까?)

We went for a walk **after lunch**. (우리는 점심 후에 산책했다.)
After the party some of us stayed behind to clean up the place.
(파티가 끝난 후에 우리 중에 몇 명은 뒤에 남아서 청소를 했다.)
His father died three years **after he was born**.
(그의 아버지는 그가 태어나고 3년 후에 돌아가셨다.)

2   **after와 in**: after와 in은 어떤 특정 기간이 지난 이후를 가리킬 때 사용된다. 그러나 in은 after와는 달리 일반적으로 미래의 사건을 말할 때 사용된다.

He stopped **after a few minutes**. (그는 몇 분 후에 멈췄다.)
*He stopped **in a few minutes**.

They'll be here **in a few minutes**. (그들은 몇 분 후에 올 것이다.)
(They'll be here **after a few minutes**보다 자연스럽다.)
The results will be announced **in two weeks' time**. (결과는 2주 후에 발표될 것이다.)

3   **afterwards**: afterwards는 어떤 특정 사건이나 시간 이후를 의미하는 부사로 널리 쓰인다.

Afterwards, I was asked to write a book about him.
(그 후에 나는 그에 관한 책을 써달라고 요청을 받았다.)
The experience he had in that country haunted him **for years afterwards**.
(그가 그 나라에서 겪은 경험이 그 후 수년 동안 그를 괴롭혔다.)

4   **later**: later는 얼마나 긴 시간을 걸릴 것인지 명시하고 싶지 않을 때 혹은 과거의 사건이 일어난 시간을 말할 때 사용된다.

I'm leaving the country for a while—I'll see you **later**.
(나는 잠시 나라를 떠나려고 한다. 후에 다시 보겠습니다.)

He joined the club in 1980—**five years later**, he became president of the club.
(그는 1980년에 클럽에 가입했는데, 5년 후에 그 클럽의 회장이 되었다.)

A27 after all

after all은 일반적으로 두 가지 의미로 사용된다.

▶ 첨부: 방금 언급한 말을 이해하는 데 도움이 되는 말을 첨부할 때 사용된다.

I know he hasn't finished the work, but **after all**, he is a very busy man.
(그가 일을 끝내지 못한 것으로 압니다. 어찌 되었건 그는 매우 바쁜 사람입니다.)
Of course we admire her. She is a great scholar **after all**.
(물론 우리는 그녀를 존경한다. 여하튼 그녀는 위대한 학자다.)

▶ 반전: 실행되지 않을 것으로 생각했던 것이 실제로 실현되었을 때 사용된다.

The rain has stopped, so the game will go ahead **after all**.
(비가 그쳤으니 결국 경기가 계속될 것이다.)
I didn't expect to finish the paper in time, but I did **after all**.
(나는 논문을 시간 내에 끝내지 못할 것으로 생각했는데 결국 해냈다.)

A28 age

우리는 일반적으로 나이를 말할 때 "be + 기수" 구조를 쓰거나 "be + 기수 + years old" 구조를 (문어체에서는 "be + 기수 + of age"를) 사용한다.

He **is thirty**. (그는 30살이다.)
(= He **is thirty years old**.) (= He is **thirty years of age**.)
(*He is **thirty years**.) (*His **age is thirty**.)

▶ 나이를 물어볼 때 "What's your age?"라고 물을 수도 있지만, "How old are you?"라고 하는 것이 더 자연스럽다.

1 age: be 동사와 함께 한 사람의 나이를 다른 사람의 나이를 비교할 때 전치사를 사용하지 않는다.

Francis **is the same age** as me. (프랜시스는 나와 동갑이다.)
(*Francis **is at/in the same age** as me.)
When I **was your age**, I was working. (내가 네 나이일 때는 일을 했다.)
(*When I **was at your age**, I was working.)

2 **동사**: 나이를 표현할 때 have를 사용하지 않는다.

John and Harry **are the same age**. (존과 해리는 동갑이다.)
(*John and Harry **have the same age**.)

3 **age와 전치사**: 다른 동사나 구조와 함께 쓰일 때 age 앞에 전치사 at가 쓰인다.

He could read **at the age of three**. (그는 3살 때 책을 읽을 수 있었다.)
My father retired **at the age of sixty**. (나의 아버지는 60살에 은퇴하셨다.)
In Korea, schooling starts **at age 6**. (한국에서는 6살부터 학교에 가기 시작한다.)
I was married with four children **at your age**. (= when I was your age)
(내가 네 나이에는 결혼해서 아이가 넷 있었다.)
Older women experience more ill health than men **of the same age**.
(나이 든 여성들은 같은 연령의 남성들보다 건강이 더 나쁘다.)

the same height/weight에 대해서는 S1.4를 보라.

A29 ago와 before

1 **ago**: 시간부사로서 현시점부터 과거의 지정된 시점까지의 시간을 나타내며, 시간 표현 뒤에 위치한다.

I met her **six weeks ago**. (나는 그녀를 6주 전에 만났다.) (*I met her **ago six weeks**.)
President Kennedy died **55 years ago**. (케네디 대통령은 55년 전에 서거했다.)
They got married **a long time ago**. (그들은 오래전에 결혼했다.)

▶ ago가 나타나는 표현은 끝난 시간을 가리키기 때문에 일반적으로 현재완료가 아니라 과거시제와 함께 쓰이며, 가까운 과거를 말할 때는 과거진행도 사용될 수 있다.

The doctor **examined** him **a few days ago**. (의사가 그를 며칠 전에 진찰했다.)
(*The doctor **has examined** him **a few days ago**.)
"Have you seen John?" "He **was doing** his homework in the library **an hour ago**."
("존을 봤니?" "한 시간 전에 도서관에서 숙제하고 있었는데.")

▶ 그러나 "since + 기간 + ago"와는 현재완료가 사용될 수 있다.

He's **been** working here **since about ten years ago**.
(그는 약 10년 전부터 이곳에서 일하고 있다.)
We **haven't seen** a movie **since a year ago**. (우리는 1년 전부터 영화관에 가지 않았다.)

2 **ago와 before**: ago는 현재로부터 과거로 계산하는 시간표현과 함께 쓰인다. 즉 어떤 사건이 지금부터 계산하여 얼마나 오래 전에 일어났는가를 말할 때 사용된다. 그러나 (과거분사시제와 함께 쓰이는) before는 과거의 어느 시점에서 과거로 계산하는 시간표현과 함께 쓰인다.

Her husband **died 14 years ago**. (그녀의 남편은 14년 전에 죽었다.)
[지금부터 14년 전에]
(*Her husband **died 14 years before/before 14 years**.)

Her husband **had died 14 years before**. (그녀의 남편은 (그 당시 이미) 14년 전에 죽었다.)
[대화 속의 어느 시점부터 14년 전에]
(*Her husband **had died 14 years ago**.)

▶ before는 또한 현재완료나 과거완료 시제와 함께 시간 표현 없이 사용될 경우 "지금(now) 또는 그때(then)부터 과거의 어느 시간에"라는 뜻을 지닌다.

Haven't I met you **before** somewhere? (당신을 전에 어디서 만난 적이 있지 않나요?)
[지금부터 전에]
He said he had never seen her **before**. (그는 그녀를 그전에 한 번도 본 적이 없다고 했다.)
[그때부터 전에]

before의 다른 용법에 대해서는 A25와 B14를 보라.

3 **previously**: 문어적인 표현으로서 부사적인 before와 같이 "지금부터 혹은 과거의 어느 시점부터의 과거"를 표현한다.

He was **previously** employed as a tour guide.
He was employed as a tour guide **before**. (그는 전에 관광 안내원으로 일했다.)

I had posted the card two months **previously**.
I had posted the card two months **before**. (나는 엽서를 이미 두 달 전에 붙였다.)

4 **prior to**: 약간 문어적 표현으로서 전치사 before처럼 사용된다.

The AIDS virus may not have existed **prior to** the 1960s.
(후천성 면역결핍 증후군 바이러스는 1960년대 이전에는 존재하지 않았을 수도 있다.)
He showed no signs of illness **prior to** (suffering) a heart attack.
(그는 심장마비에 걸리기 전에는 어떠한 병 증세도 보이지 않았다.)

A30 agreeing(동의)

우리는 타인의 의견이나 제안에 동의할 수도 있고 동의하지 않을 수도 있다. 동의에는 "긍정적" 의견에 대한 동의와 "부정적" 의견에 대한 동의가 있으며, 단순히 상대방의 의견에 동의하지 않을 수 있다.

1 **긍정적 동의**: 긍정적 의견에 대한 동의를 의미한다. 일반적으로 긍정적 동의는 "Yes + 주어 + 연산자"의 구조를 사용한다.

"The Orchestra performed Beethoven's 9th Symphony superbly last night." "**Yes, they did**."
("그 오케스트라는 어제저녁에 베토벤의 교향곡 제9번을 연주했습니다." "네, 그랬다면서요.")

▶ 이 외에도 다음과 같이 동의할 수 있다.

"**Yes, (definitely/absolutely).**" ("두말할 필요 없이 '네'지요.")
"**I quite agree.**" ("전적으로 동의합니다.")

▶ 자신의 의견에 대한 긍정적 동의를 유도하기 위해 종종 부가의문문을 사용한다.

"It's extremely cold and windy today, **isn't it**?" "**Yes, it's awful.**"
("오늘 몹시 춥고 바람이 많이 불지요?" "네, 끔찍합니다.")

부가의문문에 대해서는 Q7을 보라.

2 **부정적 동의**: 부정적 의견에 대한 동의를 의미한다. 일반적으로 부정적 동의는 "No + 주어 + 연산자 + not"구조를 사용한다.

"The TV documentary wasn't very interesting." "**No, it wasn't.**"
("텔레비전의 다큐멘터리는 매우 재미가 없었다. "네, 재미가 없었습니다.)

▶ 이 외에도 다음과 같이 동의할 수 있다.

"**No, I'm afraid it wasn't.**" ("네, 안 됐지만 저도 재미가 없었습니다.")
"**It certainly wasn't.**" ("확실히 재미가 없었습니다.")
"**Absolutely/Definitely not.**" ("정말, 재미가 없었습니다.")

가부의문문에 대해서는 Q3을 보고, yes와 no에 대해서는 Y1을 보라.

3 **동의하지 않음** (disagreement): 상대의 의견에 동의하지 않음을 의미한다. 전체보다 부분적으로 동의하지 않는 것이 더 공손한 표현이 된다.

"She thinks she's been treated unfairly in the company." "**Well, it's perhaps true to some people.**" ("그녀는 회사에서 불공정한 대우를 받아왔다고 생각한다." "그런데, 이것이 어쩌면 어떤 사람에게는 사실일 수 있다.")

▶ 이 외에도 다음과 같이 말할 수 있다.

"**True, but** there're many people thinking the same way."
("사실이지만, 다르게 생각하는 사람들도 많습니다.")
"**Yes, but** women tend to think that they are treated unfairly."
("맞습니다만, 여성들은 자신들이 불공정한 대우를 받는다고 생각하는 경향이 있습니다.")
"**I'm afraid** I disagree with you." ("미안합니다만 나는 동의하지 않습니다.")

A31 agreement(일치)-1: 주어와 동사의 일치

"일치"란 두 언어 표현 간의 관계로서 한 표현의 특정한 자질이 다른 표현의 특정한 자질과 일치하는 것을 말한다. 영어에서 가장 대표적인 일치현상은 주어와 동사 간의 일치로서 그 기본원리는 매우 간단하다.

▶ 일치의 기본원리: 단수주어는 단수동사를 취하고 복수주어는 복수동사를 취한다.

The **window is** open. (창문이 열려있다.) (*The **window are** open.)
The **windows are** open. (창문들이 열려있다.) (*The **windows is** open.)

1 **보통동사**: 영어의 대부분 동사는 현재시제일 경우에만 3인칭 단수주어를 위한 특별한 형태를 가지며 (접미사 -(e)s를 붙임), 주어가 1인칭, 2인칭, 3인칭 복수이거나 동사가 과거시제일 경우에는 모두 같은 형태의 동사를 사용한다. (P36.1을 보라.)

▶ 현재시제: 모든 보통 동사는 현재시제에 대해서 두 가지 형태를 갖는다.

3인칭 단수주어

He She The girl	knows	the answer

1, 2인칭과 3인칭 복수주어

I We You The girls They	know	the answer

▶ 과거시제: 영어의 보통동사는 과거시제에 대해서 하나의 형태만을 갖는다.

I We You He She They The girls	knew	the answer

2 **be 동사**: be 동사는 주어의 인칭과 수에 따라 모두 다른 형태를 취할 뿐만 아니라 과거시제에서도 주어가 단수냐 복수냐에 따라 다른 형태를 취한다. (B2.1을 보라.)

▶ 현재시제: be 동사는 현재시제에 대해 세 가지 형태를 갖는다.

단수주어

I	am	
You	are	
He She It The boy	is	arriving today

복수주어

| We
You
They
The boys | are | arriving today |

▶ 과거시제: be 동사는 두 가지의 과거시제형을 갖는다.

단수주어

| I
He
She
It
The boy | was | leaving today |

복수주어

| We
You
They
The boys | were | leaving today |

3. **양상조동사**: may, might, can, could, must, will, would, shall, should 등 양상조동사들은 주어의 인칭이나 수에 따라 변하지 않는다.

I/You/My daughter/My sons may/should watch television after supper.

양상조동사의 통사적 특성에 대해서는 M20을 보라.

4. **복수주어 동사와 형용사**: scatter, assemble, collide, disperse, meet 등이 자동사로 쓰일 경우와 alike, similar, different 등의 형용사가 전치사구 보충어와 함께 쓰이지 않을 경우에는 복수주어를 필요로 한다.

The men scattered. (남자들이 사방으로 흩어졌다.) (***The man scattered.**)
They met at the coffee shop. (그들은 커피점에서 만났다.)

John and Bill are **similar**. (존과 빌은 닮았다.) (***John are similar.**)
(참고: John is similar **to Bill**.)

She and her sister are **different**. (그녀와 그녀의 여동생은 다르다.)
(참고: She is different **from her sister**.)

A32 agreement-2: 명사와 일치

1   **일반 명사**: 대부분의 가산명사는 단수형에 접미사 -(e)s를 붙여 복수형을 만들며 앞에서 언급한 일치에 대한 기본원리를 따른다.

   My daughter watches television after supper. (내 딸은 저녁 식사 후에 텔레비전을 본다.)
   My daughters watch television after supper. (내 딸들은 저녁 식사 후에 텔레비전을 본다.)

2   **복수형 단수주어**: news와 병명인 "measles, mumps," 학문명인 "physics, linguistics," 놀이명인 "billiards, darts" 등은 복수어미 -s로 끝나지만 단수로 사용된다. (이외의 복수형 단수명사에 대해서는 N28을 보라.)

   Measles is sometimes very serious. (홍역은 때때로 매우 위험하다.)
   Billiards is fun to play. (당구는 재미있는 놀이다.)

3   **복수주어**: "cattle, clergy, people, police, vermin" 등은 형태는 단수이지만 복수로 쓰인다. (N29.1을 보라.)

   Many clergy were present at the convention. (많은 성직자들이 대회에 참가했다.)
   Cattle are allowed to graze on the village common.
   (소들을 마을 공유지에 방목하는 것을 허락했다.)

4   **양 또는 치수 명사구**: 비록 복수형 명사구라고 할지라도 하나의 단위로 간주하여 단수로 취급되며 단수동사, 단수한정사, 단수대명사와 함께 사용된다.

   Ten dollars is all I have. (10불이 내가 가진 전부다.)
   Four kilometers is as far as they can walk. (4킬로미터가 그들이 걸을 수 있는 거리다.)
   Two thirds of the area is under water. (지역의 3분의 2가 침수되었다.)
   Where **is that ten dollars** I lent you? (내가 빌려준 10불은 어디 있느냐?)
   (*Where **is/are those ten dollars** I lent you?)
   "We have only **five gallons of gasoline**." "**That isn't** enough."
   ("우리는 5갤런의 휘발유밖에 없다." "그것으로는 충분치 않다.")

5   **집합명사**: "army, audience, club, committee, crew, family, government, herd, jury, public" 따위의 명사를 우리는 집합명사라고 부르며, 집단을 이루고 있는 구성원을 강조할 경우에는 복수로 쓰이고 집단을 강조할 때는 단수로 쓰인다. (N29.2를 보라.)

   The public are tired of demonstrations. (대중들은 데모에 지쳤다.)
   The audience was enormous. (청중은 대단히 많았다.)

6   **단수 한정사와 집합명사**: 집합명사가 단수 한정사(예: a/an, each, every, this, that)의 수식을 받을 경우 단수가 되는 것이 자연스럽다.

   A jury, which **consists** of unprejudiced people, will find him not guilty.

(편견을 가지지 않은 사람들로 구성된 배심원은 그가 죄가 없다는 것을 알 것이다.)
(**A jury**, which **consist of** unprejudiced people, will find him not guilty보다 자연스럽다.)
I work for **this electronics firm** that **was** established in 1990.
(나는 1990년에 설립된 이 전기회사에서 일하고 있다.)
(I work for **this electronics firm** that **were** established in 1990보다 자연스럽다.)
The superintendent said **each class was** alloted $1,000 for the project.
(교장은 각 반에 사업을 위해 1,000불씩 배정하라고 말했다.)
(The superintendent said **each class were** alloted $1,000 for the project보다 자연스럽다.)

단수와 복수명사에 대해서는 N23-N31을 보라.

A33   agreement-3: 등위접속 주어와 일치

1   and: 두 개 또는 그 이상의 단수 접속성분이 and로 결합된 주어는 복수가 된다.

Tom and Mary are ready to go fishing. (탐과 메리는 낚시 갈 준비가 되었다.)
What I say and what I do are my own affair.
(내가 무슨 말을 하든 무슨 짓을 하든 내 자신의 일이다.)

2   etc.: 단수명사구 다음에 "etc., and so on, and so forth" 따위의 표현이 따라 오면 복수로 취급된다.

The cost, the time, etc. are what we consider to be critical in the project.
(우리는 비용과 시간 등이 이 계획에서 결정적인 요소라고 생각한다.)
The color, the size, etc. have been the most important things in our design.
(우리 디자인에서 색상과 크기 등이 가장 중요한 요소였다.)
Good lifestyle, balanced diet and so on are essential for maintaining your health.
(건전한 생활방식과 균형 잡힌 식단 등이 건강을 유지하는 데 필수적이다.)

▶ etc.는 et cetera의 약자이고 et는 "and"를 뜻하므로 and etc.는 잘못된 표현이다. 사람의 이름을 나열할 때, 특히 여러 명이 공저 또는 공편한 책을 지칭할 때는 일반적으로 et al.을 쓴다.

The man packed his suits, his shoes, (*and) etc. (그 사람은 양복과 신발 등을 쌌다.)
I bought *A Derivational Approach to Syntactic Relations* written by S. Epstein, **et al**.
(나는 에스 엡스틴 등이 쓴 〈통사관계에 대한 도출적 접근〉이라는 책을 샀다.)

3   each와 every: each나 every의 수식을 받으면 배분적 의미를 지니기 때문에 단수로 취급된다.

Every adult and (every) child was holding a flag.
(모든 어른과 아이들이 깃발을 들고 있었다.)
Each boy and girl is allowed to leave the camp area only once a week.
(각 남학생과 여학생은 일주일에 한 번씩만 야영지를 떠나는 것이 허용되었다.)

4 **개념적 단수**: 비록 and로 등위접속 구문을 이루고 있지만 개념적으로 하나의 단위로 생각되는 표현은 단수가 된다.

The hammer and sickle was flying from the flagpole.
(소련의 국기인 쇠망치와 낫이 게양대에서 휘날리고 있었다.)
Danish bacon and eggs makes a good breakfast.
(덴마크식 베이컨과 달걀은 훌륭한 아침 식사가 된다.)

5 **수학적 계산**: 수학적 계산은 단수 또는 복수로 취급된다.

3 + 4 = 7	Three **and** four **is/are** or **makes/make** seven.	[구어체]
	Three **plus** four **equals/is** seven.	[문어체]
20 - 9 = 11	Nine **from** twenty **is/leaves** eleven.	[구어체]
	Take **away** nine from twenty **is/leaves** eleven.	
	Twenty **minus** nine **equals/is** eleven.	[문어체]
3 × 4 = 12	Three **fours are** twelve.	[구어체]
	Three **times** four **is** twelve.	
	Three **multiplied by** four **equals/is** twelve.	[문어체]
8 ÷ 2 = 4	Two(s) **into** eight **goes** four (times).	[구어체]
	Eight **divided by** two **equals/is** four.	[문어체]

▶ "one and 분수/백분율"은 복수로 취급된다.

One and a half years have passed since we last saw.
(우리가 마지막으로 본 지 1년 반이 지났다.)
(= **A year and a half have** passed since we last saw.)
We got home **one and a half hours ago/an hour and a half ago**.
(우리는 한 시간 반 전에 집에 왔다.)

6 **more than + 명사**: 명사가 단수일 경우에는 단수동사와 일치하고, 복수일 경우에는 복수동사와 일치한다.

More than one student has seen him yesterday. (한 명 이상의 학생이 어제 그를 보았다.)
More than ten students have been punished. (열 명 이상의 학생이 벌을 받았다.)

7 **이접접속사 or와 nor**: 동사는 자신과 가까이 있는 접속성분과 일치한다.

A **or/nor** B + 동사
       └─ 일치 ─┘

Either John or I am responsible for the accident. (존이나 나 한쪽이 사고에 책임이 있다.)
Either the owner or the strikers have misunderstood the claim.
(소유주나 파업자들 중 어느 한쪽이 요구사항을 오해하고 있었다.)

8 **neither ... nor**: neither ... nor의 경우에는 단수와 복수가 모두 가능하지만 구어체에서는

복수동사를 더 자주 쓴다.

Neither he nor his wife has/have arrived. (그와 부인이 둘 다 도착하지 않았다.)

9   not only ... but: "not ... but, not only/just/merely ... but (also)"는 위의 이접접속사 or의 원칙을 따른다.

Not (only) the speaker but all of us were invited.
(강연자뿐만 아니라 우리 모두가 초청을 받았다.)
Not just the students but also their teacher has enjoyed the film.
(학생들뿐만 아니라 그들의 선생님도 영화를 재미있게 보았다.)

A34   agreement-4: 기타 표현과 일치

1   **부정대명사**: 불확정적 수량을 표현하는 "all, any, no, none, some, half" 따위는 가산명사와 불가산명사와 두루 쓰일 수 있으며, 복수 가산명사와 쓰일 경우에는 복수로 취급되고 불가산명사와 쓰일 경우에는 단수로 취급된다.

Some/All/Half (of the books) have been placed on the shelves.
(책의 약간이/모두가/절반이 서가 위에 정돈되어 있었다.)
Some/All/Half (of the money) has been spent on repairs.
(돈의 약간이/모두가/절반이 수리하는 데 쓰였다.)

▶ none이 복수 가산명사와 쓰일 때는 단수 또는 복수로 취급되지만, 뒤에 따라 오는 명사구가 복수 대명사일 경우에는 복수로 취급된다.

None of the books has/have been placed on the shelves.
(책이 한 권도 서가 위에 정돈되어 있지 않았다.)
None of them have been placed on the shelves.
(그것들 중의 어느 것도 서가 위에 정돈되어 있지 않았다.)

▶ either와 neither는 일반적으로 단수로 취급된다.

The two guests have arrived, and **either/**but **neither is** welcome.
(손님 두 분이 도착했다. 두 분 다 환영을 받았다/받지 못했다.)

2   **절**: 일반적으로 모든 정형절과 비정형절은 단수가 된다.

How you got there doesn't concern me. (네가 어떻게 그곳에 갔든 나는 상관이 없다.)
Smoking cigarettes is hazardous to your health. (흡연은 건강에 해롭다.)

▶ 독립 관계절은 그 절을 이끄는 wh-절의 수에 의하여 단수 또는 복수가 결정된다.

What were supposed to be new proposals were in fact modifications of earlier ones.
(새로운 제안으로 여겨졌던 것이 실제로는 옛것을 수정한 것이었다.)
Whatever book a New York Times reviewer praises sells well.
(뉴욕 타임스의 서평가가 호평한 책은 어느 것이든지 잘 팔린다.)

3. **양화사 of 복수(대)명사**: 일반적으로 복수동사를 취한다.

a number of   a group of   a couple of
a lot of   the majority of   half of 등

A couple of police officers stand guard across the street.
(두 명의 경찰관이 도로 건너편에서 보초를 서고 있다.)
A group of workers are staging a protest in the chemical plant.
(일단의 노동자들이 화학 공장에서 항의를 하고 있다.)
A lot of trivial things seem to trouble him recently.
(여러 가지 사소한 일들이 최근에 그를 괴롭히는 것 같다.)
A considerable number of interviews are waiting for the actor.
(상당히 많은 회견이 그 배우를 기다리고 있다.)
Only a minority of people support the new laws.
(단지 소수의 국민만이 새 법을 지지한다.)
The majority of students find it hard to pay tuition fees.
(학생들의 대부분은 등록금을 내는 것이 버겁다.)
Most of the shops were closed down early yesterday.
(어제 가게의 대부분이 일찍이 문을 닫았다.)
Many of the employees work part-time. (많은 종업원들이 시간제로 일한다.)
Some of us regard his fifth novel as the best.
(우리들의 몇 명은 그의 다섯 번째 소설이 최고라고 생각한다.)

4. any/either/neither/none of 복수(대)명사: 문어체에서는 일반적으로 단수가 되지만 구어체에서는 복수가 되기도 한다.

Is/Are any of these paintings for sale? (이 그림 중에 어느 것이 팔 것입니까?)
Has/Have either of them called yet? (그들 중에 어느 한 사람에게서라도 전화가 왔습니까?)
Neither of the guests speaks/speak Spanish. (손님 두 분 다 영어를 못 합니다.)
None of her friends wants/want to see her.
(그녀의 친구 중 누구도 그녀를 보고 싶어 하지 않는다.)

5. 분수 +of + 명사구: 명사구가 단수이면 단수, 복수이면 복수동사를 취한다.

Half of the bucket was filled. (물통의 반이 채워져 있다.)
Two-thirds of the workers are in favor of a strike. (노동자들의 3분의 2가 파업을 찬성한다.)

▶ 분수가 직접 명사를 수식하는 한정사로 쓰이고 분수가 1보다 클 경우에는 복수명사가 온다.

It weighs **one and a half kilos**. (그것은 무게가 1.5킬로다.)
He owns about **1.2 acres** of land in downtown Chicago.
(그는 시카고 시내에 약 1.2에이커의 땅을 소유하고 있다.)

6   **복수 지명과 국가명**: 복수형 지리적 명칭은 복수가 되는 것이 정상이지만 복수형 국가명은 종종 단수로도 쓰인다.

The United States are/is negotiating with Mexico about the problem of immigration.
(미국은 멕시코와 이민문제를 협상하고 있다.)
The Netherlands have/has been known to have a lot of good skaters.
(네덜란드에는 훌륭한 비상 선수가 많은 것으로 알려졌다.)
The Alps are crowded with skiing tourists every winter.
(알프스는 겨울마다 스키 관광객으로 붐빈다.)
The Appalachians stretch from Quebec in the north to Alabama in the south.
(애팔래치아 산맥은 북쪽의 퀘벡에서 남쪽으로 앨라배마 주의 북부까지 뻗어있다.)

▶ Flanders는 항상 단수가 된다.

Flanders is/*are the country where I spent my childhood.
(플랑드르는 내가 어린 시절을 보낸 곳이다.)

7   **보어의 수**: 서술보어(predicative complement)의 수는 자신의 서술대상, 즉 주어 혹은 목적어의 수와 일치하는 것이 정상이다.

My son is **a teacher**. (나의 아들은 선생이다.) (*My son is teachers.)
My sons are **teachers**. (나의 아들들은 선생이다.) (*My sons are a teacher.)
They consider **my son an idiot**/*idiots. (그들은 내 아들을 바보라고 생각한다.)
They consider **my sons idiots**/*an idiot. (그들은 내 아들들을 바보라고 생각한다.)

▶ 그러나 서술보어와 서술대상이 수에 있어서 일치하지 않는 경우를 많이 볼 수 있다.

His Ph.D. thesis was simply **five unrelated articles** assembled together.
(그의 박사학위 논문은 다섯 개의 관련이 없는 논문을 단순히 합해놓은 것이다.)
The biggest time waster is **meetings**. (가장 큰 시간 낭비는 회합을 하는 것이다.)
Our neighbors are **a nuisance** to us all. (우리 이웃은 우리 모두에게 골칫거리다.)
The accidents were **the result** of poor road conditions.
(사고들은 좋지 않은 도로 여건의 결과였다.)

We all consider **our neighbors a nuisance**.
(우리 모두는 우리 이웃들을 성가신 존재로 생각한다.)
The police consider **the accidents the result** of poor road conditions.
(경찰은 사고들을 나쁜 도로여건의 결과라고 생각한다.)

▶ 절을 포함하는 주어의 경우에는 종종 동사가 그 보어와 일치한다.

The only thing we need for the team **is/are a few new offensive players**.
(우리 팀에 필요한 것이 있다면 두서너 명의 새로운 공격수다.)
What we need for our new house **is/are some new curtains**.
(우리 새집에 필요한 것은 새로운 커튼이다.)

8 **배분적 의미와 수**: 동시에 다수의 개체가 행한 같은 행동을 말할 때는 복수명사를 사용하는 것이 원칙이다.

The tourists are told to bring **umbrellas** for the trip.
(관광객들은 여행할 때 우산을 지참하라고 통보를 받았다.)
(**The tourists** are told to bring **an umbrella** for the trip보다 자연스럽다.)

▶ 그러나 단수의 경우도 가능한 경우가 있다.

Most of the employees have applied for **a loan** to buy **a house**.
(종업원의 대부분은 집을 사기 위해 대출을 신청했다.)
(**Most of the employees** have applied for **loans** to buy **houses**보다 자연스럽다.)

▶ 대명사와 함께 쓰이는 경우에는 복수형이 쓰인다.

The soldiers were in danger of losing **their lives**. (군인들은 생명을 잃을 위험에 빠져있었다.)
(*The soldiers were in danger of losing **their life**.)

▶ 그러나 불가산명사의 경우에는 단수가 쓰인다.

They are all eager to present **their evidence** against the criminals.
(그들은 모두 범인들에게 불리한 증거를 제시하고 싶어 했다.)
(*They are all eager to present **their evidences** against the criminals.)
People think the purpose of education is only to advance **their knowledge**.
(사람들은 교육의 목적이 단지 지식을 향상시키는 것이라고 생각한다.)

9 who, what, which, whose: 이 의문사가 주어로 쓰일 경우에 비록 응답이 복수라 할지라도 일반적으로 단수동수를 취한다.

"**Who's** coming to the meeting?" "John, Bill, and Jane (are coming)."
("누가 회의에 옵니까?" "존과 빌 그리고 제인이 올 것입니다.")
"**What causes** the accidents?" "Drivers (cause the accidents)."
("무엇이 사고 원인입니까?" "운전자가 원인입니다.")
"**Which annoys** you most?" "My past scandals (annoy)."
("어느 것이 당신을 가장 괴롭힙니까?" "과거의 스캔들입니다.")
"**Whose was** damaged by fire?" "Most of my neighbors' houses (were damaged)."
("누구의 집이 화재로 해를 입었습니까?" "대부분 우리 이웃의 집들이 해를 입었습니다.")

▶ 그러나 이 의문사들이 주어보어에 관해 물을 때는 복수동사를 취한다.

"**Who are** your closest friends?" "(My closest friends are) John and Bill."
("누가 가장 친한 친구냐?" "존과 빌이요.")
"**What were** the biggest obstacles to progress?" "(They are) Poor manpower and limited finance." ("무엇이 발전에 가장 큰 장애물입니까?" "열악한 인력과 제한된 재정입니다.")
"**Which are** the most important crops?" "(They are) Rice, barley and corn."
("어느 것이 가장 중요한 농작물입니까?" "쌀과 보리 그리고 옥수수입니다.")
"**Whose are** those cars?" "(They are) John's, Mary's and Bill's."

("누구의 차들입니까?" "존과 메리 그리고 빌의 차입니다.")

▶ what-관계절은 일반적으로 단수동사를 갖는다.

What she needs is friends. (그녀가 필요한 것은 친구다.)
(What she needs are friends보다 자연스럽다.)

그러나 종종 복수 보어 앞에서는 복수동사가 사용되기도 한다.

What we need most of all **are some really new ideas**.
(우리가 무엇보다도 필요한 것은 정말로 새로운 어떤 착안이다.)

10 another와 a/an: 이 한정사들은 단수명사와 함께 쓰인다. 이들 뒤에 적절한 형용사와 수사가 오면 양 또는 시간을 나타내는 복수명사가 사용될 수 있다.

We have to wait **another three weeks** for the results.
(우리는 결과를 보려면 다시 3주를 기다려야 한다.)
There's still **another 500 dollars** to pay. (아직도 또 다른 500불을 지급해야 한다.)
They had **a happy ten days** in Hawaii for their honeymoon.
(그들은 하와이에서 10일간의 행복한 신혼여행을 가졌다.)
He ordered **an extra three pounds** of sugar for her.
(그는 그녀를 위하여 추가로 3파운드의 설탕을 주문했다.)

▶ every도 단수명사와만 사용되지만 빈도를 나타낼 때는 복수명사와 함께 쓰일 수 있다. (E21.5를 보라.)

He visits his parents **every three months**. (그는 3개월마다 부모님을 찾는다.)

A35 all

all은 한정사, 한정사 선행어, 대명사, 부사로 사용될 수 있다.

All bedrooms are equipped with built-in storage space.   [한정사]
(모든 침실에 붙박이 보관공간이 설치되어 있다.)
The man spent **all his life** looking for the lost city.   [한정사 선행어]
(그 사람은 잃어버린 도시를 찾아 일생을 보냈다.)
He spent **all** he had, every last penny.   [대명사]
(그는 가진 마지막 동전까지 모두 써버렸다.)
He's doing it **all by himself**.   [부사]
(그는 전적으로 자기 혼자서 그 일을 하고 있다.)

1 all과 both: all은 한정사로서 셋 또는 그 이상의 개체 모두를 가리킬 때 사용된다. 두 개체가 항상 함께 존재할 경우 또는 두 개체를 함께 언급할 경우에는 both를 써야 한다. 다음을 비교해보라. (D11을 보라.)

We'll buy **all four birds** in the cage. (우리는 새 장의 새 네 마리 모두를 사겠다.)

(*We'll buy **all two birds** in the cage.) (참고: We'll buy **both birds** in the cage.)
(*The detective met **all your parents**.) (참고: The detective met **both your parents**.)
Both John and Mike borrowed money from me. (존과 마이크 둘 다 나한테 돈을 빌려갔다.)

2   **한정사 선행어**: all은 한정사 선행어로서 한정사 앞에 올 수 있다. (P26을 보라.)

All the students attended the graduation ceremony. (모든 학생이 졸업식에 참석했다.)
The man wasted **all his life** looking for sunken treasure.
(그 사람은 침몰한 보물을 찾아 전 생애를 낭비했다.)

► 한정사 선행어로 쓰이는 all은 명사구 뒤로 이동할 수 있으며, 주어위치에 있을 경우에 be동사나 조동사가 나타나면 그 뒤로 이동할 수 있다.

The students all attended the graduation ceremony. (학생 모두가 졸업식에 참석했다.)
Those apples were **all** rotten. (사과가 모두 상해 있었다.)
The musician invited **them all** to the concert. (그 음악가는 그들 모두를 연주회에 초청했다.)
She's made something to eat for **us all**. (그녀는 우리 모두를 위해 먹을 것을 만들었다.)

3   **부정대명사**: all은 부정대명사로서 관계절이나 of-구의 수식을 받을 수 있다. (I15를 보라.)

All that matters is to be happy. (중요한 것은 행복하게 사는 것이다.)
I gave her **all she asked for**. (나는 그녀에게 원하는 것을 다 주었다.)

She said she had read **all of the books** in this room.
(그녀는 이 방에 있는 모든 책을 읽었다고 했다.)
(= She said she had read **all the books** in this room.)
All of our children are vacationing in Jeju Island.
(우리 아이들 모두가 제주도에서 휴가를 보내고 있다.)
(= **All our children** are vacationing in Jeju Island.)

► 한정사가 없는 명사 앞에는 일반적으로 of가 나타나지 않는다.

All children must be cared for with love. (모든 아이는 사랑으로 돌봐야 한다.)
(*All of children** must be cared for with love.)
She used **all ((of) the) meat** to prepare the banquet.
(그녀는 연회를 준비하느라고 모든 고기를 써버렸다.)
(*She used **all of meat** to prepare the banquet.)

both에 대해서는 B23을, half에 대해서는 H2를 보라.

4   **강조어**: all은 부사로서 "명사, 형용사, 부사, 전치사, 접속사"의 강조어로 "completely"의 뜻으로 사용될 수 있다.

This coat is **all wool** while the other is a blend.
(이 코트는 완전한 모직이지만 다른 것은 혼방이다.)
I had to cycle in the rain and got **all wet**.

(나는 빗속에서 자전거를 타야 했고 물에 흠뻑 젖었다.)
The old man lives **all alone** in the forest. (나이 많은 저분은 숲 속에서 홀로 살고 있다.)
I've already heard **all about the accident**. (나는 사고에 대해서 이미 다 들었다.)
I looked **all around**, but I couldn't see anything.
(나는 사방을 둘러보았지만 아무것도 볼 수 없었다.)
It's **all because of** you. (이 모든 것이 전적으로 너 때문이다.)

A36   all과 every

all과 every는 일반적으로 집단이나 집단의 구성원을 가리킬 때 사용된다. 이 둘 사이에는 의미적 차이가 거의 없으나 (every는 "예외 없이"의 의미가 강하고 all은 "집단 전체"를 가리키는 경향이 있다), 문법적으로는 다르게 사용된다.

1   단/복수명사: every는 단수명사와 함께 쓰이고 all은 복수명사와 함께 쓰인다.

Every man makes mistakes. (모든 사람은 실수를 한다.) (***All man makes** mistakes.)
All men make mistakes. (모든 사람은 실수를 한다.) (***Every men make** mistakes.)

Every employee is striking for a reduction of the working hours.
(직원들이 하나도 빠짐없이 근로시간 단축을 위해 파업을 하고 있다.)
All employees are striking for a reduction of the working hours.
(직원 전체가 근로시간 단축을 위해 파업을 하고 있다.)

2   한정사: all은 한정사 선행어로서 한정사(예: 관사, 소유격, 지시사 등)와 함께 쓰일 수 있지만, every는 사용될 수 없다. 다음을 비교해보라.

All the employees are striking for an improvement of their working conditions.
(직원 모두가 작업조건의 향상을 위해 파업에 동참하고 있다.)
I've sent the invitation to **all my friends**. (나는 친구 모두에게 초대장을 보냈다.)
(***Every the/an employee** is striking for a reduction of the working hours.)

I've sent the invitation to **every friend** of mine. (나는 친구들에게 빠짐없이 초대장을 보냈다.)
(*I've sent the invitation to **every my friend/my every friend**.)

3   불가산명사: all은 불가산명사와 함께 쓰일 수 있지만, every는 쓰일 수 없다.

I like **all music**. (나는 모든 음악을 좋아한다.) (*I like **every music**.)
Not **all food** is good to eat. (모든 음식이 먹어도 좋은 것은 아니다.)
(*Not **every food** is good to eat.)

4   장소와 지역: all은 지역, 장소 등 몇몇 가산명사와 함께 "전부, 전체"를 뜻하는 "the whole of" 대신에 쓰일 수 있다.

He made an apology to **all Asia** for his country's past behavior. (= **the whole of Asia**)

(그는 자신의 조국이 저지른 과거의 행위에 대해서 모든 아시아 국가에 사과했다.)
All Seoul went crazy at the news about her scandal. (= **the whole of Seoul**)
(서울 전체가 그녀의 스캔들 뉴스에 광란했다.)
I've been around **all the village** looking for the cat. (= **the whole of the village**)
(나는 고양이를 찾아온 동네를 돌아다녔다.)

5 시간 명사: all day/week과 every day/week의 차이점에 유의하라.

She was here **all day**. (= from morning to night)
(그녀는 온종일 여기에 있었다.)
She was here **every day**. (Monday, Tuesday, Wednesday, ...)
(그녀는 매일 여기에 있었다.)

all과 whole의 차이점에 대해서는 A40을 보라.
every와 each의 차이점에 대해서는 E2를 보라.

A37 all, everybody, everything

1 **all과 everybody/everything**: all은 의미상으로 everybody나 everything과 유사하지만, 독립적인 대명사로 쓰이는 everybody나 everything과는 달리 all은 일반적으로 독립적인 대명사로 쓰이지 않는다.

Send my best wishes to **everybody** in the family. (가족의 모든 분에게 안부를 전해주세요.)
(*Send my best wishes to **all** in the family.)

He spent **everything** on the gambling. (그는 도박에 모든 것을 써버렸다.)
(*He spent **all** on the gambling.)
I decided to tell him **everything**. (나는 그에게 모든 것을 말하기로 했다.)
(*I decided to tell him **all**.)

If **everyone** is ready, I'll begin. (모두가 준비되면 시작하겠습니다.)
(*If **all** is ready, I'll begin.)

2 **대명사 all**: 맥락에서 생략된 성분을 예측할 수 있을 경우 all은 대명사로 쓰일 수 있다.

He hid 2 million won under the bed and the thieves took **all**.
(그는 침대 밑에 2백만 원을 숨겨놓았는데 도둑놈이 다 가져갔다.)
She has four children, **all** under the age of five. (그녀에게는 아이가 넷 있는데 모두 5살밑이다.)

▶ all은 종종 단독으로 "모든 주변상황"을 의미하기도 한다.

All is dark and silent on the island now. (섬은 지금 모든 것이 어둡고 고요하다.)
I hope **all** is well with you. (나는 네가 모든 것이 잘 되기를 바란다.)

3 **all + 관계절**: all은 관계절의 수식을 받으면 일반적으로 "everything"을 뜻한다.

He spent **all (that) he had** on gambling. (그는 그가 가진 모든 것을 도박에 써버렸다.)
He spent **everything** on gambling. (그는 모든 것을 도박에 써버렸다.)

He's done **all he could** to help us. (그는 우리를 돕기 위해 할 수 있는 모든 것을 했다.)
He's done **everything** to help us. (그는 우리를 돕기 위해 모든 것을 했다.)

▶ "all + 관계절" 구조는 또한 "오직 ... 뿐"이라는 뜻의 부정적 의미를 표현하기도 한다.

All that we're asking for is a little respect. (우리가 요구하는 것은 단지 조그만 배려다.)
(= **The only thing that we're asking for** ...)
All I need is a roof over my head and a decent meal.
(내가 필요로 하는 것은 거주할 집과 분수에 맞는 음식일 뿐이다.)

A38 all과 (대)명사

1 **all과 대명사**: all은 대명사 뒤에 올 수 있지만, 대명사 앞에는 직접 올 수 없다. all이 대명사 앞에 오려면 all과 대명사 사이에 of를 삽입해야 한다.

They **all** went swimming.
All of them went swimming.
(그들은 모두 수영하러 갔습니다.) (***All they** went swimming.)

We have **all** been waiting for you for an hour.
All of us have been waiting for you for an hour.
(우리 모두는 당신을 한 시간 동안 기다리고 있었습니다.)
(***All we** have been waiting for you for an hour.)
She's made **us all** something to eat.
She's made **all of us** something to eat.
(그녀는 우리 모두에게 먹을 것을 만들어 주었다.) (*She's made **all us** something to eat.)

▶ 그러나 보어 대명사나 짧은 응답에서는 all이 대명사 다음에 올 수 없다.

*Is that **them all**?
Is that **all of them**? (이것이 전부입니까?)

"Who did you invite?" ("누구를 초청했습니까?")
"*Them all."
"**All of them**." ("그들 모두를 초청했습니다.")

2 **all과 명사**: all이 한정사가 없는 명사와 결합하면 일반적으로 전칭적 지시(generic reference)를 갖는다. 다음을 비교해보라.

All men are created equal. (모든 인간은 평등하게 창조되었다.)
All the men in this company are treated equally.
(이 회사의 모든 직원은 평등한 대우를 받는다.)

All animals have to eat in order to live. (모든 동물은 살기 위해 먹어야 한다.)

All the animals in the zoo are well taken care of.
(동물원의 모든 동물은 보살핌을 잘 받고 있다.)

▶ 한정사가 없을 경우에도 맥락에 따라 특정의 지시(specific reference)를 표현할 수 있다.

He'll see **all (the) students** at 9 o'clock. (그는 9시에 모든 학생들을 만날 것이다.)
All (the) men must leave their coats here, but (the) women may take theirs with them.
(모든 남성은 코트를 이곳에 맡겨야 하지만, 여성들은 코트를 소지할 수 있다.)

3 **all과 불가산명사**: all은 복수가산명사와 사용되는 것이 정상이지만 불가산명사와도 함께 쓰인다.

All these questions must be answered in an hour.
(이 모든 질문은 한 시간 내에 대답해야 한다.)
All animals have to eat in order to live. (모든 동물은 살기 위해 먹어야 한다.)
He ate **all his food**. (그는 자신의 음식을 다 먹었다.)
Have you drunk **all the milk**? (우유를 모두 마셨습니까?)

▶ all은 또한 자연스럽게 부분으로 나누어질 수 있는 대상을 가리키는 단수 가산명사와도 함께 쓰일 수 있다. (A40.4를 보라.)

All my family moved to Seoul in 2001. (우리 가족 모두가 2001년에 서울로 이사했다.)
It'll take several hours to tell **all the story**. (이야기를 전부 하려면 몇 시간이 걸릴 것이다.)
He was trying to find a proper solution **all the week**.
(그는 주 내내 적절한 해답을 찾으려고 애쓰고 있었다.)

4 **all과 시간명사**: all이 단수 시간명사와 함께 쓰일 때는 정관사 the를 생략할 수 있으며, 또한 대신 the whole을 사용할 수 있다.

She spent **all (the) morning/day/week** at home.
(She spent **all of the morning/day/week** at home보다 자연스럽다.)
She spent **the whole morning/day/week** at home.
(그녀는 오전 내내/하루 종일/한 주 내내 집에서 보냈다.)

▶ 정관사 생략은 명사 앞에 숫자가 올 때도 가능하다.

All (the) three brothers were arrested for stealing cars.
(세 형제 모두가 자동차 절도로 체포되었다.)
He has reserved **all (the) twenty rooms of the motel** for us.
(그는 우리를 위해 모텔 방 20개 전부를 예약했다.)

all과 every의 차이에 대해서는 A36을 보라.

A39 all과 negation(부정)

1 all ... not: 우리는 일반적으로 동사를 부정함으로써 긍정문을 부정문으로 만들지만, all을

포함하는 명사구가 주어인 문장에서는 동사를 부정함으로써 부정문을 만들 수 없다. 다음을 비교해보라.

We **like** hamburgers. (우리는 햄버거를 좋아한다.)
We **don't** like hamburgers. (우리는 햄버거를 좋아하지 않는다.)
All Americans **like** hamburgers. (모든 미국인이 햄버거를 좋아한다.)
All Americans **don't** like hamburgers. (모든 미국인이 햄버거를 좋아하지 않는다.)

위의 부정문은 두 가지 의미를 갖는다.

It is **not** the case that **all Americans** like hamburgers.
(모든 미국인이 햄버거를 좋아하는 것은 아니다.)
It is the case that **Americans don't** like hamburgers.
(미국인은 햄버거를 좋아하지 않는다는 것이다.)

2   **not all과 no**: 위의 의미적 모호성을 피하는 방법은 all 앞에 not을 쓰거나 all을 no로 바꾸는 것이다.

Not all Americans like hamburgers. (모든 미국인이 햄버거를 좋아하는 것은 아니다.)
(= It is **not** the case that **all Americans** like hamburgers.)
No Americans like hamburgers. (미국인은 햄버거를 좋아하지 않는다.)
(= It is the case that **Americans don't** like hamburgers.)

"not all" 문장은 사실일 수 있지만 "no"로 시작하는 문장은 전면적인 부정이므로 사실적으로 거짓이 된다. 다음을 비교해보라.

Not all birds can fly.   **No birds** can fly.
(모든 새가 날 수 있는 것은 아니다.)   (새는 날 수 없다.)
Not all birds can play chess.   **No birds** can play chess.
(모든 새가 장기를 둘 수 있는 것은 아니다.) (새는 장기를 둘 수 없다.)

"play chess"의 경우에는 "not all birds"를 주어로 가진 문장이, "fly"의 경우에는 "no birds"를 주어로 가진 문장이 사실적으로 거짓이 된다.

A40 all과 whole

1   all/whole과 **단수명사**: all (of)과 whole은 둘 다 단수명사와 사용될 수 있다. 특히 어순의 차이에 유의하라.

한정사 + whole + 명사
all (of) + 한정사 + 명사

He spent **his whole life** looking for lost treasure.
He spent **all (of) his life** looking for lost treasure.
(그는 사라진 보물을 찾는 데 전 생애를 바쳤다.)

2 **all과 부정관사**: all은 일반적으로 부정관사 앞에는 오지 않으며 whole이 대신 쓰인다.

She's eaten **a whole apple**. (그녀는 사과 하나를 다 먹었다.) (*She's eaten **all an apple**.)
He hasn't slept for **a whole week**. (그는 한 주 내내 잠을 못 잤다.)

3 **불가산명사**: 대부분의 불가산명사에는 all (of)이 선호된다.

I've drunk **all (of) the milk**. (나는 우유를 다 마셨다.) (*I've drunk **the whole milk**.)
He's eaten **all (of) his food**. (그는 그의 음식을 모두 먹었다.) (*He's eaten **his whole food**.)

4 **단수 구상명사**: 부분으로 나누어질 수 없다고 생각되는 단수 구상명사의 경우에는 "all of"나 "the whole"이 더 자연스럽다.

I haven't read **all of the book/the whole book**. (나는 그 책을 전부 읽었다.)
(I haven't read **all the book**보다 자연스럽다.)
The monkey ate **all of the banana/the whole banana**. (원숭이가 바나나를 다 먹었다.)
(The monkey ate **all the banana**보다 자연스럽다.)

5 **추상명사**: 추상명사 앞에는 "all the"보다 "the whole"이 선호된다.

You have to stand up in court and tell "the truth, **the whole truth** and nothing but the truth." (너는 법정에 서서 "진실, 모든 진실, 오직 진실만"을 말해야 한다.)
We have to ban certain chemicals before they pollute **the whole environment**.
(우리는 화학제품이 전체 환경을 오염시키기 전에 어떤 것은 금지해야 한다.)

6 **복수명사**: 복수명사와 쓰이면 whole는 "전부/모두"를 의미하고 all은 every와 유사한 의미로 쓰인다.

Whole forests were cut down in the 1960s. (1960년대에 전체 숲이 베어졌다.)
(= **Entire forests** were cut down in the 1960s.)
All forests will have disappeared in 2200 A.D. (서기 2200년에 모든 숲이 사라질 것이다.)
(= **Every forest** will have disappeared in 2200 A.D.)

7 **the whole of**: "the/소유격 + whole" 대신에 "the whole of"를 사용할 수도 있다.

Julie spent **the whole of the summer** at home. (줄리는 여름 전체를 집에서 보냈다.)
(= Julie spent **the whole summer** at home.)
I spent **the whole of my life** depicting the old script.
(나는 옛 문서를 해독하는 데 전 생애를 바쳤다.)
(= I spent **my whole life** depicting the old script.)

8 **고유명사**: 고유명사와 대명사 앞에는 whole 대신에 "the whole of"나 "all (of)"를 사용한다.

The whole of/All (of) Venice was under water. (전 베니스가 물속에 있다.)
(***Whole Venice** was under water.)

I've just read **the whole of/all (of)** *"The Da Vinci Code"*.
(나는 〈다빈치 코드〉를 다 읽었다.)
I've read **the whole of/all of it**. (나는 그것을 다 읽었다.)

A41　allow, permit, let

이 세 단어는 모두 "어떤 일이 있게끔 허용하다"라는 의미를 지니며, 모두 "목적어 + 부정사" 구조를 허용한다.

My parents will **allow me to go** to the party.
(나의 부모는 내가 파티에 가는 것을 허락할 것이다.)
She **permitted her children to attend** school activities.
(그녀는 아이들이 학교 활동에 참여하도록 하였다.)
He doesn't **let anyone have** a look at the letter. (그는 아무도 그 편지를 못 보게 했다.)

1　　allow와 permit: permit가 더 문어적이며 두 동사 모두 -ing형 목적어를 허용한다.

The authorities will not **allow/permit swimming** on the beach.
The authorities will not **allow/permit us to swim** on the beach.
(당국은 해변에서 수영하는 것을 허용하지 않을 것이다.)

▶ 수동구문이 널리 사용되며, 인칭 주어와 -ing형 주어가 둘 다 허용된다.

We are not allowed/permitted to swim on the beach.
(우리는 해변에서 수영하는 것이 허용되지 않는다.)
Swimming is not allowed/permitted on the beach.
(해변에서 수영하는 것이 허용되지 않는다.)

▶ it를 주어로 갖는 수동구문은 permit의 경우에만 가능하다.

It is not permitted to swim on the beach. (해변에서 수영하는 것이 허용되지 않는다.)
*__It is not allowed__ to swim on the beach.

2　　let: 세 단어 중에 가장 덜 문어적이며, "목적어 + 원형 부정사"가 뒤에 온다.

Let me go home—I'm tired. (집에 가게 해 주십시오. 피곤합니다.)
She **let her son grow** his hair long. (그녀는 아들이 머리를 길게 기르는 것을 허락했다.)

▶ let는 일반적으로 수동구문에서 쓰이지 않는다.

*He **wasn't let** to grow his hair long.
He **wasn't allowed** to grow his hair long. (그는 머리를 길게 기르는 것이 허용되지 않았다.)

3　　let와 allow: let와 allow는 전치사적 부사와 함께 쓰일 수 있다.

She opened the door and **let me in**. (그녀는 문을 열어 나를 들어오게 했다.)
I won't **let you down**. (나는 너를 실망하게 하지 않을 것이다.)

Her parents don't **allow** Mary **out** at night.
(메리의 부모는 메리가 밤에 외출하는 것을 허락하지 않는다.)
Mary isn't **allowed out** at night. (메리는 밤에 외출이 허용되지 않는다.)
*Her parents don't **permit** Mary **out** at night.

let에 대해서는 L7과 L8을 보라.

A42 almost와 nearly

almost와 nearly는 유사한 의미를 가진 정도부사(adverbs of degree)로서 "어떤 것이 완전하기에는 조금 부족한 상황"을 표현할 때 사용된다. (D4.2를 보라.)

The bottle is **almost/nearly** full. (병이 거의 가득 찼다.)
The couple have been dating for **almost** three years.
(저 한 쌍의 남녀는 거의 3년간을 사귀고 있다.)

1 **수치**: 이들은 수, 양, 시간, 연령 등을 나타내는 표현 앞에서 쓰이며, 미국영어에서는 nearly가 자주 쓰이지 않는다.

I've been teaching at this school for **almost/nearly** 10 years.
(나는 이 학교에서 거의 10년간을 가르치고 있다.)
He has 150 dollars in cash and **almost/nearly** 1000 dollars in traveller's cheques.
(그는 현금 150불과 여행자 수표로 거의 1000불을 가지고 있다.)
John is three years old and Sally is **almost/nearly** six.
(존은 세 살이고 샐리는 거의 여섯 살이다.)

2 **근접성**: 어떤 사건이 특정 기준이나 상태에 거의 도달하거나 거의 종료되었음을 말할 때 사용된다.

We were late, and **almost/nearly** missed the train. (우리는 늦어서 기차를 거의 놓칠 뻔했다.)
I've **almost/nearly** finished my homework. (나는 숙제를 거의 끝냈다.)
We were **almost/nearly** at the top of the mountain when it began to rain.
(우리는 비가 오기 시작할 때 산 정상에 거의 와 있었다.)

▶ 누가 어떤 일을 거의 실행하거나 어떤 일이 거의 일어날 뻔한 것을 말할 때 사용된다.

I **almost/nearly** fell down the stairs this morning.
(나는 오늘 아침에 층계에서 거의 넘어질 뻔했다.)
The bathtub was **almost/nearly** overflowing—he turned the water off just in time.
(욕조의 물이 거의 넘치고 있어서, 그는 때맞추어 물을 잠갔다.)

▶ 최고 혹은 최악에 가깝거나 거의 불가능한 것을 말할 때 사용된다.

He was **almost/nearly** the best/worst student in the whole school.
(그는 전교에서 거의 최고의/최악의 학생이었다.)

Persuading Mary to change her mind was **almost/nearly** impossible.
(메리가 마음을 바꾸도록 설득하는 것은 거의 불가능했다.)

▶ all, everything, everyone 앞에서 사용될 수 있다.

Almost/Nearly all the passengers on the ferry were Korean.
(나루터에 있는 거의 모든 승객이 한국인이다.)
The burglar stole **almost/nearly everything** in the house.
(집에 도둑이 들어 거의 모든 것을 훔쳐 갔다.)

3 **유사성**: 한 대상이 어떤 상황과 거의 같음을 말할 때는 일반적으로 almost를 사용한다.

My bicycle is **almost/*nearly** new. (나의 자전거는 거의 새것이다.)
Jake is **almost/*nearly** like a father to me. (제이크는 나에게 거의 아버지와 같다.)
Our cat understands everything—he's **almost/*nearly** human.
(우리 집 고양이는 모든 것을 이해하며 거의 사람과 같다.)

▶ 특정의 색이나 모양과 거의 유사함을 말할 때도 일반적으로 almost를 사용한다.

Do you know that the shape of the Earth is **almost** perfectly round?
(지구의 모습이 거의 완전한 원이라는 것을 너는 아느냐?)
She was wearing a hat that is **almost** blue but not quite.
(그녀는 완전하지는 않지만 거의 하늘색의 모자를 쓰고 있었다.)

4 **almost와 nearly**: 때때로 almost가 nearly보다 더 근접했음을 의미하는 경우도 있다.

It's **nearly** nine o'clock. (= 아마도 8:45) (얼추 9시다.)
It's **almost** nine o'clock. (= 아마도 8:57) (거의 9시다.)

5 **very와 pretty**: very와 pretty는 almost와 함께 쓰일 수 없다.

I've **very/pretty nearly** finished my homework. (나는 숙제를 거의 마쳤다.)
(*I've **very/pretty almost** finished my homework.)
George suddenly stood up, which **very nearly** upset the boat.
(조지가 갑자기 일어서서 배가 거의 뒤집힐 뻔했다.)

6 **비단언적 단어**: "never, nobody, nothing, any 등" 부정적 단어나 비단언적 단어 앞에서는 일반적으로 nearly를 사용하지 않는다. 대신에 "ever, anybody, anything 등"과는 almost나 hardly를 사용한다.

She can **almost never/hardly ever** expect a pay-raise this time.
(그녀는 이번에는 임금인상을 거의 기대할 수 없다.)
(*She can **nearly never** expect a pay-raise this time.)
Almost nobody/Hardly anybody can answer my questions.
(나의 질문에 답할 수 있는 사람은 거의 없다.)
(***Nearly nobody/anybody** can answer my questions.)

He hasn't eaten for two days, and he'll eat **almost anything**.
(그는 이틀간 먹지 않아서 거의 아무것이나 먹을 것이다.)

A43   alone, lonely, lonesome, lone

alone은 주위에 아무도 없이 "홀로 있음"을 암시하고, lonely(구어체 미국영어에서는 lonesome)는 홀로 있음으로써 있을 수 있는 "외로움"을 의미한다. lonesome은 lonely보다 더 강한 외로움을 표현한다.

I like to be **alone** for short periods. (나는 잠깐 동안 홀로 있고 싶다.)
But after a few days I start getting **lonely/lonesome**.
(그러나 며칠 후에 나는 외로움을 느끼기 시작했다.)
Beth is **lonesome** without the children. (베스는 아이들이 없으면 외롭다.)

1   **lonely와 lonesome**: lonely와 lonesome이 장소를 의미한 표현과 사용되면 사람들이 사는 곳에서 멀리 떨어진 곳을 의미한다.

He's from a **lonely/lonesome** mountain village. (그는 벽지의 산골 마을 출신이다.)

▶ lonely와 lonesome은 "홀로(by oneself)"라는 의미로 사용해서는 안 된다.

She is afraid to travel **alone/*lonely/*lonesome**. (그녀는 홀로 여행하는 것을 꺼린다.)

2   **alone**: alone은 같은 의미를 가진 "on one's own"과 "by oneself"와 같이 all을 써서 강조할 수 있다.

He's been living **all alone/on his own/by himself** for five years now.
(그는 지금 5년 동안 홀로 살고 있다.)

이 용법의 all에 대해서는 A35.4를 보라.

▶ alone은 형용사로서 명사 앞에는 올 수 없으며, 서술적 형용사로는 쓰일 때는 "lonely"의 의미로 쓰일 수도 있다.

I cried like a child because I felt so **alone/lonely**. (나는 너무 외로워서 아이처럼 엉엉 울었다.)
He led a **lonely/*alone life** without friends. (그는 친구도 없이 외로운 삶을 살았다.)

3   **lone**: 명사 앞에서 lone 또는 solitary가 "홀로"라는 의미로 쓰이며, lone은 문학적 단어다.

He is the **lone/solitary** survivor of the shipwreck. (그는 난파선의 유일한 생존자다.)
He's a **lone/solitary** little boy, quite happy to play on his own.
(그는 외톨이의 어린 남자아이로서 혼자 놀기를 매우 좋아한다.)

A44   along과 alongside

along과 alongside는 둘 다 전치사와 부사로 사용될 수 있다.

We walked **along the road**.　　　　　　　　　　　[전치사]
(우리는 도로를 따라 걸었다.)
Most of us refused to work **alongside the new team**.
(우리 대부분은 새로운 팀과 함께 일하는 것을 거부했다.)
When I went to Paris, I took her **along**.　　　　　[부사]
(나는 파리를 갈 때 그녀를 데려갔다.)
We brought our boat **alongside**. (우리는 배를 옆에 나란히 댔다.)

1　　along: along은 "한쪽에서 시작하여 다른 쪽까지"의 이동이나 공간을 의미하는 전치사로서 "road, river, corridor, line"과 같은 명사, 즉 길고 좁은 모습의 대상과 함께 쓰인다.

I saw her running **along the road**. (나는 그녀가 길을 따라 뛰는 것을 보았다.)
I love to see trees **along the sides of the street**.
(도로의 옆을 따라 있는 나무를 보는 것이 즐겁다.)

▶ 시간이나 행동의 "시작에서 끝"을 말할 때는 through를 사용한다. (T10을 보라.)

Many scholars have tried to solve the puzzle **through the centuries**.
(많은 학자들이 수 세기에 걸쳐 그 수수께끼를 풀려고 애썼다.)
He bought several books to read **through the vacation**.
(그는 휴가 동안 읽을 책 몇 권을 샀다.)

2　　alongside: along과는 달리 alongside는 "옆에 나란히 있는 것"을 의미한다.

Children's prices are shown **alongside adult prices**.
(성인 요금 옆에 나란히 어린이 요금이 보인다.)
Johnson spent a week working **alongside the laborers**.
(존슨은 노동자들과 나란히 일하면서 일주일을 보냈다.)

A45　already, still, yet

already, still, yet는 현재, 과거, 미래의 어떤 시점을 중심으로 진행 중이거나 기대되는 상황을 표현할 때 사용된다.

1　　already: 상황이 현재 혹은 특정 시점 이전의 시점을 말할 때 사용된다.

"I suppose you've **already** passed your driving test." "No, I haven't."
("너는 이미 운전면허 시험에 통과한 것으로 생각하는데." "아닌데요.")
Sufficient data had **already** been assembled for the project.
(그 사업을 위해 충분한 자료가 이미 수집되어 있습니다.)

▶ 상황이 이미 끝났기 때문에 다시 시도할 필요가 없을 때 사용된다.

You **already** told me that. (네가 나에게 이미 그것을 말했다.)
"Would you care for a cup of coffee?" "No thanks. I **already** had one."

("커피 한잔 드시겠습니까?" "괜찮습니다. 이미 한잔했어요.")

▶ 상황이 기대보다 더 일찍 일어났음을 표현하는 놀라움을 표현할 수도 있다.

Have you **already** finished the homework? That was quick! (이미 숙제를 마쳤어? 참 빠르네.)
Is it **already** five o'clock? (이미 다섯 시입니까?)

2 still: 현존하는 상황을 말할 때 사용하며, (놀랍게도) 상황이 끝나지 않았음을 말한다.

She's **still** asleep. (그녀는 아직도 자고 있다.)
Is it **still** raining? (아직도 비가 오고 있나?)
I've been thinking for hours, but I **still** can't decide.
(나는 몇 시간을 생각해 보았지만, 아직도 결정할 수가 없다.)
Do you **still** have Jane's phone number? (너는 아직도 제인의 전화번호를 가지고 있나?)

▶ 조금 전에 언급되었거나 일어난 상황에도 불구하고 어떤 상황이 일어났을 때 사용된다.

Clark didn't study much, but he **still** passed the exam.
(클락은 공부를 많이 하지 않았는데도 시험에 통과했다.)
The hotel was terrible. **Still**, we were lucky with the weather.
(호텔은 끔찍했다. 그렇지만 날씨는 행운이 따랐다.)

상황이 끝났음을 말하는 not any longer/more와 no longer에 대해서는 N18을 보라.

3 yet: 기대했던 상황이 현재나 과거가 아니라 미래에 있음을 말하는 부정문에서 사용된다.

"Is Sally here?" "**Not yet**." ("샐리 왔어요?" "아직 안 왔다.")
The postman **hasn't** come **yet**. (집배원이 아직 안 왔다.)
I **haven't** asked him about it **yet**. (나는 그것에 대해서 그에게 아직 물어보지 않았다.)

▶ 문어적 표현에서 어떤 상황이 현재까지는 일어나지 않았지만 미래에 기대될 때 "as yet"를 사용한다.

We have no word from him **as yet**. (우리는 아직까지 그에게서 아무 말도 듣지 못했다.)
As yet we haven't needed extra staff, but it's only a matter of time.
(아직은 추가적인 인력이 필요하지 않지만, 그것은 단지 시간문제다.)

▶ 기대했던 상황이 일어났는지 아닌지를 물을 때 사용된다.

Is supper ready **yet**?   Has the mailman come **yet**?
(저녁 식사가 벌써 준비됐습니까?)   (집배원이 벌써 왔었어요?)

▶ 어떤 일을 지금 하지 않아도 된다고 말하는 부정문에서 사용된다.

You can't give up **yet**! (벌써 포기해서는 안 된다.)
Don't go **yet**. I like talking to you. (아직 가지 마라. 너와 하고 싶은 말이 있다.)

▶ 일반적으로 의문문과 부정문에서 사용되지만 문어체에서는 때때로 still과 유사한 의미로 긍정문에서 사용된다.

We have **yet** to hear from the bank. (우리는 은행에서 아직 들을 말이 남아 있다.)
(= We are **still** waiting to hear from the bank.)

▶ but의 의미로 접속사로 쓰인다.

He's one of the youngest players on the field, (and) **yet** he can do wonders with a football. (그는 운동장에서 가장 어린 선수 중의 하나지만, 축구를 굉장히 잘한다.)
She says she's a vegetarian, (and) **yet** she eats chicken.
(그녀는 채식주의자라고 말하면서 닭고기를 먹는다.)

4 시제

▶ already, still, yet는 현재보다 과거와 연관이 있을 수 있다.

I went to see if she **had woken up yet**, but she **was still** asleep.
(나는 그녀가 벌써 일어났나 해서 가 보았으나, 아직도 자고 있었다.)
This was embarrassing, because her friends **had already arrived**.
(그녀의 친구들이 이미 도착해 있었기 때문에 당황스러웠다.)

▶ already, still, yet는 다양한 시제와 함께 사용될 수 있다. 영국영어에서 완료시제는 already와 yet와 흔히 함께 쓰이고, 미국인들은 종종 과거시제를 선호한다. 다음을 비교해보라.

Have you **called** the garage **yet**?   [영국]
Did you **call** the garage **yet**?   [미국]
(경찰에 벌써 연락했습니까?)

She's already left.   [영국]
She **already left**.   [미국]
(그녀는 이미 떠났다.)

5 위치

▶ already와 still은 일반적으로 문중위치에 온다.

Are you **already** here? (벌써 도착했어?)
She's **still** working. (그녀는 아직도 일하고 있다.)
I can **still** remember them. (나는 아직도 그들을 기억할 수 있다.)

▶ already는 강조를 위해 절 끝에도 올 수 있다.

Are you here **already**? You must have run all the way.
(벌써 도착했어? 쭉 뛰어온 것이 틀림없어.)
Have you eaten all the food **already**? (그 음식을 벌써 다 먹었어?)

▶ still은 일반적으로 부정어나 조동사 앞에 온다.

She **still** isn't ready. I'm **still** not ready.

(그녀는 아직 준비가 안 됐다. 나는 아직 준비가 안 됐다.)
We **still** do not know exactly what happened.
(우리는 아직 무슨 일이 일어났는지 정확히 모른다.)

▶ yet는 일반적으로 절 끝에 오지만, 본동사 앞이나 의문사 앞에 올 수도 있다.

I haven't finished my homework **yet**. (나는 아직 숙제를 마치지 못했다.)
We don't know whether she'll come **yet**. (우리는 아직 그녀가 올지 안 올지 모른다.)

They don't **yet** know the full facts. (그들은 아직 완전한 사실을 모른다.)
We don't **yet** have a solution to this problem.
(우리는 아직 이 문제에 대한 해답을 가지고 있지 않다.)
I haven't decided **yet** whether to take part in the competition.
(나는 아직 그 시합에 참가할 것인지 결정하지 않았다.)

A46 also, as well, too, either, neither, nor

이 단어들은 부사로서 이미 언급된 내용에 추가적인 정보를 제공할 때 사용된다. "also, as well, too"는 긍정적 추가 정보를 제공하기도 하고, 부정적 추가 정보를 제공하기도 한다. 그러나 "either, neither, nor"는 부정적 추가 정보를 제공할 때 사용된다.

긍정적 추가 정보: **also, as well, might (just) as well, too**
부정적 추가 정보: **either, neither, nor**

1 **긍정적 부사의 위치**: as well과 too는 문미위치에 나타나지만, also는 일반적으로 문미위치에 오지 않는다.

He was a very respected politician, and a great soldier **too/as well**.
He was a very respected politician, and **also** a great soldier.
(그는 매우 존경받는 정치가이며 또한 위대한 군인이었다.)
(*He was a very respected politician, and a great soldier **also**.)
(*He was a very respected politician, and **as well/too** a great soldier.)

2 **also**: 다른 것에 비해 가장 형식적이며 일반적으로 보고서와 같은 문서에서 많이 쓰인다. also는 문중위치에도 나타날 수 있다.

Information is **also** available on children's health care.
(어린이의 건강보장에 대한 정보도 또한 이용할 수 있다.)
Smoking makes you ill. It's **also** expensive./**Also**, it's expensive.
(흡연은 당신을 병들게 합니다. 흡연은 또한 돈이 많이 듭니다.)

3 **as well**: (미국영어에서는 잘 사용되지 않지만) as well은 구어적인 표현으로 대화에서 가장 널리 사용된다.

Why don't you come along **as well**? (너도 함께 가지 그래?)

They took several pieces of jewellery **as well**. (그들은 또한 몇 점의 보석도 가져갔다.)

4 **might (just) as well**: 다른 방법이 없으니까 이렇게 하는 것이 좋을 것 같다고 표현할 때 사용되기도 하고, 어떤 상황이 다른 상황이 일어난 것과 같다고 말할 때 사용된다.

I think we **might as well** leave now. (나는 우리도 지금 떠나는 것이 좋겠다고 생각한다.)
He never says anything. I **might as well** talk to a statue.
(그는 아무 말도 하지 않는다. 마치 비석에 말하는 것 같다.)

5 **also, as well, too**: "also, as well, too"는 부정문에도 나타날 수 있으나, neither와 nor는 물론 either는 긍정문에 나타날 수 없다.

He smokes heavily, but he **doesn't also** drink too much.
(그는 흡연은 심하게 하지만 술은 많이 마시지 않는다.)
You can borrow my umbrella, but you **can't** borrow my car **as well/too**.
(우산은 빌려 갈 수 있어도 자동차만은 안 된다.)
*Mary **can swim**, but Peter **can either**.
*Mary **can swim**, and **neither can** Peter.

6 **too**: 문어체나 문학작품에서 too는 주어 바로 다음에 올 수도 있으며, 주어 앞에 다른 표현이 올 때 주어 앞에 오기도 한다.

I, **too**, have experienced despair. (나도 역시 절망을 경험했다.)
Here, **too**, matters are not so simple. (여기에서도 문제가 그리 간단치가 않다.)

7 **부정적 부사의 위치**: 부정적 부사인 either는 문미위치에 오지만 nor와 neither는 일반적으로 문두위치에 온다.

He was a great soldier, but **not** a very respected politician **either**.
(그는 위대한 군인이었지만, 매우 존경받는 정치가는 아니었다.)
"I **don't** have any money." "**Neither do I**." ("나는 전혀 돈이 없다." "나도 마찬가지다.")
It was **not** my fault, **nor** his. (이것은 내 잘못도 아니고 그의 잘못도 아니다.)

8 **nor와 neither**: 영국영어에서는 종종 nor가 neither처럼 쓰인다.

"I don't want to go." "**Nor/Neither do I**." (*Either don't I.)
("나는 가고 싶지 않다." "나도 마찬가지다.")

9 **either와 neither**: neither는 either와는 달리 문미위치에 오지 않는다.

"I can't swim." "I can't, **either**./**Neither can I**." (*I can, neither.)
("나는 수영을 못한다." "나도 마찬가지다.")

▶ 그러나 다음과 같은 짧은 응답에서는 neither가 문미위치에 오기도 한다.

"I don't have anything to do." "Me **neither**." ("나는 할 일이 없다." "나도 마찬가지다.")

▶ 미국영어에서는 neither 대신에 either를 써도 같은 의미가 된다.

"I don't have anything to do." "Me **either**." ("나는 할 일이 없다." "나도 마찬가지다.")

too의 다른 용법에 대해서는 T14를, either의 다른 용법에 대해서는 E5와 E6을, neither의 다른 용법에 대해서는 N13을 보라.

A47 although와 though

although와 though는 "... 이지만"이라는 의미의 양보접속사로서 의미적 차이 없이 사용될 수 있지만, 몇 가지 면에서 차이를 보인다.

Although/Though this computer is quite cheap, it's one of the best machines on the market. (이 컴퓨터는 값이 꽤 싸지만 시장에 나온 최고의 컴퓨터 중의 하나다.)
Although/Though (she was) in poor condition, she continued to carry out her duties.
(몸 상태가 좋지 않았지만 그녀는 자신의 할 일을 계속했다.)
I'd like to go out, **(al)though** it's a bit late. (좀 늦었지만 외출하고 싶다.)

1 **even though**: 대조를 강조하기 위해 even though를 쓴다. (E19를 보라.)

Even though I didn't understand a word, I kept smiling.
(나는 한 마디도 이해할 수 없었으나 계속해서 미소를 지었다.)
Even though it may seem strange, I like housework.
(이상하게 보일지는 모르지만 나는 가사를 좋아한다.)

▶ even although는 불가능하다.

*****Even although** I didn't understand a word, I kept smiling.

2 **however**: though는 although와는 달리 "however"의 뜻을 가진 부사로 사용될 수 있다.

He had two heart attacks in a year. It hasn't stopped him smoking, **though**.
(그는 1년 동안 두 번이나 심장마비를 겪었으나 담배를 끊지 못했다.)
The strongest argument, **though**, is economic and not political.
(그러나 가장 강력한 논거는 경제적인 것이지 정치적인 것이 아니다.)

3 **though와 전치**: though-절의 경우 동사나 보어를 though 앞으로 이동하는 구문이 가능하다.

Poor though they are, they gave money to charity. (그들은 가난하지만 자선에 돈을 기부한다.)
(= Though they are **poor**, they gave money to charity.)
Fool though he was, he knew how to fix the machine.
(그는 바보이지만 그 기계를 수리하는 법을 알고 있었다.)
Fail though I did, I would not abandon my goal.
(나는 실패했지만 나의 목표를 포기하지 않았다.)

even과 even though의 차이에 대해서는 E18과 E19를 보라.
Cold as it was, I went out과 같은 문장에 대해서는 A67을 보라.
as though에 대해서는 A69를 보라.

A48 am

am은 be동사의 일인칭 단수 현재시제형으로 "강형" /æm/과 "약형" /əm/이 있으며, "축약형 -'m" /m/이 있다.

What **am** I doing here? (내가 여기서 뭘 하고 있지?)
I **am** happy. (나는 행복하다.)
I'm coming. (지금 가고 있어.)

1　am not: "am not"의 축약형은 없으며, 불가분하게 필요한 경우에는 aren't나 ain't가 사용된다.

I'm your friend, **am** I **not**?　　[문어체]
I'm your friend, **aren't** I?　　　[구어체]
I'm your friend, **ain't** I?　　　　[비표준]
(나는 네 친구지?)

2　ain't: "am/is/are/has/have not"의 비표준 축약형으로 ain't가 있으나 많은 사람들은 사용하는 것을 꺼린다.

"Can I have a cigarette?" "No, I **ain't** got none left."
("담배 한 개비 줄 수 있어?" "한 개비도 안 남았는데요.")
"Is Tom here?" "No, he **ain't** coming into work today."
("탐 있습니까?" "아니, 탐은 오늘 출근하지 않았다.")

A49 American English(미국영어)와 British English (영국영어)-1: 문법

미국영어와 영국영어는 매우 유사하다. 문법과 철자법에서 약간의 차이가 있고 어휘와 관용어에서 차이가 좀 나타난다. 현대 영국영어는 미국영어의 영향을 많이 받고 있어서 두 영어의 차이가 점점 줄어들고 있다. 발음에서 종종 큰 차이가 나지만 미국영어와 영국영어를 쓰는 사람들이 서로를 이해하는 데 큰 어려움이 없다.

중요한 문법적 차이를 보이는 몇 가지 예를 들기로 하겠다. 많은 경우에 두 형태의 문장이 미국영어와 영국영어에서 다 허용되지만, 경우에 따라서는 미국영어와 영국영어에서 한 가지 형태의 문장만이 정상적인 표현으로 허용된다. 더 상세한 것은 이 문장의 구조를 논하는 부분을 보아주기 바란다.

1　**전치사**: 미국영어와 영국영어는 전치사 사용에서 차이를 보인다.

미국영어	영국영어
It's twenty **of** four. (9시 20분 전이다.)	It's twenty **to** four.
It's ten **after** nine. (9시 10분이다.)	It's ten **past** nine.
I never work **at** the weekend. (나는 주말에 절대 일하지 않는다.)	I never work **on** the weekend.
I haven't seen him **in ages**. (나는 그를 오랫동안 못 만났습니다.)	I haven't seen him **for ages**.
I moved **toward** the car. (나는 차 쪽으로 다가갔다.)	I moved **towards** the car.
I looked **out** the window. (나는 창문 밖을 내다봤다.)	I looked **out of** the window.
She lives **on** K street. (그녀는 케이가에 산다.)	She lives **in** K street.
He is different **from me/than I am**. (그는 나와 다르다.)	He is different **from/to me**.
How many men are **on** the team? (팀에 몇 명의 선수가 있습니까?)	How many men are **in** the team?
We work **from Monday through/ to Friday**. (우리는 월요일에서 금요일까지 일한다.)	We work **from Monday to Friday**.
My children are still **at school**. (나의 아이들은 아직도 학교에 다닌다.)	My children are still **in school**.
I haven't seen her **for/in years**. (나는 몇 년 동안 그녀를 못 봤다.)	I haven't seen her **for years**.
I'm seeing her **Sunday morning**. (나는 그녀를 일요일 아침을 만날 것이다.)	I'm seeing her **(on) Sunday morning**.
What did you do **on the weekend**? (너는 주말에 뭘 했냐?)	What did you do **at the weekend**?
The war ended **the January before last**. (전쟁은 지지난 1월에 끝났다.)	The war ended **in the January before last**.
Apart/Aside from the violin, he plays the piano and the flute. (그는 바이올린 외에도 피아노와 플루트를 연주할 수 있다.)	**Apart from** the violin, he plays the piano and the flute.
Is anybody **(at) home**? (집에 누가 있어요?)	Is anybody **at home**?
He sat **across from** me in the bus. (그는 버스에서 내 바로 건너편에 앉았다.)	He sat **opposite** me in the bus.
He walked **around** the lake. (그는 호수 주위를 걸었다.)	He walked **round** the lake.

2   **(조)동사**: 미국영어와 영국영어는 (조)동사의 용법에서 약간의 차이를 보인다.

미국영어	영국영어
My son **just turned** 16.	My son**'s just turned** 16.
(나의 아들이 얼마 전에 16살이 됐다.)	
Elisa **has** a cold.	Elisa **has got** a cold.
(엘리사는 감기에 걸렸다.)	
Do you **have** any stamps?	**Have** you any stamps?
(우표 있습니까?)	
I **don't have** any stamps.	I **haven't** any stamps.
(우표가 없는데요.)	
He has toothache, **doesn't he**?	He has toothache, **hasn't/doesn't he**?
(그가 치통을 앓고 있지?)	
Do you **have to** go?	**Have** you **to** go?/Do you **have to** go?
(가야 합니까?)	
You **don't have to** go.	You **haven't to** go./You **don't have to** go.
(꼭 갈 필요가 없습니다.)	
I'd **gotten** a letter from her.	I'd **got** a letter from her.
(나는 그녀에게서 편지 한 통을 받았다.)	
I **(can) see** a car coming.	I **can see** a car coming.
(차가 한 대 오는 것을 볼 수 있다.)	
I suggested he **be** told.	I suggested he **should** be told.
(그에게 말해야 한다고 제안했다.)	
"Will you buy it?" "I **may**."	"Will you buy it?" "I **may (do)**."
("그것 살 겁니까?" "살 수도 있지요.")	
He behaves **as if he were a king**.	He behaves **as if he was a king**.
(그는 마치 자기가 왕인 것처럼 행동한다.)	
Did you call the police **yet**?	**Have** you **called** the police **yet**?
(경찰을 이미 불렀습니까?)	
She **already left**.	She**'s already left**.
(그녀는 벌써 떠났다.)	
I **looked at** him **going/go up** the ladder.	I **looked at** him **going up** the ladder.
(나는 그가 사다리를 타고 올라가는 것을 보았다.)	
He **likes to drink** coffee at night.	He likes **drinking/to drink** coffee at night.
(그는 밤에 커피 마시는 것을 즐긴다.)	
How('s) about going for a walk?	**How** about going for a walk?
(산책하러 가는 게 어때?)	

3   **동사의 시제형**: 미국영어와 영국영어의 몇몇 동사는 과거시제형과 과거분사형에서 차이를 보인다. 이 차이점에 대해서는 V8.6을 보라.

4   **구두점**: 미국영어와 영국영어는 구두점에서도 차이를 보인다.

미국영어	영국영어
April 15, 1939	**15 April** 1939
4/15/1939	**15/4**/1939

(1939년 4월 15일)

Mr. John B. Smith will arrive **at 2:30 p.m.**	Mr John B Smith will arrive **at 2.30 pm**.

(존 비 스미스 씨가 오후 2시 30분에 도착할 것입니다.)

Dear Mr. MacArthur**:**	Dear Mr MacArthur**(,)**

(친애하는 맥아더 씨)

I am writing this letter ...	I am writing this letter ...

(나는 이 편지를 씁니다...)

He asked, **"Are you all right?"**	He asked, **'Are you all right?'**

(그는 나에게 "괜찮으세요?"라고 물었다.)

5 **여타 차이점**

미국영어	영국영어
I'm getting **a toothache**.	I'm getting **toothache**.

(나는 치통을 앓고 있다.)

Who can tell what will happen **in the future**?	Who can tell what will happen **in future**?

(누가 미래에 어떤 일이 일어날지를 말할 수 있습니까?)

The patient was **in the hospital**.	The patient was **in hospital**.

(환자는 입원해 있었다.)

(As) Cold as it was, we went out.	**Cold as it was**, we went out.

(매우 추웠지만 우리는 외출을 했다.)

It looks **like** it's going to rain.	It looks **like/as if** it's going to rain.

(비가 올 것 같다.)

"I'm sorry to trouble you."	"I'm sorry to trouble you."
"**You're welcome**."	"**Not at all**."

("귀찮게 해서 미안합니다." "천만에요.")

"May I borrow your pencil?"	"May I borrow your pencil?"
"**Sure**."	"**Certainly**."

("연필 좀 빌릴 수 있습니까?" "네.")

"**I don't have** any money."	"**I haven't** any money."
"Me **neither/either**."	"Me **neither**."

("저는 돈이 하나도 없습니다." "나도요.")

Tom doesn't live here **anymore**.	Tom doesn't live here **any more**.

(탐은 여기에 더 이상 살지 않는다.)

The number is **five hundred (and) forty-nine**. (번호는 549입니다.)	The number is **five hundred and forty-nine**.

Come take a look at it.	**Come and take** a look at it.

(와서 이것 좀 봐.)

Dial four nine **three three**. (4933)	Dial four nine **double three**. (4933)

(번호 4933을 돌려라.)

One cannot succeed unless **he** tries hard. (노력하지 않으면 성공할 수 없다.)	**One** cannot succeed unless **one** tries hard.
(on the phone) Hello, is **this** Susan? (여보세요. 수잔입니까?)	Hello, is **that** Susan?
I bought **a sport shirt** for him. (나는 그에게 운동셔츠를 사주었다.)	I bought **a sports shirt** for him.
Please send him **a greeting card**. (그에게 축하인사카드를 보내라.)	Please send him **a greetings card**.
They moved the chairs **backward**. (그들은 의자를 뒤로 물렸다.)	They moved the chairs **backwards**.
He drove the car **toward** me. (그는 나를 향해서 차를 몰았다.)	He drove the car **towards** me.
The business is doing **well/good** now. (사업이 지금 잘 되고 있다.)	The business is doing **well** now.
He looked at me **real strange/ really strangely**. (그는 나를 이상한 눈길로 쳐다봤다.)	He looked at me **really strangely**.

A50 American English와 British English-2: 어휘

어휘에는 두 유형의 영어 사이에 많은 차이가 있다. 때로는 한 단어가 다른 의미를 가지고 있고 (영: mad = "crazy"; 미: mad = "angry"), 같은 개념에 대해 다른 단어를 사용하기도 한다 (영: lorry = 미: truck). 그 유형에 따라 몇 가지 예를 들면 다음과 같은 것들이 있다. 상세한 정보를 원하면 Norman Moss의 *The British/American Dictionary*를 보라.

1 별개의 어휘가 있는 경우

미국영어	영국영어
airplane	aeroplane
area code	dialling code (전화)
attorney, lawyer	barrister, solicitor
busy	engaged (전화)
collect call	reserve the charges (전화)
candy	sweets
checking account	current account
conductor (train)	guard
cookie, cracker	biscuit
corn	sweet corn, maize
crib	cot
crazy	mad

cuffs	turn-ups (양복바지)
detour (road sign)	diversion
diaper	nappy
dormitory	hall of residence
driver's license	driving licence
electric cord	flex
elevator	lift
expressway/freeway	motorway
fire department	fire brigade
flashlight	torch
french fries	chips
garbage can, trash can	dustbin, rubbish bin
gas(oline)	petrol
gear shift	gear lever (자동차)
Girl Scout	Girl Guide
highway, freeway	main road, motorway
hood	bonnet (자동차)
intersection	crossroads
labor union	trade union
license plate	number plate
mad	angry
mailbox	pillar box
one-way ticket	single (ticket)
pavement	road surface
pit (fruit)	stone
pitcher	jug
(potato) chips	crisps
public school	state school
raise	rise (월급)
ramp	slip road
rest room	public toilet
round trip	return journey/ticket
sailboat	sailing boat
shopping cart	trolley
sick	ill
sidewalk	pavement
sneakers	trainers
stand in line	queue
stingy	mean
subway	tube/underground
truck	van, lorry

trunk	boot (자동차)
undershirt	vest
vacation	holiday(s)
vest	waistcoat
windshield	windscreen (자동차)
zee	zed (문자 Z)
zip code	post code
zipper	zip

2   **공통으로 사용되는 미국영어 어휘**: 영국영어에 별개의 어휘가 있으면서 미국영어의 어휘도 사용하는 경우

미국영어	영국영어
apartment	flat
can	tin
car	motor car
charge account	credit account
dump truck	tipper lorry
eraser	rubber
first floor	ground floor
flat	puncture
French fries	chips
ice cream	ice
lawyer	solicitor
nail polish	nail vanish
scotch	whisky
telephone booth	telephone box
two weeks	fortnight
track (railway)	line
zero	nil/nought

3   **공통으로 사용되는 영국영어 어휘**: 미국영어에 별개의 어휘가 있으면서 영국영어의 어휘도 사용하는 경우

미국영어	영국영어
anyplace	anywhere
auto	car
bathroom	lavatory/toilet
bookstore	bookshop
bureau	chest of drawers
casket	coffin
catsup	(tomato) ketchup

미국영어	영국영어
check (restaurant)	bill
corn	maize/sweet corn
dish towel	tea towel
draft	conscription
drapes	curtains
druggist	pharmacist
dumb	stupid
elementary school	primary school
fall	autumn
faucet	tap
garbage, trash	rubbish/refuse
mean	nasty
movie	film
pants	trousers
pantyhose	tights
pocketbook, purse	handbag
railroad	railway
taxi	cab

4 **공통으로 사용되는 어휘**: shop과 store는 둘 다 사용되지만, shop은 영국영어에서 store는 미국영어에서 더 자주 사용되는 경우

미국영어	영국영어
Administration	Government
antenna	aerial
apartment	flat
baggage	luggage
mail	post
nightgown	nightdress
store	shop
sweater	jumper

A51　American English와 British English-3: 철자

영국영어와 미국영어는 몇 가지 어미에서 체계적인 차이를 보인다. 미국영어가 영국영어와 다른 철자를 갖게 된 데는 미국의 유명한 사전 편찬자인 Noah Webster의 책임이 크다. 그 당시에 -or 또는 -our로 끝나는 일단의 단어를 영국영어에서는 -our 어미를 사용하게 된 데 반하여, 미국영어에서는 -or 어미를 사용하게 되었다: armo(u)r, behavio(u)r, colo(u)r, favo(u)r, flavo(u)r, harbo(u)r, labo(u)r, neighbo(u)r. 또한 catalogue, dialogue처럼 영국영어에서는 -ogue 어미를 미국영어에서는 catalog, dialog처럼 -og어미를 사용한다. calibre, centre, litre, anoeuvre, metre, theatre처럼 영국영어에서는 -re 어미를 caliber, center, liter, maneuver, meter, theater처럼 미국영어에서는 -er 어미를 사용한다. 미국영어에서 defense, offense, pretense와 같은 단어에서 -ce 어미 대신에 -se 어미를 쓰는 것도 Webster에서 기인한다. 미국영어와 영국영어 모두에서 almanack, musick, physick, publick, traffick과 같은 단어에서 k가 탈락된 것도 Webster의 제안을 따른 것이다. 미국영어에서 -ize로 끝나는 많은 동사가 영국영어에서는 -ise로 표기된다: baptise, organise, realise, sympathise 등 그 외의 두 영어 사이의 철자법이 다른 예를 생각해 보자.

1   **별도의 철자를 가진 단어**

미국영어	영국영어
airplane	aeroplane
bail out	bale out
check	cheque
checkers	chequers
drafty	draughty
leukemia	leukaemia
license (명사)	licence (명사)
maneuver	manoeuvre
pediatrician	paediatrician
panelist	panellist
paralyze	paralyse
program	programme
pajamas	pyjamas
snow plow	snow plough
tire	tyre

2   **공통으로 사용되는 미국영어 철자**

미국영어	영국영어
ether	aether
connection	connexion
encyclopedia	encyclopaedia
inquire	enquire
flotation	floatation
gram	gramme
inflection	inflexion
jail	gaol
Jr.	Jnr.
kilogram	kilogramme
medieval	mediaeval
primeval	primaeval
Sr.	Snr.

3　　공통으로 사용되는 영국영어 철자

미국영어	영국영어
esthetics	aesthetics
ameba	ameoba
appall	appal
archeology	archaeology
ax	axe
B.S.	B.Sc.
busses	buses
cesarian	caecarian
karat	carat (gold)
cigaret	cigarette
counselor	counsellor
defense	defence
diarrhea	diarrhoea
disk	disc
donut	doughnut
insure	ensure
gage	gauge
gray	grey
instill	instil
jeweler	jeweller
marvelous	marvellous
mold	mould
mustache	moustache
M.S.	M.Sc.
offense	offence
peddler	pedlar
plow	plough
premiss	premise
skeptical	sceptical
story (building)	storey
thruway	throughway
traveler	traveller
willful	wilful
woolen	woollen

4　　**어미의 차이**: 미국영어와 영국영어는 몇 가지 어미에서 차이를 보인다. 이 차이는 미국의 사전 편찬자인 Noah Webster의 제안에서 비롯되었다.

미국영어	영국영어
(-or)	**(-our)**
armor	armour
behavior	behaviour
color	colour
favor	favour
flavor	flavour
harbor	harbour
labor	labour
neighbor	neighbour
(-er)	**(-re)**
caliber	calibre
center	centre
liter	litre
maneuver	manoeuvre
meter	metre
theater	theatre
(-og)	**(-ogue)**
catalog	catalogue
dialog	dialogue
monolog	monologue
(-se)	**(-ce)**
defense	defence
license	licence
offense	offence
pretense	pretence
(-ize)	**(-ise)**
baptize	baptise
computerize	computerise
mechanize	mechanise
organize	organise
realize	realise
sympathize	sympathise

영국영어에서도 -ize형을 점차 많이 사용하고 있으며, capsize는 영국영어와 미국영어에서 두루 사용된다. advertise와 advertize는 둘 다 미국영어에서 사용된다. 그러나 다음의 단어들은 -ise형이 두 언어에서 두루 사용된다.

| advise | comprise | compromise | despise |
| exercise | improvise | supervise | surprise |

A52 American English와 British English-4: 발음

미국영어나 영국영어나 지역적으로 많은 발음상의 차이를 보인다. 여기서 일반적이고 중요한 차이를 말하고자 한다.

▶ 비음화: 영국영어에서와는 달리 미국영어에서는 비음 앞에 오는 모음이 비음화되는 경향이 있다.

▶ /ɒ/와 /ɑ///ɔ/: 영국영어에서는 "cot, dog, got, gone, off, stop, lost"와 같은 단어의 모음을 원순단모음(rounded short vowel)인 /ɒ/로 발음하는 데 반하여, 미국영어에서는 cot, got, stop의 모음은 father의 첫 모음처럼 /ɑ/로 발음하고 dog, gone, off, lost의 모음은 caught의 모음처럼 /ɔ/로 발음한다.

▶ /æ/와 /ɑ/: "after, ask, aunt, basket, bath, blast, castle, class, command, dance, disaster, example, fasten, France, giraffe, glass, half, last, laugh, mask, pass, path, plant, rather, sample, staff, task, vast, wrath" 등과 같은 단어에서 강세를 받는 모음은 미국영어에서는 /æ/로 발음되지만, 영국영어에서 /ɑ/로 발음된다. 미국영어에서도 far나 car처럼 -r 앞에서, calm, palm 등 -lm 앞에서 또는 father와 같은 단어에서는 /ɑ/로 발음되는 것을 볼 수 있다.

▶ /əʊ/와 /oʊ/: "home, go, open"과 같은 단어에서 모음 o가 영국영어에서는 /əʊ/로 발음되지만 미국영어에서는 /oʊ/로 발음된다.

▶ 묵음 r: 모음 다음에 나타나는 r이 영국영어에서 (그리고 미국의 New England 지방에서) 발음되지 않는다는 점이다. 따라서 영국영어에서는 "far, girl, heard" 따위의 단어는 각각 /fɑ:/, /gə:l/, /hə:d/로 발음된다.

▶ 중화된 t와 d: 미국영어에서는 모음 사이에 나타나는 t와 d가 중화되는 현상이 있다. 따라서 writer와 rider가 발음이 같아진다.

▶ 발음이 다른 단어: 몇 가지 단어들은 미국영어와 영국영어에서 다르게 발음된다.

	미국영어	영국영어
asthma	/ǽzmə/	/ǽsmə/
ate	/eɪt/	/ɛt/
been	/bɪn/	/bi:n/
capsule	/kǽpsəl/	/kǽpsjul/
erase	/ɪréɪz/	/ɪréɪs/
evolution	/ivəlúʃən/	/ɛvəlúʃən/
fragile	/frǽdʒaɪl/	/frǽdʒəl/
leisure	/líʒər/	/lɛ́ʒə/
lieutenant	/lutɛ́nənt/	/lɛftɛ́nənt/
medicine	/mɛ́dsɪn/	/mɛ́dɪsɪn/
missile	/mísaɪl/	/mísəl/
nephew	/nɛ́vju/	/nɛ́fju/
process	/prásɛs/	/próʊsɛs/

progress	/prágrɛs/	/próʊgrɛs/
schedule	/skɛ́dʒul/	/sɛ́djul/
tomato	/təméɪtoʊ/	/təmá:toʊ/
trait	/treɪt/	/treɪ/
vase	/veɪs/	/vɑ:z/

▶ 강세의 차이: 미국영어와 영국영어는 단어의 주강세의 위치에 있어서도 차이를 보인다.

	미국영어	영국영어
advertisement	/ædvərtáyzmənt/	/ədvɜ́:tɪsmənt/
ballet	/bælé/	/bǽle/
café	/kæfé/	/kǽfe/
chagrin	/ʃəgrín/	/ʃǽgrɪn/
corollary	/kɔ́rəlɛrɪ/	/kərɔ́lərɪ/
frontier	/frəntír/	/frʌ́ntɪə/
garage	/gərádʒ/	/gǽrɑdʒ/
laboratory	/lǽbrətɔrɪ/	/ləbɔ́rətərɪ/
magazine	/mǽgəzin/	/mægəzín/
miscellany	/mísələnɪ/	/mɪsɛ́lənɪ/
m(o)ustache	/mʌ́stæʃ/	/məstáʃ/
premier	/prɪmír/	/prɛ́mɪə/
reveille	/rɛ̀vəli/	/rɪvǽlɪ/
translate	/trǽnslet/	/trænslét/
weekend	/wíkɛnd/	/wɪkɛ́nd/

A53 and

and는 서로 연관이 있는 것으로 생각되는 단어, 구, 절 등 거의 모든 형태의 언어표현을 연결한다.

The boy ate **bread and cheese** for lunch. (그 남자아이는 점심으로 빵과 치즈를 먹었다.)
We **drank and danced**. (우리는 마시고 춤을 추었다.)
The thief moved **quickly and quietly**. (도둑은 재빠르고 쥐 죽은 듯이 움직였다.)
She didn't speak to anyone and nobody spoke to her.
(그녀는 아무에게도 말을 걸지 않았고 아무도 그녀에게 말을 걸지 않았다.)

1 **셋 이상의 결합**: 문법적으로 유사한 표현을 셋 이상 결합할 때 마지막 표현 앞의 and를 남기고 다른 것은 생략한다.

We drank, talked, **and** danced. (우리는 마시고 떠들고 춤을 추었다.)
I wrote the letters, Peter addressed them, George bought stamps, **and** Alice posted them.
(나는 편지를 쓰고 피터는 봉투에 주소를 쓰고 조지는 우표를 사 오고 앨리스는 편지를 부쳤다.)

▶ 때때로 문학적 혹은 시적 문체에서 모든 and가 생략되기도 하지만 드문 일이다.

My dreams are full of darkness, despair, death. (나의 꿈은 어둠과 실망과 죽음으로 가득하다.)

2 **형용사와 and**: 명사 앞에 여러 개의 형용사가 올 때 일반적으로 and를 사용하지 않으며, 그 의미와 화자의 의도에 따라 순서가 결정된다.

Oil is their **principal reliable** source of income. (기름이 그들의 가장 믿음직한 수입원이다.)
I was introduced a **handsome young criminal** lawyer.
(나는 젊고 잘생긴 형사전문 변호사를 소개받았다.)
My company just moved in an **expensive big modern white** building.
(우리 회사는 크고 사치스러운 현대식 백색 건물로 이사했다.)
This is my **favourite traditional Italian musical** comedy.
(이것은 내가 가장 좋아하는 이탈리아 전통 음악희곡이다.)

▶ 그러나 같은 유형의 의미를 가진 형용사가 어떤 대상들을 대조적으로 표현하거나 어떠한 상황을 강조하려고 할 때는 and를 사용한다.

Korean and Japanese athletes competed in the race.
(한국 선수와 일본 선수가 경기에서 경쟁했다.)
She bought **red and yellow** socks for the children.
(그녀는 아이들에게 빨간 양말과 노랑 양말을 사주었다.)
Poverty has always been **social and political** problems of every nation.
(빈곤은 언제나 모든 국가의 사회적 정치적 문제였다.)
The proposal was rejected by both the **older and younger** generations.
(그 제안은 노인 세대와 젊은 세대 모두에게 거부당했다.)
She's a **beautiful and intelligent** woman. (그녀는 아름답고 총명한 여성이다.)
It's an **ill-planned, expensive and wasteful** project.
(그것은 잘못 계획됐고 고비용이며 낭비적인 사업이다.)

3 **nice and**: "nice and"는 구어체에서 종종 다른 형용사나 부사 앞에서 부사처럼 사용되며, "매우/충분히"를 의미한다.

The orange is **nice and juicy**. (오렌지가 매우 수분이 풍부하다.)
The house is **nice and tidy**. (집이 아주 깔끔하다.)
It's **nice and warm** in front of the fire. (불 앞에 있으니까 아주 따뜻하다.)

▶ nice and는 /náɪsən/ 또는 /náɪsnd/로 발음된다.

4 **and의 의미**: and로 결합되는 두 절 사이에는 원인과 결과, 대조, 조건 등 다양한 관계가 성립한다.

She got married **and** (then) she got pregnant.   [시간의 연속성]
(그녀는 결혼하고 임신했다.)
(= She got pregnant **after** she got married.)

He got up late **and** (therefore) he missed the train.   [원인과 결과]

(그는 늦게 일어나서 기차를 놓쳤다.)
(= He got up late, **so** he missed the train.)

She is talkative **and** (in contrast) her sister is quiet. [대조]
(그는 말이 많으나 동생은 과묵하다.)
(= She is talkative, **but** her sister is quiet.)

He is poor **and** (yet) he is honest. [양보]
(그는 가난하지만 정직하다.)
(= **Although** he is poor, he is honest.)

Give me a chance **and** (then) I'll help you. [조건]
(저에게 기회를 준다면 도와드리겠습니다.)
(= **If** you give me a chance, I'll help you.)

Six **and** five is eleven. [더하기]
(여섯 더하기 다섯은 열 하나다.)
(= Six **plus** five is eleven.)

More and more people are losing their jobs. [정도의 증가]
(점점 더 많은 사람이 직업을 잃고 있다.)

He **talked and talked and talked**. [반복적 행위]
(그는 말하고 또 말하고 계속해서 말했다.)

There were **dogs and dogs and dogs** all over the place. [큰 수량]
(개, 개, 개 사방에 개들이 있었다.)

5   **결합적 의미와 분리적 의미**: 명사구가 등위접속사 and와 결합하면 종종 "결합적" 의미와 "분리적" 의미를 둘 다 지니는 표현이 나타난다. 등위접속된 표현을 완전한 절의 등위접속 구문으로 바꾸어 쓸 수 있으면 분리적 등위접속 구문이라고 하고, 그렇게 할 수 없으면 결합적 등위접속 구문이라고 한다. 다음의 예를 보라.

John and Mary **know the answer**. [분리적]
(존과 메리는 답을 안다.)
(= John knows the answer and Mary knows the answer.)

John and Mary **make a pleasant couple**. [결합적]
(존과 메리는 행복한 한 쌍이다.)
(*John makes a pleasant couple and Mary makes a pleasant couple.)

▶ 그러나 다음의 문장은 분리적 의미와 결합적 의미를 둘 다 가지고 있다.

John and Mary **won a prize**. (존과 메리가 상을 탔다.)

위 문장은 "존과 메리가 함께 하나의 상을 받았다"는 결합적 의미를 나타낼 수도 있고, "존과 메리가 별도로 상을 하나씩 받았다"는 분리적 의미를 나타낼 수도 있다.

다음의 문장들은 결합적 의미만을 나타낸다.

John and Mary **are good friends**. (존과 메리는 좋은 친구 사이다.)
John and his brother **look alike**. (존과 동생은 닮았다.)
John and Mary **have different tastes**. (존과 메리는 취향이 다르다.)

▶ 영어에는 분리적 의미를 명시적으로 나타내 주는 표현으로 "both (... and), each, neither... nor, respective, respectively" 등이 있다.

John and Mary **each** won a prize. (존과 메리가 각각 상을 탔다.)
(= John and Mary won a prize each.)
(= John won a prize and Mary won a prize.)

Both John **and** Mary won a prize. (존과 메리가 둘 다 상을 탔다.)
(= John and Mary both won a prize.)
(= John won a prize and Mary won a prize.)

John and Mary visited their **respective** uncles. (존과 메리는 각각 자신의 삼촌을 방문했다.)
(= John visited his uncle and Mary visited her uncle.)

John, Peter, and Robert play football, basketball, and baseball **respectively**.
(존과 피터와 로버트는 각각 미식축구와 농구와 야구를 했다.)
(John plays football, Peter plays basketball, and Robert plays baseball.)

and는 일반적으로 /ænd/가 아니라 /ən(d)/로 발음된다.

the bread and (the) butter와 같은 표현에서처럼 and 다음의 생략에 대해서는 E9를 보라.
and를 가진 주어 다음에 오는 단수와 복수 동사에 대해서는 A33을 보라.
both ... and에 대해서는 B23을 보라.

A54 another, other, others

another는 같은 유형의 다른 하나를 "추가적으로" 말할 때 사용되고, other는 "둘 이상"을 말할 때 사용되며, others는 대명사로서 "다른 사람들/물건들"을 가리킨다. 다음을 비교해보라.

There is **another problem** I would like to discuss with you.
(당신과 의논하고 싶은 다른 문제가 하나 있다.)
There are **two other problems** I would like to discuss with you.
(당신과 의논하고 싶은 다른 두 가지 문제가 있습니다.)

I have **another friend** I'd like to invite. (초청하고 싶은 친구가 하나 있습니다.)
I have **some other friends** I'd like to invite. (초청하고 싶은 다른 친구 몇 명이 있습니다.)

I only know this book, but there might be **others**. (= other books)
(나는 이 책만 알고 있지만 다른 책들이 있을 수 있다.)
You shouldn't expect **others** to do the work for you. (= other people)
(너를 위하여 다른 사람들이 그 일을 해 주기를 기대하지 않는 것이 좋다.)

1. **another**: another는 어원적으로 "an + other"가 결합한 것이므로 앞에 한정사가 올 수 없으나, other는 한정사를 동반할 수 있다.

   They have two dogs, and now they want **another dog/one**.
   (그들에게는 개가 두 마리 있는데 또 다른 하나를 갖고 싶어 한다.)
   (*... and now they want **an/the another dog/one**.)
   I've found one earing—do you know where **the other one** is?
   (귀걸이 하나는 찾았는데 너는 다른 하나가 어디 있는지 아느냐?)
   (*... do you know where **an other one** is?)
   Please, show us **your other pictures**. (당신의 다른 사진들을 보여주십시오.)

   ▶ another는 일반적으로 단수 가산명사와 함께 쓰이지만, few나 수의 수식을 받는 복수 가산명사와도 함께 쓰인다.

   Another body had been discovered. (다른 시체 하나가 발견되었다.)
   (***Another bodies** had been discovered.)
   Another three bodies were discovered. (또 다른 세 시체가 발견되었다.)
   They're going to stay in Seoul for **another few more weeks**.
   (그들은 서울에 다시 몇 주간 더 머물려고 한다.)

   The research shows **another three examples** of the accident.
   The research shows **the other three examples** of the accident.
   (연구는 그 사고의 또 다른 세 개의 사례를 보여주고 있다.)
   (The research shows **the three other examples** of the accident도 가능하다.).

2. **another와 other**: another는 일반적으로 "하나 더/추가적인" 또는 "다른/별개의" 의미를 가진 한정사로 쓰이고, other는 형용사로서 "다른 하나/반대편 한쪽" 혹은 "(집단의) 나머지"를 의미한다.

   I'd like to have **another** cup of coffee.   [한잔 더]
   (커피 한 잔 더 마시고 싶습니다.)
   Jane supports one team, and I support **another**.   [다른 팀]
   (제인은 한 팀을 응원하고, 나는 다른 팀을 응원한다.)
   I'll make one dish, and you can make **another**.   [하나 더]
   (내가 한 가지 요리를 만들 테니 너는 다른 요리를 하나 더 만들 수 있다.)

   You can park on the **other** side of the street.   [반대편]
   (거리 반대편에 차를 주차할 수 있습니다.)
   One man was arrested, but the **other** one got away.   [다른 한명]
   (한 사람은 체포됐고 다른 한 사람은 도망쳤다.)
   I chose this coat because the **other** ones were all too expensive. [나머지]
   (다른 것들은 모두 너무 비싸서 나는 이 코트를 선택했다.)

   ▶ another와 other는 둘 다 맥락상 그 의미가 명백할 경우 대명사로도 쓰이며, 일반적으로 one 또는 ones를 추가해도 무방하다.

Those cakes are wonderful. Could I have **another** (one)?
(케이크가 참으로 맛있습니다. 하나 더 먹을 수 있겠습니까?)
You've finished your drink. Have **another** (one). (술잔이 비었습니다. 한 잔 더 하십시오.)

She carries a book in one hand and an umbrella in the **other** (one).
(그녀는 한 손에는 책을 들고 다른 손에는 우산을 들고 있다.)
I enjoyed her first novel so much I'm going to read all the **others** (= other ones).
(나는 그녀의 첫 소설이 너무 좋아서 다른 소설들도 다 읽을 예정이다.)

▶ another와 other는 둘 다 "추가적인" 의미를 가진다. another는 일반적으로 one more로 대치할 수 있지만, other는 수식하는 명사가 불가산명사이거나 복수 물질명사일 경우 more가 더 자연스럽다.

Buy two CDs and get **another** (one) completely free.
(씨디 두 개를 사면 다른 하나를 완전히 공짜로 받는다.)
(= Buy two CDs and get **one more** completely free.)
Do you have any **other** questions? (또 다른 질문이 있습니까?)
(= Do you have any **more** questions?)
Would you like some **more meat**? (고기를 더 드시겠습니까?)
(*Would you like some **other meat**?)
Would you like some **more peas**? (콩을 더 드시겠습니까?)
(*Would you like some **other peas**?)

3. different: another와 other는 우리가 이미 가지고 있거나 알고 있는 것을 "대신하는 다른 (different)" 것을 의미한다.

I think we should paint it **another/different** color.
(나는 집을 다른 색으로 칠해야 한다고 생각한다.)
Do you have any **other/different** cakes, or are these the only ones?
(다른 케이크가 있습니까? 아니면 이것이 답니까?)

▶ 이 외의 경우에는 another와 other를 different를 대신해서 쓸 수 없다.

Every time I see her, she has a completely **different** hair style.
(내가 그녀를 볼 때마다 그녀는 완전히 다른 머리 모양을 하고 있다.)
(*Every time I see her, she has completely **another**/a completely **other** hair style.)
Some people say this is Shakespeare's work, but we think it was written by a **different** poet.
(어떤 사람은 이것이 셰익스피어의 작품이라고 말하지만 우리는 다른 시인이 쓴 것이라고 생각한다.)
(*Some people say this is Shakespeare's work, but we think it was written by **another/the other** poet.)

each other, each ... the other, one another에 대해서는 E3을 보라.

A55 any

any는 일반적으로 비단언적 맥락(즉, 부정문이나 의문문)에 나타나며 한정사, 대명사, 부사로 사용될 수 있다.

He never makes **any** big decisions.　　　　　[한정사]
(그는 어떠한 중요한 결정도 내리지 않는다.)
Are **any** of these books for sale?　　　　　[대명사]
(이 책들은 어느 것이든 판매하는 것들입니까?)
He didn't want to stay at that hotel **any** longer.　[부사]
(그는 그 호텔에 더 머물고 싶지 않았다.)

1 **불확정적 수량**: any는 수식하는 명사의 확정되지 않은 수량을 표현할 때 사용된다.

Do you need **any further information** about our firm?
(당신은 우리 회사에 대해서 정보가 더 필요합니까?)
No one has shown **any interest** in my proposal.
(내 제안에 대해서 아무도 관심을 보이지 않았다.)
There was hardly **any food** left when we got there.
(우리가 그곳에 도착했을 때는 먹을 것이 거의 남아 있지 않았다.)

Is there **any of that lemon cake** left? (그 레몬 케이크가 좀 남아있습니까?)
I haven't seen **any of these movies**. (나는 이 영화들 중에 어느 것도 본적이 없다.)
They didn't invite **any of us** to the party. (그들은 우리 중에 아무도 파티에 초청하지 않았다.)

any와 대조를 이루는 some에 대해서는 S19를 보라.

2 **긍정문과 any**: any는 긍정문에서 사용될 경우 집단을 이루는 구성원 중에 "누구든, 어느 것이든, 무엇이든"을 표현하게 된다. 따라서 한 집단의 모든 구성원에 해당하는 상황을 말할 때는 every와 같은 뜻으로 사용되며, 항상 any에 주강세가 온다.

Any/Every time I go to Seoul, I get caught in a traffic jam.
(나는 런던에 갈 때마다 교통체증에 휘말린다.)
Any/Every child would know that. (어린 아이도 그것을 알 것이다.)
Ask **any/every teacher** here and they'll tell you I'm right.
(여기 있는 선생님 누구에게나 물어보십시오. 내가 옳다고 말할 것입니다.)
Any/Every person who breaks the rules will be punished.
(규칙을 어기는 사람은 누구든지 처벌을 받을 것이다.)
We eat **any/every** kind of vegetables. (우리는 모든 종류의 야채를 먹습니다.)

▶ any와 every: 그러나 any는 한 집단의 각 구성원을 가리키는 데 반하여, every는 (all과 같이) 구성원 모두를 함께 가리키기 때문에, 어떤 한 구성원에 해당하는 상황을 말할 때는 any를 every로 대치할 수 없다. 다음을 비교해 보라.

You can paint the house **any color** you like. (당신은 좋아하는 색으로 집을 칠할 수 있습니다.)

(*You can paint the house **every color** you like.)
You will find me at my desk at **any hour** of the day.
(당신은 낮 시간 언제든지 제 사무실에 오면 저를 볼 것입니다.)
(*You will find me at my desk at **every hour** of the day.)

Every student (= All students) must hand in their assignment by Wednesday.
(모든 학생은 숙제를 수요일까지 제출해야 한다.)
(***Any student** must hand in their assignment by Wednesday.)
Every boy (= All the boys) in the class passed the examination.
(반의 모든 학생이 시험에 통과했다.)
(***Any boy** in the class passed the examination.)

every에 대해서는 E21을 보라.

3   **부사**: any는 형용사와 부사의 비교급 앞에서 "좀, 조금이라도"라는 의미의 부사 혹은 강조 부사로 사용된다.

Do you feel **any better**? (기분이 좀 나으십니까?)
They're too tired to go **any further**. (그들은 너무나 지쳐서 조금도 더 갈 수가 없었다.)

▶ any는 no와 더불어 "different, good, use"와 같은 표현과 함께 사용될 수 있다.

This television show doesn't look **any different** from the other one you showed me.
(이 텔레비전 쇼가 네가 나에게 보여준 다른 것과 다를 바가 조금도 없다.)
If it's **any good/use**, I'll buy it. (필요가 있다면 그것을 사겠다.)
It's **no good/use** (= useless) crying over spilled milk. (엎지른 물은 주워 담을 수 없다.)

4   not any와 no: no는 not any와 같은 의미를 갖지만 더 강조적이다.

She **doesn't** have **any** friends. (그녀는 친구가 없다.)
She has **no** friends. (그녀는 친구가 하나도 없다.)

▶ not any는 문장의 주어 위치에 올 수 없으며, 대신에 no가 일반적으로 사용된다.

No liqueur is allowed in the dormitory. (기숙사에서는 술이 허용되지 않는다.)
(***Not any** liqueur is allowed in the dormitory.)
(참고: They **don't** allow **any** liqueur in the dormitory.)

No students came to the concert last night. (어제저녁에 학생이 한 명도 음악회에 오지 않았다.)
(***Not any** students came to the concert last night.)

5   not any와 none: not any 대신에 none이 사용될 수 있으며 더 강조적이다.

There was**n't any** left. (아무것도 남지 않았다.)
There was **none** left. (남은 것이 하나도 없다.)

더 상세한 것은 N20을 보라.

6   **any와 a/an**: any는 종종 불가산명사나 복수명사와 함께 사용된다. any와 이들 명사의 관계는 부정관사 a/an와 단수가산명사의 관계와 같다. (A61을 보라.)

He doesn't have **a dictionary**. (그는 사전을 가지고 있지 않다.)
He doesn't have **any information** about the fire. (그는 화재에 대해서 아는 것이 없다.)
He doesn't have **any children**. (그는 아이가 없다.)

Do you have **a car**? (차가 있습니까?)
Do you have **any money** with you? (돈 좀 가지고 있습니까?)
Do you have **any coins**? (동전 있으세요?)

▶ 같은 의미로 any는 단수가산명사와 쓰이지 않는다.

She doesn't have **a job**. (그녀는 직업이 없다.) (*She doesn't have **any job**.)
Do you know **a good doctor**? (좋은 의사를 알고 계세요?)
(*Do you know **any good doctor**?)

▶ "difference, idea, reason"과 같은 가산성 추상명사는 불가산명사로 쓰일 경우 any와 함께 나타날 수 있다.

She doesn't have **any idea** where they've gone. (그녀는 그들이 어디로 갔는지 전혀 모른다.)
Is there **any difference** between the parties on public health issues?
(공공 건강문제에 있어서 두 당 간에 무슨 차이가 있습니까?)
We don't have **any reason** to expect prices to fall.
(우리는 가격이 하락할 것이라는 아무런 근거를 가지고 있지 않습니다.)

7   **any와 영의 관사** (zero article): any가 불가산 명사나 복수명사와 함께 쓰일 경우 불확정적 수량을 암시하는 데 반하여, 수량에 대한 뜻이 전혀 포함되지 않을 때에는 일반적으로 관사를 쓰지 않는다. (상세한 것은 A62를 보라.) 다음을 비교해 보라.

Is there **any water** left in the refrigerator?
(냉장고에 물이 좀 남아 있습니까?)
Is there **water** left in the refrigerator?   [물의 양보다 존재여부에 관심]
(냉장고에 물이 있습니까?)

He doesn't have **any money**.   [돈이 한 푼도 없다는 의미]
(그에게는 돈이 한 푼도 없다.)
He doesn't have **money**.   [돈의 양에는 관심이 없음]
(그에게는 돈이 없다.)

8   **any와 either**: 둘 중에 하나를 선택할 경우에는 any가 아니라 either를 사용한다. (all과 both의 유사한 관계에 대해서는 A35.1을 보라.)

There's tea or coffee—you can have **either/*any**.
(차와 커피가 있는데 둘 중의 하나를 마실 수 있습니다.)
I can write with **either/*any hand**. (나는 양손으로 다 글을 쓸 수 있다.)

You can park the car on **either/*any side** of the road. (도로 양편에 다 주차할 수 있습니다.)
I haven't met **either/*any of your parents**. (나는 너의 부모님 중에 한 분도 만나 뵙지 못했다.)

9 **any of**: 대명사 any는 of와 함께 (정관사, 지시가, 소유격과 같은) 한정사를 가진 명사구나 대명사 앞에 올 수 있다. 다음을 비교해 보라.

You can choose **any books** on the list. (목록의 어느 책도 선택할 수 있다.)
(= You can choose **any of the books** on the list.)
(*You can choose **any of books** on the list.)
(*You can choose **any the books** on the list.)
I didn't buy **any apples** in the grocery store. (나는 식품점에서 사과를 하나도 안 샀다.)
I didn't eat **any of the apples** in the refrigerator. (나는 냉장고의 사과를 하나도 먹지 않았다.)
I don't remember **any stories** he told us.
(나는 그가 우리에게 해준 이야기를 하나도 기억 못 한다.)
I wasn't interested in **any of the stories** he told us
(나는 그가 우리에게 해준 이야기 중에 하나도 관심이 없다.)
I don't think **any faculties** want to teach on the weekend.
(나는 교수 중에 누구도 주말에 수업하고 싶어 한다고 생각하지 않는다.)
I don't think **any of them** want to work on the weekend.
(나는 그들 중에 누구도 주말에 수업하고 싶어 한다고 생각하지 않는다.)

▶ "any of 복수명사"가 주어일 경우 동사는 단수 혹은 복수가 될 수 있다. 구어체에서는 복수가 더 흔히 쓰인다.

Is/Are any of the paintings for sale? (이 그림들은 어느 것이든 판매할 것들입니까?)
If **any of you is/are** interested, let me know.
(여러분 중에 누가 흥미가 있다면 나에게 알려주십시오.)

10 **독립적 any**: 그 의미가 명백하면 any 다음에서 명사가 생략될 수 있다.

"Have you found out new evidence?" "I haven't **any** yet."
("새로운 증거를 찾았습니까?" "아직 아무 것도 못 찾았습니다.")
He inherited a lot of money from his father, but there isn't **any** left.
(그는 그의 아버지로부터 많은 돈을 상속받았지만 남은 것이 하나도 없다.)

11 **at all**: at all은 종종 (not) any의 의미를 강조하기 위해 쓰이기도 한다. (A78.3을 보라.)

He didn't play **any games at all**. (그는 전혀 게임을 하지 않는다.)
Does she speak **any French at all**? (그녀는 프랑스어를 조금이라도 합니까?)
Is there **any reason at all** to feel guilty? (죄의식을 느낄 무슨 이유라도 있나?)

some에 대해서는 S18과 S19를 보라.
any more/longer에 대해서는 N18을 보라.

A56　anyway

▶ anyway는 접속어로 사용된다.

"Mammy, can I have that doll for my birthday?"
"No, it's too expensive. **Anyway**, you have enough dolls already."
("엄마! 내 생일선물로 저 인형 사줄 수 있어요?" "너무나 비싸서 안 돼! 아무튼, 너 이미 인형을 많이 가지고 있잖아.")

▶ anyway는 종종 대화 중에 주제를 바꿀 때 사용된다.

"Dad's really old. He's nearly eighty-one." "Is he? **Anyway**, let's not talk about ages."
("아버지가 정말로 늙으셨어. 거의 81세셔." "그래? 그런데, 우리 나이 얘기하지 말자.")

▶ anyway는 "어떻게 해서도(anyhow)/어쨌든"의 의미로 문미위치에 온다.

I don't care what you say; I'm going to do it **anyway**.
(나는 네가 무슨 말을 하든지 관심이 없다. 어쨌든 나는 그것을 할 것이니까.)
He may not like my visit, but I shall go and see him **anyway**.
(그는 내가 오는 것을 싫어할 수도 있지만, 나는 기어코 가서 그를 만날 것이다.)

A57　apologies(사과)

"사과"란 하지 말아야 할 것을 한 것에 대해 미안함을 표시하는 것이다. 사과할 때는 억양이 특히 중요한 역할을 한다.

1　**작은 일**: 심각한 실수가 아닐 경우에는 "(I'm) sorry", "excuse me", "I beg your pardon" 등을 사용한다.

One coffee, please. **Sorry**, I only have a $50 bill.
(커피 한 잔 주십시오. 미안합니다만 50불짜리 지폐밖에 없는데요.)
Excuse me. Could I go past? (실례합니다. 좀 지나갈 수 있을까요?)
Excuse me, can you tell me the way to the museum please?
(죄송합니다. 박물관 가는 길을 좀 알려줄 수 있습니까?)
Oh, **I'm sorry**, did I disturb your nap? (미안합니다. 단잠을 깨웠지요?)
I beg your pardon. I didn't realize this was your parking space.
(정말 미안합니다. 여기가 어르신의 주차공간인 줄 몰랐습니다.)

2　**큰 실수**: 상대방에게 폐가 되는 일을 저질렀을 때

Oh, dear. **I'm terribly sorry**. We'll have your suit cleaned. **I do apologize**.
(아유, 정말로 죄송합니다. 양복을 세탁해 드리겠습니다. 진실로 사과드립니다.)
Will you forgive me if I miss the meeting? (내가 회합에 참석하지 못해도 용서해 주십시오.)
I'm extremely sorry for forgetting to mail that letter.
(편지를 부치는 것을 잊었습니다. 정말로 죄송합니다.)

3   **격식을 갖춘 사과**: 어떤 일에 대한 공식적인 사과를 할 때

I'd like to apologize for what I said last night.
(저는 제가 어젯밤에 말한 것에 대해서 사과드리고 싶습니다.)
I apologize for leaving school without your approval.
(허락을 받지 않고 학교를 떠난 것을 사과드립니다.)

4   **문서를 통한 사과** (written apologies): 글로써 사과를 표현할 경우

We regret that we will be unable to meet your order of 10,000 toy cars for Christmas because of our limited production capacity; we can only supply 1,000 before Christmas. **We sincerely apologize for** any inconvenience this may cause...
(우리의 제한된 생산능력 때문에 귀하께서 크리스마스를 위하여 1만 개의 장난감 자동차를 주문한 것을 채울 수 없게 되어 유감스럽게 생각합니다. 크리스마스 전에 천 개만을 공급할 수 있을 것 같습니다. 불편을 드리게 되어 진심으로 사과드립니다. ...)

A58   apposition(동격)

동격구문에는 두 가지 유형이 있다. 두 개의 명사구로 구성된 것과 명사구 뒤에 절이 오는 구조가 있다.

1   **명사구 + 명사구**: 동격은 동일한 사람이나 사물을 가리키는 두 명사구를 나란히 배치하는 구조관계를 말한다. 동격에는 비제한적(nonrestrictive) 동격구조와 제한적(restrictive) 동격구조가 있다. 전자는 일반적으로 두 명사구 사이에 쉼표(콤마)를 찍으며 읽을 때도 떼어 발음한다. 이것은 마치 제한적/비제한적 관계절과 같다. (R7과 R8을 보라.)

   ▶ 비제한적 동격: 뒤의 명사구가 단순히 추가적인 정보를 제공한다.

   Fred, my cousin, lives in **Seoul, the capital city of Korea**.
   (나의 조카 프레드가 한국의 수도 서울에 산다.)
   Pat Buchanan, the independent candidate, is unlikely to win the election.
   (독립적인 후보자인 팻 부캐넌은 선거에서 승리할 것 같지 않다.)

   ▶ 제한적 동격: 뒤의 명사구가 앞의 명사구의 속성을 확인하고 규정한다.

   My cousin Fred lives in Seoul. (나의 조카 프레드는 서울에 산다.)
   I've just finished reading **Dan Brown's novel "The Da Vinci Code"**.
   (나는 방금 댄 브라운의 소설 〈다빈치 코드〉를 다 읽었다.)
   [뒤의 명사구는 앞 명사구가 가리키는 대상을 확인시켜 준다.]

2   **명사구 + 절**: 동격절 구조는 명사구 다음에 절이 뒤 따라 나온다는 점에서 외견상 관계절 구조와 유사하다. 차이점은 관계절에는 절을 구성하는 데 반드시 필요한 성분이 선행사 명사구로 표현되는 데 반하여, 동격절에는 그러한 결함이 나타나지 않는다. 다음을 비교해 보라.

That was **the news that we heard** ____ **on TV last night**. [관계절]
(그것이 어젯밤에 우리가 텔레비전에서 들은 뉴스였다.)
We're delighted at **the news that my daughter is pregnant**. [동격절]
(우리는 딸이 임신했다는 소식에 아주 기뻤다.)
The suggestion that he made ____ was worthless. [관계절]
(그가 낸 제안은 쓸모없는 것이었다.)
The suggestion that the school should be built near the residential area was supported by the majority. [동격절]
(학교를 주택지구 가까이 세워야 한다는 제안은 대다수의 지지를 받았다.)

3 **동격절을 이끄는 명사**: 동격절을 이끄는 명사는 일반적으로 추상명사다. 추상명사에는 동사 또는 형용사에서 파생된 (decision, suggestion과 같은) 추상명사와 (idea, fact와 같은) 비파생 추상명사가 있다.

The idea that the problem will resolve itself is ridiculous.
(문제가 스스로 해결된다는 사상은 우스꽝스럽다.)
They didn't believe **the rumor that he had murdered someone**.
(그들은 그가 살인했다는 소문을 믿지 않았다.)
I'm worried with **the thought that I might not have a job next year**.
(나는 내년에도 직업을 얻지 못할지도 모른다는 생각에 괴롭다.)
The belief that no one is infallible is well-founded.
(누구도 절대적으로 옳을 수 없다는 믿음은 충분한 근거가 있다.)

파생명사에 대해서는 D10을 보라.

A59　articles(관사)-1: 개요

영어에서 관사를 올바르게 사용하는 것은 가장 어려운 부분의 하나다. 다행스럽게도 대부분의 경우 관사를 잘못 사용하는 것이 의사소통 자체에는 큰 문제가 되지 않는다. 문장에서 모든 관사를 지워버린다고 해도 문장의 의미를 이해하는 데는 큰 어려움이 없다.

I have **a** nice living room, but everyone sits in **the** kitchen even though **the** living room is **the** prettiest room in **the** apartment. (우리 집에는 아름다운 거실이 있다. 이 거실이 우리 아파트에서 가장 아름다운 방이지만 모두들 부엌에 앉아 있다.)
(*I have ___ nice living room, but everyone sits in ___ kitchen even though ___ living room is ___ prettiest room in ___ apartment.)

그러나 관사를 옳게 사용하는 것이 정확한 의사소통을 위해서는 필수적이라고 할 수 있다. 가령 사람이나 사물에 대해서 일반적으로 말할 때는 불가산명사와 복수명사 앞에 관사를 사용하지 않는다.

1 **종류**: 관사는 학자에 따라 세 가지 또는 네 가지 종류로 분류된다. 관사에는 "부정관사

(indefinite article)"라고 부르는 a/an, "정관사(definite article)"라고 부르는 the, 관사나 다른 한정사를 포함하고 있지 않은 명사에 나타나는 형태와 소리가 없는 "영의 관사(zero article)"가 있다. 학자에 따라서는 부정관사의 복수 개념으로 사용되는 some과 any를 관사로 분류한다. (A55.6,7과 S19를 보라.)

He hasn't had **a job** since 2010.　　　　　　　　　[부정관사]
(그는 2010년 이래 직업이 없었다.)
He rejected **the job** that I offered.　　　　　　　　[정관사]
(그는 내가 마련한 일자리는 거절했다.)
Nowadays, **jobs** are hardly available for the boys.　　[영의 관사]
(지금은 청년들을 위한 일자리가 많지 않다.)
He hasn't had **any jobs** (*any job) since 2010.　　　[any]
(그는 2010년 이래 어떠한 직업도 갖지 않았다.)
She bought **some eggs** (*some egg) in the supermarket.　[some]
(그녀는 슈퍼마켓에서 달걀 몇 개를 샀다.)

관사는 뒤따라 오는 단어의 발음에 따라 (간혹 말하는 사람의 의도에 따라) 다른 발음이나 철자를 갖는다.

2　**정관사 the**: the는 모음 앞에서는 /ði:/로 발음되고, 자음 앞에서는 /ðə/로 발음된다. 다음을 비교해 보라.

the ice /ði:ɑɪs/　　　　**the** snow /ðə snəʊ/

▶ /ði:/와 /ðə/ 사이의 선택은 철자가 아니라 발음에 따라 결정된다. 자음으로 쓰였다고 할지라도 모음으로 발음되면 /ði:/로 발음된다.

the hour /ði:aʊər/　　**the** MP /ði:em pi:/

▶ 모음 글자라 할지라도 자음으로 발음되면 the는 /ðə/로 발음된다.

the university /ðə ju:nɪvérsəti/
the one-pound coin /ðə wʌn páʊnd kɔ́ɪn/

▶ 우리는 종종 주저할 때 혹은 자음으로 시작하여도 다음 단어를 강조하고 싶을 때 the를 강세를 준 /ði:/로 발음한다.

3　**부정관사 a/an**: 정관사의 경우와 같이 a와 an의 선택은 철자가 아니라 발음에 따라 결정된다. 자음으로 쓰였다고 할지라도 모음으로 발음되면 an을 사용한다. (A1을 보라.)

an hour /ən áʊə/　　　　**an** MP /ən empí:/

▶ 모음 글자라 할지라도 자음으로 발음되면 a를 사용한다.

a university /ə ju:nɪvérsəti/
a one-pound coin /ə wʌn páʊnd kɔ́ɪn/

▶ 주저함이나 다음 단어를 강조하고 싶을 때 혹은 the와 대조를 하고 싶을 때 a를 /eɪ/로

발음하는 경우도 있다.

It's **a** /eɪ/ reason—It's not the only reason. (그것은 한 가지 이유이고 유일한 이유는 아니다.)

4 **단수 가산명사**: 단수 가산명사는 특별한 경우를 제외하고는 항상 관사를 대동한다. (예외에 대해서는 A62를 보라.)

I wish I had enough money to buy **a new car**. (나는 새 차를 살만한 돈이 있었으면 좋겠다.)
(*I wish I had enough money to buy **new car**.)
Can I have **a banana**, please? (바나나 하나 먹어도 돼요?)
(*Can I have **banana**, please?)
The shirt that you have just bought is quite expensive. (네가 방금 산 셔츠가 꽤 비싸다.)
(***Shirt** that you have just bought is quite expensive.)
We spent all day at **the beach**. (우리는 온종일 해변에서 보냈다.)
(*We spent all day at **beach**.)

5 **불가산명사와 복수명사**: 불가산명사와 복수명사는 일반적으로 부정관사와 함께 쓰이지 않고, 정관사나 영의 관사와 함께 쓰인다.

Water is essential for animal and plant life. (물은 동물과 식물의 생명 유지에 필수적이다.)
(*A **water** is essential for animal and plant life.)
Is **the water** hot enough for a bath? (물이 목욕할 정도로 뜨겁습니까?)
(*Is **a water** hot enough for a bath?)
We usually have **good weather** in the summer.
(일반적으로 우리는 여름에 좋은 날씨를 갖는다.)
(*We usually have **a good weather** in the summer.)
They have to buy **new books** for the new semester.
(그들은 새 학기를 위해 새 책을 사야 한다.)
(*They have to buy **a new books** for the new semester.)
My parents ordered **new shirts** and **shoes** for us; **the shirts** were quite expensive, but **the shoes** weren't.
(부모님이 우리를 위해 새 셔츠와 신을 주문하셨는데 셔츠는 상당히 비쌌지만 신은 비싸지 않았다.)

6 **예외**: 많은 불가산명사가 "...의 유형 (a type of ...)", "...의 한 부분 (a portion of ...)"의 의미를 나타낼 경우 가산명사로 취급될 수 있다.

Do you have **a shampoo** for dry hair? (건조한 머리카락을 위한 샴푸가 있습니까?)
Three coffees, please. (커피 세 잔 주십시오.)

▶ 또한 많은 다른 불가산명사들도 가산명사로 사용될 수 있다. 이 명사들은 복수형이 없으며 a/an과 함께 쓰일 수 있다. 이 경우 명사는 일반적으로 형용사의 수식을 받으며 제한적이고 특정적 의미를 갖는다.

He has **a detailed knowledge of the business**. (그는 사업에 대해서 상세하게 알고 있다.)
Any information would be **a tremendous help** to us.

(어떠한 정보도 우리에게는 큰 도움이 될 것이다.)
We all need **a good night's sleep**. (우리 모두는 하룻밤 푹 자는 것이 필요하다.)

7 **확정적 의미**: 정관사 the는 언급된 명사의 지시를 청자가 이미 알고 있다고 생각할 때 사용되고, 부정관사를 비롯한 다른 관사들은 불확정적 의미를 표현한다.

He's going to take care of **the dog** while I'm away.
(그는 내가 없는 동안 개를 돌보게 될 것이다.)
He's going to buy **a dog** if I give him money. (내가 돈을 주면 그는 개를 살 것이다.)
New **books** are needed for the library. (도서관에 새로운 책이 필요하다.)

"the dog"의 경우는 화자가 어떤 개를 말하는지 청자가 알 수 있으나, "a dog"의 경우는 그렇지 않다.

8 **특정적 의미**: 불확정적 의미를 가진 명사구는 문장에서 함께 쓰이는 다른 표현이나 맥락에 따라 "특정적(specific)" 의미를 나타낼 수도 있고 "불특정적(non-specific)" 의미를 나타낼 수도 있다.

Mary wants to marry **a doctor**. (메리는 의사와 결혼하기를 원한다.)

위의 문장에서 화자는 Mary가 결혼하고 싶어 하는 "특정의 의사"를 전제하고 말 수도 있고, 단순히 Mary가 의사 직업을 가진 사람과 결혼하고 싶어 한다고 말할 수도 있다. 다음의 예에서 첫 문장은 특정의 의사를 전제로 하는 데 반하여, 두 번째 문장은 불특정의 의사를 의미한다.

Mary wants to marry **a doctor**; he is an eye doctor.
(메리는 의사와 결혼하기를 원하는데 그는 안과의사다.)
Mary wants to marry **a doctor**; she doesn't have any one in mind yet.
(메리는 아직 마음에 둔 사람은 없지만 의사와 결혼하고 싶어 한다.)

▶ 다음을 비교해 보라.

특정적 의미	불특정적 의미
They've moved to **a new house**. (그들은 새집으로 이사했다.)	I'd like to have **a glass of water**. (물 한 잔 마시고 싶습니다.)
A man entered the room. (한 남자가 방으로 들어왔다.)	Please bring me **a chair**. (의자 좀 가져오시죠.)
Some people seem to think so. (어떤 사람들은 그렇게 생각하는 것 같다.)	We need **some wine**. (포도주가 좀 필요합니다.)

▶ 의문문, 명령문, 존재문에서는 불확정적 명사구가 불특정적 의미를 갖는다.

Did you send **a bouquet** to her? (그녀에게 꽃다발을 보냈느냐?)
Give me **a tuna sandwich**, please? (참치 샌드위치를 하나 주십시오.)
There are **some cockroaches** under the table. (식탁 밑에 바퀴벌레가 몇 마리 있다.)

9 **전칭적 의미**: 정관사와 부정관사 그리고 영의 관사가 공히 명사가 가리키는 사람이나 사물 전체를 지시하는 "전칭적(generic)" 의미를 표현할 수 있다.

A/The dog is a pet animal. (개는 반려동물이다.)
Dogs are pet animals. (개는 반려동물이다.)
Milk is health food. (우유는 건강식품이다.)

▶ 정관사 (the): 우리는 단수 가산명사와 정관사 the를 사용하여 그 명사의 전체를 표현할 수 있다. (A61.8을 보라.)

The dog is a faithful animal. (개는 충성스러운 동물이다.)
The panda is becoming an increasingly rare animal.
(판다는 점차적으로 희귀동물이 되어가고 있다.)
The car is responsible for the damage of our environment.
(자동차가 우리 환경 손상에 책임이 있다.)

▶ 부정관사 (a/an): 우리는 또한 어떤 집단이나 부류에 속한 어느 한 구성원을 언급함으로써 그 집단이나 부류 전체를 표현할 수 있다. 이 경우 단수 가산명사와 부정관사를 사용한다. (A61.2를 보라.)

A child needs a lot of love. (어린아이는 많은 사랑을 필요로 한다.)
A cheetah can run faster than **a lion**. (치타는 사자보다 빨리 달릴 수 있다.)
He's old enough to drive **a car**. (그는 자동차를 운전할 수 있는 나이다.)

위의 문장은 단수명사를 복수명사로 대치해도 그 의미가 크게 변하지 않는다.

Children need a lot of love. (어린아이들은 많은 사랑을 필요로 한다.)
Cheetahs can run faster than **lions**. (치타들은 사자들보다 더 빨리 달릴 수 있다.)
He's old enough to drive **cars**. (그는 자동차를 운전할 수 있는 나이다.)

▶ 영의 관사: 명사의 전칭적 의미를 표현하는 방법 중에 관사가 없는 불가산명사와 복수 가산명사를 사용하는 방법이다. (A62를 보라.)

Elephants are said to have a very good memory.
(코끼리는 매우 좋은 기억력을 가지고 있다고 한다.)
Computers are an essential ingredient of modern life.
(컴퓨터는 현대생활에서 없어서는 안 되는 요소다.)
Life is too short to worry about only money! (인생은 돈만을 걱정하기에는 너무나 짧다.)

A60 articles-2: 정관사 the

1 **아는 대상**: 정관사는 맥락에 의해 혹은 이미 앞에서 언급됨으로써 청자가 어느 대상을 가리키는가를 알고 있다고 생각될 경우 사용된다.

I am going to have a date with **the girl**. (나는 그 여성과 데이트를 하려고 한다.)
[청자가 데이트할 여자가 누구인지 알고 있다고 생각할 경우]
I am going to have a date with **a girl**. (나는 어떤 여성과 데이트를 하려고 한다.)

[청자가 데이트할 여자가 누구인지 모르고 있다고 생각할 경우]

We ordered **a pizza** and **salad**. **The pizza** was nice but **the salad** was disgusting.
(우리는 피자와 샐러드를 주문했는데 피자는 좋았지만 샐러드는 혐오감을 주었다.)
"So what did you do then?" "I gave **the money** straight back to **the policeman**."
("그래서 그다음에 어떻게 했어?" "돈을 경찰관에게 바로 돌려줬어요.")
[화자는 청자가 이미 돈과 경찰관에 대해 들었기 때문에 the를 사용하고 있다.]

2　**주변 환경**: 우리가 살면서 접할 수밖에 없는 주변에 있는 대상에 대해서는 정관사를 쓴다.

He parked **the car** in **the garage**. (그는 차고에 차를 주차했다.)
She's in **the kitchen**. (그녀는 부엌에 있다.)
John's talking to his son in **the living room**. (존은 거실에서 아들과 말하고 있다.)
We talked about **the weather**. (우리는 날씨에 대해서 말했다.)
My parents like **the sea**. (우리 부모는 바다를 좋아한다.)

the town	the mountains	the fog
the future	the country	the rain
the weather	the universe	the sea
the wind	the night	the sunshine
the seaside 등		

▶ nature, society, space와 같은 단어들은 일반적 의미를 가질 경우에도 영의 관사를 사용한다는 것에 유의하라 (A62를 보라).

All these materials are found in **(*the) nature**. (이 모든 물질은 자연에서 발견된다.)
Children are the most valuable members of **(*the) society**.
(아이들은 사회의 가장 값진 일원이다.)
Who was the first American in **(*the) space**? (대기권 밖으로 처음 나간 미국인이 누굽니까?)

3　**명시된 대상**: 화자가 수식어를 써서 특정 대상을 가리킬 경우 정관사를 쓴다.

Who's **the man** over there with John? (존과 함께 저기 있는 남자가 누굽니까?)
Did you bring **the book** that I lent you? (내가 빌려준 책을 가져왔습니까?)
He's **the president** of the Yacht Club. (그는 요트클럽의 회장이다.)

4　**유일한 존재**: 우주의 유일한 존재로 여겨지는 것을 보통명사로 표현할 경우 정관사를 쓴다.

| the sun | the moon | the world |
| the stars | the earth | the North Pole 등 |

▶ 청자가 아무것도 모르고 있는 대상일 경우에도 (선택의 여지가 없을 경우) the를 사용할 수 있다.

You don't know **the Andersons**, do you? (당신은 앤더슨 집안을 모르시지요?)
[여기서 the를 사용한 것은 화자의 주변에 단지 하나의 Anderson 가족만이 있기 때문이다.]

Have you never heard of **the Thirty Years' War**?
(당신은 30년 전쟁에 대해서 들은 적이 없습니까?) [30년 전쟁은 하나뿐이다.]

5 **최고/최초**: 최상(superlative), 최초(first), 다음(next), 마지막(last), 동일한 것(same), 유일한 것(only)도 일반적으로 하나밖에 없기 때문에 정관사와 함께 쓰인다.

She's **the oldest** in my family. (그녀는 우리 가족 중에 연세가 가장 많다.)
We live in **the same town**. (우리는 같은 도시에서 살고 있다.)
When is **the first airplane** to San Francisco? (샌프란시스코행 첫 비행기가 언제 있습니까?)
He was **the only survivor** of the disaster. (그는 그 재앙의 유일한 생존자다.)

6 **문화의 산물**: 영화, 연극, 언론매체에는 일반적으로 정관사를 쓴다.

We go to **the movies/the theatre** every week. (우리는 매주 영화를/연극을 관람한다.)
(참고: We go to **a movie** every week. *We go to **the movie** every week.)
They will support the freedom of **the press**. (그들은 언론의 자유를 지지할 것이다.)

7 **전칭적 의미**: 사람이나 동물의 일반적 특성이나 상황에 대해서 말할 때 종종 정관사를 쓴다.

The Koreans are very creative and diligent. (한국인은 매우 창의적이고 부지런하다.)
The tiger is the most ferocious animal on land. (호랑이는 육지에서 가장 사나운 동물이다.)
When the economy is bad, **the poor** are suffering most.
(경제가 나빠지면 빈곤층이 가장 어려움을 겪는다.)

8 **발명품**: 발명품 또는 악기에는 일반적으로 정관사를 쓴다.

Can you imagine life without **the mobile telephone** and **the computer**?
(너는 휴대전화와 컴퓨터가 없는 생활을 상상할 수 있나?)
They say that **the violin** is more difficult to play than **the piano**.
(바이올린이 피아노보다 연주하기가 더 어렵다고들 한다.)
We sat down and turned on **the radio**. (우리는 앉아서 라디오를 켰다.)

9 **유명한 대상**: 언급되는 사람이 잘 알려진 사람이라는 것을 확인시켜 줄 때 종종 the를 사용하며, 종종 정관사는 강한 발음인 /ðiː/로 발음된다.

She married Richard Burton, **the actor**. (그녀는 그 유명한 배우 리처드 버튼과 결혼했다.)
Antonio Gaudi, **the Spanish architect**, designed Barcelona Cathedral.
(스페인의 건축가인 안토니오 가우디가 바르셀로나 대성당을 설계했다.)
You are **the Judge Samuelson**, aren't you? (당신이 바로 그 새뮤얼슨 판사지요?)
Miami is **the place** for young people who like to live life to the full.
(마이애미는 마음껏 활기에 찬 삶을 원하는 젊은이들을 위한 그 장소다.)

10 **날짜**: 10년 또는 100년 단위의 기간을 언급할 때나 날짜를 말할 때 정관사 the를 사용한다.

The anthology contains works of the greatest novelists of **the 1900s**.
(이 문집은 1990년대의 위대한 소설가들의 작품을 수록하고 있다.)
In **the thirties** unemployment was widespread. (1930년대에는 실업이 팽배했다.)
The couple married on **the 3rd day** of December (그 부부는 12월 3일에 결혼했다.)

11   **비교급**: the + 비교급 ... the + 비교급

The harder you work, **the more successful** you will be.
(열심히 일할수록 더 성공적이 될 것이다.)
The more she eats, **the fatter** she gets. (그녀는 먹으면 먹을수록 더 비대해진다.)

12   **신체의 부분**: 우리 신체의 일부나 그것에 속한 것에 대해 말할 때 일반적으로 the가 아니라 소유격을 사용한다.

He stood in the doorway, his coat over **his arm**. (그는 코트를 팔에 걸고 출입구에 서 있었다.)
(*He stood in the doorway, the coat over **the arm**.)
Jean wore a string of pearls around **her neck**. (진은 줄에 낀 진주를 목에 걸고 있었다.)
(*Jean wore a string of pearls around **the neck**.)
The woman appeared with a little boy on **her back**.
(그 여자는 어린 남자아이를 등에 업고 나타났다.)
(*The woman appeared with a little boy on **the back**.)

▶ 그러나 절의 목적어(나 수동문의 주어)와 관련이 있는 전치사구를 사용하여 신체의 부분에 대해 일반적으로 말할 때는 보통 the를 사용한다.

She hit **him** in **the stomach**. (그녀는 그의 배를 때렸다.)
(*She hit **him** in **his stomach**.)
Can't you look **me** in **the eye**? (나의 눈을 쳐다볼 수 없어?)
(*Can't you look **me** in **my eye**?)
He was shot in **the right leg**. (그는 다리에 총을 맞았다.)
(***He** was shot in **his right leg**.)

13   **양의 단위** (unit of quantity): 판매, 생산, 분배 등의 행위에서 수량의 단위를 by-전치사로 표현할 수 있으며, 이 경우 단위 표현 앞에 the가 사용된다.

Eggs are usually sold **by the dozen**. (계란은 일반적으로 다스로 판다.)
We sell gasoline **by the liter** in Korea. (한국에서는 휘발유를 리터로 판다.)
Part-time employees are paid **by the hour**. (시간제 종업원은 시간 단위로 돈을 받는다.)
She gave out candies to the kids **by the handful**.
(그녀는 아이들에게 사탕을 한 줌씩 나눠주었다.)

the blind 등에 대해서는 A17.1을 보라.
the Japanese 등에 대해서는 A17.4를 보라.
next와 the next에 대해선 N15를, last와 the last에 대해서는 L1을 보라.

A61　articles-3: 부정관사 a/an

부정관사는 단수 가산명사와 함께 사용되고 불가산명사와는 함께 사용되지 않으며, 그 용법은 다음과 같다.

We needs **a good computer** to continue the research.　　[가산명사]
(우리는 연구를 계속하려면 좋은 컴퓨터가 필요하다.)
*We needs **good computer** to continue the research.

I need **good advice** about buying a home.　　[불가산명사]
(나는 집을 사는 것에 대해 좋은 조언을 원한다.)
*I need **a good advice** about buying a home.

가산명사와 불가산명사에 대해서는 N24를 보라.

1　**처음 언급**: 처음으로 언급하는 대상이나 청자가 모르는 대상을 언급할 때 일반적으로 부정관사를 사용한다.

The old lady bought **a beautiful boat**. But **the boat** needs some repairing.
(그 노부인이 멋있는 배를 샀다. 그런데 그 배는 좀 수리를 해야 한다.)
An old man and **a young lady** lived in that house. **The lady** sold the house, as soon as **the old man** passed away.
(노인 남자와 젊은 여자가 저 집에 살았다. 그 여자는 노인이 죽자마자 집을 팔았다.)

2　**전칭적 의미**: 부정관사는 어떤 집단이나 부류에 속하는 어느 불특정 구성원을 언급함으로써 그 집단이나 부류 전체를 의미할 수 있다. (A59.9를 보라.)

Would you like **a sandwich**? (샌드위치를 드시고 싶습니까?)
A dictionary is **a book** that tells us about the meanings of words.
(사전이란 단어의 뜻을 말해주는 책이다.)
There're no easy ways of learning **a foreign language**.
(외국어를 배우는 데 쉬운 방법이란 없다.)

3　**직업/소속**: 부정관사는 어떤 사람의 직업을 말하거나 어떤 대상이 어떤 부류에 속하는가를 말할 때 단수 가산명사와 함께 쓰인다.

Her husband is **a violinist**. (그녀의 남편은 바이올리니스트다.)
He was praised as **an actor**, but less so as **a director**.
(그는 배우로는 칭찬을 받았지만 감독으로는 별로였다.)
What he said was meant as **a joke**. (그가 말한 것은 농담으로 한 것이다.)
He started eating **an apple**. (그는 사과를 먹기 시작했다.)
I suggest you leave it to **an expert**. (내가 말하는데 그것은 전문가에 맡겨라.)
We're waiting for **a bus**. (우리는 버스를 기다리고 있다.)

4 **one**: "one"의 의미로 "two, three, ..." 등과 대조를 이룬다.

He ordered **a glass** of beer and **two cups** of tea. (그는 맥주 한 잔과 차 두 잔을 주문했다.)
We lived in Seoul for **a year/five years**. (우리는 서울에 1년간/5년간 살았다.)

▶ 일반적으로 숫자 앞에서 one 대신에 부정관사 a를 쓴다.

a half   **a** dozen   **a** hundred   **a** thousand 등

hundred, thousand 등과 a에 대해서는 N39.14를 보라.

▶ 그러나 숫자를 강조할 때는 "a" 대신에 "one"이 사용된다. 다음을 비교해 보라.

Fortunately, only one cup was broken. (다행히도 컵 하나만 깨졌다.) [두 개나 세 개가 아닌]
Fortunately, only a cup was broken. (다행히도 컵 하나 깨졌다.) [다른 물건이 아닌]

5 **빈도**: 빈도를 나타내는 표현에서 부정관사 a/an은 "per, every(... 마다)"의 의미를 갖는다.

She takes a shower once **a day**/twice **a week**/six times **a year**.
(그녀는 매일 한 번씩/매주 두 번씩/일 년에 여섯 번씩 샤워한다.)
(= She takes a shower once **per** day/twice **per** week/six times **per** year.)
(= She takes a shower once **every** day/twice **every** week/six times **every** year.)

We pay a thousand dollars **a month** for the apartment.
(우리는 아파트 세로 매달 천 불씩 낸다.)
She eats an apple **a day** for her skin. (그녀는 피부를 위하여 매일 사과를 한 개씩 먹는다.)
The boat is travelling fifty miles **an hour**. (이 배는 시간당 50마일을 간다.)

빈도에 대해서는 F8을 보라.

6 **수량 명사**: 부정관사는 수량을 나타내는 명사와 함께 다양한 양화사를 구성한다. (Q1을 보라.)

a bit (of)   a great deal of   a good deal of
a few (of)   a good many   a great many   a little (of)
a little bit (of)   a (good/great/large) number (of)   a lot (of) 등

A rat ate just **a bit** of cheese. (쥐가 치즈를 조금만 먹었다.)
A number of employees protested against their poor working conditions.
(많은 종업원이 열악한 작업환경에 대해 항의했다.)
A great many people took the street to support the new law.
(많은 국민들이 새 법을 지지하기 위하여 거리로 나왔다.)

7 **유형/부분**: 부정관사는 유형을 의미하는 "kind와 type 그리고 piece, cup" 등 부분사와 함께 쓰인다. (P6을 보라.)

a kind of chair   **a type** of car
a piece of cheese   **a cup** of coffee

A62　articles-4: 영의 관사

대부분의 명사는 자신의 앞에 관사 또는 다른 한정사를 갖고 나타난다. 관사나 다른 한정사를 대동하지 않고 홀로 쓰이는 명사에는 관사가 없는 것으로 간주되어 왔으나, 근래에 와서는 이러한 명사에도 소리와 형태가 없는 "영의 관사(zero article)"가 있는 것으로 가정한다. 영어에서 불확정적 의미를 가진 복수명사나 불가산명사 앞에는 a/an 또는 the가 나타날 수 없으며, 대신에 영의 관사가 나타난다.

We're expecting **a visitor**.　　　　[단수 가산명사]
(우리는 손님 한 분을 기다리고 있다.)
We're expecting **visitors**.　　　　[복수 가산명사]
(우리는 손님들을 기다리고 있다.)
He picked up **a stone**.　　　　　　[단수 가산명사]
(그는 돌 하나를 집어 들었다.)
The wall's made of **stone**.　　　　[불가산명사]
(그 담은 돌로 지어졌다.)

다음의 경우에 단수 가산명사가 불가산명사처럼 관사 없이 사용된다.

1　　**시설과 기관**: 시설이나 장소를 표현하는 단수 가산명사는 그 시설이나 장소 자체보다 그 기능 또는 역할을 표현할 때는 일반적으로 관사가 생략된다. 특히 이 현상은 장소 전치사 "at, in, to, from, into, out of" 다음이나 동사 "begin, leave, stay, enter, start" 등 다음에서 나타난다.

In Korea children **start/begin school** at the age of six.
(한국에서는 아이들이 여섯 살에 학교에 가기 시작한다.)
What do you want to do when you **leave college**? (대학을 마치면 무엇을 하고 싶으냐?)
I met her when we were **in/at university**. (우리가 대학생일 때 나는 그녀를 만났다.)
They were late **for class** this morning. (그들은 오늘 아침에 수업에 늦었다.)
My parents go **to church** every Sunday. (나의 부모님은 일요일마다 교회에 가신다.)
Come on kids, it's time to go **to bed**. (애들아! 잠잘 시간이다.)
He's been **out of prison/jail** for three years now. (그는 감옥에서 나온 지 3년이 되었다.)
The refugees were **at sea** for fifty days before reaching land.
(피난민들은 상륙하기까지 50일 동안을 바다에 있었다.)
I'm going **to town** at lunch-time to do some shopping.
(나는 살 것이 좀 있어서 점심때에 시내에 가려고 한다.)
I don't want to disturb you when you're **at table**. (식사 중에 방해하고 싶지 않습니다.)

▶ hospital의 경우 미국영어에서는 정관사 the를 사용한다.

By the time he went **to (the) hospital,** the pain was really bad.
(그가 입원했을 때는 고통이 정말 심했다.)
She spent six months **in (the) hospital** in 2012.
(그녀는 2012년에 6개월간 병원에 입원했었다.)

▶ 그러나 장소나 시설 자체를 가리킬 때는 관사가 사용된다.

I'll meet her **at the college**. (나는 그녀를 대학에서 만났다.)
They want to send their children **to a good university**.
(그들은 아이들을 좋은 대학에 보내고 싶어 한다.)
There's no playing ground **in the school**. (학교에 운동장이 없다.)
There's a big elm tree **beside the church**. (교회 옆에 큰 느릅나무 한 그루가 있다.)
Four women were sitting **at the table**, playing bridge.
(네 여자가 식탁에 앉아서 브리지 카드놀이를 하고 있다.)

2 **식사와 음료**: 식사의 명칭을 (예: breakfast, dinner, lunch, supper, tea 등) 표현할 때는 관사를 사용하지 않는다. 그러나 한정적 수식어의 수식을 받을 때에는 관사가 사용된다.

My doctor says **breakfast** is an important meal.
(의사가 아침 식사를 하는 것이 중요하다고 했다.)
Dinner will be served in half an hour. (식사가 30분 후에 나올 것입니다.)
I'm afraid he'll be at **lunch** until two o'clock. (미안합니다만 그는 2시까지 점심을 하실 것입니다.)
Tea will be ready for the visitors. (방문자들을 위해 차가 준비될 것입니다.)

The breakfast they served in the hotel was excellent.
(호텔에서 제공하는 아침 식사가 훌륭했다.)
The kids will get **a hot lunch** at school during the winter.
(아이들은 겨울 동안에 학교에서 따뜻한 점심을 먹게 될 것이다.)
We had **a coffee break** at 4 in the afternoon. (우리는 오후 4시에 커피브레이크를 가졌다.)

3 **낮과 밤**: 하루의 일정한 기간을 의미하는 어휘는 (예: dawn, day, daybreak, dusk, midday, midnight, night, nightfall, noon, sunrise, sunset, twilight 등) 관사 없이 사용된다.

Lions usually hunt **by night** and sleep **by day**. (사자들은 보통 밤에 사냥하고 낮에 잔다.)
We'll have to leave **before dawn** if we want to get there in time.
(그곳에 시간 내에 도착하려면 새벽에 떠나야 할 것이다.)
The street-lights turn on **from sunset to sunrise**. (가로등은 일몰부터 일출까지 켜놓는다.)
People usually lock the doors **at nightfall**. (사람들은 일반적으로 해 질 녘에 문을 잠근다.)

▶ morning과 evening은 일반적으로 관사를 대동하고, 전치사 during과 in이 사용될 때도 관사가 사용된다.

What time do you usually get home **in the evening**? (저녁 몇 시에 보통 집에 돌아오십니까?)
I'll telephone you first thing **in the morning**. (내일 아침에 무엇보다도 먼저 당신에게 전화할게.)

They prefer working **during the night**. (그들은 밤에 일하는 것을 더 좋아한다.)
Foxes usually remain hidden **during the day**. (여우는 보통 낮 동안에는 숨어 있다.)

4 **교통수단**: 교통수단을 의미하는 표현(예: bicycle, boat, bus, car, plane, taxi, train, tube 등)과 교통방법을 의미하는 표현(예: air, sea, land, road, rail 등) 그리고 통신수단을 의미하

는 표현은 (예: radio, phone, letter, mail 등) 전치사 by와 함께 쓰일 때 관사가 쓰이지 않는다.

I didn't know she liked to travel **by plane**. (나는 그녀가 비행기 여행을 좋아했다는 것을 몰랐다.)
Do you see anyone you know **on the plane**? (비행기에 대해 아시는 분이 있습니까?)
Most export cargoes are transported **by sea**. (대부분의 수출화물은 배로 운송됩니다.)
John stripped his clothes and ran **into the sea**. (존은 옷을 훌훌 벗고 바다로 뛰어 들어갔다.)
Most of his work is carried out **by phone**. (그는 대부분의 일을 전화로 한다.)
He usually does his work **over the phone**. (그는 보통 자신의 일을 전화로 한다.)

▶ foot의 경우에는 전치사 on이 사용된다.

It'll take about two hours **on foot**, but twenty minutes **by car**.
(걸어서는 약 두 시간 걸리지만 차로는 20분 걸립니다.)
Are you going **by bicycle** or **on foot**? (자전거로 갈 것입니까 걸어서 갈 것입니까?)

5   단어 쌍(pairs of words): 동일한 단어나 의미적으로 연관이 있는 한 쌍의 단어가 접속사나 전치사에 의해 결합될 경우 관사가 종종 생략된다.

People in this country have meals **with knife and fork**.
(이 나라에서는 사람들이 나이프와 포크로 식사를 한다.)
It's not clear whether the plane went down **over land or sea**.
(비행기가 땅 위로 떨어졌는지 바다 위로 떨어졌는지 명백하지 않다.)
Some old crafts are handed down **from father to son**.
(어떤 오래된 기술들은 아버지에서 아들로 전수된다.)
Although never married, they lived as **husband and wife** for forty years.
(결혼은 안 했지만 그들은 남편과 부인으로 40년을 살았다.)
We can hear the traffic noise **day and night** here.
(여기서는 밤낮으로 자동차 소음이 들린다.)

on land and sea	from top to bottom	inch by inch
arm in arm	hand in hand	day after day
body and soul	lock and key 등	

6   type/kind/sort of: 유사한 자질을 가진 집단의 한 구성원을 표현하는 type/kind/sort of 다음에 오는 단수 가산명사는 일반적으로 부정관사 a/an을 갖지 않는다.

He is not **the kind of person** to get married. (그는 결혼할 사람이 아니다.)
This type of mistake is easy to make. (우리는 이런 실수를 쉽게 할 수 있다.)
Spaniels are **my favorite breed of dog**. (스패니얼은 내가 좋아하는 개 종류다.)
She bought **a cheaper sort of radio**. (그녀는 값싼 종류의 라디오를 샀다.)
They've developed **a new variety of rose**. (그들은 새로운 종류의 장미를 개발했다.)

kind of, sort of 등에 대해서는 K1을 보라.

7　**서술적 명사구**: 명사구는 지시적(referential)으로 사용될 수도 있고, 서술적(predicational)으로 사용될 수도 있다. 지시적 명사구는 특정대상을 가리키지만, 서술적 명사구는 문장의 주어나 목적어의 속성을 표현한다.

He met **the cleverest boy in this school**.　　　　[지시적]
(그는 이 학교에서 가장 똑똑한 남자아이를 만났다.)
Joseph is **the cleverest boy in this school**.　　　　[서술적]
(조셉은 이 학교에서 가장 똑똑한 남자아이다.)

문장의 주어나 목적어가 어떤 조직체의 직함, 역할, 기능 혹은 직책을 표현하는 서술적 명사구는 다음과 같은 경우에 정관사 the 없이 사용된다.

▶ 서술적 명사구가 연결동사의 주어보어로 쓰일 경우 정관사 the가 생략된다.

Do you know why he turned **traitor/communist**?
(그가 왜 배반자/공산주의자가 됐는지 아십니까?)
Desmond Tutu was ordained **catholic priest** in 1960.
(데스몬드 투투는 1960년에 천주교신부로 서품되었다.)
Mr. Kim went **socialist**, when he was a college student.
(김 군은 대학생일 때 사회주의자가 되었다.)

▶ 그러나 서술적 명사구가 of-전치사구의 수식을 받을 경우에는 정관사가 수의적으로 쓰일 수 있다.

Some people think De Gaulle was **(the) king of France**.
(어떤 사람들은 드골을 프랑스의 왕이었다고 생각한다.)
Jimmy Carter was **(the) President of the USA** for four years.
(지미 카터는 4년간 미국 대통령을 지냈다.)

▶ 서술적 명사구가 "신분의 변화"를 의미하는 동사의 목적어보어로 (또는 "신분의 변화"를 의미하는 동사의 수동형에서는 주어보어로) 쓰일 경우에는 정관사 the가 쓰이지 않는다.

The board of trustees appointed him **president of the university**.
(이사회에서 그를 대학종장으로 임명했다.)
The Archbishop crowned her **Queen of England**.
(대주교가 그녀에게 영국여왕의 왕관을 씌워주었다.)
Charles was elected **president of the club**. (찰스가 클럽의 회장으로 선출되었다.)

▶ 서술적 명사구의 지시가 여러 대상 중에 어느 하나를 가리킬 때는 부정관사 a/an이 사용된다.

The shareholders elected Mr. Gibson **president of the department store**.
(주주들이 깁슨 씨를 백화점 사장으로 뽑았다.)
The president appointed Mr. Kim **a director of the company**.
(사장님은 김 군을 회사의 이사로 임명했다.)
Mr. Wilson was **Prime Minister of Britain** in 1969. (윌슨 씨는 1969에 영국의 수상이었다.)

Mr. McCarthy is **a professor in the University of London**.
(맥카시 씨는 런던대학교의 교수다.)

8   **질병**(illness): 표준 영국영어에서 질병의 이름은 일반적으로 불가산명사다 (C26을 보라). 구어체에서 the measles, the flu와 같이 흔히 있는 질병의 명칭에 the를 사용할 수 있지만 다른 병명에는 영의 관사가 사용된다.

I think I've got **(the) measles**. (홍역에 걸린 것 같습니다.)
Have you had **appendicitis**? (맹장을 앓은 적 있으세요?)
I'm getting **toothache**. (미국영어 ... **a toothache**.) (이가 아픕니다.)

▶ 예외로는 "a cold, a headache (미국영어에는 an earache, a backache) 등"이 있다.

I caught **a horrible cold**. (끔찍한 감기에 걸렸습니다.)
He had **a headache** and couldn't go to work. (그는 두통이 있어서 직장에 못 나갔다.)

9   **영의 관사와 any/some**: some/any는 얼마나 많은 수량인지에 관심이 없고 확정적이지 않은 제한된 수량을 말할 때 사용되고, 영의 관사는 한계가 없는 수량 혹은 수량에 관심이 없을 경우에 사용된다.

We've planted **some roses**.   [제한된 수의 장미]
(우리는 장미를 좀 심었습니다.)
I like **roses**.   [수에 관심이 없는 장미]
(나는 장미를 좋아합니다.)

We've met **some students**. (우리는 학생 몇 명을 만났다.)
We invited **students** to the party. (우리는 학생들을 파티에 초청했다.)
Would you like **some more beer**? (맥주 좀 더 마시겠습니까?)
We need **beer, sugar, eggs, butter, rice** and **toilet paper**.
(우리는 맥주, 설탕, 달걀, 버터, 쌀, 화장지가 필요하다.)
Is there **any water** in the refrigerator? (냉장고에 물이 좀 있습니까?)
Is there **water** on the moon? (달에는 물이 있습니까?)

▶ 따라서 수량이 명백한 대상에는 some/any를 사용하지 않는다.

You have **pretty fingers**. (손가락이 예쁩니다.)
(You have **some pretty fingers**는 부자연스럽다.)
She has **pretty legs**. (그녀는 다리가 예쁘다.)
(She has **some pretty legs**는 부자연스럽다.)

some과 any의 다른 용법에 대해서는 A56, S18, S19를 보라.

A63   articles-5: 고유명사와 정관사

고유명사(proper nouns)와 정관사의 관계는 그 범위가 광범위하기 때문에 모두를 포함하기가 매우 어렵다. 이 관계에 대한 일반화의 법칙에는 많은 경우 예외가 있다는 점에 유의하기 바란다.

1 **인명**: 인명에는 일반적으로 관사를 붙이지 않는다.

Dr. Zhibago, General MacArthur, President Kennedy   [직함과 함께]
John Smith, Mary O'connor, Bill, Shakespeare   [직함 없이]

▶ 아버지, 어머니 등도 유일한 존재로서 관사가 없이 고유명사처럼 쓰인다.

Father/Daddy/Dad is here.
Mother/Mommy/Mom will come on Saturday.

▶ 고유명사도 보통명사처럼 부정관사나 복수형을 가질 수 있는데, 이 경우에는 뜻이 변한다.

a Shakespeare (셰익스피어와 같은 작가)
Shakespeares (셰익스피어와 같은 작가들)
the Lees, the Smiths (가문)

2 **대륙명**: 대륙명에는 일반적으로 관사를 붙이지 않는다.

Asia	(North) America	(Central) Australia
British East Africa	South Africa	West Africa
Central America	South East Asia	Antarctica

3 **세계의 지역**: 대륙의 집단이나 별칭 또는 지역에는 정관사를 사용한다.

the Far East	**the** Midwest
the Eastern Hemisphere	**the** Northern Hemisphere
the New World	**the** Third World
the Americas	**the** Arctic
the Antarctic Circle	**the** Dark Continent
the Antarctic Continent	**the** New Continent

4 **국가명**: 일반적으로 관사를 붙이지 않지만 예외도 있다.

England	(North) Korea	(modern) Brazil
Australia	Great Britain	(French) Canada
Communist China	Nationalist China	Red China
the Congo	**the** East Bengal	**the** Netherlands
the Sahara	**the** Belgian Congo	**the** Equatorial Guinea
(the) Sudan	(the) Ukraine	(the) Yemen

the Republic of Korea	**the** Kingdom of Thailand
the Central African Republic	**the** Fifth Republic
the German Democratic Republic	**the** Irish Republic

5   **국가연합**: 일반적으로 정관사를 붙인다.

the Commonwealth   **the** European Community
the Big Five   **the** United Nations

6   **도시명**: 일반적으로 관사를 붙이지 않지만, 별칭이나 도시명이 of-구에 올 때는 정관사를 사용한다.

(downtown) Seoul   (ancient) Rome   (East) Berlin
Ho Chi Minh City   New York City   Vatican City

the Empire City   **the** Forbidden City   **the** Holy City
the City of London   **the** City of Seoul   **the** City of New York
the Hague   **the** Bronx   **the** Chicago I like

7   **산, 산맥, 고원, 계곡/협곡**: 산에는 일반적으로 정관사를 붙이지 않지만, 산맥과 고원 그리고 계곡 명칭에는 붙인다.

Mount Everest   Mont Blanc   Mount Baekduw
Lookout Mountain   Stone Mountain   Table Mountain
Harney Peak   Lenin Peak   Missionary Ridge

the Rockies   **the** Alps   **the** Taebaek Mountains
the Cascade Range   **the** Pennines   **the** Eastern Ghats

the Tibetan Plateau   **the** Colorado Plateau   **the** Deccan Plateau
the Golan Heights   **the** Kaema Heights   **the** Atherton Tableland

the Grand Canyon   **the** Three Gorges   **the** Indus Valley
the Nile Valley   **the** Shenandoah Valley   **the** Valley of the Kings

8   **강과 사막**: 정관사를 붙인다.

the Amazon River   **the** Mississippi (River)   **the** Blue Nile
the Stony Tunguska   **the** Han River   **the** White Volta

the Mojave Desert   **the** Nubian Desert   **the** Sahara (Desert)
the Gobi Desert   **the** Gobi Desert   **the** Takla Makan Desert

9   **댐, 저수지, 호수(군), 석호**: 일반적으로 정관사를 붙이지만 예외도 많다.

Davis Dam   Glen Canyon Dam   Soyang Dam
Hoover Dam   Kariba Dam   Guri Dam

▶ 예외: **the** Aswan High Dam, **the** Three Gorges Dam

Hell Hole Reservoir   Green Mountain Reservoir
Upper Stillwater Reservoir Paldang Reservoir

Allegheny Reservoir	Union Valley Reservoir	
Diamond Vallet Lake	Loch Ness	Great Slave Lake
Soyang Lake	Crater Lake	Great Bear Lake
Lake Michigan	Lake Superior	Lake Baikal

▶ 예외: **the** Great Salt Lake

the Great Lakes	**the** Finger Lakes	**the** Chiputneticook Lakes
Burley Lagoon	Condado Lagoon	Bolinas Lagoon
Truk Lagoon	Marovo Lagoon	Pileh Lagoon

▶ 예외: **the** Blue Lagoon in Turkey, **the** Aitutaki Lagoon

10 **폭포**: 정관사를 붙인다.

the Victoria Falls	**the** Horseshoe Falls	**the** Niagara (Falls)
the Sutherland Falls	**the** Angel Falls	**the** Iguassu Falls

11 **대양, 해, 해협, 해류, 운하**: 정관사를 붙인다.

the Antarctic Ocean	**the** Atlantic Ocean	**the** Pacific Ocean
the Indian Ocean	**the** Arctic Ocean	**the** South Pacific Ocean
the Red Sea	**the** Bering Sea	**the** East Sea
the Black Sea	**the** Dead Sea	**the** Mediterranean Sea
the Aleutian Current	**the** Japan Current	**the** Gulf Stream
the California Current	**the** West Wind Drift	**the** Equatorial Current
the English Channel	**the** Korea Strait	**the** Bering Strait
the Strait of Gibraltar	**the** Bosporus Strait	**the** Hormuz Strait
the Suez (Canal)	**the** Grand Canal	**the** Panama Canal
the Suzhou Canals	**the** Stockholm Canals	**the** Kiel Canal

12 **섬과 만**: 일반적으로 정관사를 붙이지 않지만 예외도 많다.

Christmas Island	Devil's Island	Easter Island
Manhattan Island	Three Mile Island	Treasure Island
Kauai Island	Fiji Island	Maui Island
Jeju Island	Okinawa Island	Santorini Island

▶ 예외

the Mount Desert Island	**the** Island of the Blessed
the Isle of France	**the** Isle of Wight

Botany Bay	Chesapeake Bay	Guantanamo Bay

Hudson Bay	Dvina Gulf	Wonsan Bay
Long Island Sound	Puget Sound	McMurdo Sound

▶ 예외

the Golden Gate	**the** Golden Horn	**the** Great Australian Bight
the Persian Gulf	**the** Saronic Gulf	**the** Solway Firth

13   **제도, 반도, 연안**: 정관사를 붙인다.

the Aleutian Islands	**the** Bahama Islands	**the** Philippine Islands
the Hawaiian Islands	**the** Midway Islands	**the** Philippine Islands
the British Isles	**the** Scilly Isles	**the** Western Isles
the Inner Hebrides	**the** New Hebrides	**the** Outer Hebrides
the British West Indies	**the** Dutch East Indies	**the** West Indies
the Alexander Archipelago	**the** Bismarck Archipelago	

the Golden Chersonese	**the** Taulic Chersonese
the Balkan Peninsula	**the** Malay Peninsula
the Korean Peninsula	**the** Scandinavian Peninsula

the Barbary Coast	**the** Ivory Coast	**the** West Coast
the Coromendal Coast	**the** Murmansk Coast	**the** Slave Coast

14   **별, 별자리, 행성**: 정관사가 붙지 않는다.

Venus	Jupiter	Polaris	Mars
Uranus	Saturn	Neptune	Mercury

▶ 예외: **the** North Star, **the** Sun/sun, **the** Moon/moon, (**the**) Earth/earth

▶ 별자리: 고유의 명칭에는 정관사가 필요 없지만, 별칭에는 항상 정관사를 붙인다.

Orion (**the** Hunters)	Ursa Minor (**the** Little Bear/Dipper)
Taurus (**the** Bull)	Cancer (**the** Crab)
Perseus (**the** Hero)	Scorpius (**the** Scorpion)
Andromeda (**the** Princess)	Hercules (**the** Strong Man)

15   **건물**: 일반적으로 정관사를 붙이지만 예외도 많다.

the Civic Auditorium	**the** Capitol	**the** Empire State Building
the Lincoln Center	**the** Rockefeller Center	**the** Albert Hall
the Kremlin	**the** Pentagon	**the** Parthenon

the Blue House	**the** White House
the Metropolitan Opera House	**the** Bolshoi Theater
the Mermaid Theater	**the** Madison House

Kennedy Space Center	World Trade Center	King Sejong Cultural Center
Carnegie Hall	Independence Hall	Westminster Hall
Blair House	Trinity House	Madison Square Garden

16 **병원**: 일반적으로 정관사를 붙이지 않는다.

Northwestern Memorial Hospital Massachusetts General Hospital
Seoul National University Hospital Washington Hospital Center
UCLA Medical Center Yonsei Medical Center

▶ 예외
the Mayo Clinic **the** Cleveland Clinic **the** Middlesex Hospital

17 **공항, 기차역, 버스 터미널, 항공사**: 일반적으로 정관사를 붙이지 않는다.

Incheon International Airport Kennedy Airport
London Heathrow Airport Los Angles International Airport
John F. Kennedy International Airport Tokyo International Airport

Grand Central Station Paddington Station
Seoul Station Banpo Bus Terminal

Korean Airlines Lufthansa German Airlines Thai Airways
Singapore Airlines Northwest Orient Airlines Delta Air Lines

18 **교량**: 일반적으로 정관사를 붙인다.

the Golden Gate Bridge **the** Han River Bridge
the Tower Bridge **the** Sydney Harbor Bridge
the Millau Viaduct Bridge **the** Great Belt Bridge

▶ 예외: Westminster Bridge, Marco Polo Bridge

19 **호텔**: 일반적으로 정관사를 붙인다.

the Hilton (Hotel) **the** Sheraton (Hotel) **the** Marriott
the Venetian Resort Hotel **the** Wellington Hotel **the** Shilla Hotel

▶ 예외(hotel의 이름이 뒤에 올 때): Hotel Ambassador, Hotel Lotte

20 **박물관, 미술관, 도서관**: 일반적으로 정관사를 붙인다.

the Acropolis Museum **the** London Museum
the Smithsonian **the** National Folk Museum of Korea
the Louvre **the** Vatican Museums

the National Portrait Gallery **the** National Gallery

the Tate Gallery
the Prado

the Metropolitan Museum of Art
the Uffizi Gallery

the Library of Congress
the British Library
the Vatican Library

the Bodleian (Library)
the New York Public Library
the Australian National Library

21 공원, 놀이 공원, 경기장, 묘지: 일반적으로 정관사를 붙이지 않는다.

Central Park
Hawaii Volcanoes National Park
Yosemite National Park
Kew Gardens

Glacier National Park
Yellowstone National Park
Seoul Namsan Park
Hampstead Heath

Walter Disney World
Woodland Discovery Playground

Universal Studios Hollywood
Nagasaki School

▶ 예외: **the** Seoul Children's Grand Park (= Seoul Grand Park)

Seoul Olympic Stadium
Fenway Park
Madison Square Gardens

Saporo Dom
Seoul World Cup Stadium
Old Trafford

Arlington National Cemetery
Gettysburg National Cemetery

Dongjak National Cemetery
Highgate Cemetery in London

▶ 예외: **the** Merry Cemetery

22 동물원, 식물원, 수족관: 일반적으로 정관사를 붙인다.

the Berlin Zoo
the Taronga Zoo

the Asahiyama Zoo
the San Diego Zoo

▶ 예외: Bristol Zoo, London Zoo

the Royal Botanic Gardens
the Jardim Botanicon

the Montreal Botanical Garden
the Brooklyn Botanic Garden

the COEX Aquarium
the Monterey Bay Aquarium

the Osaka Marine World
the Busan Aquarium

23 성당/수도원, 사찰/신전, 궁전: 일반적으로 정관사를 붙인다.

Canterbury Cathedral
Westminster Abbey

Notre Dame Cathedral
Erdene Zuu Monastery

St. Peter's Basilica
Fountains Abbey

the Salt Lake Temple
the Mahabodhi Temple

the Haeinsa Temple
the Shwedagon Pagoda

the Bulguksa Temple　　the Parthenon
the Temple of Apollo

► 예외: Yasukuni Shrine, Ankor Wat

the Palace of Versailles　　the Potala Palace
the Alhmbra　　the Forbidden City
the Summer Palace　　the Vatican

► 예외

Buckingham Palace　　Changduk Palace　　Hampton Court Palace

24 **장벽/성벽, 탑**: 일반적으로 정관사를 붙인다.

the Berlin Wall　　the Wailing Wall　　the Great Wall (of China)
the Walls of Ston　　the Berlin Wall　　the Walls of Constantinople

the Eiffel Tower　　the Namsan Tower　　the Washington Monument
the Luxor Obelisk　　the Flamingo Obelisk　　the Dabo Pagoda

25 **성**: 일반적으로 정관사를 붙이지 않는다.

Windsor Castle　　Edinburgh Castle　　Prague Castle
Leeds Castle　　Corfe Castle　　Neuschwanstein Castle

26 **거리와 광장**: 정관사를 붙이지 않는다.

Main Street　　Downing Street　　Oxford Street
Fifth Avenue　　Madison Avenue　　Pennsylvania Avenue

Times Square　　Tiananmen Square　　Trafalgar Square
Dupont Circle　　Piccadilly Circus　　Seoul City Plaza

► 예외: **the** Red Square

27 **길과 고속도로**: 정관사를 붙인다.

the Oregon Trail　　the Santa Fe Trail　　the Great Ocean Walk
the Jeju Olle Trail　　the Appalachian Trail　　the Inca Trail

the Alaska Highway　　the Pan-American Highway
the West Side Highway　　the Kyungbu Highway

28 **학교명**: 일반적으로 정관사가 붙지 않는다.

Eton College　　King's College　　Radcliffe College
Harvard University　　London University　　Sogang University,
Cambridge University　　Ihwa Woman's University

Charterhouse School   Freedom School   St. Paul School

▶ 예외: the Johns Hopkins University

▶ 학교 명칭이 뒤에 올 때 정관사가 붙는다.

the University of Hawaii   the University of Notre Dame
the University of California   the National University of Seoul
the Massachusetts Institute of Technology

29 교파: 정관사를 붙인다.

the Anglican Church   the Roman Catholic Church
the Episcopal Church   the Greek Orthodox Church
the Presbyterian Church   the Unification Church

30 경기: 일반적으로 정관사를 붙인다.

the World Cup   the World Series   the Super Bowl
the Rose Bowl   the Masters   the Wimbledon Championship

31 군 조직체/군사동맹: 정관사를 붙인다.

the Red Army   the United States Army
the United States Marine Corps   the Royal Air Force
the American Expeditionary Forces   the Republic of Korea Army

the Dual Alliance   the North Atlantic Treaty Organization (NATO)
the Holy Alliance   the Southeast Asia Treaty Organization (SEATO)

32 공휴일, 기념일, 월명, 요일, 시간대: 일반적으로 정관사를 붙이지 않는다.

Christmas (Day)   Easter (Sunday)   Independence Day
Lincoln's Birthday   April Fool's Day   Armistice Day
Children's Day   General Election Day   Labor Day
Mother's Day   New Year's Day   Thanksgiving Day

▶ 예외

the Commonwealth Day   the Empire Day   the Inauguration Day
the Judgment Day   the Last Day   the Texas Independence Day

Monday   January   August
Black Monday   Shrove Tuesday   Holy Thursday
Earth Week   Holy Year   New Year
Christmas Eve   Allhallows Eve   New Year's Eve

Atlantic Standard Time   Central European time

Eastern Standard Time   Pacific (standard) time

▶ 이 표현들도 수식어를 동반할 경우 정관사를 필요로 한다.

the Easter of that year   **the** next January
the first Sunday of September   **the** last century

33   상, 훈장, 증서, 졸업장: 일반적으로 정관사를 붙이지 않는다.

Distinguished Flying Cross   Iron Cross   Victoria Cross
Distinguished Service Medal   Medal for Merit   Medal of Freedom

▶ 예외

the Legion of Honor   **the** (Congressional) Medal of Honor
the Order of Lenin   **the** Royal Victorian Order

Higher National Certificate   International Certificate of Vaccination
High National Diploma   Ordinary National Diploma

34   성서, 신문, 정기 간행물, 잡지: 성서와 신문 그리고 정기 간행물에는 일반적으로 정관사를 붙이지만, 잡지에는 일반적으로 붙이지 않는다.

the (Holy) Bible   **the** Koran   **the** Buddhist scriptures
the New Testament   **the** Old Testament   **the** King James Version

the New York Times   **the** Chosun Ilbo   **the** Wall Street Journal
the London Gazette   **the** Washington Post   **the** Herald Tribune
the Wall Street Journal   **the** Economist   **the** New York Observer

People   Bloomberg Businessweek   Entertainment
National Geographic   Harper's Bazzar   Time
Newsweek   Reader's Digest   Sports Illustrated

▶ 예외

the New Yorker   **the** New York Times Book Review
the Quarterly Review

35   왕조, 제국, 역사적 기간/사건: 일반적으로 정관사가 붙는다.

the Yi Dynasty   **the** British Empire   **the** Byzantine Empire
the Chinese Empire   **the** Ottoman Empire   **the** Roman Empire
the Middle Kingdom   **the** Old Kingdom   **the** United Kingdom
the Grand Monarch   **the** Merry Monarch   **the** Dual Monarchy

the Bronze Age   **the** Jazz Age   **the** New Stone Age
the Stone Age   **the** Dark Ages   **the** Middle Ages
the Christian era   **the** Common Era   **the** Muslim era

the Renaissance	the French Revolution	the Korean War
the Great Depression	the Great Fire	the Long March
the Great Exhibition	the Boston Massacre	the Protestant Reformation
the Missouri Compromise	the Norman Conquest	
the American Revolution	the French Revolution	
the **Great Cultural Revolution**	the October Revolution	
the Puritan Revolution	the Russian Revolution	

축약 표현과 관사의 용법에 대해서는 (NATO, the USA) A2를 보라.

A64 as

as는 부사, 전치사, 관계 대명사, 접속사로 사용될 수 있으며, /əz/로 발음되는 약형과 /æz/로 발음되는 강형이 있다.

Paul runs fast, but I run just **as** fast.	[부사]
(폴도 빨리 달리지만 나도 폴만큼 빨리 달린다.)	
He is **as** tall as I (am)/me.	[부사]
(그는 나와 키가 같다.)	
He is as tall **as** I (am)/me.	[접속사]
(그는 나와 키가 같다.)	
I used my coat **as** a blanket.	[전치사]
(나는 내 코트를 담요로 사용했다.)	
We have the same trouble **as**/that they had.	[관계 대명사]
(우리는 그들과 같은 어려움에 처해있다.)	

1 **부사 as**: 수량이나 정도가 대등함을 말할 때 사용된다. (A66과 C15.1을 보라.)

Paul has a lot of money but I have **as** much. (폴도 돈이 많지만 나도 그만큼 있다.)
This box is twice **as** heavy as that one. (이 상자가 저 상자보다 두 배 무겁다.)

2 **전치사 as**: 비교, 자격, 용도, 동일성, 시기 등을 의미한다.

▶ 비교: "...처럼(like)"의 의미로 쓰인다.

They all rose together **as** one man. (그들은 모두 한 사람처럼 함께 일어났다.)
He stared **as** a man possessed. (그는 무엇에 홀린 사람처럼 노려봤다.)

▶ 자격: "...로서"의 의미로 사용된다.

As a parent, I feel that more should be done to protect our children.
(나는 부모로서 아이들을 보호하기 위해 어떤 조치가 더 취해져야 한다고 생각한다.)
She was highly praised **as** an actress. (그녀는 배우로서 높이 평가받고 있다.)

▶ 용도: "...로써"의 의미로 사용된다.

Besides their own language, they use English **as** a spoken language.
(그들은 자신의 언어 외에도 영어를 구어로 사용하고 있다.)
This box will serve **as** a table. (이 상자를 식탁으로 사용할 것이다.)

▶ 동일성: "...라고" 생각한다는 의미로 사용된다.

They regard him **as** a fool. (그들은 그를 바보로 생각한다.)
I consider the boy **as** a genius. (나는 그 소년이 천재라고 생각한다.)
The problem is regarded **as** serious. (문제가 심각한 것으로 여겨진다.)

▶ 시기: "...일 때에"의 의미로 사용된다.

As a child, he lived in China. (그는 어릴 때 중국에서 살았다.)
I'll show you all the places I visited **as** a boy. (내가 어릴 때 가본 곳을 다 보여줄게.)

3 **접속사 as**: "정도, 양태, 비례, 시간, 이유, 양보, 제약, 관계사, 연계" 등의 의미로 사용된다.

▶ 정도: "... 만큼/정도로"의 의미로 수량과 정도를 비교할 때 쓰이는 as ... as 표현에서 두 번째 as로 사용된다.

Jane comes to visit me as often **as** she can. (제인은 할 수 있는 한 자주 나를 찾아온다.)
This box is twice as heavy **as** that one. (이 상자는 저 상자보다 두 배 무겁다.)
John can't run so/as fast **as** Bill (can). (존은 빌만큼 빨리 달릴 수 없다.)

▶ 양태: "... 처럼/같이" 의미의 양태 또는 상태를 의미할 수 있다.

Do **as** I say. (내가 말한 대로 해라.)
You'll be paid, **as** promised. (약속과 같이 돈을 받을 것이다.)
Robert was late **as** usual. (로버트는 항상 그랬듯이 늦었다.)
We'd better leave things **as** they are until the police arrive.
(경찰이 도착할 때까지 모든 것을 있는 그대로 두는 것이 좋겠다.)
David, **as** you know, has not been well lately. (알다시피 데이비드는 근래에 건강이 좋지 않다.)
As I explained on the phone, you were recommended for the job.
(내가 전화로 설명한 것처럼 네가 그 자리에 추천되었다.)

▶ 비례: "...(함)에 따라" 의미의 비례를 의미할 수 있다.

As she grew older, she became more silent.
(그녀는 나이를 먹어감에 따라 점점 더 말이 없어졌다.)
As time passed, things seemed to get worse. (시간이 지남에 따라 일이 더 꼬이는 것 같다.)

▶ 시간: 시간을 의미하는 접속사(when/while)처럼 쓰일 수 있다. (A68을 보라.)

I saw John **as** I was getting off the subway. (나는 지하철에서 내리면서 존을 보았다.)
He told us the stories, **as** we went along. (그는 함께 걸으면서 우리에게 이야기를 들려주었다.)

▶ 이유: 원인 혹은 이유를 의미하는 접속사(because)처럼 쓰일 수 있다. (B11을 보라.)

As it was getting late, we turned around to start for home.

(늦었기 때문에 우리는 돌아서서 집으로 오기 시작했다.)
We asked Phillip to come with us, **as** he knew the road.
(우리는 필립이 길을 알기 때문에 같이 가자고 했다.)

▶ 양보: 양보를 의미하는 접속사(though)처럼 쓰인다. (A67을 보라.)

Child **as** he was, he was brave. (그는 어린 아이지만 용감했다.)
Late **as** it was, we started. (비록 늦었지만 우리는 출발했다.)

▶ 제약: 이미 알려졌거나 언급된 것을 말할 때 사용된다.

His criticisms, **as** I remember, were highly esteemed.
(내가 기억하기로는 그의 비평은 높이 평가된다.)
This isn't the American way of life **as** I know.
(내가 아는 한 이것은 미국식 생활방식이 아니다.)

▶ 관계사: as는 same 또는 such를 포함하는 명사구와 so 또는 as가 선행하는 형용사나 부사 뒤에서 관계대명사로 쓰인다. (A65.8을 보라.)

Such food **as** they gave us was scarcely fit to eat.
(그들이 우리에게 준 그런 음식은 먹기에 적합하지 않았다.)
(참고: The food **that** they gave us was scarcely fit to eat.)
They're making the **same** mistake **as/that** they made last time.
(그들은 지난번에 한 것과 같은 실수를 저지르고 있다.)
She was **as** helpful **as** could be. (그녀는 할 수 있는 한 도움을 주려고 했다.)

▶ 연계: 지금 말하는 것이 다른 대상에도 해당된다는 것을 말할 때 as + 조동사 + 주어 구조를 사용한다.

Jane is very tall, **as was her mother**. (제인은 자신의 어머니처럼 키가 매우 크다.)
She voted for the Republican party, **as did her husband**.
(그녀는 남편과 마찬가지로 공화당에 투표했다.)

A65   as/so ... as와 as much/many (...) as

이 표현은 주절이 의미하는 바와 종속절이 의미하는 바가 대등하다는 것을 표현할 때 사용된다. 이들 표현 뒤에는 (즉, 두 번째 as 다음에는) 명사나 대명사 또는 절 등의 다양한 표현이 따라 나올 수 있다.

1   as + 형용사/부사 + as: 이 구조는 형용사나 부사가 비교기준이 될 경우에 사용된다.

Jane is **as healthy as** me. (제인은 나만큼 건강하다.)
I can't run **as fast as** I used to. (나는 옛날만큼 빨리 달릴 수 없다.)

2   not as/so + 형용사/부사 + as: not 다음에서 "as ... as ..." 대신에 "so ... as ..."를 사용할 수 있다.

He's **not as/so successful as** his sister. (그는 그의 누이만큼 성공하지 못했다.)
It's **not as/so good as** it used to be. (그것은 옛날만큼 좋지 않다.)

▶ 이 구조는 구어체 영어에서 less than보다 더 흔히 나타난다.

It was **not so painful as** I'd expected. (그것은 내가 생각했던 것만큼 고통스럽지 않았다.)
It was **less painful than** I'd expected. (그것은 내가 생각했던 것보다 덜 고통스러웠다.)

3   **주어형과 목적어형**: as 다음의 대명사는 특히 구어체에서 목적어형(me, him, us 등)이 더 자주 사용된다.

He doesn't play the violin as well **as me**. (그는 나만큼 바이올린을 잘 연주하지 못한다.)
I can jump as high **as him**. (나는 그 사람만큼 높이 뛸 수 있다.)

▶ 문어체에서는 as 다음에 "주어 + 조동사 구조"가 선호된다.

He doesn't play the violin as well **as I do**.
I can jump as high **as he can**.

▶ 현대 영어에서는 (조)동사가 뒤따라 나오지 않으면 주어형 대명사가 (예: as well as he) 잘 쓰이지 않는다.

She doesn't play the violin as well **as I**.
I can jump as high **as he**.

4   **분수와 배수의 수식**: "as ... as" 표현은 분수(half, two-thirds 등)나 배수(twice, three times 등)의 수식을 받을 수 있다. (C20을 보라.)

You're not **half as clever as** you think you are.
(너는 네가 생각한 것보다 절반도 현명하지 못하다.)
This table is **two-thirds as long as** the one in the hall.
(이 식탁은 길이가 강당에 있는 것의 3분의 2다.)

I'm not going out with a man who's **twice as old as** me.
(나는 나이가 나보다 두 배나 많은 남자와 데이트를 할 마음이 없다.)
It took **three times as long as** I had expected. (내가 생각했던 것보다 3배나 걸렸다.)
(혹은 It took **three times longer than** I had expected.)

5   **부사의 수식**: "as ... as"는 "(not) nearly, almost, just, nothing like (영국영어), every bit, exactly, not quite 등"의 수식을 받을 수 있다. (C20을 보라.)

He's not **nearly as strong as** his brother. (그는 동생에 비해 힘이 비교도 안 된다.)
She's **just as beautiful as** ever. (그녀는 언제나처럼 아름답다.)
Your father is **nothing like as healthy as** he used to be.
(너의 아버지는 옛날처럼 건강하지 못하시다.)
She's **every bit as smart as** her sister. (그녀는 어느 모로 보나 동생 못지않게 영리하다.)
I'm **not quite as tired as** I was yesterday.(오늘은 어제만큼 피곤하지 않다.)

6   **as much + (불가산명사)/many + (복수 가산명사) + as**: 이 구조는 명사가 비교기준이고 수나 양에 관해서 말할 때 사용된다.

> ▶ much는 불가산명사와 함께 쓰이고, many는 복수 가산명사와 함께 쓰인다.
>
> I don't have **as much money as** I thought. (나에게는 생각했던 것보다 돈이 없다.)
> We need **as many people as** possible. (우리는 가능한 한 많은 사람이 필요하다.)
>
> ▶ as much/many는 뒤 따르는 명사 없이 대명사로도 사용될 수 있다.
>
> I ate **as much** as I could. (나는 먹을 수 있는 만큼 먹었다.)
> She didn't catch **as many** as she'd hoped. (그녀는 바라던 만큼 잡지 못했다.)
> They say the people of LA speak 12 languages and teach just **as many**.
> (LA의 사람들은 12가지 언어를 사용하며 또한 12가지 언어를 가르친다고 한다.)

7   **as much/many as + 수/양**: "as much/many as + 숫자"는 어떤 수나 양이 기대보다 크다는 것을 표현한다.

> **As many as two thousand people** attended the meeting.
> (2,000명이나 되는 사람들이 모임에 참가했다.)
> This machine cost **as much as $20,000**. (이 기계는 2만 불이나 값이 나간다.)

8   **관계사 as**: "as much/many (...) as"에서 뒤에 있는 as는 관계 대명사처럼 절의 주어나 목적어를 대신할 수 있다.

> We have enough food for **as many people as** want it.
> (우리에게는 원하는 사람이면 모두 먹을 만큼의 충분한 음식이 있다.)
> (*We have enough food for **as many people as they** want it.)
> (참고: We have enough food for **the people who** want it.)
>
> I gave him **as much food as** he could eat. (나는 그에게 먹을 수 있을 만큼의 음식을 주었다.)
> (*I gave him **as much food as** he could eat **it**.)
> (참고: I gave him **some food that** he could eat.)
>
> ▶ 이 외에도 as는 "such, the same, so"와 함께 관계대명사처럼 사용된다.
>
> I have **the same trouble as** they had. (나는 그들과 같은 어려움을 겪고 있다.)
> (*I have the same trouble **as they had it**.)
> She's not a student **such as** would cut her classes. (그녀는 수업을 빼먹는 그런 학생이 아니다.)
> (*She's not a student such **as she** would her classes.)
> The school didn't buy **so many books as** the students want.
> (학교는 학생들이 원하는 만큼의 책을 사지 않았다.)
> (*The school didn't buy so many books as the students want **them**.).

9   **직유법(simile)**: "as ... as" 구조를 직유법의 한 방식으로 종종 사용한다.

> She sat there **as quiet as a mouse**. (그녀는 아무 소리도 내지 않고 조용히 앉아있었다.)

The girl looks **as cool as a cucumber**. (그 여자는 매우 침착해 보인다.)

as good as gold	as cold as ice	as black as night
as hard as nails	as ... as hell	as white as a sheet
as brave as a lion	as black as pitch	as old as the hills
as deaf as a post	as poor as a church mouse	
as cool as a cucumber		

as long as에 대해서는 A71을 보라.
as well as에 대해서는 A73을 보라.
She's as good a dancer as her brother와 같은 문장에서의 어순에 대해서는 A14.7을 보라.
as ... as가 양보적 의미로 쓰이는 것에 대해서는 A67.4를 보라.
다른 비교구문에 대해서는 C15-C20을 보라.

A66　as와 like(유사성)

like는 유사성(similarity)을 표현하는 전치사 또는 접속사로 사용되지만, as는 이 경우 접속사로만 쓰인다. (전치사로 쓰이는 as에 대해서는 A64.2를 보라.)

The club is managed **like/*as** a big family.　　　　　[전치사]
(이 클럽은 큰 가족처럼 운영된다.)
Don't talk to me **like/as** you talk to a baby.　　　　[접속사]
(나에게 애기한테 말하는 것처럼 말하지 마세요.)

1　**유사성**: like는 한 대상이나 상황이 다른 대상이나 상황과 유사하다는 것을 표현할 때 사용할 수 있다.

Her hair is dark brown **like her mother's**. (그녀는 머리카락이 그녀의 어머니처럼 흑갈색이다.)
He's growing more **like his father** every day.
(그는 날이 갈수록 점점 더 자신의 아버지와 같아진다.)

2　**예를 들 때**: 예를 들 때 "such as"와 같은 의미로 사용된다.

Things **like glass, paper, plastic** can all be recycled.
(유리, 종이, 플라스틱과 같은 물건은 모두 재활용이 가능하다.)
I prefer clothes which are made out of natural materials **like cotten and wool**.
(나는 면화나 양모와 같은 천연소재로 만든 옷을 더 좋아한다.)

3　**전형적 특성**: 특정인의 전형적인 특성을 말할 때 사용된다.

It's just **like her to run away** from her responsibilities.
(그것은 마치 그녀가 책임을 회피하려는 것과 같다.)
It's not **like John to be late** to the meeting. (모임에 늦은 것은 존답지 않다.)

4　　　**just like that**: 깊은 생각이나 계획 없이 어떤 일을 하려고 할 때 사용된다.

You can't give up your job **just like that**! (너는 네 직장을 그런 식으로 포기할 수 없다!)
He's decided to leave his wife **just like that**! (그는 부인과 간단히 헤어지기로 결심했다!)

5　　　**something like**: 개략적인 양을 표현할 때 (= approximately) 사용된다.

He's scored **something like** 60 goals this season.
(그는 이번 시즌에 대략적으로 60골을 넣었다.)
There're **something like** 10 million people living in Seoul.
(서울에 약 천만 명의 사람이 살고 있다.)

6　　　**nothing like**: 전혀 아님을 표현할 때 (not at all) 사용된다.

Twenty years ago travel was **nothing like** as easy as it is now.
(20년 전에는 여행이 지금처럼 쉽지 않았다.)

▶ there's nothing like는 비교가 안 될 만큼 좋음을 표현할 때 사용된다.

There's nothing like a good cup of coffee. (맛있는 커피 한 잔에 비할 게 없다.)

7　　　**전치사구**: as와 like는 전치사구 앞에서는 유사성을 의미하는 전치사로 사용될 수 있다.

In 1939, **as/like in 1914**, everybody seemed to want war.
(1914년처럼 1939에도 모든 사람이 전쟁을 원하는 것 같았다.)
We can criticise the President in Korea, **as/like in America**.
(미국에서처럼 한국에서도 대통령을 비판할 수 있다.)
As/Like with his earlier movies, the special effects in his latest film are brilliant.
(그의 옛 영화에서처럼 그의 최근 영화의 특수효과가 훌륭하다.)

8　　　**as if**: 사람에 따라서는 옳지 않다고 생각하지만 like는 as if의 의미로 쓰일 수 있다. (A70을 보라.)

He looked at me **like** I was mad. (그는 내가 마치 미친 것처럼 나를 쳐다봤다.)
(= He looked at me as if I was mad.)
This meat smells **like** it's gone bad. (이 고기는 상한 것 같이 냄새가 난다.)
(= This meat smells as if it's gone bad.)

9　　　**주어와 조동사의 도치**: like-절에서와는 달리 as-절에서는 문어체에서 때때로 주어와 조동사의 도치가 일어날 수 있다. (조동사 도치에 대해서는 I35를 보라.)

I voted the Republican Party, **as my wife did/as did my wife**.
(나는 내 처가 한 것처럼 공화당에 투표했다.)
(= I voted the Republican Party, **like my wife did/*like did my wife**.)

10   **as you know**: "as you know, as I promised, as we agreed, as you suggested 등"은 화자와 청자/필자와 독자에게 둘 다 알려진 "공동의 입장"을 소개할 때 사용된다. 이 경우 타동사인 know와 agree 다음에 목적어를 가질 수 없다. (T6을 보라.)

As you know, next Tuesday's meeting has been cancelled.
(아시다시피 다음 화요일 모임이 취소됐습니다.)
(***As you know it**, next Tuesday's meeting has been cancelled.)
I'm sending you the bill for the repairs, **as we agreed**.
(우리가 합의한 것처럼 수리 청구서를 보냅니다.)
(*I'm sending you the bill for the repairs, **as we agreed it**.)

11   **as is well known**: 이와 유사한 수동형 표현으로 "as is well known, as was promised, as was agreed, as was suggested 등"이 있다. 이 표현에는 as 다음에 주어 it가 없다는 점에 유의하라.

As is well-known, more people get colds in wet weather.
(잘 알려진 것처럼 습한 날씨에 사람들이 더 많이 감기에 걸립니다.)
(***As it is well-known**, more people get colds in wet weather.)
I'm sending you the bill, **as was agreed**. (합의한 것처럼 청구서를 보냅니다.)
(*I'm sending you the bill, **as it was agreed**.)
The money was repaid, **as promised**. (약속했듯이 돈을 돌려 보냈습니다.)

12   **as happened**: 위에서와 마찬가지로 happen과 동사 앞에서도 주어 it가 생략되어야 한다.

An earthquake can destroy one part of a city while leaving other parts untouched, **as (*it) happened in Mexico in 1986**. (1986년 멕시코에서 그랬던 것처럼 지진은 도시의 한 부분은 파괴하고 다른 부분에는 손상을 주지 않을 수 있다.)
There's no simpler answer, **as (*it) is often the case in science**.
(과학에서 자주 있는 경우처럼 더 간단한 답이 없을 수 있다.)

13   **like-구**: like-구가 문미위치는 올 경우 앞의 주절이 긍정이던 부정이던 일반적으로 긍정의 의미를 표현한다.

I smoke, like Jane. [Jane smokes.]
(나는 제인처럼 담배를 핀다.) [제인이 담배를 핀다.]
I do not smoke, like Jane. [Jane smokes.]
(나는 제인처럼 담배를 안 핀다.) [제인은 담배를 핀다.]
[우리말 번역에서는 "제인이 담배를 안 핀다"가 된다.]
I'm (not) a Conservative, like Joe. [Joe is a Conservative.]
(나는 조처럼 보수적이다/보수적이 아니다.) [조는 보수적이다.]

▶ 그러나 like-구가 부정문의 문두위치에 오면 부정의 의미를 표현한다.

Like Jane, I don't smoke. [Jane **does not** smoke.]

14 what ... like: 어떤 대상의 외모나 특성에 대해서 물을 때 사용된다.

What's the house **like** inside? (집의 내부가 어떻습니까?)
"**What's** Bill **like**?" "He's quiet and a bit shy."
("빌이 어떤 사람입니까?" "조용하고 약간 부끄러움을 탑니다.")
as ... as의 비교에 대해서는 A65를 보라.
as if로 쓰이는 like에 대해서는 A69.5를 보라.
the same as에 대해서는 S1을 보라.
such as에 대해서는 S31.9와 12를 보라.

A67 as와 though

as가 양보를 의미하는 접속사로 쓰일 때는 양보접속사 though와 더불어 자신이 이끄는 절에서 동사, 형용사, 부사, 명사 등을 문두위치로 전치하는 구조가 가능하다.

as/though + ... 동사/형용사/부사/명사 ... **+** 주절
⇒ 동사/형용사/부사/명사 **+ as/though** ... **+** 주절

Fail as/though I did, I would not abandon my goal.
(실패했지만 나는 나의 목표를 포기하지 않을 것이다.)
(= **As/Though I failed**, I would not abandon my goal.)
Strong as/though he was, he couldn't lift the box.
(그는 힘이 세지만 그 상자를 들 수 없었다.)
(= **As/Though he was strong**, he couldn't lift the box.)
Fast as/though he ran, he had no chance of winning.
(그는 빠르지만 승리할 기회가 없었다.)
(= **As/Though he ran fast**, he had no chance of winning.)
Fool as/though he was, he knew how to fix the machine.
(그는 바보지만 그 기계를 수리하는 법을 알고 있었다.)
(= **As/Though he was a fool**, he knew how to fix the machine.)

1 although: 이 구조에서 though를 "although"로 대치할 수 없다. 또한 전치되는 명사구에서는 부정관사가 생략되어야 한다.

Angry as/though/*although he was, he couldn't help smiling.
(그는 화가 났으나 웃지 않을 수 없었다.)
Strong as/though/*although he was, he couldn't lift the box.
(그는 힘이 세지만 그 상자를 들지 못했다.)
(*A) **Big hit as/though** it was in Europe, nobody seems to have heard of it.
(그 노래는 유럽에서 큰 인기를 얻었지만 아무도 들어 본 적이 없는 것 같다.)
(= **As/Though it was a big hit** in Europe, nobody seems to have heard of it.)
(*A) **Genius as/though** he was, he couldn't solve the puzzle in the paper.
(그는 천재였으나 신문에 실린 수수께끼를 풀 수 없었다.)

(= **As/Though he was a genius**, he couldn't solve the puzzle in the paper.)

2   as ... as: 미국영어에서 일반적으로 "as ... as"가 이런 의미로 사용된다.

As cold as it was, we went out. (추웠지만 우리는 외출을 했다.)
As popular as he is, he doesn't seem to have many friends.
(그는 인기가 많지만 친구가 많지 않은 것 같다.)

3   because: 때때로 as는 이 구문에서 "because"의 뜻으로도 사용될 수 있다. (B11을 보라.)

Tired as he was, he decided to go to bed. (그는 피곤해서 잠을 자기로 결정했다.)
(= **Because he was tired**, he decided to go to bed.)
Late as it was, we gave up taking a walk. (늦어서 산책을 포기했다.)
(= **Because it was late**, we gave up taking a walk.)

A68   as와 while

이들은 접속사로서 시간을 의미하는 절을 이끌 수 있다. 이 시간 절은 두 개의 상황, 사태, 행위가 동시에 일어날 때 사용된다. 그러나 이들은 종종 약간의 의미적 차이를 가지고 사용되기도 한다.

As I was getting into the car, I noticed a postcard on the floor.
(나는 차를 타려는데 바닥에 우편엽서가 한 장 떨어져 있는 것을 보았다.)
Racing was halted for an hour **while the track was repaired**.
(경주로를 수리하는 동안 경마가 잠시 중단되었다.)

1   **진행형**: 어떤 사태가 지속되는 기간을 표현하며, 주절은 이 기간 동안 일어나는 다른 사태를 표현한다. 다시 말해서 while-절을 포함하는 문장은 같은 기간에 일어나는 두 개의 사태를 기술하며, 지속되는 행위나 사태를 표현하기 때문에 일반적으로 진행형 동사가 사용된다.

While they were dancing, someone took a picture. (그들이 춤출 때 누군가가 사진을 찍었다.)
I heard him come in **while we were having dinner**.
(나는 저녁을 먹을 때 그가 들어오는 소리를 들었다.)

▶ as-절도 while-절과 같이 동시에 일어나는 두 개의 사태를 말할 때 진행형을 사용할 수 있다.

He saw the thief **as he was leaving the building**. (건물을 막 나오다가 도둑을 보았다.)
As I was walking down the street, I saw Joe driving a Porsche.
(나는 거리를 걸어가다가 조가 포르셰를 운전하고 가는 것을 보았다.)

2   **동일한 시제**: 동시에 두 개의 비교적 긴 지속적 사태가 일어나고 있거나 일어난 것을 말할 때는 일반적으로 두 절이 같은 시제형을 사용한다.

All the jury's eyes **were** on him **as he continued his testimony**.

(그가 증언을 계속하는 동안 모든 배심원들의 눈이 그를 보고 있었다.)
I was listening to the radio **while you were drying up your hair**.
(네가 머리를 말리고 있을 때 나는 라디오를 듣고 있었다.)

While she works, her parents always **take care of** her children.
(그녀가 일할 때 그녀의 부모가 항상 아이들을 돌본다.)
While he was making the speech, the TV camera man **was filming**.
(그가 연설하고 있을 때 텔레비전 카메라맨은 영상을 찍고 있었다.)

3 **as-절**: 함께 변화하거나 발전 또는 쇠퇴하는 두 개의 사태를 표현할 때는 as-절을 사용한다.

She gets more attractive **as she gets older**. (그녀는 나이가 들수록 더 매력적이 된다.)
As time passed, things **seemed** to get worse. (시간이 지날수록 일이 더 꼬이는 것 같다.)

▶ 두 개의 순간적 행위나 사태가 동시에 일어나고 있거나 일어난 것을 말할 때 종종 "(just) as"를 사용한다.

(Just) as I opened my eyes I heard a strange voice.
(내가 막 눈을 뜨는 데 이상한 소리가 들렸다.)
The play started **(just) as I got there**. (내가 도착하면서 연극이 시작되었다.)

while에 대해서는 W12를 보라.

A69 as if와 as though

as if와 as though는 "어떤 상황이 사실이거나 어떤 사태가 일어난 것 같이 보인다"라고 표현할 때 사용된다. 따라서 어떤 상황이 실제로 사실일 수도 있고 어떤 사태가 실제로 있어났을 수도 있으며, 또한 그 반대일 수도 있다.

It looks **as if/as though** the weather is improving. (날씨가 좋아지고 있는 것처럼 보인다.)
She looked **as if/as though** she'd heard some bad news.
(그녀는 마치 어떤 나쁜 소식이라도 들은 것처럼 보였다.)
George was behaving **as if/as though** nothing had happened.
(조지는 아무 일도 없었던 것처럼 행동하고 있었다.)
I felt **as if/as though** I was dying. (나는 마치 내가 죽어가고 있는 것처럼 느꼈다.)

1 **비실제적 상황**: 어떤 상황이 사실일 수 없거나 어떤 사태가 실제로 일어나지 않았다는 것을 표현하려면, 다시 말해서 현재의 비실제적 상황이나 사태를 표현하려면 과거시제를 사용한다. (S37을 보라). 다음을 비교해 보라.

It sounds **as if she's been really ill**.
(그녀가 실제로 아팠던 것처럼 들린다.) [그녀가 실제로 아팠었을 수도 있다.]
It sounds **as if she was ill**.
(그녀가 아팠던 것처럼 들린다.) [그녀는 아프지 않다.]

He talks about Singapore **as if he has lived there**.
(그는 마치 그곳에 살았던 것처럼 싱가포르에 대해서 말한다.) [싱가포르에 살았을 수도 있다.]
He talks about Singapore **as if he lived there**.
(그는 마치 그곳에 살았던 것처럼 싱가포르에 대해서 말한다.) [싱가포르에 산 적이 없다.]
Gary behaves **as though nothing has happened**.
(개리는 아무 일도 없던 것처럼 행동한다.) [어쩌면 아무 일이 없었을 수 있다.]
Gary behaves **as though nothing happened**.
(개리는 아무 일도 없었던 것처럼 행동하고 있다.) [어떤 일이 있었다.]

▶ 그러나 과거의 비실제적 상황이나 사태를 표현하기 위해 과거완료형을 사용하지 않는다.

He acted **as if he was a king**.
(그는 마치 왕이었던 것처럼 행동했다.) [그는 왕이 아니었다.]
(*He acted **as if he had been a king**.)

2 were: 미국영어의 구어체에서는 비실제적 상황을 표현할 때 was 대신에 were가 자주 사용될 수 있다.

He acts **as if/though he were a millionaire**. (그는 백만장자인 것처럼 행동한다.)
He talks **as if he were rich**. (그는 부자인 것처럼 행동한다.)
She treats me **as if I were her servant**. (그녀는 내가 자기 종인 것처럼 취급한다.)

3 강조: "as if/as though"는 말하고자 하는 것을 반의적으로 강조할 때 사용될 수 있다.

As if I didn't have enough problems! (내게 많은 문제가 없는 것 같지!)
["나는 이미 많은 문젯거리를 가지고 있다"라는 것을 반의적으로 강조하고 있다.]
He said that he'd never speak to me. **As if I cared!** (= I don't care.)
(그가 나에게 절대로 말하지 않겠다고 하는데 내가 그 말에 관심이 있는 것 같지!)
[그의 말에 "전혀 관심이 없다"는 것을 강조하고 있다.]

4 it's not as if: "as if"는 "it's not"와 결합하여 말하고 하는 것을 강하게 부정함으로써 강조할 때 사용된다.

Why is he so surprised? **It isn't as if he wasn't warned**.
(그가 왜 그렇게 놀라는 거야? 그가 경고를 받지 않은 것은 아닌데.)
["그가 경고를 받았다"는 것을 강조하고 있다.]
Why do they never go on holiday? I mean **it's not as if they're poor**.
(그들은 어째서 휴가를 가지 않는 거야? 내말은 그들이 가난하다는 것이 아니다.)
["그들이 가난하지 않다"는 것을 강조하고 있다.]

5 like: 특히 미국영어의 구어체에서 like가 as if/though 대신에 사용된다. 그러나 문어체에서는 옳은 용법으로 간주되지 않는다.

He looked at me **like I was mad**. (그는 마치 나를 미친 사람처럼 쳐다봤다.)

It sounds to me **like** you ought to find a new job.
(나에게는 마치 네가 새 일자리를 찾아야 한다는 소리처럼 들린다.)

like와 as의 차이점에 대해서는 A66을 보라.

A70   as it is와 as it were

1   **as it is**: 문두위치에서 실제 상황이 기대했던 상황과 다를 때 "실은, 사실을 말하면(in reality)"의 의미로 사용되고, 문중위치나 문미위치에서 "이미, 이 전에(already)"의 의미로 쓰인다.

They hoped to finish the kitchen by Friday, but **as it is** they'll probably have to come back next week.
(그들은 금요일까지 부엌을 끝내려고 희망했으나 실은 다음 주에 다시 와야 할 것 같다.)
As it is, scientists have no way of knowing what caused the Big Bang.
(사실을 말하면 과학자들도 무엇이 대폭발을 유발했는지를 알 길이 없다.)
I'm not buying anything else for the children today—I've spent far too much money **as it is**.
(나는 아이들에게 더 이상 아무 것도 사주지 않으려고 한다. 나는 벌써 너무나 많은 돈을 썼다.)
Just keep quiet—we're in enough trouble **as it is**.
(잠깐 조용히 해. 우리는 이미 큰 난관에 처해있다.)

2   **as it were**: 삽입구로서 "이를테면(so to speak)"을 의미한다.

He is, **as it were**, a walking dictionary. (말하자면 그는 걸어 다니는 사전이다.)
She is my best friend, my second self, **as it were**.
(그녀는 나의 최고의 친구, 이를 테면 제2의 나다.)

A71   as/so long as

1   조건: "as/so long as"는 조건을 표현할 때 종종 사용된다.

You may borrow this book **as long as** you promise to give it back by Friday.
(금요일까지 돌려주겠다고 약속한다면 이 책을 빌려 갈 수 있다.)
You can keep the book **as long as** you think you need it.
(필요하다고 생각할 때까지 책을 가지고 있으십시오.)

2   이유: 특히 미국영어에서 "as/so long as"는 문장 앞에서 be동사와 함께 사용될 때 "... 인 이상/ ... 이므로(since)"의 의미를 갖는다.

As long as you're up, get me a drink. (일어났으니까 나에게 마실 것 좀 주시오.)
As long as you were here, they might as well start the show.
(당신이 여기 있으므로 그들이 공연을 시작할 것이다.)

3　　　시제: as long as 절에서는 현재시제를 써서 미래 시간을 표현한다.

I'll remember that day **as long as I live**. (내가 살아있는 한 그날을 기억할 것이다.)
(*I'll remember that day as long as I **will** live.)
You can take my car **as/so long as you drive carefully**.
(조심스럽게 운전할 것이라면 내 차를 가져갈 수 있다.)
(*You can take my car as/so long as you **will** drive carefully.)

A72　as to, as for, as of/from

1　　　as to와 as for: 이들은 문두위치에서 앞의 말과 연관이 있는 주제를 소개하는 역할을 하며, "...에 관해서는/...은 어떤가 하면(with regard to)"을 의미한다.

As for you, I never want to see you here again.
(너로 말할 것 같으면 나는 너를 여기서 다시는 보고 싶지 않다.)
As to where we'll get the money from, we'll talk about that later.
(어디서 돈을 구할 것인가에 대해서는 후에 말할 것이다.)

2　　　as to: as to는 문중위치나 문미위치에서 "...에 관하여(about)" 혹은 "...에 따라(according to)"를 의미한다.

I can't answer questions **as to how long this will last**.
(나는 이것이 얼마나 오래 지속할 것인가에 대한 질문에 답할 수 없다.)
All the jackets were arranged **as to size and color**.
(모든 재킷이 크기와 색깔에 따라 정돈되었다.)

3　　　as of/from: 어떤 시점에서 시작하여 계속되는 현상을 말할 때 사용된다.

As from today, you are in charge of the office. (오늘부터 당신이 이 사무실의 책임자다.)
As of now, there will be no mere paid overtime.
(오늘 이 시간부터 단순한 초과수당도 지급되지 않을 것이다.)

A73　as well as

as well as는 어떤 것에 다른 것을 추가할 때 사용되며, 접속사나 전치사로 사용된다.

All of us passed the test **as well as** Gary. (우리 모두와 개리도 시험에 통과했다.)
(= All of us passed the test **in addition to/besides** Gary.)
He publishes **as well as** printing his own books. (그는 자신의 책을 인쇄도 하고 출판도 한다.)

1　　　and: "as well as"는 등위 접속사 "and"와 유사하게 사용될 수 있지만 종속 접속사의 특성도 지니고 있다.

He is handsome **as well as** intelligent. (그는 잘 생기고 총명하다.)

(= He is handsome **and** intelligent.)
That man **as well as** his wife are not to be trusted.
(그 남자와 그의 부인을 믿어서는 안 된다.)
(= That man **and** his wife are not to be trusted.)
John, **as well as his brothers**, was responsible for the accident.
(그의 형제들과 존이 사고에 책임이 있었다.)
(= John was responsible for the accident, **as well as his brothers**.)
She works in television **as well as** writing children's books.
(그녀는 텔레비전 방송에서 일하면서 어린이용 책도 쓴다.)
(= **As well as writing children's books**, she works in television.)

▶ 등위 접속사처럼 사용될 때도 두 개의 독립 문장은 결합할 수 없다.

*Mary was vacuuming the living room **as well as** John was washing dishes.
(참고: Mary was vacuuming the living room **and** John was washing dishes.)

▶ "as well as"가 두 개의 단수명사를 결합할 경우에 복수동사를 취할 수 있다.

The record player **as well as** the electric bulb **are** inventions of Edison.
(레코드플레이어와 전구도 에디슨의 발명품이다.)

그러나 만약 첫 번째 주어가 단수이고 특히 "as well as ..."가 쉼표로 분리되어 있으면, 동사도 단수가 될 가능성이 높다.

The record player, **as well as** the electric bulb, **is** an invention of Edison's.

이러한 문제를 피하기 위해 "as well as 구"를 문장 끝으로 보낸다.

The record player **is** an invention of Edison's **as well as** the electric bulb.

2 **동사구**: 두 개의 동사구를 결합할 경우 "as well as" 바로 다음에 오는 동사는 -ing형이 되는 것이 정상이다.

He gives help to people in need **as well as raising** money for local charities.
(그는 필요한 사람들에게 도움을 주고 또한 지역의 자선을 위해 모금활동도 한다.)
(*He gives help to people in need **as well as raises** money for local charities.)
Smoking is dangerous, **as well as making** you smell bad.
(흡연은 해로우며 또한 악취를 풍긴다.)
(*Smoking is dangerous, **as well as (it) makes** you smell bad.)
As well as breaking his leg, he hurt his arm.
(그는 다리가 부러졌을 뿐만 아니라 팔에도 상처를 입었다.)
(***As well as (he) broke his leg**, he hurt his arm.)

▶ 그러나 두 개의 부정사구가 결합될 경우 "as well as" 바로 다음에는 (to 없는) 원형부정사가 쓰일 수 있다.

He wants **to go** to college for the future **as well as earn** money for the family.

(그는 장래를 위해 대학에 진학하고도 싶고 가족을 위해 돈도 벌고 싶다.)
I have **to feed** the animals **as well as look** after the children.
(나는 동물에 먹이도 줘야하고 아이들을 돌보기도 해야 한다.)

3   **중의성**: "as well as"는 중의성을 가진 표현이다. 하나는 우리가 지금까지 논의한 "and/in addition to"를 의미하는 관용적 용법과 다른 하나는 "well"이 양태부사로사 대등비교구문으로 사용되는 것이다.

She plays the piano **as well as sings** pansori.   [비교구문]
(그녀는 판소리를 잘 부르는 것처럼 피아노도 잘 친다.)
(= Her playing the piano is as good as her singing pansori.)
She plays the piano **as well as singing** pansori.   [관용적 용법]
(그녀는 판소리를 부를 줄 알고 피아노도 칠 줄 안다.)
(= She not only sings pansori but also plays the piano.)

▶ 따라서 다음의 문장은 중의적이다.

She plays **the piano as well as the violin**.
(그녀는 바이올린 외에도 피아노를 연주할 줄 안다.)
(= She plays the piano as well as she plays the violin.)
(= She plays the piano in addition to the violin.)

▶두 개의 문장을 결합한 다음의 문장은 비교구문으로만 해석된다.

She sings **as well as** she dances. (그녀는 노래도 잘 부르고 춤도 잘 춘다.)

as well, also, too에 대해서는 A46을 보라.

A74   at

at는 주로 장소나 시간을 표현할 때 사용되는 중요한 전치사다. (장소전치사로서의 at에 대해서는A75를 보고, 시간전치사로서의 at에 대해서는 A76을 보라.) at는 그 외에 다음과 같은 경우에 사용된다.

1   **수치**: at는 나이, 가격, 속도, 온도, 비율 등을 의미하는 표현과 종종 함께 쓰인다.

Nowadays most people retire **at the age of 60**.
(요사이는 대부분의 사람들이 60세에 은퇴한다.)
You can buy a dozen of eggs **at 2,000 won** at the supermarket.
(당신은 슈퍼마켓에서 계란 12개를 2천원에 살 수 있다.)
He was arrested for driving his sports car **at 150 kilometers an hour**.
(그는 자신의 스포츠카를 시속 150킬로로 운전하다 체포되었다.)
The model structure melted down **at 50 degrees Celsius**.
(모형 구조가 섭씨 50도에서 녹아버렸다.)
The population of the country decreases **at a steady rate**.

(우리나라의 인구가 꾸준한 비율로 감소하고 있다.)

2 **방향과 목표**: at는 방향 또는 의도된 목표를 가리키는 전치사로 사용된다.

They pointed **at us** as we drove by.
(그들은 우리가 운전하고 지나가는데 우리에게 손가락질을 했다.)
He shot **at the General** but missed. (그는 장군을 향해 총을 쐈으나 빗나갔다.)

3 **상태의 원인**: at는 느낌이나 행동의 원인이 된 행위나 말 또는 생각과 함께 쓰인다.

I was **surprised/amused/pleased at** (= by) **his words**.
(나는 그의 말에 놀랐다/기분이 좋았다/기뻤다.)
She was **angry at his bad behavior**. (그녀는 그의 나쁜 행동에 화가 났다.)

4 **판단**: at는 종종 판단을 필요로 하는 표현과 함께 쓰인다.

She's **good/bad at arranging things**.
(그녀는 물건 정돈을 잘한다/잘 못한다.)
He's doing **fine at his job**. (그는 자신의 일을 잘하고 있다.)

5 **상황 또는 상태**: 어떤 상태 또는 상황에 처해있음을 표현할 때 사용된다.

The President announced that the country was **at war**.
(대통령은 국가가 전쟁상태에 들어갔다고 선언했다.)
The strike means that no work is being done—everything is **at a standstill**.
(파업은 어떠한 작업도 이루어지지 않고 모든 것이 정지된다는 것을 의미한다.)

▶ 극단적 상태를 말할 때 사용된다.

The garden is **at its best** in May. (정원은 5월에 최고 상태가 된다.)
I'm afraid we can only pay you 5,000 won an hour **at (the) most**.
(미안합니다만 우리는 시간당 최고 5천원만 지불할 수 있습니다.)

A75 at, on, in(장소)

at, on, in은 영어의 대표적인 장소 전치사(place prepositions)다.

1 **at**: at는 일반적으로 장소나 위치를 표현할 때 사용된다.

We can meet **at your house**. (너의 집에서 만나자.)
Turn right **at the next corner**. (다음 모퉁이에서 오른쪽으로 도십시오.)
The children enjoyed themselves **at the zoo**. (아이들은 동물원에서 즐겼다.)

at the beginning	**at** the end	**at** the entrance
at the front	**at** the back	**at** her side

at the top   **at** the bottom   **at** the center 등

▶ at는 좀 더 정확한 장소/지점을 표현할 때 사용된다.

They live **at 29 Prospect Street**. (그들은 프로스펙트가 29번지에 산다.)
We were waiting **at the bus stop**. (우리는 버스 정류장에서 기다리고 있었다.)

▶ 때때로 at는 거쳐 가는 장소나 어떤 행동을 위한 장소를 표현할 때 사용된다.

The plane stops for an hour **at Frankfurt**. (비행기는 프랑크푸르트에서 한 시간 동안 체류한다.)
The two presidents had a summit meeting **at Naples**.
(두 대통령은 나폴리에서 정상회담을 가졌다.)
The ship touched **at the Canary Islands**. (그 배는 카나리아제도에 정박했다.)
I will be waiting for you **at the club**. (나는 클럽에서 너를 기다리고 있을 것이다.)
We'll have lunch **at MacDonald** in Main Street.
(우리는 메인가에 있는 맥도날드에서 점심을 먹었다.)

▶ 우리는 종종 장소의 명칭 앞에 at를 사용하는데, 이 경우 장소 자체보다 그곳에서 일어나는 상황이나 활동을 말하고자 한다.

We were great friends when we were **at college**. (= college students)
(우리는 대학생 시절에 가까운 친구였다.)
I didn't see you **at church** this morning. (= attend church service)
(나는 오늘 오전 예배에서 너를 못 봤다.)
He's a student **at Harvard**. (그는 하버드 학생이다.)
He's **at the London School of Economics**. (그는 런던 경제대학 학생이다.)

▶ at는 활동이나 상태를 의미하는 명사와 결합할 수 있다.

She felt completely **at ease** with Bill. (= relaxed)
(그녀는 빌과 함께 있을 때 완전히 편안함을 느꼈다.)
Have lunch and then we can discuss it **at leisure**. (= without hurrying)
(점심을 먹고 그다음에 이 문제를 천천히 논의할 수 있다.)
Russia and Poland were still **at war** in 1920. (= fighting)
(러시아와 폴란드는 1920년까지도 전쟁 중이었다.)
After 10 years in prison, he is **at liberty** finally. (= free)
(그는 10년을 감옥에서 보낸 후에 드디어 자유의 몸이 되었다.)

더 많은 예에 대해서는 P31을 보라.

▶ at는 또한 집단적 활동을 표현할 때도 사용된다.

Everyone enjoyed themselves **at Emma's birthday party**.
(모든 사람들이 엠마의 생일 파티에서 즐겼다.)
They first met **at a concert** last year. (그들은 작년에 음악회에서 처음 만났다.)
He's going to give a speech **at the gathering** of young students.
(그는 젊은 학생들의 집회에서 연설할 예정이다.)

at a meeting   at a lecture   at the match 등

2   **on**: on은 사물이 표면과 접촉한 상태를 말할 때 사용된다.

She just throws her clothes **on the floor**, when she's tired.
(그녀는 지치면 옷을 방바닥에 벗어 던져버린다.)
He threw himself **on the bed**. (그는 침대 위에 몸을 던졌다.)
He had his portrait hung **on the other wall**. (그는 자신의 초상화를 반대편 벽에 걸게 했다.)
She panicked when she saw a lizard crawling **on the ceiling**.
(그녀는 천정에 도마뱀이 기어가는 것을 보고 공포에 사로잡혔다.)
People usually wear the engagement ring **on their fourth finger**.
(사람들은 일반적으로 약혼반지를 네 번째 손가락 약지에 낀다.)
There aren't many apples **on the tree** this year.
(올해에는 사과나무에 사과가 많이 달리지 않았다.)

▶ on은 신체적 접촉을 말할 때도 사용된다.

He stood **on his feet** when he was 7 months old. (그는 일곱 달 될 때 두 발로 섰다.)
He's always **on his knees** when praying. (그는 두 무릎을 꿇고 기도한다.)
He suddenly kissed her **on the cheek** in public.
(그는 갑자기 여러 사람 앞에서 그녀의 볼에 입을 맞췄다.)

▶ on은 도로변, 강변, 해변, 호수 변, 경계선 근처 등을 말할 때도 사용된다.

There's a magnificent lookout platform **on Lake Soyang**.
(소양호에는 멋있는 전망대가 있다.)
MIT is located **on the Charles River**. (매사추세츠 공과대학은 찰스강변에 있다.)
They live in a small town **on the border** between North Korea and China.
(그들은 북한과 중국의 국경 가까이에 있는 작은 마을에서 산다.)
They have a summer house **on a beach** not far from Haewundae.
(그들은 해운대에서 멀지 않은 해변에 여름별장을 가지고 있다.)

▶ on은 어떤 특정 교통수단을 이용하여 여행하는 것을 말할 때 사용된다. (일반적인 교통수단을 말할 때 사용하는 by에 대해서는 B15.8과 P26.5를 보라.)

President Trump's arriving **on Air Force One** at Seoul Airport.
(트럼프 대통령이 미 공군 1호기를 타고 서울공항에 도착하고 있다.)
I finally succeeded in reserving a seat **on the 5:30 KTX** to Busan.
(나는 마침내 부산행 5시 30분 고속철에 자리를 예약할 수 있었다.)
There was no room **on the bus**; I had to stand all the way home.
(버스에 자리가 없어서 집까지 서서 올 수밖에 없었다.)
Last winter we cruised the Mediterranean **on the Queen Elizabeth**.
(지난겨울에 우리는 퀸엘리자베스 호를 타고 지중해를 여행했다.)

▶ on은 번지가 명시되지 않은 주소나 건물의 층에 쓰인다.

They live **on Prospect Street**. (그들은 프로스펙트 가에 산다.)
(영국영어: They live in Prospect Street.)
Our office is **on the 10th floor** of the building. (우리 사무실은 이 건물 10층에 있다.)

3   in: in은 넓은 지역 내에 있는 위치나 (모든 면이 둘러싸여있는) 3차원적 공간 내에 있는 위치에 사용된다. (P24.1과 I10.2-4를 보라.)

He's **in his room** all day. (그는 종일 자기 방에 있었다.)
She intended to have a vacation **in Hawaii**. (그녀는 하와이에서 휴가를 보내려고 한다.)
The plane crash-landed **in the desert**. (비행기가 사막에 동체착륙을 했다.)
There're many trees **in the mountains**. (산에 나무가 많다.)
He couldn't find his car **in the parking lot**. (그는 주차장에서 자신의 차를 찾을 수 없었다.)

at/in과 to의 차이에 대해서는 A77을 보라.
at, on, in의 차이에 대해서는 P29와 P31을 보라.

A76   at, on, in(시간)

1   at: at는 (시계의) 시간(clock time)을 말할 때 사용된다.

She always goes to work **at six o'clock**. (그녀는 항상 6시에 일터로 간다.)
I'll visit you **at 5:30**. (5시 30분에 찾아가겠습니다.)
Let's meet **at lunch time**. (점심때 만납시다.)
He left home **at noon**. (그는 정오에 집을 나섰다.)

2   on: on은 날짜(days)를 표현할 때 사용된다.

I'll call on her **on Sunday**. (나는 일요일에 그녀를 방문할 것이다.)
He was born **on April 15th, 1999**. (그는 1999년 4월 15일에 태어났다.)
You can come **on the following day**. (너는 그다음 날 올 수 있다.)
They're having a party **on New Year's Day**. (그들은 새해 첫날에 파티를 가질 예정이다.)

▶ 날짜의 반복을 표현할 때는 복수형(Sundays, Mondays 등)을 사용한다.

We can't come, because we go to church **on Sundays**.
(일요일에는 교회에 가기 때문에 우리는 올 수가 없습니다.)
Nowadays no body's willing to work **on Saturdays**.
(지금은 아무도 토요일에 일하려고 하지 않는다.)

3   in과 on: in과 on은 하루의 한 부분을 표현할 때 사용될 수 있다.

▶ in (하루의 부분): in은 하루를 구성하는 한 부분을 표현할 때 사용된다.

Classes start **in the morning** and go through the whole day.
(수업은 아침에 시작해서 종일 계속된다.)

We met at three o'clock **in the afternoon**. (우리는 오후 3시에 만났다.)
We do most of our studying **in the evening**. (우리는 대부분의 공부를 저녁에 합니다.)
I can't sleep **in the daytime**. (나는 낮에 잠을 못 잡니다.)

▶ at night: "밤에"를 의미하는 표현은 "in the night"가 아니라 "at night"다.

He usually goes to work **at night**. (그는 보통 밤에 일하러 간다.)
Temperature often drops **at night**. (종종 밤에는 온도가 내려간다.)

▶ in the night: "in/during the night"는 "밤 동안"을 의미한다.

He had to go to work **in the night**. (그는 밤 동안 일을 해야 한다.)
Temperature suddenly dropped **in the night**. (밤 동안에 온도가 갑자기 떨어졌다.)

따라서 습관적이거나 일반적인 것을 의미하는 현재시제의 동사와는 함께 쓰일 수 없다.

*He usually goes to work **in the night**.
*Temperature often drops **in the night**.

▶ on: 어느 특정한 하루의 한 부분을 말하거나 하루의 한 부분에 대해 설명을 붙일 경우에 on을 사용한다.

He may see you **on Monday morning**. (그는 월요일 오전에 너를 만날 수 있을 것이다.)
What are you planning to do **on Friday evening**? (금요일 저녁에 무엇을 할 계획이냐?)
We went out **on a cold afternoon** in early spring. (우리는 초봄날 쌀쌀한 오후에 외출했다.)
They're going to meet **on the morning of June first**.
(그들은 6월 1일 아침에 만날 예정이다.)

4   in: 하루보다 더 긴 시간을 말할 때는 일반적으로 in을 사용한다.

The Confederate surrendered **in the week** after the battle at Gettysburg.
(남부 연합은 게티즈버그 전투가 끝난 다음 주에 항복했다.)
The Korean War broke out **in June, 1950**. (한국전쟁은 1950년 6월에 일어났다.)
That Buddhist temple was built **in the 15th century**. (저 사찰은 15세기에 건축되었다.)
Many Southeast Asians visit Korea **in winter** to see snow.
(많은 동남아시아인들은 눈을 보려고 겨울에 한국에 온다.)
Korea lost its sovereignty to Japan **in 1910**. (한국은 1910년에 주권을 일본에 빼앗겼다.)

5   **기간**: in은 어떤 일이 일어나거나 완료되기까지의 기간을 표현할 수 있다. (A26.2를 보라.)

You will be informed of the result **in three or four days**.
(당신에게 삼사일 후에 결과가 통보될 것입니다.)
The test will last **in about 2 hours**. (시험은 약 2시간 걸릴 것입니다.)

▶ 어떤 일이 일어나게 되는 시점을 말할 때는 "in + 시간명사 + -'s + time"을 사용한다. 다음을 비교해보라.

Visit me again **in a month's time**. (= after a month) (한 달 후에 다시 오시오.)

He wrote the book **in a month**. (= for a month) (그는 한 달 동안에 그 책을 썼다.)
(*He wrote the book **in a month's time**.)

I'll show you the plan **in three weeks' time**. (= after three weeks)
(3주 후에 너에게 계획을 보여줄 것이다.)
We stayed there **for three weeks**. (우리는 그곳에 3주간 머물렀다.)
(*We stayed there **in three weeks' time**.)

▶ 영국영어에서와 달리 미국영어에서는 in이 기간을 의미하는 전치사 for처럼 사용될 수 있다.

I haven't visited my parents **for/in years**. (나는 부모님을 수년간 찾지 못했다.)

6 at/on: at는 또한 "Christmas, New Year, Easter, Thanksgiving(미국)"과 같은 휴일 기간을 가리킬 때 사용된다.

I'm going to finish my homework **at Easter**. (나는 부활절 기간에 숙제를 끝낼 것이다.)
All the family members will get together **at Thanksgiving**.
(온 가족이 감사절 기간에 모일 것이다.)

▶ 그러나 휴일의 하루를 말할 때는 on을 사용한다.

We'll go to church **on Christmas Day**. (우리는 크리스마스 날에 교회에 간다.)
They went to the movies **on New Year's Day**. (그들은 새해 첫날에 영화관에 갔다.)

▶ 영국 사람들은 "at the weekend"라고 하고, 미국 사람들은 "on the weekend"라고 한다.

We went to the summer house **at/on the weekend**. (우리는 주말에 여름별장에 갔다.)

7 **시간전치사의 생략**: 시간전치사는 종종 생략될 수 있다. (P32.4를 보라.)

▶ 시점을 나타내는 시간전치사 "at, on, in"의 목적어인 시간명사가 "last, next, this, that, all, any, every, each, yesterday, tomorrow" 등의 수식을 받을 때는 시간전치사는 생략된다.

I'll be leaving **(*in) next week**. (나는 다음 주에 떠난다.)
I saw her **(*on) last Thursday**. (나는 그녀를 지난 목요일에 봤다.)
John came to see me **(*on) yesterday morning**. (존이 어제 아침에 나를 보러 왔다.)
I'm at home **(*in) every evening**. (나는 저녁에는 항상 집에 있다.)
(*In) Every summer she returns to her childhood home.
(그녀는 여름마다 어릴 때 살던 집에 간다.)
They visit their parents **(*in) each year**. (그들은 매년 부모님을 찾는다.)
I didn't feel very well **(*in) that week**. (나는 그 주에 몸이 별로 좋지 않았다.)
Come **(*at) any time**. (아무 때나 와라.)
He stayed at home **(*for) all day**. (그는 종일 집에 있었다.)

▶ 현재에서 두 단위 이상 떨어진 시간을 나타내는 표현에서는 전치사가 수의적으로 생략된다.

He left the town **(on) the day before yesterday**. (그는 그저께 마을을 떠났다.)

He will leave the town **(on)** the day after tomorrow. (그는 모레 마을을 떠날 것이다.)
The war ended **(in)** the January before last. (전쟁은 지지난 1월에 끝났다.)

미국식 영어에서는 전치사 in을 생략하고 "the January before last"라고 한다.

► 과거 또는 미래의 어떤 주어진 시점의 전이나 후의 시간을 가리킬 때 전치사는 수의적으로 생략될 수 있다.

They got married **(at)** the next weekend. (그들은 그다음 주말에 결혼했다.)
We met **(on)** the following day. (우리는 그다음 날 만났다.)
John visited us **(in)** the previous spring. (존이 그다음 봄에 우리를 방문했다.)

► 기간을 의미하는 전치사 for는 지속적 상태를 뜻하는 동사와 함께 쓰일 경우에 수의적으로 생략될 수 있다. 그러나 명시된 기간 동안 어떤 행위나 상태가 지속되지 않을 경우에는 for를 생략할 수 없다.

We **stayed** there **(for)** three months. (우리는 그곳에 3주 동안 머물렀다.)
The rainy weather **lasted (for)** the whole time we were there.
(비가 오는 날씨가 우리가 그곳에 있는 동안 내내 지속됐다.)
I **taught** her **for three years**. (나는 3년간 그녀를 가르쳤다.)
(*I **taught** her three years.)
I haven't **spoken** to her **for three years**. (나는 그녀에게 3년간 말을 하지 않았다.)
(*I haven't **spoken** to her three years.)

► 전치사의 목적어가 all의 수식을 받으면 for는 의무적으로 생략된다.

We stayed there **all week**. (우리는 일주일 내내 그곳에 머물렀다.)
(*We stayed there **for all week**.)
I haven't seen her **all day**. (나는 그녀를 온종일 못 봤다.)
(*I haven't seen her **for all day**.)

► 전치사구가 문두에 올 경우에는 전치사 for를 생략하지 않는 것이 좋다.

For 600 years (*600 years), the cross lay undisturbed.
(600년 동안 그 십자가 방해받지 않은 채 놓여있었다.)
The cross lay undisturbed **(for) 600 years**.

► What/Which + 시간 표현으로 시작하는 의문문과 시간 표현만 포함하는 응답에서도 전치사는 일반적으로 생략된다.

What day is the meeting? (모임이 어느 날에 있습니까?)
(***On what day** is the meeting?)
Which week did you say you're on holiday? (어느 주에 휴가라고 말했지?)
(***In which week** did you say you're on holiday?)
"**What time** are you leaving?" "At eight o'clock."
("몇 시에 떠나십니까?" "여덟 시에 떠납니다.")
(***At what time** are you leaving?)

"We'll meet tomorrow." "**What time?**" (*At what time?)
("우리 내일 만납니다." "몇 시에요?")

in과 during, for와 during의 차이점에 대해서는 D20.1과 2를 보라.

A77   at, in, on, to

at는 일반적으로 장소/위치(place/position)를 나타내는 데 반하여 (A75를 보라), to는 이동(movement)과 방향(direction)을 나타내는 데 사용된다. in과 on은 주로 장소를 표현하는 전치사로 쓰이지만, 동사에 따라 각각 into와 onto의 의미로 이동과 방향을 나타낼 수도 있다. 다음을 비교해보라.

He works **at the market**.	[위치]
(그는 시장에서 일한다.)	
He went **to the market**.	[방향]
(그는 시장에 갔다.)	
The boy stayed **in the pool**.	[위치]
(그 소년은 수영장 안에 있었다.)	
The boy fell/jumped **in/into the pool**.	[방향]
(그 소년은 수영장 안으로 떨어졌다/뛰어들었다.)	
The man slept **on the floor**.	[위치]
(그 사람은 마룻바닥에서 잤다.)	
The man fell/jumped **on/onto the floor**.	[방향]
(그 사람은 마루 위로 넘어졌다/뛰어올랐다.)	

1   **at/in**: 이동의 종착지를 말하기 전에 이동의 목적을 먼저 말하면 일반적으로 장소 앞에 at/in을 사용한다. 다음을 비교해 보라.

Let's go **to La Seine** for lunch.	[종착지]
(점심 먹으러 라센느에 갑시다.)	
Let's go and have lunch **at La Seine**.	[목적]
(라센느에 가서 점심을 합시다.)	
(*Let's go and have coffee **to La Seine**.)	
I moved **to Busan** to live with my parents.	[종착지]
(나는 부모님과 함께 살려고 부산으로 이사했다.)	
I moved to live with my parents **in Busan**.	[목적]
(나는 부모님과 함께 부산에서 살려고 이사했다.)	
(*I moved to live with my parents **to Busan**.)	

2   **at**: look at에서와 같이 at는 "stare, glare, gaze, peer, gape"와 같은 동사 다음에서 시각적 초점의 대상을 가리킨다.

The boy was **looking at the watch**. (그 아이는 시계를 쳐다보고 있었다.)
What are you **staring at**? (뭘 노려보고 있어?)
He **peered at** the car ahead through the wet windshield.
(그는 물에 젖은 차창을 통해 앞에 가는 자동차를 응시했다.)

▶ at는 "smile, laugh, wave, frown, point 등"과 같은 동사 다음에서 어떤 행위의 표적을 가리킨다.

I **waved at** her across the room. (나는 방 건너편에 있는 그녀에게 손을 흔들었다.)
For the first time she **smiled at me**. (그녀는 처음으로 나에게 미소 지었다.)
The teacher **frowned at the noisy students**, but it had no effect.
(선생님은 떠드는 학생들에게 눈살을 찌푸렸지만 소용이 없었다.)
The boys **laughed at the girl**, when she fell off on the floor.
(남자아이들은 여자아이가 바닥에 넘어지자 웃음을 터뜨렸다.)

▶ at는 "shoot, scream, throw, shout, yell"과 같은 공격적 행위를 가리키는 동사 다음에서도 사용된다.

Two guys walked in and started **shooting at people**.
(두 녀석이 걸어 들어오더니 사람들을 향해 총을 쏘기 시작했다.)
I wish you'd stop **shouting at the children**. (아이들에게 그만 소리를 지르면 좋겠다.)
Don't **yell at me** like that. (나에게 그렇게 고함치지 마.)

3   to: 공격의 의도가 없을 때는 "throw to, shout to"라고 말한다.

Please do not **throw food to the animals**. (동물에게 음식을 던져주지 마십시오.)
"He's down here," She **shouted to me**.
("그가 이 아래 있습니다"라고 그녀가 나에게 소리를 질렀다.)
We **yelled to** them to ask for help. (우리는 그들에게 도와달라고 고함쳤다.)
He **looked to** her for support. (그는 지지해 달라고 그녀를 바라보았다.)

A78   at all

at all은 일반적으로 긍정 평서문에는 나타나지 않으며, 비단언적 맥락인 부정문이나 의문문 또는 조건문에서 사용된다.

He's **not** been looking **at all** well recently. (그는 근래에 건강이 전혀 좋아 보이지 않았다.)
Has the situation improved **at all**? (상황이 좀 좋아졌습니까?)
He'll come before supper if he comes **at all**. (그가 적어도 올 거라면 저녁 식사 전에 올 것이다.)
*They want to visit America **at all**.

1   부정문: at all은 부정문에서 부정을 강조하는 "전혀, 조금도"라는 의미로 사용된다.

I **didn't** understand his lecture **at all**. (나는 그의 강의를 하나도 알아듣지 못했다.)
(= I didn't understand his lecture even a little.)

She **wasn't** satisfied **at all**. (그녀는 조금도 만족하지 않았다.)
They've done **nothing at all** to put the problem right.
(그들은 문제를 해결하려고 어떤 것도 하지 않았다.)

2 **의문문과 조건문**: at all은 또한 의문문과 조건문에서 "적어도, 조금이라도(ever)"의 의미로 쓰인다.

Did you enjoy the show **at all**? (공연을 조금이라도 즐겼습니까?)
Has the working conditions improved **at all**? (작업환경이 좀 좋아졌습니까?)

He'll play golf with us **if** he arrives in time **at all**.
(그가 시간 내에 도착한다면 우리와 골프를 칠 것이다.)
Don't get involved, **if** you are **at all** worried about the project.
(네가 그 계획에 대해서 걱정이 된다면 관여하지 말아라.)

3 any와 at all: at all은 (not) any의 의미를 강조하기 위해 쓰일 수 있다.

Did you see **any** man **at all**? (당신은 누군가를 보았습니까?)
She doesn't like **any** Western food **at all**. (그녀는 서양식 음식을 전혀 좋아하지 않는다.)
Is there **any** difference **at all** between "begin" and "start"?
("begin"과 "start"는 어떤 차이가 있습니까?)

4 not at all: "Not at all"은 감사나 사과에 대한 응답으로 종종 사용된다.

"Thanks for your favorite consideration."
"**Not at all**." [영국영어] / "You're welcome." [미국영어]
("호의적인 고려에 감사드립니다." "천만의 말씀입니다.")

"I'm sorry to trouble you." "**Not at all**." ("귀찮게 해서 미안합니다." "천만에요.")

A79 auxiliary verbs(조동사)

문장을 구성하는 성분의 품사(parts of speech) 중에서 어느 것 하나 중요하지 않은 것이 없지만 영어를 잘 배운 사람이라 할지라도 조동사를 정확히 구사하는 사람은 흔치 않다. 영어에서 조동사는 통사적으로 매우 중요한 역할을 할 뿐만 아니라, 그들이 지니는 다양한 뜻과 미묘한 의미적 차이는 그 구별이 매우 까다롭다. 예를 들어 "must, have to, should, ought to, need" 등은 모두 의무(obligation)를 뜻하면서도 미묘한 의미적 차이를 보인다. (M18-M21을 보라.) 평서문에서 조동사의 정상적인 위치는 주어와 어휘적 동사 사이가 되며, 한 문장에 하나 이상의 조동사가 동시에 나타날 수 있다.

문장 = 주어 + **조동사** + 동사구

He **doesn't** like to study English grammar. (그는 영문법 공부하는 것을 좋아하지 않는다.)
She **may have been** detained by the police for questioning.
(그녀는 어쩌면 경찰 조사 때문에 지체됐는지도 모른다.)

1 　**조동사의 특성**: 어휘적 동사와 조동사는 통사적으로 다음과 같은 점에서 차이를 보인다.

▶ 조동사는 의문문에서 주어(subject) 앞에 올 수 있다. 다음을 비교해보라.

He **can** speak English. (그는 영어로 말할 수 있다.)
Can he speak English? (그는 영어로 말할 수 있냐?)
John **is** coming to Korea next year. (존은 내년에 한국에 옵니다.)
Is John coming to Korea next year? (존은 내년에 한국에 옵니까?)
You **have** seen the play. (너는 그 연극을 보았다.)
Have you seen the play? (너는 그 연극을 보았느냐?)
You bought something. (너는 무엇인가 샀다.)
What **did** you buy? (무엇을 샀느냐?)
He **speaks** English. (그는 영어를 안다.)
(***Speaks** he English?)

▶ 어휘적 동사와는 달리 조동사는 부가 의문문에 나타날 수 있다.

She **can** speak English, **can't** she? (그녀는 영어로 말할 수 있지?)
The man **didn't** leave for Busan, **did** he? (그 남자는 부산으로 떠나지 않았지?)
(*The man **left** for Busan, **leftn't** he?)

▶ 조동사는 긍정문을 부정문으로 만들어 주는 단어인 not를 자신의 바로 뒤에 가질 수 있다. 다음을 비교해보라.

He **can** speak English. (그는 영어로 말할 수 있다.)
He **cannot** speak English. (그는 영어로 말할 수 없다.)
John **is** coming to Korea next year. (존은 내년에 한국에 온다.)
John **is not** coming to Korea next year. (그는 내년에 한국에 안 온다.)
You **have** seen the play. (너는 그 연극을 보았다.)
You **have not** seen the play. (너는 그 연극을 보지 않았다.)
He **speaks** English. (그는 영어를 안다.)
(*He **speaks not** English.)

▶ 조동사는 여러 유형의 생략 구문에서 동사구를 대신해서 나타날 수 있다.

You **have** seen the play, and so **have** I. (너도 그 연극을 보았고, 나도 보았다.)
(=You **have** seen the play, and I have seen the play.)
(*He **speaks** English, and so **speaks** she.)
"Can he speak English?" (그는 영어로 말할 수 있습니까?)
"Yes, he **can**." / "No, he **can't**." ("네, 할 수 있습니다."/"아니오, 할 수 없습니다.")

▶ 문장이 부정이 아니라 긍정이라는 것을 강조할 때 조동사에 주 강세가 주어진다.

"Won't you try again?" "Yes, I **will** try again."
(다시 해보지 않을래? "예, 다시 해보겠습니다.")
"He must speak to the teacher." "He **did** speak to him."
("그는 선생님에게 말해야 한다." "했습니다.")

조동사와 "연산자"의 차이에 대해서는 O12를 보라.

2   **조동사의 종류**: 조동사는 일반적으로 세 가지 유형으로 분류된다.

    기본 조동사 (primary auxiliaries): have, be, do
    양상 조동사 (modal auxiliaries); can/could, may/might, shall/should, will/would, must,
        ought (to), used (to), dare, need
    준조동사 (semi-auxiliaries): have to, had better 등

3   **기본 조동사**: "be, do, have"는 영어의 기본조동사로서 다른 조동사와는 달리 같은 형태의 어휘적 동사가 있다. 다음을 비교해보라.

He **is** a student. (그는 학생이다.)
He **is** studying English. (그는 영어를 공부하고 있다.)

He **did** his best to help us. (그는 최선을 다하여 우리를 도왔다.)
He **did**n't do his best to help us. (그는 우리를 돕는 데 최선을 다하지 않았다.)

He **has** two brothers and one sister. (그에게는 두 남자 형제와 여동생 한 명이 있다.)
He **has**n't visited his parents for two years. (그는 부모님을 2년 동안 찾지 않았다.)

▶ be: 다른 동사와 결합하여 진행(progressive)형과 수동(passive)형을 만든다.

Is it raining? (비가 옵니까?)
He **was** promoted to colonel two years ago. (그는 2년 전에 대령으로 진급했다.)

▶ do: 조동사가 없는 문장을 질문, 부정, 비조동사의 강조형을 구성할 때 쓰인다.

Do you want to have coffee? (커피 마시겠습니까?)
He **did**n't arrive yet. (그는 아직 도착하지 않았다.)
Do be quiet! (제발 조용히 해라!)

▶ have: 완료(perfect)형을 만드는 데 쓰인다.

Where **have** you **been**? (어디에 갔었느냐?)
I didn't realize that he **had betrayed** his country. (나는 그가 자신의 조국을 배반한 줄 몰랐다.)

be에 대해서는 B2를, do에 대해서는 D16-D18을, have에 대해서는 H4-H8을 보라.

4   **양상 조동사**: 양상 (modal) 조동사 "will, shall, would, should, can, could, may, might, must, ought (to), used (to), need, dare"는 다른 동사와 결합하여 다양한 의미를 표현하는데 대부분은 확신 또는 의무의 정도와 관련이 있다. (상세한 것은 M18과 M21을 보라.)

5   **준조동사**: be 또는 have 동사로 시작하는 준-조동사(semi-auxiliary)에는 "be about to, be going to, be to, have to, have got to, had better 등"이 있다.

be about to는 B4를, be going to는 B5를, be to는 B8을, have to와 have got to는 H8을, had better는 H1을 보라. 이 외의 준-조동사로 분석되는 표현에 대해서는 P8.5를 보라.

A80   away

away는 주로 부사로 쓰이지만 드물게 형용사로도 쓰인다.

1   **멀어지는 것**: 어떤 위치를 떠나거나 어떤 위치에서 떨어져 있음을 표현할 때

The baby was crying as she drove slowly **away**.
(그녀가 운전해서 점차 멀어지자 애기는 울었다.)
Mr. Kim will be **away** on holiday until the end of the week.
(김 군은 그 주가 끝날 때까지 휴가로 여기 없을 것이다.)

2   **거리**: 거리를 표현할 때

We were sitting two meters **away** from the fireplace.
(우리는 벽난로에서 2미터 떨어져서 앉아 있었다.)
There's another hotel not far **away**. (멀지 않은 곳에 다른 호텔이 있다.)

3   **미래**: 미래의 시점을 표현할 때

Christmas is only a month **away**. (크리스마스가 한 달밖에 안 남았다.)
My exam's still three weeks **away**, so I've plenty of time.
(시험이 3주나 남았으니 시간이 충분하다.)

4   **안전한 곳**: 안전한 장소나 밀폐된 장소를 표현할 때

Put your money **away**, so that she can't find it. (돈을 그녀가 찾지 못하게 치워둬라.)
My grandparents had $1,000 hidden **away** in an old shoe box.
(조부모님이 오래된 구두 상자에 1,000불을 숨겨두었다.)

5   **사라지는 것**: 점차 사라지거나 없어지는 것을 표현할 때

All the water's boiled **away** and the saucepan's ruined.
(물이 모두 끓어 없어지고 스튜용 냄비는 못 쓰게 되었다.)
Rubin gave **away** all his money to charity. (루빈은 모든 돈을 자선단체에 주었다.)

6   **지속적 행동**: 지속적인 행동을 말할 때

Sara has been working **away** in the garden all day. (사라는 온종일 정원에서 계속 일했다.)

He hasn't slept a bit—he was coughing **away** all night.
(그는 잠을 조금도 못 자고 밤새 계속해서 기침했다.)

7   **원정 경기**: 원정지에서의 경기를 말할 때

Liverpool are **playing away** at Everton on Saturday.
(리버풀은 토요일에 에버튼에 원정 가서 경기할 것이다.)
It was a sensational 3-2 victory for the team that **played away**.
(원정 가서 경기한 팀이 3대 2로 승리했다는 것은 대단한 것이었다.)

▶ 이 경우 away는 형용사로도 쓰인다.

We lost **the away game**, but won both the home games.
(우리는 원정경기에서는 패했으나 홈경기를 둘 다 승리했다.)
Our team are about to play **an important away match**.
(우리 팀은 중요한 원정경기를 막 시작하려고 한다.)

B1   bad와 badly

bad는 형용사로서 good의 반의어이고, badly는 부사로서 well의 반의어다. bad와 badly는 둘 다 worse와 worst를 비교급형과 최상급형으로 가진다.

	비교급형	최상급형
bad	worse	worst
badly	worse	worst

The **bad** weather stopped our football game. (나쁜 날씨로 축구경기가 중단되었다.)
Smoking is **bad** for your health. (흡연은 건강에 나쁘다.)
The company has been very **badly** managed. (회사가 매우 엉터리로 운영되었다.)

The weather this spring is **worse** than last year. (올해 봄 날씨가 작년보다 더 좋지 않다.)
He plays tennis **worse** than he plays baseball. (그는 야구보다 테니스를 더 못한다.)

1. feel bad: "미안하게 생각한다(feel sorry)"는 의미와 "몸이 좋지 않다(feel ill)"는 의미로 사용된다.

   I **felt bad** about not being able to come last night.
   (나는 어젯밤에 올 수 없어서 마음이 언짢았다.)
   I **feel bad** that he's doing most of the work.
   (나는 그가 대부분의 일을 해서 미안하게 생각한다.)
   I was **feeling bad** yesterday and decided to stay at home.
   (나는 어제 몸이 좋지 않아서 집에 머물기로 했다.)

2. bad at: good at의 반의적 표현으로 어떤 것을 "잘할 수 없음(not able to do well)"을 의미한다.

   I'm really **bad at** the game of go. (나는 정말 바둑을 잘 못 둔다.)

3. not bad: 생각했던 것보다 상황이 그렇게 나쁘지 않다는 것을 말할 때 구어에서 자주 사용된다.

   "How's everything going?" "Oh, **not bad**." ("요새 어떻게 지내?" "나쁘지 않습니다.")

4. badly: 구어체에서 강조하는 정도부사로 사용된다. 특히 want나 need와 같은 단어와 "hurt, injured, wounded"와 같은 분사형 형용사와 많이 쓰인다.

   We **badly wanted** to help her, but there was nothing we could do.
   (우리는 그녀를 정말로 돕고 싶었으나 우리가 할 수 있는 것이 없었다.)
   The school is **badly in need** of some new computers.
   (학교가 새로운 컴퓨터 몇 대를 급히 필요로 한다.)

Some of the passengers were **badly injured**. (승객 중에 몇 명은 심히 부상을 입었다.)

► bad는 구어체에서 종종 부사처럼 사용되기도 하지만 사람에 따라서는 문법적으로 옳지 않다고 생각한다.

We need that money **bad**. (우리는 그 돈이 꼭 필요하다.)
My arm hurts so **bad**. (나는 팔이 몹시 아프다.)

B2　be

be 동사는 영어의 동사 중에 가장 다양한 형태를 가진 동사다. be 동사는 do와 have와 더불어 기본 조동사에 속한다. (A79를 보라.)

1　**형태**: be 동사에는 원형을 포함해서 모두 8가지 형태가 있다.

주어			현재	과거	분사	
					현재	과거
단수	일인칭	I	am	was	being	been
	삼인칭	he/she/it	is			
복수		we/you/they	are	were		

이인칭 대명사 you는 단복수 구분이 없으며 항상 복수동사를 취한다. 현재형 be 동사만이 축약형(contracted form)을 가질 수 있으며 일상 대화에서는 주로 축약형이 사용된다.

I **am** working. ⇒ I'm working.
You **are** working. ⇒ You're working.
He **is** working. ⇒ He's working.
We **are** working. ⇒ We're working.

I **was** working. ⇒ *I's working.
You **were** working. ⇒ *You're working.
He **was** working. ⇒ *He's working.
They **were** working. ⇒ *They're working.

you에 대해서는 Y2를 보라.
조동사의 축약에 대해서는 C25를 보라.

2　**조동사**: be동사는 조동사로서 진행형과 수동형을 구성하는 역할을 한다. "진행형"은 be동사와 본동사의 -ing형을 결합하여 만들고, "수동형"은 be동사와 본동사의 과거분사형을 결합하여 만든다.

► 진행형: be + V-ing

I **am studying** English.
He **is studying** English.

They **were studying** English.

▶ 수동형: be + V-en

I **was deceived** by his uniform. (나는 그의 제복에 속았다.)
Troublemakers **are encouraged** to leave. (말썽을 일으킬 사람은 떠나도록 권고를 받았다.)
A body has **been found** by the police. (시체 한 구가 경찰에게 우연히 발견됐다.)

3   **본동사**: 문장의 본동사로 쓰이는 be동사는 영어의 대표적인 "연결(copular)동사"로서 다른 기본 조동사 do와 have와는 달리 의문문이나 부정문을 구성할 때 do동사의 도움을 받을 필요가 없다.

He **is** sick. (그는 아프다.)
He **is not** sick. (그는 아프지 않다.)
(*He **does not be** sick.)
Is he sick? (그는 아픕니까?)
(***Does** he **be** sick?)

He **is** sick, and she **is** too/so **is** she. (그도 아프고 그녀도 아프다.)
(*He **is** sick, and she **does** too/so **does** she.)

연결동사에 대해서는 C28을 보라.

4   **be와 do**: be동사가 나타나는 부정 명령문에서는 do동사의 도움이 필요하다.

Don't be silly! (***Be not** silly!) (바보짓 하지 마라!)
Don't be such a nuisance! (말썽 피우지 마라.)

▶ 또한 do는 be동사를 포함하는 강조적 명령문에서도 사용된다.

Do be careful! (부디 조심해라!)
Do be quiet, for God's sake! (제발 조용히 해라.)

▶ 구어체에서 명령문과 유사한 의미를 가진 다른 구조에서도 때때로 do는 be동사가 함께 쓰인다.

Why **don't** you **be** a good boy and sit down? (착하게 좀 앉아 있는 것이 어때?)
If you **don't be** quiet you'll go straight to bed. (조용히 안 할 거면 바로 잠자러 가라.)

조동사 do의 다른 용법에 대해서는 D17을 보라.

B3   be able to

1   **be able to**: able은 특히 "be able + to-부정사" 구문에 많이 나타나며, can과 같이 어떤 일을 하는 데 필요한 "기술, 능력, 지식"을 가지고 있다는 것을 표현한다.

He's **able to/can** cope with the problem. (그는 그 문제를 잘 처리할 수 있다.)
I've always wanted to **be able to** speak French.

(나는 항상 프랑스어를 말할 수 있기를 원했다.)
Are you **able to** get financial help? (= **Can** you get ...?)
(재정적 도움을 받을 수 있습니까?)

부정형으로는 정상적인 not을 사용하는 것 외에 unable이 있다.

I **am not able to/am unable to/cannot** understand what she wants.
(나는 그녀가 무엇을 원하는지 알 수가 없다.)

2 **지각동사**: 진행형이 없는 감각동사(hear, see, smell, feel, taste 등)가 can과 함께 쓰이면 진행의 의미를 지닌다. (상세한 것은 P21을 보라). 이 경우에 can 대신에 "be able to"를 쓰는 것은 부자연스럽다.

I **can see** Mary coming up the stairs. (메리가 층계를 올라오는 것이 보인다.)
(I **am able to see** Mary coming up the stairs보다 자연스럽다.)
(*I'm seeing Mary coming up the stairs.)
Can you **hear** somebody knocking at the door? (누군가 문을 두드리는 소리가 들리느냐?)
(**Are** you **able to hear** somebody knocking at the door?보다 자연스럽다.)
(*Are you **hearing** somebody knocking at the door?)

3 be able to와 can: "be able to"는 종종 can의 부족한 점을 보충해 준다.

▶ "be able to"는 can이 사용될 수 없는 부정사절에 나타날 수 있다.

I'd like to **be able to** afford a new car. (나도 새 차를 가질 수 있는 여유가 있으면 좋겠다.)
(*I'd like to **can** afford a new car.)

▶ "be able to"는 can을 대신하여 다른 양상조동사와 함께 사용된다.

Why don't you talk to the secretary? (비서에게 말하는 게 어때?)
She **might be able to** help you. (비서가 너를 도와줄 수도 있을 것이다.)
(*She **might can** help you.)
If I get a job in Seoul, I **will be able to** visit you every week.
(만약 내가 서울에서 일자리를 얻으면 너를 매주 볼 수 있을 것이다.)
(*If I get a job in Seoul, I **will can** visit you every week.)
One day scientists **will be able to** find a cure for cancer.
(언제고 과학자들이 암 치료법을 찾아낼 수 있을 것이다.)
(*One day scientists **will can** find a cure for cancer.)

▶ "be able to"의 과거형인 "was/were able to"는 can의 과거형으로 사용될 수 있다.

The young doctor **was able to** cure my mother's illness.
(그 젊은 의사가 내 어머니의 병을 고칠 수 있었다.)
They **were unable to** figure out what the girl wanted.
(그들은 그 아가씨가 원하는 것을 알아낼 수 없었다.)

▶ 완료형이 없는 can 대신에 "has/have been able to"가 사용된다.

Unfortunately, he **hasn't been able to** drive since the accident.
(불행히도 그는 사고 이후 운전을 할 수 없었다.)
What **have** you **been able to** find out? (무엇을 알아낼 수가 있었습니까?)
(*What **have** you **could** find out?)

4   be able to와 수동: "be able to"는 수동형 부정사와는 일반적으로 사용되지 않는다.

He **can't** be understood. (그가 말하는 것을 이해하는 사람이 없다.)
(*He's **not able to be understood**.)
This book **can** be translated. (이 책은 번역할 수 있다.)
(*This book **is able to be translated**.)

5   능력: able은 또한 형용사로서 어떤 일을 하는 데 "능력이 있음"을 의미한다.

She's one of the **ablest** secretaries in the company.
(그녀는 회사에서 가장 능력 있는 비서 중의 한 명이다.)
I don't think he's **able** enough to do the work.
(나는 그가 그 일을 할 만큼 능력이 있다고 생각하지 않는다.)

능력의 can에 대해서는 C2를 보라.

B4   be about to

▶ 어떤 상황이 "곧 일어날 수 있음"을 표현한다.

We **were about to leave** when Tom arrived.
(탐이 도착했을 때 우리는 막 나가려는 참이었다.)
Experts think the volcano **is about to erupt**. (전문가는 화산이 곧 분화할 것으로 생각한다.)

▶ "be not about to"는 구어체 미국영어에서 어떤 행위를 "할 의향이 없음"을 의미한다.

I'm not about to stop when I'm so close to success.
(나는 성공에 거의 다 도달한 이 때에 중지할 생각이 없다.)
I've never smoked in my life and **I'm not about to start** now.
(나는 평생 담배를 피우지 않았고 지금 담배를 시작할 생각이 없다.)

B5   be going to

"be going to"는 미래를 의미하는 표현으로, 어떤 것을 할 의도가 있거나 어떤 상황이 일어나는 것이 기대될 때 사용된다. (F12.4를 보라.)

1   의도: "be going to"는 무엇을 하려고 하는 "의도"를 표현할 때 사용된다.

Are you **going to go** to Clare's party in the evening?
(너는 오늘 저녁에 클라라의 파티에 갈 거냐?)

I'm **going to tell** him what you did. (나는 네가 어떤 짓을 했는지 그에게 말할 것이다.)

2 **미래의 상황**: 미래에 어떤 상황이 일어날 "조짐"이 있음을 표현할 때 사용된다.

There's **going to be** trouble when he finds out about this.
(그가 이것을 알면 곤란한 일이 일어날 것이다.)
It's **going to rain** later in the afternoon. (오후 늦게 비가 내릴 조짐이 있다.)

3 **시제**: "be going to"는 특히 실행되지 못한 "의도"를 말할 때 과거시제나 완료시제화와 함께 쓰일 수 있다.

He **was going to call** me this morning, but I haven't heard from him yet.
(그는 오늘 아침에 나에게 전화하기로 되어 있었는데 아직까지 소식이 없다.)
They've **been going to remodel** the auditorium for the past five years.
(그들은 지난 5년간 대강당을 개조하려고 했었다.)

4 **gonna**: "going to"는 미국영어의 비격식적 구어체에서 "gonna"로 표기되고 /gónə/로 발음된다.

This isn't **gonna** be easy. (이게 쉽지 않을 거야?)
What am I **gonna** do? (내가 어떻게 해야 해?)

B6   be gone

gone은 동사 go의 과거분사형으로 형용사처럼 be동사와 함께 여러 가지 의미를 표현한다.

1 **제자리에 없음**: 사람이나 물건이 있던 곳에 없음을 표현한다.

When we got there, he had already **been gone**.
(우리가 그곳에 도착했을 때는 그는 이미 그곳에 없었다.)
Many of the old buildings **are gone** now. (지금은 옛 건물들이 많이 없어졌다.)
He's **been gone** for several years—no one knows what he's doing.
(그는 수년간 보이지 않았으며, 그가 무엇을 하고 있는지 아는 사람이 없다.)

2 **죽음**: gone은 "죽음"을 의미하기도 한다.

His wife's **been gone** for several years. (그의 부인은 수년 전에 죽었다.)

3 **임신**: "be + 기간 + gone" 구조는 명시된 기간 동안 "임신"했음을 의미한다.

She got married when she **was four months gone**. (그녀가 결혼할 때 4개월 임신 중이었다.)
(= She got married when she had been pregnant for four months.)

4 **be + gone + 시간/나이**: "be + gone + 시간/나이" 구조는 영국영어의 문어체에서 종종 명시된 시간보다 "늦은" 또는 명시된 나이보다 "많은"을 의미하는 전치사처럼 쓰인다.

When I returned home, it **was gone midnight**. (= ... it was later than midnight.)
(내가 집에 돌아왔을 때는 자정이 지났다.)
Nobody'd have thought he **was gone 60**. (= ... he was older than 60.)
(아무도 그가 60이 넘었다고 생각하지 않았다.)

B7 be supposed to

1 **사실**: 일반적으로 사실이라고 믿어지는 것을 표현할 때 쓰인다.

Milk**'s supposed to** be good for health. (우유는 건강에 좋다.)
Mrs. Carter**'s supposed to** have a lot of money. (카터 부인은 돈을 많이 가지고 있다.)
This stuff**'s supposed to** kill flies. (이 물질은 파리를 죽인다.)

2 **규칙과 관습**: 어떤 규칙이나 관습 때문에 어떤 것을 해야 한다든가 하지 말아야 한다고 말할 때 쓰인다.

You **were supposed to** do your homework in ink. (너는 숙제를 잉크로 해야 했다.)
I**'m not supposed to** tell anybody. (나는 아무에게도 말해서는 안 된다.)

3 **계획과 의도**: 어떤 일이 계획되어 있거나 의도된 것을 말할 때 쓰인다.

The train**'s supposed to** leave late tonight. (기차는 오늘 밤늦게 떠날 예정이다.)
We**'re supposed to** check out of the hotel by 11 o'clock.
(우리는 11시에 계산을 마치고 호텔을 나올 계획이다.)
No one **was supposed to** know about it. (그것을 아무도 모르게 할 계획이었다.)
Lucy **was supposed to** come to lunch. (루시가 점심식사에 올 예정이었다.)

"supposed to"는 /səpóuzdtə/가 아니라 /səpóustə/로 발음된다.

B8 be to

1 **계획된 행동/의무**: 약속이나 계획에 따라 해야 하는 의무나 행동을 표현할 때 사용된다.

He **is to appear** on television tomorrow. (그는 내일 텔레비전에 나올 계획이다.)
One of us **is to give** our opinion on the project.
(우리 중에 누가 그 계획에 대한 우리의 생각을 전해야 한다.)
The Prime Minister **is to visit** Australia next summer.
(수상이 내년 여름에 호주를 방문할 계획이다.)
The President **is to return** to Korea tomorrow. (대통령은 내일 귀국할 예정이다.)
You **are to wait** here in this room until I return.
(너는 내가 돌아올 때까지 이 방 여기서 기다려야 한다.)
All staff **are to wear** uniforms. (모든 직원은 제복을 입어야 한다.)

▶ 이 경우 "be not +부정사"는 금지를 표현한다.

When we were children we **were not to speak** at table.
(우리가 아이었을 때는 식사 때 말해서는 안 되었다.)
We **are not to disturb** the boss when he is asleep. (상사가 잠잘 때 방해해서는 안 된다.)
You **are not to wear** casuals during working hours.
(작업 시간에는 평상복을 입어서는 안 된다.)

2 **실현되지 않은 의무나 행동**: "was to + 완료형 부정사"는 계획된 의무나 행위가 이루어지지 않았음을 표현한다.

The Prime Minister **was to have visited** Australia last summer, but he couldn't.
(수상이 지난여름에 호주를 방문할 계획이었으나 그럴 수 없었다.)
I **was to have taken** a new job, but I changed my mind.
(나는 새 일자리를 가질 예정이었으나 마음을 바꾸었다.)
The football game **was to have played** today, but it was cancelled.
(축구경기가 오늘 있을 예정이었으나 취소되었다.)

3 **계획**: 어떻게 할 것인가를 직접 또는 간접적으로 표현할 때도 사용된다.

What **am I to tell** her? (내가 그녀에게 뭐라고 해야 합니까?)
How **are we to get** out of the present mess? (이 궁지에서 어떻게 빠져나갈 계획입니까?)
The nurse asked whether she **was to let** in the next patient.
(간호사가 다음 환자를 들어오게 해야 하는지 물었다.)
The teacher said I **was to use** a dictionary. (선생님이 나에게 사전을 사용해도 된다고 말했다.)
Did the teacher say we **were to use** a dictionary?
(선생님이 사전을 사용해도 된다고 말했느냐?)

4 **숙명적 상황**: "was/were to"는 숙명적으로 이루어질 수밖에 없었던 상황에 사용된다.

I **was to meet** her again in a conference several years later.
(나는 수년 후에 학회에서 그녀를 다시 만날 운명이었다.)
This young politician **was** later **to become** the leader of the nation.
(이 젊은 정치인은 후에 국가의 지도자가 될 운명이었다.)
The wreck of the ship **was not to be found** until many years later.
(배의 잔해가 여러 해가 지날 때까지도 발견되지 않을 운명이었다.)

5 **가능성**: "be to + 수동 부정사"는 종종 가능성(possibility)을 표현한다.

A lot of modern paintings **are to be seen** in the Tate Gallery.
(많은 현대회화를 테이트 미술관에서 볼 수 있다.)
More species **are to be found** under water than on land.
(땅 위에서보다 물 밑에서 더 많은 생명의 종이 발견될 수 있다.)
We searched everywhere but the ring **was nowhere to be found**.
(우리는 모든 곳을 찾아봤으나 반지가 있을 만한 곳이 없었다.)

6   희망: be to는 조건절에서 희망(hope)을 표현한다.

If you are **to succeed**, you must work hard. (성공하기를 원하면 열심히 해야 한다.)
If we **are to get** there on time, we should leave now.
(제시간에 그곳에 도착하려면 지금 떠나야 한다.)
If we **are to succeed** in this enterprise, we shall need to plan everything very carefully.
(이 사업에서 성공하려면 모든 것을 매우 세심하게 준비할 필요가 있다.)
If they **are to get there in time**, they must leave early in the morning.
(그들이 시간 내에 그곳에 도착하려면 아침 일찍 떠나야 한다.)

7   were to: were to는 가상적 조건절에서 과거시제 대신에 쓰일 수 있다.

What would you say if I **were to tell** that Fred has divorced his wife?
(만약 프레드가 부인과 이혼했다고 말한다면 너는 뭐라고 할 거냐?)
(= What would you say if I **told** you that Fred has divorced his wife?)
If she **were to see** me in your arms, she would kill me.
(그녀가 내가 네 팔에 안겨있는 것을 보면 나를 죽일 것이다.)
You'd be a fool if you **were to sell** the house now. (지금 집을 판다면 너는 멍청이다.)

B9   be willing to

"be willing to"는 우리가 어떤 것을 "기꺼이 하거나 행동으로 옮길 마음의 준비가 되어있음"을 표현할 때 사용된다.

I'm willing to do anything you like. (나는 네가 좋아하는 것은 무엇이든지 할 생각이다.)
If you're **willing to fly** at night, you can get a much cheaper ticket.
(밤에 비행기를 탈 생각이 있다면 훨씬 값싼 표를 구할 수 있다.)
We're willing for them to use our garage.
(우리는 그들에게 우리 차고를 이용하게 할 생각이 있다.)

▶ willing은 be 동사 외에도 "seem, look, sound"와 같은 연결동사와 함께 쓰일 수 있다.

"What did he say?" "Well, he **seems willing to help** us."
("그가 뭐라고 했지?" "저, 그가 우리를 도와줄 생각이 있는 것 같아요.")
He **sounded willing to go** with us, when I spoke on the phone yesterday.
(내가 어제 전화통화를 했을 때는 그가 우리와 함께 갈 의향이 있어 보였다.)

B10   because

1   개요: because는 이유절을 이끄는 대표적인 종속접속사다. (다른 이유 접속사에 대해서는 B11과 R3을 보라.)

We can't go to your party **because we're going away this weekend**.
(우리는 이번 주말에 어디 가기 때문에 너의 파티에 갈 수 없다.)

The match was cancelled **because it snowed**. (눈이 와서 경기가 취소되었다.)

▶ "because-절"은 주절의 앞으로 이동할 수 있다.

Because we're going away this weekend, we can't go to your party.
Because it snowed, the match was cancelled.

2   **독립적 응답**: 구어체에서 "because-절"은 다른 이유절과는 달리 질문에 대한 독립적인 응답으로 사용될 수 있지만, 문어체에서는 허용되지 않는다. (R3을 보라.)

"Why can't I go?" "**Because you are not old enough**."
("왜 나는 갈 수 없어요?" "나이가 어리기 때문에 못 간다.")
"Why did you do it?" "**Because I wanted to help her**."
("왜 그랬어?" "그 여자를 돕고 싶어서요.")

3   **수식어**: "because-절"은 다른 이유절과는 달리 (just, mainly, only, partly, simply와 같은) 부사의 수식을 받을 수 있다.

Many students lose grades **simply because** they do not read the questions carefully.
(많은 학생들이 단순히 질문을 조심스럽게 읽지 않아서 점수를 잃는다.)
I decided to go with them **mainly because** I had nothing better to do.
(내가 할 더 좋은 일이 없다는 것이 그들과 함께 가기로 결정한 주원인이다.)

▶ 구어체에서 "just because-절"은 어떤 특정 상황이 반드시 어떤 특정 결론에 이르는 것이 아니라고 말할 때 사용한다. 여기서 just because-절이 명사절로 쓰일 수도 있다.

Just because you're my brother, that doesn't mean I have to like you.
(네가 내 동생이라는 것이 내가 너를 좋아해야 한다는 의미는 아니다.)
Just because you can borrow my car for tonight doesn't mean you can borrow it any time.
(네가 오늘 밤에 내 차를 빌려 갈 수 있다고 해서 네가 언제든지 그럴 수 있다는 것은 아니다.)

4   reason: "because-절"은 명사 reason을 수식하는 절을 이끌 수 없다.

The reason that/why/*because I'm writing to you is to invite you to the meeting.
(내가 편지를 보내는 이유는 당신을 회의에 초청하려는 것입니다.)

▶ 물론 reason 다음에서 that이나 why를 생략할 수 있다.

She loves children, and that's **the reason she became a teacher**.
(그녀는 아이들을 사랑한다. 그것이 그녀가 선생님이 된 이유다.)

▶ "because-절"은 reason이 주어인 문장에서 주어보어로 나타날 수 있다. 어떤 사람은 이 용법이 옳지 않다고 생각한다.

Sorry I'm late—**the reason is because I overslept**.
(늦어서 미안합니다. 늦잠을 자서 늦었습니다.)

B11　because, as, since, for

이 네 단어 모두 어떤 상황, 행동, 사건 등이 있게 한 이유 또는 원인을 표현할 때 사용되지만, 그 용법이 약간씩 다르다.

1　**because-절**: 이유 또는 원인을 표현하는 가장 대표적인 절로서 화자나 필자가 어떤 상황에 대한 이유를 강조하거나 새로운 정보를 제공하려고 할 때 사용된다. (더 상세한 것은 R3을 보라.)

They had to move **because their building was to be torn down.**
(그들은 건물이 헐릴 예정이었기 때문에 이사해야 했다.)
Because I was ill for six months, I lost my job.
(나는 6개월간 아팠기 때문에 직업을 잃었다.)

▶ 이러한 이유에서 why로 시작하는 질문의 응답으로는 because-절만이 가능하다.

"**Why** did you do it?" "**Because Eddy told me to.**"
("왜 그랬어?" "에디가 그러라고 해서요.")
"**Why** can't I have an ice-cream?" "**Because I say so,** that's why!"
("나는 왜 아이스크림을 먹을 수 없어?" "내가 말했으니까. 그게 이유다.")
"**Why** did he take a taxi?" "***As/*Since he was in a hurry.**" (그가 왜 택시를 탄 거야?)
(참고: As he was in a hurry, he took a taxi.)

2　**as/since-절**: as/since-절은 일반적으로 청자나 독자에게 이미 이유가 알려져 있거나 그 이유가 문장의 중요한 부분이 아닐 경우 사용된다. (시간을 의미하는 since에 대해서는 S9를 보라.)

As it's getting late, I turned around to start for home.
(늦어지기 때문에 나는 돌아서 집으로 출발했다.)
We asked Mary to come with us, **as she knew the road.**
(메리가 길을 알기 때문에 같이 가자고 청했다.)
Since you have a few minutes, let's have a cup of coffee.
(몇 분 남았으니까 커피 한잔하자.)
He decided not to go to the conference, **since he couldn't take his wife with him.**
(그는 부인을 데려갈 수 없어서 학회에 안 가기로 했다.)

▶ **so**: as-절과 since-절은 비교적 문어적 표현이기 때문에, 구어체에서는 so가 종종 같은 의미로 사용된다.

It's raining again, **so** we'll have to stay at home. (비가 다시 내려서 집에 머물 수밖에 없다.)
(= **As** it's raining again, we'll have to stay at home.)
He hadn't paid his bill, **so** his electricity was cut off.
(그는 전기료를 내지 않아서 전기가 차단되었다.)
(= **Since** he hadn't paid his bill, his electricity was cut off.)

3   **for-절**: for-절은 새로운 정보를 도입하지만, 이유를 되돌려 다시 생각해보고 제시할 경우 사용되며, 맥락에서 거의 분리된 어구에 해당한다. 이러한 이유에서 어떤 학자들은 for를 and, or, but과 같은 등위접속사로 분류하기도 한다. for-절은 문어체로서 일반적으로 문두 위치에 올 수 없으며, 홀로 쓰일 수도 없다. (그러나 영어 선경을 보면 for로 시작하는 문장을 종종 볼 수 있다.)

The girl did all the shopping and cooking, **for her mother was in the hospital**.
(그 아가씨는 어머니가 입원해 있어서 장보고 요리하는 것을 다 했다.)
(***For her mother was in the hospital**, the girl did all the shopping and cooking.)
I cannot tell whether she is old or young, **for I have never seen her**.
(그녀를 본 적이 없기 때문에 그녀가 늙었는지 젊었는지 말할 수 없다.)

B12 because of, due to, owing to

이들은 모두 이유 복합 전치사로서 명사(구)를 목적어로 취한다.

Because of/Due to/Owing to bad weather, the match was cancelled.
(나쁜 날씨로 인해 경기가 취소되었다.)
The concert was cancelled **because of/due to/owing to** lack of money.
(자금이 없어서 음악회가 취소되었다.)

1   **due to와 owing to**: due to와 owing to는 이유나 원인을 표현하는 복합 전치사로서 "because of"보다 더 문어적이다.

Tom was absent from the game **due to** illness. (탐은 아파서 경기에 참가하지 않았다.)
The flight to New York will be cancelled **owing to** bad weather.
(나쁜 날씨 때문에 뉴욕 행 비행기가 취소될 것이다.)
The boys all got wet **because of** the storm. (남자아이들은 모두 폭풍 때문에 흠뻑 젖었다.)

2   **be와 owing to**: owing to는 일반적으로 be 동사 바로 다음에 오지 않는다.

The fire **was because of/due to** a faulty wire in the plug.
(화재는 단자의 잘못된 전기선 때문이었다.)
(*The fire **was owing to** a faulty wire in the plug.)

이것은 어쩌면 owing이 owe라는 타동사에서 기인했기 때문일 수도 있다. owing to를 be 동사 다음에 놓으면 진행형이 되어 더 이상 관용적으로 사용할 수 없다고 할 수 있다.

His absence from the game **was due to** illness. (그가 경기에서 빠진 것은 병 때문이었다.)
(*The cancellation of the flight to New York **was owing to** bad weather.)

B13 become

1   **연결동사**: become은 be나 seem과 같은 연결동사로서 명사와 형용사를 보어로 가질 수 있

으며 "상황의 변화"를 표현한다.

Pollution from cars has **become a major environmental problem**.
(자동차 공해가 환경의 중요한 문제가 되었다.)
I was **becoming** increasingly **suspicious of his motives**.
(나는 그의 동기에 점점 의심이 갔다.)

2   **타동사**: become은 명사구를 목적어로 취하는 타동사로서 "어울리다/잘 맞다(suit)"라는 의미로 사용된다.

That dress **becomes your sister** very well. (그 드레스는 네 여동생과 매우 잘 어울린다.)
That sort of vulgar language hardly **becomes a man** in your position.
(이런 식의 상스러운 말은 당신과 같은 위치에 있는 사람에게는 어울리지 않는다.)

3   **become of**: 일반적으로 본지 상당한 시간이 흐른 후에 사람이나 물건에 어떤 일이 생겼는가를 물을 때 또는 관심이 있는 사람에게 어떤 일이 일어날 것인가를 물을 때 사용된다.

What **became of** the Chinese vase she used to have?
(그녀가 가지고 있던 중국 꽃병은 어떻게 됐어?)
What will **become of** Jack when his wife dies? (잭은 부인이 죽으면 어떻게 될까?)

B14 before

before는 접속사, 부사, 전치사로 쓰인다.

He took a cold shower **before I went to bed**.   [접속사]
(그는 자기 전에 찬 물로 샤워를 했다.)
She had never been to Italy **before**.   [부사]
(그녀는 전에 이탈리아에 가본 적이 없었다.)
The building should be completed **before Christmas**. [전치사]
(그 건물은 크리스마스 전에 완공되어야 한다.)

1   **선행 상황**: before는 어떤 사건이나 행위가 다른 사건이나 행위가 있기 이전에 일어나는 것을 말할 때 사용된다.

We want to buy a new house now **before prices go up**.
(우리는 값이 오르기 전에 지금 새집을 사고 싶다.)
Before the bell rings, we may play games. (우리는 종이 울리기 전까지 경기를 할 수 있다.)

2   **예방**: before는 특정의 상황이 일어나지 않도록 예방하는 것을 표현할 때 사용된다.

Hide that money somewhere **before the police find out**.
(경찰이 찾기 전에 그 돈을 어디에 숨겨라.)
We have to destroy wolves **before they attack livestock**.

(늑대가 가축을 공격하기 전에 그들을 살해해야 한다.)

3 **지나간 기간**: before는 어떤 사건이 일어난 시점의 일정한 기간 이전에 다른 사건이 일어났음을 표현할 때 사용되며, 기간은 before 앞에 놓는다.

Korea had published books with metal types **a century before the West did**.
(한국은 서양보다 한 세기 전에 금속활자로 책을 찍어냈다.)
It took more than **ten years before he realized that he had made wrong decisions**.
(그가 그릇된 결정을 내렸다는 것을 아는 데 10년 이상이 걸렸다.)

4 **미래 시간**: before는 어느 시점 이전에 어떤 상황이 이루어져야 한다는 것을 표현할 때 사용된다.

The road must be completed **before the end of the year**.
(도로는 해가 가기 전에 완성되어야 한다.)
We must clean the room **before our parents come back**.
(우리는 부모님이 돌아오시기 전에 방을 청소해야 한다.)

▶ 앞서는 기간을 명시적으로 표현할 때는 "two minutes/five hours/three years etc. + before"와 같이 말한다.

He arrived just **two minutes before the ceremony**.
(그는 기념식 바로 2분 전에 도착했다.)
Her parents had passed away **two years before she graduated college.**
(그녀의 부모님은 그녀가 대학을 졸업하기 2년 전에 돌아가셨다.)

5 **조건**: before는 어떤 일을 해야 다른 일이 가능하다고 표현할 때 사용된다.

You have to go to college **before you can get a degree**.
(학위를 받으려면 대학에 가야 한다.)
You need a driver's license **before you drive a car**.
(차를 운전하려면 자동차 운전면허가 필요하다.)

6 **결의**: before는 어떤 특정의 일을 하지 않을 것이라는 결의를 표현할 때 사용된다.

She would die **before she would admit her faults**.
(그녀는 자신의 잘못을 인정하느니 죽을 것이다.)
He will quit **before he accepts the new rules**.
(그는 새로운 규칙을 받아들이느니 그만둘 것이다.)

7 **중요성**: before는 중요성에서 앞선다는 것을 표현한다.

He always put quality **before quantity**. (그는 항상 양보다 질을 우선한다.)
In the air transport business, safety must always come **before profit**.
(항공운송사업에서는 항상 안전이 이득을 우선한다.)

8   권위: before는 직위나 권위를 의미하는 표현 앞에서 사용된다.

   The men appeared **before the judge** yesterday. (그 남자들은 어제 판사 앞에 섰다.)
   The proposal **before the committee** is that we reduce our spending by 10%.
   (위원회에 제출된 제안서에 따르면 비용을 10퍼센트 줄이는 것이다.)

9   여타 용법: 다음과 같은 표현에서도 사용된다.

   They abducted his only son right **before his (very) eyes**.
   (그들은 그의 눈앞에서 그의 아들을 납치해 갔다.)
   How much does your husband earn **before tax**? (당신 남편은 세전에 얼마를 법니까?)

10 부사 before: before는 시간부사로서 "현재 혹은 과거 어느 시점 이전"의 시간 또는 기간을 의미한다. 현재 이전의 시점을 의미할 때는 과거시제나 (영국영어에서) 현재완료가 사용되고, 과거 이전의 시점을 의미할 때는 과거완료가 일반적으로 사용된다.

   She **looked** just the same as **before**. (그녀는 전과 똑같아 보였다.)
   I've **never been** to Africa **before**. (나는 전에 아프리카에 가본 적이 없다.)
   She realized that she **had seen** him **before**. (그녀는 그를 전에 본 적이 있음을 알았다.)
   Never **before had** he **seen** so many people starving.
   (그는 전에 그렇게 많은 사람들이 굶주리는 것을 본 적이 없었다.)

11 the day/week/year etc. + before: 과거시점으로부터 거꾸로 계산하는 시간표현 다음에는 before를 사용할 수 있으며, 이 경우 과거완료 시제가 일반적으로 사용된다.

   We were in London **last week** and in Rome **the week before**.
   (우리는 지난주에 런던에 있었고 그 전 주에는 로마에 있었다.)
   (= the week before last week)
   We **had met** on **the Saturday before**. (우리는 지지난 토요일에 만났었다.)
   (= the Saturday before last Saturday)

12 before와 ago: 현재로부터 거꾸로 시간을 말할 때에는 before가 아니라 ago를 사용한다.

   I left school **four years ago**. (나는 4년 전에 학교를 그만두었다.)
   (= four years from now)
   (*I left school **four years before/before four years**.)

   before와 ago의 차이에 대해서는 A29를 보라.
   before와 ever의 차이에 대해서는 E20.5를 보라.

B15   before와 in front of

일반적으로 in front of는 장소 명사와 함께 사용되고, before는 시간 명사와 함께 사용된다.

You must get there **before/*in front of nine o'clock**.
(너는 9시 전에 그곳에 도착해야 한다.)
He parked the car **in front of/*before the hotel**. (그는 호텔 앞에 차를 주차했다.)

1 **before**: before는 in front of와 함께 육안으로 보이는 사람이나 물체 앞에서 일어나는 상황을 말할 때, 그리고 특히 줄서기나 목록 등에서 앞서는 것을 표현할 때 사용될 수 있다.

Korea will face Brazil this afternoon **before/in front of a crowd of 100,000 spectators**.
(한국 팀은 오늘 오후에 10만 명의 관중 앞에서 브라질 팀과 대적할 것이다.)
The average children spend three to four hours **before/in front of the TV**.
(아이들은 평균적으로 텔레비전 앞에서 세 시간에서 네 시간을 보낸다.)
He was **before/in front of her in a queue**. (그는 줄에서 내 앞에 있었다.)
The letter A comes **before/in front of the letter B** in the Roman alphabet.
(로마 알파벳에서 A 문자는 B 문자 앞에 온다.)

2 **중요한 상황**: before와 in front of는 문어체에서 어떤 중요한 상황이 앞에 있음을 표현할 때 사용된다.

He had a wonderful year **before/in front of him to do as he pleased**.
(그는 자신이 좋아하는 것을 하면서 살 수 있는 멋있는 한 해가 앞에 있었다.)
You have your whole life **before/in front of you**. (네 앞에 너의 전 생애가 놓여 있다.)

B16 behind와 ahead (of)

behind와 ahead of는 전치사로, behind와 ahead는 부사로 쓰인다.

The manager is standing **behind a large desk**.   [전치사]
(지배인이 큰 책상 뒤에 서 있다.)
He's giving a series of concerts **ahead of the world tour**.
(그는 세계 일주 연주를 떠나기 전에 일련의 음악회를 열고 있다.)

The car **behind** is chasing us for an hour.   [부사]
(차가 뒤에서 우리를 한 시간 동안이나 쫓고 있다.)
He fixed his eyes on the car **ahead**.
(그는 앞에 가는 차를 주시했다.)

1 **열세와 우세**: behind는 "공간, 계획, 능력, 직업, 학문, 경쟁" 등에서 뒤지는 것을 의미하고, ahead (of)는 앞서는 것을 의미한다.

I want to speak to the man standing **behind you**.
(나는 네 뒤에 서 있는 사람에게 말하고 싶다.)
We let the other cars go **ahead of us**. (우리는 다른 차들을 우리 앞에 가게 했다.)

Turn left at the corner, and you'll see the hospital straight **ahead**.

(저 모퉁이에서 좌회전하면 병원이 똑바로 앞에 있다.)
If he can't go faster, leave him **behind**. (더 빨리 갈 수 없다면 그를 떼어놓고 가자.)

I was always **behind/ahead of my classmates** in mathematics.
(나는 항상 수학에서 내 반 학생들에게 뒤졌다/앞섰다.)
The theory was in many ways far **behind/ahead of its time**.
(그 이론은 많은 면에서 그 시대에 많이 뒤졌다/앞섰다.)

Our project is already two years **behind/ahead of schedule**.
(우리의 사업은 이미 계획보다 2년 뒤졌다/앞섰다.)
I'm afraid I'm a bit **behind** with my work. (미안하지만 나는 작업에 약간 뒤지고 있다.)

2   의도: behind는 "숨겨진 이유나 진실 또는 깊은 뜻"이 있음을 표현할 때 사용된다.

I would like to know what's **behind this change of schedule**.
(나는 이 계획의 변화 뒤에 무슨 의도가 있는지 알고 싶다.)
I wonder what lies **behind Garry's sudden interest in tennis**.
(나는 개리가 갑자기 테니스에 관심을 가진 이유가 의아하다.)
We were determined to find the truth **behind this mystery**.
(우리는 이 미스터리 뒤에 숨겨진 진실을 밝히기로 결심했다.)
You can see all his enthusiasm **behind the work he has done for us**.
(당신은 그가 우리를 위해 해온 일에 쏟은 그의 열정을 알 수 있다.)

3   지지: behind는 사람이나 주장을 지지할 때 사용된다.

The workers were all **behind the strike**. (노동자들 모두가 파업에 동조했다.)
If you run for election, the whole community will be **behind you**.
(만약 당신이 선거에 출마하면 전 지역이 당신을 지지할 것이다.)

4   망각: "put sth behind"는 좋지 않은 경험이나 상황을 잊을 것을 표현한다.

Now you can **put all these worries behind you**.
(이제는 이 모든 걱정거리를 기억에서 지워버릴 수 있다.)
Put the incident behind you and get on with normal life.
(그 사건은 잊고 정상적인 삶을 즐겨라.)

B17   below와 under

1   낮은 위치: "보다 낮은" 위치를 표현할 때는 below와 under를 둘 다 사용할 수 있다.

Women used to wear skirts **below/under the knees**.
(여성은 스커트를 무릎 아래로 내려오게 입었었다.)
The subway is passing **below/under the City Hall**. (지하철이 시청 밑으로 지나간다.)

▶ "바로 아래인" 경우에는 under를, "(바로 아래가 아니라) 단순히 낮은" 것을 의미할 때는

below를 사용한다.

The lights **under the bridge** grew bright and the jet of water shot up.
(다리 바로 밑에 있는 전등들이 밝아지면서 물줄기가 위로 솟아올랐다.)
They have been digging tunnels **under the ground** to find precious metal.
(그들은 값진 금속을 찾기 위해 땅 밑으로 터널을 뚫고 있었다.)

The old man lives on the floor **below us**. (그 노인네는 우리보다 아래층에 산다.)
There is a drugstore **below our little apartment**. (우리 작은 아파트 밑에 약국이 있다.)

2   **연속성**: 하나가 다른 것을 덮거나 접촉된 상태일 경우, 혹은 두 대상 사이에 연속성이 있는 것으로 생각할 때는 "under, underneath, (문어체에서) beneath"를 사용한다.

The patient lay down **under the blanket** to keep cold out.
(환자가 추위를 쫓기 위해 담요를 덮고 누워있었다.)
Can you see a little shack **under the tree**? (나무 밑에 있는 작은 통나무집이 보이지요?)
He put on only his underwear **under a thick fur coat**.
(그는 두꺼운 털 코트 밑에 속옷만 입고 있었다.)
There's a mouse **under(neath) the piano**. (피아노 바로 밑에 쥐 한 마리가 있다.)
Our ship passed **beneath/under the Golden Gate Bridge** into San Francisco Bay.
(우리 배는 금문교 밑을 지나 샌프란시스코만 안으로 들어갔다.)
Far **beneath the waters of the North Atlantic** lies the wreck of the Titanic.
(타이타닉호의 잔해가 북대서양의 깊은 물 아래 놓여있다.)

3   **기준 이하**: "온도, 높이, 깊이, 계급" 등에서 낮은 위치에 있거나 어떤 기준보다 낮을 경우에는 below를 사용한다.

The temperature is three degrees **below zero**. (온도가 영하 3도다.)
The Dead Sea is about 400 meters **below sea level**. (사해는 해발 아래 400미터에 있다.)
A major is **below a colonel** in the Korean army. (한국군에서 소령은 대령 밑이다.)
She's well **below average** in intelligence. (그녀는 지능이 평균보다 훨씬 아래다.)
You were driving well **below the speed limit**.
(너는 속도제한에 훨씬 못 미치는 속도로 운전하고 있었다.)

4   **하류/남쪽**: below는 "... 하류에/남쪽에"의 뜻으로, under는 "(가로질러) 지하로"의 뜻으로 쓰인다.

They decided to build a bridge **below the river**. (강 하류에 다리를 건설하기도 하였다.)
(= across the lower stream of the river)
They decided to build a tunnel **under the river**. (강 밑으로 터널을 파기로 했다.)
(= across under the river)
The city is located 10 kilometers **below Seoul**.
(그 도시는 서울 남쪽 10킬로미터 위치에 있다.)
(= to the south of Seoul)

5   **한계 이하**: under는 연령, 속도 등에서 한계를 밑도는 것을 나타낼 때 사용된다.

You have to be **under 18** to apply for the scholarship.
(장학금을 신청하려면 18세 이하여야 한다.)
He insisted that he was driving at **under 100mph**.
(그는 시속 100마일 이하로 운전하고 있었다고 주장했다.)
There were only **under 1,000 people** at the festival.
(축제에 1,000명도 안 되는 사람만이 참석했다.)

6   **여타 의미**: 이 밖에도 under는 다양한 의미로 사용된다.

The possibility of hiring more staff is still **under discussion**.   [과정]
(직원을 더 고용할 가능성은 아직 논의 중이다.)
He was accused of driving **under the influence of alcohol**.   [조건, 사정]
(그는 취중에 운전을 한 혐의로 기소되었다.)
The question is whether the trade is illegal **under international law**.   [기준]
(문제는 그 거래가 국제법에 비추어 불법이 아니냐다.)
Under her leadership, the magazine's circulation has doubled
   in less than a year.   [직위, 통치]
(그녀의 지도로 일 년도 안 돼서 잡지의 발행 부수가 두 배로 늘었다.)
At Brown he studied **under F. R, Levis**.   [사제지간]
(그는 브라운 대학교에서 에프 알 레비스 교수 밑에서 공부했다.)
He made a few records **under the name of Joe Ritchie**.   [가명]
(그는 조 리치라는 이름으로 음반 몇 개를 냈다.)

7   **부사**: "below, underneath, beneath"는 부사로도 사용된다. under는 몇몇 동사와 함께 전치사적 부사로 (P33을 보라) 사용될 수 있지만, 다른 경우에는 underneath를 사용하는 것이 더 좋다.

Because I'm a bad swimmer, I often go **under** and swallow a lot of water.
(나는 수영 실력이 형편없기 때문에 종종 물에 빠져서 물을 많이 먹는다.)
The sun shone on the hilltop, while it was foggy **below** in the valley.
(계곡 밑에는 안개가 끼었으나 산꼭대기에는 햇빛이 비쳤다.)
We put a bucket **underneath** to catch the drips.
(우리는 떨어지는 물방울을 받기 위해 밑에 물통을 놓았다.)

8   **전치사적 부사**: below와 under는 그 목적어가 맥락에서 이해될 수 있을 경우 생략될 수 있는 목적어 없는 전치사, 즉 부사로 쓰일 수 있다.

There're five bedrooms, a large attic above (the bedrooms) and wine cellars **below (the bedrooms)**. (침실 다섯 개와 큰 다락방과 침실 아래에 포도주 저장고가 있다.)
We live in the basement, and the subway passes through **under (us)** every 10 or 15 minutes. (우리는 지하실에 사는데 우리 밑으로 매 10분이나 15분마다 지하철이 지나간다.)

below와 under의 차이는 above와 over의 차이와 같다. 상세한 것은 A9를 보라.

B18 beside와 besides

1. **위치**: beside는 장소전치사로서 "...의 옆에(by)"를 의미한다.

   The boy came in and sat **beside me**. (그 소년은 들어와서 내 옆에 앉았다.)
   She arranged the table **beside the bed**. (그녀는 침대 옆에 식탁을 놓았다.)
   I'm going to plant these red roses **beside the yellow ones**.
   (나는 이 붉은 장미를 노란색 장미 옆에 심으려고 한다.)

2. **추가**: besides는 전치사 또는 부사로서 이미 알려진 것에 새로운 정보를 추가하는 "... 외에도"라는 의미로 사용된다. (B20을 보라.)

   People choose jobs for other reasons **besides money**.
   (사람들은 돈 외의 다른 이유로도 직장을 선택한다.)
   Besides being heartbroken, he felt foolish.
   (그는 슬픔에 빠졌을 뿐만 아니라 자신이 어리석게 생각됐다.)

   The new house has a swimming pool, a tennis court, and much more **besides**.
   (새집에는 수영장과 테니스 코트 외에도 더 많은 것이 있다.)
   We sampled lots of baked things and took home masses of cookies **besides**.
   (우리는 많은 구운 음식을 시식했으며 그 외에도 과자를 다량으로 집어왔다.)

3. **연결부사**: besides는 구어체에서 많이 쓰이는 접속어(conjuncts)로서 이미 제시된 것에 더 강하고 결정적인 논거를 추가하는 "더욱이(moreover)/여하튼(anyway)"의 의미로 종종 사용된다. 이 경우 besides는 대체로 절 앞 위치에 온다. (접속어에 대해서는 C23을 보라.)

   I cancelled the trip to France; **besides**, I don't have money.
   (나는 프랑스 여행을 취소했다. 여하튼 나는 돈이 없다.)
   It's too late to go out now; **besides**, it's starting to rain.
   (지금 외출하기에는 너무 늦었다. 더욱이 비가 오기 시작했다.)
   She didn't go to the concert; **besides**, she had a headache.
   (그녀는 음악회에 가지 않았다. 게다가 그녀는 머리가 아팠다.)

B19 besides, except, but, apart from, aside from

이 표현들은 모두 전치사로 사용될 수 있으며 혼동하기 쉽다.

1. besides (추가): 일반적으로 무엇을 보탠다는 의미로 사용된다.

   Besides the violin, he plays the piano and the flute.
   (그는 바이올린 외에도 피아노와 플루트를 연주할 줄 안다.)

Besides being a beauty, she's a really nice person.
(그녀는 미인일 뿐만 아니라 정말로 좋은 사람이다.)

2   except와 but (제외): 무엇을 제외한다는 의미로 사용된다.

I can play all musical instruments **except the violin**.
(나는 바이올린을 제외하고 모든 악기를 연주할 수 있다.)
He gets up early every day **except Sunday**.
(그는 일요일을 제외하고는 매일 아침 일찍 일어난다.)
I could help you any day **but Friday**. (나는 금요일을 빼고는 언제든지 너를 도울 수 있었다.)

3   apart/aside from (추가와 제외): 이들은 (미국영어에서는 aside from) 이 두 의미로 사용될 수 있다.

Apart/Aside from the violin, he plays the piano and the flute.
(그는 바이올린 외에도 피아노와 플루트를 연주할 줄 안다.)
(= **Besides the violin**, he plays the piano and the flute.)
Apart/Aside from his earnings as a football coach, he also runs a sports shop.
(그는 축구 코치로 버는 것 외에 또한 운동구점을 운영한다.)
(= **Besides his earnings** as a football coach, he also runs a sports shop.)
I like all musical instruments **apart/aside from the violin**.
(나는 바이올린을 제외하고 모든 악기를 좋아한다.)
(= I like all musical instruments **except the violin**.)
Apart/Aside from the ending, it's a really good movie.
(끝부분을 제외하고는 정말로 좋은 영화다.)
(= **Except the ending**, it's a really good movie.)

4   의미의 중화: "no, nobody, nothing" 그리고 유사한 부정적 표현 다음에서 이 들 단어는 그 의미가 중화되어 같은 의미를 갖는다.

He has **nothing besides/except/apart from/aside from/but his salary**.
(그는 자기 봉급 외에는 아무것도 없다.) (= He only has his salary.)
No one passed the test **besides/except/apart from/aside from/but John**.
(존만 시험을 통과했다.) (= Only John passed the test.)

except와 except for에 대해서는 E23을 보라.
nothing but에 대해서는 B24.2를 보라.

B20   besides와 in addition (to)

B18에서 언급한 것처럼 besides는 이미 알려진 정보 외에 추가적인 정보를 말할 때 사용된다. 이런 점에서 besides는 in addition to와 같은 의미를 갖는다. in addition to는 복합전치사로 사용되고, in addition은 연결부사로 사용된다.

There's a postage and packing fee **in addition to/besides** the repair charge.
(수리비에 추가하여 우편료와 포장비가 있습니다.)
In addition to/Besides teaching, she also works at the weekends as a nurse.
(그녀는 가르치는 것에 더하여 주말에는 또한 간호사로 일한다.)

The company provides cheap Internet access; **in addition/besides**, it makes shareware freely available.
(회사는 값싸게 인터넷 접속을 하게 하며, 추가로 사소한 소프트웨어는 무료로 쓰게 한다.)
Aspirin makes body temperature drop; **in addition/besides**, it makes muscles relax.
(아스피린은 체온을 낮추며, 그 외에도 근육을 이완시킨다.)

B21 between, among, amid

between은 시간과 장소전치사로 쓰이고, among은 장소전치사로만 쓰이며, amid는 장소와 상황전치사로 쓰인다.

The river flows **between two high mountains**. (이 강은 높은 두 개의 산 사이로 흐른다.)
The murder must have taken place **between 10 p.m. and 6 a.m.**
(살인은 오후 10시와 오전 6시 사이에 일어난 것이 틀림없다.)
The girl quickly disappeared **among the crowd**.
(그 아가씨는 대중들 사이로 민첩하게 사라졌다.)
They stayed at a tiny bungalow **amid clusters of trees**.
(그들은 무성한 나무 사이에 있는 방갈로에 머물렀다.)
He cancelled the trip to Madrid **amid growing signs of a political crisis**.
(그는 정치적 위기의 징조를 보이는 마드리드 여행을 취소했다.)

1 between, among, amid: 둘 혹은 그 이상의 독립적인 대상들 사이의 위치에 대해 말할 때는 between을 쓰고, 독립적이라고 여겨지지 않는 대상과 섞여 있음을 말할 때는 among을 사용하며, 어떤 대상들에 의해 둘러싸여 있음을 말할 때는 amid를 사용한다. 다음을 비교해 보라.

The baby likes to sleep **between his parents**.
(아기는 자기 부모 사이에서 잠자는 것을 좋아한다.)
Our house is **between the woods**, the river and the village.
(우리 집은 숲과 강과 마을 사이에 있다.)
The baby is playing **among a crowd of children**. (아기가 어린이들 사이에서 놀고 있다.)
His house is hidden **among the trees**. (그의 집은 나무 사이에 숨겨져 있다.)
Placards **amid the waving banners** proclaimed the desire for independence.
(나부끼는 국기들 사이에 있는 플래카드가 독립의 열망을 선언하고 있다.)
The two men slipped away without being noticed **amid the confusion**.
(그 두 남자는 혼란 중에 눈에 띄지 않게 빠져나갔다.)

2 (in) between: 두 대상 사이의 공간 혹은 두 시점이나 사건의 사이의 시간적 간격을 말할

때 일반적으로 사용된다.

She let the table stand **(in) between the two doors**.
(그녀는 두 문 사이에 식탁을 놓게 했다.)
We need two meters **(in) between the windows**. (창문 사이가 2미터는 되어야 한다.)
I have to do something **(in) between nine and eleven**.
(나는 9시와 11시 사이에 무엇인가를 해야 한다.)
Most of the victims were young men **(in) between the ages of 16 and 21**.
(희생자는 대부분 16세와 21세 사이의 젊은 남자들이었다.)
Hitler seized the power from the political turmoil of Germany **(in) between the two world wars**. (히틀러는 두 세계대전 사이에 있었던 독일의 정치적 혼란으로 권력을 잡았다.)

3   **반복적 상황**: 반복적인 상황 사이의 기간을 표현할 때는 (in) between 다음에 그 상황의 복수를 써서 표현한다.

The actress met the visitors **(in) between acts**. (그 여배우는 막간에 내방객들을 만났다.)
All the students go out to the playground **(in) between classes**.
(모든 학생들은 수업 사이에는 운동장으로 나간다.)

4   **부사**: in between은 부사로 쓰일 수도 있다.

My father bought a house and stables with a yard **in between**.
(아버지는 집과 마구간 사이에 마당이 있는 집을 샀다.)
I've had a few jobs with two years of unemployment **in between**.
(나는 2년간의 실업 중에 몇 가지 직업을 가졌었다.)

5   **동사와 명사**: 다음의 동사와 명사들은 between과 함께 쓰일 수 있다.

▶ 동사
| arbitrate | choose | divide | discriminate |
| share | distinguish | judge 등 | |

The committee will **arbitrate between management and unions**.
(위원회가 경영진과 노동조합 사이를 중재할 것이다.)
He is incapable of **discriminating between the good idea and the bad one**.
(그는 좋은 생각과 나쁜 생각을 구별할 수 있는 능력이 없다.)

▶ 명사
| difference | arbitration | discrimination | judgement |
| similarity | dispute | conflict | choice 등 |

What are the main **differences between crows, rooks and jackdaws**?
(까마귀와 떼까마귀와 갈까마귀의 주요 차이점이 무어냐?)
The border **dispute between the two countries** will never be settled soon.
(두 나라의 국경분쟁이 결코 빠른 시일 내에 해결되지 않을 것이다.)

At lunchtime, there's a **choice between the buffet or the set menu**.
(점심시간에 뷔페와 정해진 식단 중에 선택할 수 있다.)

6   choose, distribute, divide, share: divide와 share는 일련의 단수명사 앞에서는 일반적으로 between이 사용되고, 복수명사 앞에서는 between과 among을 함께 사용할 수 있는 데 반하여, 일반적으로 choose는 between과 함께 쓰이고 distribute는 among과 함께 쓰인다. 다음을 비교해 보라.

He **divided** his money **between his wife, his daughter and his sister**.
(그는 돈을 부인과 딸과 여동생에게 나누어 주었다.)
Divide the sauce **among five bowls**. (소스를 다섯 그릇으로 나누어라.)
I **shared** the food **between/among all my friends**.
(나는 모든 친구들과 음식을 나누어 먹었다.)
They do not **share** information **among themselves**. (그들은 서로 정보를 공유하지 않는다.)

For pudding we can **choose between ice cream and apple tart**.
(푸딩과 함께 아이스크림이나 사과타트 중에 하나를 선택할 수 있다.)
Clothes and blankets were **distributed among the refugees**.
(옷과 담요를 피난민들에게 나누어 주었다.)

7   among: "...의 중에서 하나 (one of, some of)"를 의미할 수 있다.

A ten-year-old boy is **among the injured**. (부상자 중에는 열 살 난 소년이 한 명 있다.)
(= A ten-year-old boy is one of the injured.)

He has a number of criminals **among his friends**.
(그의 친구들 중에는 범죄자들이 여러 명 있다.)
(= A number of criminals are included **in/among his friends**.)

8   amid: amid는 문학적 표현에서 종종 "어떤 대상의 의해 둘러싸여 있음"을 말할 때 사용되지만, 보고서나 뉴스에서는 일반적으로 "소란스럽거나 혼란스러운 상황 중에 있음"을 표현할 때 사용된다.

We sat **amid the trees**. (우리는 나무에 둘러싸여 앉아 있었다.)
The dollar has fallen in value **amid rumors of weakness** in the US economy.
(미국 경제가 악화될 것이라는 소문 속에 달러의 가치가 떨어졌다.)
Children were changing classrooms **amid laughter and shouts**.
(학생들은 웃음과 고함 속에 교실을 옮겨 가고 있었다.)

B22   beyond

beyond는 전치사 또는 부사로 쓰인다.

1　위치: "반대편 저쪽"을 표현한다.

My house is **beyond** the bridge. (나의 집은 다리 건너편에 있다.)
Don't go **beyond** the town boundary. (도시 경계를 넘지 마라.)
He heard footsteps **beyond** the door. (그는 문 반대쪽에서 나는 발소리를 들었다.)

They crossed the mountains and headed for the valleys **beyond**.
(그들은 산들을 넘어 그 너머에 있는 계곡으로 향했다.)
We walked through the town and stopped a couple of miles **beyond**.
(우리는 도시를 가로질러 걸은 다음 그 너머 2마일 정도 가서 정지했다.)

2　한계: 수량이나 능력의 "한계를 넘어"를 의미한다.

He lives **beyond** his income. (그는 자신의 수입 이상으로 산다.)
The situation was **beyond** my control. (상황이 나의 통제능력 밖이었다.)
Such tasks are **beyond** the scope of the average schoolkids.
(그런 작업은 평균적인 학생들의 한계를 넘어서는 것이다.)

3　시간: "보다 늦게"를 의미한다.

Don't stay out **beyond** 10 o'clock. (= after 10 o'clock) (10시 너머까지 밖에 있지 마라.)
The curfew has been extended **beyond** 2010. (통행금지가 2010년 너머까지 연장되었다.)
A serious economic crisis is awaiting us in the coming year and **beyond**.
(일련의 경제위기가 다가오는 해와 그 너머까지 우리를 기다리고 있다.)
The disco went on until midnight and **beyond**. (디스코는 자정과 그 너머까지 계속되었다.)

4　이해: 사람을 가리키는 명사 앞에서 "(이해가) 불가능한"을 의미한다.

The whole problem is quite **beyond** him. (모든 문제가 그의 능력을 훨씬 넘어선 것이다.)
What you had done was **beyond** me. (네가 한 짓은 나의 이해 밖이다.)

5　제외: (부정문에서) "제외하고"를 의미한다.

He has nothing **beyond** his pension. (= except his pension)
(그는 연금 외에는 아무것도 없다.)
He has no personal staff **beyond** a secretary who can't make coffee.
(그는 커피도 못 끓이는 비서 외에는 개인 보좌진이 하나도 없다.)
I know nothing **beyond** random facts. (나는 이런저런 사실을 제외하고는 아는 것이 없다.)

B23　both (of)

both는 "한정사, 한정사 선행어, 대명사, 접속사"로 쓰일 수 있다.

The boy's holding the cup with **both hands**.　　[한정사]
(그 소년은 양손으로 컵을 들고 있었다.)

	Both the students passed the test.	[한정사 선행어]
	(두 학생 다 시험에 통과했다.)	
	Both of my parents were farmers.	[대명사]
	(나의 양친은 농부였다.)	
	I can **both speak and write** English.	[접속사]
	(나는 영어로 말할 수도 있고 쓸 수도 있다.)	

1. both와 all: both는 둘을 가리키고 all은 셋 이상을 가리킨다.

    He used **both/*all his hands** to lift up the package. (그는 양손을 써서 그 짐을 들었다.)
    People lined up on **both/*all sides** of the street to welcome the visiting foreign dignitaries. (사람들은 예방하는 외국 고위인사를 환영하기 위해 거리 양편에 줄 서 있었다.)
    I have **two brothers and one sister, all** of whom are at college.
    (나는 형 둘과 누이 한 명이 있는데 모두 대학생이다.)

2. of-구: both는 all과 마찬가지로 뒤에 of-명사구를 허용한다.

    She's eaten **both (of) the chops**. (그녀는 고기 두 조각을 다 먹었다.)
    Both (of) my parents like riding. (나의 부모는 두 분 다 말타기를 좋아한다.)
    Both (of) these oranges are bad. (이 오렌지는 둘 다 상했다.)

3. 한정사의 생략: both 다음에서 종종 the나 소유격이 생략되기도 한다.

    She's eaten **both chops**. (그녀가 두 조각을 다 먹었다.)
    He lost **both parents** when he was a child. (그는 어릴 때 양친을 잃었다.)
    Both oranges are bad. (오렌지가 둘 다 상했다.)

4. 대명사: of는 다음에 명사구 대신에 인칭 대명사(의 목적격 형)가 올 경우에는 of가 생략될 수 없다.

    Both of them can come tomorrow. (그들은 둘 다 내일 올 수 있다.)
    (*Both them/they can come tomorrow.)
    She's invited **both of us**. (그녀는 우리를 둘 다 초청했다.)
    (*She's invited both us.)
    Mary sends **both of you** her love. (메리가 너희 둘 다에게 안부를 전한다.)

    ▶ both는 독립적으로 대명사로 쓰일 수 있다.

    This dress is cheaper, but that one is more attractive. I'll buy **both** (of them).
    (이 드레스는 값이 싸지만 저 드레스가 더 매력적이다. 나는 둘 다 살 것이다.)

5. 이동: all과 마찬가지로 both가 주어 명사구의 일부일 경우 명사구 다음으로 이동할 수 있으며, 조동사가 있으면 조동사 뒤로 이동할 수 있다. 주어가 대명사일 경우에는 의무적으로 이동해야 한다.

The professors both missed the concert. (교수님 두 분 다 음악회를 놓쳤다.)
(= Both ((of) the) professors missed the concert.)
They both visited China. (그들은 두 분 다 중국을 방문했다.)
(= Both of them visited China.) (*Both they visited China.)

The students will both attend the concert. (학생 둘 다 음악회에 참석했다.)
Those apples were both rotten. (저 사과는 둘 다 썩었다.)
We can both play golf. (우리는 둘 다 골프를 칠 수 있다.)

6   목적어와 both: both가 목적어의 일부이고 목적어가 대명사이면 그다음으로 이동할 수 있다.

She's invited us both. (그녀는 우리를 둘 다 초청했다.)
(*She's invited the students both.)
Mary sends you both her love. (메리는 너희 둘에게 안부를 보낸다.)

▶ 그러나 이 구조는 보어 대명사나 짧은 응답에서 사용되지 않는다.

"Who broke the window—Sarah or Alice?" "It was both of them." (*It was them both.)
("누가 유리창을 깼어? 사라야 앨리스야?" "둘이서 깼어요.")
"Who did you invite?" "Both of them." (*Them both.)
("누구를 불렀느냐?" "둘 다요.")

7   both와 not: "both ... not"는 일반적으로 사용되지 않으며 대신에 neither가 쓰인다.

Neither of the students passed the test. (두 학생 중에 아무도 시험에 합격하지 못했다.)
(*Both of the students didn't pass the test.)
Neither of them is here. (둘 중에 아무도 여기 없다.)
(*Both of them are not here.)

8   both와 and: "both ... and"는 다양한 형태의 단어나 구를 결합할 수 있다.

She's both pretty and clever. (그녀는 아름답고 명석하다.)
She met both the professor and his assistant. (그녀는 교수와 조교 두 사람을 만났다.)
Now women work both before and after having their children.
(지금은 여성들이 아이를 낳기 전과 후에 다 일한다.)
She both danced and sang. (그녀는 춤도 추고 노래도 불렀다.)
David both loves Joan and wants to marry her.
(데이비드는 조안을 사랑하며 그녀와 결혼하고 싶어 한다.)

▶ 그러나 완전한 절은 "both ... and"로 결합될 수 없다.

*Both Mary washed the dishes and Peter dried them.
*Both we built the bridge and they destroyed it.

한정사에 대해서는 D11을, 한정사 선행어에 대해서는 P26을, 접속어로서의 both에 대해서는 C29.2를 보라.

B24 but

but는 접속사, 전치사, 부사로 쓰일 수 있다.

Tom wasn't there **but** his brother was.　　　　[접속사]
(탐은 그곳에 없었지만 그의 형은 있었다.)
He eats nothing **but** hamburgers.　　　　[전치사]
(그는 햄버거 외에는 먹지 않는다.)
We can **but** cry. (우리는 울 수밖에 없다.)　　　　[부사]
He's **but** a baby. (그는 아기일 뿐이다.)

1 **접속사**: 두 개의 절을 연결하는 등위접속사로 사용되며, 앞 절에서 언급한 내용과 대조를 이루거나 예상하기 어려운 내용을 추가할 때 사용된다.

It's an old car, **but** it's very reliable. (오래된 자동차지만 매우 믿을만하다.)
We've invited him to the party, **but** he may decide not to come.
(우리는 그를 파티에 초청했으나 그는 안 오기로 결정할 수도 있다.)
They would have married sooner, **but** they had to wait her divorce.
(그들은 더 일찍 결혼했을 수도 있었으나 그녀의 이혼을 기다려야 했다.)
I'd like to go with you, **but** I'm too busy now. (너와 같이 가고 싶지만 지금은 너무나 바쁘다.)

2 **전치사**: but는 예외적인 것을 의미하며 특히 부정적 부정대명사, 전칭 부정대명사, 비단언적 부정대명사, 의문사 다음에서 전치사로 사용된다.

no one	none	nobody	nothing
all	everyone	everything	everywhere,
anyone	anything	anywhere	anytime
who	what	where 등	

There's **no one** here **but** me. (여기에는 나 외에 아무도 없다.)
They're **all** wrong **but** him. (그를 제외하고는 그들 모두가 틀렸다.)
The president was unpopular with **all but** his most ardent admirers.
(대통령은 가장 맹렬한 그의 숭배자를 제외하고는 모든 국민에게 인기가 없다.)
Everybody came to the party **but** Harry. (해리를 제외하고는 모두 파티에 왔다.)
You can find it **everywhere but** in Scotland.
(너는 스코틀랜드를 제외하고는 어디서든지 그것을 볼 수 있다.)
I'll take **anything but** that. (나는 저것만을 제외하고는 어떤 것이든 받겠다.)
I could see **nothing but** the lighthouse in the fog.
(나는 안개 속에서 등대 외에는 아무것도 볼 수 없었다.)
Who but George would do such a thing? (조지 외에 누가 그런 짓을 했겠느냐?)

따라서 "The window is never opened **except/save** in summer"라고는 할 수 있어도, "*The window is never opened **but** in summer"라고는 할 수 없다.

3   **but과 수사**: (특히 영국영어에서) but는 서수와 기수를 결합하여 근접의 정도를 표현한다.

    the first/next/last ... + but + one/two/three ...

    They live **the next house but one**. (그들은 한 집 건너 다음 집에 산다.)
    (= They live two houses away from us.)
    This is **the last episode but one**. (이것이 마지막에서 두 번째 에피소드다.)
    (= This is one before the last episode (of this drama serial).)
    He was **the first but two** in the race. (그는 경주에서 두 명을 제외하고 일등을 했다.)
    (= He was the third in the race.)

4   **전치사/접속사**: 전치사로서의 but와 접속사로서의 but가 종종 구별되지 않는 경우가 있다. 따라서 다음과 같은 표현에서 목적어형과 주어형이 둘 다 사용될 수 있는 것은 바로 이런 점을 반영한다.

    No one **but he/him** showed much interest in my proposal.
    (그를 제외하고는 아무도 내 제안에 큰 관심을 보이지 않았다.)
    Everyone **but I/me** was told. (나를 제외하고 모두들 들었다.)
    (= Everyone was told **but me/*I**.)
    Who **but he/him** would do such a thing? (그를 제외하고 누가 그런 짓을 했을까?)
    (= Who would do such a thing **but him/*he**?)

5   **but와 동사**: but 다음에 오는 동사형은 앞에 어떠한 구조가 오느냐에 따라 부정사나 -ing형 동사가 온다.

    He had no choice **but to marry** her. (그는 그녀와 결혼하는 것 외에 선택의 여지가 없다.)
    (= He had no choice **but he had to marry her**.)
    What can we do **but sit and wait**? (앉아서 기다리는 것 외에 무엇을 할 수 있나?)
    (= What can we do **but we sit and wait**.)
    She's interested in nothing **but skiing**. (그는 스키 외에는 관심이 있는 것이 없다.)
    (= She's interested in nothing **but she's interested in skiing**.)

6   **부사**: but는 부사로 사용될 때 "다만/ ... 뿐(only)"을 의미한다.

    This is **but** one of the methods used to solve the problem.
    (이것은 그 문제를 푸는 데 사용된 방법 중의 하나일 뿐이다.)
    It's going to be difficult. Anyway, we can **but** try. (어려울 것이다. 어쨌든 해볼 수밖에 없다.)

    except에 대해서는 E23을 보라.
    접속사 but과 but 다음에서의 생략에 대해서는 E9를 보라.

B25   but for와 but then

1   but for: but for는 만약 어떤 것이 존재하지 않았거나 일어나지 않았다면 어떻게 되었을

것인가를 표현할 때 사용된다.

I would have been in real trouble **but for** your help.
(너의 도움이 아니었다면 나는 정말 곤경에 빠졌을 것이다.)
But for the storm, I would have been home before eight.
(폭풍이 없었다면 나는 8시 전에 집에 왔을 것이다.)

2   but then (again): 방금 말한 것과 상반되는 것을 말하거나, 방금 말한 것이 놀라운 것이 아니라는 것을 말할 때 사용된다.

John might be ready to help us, **but then** (again), he might not.
(존이 우리를 도와줄 준비가 되어 있을 수도 있다. 그러나 다른 한편으로는 아닐 수도 있다.)
Diana missed the last rehearsal, **but then** she always was unreliable, wasn't she?
(다이애나가 마지막 연습에 빠졌다. 그렇다면 그녀는 항상 신뢰할 수 없다는 것 아니야?)

3   who/what should ... but: 예기치 않은 사태를 말할 때 이 구조가 사용된다.

As I left the house, **who should** come to see me **but** my old friend Sam?
(내가 집에 없을 때 나의 옛 친구 샘 외에 누가 나를 찾아오겠습니까?)
At that moment, **what should** happen **but** (that) the car wouldn't start?
(그때 차가 시동이 걸리지 않는 것 빼고 무슨 일이 있겠는가?)

B26   by

by는 다양한 의미를 가진 전치사로 사용되며 제한적으로 부사로도 사용된다.

He was standing **by the window**, when I entered the room.   [장소]
(그는 내가 방에 들어갔을 때 창문 옆에 서 있었다.)
Please, be here **by this time** tomorrow.   [시간]
(내일 이 시간까지 여기 오십시요.)
He killed the small animal **by hitting it**.   [방법]
(그는 작은 동물을 때려서 죽였다.)
The book was written **by Mr. Johnson**.   [행위자]
(그 책은 존슨 씨가 썼다.)
He walked **by** without noticing me.   [부사]
(그는 나를 알아보지 못하고 걸어나 갔다.)
Stop **by** for a chat after work. (퇴근 후에 잡담하러 들러라.)

1   by: 어떤 대상에 근접한 위치나 근접한 곳을 지나가는 것을 의미한다.

He wanted to keep her close **by him** always. (그는 그녀를 항상 가까이 두고 싶어 했다.)
She parked her car **by a no-parking sign**. (그녀는 주차금지 표지 옆에 차를 세웠다.)
We go **by the post office** every morning on my way to work.
(우리는 매일 아침 일하러 갈 때 우체국 옆을 지나간다.)

2   **by와 near/close to**: by는 near나 close to보다 더 근접한 위치를 말한다. 다음을 비교해보라.

       We live **near/close to the sea**. (우리는 바다 가까이에 산다.)
       [몇 킬로미터 정도 떨어져서]
       We live **by the sea.** (우리는 바다 옆에 산다.)
       [바다를 볼 수 있는 위치에]

3   **경과**: by는 어떤 장소에 가기 위해 사용하는 길이나 지점을 표현할 때 사용된다.

       Did you come **by the nearest road**? (가장 가까운 도로로 왔습니까?)
       I travelled to Paris **by Dover and Calais**. (나는 도버와 깔레를 통과해 파리로 갔다.)
       He must have left the building **by the back door**.
       (그는 뒷문을 통해 건물을 나간 것이 틀림없다.)

4   **특정 시점 이전**: 어떤 특정 시점 이전 또는 적어도 늦지 않은 시점을 의미한다.

       She promised to be back **by five o'clock**. (그녀는 5시까지 돌아오겠다고 약속했다.)
       "Can I borrow your car?" "Yes, but I must have it back **by tonight**."
       ("차 좀 빌릴 수 있어?" "네. 그런데 오늘 밤까지 돌려주셔야 합니다.")
       By the end of the meal, everybody was drunk.
       (식사가 끝날 때가 되어서는 모두가 취해있었다.)

5   **by the time (that)**: "어떤 사태가 일어난 순간 이전"의 뜻으로 동사와 함께 쓰인다.

       I'll be in bed **by the time you get home**. (네가 집에 왔을 때는 나는 잠을 자고 있을 것이다.)
       By the time that the guards realized what was happening, the gang were already
          inside the bank.
       (경비가 무슨 일에 일어나고 있는가를 알아차리기 전에 강도들은 이미 은행 안에 들어와 있었다.)

6   **기간**: by는 기간을 의미할 수도 있다.

       Lions sleep **by day** and hunt **by night**. (사자는 낮에 자고 밤에 사냥한다.)
       We travelled **by night** and rested **by day**. (우리는 밤에 이동하고 낮에 쉬었다.)

       by와 until의 차이에 대해서는 U2를 보라.

7   **방법과 수단**: 어떤 행위를 위해 사용하는 방법 또는 수단을 표현할 때 쓰인다.

       We start the engine **by turning the key**. (우리는 키를 돌려서 엔진의 발동을 걸었다.)
       The company has mined the coal **by a totally different method**.
       (회사는 완전히 다른 방법으로 석탄을 채굴한다.)
       He said he had learned English **by listening to the radio**.
       (그는 라디오를 듣고 영어를 배웠다고 한다.)

8   **교통/통신 수단**: 교통 또는 통신 수단을 말할 때는 사용되며 일반적으로 관사가 사용되지

않는다.

Many people go to work **by bus/car/train/bicycle**.
(많은 사람들이 버스/자동차/기차/자전거를 타고 일하러 간다.)
We like to travel **by airplane/boat**. (우리는 비행기/배를 타고 여행하는 것을 좋아한다.)
We can reserve the tickets **by phone**. (우리는 전화로 표를 예약할 수 있다.)
Send the letter **by airmail**. (항공우편으로 편지를 보내라.)

▶ 그러나

He crossed the field **on foot/horseback**. (그는 걸어서/말을 타고 벌판을 가로질렀다.)

9   **결과를 위한 행위와 수단**: by는 우리가 어떤 결과를 얻기 위해 우리가 무엇을 하는가를, with는 우리가 어떤 결과를 얻기 위해 사용하는 수단이나 방법을 의미한다. (수단과 방법의 의미로 쓰이는 with에 대해서는 W19.2를 보라.)

He's killing time **by/*with doing crossword puzzles**.
He's killing time **with/*by crossword puzzles**.
(그는 크로스워드 퍼즐을 하면서 시간을 보내고 있다.)

She cleaned the floor **by using a vacuum cleaner**.
She cleaned the floor **with a vacuum cleaner**.
(그녀는 진공청소기로 마루를 청소했다.)

10 **without**: without은 by와 with의 반의어가 될 수 있다. (다른 용법에 대해서는 W20을 보라.)

You can open the door **with this key**. (이 열쇠로 문을 열 수 있습니다.)
You can't open the door **without this key**. (이 열쇠가 없으면 문을 열 수 없습니다.)
It's not easy to wake him up **by shouting**. (소리를 쳐서 그를 깨우는 것이 쉽지 않다.)
I know the way to wake him up **without shouting**.
(나는 소리를 치지 않고 그를 깨우는 방법을 안다.)

11 **법칙과 기준**: by는 어떤 것을 위하여 따르는 법칙이나 기준을 의미할 수 있다.

We all have to play the game **by the rules**. (우리 모두는 규칙에 따라 경기를 해야 한다.)
They earned 700 billion won, but it was low **by their standard**.
(그들은 7천억 원을 벌었지만 그들의 기준으로는 적다.)

12 **행위자**: 특히 수동절에서 by는 행위자 즉, 행위가 있게 하는 사람이나 물건을 이끈다. (P9를 보라.)

The church was designed **by the famous architect**, Sugeun Kim.
(그 교회는 유명한 건축가 김수근 씨가 설계했다.)
My car was damaged **by a falling branch**. (내 차는 떨어지는 나뭇가지에 손상을 입었다.)

13 **양이나 수의 단위**: 어떤 행위와 관련된 양이나 수의 단위를 표현할 때 사용된다.

Our wages were increased only **by 3%**. (임금이 3퍼센트만 인상되었다.)
All the workers here are paid **by the hour**. (여기 있는 모든 노동자는 시간제로 임금을 받는다.)
Our office floor space measures/is fifteen meters **by twelve**.
(우리 사무실 바닥 공간은 폭 12미터, 길이 15미터다.)
They rent the apartment **by the year**. (그들은 아파트를 연 단위로 임대한다.)
The supermarket sells eggs **by the dozen**. (슈퍼마켓에서 달걀을 다스로 판다.)
We missed the train **by two minutes**. (우리는 2분 늦어서 기차를 놓쳤다.)

14 **정보**: 어떤 대상에 대한 특성, 직업, 출생 등의 정보를 표현할 때 사용된다.

George I and George II were germans **by birth**. (조지 1세와 2세는 태생이 독일인이다.)
He is a plumber **by profession**. (그는 직업이 배관공이다.)

15 **손으로 잡음**: by는 어떤 물건 또는 신체의 일부를 잡는 것을 표현할 수 있다.

He took the girl **by the arm** and dragged her across the street.
(그는 아가씨의 팔을 잡고 거리를 가로질러 끌고 갔다.)
She grabbed the hammer **by the handle**. (그녀는 망치의 손잡이를 잡았다.)

C1   can과 could-1: 기본적 의미

can과 could는 기본적으로 능력(ability), 가능성(possibility), 허가(permission)를 표현한다. 이 기본적인 의미에서 화자의 의지(volition)가 담긴 요청(requests), 제안(suggestion), 명령 (order)의 의미가 도출된다.

She **can** speak French fluently.   [능력]
(그녀는 프랑스어를 유창하게 말할 수 있다.)
He **could** read and write, when he was four.
(그는 네 살에 글을 읽고 쓸 수 있었다.)

You **can** get skin diseases from bathing in dirty water.   [가능성]
(더러운 물에서 목욕하면 피부염에 걸릴 수 있다.)
We **could** go to the movies on Saturday.
(우리는 토요일에 영화를 보러 갈 수 있습니다.)

You **can** have cake, if you eat your vegetables.   [허가]
(야채를 먹으면 케이크를 먹어도 된다.)
Could I speak to Dr. Carter, please?
(카터 박사님과 말할 수 있습니까?)

Can I really have your jeans, when you go?   [요청]
(네가 떠나면 정말 네 청바지를 입어도 돼?)
Could I speak to you in private?
(은밀히 말씀 좀 드릴 수 있습니까?)

Can I help you? (도와드릴까요?)   [제안]
We **could** go for a drink after work, if you like.
(좋다면 퇴근 후에 한잔하지요.)

can에는 강한 발음 /kæn/과 약한 발음 /k(ə)n/이 있고, could에도 강한 발음 /kʊd/와 약한 발음 /k(ə)d/가 있다. 대부분의 경우 약한 발음이 사용된다. 부정형으로는 can't와 (영국영어 에서는 /kɑ:nt/로, 미국영어에서는 /kænt/로 발음됨) couldn't (/kʊdnt/)가 있다.

can과 could의 통사적 특성에 대해서는 M18을 보라.

C2   can과 could-2: 능력

can과 could의 가장 대표적인 의미는 무엇을 할 수 있는 "능력(ability)"이다.

This small chip **can** store vast amounts of information.
(이 작은 칩이 방대한 양의 정보를 저장할 수 있다.)
They are doing all they **can** to find the missing child.
(그들은 미아를 찾기 위해 할 수 있는 모든 것을 하고 있다.)
She **can** speak five languages. (그녀는 5개 국어를 말할 수 있다.)

When I was younger, I **could** stay up all night and didn't get tired.
(내가 더 젊었을 때는 밤새도록 일어나 있어도 지치지 않았다.)
I asked him if he **could** move that big box. (나는 그가 저 큰 상자를 옮길 수 있는지 물어봤다.)
I would have called if I **could**. (나는 할 수 있었다면 전화했을 것이다.)

1   **무능**: 자연히 "can/could not"는 무능(inability)을 의미한다.

He **can't hear** very well, and **can't see** without his glasses.
(그는 잘 들을 수도 없고 안경 없이는 볼 수도 없다.)
She can speak English quite well, but **can't spell** very well yet.
(그녀는 영어를 꽤 잘 말하지만 아직 철자는 그렇게 잘 못 한다.)
We **couldn't buy** food and **pay** for rent on $20 a week.
(주 20불로는 식품을 사고 방세를 낼 수 없었다.)
The pain was so bad that she **couldn't sleep**.
(통증이 너무 심해서 그녀는 잠을 잘 수가 없었다.)

2   **be able to**: 능력을 의미하는 can과 could와 유사한 의미를 가진 표현으로는 "be able to"가 있다. (B3을 보라.)

Don't worry about her—she **is able to** take care of herself.
(그녀에 대해서는 걱정하지 마라. 그녀는 자신을 돌볼 수 있다.)
Are you **able to** read that sign from this distance? (이 거리에서 저 간판을 읽을 수 있습니까?)

By the time he was ten, he **was able to** read Greek and Latin.
(그는 열 살이 되었을 때 그리스어와 라틴어를 읽을 수 있었다.)
I wondered whether we **were able to** afford the rent.
(나는 우리가 임대료를 감당할 수 있을지 의심스러웠다.)

▶ "be able to"는 can을 대신해서 can이 나타날 수 없는 부정사구나 분사구 또는 다른 조동사와 함께 쓰일 수 있다.

I expect you **to be able to** get there on time. (나는 네가 정각에 그곳에 갈 수 있기를 바란다.)
(*I expect you **to can** get there on time.)
My wife enjoys **being able to** take a swim every day.
(내 처는 매일 수영을 할 수 있는 것을 즐긴다.)
(*My wife enjoys **canning** take a swim every day.)
What **have** you **been able to** find out? (무엇을 찾아낼 수 있었습니까?)
(*What **have** you **can** find out?)
He **might be able to** help you. (그는 당신을 도와줄 수 있을 것입니다.)
(*He **might can** help you.)
I **will be able to** have the coat ready for you by tomorrow.
(나는 내일까지 너를 위해 코트를 준비할 수 있을 것이다.)
(*I **will can** have the coat ready for you by tomorrow.)

▶ "be able to"는 일반적으로 can을 대신해서 수동문에서는 사용되지 않는다.

This book **can be translated**. (이 책은 번역될 수 있다.)
(*This book **is able to be translated**.)
This game **can be played** by two or more players.
(이 경기는 둘 또는 그 이상의 선수가 참여할 수 있다.)
(*This game **is able to be played** by two or more players.)

3 **일반적 능력**: can과 could는 일반적으로 우리의 내재적인 능력, 즉 원하면 언제든지 어떤 일을 할 수 있음을 의미한다. 특히 could는 특별한 경우에 어떤 일에 능력을 발휘했을 경우에는 사용되지 않으며, 대신 "was/were able to, managed to, succeeded in" 따위를 사용한다.

He was able to buy the doll for his daughter's Christmas present.
(그는 딸의 크리스마스 선물로 그 인형을 살 수 있었다.)
(*He could buy the doll for his daughter's Christmas present.)
After several attempts, she finally succeeded in getting the driver's license.
(몇 번의 시도 후에 그녀는 결국 운전면허를 딸 수 있었다.)
(*After several attempts, she could finally get the driver's license.)
How did you manage to stay so slim? (너는 어떻게 몸을 그렇게 날씬하게 유지할 수 있었느냐?)
(*How could you stay so slim?)

4 **비판**: could는 능력이 있으면서 실행에 옮기지 않은 것에 대해 비판할 때도 사용된다.

You **could** ask me before you borrow my car. (내 차를 빌리기 전에 물어볼 수 있었잖아.)
You **could** at least say that you're sorry. (적어도 미안하다는 말은 할 수 있었잖아.)
How **could** you be so stupid! (어떻게 그렇게 멍청할 수가 있어!)

이러한 의미로 쓰이는 might에 대해서는 M11.3을 보라.

5 **비실제적 상황**: "could have + 동사의 과거분사형"은 실현되지 않은 과거의 능력, 즉 할 수 있었으나 실현되지 않은 사건을 말할 때 사용된다.

She **could have married** a millionaire, if she wanted to.
(그녀는 원했다면 백만장자와 결혼할 수 있었다.)
I **could have lent** you some money. Why didn't you ask me?
(내가 너에게 돈을 좀 빌려줄 수 있었는데. 왜 부탁하지 않았어?)

▶ 따라서 부정문은 반대로 "실현된 상황"을 의미한다.

She **couldn't have married** a millionaire, even if she wanted to.
(비록 원했다고 할지라도 그녀는 백만장자와 결혼을 못 했을 수도 있었다.)
I **couldn't have lent** you any money, even if you asked me.
(비록 네가 부탁했다고 해도 나는 너에게 돈을 빌려줄 수 없었을 수도 있었다.)

6 **지각동사**: 특히 영국영어에서 can과 could는 진행형이 불가능한 불수의(inert/involuntary)

지각동사(see, hear, smell, feel, taste, notice, observe 등)와 사용될 수 있으며, 진행의 의미를 지닌다. (P21을 보라.)

She **can feel** his warm breath on her cheek. (그녀는 목에 그의 따뜻한 숨결을 느낄 수 있다.)
(*She's feeling his warm breath on her cheek.)
I **can see** my son going up the stairs. (아들이 층계를 올라가는 것이 보인다.)
When I opened the door, I **could smell** something burning in the house.
(문을 열었을 때 나는 집에서 무엇인가 타는 냄새를 맡을 수 있었다.)

7   **인지동사**: can과 could는 진행형이 없는 몇몇 인지(cognition)동사(예. follow, forget, recognize, remember, understand 등)와 함께 사용될 경우에도 특정 상황을 인지하고 있음을 표현할 수 있다.

No one **can follow** what the professor's saying.
(아무도 교수님이 무슨 말을 하는지 이해하지 못한다.)
(= No one **follows** what the professor's saying.)
Can you **remember** your grandparents? (당신은 조부모를 기억합니까?)
(= **Do** you **remember** your grandparents?)
Because of her strong accent, I **couldn't understand** what she was saying.
(그녀의 강한 사투리 때문에 나는 그녀가 말하는 것을 이해 못 했다.)
(= ..., I **didn't understand** what she was saying.)
I **can't recall** who gave me the information.
(나는 누가 나에게 그 정보를 주었는지 기억이 안 난다.)

C3   can과 could-3: 가능성

가능성 (possibility)을 뜻하는 대표적 조동사로는 can과 could 외에도 may와 might가 있다. (M9를 보라.)

1   can과 may: can은 가능성이 거의 확실할 경우에 쓰이고 may는 가능성이 반반일 경우에 흔히 쓰인다.

Anybody **can** make mistakes. (누구나 실수를 할 수 있다.) (*Anybody **may** make mistakes.)
John **may** make mistakes. (존은 실수할 수 있다.)

"누구든지 실수를 할 수 있다"는 것은 우리가 모두 인정하는 사실이므로 첫 문장에 may는 적합하지 않다. may를 쓰면 이 세상에는 "실수를 하지 않는 사람도 있다"는 의미가 된다. 그러나 두 번째 문장에서 John이 실수할 확률은 반반이다. 따라서 두 번째 문장은 "John may not make mistakes"의 뜻도 가지고 있다.

2   **이론적/사실적 가능성**: 가능성을 뜻하는 can과 may의 또 한 가지 차이점은 전자는 소위 "이론적 가능성"(theoretical possibility)을 의미하는 반면에, 후자는 "사실적 가능성"(factual possibility)을 나타낸다. 다음의 두 문장을 비교해 보라.

The road **can** be blocked. (도로를 차단할 수 있다.)
(= **It is possible to** block the road.)
The road **may** be blocked. (도로가 차단되었을 수도 있다.)
(= **It is possible that** the road is blocked.)

> can은 어떤 사건이 이론적으로 발생할 가능성을 시사하는 데 반해서, may는 어떤 사건이 실제로 발생했거나 미래에 발생할 가능성을 의미한다. 이 경우에 대체로 can이 들어 있는 문장은 "it is possible to-부정사"로 바꾸어 쓸 수 있으며, may가 들어 있는 문장은 "it is possible that-절/it may be that-절"이나 "possibly/ perhaps" 따위의 부사를 써서 바꾸어 쓸 수 있다.

Even expert drivers **can** make mistakes. (숙련된 운전자라 할지라도 실수를 할 수 있다.)
(= **It is possible** for even expert drivers **to make mistakes**.)
You **may** be right. (네가 옳을 수도 있다.)
(= **It is possible that** you are right.)
(= **It may be that** you are right.)
(= **Possibly/Perhaps** you are right.)

3   **과거**: could는 과거의 "이론적" 또는 "사실적" 가능성을 모두 나타낼 수 있다.

I **could** write a poem. (나는 시인이 될 수도 있었다.)
(= **It was possible** for me **to write a poem**.)
The road **could** be blocked.
(= **It was possible that** the road was blocked.) (도로가 차단되었을 수 있었다.)
(= **It was possible to** block the road.) (도로가 차단될 수 있었다.)

4   **미래**: 미래의 가능성은 "will be able to" 혹은 "will be possible to"를 써서 표현한다.

One day, we **will be able to** travel to the stars. (언젠가 우리는 별로 여행할 수 있을 것이다.)
(혹은 It **will be possible** to travel to the stars.)
Soon, he **will be able to** swim across the river.
(곧 그는 강을 가로질러 수영할 수 있을 것이다.)

5   **전형적 상황**: can과 could는 흔히 "있을 수 있는 전형적인 상황"을 말할 때도 종종 사용된다.

Vladivostok **can** be very warm in September. (블라디보스토크는 9월에 매우 따뜻할 수 있다.)
It **could** be quite frightening if you were alone in our big old house.
(네가 이 크고 오래된 우리 집에 홀로 있다면 매우 놀라운 일이 될 것이다.)
If you're not careful, you **could** get into even worse trouble.
(조심하지 않으면 너는 더 좋지 않은 난관에 빠질 수 있다.)

6   **비실제적 상황**: "could have + 과거분사"는 어떤 일이 가능하지만 실제로 발생하지 않은 것을 말할 때도 사용된다.

I was so angry that I **could have killed** her. (나는 너무나 화가 나서 그녀를 죽일 수도 있었다.)
That was a bad place to go skiing—you **could have broken** your leg.
(그곳은 스키하기에 좋지 않은 곳이었다. 너는 다리가 부러질 수도 있었다.)
He **could have become** President, if he ran for the election.
(그가 출마했다면 대통령이 될 수도 있었다.)

7 　추측: "can/could have + 과거분사"는 어떤 일이 일어났는가를 짐작 또는 추측할 때 사용될 수 있다. can은 의문문과 부정문에서 또는 "only, hardly 혹은 never"와 같은 단어와 함께 쓰일 때에만 사용될 수 있다. 다른 경우에선 "could/may/might"를 사용한다.

Where **can** she **have gone**? (그녀가 어디에 간 것일까?)
She **can't have gone** to school—it's Saturday.
(그녀가 학교에 갔을 리가 없다. 오늘 토요일이다.)
She **can hardly have gone** to church. (그녀가 교회에 갔을 리가 없다.)
He **could/may/might have gone** swimming, I suppose.
(내 생각에는 그가 수영하러 간 것 같다.)
(*He **can have gone** swimming, I suppose.)

▶ "can/could + have + 동사의 과거분사형"은 또한 어떤 일이 일어났을지도 모른다는 화자의 짐작을 말할 때도 쓰인다.

"Tom has disappeared! Where **can** he **have** gone?" ("탐이 사라졌어! 어디에 갔을까?")
"He **could have** gone to the beach." ("해변에 갔을 거야.")

8 　부정: 부정문에서 "may/might have ..."와 "can/could have ..."를 비교해보라.

He **can't/couldn't have** understood. (그는 이해하지 못했다.)
(= He **certainly** did not understand.)
He **may not/might not have** understood. (그는 이해하지 못했을 수도 있다.)
(= **Perhaps** he did not understand.)

9 　couldn't be + 비교급 형용사: 이 구조는 "더 이상 ... 일 수 없다"고 강조할 때 종종 사용된다.

"How are things?" "Fine! **Couldn't be better**."
("요사이 어떠세요?" "좋습니다! 더 좋을 수가 없지요.")
When they heard the news, their parents **couldn't be more pleased**.
(소식을 들었을 때 그들의 부모님은 더 이상 기쁠 수가 없었다.)
They said that the last exam **couldn't be more difficult**.
(그들은 마지막 시험이 매우 어려웠다고 말했다.)

may와 might의 추가적인 정보와 can/could와 may/might의 차이점에 대해서는 M9를 보라.
must have + 과거 분사에 대해서는 M30.6을 보라.

C4 can과 could-4: 허가

can과 could는 어떤 행위를 하는 것을 허용하거나 허용해 줄 것을 요청할 때 사용된다.

You **can** park over there—there's a sign telling you to.
(저기에 차를 주차해도 됩니다. 주차할 수 있다는 표지가 있습니다.)
Any police officer **can** insist on seeing a driver's licence.
(경찰관은 면허증을 제시할 것을 요구할 수 있습니다.)

"**Can** we go home early today?" "Of course, you can."
("오늘 일찍 집에 가도 됩니까?" "물론 가도 됩니다.")
When **can** we start work? (언제부터 일할까요?)

1. could: could는 공손한 표현으로서 어떤 행위를 하는 것을 허용해 주기를 요청할 때 사용될 수 있다.

   Could I speak to Mr. Smith, please? (죄송합니다만, 스미스 씨를 뵐 수 있습니까?)
   "**Could** I just say something?" "Yes, you **can**." ("내가 말 좀 해도 됩니까?" "네, 하십시오.")
   ("*Yes, you **could**"라고 할 수 없다.)

2. 과거: could는 이루어지지는 않았지만 어떤 조건 하에서 어떤 행위를 하는 것이 허용될 수 있었음을 표현할 때 사용될 수 있다.

   He **could** borrow my bicycle until tomorrow if he wanted to.
   (그가 원했다면 내일까지 내 자전거를 빌려 갈 수 있었는데.)
   You **could have** slept on my bed if you'd washed yourself.
   (목욕했다면 너는 내 침대에서 잘 수 있었다.)

   유사한 의미로 쓰이는 may와 might에 대해서는 M10을 보라.

3. 불용: can't/cannot은 금지(prohibition), 즉 "허용되지 않음"을 표현한다.

   I'm sorry. You **can't** smoke in this building.
   (미안하지만 이 건물 내에서는 담배를 피울 수 없다.)
   Visitors **cannot** fish on this side of the lake. (외부인은 호수 이쪽에서 낚시할 수 없다.)
   You **can't** visit this country without a valid passport.
   (우리는 유효한 비자 없이는 이 나라를 방문할 수 없다.)

C5 can과 could-5: 의지적 의미

can과 could는 화자가 어떤 것을 요청(requests), 제공(offers), 제안(suggestion), 명령(order)할 때도 사용될 수 있다.

1. 요청: 일반적으로 "의문문" 형태로 어떻게 해줄 것을 부탁하거나 요청할 때 사용된다.

Can you help her lift the box? (그녀가 상자를 들어 올릴 수 있도록 도와줄 수 있습니까?)
Can't you move your chair in a bit, please? (미안하지만, 의자를 조금만 비켜줄 수 있습니까?)
Can you make a little less noise, please? I'm trying to work.
(미안하지만, 소리를 조금만 줄여줄 수 있습니까? 공부를 하려고 하는데요.)

Could you lend me $10? (10불 빌려줄 수 있습니까?)
Could you possibly turn down the music down a little, please?
(제발, 음악 소리를 약간만 줄여주실 수 있습니까?)
Could you help me with these boxes? (이 상자들을 옮기는 것을 도와주실 수 있습니까?)

2 제안: 구어체에서 can과 could는 어떤 것을 제안할 때도 자주 사용된다.

We can talk about that next time. (그 문제에 대해서는 다음에 논의할 수 있다.)
Can't we go to a lawyer and ask him what we should do?
(변호사를 만나서 어떻게 할 것인가를 알아볼 수 없나?)

▶ could는 공손한 형태의 제안을 표현한다.

We could go for a drink after work tomorrow. (내일 퇴근 후에 한 잔하러 가는 게 어때요.)
Maybe we could get together sometime next week. (다음 주에 시간을 내서 만나지요.)

3 도움을 제공: 누구에게 도움을 주려고 can이나 could를 사용할 수 있다.

I can post the letter if you like. (괜찮다면 내가 편지를 부쳐줄 수 있는데.)
Can I help you with those bags? (그 가방들을 들어드릴까요?)
I could look after your dog while you are abroad.
(외국에 가 있는 동안 내가 개를 돌봐줄 수 있습니다.)

4 명령: can과 could는 종종 어떻게 할 것을 짜증스럽게 말할 때 사용된다.

You can stop that quarrelling, the pair of you. (당신 두 사람, 그만 다투지 그래.)
If you won't behave yourself, you can get out. (얌전히 굴지 않으면 여기 있을 수 없을 거야.)

Well, you could try to look a little enthusiastic. (좀 열심히 하는 것처럼 보일 수 있을 텐데.)
I waited ages for you—you could've said that you weren't coming!
(내가 너를 오래 기다렸는데 오지 않는다고 말할 수 있었잖아.)

C6 can't help (but)와 cannot but

"can't help"와 "cannot but"는 어떤 행위를 통제할 수 없거나 어떤 상황이 일어나는 것을 막을 수 없을 때 사용된다. "can't help" 다음에는 (대)명사구나 동명사가 올 수 있으며, but이 나타날 경우 원형부정사가 온다. "cannot but"는 문어적 표현이며, "can't help but"는 특히 미국영어에서 흔히 쓰인다.

I **can't help the way** I feel about you.　　　　　[(대)명사구]
(나는 너에 대한 나의 생각을 어쩔 수가 없다.)
"You should stop smoking." "I **can't help it**."
("담배를 끊어야 한다." "도저히 끊을 수가 없습니다.")

He **couldn't help thinking** about the past.　　　　[동명사구]
(그는 과거에 대한 생각을 떨쳐버릴 수가 없었다.)
I **can't help wondering** that there has been a mistake.
(실수가 있었다는 의심을 버릴 수가 없다.)

She **can't help but agree** with her father.　　　　[but + 부정사구]
(그녀는 아버지에게 동의할 수밖에 없다.)
I **can't help but wonder** where I should go next.
(나는 다음에 어떻게 해야 하는가에 확신이 없다.)

We **cannot but** admire his courage.　　　　　　[but +부정사구]
(우리는 그의 용기를 높이 사지 않을 수 없다.)
I **cannot but** wonder what's going to happen to us all.
(나는 우리 모두에게 무슨 일이 일어날지 의아해할 수밖에 없다.)

C7　care

care의 기본 의미는 "사람이나 물건을 보호하거나 특별한 관심을 갖는 것"이며, 실생활에서 두루 사용된다.

1　take care of: "돌보다(look after) 또는 처리하다(deal with)"라는 의미로 쓰인다.

　　Who's going to **take care of** the cat, while she's away?
　　(그녀가 없는 동안 누가 고양이를 돌볼 것입니까?)
　　His secretary will **take care of** the details. (그의 비서가 세부적인 것을 처리할 것입니다.)

2　take care: "조심하다(be careful)"라는 의미로 쓰인다.

　　Take care when driving at night. (밤에 운전할 때는 조심해야 한다.)
　　Take care that you don't slip on the icy road. (얼음 덮인 길에서 미끄러지지 않도록 조심해라.)
　　Take care what you say. (말조심해라.)

　　▶ take care는 종종 친지에게 "goodbye" 대신에 사용되기도 한다.

　　Take care! See you tomorrow. (안녕! 내일 보자.)

3　care (about): 일반적으로 비단언적 맥락 즉, 의문문과 부정문 등에 쓰이며, 전치사 about는 명사구 목적어 앞에 나타난다.

　　I don't **care** how much it costs, just buy it. (값이 얼마라도 상관없으니 사기만 해라.)

She's never **cared** very much **about** her appearance.
(그녀는 자신의 외모에 대해서 별로 관심이 없다.)
The only thing she seems to **care about** is money.
(그녀가 유일하게 관심을 갖는 것 같은 것은 돈이다.)

4   care for: care for는 "take care of"의 의미로 많이 쓰인다.

He thanked the nurse who had **cared for** his sick mother.
(그는 병든 어머니를 보살펴 준 간호사에게 감사를 표현했다.)
She spent most of her day to **care for** her old father.
(그녀는 연로하신 아버지를 돌보는 데 대부분의 시간을 보냈다.)

▶ care for는 또한 "좋아하다(like)"라는 뜻으로도 널리 쓰인다.

Would you **care for** some coffee? (커피 마시겠습니까?)
He wanted me to know that he still **cared for** me.
(그는 자기가 아직도 나를 좋아한다는 것을 내가 알기를 원했다.)

5   **무관심**: "(중요하지 않다고 생각해서) 관심이 없다"는 것을 표현할 때도 자주 사용된다.

I do **not care** to spend much time with her.
(나는 그녀와 더 시간을 보내는 것에 관심이 없다.)
"You might ruin the stove." "**Who cares?**" ("너 난로를 망가뜨릴 수 있어?" "알 게 뭐야.")
What do I care? It's your responsibility now! (내가 무슨 상관이야? 이제는 네 책임이야!)

6   couldn't care less: 미국영어의 구어체에서 "조금도 개의치 않다/관심이 없다"라는 의미로 쓰이며, 종종 긍정형인 "could care less"도 같은 의미로 쓰인다.

I really **couldn't care less** what my father think.
(나는 아버지가 무슨 생각을 하시든 정말로 개의치 않는다.)
I **couldn't care less** about what you have for supper.
(나는 네가 저녁으로 무엇을 먹든 관심이 없다.)
He used to be proud of working for them; now, he **could care less**.
(그는 그들을 위해 일하는 것을 자랑스럽게 여겼었다. 지금은 무관심하다.)

C8   case(격)

격이란 단어가 문장 내에서 하는 역할이나 나타나는 위치에 따라 다른 형태를 취하는데, 이 변하는 형태를 "격"이라고 한다. 격은 영어에서 그렇게 중요하지 않지만, 대명사의 경우는 격에 따라 세 가지 형태가 구별된다. 다음의 문장을 비교해보라.

She likes **him**. (그녀는 그를 좋아한다.) (*She likes he.)
He likes **her**. (그는 그녀를 좋아한다.) (*He likes she.)
I love **my** parents. (나는 부모님을 사랑한다.)

주어로 쓰인 대명사 "she, he, I" 등을 주어격(nominative case)이라고 하고, 목적어로 쓰인 대명사 "him, her" 등을 목적어격(objective case)이라고 하며, "my"와 같은 대명사를 소유격(possessive) 혹은 속격(genitive case)이라고 한다.

대명사의 격에 대해서는 P41.1을, 주어형과 목적어형의 용법에 대해서는 P45를 보라.

C9 causative verbs(사역동사)

"bid (= request), cause, get, have, let (= allow), make" 등의 동사는 타동사로서 다양한 의미로 다양한 형태의 문장구조에 나타나지만, 그중에 "어떤 사람이나 물건으로 하여금 어떤 행위나 사건 또는 변화가 일어나도록 한다"는 원인과 결과의 의미를 가질 때, 이들 동사를 사역동사라고 부른다.

1 **동사 + 목적어 + 부정사구**: 이 동사들이 사역동사로 쓰일 경우 일반적으로 "동사 + 목적어 + 부정사구" 구조를 갖는다. 이들 중에 "bid, have, let, make" 등은 to-없는 원형 부정사구를 취하고, "cause, get 등"은 to-부정사구를 취한다. 다음의 문장을 비교해보라.

His jokes **made** us all **laugh**. (그의 농담이 우리 모두를 웃겼다.)
They **had** me **repeat** the message. (그들은 나에게 전언을 반복하게 했다.)
Our teacher **let** us **stay** up all late. (선생님이 우리가 깨어있는 것을 허락했다.)
She **bid** the children **be** quiet. (그녀는 아이들에게 조용히 하도록 지시했다.)
How do you **get** your kids **to behave** so well?
(아이들이 어떻게 저렇게 예의 바르게 행동하도록 만들었습니까?)
Heavy rain has **caused** the river **to overflow** its banks. (큰비로 인해 물이 강둑을 넘었다.)

2 **동적동사**: 사역구문에서 부정사 위치에 일반적으로 정적동사가 올 수 없다.

She **bid them leave** at once. (그녀는 그들에게 즉시 떠나라고 명했다.)
(*She **bid them dislike** hamburgers.)

Some people **let their kids do** whatever they like.
(어떤 사람들은 아이들이 좋아하는 것이면 무엇이든 하는 것을 허용한다.)
(*Some people **let their kids become** a great man.)

get에 대해서는 G5를, have에 대해서는 H4-H7을, let에 대해서는 L7을, make에 대해서는 M1을 보라.
원형 부정사를 취하는 인지동사에 대해서는 I25와 P21을 보라.
동적 동사와 정적동사에 대해서는 V2.1-2를 보라.

C10 certain(ly)과 sure(ly)

"certain과 certainly"는 어떤 상황이 진실이라는 것을 "알고 있음"을 표현하고, "sure와 surely"는 어떤 상황이 진실일 것이라는 강력한 "믿음"을 표현한다.

I'm **certain** (that) he didn't steal it. (그가 그것을 훔치지 않은 것이 확실하다.)
He **certainly** didn't steal it: I stole it myself. (그는 확실히 그것을 훔치지 않았다. 내가 훔쳤다.)

I'm **sure** (that) he didn't steal it. (나는 그가 그것을 훔치지 않았다고 확신한다.)
Surely he didn't steal it: he's not that kind of person.
(의심할 여지없이 그는 그것을 훔치지 않았다. 그는 그럴 사람이 아니다.)

1. **부정**: certain과 sure는 부정문에서 같은 의미를 가진다.

   I'm **not sure/certain** where he is. (그가 어디 있는지 나는 확신할 수 없다.)
   I'm **not sure/certain** how to do it. (그것을 어떻게 하는지 나는 확신 못 한다.)

2. **허사 주어 it**: certain과는 달리 sure는 허사 it를 주어로 허용하지 않는다.

   It is **certain/*sure** that he stole the watch. (그가 시계를 훔친 것이 확실하다.)
   It seems **certain/*sure** that there will be an election in June.
   (6월에 선거가 있을 예정이라는 것이 확실한 것 같다.)

3. **부사 sure**: sure는 certain과는 달리 강조부사로 사용될 수 있다.

   He **sure/*certain** is tall. (그는 정말 크다.)
   It's **sure/*certain** hot out here. (여기 밖에가 정말 덥다.)

4. **yes**: 영국영어에서는 "yes" 대신 "certainly"가 사용되는 데 반하여, 미국영어 구어체에서는 "sure"가 자주 사용된다.

   "May I borrow your pencil?" "**Certainly/Sure**." ("연필 좀 빌릴 수 있습니까?" "물론이죠.")
   "Can you dance?" "I **certainly** can/I **sure** can." ("춤 출 줄 아세요?" "물론 출 줄 알지요.")

5. **not**: "surely not"는 어떤 상황이 사실이라는 것을 믿을 수 없거나 놀랍다는 것을 표현하는 반면, "certainly not"는 전혀 동의하지 않거나 단호히 거절하는 것을 표현한다.

   "He's just handed in his resignation." "**Surely not**."
   ("그가 방금 사직서를 제출했다." "도저히 믿을 수가 없다.")
   "He said he couldn't come." "Oh, **surely not**."
   ("그는 올 수 없었다고 말했다." "그래. 믿을 수가 없다.)

   "Have you forgotten our wedding anniversary?" "**Certainly not**."
   ("우리 결혼기념일을 잊었어요?" "물론 아니지.")
   "May I go now?" "**Certainly not**." ("지금 가도 됩니까?" "절대로 안 돼.")

6. **"you're welcome"**: sure는 미국영어 구어체에서 감사를 받아들인다는 대답으로 "you're welcome"처럼 사용되기도 한다.

   "Thanks for your help." "**Sure**." ("도와주어서 감사합니다." "천만에요.")

C11　clauses(절)

절은 문장을 구성하는 기본구조를 가지고 있는 표현을 가리킨다. 문장은 하나 또는 그 이상의 절로 구성되고, 모든 문장은 적어도 하나의 주절(main clause)을 포함하고 있으며 하나 또는 그 이상의 종속절(subordinate clause)을 가질 수 있다. 절은 동사의 형태와 문장 내에서의 기능에 따라 분류된다.

The weather has changed. (날씨가 변했다.)
[주절 = 문장]
I wonder if I could borrow some sugar. (설탕 좀 빌릴 수 있을까요?)
[주절] + [종속절] = [문장]

1 **동사의 형태에 따른 분류**: 절은 포함하는 동사의 형태에 따라 정형절(finite clauses)과 비정형절(nonfinite clauses)로 분류되고, 동사적 요소를 포함하고 있지 않은 절을 무동사절(verbless clauses)이라고 부른다. (정형절과 비정형적에 대해서는 F3을 보라.)

▶ 정형절: 정형동사를 가지고 있는 절을 가리킨다.

John **said** that he **was** in a hurry. (존은 급하다고 말했다.)
If you **want** to be slim, you **should** exercise every day and eat less food.
(살이 찌고 싶지 않으면 매일 운동하고 적게 먹어야 한다.)

▶ 비정형절: 비정형동사를 포함하고 있는 절을 가리킨다.

It's impossible for me **to finish** the assignment by tomorrow.
(나는 내일까지 숙제를 마칠 수 없다.)
I saw John **walking** to the station yesterday.
(나는 존이 어제 기차 정거장으로 걸어가는 것을 보았다.)

정형동사와 비정형동사에 대해서는 F3을 보라.

▶ 무동사절: 동사적 요소가 포함되어 있지 않은 절을 가리킨다.

How about a glass of beer? (맥주 한잔 어떻습니까?)
The more the better. (많을수록 좋다 (다다익선).)
When young, we were full of hopes and anxieties.
(젊었을 때 우리는 희망과 고민으로 꽉 차 있었다.)

2 **기능에 따른 분류**: 절은 문장 내에서 어떻게 사용되느냐에 따라 주절, 종속절, 등위절로 분류된다.

▶ 주절 (main clauses): 두 개 이상의 절로 구성된 복문(complex sentences)에서 주절이란 종속절을 포함하는 절을 말한다.

I know that coffee grows in Brazil. (나는 브라질에서 커피를 재배한다는 것을 안다.)
He couldn't come to the conference, because he was ill.
(그는 병이 들었기 때문에 학회에 올 수 없었다.)

▶ 종속절 (subordinate clauses): 다른 절에 포함된 절을 말한다.

I know **that coffee grows in Brazil**.
He couldn't come to the conference, **because he was ill**.

3 **종속절의 분류**: 종속절은 그 용법에 따라 몇 가지로 분류된다.

▶ 명사절 (nominal clauses): 명사절이란 절에서 명사(구)가 나타날 수 있는 위치에 오는 절을 말한다.

We assume **that interest rates will soon fall**. (우리는 이자율이 곧 하락할 것으로 생각한다.)
That coffee grows in Brazil is well-known to all.
(브라질에서 커피가 재배된다는 것은 모두에게 잘 알려져 있다.)

▶ 형용사절 (adjectival clauses): 형용사절은 종종 관계절(relative clauses)이라고도 불리며, 일반적으로 명사를 수식하는 절을 가리킨다.

Mr. Smith has three sons **who became medical doctors**.
(스미스 씨에게는 의사가 된 세 아들이 있다.)
There're lots of things **that I need to buy before the trip**.
(여행 떠나기 전에 사야 할 물건이 많다.)

▶ 부사절 (adverbial clauses): 부사절이란 문장 내에서 부사의 역할을 하는 절을 가리킨다.

The soldier asked to be transferred, **because he was unhappy**.
(그 병사는 불만이 있어서 전출을 요청했다.)
When I came in his office, he was reading the newspaper.
(내가 사무실에 들어갔을 때 그가 신문을 읽고 있었다.)

▶ 동격절 (appositive clauses): 일반적으로 추상명사(구) 뒤에 오며, 명사(구)의 의미를 구체화하는 역할을 한다.

You have to admit the fact **that inflation is a necessary evil in the capitalistic economy system**.
(우리는 인플레이션이 자본주의 경제 제도에서는 필요악이라는 사실을 인정해야 한다.)
Your ambition **that you will become a lawyer** requires energy and perseverance.
(변호사가 되겠다는 너의 포부는 정력과 인내를 필요로 한다.)

▶ 비교절 (comparative clauses): 주절의 의미와 비교하는 역할을 하는 절을 가리킨다.

Mary is healthier **than her sister**. (메리는 자신의 여동생보다 건강하다.)
Mary is **as** healthy **as her sister**. (메리는 자신의 여동생처럼 건강하다.)

▶ 등위절 (coordinate clauses): 등위절이란 등위접속사 "and, or, but"으로 연결된 절을 가리킨다.

I may see you tomorrow or **may call late in the afternoon**.
(나는 내일 너를 직접 만날 수도 있고 또는 오후 늦게 전화할 수도 있다.)

C12 cleft sentences(분열문)

분열문이란 문장의 한 성분을 강조하고 싶을 때 사용되는 문장의 형태 중의 하나를 말한다. 그 형태는 강조하고자 하는 성분의 속성에 따라 결정된다.

1. **it-분열문**: 분열문의 기본은 it-분열문으로서 다음과 같은 구조를 가지며, 문장의 주어, 목적어, 부가어(A20을 보라)가 강조성분이 될 수 있다.

   ▶ it + be + 강조성분 + 관계절

   Jane put the vase on the table. [정상적 문장]
   (제인은 식탁 위에 꽃병을 놓았다.)
   It was **Jane who/that** put the vase on the table. [주어]
   (식탁 위에 꽃병을 놓은 사람은 제인이었다.)
   It was **the vase that** Jane put on the table. [목적어]
   (제인이 식탁 위에 놓은 것은 꽃병이었다.)
   It was **on the table that** Jane put the vase on. [장소 부가어]
   (제인이 꽃병을 놓은 곳은 책상 위였다.)

   Jane left the town yesterday to see John. [정상적 문장]
   (제인은 존을 보려고 어제 도시를 떠났다.)
   It was **yesterday that** Jane left the town to see John. [시간 부가어]
   (제인이 존을 보려고 도시를 떠난 때는 어제였다.)
   It was **to see John that** Jane left the town yesterday. [목적 부가어]
   (제인이 어제 도시를 떠난 것은 존을 보기 위해서였다.)

2. **주어보어와 목적어보어**: 주어보어와 목적어보어는 it-분열문을 써서 강조할 수 없다.

   Catherine is **a nurse** working at the University Hospital.
   (캐서린은 대학병원에서 근무하는 간호사다.)
   (*It is **a nurse** that Catherine is working at the University Hospital.)
   (*It is **a nurse working at the University Hospital** that Catherine is.)

   Jane is **pretty and intelligent**. (제인은 예쁘고 똑똑하다.)
   (*It is **pretty and intelligent** that Jane is.)

   We appointed him **president**. (우리는 그를 사장으로 임명했다.)
   (*It was **president** that we appointed him.)

3. **유사분열문** (pseudo-clefts): 기본형과 도치된 형태가 있으며, 다음과 같은 "융합된(fused)" 관계대명사가 사용된다는 점이 특징이다.

what ⇐ the thing that	when ⇐ the time that
where ⇐ the place that	why ⇐ the reason that
*who ⇐ the person/one that	

기본형: 융합된 관계절 + be + 강조성분
도치형: 강조성분 + be + 융합된 관계절

Jane put the vase on the table.
What Jane put on the table was **the vase**. (제인이 식탁 위에 놓은 것은 꽃병이었다.)
The vase was **what Jane put on the table**. (꽃병이 제인이 식탁 위에 놓은 것이었다.)

Where Jane put the vase was **the table**. (제인이 꽃병을 놓은 곳은 식탁이었다.)
The table was **where Jane put the vase**. (식탁이 제인이 꽃병을 놓은 곳이었다.)

Jane left the town to see John yesterday.
When Jane left the town to see John was **yesterday**.
(제인이 존을 보려고 도시를 떠난 때는 어제였다.)
Yesterday was **when Jane left the town to see John**.
(어제가 제인이 존을 보려고 도시를 떠난 때였다.)
Why Jane left the town yesterday was **to see John**.
(제인이 어제 도시를 떠난 이유는 존을 보기 위해서였다.)
To see John was **why Jane left the town yesterday**.
(존을 보기 위한 것이 제인이 어제 도시를 떠난 이유였다.)

4 **who**: 다른 관계대명사와는 달리 사람을 가리키는 who는 융합된 관계절을 이끌 수 없다.

*****Who put the vase on the table** was **Jane**.
*****Jane** was **who put the vase on the table**.

대신에 관계절에 선행사를 추가하여 사용한다.

The one/person who put the vase on the table was **Jane**.
(꽃병을 식탁 위에 놓은 사람은 제인이다.)
Jane was **the one/person who put the vase on the table**.
(제인이 꽃병을 식탁 위에 놓은 사람이다.)

5 **대명사 주어**: 강조된 주어가 대명사일 경우 두 가지 가능한 구조가 있다. 다음을 비교해보라.

It is **I** who **am** responsible.   [문어체]
It's **me** that's responsible.   [구어체]
(책임질 사람은 나다.)

It is **you** who **are** in the wrong. [문어체]
It's **you** that's in the wrong.   [구어체]
(잘못한 사람은 너다.)

이 경우 지나치게 문어적이거나 구어적으로 되는 것을 피하고자 다음과 같이 말할 수도 있다.

I'm **the person/the one** who's responsible. (내가 책임자다.)
You're **the person/the one** who's responsible. (네가 책임자다.)

6 **동사의 강조**: 동사를 강조하고 싶을 때는 유사분열구문의 일종인 다음의 구조를 사용한다.

what + 주어 + do + be ...

She **writes** science fiction. (그녀는 과학소설을 쓴다.)
What she does is (to) write science fictions. (그녀가 하는 것은 과학소설을 쓰는 것이다.)
Jane **put** the vase on the table. (제인이 꽃병을 식탁 위에 놓았다.)
What Jane did was (to) put the vase on the table.
(제인이 한 것은 꽃병을 식탁 위에 놓은 것이었다.)

▶ 유사분열문은 동적인 동사일 경우에만 가능하다.

What I did was (to) **learn** the language. (내가 한 것은 언어를 배우는 것이었다.)
*****What I did** was (to) **know** the language.

동적(dynamic)동사와 정적(stative)동사에 대해서는 V2를 보라.

7 **문장**: 전체 문장을 강조할 때는 "what + happen" 구조를 사용한다.

The car **broke down**. (차가 고장 났다.)
What happened was (that) the car broke down. (일어난 일은 차가 고장 난 것이었다.)

8 **여타 강조 구문**: 이 외에 강조할 때 사용되는 구조로는 다음과 같은 것이 있다.

▶ 분열문의 what 대신에 "all (that)" 혹은 "... thing"을 써서 강조할 수 있다.

All I want is a home somewhere. (내가 원하는 것은 오직 어딘가에 집 한 채를 갖는 것이다.)
(참고: **What I want** is a home somewhere.)
All I did was (to) touch the window, and it broke.
(내가 한 것은 창문을 건드린 것뿐인데 깨졌다.)
(참고: **What I did** was (to) touch the window, and it broke.)
All you need is love. (네가 필요한 것은 전적으로 사랑이다.)
(참고: **What you need** is love.)
The only thing I remember is a terrible pain in my head.
(내가 기억하는 것은 끔찍한 두통뿐이다.)
(참고: **What I remember** is a terrible pain in my head.)
The first thing (that I did) was to make some coffee.
((내가) 맨 처음 한 것은 커피를 끓이는 것이었다.)
(참고: **What I did first** was to make some coffee.)
My first journey abroad is **something I shall never forget**.
(나의 첫 해외여행은 내가 절대로 잊을 수 없는 것이다.)
(참고: My first journey abroad is **what I shall never forget**.)

▶ "it was not until , , ,"과 "it was only when ..."을 써서 시간 표현을 강조할 수 있다. 다음을 비교해보라.

I did **not** know real happiness **until I met you**.
(나는 당신을 만날 때까지 진정한 행복을 몰랐다.)
It was not until I met you that I knew real happiness.
(내가 진정한 행복을 안 것은 당신을 만날 때까지는 아니었다.)

I realized what was happening **only when I read her letter**.
(나는 그녀의 편지를 읽고 나서야 무슨 일이 일어나고 있는지를 알아 차렸다.)
It was only when I read her letter that I realized what was happening.
(내가 무슨 일이 일어나고 있는지를 알아차린 것은 그녀의 편지를 읽고 나서였다.)

C13 close to와 near (to)

close와 near는 두 대상이 거리상, 시간상, 상황상 근접해 있음을 표현한다. 그러나 close는 near와는 달리 단독으로는 전치사로 쓰이지 않는다.

There's a wonderful hotel **near/*close the beach**. (해변 가까이에 훌륭한 호텔이 있다.)

▶ close to와 near (to): close는 전치사 to와 결합하면 복합전치사가 되어 near (to)와 같은 의미로 사용된다.

He was standing **close to/near (to)** that tree over there.
(그는 저기 있는 나무 가까이에 서 있었다.)
My sister sat on a chair **close to/near (to)** the window.
(나의 여동생은 창문 가까이에 있는 의자에 앉아 있었다.)

It's **close to/near (to)** 6 in the afternoon. (오후 6시가 다 되었다.)
The two countries are **close to/near (to)** signing a peace treaty.
(두 나라는 평화협정 서명에 거의 다 왔다.)

near (to)에 대해서는 N5를 보라.

C14 come과 go

come과 go 동사는 영어와 한국어에서 종종 다르게 사용된다. 한국어에서는 영어의 "come"에 해당하는 "오다"와 "go"에 해당하는 "가다"는 항상 말하는 사람 중심이다. 화자에서 멀어지는 이동은 "가다"이고 가까워지는 이동은 "오다"다.

1   **화자 쪽으로의 이동**: 영어에서도 기본적으로 "come"은 화자를 향한 이동이나 화자가 있는 곳으로의 이동을 의미하고, "go"는 그 반대를 의미한다.

Let me know when they're **coming**. (그들이 언제 오는지 알려줘.)
I'm giving a party. I hope you can **come**. (파티를 하려고 하는데 너도 올 수 있으면 해.)
Get out of the road—a car's **coming**! (차가 오고 있으니까 길에서 비켜서라.)

Let's **go** home. (집에 가자.)

Where are you **going**? (어디에 가는 거야?)
We're **going** to Mexico. (우리는 멕시코로 가고 있다.)

2 **청자 쪽으로의 이동**: "come"은 청자 쪽으로의 이동을 표현할 때도 사용된다. 이 경우에는 "come"을 한국어로 번역하면 "가다(go)"로 해야 한다.

"Jimmy, we're all waiting for you." "**Coming/*Going**, Jack."
("지미, 우리 모두가 너를 기다리고 있어." "잭, 지금 가고 있어.")
I hope I can **come/*go** and see your new office.
(나는 가서 네 새 사무실을 볼 수 있으면 해.)
I'll **come/*go** and pick you up in the car if you like.
(네가 좋다면 내가 가서 너를 차로 태워오겠다.)

3 **함께 이동** (come with): 어디로 함께 갈 때는 "go"가 아니라 "come"을 사용한다. 이 경우에도 "come"을 "가다(go)"로 번역해야 한다.

We're going to have a meeting with girls. Would you like to **come/*go**?
(우리는 여자들과 모임을 가지려고 하는데 너도 가고 싶으냐?)
She asked me if I'd like to **come/*go** with her. (그녀는 함께 가고 싶으냐고 나에게 물었다.)
There's a music festival in Yeouido Riverside Park. Why don't you **come/*go** along?
(여의도 강변공원에서 음악축제가 있다. 같이 가지 않을래?)

C15 comparatives(비교급)와 superlatives(최상급)-1: 비교급의 유형과 구조

우리는 언어에서 다양한 형태의 비교를 하게 된다. 영어에서 비교를 표현하는 가장 대표적인 구문은 as-절과 than-절이 있다.

The camera costs **as much as the TV set (does)**. (카메라가 텔레비전과 값이 같다.)
The camera is **more expensive than the TV set (is)**.
(카메라가 텔레비전보다 값이 더 비싸다.)

비교구문에서는 주절의 명제와 종속절의 명제가 비교된다. 비교에는 대등(equivalence)비교와 비대등(nonequivalence)비교가 있다.

1 **대등 비교**: as-절

► as + 형용사/부사 +as-절

Jane is **as healthy as her sister (is)**. (제인은 언니처럼 건강하다.)
John can run **as fast as Bill (can)**. (존은 빌처럼 빨리 달릴 수 있다.)

► not so/as + 형용사/부사 + as-절

Jane is **not so/as healthy as her sister (is)**. (제인은 언니처럼 건강하지 못하다.)

John **can't** run **so/as fast as** Bill **(can)**. (존이 빌처럼 빨리 달릴 수 없다.)

▶ as many/much + 명사 + as-절

They bought **as much food as** they could carry.
(그들은 들고 갈 수 있을 만큼 식료품을 샀다.)
They bought **as many books as** they could carry. (그들은 들고 갈 수 있을 만큼 책을 샀다.)

▶ the same (...) + as-절도 종종 대등비교절로 취급된다.

The new machine works **the same as** the old one **(does)**.
(새 기계는 옛것과 동일하게 작동한다.)
She's wearing **the same dress as** her sister wore last year.
(그녀는 언니가 작년에 입었던 것과 같은 드레스를 입고 있다.)

as ... as에 대해서는 A65를 보라.

2 비대등 비교: than-절

▶ 비교급 형용사/부사 + than-절

Jane is **healthier than** her sister **(is)**. (제인은 언니보다 건강하다.)
John can run **faster than** Bill **(can)**. (존은 빌보다 빨리 달릴 수 있다.)

▶ more/less + 형용사/부사/명사 + than-절

This book is **more/less expensive than** that one **(is)**. (이 책은 저 책보다 더 비싸다/싸다.)
Her apartment is **more/less conveniently** located **than** my house **(is)**.
(그녀의 아파트는 내 아파트보다 더/덜 편리한 위치에 있다.)
I earn **more/less money than** my wife **(does)**. (나는 내 처보다 더 많은/적은 돈을 번다.)

3 비교요소: 비교가 되는 요소는 문장의 동사를 제외한 거의 모든 요소가 될 수 있다.

▶ 주어

As many people use this brand **as** (they use) any other detergent.
(사람들이 다른 세제를 쓰는 만큼 이 상표의 세제를 사용한다.)
More people use this brand **than** (they use) any other detergent.
(다른 세제를 쓰는 사람보다 더 많은 사람들이 이 상표의 세제를 사용한다.)

▶ 직접목적어

She knows **as much history as** most people (know). (그녀는 대부분의 사람만큼 역사를 안다.)
She knows **more history than** most people (know).
(그녀는 대부분의 사람보다 역사를 더 많이 안다.)

▶ 간접목적어

That toy has given **as many children** happiness **as** any other (toy) (has).
(그 장난감은 다른 어떤 장난감처럼 어린이들을 행복하게 만들었다.)
That toy has given **more children** happiness **than** any other (toy) (has).

(그 장난감은 다른 어떤 장난감보다 더 많은 어린이들을 행복하게 만들었다.)

▶ 주어보어

John is **as relaxed as** he used to be. (존은 옛날처럼 편안하다.)
John is **more relaxed than** he used to be. (존은 옛날보다 더 편안하다.)

▶ 목적어보어

She thinks her children **as obedient as** (they were) last year.
(그녀는 아이들이 작년처럼 고분고분하다고 생각한다.)
She thinks her children **more obedient than** (they were) last year.
(그녀는 아이들이 작년보다 더 고분고분하다고 생각한다.)

▶ 부사어구

You've been working **as hard as** I (have). (너는 나처럼 열심히 일하고 있다.)
You've been working **harder than** I (have). (너는 나보다 더 열심히 일하고 있다.)

▶ 전치사 보충어

She's applied for **as many jobs as** Joe (has (applied for)).
(그녀는 조처럼 많은 일자리에 지원했다.)
She's applied for **more jobs than** Joe (has (applied for)).
(그녀는 조보다 더 많은 일자리에 지원했다.)

4 **비절**(nonclausal) **비교구문**: 비교의 기초가 절 또는 절의 축약형이 아니라 명시적 비교기준으로 구성된 비교구문을 비절 비교구문이라고 부른다.

more/less... than + 명시적 비교기준
as/so ... as + 명시적 비교기준

I weigh **more than 200 pounds**. (나는 몸무게가 200파운드 이상 나간다.)
The car went **faster than 100 miles per hour**. (차가 시속 100마일 이상의 속도로 달렸다.)
Our factory consumes **as much as 500 tons of solid fuel per week**.
(우리 공장은 매주 500톤 정도까지 고체연료를 소비한다.)

▶ "more/less of a ..."는 등급성 단수명사와 함께 비교구문을 구성한다.

He's **more of a fool** than I thought (he was). (그는 내가 생각했던 것보다 더 바보다.)
It was **less of a success** than I imagined (it would be).
(그것은 내가 상상했던 것보다 덜 성공적이었다.)

5 **두 속성의 비교**: 한 사람 또는 한 사물의 두 속성을 비교할 때는 -er 비교급이 아니라 more를 사용한다.

I was **more angry than frightened**. (나는 놀랐다기보다 화가 났다.)
(= I was **angry more than frightened**.) (*I was **angrier than frightened**.)

She is **more lazy than tired**. (그녀는 피곤한 것이 아니라 게으르다.)
(= She is **lazy more than tired**.) (*She is **lazier than tired**.)

위의 예에서 than이나 as 다음의 부분이 위의 예에서와는 달리 절이 축약된 구가 아니다.

6 **비교구문에서의 생략**: 비교구문에서 비교절의 일부가 생략될 수 있다. 특히 이 부분이 주절의 일부를 반복하고 있을 경우 특히 그렇다. 생략에는 수의적 생략과 (대명사, 대-술어에 의한) 수의적 대치가 있다.

John enjoys the theatre more than Mary enjoys the theatre.
John enjoys the theatre more than Mary enjoys **it**.　　[대명사]
John enjoys the theatre more than Mary **does**.　　[대-술어]
John enjoys the theatre more than Mary.　　[생략]
John enjoys the theatre more.　　[생략]
(존은 메리보다 연극을 더 좋아한다.)

7 **비교의 조건**: 비교되는 두 절이 비교요소에서 차이가 나지 않으면 비교절은 의미를 지니지 못한다.

*I **hear the noise** as clearly as **I hear/do**.
*I **hear the noise** more clearly than **I hear/do**.
*He **loves his dog** more than **he loves/does**.

▶ 따라서 두 절간에는 무엇이 되었든 최소 하나의 요소에서 차이를 보여야 한다.

I hear the noise as clearly as **you** do.　　[주어의 차이]
(나는 너보다 소리를 더 명확하게 듣는다.)
He loves **his dog** more than **his son**.　　[목적어의 차이]
(그는 자기 아들보다 개를 더 사랑한다.)

그 차이가 시제일 수도 있고 추가된 양상조동사일 수도 있다.

I hear the noise more clearly than I **did**.　　[시제의 차이]
(나는 과거보다 소리를 더 명확하게 듣는다.)
I get up later than I **should**.　　[양상조동사의 추가]
(나는 일어나야 할 시간보다 늦게 일어난다.)

▶ 차이가 시제일 경우에는 비교절에 부사어구만 나타날 수도 있다.

She'll enjoy it more than (she enjoyed) **last year**. (그녀는 작년보다 그것을 더 즐길 것이다.)

▶ 또한 의미를 맥락에서 추정할 수 있을 경우 비교절을 완전히 생략할 수 있다.

You are **slimmer** (than you were). (더 날씬해졌습니다.)
He's looking **better** (than he was). (그는 더 좋아 보인다.)

8 **모호성**: 비교절에서 생략이 일어나면 종종 의미적인 모호성이 나타난다.

He loves his dog **more than his children.** (그는 아이들보다 개를 더 사랑한다.)
(a) He loves his dog more than **his children loves his dog**.

(그는 아이들이 개를 사랑하는 것보다 개를 더 사랑한다.)
(b) He loves his dog more than **he loves his children**.
(그는 아이들을 사랑하는 것보다 개를 더 사랑한다.)

his children을 대명사로 대치한 아래 문장에서 they는 모호성을 유발하지 않지만, them은 여전히 모호성을 유발한다.

He loves his dog more than **they/them**. (그는 그들보다 개를 더 사랑한다.)

9 **충분과 과잉**: 어떤 수준에 충분히 도달하거나 넘칠 때 사용된다.

형용사/부사 + enough + (명사구) + to-부정사구
too + 형용사/부사 + (명사구) + to-부정사구

They're **rich enough to own a car**. (그들은 차를 가질 정도의 돈이 있다.)
They're **too poor to own a car**. (그들은 너무 가난해서 차를 가질 수 없다.)
He's **rich enough a man to own a car**. (그는 차를 가질 정도의 돈이 있는 남자다.)
He's **too poor a man to own a car**. (그는 너무나 가난한 사람이라 차를 가질 수 없다.)
This box is **light enough for the boy to carry**. (이 상자는 아이가 들 수 있을 정도로 가볍다.)
This box is **too heavy for the boy to carry**. (이 상자는 아이들이 옮기기에는 너무 무겁다.)

▶ enough of determiner + noun 혹은 pronoun

I think my letter gave him **enough of a shock**.
(나는 내 편지가 그에게 충분히 충격을 주었다고 생각한다.)
The exam was bad. I couldn't answer **enough of the questions**.
(시험이 엉망이었다. 나는 질문에 만족스럽게 답하지 못했다.)
We didn't buy **enough of them**. (우리는 그것을 충분히 사지 않았다.)

enough는 명사를 수식하는 한정사로 쓰일 수 있다. 전치사 of는 다른 한정사가 없을 경우 일반적으로 쓰이지 않는다. 단지 인명이나 지명 또는 대명사의 경우에는 다른 한정사가 없는 경우에도 of가 쓰인다.

Do you have **enough milk**? (*... enough of milk?) (우유는 충분히 있어?)
We haven't seen **enough of John and Mary** recently.
(우리는 최근에 존과 메리를 볼 만큼 봤다.)
I've had **enough of England**. I'm going home. (영국은 충분히 봤다. 집에 가려고 한다.)

▶ too much/more/less/a bit etc. of a(n) + singular countable noun

He's **too much of a coward** to do that. (그는 겁이 너무 많아서 그것을 할 수 없다.)
He's very **much of a family man**. (그는 매우 가정적인 사람이다.)
It was **more of a meeting** than a party. (그것은 파티라기보다 회의 같았다.)
She's **less of a scientist** than a technologist. (그녀는 과학자라기보다 기술자다.)

▶ so/such...that: 이 구문은 충분/과잉의 개념을 결과의 개념과 연결하는 표현이다. (R13을 보라.) so는 형용사/부사를 수식하고 such는 한정사 선행어로 쓰이고 있다. 이 구문을

"too/enough ... to-부정사 구문"으로 바꾸어 쓸 수 있다.

It's **so good a movie that** we mustn't miss it.
~ It's **too good a movie to** miss.
(매우 좋은 영화니까 놓쳐서는 안 된다.)
It was **such a pleasant day that** I didn't want to go to school.
~ It was **too pleasant a day to** go to school.
(즐거운 시간을 가져서 학교에 가고 싶지 않았다.)
It flies **so fast that** it can beat the speed record.
~ It flies **fast enough to** beat the speed record.
(그것은 음속을 깰 수 있는 정도로 빨리 비행한다.)
I had **such a bad headache that** I needed two aspirins.
~ I had **bad enough a headache to** need two aspirins.
(나는 머리가 너무나 아파서 아스피린 두 알을 먹었다.)

C16 comparatives와 superlatives-2: 형용사

모든 형용사와 부사가 비교급과 최상급으로 사용될 수 있는 것이 아니다. 일반적으로 부사 "very"나 "fairly"의 수식을 받을 수 있는 것들, 즉 의미의 강약에 등급을 표현할 수 있는 (gradable) 형용사는 비교급과 최상급으로 사용될 수 있다. 대부분의 형용사는 등급성을 지니고 있지만, 일반적으로 명사의 제한적 수식어로만 쓰이는 제한형용사와 분류형용사는 비교급과 최상급으로 사용될 수 없다. (부사에 대해서는 C17을 보라.)

1 **제한(limiting)형용사**: 수식하는 명사구의 지시 범위를 제한하는 형용사 (A14.1을 보라.)

certain	chief	favorite	key
main	major	only	particular
prime	principal	same	sole
specific 등			

(*The recent rise in crime is a matter of our **mainer concern**.)
The recent rise in crime is a matter of our **gravest concern**.
(최근의 범죄 증가율은 우리의 가장 중요한 관심사다.)

(*One of the **chiefest causes** of crime today is drugs.)
One of the **most important causes** of crime today is drugs.
(오늘날의 가장 중요한 범죄의 원인의 하나는 마약이다.)

(*Do you have a **more particular reason** to believe that?)
Do you have a **more obvious reason** to believe that?
(그것을 믿어야 할 더 명백한 이유가 있습니까?)

2 **분류(classifying)형용사**: 명사가 가리키는 지시를 어떤 기준에 따라 분류하는 형용사

(A14.4를 보라.)

atomic	bodily	chemical	criminal
educational	medical	musical	polar
short	social	solar 등	

(*I heard he graduated from a **more medical school**.)
I heard he graduated from a **more traditional school**.
(나는 그가 더 전통적인 학교를 나왔다고 들었다.)

(*A number of **more atomic scientists** attended the Conference.)
A number of **younger scientists** attended the Conference.
(많은 젊은 과학자들이 학회에 참석했다.)

(*This is **the most musical comedy** in the world.)
This is **the most hilarious comedy** in the world.
(이것은 세계에서 가장 유쾌한 희극이다.)

▶ 이 외에도 모양(shape), 색채(color), 재료(material)을 의미하는 형용사는 비교급이나 최상급으로 사용되지 않는다. (A14.3을 보라.)

3 **비교급형과 최상급형**: 비교급형과 최상급형으로 만드는 방법에는 두 가지가 있다. 어미를 첨가하는 방법(-er/-est)과 more와 most를 사용하는 방법이다.

She's **happier** than him. (그녀는 그보다 행복하다.)
She's one of the **happiest** women in this town.
(그녀는 이 도시에서 가장 행복한 여자 중의 하나다.)

I've never seen a **more foolish** person than him. (나는 그보다 더 어리석은 사람을 못 봤다.)
He's the **most foolish** person in our club. (그는 우리 클럽에서 가장 바보스러운 사람이다.)

4 **철자**: 어미 -er와 -est를 붙여 형용사의 비교급형과 최상급형을 만드는 경우 다음의 법칙을 따른다.

▶ "자음 + y"로 끝나면 y를 i로 바꿔라.

fun**y** :: fun**n**ier :: fun**n**iest
lone**ly** :: lone**l**ier :: lone**l**iest
luc**ky** :: luc**k**ier :: luc**k**iest
gay :: gayer (*gaier) :: gayest (*gaiest)

▶ "단모음 + 단자음"으로 끝나면 자음을 반복한다.

bi**g** :: bi**gg**er (*biger) :: bi**gg**est (*bigest)
fa**t** :: fa**tt**er :: fa**tt**est
thi**n** :: thi**nn**er :: thi**nn**est

▶ 단어 끝의 묵음 e는 삭제한다.

late :: later (*lateer) :: latest (*lateest)
nice :: nicer :: nicest
simple :: simpler :: simplest

5 **어미**: -er와 -est 어미를 붙여 비교급과 최상급을 만드는 형용사

▶ 모든 단음절 형용사

small :: smaller :: smallest
great :: greater :: greatest
tall :: taller :: tallest

▶ 이 음절 형용사 중에 "-y/-le/-ly/-ow/-er 어미"를 가진 형용사

lonely	ugly	costly	noble
simple	gentle	feeble	bitter
clever	slender	narrow	yellow
hollow	pretty	happy	angry

dirty :: dirtier :: dirtiest
noble :: nobler :: noblest
costly :: costlier :: costliest
narrow :: narrower :: narrowest
cleaver :: cleverer :: cleverest

▶ 이 음절 형용사 중에 마지막 음절에 강세가 오는 형용사

concise	polite	complete	obscure
profound	genteel 등		

I tried to be more **politer**, but they were not satisfied.
(나는 더 공손하려고 애썼지만 그들은 만족하지 못했다.)
This is one of the **obscurest** statements that I've ever read.
(이것은 내가 읽어 본 것 중에 가장 모호한 성명 중의 하나다.)

▶ 이러한 형용사 중에 서술적으로만 사용되는 형용사는 제외된다. (A14.8과 9를 보라.)

alive	aware	afraid	asleep
alert	askew	ajar	content 등

Today we have to stay **more alert/*alerter** than yesterday.
(우리는 어제보다 오늘 더 경계심을 가져야 한다.)
Daly ran towards us with his hat **more askew/*askewer** than usual.
(데일리가 보통 때 보다 모자를 더 비스듬히 쓰고 우리 쪽으로 달려왔다.)

6 **혼합형**: 이 음절 형용사에는 일반적으로 -er과 -est 어미를 붙여 비교급형과 최상급형을 구성한다. 이 음절 형용사 중에 -er/-est 어미와 more/most가 둘 다 가능한 것들과 more/most

만 가능한 형용사가 있다.

► 혼합형

common	handsome	clever	mature
obscure	pleasant	polite	sincere
severe	stupid 등		

common :: commoner/more common :: commonest/most common
handsome :: handsomer/more handsome :: most handsome

► more/most

| placid | awesome | wanton | eager |
| rugged | mordant | secure | superb 등 |

awesome :: more awesome/*awesomer :: most awesome/*awesomest
eager :: more eager/*eagerer :: most eager/*eagerest

► -y 어미를 가진 두 음절 형용사의 반의어인 unhappy, untidy 등은 예외다.

unhappy :: unhappier/*more unhappy :: unhappiest/*most unhappy
untidy :: untidier/*more untidy :: untidiest/*most untidy

► good-looking이나 well-known과 같은 몇몇 혼합 형용사는 두 가지 형태의 비교급과 최상급이 가능하다.

good-looking :: **better**-looking/**more** good-looking :: **best**-looking/**most** good-looking
well-known :: **better**-known/**more** well-known :: **best**-known/**most** well-known

7 **more와 most**: more와 most를 사용하여 비교급과 최상급을 표현하는 형용사

► 이 음절 형용사 중에 "-al/-ful/-ic/-less/-ish/-ous/-ing/-ed"를 가진 형용사

leth**al** :: more leth**al** :: most leth**al**
use**ful** :: more use**ful** :: most use**ful**
trag**ic** :: more trag**ic** :: most trag**ic**
fool**ish** :: more fool**ish** :: most fool**ish**
nerv**ous** :: more nerv**ous** :: most nerv**ous**
pleas**ing** :: more pleas**ing** :: most pleas**ing**
worri**ed** :: more worri**ed** :: most worri**ed**

► 세 음절 이상의 형용사

beautiful :: **more** beautiful :: **most** beautiful
disastrous :: **more** disastrous :: **most** disastrous
intelligent :: **more** intelligent :: **most** intelligent

8 **불규칙형**: good, bad, far, few, little, much, many는 불규칙 비교급형과 최상급형을 가지고 있다.

원형	비교급형	최상급형
good/well	better	best
bad/badly	worse	worst
far	farther(거리) further(추가)	farthest furthest
few	less/fewer	least/fewest
little	less	least
many/much	more	most
old	older/elder	oldest/eldest

few와 little은 A4를, less와 fewer는 L5를, least와 fewest는 L4를, many와 much는 M5를, more는 M25를, most는 M26을, elder와 eldest는 E7을 보라.

C17 comparatives와 superlatives-3: 부사

1 **-ly 부사**: 대부분의 부사는 형용사에 -ly 어미를 붙여 만들며, 이 부사들은 2음절이라 할지라도 more와 most를 써서 비교급과 최상급형을 만든다.

> We should treat her **more gently/*gentlier**. (우리는 그녀를 더 다정하게 대해야 한다.)
> It's raining outside, drive **more safely/*safelier**.
> (밖에 비가 오고 있으니 더 조심해서 운전해라.)
> He ought to drive the car **more slowly/*slowlier**. (그는 차를 더 천천히 운전해야 한다.)
> Try to express yourself **more simply/*simpler**. (더 간단히 말하도록 해라.)

2 **-ly 형용사**: -ly 어미를 가진 부사 중에 형용사로도 쓰일 수 있는 것은 -er/-est 어미를 써서 비교급과 최상급을 만들 수 있다. (A22를 보라.)

> early   costly   deadly   lonely 등

> He always comes to the meeting **earlier** than me. (그는 항상 나보다 회의에 일찍 온다.)
> She seems to be **lonelier** than before. (그녀는 전보다 더 고독해 보인다.)
> Our holidays in Australia proved **costlier** than in the United States.
> (호주에서 보낸 우리 휴가가 미국에서 보낸 휴가보다 돈이 더 든다는 것을 보여준다.)

3 **부사**: 형용사와 같은 형태를 가진 부사(A22를 보라)와 몇몇 형태가 다른 부사들도 -er/-est 비교급과 최상급을 갖는다. 가장 흔히 나타나는 것은 다음과 같은 것이 있다.

> bad   early   fast   late
> hard   long   near   high
> low   soon   easy   slow
> loud   quick 등

> Can't you drive any **faster**? (좀 더 빨리 운전할 수 없습니까?)

Can you come **earlier**? (더 일찍 올 수 없어?)
Talk **louder**. (더 크게 말해.) [구어체]
We all have terrible voices, but I sing **worst** of all.
(우리는 모두 형편없는 목소리를 가지고 있는데, 그중에서도 내 노래가 최악이다.)

4 **형용사/부사**: 형용사와 부사로 쓰일 수 있으면서 -ly 어미 부사형이 없는 단어들은 -er/-est 를 붙여 비교급과 최상급을 만들 수 있다.

fast	hard	late	long 등

He runs **faster** than any of us. (그는 우리 중의 누구보다 더 빨리 달린다.)
He have waited a little **longer**. (그는 잠시 더 기다렸다.)
The team work **hardest** in our factory. (그 팀은 우리 공장에서 가장 열심히 일한다.)

5 **형용사/부사와 -ly어미**: 스스로 형용사와 부사로 쓰일 수도 있고 -ly 어미를 붙여 부사로도 쓰일 수 있는 것들이 있다. 이들이 -ly어미 없이 부사로 쓰일 때는 -er/-est를 써서 비교급과 최상급을 만든다.

clean	clear	dear	deep
direct	fair	fine	free
full	high	light	loud
low	right	short	slow
sure	tight	wide	wrong 등

It cut **deeper** into his right foot. (그것은 그의 오른발을 깊숙이 찢고 들어갔다.)
I kept my eyes shut **tighter and tighter**. (나는 눈을 점점 더 꽉 감았다.)
Can you talk a little bit **louder**? (좀 더 크게 말할 수 있습니까?)
The road became **wider** as we drove down south.
(우리가 남쪽으로 운전하고 내려갈수록 길이 점점 더 넓어졌다.)

불규칙 비교급과 최상급을 가진 far, much, little에 대해서는 C16.8을 보라.

C18 comparatives와 superlatives-4: 비교급의 용법

1 **비교급 (...) than**: 어떤 대상이 다른 대상에 비해 더 높거나 낮은 정도를 표현한다.

Nobody could propose a **better** solution **than** John.
(존보다 아무도 더 좋은 해결책을 내놓을 수 없다.)
This was a **less interesting** lecture **than** the previous one.
(이 강의는 앞의 강의보다 덜 흥미로웠다.)
August is generally **hotter than** July. (8월이 일반적으로 7월보다 더 덥다.)

2 **the 비교급 ... the 비교급**: 비교되는 대상들이 함께 비례적으로 증가하거나 감소하는 것을 표현한다.

The older I get, **the happier** I am. (나는 나이가 들수록 더 행복하다.)
The more dangerous it is, **the more** I like it. (위험성이 높아질수록 나는 더 좋다.)
The more I study, **the less** I learn. (나는 공부를 하면 할수록 배우는 것이 더 적다.)

► 이 구조에서 어순에 유의하라.

The more silly the plan is, **the more** I like it. (계획이 형편없을수록 나는 더 좋다.)
The more money he makes, **the more useless things** he buys.
(그는 돈을 벌면 더 벌수록 필요 없는 물건을 더 많이 사들인다.)

3   all/any/none + the 비교급: "...에 비례해서 그만큼 더 ...(못)하다"는 것을 표현한다. (N20.7을 보라.)

► all + the 비교급
He felt **all the better** by having taken the medicine.
(그는 그 약을 먹고 훨씬 더 기분이 좋았다.)
(= He felt **much better** by having taken the medicine.)
I was **all the more upset** because he put all the blame on me.
(나는 그가 모든 책임을 나에게 돌렸기 때문에 더 화가 났다.)
(= I was **much more upset** because he put all the blame on me.)

► any + the 비교급
He didn't feel **any the better** by having taken the medicine.
(그는 그 약을 먹었으나 기분이 조금도 좋아지지 않았다.)
(= He didn't feel **even a bit better** by having taken the medicine.)
He didn't become **any the wiser** by having taken courses at college.
(그는 대학에서 교육을 받았으나 조금도 현명해지지 않았다.)
(= He didn't become **a bit wiser** by having taken courses at college.)

► none + the 비교급
She has taken a week off, but she is feeling **none the better** for it.
(그녀는 한 주를 쉬었으나 그렇다고 기분이 좋아지지 않았다.)
(= She has taken a week off, but she is **not** feeling **any better** for it.)
He seemed **none the worse for** his night out in the cold.
(그는 추위 속에서 밤을 보냈으나 더 나빠지지 않은 것 같다.)
(= He did**n't** seem **worse despite** the fact that he spent night in the cold.)
I've taken several courses on finances, but I'm still **none the wiser**.
(나는 재무에 관한 과목을 몇 개 들었으나 더 아는 것이 없다.)
(= I've taken several courses on finances, but I'm **not any wiser**.)

4   비교급 and 비교급: 비교급 표현을 and로 결합함으로써 점진적이고 지속적인 증가나 감소를 표현한다.

The balloon is getting **bigger and bigger**. (풍선이 점점 더 커지고 있다.)

The building is going up **higher and higher** every day.
(건물이 하루가 다르게 점점 더 높아지고 있다.)
His behavior in the class became **less and less** tolerable.
(수업 중에 보인 그의 태도는 점점 더 인내의 한계를 넘어섰다.)

5   **두 대상의 비교**: 둘을 비교할 때는 일반적으로 최상급이 사용되지 않는다.

Which is **the larger/*largest of the two countries**? Egypt or Nigeria?
(이집트와 나이지리아 두 나라 중에 어느 나라가 더 큽니까?)
I like Betty and Maud, but I think Maud's **the nicer/*nicest of the two**.
(나는 베티와 모드를 좋아하지만 모드가 둘 중에 더 매력적이다.)
Of your parents, who's older/*the oldest? (네 부모 중에 어느 분이 더 연세가 많으냐?)

6   **관계대명사 than**: than은 관계대명사나 관계부사가 이끄는 관계절에서처럼 비교절에서 주어나 목적어 혹은 부사적 표현을 대치할 수 있다. (R7과 T7을 보라.)

She spent more money **than** was affordable.
(그녀는 감당할 수 있는 것보다 더 많은 돈을 썼다.)
(*She spent more money **than she** was affordable.)
There were more people **than** we had expected. (우리가 기대했던 것보다 사람들이 더 많다.)
(*There were more people **than** we had expected **them**.)
I love you more **than** she does. (나는 그녀가 너를 사랑하는 것보다 너를 더 사랑한다.)
(*I love you more **than how much** she does.)

as의 유사한 용법에 대해서는 A64.3과 A65.8을 보라.

C19   comparatives와 superlatives-5: 최상급의 용법

1   **the 최상급**: 최상급은 어떤 대상이 다른 대상에 비해 가장 높은 정도 또는 가장 낮은 정도를 표현한다.

This was **the least interesting** lecture so far.
(이번 강의는 지금까지의 강의 중에 가장 흥미롭지 못했다.)
August is **the hottest** in the year. (1년 중에 8월이 제일 덥다.)
She's one of **the richest** people in town. (그녀는 시에서 가장 부자 중의 한 명이다.)

2   **the 최상급 + of**: 최상급 형용사 다음에 명사가 뒤따르지 않는 구조에서는 종종 of-구가 뒤에 온다.

He was **the richest of the people** in town. (그는 시에 사는 사람들 중에 가장 부자다.)
She is **the most intelligent of the students**. (그녀는 학생들 중에 가장 총명하다.)
He is **the cleverest of the group**. (그는 집단에서 가장 영리하다.)

3   **the 최상급 ... + in/of**: 최상급 다음에 "단수의 장소 명사"나 "집단 명사"가 오면 일반적으로

of 대신에 in을 사용한다.

I'm the happiest man in the world. (나는 세상에서 가장 행복한 사람이다.)
(*I'm **the happiest man of the world**.)
She's the fastest player in the team. (그녀는 팀에서 가장 빠른 선수다.)
(*She's **the fastest player of the team**.)
He is **the cleverest student in the class.** (그는 반에서 가장 똑똑한 학생이다.)
(*He is **the cleverest student of the class**.)

▶ 그러나 복수 (대)명사와 lot/bunch와 같은 단수 양화사 앞에서는 of를 사용할 수 있다.

He's **the fastest learner of the students** that I'm teaching.
(그는 내가 가르치고 있는 학생들 중에 학습 속도가 가장 빠른 제자이다.)
She's **the fastest player of them all.** (그녀는 그들 중에 가장 빠른 선수다.)
He's **the best of the lot.** (그는 군계일학이다.)
I like all his family but Gary is **the best of the bunch.**
(나는 그의 모든 가족을 좋아하지만 개리를 가장 좋아한다.)

4 **one's 최상급**: 전치사구의 명사(구)를 소유격 명사(구)로 바꾸어 최상급 형용사 앞으로 보낼 수 있다.

He thinks he's **the strongest man in the world**.
(그는 자신이 세상에서 가장 힘센 사람이라고 생각한다.)
(= He thinks he's **the world's strongest man**.)
He's **the richest man in Korea**. (그는 한국에서 가장 부자다.)
(= He's **Korea's richest man**.)

5 **최상급과 the**: 최상급은 일반적으로 정관사 the를 대동하지만 구어체에서 서술적으로 쓰이는 형용사나 부사의 최상급은 종종 정관사 없이도 쓰인다.

Which of the students is **(the) most intelligent**? (어느 학생이 가장 총명합니까?)
I'm **(the) greatest.** (내가 가장 위대하다.)

His car runs **(the) fastest** among the cars. (그의 차가 차 중에 가장 빨리 달린다.)
They work **(the) hardest** in our factory. (그들은 우리 공장에서 가장 열심히 일한다.)

▶ 최상급은 특정 상황에 처한 한 대상의 특성을 표현하는 서술어로 쓰일 경우 일반적으로 정관사 없이 사용된다. 다음을 비교해보라.

She was **(*the) most beautiful** when she wore a wedding dress.
(그녀는 결혼 드레스를 입었을 때 가장 아름다웠다.)
He dates a number of girls, but Jane's **(the) most beautiful.**
(그는 많은 여자와 사귀었지만, 제인이 가장 예쁘다.)

She is **(*the) happiest** when she has her family gathered around her.
(그녀는 가족이 자신의 곁에 모였을 때 가장 행복하다.)

They had a family reunion at Easter, but grandmother was **(the) happiest**.
(그들은 부활절에 가족 모임을 가졌는데 할머니가 가장 행복해했다.)

She studies **(*the) hardest** when she's preparing for the final exam.
(그녀는 학기말시험을 준비할 때 가장 열심히 공부한다.)

I have about a hundred men under me, but he works **(the) hardest**.
(내 밑에 약 100명의 직원이 있지만 그가 가장 열심히 일한다.)

6   **very**: 문어체에서 most는 최상급이 아닌 "very"의 의미로 사용될 수 있다.

Thank you very much indeed. That's **most kind** of you.
(진심으로 감사합니다. 당신은 정말 친절하십니다.)
(*That's **kindest** of you.)
I'll be **most happy** to serve under the Queen.
(나는 여왕을 위해 일할 수 있다면 매우 행복할 것입니다.)
(*I'll be **happiest** to serve under the Queen.)

7   **비단언적 단어**: 일반적으로 긍정문에서 사용되지 않는 "ever, yet, any"와 같은 비단언적 (non-assertive) 단어들은 비교급과 최상급 구문에서 종종 사용된다.

You're **more attractive** than **anybody** I know. (너는 내가 아는 어떤 사람보다 더 매력적이다.)
It's the **most delicious** dinner I've **ever** eaten. (이것은 내가 먹어본 가장 맛있는 정찬이다.)
This is the **fastest** car **yet**. (이 차가 지금까지 가장 빠른 차다.)

▶ 위의 예문들은 각각 부정의 "비단언적 의미"를 함의하고 있다.

I **don't** know anybody who is more attractive than you.
(나는 너보다 더 매력적인 사람을 모른다.)
I've **never** eaten dinner that is more delicious than the dinner.
(나는 이것보다 더 맛있는 정찬을 먹어보지 못했다.)
I **haven't** seen a car that is faster than this car. (나는 이 차보다 더 빠른 차를 못 봤다.)

비교급과 최상급의 수식에 (예: much older, far the most) 대해서는 C20을 보라.
as와 that에 대해서는 T7을 보라.
as와 비교에 대해서는 A65를 보라.
more에 대해서는 M25를 보라.
most에 대해서는 M26을 보라.
less에 대해서는 L5를 보라.
least에 대해서는 L4를 보라.

C20   comparatives와 superlatives-6: 수식어들

비교구문에는 대등(equivalence) 비교구문, 비대등 (non-equivalence) 비교구문, 최상급 구문이 있다. (C15를 보라.)

She earned **as much as** her husband. (그녀는 남편만큼 번다.)
She earned **more than** her husband. (그녀는 남편보다 더 번다.)
She earned **the most scores** for the team. (그녀는 팀에서 대부분의 득점을 한다.)

이들은 각각 매우 제한적인 수의 부사적 표현의 수식을 받을 수 있다.

1 비대등 비교급의 수식어

any	a bit	even	far
a great deal	immensely	a little	a lot
lots	many	(very) much	quite
no	rather	slightly	somewhat
three times	twice 등		

My boyfriend is **much/far older** than me. (내 남자친구는 나보다 꽤 나이가 많다.)
Russian is **immensely more difficult** than Spanish.
(러시아어는 스페인어보다 훨씬 더 어렵다.)
She is **slightly/somewhat much nicer** than her sister. (그녀는 언니보다 조금 더 친절하다.)
Many more people use a car than public transportation to go to work.
(훨씬 더 많은 사람들이 출근할 때 대중교통보다 승용차를 이용한다.)
His brother is **a bit more sensible** than him. (그의 동생이 그보다 약간 더 분별력이 있다.)
Now they seem to be **a lot happier** than ten years ago.
(지금 그들은 10년 전보다 많이 더 행복해 보인다.)
My headache's **lots better**, thanks. (고마워. 두통이 많이 좋아졌어.)
Is your mother **any better**? (너의 어머니 좀 좋아지셨어?)
The dress was **rather more expensive** than I was expecting it would be.
(그 드레스는 내가 짐작했던 가격보다 상당히 더 비쌌다.)
She looks **no older** than her daughter. (그녀는 딸보다 더 나이 들어 보이지 않는다.)
The water moved **a little less quickly** than it used to. (물이 옛날보다 약간 덜 빨리 움직였다.)
Your cooking is **even worse** than Harry's. (너의 요리가 해리의 요리보다도 더 형편없다.)

It took **three times longer** than I had expected to adjust to a new environment.
(새 환경에 적응하는 데 내가 생각했던 것보다 세 배 더 길게 걸렸다.)

▶ very: very는 형용사와 부사의 대표적인 수식어지만 비교급의 수식어로 사용될 수 없다.

*My boyfriend is **very older** than me.
*Russian is **very more difficult** than Spanish.

▶ quite: quite는 다른 비교급 표현의 수식어로 사용될 수 없으나, 건강과 관련이 있는 단어인 well의 비교급으로 사용되는 better의 수식어로 사용될 수 있다.

Don't start work again until you're **quite better**.
(건강이 상당히 좋아질 때까지 다시 일을 시작하지 마라.)
I'm feeling **quite better** today, thank you. (고맙습니다. 오늘 꽤 기분이 좋습니다.)

▶ any, no, a bit, a lot: 이 표현들은 일반적으로 명사 앞에 오는 비교급을 수식하는 데 사용되지 않는다.

There're **much/far nicer shops** in the town center.
(시가지 중심에 가면 훨씬 더 좋은 가게들이 있다.)
(*There're **a bit/a lot/no nicer shops in the town center**.)

▶ much/many more: more가 (M25를 보라) 복수명사를 수식하면 much 대신에 many의 수식을 받는다. 다음을 비교해보라.

The project requires **much more money** than the committee has approved.
(그 계획은 위원회가 승인한 것보다 훨씬 더 많은 돈을 필요로 한다.)
There're **many more opportunities** for young people than there were fifty years ago.
(50년 전보다 지금이 젊은 청년들에게 훨씬 더 많은 기회가 있다.)

▶ many와 less/fewer: 흔치는 않지만 many는 때때로 (복수명사 앞에 오는) less와 fewer를 수식하는 데 사용될 수 있으나, "far, a lot 등"이 더 자주 쓰인다.

The dictionary carries **far less words** than its previous edition.
(이 사전에는 지난번 판보다 훨씬 적은 수의 단어를 수록하고 있다.)
(The dictionary carries **many less words** than its previous edition보다 흔히 쓰인다.)
The police report **a lot fewer accidents** this year than last year.
(경찰 보고에 따르면 작년보다 올해에 사고가 훨씬 적다.)
(The police report **many fewer accidents** this year than last year보다 흔히 쓰인다.)

2 **대등 비교급 수식어**

about	approximately	easily	every bit
half	at least	nearly	nothing like
nowhere near	roughly	three times	twice 등

The Lotte World Tower is **twice as high as** the 63 Building.
(롯데월드타워는 63빌딩보다 높이가 두 배다.)
The 63 Building is **half as high as** the Lotte World Tower.
(63빌딩은 롯데월드타워보다 높이가 절반이다.)
The tower is **about as high as** 15 meters. (이 탑은 높이가 약 15미터 정도 됩니다.)
She can run **easily as fast as** me. (그녀는 쉽게 나만큼 빨리 달릴 수 있다.)
My brother is **nearly as clever as** me. (나의 남동생은 거의 나만큼 눈치가 빠르다.)
She looks **nothing like as beautiful as** her photograph.
(그녀는 그녀의 사진만큼 예뻐 보이지 않는다.)

3 **공통 비교급 수식어**: 다음의 표현은 대등과 비대등 비교구문 모두에서 가능하다.

| hardly | scarcely | "fractions" (a third, one fifth 등) |
| "multipliers" (three times, five times 등) | | |

Mary earns **hardly as much as** me. (메리는 나만큼 벌지 못한다.)
Mary earns **hardly more than** me. (메리는 나보다 더 벌지 못한다.)

위의 두 문장을 실제로 같은 의미를 표현한다. 가령 Mary가 100만 원을 벌고 내가 120만 원을 번다고 하면, 위의 두 문장 중에 어느 것을 사용해도 좋다. 마찬가지로 다음의 두 문장도 같은 의미를 지닌다. Jack이 150만 원을 벌고 내가 50만 원을 번다면 아래 두 문장의 어느 것을 사용해도 된다.

Jack earns **three times as much as** me. (잭이 내가 버는 것의 세 배를 번다.)
Jack earns **three times more than** me. (잭이 나보다 세 배를 더 번다.)

▶ 그러나 "분수"를 사용한 다음의 두 문장은 그 의미가 다르다.

Ed earns **a third as much as** me. (Ed earns $500 and I earn $1,500.)
(에드는 내가 버는 것의 3분의 1을 번다.)
Ed earns **a third more than** me. (Ed earns about $2,000 and I earn $1,500.)
(에드는 내가 버는 것보다 3분의 1을 더 번다.)

fractions에 대해서는 F7을 보라.
multipliers에 대해서는 M27을 보라.

4   **최상급 수식어**: 최상급 수식어에는 두 가지 종류가 있다. 하나는 정관사 the와 최상급 사이에 올 수 있는 것이고, 다른 것은 정관사 앞에 올 수 있는 것이다.

▶ the 다음에 오는 것

very   next   ordinal numbers (first를 제외한)

It was **the very best** performance I can recall.
(그때 연주가 내가 회상할 수 있는 바로 최고의 연주였다.)
John was **the second youngest** player in our team.
(존은 우리 팀에서 뒨 두 번째로 어린 선수였다.)
Holland is **the next largest** grower of daffodils.
(홀란드는 나팔수선화의 두 번째로 큰 재배국이다.)

▶ very: very는 first, next, last를 강조하기 위해 쓰일 수 있다.

You're **the very first person** I've spoken to today.
(네가 내가 오늘 말을 한 그 첫 번째 사람이다.)
This is **your very last chance**. (이것이 너의 진짜 마지막 기회다.)

▶ the 앞에 오는 것

absolutely	almost	altogether	barely
by far	easily	entirely	fully
hardly	more or less	much	nearly
practically	quite	scarcely	virtually 등

He's **much the best person** for the job. (그는 그 일을 위한 최적의 사람이다.)

She's **by far the oldest lady** in our town.
(그녀는 우리 시에서 단연 가장 연세가 많은 여인이다.)
We're walking **by far the slowest**. (우리는 최고로 천천히 걷고 있다.)
He's **quite the most stupid man** I've ever met.
(그는 내가 만난 사람 중에 실제로 가장 우둔한 사람이다.)
I'm **nearly the oldest** in the firm. (나는 회사에서 가장 나이 많은 사람에 가깝다.)
This is **practically the worst party** I've been to this year.
(이 파티가 올해에 내가 간 것 중에 실제로 최악의 파티다.)

C21 complements(보어)

보어는 일반적으로 두 가지 의미로 쓰인다. 협의의 보어는 주어나 목적어를 보충하는 주어보어와 목적어보어를 가리키지만, 좀더 광의의 보어는 동사, 형용사, 명사와 함께 쓰여 그 의미를 완성해 주는 모든 표현을 가리킨다.

1   **주어보어와 목적어보어**: 일반적으로 명사(구)와 형용사(구)가 보어로 쓰인다.

Allison is **a famous opera singer**.   [주어보어]
(앨리슨은 유명한 오페라 가수다.)
Philip is **very encouraged**.
(필립은 매우 고무되었다.)
Why ever did they elect him **chairman**?   [목적어보어]
(도대체 그들은 왜 그를 회장으로 선출했지?)
You make me **nervous**.
(너는 나를 신경 쓰게 한다.)

▶ 주어보어를 취하는 대표적인 동사는 be 동사가 있으며, 이외에 "become, feel, grow, keep, look, seem, smell, sound, taste, turn 등"이 있다. (C28을 보라.)

Allison eventually **became a famous opera singer**.
(앨리슨은 결국 유명한 오페라 가수가 되었다.)
The soup **tastes very delicious**. (수프가 매우 맛있다.)
Seoul seems **a pleasant city**. (서울은 즐거운 도시 같다.)
Johnson turned **traitor**. (존슨은 반역자가 되었다.)

▶ 목적어보어를 취하는 동사는 V6을 보라.

They **called my business partner a liar**. (그들은 나의 사업동업자를 거짓말쟁이라고 불렀다.)
She **left all the letters unopened**. (그녀는 모든 편지를 개봉하지 않고 놔두었다.)
You should always **keep vegetables fresh**. (채소는 항상 신선하게 유지해야 한다.)
They **elected John chairman**. (그들은 존을 의장으로 선출했다.)

2   **목적어 보충어**: 동사, 명사, 형용사, 전치사는 종종 보충어의 도움을 받아 완전한 의미를

표현한다.

누가 "I want"라고 말한다면 우리는 그가 무엇을 원하는지 궁금해지게 마련이고, "the need"란 표현은 이대로는 명백한 의미를 갖지 못한다. 또한 "I'm interested"라는 말을 들으면 우리는 자연히 그 사람이 무엇에 관심을 갖는지에 관심을 갖게 마련이다. 동사, 명사, 형용사의 의미를 완성하는 단어와 표현도 "보충어"라고 부른다.

- ▶ 동사와 보충어: 동사는 가장 다양한 형태의 보충어를 취한다. 동사의 보충어로는 명사구, 동명사구, 전치사구, 부정사구, 시제절이 사용된다.

He **lost the tickets** for tonight's game. (그는 오늘 밤 경기의 입장권을 분실했다.)
I **don't mind driving** if you're tired. (나는 네가 피곤하다면 운전하는 것을 개의치 않는다.)
The Minister can't **account for the loss of votes**.
(장관은 투표용지의 분실을 설명하지 못한다.)
They **determined to cross the desert**. (그들은 사막을 가로질러 가기로 결심했다.)
I suddenly **realized that the band had stopped playing**.
(나는 악대가 연주를 멈췄다는 것을 갑자기 알아차렸다.)
He **asked what we wanted**. (그는 우리가 원하는 것이 무엇인지 물었다.)

동사는 이 외에도 추가적인 보충어를 가질 수 있다. 이에 대해서는 V3-V7을 보라.

- ▶ 형용사와 보충어: 형용사는 전치사구, 동명사구, 부정사구, 시제절을 보충어로 가질 수 있지만, 명사구는 일반적으로 형용사의 보충어로 쓰일 수 없다.

I'm **interested in cookery**. (나는 요리법에 관심이 있다.)
She's very **fond of pointing out my mistakes**.
(그녀는 나의 잘못을 지적하는 것을 매우 좋아한다.)
The soup's **ready to eat**. (수프는 먹을 준비가 되었다.)
I'm **glad that you were able to come**. (나는 네가 올 수 있어서 기쁘다.)
I'm still **doubtful whether I should accept this job**.
(나는 이 일자리를 받아들여야 하는가에 아직 확신이 없다.)

형용사의 보충에 대해서는 A16.3-9를 보라.

- ▶ 명사와 보충어: 명사의 보충어로는 전치사구, 부정사구, 시제절이 사용된다.

He planned our **journey to Rome**. (그는 로마 여행을 계획했다.)
We made the **decision to abandon the project**. (우리는 그 계획을 포기하기로 결정했다.)
I heard the **rumour that the city had been captured**.
(나는 그 도시가 함락되었다는 소문을 들었다.)
She answered the **question whether they were guilty**.
(그녀는 그들이 죄가 있는지에 대한 질문에 답했다.)

- ▶ 전치사와 보충어: 전치사는 명사구, 동명사구, 전치사구, wh-시제절을 보충어로 가질 수 있다.

He wrote a number of books **on World War II**.

(그는 2차 세계대전에 대해서 여러 권의 책을 썼다.)
They ended their conflict **by signing a peace treaty.**
(그들은 평화협정에 서명함으로써 분쟁을 끝냈다.)
He picked up the gun **from under the table.** (그는 식탁 밑에서 총을 집어 들었다.)
What he did is very different **from what he said.** (그의 행동은 그의 말과 매우 다르다.)

▶ that-시제절은 일반적으로 전치사의 보충어로 쓰이지 않지만, "in/except/save" 다음에서는 허용된다. (P32.1을 보라.)

He was surprised **(*at) that she noticed him.** (그는 그녀가 그를 알아봐서 놀랐다.)
I know nothing about the man **except/save that he lives next door.**
(나는 그가 이웃에 산다는 것 외에 그 사람에 대해 아무것도 모른다.)
John held responsible **in that he was the leader of the team.**
(존은 팀의 우두머리였기 때문에 책임을 져야했다.)

전치사의 보충어에 대해서는 P31을 보라.

C22   congratulations(축하)

우리는 어떤 사람이 무엇을 성취하거나 성공했을 경우 "축하"를 보내게 된다. 시험에 붙거나, 아이를 낳거나, 약혼이나 결혼을 하거나 하는 거의 모든 좋은 일에 대해서 "congratulations"란 말로 축하를 보낸다.

1   congratulations: 축하를 표현할 때는 항상 복수형을 사용해야 한다.

"I've passed my driving test yesterday!" "Did you? **Congratulations!**"
("나 어제 운전시험에 합격했어." "그래? 축하해!")
Congratulations on your superb performance! (당신의 훌륭한 연주를 축하합니다!)
Congratulations, John. I heard you've passed the exam with top marks.
(축하해, 존. 너 최고성적으로 시험을 통과했다고 들었어.)

▶ 축하에 대한 응답은 일반적으로 "Thank you (very much)"다.

2   congratulate: 일반적으로 동사형을 사용해서 축하를 하지 않지만, 소망을 표현할 때 사용하는 조동사 "may"와 함께 축하를 표현할 수 있다.

*I **congratulate** you on having passed your driving test.
***Congratulate**, John!
May we **congratulate** you on your promotion! (당신의 승진을 축하합니다!)

▶ 그러나 축하를 보낸 사실을 말할 때는 동사를 사용할 수 있다.

She **congratulated** me warmly on my exam results.
(그녀는 나의 시험결과에 대해 따뜻한 축하를 보냈다.)
I **was congratulating** him on having won the race.

(나는 그가 경기에 승리한 것을 축하하고 있었다.)

may에 대해서는 M10.4를 보라.

3   congratulation: 축하 표현으로 사용되지 않을 경우에는 불가산명사로 사용된다.

He sent **a letter of congratulation** to the friend who has recently got a job.
(그는 근래에 취직한 친구에게 축하의 편지를 보냈다.)
We sent him **a note of congratulation** on his election victory.
(우리는 그의 선거 승리를 축하하는 메모를 보냈다.)

C23   conjuncts(접속어)

접속어(conjuncts)라고도 부르는 접속 부사구(conjunctive adverbial phrases)는 화자가 말하고자 하는 것과 앞의 상황과의 논리적 관계를 표현한다.

부사구에 대해서는 A19-A21을 보라.

1   **형태**: 접속어는 부사, 전치사구, 비정형절, 정형절 등 다양한 형태로 실현된다.

It's not really a nice neighborhood. **Still**, she likes living here.   [부사]
(여기는 그렇게 좋은 이웃이 아니다. 그러나 그녀는 여기서 살기를 좋아한다.)
It wasn't a good idea; **on the contrary**, it was a huge mistake.   [전치사구]
(그것은 좋은 생각이 아니었다. 반대로 큰 실수였다.)
To begin with, he shouldn't have driven my car.   [비정형절]
(애당초, 그는 내 차를 운전하지 말았어야 했다.)
As far as Sarah is concerned, I think it's time   [정형절]
   we had a serious talk with her parents.
(사라에 대해 말하자면, 나는 그녀의 부모에게 솔직한 말을 할 때가 되었다고 생각한다.)
All in all, it had been one of the worst years of my life.   [여타]
(대체로 그때가 내 생애에서 최악의 해 중의 하나였다.)

2   **위치**: 접속어는 일반적으로 문두위치에 온다.

See you later. **By the way**, don't forget to bring the camera.
(나중에 보자. 그런데 카메라 가져오는 것 잊지 마라.)
Anyway, I think it's too late to save the company from bankruptcy.
(아무튼 나는 회사를 파산에서 구하는 것이 너무 늦었다고 생각한다.)

▶ "anyhow, anyway, otherwise, though, then" 등은 문미위치에 오기도 한다.

The weather looks good. I'll take my umbrella, **though**.
(날씨가 좋아 보인다. 그렇지만 나는 우산을 가져가겠다.)
He may not like my suggestion, but I'll make it, **anyhow**.
(그는 내 제안을 좋아하지 않을 수 있지만, 여하튼 제안하려고 한다.)

Put your coat on; you'll catch a cold, **otherwise**.
(외투를 입어라. 그러지 않으면 감기에 걸릴 것이다.)

▶ "however, therefore, though, on the other hand, by contrast" 등은 문중위치에 올 수 있으며, 앞뒤에 쉼표를 찍는 것이 정상이다.

We have, **therefore**, decided to adopt your idea.
(그러므로 우리는 너의 아이디어를 받아들이기로 했다.)
Gerry is not a particularly good student. His brother, **by contrast**, is one of the best.
(개리는 특별히 뛰어난 학생이 아니다. 이와는 대조적으로 그의 동생은 최고 중의 하나다.)
I'd like to eat out, but I should be, **on the other hand**, trying to save money.
(나는 외식하기를 좋아하는데, 다른 한편으로는 나는 돈을 모아야 한다.)

3 **의미**: 접속어를 그 역할에 따라 의미상으로 분류하기가 쉽지 않다. 따라서 학자에 따라 다른 분류를 한다. 여기서는 몇 가지 대표적인 경우만을 다루게 될 것이다.

4 **열거** (enumeration): 이 접속어는 화자가 말하고자 하는 내용을 순서에 따라 열거할 때 사용된다.

first(ly)	second(ly)	in the first place
next	finally	first of all
next	lastly	to begin with
to start with	for one thing	for another thing 등

First, I would like to thank everyone who has contributed to this success.
(먼저 나는 이 일이 성공하도록 공헌한 모든 분에게 감사하고 싶다.)
There're three reasons that I can't marry her. **To begin with**, her parents are much too rich. **For another thing**, she is taller than me. **Lastly** ...
(내가 그녀와 결혼할 수 없는 세 가지 이유가 있다. 먼저 그녀의 부모님이 지나치게 부자다. 다음은 그녀가 나보다 키가 크다. 마지막으로 ...)

5 **추가** (addition): 주어진 한 상황에 다른 상황을 추가로 제시함으로써 말하고자 하는 바를 더 명백하게 하려고 할 때 이 접속어를 사용한다. 이 접속어에는 "첨가적" 관계를 나타내는 것과 "반의적" 관계를 나타내는 두 가지 종류가 있다.

▶ 첨가적

| besides | moreover | furthermore, | similarly |
| in addition | what is more | on top of that | also 등 |

Besides breaking his leg, he caught a bad backache.
(그는 다리가 부러진 것 외에 악성 요통에 걸렸다.)
The rent is reasonable, and, **moreover**, the location is perfect.
(임대료가 합리적이고, 더욱이 위치가 완벽하다.)

▶ 반의적

actually	indeed	as a matter of fact	in fact 등

I said I'd consider golfing at the weekend. **As a matter of fact**, I have no intention of doing it.
(나는 주말에 골프를 치는 것을 고려해 보겠다고 했다. 사실은 골프를 칠 의향이 없다.)
"Here's the 100 dollars I owe you." "Well, **actually** you owe me 200 dollars."
("여기 너에게 빚진 100불이 있다." "그런데 말이야 사실 너는 200불을 빚졌어.")

6   **해설** (exposition): 뒤 절이 앞 절의 내용을 더 구체화할 때 사용되는 접속어다.

in other words	that is (to say)	specifically
namely	as follows	this means 등

The picture is not an original; **in other words**, it is a forgery.
(그 그림은 원작이 아니다. 바꾸어 말해서 위작이다.)
We need someone to fix the machine; **that is to say**, we need a mechanic.
(우리는 기계를 수리할 사람이 필요하다. 다시 말해서 수리공이 필요하다.)
A number of countries have signed the agreement; **specifically**, all the OECD countries have done so.
(많은 나라가 협정에 서명했다. 구체적으로 모든 OECD 국가들이 서명했다.)

7   **예시** (exemplification): 앞에서 언급한 내용을 예를 제시함으로써 더 명확히 표현할 때 사용하는 접속사다.

for example	for instance	in particular	e.g. 등

There are lots of things to learn during the vacation; **for instance**, you may learn to play a musical instrument. (방학 동안 배울 것이 많다. 예를 들어 악기를 배울 수 있다.)
The farm grows citrus fruits; **e.g.**, oranges and grapefruits.
(이 농장은 감귤류 과일, 예를 들어 오렌지와 자몽을 재배한다.)

8   **요약** (summation)과 **일반화** (generalization): 앞에서 말한 것을 요약하거나 일반화할 때 사용되는 접속사다.

overall	generally	in sum	to sum up
to summarize	in summary	all in all	altogether
on the whole	by and large	in general 등	

Overall, girls performed better than boys in tests.
(종합적으로 여자가 남자보다 시험을 잘 친다.)
To sum up, we appreciate your willingness to work cooperatively with us.
(결론적으로 우리와 기꺼이 협력해 주셔서 감사를 드립니다.)
On the whole, the movie was pretty good. (전체적으로 영화가 비교적 훌륭하다.)
By and large, children acquire a language relatively quickly.
(전반적으로 아이들이 언어를 비교적 빨리 습득한다.)

9 **추론** (inference)과 **결론** (consequence): 지금까지의 상황에 비추어 추정되는 결론을 표현하려고 할 때 사용된다.

therefore	so	as a result
accordingly	otherwise	consequently
in consequence	then	in other words
else	in that case	in conclusion 등

He hadn't gotten vaccinated; **consequently**, he got malaria.
(그는 예방주사를 맞지 않았다. 결과적으로 말라리아에 걸렸다.)
You'll have to go now; **otherwise**, you'll miss your bus.
(지금 가야 한다. 그렇지 않으면 버스를 놓칠 것이다.)
Hurry up **or else** you can't get there in time.
(서둘러라. 안 그러면 그곳에 시간 내에 갈 수 없다.)
We have a different background. **Accordingly**, we have the right to take different jobs.
(우리는 배경이 다르다. 따라서 우리는 다른 직업을 가질 권리가 있다.)
In conclusion, I'd like to say how much I've enjoyed myself today.
(결론적으로 오늘 정말 즐거웠다고 말씀드리고 싶습니다.)
Williams didn't succeed first time, but **then** very few people do.
(윌리엄스가 처음에는 성공하지 못했다. 그렇다 치더라도 처음에 성공하는 사람은 매우 적다.)

10 **대조** (contrast): 앞에서 언급한 것과 다르거나 상반된 말 또는 대조가 되는 말을 하려고 할 때 사용되는 접속어다.

more accurately	in other words	on the contrary
by contrast	on the other hand	however
nevertheless	though	instead
conversely	however	nonetheless
yet	though	even so 등

"It's cold." "**On the contrary**, it's hot."
("춥다." "무슨 소리야. 덥다.")
He had two heart attacks in a year; it hasn't stopped him smoking, **though**.
(그는 1년 동안에 두 번이나 심장마비에 걸렸었다. 그런데도 담배를 끊지 못했다.)
The number of smokers has declined, but, **by contrast**, that of teenager smokers has increased. (흡연자 수가 감소했다. 그러나 대조적으로 십 대의 흡연자 수는 증가했다.)
I disagreed with what he said, but he's a very good speaker, **nevertheless**.
(나는 그가 말한 것에 동의할 수 없다. 그럼에도 불구하고 그는 매우 훌륭한 연설가다.)
Running can strengthen your muscles, but **conversely**, it can also damage your knees.
(뛰는 것은 근육을 튼튼하게 할 수 있다. 그러나 반대로 무릎에 손상을 줄 수도 있다.)

11 **무관함** (dismissal): 앞에서 말한 내용과 상관없이 어떤 상황이 발생하는 것을 말할 때 사용한다.

| | anyway | anyhow | at any rate | at least 등 |

Of course I don't mind taking you home—I'm going that way **anyway**.
(물론 집에 데려다줄 수 있지. 어쨌든 그쪽으로 가거든.)
Well, I'm not going **at any rate**. (글쎄! 좌우간 나는 안 간다.)

12   **전환**: 담화의 주제를 바꿀 때 사용하는 접속어다.

| incidentally | by the way 등 |

Nobody asked you to come. **Incidentally**, where are you staying?
(아무도 너보고 오라고 하지 않았어. 말이 난 김에 말인데, 너 어디에 머물고 있어?)
By the way, how did your seminar go? (그건 그렇고, 세미나 잘됐어?)

13   **시간 벌기**: 말할 것을 생각하기 위해 머뭇거릴 때 종종 사용하는 접속어다.

| let me see | let's see | let me think | well |
| you know | I mean | kind of | sort of 등 |

"Can you give me some discount on this bag?" "**Well, let me see** ..."
("이 백을 좀 깎아주실 수 있습니까?" "글쎄요. 어디 봅시다. ...")
"What is his name?" "**Let me think** ..."
("그 사람 이름이 뭐지?" "생각 좀 해보자. ...")

C24   conjunctions(접속사)

접속사란 절 또는 절의 일부를 결합하는 기능을 한다. 접속사에는 문장의 두 부분을 대등하게 연결하는 "등위접속사(coordinating conjunctions)"와 한 부분을 다른 부분에 종속시키는 "종속접속사(subordinating conjunctions)" 두 종류가 있다.

John has long hair, **and** Bill wears jeans.   [등위접속]
(존은 머리가 길고, 빌은 청바지를 입는다.)
I went to bed early **because** I was extremely tired.   [종속접속]
(나는 너무나 피곤해서 일찍 잠에 들었다.)

등위접속과 종속접속의 문법적인 차이는 등위접속된 성분을 등위접속사와 함께 주절 앞으로 이동할 수 없는 데 반하여 종속접속된 성분은 주절 앞으로 이동할 수 있다는 점이다.

John has long hair, **and** Bill wears jeans.
(***And** Bill wears jeans, John has long hair.)
(참고: Bill wears jeans, and John has long hair.)

I went to bed early, **because** I was extremely tired,
Because I was extremely tired, I went to bed early.

1   **등위접속사**: 등위접속사로는 다음과 같은 것들이 있다.

의미/기능	단순	상관
추가/나열	and	both ... and, not only ... but
선택	or	either ... or
대조	but, yet	not ... but
부정적 추가	nor	neither ... nor

등위접속사는 문법적으로 동일한 유형의 성분을 결합하며, 대표적인 등위접속사로는 "and, or, but"가 있다.

We brought the food, **and** they supplied the drink. [추가]
(우리는 음식을 사고, 그들은 음료를 준비했다.)
We walked **into the building and up the stairs**.
(우리는 건물로 들어가서 층계 위로 올라갔다.)
The boy ate **bread and cheese** for lunch.
(그 남자아이는 점심으로 빵과 치즈를 먹었다.)
We **drank and danced**. (우리는 마시고 춤췄다.)
The thief moved **quickly and quietly**. (도둑은 민첩하고 소리 없이 움직였다.)
He **can and will** prevail. (그는 승리할 수 있고 승리할 것이다.)

She is living in Busan, **or** she was spending a vacation there. [선택]
(그녀는 부산에 살고 있거나 그곳에서 휴가를 보내고 있었다.)
Would you like **coffee or tea**? (커피를 마시겠습니까? 차를 마시겠습니까?)
To be or not to be, that is the question. (사느냐 죽느냐 그것이 문제다.)
We can **go swimming or sit on the beach**.
(우리는 수영을 가거나 해변에 가서 앉아 있을 수 있다.)

Kelly was a criminal, **but/yet** many people admired him. [대조]
(켈리는 범법자였다. 그러나 많은 사람들이 그를 좋아했다.)
The girl is **pretty but dumb**. (그 아가씨는 예쁘지만 멍청하다.)

▶ but는 (대)명사 앞에서는 "except"를 의미하는 전치사로 사용된다. (B19를 보라.)

We could leave any day **but Friday**. (우리는 금요일을 제외하고는 언제든지 떠날 수 있었다.)
No one **but him** could have done it. (그 사람 말고는 누구도 그것을 할 수 없었다.)

2 **종속접속사**: 영어에는 다양한 종속접속사가 있으며, 그들이 표현하는 의미도 다양하다.

의미/기능	단순	복합
비교	as, than, like	as if, as though, as ... as, so ... as
조건	if, unless	seeing (that), given (that), provided (that), providing (that), as/so long as
대조	although, though, while, whereas	even though, although ... yet

정도			as far as, so ... that
예외			but (that), except (that)
장소		where, whereas	
선호			rather than, sooner than
비례		as	as ... so, the ... the
목적			so that, in order that
이유/원인		because, as, since	
관점			in that
결과			so that, such that
간접의문		whether, if	whether ... or
간접서술		(that)	
시간	동시	when(ever), while, as	now (that)
	과거	before, until, till	
	미래	after, since	
	방금	once, when, whereupon	immediately (that)
수식/관계대명사	사람	who, whom, whose, that	
	사물	which, that	
	장소	where, that	
	시간	when, that	
	이유	why, that	
	방법	that	

▶ 종속접속사는 명사절, 형용사절, 부사절을 이끌 수 있다.

Everybody knows **that soccer is very popular in Brazil**.   [명사절]
(축구가 브라질에서 인기가 높다는 것을 모든 사람이 알고 있다.)
Whether I will be rewarded does not concern me.
(내가 보상을 받고 안 받고는 나는 관심이 없다.)
I don't mind **how I will be rewarded**.
(나는 어떻게 보상을 받아도 괜찮다.)
Everybody wants to know **when they will be rewarded**.
(모든 사람이 언제 보상을 받을 것인지를 알고 싶어 한다.)
I don't know **whether she still works there**.
(나는 그녀가 아직도 그곳에서 일하고 있는지 모른다.)

The team **that scores the highest points** will receive an award.   [형용사절]
(가장 높은 점수를 딴 팀은 상을 받을 것이다.)
He gave the money to the man **who he hired for the job**.

(그는 일을 시키려고 고용한 남자에게 돈을 주었다.)
He bought a book **which describes insects**.
(그는 곤충을 설명하는 책을 샀다.)
1988 was the year **when Seoul Olympic Games were held**.
(1988년이 서울 올림픽이 개최된 해다.)
We will begin **when you are ready**. [부사절]
(우리는 네가 준비되면 시작할 것이다.)
The concert was canceled **because the first violist became ill**.
(첫 번째 바이올리니스트가 아파서 음악회가 취소되었다.)
After he finished dinner, he went to bed. (그는 저녁을 먹은 후에 잠자리에 들었다.)
We couldn't finish the assignment, **although we worked day and night**.
(우리는 밤낮으로 애썼으나 숙제를 끝낼 수 없었다.)
Soccer is a popular spectator sport in England, **whereas football attracts large audiences in the United States**. (미국에서는 미식축구가 많은 관중을 매료시키는 반면, 영국에서는 축구가 인기 있는 관중 스포츠다.)
If I see him, I'll invite him to the party. (그를 보면 파티에 초청할 것이다.)

3   **접속사와 생략**: 반복되는 개념을 표현하는 단어들은 등위접속절의 두 번째 절에서 종종 생략될 수 있지만 (상세한 것은 E9-E11을 보라), 일반적으로 종속절에서는 생략이 일어나지 않는다. 다음을 비교해보라.

She was depressed, **and** didn't know what to do.
(그녀는 의기소침했고 무엇을 해야 할지 몰랐다.)
(= She was depressed, **and she** didn't know what to do.)
She was depressed, **because she** didn't know what to do.
(그녀는 무엇을 해야 할지 몰라서 의기소침했다.)
(*She was depressed, because didn't know what to do.)

4   **주어와 be 동사의 생략**: 그러나 "if, when, while, whereas, until, once, since, unless, (al)though" 다음에서는 대명사 주어와 be 동사가 종종 생략될 수 있다.

Repairs will be made **wherever (they are)** necessary. (필요한 곳은 어디든지 수리할 것이다.)
Although (he is) only a child, he works as hard as an adult.
(그는 어린아이지만 어른처럼 열심히 일한다.)
Since (it was) supported by the majority, the project will be carried out.
(그 계획은 과반수의 지지를 받기 때문에 실행에 옮겨질 것이다.)
If (you are) in doubt, wait and see. (의심이 간다면 어떻게 되는지 지켜봐라.)
When (you are) in Rome, do as the Romans do. (로마에 가서는 로마법을 따르라.)
Wait here **until (it is) dark**. (어두워질 때까지 여기서 기다려라.)
Once (I am) in bed, I usually read for ten minutes before turning off the light.
(나는 일단 침대에 들면 불끄기 전에 보통 10분간 독서를 한다.)

5 **시간 접속사**: 시간 관계를 나타내는 (after, before, since, when, while, whenever, once, until과 같은) 접속사 다음에는 주어와 완전한 동사 대신에 동사의 -ing형이나 분사형 또는 문장의 다른 성분이 나타날 수 있다.

While walking along the street, he ran across an old friend of his.
(그는 거리를 걷다가 옛 친구 한 명과 마주쳤다.)
He went for a walk, **after having finished breakfast**.
(그는 아침을 먹은 후에 산책을 나갔다.)
When a boy, I was full of hopes and anxieties. (내가 소년일 때는 희망과 고민으로 가득했다.)
Some things are never forgotten, **once learned.**
(어떤 것은 한번 배우면 절대 잊어버리지 않는다.)
Before leaving, he said good-bye to each of them.
(떠나기 전에 그는 그들 각자에게 작별인사를 했다.)

접속사의 개별 항목을 보라.

C25   contractions(축약)

"I have"를 "I've"로, "I do not"를 "I don't"로 줄여서 말하는 형태를 "축약형"이라고 부른다. 축약형에는 조동사의 축약과 조동사와 부정소 not의 축약 두 가지가 있다. 구어체에서는 축약형이 많이 쓰인다.

1   **조동사의 축약**: be 동사와 have 동사, 양상조동사 will과 would 축약형을 가진다.

비축약형	축약형	/발음/
I am	**I'm**	/aɪm/
I have	**I've**	/aɪv/
I will	**I'll**	/aɪl/
I would/had	**I'd**	/aɪd/
you are	**you're**	/jər/juər/
you have	**you've**	/juːv/
you will	**you'll**	/juːl/
you would/had	**you'd**	/juːd/
he is/has	**he's**	/hiːz/
he will	**he'll**	/hiːl/
he would/had	**he'd**	/hiːd/
she is/has	**she's**	/ʃiːz/
she will	**she'll**	/ʃiːl/
she would/had	**she'd**	/ʃiːd/
it is/has	**it's**	/ɪts/
it will	**it'll**	/ɪtl/

it would/had	**it'd** /ɪtəd/
we are	**we're** /wɪər/
we have	**we've** /wi:v/
we will	**we'll** /wi:l/wɪl/
we would/had	**we'd** /wi:d/
they are	**they're** /ðeər/
they have	**they've** /ðeɪv/
they will	**they'll** /ðeɪl/
they would/had	**they'd** /ðeɪd/

과거형 be 동사 "was와 were" 그리고 조동사 "do, does, did"는 주어와 축약되지 않는다.
조동사와 부정소 not과의 축약에 대해서는 C25.5를 보라.

2 **is와 has**: -'s로 축약되며 "대명사, 명사, 의문사, 무강세 there, here" 다음에 나타난다.

My mother's coming to see me soon. (어머니가 나를 보러 곧 올 것이다.)
Where's the station? (정거장이 어디입니까?)
There's a problem. (문제가 하나 있다.)

He's studied Sanskrit for almost 30 years. (그는 거의 30년 동안 산스크리트를 연구하고 있다.)
There's been an explosion in downtown. (시내에서 폭발이 일어났다.)

3 **was와 were**: be 동사의 과거형은 축약되지 않는다.

He was studying when I returned home. (내가 집에 돌아왔을 때 그는 공부를 하고 있었다.)
(*He's studying when I returned home.)
They were watching the television last night. (그들은 어젯밤에 텔레비전을 보고 있었다.)
(*They're watching the television last night.)

4 **축약형 -'ll, -'d, -'re**: 일반적으로 대명사와 무강세 there 다음에 쓰인다.

He'll apply for the job. (그는 그 일자리에 지원할 것이다.)
He'd like to take a walk with you. (그는 너와 산책을 하고 싶어 한다.)
You'd better stay home. (집에 있는 것이 좋겠다.)
They're listening to the radio. (그들은 라디오를 듣고 있다.)

There'll be a big demonstration in front of the city hall.
(시청 앞에서 대규모 시위가 있을 것이다.)
There'd be a meeting every Saturday. (토요일마다 모임이 있을 것이다.)
There'd been a big riot before we came. (우리가 오기 전에 큰 소동이 있었다.)
There're a lot of tourists wanting to shop at Itaewaon.
(이태원에서 쇼핑하기를 원하는 관광객이 많다.)

5   **조동사와 not의 축약**: 모든 조동사는 부정사 not와 결합할 때 축약형을 갖는다.

am not	**ain't** /eɪnt/ / **aren't** /ɑrnt/
is not	**isn't** /ɪznt/
are not	**aren't** /ɑrnt/
was not	**wasn't** /wɔznt/
were not	**weren't** /wəːrnt/
do not	**don't** /doʊnt/
does not	**doesn't** /dʌznt/
did not	**didn't** /dɪdnt/
have not	**haven't** /hævnt/
has not	**hasn't** /hæznt/
had not	**hadn't** /hædnt/
cannot	**can't** /kænt/
could not	**couldn't** /kʊdnt/
may not	**mayn't** /meɪnt/
might not	**mightn't** /maɪtnt/
will not	**won't** /woʊnt/
would not	**wouldn't** /wʊdnt/
shall not	**shan't** /ʃænt/
should not	**shouldn't** /ʃʊdnt/
must not	**mustn't** /mʌsnt/
ought not	**oughtn't** /ɔːtnt/
used not	**usedn't** /juːsnt/
need not	**needn't** /niːdnt/
dare not	**daren't** /deərnt/

축약형 "mayn't"는 현대영어에서 거의 사용되지 않는다.
daren't, shan't, usedn't는 미국영어에서 자주 쓰이지 않는다.

6   **두 가지 축약형**: "조동사와 부정소 not"를 포함하는 문장은 두 가지 축약형 문장을 갖는다. 이 둘은 거의 구분 없이 사용된다.

That man **is not** my cousin. (저 사람은 내 사촌이 아니다.)
That man**'s not** my cousin.   [조동사 축약]
That man **isn't** my cousin.   [조동사와 not의 축약]

▶ 조동사가 전치되는 구조에서 부정소 not는 조동사와 함께 축약형이 될 경우에만 주어 앞으로 전치될 수 있다.

Isn't that man your cousin? (저 사람이 네 조카 아니야?)
(***Is not** that man your cousin?)
Is that man **not** your cousin?

7　　　**am not의 축약**: 의문문에서 (영국영어에서) aren't로만 축약된다.

　　　I'm all right, **aren't** I? (내가 옳지?)

8　　　**ain't**: (/emt/ 또는 /ent/로 발음되며) 방언이나 교육 정도가 낮은 사람들이 사용하는 비표준 영어로서 "am not, are not, is not, have not, has not"의 축약형으로 사용된다.

　　　I ain't going to see her again. (= am not) (나는 그녀를 다시 안 볼 것이다.)
　　　You ain't a gentleman. (= are not) (너는 신사가 아니다.)
　　　"Is It raining." "No, **it ain't**." (= is not) ("비가 옵니까?" "아니요. 안 옵니다.")
　　　Bill ain't been here for days. (= has not) (빌은 여기 오래 있지 않았다.)
　　　I ain't got any more money. (= have not) (나는 돈이 더 없다.)

9　　　**접속사와 축약**: 접속사로 결합된 주어 다음에서는 일반적으로 조동사 축약이 일어나지 않지만, 조동사와 not의 축약은 가능하다.

　　　John and I have decided to split up. (존과 나는 헤어지기로 했다.)
　　　(*John and I've decided to split up.)
　　　John and I haven't decided to split up yet. (존과 나는 아직 헤어지기로 결정하지 않았다.)

10　　**축약의 불용**: 조동사 뒤에 따라 나오는 성분이 생략되었거나 다른 곳으로 이동했을 경우에는 주어 다음에 오는 조동사 축약이 허용되지 않는다. 그 이유는 주강세가 항상 마지막 성분인 조동사에 오기 때문이다. 조동사가 축약되면 강세를 받을 모음이 없어지게 되므로 축약이 일어날 수 없다.

　　　"Are you coming tomorrow?" "Yes, **I am**/*Yes, I'm." ("내일 옵니까?" "네 그렇습니다.")
　　　(참고: "Yes, **I'm** coming tomorrow.")
　　　Jack's worked here longer than **John has**/*John's. (잭은 존보다 여기서 더 오래 일했다.)
　　　Do you know who **he is**/*he's? (그가 누군지 알아?)
　　　They're all newcomers, and **we are** too/*we're too.
　　　(그들은 모두 신출내기며, 우리도 마찬가지다.)

　　　▶ 그러나 부정소 not이 있을 경우에는 두 가지 축약형이 다 허용된다. 그 이유는 조동사 또는 not가 축약되어도 어느 하나에 모음이 남아 있어서 강세를 받을 수 있기 때문이다.

　　　"Is he coming tomorrow?" "No, **he's** not/he **isn't**."
　　　("그는 내일 옵니까?" "아니요. 안 올 겁니다.")
　　　He hasn't studied at Harvard, and **I've** not either/I **haven't** either.
　　　(그는 하버드 출신이 아니며 나도 아니다.)
　　　"Are they students?" "No, **they're** not/they **aren't**."
　　　("그들은 학생입니까?" "아니요. 학생이 아닙니다.")

C26 contrast(대조)

대조에는 두 가지 종류가 있다. 두 사실이 있을 때 한 사실이 다른 사실에 비추어 놀라운 사실일 경우와 한 사실이 다른 사실과 상반되는 경우가 있다. 일반적으로 대조를 이루는 내용은 적절한 접속사를 사용하여 표현된다.

1 놀라운 사실의 대조

등위접속사: **but**
전치사: **in spite of, despite**
종속접속사: **although, though, even though, as, that**
접속어: **however, yet, nevertheless, nonetheless, (but) still, even (so), all the same** 등

They rushed to the hospital, **but** they were too late. (그들은 병원으로 달려갔으나 너무 늦었다.)
Mary and John stayed together for twenty years, **in spite of/despite** their differences. (메리와 존은 차이점이 있음에도 불구하고 20년을 같이 살았다.)
Tomorrow's weather will stay generally fine, **(al)though** there will be occasional showers later in the day. (오후에 소나기가 가끔 내리겠지만 내일 날씨는 대체로 맑을 것이다.)
Poor **as/though/that** they were, they gave money to charity.
(비록 가난했지만 그들은 자선단체에 돈을 기부했다.)
Chulsoo was still suffering from a knee injury. **Nevertheless/Nonetheless**, he was chosen to run in the marathon. (철수는 아직도 무릎 부상으로 고생하고 있다. 그럼에도 불구하고 그는 마라톤에서 뛰도록 선발되었다.)
It rained almost every day. **All the same**, we all managed to enjoy our vacation.
(거의 매일 비가 내렸다. 그렇지만 우리 모두는 휴가를 즐길 수 있었다.)

2 상반된 사실의 대조

등위접속사: **but**
종속접속사: **while, whereas**
접속어: **on the other hand, in/by contrast, on the contrary** 등

The purpose of the scheme is not to help the employers **but** to provide work for young men. (이 계획의 목적은 고용주를 도와주려는 것이 아니라 젊은이들에게 일자리를 마련해 주기 위한 것이다.)
In Britain the hottest month of the year is usually July, **while/whereas** in Australia it is usually the coldest. (영국에서는 일반적으로 7월이 가장 더울 때지만, 호주에서는 그때가 가장 추울 때다.)
I'd like to eat out, but **on the other hand**, I should be trying to save money for the tuition of the new semester. (나는 외식을 좋아하지만, 다른 한편으로는 새 학기 등록금을 위해 돈을 저축하도록 해야 한다.)

대조 접속사와 may와 might에 대해서는 M12.3을 보라.
대조를 위한 표현에 대해서는 각 항목을 보기 바란다.

C27   coordination(등위접속)

절, 구, 단어를 등위접속사(coordinators/coordinating conjunctions)를 사용하여 결합하는 것을 등위접속이라고 한다. 중요 등위접속사에는 "and, or, but"가 있다.

The police arrived, **and** the thieves were arrested. (경찰이 도착하고 도둑들은 체포되었다.)
Would you like coffee, **or** would you prefer tea?
(커피를 좋아하십니까? 아니면 차를 더 선호하십니까?)
We rang the bell, **but** nothing happened. (종을 쳤으나 아무 일도 없었다.)

접속사 앞에 오는 쉼표는 결합되는 절이 매우 짧을 때는 생략될 수도 있다.

1   **등위접속에서의 생략**: 등위접속된 두 절에 동일한 부분이 있을 경우 뒷 절의 동일한 부분이 생략될 수 있다.

The thief broke into the house and (**he**) stole the gold watch.
(도둑이 집에 몰래 들어와 금시계를 훔쳐갔다.)
Many students can write English but (**they**) can't speak it very well.
(많은 학생이 영어로 쓸 줄은 알지만 말은 잘하지 못한다.)
I may see you tomorrow or (**I**) may call late in the day.
(내일 당신을 만나거나 늦게 전화를 할 겁니다.)

2   **등위접속 성분**: 등위접속사는 절보다 작은 구나 단어도 결합할 수 있다.

Jill and my sister Mary are friends. (질과 내 여동생 메리는 친구 사이입니다.)
Will he come **before two o'clock or after two**?
(그가 2시 전에 옵니까? 2시 후에 옵니까?)
He's **poor but honest**. (그녀는 가난하지만 정직하다.)

3   **and와 or**: and와 or를 써서 두 개 이상의 항목을 결합할 수 있다. 일반적으로 마지막 접속사만 표현된다.

Which of these fruit juices do you want? **The apple, the grapefruit, or the orange**?
(이 과일주스 중에 어느 것을 원합니까? 사과주스입니까 자몽주스입니까 오렌지주스입니까?)
"I would like to know who you met in New York." "I met **John, Bill, Peter, and Mary**."
("나는 네가 뉴욕에서 누구를 만났는지 알고 싶다." "존, 빌, 피터 그리고 메리를 만났습니다.")

4   **유사 등위접속사**: "yet, so, nor, for 등"도 등위접속사의 속성을 지닌다.

Hitler was a cruel dictator, (and) **yet** many people admired him.
(히틀러는 무자비한 독재자였으나 많은 사람들이 그를 좋아했다.)
I felt very hungry, **so** I made myself a sandwich.
(나는 배가 매우 고파서 직접 샌드위치를 만들어 먹었다.)

It was not my fault, **nor** his. (그것은 나의 잘못도 아니고 그의 잘못도 아니었다.)
I don't know whether she is young or old, **for** I have never seen her.
(그녀를 본 적이 없어서 그녀가 젊었는지 늙었는지 모른다.)

▶ 비교급 형태를 가진 "as well as, as much as, rather than, more than" 등도 여러 가지 형태의 성분을 결합할 수 있다는 점에서 등위접속사와 닮았다.

John **as well as** his friends are invited to the party. (존과 그의 친구들도 파티에 초청되었다.)
He is to be pitied **rather than** to be disliked. (그는 미움을 받기보다 동정을 받아야 한다.)

▶ 그러나 이 유사 등위접속사들은 전치사나 종속 접속사로서 쓰일 수도 있다.

As well as printing his own books, he publishes them.
(그는 자신의 책을 출판할 뿐만 아니라 인쇄도 한다.)
(= He publishes his own books, **as well as** printing them.)

▶ 또한 이들에 의해 결합된 명사구를 복수화할 수 없기 때문에 완전한 등위접속사라고는 할 수 없다.

John, **as well as** his brothers, was (*were) responsible for the loss.
(존과 그의 형제들도 손실에 책임이 있었다.)

C28 copular/linking verbs(연결동사)

주어와 주어에 관해 설명하는 표현을 연결하는 동사를 연결동사라고 한다. 가장 대표적인 연결동사는 be 동사다.

1 **연결동사의 보어**: 연결동사의 보어로는 다양한 형태의 표현이 사용된다.

His father is **a famous criminal lawyer**.　　　[명사구]
(그의 아버지는 유명한 형사전문 변호사다.)
My mother is **(very) busy**.　　　[형용사구]
(나의 어머니는 (매우) 바쁘시다.)
John is **in London** now.　　　[장소 부가어]
(존은 지금 런던에 있다.)
The concert will be **at seven**.　　　[시간 부가어]
(연주회는 7시에 시작할 것입니다.)
John seems **to be** an excellent golfer.　　　[부정사절]
(존은 뛰어난 골퍼인 것 같다.)
The object in the sky looks **like** a flying saucer.　[전치사구]
(하늘에 있는 저 물체는 비행접시처럼 보인다.)
The general opinion is **that** he should retire early.　[정형절]
(일반적인 의견은 그가 일찍 은퇴하는 것이다.)

2 **연결동사**: 연결동사로는 be 동사 외에 다음과 같은 것이 있다.

appear	become	feel	get
look	make	prove	remain
seem	smell	sound	taste
turn 등			

I do **feel** a fool. (내가 참 바보처럼 생각된다.)
That car **looks** expensive. (저 차는 비싸 보인다.)
She **became** a racehorse trainer. (그녀는 경주마 훈련사가 되었다.)
The stew **smells** good. (스튜가 냄새가 좋다.)
It's **getting** late. (늦어지고 있다.)

3   **보어의 선택**: 동사에 따라 취할 수 있는 보어의 형태가 다르다.

▶ appear/look
The children **appear (to be) very happy**. (아이들이 매우 행복해 보였다.)
His suggestion **appeared to be/like the only solution**.
(그의 제안이 유일한 해결책으로 보인다.)
It **appears as if/as though I was wrong**. (내가 잘못이었던 것 같이 보인다.)

The patient **looks much better**. (환자가 많이 좋아 보인다.)
It **looks (like) a fine day**. (오늘 날씨가 좋아 보인다.)
He **looks like a genius**. (그는 천재인 것 같다.)

▶ prove
Your lecture has **proved (to be) very successful**.
(당신의 강좌가 매우 성공적이었다는 것이 증명되었다.)
The operation **proved (to be) a complete success**.
(수술이 완전히 성공이었다는 것이 증명되었다.)

▶ remain
The President **remains popular**. (대통령은 여전히 인기가 있다.)
John and Mary **remain good friends**. (존과 메리는 지금도 좋은 친구 간이다.)
You should **remain in bed**. (너는 자리에 누워있어야 한다.)

이 문제에 대해서는 좋은 사전을 참고하라.

4   **변화의 여부**: 어떤 연결동사는 변화 혹은 변화의 부재를 말할 때 사용된다. 가장 흔히 쓰이는 동사로는 "become, get, grow, go, turn, stay, remain, keep 등"이 있다.

It's **becoming colder**. (점점 추워지고 있다.)
It's **getting colder**. (점점 추워지고 있다.)
It's **growing colder**. (점점 추워지고 있다.)
I hope you will always **remain so happy**. (네가 항상 지금처럼 행복하기를 바란다.)
How does she **stay so young**? (그녀는 어떻게 그런 젊음을 유지하고 있지?)
Keep calm. (침착해라.)

The leaves are **going brown**. (나뭇잎이 갈색으로 변하고 있다.)
The leaves are **turning brown.** (나뭇잎이 갈색으로 변하고 있다.)

5   **다른 동사들**: 연결동사가 아닌 다른 동사들도 때때로 형용사 보어를 가질 수 있다. 이때 형용사는 동사의 행동이 아니라 문장의 주어를 설명하게 된다. 이것은 "sit, leave, die, stand, lie, fall"이 나타나는 설명에서 흔히 나타난다.

The valley **lay quiet and peaceful** in the sun. (계곡은 햇빛 아래서 고요하고 평화로웠다.)
His parents **died young**. (그의 부모님은 젊어서 돌아가셨다.)
She **sat motionless**, waiting for their decision.
(그녀는 그들의 결정을 기다리면서 꼼짝하지 않고 앉아 있었다.)
He **fell unconscious** on the floor. (그는 의식을 잃고 바닥에 쓰러졌다.)
The applicant **left** the office **disappointed**. (지원자는 실망해서 사무실을 나갔다.)

▶ 형용사는 동사의 목적어를 설명하는 "동사 + 목적어 + 형용사 구조"에서도 사용될 수 있다.

The professor always drinks **coffee hot**. (*... hotly.)
(교수님은 항상 커피를 뜨겁게 마신다.)
He pushed the table **close** to the wall. (*... closely ...)
(그는 식탁을 벽 가까이 밀었다.)
He pulled **his belt tight** and started off. (*... tightly ...)
(그는 허리띠를 단단히 묶고 출발했다.)

개별 연결동사는 각각의 항목을 보라.
동사 보충(verb complementation)에 대해서는 V3을 보라.

C29   correlative conjunctions(상관 접속사)

영어에는 다음과 같은 상관 등위접속사가 있다.

either ~ or   both ~ and   neither ~ nor
not (only) ~ but (also)   not ~ neither/nor   not ~ but rather 등

1   either ~ or: "either ~ or"는 or의 배타적 의미를 강조하며, 결합된 성분은 완전한 절일 수도 있고 더 작은 성분일 수도 있다.

Either the room is too small **or** the sofa is too big.
(방이 너무 작거나 또는 소파가 너무 크다.)
You may **either** stand up **or** sit down. (일어서 있거나 앉아 있어도 좋다.)

2   both ~ and: "both ~ and"는 and의 첨가적 의미를 강조하는데, 완전한 절을 결합할 수 없다.

David **both** loves Joan **and** wants to marry her.
(다비드는 조안을 사랑하고 그녀와 결혼하고 싶어 한다.)

The regulations are **both** very precise **and** very detailed.
(규칙은 매우 정확하고 또한 매우 상세하다.)
(***Both** Mary washed the dishes **and** Peter cleaned the floor.)

3   neither ~ nor: "neither ~ nor"는 형태적으로는 either ~ or의 부정형이지만 의미적으로는 both ~ and의 부정형이다. 또한 neither ~ nor는 both ~ and와 마찬가지로 완전한 절을 결합할 수 없다.

David **neither** loves Joan, **nor** wants to marry her.
(다비드는 조안을 사랑하지도 않고 그녀와 결혼하고 싶어 하지도 않는다.)
Neither Peter **nor** his wife wanted the responsibility.
(피터와 부인 두 분 다 책임을 지고 싶어 하지 않는다.)

(***Neither** Peter wanted the responsibility **nor** his wife did.)

4   not only ~ but: "both ~ and"와 같이 첨가적 의미를 가지지만 더 강조적이다.

Not only Peter **but** his wife wanted the responsibility.
(피터뿐만 아니라 부인도 책임을 지고 싶어 한다.)
They **not only** broke into his office **but** (they) (also) stole his manuscripts.
(그들은 사무실에 침입했을 뿐만 아니라 (그들은 또한) 그의 원고를 훔쳐갔다.)

▶ 두 개의 완전한 절이 결합될 경우에 not only를 문두로 이동하고 주어-조동사 도치를 시키면 첨가적 의미가 더 강조된다.

Not only did they break into his office **but** they also stole his manuscripts.

C30　could와 might

could와 might는 형태적으로 각각 can과 may의 과거형이고 의미상으로 자주 유사하게 사용되지만, could가 might보다 더 널리 사용된다. 이 양상조동사는 가능성, 허가, 제안을 할 때 사용된다.

1   **가능성**: 실현성이 낮은 가능성(possible but unlikely)을 의미한다.

Well, it **could/might** rain tomorrow, but there're no clouds in the sky today.
(그런데요 내일 비가 올지도 모릅니다. 그런데 오늘은 하늘에 구름이 한 점도 없는데요.)
One day I **could/might** become a millionaire, but the chances are very small.
(언제고 나도 백만장자가 될 수 있지만 그럴 가능성은 매우 낮다.)

▶ 경고할 때도 종종 사용된다.

Don't cross the road; you **could/might** be run over. (도로를 건너지 마라. 차에 치일 수 있다.)

2   **허가**: 허가를 요청할 때는 could가 주로 사용되며, can이나 may보다 더 공손한 표현이 된다.

Could I see you for a few minutes? (몇 분 동안 볼 수 있을까요?)
I wonder if I **could** borrow your computer. (혹시 컴퓨터를 좀 빌릴 수 있을까요?)

3 　　제안: 제안을 할 때도 사용된다.

"What shall I do to improve my French?"
"Well, you **could/might** try some of these grammar exercises."
("내 프랑스어 실력을 높이려면 어떻게 해야 하지요?"
"글쎄요. 이 문법 연습문제를 좀 풀어 보는 게 어떨까요.")

4 　　might와 could: 가능성에는 might가, 허가에는 could가 더 자주 사용된다.

They **might** offer you the job of manager. (그들이 너에게 지배인 자리를 제안할 수도 있다.)
Could I go home now? (지금 집에 가도 됩니까?)

▶ could는 "was able to"의 의미로도 사용된다.

In those days, you **could** buy a car for $500. (그 당시에는 500불로 차를 한 대 살 수 있었다.)

5 　　부정: could와 might의 부정은 완전히 다르다. "could not"에서는 not가 could 자체를 부정하는 데 반하여, "might not"에서는 not가 뒤에 오는 동사를 부정한다.

You **couldn't** have met my grandmother: she died before you were born. (네가 우리 할머니를 보았다는 것은 있을 수가 없다. 우리 할머니는 네가 태어나기도 전에 돌아가셨다.)
(= It is not possible that you met my grandmother: she died before you were born.)
You **might not** have met my grandmother. (너는 우리 할머니를 보지 못했을 수도 있다.)
(= It is possible that you have not met her.)

could에 대해서는 C1-C5를, might에 대해서는 M8-M12를 보라.

D1　dare

dare는 보통동사와 양상조동사 두 유형으로 사용될 수 있다.

Most people hate her but they **don't dare to say** so.　　　　[보통명사]
(대부분의 사람들이 그녀를 싫어하지만 그들은 그렇다고 말할 용기가 없다.)
He **dares to criticize** the king. (그는 왕을 비판할 용기를 가지고 있다.)

The government **daren't raise** income tax.　　　　[양상조동사]
(정부는 소득세를 감히 올리지 못한다.)
She **dare not open** her mouth in front of him.
(그녀는 그이 앞에서 입을 열 용기가 없다.)

1　**보통동사**: 보통명사로서의 dare는 to-부정사와 함께 쓰이며 일반적으로 비단언적 문장인 부정문이나 의문문에서 더 흔히 쓰인다.

He **has never dared to take** a stand against his boss.
(그는 한 번도 자신의 상관에 맞설 용기가 없었다.)
Would you **dare to jump** out of an airplane? (당신은 비행기에서 뛰어내릴 용기가 있습니까?)

▶ dare: 종종 (to 없는) 원형부정사를 대동하기도 한다.

Does anyone **dare (to) tell** him the news? (누가 감히 그에게 소식을 전할 겁니까?)
She hardly **dared (to) hope** that he was alive. (그녀는 그가 살아 있기를 감히 바라지 못했다.)

2　dare + 목적어 + to 부정사: 이 구조는 위험한 일을 다른 사람에게 하도록 설득할 때 사용된다.

He **dared Bill to steal** a bottle of his father's whiskey.
(그는 감히 빌에게 그의 아버지의 위스키 한 병을 훔쳐오라고 시켰다.)
He **dared her to sneak** out of her house at night.
(그는 그녀에게 밤에 집을 몰래 빠져나오라고 했다.)

3　You (wouldn't) dare!: "Don't you dare!"는 함께 때때로 누구에게 어떤 행동을 하지 않도록 할 때 사용된다.

"I'll tell Dad." "**You wouldn't dare!**" ("아빠에게 말할 거야." "너 그러기만 해봐!")
Don't you dare talk to me like that! (나에게 그런 식으로 말하지 마라!)

4　**양상조동사**: 조동사 dare는 현재시제로 쓰이며 일반적으로 의문문이나 부정문에 나타난다.

We **dare not** acknowledge our failure. (우리는 단연코 우리의 실패를 인정할 수 없다.)
Dare she telephone him at his office? (그녀에게 그의 사무실로 전화할 용기가 있습니까?)

5　how dare you: 종종 다른 사람의 행동이나 말에 분노하거나 충격을 받을 때 사용된다.

How dare you accuse me of lying! (네가 어떻게 나보고 거짓말한다고 비난할 수 있어!)

How dare you? Take your hands off me at once! (네가 감히! 내게서 즉각적으로 손을 떼!)

6   I dare say: (때때로 I daresay로 쓰이며) "I dare say"는 영국영어에서 무엇이 사실일 수도 있다고 생각한다는 의미로 사용된다.

I dare say it'll rain soon.   **I dare say** things will improve.
(아마도 비가 곧 올 것입니다.)   (장담컨대 일이 잘 풀릴 것입니다.)

양상조동사에 대해서는 M18-M21을 보라.

D2   dates(날짜)

1   월명 (the months of the year): 월명은 종종 약자로 표기된다.

January: Jan	February: Feb	March: Mar
April: Apr	May	June: Jun
July: Jul	August: Aug	September: Sept
October: Oct	November: Nov	December: Dec

2   요일명 (the days of the week): 요일명을 줄여서 표기하고 싶으면 앞 세 개 내지 네 개의 문자를 사용한다.

Sunday: Sun	Monday: Mon	Tuesday: Tues
Wednesday: Wed	Thursday: Thur	Friday: Fri
Saturday: Sat		

3   날짜 표기법: 미국영어에서는 월명을 맨 앞에 표기하는 데 반하여 영국영어에서는 월명을 두 번째 위치에 표기한다.

March 30, 1995   July 27, 2001   [미국영어]
30 March 1995   27 July 2001   [영국영어]

▶ 쉼표: 영국영어와는 달리 미국영어에서는 일반적으로 연도를 나타내는 숫자 앞에 쉼표를 찍는 데 반하여, 영국영어에서는 글에서 문장의 한 부분으로 날짜를 표현할 때는 연도 앞에 쉼표가 사용된다.

30 March 1995   [영국영어]
July 27, 2001   [미국영어]

He was born in Busan on **30 March, 1995**.   [영국영어]
He was born in Busan on **March 30, 1995**.   [미국영어]
(그는 1995년 3월 30일에 부산에서 태어났다.)

▶ 접미사: 날짜를 가리키는 숫자를 서수로 표현할 경우 숫자 뒤에 두 개의 활자로 된 접미사 "-st, -nd, -rd 혹은 -th"를 붙인다.

April **1st**, 1965   **3rd** December, 1999
30th March, 1995   July **2nd**, 2001

► 숫자로 표기: 날짜를 전적으로 숫자로만 표기할 수도 있으며, "March 30, 1995"를 숫자로만 표기하면 다음과 같다.

| 3/30/(19)95 | 3-30-(1995) | 3.30.(19)65 | [미국영어] |
| 30/3/(19)95 | 30-3-(19)95 | 30.3.(19)95 | [영국영어] |

► 10년 단위: 10(decade)년은 (예: the nineteen sixties) 다음과 같이 표기된다.

the 1960s
the 1990s

편지에서의 날짜 표기는 L9를 보라.
첫 글자를 대문자로 쓰는 단어에 대해서는 P46을 보라.

4   **세기** (century): 예수 탄생 전과 후의 100년 단위를 말할 때 "century"를 사용한다.

The church was built in **the 13th century**. (그 교회는 13세기에 건축되었다.)
Rome was founded in **the eighth century** before Christ. (로마는 기원전 8세기에 세워졌다.)

5   **날짜 말하기**: 영어에서 날짜는 다음과 같이 말한다.

March 30, 1993 = "**March (the) thirtieth, nineteen ninety-three**"
혹은 "**the thirtieth of March, nineteen ninety-three**"

1400 = "fourteen hundred"
1505 = "fifteen hundred and five 혹은 "fifteen O (/əʊ/) five"
1698 = "sixteen (hundred and) ninety-eight"
1910 = "nineteen (hundred and) ten"
1946 = "nineteen (hundred and) forty-six"
2000 = "two thousand"
2005 = "two thousand and five"
2015 = "two thousand and fifteen" 혹은 "twenty fifteen"

6   **날짜 묻고 말하기**: 날짜는 다음과 같이 묻고 일반적으로 "it"를 써서 대답한다.

"**What's the date (today)?**" "**It**'s April the first."
("오늘이 며칠입니까?" "4월 1일입니다.")

"**What's the day of the week?**" "**It's Monday.**"
("오늘이 무슨 요일입니까?" "월요일입니다.")

"**What date is your birthday?**" "(**It's**) the fifteenth of April, 1980."
("생일이 언젭니까?" "1980년 4월 15일입니다.")

"**In what year was Beethoven born?**" "In 1770."

("어느 해에 베토벤이 태어났습니까?" "1770년입니다.")

7   **B.C.와 A.D.**(미국영어)/**BC와 AD**(영국영어): 예수 탄생 이전과 이후를 구별하기 위해 단축된 표현인 B.C./BC(= before Christ(기원전))와 A.D./AD(= Anno Domini(서기)—라틴어로 "주님의 해에 (in the year of the Lord))"를 사용한다. B.C.는 날짜 다음에 쓰고, A.D. 날짜 앞 또는 뒤에 쓸 수 있다.

The Great Pyramid dates from around **2600 B.C**.
(대 피라미드는 약 기원전 2600까지 거슬러 올라간다.)
The Emperor Constantius was converted to Christianity in **A.D. 312/312 A.D**.
(콘스탄티누스 황제는 서기 312년에 기독교로 개종했다.)
The Roman Empire was divided in **the fourth century A.D**.
(로마제국은 서기 4세기에 분할되었다.)

D3   dead와 die

dead는 형용사이고 die는 자동사다.

We know the family of the **dead** man. (우리는 죽은 분의 가족을 압니다.)
We know the man who **died** in the fire. (우리는 화재로 죽은 사람을 압니다.)
His injuries were so severe that he **died/was dead** before reaching hospital.
(그는 부상이 너무 심해서 병원에 도착하기 전에 죽었다.)

1   **시점**: 죽은 시점을 말할 때는 동사 die를 사용한다.

Kim Ilsung **died** in 1994. (김일성은 1994년에 죽었다.)
(*Kim Ilsung **is/was dead** in 1994.)

2   **기간**: 죽은 기간을 말할 때는 형용사 dead를 사용하며, 동사는 현재완료형이 쓰인다.

The author **has been dead for ten years**.
(저자는 죽은 지 10년 되었다./저자는 10년 전에 죽었다.)
(= He **died ten years ago**.)
(*The author **died/has died for ten years**.)
Kim Ilsung **has been dead for more than 20 years**. (김일성은 죽은 지 20년이 넘었다.)

3   **상태와 행위**: dead는 죽어있는 상태를 의미하고 die는 죽는 행위를 의미하기 때문에, "죽는 것"을 말할 때는 "die"가 사용되고 "살아있지 않음"을 말할 때는 "dead"를 사용한다.

His son **died** in a car crash. (그의 아들은 자동차 충돌사고로 죽었다.)
(*His son was **dead** in a car crash.)

Her mother is **dead**. (그녀의 어머니는 돌아가셨다.)
(Her mother died보다 자연스럽다.)

▶ "Her mother was dead"는 그녀의 어머니가 과거 어느 시점에 "죽었다는 것"보다도 "살아있지 않았다"는 것을 의미한다.

D4 degree words(정도어)-1: 개요

정도의 강약을 표현하는 단어는 일반적으로 부사로 분류되며, 이들은 일반적으로 등급성 형용사, 동사, 부사, (특별한 경우) 명사를 수식한다.

They were **very grateful** for your help. [형용사]
(그들은 당신의 도움에 매우 감사했습니다.)
Everybody **agrees** with you **completely**. [동사]
(모두가 당신과 완전히 뜻을 같이합니다.)
He's working **extremely hard** to finish the assignment in time. [부사]
(그는 숙제를 시간 내에 끝내기 위해 매우 열심히 공부하고 있다.)
The dog next door is **quite a nuisance**. [명사]
(옆집 개가 정말로 골칫거리다.)

영어에서 정도에 대해서 질문할 때는 "how, how much, to what extent"등을 사용한다.

"**How** do you like her paintings?" "I admire them **very much**."
("그녀의 그림을 얼마나 좋아합니까?" "매우 좋아합니다.")
"**To what extent** did she influence his decision?" "**Completely**."
("그녀가 그의 결정에 얼마나 영향을 미쳤습니까?" "전적으로요.")
"**How much** did he explain about his trip?" "He said only **a little bit**."
("그가 여행에 대해서 얼마나 설명했습니까?" "조금만 말했습니다.")

1 **정도부사의 분류**: 정도부사는 정도 종속어로서 (S28.5를 보라.) 어떤 개념이나 속성을 긍정적 또는 부정적 척도에 따라 그 강도를 표현하며, 일반적으로 수식하는 단어 앞에 온다. 정도부사를 그 척도의 강약에 따라 분류하면 다음과 같다.

▶ 최강

absolutely	altogether	completely	entirely
immensely	thoroughly	quite	totally
utterly	not at all	wholly 등	

▶ 강

very	much	very much	a lot
extremely	considerably	a great deal	most
greatly	highly	so	strongly 등

▶ 중/하

quite	rather	(a) little	slightly
fairly	somewhat	pretty	a bit
too	enough	not very	a little bit

largely　　　　　virtually　　　　to some extent 등

The story he told us was **completely false**. (그가 우리에게 한 이야기는 완전히 거짓이었다.)
I **quite agree** with you on the subject. (나는 그 주제에 대해 너에게 완전히 동의한다.)
What I saw was **totally different** from what I heard.
(내가 본 것은 내가 들은 것과 완전히 달랐다.)
The advice that he gave us wasn't **at all useful**.
(그가 우리에게 한 충고는 전혀 쓸모가 없었다.)
(= The advice that he gave us was **completely useless**.)
We all **admire** him **very much**. (우리는 모두 그를 매우 좋아한다.)
I'm **extremely sorry** to have troubled you. (나는 당신을 귀찮게 했던 것 정말로 미안합니다.)
The elephant's natural habitat has been **considerably reduced**.
(코끼리의 자연 서식지가 상당히 줄어들었다.)
Today's lecture was **somewhat better** than the last. (오늘의 강의는 지난 것보다 약간 좋았다.)
I was **slightly disappointed** with my results in the test. (나는 시험 결과에 약간 실망했다.)
The film was **quite good**, but the book was **much better**.
(영화도 꽤 좋았지만 책이 더 좋다.)

2　　**척도의 양극과 정도부사**: 어떤 정도부사는 긍정적 및 부정적 척도의 끝에 얼마나 가까운가를 표현해주는 정도에 따라 세 가지 유형으로 분류할 수 있다.

- ▶ 극점에 근접: almost, nearly, practically
- ▶ 부정적 극점의 끝: (not) at all, (not) a bit, by no means
- ▶ 부정적 극점에 근접: hardly, scarcely, barely, rarely

Our school **almost won** the race. (우리 학교가 경기를 거의 이겼었다.)
She **nearly missed** the exam because the bus was late.
(그녀는 버스가 늦어서 시험을 거의 못 칠 뻔했다.)
The lecture was**n't at all useful**. (강의가 전혀 소용이 없었다.)
You've changed so much—I **hardly recognized** you.
(네가 너무 변해서 하마터면 너를 못 알아볼 뻔했다.)

almost와 nearly에 대해서는 A42를 보라.
(not) at all에 대해서는 A78을 보고, (not) a bit에 대해서는 A3을, by no means는 M14.3을 보라.
hardly, scarcely, rarely에 대해서는 H3을 보라.

3　　**수식 받는 성분**: 정도부사는 다양한 종류의 성분을 수식할 수 있다.

Everybody's **very nice** to me.　　　　　　[형용사]
(모두가 나에게 매우 친절하다.)
He got there **too soon**.　　　　　　　　　[부사]
(그는 그곳에 너무 일찍 도착했다.)
They finished the meeting **a little bit before noon**.　[전치사구]

(그들은 정오 조금 전에 모임을 끝냈다.)
He drank **so much** his head ached.   [(대)명사]
(그는 너무나 술을 마셔서 머리가 아팠다.)
He only has **so little** information of her.   [한정사]
(그는 그녀에 대해 아주 조금 밖에 모른다.)
They've finished dinner **quite before I came in**.   [절]
(그들은 내가 들어오기 훨씬 전에 저녁을 끝냈다.)
I **quite agree** with you.   [동사]
(나는 너와 전적으로 생각을 같이 한다.)

D5 degree words-2: 형용사와 부사의 수식

등급성 형용사와 부사는 일반적으로 모든 정도부사의 수식을 받을 수 있다.

The car's **too expensive**. (자동차가 너무 비싸다.)
You were **extremely helpful** to us. (당신은 우리에게 대단한 도움을 주었습니다.)
It's going to be **very hot** soon. (곧 날씨가 매우 더워질 것이다.)
You look **rather tired**. (꽤 피곤해 보인다.)
He's limping **a bit badly**. (그가 좀 심하게 다리를 절고 있다.)
He wasn't **at all enthusiastic** about the idea. (그는 그 생각에 대해서 전혀 열광하지 않는다.)
Did he tell you **how surprised** he was to see you with your wife?
(당신이 부인과 같이 있는 것을 보고 그가 얼마나 놀랐는지 당신에게 말했습니까?)

1. **a little과 a bit**: 이들은 형용사와 부사 앞에 오면 화자가 생각하는 기준에 비추어 약간 부정적인 의미를 부여한다.

   Aren't you being **a bit unfair**? (좀 불공정한 것 아닌가요?)
   (*Are you being **a bit fair**?)
   We made sure the land was **a little bit unfit** for drilling.
   (우리는 그 땅이 굴착하기에는 약간 적합하지 않다는 것을 확인했다.)
   (*We made sure the land was **a little bit fit** for drilling.)
   I thought the house was **a little bit small**. (나는 집이 약간 협소하다고 생각했다.)

   a little과 a bit에 대해서는 A2를 보라.

2. **enough**: enough는 수식하는 형용사나 부사 뒤에 온다는 점에 유의하라.

   He's not **tall enough** to be a policeman. (그는 경찰관이 될 정도로 키가 크지 않다.)
   (*He's not **enough tall** to be a policeman.)
   The car isn't running **fast enough** to be a racing car.
   (그 차는 경주용 차가 되기에는 속도가 충분히 빠르지 않다.)

   enough에 대해서는 E17을 보라.

3 **indeed**: 이 단어는 강조를 위해 "very + 형용사/부사" 다음에서 사용할 수 있으며, 일반적으로 very가 없으면 사용되지 않는다. (I14를 보라.)

It's going to be **very cold indeed**. (정말로 몹시 추울 것이다.)
(*It's going to be **cold indeed**.)
Most of the essays were **very good indeed**. (대부분의 글이 정말로 매우 훌륭했다.)
(*Most of the essays were **good indeed**.)

4 **most**: 문어체에서 (very와 같은 의미로) 때때로 형용사 앞에 쓰인다.

It was a **most beautiful** morning. (매우 아름다운 아침입니다.)
(= It was a **very beautiful** morning.)
I was **most surprised** to hear of your engagement. (나는 너의 약혼 소식을 듣고 매우 놀랐다.)

most에 대해서는 M26.5를 보라.

5 **very, too, so, as, how와 much**: 이 단어들은 홀로 쓰일 때만 형용사와 부사를 수식할 수 있으며, 비교급형을 수식할 때는 much를 동반해야 한다.

Your explanation is **very persuasive**. (*... **very much persuasive**.)
(당신의 설명은 매우 설득력이 있습니다.)
He drives his car **too fast**. (*... **too much fast**.)
(그는 차를 지나치게 빨리 운전합니다.)
The final exam was **as difficult** as we expected.
(기말시험이 우리가 생각했던 것처럼 어려웠다.)
The deal seems **so attractive** it would be foolish to say no.
(거래가 매우 매력적인 것 같아서 거절하는 것은 어리석은 것이다.)
No one knows **how expensive** her new handbag is.
(그녀의 새 가방이 얼마나 비싼지 아무도 모른다.)
How long do we have to wait? (얼마나 오래 기다려야 합니까?)

Your explanation is **very much more persuasive** than his.
(당신의 설명이 그의 설명보다 훨씬 더 설득력이 있습니다.)
(*Your explanation is **very more persuasive** than his.)
He drives his car **too much faster**. (그는 차를 너무나 빨리 운전합니다.)
(*He drives his car **too faster**.)
The final exam wasn't **so much more difficult** than we expected.
(기말시험이 우리가 생각했던 것보다 그렇게 많이 어렵지 않았다.)
How much longer do we have to wait? (얼마나 더 오래 기다려야 합니까?)

비교급과 최상급의 수식어에 대해서는 C20을 보라.

6 **much**: much는 제한적으로 형용사 앞에 올 수 있다.

▶ different: 부정문에서 different 앞에 올 수 있다.

He **doesn't** look **much different** with his new hairstyle.
(그는 새로운 머리 스타일에도 그렇게 달라 보이지 않는다.)
(*He looks **much different** with his new hairstyle.)

▶ "I'm afraid that ..."가 타인에게 어떤 것을 할 수 없거나 폐가 될 수 있음을 공손히 표현하는 뜻으로 쓰일 경우 very much가 종종 afraid 앞에 쓰인다.

"Can you come to the barbecue party tomorrow?" "I'm **very much afraid** that I can't come tomorrow."
("내일 바비큐 파티에 올 수 있습니까?" "대단히 미안합니다만 내일 갈 수가 없는데요.")

▶ (very) much는 형용사로 쓰이는 분사형 형용사 앞에 쓰일 수 있다.

Dan Brown is a **much admired** writer in America.
(댄 브라운은 미국에서 매우 존경받는 작가다.)
He was able to buy **much needed** textbooks with that money.
(그는 그 돈으로 꼭 필요로 했던 교과서를 살 수 있었다.)
They looked **very much surprised** at the news.
(그들은 그 뉴스에 매우 놀라는 것 같이 보였다.)

7   **so와 such**: "a(n) + 형용사 + 명사" 앞에는 so는 올 수 없고 such가 오며, so가 오려면 형용사가 부정관사(a(n)) 앞으로 이동해야 한다.

She's **so beautiful**.
She's **such a beautiful girl**.
(그녀는 매우 아름답다.)

It's **so expensive a car** that we can't afford it.
It's **such an expensive car** that we can't afford it.
(그 차는 너무나 비싸서 우리가 감당할 수 없다.)

so에 대해서는 S12를, such에 대해서는 S31을 보라.
형용사 + 관사 + 명사 (예: so cold a day) 앞에 오는 "too, so, as, how"에 대해서는 A14.7을 보라.

8   **비등급성 형용사와 정도부사**: 비등급성 단어에 대해서는 완성의 개념을 강조하거나 형용사와 부사 자체의 의미를 강조한다.

You must be **absolutely silent** during the concert.
(연주할 동안에는 완전히 조용히 해야 한다.)
Two minutes ago he was **fast asleep**, now he's **wide awake**.
(그는 2분 전에 깊이 잠들어 있었는데 지금은 완전히 깨어있다.)
I'm not **completely sure**. (나는 완전히 확신할 수가 없다.)
He played **really superbly**. (그는 정말로 훌륭하게 경기를 했다.)

▶ quite는 비등급성 단어와 사용될 수 있는데 그 의미는 "완전히(completely)"다.

The soup's not **quite ready**. (수프는 완전히 준비되지 않았다.)
The two brothers are **quite different** in character. (두 형제는 성격이 완전히 다르다.)

quite에 대해서는 Q8을 보라.

D6   degree words-3: 명사의 수식

1   **등급성 명사**: 어떤 명사들은 형용사처럼 등급성을 지닌다.

The dog next door is **a real nuisance**. (이웃집 개가 정말 골칫거리다.)
The meeting was **a relative success**. (회의는 비교적 성공적이었다.)
I always felt **a bit of a failure** at school. (나는 항상 학교에서 좀 낙오자처럼 느꼈다.)

2   **quite/rather a(n)**: 단수 가산명사는 관사 앞에 quite/rather를 놓아 수식할 수 있다.

The UK rail is **quite/rather a national disgrace**. (영국의 철도는 실제로 국가적 불명예다.)
It was **rather a delight** to see my grandson so grown-up.
(손자가 성인으로 자라는 것을 보는 것은 정말 기쁜 일이었다.)

▶ 이러한 구조는 불가산명사나 복수명사와는 불가능하다는 점에 유의하라.

*It was **quite luxury**.
*They're **rather fools**.

quite에 대해서는 Q8을, rather에 대해서는 R2를, such에 대해서는 S31을 보라.

3   **a little과 little**: 이들은 둘 다 불가산명사를 수식할 수 있으며, little은 "not much"를, a little은 "not much but some"을 의미한다.

We still have **a little time** left. (우리에게 아직 시간이 좀 있다.)
I see **little use** in continuing this conversation.
(나는 이 대화를 지속하는 것이 소용이 없다고 생각한다.)

▶ little은 문어체에서 많이 쓰이고 구어체에서는 not much가 많이 쓰인다.

There seems **little hope** of a cease-fire. (정전의 희망이 없어 보인다.)
There was **not much milk** left. (우유가 얼마 남지 않았었다.)

4   **양화사와 of-구**: 양화사(very) much, not much, a bit, more, less, enough, somewhat 등은 of와 함께 (부정관사 a(n)을 가진) 단수 가산명사 앞에 올 수 있으며, 비등급성의 명사에도 등급의 뜻을 주게 된다.

He's not **very much of a scholar**. (그는 대단한 학자는 아니다.)
We found the noise of the traffic **more of an annoyance**.
(우리는 자동차 소음이 더 곤혹이라는 것을 알았다.)
She's **less of a scientist** than a technologist. (그녀는 과학자라기보다 기술자다.)

It was **more of a holiday** than a training exercise.
(그것은 훈련이라기보다 휴가에 더 가까웠다.)
It's **not much of a place**, but it's home. (볼품없는 곳이지만 집이다.)
She is known as being **somewhat of a strange character**.
(그녀는 약간 이상한 성격을 가진 것으로 알려졌다.)
You've made **enough of a mess**. (그만 어질러라.)
How much of a shock was her appearance at the party?
(그녀가 파티에 나타나서 얼마나 놀랐습니까?)
He's **too much of a coward** to do that. (그는 비겁해서 그 일을 못 한다.)

▶ 양화사 a lot는 of-구와 함께 정도를 표현하는 구조에 나타나지 않는다.

*He's not **a lot of a gentleman**.
(참고: He's not **very much of a gentleman**.)

▶ 또한 of-구의 명사구는 단수여만 한다.

*They are not **much of gentlemen**.
***How much of intellectuals** are they?

양화사의 용법에 대해서는 개별 단어의 항목과 Q1을 보라.

5 such: such는 (S31을 보라) 등급성 명사를 강조할 때 사용될 수 있으며, 단복수 가산명사와 불가산명사 모두와 함께 사용될 수 있다.

You know what should be done in **such a situation**.
(이런 상황에서 무엇을 해야 하는지 너는 안다.)
They're **such nice people**. (그들은 참 좋은 사람들이다.)
Don't talk **such nonsense!** (그런 말도 안 되는 소리하지 마라!)

6 quite와 비등급성 명사: quite는 어떤 대상이 주목할 만하거나 인상적이라는 의미를 표현하는 비등급성 단수 가산명사와 함께 쓰일 수 있다.

That was **quite a party** we had last evening. (어제저녁에 있었던 파티 대단했습니다.)
She's **quite a girl** you introduced! (당신이 소개한 분은 대단한 아가씨입니다!)
The machine makes **quite a noise**. (이 기계가 아주 큰 소리를 냅니다.)
Our family went to Africa last winter—it was **quite a journey!**
(우리 가족은 지난겨울에 아프리카에 갔었는데 멋있는 여행이었어.)

D7   degree words-4: 동사의 수식

1 **동사의 등급성**: 많은 동사들이 등급성을 띨 수 있다. 이들 동사들은 다양한 정도부사와 함께 어떤 사건이 얼마나 완전하게 혹은 강하게 발생하는가를 표현하게 된다.

The ridge **entirely consists** of volcanic rock. (저 산마루는 전적으로 화산암으로 이루어졌다.)

She had never **completely recovered** from her illness.
(그녀는 병에서 완전히 회복되지 못했었다.)
We've done **nothing at all** to put the problem right.
(우리는 문제를 바로잡기 위해 아무것도 하지 않았다.)
She never eats **very much**, but she is healthy. (그녀는 절대로 많이 먹지 않지만 건강하다.)
I **kind of like** him, but I don't know why.
(나는 그를 좋아하긴 하지만 내가 왜 그러는지 모르겠다.)
The boss **quite enjoyed** the party. (사장님은 정말로 파티를 즐겼다.)
Things have **changed a lot** since I was a child. (내가 어린아이일 때보다 많은 것이 변했다.)
I was **half expecting** her to say "yes". (나는 그녀의 "예"라는 대답을 반쯤 기대하고 있었다.)
He **knows a great deal** about the difficulties we now face.
(그는 우리가 지금 직면한 어려움에 대해서 많이 알고 있다.)

2   의문문: 동사를 수식하는 정도부사에 대한 질문은 "how much"로 시작한다.

How much does she eat to stay healthy?
(그녀는 건강을 유지하기 위해서 얼마나 많이 먹습니까?)
How much does he know about the difficulties we now face?
(그는 우리가 지금 직면하고 있는 어려움에 대해서 얼마나 알고 있습니까?)
How much have things changed since I was a child?
(내가 어린아이 때보다 얼마나 많이 변화했습니까?)

▶ 형용사나 부사를 수식하는 정도부사에 대한 질문은 "how"를 사용한다.

How old are your parents? (부모님의 연세가 어떻게 됩니까?)
How fast can she run? (그녀는 얼마나 빨리 달릴 수 있습니까?)

▶ 명사를 수식하는 정도부사와 양화사는 "how much"나 "how much of"을 사용한다.

How much milk did you drink this morning? (오늘 아침에 우유를 얼마나 마셨습니까?)
How much of a shock was her presence at the party?
(파티에 그녀가 나타나서 얼마나 놀라셨습니까?)

D8   degree words-5: 양화사와 전치사의 수식

1   much, many, little, few: 이들은 "too, so, as, very, rather, how"의 수식을 받을 수 있다.

There's **too much noise**. (너무 시끄럽다.)
How many people do you need to help you? (도와줄 사람 몇 명이 필요합니까?)
We have **very little time** left. (우리에게 시간이 거의 없다.)
We met **rather few people** who spoke English.
(우리는 영어를 하는 사람을 거의 만나지 못했다.)

▶ (very) much와 (very) many는 의문문과 부정문에서 자연스럽다. (M5를 보라.)

He **didn't** leave **(very) much money** when he died.
(그는 사후에 (그렇게) 많은 돈을 남기지 않았다.)
Were there **(very) many spectators** at the football game?
(축구경기에 관중이 (매우) 많이 왔습니까?)

2 a bit of, a lot of, a few (of): 이들은 quite와 rather의 수식을 받을 수 있다.

His firm does **quite a lot of business** in Egypt. (그의 회사는 이집트에서 꽤 큰 사업을 한다.)
You made **rather a bit of mistakes**. (너는 꽤 많은 실수를 했다.)
He speaks **quite a few languages**. (그는 상당히 많은 언어를 말할 수 있다.)
I've read **quite a few of her books**. (나는 그녀의 책을 상당히 많이 읽었다.)

a bit of에 대해서는 A3.1과 A20.6을, a lot of에 대해서는 A5.1,2와 A34.3을, a few (of)에 대해서는 A4.3을 보라.

3 too + much/many/little/few: 이들은 "much, far, rather"의 수식을 받을 수 있다.

We spent **much too much** money for one day. (우리는 하루에 지나치게 많은 돈을 썼다.)
There're **far too many** weapons in the world. (세계에는 너무나 많은 무기가 있다.)
I've been on **rather too many** planes and trains recently.
(나는 최근에 매우 자주 비행기와 기차를 탔다.)
We have **much too little food** for all those refugees.
(우리에게는 이 모든 피난민을 먹일 음식이 턱없이 부족하다.)
Far too few applicants came to interview for the job.
(일자리를 위한 면접에 지원한 사람이 몇 명 안 된다.)

▶ 여기서 "quite"는 사용되지 않는다.

*We spent **quite too much** money for one day.
*We have **quite too little food** for all those refugees.

4 enough: quite의 수식을 받을 수 있다.

You've had **quite enough** to drink. (너에게는 마실 것이 충분히 있다.)
"Can we join you?" "Yes, I think there's **quite enough** room."
("함께 가도 됩니까?" "네. 여유가 충분한 것으로 생각합니다.")

5 right와 전치사: right는 "정확히(exactly)", "바로(directly)", "완전히(completely)"의 의미로 위치, 시점, 방향, 이동을 의미하는 전치사나 전치사적 부사를 수식할 수 있다.

I've a pimple **right on** the end of the nose. (정확히 내 코끝에 여드름이 났다.)
He fell asleep **right in** the middle of the lecture. (그는 강의 바로 중간에 잠이 들었다.)
She filled the bath **right up to** the top. (그녀는 욕조의 맨 꼭대기까지 물을 채웠다.)
I'll be **right back**. (곧 돌아오겠다.)
My whole family are **right behind** you. (우리 온 가족이 너를 전적으로 지지한다.)

many와 much는 M5를, few와 little은 A4를, quite는 Q8을, rather는 R2를, enough는 E17을 보라.

D9 demonstratives(지시사): this/these와 that/those

지시사는 대명사 또는 한정사로 사용될 수 있다. this와 these는 공간적으로, 시간적으로, 상황적으로, 심리적으로 화자와 가까운 것을 가리키는 데 반하여, that와 those는 화자와 어느 정도의 거리가 있는 것을 가리킨다.

1   **공간**: this와 these는 공간적으로 화자에게 가까이 있는 사람이나 물건을 가리키며, that와 those는 화자와 공간적으로 거리가 있는 것을 가리킨다.

I don't like **this** dress (here); I prefer **that** one (over there).
(나는 (여기 있는) 이 드레스가 싫고, (저기 있는) 저 드레가 더 좋다.)
We met **these** girls at the hotel coffee shop. (우리는 호텔 커피숍에서 이 아가씨들을 만났다.)

Who's **that** girl? Is **that** the one you told me about?
(저 아가씨가 누구지? 네가 나한테 말한 그 아가씬가?)
What did you do with **those** sandwiches? (그 샌드위치들을 어떻게 했어?)

2   **시간**: this와 these는 현재 또는 현시점과 가까운 과거나 미래를 가리키고, that와 those는 현시점과 좀 떨어진 과거를 가리킨다.

There will be another meeting later **this** week. (금주 늦게 또 회의가 있을 것이다.)
Everyone seems to be in a hurry **these** days. (요사이는 모두가 바쁜 것 같다.)

I couldn't find his address in my phone book at **that** time.
(나는 그때 내 전화번호 수첩에서 그의 주소를 찾을 수 없었다.)
Things were very different in **those** days. (그 당시에는 모든 것이 달랐다.)

3   **상황**: this/these는 현재 상황이나 막 시작하려는 상황 또는 경험을 가리키는 데 반하여, that과 those는 이미 일어난 상황이나 알려진 상황 또는 경험을 가리킨다.

I hate **this** cold damp weather. (나는 오늘 같은 축축한 날씨를 싫어한다.)
This is what I will do. I will call Anna and explain my intention.
(이것이 내가 하려고 하는 것이다. 앤에게 전화를 걸어서 나의 의도를 설명할 것이다.)
We must make sure **this** doesn't happen again.
(우리는 이런 일이 다시 일어나지 않게 확실히 해야 한다.)

Nobody liked **that** suggestion of yours. (아무도 너의 그 제안을 좋아하지 않았다.)
"You never cared about me." "**That's** not true."
("너는 내 생각을 전혀 하지 않았지?" "그렇지 않아.")
"You've cheated me," she said. **Those** words were exactly what she said.
("당신은 나를 감쪽같이 속였어"라고 그녀는 말했다. 그것이 정확히 그녀가 한 말이다.)

4   **심리**: this와 these는 "동의, 애정, 존경, 자랑 등" 심리적으로 가까움을 암시하고, that과 those는 "불만, 멸시, 분노, 짜증, 비방 등" 심리적으로 거리가 있음을 암시한다. 특히 이러한 현상은 전치사구가 뒤따라 나오는 구조에서 두드러진다.

How cute she is, **this** darling little baby of yours.
(이 사랑스러운 꼬마 애기 좀 봐. 정말로 귀엽다.)
This car of yours is one of the best sports cars in the world.
(당신의 이 차는 세상에 있는 최고의 스포츠카 중의 하나입니다.)
Everybody likes **this** new boyfriend of yours. (모두가 너의 새로운 남자친구를 좋아한다.)

That dog of yours has trampled down my flowers again.
(네 저 개가 또다시 내 꽃을 밟아 뭉갰다.)
That crazy friend of Alice's is going to betray us.
(앨리스의 그 미친 친구가 우리를 배반하려고 하고 있다.)
Nobody likes **that** new boyfriend of yours. (아무도 너의 그 새로운 남자친구를 좋아하지 않는다.)

5   **사람과 물건**: "this/that/these/those"가 한정사로 사용될 때는 사람 명사나 물건 명사를 두루 수식할 수 있다.

Who's **this cute child**? (이 귀여운 아이가 누군가?)
We've lived in **this house** for ten years. (우리는 이 집에서 10년간 살았다.)

Do you know **that big boy**? (저 덩치 큰 사내아이 알아?)
Those apples aren't ripe enough to eat. (저 사과는 덜 익어서 먹을 수 없다.)

▶ 그러나 이들이 대명사로 쓰일 때는 사람을 가리키지 않는다. 따라서 다음의 문장은 모욕적인 표현이 된다.

Is she going to marry **that**? (그녀가 저런 놈하고 결혼한대?)
I wish you wouldn't see boys like **that** anymore.
(나는 네가 저놈과 같은 젊은이들 만나지 않으면 좋겠다.)

6   **주어**: 다음의 경우에 지시대명사가 주어로 쓰이면 사람을 가리킬 수 있다.

▶ 아는 사람을 다른 사람에게 소개할 때

John, **this** is my sister, Mary. (존아, 내 여동생 메리야.)
This is Paul (here). **That's** Andrew (over there). (이분은 폴이고, 저분은 앤드루입니다.)

▶ 사진과 같은 영상에서 사람을 가리키며

Who's **this**? (이 사람은 누구냐?)
That's my stepmother. (저분이 제 계모입니다.)

▶ 명단을 가리키며

Are **these** the students who want to take the course?
(이것이 그 과목을 듣고 싶어 하는 학생들인가?)

► 전화를 걸면서

This is Bill. Is **that** Mr. Jones? (빌입니다. 존스 씨입니까?)

7 **the one(s)**: that과 those는 대용어로서 각각 the one과 the ones를 의미하는 표현으로 쓰일 수 있다.

His own experience was different from **that** of his friends.
(그 자신의 경험은 친구들의 경험과 다르다.)
In my opinion, the finest wines are **those** from France.
(내 생각으로는 가장 좋은 포도주는 프랑스산이다.)

► those who는 "the people who ..."의 의미로 사용될 수 있다.

Those who want to come with us should put their names on the list.
(우리와 함께 가기를 원하는 사람은 명단에 이름을 남겨야한다.)
Those who saw the performance would never forget it.
(그 공연을 본 사람은 결코 잊지 못할 것이다.)

8 **담화에서의 this와 that**: 담화 내에서 this는 "이미 언급한 것" 또는 "앞으로 언급할 것"을 가리킬 수 있는 데 반하여, that는 "이미 언급한 것"만 가리킨다.

They'll probably win the game. **This/That** will please my brother.
(그들이 아마도 시합을 이길 것이다. 이렇게만 한다면 내 동생이 기뻐할 것이다.)
This/*That is what I'll do. I'll visit him in the office and explain the plan.
(이것이 내가 하려고 하는 것이다. 그의 사무실에 찾아가서 그 계획을 설명하는 것이다.)
Many years ago their wives quarrelled over some trivial matter. **That/*This** is why the two men never visit each other's houses. (여러 해 전에 부인들끼리 사소한 문제로 다퉜다. 이런 이유로 그 두 사람은 서로의 집을 찾지 않는다.)

► 강조하지 않을 경우에는 this/that 대신에 it가 사용된다.

They will probably win the match. **It**'ll please my brother.
(그들이 아마도 시합을 이길 것이다. 이기면 내 동생이 기뻐할 것이다.)
It's what I'll do. I'll go home and have a good night's sleep.
(나는 이렇게 하려고 한다. 집에 가서 잠을 푹 자려고 한다.)

9 **부사**: this와 that는 부사로서 so처럼 크기나 수량의 정도를 말할 때 사용된다. this는 현장에서 화자가 손을 써서 정도의 강도를 말할 때 사용되고, that는 현장을 벗어난 상황에서 손을 써서 정도를 말할 때 사용된다.

The box **is this long and this wide**. (상자는 길이가 이 정도이고 너비가 이 정도다.)
You have to cut about **this much** off the end of the pipe.
(파이프의 끝을 이 정도 잘라내야 한다.)

It was quite a big fish—about **that long**. (이 정도 길이의 꽤 큰 물고기였다.)

She missed hitting the car in front by **that much**.
(그녀는 자동차와의 정면충돌을 이 정도로 모면했다.)

▶ 부정문에서 this는 현 상황에서, that는 언급된 상황에서 사용된다.

I hadn't realized that things had got **this bad**. (= as bad as it is now)
(나는 상황이 이렇게 악화된 줄 몰랐다.)
I've never had **this much** money before. (나는 이렇게 많은 돈을 가져본 적이 없다.)
I hadn't realized that things had got **that bad**. (= as bad as it was then)
(나는 상황이 그렇게 악화된 줄 몰랐다.)
No one expected it to cost **that much**. (아무도 비용이 그렇게 많이 들 거라고 생각하지 못했다.)

▶ "not (all) that"은 "not very"의 의미로서 생각한 것처럼 대단하지 않다는 것을 의미한다.

Will's **not that tall**, considering he's 16. (16살 치고는 윌이 그렇게 키가 큰 게 아니다.)
The movie wasn't **all that bad**. (영화가 그렇게 나쁜 것은 아니었다.)

this와 that의 차이는 here와 there (H11)의 차이와 유사한 점이 많다.
that which에 대해서는 R9.1을 보라.
it에 대해서는 P43을 보라.

D10 derived noun phrases(파생명사구)

파생명사구란 문장적 표현을 명사적 표현으로 바꾼 추상적 명사구(abstract noun phrases)를 가리킨다. 파생명사구는 문장의 술어를 구성하는 동사나 형용사를 명사의 형태로 바꿈으로써 구성하게 된다. 동사나 형용사가 명사로 대치됨에 따라 문장의 다른 부분에도 변화가 일어난다.

The police **released** the prisoner. ⇒ the police's **release** of the prisoner
(경찰은 죄수를 석방했다.)
He's **embarrassed** to learn the truth. ⇒ his **embarrassment** to learn the truth
(그는 진실을 알고 당황했다.)

1   **동사가 명사로 된 경우**: 동사의 형태가 바뀌는 경우와 그대로 유지하는 경우가 있다.

▶ 파생어미의 추가: 동사를 명사로 바꾸는 대표적인 파생어미로는 다음과 같은 것들이 있다.

-age: drainage, marriage, postage, spillage, stoppage, wreckage 등
-al: arrival, betrayal, burial, denial, dismissal, refusal, removal, trial 등
-ance/-ence: dependance/dependence, existence, resistance, utterance 등
-ation, -tion, -ion: authorization, determination, elaboration, objection 등
-ment: arrangement, development, embarrassment, encouragement 등
-ure: departure, enclosure, failure, mixture, pressure 등

He **betrayed** his country. ⇒ his **betrayal** of his country
(그는 조국을 배반했다.)
He **decided** to go to college. ⇒ his **decision** to go to college
(그는 대학에 진학하기로 했다.)
Mary **resembles** her mother. ⇒ Mary's **resemblance** to her mother
(메리는 어머니를 닮았다.)
The plane **departs** at 6:00a.m. ⇒ the plane's **departure** at 6:00 a.m.
(비행기는 오전 6시에 이륙한다.)

▶ 형태의 보존: 무수히 많은 동사가 형태의 변화 없이 명사로 쓰일 수 있다.

We strongly **supported** the peace process. ⇒ our strong **support** of the peace process
(우리는 평화과정을 강력하게 지지했다.)
She **answered** my questions about the accident. ⇒ her **answer** to my questions about the accident. (그녀는 사고에 대한 나의 질문에 답했다.)
The man **requested** a transfer. ⇒ the man's **request** for a transfer
(병사가 전출을 요청했다.)
The ship **surveyed** the ocean depths. ⇒ the ship's **survey** of the ocean depths
(그 배는 심해를 조사했다.)

2　**형용사가 명사로 된 경우**: 파생어미가 붙는 경우와 어미를 상실하는 경우가 있다.

▶ 파생어미의 추가: 형용사를 명사로 바꾸는 대표적인 파생어미로는 다음과 같은 것이 있다.

-ance/-ancy: accuracy, intimacy, relevance/relevancy, vacancy 등
-ity/-ty: ability, cruelty, curiosity, equality, loyalty, sincerity, stupidity 등
-ness: carelessness, gentleness, happiness, sadness, usefulness 등
-th: length, strength, warmth 등

There have been questions about whether the report was **accurate**. ⇒
There have been questions about the **accuracy** of the report.
(보고서가 정확한 것인가에 대해 의문이 제기됐다.)
He is **cruel** to his subordinates. ⇒ his **cruelty** to his subordinates
(그는 부하 직원에게 무자비하다.)
The land is **useless** for growing crops. ⇒ the **uselessness** of the land for growing crops
(그 땅은 작물 재배에는 쓸모가 없다.)

▶ 어미의 상실: 일반적으로 파생어미 -ous를 가진 형용사는 어미를 상실하고 명사가 된다.

courage, danger, disaster, fame, joy, mystery, nerve, virtue 등

The soldier was very **courageous**. ⇒ the soldier's great **courage**
(그 병사는 매우 용감했다.)
The author was **famous**. ⇒ the author's **fame**

(그 작가는 유명하다.)
The last earthquake was greatly disastrous. ⇒ the great **disaster** of the last earthquake
(지난 지진은 큰 재앙을 입혔다.)

3   **명사에 파생어미가 붙은 경우**: 명사에 어미가 붙어 명사가 된다.

-**age**: baggage, cottage, mileage, orphanage, percentage, voltage 등
-**ship**: apprenticeship, friendship, governorship, scholarship 등
-**hood**: bachelorhood, brotherhood, neighborhood 등

Check your bags in at the desk. ⇒ Check your **baggage** in at the desk.
(데스크에 가서 등록하고 가방을 맡기세요.) (데스크에 가서 등록하고 가방을 맡기세요.)
He's working in an accounting firm as an **apprentice**. ⇒ He's serving an **apprenticeship** as an accountant.
(그는 회계회사에서 견습생으로 일하고 있다.) (그는 견습생 회계사로 일하고 있다.)
We grew up as **neighbors** in the vicinity of Boston. ⇒ We grew up in a **neighborhood** of Boston. (우리는 보스턴 근처에서 이웃으로 자랐다.) (우리는 보스턴 근처에서 자랐다.)

4   **주어**: 추상명사구의 주어는 함축적으로 표현될 수도 있고, 문장의 다른 곳에 표현될 수도 있으며, 추상명사구 내에 표현될 수도 있다.

▶ 함축된 주어: 함축된 주어는 일반적으로 특정의 대상을 가리키지 않고 전칭적 의미를 갖는다.

The construction of a bridge over the river isn't an easy undertaking.
(그 강을 가로질러 다리를 건설하는 것은 쉬운 일이 아니다.)
The drugs used **for the prevention of diseases** have saved many lives.
(병 예방을 위해 쓰이는 약은 많은 생명을 구했다.)

▶ 명시된 주어: 추상명사구를 포함하는 문장의 다른 곳에 주어가 표현된다.

Abraham Lincoln is responsible for **the abolishment of slavery** in 1863.
(1863년의 노예제도 폐지는 아브라함 링컨의 덕택이다.)
The King ordered **the release of the war prisoners**. (왕은 전쟁포로의 석방을 명했다.)

5   **명시된 주어**: 명사구의 주어는 속격형, of-전치사구, by-전치사구 형태로 표현된다.

▶ 속격형 주어: 일반적으로 인칭 대명사를 포함하여 생명체를 가리키는 주어는 속격형으로 표현된다.

All his friends were astounded at **Mr. Smith's arrest for fraud**.
(그의 친구 모두는 스미스 씨가 사기로 체포된 것에 크게 놀랐다.)
No one could understand **his refusal to accept the award**.
(아무도 그가 그 상을 거절한 것을 이해할 수 없었다.)

무생물 주어의 경우에도 드물게 속격형이 사용되기도 한다.

The plane's arrival with food arose great joy among the refugees.
(식량을 실은 비행기가 도착하자 피난민들이 크게 기뻐했다.)
Hawaii's location in the mid-Pacific makes it a strategic military port.
(태평양 중앙부에 있는 하와이의 위치는 하와이를 전략적 군항으로 만들었다.)

▶ of-전치사구 주어: 주어가 생명체가 아닌 대상을 가리킬 경우와 많은 수식어를 가질 경우 일반적으로 of-전치사구가 선호된다.

Some people believe in **the existence of flying saucers**.
(어떤 사람들은 비행접시의 존재를 믿는다.)
It requires **the approval of everyone living in our neighbors**.
(그것은 우리 이웃에 사는 모든 사람들의 동의가 필요하다.)

그러나 생명체를 가리키는 짧은 주어는 두 가지 형을 모두 허용한다.

Robert's dependence on his parents/The dependence of Robert on his parents has been the cause of financial difficulties.
(로버트가 자신의 부모에게 의존하는 것이 재정적 어려움의 원인이다.)
The show began right after **the actor's arrival/the arrival of the actor** at the theater.
(배우가 극장에 도착하자 바로 공연이 시작했다.)

▶ by-전치사구 주어: 수동의 의미를 지닌 추상명사의 주어의 의미로 사용되며, 종종 by를 of로 대치할 수도 있다.

The destruction of the bridge by the enemy deterred our advance.
(적이 다리를 파괴해서 우리의 전진이 지연되었다.)
The performance by/of the young musicians was excellent.
(젊은 음악가의 연주가 훌륭했다.)

6 **보충어**: 동사와 마찬가지로 추상명사도 그 의미를 완성하기 위하여 다양한 형태의 보충어를 필요로 한다. 보충어의 형태로는 전치사구, 부정사구, 동명사구, 시제절 등이 있다.

The King prohibited **the execution of the prisoners**. [전치사구]
(왕은 죄수들의 사형집행을 금지했다.)
The prisoner's release was ordered by the judge. [속격 명사구]
(판사가 죄수의 석방을 명했다.)
His decision to take a trip to Africa surprised everybody. [부정사구]
(그는 아프리카로 여행을 가겠다는 결심으로 모두를 놀라게 했다.)
I hate **the thought of leaving you**. [동명사구]
(나는 당신을 떠난다는 생각을 하고 싶지 않다.)
No one seems to like **his suggestion that we saw a lawyer**. [시제절]
(우리가 변호사를 만나야 한다는 그의 제안을 아무도 좋아하지 않는 것 같다.)
The decision on whether she is guilty depends on the jury. [시제절]
(그녀가 유죄냐 아니냐의 결정은 배심원에 달렸다.)

7　**of-구 보충어**: 가장 흔한 명사구의 보충어 형태다.

The execution of the prisoners caused much public disapproval.
(죄수들의 사형집행은 큰 대중적 비난을 불러일으켰다.)
We couldn't understand **his refusal of the scholarship** to Harvard.
(우리는 그가 하버드대학의 장학금을 거절한 것을 이해할 수 없었다.)
The President requested **the full support of his new tax law.**
(대통령은 그의 새로운 세법에 대한 전적인 지지를 요청했다.)

▶ of가 아닌 특별한 전치사를 취하는 추상명사를 몇 가지 예를 들면 다음과 같다.

for: demand, desire, pity, preference, request, respect, reverence 등
to: address, answer, assistance, damage, injury, obedience, resemblance, resistance, solution 등
on: attack, dependence, decision 등
in: belief, trust, confidence 등
at: astonishment, disgust, irritation, satisfaction, surprise, embarrassment 등

The concert was cancelled because there was **little demand for tickets**.
(입장권에 대한 요구가 적어서 음악회를 취소했다.)
We have made **repeated requests for more information**.
(우리는 추가 정보를 여러 차례 요구했다.)
Corruption has done **serious damage to our company's reputation**.
(부패는 우리 회사의 평판에 심각한 손상을 입혔다.)
These prices bear **no resemblance to the ones printed in the newspaper**.
(이 가격들은 신문에 난 것과 다르다.)
The company should reduce **its dependence on just one particular product**.
(회사는 한 가지 특정 상품에만 의존하는 것을 줄여야 한다.)
Their attack on enemy positions was unsuccessful.
(적진지에 대한 그들의 공격은 실패했다.)
The incident has contributed to the lack of **confidence in the police**.
(그 사건은 경찰에 대한 신뢰 부족을 부추겼다.)
You shouldn't put **your mutual trust in a man like that**.
(저런 사람에게 상호 간의 신뢰를 주어서는 안 된다.)
Everyone expressed **astonishment at his sudden death**.
(모두가 그의 갑작스러운 죽음에 놀라움을 표시했다.)
They showed **their disgust at the treatment of students**.
(그들은 학생들의 처우에 대해 불만을 표현했다.)

▶ 동사 또는 형용사로 쓰일 때 함께 사용되는 전치사는 이들이 파생명사가 되어도 일반적으로 함께 사용된다.

He **believes in** your ability. ⇒ his **belief in** your ability
(그는 너의 능력을 믿는다.)
They **demonstrated against** the new tax system. ⇒ their **demonstration against** the

new tax system (그들은 새로운 세금제도를 반대하는 시위를 했다.)
He was **absent from** the seminar. ⇒ his **absence from** the seminar
(그는 세미나에 불참했다.)
We are **familar with** the people. ⇒ our **familiarity with** the people
(우리는 그 사람들과 친분이 있다.)

8   **속격형 보충어**: 목적어가 인칭 명사구일 경우 널리 사용되며, 인칭대명사일 경우에는 의무적으로 속격형이 된다.

The children's punishment will cause much public protest.
(어린이들을 처벌하는 것은 많은 대중적 항의를 불러일으킬 것이다.)
The detective arrested a suspect of **his** murder. (형사가 그 남자의 살인 용의자를 체포했다.)

▶ 속격형과 of-구가 둘 다 주어와 목적어를 표현할 수 있으므로 다음과 같은 문장은 중의적 의미를 지닌다.

His murder surprised the people. (그의 살인은 사람들을 놀라게 했다.)
The recommendation **of Mr. Smith** was welcomed by everybody.
(모두가 스미스 씨의 추천을 환영했다.)

his murder는 "He murdered someone" 혹은 "Someone murdered him"으로 해석될 수 있고, the recommendation of Mr. Smith는 "Mr. Smith recommended someone" 혹은 "Someone recommended Mr. Smith"로 해석될 수 있다.

9   **부정사구 보충어**: 부정사구가 추상명사의 보충어가 될 수 있다.

The company made **a decision to transfer him to South Africa**.
(회사는 그를 남아공으로 전출 보내기로 결정했다.)
He has never broken **his resolution not to drink liquor**.
(그는 금주를 하겠다는 결심을 깬 적이 없다.)

10 **동명사구 보충어**: 일반적으로 동명사 앞에 전치사 of가 온다.

I have **no intention of getting married yet**. (나는 아직 결혼할 생각이 없다.)
I agree with **the idea of meeting on Saturday mornings**.
(나는 토요일 아침에 모임을 가지자는 의견에 동의한다.)

11 **시제절 보충어**: 추상명사 보충어로 쓰이는 시제절에는 that-절과 wh-절 두 가지가 있다.

His persistence that he has no money is utterly ridiculous.
(돈이 없다는 그의 고집은 완전히 웃기는 소리다.)
All of them were pleased by **his announcement that he would run for governor**.
(그들 모두는 그가 주지사 선거에 나갈 것이라는 발표에 기뻐했다.)

The decision (on) whether he is innocent rests with the jury.

(그가 무죄인지 아닌지의 결정은 배심에 달려있다.)
They found the answer to **the question (of) when the fire had started**.
(그들은 화재가 시작된 시간에 대한 의문에 답을 얻었다.)

12 **보충어의 선택**: 동사의 경우와 마찬가지로 (V3-V6을 보라) 어떤 유형의 보충어를 선택하느냐는 추상명사에 따라 다르다. 많은 추상명사가 하나 이상의 보충어 유형과 함께 쓰일 수 있으나, 모든 형태의 보충어를 허용하는 추상명사는 흔치 않다.

▶ decision

We finally came to **a firm decision on the matter**.
(우리는 결국 그 문제에 대한 확고한 결단에 도달했다.)
He refused to discuss **his decision to quit the college**.
(그는 대학을 그만 두겠다는 그의 결심에 대해 말하기를 거부했다.)
The general made **a decision that he would retire to the country**.
(장군은 시골로 은퇴하겠다는 결심을 했다.)
Viewers make **a final decision as to who should be eliminated from the competition**.
(관람자들이 누가 경쟁에서 탈락되어야 하는지에 대해 최종 결정을 내릴 것이다.)
*We are surprised at **her decision of getting married to Mr. Hugh**.

▶ thought

Just **the thought of more food** made her sick.
(좀 더 먹어야겠다는 생각이 그녀를 화나게 했다.)
Robin could not bear **the thought of losing her**.
(라빈은 그녀를 잃을 수 있다는 생각에 견딜 수가 없었다.)
I'm worried with **the thought that I might not have a job next year**.
(나는 다음 해에도 취직을 못 할 수 있다는 생각에 걱정이 된다.)
*He's excited with **the thought to go to Hawaii next week**.

▶ ability

He lost **the ability of using his hands**.
He lost **the ability to use his hands**.
(그는 손을 쓸 수가 없다.)
*He lost **the ability that he could use his hands**.

▶ intention

I have no **intention of retiring just yet**.
(나는 아직 은퇴할 생각이 없다.)
It's our **intention to be the number one distributor of health products**.
(우리의 목표는 제일의 건강 제품 판매회사가 되는 것이다.)
*He expressed **his intention that he would be the best medical doctor in the country**.

▶ criticism

There has been widespread **criticism of the decision**.
(그 결정에 대해 광범위한 비판이 있었다.)

*There has been widespread **criticism of making the decision**.
*There has been widespread **criticism to make the decision**.

일반적인 명사구에 대해서는 N34-N37을 보라.

D11 determiners(한정사)

한정사(determiners)란 명사를 앞에서 수식하는 가장 대표적인 표현으로서, 그 명칭이 말해주듯이 수식받는 명사의 의미해석을 다양한 방식으로 제한하는 역할을 한다. 한정사에는 관사, (대)명사 속격, 지시사, 양화사, 의문사가 있으며, 이들을 그 용법과 특성에 따라 A와 B 두 그룹으로 나눌 수 있다. 다음 도표는 두 그룹의 한정사가 가산명사와 불가산명사, 그리고 단수명사와 복수명사와 어떻게 결합하는가를 보여준다.

한정사의 유형			가산명사		불가산명사
			단수	복수	단수
A그룹	관사	정	the pen	the pens	the coffee
		부정	a pen	pens	coffee
	속격		my pen John's pen	my pens John's pens	my coffee John's coffee
	지시사		this pen that pen	these pens **those** pens	this coffee that coffee
B그룹	양화사		some pen any pen no pen	some pens any pens no pens several pens enough pens most pens more pens many pens	some coffee any coffee no coffee enough coffee most coffee more coffee much coffee
			every pen each pen either pen neither pen one pen another pen		
	의문사		what pen which pen whose pen whatever pen whichever pen	what pens which pens whose pens whatever pens whichever pens	what coffee which coffee whose coffee whatever coffee whichever coffee

1. **A그룹** (관사, 속격, 지시사): A그룹에는 관사, 속격, 지시사가 포함되며, 이들 한정사는 일반적으로 자신이 수식하는 명사가 가리키는 대상이 청자에게 이미 알려진 것인지 알려지지 않은 것인지, 그 명사가 어떤 특정 대상을 가리키고 있는지 혹은 일반적인 대상을 가리키는 지를 구별하는 역할을 한다. (관사에 대해서는 A60.5를 보라.)

   He is going to have a date with **the girl** tomorrow. [청자가 아는 여자]
   (그는 내일 그 아가씨와 데이트를 하려고 한다.)
   He wants to have a date with **a rich girl** if possible. [청자가 모르는 여자]
   (그는 가능하다면 부자 아가씨와 데이트를 하고 싶어 한다.)
   I like to have **a sandwich**; You'll find it at Subway. [특정 샌드위치]
   (샌드위치가 먹고 싶은데 서브웨이에서 살 수 있을 거야.)
   He doesn't have enough money to buy **a sandwich**. [불특정 샌드위치]
   (그는 샌드위치를 살 돈이 부족하다.)
   I like to have a cup of **coffee**. [일반적 커피]
   (커피 한잔하고 싶습니다.)
   I like to have **Starbucks' coffee**. [특정 커피]
   (스타벅스의 커피를 마시고 싶은데요.)

2. **B그룹**: B그룹에는 양화사와 의문사가 포함되며, 이들은 일반적으로 자신이 수식하는 명사의 수나 양을 가리키거나 또는 명사가 가리키는 대상 중에 어느 것을 가리키는가를 묻는 의미를 표현한다.

   We need **some apples** for this recipe. [수량]
   (이 조리법에 따르면 사과가 몇 개 필요하다.)
   Which car do you want to drive today? [어느 대상]
   (오늘은 어느 차를 운전하고 싶습니까?)

3. **대명사적 용법**: A그룹에 속하는 지시사와 B그룹 한정사의 대부분은 수식하는 명사가 없는 독립적인 대명사로 사용될 수 있다.

   "Which **chair** do you want?" "**This** will do." ("어느 의자를 원하십니까?" "이거면 됩니다.")
   I'm not sure whether there're **any clothes** left for them.
   (그들이 입을 옷이 남아있는지 나는 확신할 수 없다.)
   The children needed new clothes, but we couldn't afford **any**.
   (아이들이 새 옷이 필요한데 옷을 살 여유가 없었다.)

   Most people think the President has done a good job this year.
   (대부분의 국민은 대통령이 올해에는 잘했다고 생각한다.)
   Twenty passengers were hurt; **most** were children under ten.
   (20명의 승객이 부상을 입었는데 대부분이 10살 이하의 어린이들이다.)

   ▶ 속격 한정사는 whose와 his를 제외하고 명사 없이 사용될 때는 다른 형태를 취한다: mine, yours, hers, ours, theirs (G2.2와 P41.2를 보라). 다음을 비교해보라.

This is **my** room. **Mine** is smaller than **yours** but bigger than **hers**.
(이 방이 내 방이다. 내 방은 네 방보다 작지만 그녀의 방보다는 크다.)
This is **his** room. **His** is smaller than **ours** but bigger than **theirs**.
(이것은 그의 방입니다. 그의 방은 우리들 방보다 작지만 그들 방보다는 큽니다.)

4   **of-구**: B그룹 한정사는 뒤에 of-전치사구를 동반할 경우 대명사로 쓰일 수 있으며, 이 경우 of-전치사구의 목적어는 일반적으로 A그룹 한정사를 동반해야 한다.

Some people violently protested against the new legislation.
(일부 국민들은 새 입법에 격렬하게 항의했다.)
Some of the people violently protested against the new legislation.
(국민의 일부는 새로운 입법에 격렬하게 항의했다.)
(***Some of people** violently protested against the new legislation.)

I've made **enough remarks** on the subject. (나는 그 주제에 대해 할 말은 충분히 했다.)
I've had **enough of your stupid remarks**. (나는 너의 그 바보 같은 말에 지쳤다.)
(*I've had **enough of stupid remarks**.)

She gave **each child** 10,000 won for Christmas.
(그녀는 크리스마스 때 아이들마다 만 원씩 주었다.)
She gave **each of my children** 10,000 won for Christmas.
(그녀는 크리스마스 때 내 아이들마다 만 원씩 주었다.)
(*She gave **each of children** 10,000 won for Christmas.)

▶ 그러나 장소명과 같은 고유명사나 개념 또는 활동을 의미하는 불가산명사는 한정사의 수식을 받지 않아도 of-구의 목적어로 나타날 수 있다.

Much of Myungdong was crowded with young couples at the weekend.
(주말에는 명동 대부분이 쌍을 이룬 젊은이들로 붐빈다.)
Most of China still uses coals for cooking and heating.
(중국의 대부분은 아직도 조리와 난방을 석탄으로 한다.)
Much of philosophy is concerned with questions that have no obvious answers.
(대부분의 철학은 확실한 답이 없는 문제에 관심이 있다.)
Some of scientific knowledge is often misused. (과학적 지식의 일부는 종종 잘못 사용된다.)

5   **no와 every**: no와 every는 of-구 앞에 올 수 없다. 대신에 none과 every one이 쓰인다. 다음을 비교해보라.

no friends   **every** blouse
(***no of** my friends)   (***every of** these blouses)
none of my friends   **every one** of these blouses

관사에 대해서는 A59-A63을 보라.
지시사에 대해서는 D9를 보라.

명사의 속격형과 관사에 대해서는 G2를 보라.
양화사는 Q1을, 부정대명사는 I15를, 의문대명사는 Q4를 보라.
any, either, neither, none 다음에 오는 단수/복수 명사에 대해서는 N31.9를 보라.

D12　different

1　전치사: different는 흔히 전치사 from을 취하지만 종종 전치사 to를 취하기도 한다.

Paris is **different from** most European capitals.
(파리는 대부분의 유럽국가의 수도와는 다르다.)
Their way of life is completely **different to** ours. (그들의 생활방식은 우리와 완전히 다르다.)

2　than: 미국영어에서 different는 다른 형용사와는 달리 비교급 구문에서 쓰이는 than과 함께 사용되기도 한다.

We're not really **different than** they are. (우리는 실제로 그들과 다르지 않다.)
(참고: We're not really **different from/to** what they are.)
American football is very **different than** soccer. (미식축구는 축구와 매우 다르다.)
(참고: American football is very **different from/to** soccer.)

3　수식어: different는 대부분의 형용사와는 달리 비교급 수식어의 수식을 받을 수 있다. (C20을 보라.)

any	a bit	even	far
a great deal	immensely	a little	a lot
lots	(very) much	no	slightly
		rather	
somewhat 등			

My boyfriend is **much/far different** from hers.
(내 남자친구는 그녀의 남자친구와 매우 다르다.)
Spanish is **slightly/somewhat different** to Portuguese.
(스페인어는 포르투갈어와 약간 다르다.)
His brother is **a bit different** than him. (그의 형은 그와 조금 다르다.)
Now they seem to be **a lot different** than ten years ago.
(지금 그들은 10년 전과 비교하여 많이 다른 것 같다.)
Is your mother **any different**? (너의 어머님은 좀 다르시냐?)
The dress was **rather different** than I was expecting it would be.
(그 드레스는 내가 생각하고 있었던 것과 매우 달랐다.)
She looks **no different** from her daughter. (그녀는 딸과 달라 보이지 않는다.)

4　very와 quite: different는 비교급과는 달리 대표적인 형용사 수식어인 very와 quite의 수식을 받을 수 있다.

She's **very different** from her sister. (그녀는 언니와 매우 다르다.)
(*She's **very older** than her sister.)
(참고: She's **much older** than her sister.)

▶ quite different는 "completely different"를 의미한다. (Q8.4를 보라.)

The place looks **quite different** now. (그곳이 지금은 매우 달라 보인다.)
You're **quite different** from your brother. (너는 형과 상당히 다르다.)

different와 other와의 차이점에 대해서는 A54.3을 보라.

D13   direct object(직접목적어)

직접목적어란 일반적으로 타동사의 보충어로 쓰이는 명사구를 가리킨다. 직접목적어는 의미상으로 동사의 행위에 의해 영향을 받는 대상이 된다.

1   **동사**: 직접목적어를 허용하는 동사에는 세 가지 유형이 있다. (V4-V6을 보라.)

They **built this building** last year.   [단순 타동사]
(그들은 작년에 이 건물을 건축했다.)
He **gave** his sister **the car**.   [이중 타동사]
(그는 여동생에게 차를 증여했다.)
They **elected Mr. Peterson** president.   [복합 타동사]
(그들은 피터슨 씨를 회장으로 선출했다.)

2   **수동문**: 직접목적어는 수동문에서 주어가 된다.

This building was built last year. (이 건물은 작년에 건축되었다.)
The car was given to his sister. (자동차가 여동생에게 증여되었다.)
Mr. Peterson was elected president. (피터슨 씨가 회장으로 선출되었다.)

3   **의문문**: 직접목적어는 의문문에서 의문대명사로 대치된다. (Q2.2를 보라.)

Which did they build last year? (그들은 작년에 어느 건물을 건축했습니까?)
What did he give to his sister? (그는 여동생에게 무엇을 증여했습니까?)
Who did they elect president? (그들은 누구를 회장으로 선출했습니까?)

4   **절 직접목적어**: 직접목적어로 정형절과 비정형절이 쓰일 수도 있다. (V4.3-7을 보라.)

He warned **that the road would be blocked**. (그는 도로가 차단될 수도 있다고 경고했다.)
Everyone refuses **to talk to her**. (모두 그녀와 말하려고 하지 않는다.)
She enjoys **playing the piano**. (그녀는 피아노 연주를 즐긴다.)

D14 direct speech(직접화법)

직접화법이란 다른 사람의 말이나 생각을 그대로 전하는 언어행위를 말한다.

1. **글**: 글에서는 직접 인용된 표현을 따옴표(영국영어에서는 단일따옴표('...'), 미국영어에서는 이중따옴표("..."))) 속에 넣어 표현한다.

    He said, **"I want to go home,"** and left the office.
    (그는 "집에 가고 싶다"라고 말하고 사무실을 나갔다.)
    "Should I tell the truth?" He thought to himself.
    ("진실을 말해야 하나?"라고 그는 자신에게 말했다.)

2. **인용절의 위치**: 인용절(quoting clause)이란 다른 사람의 말을 인용할 때 사용하는 (예: he said) 절을 말한다. 직접화법에서 인용절은 피인용절(quoted clause)의 "앞"이나 "중간" 또는 "뒤"에 올 수 있다.

    She said, "I have no money," and asked me for help.
    (그녀는 "나에게 돈이 없다"라고 말하면서 나에게 도움을 청했다.)
    "I wonder," **John said**, "whether I can stay with us."
    (존은 "내가 우리와 함께 머물 수 있을지 잘 모르겠다"라고 말했다.)
    "The classroom is too hot," **the professor complained**.
    (교수님은 "교실이 너무 덥다"라고 불평했다.)

3. **인용절 내의 도치**: 다음의 조건이 충족되면 인용절 내에서 주어-동사 도치가 일어날 수 있다.

    (a) 인용절이 피인용절의 "중간"이나 "끝"에 나타난다.
    (b) 인용절의 동사가 "단순현재시제"이거나 "단순과거시제"이다.
    (c) 인용절의 주어가 대명사가 아니다.

    John/He said, "I wonder whether I can stay with us."
    *****Said John/he**, "I wonder whether I can stay with us."

    "I wonder," **John/he said**, "whether I can stay with us."
    "I wonder," **said John/*said he**, "whether I can stay with us."

    "I wonder whether I can stay with us," **John/he said**.
    "I wonder whether I can stay with us," **said John/*said he**.
    (존은/그는 "내가 우리와 함께 머물 수 있을지 잘 모르겠다"라고 말했다.)

4. **인용절의 동사**: 소설이나 단편적 작품 등에서는 "ask, exclaim, suggest, reply, cry, reflect, suppose, grunt, snort, hiss, whisper 등" 다양한 종류의 동사가 인용절의 동사로 사용된다.

    "Is this Mr. Rochester's house?" **asked** Emma. ("로체스터 씨 댁입니까?"라고 엠마가 물었다.)
    "I've missed you," he **whispered** in her ear. ("보고 싶었어"라고 그는 그녀의 귀에 속삭였다.)
    "The passenger's too drunk to tell where to go," the driver **grunted**.

("승객이 너무나 취해서 어디로 갈지를 말하지 못 한다"라고 기사가 투덜거렸다.)
He **snorted** loudly, "I've never seen such a nasty young man."
("나는 그런 못된 젊은이를 본적이 없다"라고 그는 큰 소리로 씩씩댔다.)

5 quote ... unquote: 말로써 다른 사람의 말을 정확히 강조해서 인용할 때는 인용절을 "quote"로 시작하고 "unquote"로 끝낸다. "quote"는 인용절의 시작을 나타내고 "unquote"는 인용절의 끝을 나타낸다. 인용절의 문장의 끝에 올 때는 종종 "unquote"는 생략되기도 한다. 이 표현은 특히 인용절의 내용에 동의하지 않을 경우 사용되기도 한다.

We've only an, **quote**, "average", **unquote**, kind of recession.
(우리는 그들이 주장하는 "평균적인" 경기후퇴에 빠져있을 뿐이다.)
The Republican Candidate claims the Democrats will have, **quote**, "an awful lot of explaining to do."
(공화당 후보는 민주당원들이 "설명을 해야 할 것이 매우 많을 것" 이라고 주장했다.)
The minister said, **quote**, "There will be no more tax increases this year."
(장관은 이렇게 말했습니다: "올해에는 더 이상 세금인상이 없을 것이다.")

간접화법에 대해서는 I18-I21을 보라.

D15   disjuncts(부연어)

발화의 형태에 대한 "화자의 논평"이나 발화가 기술하고 있는 상황에 대한 "화자의 생각"을 표현하는 부사구를 "부연어"라고 한다. 부연어에는 문체 부연어와 내용 부연어가 있다.

1 **문체 부연어**: 문장의 형태에 대한 화자의 논평에 대해 표현하는 부사구로서 일반적으로 문두 위치에 온다.

briefly	honestly	in short
seriously	in a word	to cut a long story short
personally	strictly speaking 등	

Honestly, there is nothing I can do to help. (Honestly speaking, ...)
(솔직히 말해서 도움을 주기 위해 내가 할 수 있는 것이 하나도 없다.)
In a word, he is a traitor. (If we say in a word, ...) (한마디로 말해서 그는 반역자다.)

2 **내용 부연어**: 문장의 내용에 대해서 화자가 어떤 생각을 가지고 있는가를 표현하는 부사구로서 일반적으로 문두위치에 온다.

apparently	allegedly	arguably
certainly	decidedly	definitely
ethically	legally	obviously
really	stupidly	surely 등

Obviously, he had forgotten about the appointment. (명백히 그는 약속을 잊었다.)

Stupidly, she refused to take his advice. (미련하게도 그녀는 그의 충고를 거절했다.)
Allegedly, the policeman had accepted bribes. (주장에 따르면 경찰관이 뇌물을 받았다.)

▶ 내용 부연어를 포함하는 문장은 일반적으로 "it ... (부사의) 형용사형 + that/to ..."로 바꾸어 쓸 수 있다. (A20.1을 보라.)

It was obvious that he had forgotten about the appointment.
(그가 약속을 잊었다는 것이 명백하다.)
It was stupid of her to have refused to take his advice.
(그녀가 그의 충고를 거절한 것은 미련한 일이다.)
It was alleged that the policeman had accepted bribes.
(경찰관이 뇌물을 받았다는 주장이 있다.)

3 **부연어/종속어**: 종종 한 단어가 부연어 또는 종속어로 쓰일 수 있다.

다음을 비교해 보라.

I **really** don't understand what he's talking about.
Really, I don't understand what he's talking about.

앞 문장에서 really는 강조 종속어로서 "그 사람이 무슨 말을 하는지 정말로 이해하지 못한다"는 것을 강조하고, 두 번째 문장에서 really는 내용 부연어로서 "그 사람이 무슨 말을 하는지 이해하지 못하는 것이 사실이라"(it is real ...)는 것을 의미한다.

▶ 일반적으로 문두에 오는 견해 종속어, 주어지향 종속어, 문체 부연어, 내용 부연어를 비교해 보라.

Scientifically (= From a scientific point of view), the problem that   [견해 종속어]
  we are discussing here is extremely important.
(과학적으로 볼 때 우리가 여기서 논의하고 있는 문제는 매우 중요하다.)
Intentionally (= It was his intention that), he locked the door   [주어지향 종속어]
  so that we could not leave the house.
(그는 의도적으로 문을 잠가서 우리가 집을 나갈 수 없게 했다.)
Personally (= Personally speaking), I find it difficult to study English. [문체 부연어]
(개인적으로 볼 때 나는 영어를 공부하는 것이 어렵다.)
Certainly (= It is certain that), there must be some mistakes.   [내용 부연어]
(확실히 어떤 실수가 있는 게 틀림없다.)

종속어에 대해서는 S28을 보라.

D16 do-1: 개요

1 **형태**: do는 불규칙 동사로서 시제와 주어의 인칭에 따라 다섯 가지 형태를 취한다.

주어		시제		분사	
		현재	과거	현재	과거
단수	he, she, it, 단수 명사	does	did	doing	done
복수	I, we, you, they, 복수 명사	do			

She **doesn**'t like dogs. (그녀는 개를 싫어한다.)
Does she like cats? (그녀는 고양이를 좋아합니까?)
I **don**'t enjoy walking. (나는 걷는 것을 싫어한다.)
Do you agree with him? (그의 말에 동의합니까?)
They **did**n't wait for us. (그들은 우리를 기다리지 않았다.)
Did he play golf? (그는 골프를 쳤습니까?)

▶ 분사형은 do동사가 어휘적 동사로 쓰일 때만 가능하다.

What's he **doing**? (그가 뭘 하고 있나?)
They've **done** their best. (그들은 최선을 다했다.)

2 **용법**: do동사는 세 가지 주요한 용법을 가지고 있다.

▶ 조동사: do 동사는 영어의 대표적인 조동사의 하나로 의문문, 부정문, 축약형 구문, 강조 구문을 구성하는 데 사용된다.

Did you remember to post my letters?   [의문문]
(내 편지 부치는 것 잊지 않았어?)
Who **do** you like to meet?
(누굴 만나고 싶습니까?)
This **does**n't taste very nice.   [부정문]
(이 음식은 맛이 그리 좋지 않다.)
"That carpet needs cleaning." "Yes, it certainly **does**."   [짧은 응답]
("저 양탄자는 세탁을 해야 한다." "네. 그렇습니다.")
I **do** like your ear-rings.   [강조]
(나는 네 귀걸이를 정말 좋아한다.)

▶ 어휘적 동사: do 동사는 또한 보통동사, 즉 어휘적 동사로도 쓰인다.

What are you **doing**? (뭘 하고 있는 거야?)
It all happened so quickly that I couldn't **do** anything to do.
(모든 것이 너무나 빠르게 일어나서 나는 아무것도 할 수 없었다.)
He would rather talk about things than **do** them.
(그는 그 일을 실행하는 것보다 그 일에 대해서 말하려고 할 것이다.)
Don't just stand there. **Do** something. (그곳에 서 있지만 말고 무엇인가 좀 해봐.)

▶ 대동사 (substitute verb): do는 반복되는 동사구를 대치하는 대동사로 쓰일 수 있다.

"Do you think Phil will come?" "He might **do**." [미국영어 "He might."]

("필이 오리라고 생각해?" "올지도 몰라.")
I'm ready to have a date with her, and I shall **do so** as soon as I can find time.
(나는 그녀와 데이트할 준비가 되어있다. 시간이 나는 대로 그녀와 데이트할 것이다.)
He told me to open the door. I **did it** as quietly as I could.
(그는 나보고 문을 열라고 했다. 나는 가능한 한 조용히 문을 열었다.)
He **bought an expensive watch** yesterday. I know why he **did so**.
(그는 어제 비싼 시계를 샀다. 나는 그가 왜 그랬는지 알고 있다.)

do it/that/this에 대해서는 D19를 보라.

D17 do-2: 조동사

조동사 do는 여러 가지 통사적 기능을 갖는다.

1   **의문문**: 보통동사를 가진 평서문을 의문문으로 만들 때 do를 사용한다. 다른 조동사를 가진 문장에는 do를 사용하지 않는다. (Q2를 보라.) 다음을 비교해 보라.

Do you like bananas? (바나나 좋아하세요?) (*Like you bananas?)
Can you play football? (축구할 줄 알아?) (*Do you **can** play football?)
Where **does** she live? (그녀는 어디에 살지?) (*Where lives she?)

▶ 조동사 do는 보통동사 do를 가진 의문문을 만들 때도 사용된다.

What **do** you **do** in the evenings? (저녁에 너는 뭘 해?)

2   **부정문**: 보통동사를 가진 긍정문을 부정문으로 만들 때 do를 사용한다. 다른 조동사를 가지고 있으면 do를 사용하지 않는다. 다음을 비교해보라.

I **didn't** answer the phone. (나는 전화에 응답하지 않았다.) (*I answered not the phone.)
He **couldn't** play football. (그는 축구를 할 수 없다.) (*He **didn't can** play football.)
She **doesn't** do much in the evenings. (그녀는 저녁에 하는 것이 별로 없다.)
Don't go. (가지 마라.)

3   **부가의문문**: do는 부가의문문에서 사용된다.

You like Mary, **don't** you? (너 메리 좋아하지?)
It doesn't matter if he wins or loses, **does** it? (그가 이기든 지든 상관없지?)

4   **강조**: 긍정문을 감정적으로 강조하거나 대조를 위해 강조할 때 do를 사용할 수 있다. (E16.1을 보라.)

You **do** look nice in that hat! (너 그 모자 쓰니까 참 멋있어 보인다.)
She thinks I don't love her, but I **do** love her.
(그녀는 내가 자기를 사랑하지 않는다고 생각하는데, 나는 그녀를 정말 사랑한다.)
I don't take much exercise now, but I **did** play football a lot when I was younger.

(나는 지금 운동을 많이 하지 않지만 젊었을 때는 축구를 정말 많이 했다.)

5 **도치 구문**: do는 (주어 앞에 동사가 오는) 도치 구조에서도 사용된다. (I33을 보라.)

At no time **did** he lose his self-control. (그는 언제고 자제력을 잃지 않았다.)
Never **did** I think we would win the championship.
(우리가 우승할 것이라고는 생각해 본적이 없다.)

6 **대동사구**: 전체 동사구를 대신하는 동사로 쓰일 수 있다.

They didn't go to the movies, but I **did**. (그들은 영화를 보러 가지 않았지만 나는 갔다.)
They went to the movies, but I **did**n't. (그들은 영화를 보러 갔지만 나는 안 갔다.)

7 **예의**: 조동사 do는 예의를 갖추어 다른 사람에게 어떤 것을 제안하거나 설득할 때 사용되기도 한다.

Do sit down. (앉으십시오.)
Do have another sandwich. (샌드위치 하나 더 드시지요.)

D18   do-3: 다목적 동사

do는 어떤 행위나 일을 표현할 때 특정 동사 대신에 사용된다. 예를 들어 "brush your teeth" 대신에 "do your teeth"라고 말할 수 있다.

1 **막연한 행위**: do는 "thing, something, nothing, anything, everything, what"과 같은 단어와 함께 확정되지 않은 막연한 행위를 표현할 때 사용된다.

He **does nothing** but complain. (그는 불평밖에 모른다.)
Are you **doing anything** tomorrow night? (내일 밤에 뭔가 합니까?)
Do something! (어떻게 좀 해라!)
What are you **doing** for Christmas? (크리스마스 때 뭘 하려고 해?)

2 **특정 행위**: do는 "행하다/수행하다(perform)"의 의미로 어떤 확정적 일이나 작업에 대해 말할 때 사용된다.

It's time to **do the accounts**. (해명해야 할 시간이다.)
Could you **do the shopping** for me? (나 대신 장을 좀 봐 줄 수 있습니까?)
I wouldn't like to **do your jobs**. (나는 너를 해치고 싶지 않다.)
Has Ben **done his homework**? (벤은 숙제를 끝냈습니까?)
Could you **do the ironing** first? (다리미질을 먼저 할 수 있습니까?)

3 **동반 표현**: 많은 경우 do의 의미는 함께 쓰이는 표현에 의하여 결정된다.

Have you ever **done any Chinese**? (= study)

(중국어를 공부한 적 있습니까?)
Can you **do this sum** for us? (= calculate)
(우리를 위해서 계산 좀 해 주겠습니까?)
I cooked the dinner, so you can **do the dishes**. (= wash)
(내가 저녁을 요리했으니까 너는 설거지를 할 수 있지.)
It will **do serious damage** to his reputation. (= bring about)
(그 일은 그의 평판에 심각한 손상을 줄 것이다.)
A couple of sandwiches will **do me** for lunch. (= suit)
(샌드위치 두 개 정도면 나는 점심으로 족합니다.)
Who's **doing the food** for the party? (= cook)
(누가 파티 음식을 준비할 거냐?)
Can you **do me 20 copies of this report**? (= make)
(이 보고서를 20부 복사해 줄 수 있습니까?)
You've **done those flowers** beautifully. (= arrange)
(꽃꽂이를 아름답게 하셨습니까?)
I've always wanted to **do India**. (= visit)
(나는 항상 인도를 가보고 싶었다.)
My car **does 30km** to the liter. (= travel)
(내 차는 리터 당 30킬로를 간다.)

4   **do + 동명사** (...ing): 반복되는 행동에 대해 말할 때 동사를 직접 언급하는 대신 "do ...ing 구조"를 사용한다. 일반적으로 동적인 동사가 사용되며 동명사 앞에는 한정사(예: the, my, some, much 등)나 양화사(a lot of, a little 등)가 올 수 있다.

During the holidays, I'm going to **do some resting** and **a lot of reading**.
(휴가 동안에 나는 쉬는 것보다 독서를 더 많이 하려고 한다.)
John **does more travelling/complaining** now than before.
(존은 전보다 더 자주 여행/불평을 한다.)
Who will **do the washing/cooking** for the children? (누가 아이들을 씻길/먹일 것입니까?)

▶ 이 구조에서 동명사는 목적어를 가질 수 없다.

He's old now, but he still **does a little painting**.
(현재 그는 나이가 들었지만 아직도 그림을 조금씩 그린다.)
(*He's old now, but he still **does a little painting landscapes**.)
(참고: He's old now, but he still **paints landscapes**.)
Morris used to **do a lot of riding** before he got married.
(모리스는 결혼 전에 승마를 많이 했었다.)
(*Morris used to do **a lot of riding horses** before he got married.)
(참고: Morris used to **ride horses** before he got married.)

▶ 그러나 do 다음에 종종 "동사 + 목적어"에 상응하는 합성명사(compound noun)가 사용된다.

Morris used to **do a lot of horse-riding** before he got married.
(모리스는 결혼 전에 승마를 많이 했었다.)
I want to **do some bird-watching** this weekend.
(나는 이번 주말에 들새 관찰을 좀 하고 싶다.)
It's time I **did some letter-writing**. (편지를 좀 쓸 때가 되었다.)

5   How are you doing?/How do you do?: 의문문 형태를 가지고 있으나 이들은 의문문이 아니다. 첫 번째 것은 미국영어에서 친근한 인사말이고, 두 번째 것은 처음 만난 사람에게 하는 인사말이다. 상대방의 생활에 대한 질문은 "How are you getting on?/How are things with you?"이라고 한다. (G16을 보라.)

D19 do, do so, do it, do this, do that

이 표현들은 동사구의 반복을 피하기 위해 사용되는 대표적인 대형(pro-forms)으로서 그 용법에 차이가 있다.

1   do: be 동사를 제외한 모든 어휘적 동사, 즉 동적 또는 정적동사를 대치할 수 있으며, 이점에서는 다른 조동사와 같다.

He loves dogs more than his wife **does**. (= loves dogs)
(그는 자기 처보다 개들을 더 좋아한다.)
He can cook as well as she **does**. (= cooks)
(그는 그녀처럼 요리를 잘 할 수 있다.)

▶ 대동사: 영국영어에서 do는 때때로 다른 조동사 다음에서 대동사 역할을 한다.

He can't promise to come tonight, but he **may do**.
(그는 오늘 밤에 온다는 약속을 할 수 없지만 올 수도 있다.)
"Would you please unlock the door?" "I **have done**."
("문 자물쇠를 열어줄 수 있습니까?" "열었는데요.")

▶ 짧은 응답: 선행하는 의문문 혹은 진술에 대한 긍정적 또는 부정적 응답을 할 때 사용된다.

"Did she say that she was leaving Seoul?" "Yes, she **did**."
("그녀가 서울을 떠날 것이라고 했습니까?" "네, 그랬습니다.")
"Do you have a car?" "No, I **don't**." ("차가 있습니까?" "아니요, 없는데요.")
"How many of you live in this town?" "We all **do**."
("너희들 중에 몇 명이 이 도시에 살지?" "우리 다요.")
"Ann doesn't understand this." "Oh, yes, she **does**."
("앤은 이것을 이해 못 한다." "어, 이해하는데.")
"He planted this shrub last year." "Yes, he **did**."
("그가 지난해에 이 관목을 심었다." "네, 그랬습니다.")
"John likes fish." "No, he **doesn't**." ("존은 생선을 좋아한다." "아닌데요. 싫어해요.")

▶ 병행 구문: 선행하는 동사구와의 병행을 표현할 때 사용된다.

They often go to the beach, and **so do** we. (그들도 종종 해수욕을 가고, 우리도 간다.)
He drinks too much, and his brother **does too**. (그도 술을 너무나 많이 마시고 동생도 그렇다.)
He doesn't want to talk about it. **Neither/Nor do** I.
(그도 그것에 대해서 말하고 싶지 않고, 나도 그렇다.)
I don't want to leave the cottage, and my wife **doesn't either**.
(나도 오두막을 떠나고 싶지 않고, 내 처도 그렇다.)
Steve doesn't like golf, but his wife **does**.
(스티브는 골프를 좋아하지 않지만 그의 부인은 좋아한다.)

▶ 비교: 비교구문에서 사용된다.

He enjoyed the trip more than we **did**. (그는 우리보다 여행을 더 즐겼다.)
She understands the situation better than he **does**. (그녀가 그보다 상황을 더 잘 이해하고 있다.)
He visits his parents twice a year, as he has always **done**.
(그는 항상 그랬던 것처럼 일 년에 두 번씩 부모님을 찾는다.)

2 do it/so/that: "do it"는 일반적으로 행위동사를 대체하지만 "do so/that"는 행위동사와 경과동사 그리고 사건동사를 대체한다. (V2를 보라.)

▶ 행위동사

She **bought a watch** yesterday. I can guess why she **did it/so/that**.
(그녀가 어제 시계를 샀다. 왜 그랬는지 나는 짐작이 간다.)
The rebels're **attacking the city**; they've been **doing it/so/that** for two months.
(반군이 도시를 공격하고 있다. 그들은 두 달 동안 그렇게 하고 있다.)

▶ 경과동사

The country has completely **changed its appearance**. The President of the country made it possible to **do so/that/*it**.
(그 나라는 겉모습을 완전히 바꿨다. 대통령이 그것을 가능하게 했다.)
The typhoon has now **reduced its speed**; it will continue to **do so/that/*it**.
(태풍이 지금은 속도를 줄였다. 계속해서 속도를 줄여갈 것이다.)

▶ 사건동사

Helen **caught a cold**. She has **done so/that/*it** because she went out in the cold without her coat.
(헬렌이 감기가 들었다. 그녀가 감기가 든 것은 추위에 코트를 입지 않고 밖에 나갔기 때문이다.)
He **received an anonymous letter** yesterday. I think she **did so/that/*it** a month ago.
(그는 어제 익명의 편지를 한 통 받았다. 내 생각에는 그녀도 한 달 전에 받았다.)

3 do so: 문어적 표현으로서 일반적으로 앞에서 언급한 동일한 주어가 행한 동일한 행위를 표현하는 동사구를 대체한다.

I can't **play the trumpet**. If I had been able to **do so/*it**, I could have joined the band.

(나는 트럼펫을 불지 못한다. 만약 불 수 있었다면 나는 악대에 들어갔을 것이다.)
You can **borrow my car**, if **you** want to **do so/*it**.
(원한다면 내 차를 빌려 갈 수 있다.)
Yesterday **he lost his keys**. It's not surprising that **he did so/*it**.
(어제 그가 열쇠를 잃어버렸다. 그것은 놀라운 일이 아니다.)
They promised to **increase pensions by 20%**. If **they do so/*it**, it will make a big difference to old people. (당국은 연금을 20퍼센트를 올리겠다고 약속했다. 만약 그렇게 된다면 노인들에게는 큰 변화가 일어날 것이다.)

4   **do it**: 행위자가 의식적으로 특정 시점에 행한 의도적 행위를 표현하는 동사구를 대체한다.

"Ann **decorated the church**." "I think the priest asked her to **do it**."
("앤이 교회를 꾸몄다." "내 생각에는 신부님이 그렇게 해달라고 부탁한 것 같다.")
He **bought a new luxury car**, but I don't know how he managed to **do it**.
(그는 사치스러운 새 차를 샀는데, 그가 어떻게 그랬는지 나는 모르겠다.)
He **borrowed her car**, although I told him not to **do it**.
(그러지 말라고 했는데 그는 그녀의 차를 빌렸다.)

5   **do it**와 **do so**: 다음의 두 표현은 다르게 해석된다.

Bob's **getting his house painted**, and moreover, he wants me to **do it**.
(밥은 그의 집에 페인트칠을 하고 있었고, 더욱이 나에게 그의 집에 페인트칠을 해주기를 바랐다.)
(= Bob's **getting his house painted**, and moreover, he wants me to **paint his house**.)
Bob's **getting his house painted**, and moreover, he wants me to **do so**.
(밥은 그의 집에 페인트칠을 하고 있었고, 더욱이 나에게도 우리 집에 페인트칠을 하기를 바랐다.)
(=Bob's **getting his house painted**, and moreover, he wants me to **get my house painted**.)

6   **do that/this**: do that/this는 구어적 표현으로서 기본적으로 "지시사적" 의미를 지니며, 특정 또는 일반적인 상황을 표현할 수 있다.

"He has **nailed a bat onto the door**." "Why did he **do that**?"
("그는 문에 야구방망이를 못 박았다." "그 사람은 왜 그런 짓을 한 거야?")
"I'm sorry to say that I **left the office early**." "You better not **do that** again."
("미안합니다만 나는 사무실을 일찍 나왔다." "다시는 그러지 않는 게 좋겠다.")
"Whales **give birth to live young**." "Are they the only fish to **do this**?"
("고래는 새끼를 낳는다." "고래가 새끼를 낳는 유일한 물고기입니까?")
Ants can apparently **communicate with each other**, but we don't know how they **do that**. (개미는 명백히 서로 의사소통할 수 있다. 그러나 우리는 그들이 어떻게 그러는지 모른다.)

다른 유형의 대치에 대해서는 S30을 보라.
think, believe, hope와 유사한 동사 다음에 오는 so와 say와 tell 다음의 so 그리고 so do I, so am I에 대해서는 S14를 보라.

D20 duration

during과 for는 기간을 표현할 때 사용되는 대표적인 전치사다. 이들 외에도 기간을 표현하는 전치사로는 "over, through(out), until, from ... to, by, up to, in, since 등"이 있다.

1. **during과 for**: 이들은 어떤 사건이나 상황이 존재하게 된 기간의 시작부터 끝을 표현할 때 사용된다. 이 기간을 시간 단위를 써서 표현할 때는 for를 쓰고 어떤 상황이나 사건을 써서 표현할 때는 during을 쓴다.

    We stayed there **for three days/a week/two months/six years**.
    (우리는 그곳에 3일/1주/2달/6년 동안 있었다.)
    (*We stayed there **during three days** ...)
    He worked here **during the hot weather/the war/his stay** in Korea.
    (그는 더울 때/전쟁 동안/한국에 머무는 동안 여기서 일했다.)
    (*He worked here **for the hot weather/the war/his stay** in Korea.)

    ▶ during은 for와는 달리 어떤 사건이 발생한 기간을 포함하는 더 긴 기간을 표현할 때 사용된다.

    We camped there **for the summer**.   [처음부터 끝까지]
    (우리는 여름 내내 거기서 야영을 했다.)
    We camped there **during the summer**.   [여름의 어느 시기에]
    (우리는 여름에 그곳에서 야영했다.)
    It rained **during the night for two or three hours**.
    (밤중에 두세 시간 동안 비가 왔다.)

2. **during과 in**: during과 마찬가지로 in도 어느 특정 기간 내에 어떤 사건이 일어나는 것을 말할 때 사용된다.

    We'll be on holiday **during/in August**. (우리는 8월에 휴가를 갈 것이다.)
    I woke up **during/in the night**. (나는 밤중에 깼다.)

    ▶ 시간적 기간이 아니라 어떤 사건이나 상황이 일어난 기간 말할 때는 during이 사용된다.

    John fell off from his chair **during/*in the meeting**. (존은 회의 도중에 의자에서 떨어졌다.)
    He met some strange people **during/*in his military service**.
    (그는 군 복무 중에 좀 이상한 사람들을 만났다.)

3. **during과 by**: 관용구인 "by day/night"는 "during the day/night"와 같은 뜻이며 보통 "여행"과 같은 행위를 뜻하는 동사와 쓰인다.

    We prefer travelling **by night/during the night**. (우리는 밤에 여행하는 것을 좋아한다.)
    After the tour of Paris **by night**, we slept **during the day/*by day**.
    (밤중에 파리를 여행한 후에 우리는 낮 동안에는 잠을 잤다.)

4　　over와 through(out): over는 공휴일이나 축제 기간과 같이 특별한 기간을 나타낼 때 쓰며 일반적으로 through(out)보다 짧은 기간을 나타낸다.

　　We stayed there **over Christmas/the weekend/the holiday**.
　　(우리는 크리스마스/주말/휴가 동안에 그곳에 머물렀다.)
　　(*We stayed there **over Wednesday**.)
　　We stayed there **through(out) the summer**. (우리는 여름 내내 그곳에 머물렀다.)

5　　from... to, until, up to: 어떤 기간의 끝만을 나타낼 때는 "until, till, up to"를 쓴다. "up to, until, till, to"는 보통 그 목적어가 가리키는 기간은 전체 기간에서 제외한다.

　　We camped there **until/till/up to September**. (우리는 9월까지 그곳에서 야영했다.)
　　[9월이 시작할 때에 야영을 끝냈다는 뜻이 된다.]

　　▶ to는 시작 시점이 표현되지 않은 과거의 어느 시점만을 표현할 수 없다.

　　*We camped there **to September**.

　　그러나 미래의 사건을 위한 기간을 나타낼 때와 기간을 표현하는 명사가 앞에 올 때는 to를 쓸 수 있다.

　　We can camp there **to the end of September**.
　　(우리는 9월 말까지 그곳에서 야영할 수 있다.)
　　[앞으로의 시점을 표현하기 때문에 to가 가능하다.]
　　I have only a few years **to retirement**. (나는 은퇴까지 몇 년밖에 남지 않았다.)
　　["a few years"라는 기간 표현이 있기 때문에 to가 가능하다.]

　　▶ 기간의 시작과 끝을 모두 나타낼 때는 "from ... to"를 쓴다.

　　We camped there **from June to September**. (우리는 6월부터 9월까지 그곳에서 야영했다.)

　　until에 대해서는 U2를, up to에 대해서는 U4를 보라.

6　　from ... through: 종종 위의 "from June to September"에서 9월이 전체 기간에 포함되느냐 안 되느냐 하는 문제가 대두한다. 이러한 모호성을 피하기 위해 미국식 영어에서는 종종 "(from)...through"를 사용한다.

　　We stayed there **(from) June through September**.
　　(우리는 6월부터 9월 끝까지 그곳에서 야영했다.)

7　　since: since는 from과 마찬가지로 기간의 시점을 표현하지만, 기간의 종점은 발화가 일어난 현 시점이 될 수도 있고 과거시점과 현시점 사이의 어느 시점이 될 수도 있다.

　　I haven't seen a movie **since the birth of my baby**.
　　(나는 애기가 태어난 이후에 영화를 보지 못했다.)
　　She **stopped** seeing him **since** her father **had died** a few years ago.
　　(그녀는 아버지가 몇 년 전에 죽은 후에는 그를 더 이상 만나지 않았다.)

from과 since에 대해서는 F10을 보라.
since에 대해서는 S9를 보라.
through에 대해서는 T10을 보라.

E1　each

each는 every처럼 한 집단의 모든 구성원을 가리키기도 하고, 집단 구성원들을 개별적으로 하나씩을 가리킬 수도 있다. each는 한정사로도 쓰이고 대명사로도 쓰이며 부사처럼도 쓰인다.

Each book is beautifully illustrated in the book fair.
(도서전에 전시된 각 책은 아름다운 삽화가 들어있다.)
She consulted several doctors, and **each** had a different diagnosis.
(그녀는 의사 몇 명에게 진찰을 받았는데, 의사마다 다른 진단을 내렸다.)
The students were **each** given an opportunity to solve the problem.
(학생들 각자에게 문제를 풀 기회가 주어졌다.)

1　**한정사**: 한정사 each는 쓰일 때는 단수가산명사 앞에 온다. (D11을 보라.)

Each member of the team was given a particular job to do.
(팀의 각 사원에게 특별한 책무가 주어졌다.)
(***Each members** of the team was given a particular job to do.)
You're allowed 20 minutes to answer **each question**. (문제마다 20분씩 답할 시간을 주겠다.)
(*You're allowed 20 minutes to answer **each questions**.)

2　**대명사**: 대명사 each는 복수대명사 혹은 한정사를 수반하는 복수명사를 목적어로 갖는 of-구를 동반할 수 있다.

Each of us/them has different opinions on the problem.
(우리는/그들은 각자마다 그 문제에 대해 다른 소신을 갖고 있다.)
She talked to **each of the students** about their grades.
(그녀는 학생들 하나하나에게 성적을 말해주었다.)

▶ "each of ..." 다음에 오는 동사는 일반적으로 단수이지만, 구어체에서는 종종 복수가 될 수 있다.

Each of them **wants** their shares.
Each of them **want** their shares.　　　[구어체]
(그들은 제각기 자신들의 몫을 원했다.)

3　**부사**: each가 주어의 성분일 때 all이나 both 그리고 다른 몇몇 부사처럼 (A35.3과 B23을 보라) 문중위치에 이동할 수 있다. 이 경우 주어는 복수명사 또는 복수대명사가 되며, each는 조동사나 be 동사 뒤에 오며 여타 어휘동사의 경우에는 동사 앞에 온다.

We **have each** been told to wait. (우리 각각은 기다리라는 말을 들었다.)
(= Each of us has been told to wait.)
They **are each** to have a vacation in different places.
(그들은 각각 다른 곳에서 휴가를 보내려고 한다.)

We **each had** a date with the same girl. (우리는 제각기 같은 여성과 데이트를 했다.)
The girls **each have** certain different charms. (그 아가씨들은 각자 다른 매력을 가지고 있다.)

4 **목적어와 each**: each는 주어의 경우와 마찬가지로 목적어 뒤에 올 수 있지만, 목적어가 문장의 마지막 성분이 될 수 없다.

We wish **them/the couple each** a Merry Christmas.
(그들/내외 각자에게 즐거운 성탄인사를 보냅니다.)
I invited **the boys/them each** to the farewell party.
(나는 작별 파티에 젊은이들/그들 각자에게 초청장을 보냈다.)
(*She invited **the boys/them each**.)
He bought **the girls each** an ice-cream. (그는 아가씨들 각자에게 아이스크림을 사줬다.)
(*He bought an ice-cream for **the girls/them each**.)

▶ each는 문장의 마지막 성분인 목적어가 수량을 의미할 경우 그 뒤에 올 수 있다. 이 경우 each는 실제로 목적어를 선행하는 복수명사를 수식한다.

I gave **the boys two apples each**. (나는 남자아이들 각자에게 사과 두 개씩 주었다.)
(= I gave **the boys each** two apples.)
When their father died, **they** inherited **one million dollars each**.
(아버지가 돌아가셨을 때, 그들은 각각 100만 불씩 상속받았다.)
(= When their father died, **they each** inherited one million dollars.)
The tickets cost **3 dollars 50 cents each**. (표 한 장에 3불 50센트입니다.)
(= **The tickets each** cost 3 dollars 50 cents.)
He awarded **the children a prize each**. (그는 아이들마다 상을 수여했다.)

5 **독립적 each**: 이미 언급됐을 경우 명사를 생략하고 each만 독립적 대명사로 사용할 수 있으나 구어체에서는 "each one/each of them"이 더 흔히 쓰인다.

Five boys participated in the contest, and **each/each one/each of them** received a prize.
(네 명의 남자아이들이 경기에 참여했는데, 각자 상을 받았다.)

6 **each (+of) + (대)명사**: 절 내에서 "each (+of) + 명사/대명사"를 가리키는 대명사는 단수가 될 수도 있고 복수가 될 수도 있다. 특히 언급되는 사람들이 남성인지 여성인지 구별하고 싶지 않을 때 복수대명사 they/them/their가 사용된다.

Each child assembled **his or her** robot with help from the teacher.
(아이들은 제각기 선생님의 도움을 받아 자신들의 로봇을 조립했다.)
Each of them explained the procedure in **his/her/their** own way.
(그들은 각각 제 나름의 방식으로 절차를 설명했다.)
Each of the individuals has the opportunity to put into practice **their** skills.
(개인 각자는 자신의 기술을 실행에 옮길 기회를 가졌다.)

each와 every의 차이에 대해서는 E2를 보라.

E2   each와 every

1   **each와 every**: 둘 다 단수명사와 함께 사용되며, each는 둘 이상의 대상을 말할 때 사용되고, every는 일반적으로 셋 이상을 말할 때 사용된다.

Thousands of tourists visit Korea **each/every** year. (수천 명의 관광객이 매해 한국을 찾는다.)
(*Thousands of tourists visit Korea **each/every years**.)
She's holding a bottle in **each hand**. (그녀는 두 손에 병을 하나씩 들고 있었다.)
(*She's holding a bottle in **every hand**.)
Grill the fish for ten minutes on **each side**. (생선의 양쪽을 10분씩 구우십시오.)
(*Grill the fish for ten minutes on **every side**.)

▶ 많은 경우 each와 every는 의미상으로 큰 차이 없이 사용될 수 있다.

Malaria affects more than 10 million people **each/every** year.
(매해 1,000만 명 이상의 사람들이 말라리아에 감염된다.)
You look more beautiful **each/every** time I see you.
(당신은 내가 볼 때마다 더 아름다워 보입니다.)
We have only 30 minutes to answer **each/every** question.
(각 질문을 답하는 데 30분밖에 없다.)

▶ 그러나 each는 사람이나 사물을 "개별적으로 한 번에 하나씩 말할 때" 선호되는 반면, every는 사람이나 사물을 "함께 집단으로 생각할 때" 더 흔히 쓰인다. 이런 점에서 every는 의미적으로 all에 더 가깝다. 다음을 비교해 보라.

Each student in turn had an interview with the professor.
(각 학생들은 차례로 교수님과 면접을 가졌다.)
He gave **every student** the same grade A. (그는 모든 학생에게 동일한 점수 A를 주었다.)
(= He gave **all students** the same grade A.)

▶ 집단에 속하는 모든 대상을 개별적으로 강조하여 가리키려고 할 때는 "each and every"를 사용한다.

Firemen face dangerous situations **each and every** day.
(소방관들은 날이면 날마다 위험한 상황에 처한다.)
The same law applies in **each and every** case. (같은 법이 어느 경우에나 적용된다.)

2   **each와 both**: each가 "둘"을 의미할 때 종종 both로 대치될 수 있다.

She kissed **each/both** of her parents. (그녀는 부모님 두 분 다에게 입을 맞췄다.)
We can park the cars on **each side/both sides** of the street. (도로 양편에 주차할 수 있다.)

3   **대명사 each와 every**: every는 each와 달리 대명사로 쓰일 수 없다.

Each of the students handed in his assignment. (학생들은 따로따로 숙제를 제출했다.)
(***Every** of the students handed in his assignment.)

There're four rooms, **each** with its own shower. (방이 네 개있고 방마다 별도의 샤워가 있다.)
(*There're four rooms, **every** with its own shower.)

▶ 대신에 "every one of + 명사" 구조를 사용한다.

Every one of the students handed in his assignment. (학생들은 모두 숙제를 제출했다.)
There're four rooms, **every one of them** with its own shower.
(방이 네 개 있고 방 모두에 별도의 샤워가 있다.)

every two years, every three years와 같은 표현에 대해서는 F8를 보라.

4 **수식어**: each는 all의 개념을 가진 every와는 달리 집단의 개념을 강조하는 "almost, practically, nearly, not, without exception"과 같은 표현과 함께 사용되지 않는다.

She's lost **nearly every friend** she had. (그녀는 알았던 친구 거의 모두를 잃었다.)
(*She's lost **nearly each friend** she had.)
Not every student enjoyed the lecture. (모든 학생이 강의를 즐겁게 들은 것은 아니다.)
(***Not each student** enjoyed the lecture.)
You must answer **every question without exception**. (예외 없이 모든 질문에 답해야한다.)
(*You must answer **each question without exception**.)
(참고: **Not/Nearly/Almost/Practically all students** enjoyed the lecture.)

5 **개별적 대상**: 개별적으로 하나씩을 가리키는 경우에는 each가 사용되고 every는 어색하다.

I'll give you twenty minutes to answer **each/*every question**.
(각 질문에 답하는 데 20분을 주겠다.)
He paid $20 for **each/*every ticket**. (그는 표 한 장에 20불씩 냈다.)

each에 대해서는 E1을 보라.
every에 대해서는 E21을 보라.
every와 all의 차이점에 대해서는 A36을 보라.
each other에 대해서는 E3을 보라.

E3   each other와 one another

우리는 상호(reciprocal)대명사인 each other나 one another를 사용하여 두 개의 독립된 문장을 한 문장으로 결합할 수 있다.

Cleopatra loved Anthony. (클레오파트라는 안토니를 사랑했다.)
Anthony loved Cleopatra. (안토니는 클레오파트라를 사랑했다.)

Cleopatra and Anthony loved **each other/one another**.
(클레오파트라와 안토니는 서로를 사랑했다.)

1 **차이점**: 현대 영어에서는 일반적으로 each other와 one another를 동일하게 사용한다.

The couple haven't talked to **each other/one another** for a week.
(그 부부는 한 주 동안 서로에게 말을 하지 않았다.)
They kissed **each other/one another** passionately. (그들은 서로에게 정열적으로 키스했다.)

▶ 그러나 사람에 따라서 셋 이상의 대상이 관련되어 있을 때는 **one another**가 선호된다.

The four children were very fond of **one another**. (그 네 명의 아이들은 서로를 매우 좋아한다.)
He put all the books on top of **one another**. (그는 모든 책을 하나씩 차곡차곡 쌓아올렸다.)

2   **each ... the other**: each other와 one another는 일반적으로 주어로 사용되지 않는다. 대신에 "each ... the other"라는 표현으로 대치된다.

*They listened carefully to what **each other** said.
They **each** listened carefully to what **the other** said.
(그들은 각자 다른 편이 말한 것을 주의 깊게 경청했다.)

Adam and Eve blamed **each other**. (아담과 이브는 서로를 탓했다.)
Adam and Eve **each** blamed **the other**. (아담과 이브는 각각 상대편을 탓했다.)

3   **재귀대명사와의 차이**: "each other/one another"는 -selves 형인 재귀대명사와는 달리 속격형을 갖는다.

They stared at **each other's/one another's** face for a moment.
(그들은 잠시 동안 서로의 얼굴을 노려봤다.)
(*They stared at **themselves'** face for a moment.)
They agreed to check **each other's** homework. (그들은 서로의 숙제를 점검해주기로 했다.)

▶ -selves와 "each other/one another"의 의미적 차이점에 유의하라.

John and Mary talk to **themselves** a lot. (존과 메리는 자기 스스로 말을 많이 한다.)
(= John talks to himself a lot, and Mary talks to herself a lot.)
John and Mary talk to **each other** a lot. (존과 메리는 서로에게 말을 많이 한다.)
(= John talks to Mary a lot, and Mary talks to John a lot.)

4   **생략**: each other가 "embrace, meet, marry, similar"와 같은 단어와 함께 쓰일 때에는 일반적으로 생략된다.

The two **met** (each other) in 2000. (그 두 사람은 2000년에 만났다.)
They **married** (each other) in 1994. (그들은 1994년에 결혼했다.)
Their opinions are very **similar** (to each other). (그들의 생각은 매우 흡사하다.)

E4   early

early와 late는 형용사와 부사로 사용된다. early에는 비교급과 최상급으로 각각 **earlier**와 **earliest**가 있는 데 반하여, late에는 비교급 later만 허용된다. 형태적으로 late의 최상급형인

latest는 다른 의미를 갖는다. (L2를 보라.)

He was in his **early/late** twenties, when he opened his first shop. [형용사]
(그가 첫 가게를 냈을 때는 나이가 20대 초반/후반이었다.)
She went out **early/late** in the morning. [부사]
(그녀는 아침 일찍/늦게 외출했다.)

1 **초기**: early는 어떤 "시간, 사건, 과정의 시작 또는 앞부분"을 가리킨다.

Many archaeologists are looking for fossil evidence of **early** man.
(많은 고고학자들은 초기 인간의 화석증거를 찾고 있다.)
In **early** days, the railways mainly carried goods. (초기에는 철도가 주로 화물을 운송했다.)
He spent **the early part** of his career at SNU's Hospital.
(그는 생애의 초기를 서울대학병원에서 보냈다.)

She left home **early** in the morning. (그녀는 아침 일찍 집을 나섰다.)
He was sent off **early** in the game. (그는 경기 초기에 퇴장 당했다.)
The building should be finished **early** next year. (이 건물은 다음 해 초에 준공되어야 한다.)

2 **보다 일찍이**: early는 종종 통상적인 것 또는 기대했던 시점보다 일찍 일어난 상황을 가리키기도 한다.

I was a few minutes **early** for my interview. (나는 면접에 몇 분 일찍 왔다.)
My father decided to take **early** retirement. (아버지는 조기 은퇴를 하기로 했다.)

They must have come **early**. (그들은 일찍 온 것이 틀림없다.)
Why do we have to go to bed so **early**? (왜 그렇게 일찍이 잠자리에 들어야 합니까?)

3 **너무나 빠름**: 어떤 변화나 결과가 초래할지를 말하기에는 너무나 빠를 때 사용한다.

It's too **early** to say who he'll choose for the job.
(그가 그 자리에 누구를 선택할 것인가를 말하기에는 너무 이르다.)
It's **early** days. I don't want to make any predictions.
(시기가 이르다. 나는 어떠한 예측도 하고 싶지 않다.)

4 **가까운 미래**: 가까운 미래를 의미할 수 있다.

I think an **early** decision would be wise. (내 생각에는 빠른 결정이 현명할 것 같다.)
You can come at your **earliest** convenience. (형편이 닿는 대로 빨리 오셔도 됩니다.)

early의 반의어 late에 대해서는 L2를 보라.

E5 either

either는 한정사, 대명사, 부사, 접속사로 쓰인다.

Either boy would be fine for the job. [한정사]
(두 젊은이 중에 누구도 그 일에 맞을 것 같다.)
There's pizza or hamburger—you can have **either**. [대명사]
(피자와 햄버거가 있다. 어느 것을 먹어도 된다.)
He hasn't seen the movie, and I haven't **either**. [부사]
(그도 영화를 못 봤고 나도 못 봤다.)
You can add **either** one **or** two spoons of sugar. [접속사]
(설탕 한 숟가락 또는 두 숟가락을 첨가하십시오.)

1 **한정사**: either는 단수 명사와 함께 쓰이며, "둘 중 어느 하나"를 의미한다.

Either method can be used in the experiment.
(두 방법 중에 어느 것도 실험에 사용될 수 있다.)
We can offer a good job to a young person of **either sex**.
(우리는 남녀 구분 없이 젊은 분 한 사람에게 좋은 일자리를 줄 수 있다.)

▶ either는 특히 "on either side"와 "at either end"와 같은 표현에서는 each와 마찬가지로 "양편(both)"을 의미한다.

He sat in the back of the car with a policeman on **either side**.
(그는 자동차 뒷자리에 두 경찰과 사이에 끼어 앉았다.)
There're many shops on **either end** of the street. (거리 양편에 가게가 많이 있다.)

2 **대명사**: either of는 대명사나 (the, my, these와 같은) 한정사 앞에 나타난다.

Two witnesses testified at the trial, but I don't trust **either of them**.
(재판에서 증인 두 명이 증언했는데 나는 둘 중에 누구도 믿지 않는다.)
I haven't read **either of the books** I borrowed from the library.
(나는 도서관에서 대출한 두 책 중에 하나도 읽지 않았다.)

▶ either of 다음에 오는 동사는 일반적으로 단수이지만, 특히 구어체 의문문이나 부정적 평서문에서 때때로 복수가 된다.

Has/Have either of the customers called yet? (두 고객 중에 누구한테서 벌써 연락이 왔어?)
I don't think **either of them comes/come** to the meeting.
(나는 둘 중의 한 명도 회의에 올 거라고 생각하지 않는다.)

3 **부사**: either는 부사로서 어떤 대상에 대한 선행하는 부정적 진술이 뒤에 오는 대상에게도 사실이라는 점을 표현한다.

My wife **doesn't eat meat**, and I **don't either**. (내 처도 육식을 하지 않고 나도 그렇다.)
He **hasn't been in the US**, and I **haven't either**. (그도 미국에 가본 적이 없고 나도 그렇다.)

▶ 이 경우 either는 also 혹은 too의 부정적 의미로 쓰이며 항상 문장 끝에 온다.

Max doesn't like Pam, and Pam doesn't like Max, **either**.

(맥스도 팸을 좋아하지 않고, 팸도 맥스를 좋아하지 않는다.)
(*Max doesn't like Pam, and Pam doesn't **either** like Max.)
They do really good food at that restaurant and it's not very expensive **either**.
(저 식당은 음식이 정말로 훌륭하며 음식값도 그렇게 비싸지 않다.)
(*They do really good food at that restaurant and it's not **either** very expensive.)

either ... or에 대해서는 E6을 보라.
not ... either, neither, nor에 대해서는 N13을 보라.

E6 either ... or

▶ either ... or는 상관 등위접속사로서 두 가지 (때로는 둘 이상의) 가능성 중에 어느 하나를 선택할 때 사용한다. (C29를 보라.)

You can **either** go home **or** stay here. (집에 가거나 여기 있어.)
I don't speak **either** French **or** German. (나는 프랑스어도 모르고 독일어도 모른다.)
Either you'll leave me alone **or** I'll scream. (나를 가만히 두지 않으면 소리 지를 거다.)
If you want coffee, you can have **either** americano, latte **or** espresso.
(커피를 원하면 아메리카노나 라떼 또는 에스프레소 중의 하나를 택할 수 있다.)

1   **일치**: either ... or로 결합된 명사구가 주어로 쓰일 경우 동사는 가까이 있는 명사와 일치한다. (A33.7을 보라.)

If **either** John **or** Mary **calls**, please take a message.
(존이나 메리가 전화하면 전할 말을 좀 받아주십시오.)
If **either** my sister **or my parents come**, please let them in.
(저의 누님이나 부모님이 오시면 좀 들어오게 해주십시오.)

2   **문장의 접속**: 문어체에서 either ... or는 문법적으로 같은 형태의 표현을 결합하는 것이 보통이지만, both와는 달리 완전한 두 문장도 결합할 수 있다.

The conference did not have much impact **either in Korea or in Southeast Asia**.
(학회는 한국이나 동남아시아에서 큰 반향을 일으키지 못했다.)
(*The conference did not have much impact **either in Korea or Southeast Asia**.)
The conference did not have much impact **in either Korea or Southeast Asia**.
(학회는 한국이나 동남아시아에서 큰 반향을 일으키지 못했다.)
(*The conference did not have much impact **in either Korea or in Southeast Asia**.)

Either the room is too small **or** the sofa is too big. (방이 너무 좁거나 소파가 너무 크다.)
(***Both** Mary washed the dishes **and** John cleaned the floor.)

결합된 성분에서 발생하는 생략에 대해서는 E9를 보라.

E7   elder/older와 eldest/oldest

1   **elder와 older**: 두 사람 특히 형제나 자매 중에 먼저 태어난 사람을 표현할 때는 elder와 older를 사용하고, 단순히 나이가 더 많은 것을 표현할 때는 older를 사용한다.

His **elder/older** brother Raoul became a lawyer. (그의 형 라올은 변호사가 되었다.)
He's three years **older/*elder** than me. (그는 나보다 세 살이 많다.)

2   **elder와 eldest**: elder와 eldest는 가족 중에 태어난 순서를 말할 때 older와 oldest 대신에 사용될 수 있다. 이들은 (명사 앞에서) 제한적으로만 사용된다. 다음을 비교해보라.

His **eldest/oldest son** is in the military service now.
(그의 첫 아들은 지금 군 근무를 하는 중이다.)
She's the **oldest student** in her class. (그녀는 반에서 가장 나이가 많은 학생이다.)
(*She is the **eldest student** in her class.)

3   **둘과 셋 이상**: "elder brother/sister"는 나이가 많은 형제나 자매가 각각 하나밖에 없을 때 사용되고, 둘 이상일 때는 eldest가 사용된다. "elder son/daughter"는 둘 중에 나이가 많은 쪽을 말하고, "eldest son/daughter"는 셋 이상 중에 제일 나이가 많은 쪽을 말한다.

She has **two brothers**, and **her elder/*eldest** brother is a medical doctor.
(그녀에게는 남자 형제가 둘이 있으며, 형이 의사다.)
They have **six children**, and **their eldest (one)** is only 10 years old.
(그들에게 아이가 6명이 있는데 맏이가 10살밖에 안 됐다.)

E8   ellipsis(생략)-1: 개요

한 언어에서 어떤 표현이 문법적이 되기 위해서는 필요한 성분이 있다. 그러나 우리는 필요한 성분이 빠진 (불완전한) 표현을 사용하여 아무런 어려움 없이 의사소통을 할 수 있다. 우리는 이렇게 어떤 성분이 실제로 사용되는 언어표현에 나타나지 않는 현상을 생략(ellipsis)이라고 한다. 생략의 기본원칙은 "정확한 복원성(precise recoverability)"이다. 다시 말해서, 생략된 성분을 언어 표현의 다른 부분에서 찾거나 혹은 그 표현이 사용된 맥락에서 완전히 복원 가능해야 생략이 가능하다. 전자를 "문법적 생략(grammatical ellipsis)"이라고 하고 후자를 "상황적 생략(situational ellipsis)"이라고 한다.

We went to London last fall, and **(we)** really enjoyed it.   [문법적 생략]
(우리는 지난가을에 런던에 갔으며 정말로 좋았다.)
(I have) Never seen anything like it!   [상황적 생략]
(그런 것을 한 번도 본 적이 없다.)

문법적 생략을 가능하게 하는 필요조건은 문법적으로 그리고 의미적으로 유사한 두 개 이상의 표현이 한 문장 또는 한 담화 속에 나타나는 것이다. 문법적으로 그리고 의미적으로 유사한 표현이 함께 나타나는 문법적 환경은 언어표현을 결합할 수 있는 접속사가 사용되는 구문이나, 사람들 간의 대화 또는 담화에서 형성된다.

He was poor but (**he was**) honest.   [등위접속사]
(그는 가난하지만 정직하다.)
Although (**he was**) in poor health, **he** continued to carry out   [종속접속사]
his duties. (그는 건강이 좋지 않지만 일을 계속했다.)
"I suppose Kathy is **still living in that same place**."   [대화]
"Yes, she is (**still living in that same place**)."
("캐시가 아직도 같은 집에 살고 있는 것으로 생각하는데." "네, 그렇습니다.")
The general suddenly ordered his men to attack.   [담화]
No one dreamt of asking why (**the general suddenly ordered his men to attack**).
(장군은 갑자기 부하들에게 공격을 명했다. 아무도 왜 그랬는지 물어볼 꿈도 꾸지 못했다.)

상황적 생략은 일반적으로 화자와 청자가 참여하는 대화에서 나타나며, 이렇게 생략되는 표현은 대화의 맥락에서 쉽게 복원할 수 있는 화자인 일인칭 대명사나 청자인 이인칭 대명사, 한정사, 조동사 등이다.

(**I**) Hope you're right. (네가 옳기를 바란다.)
(**The**) Car's ready. (차 준비됐어.)
(**Do you**) Want any more beer? (맥주 더 마실래?)

E9   ellipsis-2: 등위접속사와 생략

1   **등위접속사와 생략**: 대표적인 등위접속사로는 "and, or, but, nor"가 있으며, 이들은 다양한 형태의 표현을 결합할 수 있다(C27을 보라). 접속사로 결합된 두 표현에 동일한 성분이 있을 경우 생략이 허용된다.

He needs **a knife and** (**a**) **fork** to eat steak.
(그는 스테이크를 먹으려면 나이프와 포크가 필요하다.)
Does he come **from** France **or** (**from**) Spain? (그는 프랑스 사람입니까 스페인 사람입니까?)
They only pick **ripe** apples **and** (**ripe**) pears. (그들은 익은 사과와 배만을 땁니다.)
Does she like antique (**furniture**) or modern **furniture**?
(그녀는 골동품 가구를 좋아합니까 현대식 가구를 좋아합니까?)
He **has** no father **nor** (**does he have**) mother. (그는 아버지도 없고 어머니도 없다.)
He washed (**the dishes**) and (**he**) wiped **the dishes**.
(그는 접시를 물로 씻고 수건으로 닦았다.)
He felt in his pocket and (**he**) pulled out a key. (그는 호주머니를 더듬어 열쇠를 꺼냈다.)

2   **상관 등위접속사와 생략**: 등위접속사에는 두 개 이상의 표현이 함께 나타나는 "not only ... but (also), either ... or, neither/not ... nor, both ... and, whether ... or (not) 등" 상관 등위접속사가 있다.

He can **neither** read **nor** (**can he**) write. (그는 읽을 줄도 모르고 쓸 줄도 모른다.)
She was **not** at home **nor** (**was she**) at her office. (그녀는 집에도 없고 사무실에도 없다.)
He's **not only** handsome **but also** (**he is**) intelligent.

(그는 잘 생겼을 뿐만 아니라 머리도 좋다.)

3. **등위접속 성분과 생략**: 등위접속된 절이 동일한 주어, 동사(구), 목적어, 보어, 부가어를 포함할 경우 생략되는 위치는 동일한 성분이 어떤 것이냐에 따라 다르다.

▶ 주어: 주어가 동일할 경우 뒤에 오는 주어가 생략된다.

The President likes golf, **but (the President)** hates jogging.
(대통령은 골프는 좋아하지만 조깅은 싫어한다.)
John not only works hard **but also (John)** makes a lot of money.
(존은 열심히 일할 뿐만 아니라 돈도 많이 번다.)

주어와 조동사가 동일할 때도 마찬가지다.

He's selling the car **and (he's)** buying a new one. (그는 차를 팔고 새 차를 사려고 한다.)
I'll go to the party **and (I'll)** stay to the end. (나는 파티에 가서 끝장을 보려고 한다.)

▶ 동사구: 동사구가 동일할 경우 앞의 동사구가 생략된다.

He **(bought some bacon) and** she **bought some bacon**. (그와 그녀는 베이컨을 좀 샀다.)
I will **(go to college) and (I)** must **go to college**.
(나는 대학에 진학할 것이며 진학해야 한다.)

▶ 보충어: 목적어, 보어, 부가어가 동일할 경우 앞에 오는 것이 생략된다.

He hit **(the ball) and** I received **the ball**. (그는 공을 치고 나는 받았다.)
He says **(that he will come), and** we believe, **that he will come**.
(그는 오겠다고 하고 우리는 (그것을) 믿는다.)
He is **(very friendly), and** she used to be, **very friendly**.
(그는 매우 우호적이고 그녀는 옛날에 그랬다.)
She not only sleeps **(on the bed)** but also eats **on the bed**.
(그녀는 침대 위에서 잘 뿐만 아니라 먹기도 한다.)

▶ 동사 (공백화): 보충어를 가진 동사가 동일할 경우에는 앞에 있는 것이 남는다. 동사가 주어와 동사의 보충어 사이에 오기 때문에 동사의 생략을 "공백화(gapping)"라고 한다.

Mary **bought** stockings **and** John **(bought)** socks.
(메리는 스타킹을 (사고), 존은 양말을 샀다.)
He **slept** on the bed **and** she **(slept)** on the sofa.
(그는 소파에서 (자고), 그녀는 침대에서 잤다.)
Tom **ordered** spaghetti, **and** Mary **(ordered)** pasta, **and** Bill **(ordered)** pizza.
(탐은 스파게티를, 메리는 파스타를, 빌은 피자를 주문했다.)

E10 ellipsis-3: 동사구와 생략

동일한 동사구가 연속적으로 나타나는 구조에서 조동사만 남고 뒤에 오는 동사구는 생략될 수 있다. 조동사가 없을 경우 do가 조동사 역할을 한다.

1. **짧은 응답**: 질문이나 명령에 대한 짧은 응답에서 앞 문장의 동사구를 생략하고 조동사만 나타난다.

   "Can you **type**?" "Yes, I **can**." ("타자기를 칠 줄 아세요?" "네, 칠 줄 압니다.")
   "Are you **going to the graduation party**?" "No, I'm **not**."
   ("졸업파티에 갈 거냐?" "아니, 안 갈 거야.")
   "Please, don't **be late to the meeting**." "I **won't**."
   ("회의에 늦지 않도록 하세요." "안 늦겠습니다.")

2. **병행 동사구**: 동일한 동사구를 가진 절이 접속사와 결합하거나 나란히 놓일 경우 뒤의 동사구가 생략될 수 있다.

   She planned to **go to Africa this summer**, but she **couldn't**.
   (그녀는 올해 여름에 아프리카에 가기로 계획했으나 갈 수 없게 되었다.)
   I thought he would be **angry at me**, and he **was**.
   (나는 그가 나에게 화를 낼 거라고 생각했고, 그는 화를 냈다.)
   "He **surprised everybody**." "Yes, he certainly **did**."
   ("그는 우리 모두를 놀라게 했다." "네, 정말 그랬습니다.")
   "Mary **loves John**." "Yes, she really **does**."
   ("메리는 존을 사랑합니다." "네, 진정으로 사랑합니다.")

3. **too, so, either, neither (병행 문장)**: 이 표현들은 and 다음에서 앞의 동사구를 대신할 수 있다.

   He's **seen the play**, and I have too.
   He's **seen the play**, and so have I.
   (그도 연극을 보았고 나도 보았다.)
   He hasn't **seen the play**, and I haven't either.
   He hasn't **seen the play**, and neither have I.
   (그도 연극을 보지 않았고 나도 안 보았다.)

4. **부정사구**: 반복되는 부정사구의 생략은 부정사구를 목적어로 취하는 단순 타동사(V4.5)와 이중 타동사(V5.8)에서 많이 나타난다.

   "Are you **coming to the party**?" "I **hope to**." ("파티에 올 겁니까?" "그러고 싶습니다.")
   "Let's **go out for lunch**." "I don't **want to**." ("점심을 사 먹읍시다." "그러고 싶지 않은데요.")
   "I heard you were **moving to Busan**." "We **intend to**."
   ("부산으로 이사한다는 말을 들었어요." "그러려고 합니다.")
   I don't **play golf** much now, but I **used to** a lot.
   (지금은 골프를 많이 하지 않지만 옛날에는 많이 했다.)
   Sorry I **shouted at you**. I didn't **mean to**. (소리를 질러서 미안해. 진심이 아니었어.)
   I had an opportunity to learn Spanish rather than French, but I didn't **choose to**.
   (나에게는 프랑스어가 아니라 스페인어를 배울 기회가 있었으나 그렇게 하지 않았다.)

We can go with you, if you **want us to**. (네가 원한다면 너와 함께 갈 수 있다.)
"Do you know anybody who can **baby-sit my daughter**?" "I'll **ask Mary to**."
("내 딸을 돌봐줄 수 있는 사람을 알고 있어?" "메리에게 물어볼게.")
Jim went to Jang's dental clinic to have his tooth out. Actually, his friend Bill **recommended him to**.
(짐은 이빨을 빼러 장 치과에 갔다. 실제로 친구 빌이 장 치과를 추천했다.)

5   **would like to**: 부정사의 생략은 "would + like/love/hate/prefer 등" 다음에서 자주 나타난다.

"How about going to the beach in the afternoon?" "I'**d like to**."
("오후에 해수욕 가는 거 어때?" "좋지.")
"We plan to have the summer vacation in Italy. Would you join us?" "I'**d love to**."
("우리는 이태리에서 여름휴가를 보낼 계획인데, 함께 가실래요?" "좋지요.")
Lucas said he was going to leave his wife. I'**d hate him to**.
(루카스는 자기 부인을 떠나겠다고 했다. 나는 그가 그러지 않았으면 한다.)

6   **to의 생략**: to는 동사에 따라 그리고 함께하는 접속사에 따라 수의적으로 또는 의무적으로 생략된다.

You can go whenever you **want (to)**. (네가 원하면 언제든지 갈 수 있다.)
Don't do anything, if I don't **tell you (to)**.
(내가 너에게 하라고 말하지 않으면 아무것도 하지 마라.)
Show me what you **want (*to)**. (네가 원하는 것을 나에게 보여주라.)
Come when you **like (*to)**. (오고 싶을 때 와라.)
Do as you **like (*to)**. (하고 싶은 대로 해라.)
I'm going to leave the town if you **wish (*to)**. (네가 원한다면 나는 도시를 떠나려고 한다.)
You'll do well if you **try (*to)** hard. (열심히 노력하면 잘할 수 있다.)
I'm sure you mailed the letter, unless you **forgot (*to)**.
(네가 잊지 않았다면 편지를 부쳤을 것으로 나는 확신한다.)

7   **be/have와 생략**: 부정사에 be와 상태동사 have는 (H6을 보라) 일반적으로 생략되지 않는다.

More cars are displayed than they need **to be**.
(필요한 것보다 더 많은 자동차가 전시되어 있다.)
(*More cars are displayed than they need **to**.)
There're more spectators than there used **to be**. (옛날보다 관중이 더 많다.)
(*There're more spectators than there used **to**.)
He hasn't been fired yet, but he ought **to be**. (그는 아직 해고되지 않았지만 해고되어야 한다.)
(*He hasn't been fired yet, but he ought **to**.)
You have more freckles than you used **to have**. (너는 옛날보다 주근깨가 더 많다.)
(*You have more freckles than you used **to**.)

E11 ellipsis-4: 종속접속사와 생략

종속접속사는 다양한 생략과 연관이 있다.

1. **의문사**: 의문사가 이끄는 절에서 의문사를 제외한 모든 것이 생략될 수 있다.

    Somebody visited his office. Do you **who** (**visited his office**)?
    (누군가 그의 사무실을 찾아왔다. 그게 누군지 알아?)
    He hid the stolen jewelry ten years ago, but nobody knows **where**.
    (그는 10년 전에 도난당한 보석을 숨겼는데, 그곳이 어딘지 아는 사람이 없다.)
    There'll be a concert, but I don't know **when**. (음악회가 있을 것인데 나는 언젠지 모른다.)
    Everybody's looking for the way to solve the problem. Only he knows **how**.
    (모두가 그 문제를 해결하는 방법을 찾고 있다. 오직 그만이 방법을 안다.)

2. **관계대명사와 관계부사**: 관계대명사는 그 선행사가 관계절의 목적어를 가리킬 경우 생략될 수 있으며, 관계부사는 일반적으로 수의적으로 생략될 수 있다.

    They paid **the men** (**who**) they had hired. (그들은 고용한 사람들에게 돈을 지급했다.)
    The chairs (**which/that**) the students broke have been repaired.
    (학생들이 망가뜨린 의자들은 수리되었다.)
    2002 was **the year** (**when**) the World Cup was held in Korea and Japan.
    (2002년이 한국과 일본에서 월드컵이 개최된 해다.)
    Give me **one good reason** (**why**) you did that.
    (네가 그것을 한 타당한 이유 하나만이라도 나에게 말해라.)

3. **축약된 관계절**: 관계대명사 다음에 분사나 형용사를 보어로 가진 be동사가 뒤따라오면 관계대명사와 be동사를 생략할 수 있다.

    The girl (**who is**) dancing with him is my sister.
    (그와 춤을 추고 있는 아가씨는 내 여동생이다.)
    He estimated the tax (**that was**) payable on the interest.
    (그는 이자에 지급해야 할 세금을 계산했다.)

4. **접속사 that**: that는 다음과 같은 환경에서 생략될 수 있다. (상세한 것은 T6을 보라.)

    ▶ 간접화법: that-절이 인용동사 다음에 오는 경우 that가 생략될 수 있다.

    He says (**that**) the library is closed today. (그는 도서관이 오늘 문을 닫는다고 한다.)
    Bill thought (**that**) John was distressed at that time.
    (그때 존이 곤궁에 처해있는 것으로 생각했다.)
    She admitted (**that**) she'd lost her key. (그녀는 열쇠를 잃어버렸다는 것을 인정했다.)

    ▶ 형용사 보충어: that-절이 형용사 보충어로 쓰일 경우 that가 생략될 수 있다.

We're glad (**that**) you're feeling well today. (오늘 기분이 좋으시다니 반갑습니다.)
I'm afraid (**that**) we've come too late. (미안합니다만 우리가 너무 늦었습니다.)
We're all happy (**that**) you've returned home. (네가 집에 돌아와서 우리 모두는 기쁘다.)

▶ 복합접속사: 구어체에서 "so that, now that, such... that, provided that, supposing that" 등의 구조에서 that가 수의적으로 생략될 수 있다.

I deliberately didn't have lunch **so** (**that**) I would be hungry tonight.
(오늘 밤에 배가 고파지도록 나는 의도적으로 점심을 먹지 않았다.)
I'm going to relax **now** (**that**) the school is over. (나는 학교가 끝났으니 쉬려고 한다.)
He can come with us, **providing** (**that**) he pays for his own meals.
(그가 자기 음식값을 내겠다고 하면 우리와 함께 갈 수 있다.)

5   **부사절**: 접속사가 이끄는 부사절과 주절이 동일한 주어를 가지고 부사절이 be 동사를 가질 경우, 부사절의 "주어와 be 동사"가 생략될 수 있다.

Whether (**it is**) **true or false**, the story is very interesting.
(사실이든 거짓이든 그 이야기는 매우 흥미로웠다.)
Poor farmers, **whether** (**they are**) **owners or tenants**, will be worst affected.
(지주이든 소작인이든 가난한 농부들이 가장 불리한 처지에 놓일 것이다.)
If (**he is**) **still alive**, he must be at least ninety years old.
(아직 살아있다면 그는 적어도 90살은 되었을 것이다.)
The experiment should be very successful, **if** (**it is**) carefully done.
(신중히 실시하면 실험은 매우 성공적일 수 있다.)
She met Andy **while** (**she was**) **working as a reporter of the paper**.
(그녀는 신문사 기자로 일할 때 앤디를 만났다.)
When (**it is**) **mixed with water**, the powder forms a smooth paste.
(이 가루는 물과 섞으면 부드러운 풀이 된다.)
He left the room **as though** (**he was**) **angry**. (그는 마치 화가 난 것처럼 방을 나왔다.)
The bomb went off **as** (**it was**) **planned**. (계획했던 대로 폭탄이 폭발했다.)

6   **비교절**: 비교절에서는 비교요소가 어떤 것이 되느냐에 다양한 형태의 성분이 생략될 수 있다. (C15.3을 보라.)

More students use this brand than (**they use**) any other ball-point pen.
(더 많은 학생들이 다른 어떤 볼펜보다 이 상표의 볼펜을 사용한다.)
As many students use this brand as (**they use**) any other ball-point pen.
(학생들이 다른 볼펜을 사용하는 것만큼 이 상표의 볼펜을 사용한다.)
He knows more history than most people (**know it**).
(그는 대부분의 사람들보다 역사를 더 많이 안다.)
He knows as much history as most people (**know it**).
(그는 대부분의 사람들만큼은 역사를 안다.)

John is more relaxed than he used to be (**relaxed**). (존은 옛날보다 더 평안했다.)
John is as much relaxed as he used to be (**relaxed**). (존은 옛날처럼 평안했다.)

She's applied for more jobs than Joe (**has (applied for (jobs))**).
(그녀는 조보다 더 많은 일자리에 지원했다.)
She's applied for as many jobs as Joe (**has (applied for (jobs))**).
(그녀는 조가 한 것만큼의 일자리에 지원했다.)

7 **조건절과 시간절**: 주절과 동일한 표현이 반복되는 조건절이나 시간절이 특히 주절을 선행할 경우 조건절과 시간절에서 생략이 일어날 수 있다.

If you can, please write to me as often as possible.
(할 수 있다면 가능한 한 자주 편지하십시오.)
If he could, I want him to help me tomorrow.
(할 수 있다면 그분이 내일 나를 도와주기 바란다.)
If it was possible, I would prefer that the concert was cancelled.
(가능하다면 음악회가 취소되었기를 나는 원한다.)
If you wish, you didn't have to go to work today. (원하면 오늘 일하러 가지 않아도 된다.)

8 **관계절**: 관계절 내에서도 동사구나 부정사의 생략이 일어날 수 있다.

Most people do not like to work hard, but those **who do** will get ahead.
(대부분의 사람들은 열심히 일하기를 싫어하지만, 열심히 하는 사람들은 성공하게 된다.)
Anyone **who wants to** may come with us to the concert.
(원하는 사람은 누구나 우리와 함께 음악회에 갈 수 있다.)

E12 ellipsis-5: 상황적 생략

우리는 맥락이 허락할 경우 또는 의미전달에 큰 지장이 없을 경우 문장을 시작하는 표현을 종종 생략할 수 있다.

1 **대명사 주어 (+조동사)의 생략**: 평서문에서 대명사 주어 또는 대명사 주어와 조동사가 생략될 수 있다.

(**I**) Hope you won't be away too long. (너무나 오랫동안 떠나있지 않기를 바란다.)
(**It**) Must be time for dinner, isn't it? (저녁 먹을 시간이잖아?)
(**There**) Should be a girl waiting for me in my office.
(사무실에서 어떤 아가씨가 나를 기다리고 있을 텐데.)

(**I'm**) Happy to see you again. (다시 보게 되어서 기쁘다.)
(**I've**) Never seen anything like it. (이런 것 처음 봤어.)
(**It's**) Unusual to see so many people on the beach.
(해변에 이렇게 많은 사람들이 있다니 신기하다.)

2   **조동사 (+대명사 주어)의 생략**: 의문문에서의 "조동사 또는 조동사 + 대명사 주어"가 생략될 수 있다.

   (**Have**) You seen my sister? (내 여동생 봤어?)
   (**Is**) Anyone at home? (집에 누구 있어요?)
   (**Are you**) Feeling any better? (괜찮아?)
   (**Do you**) Want any more coffee? (커피 더 마실 거야?)

3   **한정사의 생략**

   (**The**) Car's running smoothly. (차가 부드럽게 달린다.)
   (**A**) Pity you can't stay. (머물 수 없다니 안됐다.)
   (**My**) Wife's on vacation. (아내가 휴가 중이야.)

E13　ellipsis-6: 명사 생략

명사구에서 명사가 생략될 수 있다.

1   **형용사 다음에서**: 형용사 다음에서 반복되는 명사를 생략할 수 있다.

   "How do you like your **coffee**?" "Black (**coffee**), please."
   ("커피를 어떻게 드세요?" "블랙 주세요.")
   "I have red and blue **shirts**; which do you prefer?" "Red (**shirt**)."
   ("나에게 빨간 셔츠와 파랑 셔츠가 있는데 어느 거 입을래?" "빨간 거.")
   "What kind of **shoes** do you want to buy?" "I think I'll buy the cheapest (**shoes**)."
   ("어떤 신발을 사려고 하는 거야?" "가장 값싼 것을 사려고 생각 중이다.")

2   **한정사 다음에서**: 한정사 다음에서 반복되는 명사를 생략할 수 있다.

   That is John's **hat**, and this (**hat**) is mine. (저것은 존의 모자고 이것은 내 모자다.)
   I need a **pencil**. Do you have any (**pencil**)? (연필이 필요한데 너한테 있어?)
   "Do you have any **apples**?" "A few (**apples**)." ("사과 있어?" "몇 개 있는데.")
   I'm going to have **coffee**—would you like some (**coffee**)? (커피 마시려고 하는데 마시겠어요?)

3   **house와 shop**: "house, shop" 등은 앞에서 언급되지 않았어도 생략될 수 있다.

   We spent the weekend at John and Mary's (**house**). (우리는 존과 메리의 집에서 주말을 보냈다.)
   She visits the butcher's (**shop**) every Monday. (그녀는 월요일마다 정육점에 들른다.)

4   **알려진 명칭**: 잘 알려진 이름에서는 그 기능을 표현하는 명사가 생략될 수 있다.

   We got married at **St. Paul's** (**Cathedral**). (우리는 세인트폴 (대성당)에서 결혼했다.)
   She's playing the **Beethoven** (**violin concerto**) with the **New York Philharmonic** (**Orchestra**) tomorrow night.

(그녀는 내일 저녁에 뉴욕 필하모닉(오케스트라)과 베토벤(의 바이올린 협주곡)을 연주한다.)
I spent a night at the **Hilton (Hotel)**, when I visited New York.
(나는 뉴욕에 갔을 때 힐튼(호텔)에서 하룻밤을 지냈다.)
He studied law at **Harvard (University)**. (그는 하버드(대학)에서 법을 공부했다.)

E14 ellipsis-7: 극단적 생략

1 **wh-의문문**: wh-의문문이 wh-의문사 홀로 또는 동반하는 전치사와 함께 남고 절의 모든 것이 생략될 수 있다.

"I've decided to go to Mongolia." "**When (have you decided to go to Mongolia)**?"
("나는 몽고에 가기로 했어." "언제?")
"I bought this bicycle yesterday." "**From whom (did you buy this bicycle yesterday)**?"
("나는 어제 이 자전거를 샀어." "누구한테서?")
"The concert will include Beethoven's violin concerto." "**What else (will the concert include beside Beethoven's violin concerto)**?"
("연주회에서 베토벤의 바이올린 협주곡이 연주될 것입니다." "그 외에 어떤 곡이 연주됩니까?")

▶ 이러한 생략은 종속절에서도 일어난다. (E11.1을 보라.)

Somebody broke in my office, but I don't know **who (broke in my office)**.
(누군가 내 사무실에 침입했는데 나는 그게 누군지 모른다.)
There's going to be a party, but he didn't say **when (there's going to be a party)**.
(파티가 있을 예정인데, 그는 언제라고 말하지 않았다.)
"They got in the shop without a key." "I wonder **how (they got in the shop without a key)**." ("그들은 열쇠 없이 가게에 들어갔다." "나는 그들이 어떻게 그랬는지 잘 모른다.")

2 **짧은 응답**: 의문문에서 언급된 정보를 응답에서 생략할 수 있다.

"Who said that?" "**John**." ("누가 그 말을 했어?" "존이요.")
"When did he get home?" "**At midnight**." ("그는 언제 집에 왔어?" "자정에요.")
"Why did she spank him?" "**Because he broke the window**."
("그녀는 그를 왜 때렸어요?" "그가 유리창을 깨서요.")
"Did you read them all?" "**No, the first three**."
("다 읽었습니까?" "아니요, 첫 번째 3권만 읽었습니다.")

E15 else

else는 "any-, every-, some-, no-"로 시작하는 복합 부정대명사와 복합 부정부사 그리고 의문대명사, 의문부사, 양화사 (little, much) 바로 다음에서 쓰인다.

1 **추가**: else는 "그 밖의(besides), 추가로(in addition)"의 의미로 사용된다.

There's **something else** I'd like to talk about. (그 외에 내가 말하고 싶은 것이 있다.)

Who else was at the meeting? (그 외에 누가 회의에 왔습니까?)
Everybody else has agreed except for you. (너 외에는 모두가 동의했다.)
"Harry gave me some perfume for Christmas." "Oh! **What else** did you get?"
("해리가 크리스마스에 나에게 향수를 선물했다." "왜! 그 외에 뭐 받았어?")
Where else did you go besides Madrid? (마드리드 외에 어느 곳에 갔었어?)
We know when Shakespeare was born and when he died, but we don't know **much else** about his life. (우리는 셰익스피어가 언제 태어났고 언제 죽었는지는 알지만, 그 외에 그의 일생에 대해서는 아는 것이 많지 않다.)

2   다른 것: else는 "다른(other) 사람, 물건, 장소 등"의 의미로 쓰인다.

Would you like **anything else**? (다른 것은 어떻습니까?)
If it doesn't work, try **something else**. (그것이 작동하지 않으면 다른 것을 시도해 보시지요.)
I'm sorry. I mistook you for **somebody else**. (미안합니다. 내가 다른 분으로 착각했습니다.)
If I can't trust you, **who else** can I trust? (너를 믿지 못한다면 누구를 내가 믿을 수 있겠나?)
I never wanted to live **anywhere else**. (나는 한 번도 다른 곳에서 살고 싶지 않았다.)

▶ 문어체에서는 else는 all 다음에 올 수 있으며 "above all"과 함께 쓰이면 다른 것보다 어떤 특정한 것이 중요하다는 것을 강조한다.

When **all else** fails, read the instructions. (모든 것을 해봐도 안 되면 지침서를 읽어봐라.)
Above all else, I hate the cold. (무엇보다도 나는 추위를 싫어한다.)

3   than/but: else는 수의적으로 than 또는 but으로 시작하는 보충어를 가질 수 있다.

He hasn't loved anyone **else than/but** you. (그는 너만을 사랑했다.)
We've lived nowhere **else than/but** in Seoul. (우리는 서울에서만 살았다.)

4   or else: 여러 가지 의미로 사용된다.

▶ or else는 "어떤 일을 하지 않으면 좋지 않은 결과가 발생할 수 있음"을 표현할 때 사용된다.

Hurry up **or else** we'll miss the train. (서둘러라. 그러지 않으면 우리는 기차를 놓칠 것이다.)
We have to be there by six, **or else** we'll be punished severely.
(우리는 그곳에 6시까지 도착해야 한다. 안 그러면 엄한 벌을 받을 것이다.)

▶ or else는 두 개의 가능성 중에 어느 것이 사실인지 모를 때 사용된다.

You're either a total genius **or else** you're absolutely mad.
(너는 완전한 천재이거나 아니면 완전히 미친 것이다.)
It's likely somebody gave her a lift **or else** she took a taxi.
(그녀는 누군가 차를 태워줬거나 혹은 택시를 탔다.)

▶ or else는 종종 문장 끝에 두어 위협하는 의미로 쓸 수도 있다.

You'd better stop hitting my little brother, **or else**!
(너 내 어린 동생 그만 때리는 게 좋을 거야. 그렇지 않으면 혼날 거야.)

Hand over the money, **or else**! (돈 나한테 맡겨. 그렇지 않으면 가만 안둘 거야.)

5 **소유격**: else를 가진 표현은 소유격형 else's를 가질 수 있다.

You're wearing **somebody else's** coat. (너는 다른 사람의 코트를 입고 있다.)
There's no point in simply rewriting **someone else's** ideas.
(타인의 생각을 단순히 옮겨 쓰는 것은 헛수고하는 것이다.)

6 what else...?: "what else can sb do/say?"는 지금까지 한 것이나 말할 것 이외에 더 이상 어떻게 할 수 있는 것이 없을 때 사용된다.

"Will you really sell the house?" "**What else can I do?** I can't live here."
("집을 정말로 팔 거냐?" "나보고 어떻게 하라고? 여기 살 수 없어.")
I told the police all I know about him—**what else can I say?**
(나는 경찰에게 그에 대해서 아는 것을 모두 말했어. 달리 무슨 말을 할 수 있겠어?)

7 elsewhere: somewhere else의 문어적 단어로서 "다른 곳"을 의미한다.

If you are not satisfied with my hospitality, go **elsewhere**.
(저의 호의가 맘에 들지 않으시면, 다른 곳으로 가십시오.)
This town has less crime than **elsewhere** in Korea.
(이 도시는 한국의 다른 곳보다 범죄가 적다.)

E16 emphasis(강조)

우리는 말을 할 때 종종 특정 단어나 표현을 강조하게 되는데, 그 이유는 두 가지가 있다. 첫째는 "정서적 강조(emotive emphasis)"로서 문장의 어떤 단어나 표현에 대한 우리의 정서적 애착을 표현하고, 둘째는 "대조적 강조(contrastive emphasis)"로서 대조를 이루는 내용을 강조적 수단을 통해서 표현하는 것을 말한다.

Your wife **does** look dazzling tonight. (네 처는 오늘 밤 눈부시다.)
I **honestly** don't think that's true. (나는 솔직히 그것이 사실이라고 생각하지 않는다.)

대조적 강조란 어떤 상황이나 의견에 대한 동의, 반박, 진위여부, 적절성 등에 대한 생각을 강조적으로 표현하는 것을 말한다.

"Why didn't you warn him?" "I **did** warn him." ("왜 그에게 경고하지 않았어?" "경고했어.")
"You didn't help him." "**Honestly**, there was nothing I could do to help him."
("그를 도와주지 않았지?" "솔직히 말해서 그를 돕기 위해 내가 할 수 있는 것이 아무것도 없었어.")
"I heard Bill paid for the drinks." "No, it was **John** who paid for the drinks."
("빌이 술값을 냈다고 들었어." "아니야. 술값을 낸 사람은 존이야.")

영어에는 세 가지 강조하는 방법이 있다. 특정 단어에 강세를 주는 방법, 특정 단어를 추가하는 방법, 특정 구조를 사용하는 방법이 있다.

It **was** a nice party! [단어 강세]
(멋진 파티였다!)
We have **obviously** been misled by her. [단어 추가]
(우리는 확실히 그녀에 의해 오도되었다.)
It was **John** who paid for the trip. [특정 구조]
(여행비를 낸 사람은 존이었다.)

1 **조동사 강세**: 우리는 문장 전체를 강조하거나 말하고자 하는 바를 대조적 표현으로 강조하고 싶을 때 조동사에 강세를 준다. 조동사가 없는 경우에는 조동사 do를 삽입하여 강세를 받게 한다. 우리는 이것을 강조적 긍정(emphatic affirmation)이라고 부른다.

It **was** a nice party! You **have** grown!
(멋진 파티였다!) (너 참 컸다!)
I **am** telling the truth—you **must** believe me!
(진실을 말하고 있습니다. 나를 믿으십시오.)

▶ 조동사가 없는 문장을 강조하려면 강세를 받을 do를 추가한다.

Do sit down. She **does** like you.
(앉으십시오.) (그녀는 너를 좋아한다.)
If he **does** decide to come, let me know, will you? (그가 오기로 결심한다면 알려줄 거지요?)

▶ 대조되는 내용을 말하려고 할 때도 조동사에 강세를 둔다.

"Why weren't you at the meeting?" "I **was** at the meeting."
("왜 회의에 안 왔습니까?" "갔었습니다.")
I don't take much exercise now, but I **did** play a lot of soccer when I was younger.
(요사이는 운동을 많이 하지 않지만 젊었을 때는 축구를 많이 했었습니다.)
I don't have much contact with my family, but I **do** see my mother occasionally.
(나는 가족과는 자주 만나지 않지만 어머니는 가끔 봅니다.)

▶ 기대했던 것이 실제로 이루어졌음을 말할 때도 강조된 표현을 사용한다.

I thought I'd pass the exam, and I **did** pass.
(나는 시험을 통과할 것이라고 생각했으며 결국 했습니다.)
I **did** meet him at his office yesterday. (나는 어제 그의 사무실에서 그를 만났습니다.)

2 **단어 강세**: 우리는 문장에서 한 단어를 더 크게 그리고 더 높은 억양으로 발음함으로써 강조할 수 있으며, 종종 강세의 변화는 문장의 의미에 영향을 미친다. 다음을 비교해보라.

We gave the book to him. (우리가 그에게 책을 주었다.) [다른 사람이 아니라 우리가]
We **gave** the book to him. (우리는 그에게 책을 준 것이다.) [책을 빌려준 것이 아니라]
We gave **the book** to him. (우리가 그에게 준 것은 책이다.) [다른 것이 아니라 책을]
We gave the book to **him**. (우리가 책을 준 사람은 그다.) [다른 사람이 아니라 그에게]

억양과 강세에 대해서는 S27을 보라.

3 **부사**: 부사를 삽입하여 강조적 의미를 표현할 수 있다. (S28.6을 보라.)

actually	bloody	certainly	even
frankly	honestly	indeed	just
really	right	simply	so
such	very 등		

The news was **even** worse than we expected. (뉴스는 우리가 기대했던 것보다 더욱 좋지 않았다.)
I **honestly** don't know how old my parents are. (솔직히 말해서 나는 부모님의 연세를 모른다.)
This is bad news **indeed**. (이것은 참으로 좋지 않은 소식이다.)
I'm **just** starving. (정말 배가 고파 죽을 지경이다.)
I **really** enjoyed the movie. (나는 정말 영화가 재미있었다.)
Thank you for being **so** patient. (그렇게 참아줘서 감사합니다.)
I've never had **such** delicious food. (나는 그렇게 맛있는 음식을 먹어보지 못했습니다.)

▶ indeed: indeed는 형용사나 부사를 수식하는 very를 강조하는 데도 사용된다.

Thank you **very** much **indeed**. (정말로 대단히 감사합니다.)
Most of the essays were **very** good **indeed**. (대부분 글이 참으로 훌륭합니다.)

indeed는 종종 문장 전체를 강조한다.

Indeed, it could be the worst environmental disaster we've known this century.
(확실히 그것은 금세기에 들어와서 우리가 아는 최악의 환경재앙일 수 있다.)
I didn't mind at all. **Indeed**, I was pleased. (나는 전혀 관심이 없었다. 사실은 나는 기뻤다.)

indeed에 대해서는 I14를 보라.

▶ very: very는 "최상급 형용사, first, last, own, next, same" 등을 강조할 수 있다. (C20.4를 보라.)

It was the **very best** chocolate cake I've ever tasted.
(그것은 내가 지금까지 맛본 중 진짜 최고의 초콜릿 케이크였다.)
The letter arrived on the **very next** day. (편지는 바로 다음 날에 도착했다.)
We have our **very own** post office in the village.
(우리는 우리 마을에 바로 우리 자신만의 우체국을 가지고 있다.)
We were born in the **very same** street in the **very same** year.
(우리는 똑같은 해에 똑같은 거리에서 태어났다.)

▶ bloody: bloody는 특히 영국영어에서 종종 형용사, 부사, 명사를 강조하는 데 사용된다.

We've had a **bloody marvellous** time in Seoul.
(우리는 서울에서 굉장히 경이로운 시간을 가졌다.)
It serves you **bloody well** right. (거참 정말로 고소하다.)
You must think I'm a **bloody fool**. (내가 형편없는 바보라고 생각할 거야.)

▶ ever: 의문사에 "ever (E20.6을 보라), on earth, the hell(구어체)"을 추가하면 강조될 수 있다.

Why ever did he marry her? (그 사람은 도대체 그 여자와 왜 결혼했대?)
What on earth is she doing here? (도대체 저 여자는 여기서 뭘 하는 거야?)
Where the hell have you been? (도대체 너 어디에 갔었냐?)

4 **재귀대명사**: 재귀대명사가 강조적으로 사용될 때는 강조하는 명사구와 "동격" (apposition) 관계를 가지며 항상 주강세를 지닌다. (R5.9를 보라.)

The President **himself** attended the meeting. (대통령이 직접 회의에 참석했다.)
We spoke to the victims **themselves**. (우리는 희생자들과 직접 말했다.)

▶ 주어를 강조하는 재귀대명사는 종종 문장 끝에 오기도 한다.

The President attended the meeting **himself**. (대통령이 직접 회의에 참석했다.)
She poured a glass of wine **herself**. (그녀는 직접 잔에 포도주를 따랐다.)

5 **구조**: 특정 구조를 써서 어떤 표현을 강조할 수 있다.

▶ 전치: 어떤 표현을 전치시킴으로서 강조할 수 있다. (F11를 보라).

Most of our problems the computer can solve easily.
(우리의 대부분의 문제들은 컴퓨터가 쉽게 해결할 수 있다.)
I knew he was going to cause trouble, and **cause trouble** he did!
(그가 말썽을 피우리라는 것을 알고 있었고, 그가 실제로 말썽을 피웠다.)

▶ 도치: 부정적 표현을 도치함으로써 강조할 수 있다. (I34를 보라.)

Under no circumstances can we cash cheques.
(어떤 상황에서도 우리는 수표를 환전해 줄 수 없다.)
At no time was the President aware of what was happening.
(대통령이 무슨 일이 일어나고 있는지를 조금도 인식하지 못하고 있었다.)

▶ 좌전위: 한 표현을 좌전위(left dislocation)시킴으로써 강조할 수 있다. (R6.2를 보라.)

That film—what did you think of **it**? (저 영화 말이야. 어떻게 생각해?)
Mr. John Smith, Mary will never marry **him**.
(존 스미스 씨 말인데, 메리는 그 사람과 절대로 결혼하지 않을 거야.)

▶ 분열문: 분열문 구조는 문장의 특정 부분을 강조하는 데 사용될 수 있다. (C12를 보라.)

It was John who paid for the drinks. (술값을 낸 것은 존이었다.)
(참고: **John** paid for the drinks.)
What I need is a good rest. (내가 원하는 것은 충분한 휴식이다.)
(참고: I **need** a good rest.)

▶ 반복: 강조를 위해 한 표현을 반복할 수 있다.

She looks **much, much** older than she used to. (그녀는 옛날과 비교해서 폭삭 늙었다.)
I'm **very. very, very** sorry for being rude to her. (그녀에게 무례하게 대해 정말 진짜로 미안해.)

E17   enough

enough는 한정사, 대명사, 부사로 사용될 수 있다.

We have **enough cake** for everyone. [한정사]
(우리에게는 모두가 먹을 케이크가 충분히 있다.)
You drank more than **enough** already. [대명사]
(너는 이미 넘치게 술을 마셨다.)
I can't run **fast enough** to keep up with you. [부사]
(나는 너를 따라갈 정도로 빠르지 못하다.)

1 부사
enough는 부사로서 동사, 형용사, 다른 부사를 수식할 수 있다. enough는 형용사와 부사를 수식할 때는 그 뒤에 온다.

He hadn't **thought enough** about the possible consequences.
(그는 있을 수 있는 결과에 대해서 충분히 생각하지 않았다.)
Are the shoes **large enough** for you? (신발이 너한테 맞을까?)
(*Are the shoes **enough large** for you?)
He doesn't run **fast enough**. to be a sprinter. (그는 단거리 선수가 될 정도는 아니다.)
(*He doesn't run **enough fast** to be a sprinter.)
He's a **nice enough** young man. (그는 매우 멋진 젊은이다.)

2 한정사
enough는 한정사로서 불가산 명사나 복수명사 앞에 올 수 있다.

Do you have **enough food**? (충분히 먹었어?)
He didn't give me **enough time** to finish the job.
(그는 나에게 일을 끝낼 시간을 충분히 주지 않았다.)
There aren't **enough chairs** for everyone. (모두가 앉기에는 의자가 부족하다.)

3 대명사
명사가 다른 한정사를 (예: 관사나 소유격) 대동할 경우 of를 대동하며, 이때 enough는 대명사가 된다.

You have made **enough of a mess** already. (그만 말썽을 피워라.)
(*You have made **enough of mess** already.)
I couldn't answer **enough of the questions**. (나는 질문에 답을 다 못 했다.)
(*I couldn't answer **enough of questions**.)
Have you had **enough of those pears**? (배 실컷 먹었습니까?)
"Would you like some more bread?" "No, thank you — I've eaten **enough**."
("빵 좀 더 드시겠어요?" "아니요 고맙습니다. 실컷 먹었습니다.")

▶ 그러나 enough of는 뒤따르는 한정사가 없어도 인명과 지리적 명칭과 같은 표현 또는 대명사 앞에서 사용된다.

She said she had **enough of Miss Kelly**. (그녀는 켈리 양에게 질렸다고 말했다.)

I've had **enough of China**. I'm going home. (나는 중국에 싫증이 났다. 집에 가려고 한다.)
We didn't buy **enough of them**. (우리는 그것들을 충분히 샀다.)

4   **부정사**: enough 다음에 부정사가 올 수 있다.

She's **intelligent enough to be** leader of the club.
(그녀는 클럽을 이끌 수 있을 정도로 똑똑하다.)
He has **enough money to afford** that luxury car.
(그는 그 사치스러운 자동차를 감당할 수 있는 정도로 돈이 많다.)

▶ 부정사는 for + 명사/대명사의 주어를 가질 수 있다.

It's **warm enough for the kids to play** outside.
(날씨가 아이들이 나가 놀아도 될 정도로 따뜻하다.)
There was just **enough light for us to see** what he was doing.
(그가 무엇을 하고 있는지 우리가 볼 수 있을 만큼의 빛이 있었다.)

▶ 주절의 주어가 뒤에 오는 부정사절의 목적어로 이해될 수 있다(이 구조에 대해서는 I26.8과 9를 보라). 이 경우 목적어 대명사는 일반적으로 부정사 다음에 나타나지 않는다.

The dress is good **enough to wear** in the party.
(그 드레스는 파티에 입고가도 될 정도로 훌륭하다.)
(*The dress is good **enough to wear it** in the party.)
The apples aren't ripe **enough to eat**.   (먹기에는 사과가 아직 덜 익었다.)
(*The apples aren't ripe **enough to eat them**.)

▶ 그러나 "for-구 주어"가 나타나는 구조에서는 목적어 대명사가 허용된다.

The dress is good **enough for me to wear (it)** in the party.
(그 드레스는 내가 파티에 입고 가도 전혀 손색이 없다.)
The apples aren't ripe **enough for the children to eat (them)**.
(아이들이 먹기에는 사과가 아직 덜 익었다.)

5   enough: enough는 어떤 사건이나 상황이 종료되기를 원할 때 사용된다.

Stop asking questions. You should know when **enough is enough**.
(질문을 그만해라. 너는 그만둘 때를 알아야 한다.)
I've had enough—there are limits even for the patience of a saint.
(나는 질렸다. 성인의 인내에도 한계가 있는 법이다.)
That's enough, John. Give those toys back to your sister.
(존아, 그만하면 됐다. 장난감을 동생에게 돌려줘라.)
"My husband is a famous jazz musician." "**Enough said**."
("내 남편은 유명한 재즈 음악가다." "(여러 번 들었으니까) 그만 해라.")

E18   even

1   **강조**: even은 초점 종속어로서 기대를 벗어나거나 지나쳤을 때의 놀라움을 강조한다. 일반적으로 수식하는 성분 앞에 온다.

> He never **even acknowledged** my letter. (그는 한 번도 내 편지에 답장조차 보내지 않았다.)
> She became very successful, and **even appeared** on a television.
> (그녀는 매우 성공했으며 텔레비전에도 나왔다.)
> He's rude to everybody. He's **even rude** to his wife.
> (그는 모든 사람에게 무례하다. 그는 자신의 부인에게조차도 무례하다.)
> Everyone likes the smell of bacon—**even Chris**, who's a vegetarian.
> (모든 사람이 베이컨 냄새를 좋아한다. 채식주의자인 크리스조차도 좋아한다.)
> Anybody can win tonight—**even you** can win. (누구든지 이길 수 있어. 너도 이길 수 있어.)

2   **비교급**: even은 비교급의 수식어로서 차이가 더 크다는 것을 강조한다.

> The result was **even worse** than we expected. (결과는 우리가 생각했던 것보다 훨씬 나빴다.)
> This will make our job **even more** difficult. (이것은 우리 일을 훨씬 더 어렵게 만들 것이다.)
> It was on television that he made an **even stronger** impact as an interviewer.
> (그가 회견자로서 더욱 강한 영향을 준 것은 텔레비전이었다.)
> Today he looks **even more** pale and weak than yesterday.
> (오늘 그는 어제보다 훨씬 더 창백하고 허약해 보인다.)

3   **even now/then과 even so**: 대조 접속어로서 "even now/then"은 "비록 그렇다 할지라도"를 의미하고, "even so"는 "앞에서 언급한 것이 사실이라고 할지라도"를 의미한다. (C23.10을 보라.)

> **Even now** I find it hard to believe that he lied.
> (나는 지금까지도 그가 거짓말을 했다는 것이 믿어지지 않는다.)
> They invested in new equipment, but **even then** they're still losing money.
> (그들은 새 장비에 투자를 했다. 그런데도 그들은 아직도 손해를 보고 있다.)
> He's never given up his nationality. **Even so**, they argue he's not a true Korean.
> (그는 자신의 국적을 결코 포기하지 않았다. 그렇다 하더라도 그는 진정한 한국국민이 아니라고 사람들은 주장한다.)
> He's a child, but **even so** he should know that he was wrong.
> (그는 어린아이다. 그렇다 치더라도 그는 자신이 잘못이라는 것을 알아야 한다.)

4   **부정**: "not even"은 매우 미미한 것도 할 수 없음을 표현한다.

> He **can't even** swallow a drop of water. (그는 물 한 모금도 삼키지 못한다.)
> She **didn't even** allow me to see her. (그녀는 나에게 그녀를 보는 것조차도 허락하지 않는다.)
> He **can't even** remember his own name. (그는 자신의 이름까지도 기억하지 못한다.)

E19　even if와 even though

1 **even if**: even if는 접속사로서 기대하지 않았던 일이 일어날지라도 지금의 주장이 사실이라는 것을 표현할 때 사용된다.

Even if he became rich, he had lived a very humble life.
(그는 비록 성공을 했지만 매우 검소하게 살았다.)
She has difficulties in finding a job, **even if** she graduated summa cum laude.
(그녀는 최우등으로 졸업했지만 직업을 구하는 데 어려움을 겪고 있다.)

▶ if도 때때로 혼동의 가능성이 없을 경우 even if의 뜻으로 사용된다.

I'll do it **if** it ruins my career. (= ... **even if** it ruins my career.)
(그것이 내 일생을 망친다고 할지라도 나는 그것을 할 것이다.)
I don't care **if** it upsets him. (그것이 그를 화나게 해도 나는 상관이 없다.)

2 **even though**: even though는 although의 강조된 표현이다. (A47을 보라.)

Even though he's 24 now, he still behaves like a little child.
(그는 지금 24세지만 아직도 어린애처럼 행동한다.)
He didn't go to college, **even though** he had enough money to do so.
(그는 대학에 갈 충분한 돈이 있었지만 가지 않았다.)

E20　ever

1 **비단언적 문장**: ever는 부사로서 의문문, 부정문, 비교문, 조건문에서 "언젠가(at any time), 전에, 지금까지"의 의미로 사용된다.

Does he **ever** visit the museum? (그는 박물관에 가기나 해?)
I **don't** think I've **ever** been here before. (내 생각에는 내가 전에 여기 와본 적이 없다.)
If you're **ever** in Seoul, come and see me. (언제고 서울에 오면 날 보러 와라.)
Last night's show was better **than ever**. (지난밤의 공연은 어느 때보다 좋았다.)
The food was as bad **as ever**. (음식이 항상 그랬던 것처럼 맛이 없었다.)

2 **긍정문**: ever가 긍정문에서 사용될 때는 최상급 또는 only와 같은 단어와 함께 사용된다.

It's the **largest** picture **ever** painted. (그것은 지금까지 그려진 가장 큰 그림이다.)
She's the **only** woman **ever** to have climbed Everest in winter.
(그녀는 지금까지 겨울에 에베레스트 산을 오른 유일한 여성이다.)

3 **always**: ever는 홀로 쓰일 때는 "언제나, 항상(always)"의 의미로 사용되지 않지만, "for, since, after, as 등"과 함께 사용되거나 합성어를 구성할 경우에는 이런 의미로 사용된다.

I will **always** be with you wherever you go.
(나는 네가 어디를 가든지 항상 너와 함께 할 것이다.)

(*I will **ever** be with you.)
I've **always** wanted to go to Paris. (나는 항상 파리에 가보고 싶었다.)
(*I've **ever** wanted to go to Paris.)

Nothing lasts **for ever**. (영원한 것은 없다.)
He's been depressed **ever since** he got divorced two years ago.
(그는 2년 전에 이혼한 후로는 계속해서 의기소침해 있다.)
I suppose they'll get married and live happily **ever after**.
(그들은 결혼해서 그 후에 영원히 행복하게 살 것으로 생각한다.)
As ever, he was late to the meeting. (언제나 변함없이 그는 회의에 늦었다.)
We're all living in an **ever-changing** world. (우리 모두는 끊임없이 변하는 세계에 살고 있다.)
It seems impossible to control the **ever-increasing** demand for private cars.
(자가용에 대한 끝없는 열망을 통제한다는 것은 불가능한 것 같다.)
Plant **evergreen** trees around the garden. (정원 주위에 상록수를 심어라.)
I shall love you **forever**. (나는 너를 영원히 사랑할 것이다.)

4 **완료시제**: ever는 현재 완료시제와 함께 사용되며 "지금까지 언젠가(at any time up to now)"를 의미한다.

Have you **ever been** to the top of Mount Halla? (너는 한라산 정상에 올라가 본 적이 있냐?)
Nothing like it **has ever happened before**. (그런 일이 지금까지 일어난 적이 없다.)

▶ ever가 과거완료와 함께 쓰이면 "그때까지 언젠가(at any time up to then)"를 의미한다.

Had you **ever thought** of being a scientist **before you went to college**?
(당신은 대학에 가기 전에 과학자가 되겠다는 생각을 해본 적이 있습니까?)
Not many Americans **had ever expected** Mr. Trump to be President **before November 8, 2016**.
(2016년 11월 8일 전에는 트럼프 씨가 대통령이 될 것이라고 생각했던 미국사람은 많지 않았다.)

5 **ever와 before**: ever와 before는 둘 다 "과거 언젠가(at any time in the past)"를 의미할 수 있지만, before는 현재의 상황을 가리키면서 그 상황이 다른 시점에도 일어났는가를 물어보는 반면, ever는 현재의 상황을 가리키지 않는다. 다음을 비교해보라.

Have you been to Korea **before**?   [청자는 현재 한국에 있을 가능성이 있다.]
(한국에 처음 오셨어요?)
Have you **ever** been to Korea?   [청자는 현재 한국에 있지 않다.]
(한국에 가 보신 적 있으세요?)

따라서 "I haven't been to Korea **before**"는 한국에 처음 온 사람의 대답으로 자연스럽지만, "I've **never** been to Korea"는 자연스럽지 않다.

▶ "ever ... before"는 현재의 사태를 가리킨다는 점에 유의하라.

What are you staring at? Haven't you **ever** seen somebody dancing **before**?

(무엇을 보고 있는 거야? 전에 누가 춤추는 것을 본 적이 없냐?)
Have you **ever** met anybody like him **before**?
(너는 전에 그분 같은 사람을 만나 본 적이 있느냐?)

6   **의문사와 형용사**: ever는 의문사나 형용사의 의미를 강조할 때도 사용된다.

What ever have you done to her? (도대체 너 그 여자에게 무슨 짓을 한 거야?)
When ever are you going to finish your homework?
(대관절 너는 숙제를 언제 끝내려고 하느냐?)
Yesterday the company announced its **first ever** fall in profits.
(어제 회사는 지금까지 처음 있는 수익감소를 발표했다.)
Was he **ever** angry at it! (그는 그것에 대해 굉장히 화를 냈다.)

7   **ever so/such**: 구어체에서 "ever so/such"는 "매우, 극도로(very, extremely)"의 의미로 쓰인다.

Bill got **ever so** drunk last night. (빌은 어젯밤에 매우 취했다.)
Mary's **ever such** a cleaver girl. (메리는 매우 영리한 아가씨다.)

who ever, what ever 등에 대해서는 W13을 보라.
whoever, whatever 등에 대해서는 W15를 보라.
already, yet, still에 대해서는 A45를 보라.
so와 such의 차이점에 대해서는 S31을 보라.

E21   every

1   **단수명사**: every는 한정사로서 (D11을 보라) 한 집단의 모든 구성원을 가리키는 all과 의미상으로는 같지만 단수 가산명사와만 함께 사용된다.

He interviewed **every applicant** for the job. (그는 모든 지원자와 면접을 가졌다.)
(*He interviewed **every applicants** for the job.)
Every passenger but one was killed in the accident.
(그 사고에서 한 사람을 빼고 모든 승객이 죽었다.)
(***Every passengers** but one were killed in the accident.)
We're open **every day** except Sunday. (우리는 일요일을 제외한 모든 날에 영업을 합니다.)
(*We're open **every days** except Sunday.)

2   **of-구**: every는 수나 양을 의미하는 다른 양화 한정사(some/each/either 등)와는 달리 of-명사구를 직접 가질 수 없으며, of-명사구를 대동하기 위해서는 반드시 one과 함께 나타나야 된다.

He interviewed **each of the applicants** for the job.
(그는 그 자리에 지원한 각 응모자를 하나씩 다 면접했다.)

(*He interviewed **every of the applicants** for the job.)
He interviewed **every one of the applicants** for the job.
(그는 그 자리에 지원한 후보자를 하나씩 다 면접했다.)
Every one of the cars displayed here is worth more than $100,000.
(여기에 전시된 차는 모두 하나에 10만 불 이상 나간다.)

3   부정: every를 포함하는 문장을 부정하려면 일반적으로 "not every" 또는 "none of"를 사용한다. (유사한 all의 부정에 대해서는 A39를 보라.)

Every graduate attended the commencement. (모든 졸업생이 졸업식에 참석했다.)
Not every graduate attended the commencement. (모든 졸업생이 졸업식에 참석한 것은 아니다.)
(= It is not the case that every graduate attended the commencement.)
None of the graduates attended the commencement.
(졸업생은 아무도 졸업식에 참석하지 않았다.)
(= It is the case that no graduates attended the commencement.)
(참고: **Every** graduate **didn't** attend the commencement.)

4   every와 대명사: 절 내에서 every의 수식을 받는 표현을 가리키는 대명사는 단수 또는 복수가 될 수 있다.

Every student must do **his or her/their** homework by Monday.
(모든 학생은 월요일까지 숙제를 마쳐야 한다.)
I told **every student** what I thought of **him or her/them**.
(나는 학생 모두에게 내가 그들을 어떻게 생각하는가를 말해주었다.)

5   빈도: every가 어떤 사건이 일어나는 간격(interval)을 의미할 경우 수사나 양화사가 선행하는 복수명사와 함께 사용될 수 있다. (F8.1과 2를 보라.)

He visits his parents **every six months**. (그는 6개월마다 부모님을 찾아뵌다.)
They saw each other **every two or three days** before their marriage.
(그들은 결혼 전에는 이삼일 마다 만났다.)
She had to stop and rest **every few steps**. (그녀는 몇 걸음 떼고 서서 쉬어야 했다.)

▶ every single은 "(하나도 빠짐없이) 모두"를 강조할 때 사용된다.

He seems to know **every single person** in the department.
(그는 부서의 모든 직원 하나하나를 알고 있는 것 같다.)
She always sends a Christmas card **every single student** in her class.
(그녀는 자신의 반에 있는 학생 하나하나에게 항상 크리스마스카드를 보낸다.)

▶ every other는 "하나 건너 다음"을 의미하고, every second는 "주기적인 기간의 매 두 번째 시점"을 의미한다.

We will have a meeting **every other** Monday.
(우리는 2주에 한 번씩 월요일에 회합을 가질 것이다.)

We will have a meeting **every second** Monday.
(우리는 두 번째 월요일마다 회합을 가질 것이다.)
We visit our parents **every other/second** weekend.
(우리는 2주에 한 번씩/두 번째 주말에 부모님을 찾는다.)

6   부사: every는 몇몇 부사적인 표현과 함께 쓰일 수 있다.

We still see him **every now and then/now and again**. (우리는 아직도 가끔 그를 만난다.)
Every once in a while/so often we meet some really interesting people.
(종종 우리는 정말로 재미있는 사람들을 만난다.)
Taking regular exercise is **every bit as** important **as** having a healthy diet.
(정규적인 운동은 모든 점에서 건강한 음식 못지않게 중요하다.)

every와 each의 차이에 대해서는 E2를 보라.
every와 all에 대해서는 A36을 보라.
every와 any에 대해서는 A55.2를 보라.

E22   every-

1   every-복합어: every-로 시작하는 복합 부정대명사(everybody, everyone, everything)와 복합부정부사(everywhere)도 단수동사와 함께 사용된다.

Everybody/Everyone was shocked when they heard the news.
(뉴스를 듣고 모두가 충격을 받았다.)
(*Everybody/*Everyone were shocked when they heard the news.)
He says that **everything is**/*are going smoothly. (그는 모든 게 잘 되고 있다고 말한다.)

2   대명사: 복합 부정대명사를 선행사로 하는 대명사는 단수 혹은 복수 둘 다 가능하지만, 구어체에서 또는 맥락에 따라 복수 대명사도 가능하다.

Before starting the examination, **everyone** should write **his or her** name on the paper.
Before starting the examination, **everyone** should write **their** names on the paper.
(시험을 시작하기 전에 모든 사람은 답안지에 이름을 써야 합니다.)
After **everybody** finished eating dinner, I had to wash **their** plates.
(저녁 식사가 모두 끝난 후에 나는 접시를 닦아야 했다.)

everyone(= everybody)은 (사람뿐만 아니라 사물도 가리키는) every one과는 의미가 다르다. E21을 보라.

3   everywhere: everywhere는 주로 부사로 쓰이며 대명사로도 쓰인다. 미국영어에서는 "everyplace"가 사용되기도 한다.

I've looked **everywhere**, but I can't find the key.
(모든 곳을 찾아보았으나 열쇠를 찾을 수 없었다.)

Her children go **everywhere** with him. (그녀의 아이들은 그와 함께 안 가는 곳이 없다.)
Everyplace looks grey and depressing in winter.
(겨울에는 모든 곳이 음산하고 침울하게 보인다.)

4   everyday와 every day: everyday는 명사를 앞에서 수식하는 형용사이고 every day는 부사적 표현이다.

In the course of **everyday life**, I had little contact with teenagers.
(일상생활에서 나는 10대 젊은이들과 접촉이 거의 없었다.)
Explain your plan in ordinary **everyday language**.
(일상적으로 사용하는 평범한 말로써 네 계획을 설명해 봐라.)
They see each other **every day**. (그들은 매일 만난다.)
You need to have exercise **every day** to help your health.
(건강에 도움이 되려면 매일 운동을 하는 것이 필요하다.)

E23   except (for)

except는 전치사 또는 접속사로 쓰이며, 어떤 주장이 적용되지 않거나 완전히 사실이 될 수 없게 만드는 "대상, 행위, 사건, 상황 등"을 언급할 때 사용된다.

I'm willing to accept anything **except** a job in Europe.   [전치사]
(나는 유럽을 제외하고 어떠한 일자리라도 받아들일 의향이 있다.)
We have nothing more to do now **except** wait.   [접속사]
(우리는 기다리는 것 외에 지금 더할 것이 없다.)

1   except와 except for: 집단 전체를 가리키는 "전칭적" 표현(all, anybody, every, everything, no, nowhere, whole 등)을 포함하는 주장이나 "집단 전체"에 적용되는 일반적 주장에서는 except와 except for가 둘 다 가능하다.

He ate the **whole** meal **except (for)** the beans. (그는 콩을 제외하고 모든 음식을 먹었다.)
They discovered that **all** inhabitants had been killed **except (for)** one couple.
(그들은 한 부부를 제외하고 모든 거주민이 살해되었다는 것을 알아냈다.)
The museum's open **except (for)** Monday(s). (박물관은 월요일을 제외하고 문을 연다.)
Employees are not allowed to enter the room **except (for)** the manager.
(지배인을 제외하고 직원은 그 방에 들어갈 수 없다.)

2   except for: 그 외의 경우에는 except for를 사용한다. 다음을 비교해보라.

I've cleaned **all the rooms except for/except** the bathroom.
(나는 욕실을 제외하고 모든 방을 청소했다.)
I've cleaned **the house except for/*except** the bathroom.
(나는 욕실을 제외하고 그 집을 청소했다.)

You can eat **any of the food** in the refrigerator **except for/except** the cake.
(케이크를 제외하고 냉장고에 있는 어떠한 음식도 먹어도 됩니다.)
He hadn't eaten **a thing except for/*except** a bowl of salad.
(그는 샐러드 한 그릇 외에 하나도 먹지 않았다.)

3   except: 전치사나 접속사 앞에서는 except만 가능하다. 다시 말해서 except for는 대명사나 명사구 앞에만 올 수 있다.

It's cool and quiet everywhere **except (*for) in the kitchen**.
(부엌을 제외하고 모든 곳이 시원하고 조용하다.)
Staff are not permitted to make personal calls **except (*for) in an emergency**.
(직원은 비상시를 제외하고는 개인적인 통화가 허용되지 않는다.)
He's good-looking **except when** he smiles. (그는 미소 짓을 때를 제외하면 잘생겼다.)
He said not a thing **except that** he was sorry. (그는 미안하다는 말 외에 한마디도 안 했다.)

4   except + 동사: except 다음에서는 to없는 부정사 사용될 수 있지만, 선행하는 절의 동사의 형태에 따라 동사의 형태가 결정되기도 한다.

We can do nothing **except appeal** to their conscience.
(우리는 그들의 양심에 호소하는 것 외에 할 수 있는 것이 없다.)
(참고: We **appeal** to their conscience.)
She had nothing to do **except spend** money. (그녀는 돈을 쓰는 것 외에 할 것이 없다.)
(참고: She **spends** money.)
I don't intend to do anything **except to wait** for news.
(나는 뉴스를 기다리는 것 외에 아무것도 하지 않으려고 한다.)
(참고: I intend **to wait** for news.)
I can't think of what to advise except staying home.
(나는 집에 머물라는 것 외에 무슨 충고를 해야 할지 생각을 못 하겠다.)
(참고: I advise **staying** home.)

except, besides, apart from의 차이에 대해서는 B19를 보라.
except + 동사에서 except와 유사하게 쓰이는 but에 대해서는 B24.5를 보라.

E24   exclamations(감탄)

영어에는 감정을 표현하는 몇몇 감탄사(interjections)가 있으며, how나 what 혹은 so나 such를 사용하거나 부정 의문문을 사용하여 감탄표현을 만든다.

1   감탄사: 감탄사로는 다음과 같은 것들이 있다.

▶ oh /əʊ/: 흥미나 놀라움을 표현하는 감탄사

Oh, how nice to see you! (어머나, 만나서 반가워!)

Oh, look—it's snowing. (저런, 눈이 오잖아!)

oh는 여러 다른 단어와 결합하여 감탄표현을 만든다: Oh yes, Oh Yeah, Oh well, Oh God, Oh I see, Oh right.

▶ ah /ɑː/: 인지하거나 만족함 또는 놀라움을 표시하는 감탄사

Ah, there he is! (어어, 그 사람 또 그러네!)
Ah, it's wonderful to see you again. (아아, 다시 만나서 반갑다!)

▶ hey /heɪ/: 주의를 끌거나 당황함을 표현하는 감탄사

Hey! Look at that! (잠깐, 저것 좀 봐요!)
Hey! What are you doing with my car! (이봐, 내 차에 무슨 짓을 하는 거야!)

▶ ooh /uː/: 놀라움이나 기쁨을 표현하는 감탄사

Ooh, you never told me you were getting married! (아니, 결혼한다고 말한 적이 없잖아!)
Ooh, he's good-looking, isn't he! (야아, 그 사람 잘 생겼네!)

▶ ow /aʊ/와 ouch /aʊtʃ/: 고통을 표현하는 감탄사

Ow, that really hurts! (아야, 정말 아프네!)
Ouch, you're hurting me! (아얏, 아프잖아!)

▶ ugh /ʌh/: 불쾌감을 나타내는 감탄사

Ugh, I'm not eating that! (악, 안 먹을 거야!)
Ugh, this tastes awful! (으악, 이거 맛이 왜 이래!)

▶ wow /waʊ/: 놀라움을 표현하는 감탄사

Wow, did you make that cake! (어머나, 네가 이 케이크를 만들었어!)
Wow, look at that! (와, 저것 봐!)

2 **how**: 형용사나 부사 앞에 놓아 감탄 표현을 구성한다.

"He paid for everything." "**How generous!**" ("그가 모든 비용을 냈다." "참 통도 커라!")
How lovely to see you! (만나서 참 반갑습니다.)
How young she is! (그 아가씨 정말 젊네!)
How beautifully you sing! (노래 참 예쁘게 하네!)

▶ 명사를 수식하는 형용사가 부정관사(a/an) 앞에 올 때 how를 써서 감탄 표현을 구성할 수 있다.

How pretty a child she is! (얼마나 예쁜 아이인가!)
How cold a day it is! (정말 추운 날이야!)
How strange a remark! (정말 이상한 말이야!)

▶ 형용사나 부사가 없이도 드물게 감탄 표현을 만들 수 있다.

How the crowd loved it! (사람들이 정말 좋아했어!)
How you've grown! (너 정말 컸다!)

3 what: what는 부정관사를 동반한 단수 가산명사와 결합하여 감탄표현을 만든다.

What a beautiful bride! (신부가 정말 아름답다.) (*What beautiful bride!)
What a surprise! (정말 놀랍다!) (*What surprise!)

What a lovely garden you have! (정말로 아름다운 정원이네!)
What a beautiful smile your sister has! (네 동생의 미소는 정말 예뻐!)
(*... has your sister!)

▶ what는 또한 불가산명사나 복수 가산명사와 결합하여 감탄표현을 만들 수 있다.

What beautiful weather! (참 좋은 날씨야!) (*What a beautiful weather!)
What nice people they are! (정말 좋은 사람들이야!)

▶ 종속절도 감탄문으로 표현될 수 있다.

She told me **what a shame it was**. (그녀는 그것은 참 부끄러운 짓이라고 했다.)

4 so와 such: 형용사 앞에는 so를, 명사구 앞에는 such를 넣어 감탄표현을 만들 수 있다.

You're **so** kind! (정말 친절하십니다!)
I've never seen **so many** people here! (여기서 이렇게 많은 사람을 본 적이 없다.)

He's **such a** nice boy! (참 멋있는 총각이야!) (*He's **such/a such** nice boy!)
It's **such a** long way from here! (여기서 너무나 멀리 있어서!)

They talk **such** garbage! (그런 쓰레기 같은 말을 쓰다니!) (*They talk **such a** garbage!)
They're **such kind** people! (참으로 친절한 분들이야!) (*They're **so kind** people!)

such와 so에 대해서는 S31을 보라.

5 부사: here, there, 전치사적 부사의 전치를 통해서 감탄표현을 구성할 수 있다. 이 경우 동사가 주어 앞으로 전치되지만, 주어가 대명사일 경우에는 전치가 일어나지 않는다.

There goes my boss! (저기 내 상사가 간다!) (*There my boss goes!)
Here she comes! (그녀가 드디어 옵니다!) (*Here comes she!)
Up they went! **Down** went the girls! (그들은 위로 올라갔고, 아가씨들은 밑으로 내려왔다.)
(*Up went they! *Down the girls went!)

6 부정 의문형 감탄문: 부정 의문은 감탄문으로 사용될 수 있다.

Isn't she beautiful! (그 여자 예쁘지 않아!)
Hasn't he grown up! (그가 많이 자랐지 뭐야!)
Aren't you generous! (너는 정말 마음이 너그러워!)

▶ 미국인과 어떤 영국인들은 (비부정적) 의문문을 감탄문으로 사용하기도 한다.

Boy, am I wrong! (종각, 내가 틀린 거야!)
Wow, **did she** make a mistake! (아니, 그녀가 잘못을 저지른 거야!)
Was he a handsome boy! (잘생긴 청년이었지!)

부정의문문에 대해서는 N12.4-8을 보라.

7 **수사적 감탄문**: 어떤 사실을 알고 놀라움을 표현하며, 접속사 "that"가 사용된다.

Oh, **that** I could be with you again! (아, 당신과 다시 함께할 수 있다면!)
Oh, **that** I should live to see my own son die!
(아, 내가 내 아들이 죽은 것을 볼 때까지 살게 된다면!)

E25 extraposition(외치)

외치란 문장의 한 성분을 문장 끝으로 이동하고 그 자리에 허사(expletive)대명사를 남기는 구조를 말한다. 다음을 비교해보라. (P43.7과 8을 보라.)

That he is too young for the job is clear.
It is clear **that he is too young for the job**.
(그가 그 일을 하기에는 나이가 너무 어리다는 것은 명백하다.)

To persuade him to do it is difficult.
It is difficult **to persuade him to do it**.
(그가 그 일을 하도록 설득하는 것은 어렵다.)

외치된 문장이 더 자연스러우며, 외치를 가능하게 하는 대표적인 동사는 be동사다. 그 외에 "appear, happen, seem"과 같은 연결동사, 말하는 동사(say, claim 등)와 생각동사(believe, think 등)의 수동형, "certain, clear, (im)possible, likely"와 같은 형용사가 있다.

1 **정형 서술문의 외치**: that으로 시작하는 정형 서술문 주어는 외치될 수 있다.

It appears **that they are all dead**. (그들은 모두 죽은 것 같다.)
It is certain **that he will win in the election**. (그가 선거에서 승리할 것이 확실하다.)
It is claimed **that he is a genius**. (그는 천재라고 사람들이 말한다.)

정형 서술문 목적어도 외치된다.

He made **it** clear **that he disapproved of our plan**.
(그는 우리의 계획을 승인하지 않았다는 것을 명백히 했다.)

2 **정형 의문절의 외치**: 의문사로 시작하는 간접의문문은 주어 위치에서 문장 끝으로 외치될 수 있다.

It's not known **who the committee will recommend for the directorship**.

(위원회가 감독으로 누구를 추천할 것인지 알려지지 않았다.)
It doesn't matter **when he makes up his mind to leave**.
(그가 떠나는 것을 언제 결심하든 상관이 없다.)
It was doubtful **whether the missing fisherman would ever be found**.
(실종된 어부가 언제 발견될 것인지를 확신할 수 없었다.)

3   **비정형절의 외치**: 비정형절인 -ing절과 to-부정사절이 외치될 수 있다.

It is hopeless **trying to escape from him**. (그에게서 도망치려는 시도는 희망이 없다.)
It was nice **visiting the Grand Canyon with them**.
(그들과 같이 그랜드 캐니언을 방문한 것은 즐거웠다.)
It's no use **talking your problems to him**. (네 문제를 그에게 말하는 것은 소용이 없다.)
It is not easy in Korea **to be a lawyer**. (한국에서 변호사가 되는 것은 쉽지 않다.)
It is impossible **for me to understand his lecture**.
(내가 그의 강의를 이해한다는 것은 불가능하다.)
It was decided **to leave the problem unsolved**. (문제를 해결되지 않은 채 남겨두기로 했다.)

4   **수식절**: 명사구를 수식하는 절이 명사구와 분리되어 외치될 수 있으며, 이 경우에는 허사 대명사가 남지 않는다.

There're **few people who can read and write** in the village.
There're **few people** (*it) in the village **who can read and write**.
(마을에는 읽고 쓸 수 있는 사람이 거의 없다.)

He had **everything that is needed to solve your case** at his disposal.
He had **everything** (*it) at his disposal **that is needed to solve your case**.
(그는 너의 사건을 해결하는 데 필요한 모든 것을 마음대로 사용할 수 있었다.)

A **beautiful lady who was wearing a red hat** stepped in the hall.
A **beautiful lady** (*it) stepped in the hall **who was wearing a red hat**.
(빨간 모자를 쓴 아름다운 여성이 현관에 들어섰다.)

F1   far

far는 두 개의 비교형(farther, further)과 두 개의 최상급형(farthest, furthest)을 가지고 있는 유일한 단어로서 "거리의 차이, 시간의 차이, 정도의 차이"가 크다는 것을 표현한다.

1   **거리**: far는 두 지점 간의 거리가 멀다는 것을 의미하며, 일반적으로 의문문과 부정문에서 많이 쓰인다.

New Zealand isn't **far** from Australia. (뉴질랜드는 호주에서 멀지 않다.)
She lives very **far** from where I live. (그녀는 우리 집에서 매우 먼 곳에 산다.)

▶ 긍정문에서는 "a long way"가 더 자연스럽다.

The school is **a long way** from their home. (학교가 그들의 집에서 멀다.)
(The school is **far** from their home보다 더 자연스럽다.)

▶ far는 긍정문에서 일반적으로 "too, enough, as, so 등"의 단어와 함께 쓰이거나 far의 비교급 또는 최상급형이 사용된다.

They want to move **as far** away from here as possible.
(그들은 가능한 한 여기에서 멀리 이사 가고 싶어 한다.)
The plane flew **far enough** to look over the hill.
(비행기는 산 너머를 볼 수 있을 정도로 멀리 날았다.)
They managed to reach **as far** as the Russian border.
(그들은 러시아 국경까지 도달할 수 있었다.)
My sister lives **too far** out in the suburbs for me to visit her very often.
(우리 누님은 변두리에서 멀리 떨어져 살고 있기 때문에 자주 찾아가기가 어렵다.)
His new job makes him drive **further** to get to work.
(그는 새 직장에 가는데 더 멀리 운전하게 되었다.)
He was the one who had travelled **farthest**. (그가 가장 먼 거리를 여행한 그 사람이었다.)

much, many, (시간의) long도 의문문과 부정문에서 더 흔히 쓰인다. M5와 L13을 보라.

2   **시간**: 미래, 과거, 현재의 어느 시점에서 멀리 떨어진 시점을 표현한다.

We want to plan much **further** ahead than the next few days.
(우리는 다음 며칠보다 훨씬 앞질러서 계획을 세우고 싶다.)
The conflicts between the two countries go **far** back in time.
(두 국가 간의 갈등은 시간상으로 까마득히 거슬러 올라간다.)
The summer vacation seemed so **far** away at the start of the semester.
(학기 초에는 여름방학이 아주 멀리 있는 것 같았다.)

3   **정도**: 정도가 심하다는 것을 표현한다.

I thought he had gone too **far** in his criticism of the police.

(내 생각으로는 그의 경찰에 대한 비판이 도를 넘었다.)
Many people felt that the new law didn't go **far** enough.
(많은 국민들은 새 법이 기대에 못 미쳤다고 생각했다.)

▶ 이런 의미에서 far는 비교급 또는 too 앞에서 비교의 정도가 크다는 것을 표현한다.

We enjoyed the show **far more** than we expected. (우리는 기대보다 훨씬 더 공연을 즐겼다.)
There're a **far greater** number of women working in politics than twenty years ago.
(20년 전보다 훨씬 많은 수의 여성이 정치에 참여한다.)
You're **far too** young to get married. (너는 결혼하기에 나이가 너무 어리다.)
That's **far too** much for me to pay. (내가 감당하기에는 지나치게 많은 돈이다.)

4   **형용사**: far는 명사를 수식하는 형용사로도 쓰일 수 있다.

We could see the mountains from the **far distance**. (우리는 멀리서도 그 산들을 볼 수 있었다.)
There was a piano in the **far corner** of the room. (방의 먼 구석에 피아노가 한 대 있었다.)

5   **비교급과 최상급**: farther와 further, farthest와 furtherest

▶ 거리: 이 경우에는 farther와 further는 의미상으로 차이가 없이 사용된다.

Edinburgh is **farther/further** away than York. (에든버러는 요크보다 더 멀리 있다.)
He lives in a resort town **farther/further** up the coast.
(그는 해변을 따라 북쪽으로 멀리 있는 피서지 마을에서 살고 있다.)
This is the **farthest/furthest** I ever travelled on my own.
(이곳이 내가 혼자서 지금까지 여행한 가장 먼 곳이다.)

▶ 추가: 이 경우에는 further만이 가능하다.

A spokesman declined to comment until the evidence could be studied **further**.
(대변인은 증거를 더 검토할 때까지 논평을 거절했다.)
(*A spokesman declined to comment until the evidence could be studied **farther**.)
Further studies are required to prove that the theory is true.
(그 이론이 맞는다는 것을 증명하려면 더 많은 연구가 필요하다.)
His column in the newspaper has gone **furthest** in criticizing the event.
(그는 신문에 기고한 글에서 그 사건을 가장 맹렬하게 비난했다.)

6   **여타 용법**

▶ by far: 어느 하나가 다른 것보다 중요하다는 것을 강조할 때 사용된다.

Watching football games is **by far** the most popular pastime in England.
(축구경기를 보는 것은 영국에서 단연 가장 인기 있는 오락이다.)
By far the most important issue for them is unemployment.
(그들에게 가장 중요한 문제는 단연코 실업이다.)

▶ far from: 어떤 것이 "기대했던 것에 미치지 못한다"는 것을 강조할 때 사용된다.

We were **far from** happy with the situation. (우리는 그 상황에 결코 만족할 수 없었다.)
Much of what they had reported was **far from** the truth.
(그들이 말한 대부분은 진실과는 거리가 멀었다.)

▶ so far/thus far: 지금까지의 상황에 대해서 말할 때 사용된다.

So far, the new government hasn't achieved any concrete results.
(새 정부는 지금까지 어떠한 구체적인 성과를 내놓지 못했다.)
Everything seems to be all right, **so far**. (지금까지는 모든 것이 괜찮아 보인다.)

▶ so far(,) so good: 지금까지 모든 일이 잘 풀리고 있음을 말할 때 사용된다.

Our baseball team's reached the semi-finals. **So far so good**.
(우리 야구팀이 준결승에 올랐다. 여태까지는 순조롭다.)
We were able to reach the first base camp in 10 hours. **So far, so good**.
(우리는 10시간 걸려서 제일 기지에 도달할 수 있었다. 지금까지는 순조롭다.)

F2   feel

feel은 대표적인 지각동사(perception verbs)의 하나다. 지각동사의 일반적인 특성에 대해서는 P21과 P22를 보라.

1   **느낌**: 연결동사로서 진행형이 가능하며 육체적 또는 정서적 느낌을 체험하는 것을 의미한다. 형용사, 명사구, 절을 보어로 가질 수 있다.

He's still **feeling a bit dizzy** after his operation.
(그는 수술 후에 아직까지도 약간의 어지러움을 느낀다.)
My eyes **feel** really **sour** with all this smoke. (이 연기 때문에 눈이 정말로 따갑다.)
She saw me fall flat on my face—I **felt such a fool**.
(그녀는 내가 푹 꼬꾸라지는 것을 봤다. 나는 정말 난처했다.)
Please, stop exercising if you **feel any pain**. (만약 통증을 느끼면 운동하는 것을 멈추십시오.)
He **felt like he'd really achieved something**.
(그는 자신이 실제로 무엇인가를 성취한 것 같이 생각됐다.)
She **felt as if all her strength had gone**. (그녀는 마치 모든 기력이 빠져나간 것처럼 느꼈다.)

2   **인지**: 접촉함으로써 신체적으로 느끼는 것을 의미하며 진행형이 없다.

She **felt his hot breath** on her cheek. (그녀는 볼에 그의 뜨거운 입김을 느꼈다.)
The earthquake was **felt** as far south as Jejudo.
(지진은 남쪽으로 멀리 제주에서도 감지되었다.)
She **felt his arm around her waist**. (그녀는 그의 팔이 허리를 감싸는 것을 느꼈다.)

3   **접촉**: 무엇을 알아내기 위해 손 등으로 접촉하는 것을 의미한다.

The doctor **felt his forehead** to check the temperature.
(의사는 체온을 점검하기 위해 그의 이마를 만져봤다.)
When dry, **feel the surface** and it'll no longer be smooth.
(건조할 때 표면을 만져 보세요. 매끄럽지 않을 겁니다.).

4 feel good: 연결동사로서 어떤 상황이나 사태로 인해 가지는 감정을 의미한다.

I **felt very strange** when I met her after twenty years.
(나는 20년이 지난 후에 그녀를 만나니까 매우 이상한 느낌이었다.)
She **felt wonderful** to be wearing clean clothes. (그녀는 새 옷을 입으니까 기분이 참 좋았다.)

5 의견: 사실보다 느낌에서 오는 의견을 표현하며, 진행형이 없다.

We **feel that** we should be doing more to help.
(우리는 돕는 일을 더 해야 한다는 생각이 든다.)
I can't help **feeling that** we would be better without him.
(나는 그가 없는 것이 더 좋을 것 같다는 생각을 떨칠 수가 없다.)

6 feel like + (doing) + 명사구: 무엇을 가지고 싶거나 하고 싶은 마음을 표현한다.

She didn't **feel like going** to school. (그녀는 학교에 가고 싶지 않았다.)
Do you **feel like (having) another drink**? (한잔 더 하시겠습니까?)

F3 finite verbs(정형동사)와 non-finite verbs(비정형동사)

동사는 시제(tense) 또는 서법(mood) 요소의 포함 여부에 따라 정형동사 또는 비정형동사로 분류된다. 이러한 동사의 분류는 문장 내에서의 동사의 역할을 규정하는 데 매우 유용하다. (자세한 것은 V1을 보라.)

1 정형동사: 시제 또는 법 요소가 포함된 동사를 가리킨다.

The lady **lives** near the station.	[현재시제와 직설법]
(그 부인은 정거장 가까이에 산다.)	
We **lived** near the theater.	[과거시제와 직설법]
(우리는 극장 근처에 살았다.)	
Go back to your country!	[명령법]
(너의 나라로 돌아가라!)	
He insists that he **be** in charge of the organization.	[가정법]
(그는 자기가 조직을 책임져야 한다고 강력히 주장했다.)	

▶ 정형동사는 주어와 일치해야 하므로 목적어격을 가진 (대)명사를 주어로 가질 수 없다. 다음을 비교해보라.

What if **kids bother** you? (아이들이 너를 괴롭히면 어떻게 할 거냐?)
Don't let **kids bother** you. (아이들이 너를 괴롭히지 못하게 해라.)

위 문장에서 명사 "kids"를 대명사로 바꾸면 첫 번째 문장의 "bother"는 정형동사이고 두 번째 것은 비정형동사라는 것을 알 수 있다.

What if **they bother** you? (그들이 너를 괴롭히면 어떻게 할 거냐?)
Don't let **them bother** you. (그들이 너를 괴롭히지 못하게 해라.)

2. 비정형동사: 시제 또는 법이 포함되어 있지 않은 동사를 가리키며, 부정사형과 분사형이 있다.

▶ 부정사 (infinitives): to + 원형동사 또는 원형동사를 가리킨다.

We need **to repair** the roof. (지붕을 수리해야 한다.)
He made me **follow** the instructions. (그는 나에게 지시를 따르게 했다.)

▶ 분사 (participles): 과거분사형(-ed형) 또는 현재분사형(-ing형)을 가리킨다.

Rejected by all his friends, he decided to become a monk.
(그는 모든 친구에게 버림을 받고 수도사가 되기로 했다.)
Who's the man **sitting** in the corner? (구석에 앉아있는 그 사람 누굽니까?)

정형동사와 비정형동사의 상세한 용법에 대해서는 V1을 보라.

F4 first와 at first

1. at first: at first는 "처음에는(at the beginning)"의 의미로 어떤 상황을 이미 일어났던 혹은 후에 일어날 상황과 비교할 때 일반적으로 사용된다. 따라서 "at first"가 들어있는 표현 다음에는 종종 "but"가 뒤따른다.

At first I thought he was joking **but** then I realized he meant it.
(처음에는 그가 농담하는 줄 알았다. 그런데 그는 진심이었다는 것을 알았다.)
At first they were very happy, **but** then things started going wrong.
(처음에는 그들은 행복했으나 상황이 꼬이기 시작했다.)
The work was hard **at first**, **but** I got used to it. (처음에는 일이 어려웠지만 익숙해졌다.)
At first I didn't like him, **but** now I do. (처음에는 그를 좋아하지 않았지만 지금은 좋아한다.)

2. first: first는 at first의 의미뿐만 아니라 약간씩 다른 다양한 의미로 사용된다.

First, I thought he was joking **but** then I realized he meant it.
(처음에는 그가 농담하는 줄 알았다. 그런데 그는 진심이었다는 것을 알았다.)
I met her **first** at the conference in Busan.
(나는 부산에서 있었던 학회에서 그녀를 처음으로 만났다.)
(= I met her **for the first time** at the conference in Busan.)
We lived in Suwon when we were **first** married.

(우리가 처음 결혼했을 때에는 수원에 살았다.)
(= We lived in Suwon **at the beginning** of our marriage.)
That's mine — I saw it **first**! (그것 내꺼야. 내가 먼저 봤어.)
(= That's mine — I saw it **in the first place**!)
First, we'd make sure we have everything we need.
(우리는 우선적으로 필요한 것이 다 있는지를 확인해야 한다.)
(= **Firstly/First of all/in the first place**, we'd make sure we have everything we need.)

F5   for

1   **수혜자**: 어떤 대상에게 어떤 것을 주거나 이용하게 하려는 의도를 표현할 때

He bought an expensive Christmas present **for her**.
(그는 그녀에게 값비싼 크리스마스 선물을 사주었다.)
The school offers several English courses **for foreign students**.
(학교는 외국 학생들을 위해 몇 가지 영어 과정을 제공하고 있다.)
We need a new battery **for the radio**. (라디오에 새 배터리가 필요하다.)

2   **도움**: 어떤 사람이나 의인화된 대상에게 도움을 주기 위함을 표현할 때

She looks after the children **for us**. (그녀는 우리를 위해 아이들을 돌봅니다.)
The doctor knew that there was nothing he could do **for her**.
(의사는 그녀에게 해줄 수 있는 것이 아무것도 없다는 것을 알았다.)
A great number of young people died fighting **for their country**.
(수많은 젊은이가 조국을 위해 싸우다가 죽었다.)

3   **목적**: 어떤 행위의 목적을 표현할 때

I've bought her a watch **for her birthday**. (나는 그녀에게 생일선물로 시계를 사줬다.)
The lawyer prepared the documents **for his defense**.
(변호사는 그의 변호를 위해 서류를 준비했다.)
We stopped at the pub **for a drink**. (우리는 한잔하려고 술집에 들렀다.)
I went to the college **for an interview** with Professor Taylor.
(나는 테일러 교수와의 면담을 위해 대학교에 갔다.)

▶ 무엇을 획득하기 위한 목적을 표현할 때

He was too tired to get up **for breakfast**.
(그는 너무 지쳐서 아침을 먹기 위해 일어나지 못했다.)
I paid $100 **for a ticket of the show**. (나는 그 공연의 입장권을 100불에 샀다.)
I hate waiting **for public transport**. (나는 대중교통을 기다리는 데 지쳤다.)
He's applied **for a job** with another computer company.
(그는 다른 컴퓨터 회사의 일자리에 응모했다.)

4   **이유**: 이유 또는 원인을 표현할 때

   He's widely disliked in the company **for his arrogance**.
   (그는 오만함 때문에 회사에 널리 미움을 산다.)
   She spent thirty years in prison **for murder**. (그녀는 살인 때문에 30년을 감옥에서 보냈다.)
   They punished the child **for lying**. (그들은 거짓말을 했다는 이유로 그 아이를 벌했다.)
   The King expelled him **for betraying the country**.
   (왕은 나라를 배반했다는 이유로 그를 추방했다.)

5   **목적지**: 방향이나 목적지를 표현할 때

   The escaped prisoner ran **for the shelter of the woods**.
   (그 탈옥범은 숲 속의 숨을 곳을 향해 달렸다.)
   She bought a first-class ticket **for Chicago**. (그녀는 시카고 행 일등석 비행기 표를 샀다.)
   He missed the 10 o'clock train **for Busan**. (그는 부산 행 10시 기차를 놓쳤다.)

6   **대변**: 대변하거나 의미를 표현할 때

   Mr. Johnson's a member of the House **for Providence**.
   (존슨 씨는 프로비던스 시를 대표하는 하원의원이다.)
   What's the French word **for "forgive"**?
   ("용서하다"라는 의미를 가진 프랑스어 단어는 무엇입니까?)
   What does the P.O.W. stand **for**? (P.O.W.는 무엇을 의미합니까?)

7   **대신**: 대신하는 것을 표현할 때

   They used big boxes **for chairs**. (그들은 의자로 큰 상자를 이용했다.)
   He gave me a new book **for the old one**. (그는 헌책 대신에 새것을 주었다.)
   He gave a talk at the meeting **for his sick boss**.
   (그는 병든 상사를 대신해서 회의에서 연설했다.)

8   **소속**: 소속을 말할 때

   She's worked **for KBS** ever since she returned to Korea.
   (그녀는 한국으로 돌아온 이후 계속해서 한국방송공사에서 근무했다.)
   My uncle used to play **for New England Patriots**, when he was young.
   (나의 삼촌은 젊었을 때 뉴잉글랜드 패트리어트에서 뛰었었다.)

9   **지지**: 찬성하거나 지지를 표현할 때

   A great number of people died **for democracy**. (많은 사람들이 민주주의를 위해 죽었다.)
   Are you **for the government** or against it? (당신은 정부를 지지합니까 반대합니까?)
   How many people voted **for the new proposal**?
   (얼마나 많은 국민이 새로운 제의에 찬성표를 던졌습니까?)

► all과 함께 "전적인" 지지를 표현할 수 있다.

I'm **all for** giving people more freedom.
(나는 국민에게 더 많은 자유를 주는 것을 전적으로 지지한다.)

10 **대가**: 보답이나 대가를 표현할 때

He paid $50 **for the book**. (그는 책값으로 50불을 지급했다.)
You can get a good room at the hotel **for $10 a day**.
(하루에 10불을 내면 호텔에서 좋은 방을 얻을 수 있다.)
She wrote a check **for $100**. (그녀는 100불짜리 수표를 냈다.)
He only works **for money**. (그는 돈을 위해서만 일한다.)

11 **기간**: 어떤 행위나 상황이 지속되는 기간을 표현할 때

I'll be out of my office **for a few weeks**. (나는 몇 주 동안 사무실에 없을 것이다.)
We've been studying English **for seven years**. (우리는 7년 동안이나 영어를 배우고 있다.)
I'll love you **for ever**. (나는 너를 영원히 사랑할 것이다.)

12 **시점**: 어떤 상황이나 사건이 일어나도록 준비된 특정 시점을 표현할 때도 사용된다.

I've invited them **for 10 o'clock**. (10시를 위해 그들을 초청했습니다.)
The conference was arranged **for the 10th of April**. (4월 10일을 위해 학회를 준비했습니다.)

13 **거리**: 거리를 표현할 때

He ran fast **for a mile** or two. (그는 일이 마일을 빨리 달렸다.)
The desert stretches **for many miles**. (사막은 수 마일에 걸쳐 뻗어있다.)
The soldiers walked **for more than ten miles** before rest.
(병사들은 쉬기까지 10마일 이상의 거리를 걸었다.)

14 **비율**: "each, every 혹은 숫자"와 함께 비율을 표현한다.

For each mistake you make, you'll lose half a point.
(한 번 틀릴 때마다 반점씩 잃을 것입니다.)
For every two people who agree, you'll find three who don't.
(동의하는 매 두 사람마다 동의하지 않는 사람 셋씩이 있을 것입니다.)
For one poisonous snake, there are many harmless ones.
(맹독성 뱀 하나에 독이 없는 뱀은 많습니다.)

15 **양보**: all과 더불어 양보를 표현할 때

For all his efforts, he didn't succeed. (그의 모든 노력에도 불구하고 그는 성공하지 못했다.)
For all his faults, we still like him. (그의 모든 잘못에도 불구하고 우리는 그를 아직도 좋아한다.)

16   **접속사**: 문어체에서 for는 이유를 의미하는 접속사로 쓰일 수 있으며, 일반적으로 문두에 오지 않는다.

He found it increasingly difficult to read, **for** his eyesight was beginning to fail.
(그는 시력이 점점 나빠져서 독서하기가 점점 더 어려워지는 것을 느꼈다.)
"Father, forgive them, **for** they do not know what they do."
("아버지여 그들을 사하여 주옵소서. 저들이 하는 것을 알지 못함이나이다.")

F6   formal English(형식영어)와 informal English (비형식영어)

우리는 일반적으로 영어가 사용되는 상황에 따라 "형식적" 영어 또는 "비형식적" 영어로 구분한다. 물론 모든 영어표현이 형식적 또는 비형식적 영어로 명확하게 구분할 수 있는 것은 아니다.

1   **형식영어**: 우리는 공식적 보고서, 상업적 편지, 대부분의 문학작품, 과학과 관련이 있는 글이나 책, 학교에서 사용되는 교과서, 중요한 연설문, 신문이나 방송의 뉴스와 논설, 공공 통지문 등 공적인 목적의 글에서 사용되는 영어로서 우리는 종종 문어체(literary style) 영어라고도 부른다. 형식영어의 몇 가지 특징을 말하면 다음과 같다.

(a) 길고 문법적으로 복잡한 문장을 사용한다.
(b) 추상적 개념의 다음절 명사를 사용한다. (N25와 D10을 보라.)
(c) 라틴어나 그리스어에서 차입된 어휘를 사용한다.
(d) 길고 복합한 구조를 가진 명사구를 사용한다. (N32-N37을 보라)
(e) 수동문을 사용한다. (P7-P14를 보라.)
(f) "예비 대명사" it가 쓰이는 구조를 사용한다. (E25와 P43.6을 보라.)

2   **비형식영어**: 비형식적 영어는 친구와의 대화, 개인적 편지, 대중적 인기 방송 등 우리가 일상생활에서 말할 때 사용하는 영어로서 우리는 종종 구어체(colloquial style) 영어라고도 부른다. 그 특징을 몇 가지 들면 다음과 같다.

(a) 짧고 문법적으로 간단한 문장을 사용한다.
(b) 축약형을 사용한다. (C25를 보라.)
(c) 비표준 구어체 어휘를 사용한다.
(d) 다음절 어휘를 회피한다.
(e) 구동사와 전치사적 구동사를 사용한다. (P23과 P35를 보라.)

형식영어와 비형식영어를 각각 "격식영어"와 "비격식 영어"라고 종종 부르기도 한다.

F7   fractions(분수)

1보다 작은 수를 표현하는 방법에는 소수(decimal)를 쓰는 방법과 분수를 쓰는 방법이 있다. (소수에 대해서는 N39.9를 보라.) "half와 quarter"를 제외하고 영어에서 모든 분수는 먼저 기수(cardinal number)를 써서 분자(numerator)를 표시한 다음 그 뒤에 서수(ordinal number)를 써서 분모(denominator)를 표시한다. 분자의 수가 둘 이상이면 뒤에 오는 분모는 복수가 된다. 기수와 서수 사이에 종종 하이픈(-)이 사용되며, 특히 분수가 명사 수식어로 사용될 때 그러하다.

분수 = 기수(-)서수(의 복수)

½: a half
⅓: a third/one-third
¼: a quarter/a fourth
¾: three-quarters/three-fourths
⅛: an eighth/one-eighth
⅜: three-eighths
1½: one and a half
3¾: three and three-quarters
5/68: five over sixty-eight/five sixty-eighths

1   **half**: "2분의 1"은 "one-second"라고 하지 않고 뒤따라오는 명사에 따라 "half a(n), a half, (the) half of"라는 표현을 쓴다. (상세한 것은 H2를 보라.)

She bought **a half** dozen eggs.
She bought **half a** dozen eggs.
(그녀는 계란 반 다스를 샀다.)
She bought **a half of** the eggs.
She bought **the half of** the eggs.
She bought **half the** eggs.
She bought **half of** the eggs.
(그녀는 계란 절반을 샀다.)

2   **형용사적 분수**: 분모가 복수인 분사가 명사 앞에서 형용사적으로 사용될 때는 단수가 된다.

He spends **three quarters of an hour/a three-quarter hour** for smoking every day.
(그는 매일 흡연하는 데 45분을 쓴다.)
He can run **seven tenths of a mile/a seven-tenth mile** in 2.5 minutes.
(그는 2분 30초에 1마일의 10분의 7을 달릴 수 있다.)

3   **분수와 명사**: 분수는 한정사 선행어로서 모든 형태의 명사와 결합할 수 있으며 또한 "of-구문"을 허용한다. (P28을 보라.)

He ate almost **three-quarters (of) the chocolate cake**.
(그는 초콜릿 케이크의 거의 4분의 3을 먹어치웠다.)
About **three(-)sevenths (of) the students** failed the test.
(학생들의 약 7분의 3이 시험에 떨어졌다.)
I have wasted **two(-)thirds (of) my life** in chasing hidden treasures.
(나는 숨겨진 보물을 찾아 생애의 3분의 2를 허비했다.)

4   **분수와 비교급**: 분수는 비교급 구문의 수식어로 사용될 수 있다. (C20을 보라.)

John's wife earns **a third more than** him. (존의 부인은 존보다 3분의 1을 더 번다.)
Mount Halla is about **two-thirds as high as** Mount Baekdu.
(한라산은 높이가 백두산의 3분의 2쯤 된다.)

F8   frequency(빈도)

빈도의 단어나 구는 "How often ...?"의 의문문에 답할 때 나타나는 표현을 말한다.

1   **빈도 한정사 선행어**: "once, twice, three/four... times" 등은 한정사 "a, every, each, per"와 결합하여 빈도를 의미하는 표현을 만든다. (N24.5를 보라.)

once/twice/three times/a hundred times ...	+	a/every/each/per

She took a bath **once/twice a day**. (그녀는 하루에 한 번/두 번 목욕했다.)
They visit their parents **four times each year**. (그들은 부모님을 해마다 네 번씩 방문한다.)
I go to the movies at least **twice every three weeks**.
(나는 적어도 3주마다 두 번씩 영화를 본다.)

2   **every**: "every + 시간명사"는 빈도를 나타내며, 일반적으로 문두 혹은 문미 위치에 온다.

Every day he goes to the office. (매일 그는 일터에 간다.)
Our family visits the country **every year**. (우리 가족은 매해 지방을 방문한다.)
We elect President **every five years** (= once in five years).
(우리는 5년마다 대통령을 뽑는다.)

3   **빈도부사**: 빈도의 차이에 따라 빈도부사를 나열하면 다음과 같다.

높음	always, ever
⇑	usually, generally
빈도	often, frequently
⇓	sometimes
낮음	rarely, seldom
	never

빈도부사는 일반적으로 문중 위치인 조동사 다음이나 본동사 앞에 오지만, 경우에 따라서는 문미 혹은 문두 위치에도 온다.

The sun **always** rises in the east. (해는 항상 동쪽에서 뜬다.)
Presidents are **often** in danger of being killed. (대통령은 종종 살해될 위험에 놓인다.)
I have **rarely** met a more charming person. (나는 좀처럼 더 매력적인 사람을 만나지 못했다.)
You should **never** drink before driving. (운전 전에 술을 마셔서는 절대로 안 된다.)
Sometimes he's late, but **very often** he doesn't come at all.
(그는 때때로 늦기도 하지만 매우 종종 아예 오지를 않는다.)

Why don't you come and visit us **more often**? (더 자주 찾아주십시오.)

4   **-ly 어미 시간 형용사**: -ly 어미를 가진 시간을 의미하는 형용사는 형태 그대로 빈도부사로도 쓰인다.

hourly = once an hour   daily = once a day
weekly = once a week   monthly = once a month
quarterly = once every three months   yearly = once a year

I've subscribed a **monthly** magazine for my hobby.
(나는 나의 취미를 위해 월간 잡지를 구독한다.)
The magazine is published **monthly**. (그 잡지는 월간으로 출판된다.)

The fire alarm must go through a **weekly** test. (화재경보기는 매주 점검을 받아야 한다.)
The fire alarm must be tested **weekly**. (화재경보기는 주마다 점검을 받아야 한다.)

F9   from

from은 전치사로서 다양한 의미로 사용된다.

1   **출발점**: 출발하는 장소를 표현할 때

She sent me a postcard **from Moscow**. (그녀는 모스크바에서 나에게 우편엽서를 보냈다.)
What time does the flight **from Amsterdam** arrive?
(암스테르담 발 비행기가 몇 시에 도착합니까?)

2   **시작 시점**: 시작하는 시점을 표현할 때

Drinks will be served **from seven o'clock**. (음료는 7시부터 제공됩니다.)
The price of gasoline will rise by 100 won a liter **from tomorrow**.
(휘발유 값은 내일부터 리터당 100원씩 오를 것입니다.)

3   **거리**: 두 장소 사이의 거리를 표현할 때

It's about two kilometers **from the airport** to the hotel.
(공항에서 호텔까지 약 2킬로 정도 됩니다.)
We walked about four kilometers **from home**. (우리는 집으로부터 4킬로 정도를 걸었다.)

4   **근원**: 근원을 표현할 때

Do you know **where** the information came **from**?
(정보가 어디에서 나온 것인지 알고 있습니까?)
My mother is **from Korea**, and my father is **from German**.
(나의 어머니는 한국인이고, 나의 아버지는 독일인이다.)

5 **재료**: 재료를 표현할 때

Meringues are made **from sugar and egg whites**. (메렝게는 설탕과 달걀흰자로 만든다.)
Bread is made **from flour, water, and yeast**. (빵은 밀가루와 물과 이스트로 만든다.)

6 **범위**: 범위를 표현할 때

The number of people employed by the company has risen **from 25** to 200 in two years.
(회사 직원의 수는 2년 동안에 25명에서 200명으로 늘었다.)
Prices of cars range **from 4,000,000 won** to 50,000,000 won.
(찻값은 400만 원에서 5천만 원까지입니다.)

7 **변화**: 변화를 표현할 때

She was promoted **from deputy manager** to senior manager.
(그녀는 부지배인에서 선임지배인으로 승진했다.)
Things went **from bad** to worse. (상황이 더욱더 나빠졌다.)

8 **원인**: 원인을 표현할 때

He was rushed to hospital but he died **from his injuries**.
(그는 병원으로 급히 이송되었으나 부상으로 사망했다.)
The community benefits **from having an excellent health service**.
(사회는 훌륭한 공공의료시설을 가짐으로써 이득을 본다.)

9 **판단의 근거**: 판단의 근거를 표현할 때

From what I've read in the newspaper, the company seems to be in difficulties.
(내가 신문에서 읽은 바에 따르면 회사가 어려움에 처해 있는 것 같다.)
It is difficult to guess what they will conclude **from the evidence**.
(그들이 증거에서 어떤 결론을 내릴 것인가를 짐작하는 것은 어렵다.)

10 **변화**: 어떤 대상의 이동이나 제거를 표현할 때

She pulled a chair away **from her desk**. (그녀는 책상에서 의자를 밀어냈다.)
Her handbag was snatched **from her** in the street this morning.
(그녀는 오늘 아침에 거리에서 핸드백을 탈취당했다.)

11 **차이**: 차이를 표현할 때

She's quite different **from her elder sister**. (그녀는 자신의 큰 언니와 완전히 다르다.)
Our two cats are so alike, I can never tell one **from the other**.
(우리 집에 있는 두 마리의 고양이가 너무 닮아서 이들을 구별할 수가 없다.)

12 **보호**: 보호를 표현할 때

It will keep all of us **from harm**. (그것은 우리 모두가 해를 입지 않도록 해줄 것이다.)
They found shelter **from the storm** under a large oak tree.
(그들은 큰 참나무 밑에서 폭풍우를 피했다.)

13 **차단**: 어떤 상황이 일어나지 않도록 막는 것을 표현할 때

For many years, the truth of what happened was kept **from the public**.
(여러 해 동안 사건의 진실은 대중으로부터 차단되었다.)
Tourist buses will be banned **from entering the city center**.
(관광버스는 시 중심으로 들어가는 것이 금지될 것이다.)

F10 from과 since

from과 since는 어떤 행위, 사건, 상황의 시작점을 표현한다는 점에서 유사하다.

I'll be here **from three o'clock** onwards. (나는 3시부터 계속 여기 있을 것이다.)
From his earliest childhood he loved music. (그는 아주 어렸을 때부터 음악을 좋아했다.)

I've been waiting **since six o'clock**. (나는 6시부터 기다렸다.)
I've known her **since January**. (나는 1월부터 그녀를 알았다.)

1 **since**: 특히 현재나 과거의 어느 특정 종착시점을 염두에 두고 기간을 말할 때 사용되며, 현재완료나 과거완료와 함께 쓰이는 것이 일반적이다.

Jack Johnson's been a member of the National Assembly **since/*from 1980**, and now he's preparing to retire from politics.
(잭 존슨 씨는 1980년 이래 국회의원으로 활동하고 있으며, 지금은 정치에서 은퇴를 준비하고 있다.)
He'd worked for the company **since/*from its beginning**, before he started his own business in 2010. (그는 2010년에 자신의 사업을 하기 전에는 그 회사에서 창립 이래 일했었다.)

2 **from**: 어느 특정 종착시점을 염두에 두지 않고 어떤 사건이나 상황이 시작된 시점 또는 그 사건이나 상황이 존재하게 된 시점을 표현한다. 일반적으로 완료시제와는 사용되지 않는다.

He studied painting **from/*since 1950** and worked as a commercial artist.
(그는 1950년부터 그림을 공부했으며 상업미술가로 일했다.)
I'll be at home **from/*since Tuesday morning** (on), and work for the final exam.
(나는 화요일 아침부터 집에서 학기 말 공부를 할 것이다.)

▶ 그러나 from은 어떤 사건이나 상황이 현시점까지 지속됨을 말할 때 현재완료와 함께 사용될 수 있다.

Time has been a problem in class **from/since the beginning of term**.
(학기 초부터 수업에서 시간이 문제가 되고 있다.)
From/Since the dawn of civilization, people **have made** war.
(문명의 시초부터 사람들은 전쟁을 해왔다.)

3 **차이점**: since는 from과는 달리 접속사로도 쓰일 수 있다.

Since leaving the army, he's spent most of his time looking for a job.
(군에서 나온 이후 그는 직장을 찾는 데 대부분의 시간을 보내고 있다.)
She hasn't had a rest **since** she had the baby. (그녀는 아이를 낳은 이후 휴식을 갖지 못했다.)

since와 시제에 대해서는 S9를 보라.
as 혹은 because의 의미를 가진 since에 대해서는 B11을 보라.

F11 fronting(전치)

정상적인 영어의 평서문은 문법적인 주어로 시작된다. 전치란 평서문에서 문법적 주어가 아닌 성분이 주어 앞으로 이동하는 현상을 말한다.

I like **him**. (나는 그 사람을 좋아한다.)
Him, I like. (그 사람, 내가 좋아한다.)

전치는 문장의 주어가 아닌 다른 성분을 담화의 주제(topic)로 삼거나 강조하고 싶을 때 일어난다.

1 **목적어 또는 보어의 전치**: 가장 흔히 일어나는 전치현상으로서 문장의 목적어나 보어를 주어 앞으로 이동한다.

Most of it I had written myself. (그 대부분은 내가 직접 썼다.)
"Do you have any muffins?" "**A bran muffin** I can give you."
("머핀 빵 있습니까?" "밀기울 머핀은 드릴 수 있는데요.")
Pretty they aren't. But **an orange taste** they have.
(맛있어 보이지 않는데 오렌지 맛이 나네.)
"She's stupid, arrogant, rude and totally off-the-wall." "**Stupid** I wouldn't really say she is." ("그녀는 우둔하고 오만하며 무례하고 완전히 즉흥적이다." "우둔하다고는 정말 말하고 싶지 않은데.")

2 **좌전위 (left dislocation)**: 주어를 비롯한 문장의 성분을 문장 앞으로 전치하고, 원래의 자리에 전치된 성분의 대명사를 남기는 현상이다. 이러한 대명사를 재생대명사(resumptive pronouns)라고 부른다.

That money I gave, **it** must have disappeared.
(내가 준 그 돈 말이야, 틀림없이 없어진 것 같다.)
The woman you met in Busan, you don't really want to marry **her**.
(네가 부산에서 만난 여자 말이야. 너 정말 그 여자와 결혼하고 싶은 것 아니지.)
Your father, everybody thinks **he** is a great guy.
(너의 아버지 말이야, 모두가 좋은 분이라 생각한다.)

▶ 대명사 주어의 좌전위는 일반적으로 허용되지 않지만, 일인칭 단수 me와 myself가 일인칭 단수 주어 I 앞에 올 수 있다.

Me, I rejected most of them. (나 말이야, 그들의 대부분을 거절했다.)
Myself, I had to make important decisions that would affect me for the rest of my life.
(나 자신은 나의 여생 동안 나에게 영향을 줄 수 있는 중요한 결정을 해야 했다.)

3   **부사적 표현**: 대부분의 부사적 표현은 주어 앞으로 전치될 수 있다. (A21을 보라). 특히 해설이나 설명을 시작할 때 부사적 표현의 전치가 자주 일어난다.

Once upon a time there lived seven dwarfs in the forest.
(옛날 옛적에 숲 속에서 일곱 난쟁이가 살았다.)
Yesterday morning something strange happened in the village.
(어제 아침에 마을에서 이상한 일이 일어났다.)
From the dawn of civilization, people have made war.
(문명의 시초부터 사람들은 전쟁을 해왔다.)
On the seventh floor of the building, they have space for R&D.
(이 건물의 7층에 연구개발을 위한 공간이 있다.)

There you go! (넌 못 말려!)
(*You go there.)
There you are! (자, 여기 있습니다!)
(*You are there.)
Here they come! (드디어 그들이 왔습니다.)
(*They come here.)
Here we are! (자, 여기 있습니다./드디어 왔습니다.)
(*We are here.)

▶ 전치사적 부사도 구어체에서 종종 전치된다.

Down he falls! (그는 추락!)
Up he goes! (그는 승진!)

4   **동사구**: 앞에서 언급한 명제가 사실임을 강조할 때 앞 절의 동사구를 뒤 절의 주어 앞으로 전치할 수 있다.

I've promised to help them and **help them** I will.
(나는 그들을 돕겠다고 약속했고, 정말 도울 것이다.)
They said that John paid up, and **pay up** he did.
(존이 빚을 전액 갚았다고 했는데, 존이 실제로 빚을 다 갚았다.)

5   **양보절과 형용사**: as나 though로 시작하는 양보절에서 형용사 또는 부사가 전치될 수 있다. (A67을 보라.)

Pretty as/though Mary is, I still think that Alice is prettier.
(메리도 예쁘지만 나는 아직까지 앨리스가 더 예쁘다고 생각한다.)
Tired though she was, she went on working. (그녀는 피곤했지만 계속 일을 했다.)

Fast though she drove, she could not catch them.
(그녀는 빠르게 운전했지만 그들을 따라잡을 수 없었다.)

정보구조는 I29를, 강조는 E16을, 분열문은 C12를 보라.
도치에 대해서는 I32-I34를 보라.

F12   future time(미래시간)

영어는 여러 가지 방식으로 미래시간을 표현한다. 여기서 유의할 점은 영어에는 현재시제와 과거시제는 있지만 미래시제(future tense)가 없다는 점이다. 오직 미래시간을 표현하는 표현이 있을 뿐이다.

The next high tide **is** around 4 this afternoon.	[단순현재시제]
(다음 만조는 오늘 오후 4시경이다.)	
My parents **are arriving** tomorrow.	[현재진행]
(나의 부모님이 내일 도착하신다.)	
The meeting **will** be held next Wednesday at 5p.m.	[양상조동사]
(회의는 다음 수요일 오후 5시에 열릴 것이다.)	
We **are going to** have another baby soon.	[be going to]
(우리는 곧 아이를 또 하나 낳을 예정이다.)	
Julia and Anthony **are to** be married in April.	[be to]
(줄리아와 안토니는 4월에 결혼할 예정이다.)	

1   **현재시제**: 미래 상황을 표현하는 데 현재시제를 사용할 수 있다. 현재시제는 주기적으로 일어나는 상황, 이미 계획된 상황, 어떤 조건의 결과로 일어날 상황을 말할 때 일반적으로 사용된다. (P36을 보라.)

There's a solar eclipse on Monday. (월요일에 일식이 있을 것이다.)
The train **leaves** at half past six tomorrow morning. (기차는 내일 아침 6시 반에 출발한다.)
What **happens** if there is a power failure? (단전 사태가 일어나면 어떻게 됩니까?)

▶ 위의 문장에 양상조동사 will이 추가되어도 의미상으로 큰 차이가 없다.

There'**ll be** a solar eclipse on Monday.
The train **will leave** at half past six tomorrow morning.
What'**ll happen** if there is a power failure?

▶ 현재시제는 특히 시간 부사절과 조건 부사절에서 미래시간을 표현할 때 사용된다.

When the Queen arrives, the band will play "God Save the Queen."
(여왕께서 도착하면, 악대는 영국국가를 연주할 것이다.)
I'll take a nap **while you meet the President**.
(네가 대통령을 만나는 동안 나는 낮잠을 잘 것이다.)
If it snows, the ball game will be cancelled. (눈이 오면 야구경기가 취소될 것이다.)
I'll bring an umbrella, just **in case it rains**.

(비가 올 경우에 대비해서 나는 우산을 가져갈 것이다.)

2   **현재진행**: 이미 계획되었거나 결정된 일 혹은 가까운 미래의 사건을 말할 때 현재진행형이 흔히 쓰인다. (P37을 보라.)

They**'re coming** to Korea next year. (그들은 다음 해에 한국에 온다.)
What **are** you **doing** this evening? (오늘 저녁에 너 뭘 할 거냐?)

3   **will**: 앞으로 어떤 행위를 하겠다는 의향 또는 의도를 표현하거나 미래에 대한 정보를 단순히 제공한다. 또한 will은 이미 결정되었거나 불확실한 미래의 사건을 예측할 때 사용된다.

He **will** do it, no matter what I say. (내가 무엇이라고 말하든 그는 그것을 할 것이다.)
I **will** pay you a visit next week. (저는 다음 주에 당신을 방문하려고 합니다.)
The store **will** stay open late next month. (가게는 다음 주에 늦게까지 문을 열 것이다.)
Mountain climbing **will** be very dangerous at this time of the year.
(연중 이 시기에 등산하는 것은 매우 위험하다.)

▶ shall은 문어체 영국영어에서 일인칭 주어와 종종 함께 쓰인다.

We **shall** be away next week. (우리는 다음 주에 멀리 갈 것이다.)
I **shall** have to be very careful. (나는 매우 조심해야 할 것이다.)

4   **be going to**: 문장의 주어가 미래에 어떤 행위를 실행할 의도나 계획이 있음을 표현할 때 또는 화자가 현재의 근거에 입각하여 예측할 때 사용된다. (B5를 보라.)

Next year we**'re going to** employ more workers.
(우리는 다음 해에 더 많은 직원을 채용할 예정이다.)
When **are** you **going to** get your hair cut? (너는 언제 머리를 깎으려고 하느냐?)
That musical **is going to** be a great success. (저 뮤지컬은 크게 성공할 것이다.)
Look at the sky. It**'s going to** snow. (하늘을 봐라. 눈이 오려고 한다.)

5   **be to**: 어떤 일이 계획되어 있거나 일어날 것이 확실할 때 사용된다. (B8을 보라.)

The talks **are to** begin tomorrow. (회담은 내일 시작할 예정이다.)
Audrey and Jason **are to** be married in June. (오드리와 제이슨은 6월에 결혼할 계획이다.)

6   **be about to**: 어떤 일이 곧 일어날 것이라고 표현할 때 사용된다. (B4를 보라.)

I think he**'s about to** leave the country. (내 생각에 그는 나라를 곧 떠난다.)
The boat **is about to** cast anchor. (배는 막 닻을 내리려고 하고 있다.)

7   **과거에서의 미래**: 우리는 일상적으로 미래를 말할 때는 현시점에서 본 미래를 의미한다. 그러나 우리는 과거의 어느 시점에서 미래를 생각할 수 있다. 과거에서의 미래는 우리가 현시점에서 미래를 표현할 때 사용하는 구조에서 동사를 과거시제형으로 바꾸어 표현된다. (P19.3과 W22.2를 보라.)

He told me that his parents **were arriving** the next day.
(그는 그의 부모님이 그다음 날에 도착할 것이라고 나에게 말했다.)
The company announced the meeting **would** be held the next Wednesday at 5p.m.
(회사는 그다음 수요일 오후 5시에 회의가 있을 것이라고 발표했다.)
When we met the couple last year, they **were going to** have another baby soon.
(우리가 지난해에 그 부부를 만났을 때, 그 부부는 곧 다른 아이를 낳을 예정이었다.)
We visited the church where Julia and Anthony **were to** be married in April.
(우리는 줄리아와 안토니가 4월에 결혼할 교회를 방문했다.)

G1 gender(성)

영어 명사의 문법적 성(gender)은 자연의 성(sex)과 거의 일치한다. 따라서 단어의 의미를 알면 그 단어의 문법적 성을 구별하는 것이 어렵지 않다. 문법에서 명사의 성을 구별 짓는 가장 큰 이유 중의 하나는 영어에 남성(masculine) 대명사 he/ him/ his와 여성(feminine) 대명사 she/her가 있기 때문이다.

1 **father와 mother**: 사람이나 동물을 가리키는 명사 중에는 성이 구별되는 단어들이 많다.

남성: father, son, uncle, brother, man, king, bull, monk, ...
여성: mother, daughter, aunt, sister, woman, queen, cow, nun, ...

2 **actor와 actress**: 특별한 어미로 남성 명사와 여성 명사가 구별되는 경우가 있다.

남성	여성
police**man**	police**woman**
English**man**	English**woman**
French**man**	French**woman**
actor	actr**ess**
bride**groom**	bride
duke	duch**ess**
heir	heir**ess**
hero	hero**ine**
host	host**ess**
prince	princ**ess**
steward	steward**ess**
waiter	waitr**ess**
widow**er**	widow

▶ chairman, spokesman 등의 단어는 남녀에 모두 사용되었으나 여성을 가리키는 chairwoman, spokeswoman이 새로이 도입되었으며, 남성과 여성을 모두 가리키는 chairperson, spokesperson이 널리 사용되고 있다.

3 **공통의 성**: 대부분의 영어 명사들은 남성과 여성에 공히 쓰인다.

doctor, nurse, secretary, student, teacher ...

▶ 이러한 단어들을 성적으로 구별해야 할 필요가 있을 경우에는 종종 복합어를 사용한다.

female student   **male** nurse
woman doctor   **women** doctors (복수형)

▶ man과 mankind는 전통적으로 전 인류를 지칭하는 단어였다.

That's one small step for (a) **man**, one giant leap for **mankind**.

(한 인간에게는 작은 한 걸음이지만 인류 전체에게는 위대한 도약이다.)
All **men** are equal in the eyes of the law. (법의 눈으로 보면 모든 인간은 평등하다.)
Mankind has been fascinated by fire since earliest times.
(인류는 고대로부터 불에 매료되었다.)

어떤 사람들은 man과 mankind의 이러한 용법을 성차별적이라고 하여, 대신에 people, humanity, the human race와 같은 표현을 쓸 것을 주장한다. 또한 man-made fabrics 대신에 synthetic fabrics를, foreman 대신에 supervisor를, ambulance man 대신에 ambulance staff를, fireman 대신에 firefighter를 점점 더 많이 사용하는 것도 성차별적 용법이라는 비난을 피하려는 것이라고 할 수 있다. 같은 맥락에서 여성의 결혼 여부를 나타내는 Mrs.와 Miss 대신에 남성의 Mr.에 상응하는 (/mɪz/로 발음되는) Ms.라는 표현이 1950년대에 등장했다.

4 **무생물**: 때때로 자동차, 배, 국가 등을 여성 대명사를 써서 지칭하기도 한다.

John bought a new **car**. **She's** running beautifully. (존은 새 차를 샀는데 멋지게 달린다.)
The ship couldn't move, because **she's** struck a rock.
(배가 암초와 충돌하여 움직일 수가 없었다.)
Korea increases **her** trade with China every year.
(한국은 중국과의 교역을 매년 증가시키고 있다.)

5 **문법적 성**: 영어는 문법적 성이 큰 문제가 되지 않는다. 일반적으로 사람은 he 또는 she이고 사물은 it다. 다음의 몇 가지만 유의하면 된다. 동물이 특히 인격, 지능, 감정을 가졌다고 생각할 때 때때로 동물을 he 혹은 she로 지칭한다. 이것은 고양이나 개 등 반려동물이나 가축에 적용된다.

Once upon a time there was a **rabbit** called Joe. **He** lived ...
(옛날 옛적에 조라고 부르는 토끼가 있었다. 그는 ... 살았다.)
Go and find the **cat** and put **her** out. (고양이를 찾아서 밖으로 내보내라.)

6 he/she: 전통적으로 특히 문어체에서 사람의 성을 모르거나, 남자에게나 여자에게 모두 적용되는 지시물에는 일반적으로 he를 사용한다.

If you know the **person** who can do the job, tell **him** to come to my office.
(그 일을 할 수 있는 사람을 알면 내 사무실로 오라고 해라.)
A **student** who is ill must send **his** medical certificate to the College office.
(아픈 학생은 진단서를 대학 사무실로 보내야 한다.)
A **soldier** can't do a good job if **he** doesn't have courage.
(병사는 용기가 없으면 임무를 훌륭히 수행할 수 없다.)

▶ 지금은 많은 사람들이 he의 이런 사용은 여성 차별적이라고 생각하여 회피하려고 한다. "he or she"의 사용이 점점 늘어나고 있다.

A **student** who is ill must send **his or her** medical certificate to the College office.

7   they: 복수대명사 they는 일반적으로 단수인 "somebody, anybody, nobody, person"과 같은 부정(indefinite) (대)명사를 선행사로 가질 수 있다. 이러한 용법은 때때로 "잘못된(incorrect)" 것으로 여겨지지만 상당히 오랫동안 교양인들 사이에서 사용되어 왔다.

Nobody seems to know what **their** jobs are.
(아무도 자신이 해야 할 일이 무엇인지 모르는 것 같다.)
Everyone in the street was shocked when **they** heard the news.
(거리의 모든 사람들은 뉴스를 듣고 충격을 받았다.)
If **somebody** knocks on the door, tell **them** I'm out. (누가 문을 노크하면 나는 없다고 해라.)

이름과 호칭에 대해서는 N1-N3을 보라.

G2   genitives(속격)-1: 형태

1   **형태**: 영어의 명사는 (전통적으로 소유격(possessive case)이라고 부르는) 속격형을 제외하고는 문장의 모든 위치에서 하나의 형태가 "공통"으로 사용된다. (대명사에 대해서는 P41-P45를 보라.) 명사의 속격형을 굴절어미의 관점에서 보면 두 가지 유형이 있다. 모든 단수명사를 속격형으로 만드는 "s-속격(s-genitives)"과 규칙적 복수명사를 속격형으로 만드는 "영의 속격(zero genitives)"이 있다.

	공통격	속격
단수	the girl	the girl's
복수	the girls	the girls'

▶ 복수형(girls)과 단수 속격형(girl's) 그리고 복수 속격형(girls')이 철자는 다르지만 발음은 동일하다. (이들의 발음에 대해서는 N26.7을 보라.) 그러나 불규칙 복수명사의 경우에는 단수명사처럼 -'s를 붙인다.

	공통격	속격
단수	the child	the child's
복수	the children	the children's

2   **인칭대명사의 속격**: 인칭대명사의 속격에는 한정사적 속격과 대명사적 속격 두 가지 형태가 있다.

	I	you	he	she	it	we	they
한정사	my	your	his	her	its	our	their
대명사	mine	yours	his	hers	-	ours	theirs

▶ 한정사적 속격과 대명사적 속격은 삼인칭 단수 대명사의 경우를 제외하고는 형태가 다르며, 삼인칭 단수 중성 대명사 it의 경우에는 대명사적 속격이 없다.

This is **my** coat. (이것은 내 코트입니다.)
This coat is **mine**. (이 코트는 내 것입니다.)
That is **his** coat. (저것은 그의 코트입니다.)
That coat is **his**. (저 코트는 그의 것입니다.)

it is/has의 축약형인 it's를 it의 속격형으로 혼동할 경우가 있다.

▶ 명사의 속격의 경우에는 한정사적 속격과 대명사적 속격의 형태가 동일하다.

This is **John's** coat. (이것은 존의 코트입니다.)
This coat is **John's**. (이 코트는 존의 것입니다.)

Those are **the children's** toys. (저것들은 아이들의 장난감들이다.)
Those toys are **the children's**. (저 장난감들은 아이들의 것입니다.)

3 **고유명사의 속격**: -s로 끝나는 고유명사의 경우에도 일반적으로 s-속격이 적용된다.

Charles's daughter   **Jones's** house
Phyllis's coat   **Mr. Ross's** car

▶ 그러나 그리스나 라틴어식 성명이나 유명인의 경우에는 s-속격과 영의 속격이 둘 다 가능하다.

Jesus'(s) disciples   **Socrates'(s)** philosophy
Moses'(s) Ten Commandments **Aristophanes'(s)** works

Dickens'(s) novels   **Keats'(s)** poems
James'(s) works   **Burns'(s)** poems

▶ 발음: /z/ 발음으로 끝나는 이름의 경우에는 s-속격형과 영의 속격형이 둘 다 허용되며, 발음도 두 가지가 가능하다. 여기서 철자의 경우에는 영의 속격형이 더 자주 쓰이고, 발음의 경우에는 /ɪz/형이 더 많이 쓰인다.

철자	발음
Dickens'/Dickens's	/díkɪnz///díkɪnzɪz/
James'/James's	/dʒéɪmz///dʒéɪmzɪz/

그러나 다른 치찰음으로 끝나는 이름은 /ɪz/로 발음되는 데 반하여, Jesus와 Moses는 영의 속격으로 발음된다.

Ross's /rásɪz/   Keats'/Keats's /kí:tsɪz/
Jesus'(s) /dʒí:zəs/   Moses'(s) /móʊzɪz/

4 **for ... -'s sake구의 속격형**: 고유명사의 경우에는 치찰음으로 끝나도 s-속격을 사용하지만, 보통명사의 경우에는 치찰음으로 끝나면 영의 속격을 사용한다,

for **Charles's** sake   for **Jones's** sake   for **God's** sake
for **goodness'** sake   for **peace'** sake   for **convenience'** sake

5　**복합명사**: 복합명사와 구에도 -'s 어미를 붙여 속격을 만들 수 있다.

someone else's coffee　　　　　　in an hour or so's time
his father-in-law's letter　　　　　my wife-to-be's raincoat
the Queen of England's crown　　the President of France's visit

▶ 복수어미 -s를 복합어 끝에 갖지 않는 복합명사는 속격형을 만들 수 없다.

	공통격	속격
단수	father-in-law	father-in-**law's**
복수	**fathers**-in-law	*fathers-in-**law's/laws'**
단수	baby-sitter	baby-**sitter's**
복수	baby-**sitters**	baby-**sitters'**

▶ John and Mary's car는 두 사람이 하나의 자동차를 공동으로 소유하고 있음을 의미하고, John's and Mary's cars는 두 사람이 따로 자동차를 소유하고 있음을 의미한다.

G3　genitives-2: 의미와 용법

1　**속격의 의미**: X's Y의 구조를 가진 명사구에서 머리어인 명사(Y)는 자신을 수식하는 속격 명사(X)와 다양한 의미관계를 갖는다. (N33을 보라.)

▶ 인간적/사회적 관계
John's younger brother　　　John has a younger brother.
Mary's boss　　　　　　　　Mary has a boss.

▶ 소유관계
Mary's green eyes　　　　　Mary has green eyes.
Mr. Lee's shoes　　　　　　Mr. Lee owns this pair of shoes.

▶ 주어-보어관계
the soldier's courage　　　　The soldier is courageous.
Mary's anger　　　　　　　　Mary feels angry.

▶ 주어-동사관계
the President's decision　　　The President decided to do something.
the detective's arrest　　　　The detective arrested someone.

▶ 목적어-동사관계
the prisoner's release　　　　Someone released the prisoner.
the tiger's capture　　　　　Someone captured the tiger.

▶ 근원관계
Professor Lee's letter　　　　The letter is written by Professor Lee.
Cow's milk　　　　　　　　　Milk is produced by cows.

▶ 목적관계

　　　　　Children's clothes　　　　The clothes are designed for children.
　　　　　a women's university　　　A university is open for women.

2　X's Y와 the Y of X: 우리는 "X's Y"의 구조를 "the Y of X"의 구조로 바꿔 쓸 수 있다.

　　　every teacher's role ~ the role **of every teacher**
　　　the poor people's welfare ~ the welfare **of the poor people**

　　두 구조 중에 어느 것을 사용할 것인가에 대해 몇 가지 조건을 생각해 보자. 다음의 조건은 절대적인 것이 아니며 단지 "X's Y"의 구조가 선호되는 조건이다.

3　**생명체와 사회적 제도**: X가 사람, 동물, 사회적 기관 등을 가리킬 경우에 속격형이 선호된다.

　　　my aunt's birthday　　　**Mary's** hands　　　**the government's** policy
　　　the girls' teacher　　　**a bird's** nest　　　　**the audience's** response

4　**소유나 인간적 또는 사회적 관계**: X와 Y가 소유관계 또는 인간적이나 사회적 관계를 가질 경우 속격형이 선호된다.

　　　my teacher's house　　　**a mosquito's** eye　　　**Mr. Hefner's** mansion
　　　Dad's new car　　　　　**Mary's** secretary　　　**his** courage

5　**시간, 거리, 장소**: X가 사물을 가리킬 경우에는 일반적으로 속격이 사용되지 않지만, 시간이나 거리 또는 장소를 의미하는 명사의 경우 속격을 사용한다. 이 표현들에는 상응하는 "the Y of X"가 없는 경우가 있다.

　　We postponed next **Friday's** meeting (= the meeting next Friday).
　　(우리는 다음 금요일 회의를 연기했다.)
　　The soldiers haven't had **a moment's** rest (= a rest for a moment).
　　(병사들은 잠시의 휴식도 못 가졌다.)
　　A bullet passed by at least at **a meter's** distance (= at a distance of a yard) from where I stood.) (총알이 내가 서 있는 위치에서 적어도 1미터 거리로 스쳐갔다.)
　　This is **the city's** tallest building (= the tallest building in the city).
　　(이 건물이 도시에서 가장 높은 건물이다.)

6　**고정된 표현**: 종종 고정된 표현에서 속격형이 사용된다.

　　　at **arm's** length　　　　　a **needle's** eye
　　　(save) **one's** skin　　　　a **pin's** head
　　　bull's eye　　　　　　　sheep's eyes

　　He picked up the flag, and held it **at arm's length**. (그는 기를 집어 팔을 쭉 펴서 들었다.)
　　He'll do anything to **save his own skin**. (그는 궁지에서 빠져나오려고 무슨 짓이든 할 것이다.)

7　ship: ship과 관련된 다양한 표현에서 속격이 종종 사용된다.

　　　　　a **ship's** cabin　　　　　the **ship's** captain　　　　　the **ship's** doctor

8　　**주어-동사 관계**: 주어-동사 관계를 가질 경우 속격을 사용할 수 있으나 of-구도 또한 자연스러운 표현이다.

　　　The train's arrival/The arrival **of the train** has been delayed. (기차의 도착이 지연되었다.)
　　　The nation's development/The development **of the nation** depends on her economic policy. (국가의 발전은 경제정책에 달려있다.)

9　　**집, 상점, 병원, 회사, 교회**: 속격 뒤에 오는 명사가 "집, 상점, 병원, 회사, 교회" 등을 가리킬 때 종종 생략될 수 있다. (생략될 경우 실제로 속격은 한정사에서 대명사가 된다.)

　　　We spent our summer vacation at **Peter's**. (우리는 피터의 집에서 여름휴가를 보냈다.)
　　　Old St. Paul's was burnt down in 1666. (옛 세인트폴 대성당은 1666년에 전소되었다.)
　　　She went to **the baker's** to pick up a loaf of bread.
　　　(우리는 빵 한 덩어리를 사려고 빵집에 갔다.)

　　　▶ 같은 맥락에서 명사의 의미를 맥락에 의해 알 수 있을 경우 속격만이 사용될 수 있다.

　　　The car is **John's** (= John's car). (차는 존의 것이다.)
　　　Whose passport is that? It is **Mary's**. (누구의 여권입니까? 메리의 것입니다.)

10　　**own**: 형용사로서 (대)명사의 속격형 다음에만 온다. own은 재귀대명사처럼 조응적(anaphorically)으로 또는 강조적(emphatically)으로 사용될 수 있다.

　　　This book doesn't belong to the library—it's my **own** copy.
　　　(이 책은 도서관 것이 아닙니다. 나 자신의 것입니다.)

　　　위의 예에서 own은 "다른 사람의 것이 아닌 나의 것"이라는 것을 강조한다. 그러나 다음의 예에서는 own이 소유격이 문장의 주어와 조응관계가 있다는 것을 강조한다.

　　　Sam cooks **his own** dinner every evening. (샘은 매일 저녁 자신의 저녁 식사를 만들어 먹는다.)

　　　▶ own은 뒤따르는 명사 없이 독립적인 명사구로도 쓰일 수 있으며 very를 써서 강조의 의미를 강하게 할 수 있다.

　　　The car is **my (very) own**. (차는 (바로) 나 자신의 것이다.)
　　　(*The car is **my (very) own one**.)

　　　▶ "my/your/his own"은 또한 곧 논의할 이중 속격 구문에서 of 다음에 올 수 있다.

　　　I'd like to have **a car of my (very) own**. (나는 나 자신의 차를 갖고 싶다.)
　　　They finally bought **a house of their own** last week.
　　　(그들은 지난주에 드디어 그들 자신의 집을 샀다.)

　　　재귀대명사에 대해서는 R5를 보라.

11　　**속격 대명사**: 주어와 속격과의 조응적 관계는 own이 없어도 성립한다.

Sam cooks **his** dinner every evening. (샘은 매일 저녁 자신의 저녁 식사를 만들어 먹는다.)

위의 예에서 his는 Sam을 가리킬 수도 있지만 제삼자를 가리킬 수도 있다. 다음의 예를 비교해보라. 첫 문장에서는 his가 Bill 또는 John을 가리킬 수 있지만, 둘째 문장에서는 John 만을 가리킨다.

Bill encouraged **John** to buy **his** car. (빌은 존에게 그의 차를 사라고 권했다.)
Bill encouraged **John** to buy **his own** car. (빌은 존에게 자신의 차를 사라고 권했다.)

12 whose: 한정사 또는 대명사로 쓰인다.

Whose car is that? [한정사]
(저것 누구 차냐?)
Whose is that car? [대명사]
(저 차 누구 것이냐?)

G4 genitives-3: 이중속격

영어에서 속격의 개념을 표현하는 데는 세 가지 방법이 있다. 다음을 비교해보라.

Mary's/her picture [속격]
a picture **of Mary/her** [of-구]
a picture **of Mary's/hers** [이중속격]

1 X's picture의 중의성: Mary's picture는 두 가지 의미를 지닌다.

a picture **that was taken of Mary** (존이 찍힌 사진)
a picture **that Mary has** (존이 소유한 사진)

▶ 그러나 of-구 속격과 이중속격은 중의성을 지니지 않는다.

a picture **of Mary** = a picture **that was taken of Mary**
a picture **of Mary's** = a picture **that Mary has**

"a picture of Mary's"는 "one of Mary's pictures"와 같은 의미를 갖는다.

2 이중속격: 이중속격 구조에 대해 생각해보자.

(한정사 + 수식어) + 명사(Y) + of + 속격(X)

▶ X는 "확정적 지시"를 가진 "속격 사람 명사구" 또는 "명사적 속격 대명사"여야 한다.

I gave John **a white gown of the doctor's**. (나는 존에게 그 의사의 흰 가운 하나를 주었다.)
(*I gave John **a white gown of a doctor's**.)

I gave John **a white gown of mine**. (나는 존에게 나의 흰 가운 하나를 주었다.)
(= I gave John **one of my white gowns**.) (*I gave John **a white gown of my**.)
(참고: I gave John **my white gown**.)

▶ Y는 단수인 경우에 소유격 한정사(my, his 등)를 제외한 다른 한정사의 수식을 받아야 하고, 복수인 경우에 수식어 없이도 쓰일 수 있다.

This is **that picture of Mr. Baldwin's** that we're talking about.
(이것이 우리가 말하는 볼드윈 씨의 그 사진이다.)
(*This is **her picture of Mr. Baldwin's** that we're talking about.)
His illness is **no fault of the doctor's**. (그의 병은 그 의사의 잘못이 아니다.)
(*His illness is **fault of the doctor's**.)

We share the apartment with **friends of hers**.
(우리는 그녀의 친구들과 아파트를 함께 쓰고 있다.)
She donated **some rare books of her late husband's** to the library.
(그녀는 서거한 남편의 희귀본 몇 권을 도서관에 기증했다.)

3   **the friend of Mary's**: 일반적으로 "the friend of Mary's"는 잘 사용되지 않으며, 대신에 Mary's friend가 사용된다.

*The company decided to hire **the friend of Mr. Kim's**.
The company decided to hire **Mr. Kim's friend**. (회사는 김 군의 친구를 채용하기로 했다.)

▶ 그러나 제한적 관계절과 같은 수식을 받으면 사용되기도 한다.

The company decided to hire **the friend of Mr. Kim's that we met in Busan**.
(회사는 우리가 부산에서 만난 김 군의 친구를 채용하기로 했다.)

4   **속격의 생략**: "Y of X's" 구조에서 "X of Y"의 관계를 강조할 때는 종종 "속격"이 생략되기도 한다.

Mary is **a cousin of the President**. (메리는 대통령의 사촌이다.)
Mr. Smith is **a friend of my father**. (스미스 씨는 내 아버지의 친구다.)

위의 첫 문장은 "대통령의 여러 사촌들 중의 한 사람"이라는 것보다 "대통령의 사촌"이라는 점을 강조하며, 두 번째 문장은 "스미스 씨가 아버지의 친구"라는 점을 강조한다.

G5   gerunds(동명사)-1: 개요

동명사란 동사에 -ing어미를 붙여 명사처럼 사용하는 표현을 가리킨다. (동사에 -ing어미를 붙이는 방법에 대해서는 P2.2를 보라.) 동사-ing형을 "동명사"라고 부르는 이유는 이 구문이 동사의 특성과 명사의 특성을 모두 가지고 있기 때문이다. 동명사는 명사처럼 "주어, 목적어, 보어, 전치사의 목적어, 명사의 수식어"로 쓰일 수 있다.

Reading French is easier than speaking it.   [주어]
(프랑스어 책을 읽는 것은 프랑스어로 말하기보다 쉽다.)
I've finished **reading** the book that you recommended.   [목적어]
(나는 네가 추천한 책을 다 읽었다.)

He's accused of **smuggling**.　　　　　　　　　[전치사의 목적어]
(그는 밀수로 기소되었다.)
My worst habit is **smoking**.　　　　　　　　　[주격보어]
(나의 가장 나쁜 버릇은 흡연이다.)
You have to smoke in the **smoking** area.　　　[명사의 수식어]
(흡연지역에서 흡연해야 한다.)

동사의 분사적 용법에 대해서는 P2-P5를 보라.

1 **동명사와 분사구**: 형태가 동일한 동명사와 분사구는 몇 가지 다른 통사적 특성을 가지도 있다. 다음을 비교해보라.

the **smoking** area
the **smoking** man

the smoking area는 "담배를 피우기 위한 장소"(= the area for smoking)를, the smoking man은 "담배를 피우는 사람"(=the man who is smoking)을 의미한다. 따라서 후자의 예에서 smoking은 형용사적으로 사용된 분사구라고 할 수 있다. 이 둘은 발음상에서도 차이를 보인다. 전자의 경우에는 주강세가 smoking에 오는 데 반하여 (즉, the smóking area), 후자의 경우에는 man에 온다(즉, the smoking mán). 다음을 비교해보면 그 차이를 알 수 있다.

the **diving** board : the **diving** girl
a **sleeping** car : a **sleeping** baby
the **dancing** hall : the **dancing** lady
a **resting** room : a **resting** soldier.

2 **한정사**: 동명사는 명사처럼 한정사, 특히 소유격과 함께 사용될 수 있다.

The Queen declared **the opening** of Parliament. (여왕은 의회의 개회를 선언했다.)
I don't mind **your leaving** before the class ends.
(나는 네가 수업이 끝나기 전에 나가도 상관이 없다.)
His smoking in my room really annoys me. (내방에서 그가 흡연하는 것이 나를 괴롭힌다.)
We were angry at **Bill's trying** to lie to us.
(우리는 빌이 거짓말을 하려고 하는 것에 화가 났다.)

▶ 동명사는 관사나 지시사와 함께 사용될 경우에는 목적어 앞에 전치사 of를 사용해야 한다. (상세한 것은 G6.4를 보라.)

The shooting of those rare animals stunned everybody.
(그 희귀동물들의 사냥은 모두를 아연하게 했다.)
(***The shooting those rare animals** stunned everybody.)
We must stop **this killing of innocent civilians**.
(우리는 무고한 민간인들을 살해하는 것을 중단해야 한다.)
(*We must stop **this killing innocent civilians**.)

▶ 여타 경우에 동명사는 보통 동사처럼 전치사의 도움 없이 직접목적어를 가질 수 있다.

Shooting animals is prohibited by law. (동물을 사냥하는 것은 법으로 금지다.)
(*__Shooting of animals__ is prohibited by law.)
Smoking cigarettes is not allowed in this building. (이 건물에서는 흡연이 허용되지 않는다.)
(*__Smoking of cigarettes__ is not allowed in this building.)
Children hate **wearing seat belts**. (아이들은 안전띠 매는 것을 싫어한다.)
My favorite activity is **reading poetry**. (내가 가장 좋아하는 활동은 시낭독이다.)

▶ 어떤 것이 허용되지 않거나 불가능하다는 것을 말할 때 종종 no를 동명사와 함께 사용한다.

NO SMOKING　　　　　NO PARKING　　　　　NO TRESPASSING

G6　gerunds-2: 동명사의 주어

동명사의 주어는 세 가지 유형으로 분류해서 생각할 수 있다. (1) 주어가 표현되지 않는 경우, (2) 주어가 문장의 다른 곳에 표현되는 경우, (3) 동명사 내에 주어가 표현되는 경우가 있다.

1 **주어가 표현되지 않는 경우**: 주로 일반적인 현상을 표현할 때 쓰이며 "전칭적" 의미를 지닌 "everyone, anyone, people 등"의 주어를 가진 것으로 이해된다.

Playing with guns is dangerous. (총을 가지고 노는 것은 위험하다.)
Fishing in this lake is forbidden. (이 호수에서 낚시는 금지다.)

▶ 주어를 가지고 있지 않은 동명사 중에는 문장이 쓰인 맥락에서 주어를 추정해야 하는 경우가 있다.

Going there today isn't wise. (오늘 그곳에 가는 것은 현명한 일이 아니다.)
He suggested **eating lunch at the airport**. (그는 공항에서 점심을 먹자고 했다.)

위 문장에서 동명사의 주어는 전칭적 의미를 지니는 것이 아니라 그 문장이 쓰인 맥락과 관련이 있는 사람들을 가리킨다.

2 **주어가 문장의 다른 곳에 나타나는 경우**: 이 경우에는 동명사의 주어가 동명사 내에 표현되는 것이 아니라 문장의 다른 위치에 있는 표현이 동명사의 주어로 이해된다.

The soldier was accused of **having betrayed his country**.
(병사는 조국을 배반했다는 것 때문에 기소되었다.)
We thanked **them** for **making such a generous contribution**.
(우리는 그렇게 통이 큰 기부에 대해 그들에게 감사했다.)

위의 첫 문장에서는 주절의 주어가 동명사의 주어로 이해되고, 둘째 문장에서는 목적어가 동명사의 주어로 이해된다.

3 **주어가 동명사 내에 표현되는 경우**: 동명사 내에서 주어는 원칙적으로 소유격형을 취한다. 그러나 근래에 와서는 목적어형이 구어체에서 많이 사용되고 있다.

The doctor recommended **my/me moving to a drier climate**.
(의사는 내가 더 건조한 날씨를 가진 곳으로 이사할 것을 추천했다.)
(= The doctor recommended me to move to a drier climate.)
(= The doctor recommended that I (should) move to a drier climate.)

We can't understand **their/them having done a thing like that**.
(우리는 그들이 그런 일을 저지른 것을 이해할 수 없다.)
(= We can't understand that they did a thing like that.)

She was proud of **her son's/her son winning the first prize**.
(그녀는 그녀의 아들이 일등상을 탄 것을 자랑스러워했다.)
(= She was proud that her son won the first prize.)

▶ 동명사 주어: 동명사가 주어로 쓰일 때는 동명사의 주어는 항상 소유격형을 취한다.

His/*Him returning the reward money surprised the donor.
(그의 그 보상금 반환에 기증자는 놀랐다.)
Their/*Them shooting those rare animals stunned everybody.
(그들의 그 희귀동물 사냥에 모두는 아연했다.)

▶ of-구 주어: 동사가 자동사일 경우 종종 주어를 of-구로 표현한다.

The shouting of the children woke her up. (아이들의 고함에 그녀는 깼다.)
The crying of the baby disturbed my sleep. (어린아이의 울음소리는 나의 잠을 방해했다.)

위의 두 문장을 다음과 같이 말할 수도 있다.

The children's shouting woke her up.
The baby's crying disturbed my sleep.

▶ 소유격형 주어와 of-구 주어: 소유격형 주어의 경우는 동명사의 동사적 의미가 강조되는 데 반하여, of-구의 주어의 경우에는 명사적 의미가 강조된다. 따라서 전자를 "행위적 명사구(action nominals)"라고 부르고 후자를 "사실적 명사구(factive nominals)"라고 부른다.

▶ by-구: 수동형 동명사의 경우 주어를 by-구로 표현할 수 있다.

Every man resents **being nagged by his wife**. (모든 남자는 부인의 잔소리에 분개한다.)
The man denied **having been fired by his boss**.
(그 남자는 그의 상사에게 해고당했다는 것을 부인했다.)

4 **동명사와 한정사**: 동명사가 "the, a, this, some, any 등"과 같은 한정사로 시작될 경우에는 목적어가 "of-구"로 표현된다.

The destroying of those historic buildings stunned everybody.
(그 역사적인 구조물들의 파괴에 모두는 놀랐다.)
(***The destroying those historic buildings** stunned everybody.)
We must stop **this exploiting of child workers**.
(우리는 이러한 아동 노동자의 착취를 중단해야 한다.)

(*We must stop **this exploiting child workers**.)

► 한정사가 없거나 소유격형 주어가 있는 동명사의 경우에는 목적어 앞에 of를 두지 않는다.

Destroying those historic buildings stunned everybody.
(그 역사적인 구조물들을 파괴하는 것에 모두는 놀랐다.)
(***Destroying of those historic buildings** stunned everybody.)

Repairing the car will not be expensive. (차를 수리하는 것은 돈이 많이 안 든다.)
(***Repairing of the car** will not be expensive.)

His returning the money was a surprise. (그의 돈 반환은 놀라운 일이었다.)
(***His returning of the money** was a surprise.)

I don't understand **his losing the purse**. (나는 그가 지갑을 잃어버린 것을 이해할 수 없다.)
(*I don't understand **his losing of the purse**.)

5   it ... -ing: 허사 it를 -ing형이 나타나는 주어나 목적어 위치에 사용할 수 있다. 이 구조는 "fun, nice, hopeless, pointless" 등 몇몇 형용사와 "any/no good, any/no use, (not) worth"와 함께 흔히 쓰인다.

It's hopeless **trying to escape from her**. (그녀에게서 도망치려고 하는 것은 가망이 없다.)
It's been nice **talking to you**. (당신과 얘기하게 되어서 기뻤습니다.)
I find it pointless **apologizing to my brother**.
(나는 동생에게 사과한다는 것이 의미가 없음을 알았다.)

It's no use **crying over split milk**.
(엎지른 물은 주워 담을 수 없다/지난 일을 후회한들 뭘 하겠느냐.)
(참고: It is (of) little use **crying over split milk**.)
Is it any use **talking to her**? (그녀에게 말하는 것이 무슨 소용이 있을까?)
It's no good **repairing the sink with adhesive tape**.
(접착테이프로 세면대를 수리하는 것은 불가능하다.)
It's worth/worthwhile **scrutinizing these data**. (이 자료들은 검토할 가치가 있다.)
I did not think it worth **complaining about the meal**.
(음식에 대해서 불평할 가치가 있다고 생각하지 않았다.)

► 이 구조에서는 -ing형 앞에서 소유격이나 목적어 대명사가 주어로 사용될 수 있다.

It is **no use his/him apologizing**—I shall never forgive him.
(그가 사과해도 소용없다. 나는 그를 절대로 용서하지 않을 것이니까.)
It surprised him **my/me not remembering his name**.
(내가 그의 이름을 기억하지 못한 것이 그를 놀라게 했다.)

G7   gerunds-3: 동사 다음에서

동명사는 동사의 목적어로 사용될 수 있다.

1. **-ing형을 목적어로 취하는 동사**: 다음의 동사들은 동명사를 목적어로 취하며, 일반적으로 부정사는 허용되지 않는다. 이 동사의 목록에 대해서는 V4.7을 보라.

    He **admitted stealing** the watch. (그는 시계를 훔친 것을 인정했다.)
    She **enjoys talking**. (그녀는 말하는 것을 좋아한다.)
    He has **finished waxing** the floor. (그는 방바닥에 왁스칠을 마쳤다.)
    He **acknowledged having** been at fault. (그는 잘못을 인정했다.)
    She has **given up smoking**. (그녀는 흡연을 포기했다.)
    She **suggested asking** her father for his opinion. (그녀는 아버지에게 의견을 물어보자고 했다.)
    We have to **postpone going** to France because my wife is sick.
    (우리는 내 처가 아파서 프랑스에 가는 것을 연기해야 한다.)
    My wife **mentioned seeing** you the other day. (내 처가 전날에 너를 보았다고 했다.)

    이 동사들 중에는 -ing형과 부정사를 다 허용하는 것들에 대해서는 G8을 보라.

2. **동사 + 목적격/속격 명사 + -ing형**: 위에 있는 동사들 중에는 목적격 또는 속격 명사구 주어를 가진 동명사구를 취할 수 있다.

    He **acknowledged me/my making** an effort to help him.
    (그는 내가 그를 도우려고 노력한다는 것을 인정했다.)
    They **appreciated him/his giving** a speech for the meeting.
    (그들은 그가 회의에서 연설해준 것에 사의를 표했다.)
    She never **forgave him/his ruining** her holiday.
    (그녀는 휴일을 망친 그를 결코 용서하지 않았다.)
    Maria **urged me getting** in touch as soon as possible.
    (마리아는 나에게 가능한 한 빨리 연락하라고 재촉했다.)
    She **dislikes her friend being** the center of attention.
    (그녀는 친구가 관심의 표적이 되는 것이 싫었다.)
    I **suggested him/his taking** her out to dinner for a change.
    (나는 그에게 기분 전환을 위해 그녀와 밖에서 저녁 식사를 하라고 제안했다.)
    I **saw her talking** to the mailman. (나는 그녀가 집배원과 말하는 것을 보았다.)

    ▶ stop과 prevent는 종종 "목적어 + from + -ing형"이 따라 나온다.

    Try to **stop/prevent them (from) finding** out. (그들이 알지 못하도록 해라.)

3. **수동의미의 -ing형**: "deserve, need, require, want"와 같은 동사는 일반적으로 명사구나 부정사구를 목적어로 갖는다. 이 동사들이 비인격적 주어를 가질 경우 -ing형이 수동의 의미를 표현하기도 한다.

    After all those hard work, **you deserve a holiday**.
    (그 모든 힘든 일이 끝났으니 너는 휴가를 갈 자격이 있다.)
    After all those hard work, **you deserve to have a rest**.
    (그 모든 힘든 일이 끝났으니 너는 휴식을 가질 자격이 있다.)

I don't think **his article deserves reading**.
(나는 그의 기사가 읽을 가치가 있다고 생각하지 않는다.)
(= I don't think **his article deserves to be read**.)

He didn't really **need a new car**. (그는 실제로 새 차가 필요 없다.)
He didn't really **need to buy a new car**. (그는 실제로 새 차를 살 필요가 없다.)
Our living room needs cleaning. (우리 거실을 청소해야 한다.)
(= **Our living room needs to be cleaned**.)

These plants requires regular watering. (이 식물들은 정기적인 물주기가 필요하다.)
My car really wants repairing. (내 차는 수리가 필요하다.)

G8　gerunds-4: ing형과 부정사

아래 동사들은 -ing형과 부정사구를 둘 다 목적어로 취할 수 있다.

advise	allow	attempt	begin
cannot bear	continue	forbid	forget
go	go on	hate	hear
intend	like	love	need
permit	prefer	propose	recommend
regret	remember	require	see
start	stop	try	want
watch 등			

He **advised** me **to wait** until the proper time.
(그는 나에게 시기적절할 때까지 기다리라고 충고했다.)
He **advised waiting** until the proper time. (그는 시기적절할 때까지 기다리라고 충고했다.)

I cannot **bear to see** her cry.
I cannot **bear seeing** her cry.
(나는 그녀가 우는 것을 견딜 수가 없다.)

We **prefer to wear** clothes made of natural fibers.
We **prefer wearing** clothes made of natural fibers.
(우리는 자연섬유로 만든 옷을 입는 것을 더 좋아한다.)

위의 동사들을 여섯 유형으로 분류하여 생각할 수 있다.

(1) begin, start, continue, attempt, intend, ...
(2) love, like, hate, prefer, ...
(3) remember, forget, regret, ...
(4) permit, allow, advise, recommend, ...
(5) it needs/requires/wants, ...
(6) try, propose, go on, stop, ...
(7) afraid, sorry, certain, sure, interested...

1. **attempt, begin, continue, intend, start**: 동명사를 목적어로 취하거나 부정사를 목적어로 취하거나 의미적 차이가 전혀 없다.

   I **started working/to work**. (나는 일을 시작했다.)
   She just **began learning/to learn** to drive. (그녀는 운전을 배우기 시작했다.)
   Most elderly people want to **continue living/to live** at home.
   (대부분의 노인들은 가정에서 계속 살기를 원한다.)
   We **intend to look at/looking at** the situation again.
   (우리는 사태를 다시 들여다보려고 한다.)
   I **attempted walking/to walk** until I fell over. (나는 고꾸라질 때까지 걸으려고 해봤다.)

   ▶ 그러나 지각(perception)동사 "hear, feel, see, sound" 또는 인지(cognition)동사 "consider, know, understand, think" 따위의 동사가 이들 동사를 따라올 경우에는 일반적으로 부정사구가 쓰인다.

   We **started to feel** shaking of the earth exactly at 8 o'clock.
   (우리는 정확히 8시에 땅이 흔들리는 것을 느끼기 시작했다.)
   (*We **started feeling** shaking of the earth exactly at 8 o'clock.)
   I **began to understand** what he meant. (나는 그의 생각이 무엇인지 이해하기 시작했다.)
   (*I **began understanding** what he meant.)

   감각동사에 대해서는 P22와 P23을, 인지동사에 대해서는 V2.2를 보라.

2. **love, like (= enjoy), hate, prefer**: 이 동사들은 큰 의미적 차이 없이 -ing형과 부정사구를 취할 수 있다.

   Everybody **hates working/to work** at weekends.
   (모든 사람이 주말에 일하는 것을 싫어한다.)
   My wife **prefers staying/to stay** in bed on Sundays.
   (내 처는 일요일에 침대에 누워있는 것을 좋아한다.)
   We all **love talking/to talk** about other people.
   (우리 모두는 다른 사람에 대해서 말하기를 좋아한다.)

   ▶ like의 경우 영국영어에서 ing형은 "즐김"을 말할 때 사용하고, 부정사는 "습관"이나 "선택"을 말할 때 사용되는 반면, 미국영어에서는 두 경우에 부정사가 두루 쓰이기도 한다.

   They **like having** a vacation on the beach. (그들은 해변에서 휴가를 갖는 것을 좋아한다.)
   They **like to have** a vacation on the beach. (그들은 해변에서 휴가를 갖고 싶어 한다.)
   She **likes to pour** the milk in first, when she makes tea.
   (그녀는 티를 만들 때 우유를 먼저 넣는다.)

   ▶ "I like to go to the dentist twice a year"와 "I like going to the dentist"를 비교해 보라. 전자는 "일 년에 두 번씩 치과에 갈 수 있기를 바란다"라는 뜻이고 후자는 "치과에 가는 것을 즐긴다" (= I enjoy going to the dentist.)는 뜻이다.

▶ 이들 동사는 가상적 상황, 특히 would와 함께 쓰일 경우에는 부정사를 취한다.

Would you **like to come** with me? (나와 함께 가시겠습니까?)
(***Would** you **like coming** with me?)
I'd **hate to spend** all my life here. (나는 나의 모든 생애를 여기서 보내고 싶지 않다.)
(*I'd **hate spending** all my life here.)
I'd **love to know** why they did that. (나는 그들이 어째서 그 짓을 했는지 알고 싶다.)
(*I'd **love knowing** why they did that.)

3   remember, forget, regret: "과거에 한 일"에 대해서 말할 때는 동명사를 취하고, "앞으로 해야 할 일"에 대해서 말할 때는 부정사구를 취한다.

I still **remember seeing** my grandfather wearing a military uniform.
(나는 아직도 군복을 입으신 할아버지를 본 것을 기억한다.)
I'll never **forget meeting** the Queen. (나는 여왕님을 만난 것을 결코 잊지 않을 것이다.)

I'll **remember to post** your letter. (나는 네 편지를 부치는 것을 기억할 것이다.)
I won't **forget to write** to you once a month.
(나는 너에게 한 달에 한 번씩 편지하는 것을 잊지 않을 것이다.)

▶ "regret + 부정사구"는 나쁜 소식을 말할 때 일반적으로 사용된다.

We **regret to inform** passengers that the 14:50 train for Mokpo will leave approximately 30 minutes late. (14시 50분 목포행 기차가 30분 정도 늦게 출발한다는 것을 승객 여러분에게 알리게 되어 유감스럽게 생각합니다.)
We **regret to say** that we are unable to help you.
(당신을 도울 수 없다고 말하게 되어 유감입니다.)
I **regret to say** that we have no news for you.
(당신에게 온 소식이 없다고 말할 수밖에 없어서 유감입니다.)
(= I am sorry that I have to say that we have no news for you.)

4   allow, advise, permit, recommend: 이 동사들은 목적어가 있을 경우에는 부정사구를 취하고, 없을 경우에는 동명사를 취한다.

I don't **allow people to smoke** in the lecture room.
(나는 강의실에서 사람들이 담배 피우는 것을 허용하지 않는다.)
I don't **allow smoking** in the lecture room.
(나는 강의실에서 담배 피우는 것을 허용하지 않는다.)
(*I don't **allow to smoke** in the lecture room.)

His doctor **advised him to reduce** his weight by 10kg.
(그의 의사는 그에게 체중을 10킬로 빼라고 충고했다.)
She **advises using** the same color for walls and floor.
(그녀는 벽과 바닥에 같은 색을 쓰라고 충고했다.)
(*She **advises to use** the same color for walls and floor.)

Flexible working hours **permit parents to spend** more time with their children.
(유연성 있는 근로시간은 부모들이 아이들과 더 많은 시간을 보내게 한다.)
The authorities **permitted visiting** only once a month.
(당국은 한 달에 한 번만의 방문을 허용했다.)
(*The authorities **permitted to visit** once a month.)

5   it needs/wants/requires: 동명사와 수동형 부정사구를 둘 다 취할 수 있지만 동명사가 더 흔히 쓰인다. (G7.6을 보라.)

These machines **need regulating/to be regulated**. (이 기계들은 조절이 필요하다.)
The watch **wants repairing/to be repaired**. (그 시계는 수리가 필요하다.)

6   try, propose, go on, stop: 이들은 동명사를 취하느냐 부정사를 취하느냐에 따라 뜻이 달라진다.

▶ try는 "시도하다(= attempt)"의 뜻으로 쓰일 때는 부정사구를 취하고, "시험해보다(= test)"의 뜻으로 쓰일 때는 동명사를 취한다.

I **tried to write** a letter, but my hands were too cold to hold a pen.
(나는 편지를 쓰려고 애썼으나 손이 너무 시려서 펜을 잡을 수 없었다.)
I **tried sending** her flowers, **giving** her presents, but she still wouldn't speak to me.
(나는 그녀에게 꽃도 보내보고 선물도 해봤으나, 그녀는 아직도 나에게 말을 하지 않는다.)

▶ propose는 "꾀하다, 계획하다(= intend, plan)"의 뜻으로 쓰이면 부정사구를 취하고, "발의하다, 제안하다(= suggest)"의 뜻으로 쓰일 때는 동명사를 취한다.

I **propose to start** tomorrow. (나는 내일 출발할 예정이다.)
I **propose waiting** till the police get here. (나는 경찰이 여기 도착할 때까지 기다리자고 했다.)
(= I **propose that** we wait till the police get here.)
(= I **suggest waiting** till the police get here.)

▶ suggest와 마찬가지로 "propose + 명사구 + 부정사구"는 허용되지 않는다.

*She **proposed/suggested me to try** applying for the grant.
(She **proposed/suggested that** I (should) try applying for the scholarship.)
(그녀는 나에게 장학금을 신청해 보라고 제안했다.)

▶ go on은 동명사와 부정사구를 둘 다 취할 수 있으나 그 의미에 차이가 있다. 동명사의 경우는 어떤 행위나 상황이 계속적으로 이어지는 것을 의미하고, 부정사의 경우에는 어떤 것을 끝낸 후에 다른 것을 계속하는 것을 의미한다.

He **went on talking** about his accident. (그는 자기 사고에 대해 계속 말했다.)
He **went on working** until he was 88. (그는 88세가 될 때까지 일했다.)

He **went on to talk** about his accident. (그는 이어서 그의 사고에 대해서 말했다.)
He **went on to become** a successful physician. (그는 그 후에 성공적인 의사가 되었다.)

▶ stop은 동명사를 취하면 "... 하는 것을 그만두다"의 의미하고, 부정사구를 취하면 "... 하기 위해 정지하다"의 의미하게 된다. 다음을 비교해보라.

He **stopped giving** me a lift. (그는 나에게 차를 태워주는 것을 그만 두었다.)
He **stopped to give** me a lift. (그는 나를 차에 태워주기 위해 정지했다.)

He really must **stop smoking**. (그는 정말 담배를 끊어야 한다.)
Every two hours he **stops to smoke**. (그는 두 시간마다 담배를 피우려고 멈춘다.)

7   **afraid, sorry, certain, sure, interested**: 이 형용사들은 -ing형을 선택하느냐 혹은 부정사를 선택하느냐에 따라 다른 의미를 갖는다.

▶ afraid (of): "어떤 행동을 수행하는 것이 겁이 나서 주저한다"는 뜻으로 쓰일 때는 "be afraid of +동명사"와 "be afraid to+부정사"를 둘 다 쓸 수 있지만, "고의가 아닌 어떤 사고가 일어날까 봐 겁이 난다"는 뜻으로 쓰일 때는 "be afraid of +동명사"를 쓴다.

I'm not **afraid of telling/to tell** him the truth.
(나는 그에게 진실을 말하는 것이 두렵지 않다.)
The people are **afraid of expressing/to express** their political views.
(사람들은 자신의 정치적 견해를 표현하는 것을 주저한다.)
I was **afraid of missing/*to miss** the train. (나는 기차를 놓칠까 봐 겁이 난다.)
(= I was **afraid that** I would miss the train.)

▶ sorry: "sorry for/about + -ing"는 후회되는 과거의 일을 가리킬 때 사용된다. (구어체에서는 that-절도 매우 자주 쓰인다.)

I'm **sorry for/about losing** my temper this morning. (오늘 아침에 화를 내서 미안합니다.)
(혹은 I'm sorry that I lost my temper this morning.)

▶ "sorry + 완료 부정사구"도 같은 의미로 사용될 수 있으며 매우 문어적이다.

I'm **sorry to have woken** you up. (당신을 깨워서 미안합니다.)
(혹은 I'm sorry that I woke you up.)

▶ "sorry + 부정사구"는 현재 하고 있거나 곧 하려고 하는 일 혹은 방금 끝난 일에 대해 사과할 때 사용된다.

Sorry to disturb you—could I speak to you for a moment?
(방해해서 미안한데요, 잠시 말씀 좀 드릴 수 있을까요?)
I'm **sorry to tell** you that you failed the exam. (말하기 미안한데 당신은 시험에 떨어졌습니다.)
Sorry to keep you waiting—we can start now.
(기다리게 해서 미안합니다. 지금 출발할 수 있습니다.)

▶ "sorry + 부정사구"는 또한 어떤 상황에 대해서 마음이 아픔을 표현할 때도 사용된다.

I'm **sorry to hear** about your accident. (당신의 사고 소식을 듣게 되어 마음이 아픕니다.)
We were **sorry to miss** your concert. (당신의 연주회에 못 가서 유감입니다.)
I won't be **sorry to leave** this town. (이 도시를 떠나는 것에 미련이 없다.)

▶ certain과 sure: "certain/sure of + -ing형"은 주어의 느낌을 표현할 때 사용된다. (certain과 sure의 차이에 대해서는 C10을 보라.)

Before the game she felt **certain of winning**. (그녀는 경기 전에 승리를 확신했다.)
You seem very **sure of passing** the exam. I hope you are right.
(시험에 통과할 것이라고 매우 확신하고 있는 것 같은데 네가 옳기를 바란다.)

▶ "certain/sure + 부정사"는 화자나 필자가 자신의 느낌을 가리킬 때 사용된다.

The repairs are **certain to cost** more than you think.
(수리비가 네 생각보다 더 많이 들 것이 확실하다.)
(*The repairs are **certain of costing** more than you think.)
He's **sure to get** nervous and say something stupid.
(확실히 그는 긴장해서 엉뚱한 말을 할 거다.)
(= It's **sure that** he gets nervous and say something stupid.)

▶ interested: "interested + 부정사구"는 어떤 것에 흥미를 느끼거나 더 알고 싶어서 주의를 집중하는 것을 의미한다.

I'd be **interested to hear** your opinion. (나는 너의 의견을 더 듣고 싶다.)
I shall be **interested to see** how long it lasts.
(나는 그것이 얼마나 오래 지속될 것인가에 관심을 가질 것이다.)

▶ 무엇을 하고 싶은 소망을 말할 때는 -ing를 일반적으로 사용한다.

I'm **interested in working** in Switzerland. (나는 스위스에서 일하는 것에 관심이 있다.)
(*I'm **interested to work** in Switzerland.)
She's **interested in starting** her own business.
(그녀는 자신의 사업을 시작하는 것에 관심이 있다.)
(*She's **interested to start** her own business.)

used to + 부정사와 be used to + 동명사의 차이점에 대해서는 U5와 U6을 보라.
get, have, see 다음에 오는 목적어 + -ing형/부정사에 대해서는 각각 G11.5, H7.1, P22를 보라.

G9   gerunds-5: 명사와 형용사 다음에서

1 **명사/형용사 + 전치사 + -ing형**: 명사와 형용사 중에는 -ing형이 뒤따라 나올 수 있는 것들이 있다. 명사/형용사를 -ing형과 연결하려면 일반적으로 전치사가 사용되는데, 명사의 경우에는 일반적으로 전치사 of가 쓰이지만, 형용사의 경우에는 다양한 전치사가 쓰인다. (A16.3을 보라.)

I really like **your idea of meeting** on Saturday morning.
(나는 토요일 아침에 모임을 갖자는 당신의 의견에 전적으로 동의한다.)
He denied **the accusation of having** been involved in the murder.
(그는 살인사건에 연루되었다는 비난을 부인했다.)
He made **a confession of committing** theft. (그는 절도를 했다고 고백했다.)

He's always **good at coming** up with new ideas. (그는 항상 새로운 생각을 해내는 데 능숙하다.)
The Party isn't **capable of running** the country. (그 정당은 나라를 운영할 능력이 없다.)
She is **familar with being** treated as a VIP. (그녀는 VIP 대접을 받는 것에 익숙하다.)

▶ 분사형 형용사들도 동명사를 취할 때 전치사를 필요로 한다. (A16.4를 보라.)

I'm **tired of listening** to this. (나는 이 말을 듣는 데 지쳤다.)
I'm **blessed with being** born in this country. (나는 이 나라에 태어나는 축복을 받았다.)
She's not **ashamed of revealing** the secret to the public.
(그녀는 대중에게 비밀을 밝히는 것을 부끄럽게 생각하지 않는다.)

2 **-ing형 또는 부정사**: 명사와 형용사 중에는 -ing형과 부정사구를 둘 다 가질 수 있는 것들이 있으며, 의미의 차이는 약간 있거나 전혀 없다.

afraid (of)	anxious (for)	ashamed (of)	certain (of)
eager (for)	proud (of)	sorry (for) 등	

We have a good **chance of making/to make** a profit. (이익을 남길 좋은 기회다.)
I'm **proud of having won/to have won** the match. (나는 경기에 이겨서 자랑스럽다.)
Many people are **certain of losing/to lose** their jobs.
(많은 사람이 일자리를 잃을 것이라고 확신하고 있다.)
I was **eager for getting/to get back** to work as soon as possible.
(나는 가능한 한 빨리 일터로 돌아가고 싶다.)
I'm **ashamed of admitting/to admit** that I've never read any of his books.
(나는 그의 책을 한 권도 읽지 않았다는 것을 인정하기가 부끄러웠다.)

3 **for + -ing형**: 이 구조는 이유, 목적, 결과를 설명할 때 사용된다.

The police arrested **Campbell for driving** recklessly.
(경찰은 무모한 운전을 한 캠벨을 체포했다.)
He bought **a machine for cutting** grass and weeds. (그는 잔디와 잡초를 벨 기계를 샀다.)
He was given **a generous reward for having** made good progress.
(뛰어난 진전을 이룬 그에게 큰 보상금이 수여됐다.)

G10 gerunds-6: 전치사 다음에서

1 **전치사의 목적어**: 일반적으로 전치사 뒤에 따라 나오는, 즉 전치사의 목적어로 쓰이는 동사는 -ing형이 된다.

I usually take a shower **before having** breakfast. (나는 보통 아침 식사 전에 샤워를 한다.)
She said something **about moving** to the country.
(그녀는 지방으로 이사할 것 같은 말을 했다.)
He's an expert **at making** things out of junk. (그는 엉망인 것을 바로 잡는 전문가다.)
We got the job finished **by working** sixteen hours a day.

(우리는 하루에 16시간씩 일해서 맡은 일을 끝냈다.)
They painted the house **instead of going** on holiday.
(그들은 휴가를 가는 대신 집에 페인트칠을 했다.)
My parents never **approve of wasting** time.
(나의 부모님은 시간을 낭비하는 것을 결코 좋게 생각하지 않는다.)
The company **keeps on increasing** prices of their products.
(회사는 계속해서 상품의 가격을 인상하고 있다.)
He's **capable of committing** any crime. (그는 어떤 범죄라도 저지를 수 있다.)
He **saved** the child **from drowning**. (그는 물에 빠진 아이를 구출했다.)
He should die **before admitting** he was wrong.
(그는 자신이 잘못이었다고 인정하느니 죽을 것이다.)
Without looking at her, he said that he made a mistake.
(그녀를 쳐다보지도 않고, 그는 자신이 실수했다고 말했다.)

2 **to와 동명사**: 전치사 to에는 실제로 두 가지가 있다. 하나는 부정사구 표지로서 뒤에 오는 단어가 부정사라는 것을 표시하는 (예: to swim, to laugh) "to"이고 다른 하나는 일반적인 전치사로서의 "to"다. to가 전치사일 경우에는 동사의 명사형인 -ing형만이 올 수 있다.

admit (to)	be/get used to	be/get accustomed to
commit ... to	get around to	in addition to
look forward to	object to 등	

The government couldn't **commit** any more money **to improving** the economy.
(정부는 경제를 살리기 위해 더 많은 돈을 투입할 수 없었다.)
He **admitted (to) stealing** the car. (그는 자동차를 절도한 것을 인정했다.)
I strongly **objected to approving** the terms of the contract.
(나는 계약의 조건에 동의하는 것을 강력히 반대한다.)
They're **accustomed/used to working** late. (그들은 늦게 일하는 것에 익숙하다.)
We **look forward to seeing** you soon. (우리는 당신을 곧 다시 볼 수 있기를 고대합니다.)
We finally **got around to clearing** out the garage. (우리는 결국 차고 청소를 해냈다.)

used to + 부정사와 be used to + -ing형과의 차이점에 대해서는 U4와 U5를 보라.

G11 get

get는 특히 영어의 구어에서 가장 흔히 쓰이는 단어 중의 하나로서 다양한 형태의 표현과 결합하여 다양한 의미로 사용된다. 문어체에서는 좀 더 정확한 의미를 가진 상응하는 단어들이 존재하기 때문에 get의 복합어를 회피하는 경향이 있다.

1 **get + 목적어**: 목적어의 종류에 따라 다양한 의미를 갖는다.

I **got a letter** from an old friend of mine. (receive)
(나는 옛 친구에게서 편지 한 통을 받았다.)

I'm **getting a bike** for my birthday. (나는 생일선물로 자전거를 받게 될 것이다.)

It would be a good idea to **get professional advice**. (obtain)
(전문가의 충고를 구하는 것이 좋은 생각일 수 있다.)

The problem was how to **get enough food** to sustain life.
(문제는 생명을 유지하는 데 필요한 충분한 음식을 어떻게 구하느냐다.)

Shall I go and **get the phone book**? (bring)
(가서 전화번호부를 가져올까요?)

Please, **get me a glass of water**. (미안하지만 물 한 잔 주십시오.)

Hospital doctors **get** a minimum of 100 million won a year. (earn)
(의사들은 일 년에 최소 1억 원을 번다.)

You should **get** a couple of hundred dollars for your old car.
(너의 오래된 자동차는 200불정도 받을 수 있다.)

John's going to **get** tickets for all of us. (buy)
(존은 우리 모두의 입장권을 사려고 한다.)

We usually **get** vegetables from the supermarket.
(우리는 통상적으로 슈퍼마켓에서 채소를 산다.)

She began to **get an uncomfortable feeling** that she was being watched. (experience)
(그녀는 감시를 당하고 있다는 불쾌한 느낌이 들기 시작했다.)

I **got the impression** that everyone was fed up with us.
(나는 모두가 우리에게 싫증이 났다는 느낌이 들었다.)

The west of the country **gets quite a lot of rain**. (have)
(그 나라의 서부에는 상당히 많은 비가 내린다.)

We might **get the chance** to go to America this year.
(우리는 올해에 미국에 갈 기회를 얻을지도 모른다.)

I **got flu** last winter and was in bed for three weeks. (become ill with)
(나는 지난겨울에 독감에 걸려 3주 동안 누워있었다.)

She **got measles** when she was five years old. (그녀는 5살 때 홍역을 앓았다.)

I'll put the kids to bed while you're **getting the dinner**. (eat/prepare)
(저녁 식사를 준비하는 동안 내가 아이들을 재울 것이다.)

I had already **got my supper** when she came home.
(나는 그녀가 집에 왔을 때는 이미 저녁 식사가 끝났다.)

He told a joke to her, but she didn't **get it**. (understand)
(그는 그녀에게 농담했으나 그녀는 이해하지 못했다.)

I didn't **get what she said** because the music was so loud.
(음악 소리가 너무 커서 나는 그녀가 무슨 말을 했는지 알아듣지 못했다.)

You've **got me** there—you'll have to ask someone else that question. (annoy)
(네가 나를 난처하게 하는구나. 다른 사람에게 그 질문을 해야겠다.)

What really **gets me** is that we're expected to laugh at his joke.
(나를 정말로 짜증나게 하는 것은 그의 농담에 우리가 웃어야 한다고 생각하는 것이다.)

The bullet **got him** in the leg. (hit/kill)
(그는 다리에 총알을 맞았다.)

"Did you **get him**?" No, I just missed by an inch."
("그를 죽였느냐?" "아니요, 조금 빗나갔습니다.)

Can you **get the phone**? (전화 받을 수 있어?) (answer)
Hey, John, someone's at the door—would you **get it**, please?
(이봐 존아, 누군가 찾아왔다. 네가 좀 맞이할 수 있어?)

2   get + 형용사/과거분사: "...가 되다(become)"를 의미한다.

Don't eat so much. You'll **get fat**! (너무 많이 먹지 마라. 뚱뚱해질라!)
The weather's **getting colder** again. (날씨가 다시 추워지고 있다.)
I think he's **getting a bit suspicious** about the result.
(나는 그가 결과에 대해서 좀 의심스러워한다고 생각한다.)

Nothing **gets done** around here unless I do it. (내가 하지 않으면 여기서는 되는 게 없다.)
I'm **getting very bored** with his lecture. (나는 그의 강의에 매우 싫증이 났다.)
There's no point in **getting upset** by the change of the weather.
(날씨의 변화에 화를 내는 것은 아무 의미가 없다.)

▶ "get + 과거분사"는 또한 "be + 과거분사"와 마찬가지로 수동구조를 만들 때도 사용된다. (상세한 것은 P7.3을 보라.)

His car **got broken** in the middle of the desert. (사막의 중앙에서 그의 차가 고장 났다.)
He **got captured** while attacking the enemies in the town.
(그는 마을에 있는 적군을 공격하다가 포로가 되었다.)
Sometimes players **get hurt** in training. (선수들은 종종 훈련 중에 부상을 당한다.)

▶ 이 구조는 "지속적이고 의도적이며 계획된 행동"에 대해 말할 때는 일반적으로 사용되지 않는다.

The bridge **was destroyed** at the beginning of the Korean War.
(그 다리는 한국전 초기에 파괴됐다.)
(*The bridge **got destroyed** at the beginning of the Korean War.)
The department store **was opened** about a year ago. (그 백화점은 약 1년 전에 개장했다.)
(*The department store **got opened** about a year ago.)

3   get + 목적어 + 형용사/과거분사: "...을 ...이 되게 하다 (make somebody/something become)"를 의미한다.

I can't **get my hands warm**. (나는 손을 따뜻하게 할 수 없다.)
We must **get the house clean** before Mother arrives.

(우리는 어머니가 오기 전에 집을 청소해야 한다.)
It's time to **get the kids ready** for school.
(아이들이 학교에 갈 준비를 하게 하는 시간이다.)

I'm **getting my motorcycle repaired** tomorrow. (나는 내일 내 오토바이를 수리할 것이다.)
Jason's **getting his hair cut** at last. (제이슨은 드디어 머리를 깎았다.)
What **got me interested** was looking at a vase of the Ming Dynasty.
(나에게 관심을 갖게 한 것은 명 왕조시대의 꽃병을 보는 것이었다.)

▶ 또한 이 구조는 우연히 일어난 일에 대해서 말할 때도 사용될 수 있다. 이 경우 get는 "당하다"의 뜻이다.

We **got our roof blown off** in the storm last week.
(우리는 지난주 폭풍우에 지붕이 날아가는 일을 당했다.)
I **got my old car broken down** on the road twice last year.
(나는 지난해 두 번이나 나의 오래된 차가 길 위에서 고장 나는 일을 당했다.)

유사한 구조로 사용되는 have에 대해서는 H7을 보라.

4   get + 장소 부가어: "도착하다(arrive (at/in))"를 의미한다.

It was dark by the time she **got home**. (그녀가 집에 도착했을 때는 어두웠다.)
When I **get to New York**, I'll call you. (뉴욕에 가면 전화할 것이다.)

5   get + (목적어) + 동사의 ing: "... 시작하다(start ...ing)"를 뜻한다.

We'd better **get moving** now or we'll be late.
(지금 출발하는 게 좋을 것 같다. 안 그러면 늦을 것이다.)
I think we should **get going** soon. (빨리 떠나야 한다고 생각한다.)
We **got talking** about the old days as soon as we meet together.
(우리는 만나자마자 옛날에 대해서 말하기 시작했다.)

▶ "get + 목적어 + ...ing"는 " ... 하게 하다"라는 뜻으로 쓰인다.

My car is stuck in the mud. Could you help me to **get it moving**?
(내 차가 진흙탕에 빠졌습니다. 차가 움직일 수 있도록 도와줄 수 있습니까?)
You shouldn't **get him talking** about his own weaknesses.
(그에게 자신의 약점에 대해서 말하게 해서는 안 된다.)
Once we **got the heater going**, the car started to warm up.
(히터를 일단 작동시키면 차가 따뜻해지기 시작했다.)

6   get + (목적어) + to-부정사: "...하게 되다(manage), ...할 기회를 갖다, 허용되다"를 뜻한다.

We didn't **get to go out** after the sunset. (우리는 해가 진 후에는 외출이 허용되지 않는다.)
The woman won't **get to see** her children again.
(그 여자는 아이들을 다시 보지 못하게 될 것이다.)

We **got to meet** all the stars after the show.
(우리는 공연 후에 모든 배우를 만날 기회를 가졌다.)

► "get + 부정사"는 종종 점차적 진전을 의미하기도 한다.

I used to hate jogging, but I'm **getting to like** it.
(나는 조깅을 싫어했었으나 지금은 좋아하게 되었다.)
Nobody knows how Mr. Carter **got to be** so wealthy.
(카터 씨가 어떻게 그렇게 부자가 되었는지 아무도 모른다.)
You'll **get to speak** English more easily as time goes by.
(시간이 지나면 영어를 더 쉽게 말할 수 있게 될 것이다.)
How did you **get to be** a belly dancer? (어떻게 벨리댄서가 되게 되었어?)

► "get + 목적어 + 부정사"는 "...하게 하다/...하도록 설득하다"라는 뜻으로 사용되는데, 종종 어려움을 의미한다.

How did you **get that child to stop** crying? (저 아이를 어떻게 울음을 멈추게 했습니까?)
The photographer **got the actress to pose** for a picture.
(사진사는 여배우가 사진 촬영을 위한 자세를 취하도록 했다.)
Get Mary to study for tomorrow's exam. (내일 시험을 위해 메리가 공부를 하도록 설득해라.)
See if you can **get the car to start**. (네가 차에 시동을 걸 수 있는지 어디 보자.)

7 **got과 gotten**: 미국영어에서는 gotten도 get의 과거분사로 흔히 쓰이지만, 영국영어에서는 got만이 과거분사형이다.

He has **gotten** an A+ on the test. (그는 시험에서 A+를 받았다.)
He has **got** a letter from his old girlfriend. (그는 옛 여자친구로부터 편지 한 통을 받았다.)

► 그러나 "must"의 의미로 쓰이는 "have got to"와 상태동사로 쓰이는 "have got"에서 gotten이 쓰이지 않는다. (H6과 H8을 보라.)

We've **got/*gotten to** stop smoking. (우리는 담배를 끊어야 한다.)
I've **got/*gotten** two brothers and three sisters. (나에게는 남자형제 둘과 여자형제 셋이 있다.)

have + 목적어 +동사 구조에 대해서는 H7을 보라.

G12 give와 action nouns(행위명사)

1 **행위명사**: give는 두 개의 목적어를 취하는 기본적인 용법 외에 특별한 명사, 즉 사람들이 내는 소리를 표현하는 명사나 얼굴의 표정을 표현하는 명사 또는 몸동작을 나타내는 명사 등과 결합하여 원래 명사의 의미를 지닌 동사적 표현을 만든다.

소리: call, cough, cry, scream, chuckle, laugh, shout, talk, speech, lecture 등
표정: smile, grin, frown, yawn 등
동작: hug, kick, push, clean, wave, shake, signal, hug 등

Give me **a call** when you get back from holiday. (휴가에서 돌아오면 전화하게.)

(= **Call/Telephone** me when you get back from holiday.)
Suddenly she **gave** a loud **scream** and fell to the ground.
(그녀는 갑자기 크게 비명을 지르면서 땅바닥에 쓰러졌다.)
(= Suddenly she **screamed** loudly and fell to the ground.)
He's **giving a lecture** on modern Korean poetry. (그는 현대 한국시에 대해서 강의하고 있다.)
(= He's **lecturing** on modern Korean poetry.)

2 간접목적어: 이 구조는 간접 목적어와 함께 사용될 수 있다.

We had to **give** the car **a push** to start it. (시동을 걸기 위해 차를 밀어야 한다.)
(= We had to **push** the car to start it.)
If something doesn't work, I usually **give** it **a kick**.
(무엇인가 작동을 하지 않으면, 나는 보통 그것을 발로 찬다.)
(= If something doesn't work, I usually **kick** it.)
Could you **give** the carpet **a clean**? (양탄자를 세척해 줄 수 있습니까?)
(= Could you **clean** the carpet?)
She **gave** me **a smile**. (그녀는 나에게 미소를 지었다.)
(= She **smiled** at me.)

3 여타 용법: 흔히 쓰이는 다른 표현에는 다음과 같은 것들이 있다.

"Perhaps salt will make it taste better." "OK, let's **give** it **a try**."
("어쩌면 소금이 맛을 더 나게 할 겁니다." "좋습니다. 한번 해 봅시다.")
I'll **give** you **a ring** if I hear anything.   [영국영어]
(어떤 소식을 들으면 전화할게요.)
"Are you coming to the film?" "No, I'm tired. I'll **give** it **a miss**."   [영국영어]
("영화 보러 갈 겁니까?" "아니요, 피곤해서 빠질까 합니다.")

동사를 대치하는 명사가 나타나는 구조에 대해서는 V7을 보라.
give의 다른 구조에 대해서는 V5를 보라.

G13 go ... ing와 go for a ...

1 go ... ing: 이 구조는 특히 운동이나 육체적 행동과 관련이 있는 동사와 결합한다.

boating	climbing	dancing	skiing
fishing	hunting	riding	sailing
shopping	skating	swimming	walking 등

I **went fishing** with my grandfather last summer.
(나는 지난 여름에 할아버지와 낚시하러 갔다.)
He **goes swimming** every morning. (그는 매일 아침 수영을 한다.)
The couple always **go walking** in the afternoon. (그 부부는 항상 오후에 산책한다.)

2   go for a: 운동이나 육체적 행동을 의미하는 동사와 형태가 같은 명사는 종종 "go for a 구조"와 함께 사용되며, 종종 우발적이고 간결한 행위를 표현한다.

drink	drive	ride	run
sail	stroll	swim	walk 등

Let's **go for a walk** after I finish the paper. (문서 작성이 끝난 후에 산책합시다.)
They love to **go for a drive** along the coast. (그들은 해변을 따라 드라이브하는 것을 좋아한다.)
We'll all **go for a stroll** through the forest. (우리 모두는 숲 속으로 산책하러 갈 것이다.)

또한 "go for a bath/shower, go for a pee/piss/crap/shit"와 같은 표현도 있다.

행위를 의미하는 명사가 나타나는 다른 구조에 대해서는 V7을 보라.

G14   good wishes(축복)

상대방에게 좋은 일이 있기를 축원하거나 행운을 빌 때 사용한다.

Good Luck! (행운을 빈다.)
Good luck with your exam! (시험 잘 쳐.)

1   생일

Happy birthday! (생일 축하해.)
Many happy returns (of the day)! (이렇게 기쁜 날이 되풀이되기를 바랍니다.)
(= I wish you many happy returns!)

2   명절/축제일

Happy/Merry Christmas! (즐거운 성탄입니다.)
Happy New Year! (행복한 새해가 되십시오.)
Best wishes for the New Year. (새해에 행운을 빕니다.)
Merry Christmas and a Happy New Year! (즐거운 성탄과 행복한 새해가 되십시오.)
Bon voyage! (즐거운 여행이 되기를 빕니다.)

3   휴일, 휴가, 여행, 축연 등

Have a good time! (즐거운 시간을 가지십시오.)
Enjoy yourself/yourselves. (즐기십시오.)
Safe journey! (안전한 여행을 빕니다.)
Best wishes for your vacation! (즐거운 휴가 되십시오.)

▶ 격식적으로 행운을 빌 때

I (do) hope you have a wonderful time. (즐거운 시간을 갖기를 바랍니다.)
I hope you enjoy your vacation. (휴가를 즐기시기 바랍니다.)

I wish you a safe journey. (안전한 여행을 빕니다.)

G15 goodbye(작별)

헤어질 때 사용하는 일상적인 표현은 "goodbye"이며, "bye"와 "bye-bye"는 "goodbye"의 축약형으로 격식을 갖출 필요가 없는 상황에서 흔히 사용된다.

1   **짧은 헤어짐**: 곧 다시 만나게 될 사람 사이에 흔히 사용된다.

See you again. (다시 보자.)
See you tomorrow. (내일 보자.)
I'll see you (around). (또 보게 되겠지.)
Okay, fine. Bye. (좋아. 잘 가.)
Cheers. Bye. (기운 내. 잘 있어.)
So long. (잘 있게.)

2   **격식적 인사**: 사무적인 만남이 끝났을 경우 흔히 사용된다.

Well, I look forward to meeting/seeing you again. (그러면, 다시 만나 뵙기를 기다리겠습니다.)
Yes, that would be nice. (네, 그게 좋을 것 같습니다.)
Bye-bye/Goodbye. (안녕히 계세요./안녕히 가세요.)

3   **처음 만난 사람**: 소개를 받아 처음 만난 사람과 헤어질 때 사용된다.

Goodbye, it's been nice meeting you. (안녕히 계세요. 만나 뵈어서 반가웠습니다.)
I hope we meet again sometime. Goodbye. (언제고 다시 뵙기를 바랍니다. 안녕히 계세요.)

4   **편지**: 편지 끝에 붙이는 표현이다.

Yours faithfully,   [매우 격식적]
R. N. Smith
(Manager)

Yours sincerely/Sincerely (yours),   [격식적]
Raoul Smith

Best wishes/All the best/Kind regards,   [비격식적]
John

Love/Lots of Love,   [이성에게]
John/Mary

Love from Janet,   [친근한 사람에게]
Love from Mom,

G16　greetings(인사)

1　**일상적 인사**: 자주 만나는 사람들 사이에 일상적으로 교환하는 인사

　　Hi! (안녕!)　　　　　　　　　　　　　[비격식적]
　　Hello! (안녕!)
　　How are you doing?
　　(어떻게 지내세요.)
　　Good morning/afternoon/evening!　　[격식적]
　　(안녕하십니까!)

　　▶ 이 인사는 그저 스쳐 가는 사람 사이에서도 사용된다.

2　**소개 시 인사**: 처음으로 소개를 받았을 때 하는 인사

　　How do you do? (처음 뵙겠습니다.)
　　Glad to meet you. (만나서 반갑습니다.)
　　Pleased to meet you. (만나서 반갑습니다.)
　　Hello. (안녕.)
　　Hi! (안녕.)

3　**삼자에게 보내는 안부인사**: 화자를 통해 삼자에게 안부 인사를 할 때

　　Say hello to your family.　　　　　[비격식적]
　　(가족에게 안부 전해 줘.)
　　Give my love to the kids.
　　(아이들에게 사랑한다고 말해줘.)
　　Please, give my regards to your wife.
　　(부인에게 안부 전해 주십시오.)
　　Please, remember me to your parents.　[격식적]
　　(부모님에게 안부 전해 주세요.)

4　**환영**: 우리는 남을 환영할 때 일반적으로 "welcome"이라는 표현을 사용한다.

　　▶ welcome은 일반적으로 부사와 함께 "어서 오십시요"라는 환영의 표현을 만든다.

　　Welcome home! (잘 돌아오셨습니다.)
　　Welcome aboard! (승선을 환영합니다.)
　　Welcome to Korea! (한국에 잘 오셨습니다.)

　　▶ welcome은 타동사로 쓰일 수 있다.

　　Please, welcome our guest of honor, Dr. Charles Scot.
　　(오늘의 주빈이신 찰스 스콧 박사님을 반갑게 맞아주십시오.)

The guests were warmly welcomed at the door by the hostess.
(안주인은 문 앞에 서서 손님들을 따뜻하게 맞아들였다.)

▶ welcome은 형용사로도 쓰인다.

I didn't feel welcome in this family. (나는 이 가족들에게 환영을 받지 못하는 느낌을 받았다.)
"Thanks for your hospitality." "You're welcome."
("친절에 감사합니다." "천만의 말씀입니다.")

H1   had better

1 **형태**: had better에는 현재형 have better가 없으며, 양상조동사와 마찬가지로 "to 없는 원형 부정사"를 취하고 시제나 인칭 등에 의해 형태가 변하지 않는다. 축약형으로 "-'d better"가 있다.

You **had better type** the letter again. (편지를 다시 타자치는 것이 좋겠다.)
(*You **have better** type the letter again.) (*You **had better typed** the letter again.)
I think you**'d better ask** him first. (그에게 먼저 물어봐야 한다고 생각한다.)

2 **부정**: 부정문에서 not은 had better 뒤에 온다.

I **had better not** stay any longer. (내가 더 이상 머물지 않는 것이 좋겠다.)
(*I **had not better** stay any longer.)
We**'d better not** make any mistakes. (우리는 어떠한 실수도 하지 말아야 한다.)
(*We**'d not better** make any mistakes.)

▶ 부정 의문문에서 "Hadn't ... better ...?"가 가능하다.

Hadn't you **better** tell me the truth? (나에게 진실을 말하는 것이 좋지 않겠어?)
Hadn't she **better** make another attempt? (그녀는 한 번 더 시도해봐야 하지 않겠어?)

3 **의미**: had better는 일반적으로 (나 자신을 포함하여) 다른 사람에게 어떻게 할 것인가를 강력하게 추천하거나 충고할 때 사용된다.

I**'d better** go home and get ready for the final exam.
(나는 집에 가서 학기말 시험 준비를 해야 한다.)
You**'d better** turn that music down before your Dad gets angry.
(아버지가 화내시기 전에 그 음악 소리를 줄이는 것이 좋겠다.)

▶ had better는 위협을 암시할 수도 있기 때문에 정중하게 요청할 때는 일반적으로 사용되지 않는다.

You**'d better** behave yourself when the grandparents come to visit us.
(할아버지와 할머니가 집에 오시면 예의 바르게 행동해야 한다.)
You**'d better** keep your mouth shut about this. (이것에 대해서 입을 다무는 것이 좋을 거야.)

▶ 구어체에서 had better와 유사한 의미로 had best가 사용되기도 한다.

We**'d best** be getting back quickly. (우리는 빨리 돌아와야 한다.)
You**'d best** tell her that you won't be able to come.
(올 수 없을 것이라고 그녀에게 말하는 것이 좋다.)

4 **응답**: had better는 짧은 응답으로 종종 쓰인다.

"Shall I leave the car in the garage?" "You**'d better!**"
("차를 차고에 세워둘까요?" "물론 그래야지.")

"He says he won't be late anymore." "He'**d better not**."
("그는 더 이상 지각하지 않겠다고 합니다." "그러는 게 좋을 거야.")

5 had의 생략: had는 때때로 구어에서 생략될 수 있다.

You **better** keep your mouth shut. (입을 다물고 있는 게 좋을 거야.)
I **better** try again later. (나중에 다시 시도해 보려고 합니다.)

6 ought to와 should: ought to와 should는 실행에 옮기지 않을 수도 있는 의무를 표현하며, "had better"보다 긴급함이 덜 하다.

I **ought to** call my parents tonight. (나는 부모님에게 전화해야 한다.)
All students **should submit** their work by Monday.
(모든 학생은 월요일까지 숙제를 제출해야 한다.)

H2   half

half는 한정사 앞에 오는 한정사 선행어(predeterminers), 대명사, 형용사로 사용될 수 있으며, 드물게 부사로도 쓰인다.

1 한정사 선행어: half는 (관사, 소유격, 지시사와 같은) 한정사 앞에 오는 한정사 선행어로 쓰이며, 모든 종류의 명사(즉, 단수와 복수 가산명사 그리고 불가산명사)와 결합할 수 있다. (P26을 보라.)

Only **half the guests** had arrived by six o'clock. (손님들 절반만 6시까지 도착했다.)
I gave him **half a cheese pie** to keep him quiet.
(나는 그의 입을 다물게 하려고 치즈파이 절반을 주었다.)
She spent **half her life** travelling all over the world.
(그녀는 반평생을 전 세계를 두루 여행하면서 보냈다.)
I've finished interviewing just **half these applicants** today.
(나는 오늘 지원자의 딱 절반만의 면접을 마쳤다.)

2 half (of): half는 대명사로 쓰일 수 있으며 복수형은 halves다.

Two **halves** make a whole. (절반을 두 개 합치면 하나의 전체가 된다.)
We bought the top **half of** the house and my parents bought the other **half**.
(우리가 그 집의 상층부를 사고, 우리 부모님이 나머지 부분을 사셨다.)

▶ 한정사를 가진 명사구 앞에 오는 half는 뒤에 of를 가질 수 있다.

Only **half of the guests** had arrived by six o'clock.
She spent **half of her life** travelling all over the world.
I've finished interviewing just **half of these applicants** today.
I gave him **half of a cheese pie** to keep him quiet.

3 **half와 대명사**: half가 대명사 앞에 올 경우에는 of가 반드시 있어야 한다.

"Did you read the books?" "I've only read **half of them/*half them**."
("그 책들을 읽었습니까?" "절반만 읽었습니다.")
Half of us/*Half us are free on Tuesdays, and the other half on Thursdays.
(우리들의 반은 화요일에 놀고, 또 다른 반은 목요일에 놉니다.)

4 **치수와 양**: 치수와 양을 나타내는 표현 앞에 half가 올 때는 of를 사용할 수 없다. 다시 말해서 half는 한정사 선행어로만 쓰인다.

My office is **half a mile/*half of a mile** from here.
(나의 사무실은 여기서 반 마일 떨어져 있습니다.)
How much is **half a loaf/*half of a loaf** of bread? (빵 반 덩어리가 얼마입니까?)
I saw her only **half an hour/*half of an hour** ago. (나는 바로 30분 전에 그녀를 봤습니다.)

▶ 치수와 양을 나타내는 표현 앞에서는 half가 부정관사 뒤에 올 수 있다.

I live **a half mile** from here. (나는 여기서 반 마일 떨어진 곳에 삽니다.)
How much is **a half loaf** of bread? (빵 반 덩어리가 얼마입니까?)
Could I have **a half pound** of grapes? (포도 반 파운드를 살 수 있습니까?)
I saw her only **a half hour** ago. (나는 바로 30분전에 그녀를 봤습니다.)

5 **수**: "half (of) + 명사구"의 수는 명사구의 수를 따른다.

Half (of) the food was wasted. (음식 절반이 낭비되었다.)
Half (of) my friends live abroad. (나의 친구 절반이 해외에서 산다.)

6 **half와 정관사**: half가 대명사로 쓰일 때 일반적으로 정관사와 함께 쓰이지 않는다.

I've read only **(*the) half** of the story. (나는 이야기책의 절반만을 읽었다.)
Of the 500 people interviewed, only **(*the) half** supported the policy.
(면담을 한 500명 중에 절반이 그 정책을 지지했다.)

▶ 특별한 절반을 말할 때 또는 뒤에 of-구가 따라 나오면 half 앞에 the를 사용할 수 있다.

I've bought some chocolate cake. Would you like **the big half** or **the small half**?
(초콜릿 케이크를 샀다. 큰 반쪽을 먹을래 작은 반쪽을 먹을래?)
She'll keep **the other half of the cake** for herself.
(그녀는 케이크의 다른 반쪽은 자신을 위해 남겨 놓으려고 한다.)
I didn't like **the second half of the film**. (나는 영화의 후반이 별로였다.)

7 **one and a half**: 1½는 복수다.

I've been waiting for **one and a half hours/*hour**. (나는 1시간 30분을 기다리고 있다.)

▶ half와 부정관사 a/an의 용법에 특히 조심하라.

an hour and **a half** (*an hour and **half**)
one and **a half** hours (*one and **half** hours)
half (of) my savings (***a half** (of) my savings)

8   **부사**: half가 부사로 쓰일 때는 일반적으로 수식하는 표현 바로 앞에 온다.

He **half promised** to lend us his house. (그는 우리에게 집을 빌려주겠다고 어느 정도 약속했다.)
The door was only **half** closed. (문이 절반만 닫혔다.)
The poor kid looked **half dead** with fear. (그 가련한 아이는 공포에 질려 반쯤 죽은 모습이었다.)
He was standing **half in the water** and **half out**.
(그는 하반신은 물속에 상반신은 밖으로 한 채 서 있었다.)

한정사 선행어에 대해서는 P26-P28을 보라.
분수(fractions)에 대해서는 F7을 보라.

H3   hardly, scarcely, barely, no sooner

이들은 부정적 의미를 지닌 일종의 정도부사로서 동사, 형용사, 명사와 함께 사용될 수 있다. 이들 중에 hardly가 가장 흔히 쓰인다.

I can **hardly believe** that she said that.
(나는 그녀가 그런 말을 했다는 것을 도저히 믿을 수 없다.)
I was **scarcely able** to move my right arm after the accident.
(나는 사고 후 오른팔을 거의 움직일 수 없었다.)
Barely a month went by without another factory closing down.
(간신히 한 달도 지나지 않았는데 또 다른 공장이 폐쇄됐다.)

1   **부정적 표현**: 이 단어들은 부정적 표현과 함께 사용될 수 없다.

*He was**n't hardly** fifteen when he won his first championship.
*He was so ill that he could**n't scarcely** speak.

2   hardly ... when/before와 no sooner ... than: 하나의 사건이 다른 사건 바로 뒤따라 발생했음을 말할 때 사용되며, 종종 과거 완료조동사 had 다음에 위치한다.

I'd **hardly** finished my breakfast **when/before** the phone rang.
(아침 식사를 끝내자마자 전화가 울렸다.)
(= I'd **no sooner** finished my breakfast **than** the phone rang.)
He **scarcely** sat down **when** there was a knock at the door.
(그가 자리에 앉자마자 문에서 노크 소리가 났다.)
(= He **no sooner** sat down **than** there was a knock at the door.)

3   **도치**: 문어체에서 이 구조는 때때로 도치된 어순을 갖는다. (I33.5를 보라.)

Hardly had I finished my breakfast **when/before** the phone rang.
No sooner did he sit down **than** there was a knock at the door.

no sooner ... than에 대해서는 S21.3을 보라.
과거 완료시제의 용법에 대해서는 P17과 P18을 보라.

H4   have-1: 개요

have는 be동사나 do동사와 마찬가지로 조동사로도 쓰이고 어휘동사로도 쓰인다.

They **have** lived in Japan for 5 years.   [조동사]
(그들은 일본에 5년 동안 살았다.)
Does she **have** a job?   [어휘동사]
(그녀에게 직업이 있느냐?)

1   **형태**: have는 주어의 인칭과 시제에 따라 그 형태가 결정되며, 두 가지 분사형을 갖는다.

▶ 단순 현재형: has, have
He/She **has** a large house on the hill.   [삼인칭 단수 주어]
(그는/그녀는 언덕 위에 큰 집을 가지고 있다.)
I/You/We/They **have** a large house on the hill. [여타 주어]
(나는/너는/우리는/그들은 언덕 위에 큰 집을 가지고 있다.)

▶ 단순 과거형: had
She/I/They **had** a couple of pets when I was a kid. [모든 주어]
(그녀는/나는/그들은 내가 어렸을 때 반려동물 한 쌍을 키웠다.)

▶ 분사형: having, had
Are you **having** dinner at the Ritz?   [현재진행형]
(리츠호텔에서 저녁 식사하고 있습니까?)
Everyone was **having** a good time.   [과거진행형]
(모두가 즐거운 시간을 보내고 있었다.)
Have you **had** any news from your brother?   [현재완료]
(동생한테서 무슨 소식 있었어?)
After they had **had** breakfast, they went out.   [과거완료]
(그들은 아침 식사 후에 외출했다.)

2   **조동사**: have는 과거분사형 어휘동사와 결합하여 동사구의 완료 시제형을 구성한다.

She **has written** two letters this afternoon.   [현재완료]
(그녀는 오늘 오후에 편지 두 통을 썼다.)
He said that he **had been** there before.   [과거완료]
(그는 그곳에 전에 가본 적이 있다고 했다.)

▶ 완료조동사 have는 그 앞에 양상조동사를, 그 뒤에 진행형과 수동형 조동사를 대동할

수 있다.

He **must have arrived** at the station in time. (그는 정거장에 일찍 도착한 것이 틀림없습니다.)
We**'ve been living** here since 2005. (우리는 2005년부터 여기서 살고 있습니다.)
The terrorists **have** all **been being arrested** by the police.
(테러리스트들은 모두 경찰에게 체포되었다.)

▶ 완료조동사는 부정사구와 분사구에도 나타날 수 있다.

I'm glad **to have finished** my homework last evening. (어제저녁에 숙제를 마쳐서 기쁘다.)
Having met the woman before, he knew what to expect from her.
(전에 그 여자를 만나봤기 때문에 그는 그 여자가 무엇을 할지 알고 있었다.)

3   어휘동사: have가 어휘동사로 사용되고 다른 조동사가 없을 때는 부정문과 의문문에서 조동사 do를 필요로 한다.

She **has** a dog. (그녀에게는 개 한 마리가 있다.)
She **doesn't have** a dog. (그녀에게는 개가 없다.)
Does she **have** a dog? (그녀에게 개가 있습니까?)

4   狀態動詞: have는 다양한 의미를 표현하는 동사로 쓰인다.

He's going to **have** a shower.   [행위]
(그는 샤워하려고 한다.)
She **has** a new boyfriend.   [상태]
(그녀에게 새 남자친구가 생겼다.)
He **had** all the guests empty their glasses all together.   [사역]
(그는 모든 손님에게 그들의 잔을 함께 비우게 했다.)

▶ 특히 영국영어에서 have가 정적인 의미, 즉 속성을 표현하거나 소유 또는 함유를 의미하는 상태동사로 쓰일 때는 통사적으로 조동사 역할을 하기도 한다. (H6을 보라.)

She **has** dark hair and blue eyes. (그녀는 검은 머리와 푸른 눈을 가지고 있다.)
Has she dark hair and blue eyes? (그녀는 검은 머리와 푸른 눈을 가지고 있습니까?)
She **hasn't** dark hair and blue eyes. (그녀는 검은 머리와 푸른 눈을 가지고 있지 않다.)

Japan **has** a population of over 120 million. (일본은 1억 2천만 명 이상의 인구를 가지고 있다.)
Has Japan a population of over 120 million? (일본의 인구는 1억 2천만 명이 넘습니까?)

He **has** a car. (그는 차를 가지고 있다.)
Has he a car? (그에게는 차가 있습니까?)
He **hasn't** a car. (그는 차가 없습니다.)

H5   have-2: have + 행위명사

1   통사적 특성: have가 행위동사로 쓰일 경우에는 의문문과 부정문을 만들 때 do 조동사가

사용되며 진행형도 가능하다. 그러나 축약형은 사용되지 않는다.

Did you **have** a good holiday? (휴일을 즐겁게 보냈습니까?)
(***Had** you a good holiday?)
"What are you doing?" "I'**m having** a bath." ("무엇을 하고 있습니까?" "목욕하고 있습니다.")
I **have** lunch at 12:30 most days. (대부분의 경우 나는 12시 30분에 점심을 먹습니다.)
(*I've lunch at 12:30 most days.)

2 행위명사: have는 구어체에서 행위와 경험을 표현하는 다양한 행위명사와 함께 사용될 수 있으며, 그 의미는 행위명사에 의해 결정된다.

have a drink
have a bath/a wash/a shave/a shower/a haircut
have a rest/a lie-down/a sleep/a dream
have a good journey/a flight/a trip/a stay
have a talk/a chat/a row/a quarrel/a fight/a conversation
have a swim/a walk/a ride/a dance
have a try/a go/a look/a think
have a drink/a sip/a meal

Are you going to **have a swim**? (수영하러 갈 겁니까?)
I'm going to **have a shower**. (샤워를 하려고 한다.)
We were just **having a look** around. (그저 둘러보는 중이었습니다.)
I'll **have a think** and let you know what I'll do. (생각해보고 어떻게 할지 알려주겠다.)
They've **had a quarrel** over some important issues. (어떤 중요한 문제로 그들은 다투었다.)

3 eat: have가 "eat(먹다)"의 의미로 통상적인 "아침식사(breakfast), 점심식사(lunch), 저녁식사(supper), 정찬(dinner)"을 표현할 때는 부정관사가 사용되지 않는다. (A63.2를 보라.)

We **have breakfast** at about seven. (우리는 7시경에 아침을 먹는다.)
Perhaps we could **have lunch** before you go. (어쩌면 네가 가기 전에 점심을 먹을 수도 있다.)
We **had supper** in a small Italian restaurant. (우리는 조그마한 이태리 식당에서 저녁을 먹었다.)

▶ 그러나 이 명사들이 형용사의 수식을 받을 경우에는 부정관사를 동반한다.

We **had a working breakfast** yesterday morning.
(우리는 어제 아침에 조찬모임을 가졌습니다.)
He **had a small lunch** before the meeting. (그는 회의 전에 간단한 점심을 먹었다.)

행위에 대해 말할 때 명사를 사용하는 구조에 대해서는 V7을 보라.

H6   have-3: have(got)(상태동사)

특히 영국영어에서 어휘동사로 쓰이는 have가 정적인 의미로 사용될 경우 조동사처럼 사용된다. (H4.4를 보라.) 구어에서 상태동사 have를 대신하여 널리 쓰이는 표현으로 have got

이 있다. 따라서 다음의 세 문장이 같은 의미로 쓰인다.

I **haven't** any salt.
I **haven't got** any salt.
I **don't have** any salt. (소금이 없습니다.)

1   have와 have got: 상태동사 have와는 달리 have got에서 have는 항상 조동사로만 사용된다. 다시 말해서 상태동사 have와는 달리 have got는 의문문이나 부정문에서 do의 지원을 받지 않는다.

John **hasn't got** a cold. (존은 감기 들지 않았습니다.) (*John **doesn't have got** a cold.)
Has John **got** a cold? (존이 감기 들었습니까?) (***Does** John **have got** a cold?)

2   had got: have got는 형태적으로는 완료형이지만 의미적으로는 단순현재형으로서 had got는 have got와는 상관이 없다.

John **have got** a bad cold. (존은 독한 감기에 들었습니다.) (*John **had got** a bad cold.)
I **have got** two brothers. (나에게는 남자 형제 둘이 있습니다.) (*I **had got** two brothers.)

▶ 그러나 간접화법 구문에서 had got가 have got의 과거형으로 나타난다.

He said, "I **haven't got** the time." (그는 "시간을 모릅니다"라고 말했다.)
He said that he **hadn't got** the time. (그는 시간을 모른다고 말했다.)

3   have got: 영국영어의 구어체에서 많은 경우 have got가 have보다 더 널리 자연스럽게 사용된다.

I've **got** two brothers and three sisters. (나에게는 남자 형제 둘과 여자 형제 셋이 있다.)
I've **got** several papers to edit before Sunday. (나는 일요일 전에 몇 개의 글을 편집해야 한다.)
How many pages **has** it **got**? (몇 페이지나 됩니까?)
Have you **got** a headache? (머리가 아프세요?)
The dictionary **hasn't got** an entry for the word. (그 사전에는 그 단어가 들어있지 않다.)
He **hasn't got** any money for dinner. (그는 저녁 식사를 할 돈이 없다.)

4   의미: have (got)는 소유, 소속, 관계, 질병을 표현할 수 있으며, 또한 사람이나 사물이 어떤 특성을 지니거나 어떤 상태(state)에 있음을 표현할 때 사용된다. 이 경우 진행형이 불가능하며, 현재시제의 경우 have를 대신해서 have got를 사용할 수 있다.

John **has** a bad cold. (존은 독한 감기에 걸렸다.)
(= John **has got** a bad cold.) (*John **is having** a bad cold.)

▶ "소유하다"
Her father **has a spacious flat** in Gangnam.
(그녀의 아버지는 강남에 넓은 평수의 아파트를 가지고 있다.)
They hardly **have enough money** to live on. (그들은 간신히 살아갈만한 돈밖에 없다.)
Has your secretary **got** a fax machine? (너의 비서에게 팩스가 있나?)

▶ "포함하다, 속하다"
A gram of fat **has 4 calories** more than a gram of carbohydrates.
(지방 1그램은 탄수화물 1그램보다 4칼로리가 많다.)
Korea **has a population of about 50 million**. (한국은 약 5천만의 인구를 가지고 있다.)
The book **has got over 500 pages**. (이 책은 500페이지가 넘는다.)

▶ "(자질/특성을) 지니다"
My grandmother didn't **have a very nice personality**.
(나의 할머니는 성격이 그렇게 좋지 않다.)
You need to **have a lot of patience** to be a teacher. (선생이 되려면 많은 인내심이 필요하다.)
The house **hasn't got a wonderful atmosphere**. (그 집은 분위기가 훌륭하다.)

▶ "(어떤 생각/느낌을) 가지다"
If you **have any good ideas** for presents, let me know.
(선물에 대해서 좋은 생각이 나면 나에게 알려줘.)
I **have lots of happy memories** of my time in Seoul.
(나는 서울에 있었을 때의 많은 행복한 기억들을 가지고 있다.)
He **has got an awful feeling of guilt**. (그는 심한 가책을 느꼈다.)

▶ "받다"
I've **had a phone call** from Sue. (나는 수에게서 전화를 받았다.)
I expect he **had some help** from his father.
(나는 그가 그의 아버지에게서 좀 도움을 받았으면 한다.)

▶ "(병에) 걸리다, (부상, 고통을) 당하다"
The Prime Minister **has (got) a bad cold**. (수상님이 독한 감기에 걸렸다.)
One of the victims **had a broken leg**. (희생자 중의 한 명이 다리가 부러졌다.)

▶ "(...할 시간이) 있다"
You **have (got) just 30 seconds** to answer the questions. (질문에 답하는 데 30분밖에 없다.)
I don't **have time** to stop and talk with you now. (지금 너와 서서 말할 시간이 없다.)
I haven't **got time** to talk with you now. (지금 너와 말할 시간이 없다.)

▶ "(직업/책임/할일을) 가지다"
Her boyfriend **has (got) a well-paid job**.
(그녀의 남자친구는 좋은 급료를 받는 직업을 가지고 있다.)
The headmaster **has responsibility** for the management of the school.
(교장은 학교운영에 책임이 있다.)

▶ "허용하다" (부정적 맥락에서)
I only **have (got) good students** in my class. (나는 좋은 학생만 받는다.)
I won't **have bad behavior**. (나는 나쁜 행실을 허용하지 않을 것이다.)

▶ 가족 또는 친구 관계를 말할 때
Have you **got any brothers or sisters**? (남자 형제나 여자 형제가 있습니까?)
It was nice for Harry to **have friends** of his own age.

(해리에게 동갑내기의 친구들이 있어서 좋다.)

▶ 단순히 어떤 상태에 있다는 사실을 표현할 때
She **has a houseful of children** this weekend.
(그녀는 이번 주말에 집안 가득히 아이들을 맞을 것이다.)
I think **we have (got) mice** in the kitchen. (부엌에 쥐들이 있는 것 같다.)

I've나 haven't와 같은 축약에 대해서는 C25를 보라.

H7   have-4: 사역과 경험동사

have 동사는 목적어와 그 뒤에 여러 형태의 동사와 결합하여 쓰일 수 있으며, 일반적으로 사역 또는 경험을 의미한다.

have + 목적어 + 동사의 -ing형/원형/과거분사형

1   **사역**: "have + 목적어 + -ing형/부정사"는 "...에게 ...을 하게 하다"의 뜻으로 사용된다.

She **had me doing** all kinds of jobs for her.
(그녀는 나에게 그녀를 대신해 온갖 일을 하게 했다.)
The movie soon **had all of us crying**. (그 영화는 이내 우리 모두를 울게 했다.)

I'll **have Johnson show** you to your room. (존슨에게 너를 네 방으로 안내하게 할게.)
If you wait, I'll **have someone collect** it for you.
(기다리면 누구를 시켜 너 대신해 그것을 가져가게 할게.)

▶ "동사 + 목적어 + 과거분사"는 "타인에 의해 어떤 일이 이루어지도록 한다"는 수동의 의미로 사용된다.

We **have the house painted** every three years. (우리는 3년마다 집에 페인트칠을 하게 한다.)
(= We **have someone paint the house** every three years.)
I **had my portrait hung** on the wall. (나는 벽에 내 초상화를 걸게 했다.)
(= I had **someone hang my portrait** on the wall.)
I must **have my watch repaired**. (나는 시계를 수리 맡겨야 한다.)
If you don't get out of my house, I'll **have you arrested**.
(내 집에서 나가지 않으면 너를 체포하라고 할 것이다.)

2   **경험**: "have + 목적어 + -ing형/부정사/과거분사" 구조는 또한 종종 구어체에서 경험을 뜻하기도 한다.

It's lovely to **have children playing** in the garden again.
(아이들이 다시 정원에서 놀게 되어 기분이 좋다.)
I looked up and found we **had water dripping** through the ceiling.
(위를 쳐다보고 천정에서 물이 떨어지는 것을 알았다.)

I **had a very strange thing happen** to me when I was fourteen.

(14살 때 나에게 매우 이상한 일이 있었다.)
We **had a gipsy come** to the door yesterday. (어제 집시 비슷한 사람이 우리 집 현관에 왔었다.)

She **had her car stolen** last week. (그녀는 지난주에 차를 도난당했다.)
The auditorium once **had its roof blown off** in the storm.
(폭풍에 강당의 지붕이 한 번 날아갔었다.)

3 **지시**: 미국영어에서는 종종 "지시나 명령"을 내릴 때 부정사 구문을 사용한다.

"He's ready to see Mr. Smith." "**Have him come in**, please."
("그는 스미스 씨를 만날 준비가 되었습니다." "그를 들어오라고 하세요.")
The manager **had everybody fill out** a form.
(지배인은 모든 직원에게 서식에 필요한 사항을 써넣게 했다.)
I'll **have my assistant show** you to the meeting room.
(나의 보좌관이 회의실로 안내할 겁니다.)

get가 쓰이는 유사한 구조에 대해서는 G11.3을 보라.

H8 have (got) to

1 have to와 have got to: "have to"와 (영국영어에서) "have got to"는 같은 의미로 사용되며, "have got to"는 과거시제형이 없다.

I **have to go** to Busan now. (나는 지금 부산에 가야 한다.)
(= I **have got to go** to Busan now.)
I **had to go** to Busan then. (나는 그때 부산에 가야 했다.)
(*I **had got to go** to Busan then.)

2 **조동사**: 영국영어에서는 "have (got) to"의 have가 조동사처럼 사용될 수도 있다.

Have you **to** go to Busan now? (지금 부산에 가야만 합니까?)
(= **Do** you **have to** go to Busan now?)
When **have** you **got to** go to Busan? (언제 부산에 가야 합니까?)
You **don't have to** go to Busan now. (지금 부산에 안 가도 된다.)
(= You **haven't (got) to** go to Busan now.)

▶ have got to는 have to와는 달리 다른 조동사를 동반할 수 없다.

One day you **will have to** return to your home. (언제고 너는 집으로 돌아와야 할 것이다.)
(*One day you **will have got to** return to your home.)
She **doesn't have to** stay late at the party. (그녀는 파티에 늦게까지 있을 필요가 없다.)
(*She **doesn't have got to** stay late at the party.)

3 **의무**: 이 구조는 "의무"에 대해 말할 때 사용될 수 있으며, 그런 의미에서 must와 매우

유사하다.

I've **got to** be at the hospital at 5 o'clock. (나는 5시에 병원에 가야 한다.)
Do you often **have to** travel on business? (당신은 출장을 자주 가야 합니까?)

have to와 must의 차이점에 대해서는 M20.1-3과 M29를 보라.

4 **중요성**: 이 구조는 또한 중요성을 강조할 때도 사용된다.

There **has (got) to** be an end to the violence. (폭력은 중지되어야 한다.)
You've **got to** believe me! (나를 믿어래!)

5 **필요성**: have (got) to의 부정형은 어떤 것을 "할 필요가 없음"을 표현한다.

You **don't have to** go with him if you don't want to.
(원하지 않으면 그와 같이 가지 않아도 된다.)
You **haven't got to** be at the hospital until noon. (정오까지는 병원에 오지 않아도 된다.)

6 **확실성**: 이 구조는 확실성을 표현할 때도 사용될 수 있다. (이러한 용법은 주로 미국영어에서 사용되었으나 지금은 영국영어에서도 흔히 나타난다.)

No one else could have done it—it **had to** be him.
(다른 사람은 그것을 했을 리가 없다. 그 사람일 수밖에 없다.)
House prices **have (got) to** go up sooner or later. (주택가격은 조만간 오를 수밖에 없다.)

7 **반복적 의무**: "have got to"는 일반적으로 반복적인 의무에 대해 말할 때는 사용되지 않는다.

I usually **have to** get to work at eight. (나는 보통 8시에 출근해야 한다.)
(*I've usually **got to** get to work at eight.)
Everybody in this village **has to** go to church every Sunday.
(이 마을의 모든 사람은 일요일마다 교회에 가야 한다.)
(*Everybody in this village **has** *got to go to church every Sunday.)

▶ 일시적 의무: have to의 진행형은 짧은 기간 동안 지속되는 의무에 대해 말할 때 사용이 가능하다.

I'm **having to** work very hard at the moment. (나는 지금은 열심히 일해야 한다.)
She's **having to** take care of the baby for its mother.
(그녀는 아기 엄마 대신에 아기를 돌봐야 한다.)

▶ 미래의 의무: 미래에 대해 말하면서 현존하는 의무를 말할 때는 "have (got) to"가 사용되고, 순수한 미래의 의무를 말할 때는 "will have to"를 사용한다. 다음을 비교해보라.

I've **got to** get up early tomorrow—we're going to London.
(나는 내일 일찍 일어나야 한다. 우리는 런던을 가려고 한다.)
One day everybody **will have to** get permission to buy a car.
(언젠가는 차를 사려면 우리 모두가 허가를 받아야 할 것이다.)

8 　**권유**: "will have to"는 사람들에게 무엇을 하라고 말할 때 사용되며, 지시를 내리거나 권유를 하는 데 거리를 둠으로써 must보다 덜 직접적인 지시로 들린다.

You can borrow my car, but you'**ll have to** bring it back before ten.
(내 차를 빌려 갈 수 있지만 10시 전까지 되돌려 주어야 한다.)
You'**ll have to** come and meet my wife some time.
(언제 우리 집에 와서 내 처를 만나야 할 거야.)

9 　**gotta**: 구어체에서 종종 "(have/has) got to"의 축약형으로 gotta(발음: /gátə/)가 쓰이기도 하는데, 많은 사람들이 잘못된 표현으로 생각한다.

You **gotta** be careful. (조심해야 한다.)
(= You've **got to** be careful.)
A man **gotta** do what a man **gotta** do. (사람은 해야 할 일은 해야 한다.)
(= A man's **got to** do what a man's **got to** do.)

10 　**gotten**: 미국영어에서는 "상태"를 의미하는 have got와 "의무"를 의미하는 "have got to"를 제외하고는 get의 과거분사형으로 gotten을 사용하기도 한다.

I'**ve (got)** a new car. (나는 새 차를 소유하고 있다.) (= I own a new car.)
I'**ve gotten** a new car. (나는 새 차를 받았다.) (= I obtained a new car.)
I'**ve (got) to** go. (나는 가야 한다.) (= I must go.)
I'**ve gotten to** go. (나는 가게 됐다.) (= I've succeeded in going.)

H9　hear와 listen (to)

1 　**can hear**: hear는 listen (to)과는 달리 진행형이 허용되지 않는다. 대신에 "can hear"가 쓰인다.

I **can hear** someone walking around upstairs.
(나는 위층에서 누군가가 걸어 돌아다니는 소리를 들을 수 있다.)
(*I **am hearing** someone walking around upstairs.)
She **was listening to** the radio, when he entered the room.
(그가 방에 들어갔을 때 그녀는 라디오를 듣고 있었다.)

2 　**listen (to)**: listen은 목적어가 올 경우 반드시 전치사 to를 대동하지만, 목적어가 없을 경우에는 to가 필요 없다.

Listen! There's a strange sound in the engine. (들어 봐! 엔진에서 이상한 소리가 난다.)
(***Listen to**!)

3 　**hear와 listen (to)**: hear는 소리가 귀에 들리는 것을 의미하는 반면, listen (to)는 주의를 기울여 소리를 듣는 것을 의미한다. 다음을 비교해보라.

My grandfather is getting old and can't **hear** very well.

(나의 할아버지는 연세가 들어가시면서 잘 듣지를 못한다.)
Suddenly I **heard** a strange noise. (갑자기 나는 이상한 소리를 들었다.)
(*Suddenly I **listened to** a strange noise.)

We **listened** carefully **to** the conversation on the tape.
(우리는 테이프에 녹음된 대화를 주의 깊게 들었다.)
(*We carefully **heard** the conversation on the tape.)
I **heard** you talking but did not **listen to** what you said.
(나는 네가 말하는 소리 들었으나 네가 무슨 말을 하는지는 못 들었다.)

4 **경청**: hear는 "말, 연설, 강의, 공연, 방송, 음악 등의 한 단원 또는 전체"를 들었음을 표현하고, listen (to)는 "경청 행위 자체"를 표현한다.

Did you **hear** the programme on whales the other night?
(이전 날 밤 고래에 대한 방송 프로를 청취했나?)
(*Did you **listen to** the programme on whales the other night?)
I was **listening to** the programme on whales, when you called me.
(나는 네가 전화했을 때 고래에 대한 방송 프로를 듣고 있었다.)
(*I **was hearing** the programme on whales, when you called me.)

When she arrived, I was **listening to** the lecture on global warming.
(그녀가 도착했을 때 나는 지구온난화에 대한 강의를 듣고 있었다.)
(*When she arrived, I was **hearing** the lecture on global warming.)
I **heard** Professor Lee's lecture on global warming last semester.
(나는 지난 학기에 이 지구온난화에 대한 이 교수의 강의를 들었다.)
(*I **listened to** Professor Lee's lecture on global warming last semester.)

5 **말과 뉴스**: 간단한 말, 뉴스 등을 듣는 것을 표현할 때는 hear와 listen to를 모두 사용할 수 있다.

Did you **hear/listen to** the news yesterday? (어제 뉴스를 들었어?)
You must **hear/listen to** what he has to say. (너는 그가 무슨 말을 해야 하는지 들어야 한다.)

6 **hear**: 어떤 정보를 얻어들었거나 전해 들었을 때는 hear를 사용한다.

Did you **hear** that the President has been ill since January?
(대통령이 1월부터 병에 들었다는 것을 들었습니까?)
We **heard** the rumor that she was getting married soon.
(우리는 그녀가 곧 결혼하게 될 것이라는 소문을 들었다.)

7 **증언**: 법정에서 사건을 심리하거나 증인의 증언을 듣는 것을 표현할 때도 hear를 사용한다.

In Britain, everyone has the right to have their case **heard** by a jury.
(영국에서는 누구나 자신의 사건을 배심원에게 심의 받을 권리를 갖는다.)

The jury have **heard** evidence from defence witnesses this morning.
(배심원은 오늘 오전에 피고 측 증인의 증언을 들었다.)

8 **충고**: 충고를 들으라고 말할 때 listen (to)을 사용한다.

I told him not to go, but he just wouldn't **listen**.
(그에게 가지 말라고 했으나, 그는 참으로 말을 듣지 않는다.)
I wish I'd **listened to** my Dad. (아버지의 말을 들었어야 했다.)

9 hear of/from: 들어서 어떤 것을 알고 있는 상태에는 "hear of"가, 타인에게서 어떤 소식을 전달받는 것을 말할 때는 "hear from"이 사용된다.

My mother **heard of** the accident from the news.
(나의 어머니는 뉴스에서 그 사고소식을 들었다.)
"Do you know Mary Smith?" "I've never **heard of** her."
("메리 스미스를 압니까?" "그녀에 대해서는 한 번도 들어보지 못했는데요.")

Do you ever **hear from** John? (존으로부터 어떤 소식이 있습니까?)
The police want to **hear from** anyone who has any information.
(경찰은 정보를 가지고 있는 아무에게서나 연락이 오기를 기다리고 있습니다.)

see, look (at), watch 사이에 있는 유사한 차이에 대해서는 P21와 S4를 보라.
hear + 목적어 + 부정사/-ing에 대해서는 P22를 보라.

H10 help

help는 목적어를 갖는 평범한 타동사로 쓰이지만, "목적어 + 부정사"를 취할 수도 있다.

How can I **help you**? (도와 드릴까요?)
He **helped me (to) carry** the sofa upstairs. (그는 소파를 위층으로 옮기는데 나를 도와줬다.)

1 help + **목적어** + **부정사**: 목적어 다음에 to 없는 부정사가 가능하지만 동사의 -ing형은 허용되지 않는다.

Can you **help me (to) find** my car key? (자동차 열쇠를 찾는데 도와주실래요?)
(*Can you **help me finding** my car key?)
Thank you so much for **helping us (to) repair** the door.
(문을 수리하는데 우리를 도와주어서 매우 감사합니다.)

2 help + **부정사**: help는 또한 목적어 없이 부정사가 직접 따라올 수 있다.

Would you like to **help wash** up? (설거지하는 것을 도와줄 수 있습니까?)
The drought has **helped (to) make** this year a disastrous one for the country.
(가뭄이 올해를 국가의 재앙의 해가 되는 데 한몫을 했다.)

3   help yourself (to): "help yourself (to)"는 물어볼 필요 없이 원하는 것을 스스로 하는 것을 표현한다.

Please **help yourself to** some cake. (케이크를 좀 직접 가져다가 드시겠어요.)
There're doughnuts on the table. **Help yourself**.
(식탁 위에 도넛이 있습니다. 직접 가져다 드세요.)

▶ 이 표현은 "절도"를 의미할 수도 있다.

She **helped herself to** some movie star's costumes. (그녀는 영화배우의 의상을 훔쳤다.)
can't help ...ing 표현에 대해서는 C6을 보라.

H11   here와 there

1   **부사**: here는 부사로서 필자나 화자에 가까운 장소를 가리키는 데 반하여, there는 필자나 화자가 있는 장소에서 좀 거리가 있는 장소를 가리킬 때 사용된다.

What are you doing **here**? (여기서 뭐 하고 있는 거야?)
My friend **here** will show you the way. (여기 있는 제 친구가 안내해드릴 겁니다.)
We could go to my cottage and have lunch **there**. (저의 작은 집에 가서 점심이나 먹읍시다.)
Can you pass me that wine glass **there**? (저쪽에 있는 저 포도주잔을 나한테 건네줄 수 있어?)

2   **전치사와 함께**: here와 there는 몇몇 장소 전치사를 대동할 수 있다.

What was she doing **up here** in the woods? (그녀는 숲 속 여기서 무엇을 하고 있었습니까?)
Come on. I'm **over here**. (서둘러! 나 여기 있어.)

I've left the boxes **over there**. (나는 상자를 저쪽에 놓아두었습니다.)
There's a mouse **under there**. (저 밑에 쥐 한 마리가 있다.)

3   **시간**: here는 "지금, 이때에"라는 시간적 의미를 나타내는 데 반하여, there는 시간이나 행동 또는 이야기 과정의 어떤 시점을 가리킬 수 있다.

Here is your chance to change your life. (지금이 너의 생애를 바꿀 기회다.)
Here I'd like to add a piece of advice. (이 시점에 내가 충고 한 마디 보태고 싶다.)

Read out the rest of the letter, don't stop **there**!
(편지의 나머지를 다 읽고 거기서 멈추지 마라.)
He got a divorce, but his troubles didn't end **there**.
(그는 이혼했으나 문제는 거기서 끝나지 않았다.)

4   **주의**: here는 우리가 접하게 되는 대상에 주의를 끌게 할 때 사용된다.

"**Here** are the children," said John. ("여기 아이들이 왔습니다"라고 존이 말했다.)
Here comes the taxi you ordered. (호출했던 택시가 도착했다.)

"Okay, **here** we are," he said and inserted his key in the lock.
(그는 "좋았어. 드디어 도착했어"라고 말하고 열쇠를 자물쇠에 꽂았다.)
Here comes your husband. (여기 당신 남편이 온다.)

5   **찾는 대상**: 찾던 대상을 드디어 찾았을 때 "here we are/there it is/there they are" 등을 사용한다.

"Have you seen my umbrella anywhere?" "Ah, **there it is**."
("제 우산을 보셨습니까?" "아, 저기 있네요.")
There you are. I've been looking for you all afternoon.
(너 거기 있었구나. 오후 내내 너를 찾고 있었다.)

6   here you are: "there you are/go"와 "here you are/go"는 타인에게 무엇을 주거나 해주었을 때 사용된다.

Here you are. He handed her a glass of cold water.
(여기 있습니다. 그는 냉수 한잔을 그에게 주었다.)
There you go. I'll just pack it up for you. (잘 보세요. 당신을 위해 내가 꼭 포기할 겁니다.)

7   go again: "there you go/there she goes (again)"과 "here we go (again)"은 이미 했던 좋지 않은 것을 또 할 때 사용된다.

Oh, **here we go again**! Clara is in love for the fifth time this month!
(오, 우리 어떻게 해! 클라라가 이달에만 다섯 번 사랑에 빠졌다.)
There she goes again, blaming everything on me, as usual.
(그 여자는 못 말려! 항상 그랬던 것처럼 나한테 모든 잘못을 떠넘긴다니.)

there is/are에 대해서는 T8을 보라.

H12 holiday, holidays, vacation

1   holiday와 vacation: 영국영어에서는 쉬거나 집을 떠나 즐기는 기간을 holiday라고 하고, 학교기관이 공식적으로 수업을 쉬는 기간을 vacation이라고 한다.

I've come back from a **holiday** in the United States. (나는 미국에서 휴가를 보내고 돌아왔다.)
Our school has a spring **vacation** in April each year.
(우리 학교는 매해 4월에 봄방학을 갖는다.)

▶ 그러나 미국영어에서는 vacation이 영국영어의 holiday와 vacation의 의미로 둘 다 가리키기도 한다.

I'm going **on (a) vacation** in Japan tomorrow. (나는 내일 일본에서 휴가를 보내러 떠난다.)
They're **on (a) vacation** for the next two weeks. (그들은 다음 2주 동안 휴가다.)
During his summer **vacation** he visited Russia to polish his Russian.
(여름 방학 동안 그는 자기의 러시아어 실력을 연마하기 위해 러시아에 갔다.)

2　　holiday와 holidays: 미국영어에서는 holiday를 쉬는 것과는 상관이 없는 축제의 의미가 있는 날을 가리킨다.

Labor Day and the Fourth of July are both **holidays** in the United States.
(근로자의 날과 7월 4일은 미국에서 공휴일이다.)

▶ 복수의 holidays는 영국영어에서 일반적으로 하나의 "긴 기간의 휴일"을 가리키며, 종종 관사 the나 소유격 한정사와 함께 쓰인다.

Where do you want to go for **your summer holidays**? (여름휴가 동안 어디를 가고 싶으냐?)
They're spending **their holidays** in the Bahamas. (그들은 휴가를 바하마제도에서 보내고 있다.)

3　　on holiday와 on vacation: 영국식 표현인 on holiday와 미국식 표현인 on (a) vacation에서는 항상 단수를 써야 하며, 전치사 on만이 가능하다.

I met Mary **on holiday** in Norway. (나는 노르웨이에서 휴가를 보내는 중에 메리를 만났다.)
(*I met Mary **on/in holidays** in Norway.)
They're **on vacation** for the next two weeks. (그들은 다음 2주 동안 휴가다.)
(*They're **on/in vacations** for the next two weeks.)
I'm going **on holiday/vacation** at Acapulco tomorrow. (나는 내일 아카풀코로 휴가를 간다.)

H13　home과 house

home은 house와 마찬가지로 우리가 사는 "주택"을 가리킬 수 있다.

They have a beautiful **home** in California. (그들은 캘리포니아에 아름다운 집을 가지고 있다.)
I own a four bedroom **house** in Busan. (나는 부산에 침실이 네 개 있는 집을 소유하고 있다.)
We have a lot of attractive, modern **homes/houses** for sale.
(현대식이고 매력적인 집들이 매매로 많이 나왔습니다.)

1　　home: home은 "자신의 집"을 가리킬 때는 관사나 소유격을 사용하지 않는다.

Last night we stayed **at home** and watched TV.
(어젯밤에 우리는 집에서 텔레비전을 봤습니다.)
(*Last night we stayed **at the/our home** and watched TV.)
Last night we stayed **at my sister's (house)** and watched TV.
(어젯밤에 우리는 나의 여동생 집에서 텔레비전을 봤다.)
(*Last night we stayed **at house** and watched TV.)
He was spending more and more time away **from home**.
(그는 점점 더 많은 시간을 집에서 떨어진 곳에 보내고 있었다.)
(*He was spending more and more time away. **from his home**.)
Jack left **home** when he was sixteen. (잭은 16세에 가출했다.)

▶ 특히 미국영어에서 at는 종종 생략된다.

Is anybody **(at) home**? (누구 집에 있어요?)
Last night we stayed **(at) home** and watched TV. (어젯밤에 우리는 집에서 텔레비전을 봤다.)

2   **house**: house는 단지 주거하는 건물을 가리키는 반면, home은 사는 사람의 감성적 애착이 있는 장소를 의미한다.

Our new **house** doesn't feel like a **home** yet.
(우리 새 집은 아직도 내 집 같은 느낌이 안 든다.)
I lived in that **house** for six years, but I never really felt it was my **home**.
(나는 저 집에서 6년을 살았지만 한 번도 진정으로 내 집 같은 생각이 들지 않았다.)

3   **부사**: home은 방향을 가리키는 부사로 전치사 없이 사용될 수 있다.

I'll **go/come/get/return home** soon. (나는 집에 곧 갈/올/도착할/돌아올 것이다.)
(*I'll **go/come/get/return to home** soon.)
We **rushed/arrived home** last night. (우리는 어젯밤에 집으로 급히 달려갔다/집에 도착했다.)
(*We **rushed to/arrived at home** last night.)
She **brought** the baby **home** from the hospital on Friday.
(그녀는 금요일에 아이를 병원에서 집으로 데려왔다.)

H14   how

how는 의문문을 이끄는 의문사로, 형용사와 부사의 감탄문을 이끄는 표현으로, 관계절을 이끄는 관계부사로 사용될 수 있으며 항상 나타나는 문장 또는 절의 맨 앞에 온다.

How do we get to the station from here?	[의문사]
(여기서 정거장을 어떻게 갑니까?)	
How long are you going to stay there?	[의문부사]
(거기 얼마나 오래 있을 겁니까?)	
How nice to see you again!	[감탄사]
(다시 만나서 정말 기쁘다.)	
It all depends on **how** you look at it.	[관계부사]
(모든 것이 네가 어떻게 보느냐에 달려 있다.)	

1   **의문사**: how는 의문사의 하나로서 여러 가지 내용에 대해서 질문할 때 사용된다.

▶ 방식: 어떤 사건이 일어난 방식에 관해 물어보거나 말할 때 사용된다.

How do you spell your name? (이름을 어떻게 써야 합니까?)
He explained **how** the system worked. (그는 그 제도가 어떻게 운용되는가를 설명했다.)

▶ 수치: 의문부사로서 어떤 대상의 양, 크기, 정도, 거리 등에 대해 말하거나 물어볼 때 사용된다.

How big is the Republic of Korea? (대한민국은 크기가 어떻게 됩니까?)

How long have you been learning English? (얼마나 오래 영어를 배웠습니까?)
They couldn't tell **how far away** the bridge was.
(그들은 그 교량이 얼마나 멀리 있는지를 말할 수 없었다.)

▶ 건강: 사람을 만났을 때 상대의 건강을 물어볼 때 사용된다.

How's your sprained ankle this morning? (오늘 아침에는 삔 발목이 어떻습니까?)
Hi Mary, **how** are you? (안녕 메리. 오늘 어떠세요?)
How does she look today? (그녀가 오늘 어때 보입니까?)

▶ 의견: 어떤 대상에 대한 의견이나 생각을 질문할 때 사용된다.

How did your exam go? (시험을 어떻게 치렀습니까?)
How do you feel about seeing Mary again? (메리를 다시 보게 되어 어떻습니까?)

의문사와 의문부사로서의 how에 대해서는 Q4를 보라.

2 **감탄사**: 형용사나 부사의 의미를 강조할 때 사용된다.

How nice to see you! (만나서 참 기쁩니다.) (= It is very nice to see you.)
How pretty she is in her new dress! (그녀가 새 드레스를 입으니까 정말 예쁩니다.)
How beautifully you sing! (노래를 정말 아름답게 부르십니다.)

감탄사로서의 how에 대해서는 E24.2를 보라.

3 **관계부사 how와 the way**: how는 when, where, why와 더불어 관계부사로 사용될 수 있으며, 이들은 선행사가 없이도 사용될 수 있다. 그러나 how는 선행사를 가질 수 없는 점에 유의하라.

That's **(the place) where** he was born. (저곳이 내가 태어난 곳입니다.)
That's **(the time) when** he lived here. (그때가 그가 여기 살던 때다.)
That's **(the reason) why** he refused to speak. (그것이 그가 말하기를 거절한 이유다.)
That's **(*the way) how** he spoke. (그것이 그가 말하는 방식이다.)

▶ how 앞에 선행사 the way가 오면 how를 생략하거나 관계대명사 that를 대신 사용한다.

That's **the way (that)** he spoke. (그것이 그가 말하는 방식이다.)
The way (that)/How you organize the work is for you to decide.
(그 작업을 어떻게 계획할 것인가는 네가 결정해야 한다.)
(***The way how** you organize the work is for you to decide.)

관계부사로서의 how에 대해서는 R7.2, 10-12를 보라.
the way에 대해서는 W2를 보라.

4 **how 특별 의문문**: 정상적인 문장구조가 아닌 특별한 구조를 가진 의문문을 가리킨다.

▶ how about: 무엇을 하자고 제안할 때

"Can you come to my place on Monday?" "No, I'm busy on Monday. **How about** Tuesday?" ("월요일에 우리 집에 올 수 있어?" "월요일은 바빠서 안 되는데. 화요일은 어때?")
How about moving the sofa closer to the window? (소파를 창문 가까이 옮기는 게 어때요?)
How about we play that game tomorrow? (내일 경기를 하도록 합시다.)
How about if we report the accident to the police? (사고를 경찰에 알리는 게 어때?)

미국영어에서는 종종 "how's about ..."가 쓰이기도 한다.

How('s) about going for a drink after work? (퇴근 후에 한잔 하러가는 것 어때?)

▶ how come: 놀랍게도 어떤 상황이 일어났을 때

How come you got an invitation but not me? (어째서 너는 초대를 받았는데 나는 못 받았지?)
How come Mary's home? Isn't she feeling well?
(어떻게 메리가 집에 있어? 어디 아픈 거 아니야?)

▶ how do you mean: 방금 말한 것을 설명해 달라고 요구할 때

"I think we need to reconsider our position." "**How do you mean?**"
("나는 우리 입장에 대해서 다시 생각해 봐야 한다고 본다." "무슨 말씀인지요?")

▶ how should ...?: 특정 질문에 대해 놀라움을 표현할 때

"What time does the train leave?" "Don't ask me. **How should I know?**"
("기차가 언제 떠나지?" "내게 묻지 마. 그걸 내가 무슨 수로 알아.")

how 다음에 오는 부정사에 대해서는 127.4를 보라.

H15 however

however는 부사 또는 접속사로 쓰인다.

Setting up a business is exciting. **However**, it requires   [부사]
  a great deal of effort.
(사업을 시작하는 것은 마음이 설레는 일이다. 그러나 사업은 많은 노력을 필요로 한다.)
However small the giving is, charity is charity.   [접속사]
(기부가 아무리 적다할지라도 자선은 자선이다.)

1 부사

▶ nevertheless의 의미로 방금 말한 것과 대조되는 말을 이어주는 접속어로 사용된다. (C23.10을 보라.)

This is one possible solution to the problem. **However**, there are others.
(이것이 문제에 대한 하나의 가능한 해결책이다. 그러나 다른 해결책들도 있다.)
The guests haven't arrived yet. They will, **however**, come soon.
(손님들이 아직도 도착하지 않았다. 그렇지만 곧 올 것이다.)

▶ 영국영어에서 놀라움을 표현할 때 종종 의문사로 사용되기도 한다. (W15.3을 보라.)

However did you get that job? (도대체 네가 어떻게 그 일을 하게 된 거야?)
However did you persuade him to come with us?
(도대체 그를 우리와 같이 가자고 어떻게 설득했습니까?)

2   접속사: "no matter how"의 의미로 한 상황의 강도가 아무리 강해도 다른 상황에 어떤 변화가 있을 수 없다는 것을 강조하기 위해 형용사나 부사 앞에 사용된다. (W15.1을 보라.)

However hungry I am, I'm unable to finish off a whole pizza.
(아무리 배가 고파도 나는 피자 한 판을 다 먹을 수 없다.)
We have to finish, **however long** it takes.
(기간이 아무리 오래 걸려도 우리는 끝장을 봐야 한다.)
However we reform our healthcare system, our revenue can't support it.
(우리가 건강보험 제도를 아무리 개선한다고 해도 예산이 뒷받침할 수 없다.)

I1 -ic와 -ical

영어에는 어떤 단어가 형용사라는 것을 나타내주는 다양한 파생어미 중에 대표적인 것으로는 -ic과 -ical이 있다. 이 두 어미는 다른 형용사 어미와는 달리 한 단어에 두 가지 어미가 다 허용되기도 하고 단어에 따라 -ic 또는 -ical만이 허용된다. 그러나 어느 어미를 선택하느냐를 규정하는 일반적인 규칙은 없다. (다른 형용사 어미에 대해서는 A13.1을 보라.)

1 **-ical**: -ical로 끝나는 형용사는 세 가지 어원이 있다.

▶ -ic 또는 -ics로 끝나는 명사에서 도출된 형용사

critical	cynical	logical	logistical
mechanical	musical	mathematical	statistical
tactical	topical 등		

▶ -logy로 끝나는 명사에서 파생된 형용사

biological	neurological	sociological	physiological
psychological	theological	zoological 등	

▶ 여타 형태

chemical	grammatical	hypothetical	lexical
medical	mathematical	physical	radical
surgical	technical 등		

2 **-ic**: -ic로 끝나는 형용사

academic	aesthetic	artistic	athletic
catholic	diplomatic	domestic	dramatic
emphatic	energetic	fantastic	hygienic
lethargic	linguistic	majestic	neurotic
phonetic	prolific	public	pathetic
schizophrenic	semantic	sympathetic	syntactic
systematic	tragic 등		

▶ 영어에 새로이 도입되는 형용사는 일반적으로 -ic으로 끝난다.

aerodynamic	acrobatic	electronic	robotic
synthetic 등			

3 **-ic과 -ical**: -ic과 -ical을 둘 다 허용하는 형용사 중에는 의미적 차이가 없는 것과 의미적 차이를 보이는 것이 있다.

▶ 의미적 차이가 없는 것

algebraic(al)	arithmetic(al)	egoistic(al)	fanatic(al)

fantastic(al)   geometric(al)   majestic(al)   strategic(al)
tragic(al) 등

▶ 의미적 차이가 있는 것

classic(al)   comic(al)   economic(al)   electric(al)
historic(al)   magic(al)   politic(al) 등

4 **classic과 classical**: classic은 일반적으로 한 종류에 속한 것 중에 유명하거나 최상의 것을 가리키는 데 반하여, classical은 고대 그리스나 로마의 문화를 가리키거나 18세기 소위 "고전주의 시대"의 유럽 예술작품을 가리킨다.

The invention of X-ray is a **classic** case of discovering something by accident.
(엑스레이의 발명은 우연히 어떤 것을 발견하는 전형적인 실례의 하나다.)
Citizen Kane is a **classic** movie of the fifties. (〈시민 케인〉은 50년대의 대표적인 영화다.)

She's studying Latin and Greek, which are called **classical** languages.
(그녀는 고전적 언어라고 부르는 라틴어와 그리스어를 공부하고 있다.)
Do you like to study **classical** music? (고전음악을 공부하고 싶으세요?)

5 **comic과 comical**: comic은 예술적 희극을 대표하는 형용사이고, comical은 "우스꽝스러운(funny)"을 의미하는 오래된 단어다

Is it a **comic** or a tragic play? (그것은 희극이냐 비극이냐?)
She performed a leading role in a **comic** opera. (그녀는 희극 오페라에서 주역으로 연기했다.)

His **comical** expression made us laugh. (그의 익살스러운 표현은 우리를 웃게 했다.)
Tell me whether I look **comical** in this hat. (이 모자를 쓰면 우스꽝스럽게 보이는지 말해라.)

6 **economic과 economical**: economic은 경제학 또는 한 나라의 경제를 가리키는 데 반하여, economical은 절약을 의미한다.

The government's **economic** policies have led us into the worst recession for years.
(정부의 경제정책은 우리를 수년간 최악의 불황으로 빠지게 했다.)
Poland's radical **economic** reforms haven't been much help to the businesses of the country. (폴란드의 극단적인 경제개혁은 나라의 상업 활동에 큰 도움을 주지 못했다.)

There's an increasing demand for cars which are more **economical** on fuel.
(연료 절약형 차에 대한 요구가 증가하고 있다.)
She's an **economical** housekeeper—saving money seems to come naturally to her.
(그녀는 알뜰한 주부다. 돈을 절약하는 것은 그녀에게 자연스러운 것 같다.)

7 **electric과 electrical**: electric은 전기로 작동되는 기계의 명칭과 함께 사용되는 데 반하여, electrical은 전기와 관련이 있는 것을 말할 때 사용된다.

I decided to buy an **electric** blanket for winter. (나는 겨울을 위해 전기담요를 사기로 했다.)

They sell **electric** kettles, **electric** cookers, **electric** heaters, **and so on**.
(그들은 전기 주전자, 전기 요리기, 전기난로 등을 판다.)

The fire was caused by an **electrical** fault in the wire of the ceiling.
(화재는 천장 전기선의 전기적 결함이 원인이 되었다.)

He majored **electrical** engineering at college. (그는 대학에서 전기공학을 전공했다.)

8   historic과 historical: historic은 "역사상 중요한/유명한"의 의미로 쓰이는 데 반하여, historical은 "역사의, 역사에 관한" 의미로 쓰인다.

In Eastern Europe, we visited a number of ancient **historic** sites.
(동유럽에서 우리는 많은 역사적 고대 유적지를 방문했다.)

More money is needed for the preservation of **historic** buildings and monuments.
(역사적 건축물과 기념물을 보존하려면 더 많은 돈이 필요하다.)

Analysts pointed out that there is little **historical** evidence to support this theory.
(분석가들은 이 이론을 뒷받침할 역사적 증거가 거의 없다는 점을 지적했다.)

Was King Arthur a real **historical** figure? (아서왕은 역사적으로 실제 인물이었습니까?)

9   magic과 magical: magic은 "마술과 관련이 있는" 것을 의미하고 magical은 "놀라운, 신기한, 불가사의 한"을 의미한다.

I will show you a **magic** trick. (내가 요술을 보여주겠다.)

He wrote a book of **magic** spells. (그는 마법에 대한 책을 썼다.)

Diamonds were once thought to have **magical** powers.
(다이아몬드는 한때 신비한 힘을 가진 것으로 여겨졌다.)

That tropical island is a **magical** place to get married.
(저 열대 섬은 결혼하기에 매력이 있는 장소다.)

10   politic과 political: politic은 어떤 일을 하는 것이 그 상황에서 매우 "사리 분별이 있는" 것으로 생각된다는 것을 의미하는 반면, political은 정치(politics)와 관련이 있는 단어다.

I don't think it would be **politic** to ask for a loan just now.
(나는 지금 당장 대출을 신청하는 것은 현명한 것이 아니라고 생각한다.)

It would not be **politic** for you to be seen with her.
(네가 그녀와 같이 있는 것이 알려지는 것은 현명한 일이 아닐 수 있다.)

All other **political** parties have been completely banned in China.
(중국에서는 모든 다른 정당은 완전히 금지된다.)

Abortion is once again a controversial **political** and moral issue in this country.
(낙태는 또다시 이 나라에서 정치적 그리고 도덕적 쟁점이 되었다.)

12 if-1: 형태와 일반적 용법

if는 조건절을 이끄는 대표적인 종속접속사다. if-절은 주절의 시제형과 양상조동사의 형태에 따라 일반적으로 네 가지 유형으로 구분한다.

1 현재시제 조건 | if ... 현재 ... | ... 현재 ... |

이 형태는 일반적으로 받아들여지는 현상 또는 사실을 말할 때 사용되며, 일반적으로 when을 대치해도 의미가 크게 바뀌지 않는다.

If/When I **go** to bed late, I **feel** dreadful in the morning.
(나는 늦게 잠자리에 들면 아침에 기분이 매우 언짢다.)
If/When you **need** money, I **can lend** you some. (돈이 필요하면 내가 좀 빌려줄 수 있다.)

2 will-조건 | if ... 현재 ... | ... will/'ll + 부정사 ... |

이 형태는 미래에 있어날 수 있는 상황이나 사건을 말할 때 사용된다.

If your boyfriend **calls**, I'**ll tell** him you've gone out with your brother.
(만약 네 남자친구가 전화하면 네 남동생과 외출했다고 말할게.)
If we **leave** now, we'**ll catch** the 11:30 train.
(우리가 지금 떠나면 11시 30분 기차를 타게 될 것이다.)

if-절에서 미래시간을 말할 때 조동사 will을 사용하지 않는다.

*We will all welcome the Professor if he **will** come to the graduation party.

3 would-조건 | if ... 과거 ... | ... would/'d + 부정사 ... |

이 형태는 현재나 미래에 일어날 가능성이 없는 비실제적 상황이나 사건을 말할 때 사용된다.

Would you **accept** the job **if** I **offered** it to you?
(만약 내가 당신에게 제안했다면 그 일자리를 받아들였을 겁니까?)
If I **married** you, we **would** both **be** unhappy.
(만약 우리가 결혼했다면 우리 둘 다 행복하지 않을 수도 있었다.)

4 would have-조건 | if ... 과거완료 ... | ... would have/-'d have +과거분사 ... |

이 형태는 가상적 과거 상황에 대해 말할 때 사용된다.

If Columbus **hadn't discovered** America, the history of the world **would have been** quite different.
(만약 콜럼버스가 미 대륙을 발견하지 않았더라면 세계의 역사는 매우 달라졌을 것이다.)
We **would have gone** to the beach, **if** the weather **had been** good.

(날씨가 좋았더라면 해변에 갔었을 것이다.)

▶ 또한 이 구조는 "would-조건" 구조와 함께 더 이상 있을 수 없는 현재나 미래의 상황을 말할 때도 사용된다.

If my grandfather **wasn't** killed in the Korean War, he **would** be 90 old next year.
(만약 나의 할아버지가 한국전쟁에서 돌아가시지 않았다면 내년에 90세가 될 것이다.)
(= If my grandfather **hadn't been** killed in the Korean War, he **would have been** 90 next year.)

We **wouldn't** be married to each other if I **didn't** take the 9 o'clock train 10 years ago.
(내가 10년 전에 9시 기차를 타지 않았더라면 우리는 결혼하지 않았을 것이다.)
(= We **wouldn't have been** married to each other if I **hadn't taken** the 9 o'clock train 10 years ago.)

13   if-2: 다른 용법

1   **궁금한 상황**: if-절은 종종 궁금하거나 확실치 않은 사실, 상황, 사건을 말할 때 whether의 의미로 사용된다.

He stopped to ask me **if I was all right**. (그는 내가 괜찮은지를 물으려고 들렀다.)
I'm not sure **if/whether this is the right road (or not)**.
(나는 이 길이 맞는 것인지 확신이 없다.)

2   **가능한 상황**: if-절은 있을 수 있는 어떤 상황에 대한 생각을 물을 때 사용된다.

I'm sorry **if I upset you**. (기분 나쁘게 했다면 미안합니다.)
It would be nice **if we could spend more time together**.
(우리가 함께 시간을 더 보낼 수만 있다면 좋을 텐데.)

3   **if not**: if-절은 방금 언급한 내용과 약간의 차이가 있음을 표현할 때 사용된다.

I will be ready in a couple of weeks, **if not sooner**.
(더 빠를 수는 없으나 2주 정도면 준비가 될 것입니다.)
The snow on the road makes it difficult, **if not impossible**, to get the car out.
(길 위에 있는 눈이 차를 빼는 것을 불가능하게 하지는 않지만 어렵게 할 것입니다.)

4   **정중한 요청**: if-절은 종종 정중하게 무엇을 요청할 때 사용된다.

I wonder **if you could help me to solve this problem**.
(이 문제를 푸는 데 저를 도와주실 수 있으신가 해서 말씀드립니다.)
I'd be grateful **if you'd send me more information on the subject**.
(저에게 그 주제에 대한 정보를 좀 더 보내주신다면 감사하겠습니다.)

▶ 정중하게 요청할 때 종종 과거시제의 if-절이 사용되기도 한다.

Will it be all right if I **bring** a friend tonight? (오늘 밤에 친구 한 명을 데려와도 됩니까?)
Would it be all right if I **brought** a friend tonight?
(오늘 밤에 친구 한 명을 데려오려고 하는데 괜찮겠습니까?)

5 **실현 가능성**: if-절의 현재시제와 과거시제의 차이는 시간의 차이가 아니라 어떤 상황의 실현 가능성의 차이를 의미한다. 현재시제는 실현 가능한 상황을, 과거시제는 실현될 가능성이 없는 가상적 상황을 암시한다. 다음을 비교해보라.

If I **am** elected, I will ...   [후보의 말]
(만약 내가 당선된다면, 나는 ...)
If I **was** elected, I would ...   [낙선한 후보의 말]
(만약 내가 당선되었다면, 나는 ...)

6 **(even) if**: if는 종종 (even과 결합되어) 양보 조건절을 구성한다.

The house is very comfortable, **(even) if it is a little small**.
(집이 약간 작기는 하지만 매우 쾌적하다.)
He is very friendly, **(even) if he is a prince**. (그는 왕자이지만 매우 친절하다.)

14 if-3: 특별한 용법

1 **if ... were ...**: if-절에서 단수 주어가 종종 was 대신에 were를 취하는 경우가 있다. 이러한 were의 사용을 가정법이라고 하며 (S29를 보라), 이 경우 were는 비실제성(unreality)을 표현한다.

If he **were** naturalized, he **could vote** in the next presidential election.
(만약 그가 귀화했다면 다음 대통령 선거에서 투표를 할 수 있을 것이다.)
If I **were** a bit younger, I **would spend** all my time travelling.
(내가 조금만 젊었다면 나는 모든 시간을 여행하는 데 쓸 것이다.)

▶ "if I were you"는 또한 타인에게 충고하거나 어떻게 행동하는 것이 좋은가를 말할 때 종종 사용된다.

I wouldn't worry about it **if I were you**. (내가 너라면 걱정하지 않을 것이다.)
If I were you, I'd accept his apology. (내가 너라면 그의 사과를 받아들일 것이다.)

2 **if ... should**: 어떤 일이 일어날 가능성이 적어 보일 경우 if-절에서 should가 사용될 수 있다.

If she **should** telephone, let me know. (그녀가 만약 전화하면 나를 바꿔주세요.)
If you **should** run into Peter, tell him I want to see him.
(만약 피터와 마주친다면 내가 보고 싶어 한다고 말해주세요.)

3 **if ... happen**: "if ... happen"도 "if ... should"와 유사한 의미를 갖는다.

If you **happen to** go to the library, perhaps you could return this book for me.

(만약 도서관에 갈 일이 생긴다면 저 대신에 이 책을 반환해 주십시오.)

▶ should와 happen to가 함께 쓰일 수도 있다.

If you **should happen to** visit Seoul, you may stay at my place.
(만약 서울에 올 일이 있다면 저의 집에 머물러도 됩니다.)

4 if ... was/were to: 이 구조는 과거시제 동사와 마찬가지로 if-절에서 비실제적인 가상적 미래 사건을 말할 때 사용된다.

What would happen to your family **if** you **were to die** in an accident?
(만약 네가 사고로 죽게 된다면 너의 가족은 어떻게 되겠느냐?)
(= What would happen to your family if you **died** in an accident?)
If I **was/were to quit** smoking, I would be much healthier than now.
(만약 내가 담배를 끊었다면 지금보다 더 건강할 것이다.)
(= If I **quit** smoking, I would be much healthier than now.)

5 if it was/were not for: 이 구조는 한 특별한 사건이나 상황이 모든 것을 바꾼다는 것을 말할 때 사용된다.

If it was not/were not for your support, he would never be a director.
(만약 당신의 지지가 없었더라면 그는 결코 이사가 되지 못했을 것입니다.)
If it is was not/were not for his money, he would be in prison now.
(만약 돈이 아니었다면 그는 지금 감옥에 있을 것이다.)

6 if it had not been for: 어떤 상황이 아니었더라면 결과가 달랐으리라는 것을 말할 때 사용된다.

If it hadn't been for their interruptions, the meeting would have finished earlier.
(만약 그들의 방해가 없었더라면 회의는 더 일찍 끝났을 것이다.)

▶ "but for"는 "it had not been for"의 의미로 쓰인다. (B25.1을 보라.)

But for their interruptions, the meeting would have finished earlier.
(그들의 방해가 아니었다면 회의는 더 일찍 끝났을 것이다.)

7 **생략 구조**: 문어체에서 "주어 + be 동사"가 때때로 if 다음에서 생략된다.

If (he is) still alive, he must be at least ninety years old.
(아직 살아있다면 그는 적어도 90세일 것이다.)
If (you are) in doubt, ask for help. (의심이 가면 도움을 청해라.)
If (it is) carefully done, the experiment should be successful.
(만약 신중히 끝낸다면 실험은 성공적으로 될 것이다.)

종속절 내의 생략에 대해서는 E11을 보라.

8 if any/at all/not impossible: 방금 말한 것보다 "덜하거나 더하거나 혹은 더 나아지거나

나빠지거나 부연하여" 말할 때 사용할 수 있다.

The desert gets little, **if any** rain. (사막은 비가 온다고 해도 아주 적다.)
Their policies have changed little, **if at all**, since the last election.
(마지막 선거 이후 그들의 정책은 변화가 있다고 해도 미미하다.)
That goal is quite difficult, **if not impossible**, to achieve.
(그 목표는 달성하기가 불가능하지는 않지만 매우 어렵다.)

9 if anything: 방금 말한 것을 바꾸거나 강조할 때 "if anything"을 사용할 수 있다.

It's warm enough in Sydney. A little too warm, **if anything** (= in fact).
(시드니는 꽤 더운데, 실제로는 약간 너무 덥다.)
I never had to clean the office. He did most of the cleaning, **if anything**.
(나는 사무실을 청소하지 않아도 된다. 실제로 그가 대부분의 청소를 한다.)

10 if ever: if ever는 어떤 사람이나 사물이 "전형적인 표본"이 됨을 말할 때 사용될 수 있다.

If ever I saw a true artist, it was James Still.
(내가 진정한 예술가를 만났다면 그것은 제임스 스틸 씨다.)
He's a natural comedian **if ever** there was one.
(만약 한 사람이 있다면 그가 천부적인 코미디언이다.)

11 if not: 어떤 표현 앞에 if not이 오면 말할 것이 그 표현에 맞지 않는다는 것을 의미한다.

Usually, **if not** always, we write "cannot" as one word.
(항상은 아니지만 보통 우리는 "cannot"를 한 단어로 쓴다.)
The project could cost us thousands, **if not** millions of dollars.
(그 계획은 수백만 불은 아니라도 수천 불은 들 수 있다.)

12 if so와 if not: if 다음에서 앞에 오는 절을 반복하거나 부정하는 대신에 so와 not를 사용할 수 있다.

Are you the man with those good ideas? **If so**, we'd love to hear from you.
(당신이 그 좋은 생각을 가진 분입니까? 그렇다면 당신의 생각을 듣고 싶습니다.)
(= **If you're the man with those good ideas,** we'd love to hear from you.)
We'll go to the beach if the weather's good. **If not**, we'll stay home.
(날씨가 좋으면 바다에 갈 것이다. 그렇지 않으면 집에 있을 것이다.)
(= **If the weather's not good,** we'll stay home.)

13 if ... will: if-절이 주절이 성립하는 조건이 아니라 결과가 될 때 조동사 will이 사용될 수 있다. 다음을 비교해보라.

I'll arrange some scholarship for you, **if it'll** help you study medicine.
(만약 장학금이 네가 의학을 공부하는 데 도움을 준다면 장학금을 받게 해줄 것이다.)

I'll arrange some scholarship for you, **if** you study medicine.
(만약 네가 의학을 공부하겠다면 장학금을 받게 해줄 것이다.)

두 번째 문장에서는 "의학공부(studying medicine)"가 "장학금(scholarship)"의 조건이지만, 첫 번째 문장에서는 장학금이 "의학공부를 하는 데 도움을 주는 결과"가 되는 경우를 말한다.

15 if-4: 다른 형태의 조건절

1 동사: 적절한 표현을 사용하여 if-절과 유사한 의미를 가진 구조를 구성할 수 있다. 그 구조에 나타나는 시제와 조동사도 if-절과 유사하며, 다음과 같은 표현들이 일반적으로 사용된다.

as/so long as   on condition (that)
assume/assuming (that)   imagine (that)
provided/providing (that)   suppose/supposing (that)
let's assume/suppose (that) 등

I can lend you some money **providing/provided** you pay it back next week.
(만약 다음 주에 갚는다면 너에게 돈을 좀 빌려줄 수 있다.)
Imagine you were the murderer. Where would you have hidden the knife?
(네가 살인자라면 칼을 어느 곳에 숨겼을까?)
Let's assume that we had run into Soohyun Kim. What would we have said to him?
(우리가 김수현을 만났다면 그에게 뭐라고 말했을까?)
The superintendent would support them **as long as** they didn't break the rules.
(그들이 규칙을 위반하지 않았다면 교장은 그들을 지지했을 것이다.)

2 도치: 조건절에서 접속사 if 대신에 조동사를 주어 앞에 놓을 수 있으며, 문학적 표현에서 자주 쓰인다.

Had I known, I would have come home sooner. (내가 알았더라면 집에 더 일찍 왔을 텐데.)
(= **If I had known** I would have come home sooner.)
Should you need any help, you can always call me at my office.
(도움이 필요하면 언제든지 내 사무실로 연락할 수 있다.)
(= **If you should need any help**, you can always phone me at my office.)

도치 구조에 대해서는 132-134를 보라.

16 if only

1 소망: if only는 실현될 수 없는 강력한 소망을 표현할 때 사용된다.

▶ 현재의 소망을 표현할 때는 과거시제를 사용한다.

If only I had some money! (나에게 돈이 좀 있다면 좋으련만!)
(= I wish I have some money.)
If only I wasn't so tired! (내가 이렇게 지치지만 않았다면 좋겠는데!)

(= I wish I'm not so tired.)

was 대신에 were를 사용할 수도 있다. (14.1을 보라.)

If only I **were** better-looking! (내가 좀 더 잘 생겼다면 얼마나 좋을까!)

▶ 기대할 수 없는 미래의 소망을 가리킬 때는 조동사 would/could를 사용한다.

If only she **would stop** complaining, we would allow her to join the club.
(그녀가 불평을 그만둔다면 그녀를 클럽의 회원으로 받아들일 텐데.)
If only I **could** meet you at the station! (너를 정거장에서 만날 수 있으면 좋으련만!)

▶ 이루지 못한 과거의 소망을 표현할 때는 과거완료를 사용한다.

If only she **hadn't told** the police, everything would have been all right.
(그녀가 경찰에 말하지 않았다면 모든 것이 잘 되었을 건데.)
If only you'**d been** driving more carefully! (네가 좀 더 조심해서 운전했었더라면!)

2 이유: if only는 종종 바람직하지는 않지만 어떤 이유를 표현할 때 사용된다.

Our meeting with the boss was necessary, **if only** for a deeper exchange of views.
(심도 있는 의견의 교환을 위해서라면 상사와의 회합이 필요했다.)
I think you should get a job, **if only** to stop yourself getting so bored at home.
(집에서 지루하게 지내는 것을 그만두려면 취직을 해야 한다고 생각한다.)

17 ill과 sick

ill은 영국영어에서 질병에 걸렸음을 표현하지만, 미국영어에서 문어체를 제외하고 같은 의미로는 sick를 사용한다. ill은 (동사 다음 위치인) 서술적 위치에 일반적으로 나타난다.

I decided to stay home because **my mother was ill/sick**.
(어머니가 아프셔서 집에 있기로 했다.)
I decided to stay home because of **my sick mother**. (병든 어머니 때문에 집에 있기로 했다.)
(*I decided to stay home because of **my ill mother**.)

1 ill + 명사: ill이 명사를 앞에서 수식할 때는 "나쁜(bad), 해로운(harmful)"의 의미를 갖는다.

Did you experience any **ill effects** from the treatment?
(당신은 그 치료 후에 어떤 좋지 않은 후유증을 경험했습니까?)
He was unable to join the army because of **ill health**.
(그는 나쁜 건강 때문에 군에 갈 수가 없었다.)

2 be sick: "be sick"는 "토하다(vomit)"를 의미할 수도 있다.

I think I'm going to **be sick**. (나는 토할 것 같다.)
The cat's **been sick** on the carpet. (고양이가 양탄자 위에 토했다.)

► "be sick (and tired) of"는 "어떤 것에 넌더리가 나거나 지겨움"을 표현한다.

I'm **sick and tired of** (hearing) your excuses. (네 변명을 듣기에 진저리가 난다.)
We're all **sick and tired of** working for you. (우리 모두는 너를 위해 일하는 것이 지겹다.)

3 feel sick: "feel sick"와 "be/feel sick to the stomach"는 "구역질나다/멀미하다(nauseous)"를 의미한다.

As soon as the ship started moving, I began to **feel sick**.
(배가 출발하자마자 나는 멀미를 느끼기 시작했다.)
She began to shiver, **feeling sick to the stomach**.
(그녀는 구역질하면서 와들와들 떨기 시작했다.)

4 make me sick: "make me sick"는 "어떤 대상이 자신을 화나게 함"을 의미한다.

The news commentator of the BBC **makes me sick**.
(그 BBC의 뉴스 해설자는 나를 화나게 한다.)
It **makes me sick** that young people commit offences without any guilty conscience.
(젊은 사람들이 어떠한 죄의식도 없이 범죄를 저지른다는 것에 나는 화가 난다.)

18   imperative sentences(명령문)

1   **형태와 용법**: 영어의 전형적인 명령문은 외형적인 주어가 없으며, 동사는 to 없는 부정사형이 된다. 명령문은 할 일을 말하거나 요청할 때, 제안할 때, 충고나 지시를 내릴 때, 격려할 때 등에 사용된다.

Tell me the truth.　　　　　　　　　　[명령/요청]
(나에게 진실을 말해라.)
Drive your car into the garage.
(네 차를 차고에 넣어라.)

Have some more tea.　　　　　　　　　[권고]
(차 좀 더 드세요.)
Try one of these chocolates.
(이 초콜릿 하나 들어보세요.)

Come in and **sit** down.　　　　　　　[초대]
(들어와서 앉아라.)
Come to my office after the classes.
(수업 후에 내 연구실로 와라.)

Take two tablets with a glass of water.　[지시]
(물 한 잔에 두 알 드세요.)
Put this envelope into the mailbox.
(이 봉투를 우편함에 넣으세요.)

Enjoy yourself. [제안]
(즐기세요.)
Relax and **have** fun.
(마음을 편히 하고 즐기세요.)

2 **명령문과 do 조동사**: 부정 명령문은 don't를 긍정 명령문 앞에 놓아 구성한다. do는 일반적으로 be와 함께 조동사로 쓰이지 않지만 be로 시작하는 부정 명령문과 강조 명령문에서는 조동사로 쓰인다. (B2를 보라.)

Don't be silly! (바보짓 하지마라!) (*Be not silly!)
Do be a bit more careful. (좀 더 조심하도록 해라.)
Do sit down. (앉으세요.)
Don't say a word. (아무 말도 하지 마라.)

3 **명령문과 접속사**: 명령문 다음에 오는 and나 or는 명령문을 "if-절"과 유사한 의미를 가지게 한다.

Walk down our street any day **and** you will see kids playing.
(언제든지 우리가 사는 거리로 걸어 내려오면 아이들이 놀고 있는 것을 볼 것이다.)
(= **If I walk** down our street any day, you will see kids playing.)
Shut up **or** I will lose my temper. (입 닥쳐. 안 그러면 화낼 거다.)
(= **If you do not shut up** I will lose my temper.)
Don't do that again **or** you will be in trouble.
(다시는 그러지 말아라. 안 그러면 곤란해질 거다.)
(= **If you do that again,** you will be in trouble.)

4 **수동 명령문**: 어떤 일이 이루어지도록 하게 하려고 말할 때 종종 "get + 과거완료"를 사용한다.

Get vaccinated as soon as you can. (가능한 한 빨리 예방주사를 맞아라.)
Don't get upset. (기분 상하지 마라.)

수동 조동사로 쓰이는 get에 대해서는 G11.2를 보라.

5 **명령문의 주어**: 명령문은 일반적으로 주어를 갖지 않지만 말하는 대상을 명백히 하기 위하여 주어를 표현할 수 있다.

Everybody come in and sit on the floor. (모두 들어와서 바닥에 앉으세요.)
Somebody close the window. (누가 문 좀 닫지.)
Nobody move. (꼼짝 마!)
Relax, John. (존아 긴장 풀어.)

▶ you 주어는 강력한 설득이나 노여움을 암시한다.

You just **sit down** and **wait** for a minute. (거기 앉아서 잠깐만 기다려.)

You never **touch** me again! (다시는 나에게 손대지 마라.)

▶ 대명사 주어를 가진 부정 명령문의 어순에 유의하라.

Don't you trust him. (그를 믿지 마라.) (***You don't** trust him.)
Don't anybody ignore what I say. (누구도 내 말을 무시하지 마라.)
(***Anybody don't** ignore what I say.)

6   **명령문과 부가 의문절**: 명령문 다음에 나타나는 전형적인 부가 의문절로는 (Q6을 보라) "will you?, won't you?, would you?, can you?, can't you?, could you?"가 있다. 부정 명령문 다음에는 일반적으로 "will you?"가 온다.

Help me lift the table, **will you?** (식탁을 드는 것을 도와줄 수 있지요?)
Stand up, **won't you?** (일어설까요?)
Get me something to drink, **can you?** (마실 것 좀 줄 수 있지요?)
Be careful, **can't you?** (조심할 수 있지요?)
Don't tell it to my mother, **will you?** (제 어머니에게 말하지 마실래요?)

7   **let's 명령문**: 종종 일인칭 명령문이라고도 부르는 화자와 청자가 함께 무엇을 하자고 제안하는 표현으로 "let's + 부정사" 구조가 있다. let's는 let us의 축약형이며, let us는 문어체로만 쓰인다.

Let's have a meal at the new restaurant. (새 레스토랑에서 식사합시다.)
Let's go home. (집에 갑시다.)
Let us pray. (기도합시다.)

▶ 부정문은 let's와 동사 사이에 not를 놓아 만든다. 그러나 영국영어에서는 don't를 let's 앞에 놓아 만들기도 한다.

Let's not talk about it.
Don't let's talk about it.   [영국영어]
(그것에 대해서는 말하지 맙시다.)

▶ let's 절의 뒤에는 일반적으로 부가 의문절 "shall we?"가 온다.

Let's go out to dinner, **shall we?** (저녁 먹으러 나갈까요?)

let의 용법에 대해서는 L7과 L8을 보라.

I9   in

in은 장소와 시간을 나타내는 대표적인 전치사 중의 하나지만, 그 외에도 다양한 의미를 표현하는 전치사로 쓰인다.

1   **기간**: 시간의 단위(초, 분, 시간 등)를 목적어로 가질 경우 in은 명시된 시간의 끝을 의미한다.

Dinner will be ready **in ten minutes**. (10분 후에 저녁이 준비될 것입니다.)
He'll show up **in an hour**. (그는 1시간 지나면 나타날 것입니다.)
Can you finish the job **in two weeks**? (2주면 일을 끝낼 수 있습니까?)

▶ in은 비교적 긴 기간을, on은 중간 길이의 기간을, at는 한 시점을 표현한다.

The meeting will be held **in March**. (회의는 3월에 열린다.)
The meeting will be held **on Friday**. (회의는 금요일에 열린다.)
The meeting will be held **at ten o'clock**. (회의는 10시에 열린다.)

시간 전치사에 대해서는 A78을 보라.

2 **교통수단**: in은 특정한 교통수단을, by는 일반적인 교통수단을 표현할 때 사용된다.

We crossed the country **in his car**. (우리는 그의 차로 그 나라를 횡단했다.)
We crossed the country **by car**. (우리는 차로 그 나라를 횡단했다.)
He came to Busan **in the charted plane**. (그는 전세기 편으로 부산에 왔다.)
He came to Busan **by plane**. (그는 비행기로 부산에 왔다.)

3 **위치**: in은 일반적으로 어떤 공간 내에 위치하는 것을 의미하지만, into와 같이 종종 어떤 공간의 내부로의 이동을 의미하기도 한다.

I'll be **in New York** next week. (나는 다음 주에 뉴욕에 갈 것이다.)
He took us for a drive **in his new car**. (그는 자기 새 차로 드라이브를 해줬다.)
He almost drowned when he fell **in/into the river**.
(그는 강으로 추락했을 때 거의 익사할 뻔했다.)
Why don't you put the butter back **in/into the refrigerator**?
(버터를 냉장고에 도로 넣어두지 그래?)

4 **포함**: in은 어떤 특정 대상을 포함하는 더 큰 대상을 표현할 때 사용된다.

We shouldn't believe everything we read **in the newspaper**.
(신문에서 읽는 것을 다 믿어서는 안 된다.)
Which actress starred **in the movie** "Cleopatra"?
(영화 〈클레오파트라〉에서 어느 여배우가 주연을 맡았습니까?)
They added three new programs **in the series**.
(그들은 그 연속물에 세 개의 새 프로그램을 추가했다.)
Mr. Kim played a leading role **in the negotiations**.
(김 군은 협상에서 지도적인 역할을 했다.)

5 **상황과 상태**: 추상명사와 결합하여 어떠한 상황이나 상태를 표현할 때 사용된다.

Everyone knows their marriage is **in trouble**. (그들의 결혼에 문제가 있다는 것은 다 안다.)
The engine appears to be **in good condition**. (엔진은 상태가 좋은 것 같이 보인다.)

in danger	in debt	in doubt	in good health
in a hurry	in love	in private	in public
in time	in tears 등		

6   **의복/모습**: 어떤 대상이 입은 옷이나 취하는 모습을 표현할 때 사용된다.

He looked very handsome **in his uniform**. (그는 제복을 입으면 매우 잘생겨 보인다.)
She was dressed **in a blue linen suit**. (그녀는 파란색 아마 섬유 의상을 입었다.)
He wants all the students to stand **in a circle**.
(그는 모든 학생들이 둥글게 원을 그려 서기를 원한다.)
The policeman made him walk **in a straight line**.
(경찰관은 그에게 직선을 따라 걸어가게 했다.)

7   **방식/수단**: 방식 또는 수단을 표현할 때 사용된다.

He always writes his reports **in pencil**. (그는 보고서를 항상 연필로 쓴다.)
The painter painted my father's portrait **in oils**. (화가가 나의 아버지의 초상화를 유화로 그렸다.)
They spoke **in Russian** when I was around. (그들은 내가 있을 때는 러시아어로 말했다.)
She always talks **in a whisper**, so it's difficult to hear what she's saying.
(그녀는 항상 속삭이듯 말을 하기 때문에 무슨 말을 하는지 알아듣기가 힘들다.)
Eggs are still sold **in half dozens**. (달걀은 아직도 반 다스씩 판다.)
People flocked **in thousands** to greet their new prince.
(새 왕자를 환영하기 위해 수천 명의 사람이 모였다.)

8   **동시성과 이유**: in이 동명사와 함께 쓰이면 동시성 또는 이유를 표현할 수 있다.

In trying to protect the president, he had put his life in danger.
(대통령을 보호하려고 하다가 그는 자신의 생명을 위태롭게 했다.)
(= While/Because he tried to protect the president, he had put his life in danger.)
In forcing his way through the gate, he ripped his shirt.
(대문을 강제로 통과하려다가 셔츠가 찢겼다.)
He refused to say anything **in replying** the journalists' questions.
(그는 기자들의 질문에 응하면서 아무 말도 하지 않았다.)

9   **독립 전치사**: in은 목적어 없는 전치사로도 종종 쓰인다.

"Max's waiting at the door." "Well, why don't you let him **in**?"
("맥스가 문 앞에서 기다리고 있습니다." "그래, 들어오라고 하지 그래?")
"May I speak with Mr. Smith?" "I'm sorry, he's not **in**."
("스미스 씨 계십니까?" "미안하지만 안 계시는데요.")
Is your brother **in** (the house)? (동생 (집에) 있습니까?)
Please, **come in** (the room). ((방으로) 들어오세요.)
The thief **broke in** (the office) through an upstairs window.
(도둑이 위층 창문을 통해 (사무실에) 들어왔다.)

110   in case와 if

in case는 if와 마찬가지로 조건을 이끄는 접속사이지만, 이 둘이 정확히 같은 의미로 쓰이는 것은 아니다.

1   **예방/대비**: in case는 있을 수 있는 상황에 대비하거나 어떤 상황이 일어나지 않도록 예방하는 것을 표현할 때 사용된다.

My mother never let us play in the street **in case** we were run over.
(자동차에 치일 경우를 대비하여 나의 어머니는 우리를 거리에서 절대로 놀지 못하게 했다.)
I always keep her address **in case** I forget it.
(나는 잊어버릴 경우를 생각해서 항상 그녀의 주소를 소지한다.)
He always takes an umbrella **in case** it rains. (그는 비 올 경우를 대비해서 항상 우산을 가져간다.)
I carried a couple of magazines **in case** I had to wait a long time at the airport.
(공항에서 오래 기다려야만 할 경우를 생각해서 나는 잡지를 두어 권 가져갔다.)

2   **시제**: in case절에서는 (if-절에서와 같이) 현재시제로써 미래시간을 표현한다.

My wife always carries her credit card **in case** there's a bargain.
(떨이가 있을 경우를 대비해서 내 처는 항상 신용카드를 가지고 다닌다.)
(*My wife always carries her credit card in case there'll be a bargain.)
Write it down **in case** you **forget**. (잊어버릴 수도 있으니까 적어 놔라.)
(*Write it down in case you will forget.)

3   **should**: in case절은 아직까지 실현되지 않은 상황을 표현함으로 "추정의 의미"를 지닌 should가 종종 사용된다.

She never lets the kids climb up the tree **in case** they **should** fall.
(떨어질 수도 있기 때문에 그녀는 절대로 아이들이 나무에 올라가는 것을 허용하지 않는다.)
We have to prepare snow chains for the car **in case** we **should** meet snow on the way.
(도중에 눈을 만날 수도 있으므로 스노체인을 준비해야 한다.)

4   **짜증**: 명백하다고 생각하거나 상관할 일이 아니라고 생각되는 것을 약간 짜증 나는 태도로 말할 때 사용된다.

She's nervous about something, **in case** you didn't notice.
(너는 못 알아차렸는지는 몰라도 그녀는 무엇인가로 불안해하고 있다.)
"I'm waiting for Mary Ann," he said, "**in case** you're wondering."
("이상하게 생각할지 모르지만 나는 메리 앤을 기다리고 있다"라고 그는 말했다.)

5   **if와 in case**: if는 어떤 한 상황이 발생하면 뒤이어 어떤 행동을 하는 것을 의미한다. 즉, "if A happens, then I do B"를 의미한다. 그러나 in case의 경우는 종종 어떤 한 상황이 발생할 수도 있기 때문에 어떤 행동을 하는 것을 표현한다. 즉 "I do B because A might

happen"을 의미한다. 다음을 비교해보라.

I will deliver the goods **if** you pay me. (돈을 보내면 물건을 보내겠습니다.)
(= I will deliver the goods when you pay me.)
I always carry my credit card **in case** there's a bargain.
(떨이가 있을 수 있으므로 나는 항상 신용카드를 가지고 다닌다.)
(= I always carry my credit card because there might be a bargain.)
(*I always carry my credit card **if** there's a bargain.)

People have health insurance **in case** they get sick.
(사람들은 아플 것을 대비해서 건강보험에 든다.)
People provide fire extinguishers **in case** their houses catch fire.
(사람들은 집에 불이 날 것에 대비하여 소화기를 준비한다.)
People call the fire department **if** their houses catch fire.
(사람들은 집에 불이 나면 소방서에 전화한다.)

▶ 미국영어에서 in case는 때때로 if와 같은 뜻으로 사용되기도 한다.

In case the house burns down, we will get the insurance money.
(집이 불에 타면 보험금을 받게 될 것이다.)
In case you need any money, I can lend you some. (돈이 필요하면 내가 좀 빌려줄 수 있다.)

6 **(just) in case**: (just) in case는 부사구로서 어떤 가능성을 막연하게 표현할 때 사용될 수 있다.

I don't think we'll need any money, but I'll bring some **(just) in case**.
(돈이 필요 없을 것으로 생각하지만 만약을 위해서 조금 가져가겠다.)
We've already talked about this, but I'll ask you again **(just) in case**.
(이 문제에 대해서 이미 말했으나 만약에 대비해서 너에게 다시 묻겠다.)

I11 in case of

in case of는 복합 전치사로서 in case의 의미로 사용되기도 하고 if와 유사한 상황에서 사용되기도 한다.

You'd better insure the house **in case of** fire. (화재에 대비해서 집을 보험에 드는 것이 좋다.)
Many shops along the street have been closed **in case of** riots.
(폭동에 대비하여 거리에 있는 많은 상점이 문을 닫았다.)

공식적 통지에서 if 대신에 in case of가 자주 사용된다.

In case of fire, press the alarm button. (화재가 일어나면 경보기를 누르십시오.)
(= If there is a fire, press the alarm button.)

I12   in front of, facing, opposite

1   **in front of**: in front of는 복합전치사로서 어떤 대상의 "앞"을 가리키지만 (도로, 강, 방 등의) 어떤 공간을 가로지른 "반대편"을 의미하지는 않는다. 이런 의미로는 일반적으로 opposite 혹은 facing이 사용된다. 다음을 비교해보라.

There's a grocery store **in front of** our apartment.
(우리 아파트 앞에 식료품 가게가 있다.) [아파트와 상점이 도로의 같은 편에 있다]
There's a grocery store **opposite/facing** our apartment.
(우리 아파트 건너편에 식료품 가게가 있다.) [상점이 아파트 앞 도로의 다른 편에 있다]

▶ 미국영어에서는 종종 across from이 사용된다.

The woman sitting **across from** (= opposite) me is my aunt.
(나의 반대편에 앉아있는 여자 분이 나의 숙모시다.)

▶ in front of의 반의어는 behind다.

Put a cushion **behind** you. You'll feel more comfortable.
(방석을 네 뒤에 놓아라. 훨씬 편안하게 느낄 거야.)

2   **opposite**: opposite 자체가 전치사이므로 다른 전치사 to나 of와 함께 사용하는 것은 옳지 않다.

He hanged the picture on the wall **opposite (*to/*of)** the door.
(그는 출입문 반대편 벽에 그림을 걸었다.)

▶ opposite는 그 목적어가 "청자나 화자가 알고 있거나 이미 앞에서 언급된 특정 사물과 대면한 대상"을 가리킬 때 생략될 수 있는 전치사적 부사 즉, 독립전치사로 사용될 수 있다.

The man you are looking for is in the shop directly **opposite (you)**.
(네가 찾고 있는 남자는 (네) 바로 반대편에 상점에 있다.)
Peter sat near the window and Mary sat down in the seat **opposite (the window)**.
(피터는 창문 가까이에 앉아 있었고, 메리는 (창문) 반대편에 있는 좌석에 앉았다.)

before와 in front of의 차이점에 대해서는 B15를 보라.
behind와 ahead (of)에 대해서는 B16을 보라.

I13   in spite of와 despite

1   **in spite of**: in spite of는 복합전치사로 사용되며, "in spite of + 명사"는 "although + 절"과 같은 의미로 쓰인다.

They went swimming **in spite of** the rain. (비에도 불구하고 그들은 수영하러 갔다.)
(= They went swimming **although** it was raining.)

Daniel will play in Saturday's match **in spite of** his injury.
(부상에도 불구하고 다니엘은 토요일 경기에 나갈 것이다.)
(= Daniel will play in Saturday's match **although** he has an injury.)
They lost the game **in spite of** having practiced very hard.
(열심히 연습했지만 그들은 경기에 졌다.)
(= They lost the game **although** they had practiced very hard.)

▶ in spite of의 반의어는 "because of"다. 다음을 비교해보라.

She has had a successful career **in spite of** her background.
(그녀는 자신의 배경에도 불구하고 성공적인 일생을 보냈다.) [배경이 나쁨을 의미함]
She has had a successful career **because of** her background.
(그녀는 자신의 배경 때문에 성공적인 일생을 보냈다.) [배경이 좋음을 의미함]

2 despite: despite는 전치사로서 일반적으로 문어체에서 많이 사용된다. despite 다음에 of와 같은 전치사를 사용하지 않도록 조심하라.

Despite (*of) the heat, he wore a black leather jacket.
(더위에도 불구하고 그는 검은 가죽 재킷을 입고 있다.)
She ate a big lunch **despite having eaten** an enormous breakfast.
(그녀는 어마어마한 아침을 먹은 후에 큰 점심을 먹었다.)

3 oneself와 everything: "in spite of/despite oneself"는 본인이 원하거나 의도하지 않았는데도 어떤 것을 하게 되는 것을 의미하고, "in spite of/despite everything"은 모든 여건이 좋지 않지만 어떤 것을 이루었음을 표현한다.

Everybody started to laugh **in spite of themselves**. (그들은 자기도 모르게 웃기 시작했다.)
We had a good holiday **in spite of everything**.
(모든 어려움에도 불구하고 우리는 즐거운 휴일을 보냈다.)

114 indeed

indeed는 부사로서 문두, 문중, 문미위치에 다 올 수 있는데, 그 위치에 따라 용법이 다를 수 있다.

1 very와 indeed: (특히 영국영어에서) indeed는 문미위치에서 부사 very를 강조하는 역할을 하며, very가 없을 경우 문미위치에 홀로 올 수 없다.

She is **very** clever, **indeed**. (그녀는 참으로 영리합니다.)
The engine began to sound **very** loud, **indeed**. (엔진이 정말 큰 소리를 내기 시작했다.)

*She is clever, **indeed**.
*He is driving fast, **indeed**.

▶ indeed는 very가 아닌 quite나 extremely와 같은 다른 정도부사와도 일반적으로 함께

사용되지 않는다.

*She is **extremely** clever, **indeed**.
*The engine began to sound **quite** loud, **indeed**.

2 **문중위치**: indeed가 문중위치에 오면 이미 언급된 것을 확인하거나 동의하는 역할을 한다.

She is **indeed** one of the greatest artists in the world.
(실은 그녀는 세계에서 가장 위대한 예술가 중의 하나다.)
He admitted that payments had **indeed** been made.
(사실대로 말하면 변제가 다 되었다는 것을 그는 인정했다.)

▶ 이 용법은 짧은 응답에서도 종종 발견된다.

"It's cold." "It is **indeed**." ("날씨가 춥다." "정말 춥네요.")
"He made a fool of himself." "He did **indeed**." ("그는 바보짓을 했어." "그러게요.")

3 **의문사**: indeed는 질문을 하면서도 적절한 대답이 없을 경우에 종종 사용된다.

"Now where are the villains?" "**Where indeed**?"
("지금 그 악당들은 어디에 있을까요?" "정말 어디에 있을까?")
"Why would John have left without saying a word?" "**Why indeed**?"
("존은 왜 한마디도 하지 않고 떠났을까요?" "도대체 왜 그랬을까요?")

4 **접속어**: 문두위치에서 앞에서 언급한 것을 강조하거나 지지할 때 사용되는 접속어 역할을 한다.

We have nothing against diversity; **indeed**, we want more of it.
(우리는 다양성을 반대하지 않는다. 실은 더 많은 다양성을 원한다.)
Her paintings are well-known all over the world. **Indeed**, she's a great artist.
(그녀의 그림은 전 세계적으로 유명하다. 사실은 그녀는 위대한 예술가다.)

I15 indefinite pronouns(부정대명사)-1: 단순부정대명사

이 대명사들은 가리키는 대상이 확정되지 않은 불특정 대상을 가리킬 때 사용되기 때문에 부정대명사라고 부른다. 부정대명사에 대해서 논의하려면 먼저 몇 가지 새로운 용어에 대해서 알아둘 필요가 있다. 전칭적(universal)이란 모두를 가리킨다는 뜻이며, 단언적(assertive)이란 화자가 자신이 말한 것이 사실이라고 믿을 때 쓰는 용어로서 일반적으로 긍정서술문을 가리킨다. 따라서 비단언적(nonassertive)은 부정문이나 의문문 또는 조건문 등을 가리킨다.

단순(simple) 부정대명사는 of-구가 뒤따라 올 수 있기 때문에 일명 "of-대명사"라고도 부른다.

		가산명사		불가산명사
		단수	복수	단수
전칭적		all, each	all, both	all
단언적	some	some	some	some
	다수		many more most	much more most
	소수		a few fewer/less fewest/least	a little less least
	one	one	ones	
비단언적		any either	any	any
부정적		none neither	none few	none little

단순 부정대명사들은 복합 부정대명사와 다음과 같은 점에서 구분된다.

1. **of-구**: 단순 부정대명사는 모두 of-구가 뒤따라 나올 수 있다.

   Some of us were tired and hungry. (우리 중에 몇 명은 지치고 주렸다.)
   Many of the students were absent from the class. (많은 학생이 수업에 빠졌다.)
   Only **a few of the children** can read. (아이들 중에 몇 명만 읽을 줄 안다.)
   I understood only **a little of his speech**. (나는 그의 연설을 조금밖에 이해할 수 없었다.)

2. **대명사**: 모두 명사구를 대신하는 독립 대명사로 쓰일 수 있다.

   Many children learn to read quite quickly, but **some** need special instruction.
   (많은 아이들이 속독을 배우지만 어떤 아이들은 특별한 지도가 필요하다.)
   Many old people visited our school today. They said **all** are alumni of our school.
   (오늘 나이 든 분들이 많이 우리 학교를 방문했다. 그들은 모두가 우리 학교 동문이라고 했다.)

3. **none**: none을 제외하고는 모두 명사를 수식하는 한정사로 쓰일 수 있다.

   Some students are only interested in grades. (어떤 학생들은 점수에만 관심이 있다.)
   Let's invite **a few friends** to come with us. (친구 몇 명만 같이 가자고 초청합시다.)
   He's lived in Seoul and Busan, but he doesn't like **either city** very much.
   (그는 서울과 부산에서 살았는데 두 도시 다 별로 좋아하지 않는다.)

I16 indefinite pronouns-2: 복합 부정대명사

복합(complex) 부정대명사는 단순 부정사와는 달리 of-구와 함께 사용될 수 없다.

	인칭		비인칭
전칭적	everybody	everyone	everything
단언적	somebody	someone	something
비단언적	anybody	anyone	anything
부정적	nobody	no one	nothing

위의 표를 보아 알 수 있듯이 no one을 제외하고는 그 형태가 규칙적이다. 그리고 -one 복합 부정대명사와 -body 복합 부정대명사는 문법적으로 그리고 의미상으로 차이가 없으며 모두 사람을 가리키는 대명사다.

1   everyone과 every one: 복합대명사 everyone은 외형상 비슷하게 생긴 every one과 발음과 의미에서 구별된다. 복합대명사의 경우에는 every에 주강세가 오는 반면 후자의 경우에는 one에 주강세가 온다 (éveryone : every óne). 모든 복합 부정대명사와 마찬가지로 everyone 은 of-구를 대동할 수 없으나 every one은 항상 of-구 즉, "of + 복수 대명사/복수 명사구"를 대동한다.

Everyone will be present. (모두가 참석할 것이다.)
Every one of us/them/the students will be present.
(우리들/그들/학생은 하나도 빠짐없이 참석할 것이다.)
(***Everyone** of us/them/the students will be present.)

▶ everyone과는 달리 every one은 사람이 아닌 대상을 가리킬 수 있으며, 앞에서 이미 언급되었을 경우 of-구를 생략할 수 있다.

We played several matches against the visitors, but lost **every one**.
(우리는 내방 팀과 몇 차례 경기했는데 모든 경기에서 패했다.)
These books are wonderful. **Every one**'s worth reading.
(이 책들은 훌륭하다. 하나하나 다 읽을 가치가 있다.)

2   단수: 모든 복합대명사는 비록 개념적으로 복수를 나타내지만 항상 단수동사와 함께 쓰인다.

Everyone/Everybody over eighteen now **has** a vote.
(지금은 18세 이상은 누구나 투표권을 갖는다.)
I tried everything but **nothing works**. (나는 모든 것을 해봤으나 하나도 되는 것이 없었다.)
There **was nobody/no one** at the office. (사무실에 아무도 없었다.)

3   else: 복합대명사는 else라는 후행 수식어의 수식을 받을 수 있다. (E15를 보라.)

Everyone else but me has gone to the party. (나를 제외한 모두가 파티에 갔다.)
Do you need **anything else**? (그 외에 다른 것이 필요하십니까?)

▶ else의 수식을 받는 복합대명사를 소유격으로 만들 경우에는 -'s를 else 다음에 붙인다.

I must be drinking **someone else's** coffee. (내가 다른 사람의 커피를 마시고 있는 것이 틀림없어.)
(*I must be drinking **someone's else** coffee.)
His hair is longer than **anybody else's**. (그의 머리카락은 다른 누구보다 길다.)
(*His hair is longer than **anybody's else**.)

▶ else는 이외에 의문사의 후행 수식어로도 쓰일 수 있다.

Who else did you see? (그 외에 누구를 보았습니까?)
I've said I'm sorry. **What else** can I say? (미안하다고 말했다. 내가 그 외에 뭐라고 말하겠어?)

4   **형용사**: 형용사는 복합 부정대명사를 언제나 뒤에서 수식한다. (A15.1을 보라.)

She is looking for **somebody very tall**. (그녀는 키가 매우 큰 사람을 찾고 있다.)
(*She is looking for **very tall somebody**.)
His lecture contains **nothing new**. (그의 강의에는 새로운 것이 하나도 없다.)
(*His lecture contains **new nothing**.)

5   **복합 부정부사**: 복합 부정대명사와 형태적으로 유사하기 때문에 다음의 단어들을 복합 부정부사(complex indefinite adverbs)라고 부르기로 하겠다.

장소	시간	과정
everyplace everywhere		
someplace somewhere	sometime	someway somehow
anyplace anywhere	anytime	anyway anyhow
no place nowhere		no way nohow

쌍을 이루는 두 단어는 일반적으로 거의 같은 의미로 사용될 수 있으며, 단어에 따라 영국영어 또는 미국영어에서 선호되는 단어들이 있다. some-과 any-는 some과 any의 차이와 유사하며, 일반적으로 -place와 -way로 끝나는 부사는 미국영어에서 많이 사용된다.

There must be **someplace/somewhere** to eat cheaply in this town.
(값싸게 식사할 수 있는 곳이 이 도시 어딘가에 있을 거야.)
Do you need **anyplace/anywhere** to stay for the night? (밤에 머물 곳이 필요합니까?)
I've looked **everyplace/everywhere** but I can't find the map.
(사방을 봤지만 지도를 찾을 수 없었다.)
I've never been to a circus, not recently **anyway/anyhow**.
(여하튼 최근에는 서커스에 가본 적이 없다.)
There's **no place/nowhere** left to hide. (숨을 곳이 남아 있지 않다.)

We'll take a vacation **sometime** in September. (우리는 9월에 휴가를 갈 것이다.)

▶ "no way"는 강하게 부정하거나 동의하지 않을 때 사용되고, "nohow"는 "결코 ... 않다 (not at all)"의 의미로 종종 부정적 표현과 함께 쓰인다.

"Are you going to work over the weekend?" "**No way!**"
("주말 동안 일하려고 하니?" "절대로 아니지.")
"Come on, lend me your bike." "**No way!**" ("제발, 자전거 좀 빌려줘." "절대로 안 돼!")
I never liked her, **nohow**. (나는 결코 그 여자를 좋아하지 않았다.)

I17   indirect object(간접목적어)

우리는 동사 중에 두 개의 목적어를 취하는 동사를 이중타동사라고 부른다. (V5를 보라.) 두 개의 목적어 중의 하나는 직접목적어(direct object)가 되고 (D13을 보라.), 다른 하나는 간접목적어가 된다. 간접목적어는 일반적으로 동사의 수혜자(recipient)가 된다. (V5를 보라.)

1   **명사구 간접목적어**: 명사구 간접목적어는 직접목적어 앞에 오는 것이 원칙이다.

He gave **his daughter** a new dress. (그는 딸에게 새 드레스를 선물했다.)
He bought **his daughter** a new dress. (그는 딸에게 새 드레스를 사주었다.)

2   **전치사구 간접목적어**: 간접목적어는 전치사와 함께 직접목적어 뒤로 이동할 수 있다. 동사에 따라 전치사는 to 또는 for가 된다.

He gave a new dress **to his daughter**.
He bought a new dress **for his daughter**.

▶ 직접목적어가 대명사일 경우에는 간접목적어가 전치사를 의무적으로 취해야 한다.

He gave **it to his daughter**. (그는 딸에게 그것을 주었다.) (*He gave his daughter **it**.)
He bought **it for his daughter**. (그는 딸에게 그것을 사줬다.) (*He bought his daughter **it**.)

3   **수동문**: 간접목적어는 직접목적어처럼 수동문의 주어가 될 수 있다.

Mary was given a new dress. (매리는 새 드레스를 받았다.)
Mary was bought a new dress. (매리에게 새 드레스를 사줬다.)

I18   indirect speech(간접화법)-1: 직접화법과 간접화법

1   **개요**: 말이나 글에서 어떤 사람의 말, 글, 생각을 그대로 정확히 전달하는 것을 직접화법 (direct speech)이라고 하고, 다른 사람의 말이나 글 또는 생각을 전달하는 사람이 자신의 말이나 글로 바꾸어 인용하는 것을 간접화법(indirect speech)이라고 한다. 직접화법에서는 다른 사람의 말이나 생각을 인용부호(즉, 따옴표) 속에 넣어 표현한다. 영국영어에서는 일반적으로 단일 따옴표를 사용하고, 미국영어에서는 이중 따옴표를 사용한다. (P51을 보라.)

▶ 직접화법
He said, "**I want to go home,**" and left the office.
(그는 "집에 가고 싶다"라고 말하고 사무실을 나갔다.)
"**Should I tell the truth?**" he thought to himself.
("사실을 말해 버릴까?"라고 그는 스스로 말했다.)

▶ 간접화법
He said that **he wanted to go home**, and left the office.
(그는 집에 가고 싶다고 말하고 사무실을 나갔다.)
He asked himself whether **he should tell the truth**.
(그가 사실을 말해야 하는지에 대해 자신에게 물었다.)

여기서 설명을 위하여 다음과 같이 몇 가지 개념을 구분할 필요가 있다. 인용할 말이나 생각의 근원이 되는 대상을 "화자 A"라고 부르고, 인용하는 사람을 "화자 B"라고 부르겠다. 그리고 인용된 화자 A의 말이나 생각을 "피인용 발화(quoted utterances)"라고 부르고, 화자 B의 발화를 "인용(quotes)"라고 부르며, 인용을 위하여 사용되는 "he said, I thought, she asked" 등과 같은 표현을 "인용절(quoting clauses)"이라고 부르겠다.

2 **인용절의 위치**: 인용절은 직접화법에서 피인용절의 앞이나 중간 또는 뒤에 올 수도 있다.

She said, "I have no money." and asked me for help.
(그녀는 "돈이 없습니다"라고 말하고 나에게 도움을 청했다.)
"I wonder," **John said**, "whether I can stay with you."
(존은 "나는 당신들과 함께 머물 수 있는지 자신할 수 없습니다"라고 말했다.)
"The classroom is too hot." **the professor complained**.
("교실이 너무 덥다"라고 교수님이 불평했다.)

3 **인용절 내의 도치**: 다음의 조건이 충족되면 인용절에서 "주어-동사 도치"가 일어날 수 있다.

(a) 인용절이 피인용절의 중간이나 끝에 나타난다.
(b) 인용절의 동사가 단순현재시제이거나 단순과거시제이다.
(c) 인용절의 주어가 대명사가 아니다.

John/He said, "I wonder whether I can stay with us."
*****Said John/he**, "I wonder whether I can stay with us."

"I wonder," **John/he said**, "whether I can stay with us."
"I wonder," **said John/*said he**, "whether I can stay with us."

"I wonder whether I can stay with us," **John/he said**.
"I wonder whether I can stay with us," **said John/*said he**.

4 **상황의 변화** (직접화법에서 간접화법으로): 우리가 홀로 독백을 하지 않는 한 어떤 사람이 어떤 시점에 말한 것이 다른 시점에 다른 사람에 의해 다시 말해질 수 있다. 예를 들어 "Brian"이라는 사람이 어느 날 어떤 말을 했고, 하루가 지나 "Phil"이라는 사람이 그 말을

다시 언급했다고 하자.

Brian: **I bought this** car a year **ago**.
브라이언: (나는 이 차를 1년 전에 샀다.)
Phil: Brian said (that) **he had bought the** car a year **before**.
필: (브라이언이 그 차를 1년 전에 샀다고 말했다.)

직접화법 문장과 간접화법 문장을 비교해보면 적어도 네 가지 변화가 일어났음을 알 수 있다. 주어 "I"가 "he"로, 단순과거 "bought가 과거분사 "had bought"로, 지시사 "this"가 정관사 "the"로, 부사 "ago"가 "before"로 바뀌었다.

▶ 만약 "Brian"이 "Phil"에게 말을 했다고 하자. "Phil"은 다음과 같이 말할 것이다.

Phil: Brian told **me** (that) he had bought the car a year before.
필: (브라이언이 그 차를 1년 전에 샀다고 나에게 말했다.)

▶ 만약 "Brian"이 자신이 한 말을 다시 언급했다면, 다음과 같이 말할 것이다.

Brian: **I** said (that) **I** had bought the car a year before.
브라이언: (나는 그 차를 1년 전에 샀다고 말했다.)

5 **시제의 후퇴**: 인용 시간이 피인용 발화 시간보다 늦기 때문에 일반적으로 시제가 과거로 후퇴(back-shift)하는 현상이 일어난다. 그 결과로 발생한 인용절과 피인용절의 동사형들 간의 관계를 시제의 일치(sequence of tenses)라고 부른다.

직접화법	간접화법에서의 시제의 후퇴
현재	과거
과거	과거/과거완료
현재완료	과거완료
과거완료	과거완료

"The shop **is** closed." ("가게 문이 닫혀 있다.")
⇒ He said that the shop **was** closed. (그는 가게 문이 닫혀 있다고 말했다.)
"John **didn't** eat for several days." ("존은 며칠간 먹지 않았다.")
⇒ He thought that John **hadn't** eaten for several days.
(그는 존이 며칠간 먹지 않았다고 생각했다.)
"**I've** missed the bus." ("나는 버스를 놓쳤다.")
⇒ John admitted that he'**d** missed the bus. (존은 버스를 놓쳤다는 것을 인정했다.)
"**I'm** learning French." ("나는 프랑스어를 배우고 있다.")
⇒ She said she **was** learning French. (그녀는 프랑스어를 배우고 있다고 말했다.)

6 **불변의 상황**: 인용된 발화의 내용이 현재까지도 사실이라고 믿어질 경우 또는 불변의 진리로 생각될 경우 시제의 일치가 일어나지 않을 수 있다.

"I **have** a sports car." ("나는 스포츠카를 가지고 있다.)
⇒ Bill said that he **has** a sports car. (빌은 스포츠카를 가지고 있다고 말했다.)

"The beaver **builds** dams." ("비버는 댐을 짓는다.")
⇒ The professor told us that the beaver **builds** dams.
(교수님이 비버가 댐을 짓는다고 우리에게 말했다.)

► 가까운 과거의 일을 말하거나 유명한 작가나 작품에 대해서 말할 때는 인용절의 동사를 현재시제로 할 수 있다.

He **tells** me that he's too busy to go fishing. (그는 나에게 바빠서 낚시갈 수 없다고 말한다.)
The Bible **says** that stealing is a sin. (성경은 절도는 죄라고 말한다.)
Chomsky **claims** that we're born with the faculty of language.
(촘스키는 사람은 언어능력을 가지고 태어난다고 주장한다.)

7 **양상조동사의 변화**: 발화와 인용의 시점에 차이가 나면 양상조동사는 현재형에서 과거형으로 시제의 후퇴가 일어난다. 그러나 직접화법에서 이미 과거형인 경우에는 아무런 변화가 일어나지 않는다.

will ⇒ would   shall ⇒ should/would
can ⇒ could   may ⇒ might

"The shop **may** be closed," he said. ("가게가 문을 닫을 수 있다"라고 그는 말했다.)
⇒ He said that the shop **might** be closed. (가게가 문을 닫을 수 있다고 그는 말했다.)
"**Will** you marry me?," I asked. ("나와 결혼해 주시겠어요?"라고 나는 물었다.)
⇒ I asked him if he **would** marry me. (결혼해 주시겠냐고 나는 그에게 물었다.)
"I **can't** swim," he pretended. ("나는 수영을 못한다"라고 그는 속였다.)
⇒ He pretended he **couldn't** swim. (그는 수영을 못한다고 속였다.)
"You **shouldn't** make a noise in the classroom," he said to us.
("교실에서는 소리를 내서는 안 됩니다"라고 그는 우리에게 말했다.)
⇒ He told us that we **shouldn't** make a noise in the classroom.
(그는 교실에서 소리를 내서는 안 된다고 우리에게 말했다.)

8 **과거형이 없는 조동사**: "must, ought to, need, dare, had better"와 같이 한 가지 형태만 가진 양상조동사와 준조동사는 간접화법에서 변하지 않는다.

"They **must** be tired," she said. ("그들은 틀림없이 피곤할 거야"라고 그녀는 말했다.)
⇒ She said that they **must** be tired. (그녀는 그들이 틀림없이 피곤할 것이라고 말했다.)

"You **had better** tell the truth," he warned me.
("진실을 말하는 것이 좋을 것이다"라고 그는 나에게 경고했다.)
⇒ He warned me that I **had better** tell the truth.
(그는 나에게 진실을 말하는 것이 좋을 것이라고 경고했다.)

► must가 "의무"를 의미할 경우에는 "had to"로 바뀔 수도 있다.

"You **must** finish the job in two days," he said to me.
(그는 "이틀 동안에 일을 끝내야 한다"라고 나에게 말했다.)
⇒ He told me that I **had to/must** finish the job in two days.
(그는 나에게 이틀 동안에 일을 끝내야 한다고 말했다.)

9 **지시사의 변화**: 직접화법에서 지시사 "this, these, that, those"가 한정사로 쓰일 경우에는 일반적으로 간접화법에서 정관사 the로 바뀌고, 대명사로 쓰일 경우에는 "it, they, them"으로 바뀐다.

"I wrote **this** book for your sister." ("네 여동생을 위해 내가 이 책을 썼다.")
⇒ He said that he had written **the** book for my sister.
(그는 나의 여동생을 위해 그 책을 썼다고 말했다.)

"I bought **these** at the market." ("내가 시장에서 이것들을 샀다.")
⇒ He said that he had bought **them** at the market. (그는 시장에서 그것들을 샀다고 말했다.)

▶ this와 these가 시간 명사를 수식할 경우에는 각각 that과 those로 바뀐다.

"I'm leaving **this** week." ("나는 이번 주에 떠난다.")
⇒ She said that she was leaving **that** week. (그녀는 그 주에 떠난다고 말했다.)

10 **직시적 부사구의 변화**: 직시적 부사구는 다음과 같이 변한다. 여기서 "직시적(deictic)"이란 우리가 말하는 표현의 의미가 그 표현이 발화되는 "장소, 사람, 시간"에 따라 결정되는 것을 말한다.

now ⇒ then, at that time, immediately, at once, right away
today ⇒ that day, the same day
yesterday ⇒ the day before, the previous day
tomorrow ⇒ the next day, the following day, the day after
the day after yesterday ⇒ two days before
the day before tomorrow ⇒ in two days' time
next week/year 등 ⇒ the following week/year 등
last week/year 등 ⇒ the previous week/year 등
a year ago ⇒ a year before, the previous year
here ⇒ there

"They arrived **here yesterday**." ("그들은 어제 여기 왔다.")
⇒ He said they had arrived **there the day before**.
(그는 그들이 하루 전에 그곳에 왔다고 말했다.)

"She will arrive **next week**." ("그녀는 다음 주에 올 것이다.")
⇒ He said that she would arrive **the following week**.
(그는 그녀가 그다음 주에 올 것이라고 말했다.)

"I saw her **three years ago**."
("나는 그녀를 3년 전에 봤다.") [현시점부터 3년 전]

⇒ He said that he had seen her **three years before**.
(그는 그녀를 3년 전에 봤다고 말했다.) [말한 과거시점부터 3년 전]

▶ 격식을 갖추지 않은 말에서는 종종 직접화법의 부사구를 간접화법에서 그대로 사용하기도 한다.

He said they had arrived **here yesterday**. (그는 그들이 여기에 어제 도착했다고 말했다.)
He said that she would arrive **next week**. (그는 그녀가 다음 주에 올 거라고 말했다.)
He said that he had seen her **three years ago**. (그는 3년 전에 그녀를 봤다고 말했다.)

I19 indirect speech-2: 간접진술

간접진술은 통상적으로 "인용자 + 인용동사 + that-절"의 구조로 표현된다.

He said that the appointment had been cancelled. (그는 약속이 취소되었다고 말했다.)
Grace told me that she had to work late this evening.
(그레이스는 오늘 저녁 늦게까지 일해야 한다고 나에게 말했다.)

1 **인용동사**: 간접진술에서 that-절을 목적어절로 취하는 동사로는 다음과 같은 것들이 있다.

admit	agree	allege	announce
argue	assert	assure	aver
boast	claim	complain	confess
convince	declare	deny	disagree
explain	foretell	hint	inform
insist	maintain	notify	persuade
pray	predict	proclaim	promise
relate	remark	remind	report
say	state	swear	teach
tell	threaten	warn 등	

She admitted that she had made mistakes. (그녀는 자기가 실수했다는 것을 인정했다.)
He claimed that it was a conspiracy against him.
(그것은 자신에 대한 음모였다고 그는 주장했다.)
He has maintained that the money was donated for the refugees.
(그 돈은 피난민을 위하여 기증되었다고 그는 주장했다.)
The police report stated that he was arrested for assaulting his wife.
(경찰 보고는 그가 처를 폭행한 혐의로 체포되었다고 분명히 언급하고 있다.)

2 **간접목적어**: 위 동사 중에 "assure, convince, inform, notify, persuade, promise, remind, teach, tell, warn 등"은 자신과 that-절 사이에 간접목적어를 허용한다.

The doctor **convinced her** that she didn't need to lose any more weight.
(의사는 더 이상 체중을 줄일 필요가 없다는 것을 그녀에게 확신시켰다.)

She **promised me** that she would never leave me.
(그녀는 나를 절대로 떠나지 않겠다고 나에게 약속했다.)

I20   indirect speech-3: 간접질문과 간접감탄

1. **간접의문**: 간접의문에서도 간접진술의 경우와 동일하게 시제, 대명사, 부사 등의 변화가 일어난다.

    ▶ 인용절 다음에 "wh-절" 또는 "if-절"로 구성되며, "가부(yes-no)의문문, 내용(wh-)의문문, 선택의문문"이 간접의문문으로 나타날 수 있다.

    She asked, "Is he coming?" ("그가 오고 있습니까?"라고 그녀가 물었다.)
    ⇒ She asked **if/whether** he was coming. (그녀는 그가 오고 있는지를 물었다.)

    "When will he give up the boat?" everyone wondered.
    ("그가 언제 배를 포기할까?"라고 모두가 의아해했다.)
    ⇒ Everyone wondered **when** he would give up the boat.
    (모든 사람들이 그가 배를 언제 포기할 것인가에 대해 의아해했다.)

    "Are you coming or not?" I asked her. ("올 거야 안 올 거야?"라고 나는 그녀에게 물었다.)
    ⇒ I asked her **whether** or not she was coming. (나는 그녀에게 올 건지 안 올 건지를 물었다.)

2. **인용절 동사**: 인용절의 동사가 say일 경우에 간접화법에서 질문동사인 "ask, inquire, wonder, want to know 등"으로 바뀐다.

    He **said**, "Where is she going?" ("그녀가 어디에 가고 있는 거야?"라고 그가 말했다.)
    ⇒ He **asked** where she was going. (그는 그녀가 어디를 가고 있는지를 물었다.)

    "When is the next train?" she **said**. ("다음 기차가 언제 있습니까?"라고 그녀가 말했다.)
    ⇒ She **wanted to know** when the next train was.
    (그녀는 다음 기차가 언제 있는지를 알고 싶었다.)

3. shall I/we: "shall I/we, will you/would you/could you"로 시작하는 의문문의 경우

    ▶ 미래에 일어날 사건에 대해 추측하거나 정보를 요구할 경우

    "Where **shall** we be this time next year?" ("우리는 내년 이 시간에 어디 있을까?")
    ⇒ They wondered where they **would** be at that time in the following year.
    (그들은 다음 해 그때 어디 있을까라는 생각에 감상에 빠졌다.)

    "When **shall** I know the result of the experiment?" ("실험 결과를 언제 알 수 있습니까?")
    ⇒ She asked when she **would** know the result of the experiment.
    (그녀는 실험 결과를 언제 알 수 있느냐고 물었다.)

    ▶ 지시나 충고를 요구할 경우

    "What **shall** I say, John?" asked Mary. ("존아 내가 무슨 말을 해야지?"라고 메리가 물었다.)

⇒ Mary asked John what she **should** say. (메리는 무슨 말을 해야 하는지 존에게 물었다.)

▶ 제안할 경우

"**Shall** we meet at the conference room?" said John. ("회의실에서 만납시다"라고 존이 말했다.)
⇒ John **suggested** that we meet at the conference room. (존이 회의실에서 만나자고 제안했다.)

4 **간접 감탄**: 직접 감탄문의 내용과 형태에 따라 여러 가지 형태가 가능하다.

"**What** a brilliant student you are," the teach said to him.
("너 참 멋진 학생이구나!"라고 선생님이 말했다.)
⇒ The teacher told him **what** a brilliant student he was./The teacher told him that he was a brilliant student. (선생님이 학생에게 참 멋진 학생이라고 말했다.)

He said, "**How** dreadful!" (그는 "정말 끔찍한데!"라고 말했다.)
⇒ He said that it was dreadful./He said **how** dreadful it was. (그는 매우 끔찍하다고 말했다.)

He said, "Good morning!" (그는 "안녕하세요!"라고 인사했다.)
⇒ He **greeted me with/wished me** a good morning. (그는 아침인사로 나를 맞아주었다.)

He said, "Congratulations!" (그는 "축하해!"라고 말했다.)
⇒ He **congratulated me**. (그는 나를 축하해주었다.)

5 **간접 조건절**: 과거형 인용동사 다음에서 비실제적 상황을 가리키는 조건절은 과거형 또는 과거분사형을 갖는다.

He said, "If I **were** a billionaire I'd buy you a luxury sports car."
(그는 "내가 백만장자라면 멋있는 스포츠카를 사겠다"라고 말했다.)
⇒ He said if he **were** a billionaire he'd have bought me a luxury sports car.
(그는 자신이 백만장자라면 멋있는 스포츠카를 살 것이라고 말했다.)

She said, "If he **didn't go** to Afghanistan he'd still be alive."
(그녀는 "그가 아프가니스탄에 가지 않았다면 아직 살아있을 겁니다"라고 말했다.)
⇒ She said if he **hadn't gone** to Afghanistan he'd still have been alive."
(그녀는 그가 아프가니스탄에 가지 않았다면 아직 살아있을 것이라고 말했다.)

조건절 구조에 대해서는 I2-I4를 보라.

I21   indirect speech-4: 간접명령, 제안, 발언행위

1 **간접명령/지시**: 간접명령이나 지시에서 인용절의 동사 say를 명령이나 지시동사인 "tell, order, command, ask 등"의 동사로 바꾼 다음 그 뒤에 지시의 수령자를 표현하고 부정사(infinitive)로 명령의 내용을 표현한다.

"Leave the house at once, John" she said. ("존아 집에서 즉시 나가"라고 그녀가 말했다.)
⇒ She told John **to leave** the house at once. (그녀가 존에게 집에서 즉시 나가라고 말했다.)

He said, "Don't do it, boys." ("애들아 그러지 마라"라고 그가 말했다.)
⇒ He asked the boys not **to do** it. (그는 남자아이들에게 그러지 말라고 했다.)

2 **수령자의 표현**: 직접 명령이나 지시에서 지시의 수령자가 표현되지 않을 경우에도 명시적으로 수령자를 표현해야 한다.

He said, "Please stay with us." (그는 "저희와 머물러 주십시오"라고 말했다.)
⇒ He asked **us** (**him/her/them**) to stay with them.
(그는 우리에게 (그에게/그녀에게/그들에게) 그들과 함께 머물러 달라고 요청했다.)

3 let: 제안을 표현하는 "let"로 시작하는 피인용절을 도입하는 인용절의 동사 "say"는 "suggest"로 바뀌며 부정형과 정형 두 가지 형이 있다.

He said, "Let's go home now." (그는 "지금 집에 갑시다"라고 말했다.)
⇒ He **suggested** going home at once.
⇒ He **suggested** that we/they should go home at once.
(그는 즉시 집에 가자고 제안했다.)

▶ suggest나 say 다음에는 부정사 구조를 사용하지 않는다.

I suggested **that she try the shop on Main Street**.
(나는 그녀에게 메인가에 있는 상점을 알아보라고 제안했다.)
(*I suggested **her to try the shop on Main Street**.)
He said **that we start looking for a hotel immediately**.
(그는 우리에게 즉시 호텔을 찾기 시작해야 한다고 말했다.)
(*He said **us to start looking for a hotel immediately**.)

4 **발언행위 동사**: 말을 함으로써 어떤 행위(예: 약속, 동의, 명령, 제안, 부탁, 간청, 충고, 제의)가 성립되는 문장은 많은 경우에 "부정사"나 "목적어 + 부정사" 구조를 써서 인용된다.

"I'll write to you," she promised. (그녀는 "너에게 편지할게"라고 약속했다.)
⇒ He promised **to write to me**. (그녀는 나에게 편지하기로 약속했다.)

We agreed, "We meet again next Monday."
(우리는 "다음 월요일에 다시 만납시다"라고 합의했다.)
⇒ We agreed **to meet again the following Monday**.
(우리는 오는 월요일에 다시 만나기도 합의했다.)

"You must tell the truth," he told me. (그는 나에게 "진실을 말해야 한다"라고 말했다.)
⇒ He told **me to tell the truth**. (그는 나에게 진실을 말하라고 했다.)

"You should be quiet after nine o'clock," asked the lady downstairs.
("9시 이후에는 조용히 해 주십시오"라고 아래층에 사는 부인이 부탁했다.)
⇒ The lady downstairs has asked **us to be quiet after nine o'clock**.
(아래층에 사는 부인이 우리에게 9시 이후에 조용히 해달라고 부탁했다.)

The president requested, "All the members attend the meeting."
(회장은 "모든 회원이 회의에 참석해주십시오"라고 요청했다.)
⇒ The president requested **all the members to attend the meeting."**
(회장은 모든 회원이 회의에 참석해줄 것을 요청했다.)

"You must not meet Susan," begged her mother.
("수잔을 만나면 안 돼"라고 그녀의 어머니가 간청했다.)
⇒ Susan's mother begged **me not to meet her**.
(수잔의 어머니가 나에게 수잔을 만나지 말라고 간청했다.)

"Think twice before acting," he advised me.
("행동하기 전에 두 번 더 생각하라"라고 그는 나에게 충고했다.)
⇒ He advised **me to think twice before acting**.
(그는 나에게 행동하기 전에 두 번 더 생각하라고 충고했다.)

"Don't cross the street here," told the policeman.
("여기서 도로를 횡단하지 마십시오"라고 경찰관이 말했다.
⇒ The policeman told **me not to cross the street there**.
(경찰관이 나에게 그곳에서 도로를 횡단하지 말라고 말했다.)

▶ "의문사 + 부정사" 구조도 흔히 쓰인다.

He asked her **how to make a white sauce**.
(그는 그녀에게 화이트소스를 만드는 방법에 관해서 물었다.)
He told me **who to invite to the barbecue**.
(그는 나에게 바비큐 파티에 초청할 사람들을 말해주었다.)
She explained to me **what to do next**. (그녀는 나에게 다음에 무엇을 할 것인가를 설명했다.)

I22　infinitives(부정사)-1: 형태와 용법

1　**형태**: 영어의 동사는 "시제, 인칭, 상"에 의해 형태가 변하는데, 동사의 부정사형은 이러한 변화가 전혀 실현되어 있지 않은 동사의 원형을 가리킨다. 동사의 원형은 종종 to 다음에 나타나기 때문에 to-부정사라고도 부른다.

부정사형	비부정사형
(to) write	write/writes/wrote/written
(to) talk	talk/talks/talked
(to) be	am/is/are/was/were

부정사구의 용법은 크게 세 가지로 나누어 생각할 수 있다.

2　**명사적 용법**: 부정사구는 절의주어, 보어, 목적어/보충어로 쓰일 수 있다.

　　To see her children again will make her very happy.　　　　[주어]
　　(아이들을 다시 보게 될 것이라는 것이 그녀를 매우 행복하게 했다.)

For you to come to the conference is absolutely necessary.
(당신이 학회에 참석하는 것이 절대적으로 필요합니다.)

The important thing is **to stay calm in the class**. [보어]
(중요한 것은 교실에서 조용히 있는 것이다.)

What we all want is **for you to tell the truth**.
(우리 모두가 원하는 것은 네가 진실을 말하는 것이다.)

I like **to have cornflakes** for breakfast. [목적어]
(나는 아침 식사로 콘플레이크를 좋아한다.)

We tried **to get across the river without being seen**.
(우리는 발각되지 않고 강을 건너도록 애써야 했다.)

I'm anxious **to contact** your brother. [형용사 보충어]
(나는 당신의 형님과 연락하고 싶습니다.)

He's a little bit afraid **to go back in the house**.
(그는 집으로 돌아가기가 약간 두려웠다.)

3 **형용사적 용법**: 부정사구는 명사를 수식하는 역할을 할 수 있다. (I27을 보라.)

She bought a new book **to read during her vacation**.
(그녀는 방학 동안에 읽을 새 책 한 권을 샀다.)
(= She bought a new book that she would read during her vacation.)

He's not the kind of person **to let little things disturb him**.
(그는 사소한 일에 신경을 쓰는 그런 부류의 사람이 아니다.)
(= He's not the kind of person who would let little things disturb you.)

I've no one **to help me**. (나에게는 도움을 줄 사람이 하나도 없다.)
(= I've no one who can help me.)

4 **부사적 용법**: 부정사구는 다양한 기능을 가진 부사절로 사용될 수 있다. (I28을 보라.)

He went to Busan **to visit his grandparents**. (그는 조부모님을 보려고 부산에 갔다.)

I'd have given my life **to have saved hers**.
(나는 그녀의 생명을 구하기 위해서라면 내 생명을 바쳤을 것이다.)

To tell the truth, it seems that nobody understood his lecture at all.
(사실을 말하면 아무도 그의 강의를 전혀 이해하지 못하는 것 같다.)

I left the door open **to let John get in**. (나는 존이 들어올 수 있도록 문을 열어 놨다.)

I23 infinitives-2: 종류

1 **종류**: 부정사에는 (to) write와 같은 단순형 외에도 "진행, 완료, 수동형 부정사"가 있으며, 모두 여섯 가지 형태가 가능하다.

		현재형	완료형
능동형	단순형	to write	to have written
	진행형	to be writing	to have been writing
수동형		to be written	to have been written

We expect **to finish** the paper by noon tomorrow.
(우리는 내일 정오까지 과제물을 끝낼 것으로 생각한다.)
It's nice **to be sitting** here with you. (여기 당신과 함께 앉아 있는 것이 기쁩니다.)
I believe the man **to have left the town** two days ago.
(나는 그 사람이 이틀 전에 도시를 떠났다고 생각합니다.)
There's a lot of work **to be done**. (끝낼 일이 많다.)
President's speech was considered **to have been written** by his secretary.
(대통령의 연설문은 그의 비서가 쓴 것으로 사료된다.)

2 **부정사의 부정**: 부정 부정사는 일반적으로 부정사 앞에 not를 놓아 만든다.

Try **not to be** late. (늦지 않도록 해라.)
*Try **to not be** late.
*Try **to do not be** late.

I'm sorry **not to have spelt** your name correctly.
(당신 이름의 철자를 옳게 쓰지 않아서 미안합니다.)
You were silly **not to have locked** your car.
(네가 자동차를 잠그지 않은 것이 바보 같은 짓이었다.)

3 **원형부정사** (bare infinitives): to 다음에는 일반적으로 부정사가 오지만 (예: He wanted to go), 부정사는 to 없이 사용되는 경우도 많다 (예: She let him go). 상세한 것은 I25를 보라.

4 **분리 부정사** (split infinitives): 부정사구에서 to와 동사가 인접하여 나타나는 것이 보통이지만, 분리 부정사구는 to가 부사에 의해 동사와 분리되는 구조를 갖는다.

He was too near-sighted **to clearly see** the figure.
(그는 근시가 심해서 물체를 똑똑히 볼 수 없었다.)
He began **to slowly get up** off the floor. (그는 바닥에서 천천히 일어서기 시작했다.)

▶ 분리 부정사는 특히 구어체에서 매우 흔히 나타난다. 사람에 따라서는 이 구조를 그릇된 혹은 부주의한 용법이라 생각하며 회피하는 경향이 있으며, 대신 부사를 다른 위치에 놓는다.

He was too near-sighted **to see** the figure **clearly**.
He began **slowly to get up** off the floor.
He began **to get up** off the floor **slowly**.

124 infinitives-3: 시간표현

1 **현재형**: 단순현재형 부정사는 본동사와 같은 시간 또는 본동사가 나타내는 시간보다 미래를 가리킨다.

▶ 같은 시간
We're all happy **to meet** you. (우리 모두는 당신을 만나서 기쁩니다.)
We **were** all happy **to meet** you. (우리 모두는 당신을 만나서 기뻤습니다.)
We'll all be happy **to meet** you. (우리 모두는 당신을 만나게 되면 기쁠 것입니다.)

▶ 미래 시간
I **hoped to see** him soon. (나는 그를 곧 만나기를 희망했다.)
The man for you **to consult** on that matter **is** out of the town.
(그 문제에 대해 네가 상담하기로 한 사람은 지금 도시에 없다.)
Everyone's eager **to begin** the work. (모두가 일을 시작하기를 갈망했다.)

2 **완료형**: 완료형 부정사는 완료시제나 과거시제와 같은 시간을 가리킨다.

▶ 과거시간
He's lucky **to have found** such a wonderful wife.
(그가 그렇게 훌륭한 아내를 만난 것은 행운이다.)
The poison was strong enough **to have killed** ten people.
(그 독은 사람 10명을 죽였을 정도로 강했다.)
It's better **to have loved** and lost than never **to have loved** at all.
(사랑했다가 실연을 하는 것이 전혀 사랑을 해보지 않은 것보다 낫다.)

▶ 위의 예에서 완료형을 각각 to find, to kill, to love로 대치해도 적격한 문장이 된다. 여기서 완료형은 과거시간을 특별히 강조하는 데 목적이 있다.

He's lucky **to find** such a wonderful wife. (그가 그렇게 훌륭한 아내를 만난 것은 행운이다.)
The poison was strong enough **to kill** ten people. (그 독은 사람 10명을 죽일 정도로 강했다.)
It's better **to love** and lose than never **to love** at all.
(사랑하다가 실연을 하는 것이 전혀 사랑을 해보지 않은 것보다 낫다.)

▶ 그러나 다음과 같은 예에서는 완료형만이 과거시간을 나타낸다.

I'm pleased **to have accepted** the job. (그 일자리를 기쁘게 받아들이겠습니다.)
(= I'm pleased that I **have accepted** the job.)
I was sorry not **to have come** on Thursday. (목요일에 오지 못해서 미안했습니다.)
(= I was sorry that I had not come on Thursday.)

He expects **to have finished** the new novel by the end of this year.
(그는 올해 말까지 새 소설을 끝낼 작정이다.)
(= He expects that he **will have finished** the new novel by the end of this year.)
She seems **to have left** the town last Monday. (그녀는 지난 월요일에 도시를 떠난 것 같다.)

(= It seems that she **left** the town last Monday.)

3 **수동형**: 수동형 부정사는 다른 부정사형과 유사한 의미를 갖는다. (P7-P14를 보라).

There's a lot of work **to be done**. (할 일이 많다.)
We **expected** the woman **to have been treated** equally in her office.
(우리는 그 여성이 직장에서 평등한 대우를 받았기를 기대했다.)

▶ 때때로 능동형과 수동형 부정사가 특히 명사나 be 동사 다음에서 같은 의미를 가질 수 있다.

There's a lot of work **to do/to be done**. (할 일이 많다.)
Give me the names of people **to contact/to be contacted**.
(접촉해야 할 사람들의 명단을 주시오.)

4 **완료 진행형**: 완료 진행형 부정사와 완료 수동형 부정사도 흔히 나타난다.

I would like **to have been lying** there when she walked in.
(나는 그녀가 들어왔을 때 그곳에 누워있고 싶었다.)
We all expected the structure **to have been built** by the end of this year.
(우리 모두는 올해 말까지 그 구조물이 건설되기를 기대했다.)

▶ 진행 수동형 부정사도 가능하지만 흔치 않다.

"What would you like to be doing right now?" "I'd like **to be being massaged**."
("지금 당장 무엇을 하고 싶으냐?" "마사지를 받고 싶다.")

▶ 진행 완료 수동형 부정사는 가능하나 일반적으로 사용하지 않는다.

It must **have been being built** at the time. (그것은 그 당시에 건설되고 있었음이 틀림없다.)
He may **have been being treated** by Dr. Kim.
(그는 김 박사의 치료를 받아 오고 있었을 수 있다.)

5 **mean과 be to**: "mean(= intend)"과 "be to(= intend)"의 과거형과 "wish" 동사를 완료형 부정사와 함께 사용하면 비실제적 과거 상황을 표현할 수 있다.

We **meant to have gone** to Australia last year if all went well.
(모든 것이 잘 됐으면 우리는 작년에 호주에 갔을 것이다.)
I **was to have appointed** him chairman, but he refused.
(나는 그를 회장으로 임명하려고 했으나 그가 거절했다.)
We **wish to have discussed** the matter further before the meeting.
(우리는 회의 전에 그 문제를 더 논의했어야 했다.)

I25   infinitives-4: 원형부정사

일반적으로 부정사 앞에는 to를 놓는다.

To protect people is the chief task of the police. (국민을 보호하는 것이 경찰의 주 임무다.)
I want **to visit** an old friend of mine in Busan. (나는 부산에 있는 옛 친구를 방문하고 싶다.)

그러나 많은 경우에 부정사는 to 없이도 사용된다.

1 **조동사**: 원형부정사는 조동사 do와 양상 조동사 "will, shall, would, should, can, could, may, might, must" 다음에 첫 번째 동사로 나타난다.

You **must go** to bed now. (지금 잠자리에 들어야 한다.)
I'**d** rather **go** alone. (나는 차라리 혼자 가겠다.)
I **don't like** to be treated like a young boy. (나는 어린아이 취급받는 게 싫다.)
Do you **think** she might be joking? (그녀가 농담한다고 생각해?)
Could you **come** tomorrow to meet the doctor? (의사를 만나러 내일 오실래요?)
She'**ll** probably **be** elected. (그녀는 어쩌면 당선될 것입니다.)
I'**ll have** finished my next book by the end of this year.
(나는 올해 말이면 다음 책을 끝내게 될 것이다.)

▶ 이 외에도 원형부정사는 경우에 따라 need와 dare 다음에서도 (N7과 D1을 보라) 쓰인다.

Need you **go** with him tonight? (오늘 밤에 그와 함께 가야 합니까?)
How **dare** you **call** me a liar? (네가 감히 나에게 거짓말쟁이라고 해?)

2 **지각동사**: 원형부정사는 지각동사(verbs of perception) 다음에 오는 명사구 뒤에 나타난다. (P21과 P22를 보라.)

| feel | hear | listen to | look at |
| notice | observe | see | watch 등 |

I did not **see** you **come** in. (나는 네가 들어오는 것을 못 봤다.)
We both **heard him say** that he was leaving. (우리 둘 다 그가 떠나겠다고 말하는 것을 들었다.)
I can **feel an insect crawl** on my back.
(나는 내 등에 곤충 한 마리가 기어가는 것을 느낄 수 있다.)
They **looked at the children play** in the backyard.
(그들은 뒤뜰에서 어린이들이 노는 것을 바라보았다.)
I **noticed a car stop** outside the house. (나는 집 밖에 차 한 대가 멈추는 것을 알아차렸다.)
She **watched the passenger get** off the bus. (그녀는 그 승객이 버스에서 내리는 것을 지켜봤다.)

3 **사역동사**: 원형부정사는 사역동사(causative verbs) 다음에 오는 명사구 뒤에 나타난다. (C9를 보라.)

| have (= cause) | let (= allow) | make |
| bid (= request) | help 등 | |

If you wait, I'll **have someone pick up** the book for you.
(기다리면 네 대신에 다른 사람에게 그 책을 가져오도록 할게.)
She **let her children stay up** very late.

(그녀는 아이들이 늦게까지 잠자리에 들지 않는 것을 허용했다.)
I **made them give** me the money back. (나는 그들이 돈을 나에게 돌려주도록 했다.)

▶ bid(= request)와 help는 to-부정사와 원형부정사를 둘 다 선택가능하다. (H10을 보라).

The King **bade us (to) leave** at once. (왕은 우리에게 즉시 떠나라고 명했다.)
Could you **help me (to) unload** the car? (차에서 짐을 내리는 것을 도와주실 수 있으세요?)

4 **수동형**: 수동형 지각동사와 사역동사 다음에는 to-부정사가 쓰인다.

You **were** not **seen to come** in. (네가 들어오는 것을 들키지 않았다.)
He **was heard to say** that he was leaving. (그는 떠날 것이라고 말한 것으로 소문났다.)
They **were made to give** me the money back. (그들은 나에게 그 돈을 돌려주게 되었다.)
The children **were let to stay** up late. (아이들은 늦게까지 잠자리에 들지 않는 것이 허용되었다.)

let에 대해서는 L7을 보고, make에 대해서는 M1을 보라.
see, hear, watch 등 + 목적어 + 동사 구조에 대해서는 P22를 보라.

5 **여타 구조**: 그 밖에 원형부정사가 쓰이는 구조로는 다음과 같은 것이 있다.

▶ "had better, had best, would rather, would sooner" 다음에는 원형부정사가 쓰인다.

You **had better see** the doctor immediately. (의사를 즉시 만나보는 것이 좋겠다.)
I **would rather** not **see** him. (나는 그를 보지 않는 것이 좋겠다.)
I'**d sooner die** than marry you! (나는 너와 결혼하기보다 죽겠다.)

▶ "can't (help) but, nothing/anything but, nothing/anything except" 다음에서는 일반적으로 to가 생략된다. (B24를 보라.)

I **cannot (help) but agree** to his terms. (나는 그의 조건에 동의하지 않을 수 없다.)
She couldn't do **anything but/except hope** someone to find her.
(그녀는 누군가 그녀를 발견하기를 바라는 것 외에 아무것도 할 수 없었다.)

▶ "why (not) + 부정사"로 시작하는 질문이나 제안을 할 때 원형부정사가 사용된다. (W16을 보라.)

Why stay at that hotel? We have a very good hotel nearby.
(왜 그 호텔에 머무는 거야? 가까이에 아주 좋은 호텔이 있는데.)
If you have toothache, **why not see** the dentist? (이가 아픈데 왜 치과에 안 가는 거야?)

▶ 두 개의 부정사가 "and, or, except, but, than, as, like"와 같은 접속사로 결합될 때 두 번째 부정사는 종종 to 없이 나타난다.

She persuaded him **to go** to college **and study** medicine.
(그녀는 그를 대학에 가서 의학 공부를 하라고 설득했다.)
Do you want **to wait** until 10 **or come** again later?
(10시까지 기다리실 래요 다음에 다시 오실래요?)

I've nothing **to do except take care of** grandchildren.
(나는 손주를 돌보는 것 외에 할 일이 없다.)
I'm quite prepared **to do** anything **but help** my sister do homework.
(나는 여동생 숙제를 도와주는 것 외에는 무엇이든지 할 준비가 되어 있다.)
It's easier **to talk** about it **than do** it yourself.
(어떤 것을 스스로 실천하기보다 그것에 대해 말하기는 더 쉽다.)
It's as difficult **to do** nothing **as work** hard.
(아무것도 하지 않는 것이 열심히 일하는 것만큼 어렵다.)
I've **to clean** the house **as well as wash** dishes.
(나는 집 청소도 하고 설거지도 해야 한다.)
Is there anything I can **do** for you **like mow** the lawn?
(잔디를 깎는 것 같이 내가 당신을 위해 할 수 있는 일이 있습니까?)

▶ "rather/sooner than" 다음에는 일반적으로 "to 없는 부정사"가 온다. (R2.2와 S21.2를 보라.)

Rather than wait anymore, I decided to go home by taxi.
(더 이상 기다리지 않고 택시를 타고 집에 가기로 결정했다.)
Sooner than go golfing, he chose to go to the zoo with his children.
(그는 골프를 치러가기보다 아이들을 데리고 동물원에 가기로 했다.)
He wants to do it himself **rather than ask** someone else to do it.
(그는 다른 사람에게 해 달라고 청하기보다 자신이 직접 하기를 원한다.)

and, or 등 다음의 생략에 대해서는 E9를 보라.

▶ 부정사가 all이나 what로 시작하고 동사 do를 가진 유사분열문의 보어로 쓰일 경우 원형 부정사가 쓰일 수 있다.

What we need to **do** most is **(to) have** a good rest.
(우리가 가장 먼저 해야 할 것은 푹 쉬는 것이다.)
All I **did** was **(to) hit** him on the head. (내가 한 것은 그의 머리를 때렸을 뿐이었다.)
What a fire-door **does** is **(to) delay** the spread of a fire.
(방화문이 하는 일은 화재가 번지는 것을 지연시키는 것이다.)

▶ 위의 문장이 도치되어 부정사구가 주어가 될 경우 to는 생략되어야 한다.

Have a good rest is what we need to do most.
(푹 쉬는 것이 우리가 가장 먼저 해야 할 일이다.)
(*To have a good rest is what we need to do most.)
Remove the old paint is all we should do first.
(오래된 페인트를 제거하는 것이 우리가 먼저 해야 할 일이다.)
(*To remove the old paint is all we should do first.)

I26   infinitives-5: 명사구

부정사는 명사구로서 문장의 주어, 보어, 목적어로 쓰일 수 있다.

1   **주어**: 부정사구는 문장의 주어로 쓰일 수 있다.

To come to the meeting is absolutely necessary. (회의에 참석하는 것이 절대적으로 필요하다.)
To see his children again will make him very happy.
(아이들을 다시 보게 될 것이라는 것이 그를 매우 행복하게 만들 것이다.)

▶ 주어 위치의 부정사는 일반적으로 문장 뒤로 외치(extraposition)되는 것이 더 자연스럽다. 이 경우에 원래 부정사가 있던 주어 위치에는 허사 it가 나타나며, 우리는 이것을 "it-허사구문"이라고 부른다. (E25를 보라.)

It is absolutely necessary **to come to the meeting**.
It will make him very happy **to see his children again**.

2   **형용사와 부정사 주어**: 일반적으로 형용사가 부정사구를 주어로 취하는 경우가 많으며, 이들 형용사는 통사적 특성에 따라 세 가지 유형으로 분류할 수 있다.

It is **important** to arrive in time. (일찍 도착하는 것이 중요하다.)
It is **very stupid** to believe these rumors. (이러한 소문들을 믿는다는 것이 매우 어리석다.)
It was **difficult** to turn down the offer. (그 제안을 거절하기가 어려웠다.)

▶ important형

(ab)normal	(un)common	crucial	essential
(un)important	(un)necessary	pointless	rare
(un)usual	vital 등		

▶ stupid형

absurd	ambitious	bold	brave
careful	careless	civil	clever
(in)considerate	courageous	cruel	decent
foolish	friendly	generous	good
(un)grateful	honest	ill-natured	impudent
(un)kind	naughty	nice	(im)polite
rash	reasonable	right	rude
saucy	selfish	silly	spiteful
sensible	splendid	stupid	thoughtful
thoughtless	wicked	(un)wise	wonderful
wrong 등			

▶ difficult형

agreeable	amusing	easy	difficult
hard	hopeless	impossible	interesting
nice	pleasant	tough 등	

3   **for-구와 of-구 주어**: "important형"과 "difficult형"은 "for-전치사구"를, "stupid형"은 "of-전치사구"를 부정사의 주어로 허용한다. 그러나 뒤에서 논의할 "likely형"은 부정사의 주어를 허용하지 않는다.

It's **important for you** to arrive in time. (네가 일찍 도착하는 것이 중요하다.)
It's **very stupid of him** to believe these rumors. (그가 이러한 소문들을 믿다니 어리석다.)
It was **difficult for me** to turn down the offer. (나는 그 제안을 거절하기가 어려웠다.)
(*It's **likely for/of him** to resign.)

4   **주어의 인상**: "stupid형"은 부정사의 주어를, "difficult형"은 부정사의 목적어를 주절 be동사의 주어로 인상(raising)할 수 있지만, "important형"은 이러한 변화를 허용하지 않는다.

It's **very stupid of him** to believe these rumors. ⇒
He's very stupid ____ to believe these rumors.

It was **difficult** for me to turn down **the offer**. ⇒
The offer was difficult for me to turn down ____.

It is **important for you** to arrive in time.
(***You are important** ____ to arrive in time.)

5   **likely**: "certain, likely, sure, (un)fortunate, (un)lucky"와 같은 형용사는 위의 세 가지 유형의 형용사와는 달리 보충어 부정사에 주어를 직접 표현할 수 없다. (L12를 보라.)

*It is **likely for/of him to resign**.
*It is **lucky for/of me to be alive**.
*It was **fortunate for/of me to have such an understanding wife**.

▶ 이 형용사들은 "it ... 부정사" 구조를 허용하지 않는 대신 "it ... that-절" 구조를 허용한다.

It is **likely that he will resign**. (그가 사임할 가능성이 있다.)
It is **lucky that I am alive**. (내가 살아있는 것이 행운이다.)
It was **fortunate that I have such an understanding wife**.
(나는 매우 이해심이 큰 아내가 있어서 다행이었다.)

▶ 이 형용사들은 "stupid형" 형용사와 같이 종속절의 주어를 자신의 주어로 가질 수 있으며, 그 종속절은 부정사가 된다.

He is likely to resign.
I am lucky to be alive.
I was fortunate to have such an understanding wife.

부정사는 동사, 형용사, 추상명사의 보어로 쓰일 수 있다.

6   **주어보어**: 부정사는 다음과 같은 동사의 주어보어로 쓰인다.

appear   be   happen   remain

seem   tend   turn 등

He **was to become** a famous mayor of the city. (그는 유명한 시장이 될 결심이었다.)
My plan **was to retire** from my present job in 2010.
(나의 계획은 2010년에 현직에서 은퇴하는 것이었다.)
The boss **appears to be** very angry today. (사장님이 오늘 몹시 화가 나 보인다.)

7 **유사 분열문**: 부정사는 유사 분열문 또는 그 변이형 구문에서 주어보어로 가장 많이 쓰인다. (C12.6을 보라.)

What we need most **is (to) have** a good rest. (우리에게 가장 필요한 것은 잘 쉬는 것이다.)
All I did **was (to) hit** him on the head. (내가 한 것은 그의 머리를 때린 것뿐이다.)

8 **형용사의 보어**: 부정사는 형용사의 보어로 쓰일 수 있으며, 이러한 형용사는 그 통사적 특성에 따라 몇 가지 유형으로 분류할 수 있다.

I'm **afraid to ask** for help. (나는 도움을 청하기가 싫다.)
He's **willing to pay** for dinner. (그는 저녁 값을 낼 의향이 있다.)
The computer is now **ready to use**. (컴퓨터가 사용할 준비가 되었다.)
She is **able to speak** Chinese. (그녀는 중국어를 할 수 있다.)
He is **old enough to know** it. (그는 그것을 알 만한 나이다.)

▶ afraid형: 이 형용사들은 마음의 상태 또는 느낌을 표현하는 형용사로서 부정사는 "for-전치사구"를 자신의 주어로 가질 수 있다. 많은 분사형 형용사가 이 유형에 속한다.

afraid	angry	anxious	content
curious	eager	furious	glad
grateful	happy	impatient	indignant
keen	mad	proud	sad
sorry	thankful	wild 등	

amazed	annoyed	ashamed	astonished
bored	concerned	contented	delighted
depressed	disappointed	disgusted	dissatisfied
surprised	thrilled	embarrassed	excited
fascinated	grieved	honored	horrified
infuriated	overwhelmed	perturbed	pleased
puzzled	relieved	satisfied	shocked
worried 등			

I'm **afraid to miss** the train. (나는 기차를 놓칠까 봐 걱정이다.)
I'm **afraid for her to miss** the train. (나는 그녀가 기차를 놓칠까 봐 걱정이다.)

She's **worried to get wet**. (그녀는 물에 젖을까 봐 걱정이다.)
She's **worried for her dress to get wet**. (그녀는 드레스가 젖을까 봐 걱정이다.)

► **willing형**: 이들 형용사에서는 부정사를 행동으로 옮길 의지의 대상으로 해석되며, 부정사구는 제한적으로 for-전치사구를 자신의 주어로 가질 수 있다.

hesitant	inclined	induced	disinclined
disposed	prepared	prone	reluctant
willing 등			

He's **willing to pay** for dinner. (그는 저녁 식사 비용을 낼 의향이 있다.)
My boss is **willing for me to have** a couple of days off.
(나의 상사는 내가 이틀 정도 쉬는 것을 기꺼이 허락할 것이다.)
Max's **reluctant to talk** about it. (맥스는 그것에 대해서 말하는 것을 꺼린다.)

► **ready형**: 이 형용사는 매우 제한적이며 (unsuitable, (un)fit 등), 통사적 특징으로는 difficult형에서처럼 주절의 주어가 부정사의 목적어로 해석된다는 점이다. 그러나 difficult형과는 달리 "it ... 부정사 구조"를 허용하지 않는다.

The computer is now **ready to use**. (컴퓨터는 지금 사용할 준비가 되었다.)
(*It is **ready to use** the computer.)
The fish in the refrigerator is not **fit to eat**. (냉장고의 생선이 먹기에 적합하지 않다.)
(*It is not **fit to eat** the fish in the refrigerator.)

► **able형**: 이 형용사는 의미적으로 다양하며 it ... 부정사 구조를 허용하지 않을 뿐만 아니라 항상 주절의 주어가 부정사구의 주어로 해석되기 때문에 자신의 주어를 가질 수 없다.

bound	apt	(un)fit	liable
prompt	quick	ready	slow 등

She is **able to speak** Chinese. (그녀는 중국어를 할 줄 안다.)
The old man is mentally **unfit to stand** trial. (그 노인은 재판을 받기에 정신적으로 부적합하다.)
Farmers have been **slow to exploit** this market. (농부들은 좀처럼 이 시황을 이용하지 못해왔다.)

9 **old enough**: "enough, too, sufficiently"와 같은 부사의 수식을 받는 형용사는 부정사구를 보어로 취할 수 있으며, 부정사구는 "for-전치사구"를 주어로 가질 수 있다.

He was **old enough to know** it. (그는 그것을 알 수 있는 나이였다.)
I'm **sufficiently prepared to do** the job. (나는 그 일을 할 충분한 준비가 되어있다.)
The weather was **too good for us to stay** home.
(날씨가 너무 좋아서 우리는 집에 있을 수 없었다.)

► "ready형" 형용사와 같이 주절의 주어가 부정사구의 목적어 또는 전치사의 목적어로 해석될 수 있다.

The package is not **light enough for her to lift**.
(그 짐은 그녀가 들어 올릴 정도로 가볍지 않다.)
The wall is **too thick for the drill to pierce through**.
(그 벽은 너무 두꺼워서 드릴로 뚫을 수 없다.)

10 **추상명사의 보어**: 부정사는 다음과 같은 추상명사의 보어로 쓰일 수 있다. 이 명사들은 일반적으로 상응하는 형용사나 동사형을 가지고 있다.

ability	advantage	advice	ambition
anxiety	arrangement	attempt	certainty
challenge	choice	claim	competence
courage	decision	desire	determination
endeavor	expectation	hope	impatience
inclination	intention	motivation	necessity
order	permission	plan	promise
proposal	recommendation	refusal	reluctance
request	requirement	resolution	struggle
suggestion	temptation	tendency	warning
wish 등			

He made **arrangements to move** the prisoners to another jail.
(그는 죄수들을 다른 감옥으로 이송하도록 준비했다.)
The **decision to move** to Busan was made a long time ago.
(오래전에 부산으로 이사할 결정을 내렸다.)
The government is making **plans to evacuate** all its citizens from the flooded area.
(정부는 수해지역에서 모든 시민을 철수시킬 계획을 세우고 있다.)
We were surprised at her **reluctance to accept** any money for her work.
(우리는 그녀가 일의 대가로 돈을 받는 것을 꺼리는 것에 놀랐다.)
She was sincere in her **wish to make** amends for the past.
(과거를 보상하겠다는 그의 소망에서 진심이 보였다.)

유사한 파생 명사구에 대해서는 D10을 보라.

11 **목적어**: 부정사구를 목적어로 취하는 동사에는 부정사구만을 취하는 동사와 부정사 앞에 명사구를 대동하는 동사 그리고 이 두 구조를 둘 다 허용하는 동사 세 가지 유형이 있다.

V + to-부정사
V + NP + to-부정사
V (+ NP) +to-부정사

12 **V + to-부정사**: "V + to-부정사" 구조를 취하는 동사로는 다음과 같은 것이 있다.

abide	ache	afford	agree
aim	appear	apply (oneself)	arrange
ask	arrange	sk	aspire
attempt	(can't) bear	beg	begin
bother	(not) bear	cease	chance
choose	claim	condescend	consent
continue	contract	contrive	counsel

decide	dare	decide	decline
deign	demand	deserve	design
desire	determine	disdain	dread
elect	endure	expect	fail
fear	forbear	forget	get
go on	guarantee	happen	hasten
hate	help	hesitate	hope
intend	learn	like	long
love	manage	mean	merit
need	neglect	offer	omit
plan	pray	prefer	prepare
presume	pretend	proceed	profess
promise	propose	reckon	refuse
regret	remember	request	resolve
say	scorn	seek	seem
(not) stand	start	strive	struggle
swear	tend	threaten	trouble
try	turn out	undertake	venture
vow	wait	want	warrant
wish	yearn 등		

The bank's **agreed to lend** me 15 million won to buy a new car.
(은행은 나에게 새 차를 사는 데 1,500만 원을 빌려주기로 승인했다.)
She will **condescend to join** us for lunch.
(그녀는 신분을 낮추어 우리와 함께 점심을 할 것이다.)
If I were you, I wouldn't **hesitate to marry** her.
(내가 너라면 그녀와 망설임 없이 결혼할 것이다.)
You must **learn to work** hard and **save** money.
(너는 열심히 일하고 돈을 저축하는 것을 배워야 한다.)
I should **like to have** been told the result earlier. (결과를 좀 더 일찍 들었으면 좋았을 것인데.)
The company **resolved to take** no further action against the thieves.
(회사는 도둑들에게 더 이상 소송을 제기하지 않기로 결정했다.)
All of us can hardly **wait to be** in France.
(우리 모두는 프랑스에 가는 것을 도저히 기다릴 수가 없다.)

이 구조에서 주절의 주어가 부정사구의 주어로 해석된다.

▶ to-전치사구를 목적어로 취하는 동사와 형용사 중에는 부정사를 목적어로 취하는 것들이 있다.

agree to	consent to	dedicated to
entitled to	inclined	to
prone to 등		

Both sides have **agreed to the terms** of the peace treaty. (양측이 평화협정의 조건에 동의했다.)
The bank has **agreed to lend** me 20 million won to buy a new car.
(은행은 새 차를 사는 데 나에게 2천만 원을 빌려주기로 동의했다.)

Her father wouldn't **consent to her marriage** to a cousin.
(그녀의 아버지는 사촌과의 결혼을 승인하지 않을 것이다.)
He has finally **consented to lend** her his car. (그는 결국 차를 그녀에게 빌려주는 데 동의했다.)

I **incline to the opinion** that it's a case of religious discrimination.
(나는 그것이 종교적 차별의 한 예라는 의견에 마음이 기운다.)
He **inclined to accept** that the official version of the incident was correct.
(그는 사고에 대한 공적인 설명이 옳다고 받아들이고 싶은 마음이었다.)

Full time employees are **entitled to health insurance**.
(정규직 근로자는 건강보험 자격이 있다.)
Full time employees are **entitled to receive** health insurance.
(정규직 근로자는 건강보험을 받을 자격이 있다.)

Kids are all **prone to disease**. (아이들은 모두 질병에 쉽게 걸린다.)
Kids are all **prone to eat** junk food. (아이들은 모두 정크푸드를 먹게 되는 경향이 있다.)

13   V + NP + to-부정사: "V + NP + to-부정사" 구조를 취하는 동사로는 다음과 같은 것들이 있다.

advise	aid	allow	appoint
ask	assist	authorize	can't (bear)
beg	believe	beseech	bribe
cause	challenge	choose	command
commission	compel	condemn	convince
dare	defy	desire	direct
derive	educate	elect	empower
enable	encourage	entice	entitle
entreat	excite	expect	find
forbid	force	get	hate
help	impel	implore	incite
induce	instruct	inspire	intend
invite	lead	learn	leave
like	loathe	love	mean
oblige	obligate	order	permit
persuade	pledge	prefer	prepare
press	presume	promise	prompt
prove	provoke	reckon	recommend
remind	request	require	rule
sentence	stimulate	summon	teach

tell	temp	urge	trust
urge	want	warn	warrant
wish 등			

Her husband **advised her to invite** the boss.
(그녀의 남편은 그녀에게 상사를 초대하라고 충고했다.)
We **believe Miss Chung to be** the finest pianist in the world.
(우리는 정 양이 세계에서 가장 훌륭한 피아니스트라고 믿는다.)
We **expected the talks to continue** until tomorrow.
(우리는 대화가 내일까지 계속될 것으로 생각했다.)
The man **forced the boy to stay** home. (그 남자는 남자아이를 강제로 집에 있게 했다.)
Her husband **likes her to invite** the boss.
(그녀의 남편은 그녀가 상사를 초청하는 것을 좋아한다.)
I **persuaded my son to go** to college. (나는 아들에게 대학에 가라고 설득했다.)
He **urged all of us to read** at least three novels in the list.
(그는 우리 모두에게 적어도 목록에 있는 소설책 세 권을 읽을 것을 강력히 요구했다.)
I **wish both of you to have** a good journey. (나는 너희 둘이 즐거운 여행을 하기를 빈다.)
이 구조에서는 주절의 목적어가 부정사구의 주어로 해석된다.

► 예외적으로 promise의 경우에는 주절의 주어가 부정사의 주어로 이해된다.

She promised me to see the dentist tomorrow. (그녀는 나에게 내일 치과에 가겠다고 약속했다.)

► 다음의 소통동사(verbs of communication)와 인지동사(verbs of cognition)는 to-부정사의 동사가 be 혹은 have일 경우에만 이 구조가 허용된다.

► 소통동사

acknowledge	admit	confess	confirm
declare	demonstrate	deny	disclose
grant	hear	maintain	hear
maintain	report	reveal	show
state 등			

The doctor **acknowledged him to be** a drug addict.
(의사는 그가 마약 중독자라는 것을 인정했다.)
The study **demonstrates poverty and malnutrition to have** close links.
(연구는 빈곤과 영양실조가 밀접한 관련이 있다는 것을 보여준다.)

► 인지동사

apprehend	assume	believe	consider
discover	doubt	estimate	fancy
feel	feign	find	guess
hold	imagine	judge	know
presume	reckon	recognize	regard
see	sense	suppose	suspect

| take | think | understand 등 |

Everyone **considers the boy to be** a genius. (모든 사람들이 그 소년을 천재라고 생각한다.)
We **find her evidence to be** based on the newspaper report.
(우리는 그녀의 증거가 신문 보도에 기초한 것이라는 것을 알았다.)
Everybody **reckoned him to have** been the leading authority in the field.
(모든 사람이 그가 그 분야의 지도적 권위자였다고 간주했다.)
I **took him to be** the owner of the building. (나는 그가 건물의 소유자라고 생각했다.)

14   V + (NP) + 부정사: "V + (NP) + 부정사" 구조를 취하는 동사로는 다음과 같은 것들이 있다.

ask	beg	dare	elect
expect	get	hate	help
intend	learn	like	love
mean	prefer	promise	request
want 등			

He **asked me to mail** the letters tomorrow.
(그는 나에게 내일 그 편지들을 부쳐달라고 부탁했다.)
Karen **asked to see** the doctor. (캐런은 의사를 만나게 해달라고 부탁했다.)

The group **elected Philip to be** their spokesman. (그 그룹은 필립을 대변인으로 선출했다.)
My father **elected to take** early retirement instead of moving to a new position.
(나의 아버지는 새로운 자리로 옮기는 대신에 조기 은퇴를 하기로 했다.)

I don't think he **intended me to hear** what he said.
(나는 그가 말한 것을 내가 듣게 하려고 의도했다고는 생각하지 않는다.)
We **intend to go** to Australia next year. (우리는 내년에 호주에 갈 작정이다.)

15   advise와 want: "V + NP + to-부정사" 구조를 동사구로 갖는 문장에는 두 가지 유형이 있다. "advise-형"에서는 NP가 문법적 그리고 의미적 목적어로 해석되는 반면, "want-형"에서는 NP가 의미적 목적어가 될 수 없으며 문법적 목적어로만 해석된다.

My mother **wanted me to go** to Harvard. (나의 어머니는 내가 하버드에 가기를 원했다.)
My mother **advised me to go** to Harvard. (나의 어머니는 나에게 하버드에 가라고 충고했다.)

▶ want-형: 위에서 논의한 "소통동사"와 "인지동사"가 이 유형에 속하며, 추가로 다음과 같은 동사가 있다.

cause	expect	get	hate
intend	like	love	mean
need	prefer	promise	prove
recommend	want	warrant	wish 등

► advise-형

advise	aid	allow	appoint
ask	assist	authorize	can't (bear)
beg	believe	beseech	bribe
challenge	choose	command	commission
compel	condemn	convince	dare
defy	desire	direct	derive
educate	elect	empower	enable
encourage	entice	entitle	entreat
excite	forbid	force	help
impel	implore	incite	induce
instruct	inspire	invite	lead
learn	leave	loathe	oblige
obligate	order	permit	persuade
pledge	prepare	press	presume
prompt	provoke	reckon	remind
request	require	rule	sentence
stimulate	summon	teach	tell
temp	urge	trust	urge
warn 등			

16 **want와 advise의 차이점**: 두 형태의 문장은 다음과 같은 문법적 차이를 보인다.

► want-형 문장에서는 NP와 부정사구를 하나의 성분으로 간주하기 때문에 대명사로 대치할 수 있지만, advise-형 문장에서는 불가능하다.

John **wanted Tom to examine Bill**, and Mary **wanted that** too.
(존은 탐이 빌을 검사하기를 원했고, 메리도 역시 그것을 원했다.)
(*John **advised Tom to examine Bill**, and Mary **advised that** too.)

► want-형 문장은 유사-분열문으로 변형될 수 있지만, advise-형 문장은 불가능하다.

What John **wanted** was **for Tom to examine Bill**.
(존이 원하는 것은 탐이 빌을 검사하는 것이다.)
(*What John **advised** was **for Tom to examine Bill**.)

► want-형 문장은 의미 변화 없이 목적어와 부정사를 수동형으로 바꿀 수 있지만, advise-형 문장은 수동형이 가능한 경우에도 그 의미가 바뀐다.

John **wanted Tom to examine Bill**. (존은 탐이 빌을 검사하기를 원한다.)
John **wanted Bill to be examined by Tom**. (존은 빌이 탐에게 검사받기를 원한다.)

John **advised Tom to examine Bill**. (존은 탐에게 빌을 검사하라고 충고했다.)
John **advised Bill to be examined by Tom**.
(존은 탐에게 검사를 받으라고 빌에게 충고했다.)

▶ want-형 문장은 허사 there가 목적어 위치에 오는 것을 허용하지만, advise-형은 허용하지 않는다.

We **want there to be** a full attendance in the concert.
(우리는 음악회가 만석이 되기를 원했다.)
(*We **advised there to be** a full attendance in the concert.)

17 **전치사구의 목적어**: "V + PP + 부정사" 구조를 갖는 동사들은 for-전치사구의 목적어를 부정사의 주어로 취한다.

arrange	not care	hope	intend
mean	pray	plan	prepare
cannot stand	wish 등		

I'll **arrange for someone to take** care of the baby.
(나는 누군가가 아이를 돌볼 수 있도록 준비할 것이다.)
She **didn't care for him to see** her while she was sick.
(그녀는 아팠을 때 그가 찾아오는 것을 좋아하지 않았다.)
He **intended for the children to come** to church with him.
(그는 아이들이 그와 함께 교회에 가도록 할 작정이다.)
I'm **longing for the children to go** back to school.
(나는 아이들이 학교로 돌아가기를 간절히 바라고 있다.)
They **prepared for the conference to be** held on time.
(그들은 학회가 정시에 개최될 수 있도록 준비했다.)

I27　infinitives-6: 형용사구

부정사구는 명사구 또는 대명사를 수식하는 형용사구로 쓰일 수 있다.

1 **부정사구의 주어**: 수식 받는 명사구/대명사가 부정사구의 주어로 해석되며, 특히 복합 부정대명사가 이러한 부정사구의 주어로 많이 나타난다.

He is not **a person to let** little things disturb him. (그는 작은 것에 신경 쓰는 사람이 아니다.)
(= He is not a person who would let little things disturb him.)
Is there **anyone to take** care of these children? (이 아이들을 돌볼 수 있는 사람이 있습니까?)
(= Is there anyone who can take care of these children?)
She has **no one to help** her. (그녀를 도와줄 사람이 없다.)
(= She has no one who can help her.)

2 **부정사구의 목적어**: 수식 받는 명사구/대명사가 부정사의 목적어로 해석될 수 있다.

He is **a good man for you to know**. (그는 네가 알아두어야 할 훌륭한 분이다.)
(= He is a good man who you should know.)
The next question to consider was the crucial one.

(우리가 생각해야 했던 다음 질문이 결정적인 질문이었다.)
(= The next question that we should consider was the crucial one.)

3 **전치사의 목적어**: 수식 받는 명사구/대명사가 부정사구에 있는 전치사의 목적어로 해석될 수 있다.

He has **nothing to complain** about. (그는 불평할 것이 아무것도 없다.)
Tell me **the person to show** my samples to. (나의 견본을 보여주어야 할 사람을 말해주세요.)

4 **의문 부정사구**: 의문 부정사구는 부정사구의 형용사적 용법의 대표적인 예다. 여기서 특히 유의할 점은 부정사구의 수식을 받는 의문사는 부정사구의 목적어 또는 전치사의 목적어로만 이해된다는 사실이다. 다음의 동사들은 의문 부정사를 목적어로 취할 수 있다.

ask	consider	decide	discuss
explain	find out	forget	guess
hear	inquire	know	learn
observe	perceive	remember	say
see	show	teach	tell
think	understand	wonder 등	

He didn't **tell** me **who to meet** at the station.
(그는 정거장에서 누구를 만나야 하는지 나에게 말해주지 않았다.)
They don't **know what to do** next. (그들은 다음에 무엇을 해야 할지 모른다.)
I don't remember **who to work with** for the project.
(나는 그 계획을 위해 누구와 함께 일해야 하는지 기억이 안 난다.)
We haven't decided **what to account for** before the committee.
(우리는 위원회에서 무엇을 설명해야 할 것인지 결정하지 않았다.)
I **asked** her **where to stay** tonight. (나는 그녀에게 오늘 밤에 어느 곳에 머물 것인가를 물었다.)
Show him **how to do** the exercise. (그 운동을 어떻게 하는지 나에게 보여주세요.)
I **wonder whether to pay** now (or not). (나는 지금 대금을 치러야 하는지 (아닌지) 잘 모르겠다.)

5 **관계대명사와 부정사구**: 형용사적으로 사용되는 부정사구는 일반적으로 관계대명사를 동반하지 않는다.

He is not **a person (*who) to let** little things disturb him.
(그는 작은 것에 신경 쓰는 사람이 아니다.)
He has **nothing (*which) to complain** about. (그는 불평할 것이 아무것도 없다.)

▶ 수식받는 명사구가 부정사구에 포함된 전치사구의 목적어인 경우에 명사구와 수식하는 부정사구 사이에 관계대명사가 올 수 있다. 이 경우 전치사는 관계대명사 앞에 반드시 와야 한다.

He needs some money **with which to travel**. (그는 여행에 쓸 돈이 좀 필요하다.)

(= He needs some money **to travel with**.)
(= He needs some money **(which) he can travel with**.)
(*He needs some money **which to travel with**.)

She found a pretty vase **in which to put the flowers**. (그녀는 꽃을 꽂을 예쁜 꽃병을 발견했다.)
(= She found a pretty vase **to put the flowers in**.)
(= She found a pretty vase **(which) she can put the flowers in**.)
(*She found a pretty vase **which to put the flowers in**.)

부정사 관계절에 대해서는 R10.1-3을 보라.

▶ wh-어 뒤에 오는 부정사구는 자신의 주어를 명시적인 for-구로 가질 수 없다.

*Tell me **who for him** to meet at the station.
(참고: Tell me **who he** should meet at the station.)
(그가 정거장에서 누구를 만나야 하는지 나에게 말하라.)
*He tried to remember **what for me** to look for.
(참고: He tried to remember **what I** should look for.)
(그는 내가 찾아야 하는 것이 무엇인지 기억하려고 애썼다.)
*She found a pretty vase **in which for me** to put the flowers.

6   only: "only, 최상급 형용사, 서수사의 수식을 받는 명사"는 부정사구의 수식을 받을 수 있다.

She is **the only person to aspire** to the job. (그녀는 그 일자리를 갈망하는 유일한 사람이다.)
Mr. Sang-Don Choi was **the first Korean to climb** Mound Everest.
(최상돈 씨가 에베레스트 산에 오른 첫 한국인이다.)
The last person to leave the office should turn off the lights.
(사무실을 가장 늦게 나가는 사람은 전등을 꺼야 한다.)

I28   infinitives-7: 부사구

부정사는 부사적으로 쓰일 수 있으며, 다른 부사구와 마찬가지로 전체 문장 또는 동사를 수식할 수 있다.

1   **문장 수식어**: 문장을 수식하는 부정사구로는 두 가지가 있다.

▶ 화자가 말하고자 하는 주제에 대해서 논평하는 경우 (D15.1을 보라.)

to speak honestly   strange to say
to be honest   to make things worse
to use a common expression 등

To tell the truth, I don't understand him at all.
(사실대로 말하면 나는 그를 전혀 이해하지 못한다.)
To be honest, I don't like her very much. (솔직히 말해서 나는 그녀를 그렇게 좋아하지 않는다.)

▶ 앞의 표현과 뒤 표현을 연결하는 역할 (C23을 보라.)

to change the subject   to return to our subject
to begin with   to conclude
to take a simple example to mention a few examples 등

To cut a long story short, you had better apologize for your behavior.
(줄여서 말하면 너는 네 행위에 대해서 사과하는 것이 좋겠다.)
"What do scientists think about my invention?" "Well, **to begin with**, they doubt whether it's going to work." ("과학자들이 나의 발명을 어떻게 생각합니까?" "저어, 첫째, 그들은 그것이 작동할 것인가에 의심을 가지고 있습니다.")

2   **동사 수식어**: 동사를 수식하는 부정사를 그 의미에 따라 분류하면 다음과 같다.

▶ 목적 (purpose)
He came to New York **(in order) to look** for a job. (그는 일자리를 찾아 뉴욕에 왔다.)
We eat **to live**; we should not live **to eat**.
(우리는 살기 위해 먹지, 먹기 위해 살아서는 안 된다.)

▶ 조건 (condition)
He will do anything **to have** the chance to see her again.
(그는 그녀를 다시 볼 기회를 갖는다면 무엇이든지 할 것이다.)
(= He will do anything if he may have the chance to see her again.)

I would have given my life **to have** saved hers.
(그녀를 구할 수 있었다면 나는 생명도 내놓았을 것이다.)
(= I would have given my life if I could have saved her.)

여기서 조건 부정사는 목적 부정사로 해석될 수도 있다.

▶ 결과 (result)
He finally won his lawsuit, only **to find** out that his lawyer would get most of the money.
(그는 결국 소송에 승리했으나, 돈의 대부분이 그의 변호사가 가지게 되었다는 것을 알게 되었을 뿐이다.)
He returned home, **to find** his wife ill in bed.
(그는 집으로 돌아왔으나, 처가 병들어 침대에 누워있는 것을 보게 되었다.)

▶ 원인 (cause)
He rejoiced **to see** his old friends again. (그는 옛 친구들을 다시 보게 되어 기뻤다.)
She blushed **to hear** herself praised by the teacher.
(그녀는 선생님의 칭찬을 직접 듣고 얼굴이 빨개졌다.)

I29   information structure(정보의 구성)

우리가 언어를 사용하여 상대방에게 어떤 정보를 전달하고자 할 때는 문법적 옳은 문장만을 사용하는 것이 아니라 다양한 방법을 사용하여 가장 효과적으로 정보를 전달하게 된다.

1. **주어와 술어**: 우리의 언어생활의 주된 목적은 정보를 서로 주고받는 것이다. 우리가 어떤 상황에 대한 정보를 상대방에게 전달할 때 일반적으로 문장이라는 표현의 단위를 사용하게 된다. 우리는 먼저 말하고자 하는 대상을 선정하여 그 대상을 문장의 주어(subject)로 표현하고, 그 대상이 어떤 상황에 처해있는가를 문장의 술어(predicate)로 표현한다.

   The last storm destroyed his greenhouse. (지난 폭풍우가 그의 온실을 파괴했다.)
   His greenhouse was destroyed by the last storm. (그의 온실이 지난 폭풍우로 파괴되었다.)

2. **알려진 정보와 새로운 정보**: 문장을 구성할 때 우리는 일반적으로 "알려진" 정보를 먼저 말하고 "새로운" 정보를 뒤에 말한다.

   "How's **Joe** these days?" "Oh, fine. **He**'s just got married to a very nice girl."
   ("요사이 조가 어떻게 지내?" "예, 잘 지내지요. 그는 얼마 전에 아주 멋진 아가씨와 결혼했어요.")
   ("Oh, fine. A very nice girl's just got married to **him**."보다 더 자연스럽다.)

   "I can't find **my clothes**." "Well, **your trousers** are under my coat."
   ("내 옷을 찾을 수 없는데요." "어디 보자. 네 바지는 내 코트 밑에 있다.")
   ("Well, my coat is on **your trousers**."보다 더 자연스럽다.)

   "What happened to **his greenhouse**?" "**It** was destroyed by the last storm."
   ("그의 온실에 무슨 일이 있었습니까?" "지난 폭풍우로 파괴되었습니다.")
   ("The last storm destroyed **it**."보다 자연스럽다.)

   ▶ 완전히 새로운 정보로 절을 시작하는 것을 회피하기 위해 "there is 구조"를 사용할 수 있다. 상세한 것은 T6을 보라.

   There is a cat on the roof. (지붕 위에 고양이가 한 마리 있다.)
   (**A cat is** on the roof보다 더 자연스럽다.)

   as, since, because와 함께 쓰이는 "알려진" 것과 "새로운" 것에 대해서는 B11을 보라.

3. **중요한 정보와 덜 중요한 정보**: 문장을 구성할 때 우리는 일반적으로 "중요한" 정보를 먼저 말하고 "덜 중요한" 정보를 나중에 말한다.

   My father was bitten by a dog last week. (나의 아버지가 지난주에 개에 물렸다.)
   (A dog bit my father last week.보다 더 자연스럽다.)
   Our dog bit the postman this morning. (우리 집 개가 오늘 아침에 집배원을 물었다.)
   (The postman was bitten by our dog this morning.보다 더 자연스럽다.)

4. **강조하고 싶은 정보**: 문장의 한 부분을 강조하는 데는 크게 두 가지 방법이 있다. 하나는 강조하고 싶은 부분을 강세를 주어 말하는 것이고, 다른 하나는 특정 구문을 사용하는 것이다. 대표적인 강조 구문으로는 it와 what을 사용하는 분열문 구조가 있다. 상세한 것은 C12를 보라.

   It was **my mother** who finally called the police. (결국 경찰을 부른 사람은 나의 어머니였다.)
   What I need is **a hot bath and a drink**.

(내가 필요한 것은 따뜻한 목욕과 한 잔 마시는 것이다.)

또 한 가지 방법으로는 정상적인 문장에서는 허용되지 않는 표현을 문장 앞으로 전치하는 것이다. 전치에 대해서는 F10을 보라.

The other plans we will look at next week. (다른 계획은 우리가 다음 주에 검토할 것이다.)

강조에 대해서는 E16을 보라.

5 **문미 비중**: 영어에는 길고 복잡한 구조를 문장 끝으로 이동시키는 "문미 비중의 원리(the principle of end weight)"라는 것이 있다. 우리가 "예비의 it"를 사용하여 주어절이나 목적어절을 문장의 끝으로 이동하는 "외치(extraposition)"도 이 원리를 따른 것이라고 할 수 있다. (E25를 보라.)

It worried me **that she had not been in touch for so long**.
(그녀가 매우 오랫동안 연락이 없었다는 것이 나를 걱정하게 했다.)
I believe **it** to be essential **that you tell us everything you know**.
(나는 네가 아는 것을 모두 우리에게 말하는 것이 극히 중요하다고 생각한다.)

▶ 영어에는 소위 "복합명사구 전이(complex NP shift)"라는 것이 있다. 다시 말해서 길고 복잡한 명사구는 문장 끝으로 이동시키는 것을 말한다.

He wrote down in a notebook **everything that he heard and didn't want to forget**.
(그는 그가 듣고 잊고 싶지 않은 모두 것을 공책에 기록했다.)
(*He wrote down in a notebook **their names**.)
(참고: He wrote down **their names** in a notebook.)

We generally attribute to improvements in diet **the fall in the number of deaths from heart disease**.
(우리는 심장병 사망자 수의 감소를 일반적으로 식생활 개선의 덕으로 생각한다.)
(*We generally attribute to improvements in diets **the fall in deaths**.)
(참고: We generally attribute **the fall in deaths** to improvements in diets.)

I30 instead (of)

instead는 한 방안 대신에 다른 대안을 선택할 때 사용된다.

1 **부사**: instead는 부사로서 일반적으로 문두 혹은 문미 위치에 온다.

If you can't attend the meeting, I could go **instead**.
(만약 네가 회의에 갈 수 없다면, 내가 대신 갈 수 있었다.)
George didn't study law. **Instead** he decided to become an actor.
(조지는 법을 공부하지 않았다. 대신 그는 배우가 되기로 작정했다.)

2 **전치사**: instead of는 복합 전치사로 명사적 표현을 목적어로 갖는다.

You can have tea **instead of** coffee, if you want. (원하면 커피 대신에 차를 마실 수 있습니다.)
He seems to be pleased **instead of** being annoyed. (그는 괴로워하기보다 즐거워하는 것 같다.)
Instead of sitting there, you could help me clean the floor.
(거기 앉아있지 말고 바닥 청소하는 나를 도와주시오.)

131 into

1 **내부로의 이동**: 장소, 지역, 용기 내부로의 이동을 가리킬 때

I saw him come **into** his office. (나는 그가 사무실로 들어오는 것을 보았다.)
He thrust his hand **into** his coat pocket. (그는 손을 코트 주머니에 집어넣었다.)
There must be another way to get **into** the building.
(그 건물에 들어가는 다른 방법이 반드시 있을 겁니다.)

2 **관여/소속**: 어떤 행위나 상황에 관여하거나 어떤 집단의 일부가 될 때

They tried to drag me **into** their quarrel. (그들은 나를 그들의 싸움에 끌어들이려고 애썼다.)
The money that he had raised all went **into** a common fund.
(그가 모은 돈은 모두 공동 기금으로 들어갔다.)

3 **변화**: 사물이 다른 형태나 상태로 변할 때

She fell **into** a deep sleep. (그녀는 깊은 잠에 빠졌다.)
The whole banking system was thrown **into** confusion. (모든 은행 시스템이 혼란에 빠졌다.)
She cut the cake **into** several pieces. (그녀는 케이크를 여러 조각으로 잘랐다.)

4 **충돌**: 한 대상이 이동하여 다른 대상과 부닥칠 때

She almost bumped **into** me as she turned around the corner.
(그녀는 모퉁이를 돌다가 나와 거의 부딪힐 뻔했다.)
The car swerved and crashed **into** the wall. (차는 이탈하여 벽을 들이받았다.)

5 **방향**: 특정 방향을 가리킬 때

They rode off **into** the sunset. (그들은 저녁노을 속으로 말을 타고 가버렸다.)
Make sure you're speaking directly **into** the microphone.
(마이크로폰에 직접 대고 말하도록 해라.)

6 **시점**: 어떤 시점까지를 가리킬 때

Andy and I talked well **into** the night. (엔디와 나는 밤이 깊을 때까지 말을 했다.)
John was well **into** his forties before he got married. (존은 40이 한참 지나서 결혼했다.)

7 **조사나 연구 대상**: 어떤 정보를 얻기 위해 애쓸 때

The police are making an investigation **into** the events leading up to his death.
(경찰은 그를 죽음에 이르게 한 사건들을 조사하고 있다.)
We've been doing some research **into** the incident.
(우리는 그 사고에 대한 연구를 해오고 있다.)

8 **산수의 나누기**: 나누기를 표현할 때 (N39.15를 보라.)

Eight **into** twenty-four is three. (24를 8로 나누면 3이다.)
Sixteen teams are taking part, dividing **into** four groups.
(16개 팀이 네 그룹으로 나누어 참여한다.)

I32   inversion(도치)-1: 개요

도치에는 조동사가 주어 앞으로 이동하는 것과 부사구와 함께 동사구를 문장 앞으로 전치하는 것 두 가지 유형이 있다.

The children's toys **were hidden under the bed**.   [정상 위치]
(아이들의 장난감을 침대 밑에 숨겼다.)
Were the children's toys hidden under the bed?   [조동사 전치]
(아이들의 장난감을 침대 밑에 숨겼느냐?)
Under the bed were hidden the children's toy.   [동사구 도치]
(침대 밑에 아이들의 장난감을 숨겼다.)

I33   inversion-2: 조동사의 전치

다양한 구조에서 (have와 be를 포함하여) 조동사가 주어 앞으로 전치된다.

1 **의문문**: 의문문에서 (have와 be를 포함하여) 조동사가 주어 앞으로 전치한다.

Has the train arrived at the station? (기차가 정거장에 도착했습니까?)
Where **is the festival** taking place? (축제가 어느 곳에서 열립니까?)
What **will you** buy for her birthday? (그녀의 생일선물로 무엇을 사려고 합니까?)

▶ 간접의문문에서는 조동사의 전치가 일어나지 않는다. (Q3을 보라.)

They asked me when **the concert** was starting.
(그들은 음악회가 언제 시작하는지 나에게 물었다.)
(*They asked me when **was the concert** starting.)

▶ 주어 자체가 의문사일 때는 조동사의 전치가 일어나지 않는다.

*****Is what** taking place at Time Square?
(참고: **What's** taking place at Time Square?)
(타임스퀘어에서 무슨 일이 있을 겁니까?)
*****Did who** buy the present for her birthday?

(참고: **Who bought** the present for her birthday?)
(누가 그녀의 생일선물을 샀습니까?)

▶ 부가 의문문(tag questions)에서도 조동사의 전치가 일어난다.

He likes his job, **doesn't he**? (그는 자기 일을 좋아하지요?)
He doesn't like his job, **does he**? (그는 자기 일을 싫어하지요?)

의문문 전반에 대해서는 Q3-Q6을 보라.

2   may: 소원을 말할 때 may는 주어 앞에 올 수 있다.

May God bless you! (하나님의 은총을 빕니다!)
Long **may the peace** continue! (평화가 오래 지속되기를 기원합니다!)

may의 주어 앞 전치에 대해서는 M11.4를 보라.

3   so, neither, nor 다음에서: "짧은 응답"과 이와 유사한 구조에서 이 단어들이 문두위치에 오면 조동사 전치가 일어난다.

"He's very tired." "**So am I**." ("그는 매우 지쳤다." "나도 그렇다.")
"She doesn't want to leave." "**Neither/Nor does he**."
("그녀는 떠나고 싶어 하지 않는다." "그도 그렇다.")
He likes pizza, and **so do I**. (그도 피자를 좋아하고 나도 좋아한다.)
He doesn't like pizza, and **neither does she**.
(그도 피자를 좋아하지 않고 그녀도 좋아하지 않는다.)

so에 대해서는 S14.4를, neither와 nor에 대해서는 N13을 보라.

4   **부정적(negative) 표현**: 전치된 부정적 부사구가 전체 문장을 부정할 경우에 조동사 전치를 일으킨다. (N13과 N10.1과 2를 보라.)

Not until last Sunday did we know the truth. (지난 일요일까지 우리는 진실을 몰랐다.)
On no account may anyone disturb the meeting.
(어떠한 경우에도 아무도 회의를 방해해서는 안 된다.)
At no time did he speak to the press. (그는 결코 언론에 말하지 않았다.)
Under/In no circumstances are you allowed to go out.
(어떤 일이 있어도 너는 나갈 수 없다.)
Never have I imagined that she would marry him.
(나는 그녀가 나와 결혼할 것이라고 상상해 본 적이 없다.)
No sooner had she arrived at Seoul than she fell in love.
(그녀는 서울에 오자마자 사랑에 빠졌다.)
Not a word did he say of the trip. (그는 여행에 대해서 한 마디도 안 했다.)

▶ 그러나 문장의 한 부분을 부정하는 부사구는 조동사의 도치를 유발할 수 없다.

Not many days later we knew the truth. (며칠 후에 그는 진실을 알았다.)
(= We knew the truth a few days later.)
(*Not many days later did we know the truth.)
Not far from here you can see foxes. (여기서 멀지 않은 곳에서 여우를 볼 수 있다.)
(*Not far from here can you see foxes.)
Not surprisingly, they missed the train. (예상한 대로 그들은 기차를 놓쳤다.)
(*Not surprisingly did they miss the train.)
Not long ago John saw Mary. (얼마 전에 존이 메리를 만났다.)
(*Not long ago did John see Mary.)

5   **부정적(negative) 부사**: "hardly, seldom, rarely, little, never, barely"와 같은 부정적 표현과 only를 포함하는 표현 다음에서 조동사 전치가 일어난다. 이 구조도 또한 문어적이고 문학적이다.

Hardly had I got in the house when the phone rang. (내가 집에 들어가자마자 전화가 울렸다.)
Seldom have I seen such a remarkable creature.
(나는 좀처럼 그렇게 놀라운 사람을 보지 못했다.)
Little did he realize the danger he faced. (그는 직면한 위험을 거의 인식하지 못하고 있었다.)
Never had she been so confused. (그녀는 일찍이 그렇게 혼란스러워한 적이 없다.)
Barely could she understand what he was saying.
(그녀는 그가 말하고 있는 것을 거의 이해할 수 없었다.)
Only after her death was I able to appreciate her.
(그녀가 죽은 후에야 나는 그녀의 진가를 이해할 수 있었다.)
Not only did we lose our money, but we were nearly killed.
(우리는 돈을 잃어버렸을 뿐만 아니라 거의 죽을 뻔했다.)

6   **비교절**: 비교절의 "주어"가 "대조적" 의미를 가질 경우 조동사가 주어 앞으로 전치된다.

She was very religious, **as were most of her friends**.
(그녀는 대부분의 친구처럼 신앙심이 매우 깊다.)
City dwellers have a higher death rate **than do country people**.
(도시 거주자가 시골 사람들보다 사망률이 더 높다.)

위의 문장에서 비교절의 주어(most of her friends와 country people)는 주절의 주어(she와 city dwellers)와 대조를 이룬다. 따라서 비교절에서 조동사 전치가 일어나지 않은 표현은 잘못된 것이 된다.

*She was very religious, **as most of her friends were**.
*City dwellers have a higher death rate **than country people do**.

그러므로 다음의 비교절에서는 부사인 today와 yesterday가 비교 대상이므로 조동사의 전치가 일어날 수 없다.

The water seems much colder **today than it was yesterday**.

(물이 어제보다 오늘이 훨씬 더 차가운 것 같다.)
(*The water seems much colder **today than was it yesterday**.)

7   **so와 such**: so나 such의 수식을 받는 표현이 문장 앞으로 전치된 강조적용법으로 쓰일 때 조동사 전치가 일어난다.

So long/Such a long time did she stay inside the room that everybody worried.
(그녀가 방 속에 너무나 오랫동안 머물러 있어서 모두가 걱정했다.)
(참고: She stayed inside the room so long/such a long time that everybody worried.)
So plausible was his explanation that everybody believed it.
(그의 설명이 매우 그럴듯해서 모두가 믿었다.)
(참고: His explanation was so plausible that everybody believed it.)

8   **조건절**: 조건절에서 if를 사용하는 대신에 조동사를 주어 앞에 놓을 수 있다. (I5를 보라.)

Had I seen the accident, I would have reported it to the police.
(내가 사고를 목격했다면 경찰에 알렸을 것이다.)
(= If I had seen the accident, I would have reported it to the police.)
Were she my daughter, I wouldn't have allowed her to marry him.
(그녀가 내 딸이었다면 나는 그와 결혼하는 것을 허락하지 않았을 것이다.)
(= If she were my daughter, I wouldn't have allowed her to marry him.)

I34   inversion-3: 동사구의 도치

문장구조가 거울 영상처럼 완전히 도치되는 표현을 가리킨다.

주어 + 동사 + 보어 ⇒ 보어 + 동사 + 주어
주어 + 동사 + 부사적 표현 ⇒ 부사적 표현 + 동사 + 주어

The proposed projects **had been completely flawless**.
Completely flawless had been the proposed projects.
(제안된 계획에는 전혀 흠이 없었다.)

One of the hunters I had seen yesterday **was lying under a tree**.
Under a tree was lying one of the hunters I had seen yesterday.
(내가 어제 본 사냥꾼 중의 한 명이 나무 밑에 누워있다.)

1   **동사 + 보어**: 주어보어가 문장 앞으로 전치되고 주어가 문장 끝으로 후치될 수 있다. 이러한 구조에서는 종종 보어를 강조하는 표현이 함께 나타난다.

Completely ignored had been his final proposal. (그의 마지막 제안도 완전히 무시되었다.)
(= His final proposal **had been completely ignored**.)
More damaging was the reporter's article. (기자의 기사가 더 손상을 주었다.)
How ungracious had been their response! (그들의 반응이 무례하기 짝이 없어!)

2 **동사 + 부사적 표현**: 장소나 방향을 의미하는 부사적 표현이 문장 앞으로 전치되고 동사 부분은 주어 앞으로 이동한다.

Directly in front of them stood a great castle. (큰 성이 그들의 바로 앞에 있었다.)
Along the road came a strange procession. (길을 따라 이상한 행렬이 다가왔다.)

3 **동사 + 시간 표현**: 시간을 나타내는 부사적 표현도 동사와 함께 종종 주어 앞으로 도치된다.

The following morning came news of his father's death.
(다음 날 아침에 그의 아버지의 사망 소식이 도착했다.)
Thee days later arrived another job offer. (3일 후에 또 다른 일자리 제안이 있었다.)

4 **동사구**: 조동사를 제외한 진행형 동사구와 수동형 동사구가 문장 앞으로 도치되고 조동사는 주어 앞으로 전치된다.

Sitting on the bench was my grandfather. (벤치에 나의 할아버지가 앉아있었다.)
Hidden under the rug was the stolen jewelry. (도난당한 보석이 양탄자 밑에 숨겨져 있었다.)

5 **here와 there**: 구어에서 here와 there 또는 전치사적 부사가 주어와 동사의 도치를 유발한다.

Here comes Freddy! (여기 프레디가 오네.)
There goes your brother. (저기 네 동생이 오네.)
Up went the rest of them. (그들의 나머지는 위로 갔다.)

▶ 주어가 대명사이면 대명사가 동사를 앞선다.

Here she comes. (여기 그녀가 오네.) (*Here comes she.)
"Are you ready?" **"Off we go!"** ("준비됐어?" "떠나자!") **There she** is. (저기 그녀가 오네.)

6 **직접화법** (direct speech): 직접화법에서 "said, asked, suggested 등"과 같은 인용동사는 종종 주어를 앞선다. (I18.3을 보라.)

"I wonder," **John said/said John**, "whether I will continue the work."
(존은 "내가 일을 계속해야 할 지 잘 모르겠다"라고 말했다.)
"The classroom is too hot," **the professor complained/complained the professor**.
(교수님이 "교실이 너무 덥다"라고 불평하셨다.)

▶ 그러나 대명사 주어는 인용동사 뒤에 오지 않는다.

"What do you mean?" **he asked/*asked he**. ("무슨 말이야?"라고 그는 물었다.)
"I love you," **she whispered/*whispered she**. ("나는 너를 사랑한다"라고 그녀는 속삭였다.)

I35 invitations(초대)

"초대"란 다른 사람에게 어디를 가거나 어떤 것을 하자고 요청하는 것을 말한다. 초대는 "말"로 할 수도 있고 "글"로 할 수도 있다. 초대는 초대를 받는 사람에 따라 사용되는 표현이 달라질 수 있다.

1 **말**: 초대에 사용되는 몇 가지 표현을 예로 들면 다음과 같다.

Would you like to come with me? [비격식]
(우리와 함께 가시겠습니까?)
How would you like to come and have a cup of tea?
(오셔서 차 한잔하시는 것 어떠십니까?)
May I have the pleasure of this dance?
(이번 춤을 함께 출 수 있는 기쁨을 가질 수 있을까요?)
May I invite you to dinner next Saturday?
(다음 토요일에 저녁 식사에 초대하고 싶습니다.)
I wonder if you'd like to come and meet my boss. [격식적]
(오셔서 나의 상사를 만나주실 수 있는지요.)

2 **초대장**: 우리는 사회생활을 하면서 종종 초대장을 받거나 보내게 된다.

▶ 형식적 초대장: 정식으로 손님을 초대할 때

>
> Mr, and Mrs. Gildong Hong
> request the pleasure of your company
> for their 50th Wedding Anniversary Dinner
> at 7:00 p.m. on Friday, 15 April
> at La Seine
> Lotte World Hotel
>
> R.S.V.P.
> 27 Jongro
> Seoul
> Tel.: 02-000-0000
> e-mail: abc123@hanmail.net

▶ 비공식적 초대장: 간단한 모임을 위해 보내는 초대장

>
> Dear Raoul,
>
> Mija and I are having a party for our granddaughter's winning the 1st prize at Daegu Musical Festival on Saturday, 17th September at 8:00 p.m. at our place. We look forward to seeing you very much.
>
> Sincerely yours,
> *Gildong*

136   it's time

어떤 특정의 행위가 실행되어야 하는 시점을 표현할 때 사용된다.

1   **부정사**: it's time (혹은 it is time) 다음에 부정사가 올 수 있다.

Tom—**it's time to get up**. (탐아 일어날 시간이다.)
It's time to buy a new car. (새 차를 살 때가 되었다.)

▶ 부정사의 주어를 표현할 필요가 있을 때는 "for + 목적어 + 부정사 구조"를 사용할 수 있다.

It's time for us to move to Busan. (우리가 부산으로 이사할 때가 되었다.)

▶ 종종 부정사구를 전치사구로 바꾸어 표현할 수도 있다.

It's time **for bed**. (잠잘 시간이다.)
It's time **for lunch**. (점심시간이다.)

2   **과거시제**: "it's time' 다음에 과거시제 동사를 가진 절이 올 수 있으나 현재시간을 가리킨다.

It's time she **went** to bed. (그녀가 잠잘 시간이다.)
It's time you **washed** those trousers. (네 바지를 세탁해야 할 때다.)
I'm getting tired. **It's time** we **went** home. (나는 지쳤다. 집에 갈 시간이다.)

▶ "it's about/high time"은 어떤 일이 곧 일어나야 하거나 이미 일어났어야 한다고 강력하게 말할 때 사용된다.

It's about time our team **won**. (우리 팀이 승리할 때가 되었다.)
It's high time we **had** a party. (우리는 벌써 파티를 열었어야 할 때다.)

과거시제가 현재 또는 미래를 의미하는 구조에 대해서는 P19를 보라.

J1 just

just는 부사로서 다양한 의미로 사용된다.

1 **시간**: just는 시간상으로 현시점(now)에 가까운 과거나 미래를 가리킨다.

▶ just는 가까운 과거, 즉 "방금(a moment ago)" 또는 "최근에(very recently)"를 의미한다. 이 경우 영국영어에서는 현재완료형이, 미국영어에서는 단순과거형이 선호된다.

We've **just bought** a new apartment in Haewundae.　　[영국영어]
We **just bought** a new apartment in Haewundae.　　[미국영어]
(우리는 최근에 해운대에 새 아파트를 샀다.)

My son's **just turned** 16.　　[영국영어]
My son **just turned** 16.　　[미국영어]
(내 아들이 막 16세가 됐다.)

▶ just는 현시점(now)이나 어떤 시점에 존재하는 어떤 상황이 "곧(very soon)" 마무리될 것임을 표현한다.

I'm **just** making sandwiches for the children.
(나는 마침 아이들을 위해 샌드위치를 만들고 있다.)
I'm **just** finishing my homework—it won't take long.
(나는 곧 숙제를 마칠 것이다. 오래 걸리지 않을 거야.)
"Where are you, John?" "I'm **just** coming." ("존아 어디 있나?" "지금 막 가고 있어.")
He was **just** leaving when the phone rang. (전화가 울렸을 때 그는 막 나가려고 하고 있었다.)

▶ just는 어떤 시점(then)의 가까운 미래를 표현한다.

We're **just** about to leave. (우리는 곧 떠날 것이다.) (= We will leave very soon.)
I'll **just** finish this, then we can go. (내가 이 일을 곧 끝낸 다음 우리는 갈 수 있다.)
The doctor will **just** be with you. (의사가 곧 너에게 갈 것이다.)
I'm **just** going to walk down the street and buy beer.
(나는 곧 거리로 걸어 내려가서 맥주를 사올 것이다.)

2 **거리, 크기, 수량**: 미미한 차이를 표현할 때 사용된다.

We've walked **just** over 10 kilometers. (우리는 10킬로를 약간 넘어 걸었다.)
My brother's **just** over 190 centimeters. (내 동생은 키가 190센티가 약간 넘는다.)
The parcel weighs **just** under 2 kilograms. (소포의 무게가 2킬로 약간 못 미친다.)

3 **정도**: "정확히(exactly), 오직(only), 간신히(scarcely)"를 의미한다.

This carpet would be **just** right for the living room. (이 양탄자가 거실에 꼭 맞을 것 같다.)
We try to treat our children **just** the same. (우리는 아이들을 똑같이 대하려고 노력한다.)

They said that they had stolen the car **just** for fun.

(그들은 자동차를 단지 재미로 훔쳤다고 말했다.)
I'll **just** have a glass of water. (나는 물 한 잔만 마시겠습니다.)

We **just** caught the train. (우리는 기차를 간신히 탔다.)
I have **just** enough money for a cup of coffee. (나는 간신히 커피 한 잔 살 돈밖에 없다.)

4　**강조**: 말한 내용을 강조할 때 사용된다.

It was **just** wonderful to see Mary again. (메리를 다시 보게 되어 정말로 좋았다.)
I **just** wish I could believe you. (나는 너를 믿을 수 있기를 바랄 뿐이다.)
Drive carefully. There's a police car **just** behind us.
(조심해서 운전해라. 경찰차가 우리 바로 뒤에 있다.)
You'll find his office **just** in front of the railroad station.
(그의 사무실은 기차역 바로 앞에 있다.)

5　**요청**: just는 정중하고 부드럽게 요청할 때 사용될 수 있다.

Could I **just** use your phone for a moment? (전화를 잠시 써도 되겠습니까?)
Just sign here. (여기에 서명하십시오.)
Just a moment. (잠깐만 기다리십시오.)

6　**형용사**: just는 형용사로도 쓰일 수 있으며 도덕적으로 올바름이나 공정함을 의미한다.

The judge's sentence was perfectly **just** in the circumstances.
(판사의 선고는 상황에 비추어 완전히 공정했다.)
Her success is **just** reward for all her hard work.
(그녀의 성공은 그녀가 열심히 일한 모든 것에 대한 정당한 보상이다.)

K1 kind of, sort of, type of

kind와 sort 그리고 type는 유사한 속성을 가진 사람이나 사물의 집단을 가리킨다.

1 **단수 한정사**: "sort/kind/type of"가 단수 한정사의 수식을 받으면 단수가 되고, of 다음에 오는 명사는 단수가산명사, 복수가산명사, 불가산명사가 될 수 있다. 이 구조는 항상 단수동사를 취한다.

Anyone can make **this kind of mistake**. (누구든지 이런 종류의 실수를 할 수 있다.)
The company published **a new type of dictionary**. (회사가 새로운 형태의 사전을 출판했다.)
I don't like **this type of novels**. (나는 이런 종류의 소설을 좋아하지 않는다.)
This sort of behaviour is unacceptable. (이런 식의 행동은 용납될 수 없다.)
This kind of questions is/*are very difficult to answer.
(이런 종류의 질문은 답하기가 매우 어렵다.)

▶ 그러나 복수명사가 앞으로 오는 구조에서는 복수동사를 취한다.

Questions of this kind are/*is very difficult to answer.
(이런 종류의 질문은 답하기가 매우 어렵다.)
Novels of that kind are/*is popular among young people.
(저런 부류의 소설은 젊은 사람들에게 인기가 있다.)

2 **복수 한정사**: "sort/kind/type of"는 복수 한정사의 수식을 받으면 복수가 되며, 복수동사를 취한다.

The shop sells **several kinds of apples**. (그 상점은 여러 가지 종류의 사과를 판다.)
My job requires **many different types of people**.
(나의 일은 많은 다양한 타입의 사람들을 필요로 한다.)
Many sorts of jobs require computer skills. (많은 유형의 직업이 컴퓨터 기술을 요구한다.)
These kinds of dogs are very dangerous. (이런 종류의 개는 매우 위험하다.)

▶ 비격식적 구어체에서는 복수 지시사 these와 those가 단수 "sort/kind/type of + 복수명사" 앞에서 사용되며, 복수동사를 취한다. 그러나 글에서는 이 구조를 가급적 피하는 것이 좋다.

I don't approve of **these kind of things**. (나는 이런 종류의 생각을 인정하지 않는다.)
I can't afford **those sort of books**. (나는 저런 종류의 책을 감당할 수가 없다.)
Those type of questions are very difficult to answer.
(이런 종류의 질문은 답하기가 매우 어렵다.)
These kind of dogs are dangerous. (이런 종류의 개는 위험하다.)
Those sort of people are always getting into trouble with the police.
(저런 종류의 사람들은 항상 경찰과 문제를 일으킵니다.)

3   **복수 동사**: "sorts/kinds/types of" 다음에는 단수가산명사, 복수가산명사, 불가산명사가 모두 올 수 있으며, 복수동사를 취한다.

   Which types of software are most suitable? (어떤 타입의 소프트웨어가 가장 적합합니까?)
   These kinds of illness/illnesses are very common. (이런 종류의 병은 매우 흔하다.)
   All sorts of food were served at Christmas dinner.
   (모든 종류의 음식들이 크리스마스 정찬에 나왔다.)

4   **관사**: 비격식적 구어체에서 "sort/kind/type of" 다음에 오는 단수 가산명사 앞에는 관사가 사용되지 않지만, 비표준어에서 의미적 차이를 가지고 사용되기도 한다.

   What kind of man was he? (그는 어떤 종류의 사람이냐?)
   (***What kind of a man** was he?)
   He published a **new type of dictionary**. (그는 새로운 타입의 사전을 출판했다.)
   (*He published **a new type of a dictionary**.)
   "**What kind of car** is this?" "It's a Ford." ("이 차는 어떤 회사의 차냐?" "포드 차다.")
   "**What kind of a car** is this?" "It's powered by a V12 engine."
   ("이 차는 어떤 종류의 차냐?" "브이12 엔진이 장착된 차다.")

5   **부사**: 비격식적 문체에서 sort of와 kind of는 부사로서 지금 말하는 것이 부분적으로 사실이지만 정확히 상황을 말하고 있지 않다는 것을 보이기 위해 거의 모든 단어나 표현 앞에 혹은 문장 끝에 사용할 수 있다. (A18.6을 보라.)

   I **sort/kind of** like him, but I don't know why.
   (나는 그를 좋아하긴 해. 그런데 왜 좋아하는지는 몰라.)
   He's **kind/sort of** a gentleman. (그는 그런대로 신사라고 할 수 있다.)
   Well, I **sort of** thought we could go out together sometime.
   (저어, 나는 우리가 언제고 함께 나갈 수 있을 것이라고 생각은 해봤습니다.)
   I've changed my mind, **kind of**. (내가 마음을 바꿨다고 할 수 있지.)

6   **kinda/kaɪndə/**: 미국영어의 비격식적 글에서 종종 "kind of"를 kinda로 표기한다.

   I was **kinda** sorry to see him leave. (나는 그가 떠나는 것을 보게 되어 좀 미안했다.)
   I **kinda** hoped we'd come up with some brilliant ideas.
   (나는 우리가 어떤 멋있는 아이디어를 생각해 낼 것이라고 어느 정도 바랐다.)

7   **one of a kind**: "유일한 존재"를 말할 때 사용된다.

   Each plate is hand-painted and **one of a kind**.
   (각 접시는 손으로 그림이 그려졌고 이 세상에서 유일한 것이다.)
   She's a very unusual woman, **one of a kind**. (그녀는 이 세상에서 유일하게 매우 별난 여자다.)

K2 know

1. **know/know about/know of**: "know"는 직접적인 경험에 의해 "어떤 주제에 대한 정보를 머릿속에 가지고 있음"을 말한다. "know about"는 어떤 주제를 연구하거나 흥미가 있어서 "그에 대한 정보를 어느 정도 가지고 있음"을 말하고, "know of"는 어떤 주제에 대해 "들어본 적은 있지만 잘 알고 있지 못함"을 표현한다. 따라서 종종 "know of"는 "have heard of"로 대치될 수도 있다.

   She **knows** the names of every kid in the school.
   (그녀는 학교에 다니는 모든 어린이의 이름을 안다.)
   David is a friend of mine. I've **known** him for ten years.
   (데이비드는 나의 친구다. 나는 그와 10년간 아는 사이다.)
   (*I've **known about** him for ten years.)
   I **know** your hometown. (나는 네 고향에 가봤다.)
   (= I have been at your hometown.)
   We all **know about** George Washington. (우리 모두는 조지 워싱턴을 알고 있다.)
   (*We all **know** George Washington.)
   Hire someone who **knows about** real estate. (부동산을 아는 사람을 고용하십시오.)
   (*Hire someone who **knows** real estate.)

   We **know of** the incident but have no further details.
   (우리는 사고에 대해 들었으나 더 자세한 것은 모른다.)
   (= I've **heard of** the incident but have no further details.)
   (*We **know** the incident but have no further details.)

2. **(do) you know what I mean?**: "더 이상 설명하지 않아도 내가 무슨 말을 하려는 지를 상대가 알 수 있을 것으로 생각할 때" 사용한다.

   None of us stayed long at the party. The atmosphere wasn't—well, **you know what I mean**?
   (우리 중에 아무도 파티에 오래 머물지 않았다. 분위기가 영, 내가 무슨 말을 하려는지 알지?)
   Driving 80 miles per hour in these conditions could cause a nasty accident, **you know what I mean**?
   (이런 여건에서 시속 80마일로 운전하는 것은 끔찍한 사고를 유발할 수 있다. 꼭 말해야 해?)

3. **know how to**: "know how to-부정사"는 어떤 일을 하는 데 필요한 "기술이나 지식"을 가지고 있음을 표현한다.

   Do you **know how to** repair computers? (컴퓨터를 수리할 줄 압니까?)
   I **know how to** make Spanish omelettes. (나는 스페인식 오믈렛을 만들 줄 안다.)
   (*I know to make Spanish omelettes.)
   I think the doctor **knows how to** deal with this disease.
   (나는 그 의사가 이 병을 치료할 수 있다고 생각한다.)

how, what, whether 등 다음에 오는 부정사의 용법에 대해서는 V4.6을 보라.

4   **know + 목적어 + 부정사**: 이 구조는 문어체로서 많이 쓰이며 "know + that-절"이 더 흔히 쓰인다.

The authorities **know him to** be a cocaine dealer.
The authorities **know that** he is a cocaine dealer.
(당국은 그를 코카인 판매인으로 알고 있다.)
They **knew him to** be a dangerous criminal.
They **knew that** he was a dangerous criminal.
(그들은 그가 위험한 범죄자라는 것을 알았다.)

▶ 문어체에서는 이 구조의 수동형이 더 흔히 쓰인다.

He **was known to** be a dangerous criminal. (그는 위험한 범죄자로 알려졌다.)
Even small amounts of these substances **are known to** cause cancer.
(이 물질은 아주 적은 양도 암을 유발하는 것으로 알려졌다.)

5   **시제**: know는 일반적으로 진행형으로 쓰일 수 없는 동사 중의 하나다. (V2.3와 P40을 보라).

I **know** exactly what you mean. (무슨 말인지 잘 알아들었어.)
(*I am knowing exactly what you mean.)
He doesn't **know** anyone in London. (그는 런던에 아는 사람이 없다.)
(*He isn't knowing anyone in London.)

▶ 어떤 대상을 얼마나 오래 알고 있었는가를 말할 때 현재 완료시제를 쓴다는 점에 유의하라.

We **have known** each other since 1976. (우리는 1976년 이래 서로 알고 지낸다.)
(*We **know** each other since 1976.)
I've **known** him as a friend for ten years. (나는 그와 10년 동안 친구 사이로 지낸다.)
(*I **know** him as a friend for ten years.)

6   know, find out, get to know, learn, hear, can tell: "know something"은 어떤 것에 대한 정보나 기술을 터득하는 것(to learn something)이 아니라 이미 터득하여 알고 있음을 의미한다. 우리가 무엇을 알게 되는 과정을 말할 때 "find out, get to know, learn, hear, can tell 등"을 사용한다.

I **know how to** make Korean kimchi. (나는 한국 김치를 만드는 법을 알고 있다.)
I will **learn how to** make Korean kimchi. (나는 한국 김치를 만드는 법을 배우려고 한다.)

▶ find out: 노력을 통하여 혹은 우연으로 어떤 정보를 얻게 될 때 사용된다.

I **found out** yesterday that my parents had never been married.
(나는 어제 나의 부모님이 결혼식을 올리지 않으셨다는 사실을 알게 되었다.)
(*I **knew** yesterday that my parents had never been married.)
"She never went to college." "Where did you **find** that **out**?"

("그녀는 대학에 간 적이 없다." "어디서 그 사실을 알았어?")

▶ **get to know**: 어떤 것에 친숙하기 위해 일정한 과정이 필요할 때 사용된다.

The first meeting was for all the participants to **get to know** each other.
(첫 모임은 모든 참석자가 서로 친숙해지는 것이 목적이었다.)
(*The first meeting was for all the participants to **know** each other.)
It'll take a few weeks for them to **get to know** the system.
(그들이 그 시스템을 알게 되는 데는 몇 주가 걸릴 것이다.)
I want to travel around the world and **get to know** people from different countries.
(나는 세계를 여행하면서 여러 나라의 사람들과 친숙해지고 싶다.)
(*I want to travel around the world and **know** people from different countries.)

▶ **learn**: 스스로 공부하거나 교육을 받음으로써 어떤 주제나 기술에 대한 지식을 터득하는 것을 말한다.

"Do you know that Jim lived in the United States for two years?" "Oh, that's how he **learned** English."
("짐이 미국에 2년간 살았었다는 것을 알아?" "아아, 그가 영어를 거기서 배웠구나.")
(*"Oh, that's how he **knew** English.")
"How long have you been driving?" "I **learned** to drive when I was 17."
("운전한 지 얼마나 됐어?" "17살에 운전을 배웠습니다.")
(*I **knew** to drive when I was 17.)

▶ **can tell**: 어떤 표지를 보고 어떤 것을 인지하게 되었을 때 사용한다.

He **couldn't tell** whether she has been lying or not.
(그는 그녀가 거짓말을 하는지 안 하는지 모른다.)
From his accent, you **can tell** he's from Busan.
(그의 말투에서 우리는 그가 부산 출신이라는 것을 알 수 있다.)

7   **you know**: 대화를 이어가는 삽입절로 사용된다.

▶ 말한 것을 강조하거나 주의를 환기할 때

There's no excuse, **you know**. (변명은 안 된다는 것 알지.)
I felt upset, **you know**. (나 화난 것 알지.)

▶ 추가로 무엇인가를 설명할 때

That flower in the garden, **you know**, the purple one, what is it?
(정원에 있는 저 꽃, 저, 보라색 꽃말입니다. 무슨 꽃입니까?)
Wear the white dress, **you know**, the one trimmed with black lace.
(하얀색 드레스, 그래 검은 레이스로 장식된 것을 입어라.)

▶ 특별한 의미 없이 다음에 무슨 말을 할 것인가를 생각할 때

Well I just thought, **you know**, I'd better agree to it.

(그런데 말이지 내가 방금 생각해 봤는데, 저, 나는 동의하는 게 좋겠어.)
I thought I'd, **you know**, have a chat with you.
(나는, 저, 너와 편하게 말을 했으면 하고 생각했다.)

8 **you know what?**: 어떤 의견이나 정보의 전달을 시작하거나 청자의 주의를 끌려고 할 때 사용된다.

You know what? I think it's time to go home. (있잖아, 집에 갈 시간이라고 생각하는데.)
You know what? John's going to get married next month.
(그런데 말이야, 존이 다음 달에 결혼한대.)

▶ "(do) you know"도 유사한 의미로 사용된다.

You know, I sometimes feel I don't know her at all.
(거 있잖아, 나는 때때로 그녀를 전혀 모른다는 느낌이 들어.)
Do you know, when I got up at six he was still reading the book.
(생각 좀 해봐, 내가 6시에 일어났는데 그는 아직도 책을 읽고 있었어.)

9 **I know와 I know it**: "I know"는 어떤 사실을 알 때 사용되고, "I know it"는 앞 표현에 쓰인 어떤 명사구를 알 때 사용된다.

"You're late to the meeting." "**I know**." ("회의에 늦었습니다." "알고 있어.")
(= I know (the fact) that I am late to the meeting.) [회의에 늦었다는 사실을 안다.]

"Yesterday we had lunch at a nice buffet restaurant called **Marushabu**." "**I know it**."
("나는 어제 마루샤부라고 하는 뷔페식당에서 점심을 했다." "나도 그곳을 안다.")
(= I know Marushabu.) [마루샤부를 안다.]

L1 last와 the last

1. **last**: last는 말을 하거나 글을 쓰는 현시점의 바로 전인 과거시간이나 상황을 의미하기 때문에 일반적으로 "과거형 동사"와 함께 쓰이며, 시간명사와 결합할 때는 관사나 전치사를 동반하지 않는다.

    They **started** working there **last month**. (그들은 지난달에 거기서 일을 시작했다.)
    (*They started working there **the last month**.)
    (*They started working there **in last month**.)
    Did you see the movie on TV **last night**? (어젯밤에 텔레비전에서 영화를 봤어?)
    (*Did you see the movie on TV **the last night**?)
    (*Did you see the movie on TV **on the last night**?)

    ▶ last는 this나 next와 대조를 이룬다.

    Last month is July, **this** month is August, and **next** month is September.
    (지난달이 7월이고, 이번 달이 8월이며, 다음 달이 9월이다.)

2. **the last**: the last는 과거의 어느 시점부터 말을 하거나 글을 쓰는 시점까지의 기간을 가리키기 때문에 일반적으로 "완료시제형 동사"와 적절한 전치사와 함께 쓰인다.

    They've been working there **for the last month**.
    (그들은 지난 한 달간 거기서 일을 하고 있다.)
    (*They've been working there **the last month**.)
    My family **have experienced** great difficulty **during the last vacation**.
    (내 가족은 지난 휴가 동안에 큰 어려움을 겪었다.)
    (*My family have experienced great difficulty **the last year**.)

    ▶ the last는 과거로부터 과거 어느 시점까지의 기간을 표현할 수도 있기 때문에 "과거분사형 동사"와도 사용될 수 있다.

    We **hadn't seen** him **since the last meeting**. (우리는 마지막 모임 이래 그를 보지 못했다.)
    I decided to see the doctor, because I **had been feeling** ill **during the last two months**.
    (나는 마지막 2주 동안 몸이 좋지 않아서 의사를 보기로 했다.)
    Things **hadn't changed since the last time** we had been there.
    (우리가 마지막으로 간 이래로 그곳은 변한 것이 없었다.)

    ▶ the last는 마지막에 일어나거나 마지막에 있는 것을 가리킬 수 있다.

    Beethoven's Ninth Symphony was **the last** one that he composed.
    (9번 교향곡이 베토벤이 작곡한 마지막 교향곡이었다.)
    The captain was **the last** of the crew to leave the sinking ship.
    (선장이 침몰하는 배를 떠난 마지막 선원이었다.)
    This is going to be **the last** Christmas I will spend at home.
    (이번이 내가 집에서 보내는 마지막 크리스마스가 될 것이다.)

We'll have the next meeting in **the last** week in June.
(우리는 6월 마지막 주에 다음 회의를 가질 것이다.)

▶ 다른 부분은 다 없어지고 마지막 남은 것을 가리킬 수 있다.

As a matter of fact, she ate **the last** piece of cake.
(사실은 그녀가 마지막 케이크 조각을 먹었다.)
He spent **the last penny** of his money to buy a lottery ticket.
(그는 그가 가진 돈의 마지막 한 푼을 복권 사는 데 썼다.)

▶ the last는 종종 강력한 부정을 표현할 때도 사용된다.

She's **the last** person I'd expect to meet in a night club.
(그녀는 내가 나이트클럽에서 만날 것으로 생각하는 마지막 사람이다.)
(= I wouldn't expect her to meet in a night club.)
Money was **the last** thing I cared about right now. (나는 지금 당장은 돈에 관심이 없다.)
(= I didn't care about money right now.)

3   last와 latest: "일련의 사건, 행위, 저술" 등의 가장 최근의 것을 가리킬 때는 latest를, 마지막 것을 가리킨 때는 last를 사용한다. 다음을 비교해보라.

His latest film is one of the funniest he's ever made.
(그의 최근의 영화는 그가 만든 가장 익살스러운 영화 중의 하나다.)
Gone with the Wind was her first and **last novel** of Margaret Mitchell.
(〈바람과 함께 사라지다〉는 마가렛 미첼의 첫 번째 그리고 마지막 소설이었다.)
He is enjoying **his latest job**. But it does not pay as much as **his last one**.
(그는 최근의 직장에 만족하고 있다. 그러나 마지막 직장만큼은 돈을 주지 않는다.)

▶ latest는 앞으로 더 일어날 수 있음을 암시하지만 last는 마지막을 의미한다. 다음을 비교해보라.

Have you read Bill's **latest book**? He's going to publish a new one next week.
(빌의 최근 책을 읽었습니까? 그는 다음 주에 새로운 책을 출판하려고 합니다.)
This is **the last car** we buy. I'm afraid I'm getting too old to drive.
(이것이 우리가 사는 마지막 차다. 내가 운전하기에는 너무 늙어가고 있는 것 같다.)

last와 the last의 차이는 next와 the next의 차이와 같다. N15를 보라.

L2   late, later, latest

1   late: early가 반의어이며 부사 또는 형용사로 쓰이고 정해진 시간보다 늦거나 어떤 상황이나 사건이 통상적으로 일어나는 시점보다 늦는 것을 말한다. (E4를 보라.)

Steve arrived **fifteen minutes late**. (그녀는 15분 늦게 도착했다.)
They'll get there in **the late afternoon**. (그들은 오후 늦게 그곳에 도착할 것이다.)

They went to bed **very late**. (그들은 매우 늦게 잠자리에 들었다.)

We had **a late lunch** in the cafeteria. (우리는 카페테리아에서 늦게 점심을 먹었다.)

▶ late는 어떤 기간의 끝부분을 가리킬 수 있다.

She had to work **late** at night. (그녀는 밤늦게까지 일해야 했다.)
The case is expected to end **late** next week. (재판이 다음 주 늦게 끝날 것으로 기대된다.)
The talks eventually broke down in **late spring**. (대화는 결국 늦봄에 결렬되었다.)
She's in **her late 30s**. (그녀는 30대 후반이다.)

▶ late는 또한 최근에 유명을 달리한 사람을 가리킬 때도 사용된다.

Mr. Park was **my late husband**. (박 씨는 고인이 된 나의 남편이었다.)
I last saw **the late Mr. Park** a week before last.
(나는 고인인 박 씨를 지지난 주에 마지막으로 봤다.)

2. **later**: late의 비교형인 later는 시간표현과 함께 쓰일 경우 일반적으로 "현시점"이 아니라 과거나 미래의 "어느 시점" 이후를 가진다.

He moved to our city in 2001, and became mayor **two years later**.
(그는 2001년 우리 시로 이사 왔고 2년 후에 시장이 되었다.)
Our kids will leave on Saturday, and we'll follow them **a week later**.
(우리 아이들은 토요일에 떠나고 우리는 일주일 후에 따라갈 것이다.)

▶ later는 형용사로서 "한 생애, 역사, 기간의 마지막 부분"을 가리킨다.

He finally found happiness in **later life**. (그는 드디어 인생 늦게 행복을 찾았다.)
His lecture was postponed to **a later date**. (그의 강좌는 늦은 날짜로 연기되었다.)
In **later centuries**, Venice began to go into decline. (그 후 세기에 베니스는 쇠락하기 시작했다.)

3. **later와 in**: 시간 표현이 "현시점 이후(after now)"의 어떤 기간의 끝을 의미할 때는 일반적으로 later 대신에 전치사 in을 사용한다.

I'll have some breakfast ready **in a few minutes**. (나는 몇 분 후에 아침 식사를 준비할 것이다.)
(*I'll have some breakfast ready a few minutes **later**.)
I'll see you **in a few days**. (나는 몇 주 후에 너를 볼 것이다.)
(*I'll see you a few days **later**.)

▶ 그러나 시간 표현이 없을 경우에는 later가 "나중에"라는 뜻으로 사용될 수 있다.

Bye! I'll join you **later**. (잘 있어! 나는 나중에 너와 합류할 것이다.)
Bill **later** admitted he had lied. (빌은 거짓말을 했다는 것을 나중에 인정했다.)

4. **latest**; latest는 late의 최상급형의 형태를 가지고 있지만 현시점에 가장 가까운 과거시간의 상황이나 사건을 가리키며, 부사로는 쓰이지 않는다. (L1.3을 보라.) 상응하는 부사로는 lately와 recently가 있다.

Have you seen **his latest movie**? (그의 최근 영화를 봤어?)

This is just **the latest** of several crises to affect our economy.
(이것은 우리 경제에 영향을 미친 여러 개의 위기 중의 최근의 위기다.)
I haven't visited my parents **lately/recently/*latest**. (나는 요즘에 부모님을 찾아뵙지 못했다.)

▶ lately와 recently는 완료형 동사와 사용되고, recently는 과거시제형 동사와도 사용된다.

I **have been** thinking about this a lot **lately/recently**.
(나는 최근에 이것에 대해서 많이 생각해 보고 있다.)
I **recently/*lately visited** Russia. (나는 최근에 러시아를 방문했다.)

recently와 lately에 대해서는 R4를 보라.

L3　lay, lie, lie

이 세 동사는 그 용법과 시제형에 있어서 종종 혼동을 일으킨다. (V8.5를 보라.)

	lay (놓다)	lie (눕다)	lie (거짓말하다)
진행형	laying	lying	lying
과거형	laid	lay	lied
분사형	laid	lain	lied

1　lay: 과거시제형과 과거분사형이 철자는 불규칙동사이지만 발음은 규칙동사다.

They **laid** a wreath at the place where so many people died.
(그들은 많은 사람이 죽은 장소에 화환을 놓았다.)
Their proposal involved **laying** an oil pipeline across the desert.
(그들의 제안은 사막을 가로질러 오일 파이프라인을 놓는 것을 포함하고 있다.)

▶ "lay eggs"와 특히 영국영어에서 "lay the table"의 용법에 유의하라. 미국영어에서는 "set the table"이라고 한다.

The flies **lay their eggs** on decaying meat. (파리는 썩은 고기에 알을 낳는다.)
She was responsible for **laying/setting the table** for the guests.
(그녀는 손님을 위한 식탁을 차리는 책임을 지고 있었다.)

2　lie: 타동사 lay에 상응하는 자동사로서 불규칙 동사다.

The wounded soldier was **lying** on the bed smoking a cigarette.
(부상당한 병사가 담배를 피우면서 침대 위에 누워있었다.)
He just **lay** there for a few minutes. (그는 몇 분 동안 그곳에 그냥 누워있었다.)
She's **lain** in the sun for a long time. (그녀는 오랫동안 태양 아래 누워있었다.)

3　lie: 규칙자동사로서 "tell a lie"라는 표현과 같은 의미로 자주 쓰인다.

I **lied** to her about what I was doing.
(나는 그녀에게 내가 하고 있는 일에 대해서 거짓말을 했다.)
(= I **told** her **a lie** about what I was doing.)
You **lied** to me when you said you loved me.
(나를 사랑한다고 말했을 때 너는 나에게 거짓말을 했다.)

L4   least와 fewest

least는 little(= not much)의 최상급형으로서 most의 반의어이며, 형용사, 대명사, 부사로 쓰일 수 있지만, fewest는 few의 최상급형으로서 복수명사 앞에서 주로 형용사로만 쓰인다.

He used to wake at **the least noise**.　　　　　　　　　　　　　[형용사]
(그는 아주 작은 소리에도 깨곤 했다.)
The least you could do is give me her phone number.　　　　　[대명사]
(네가 최소로 할 수 있는 것은 나에게 그녀의 전화번호를 주는 것이다.)
It's quite amazing that she turns up when you're **least** expecting it.　[부사]
(네가 거의 기대하고 있지 않을 때 그녀가 나타난 것은 매우 놀라운 일이다.)
Which method will cause **the fewest problems**?
(어느 것이 가장 문제를 적게 일으킬 방법입니까?)
The translation with **the fewest mistakes** is not always the best.
(실수가 가장 적은 번역이 항상 최고의 번역인 것은 아니다.)

1. **the least**: 사람에 따라 그릇된 용법이라고 하지만 특히 구어체에서 종종 복수명사 앞에서 fewest 대신에 least를 사용하기도 한다.

    The translation with **the least mistakes** is not always the best.

    ▶ the least는 불가산명사 앞에 오며 "매우 적은 양"을 의미한다.

    If you like cheese, go for the ones with **the least fat**.
    (치즈를 좋아하면 지방이 가장 적은 치즈를 선택해라.)
    I think I probably do **the least work** in this office.
    (나는 이 사무실에서는 별로 일을 많이 할 것 같지 않다.)

2. **the least (of)**: the least는 앞의 맥락에서 그 의미가 명백하면 뒤에 오는 명사 없이 쓰일 수 있다.

    Jan earns the most money in our family; Peter earns **the least**.
    (우리 가족에서는 잰이 돈을 가장 많이 벌고 피터가 가장 적게 번다.)
    "Thanks for offering to deliver the parcel." "It's **the least** I can do."
    ("그 소포를 배달해 주시겠다니 감사합니다." "제가 최소로 해드릴 수 있는 일입니다.")

    ▶ the least of는 복수 추상명사와만 함께 사용된다는 점에 유의하라. (N25를 보라.)

    "What will your mother think?" "That's **the least of my worries**."

("너희 어머니가 어떻게 생각하실까?" "나는 그 걱정은 별로 안 한다.")
What I looked like was **the least of my problems**.
(내가 어떻게 보이느냐는 나에게는 거의 문제가 되지 않는다.)
At that moment, the children were **the least of his concerns**.
(그 순간에는 아이들은 전혀 그의 관심거리가 아니었다.)

3 **the least + 단수 추상명사**: 비단언적 맥락(즉, 의문문, 부정문, if-절)에서 "any + 단수 추상명사 + at all"의 의미를 갖는다. (A78을 보라.)

I don't have **the least idea** of what you are talking about.
(나는 네가 무엇에 대해서 말을 하고 있는지 전혀 모르겠다.)
(= I don't have **any idea** of what you are talking about **at all**.)
Do you think there is **the least chance** of us winning the match?
(우리가 시합에서 이길 기회가 조금이라고 있다고 보느냐?)
(= Do you think there is **any chance** of us winning the match **at all**?)
If you have **the least difficulty** with the arrangements for the conference, call me at once. (학회를 준비하는 데 조금이라도 어려움이 있으면 즉시 나에게 연락해라.)

단어의 가산명사 혹은 불가산명사로의 사용에 대해서는 N24를 보라.

4 **(the) least + 형용사**: 이 구조는 "(the) most + 반의어 형용사 혹은 반의어 형용사의 최상급"과 같은 의미로 쓰인다.

The **least expensive** holidays are often the **most interesting**.
(가장 비용이 덜 드는 휴가가 종종 가장 재미가 있다.)
(= The **cheapest** holidays are often the **least boring**.)
Don't give the job to Keith: he's the **least experienced**.
(케이스에게 일을 시키지 마라. 그는 가장 경험이 적은 사람이다.)
(= Don't give the job to Keith: he's the **most inexperienced**.)
I'm **least happy** when I have to work on weekends.
(나는 주말에 일을 하면 가장 비참하게 느낀다.)
(= I'm **most unhappy** when I have to work on weekends.)
The journey would impose extra expense on those **least able** to afford it.
(여행은 그것을 감당할 수 없는 사람들에게는 추가적인 비용 부담을 준다.)
(= The journey would impose extra expense on those **most unable** to afford it.)

5 **least**: (most의 반의어인) 부사로 사용될 수 있다.

She always arrives when you **least** expect it. (그녀는 네가 생각지도 않을 때 항상 나타난다.)
This was the answer that she **least** expected to hear.
(이것은 그녀가 들을 것이라고 가장 기대하지 않았던 대답이었다.)

6   **at least와 at the (very) least**: 이들은 언급된 수량보다 더 적지 않다는 것을 의미한다.

It'll take **at least** 30 minutes to get there. (그곳에 가는데 적어도 30분은 걸린다.)
He had **at least** 10 million won at the bank. (그는 은행에 적어도 천만 원은 있었다.)
It'll cost us $10,000 **at the very least**. (우리에게 적어도 1만 불은 들 것이다.)

▶ at least는 또한 접속어로 사용될 수 있으며 "모든 것이 불만스러워도 하나는 사실이거나 확실하다"는 것을 표현한다.

I've met the President—**at least** he shook my hand once.
(나는 대통령을 만났다. 적어도 그는 나와 악수를 한 번 했다.)
We lost everything in the fire. But **at least** nobody was hurt.
(우리는 화재로 모든 것을 잃었다. 그러나 적어도 아무도 다치지 않았다.)

▶ "at the (very) least"는 최소로 요구되는 기준을 언급할 때 사용된다.

At the very least, he must be able to read and write. (최소로 그는 읽고 쓸 줄 알아야 한다.)
She could have a nice holiday **at the least**. (그녀는 적어도 즐거운 휴가를 가질 수 있었다.)

7   **not in the least와 not the least**: "not in the least"는 부사구로서, "not the least"는 형용사구로서 문어체에서 "조금도 …아니다, 전혀 …아니다(not at all)"의 의미로 쓰인다.

She was **not in the least** annoyed by his bad temper.
(그녀는 그의 나쁜 성격에 전혀 개의치 않았다.)
I did **not** mind working at the weekend **in the least**.
(나는 주말에 일하는 것을 전혀 신경 안 썼다.)

I do**n't** have **the least** idea who she was. (나는 그녀가 누군지 전혀 모르겠다.)
She does**n't** have **the least** interest in the project. (그녀는 그 계획에 조금도 관심이 없다.)

8   **least of all**: 부정문에서 이미 언급된 대상이 아님을 강조할 때 사용한다.

He hardly ever lost his temper, **least of all** with Anne.
(그는 거의 화를 내지 않았다. 앤에게는 더욱 그랬다.)
No one believed her, **least of all** the police. (아무도 그녀를 믿지 않았고, 경찰은 더욱 그랬다.)

9   **not least**: 특별히 중요한 예나 이유를 강조할 때 사용된다.

Mathematics is of great importance, **not least** because of its value in science.
(수학은 과학에서의 그 가치 때문만은 아니라 매우 중요하다.)
Dieting itself can be bad for you, **not least** because it is a cause of chronic stress.
(다이어트를 하는 것은 장기적인 스트레스의 원인이 된다는 이유에서뿐만 아니라 그 자체가 해로울 수 있다.)

few와 little에 대해서는 A4를 보라.
less와 fewer에 대해서는 L5를 보라.

L5   less와 fewer

less는 little의 비교급(으로 특히 불가산명사 앞에 쓰이고, fewer는 (복수 명사 앞에 쓰이는) few의 비교급이며, 둘 다 more를 반의어로 갖는다. less와 fewer는 둘 다 한정사나 대명사로 쓰이지만, less는 fewer와는 달리 부사나 전치사로도 쓰일 수 있다.

The couple seem to have **less time** for each other.   [한정사]
(그 부부는 서로를 위해 많은 시간을 가지지 못하는 것 같다.)
There were **fewer people** than we expected.
(우리가 기대했던 것보다 적은 수의 사람이 왔다.)
Most of us earn $10 an hour, but some earn even **less**.   [대명사]
(우리의 대부분은 한 시간에 10불을 받지만 어떤 사람들은 더 적게 받는다.)
No **fewer** than 50 foreign scholars attended the seminar.
(50명이 넘는 외국 학생들이 세미나에 참석했다.)
He would worry **less** if he understood the situation.   [부사]
(그가 상황을 이해했다면 덜 걱정할 것이다.)
She gave us our money back, **less** the $20 service charge.   [전치사]
(그녀는 20불의 봉사료를 빼고 우리 돈을 돌려줬다.)

1   **수식어**: 이들은 more와 마찬가지로 "a bit, a little, a lot, far, much"의 수식을 받을 수 있다.

My son saved **(far) less/more money** than my daughter.
(내 아들은 딸보다 (훨씬) 적은/많은 돈을 저축했다.)
I have **(a bit) fewer/more problems** than I used to have.
(나는 옛날보다 (조금) 더 적은/더 많은 골칫거리를 가지고 있다.)

2   **less와 명사**: less는 특히 구어체에서 불가산명사뿐만 아니라 복수명사와 함께 자주 쓰인다. 사람에 따라서는 이 용법을 잘못된 것으로 여긴다. 따라서 글에서는 복수명사 앞에 fewer를 쓰는 것이 좋다.

I have **less/fewer problems** than I used to have. (나는 옛날보다 골칫거리가 줄었다.)
The industry now employs **fewer people**. (지금은 산업계가 더 적은 수의 사람들을 고용한다.)

3   **less than**: less than은 기대했던 양이나 숫자보다 적음을 표현하기도 하고 어떤 속성을 가지고 있지 않음을 표현하기도 한다.

Per capita income in this country is **less than** $300 a year.
(이 나라의 국민 일 인당 소득은 연 300불이다.)
Most of the farms here are **less than** 2 acres in extent.
(여기에 있는 농장 대부분은 면적이 2에이커가 안 된다.)

His advice was **less than** wholly helpful. (그의 충고는 포괄적으로는 도움이 되지 않았다.)
He always was **less than honest** about his feelings.
(그는 항상 자신의 기분에 대해서 솔직하지 못했다.)

4 **no less (... than)**: no less (... than)은 생각했던 수량보다 크다는 것을 표현하지만, 종종 언급하는 대상이 중요한 대상이라는 것을 강조할 때도 사용된다.

By 1977, the USA was importing **no less than** 45% of its oil.
(1977년까지 미국은 원유의 45퍼센트 이상을 수입하고 있었다.)
The awards were presented by **no less** a person **than** the mayor.
(상은 시장에 못지않은 사람에 의해 수여되었다.)
(= The awards were presented by the mayor, **no less**.)
The letter came from **no less** a person **than** the prime minister.
(편지는 수상 못지않은 사람에게서 왔다.)
(= The letter came from the prime minister, **no less**.)

5 **less/fewer of**: 이들은 (the, my, this와 같은) 한정사를 포함하는 명사구나 대명사 앞에 사용된다.

Last year the company spent **less of its money** for R & D.
(회사는 지난해에 연구 개발에 더 적은 돈을 썼다.)
At the college reunions, there are **fewer of us** each year.
(대학 재회모임에 매해 적은 수가 참석한다.)

▶ 한정사가 없는 명사 앞에서는 of가 사용되지 않는다.

She decided to spend **less money** for food. (그녀는 먹는 데 돈을 덜 쓰기로 했다.)
(*She decided to spend **less of money** for food.)
Fewer people make their own bread these days.
(요즈음은 자신들의 빵을 직접 만드는 사람들의 수가 얼마 안 된다.)
(***Fewer of people** make their own bread these days.)

6 **less와 fewer**: less와 fewer는 이미 앞에서 언급되어 그 의미가 명백할 때 독립적으로 사용될 수 있다.

Some people in our village still go to church, but **less/fewer** than 20 years.
(우리 마을에서는 사람들이 아직도 교회에 가지만 20년 전보다 수가 줄었다.)
He tried to ease his financial difficulties by spending **less** and saving more.
(그는 덜 쓰고 더 저축함으로써 재정적 어려움을 완화하려고 애썼다.)

7 **부사**: less는 (more의 반의어로) 부사로 쓰일 수 있다.

Maybe she would worry **less** if he understood the situation.
(어쩌면 그가 상황을 이해했더라면 덜 걱정할 것이다.)
In recent years, she appeared on the stage **less** frequently.
(근래에는 그녀가 무대에 덜 자주 올랐다.)
The west coast is much **less** developed than the east coast area.
(서부 해안 지역이 동부 해안지역보다 덜 개발되었다.)

8   **전치사**: less는 전치사 minus의 의미로 사용되기도 한다.

What's 135 **less** 13? (135 빼기 13은 몇이냐?) (= What's 135 **minus** 13?)
She gave us our money back, **less** the $5 service charge.
(그녀는 봉사료 5불을 빼고 우리 돈을 돌려주었다.)

9   **lesser**: lesser는 (greater의 반의어로서) 문어체에서 명사와 함께 혹은 부사로 사용될 수 있다.

He originally asked for five million won, but finally settled for **a lesser sum**.
(그는 원래 5백만 원을 요구했으나 나중에 더 적은 돈에 합의했다.)
The gallery exhibits **lesser** known works of **lesser known** artists.
(그 미술관은 덜 알려진 미술가들의 덜 알려진 작품들을 전시하고 있다.)

few와 little 대해서는 A4를 보라.
least와 fewest에 대해서는 L4를 보라.
fewer와 less와 함께 나타나는 much, far a lot 등에 대해서는 C20을 보라.

L6   lest

lest는 접속사로서 영국영어에서보다 미국영어의 문어체에서 자주 사용된다.

1   **in case/so that ... not**: lest는 "어떤 상황이 일어나지 않도록 어떤 행동을 하는 것"을 표현할 때 사용한다. (I10과 S17을 보라.)

She turned away from the window **lest** anybody see her.
(그녀는 아무도 보지 못하도록 창문에서 떨어졌다.)
(= She turned away from the window, **in case** anybody see her.)
You have to keep your car locked **lest** the thieves steal it.
(도둑이 훔쳐 가지 못하도록 자동차를 잠가두어야 한다.)
(= You have to keep your car locked **so that** the thieves do **not** steal it.)

2   **가정법 동사**: 아직 일어나지 않은 것을 말하기 때문에 lest-절의 동사는 가정법 동사이거나 조동사 should를 포함할 수 있다. (S8.8와 S29.2를 보라.)

He decided to go along with the hard-liners **lest** they **be** tempted to oust him.
(그는 강경론자들이 그를 축출할 유혹에 빠지지 않도록 그들과 함께하기로 했다.)
I was afraid to open the gate **lest** he **should** follow me.
(나는 그가 나를 따라올까 봐 대문을 열기가 무서웠다.)

3   **심적 부담**: lest-절은 어떤 일이 일어날까 봐 우리가 갖는 심적 부담을 표현할 때 많이 쓰인다.

We're afraid to complain about the noise **lest** we annoy the people next door.

(우리는 이웃에 사는 사람을 괴롭힐까봐 소음에 대해 불평하는 것을 주저하고 있다.)
She's particularly worried about John **lest** he tell someone the secret.
(그녀는 존이 비밀을 어떤 사람에게 말할까 봐 그에 대해서 특별히 걱정을 했다.)

4   **for fear that**: lest와 유사한 표현으로 "for fear that"이 있다.

She ran away **for fear that** he would hurt her. (그녀는 그가 해치는 것이 두려워 도망갔다.)
He rushed to the station **for fear that** he would miss the train.
(그는 기차를 놓치지 않으려고 정거장으로 힘차게 달렸다.)

L7   let(사역동사)

let는 make(M1을 보라)와 더불어 영어의 대표적인 사역동사(causative verbs)로서 현재시제형과 과거시제형 그리고 과거분사형이 동일하다. (C9를 보라.)

1   **let + 목적어 + 원형 부정사**: "어떤 일이 일어나도록 내버려 두거나 누구에게 무엇을 하는 것을 허용한다"는 의미로 쓰인다. 목적어 뒤에 오는 부정사는 "부정사 표지인 to"를 가질 수 없다.

Some people seem to **let their children (*to) do** whatever they like.
(어떤 사람들은 자신의 아이들이 하고 싶은 것은 무엇이든지 하게 내버려 두는 것 같다.)
John **let the door swing** open. (존은 문이 활짝 열리게 놔두었다.)
The government won't **let him (*to) leave** the country.
(정부는 그가 출국하는 것을 허가하지 않을 것이다.)
I'm tired—**let me go** home. (지쳤습니다. 집에 가게 해 주십시오.)

2   **수동**: let는 수동형이 불가능하며 대신에 동사 "allow"를 사용한다.

*He won't **be let (to) leave** the country.
(참고: He won't **be allowed to leave** the country.)
(그는 출국이 허용되지 않을 것이다.)

*He **was let (to) leave** the airport after customs clearance.
(참고: He **was allowed to leave** the country after customs clearance.)
(그는 세관 절차를 마친 후에 출국이 허용되었다.)

3   **let + 명사구 + 전치사(구)**: let 다음에 방향을 나타내는 전치사나 전치사적 부사가 올 수 있다.

You must **let them out of the jail**. (그들을 감옥에 나오게 해야 한다.)
Let him in and sit down on the chair. (그에게 들어와서 의자에 앉으라고 해.)
Don't **let him off the main freeway** for comfortable driving.
(편안하게 운전하려면 그가 주 고속도로에서 빠져나가지 않게 해라.)

Let the kids down off the table. (아이들을 식탁 아래로 내려오게 해라.)

4 let alone: let alone은 일반적으로 "부정 평서문" 끝에 오며, let alone 다음에 언급할 상황이 사실이 될 가능성이 더욱 희박하다는 것을 표현한다.

We can't afford a bicycle, **let alone** a car.
(우리는 자전거를 살 여유도 없는데 자동차는 말할 것도 없다.)
The baby can't even sit up yet, **let alone** walk!
(그 아기는 아직 일어나 앉지도 못하는데 걷는다는 것은 말이 안 된다.)

L8 let's

1 **일인칭 복수 권유문**: 우리는 let를 사용하여 상대에게 어떤 일을 함께하자고 제안이나 권고할 수 있다.

Let's get all together over Christmas.
(크리스마스 때 우리 모두 함께 모입시다.)
"**Let's** make a start, shall we?" "Yes, **let's**."
("출발할까요?" "네, 그럽시다.")

▶ let's는 let us의 구어체 축약형이며, 공식적인 문어체로는 let us가 사용된다.

Let us pray. (우리 기도합시다.)
Let us proceed with the negotiation. (협상을 계속합시다.)

2 allow: let가 "허락하다 (allow)"의 뜻으로 사용될 때는 축약형이 사용될 수 없다.

Let us make a start, will you? (우리가 출발하는 것을 허락해 주겠습니까?)
(= Allow us to make a start, will you?)
(*Let's make a start, will you?)
Let me go now—I'm tired. (지금 집에 가게 해 주십시오. 지쳤습니다.)

3 **부정형**: "let us not"와 "do not let us"(구어체의 "let's not/don't let's") 두 가지 부정형이 있다.

Let us not despair.   [문어체]
(절망하지 맙시다.)
Let's not jump to conclusions.   [구어체]
(서둘러서 결론을 내리지 맙시다.)
Do not let us argue like this again.   [문어체]
(다시는 이렇게 언쟁하지 맙시다.)
Don't let's stay up too late tonight. [구어체]
(오늘 밤은 너무 늦게 일어나 있지 맙시다.)

4 **일인칭 단수 권유문**: us 대신에 단수 me를 대신 넣어 상대에게 공손히 제안하거나 하고 싶은 말을 하려고 할 때 사용한다.

Let me take your coat. (당신의 코트를 주십시오.)
Let me bring something to drink. (마실 것 좀 가져오겠습니다.)
Let me say it again. (다시 말하겠습니다.)
Let me give you a piece of advice. (충고 한마디 드리겠습니다.)

▶ let's see, let me see와 let me think: 말할 것에 대해 조심스럽게 생각하거나 기억해내려고 할 때 이 표현들을 사용한다.

Now, **let's see**. Where did I leave my bag?
(자, 어디 보자. 내가 백을 어디에 놓았지?)
The last time I spoke to her was, **let me think**, three weeks ago.
(내가 그녀에 마지막으로 말한 것이, 가만있자, 3주 전이었다.)

5 **삼인칭 권유문**: "let him/her/them..."은 어떤 사람이 기분 나쁜 일을 하거나 좋지 않은 일이 일어난다고 해도 개의치 않을 때 사용된다.

Let him come, I'm not scared of him.
(오라고 해. 나는 그를 두려워하지 않는다.)
If she wants to do that, **let her** do it.
(그녀가 그것을 하고 싶다면 하라고 해.)
Let them talk about me; I'll be gone soon.
(나에 대해서 말들을 하라고 해. 나는 곧 떠날 것이니까.)
Let it rain, it won't spoil the picnic tomorrow.
(비 오라고 해. 그렇다고 내일 피크닉을 망치지 못할 거야.)

▶ 이 구문은 어떤 일이 일어나기를 바라거나 기원할 때 사용되기도 한다.

Please God, **let her** telephone me. (오 하나님! 그녀로 하여금 나에게 전화를 하게 해 주십시오.)
It's time to **let your past** go. (너의 과거를 털어버릴 때가 되었다.)

6 let's face it/let's be honest: 우리가 불리한 현실이나 상황을 받아들여야 할 때 사용된다.

Let's face it, no one's lent us any money.
(현실을 직시하자. 아무도 우리에게 돈을 빌려주지 않았다.)
Let's be honest, you're never going to be a great pianist.
(우리 솔직해지자. 너는 절대로 위대한 피아니스트가 될 수 없어.)

L9   letters(편지)

각 문화에는 제 나름대로의 편지를 쓰는 방식이 있다. 영어 편지는 그 목적에 따라 약간씩 다른 양식을 따른다. 여기서는 두 가지 형태의 편지 양식에 대해서만 생각해 보겠다.

1 친지에게 보내는 편지

> ① 92 Prospect Street
> Providence
> RI 02906
> U. S. A.
> ② April 15, 2004
>
> ③ Dear George,
>
> ④ I'm glad to hear from you that you're enjoying the trip to Italy and planning to go to Switzerland next week.
> ⑤ If you'd like to come and stay with us next year, you're welcome. All my family love to meet you and see how wonderful you were to us while we were in the States.
> ⑥ Everything is fine here. I'm retiring from the teaching job in August, but I don't know what I'll do after the retirement. As always, Mija loves to take care of the family.
> ⑦ We're really looking forward to seeing you next year. Let me know your plan.
>
> ⑧ Yours,
> ⑨ *Hong Bae*
> Hong Bae Lee
>
> ⑩ p.s. Do you know my new cellular phone number?
> It's +82-10-0000-1111.

① 편지를 쓰는 사람의 주소: 번지, 거리명, 도시명, 주명, (외국으로 보내는 경우에는) 국가명의 순서로 쓴다. 우편번호는 국가명 앞에 쓰는 것이 보통이다. 이 부분에 편지 쓰는 사람의 이름을 쓰지 않는 것이 규칙이다.

② 날짜는 주소 바로 밑에 쓴다. 영국에서는 일명, 월명, 연도(예: 15 April, 2004)순으로 쓰고, 미국에서는 월명, 일명, 연도(예: April 15, 2004) 순서로 쓴다.

③ 편지는 Dear X(예: Dear Mary)로 시작되며, 이름 다음에 쉼표를 찍는다.

④ 편지는 Dear X을 쓴 줄에서 밑으로 한 줄 그리고 오른쪽으로 몇 칸 들어가서 시작된다. 새로운 문단은 같은 방식으로 시작된다. 편지는 일반적으로 안부를 묻거나 편지를 쓰게 된 동기로 시작된다.

⑤와 ⑥ 편지의 본체로서 말하고 싶은 내용이 포함된다.

⑦ 편지를 끝내는 말을 쓴다.

⑧ Dear X로 시작된 편지는 보통 예를 들어 "Yours, See you, Love 등"으로 끝맺을 수 있다. (Love는 같은 성끼리 주고받는 편지에서는 사용되지 않는다.) 특히 아는 사람에게 쓰는 공식적 편지에서 많은 사람들은 "With best wishes, With kind regards 등"과 같은 표현을 사용하기도 한다.

⑨ 서명은 완전한 성명을 쓴 다음 그 위에 하게 된다.

⑩ 추가적인 내용이 있을 경우에는 p.s.(라틴어 post scriptum에서 유래)라고 쓰고 추가한다.

2 상업적 편지

```
                                                    ① 401-1209 S Apt.
                                                       7 Jungangro
                                                       Guri City
                                                       Gyeonggi-Do 14756
                                                    ② January 15, 2018

   ③ Manager
      Jongro Shoe Shop,
      2011 Jongro
      Jongro-Gu
      Seoul 2906

   ④ Dear Sir:

   ⑤   I am returning to you a pair of hiking shoes which you sent me, on my order,
      on December 20th last year. I ordered the shoes with red color and size 175, but
      you sent me the ones with blue color and size 170.
         Will you kindly send me a new pair of shoes as soon as you can? I must have
      them by January 25th, as I am leaving then for Tibet for a hiking trip.

                                                    ⑥ Yours very truly,

                                                    ⑦ Gildong Hong
                                                       Gildong Hong
```

① 과 ② 는 "친지에게 보내는 편지"와 같다.
③ 받는 사람의 직함이나 성명과 주소를 표시한다.
④ 직함과 성을 알 때는 "Dear Ms. Hopkins, Dear Dr. White, Dear Mr. Hopkins"라고 편지를 시작하고, 성명을 모를 때는 "Dear Sir, Dear Sir or Madam, Dear Madam"이라고 시작하며, 그 뒤에 콜론(:)을 찍는다. 가깝지 않은 사람에게 편지를 쓸 때는 종종 "Dear George Taylor"라고 이름과 성을 다 쓰는 사람도 있다. 그러나 "Dear Dr./Mr. James Carter"와 같이 직함과 세례명을 함께 쓰지 않는 것은 옳지 않다.
⑤ 편지의 본체로서 말하고 싶은 내용이 포함된다.
⑥ "Dear Sir"로 시작된 편지는 보통 예를 들어 "Yours truly, Sincerely yours 등"으로 끝맺는다. (G15.4를 보라.) 아는 사람에게 쓰는 공식적 편지에서 많은 사람들은 "With best wishes, With kind regards 등"과 같은 표현을 사용하기도 한다.
⑦ 서명은 완전한 성명을 쓴 다음 그 위에 하게 된다.

3 봉투
편지 봉투에는 받는 사람의 이름과 성 앞에 직함을 쓴다. 이름을 완전한 형태로 쓸 수도 있고 (예: Mr. George Taylor) 첫 글자만을 쓸 수도 있다 (예: Mr. C. G. Taylor).

```
H. B. Lee
92 Prospect Street
Providence
Rhode Island 02906

                                    Mr. James C. Park
                                    Sales Manager
                                    Martin Products, Inc.
                                    7000 Railroad Avenue
                                    Charlotte, North Carolina 28202
```

인명과 직함에 대해서는 N1을 보라.
마침표와 쉼표 그리고 콜론에 대해서는 각각 P47과 P48 그리고 P52를 보라.

L10 life

life는 가산명사로도 쓰이고 불가산명사로도 쓰인다.

1 **불가산명사**: life는 다음과 같은 경우에 일반적으로 불가산명사로 쓰인다.

▶ 생명: 살아있는 생물만이 가질 수 있는 속성을 가리킬 경우

Life is too short only to worry about money. (돈만을 걱정하기에는 생명이 너무나 짧다.)
The right to **life** is the most basic of human rights. (생명에 대한 권리는 인권의 가장 기본이다.)

▶ 생명체: 생명체의 집단을 가리키는 경우

Some people insist that there is **life** on Mars. (어떤 사람들은 화성에 생명체가 있다고 주장한다.)
This book includes some interesting facts about **animal life**.
(이 책은 동물에 대한 흥미 있는 사실들을 수록하고 있다.)

▶ 삶: 살아있는 동안 일어났거나 경험한 특정 삶을 가리킬 경우

Life at the top in any sport involves a lot of sacrifice.
(스포츠에서의 정상의 삶은 많은 희생을 수반하게 된다.)
How did you adjust to **college life**? (너는 대학 생활에 어떻게 적응을 했느냐?)
They seem to enjoy **American life**. (그들은 미국 생활을 즐기는 것 같다.)

▶ 활력: 생기나 활력을 의미할 경우

The town itself was full of **life** and character.
(그 도시는 나름대로 활력과 개성으로 가득 차 있다.)
Put more **life** in your voice. (목소리에 더 힘을 주어라.)

▶ 종신형: 종신형을 의미할 경우

He could get **life in prison**, if convicted. (만약 유죄가 된다면 그는 종신형을 받을 수 있다.)
He was **jailed for life** in 2001 for the murder of two policemen.
(그는 2명의 경찰관을 죽인 대가로 종신형을 받아 감옥에 수감되었다.)

▶ 일반적인 삶을 가리키면서 홀로 쓰일 경우: 그러나 형용사와 같은 제한적인 표현과 함께 쓰이면 부정관사 a/an이 흔히 쓰인다.

I think she enjoys **life**. (나는 그녀가 즐겁게 산다고 생각한다.)
She lived **a wonderful life**. (그녀는 훌륭한 삶을 살았다.)

2 **가산명사**: life는 다음과 같은 경우 일반적으로 가산명사로 쓰인다.

▶ 특정한 삶: 특정한 사람의 일생을 가리킬 경우

My grandmother had **a hard life**. (나의 할머니는 어려운 삶을 살았다.)
He went a little bit mad towards the end of **his life**.
(그는 생의 마지막에 약간 정신이상이 되었다.)
Cats are supposed to have **nine lives**. (고양이는 9개의 생명을 가졌다고 한다.)
My grandparents lived **interesting lives**. (나의 조부모님은 재미있는 삶을 사셨다.)

▶ 특정한 상황의 생명: 어떤 상황에 처한 생명을 가리킬 경우

Your life is in danger. (네 생명이 위태롭다.)
The doctor tried to save **the lives of wounded soldiers**.
(의사는 부상당한 병사들의 생명을 구하려고 애를 썼다.)

▶ 특정의 행위: 사는 동안 규칙적으로 하는 특정 행위를 가리킬 경우

His personal life took second place to his career. (그의 개인 생활은 그의 생애서 두 번째다.)
Most people with diabetics have **a normal sex life**.
(당뇨병을 가진 많은 사람이 정상적 성생활을 한다.)

▶ 특정 상황이나 일과 관련된 삶을 가리킬 경우

He had **a long and interesting life** in the television business.
(그는 텔레비전 사업에서 오래 근무했고 흥미로운 삶을 살았다.)
The police investigated **his private life**. (경찰은 그의 사생활을 조사했다.)

▶ 기계, 조직, 계획 등의 유효기간을 가리킬 경우

The repairs did not increase **the life** of the equipment.
(수리로 장비의 유효기간을 연장할 수 없었다.)
The project ended **its life** with Mr. Smith's death.
(그 계획은 스미스 씨의 죽음으로 끝이 났다.)

L11 like(동사)

동사 like는 크게 두 가지 용법이 있다. 하나는 동사구에서 like가 독립적으로 사용되는 경우

이고 다른 하나는 조동사와 결합하여 (would like) 사용되는 경우다.

1 **독립적인 like**: 현재진행형으로 사용될 수 없으며 다음의 의미로 사용될 수 있다.

"What do you think of the soup?" "I **like** it." ("그 수프를 어떻게 생각하느냐?" "맛있습니다.")
("*I'm liking it.")

▶ 무엇을 즐기거나 좋다고 생각할 때

I **like** my coffee quite weak. (나는 아주 약한 커피를 좋아한다.)
I don't **like** talking in public. (나는 대중 앞에서 말하는 것을 좋아하지 않는다.)
I **like** your jacket. (너의 재킷이 좋다.)
I **like** to see people enjoying themselves. (나는 사람들이 즐기는 것을 보고 싶다.)

▶ 어떤 사람을 좋아할 때

She's a lovely girl, and I **like** her very much.
(그녀는 사랑스러운 아가씨입니다. 나는 그 아가씨를 매우 좋아합니다.)
Jane's really nice, but I don't **like** her boyfriend.
(제인은 정말로 좋은 분이지만, 나는 그녀의 남자친구를 좋아하지 않는다.)

▶ 어떤 행위나 상황을 찬성하고 좋아할 때

I **like** the way he teaches the students. (나는 그가 학생들을 가르치는 방식이 마음에 든다.)
He's never **liked** talking about people behind their backs.
(그는 등 뒤에서 그 사람에 대해서 말하는 것을 아주 싫어했다.)

▶ 규칙적으로 어떤 행위를 하거나 사건이 일어날 경우

I **like** to get up early and have a bit of work done before breakfast.
(나는 일찍 일어나서 아침 식사 전에 약간의 일을 하는 것을 좋아한다.)
He **likes** to spend his evenings in front of the television.
(그는 텔레비전 앞에서 저녁 시간을 보내는 것을 좋아한다.)

다음을 비교해보라. (G8.2를 보라.)

I **like going** to the dentist. (나는 치과에 가는 것을 좋아한다.)
I **like to go** to the dentist twice a year. (나는 일 년에 두 번만 치과에 갔으면 좋겠다.)

▶ 상대방의 의견을 물을 때

"How do you **like** your coffee?" "Milk and one sugar, please."
("커피를 어떻게 마십니까?" "우유와 설탕 한 숟가락 넣어주세요.")
"How do you **like** my new shoes?" "They're wonderful." ("내 새 신발 어때?" "멋있는데.")

2 **would like**: 조동사 would와 함께 사용된다.

▶ 우리가 어떤 것을 원하거나 그것을 하고 싶을 때

I'd **like** a cheeseburger, please. (치즈버거 하나 주세요.)

I'd like to go to Moscow for my holidays. (나는 휴가 동안에 모스크바에 가고 싶다.)
He'd like all of us to be at the meeting. (그는 우리 모두가 모임에 오기를 바란다.)

▶ 정중하게 제안하거나 초청할 때

Would you like a drink? (한잔하시겠어요?)
What would you like to eat for lunch? (점심으로 무엇을 드시고 싶으세요?)

따라서 이런 의미로 다음과 같이 말하는 것은 적절하지 않다.

Do you like a drink? (한잔 마실래?)
What do you like to eat for lunch? (점심으로 뭐 먹을래?)

▶ 상대방의 의견을 정중히 물을 때

How would you like to spend the summer in Italy?
(이태리에서 여름을 보내는 것을 어떻게 생각하세요?)
How would you like to have steak for dinner? (저녁에 스테이크를 드시는 것이 어떻습니까?)

이 표현은 종종 다른 사람에게 일어난 나쁜 일이 당신에게 일어났다고 가정할 때의 의견을 물을 경우에도 사용된다.

How would you like being left alone for hours in a strange place?
(생소한 곳에 몇 시간 동안 홀로 남겨져 있다면 어떠시겠습니까?)

▶ 어떤 사람이 어떤 일을 할 수 없을 것으로 생각할 때

I'd like to see you organize a conference! (네가 학회를 준비할 수 있을지 어디 보자!)
I'd like to see him be successful in his new job.
(그가 과연 새로운 일자리에 성공할 수 있을지 보겠다.)

L12 likely와 probable

likely와 probable은 형용사로 사용되며 유사한 의미를 가지고 있다.

The **likely/probable** cause of the fire was faulty wiring.
(있음직한 화재의 원인은 잘못된 전기배선이었다.)
I think snow storms are **likely/probable** tomorrow.
(내일 눈보라가 칠 가능성이 있다고 생각한다.)

1 **부사**: 구어체에서 likely는 종종 very/most의 수식을 받을 경우에 probably처럼 부사로 사용될 수 있다.

I think she will **probably/very likely** be late. (나는 그녀가 늦을 가능성이 있다고 생각한다.)
The building will be replaced, **probably/most likely** by a modern sports center.
(그 건물은 어쩌면 현대식 스포츠 센터로 대체될 가능성이 크다.)

2 **it is likely/probable that-절**: that-절이 진 주어로 쓰일 경우 문법적 주어 위치에는 허사인

예비 주어 it가 온다. (I26.5를 보라.)

It is likely/probable (that) the votes will have to be counted again.
(투표를 다시 합산해야 할 가능성이 있다.)
It seems likely/probable that the accident has damaged his brain.
(사고가 그의 머리에 손상을 주었을 가능성이 있는 것 같다.)

3   **be likely + to-부정사**: probable과는 달리 likely 다음에는 부정사가 올 수 있다. 이 경우 종속절의 주어가 주절의 예비 주어를 대치한다.

The votes are **likely to be** counted again.
(= **It** is likely that **the votes** will be counted again.)
(투표를 다시 합산해야 할 가능성이 있다.)
(*The votes are **probable to be** counted again.)
(참고: **It** is probable that **the votes** will be counted again.)
The accident seems **likely to have** damaged his brain.
(사고가 그의 머리에 손상을 주었을 가능성이 있는 것 같다.)
(*The accident seems **probable to have** damaged his brain.)
(참고: **It seems probable that** the accident has damaged his brain.)

L13   long과 (for) a long time

1   (for) long과 (for) a long time: long은 일반적으로 비단언적 맥락, 즉 의문문과 부정문(not 뿐만 아니라 "hardly, seldom"과 같은 부정의 의미를 포함하는 문장)에 나타나고, "(for) a long time"은 긍정서술문에 나타난다. 다음을 비교해보라.

I've been waiting **for a long time**, but she didn't come.
(오래 기다렸으나 그녀는 오지 않았다.)
(*I've been waiting **(for) long**, but she didn't come.)
Have you been waiting **(for) long**? (오래 기다렸습니까?)
(*Have you been waiting **(for) a long time**?)

It'll take **a long time** to get to her house. (그녀의 집에 가는 데 오래 걸릴 것이다.)
(*It'll take **long** to get to her house.)
It won't take **long** to get to her house. (그녀의 집에 가는 데 오래 걸리지 않을 것이다.)
Will it take **long** to get to her house? (그녀의 집에 가는 데 오래 걸립니까?)
(*Will it take **a long time** to get to her house?)

She stayed **for a long time** in Paris to study. (그녀는 공부하느라고 파리에 오랫동안 있었다.)
(*She stayed **long** in Paris to study.)
She seldom stays **long** at the party. (그녀는 좀처럼 파티에 오래 머물지 않는다.)
(*She seldom stays **(for) a long time** at the party.)

2   부정문: 그러나 "for long"과 "for a long time"은 부정문에서 때때로 다른 의미를 갖는다.

다음을 비교해보라.

She did not speak **for long**. (그녀는 짧게 말했다.)
(= She only spoke for a short time.)
She did not speak **for a long time**. (그녀는 오랫동안 침묵했다.)
(= She was silent for a long time.)

He did not work **for long**. (그는 곧 일을 멈췄다.)
(= He soon stopped working.)
He did not work **for a long time**. (그는 오랫동안 실직상태였다.)
(= He was unemployed for a long time.)

I did not sleep **for long**. (나는 금방 깼다.)
(= I soon woke up.)
I did not sleep **for a long time**. (나는 오랫동안 잠자러 가지 않았다.)
(= I did not go to bed for a long time.)

3 **비교급형**: "for a long time"의 비교급은 "for a longer time"이 아니라 "(for) longer"다.

I will stay **(for) longer** next time. (다음에는 더 오래 있을 겁니다.)
(*I will stay **for a longer time** next time.)
It took me **longer** than I thought it would. (내가 생각했던 것보다 더 오래 걸렸다.)
(*It took me **a longer time** than I thought it would.)

4 **long**: long은 "too, enough, as, so, than, before, after, ago 그리고 시간명사"가 나타나는 긍정문에서는 사용될 수 있다.

The meeting went on much **too long**. (회의는 지나치게 오래 지속되었다.)
I've been working here **long enough**. It's time to get a new job.
(나는 이 직장에서 충분히 오래 일했다. 새로운 직장을 구할 때가 됐다.)
You can stay **as long** as you want. (네가 원하는 한 머물 수 있다.)
Sorry I took **so long**. (시간이 너무 오래 걸려서 미안하다.)
It took me **longer than** I thought it would. (내가 생각했던 것보다 더 오래 걸렸다.)
Long after the war the wreckage of his plane was discovered.
(전쟁이 끝난 지 오래 지난 후에 그의 비행기의 잔해가 발견되었다.)
This all happened **long before** you were born. (이 모든 것이 네가 태어나기 전에 일어났다.)
He should have left her **long ago**. (그는 그녀를 오래전에 떠났어야 했다.)
His speech was **thirty minutes long**. (그는 30분 동안 연설했다.)
We've been walking **all day long**—I'm exhausted. (우리는 하루 종일 걸었고, 나는 탈진했다.)

▶ long은 또한 동사에 따라 그 앞에 종종 나타날 수 있다.

His work will be **long** remembered. (그의 업적은 오랫동안 기억될 것이다.)
It has **long** been recognized that a high fat diet can cause heart problems.
(고지방 식사가 심장에 문제를 일으킬 수 있다는 것은 오랫동안 알려져 왔다.)

no longer에 대해서는 N18을 보라.
many, much, far도 또한 의문문과 부정문에서 더 자연스럽게 쓰인다. (M5와 F1을 보라.)

L14 look (like)

look는 seem이나 appear처럼 연결동사로도 쓰이고, 보통동사 look는 see와 같은 감각동사로 쓰일 뿐만 아니라 다양한 의미를 가진 동사로 사용된다.

You **look very tired**. You should go to bed. (몹시 피곤해 보인다. 잠을 자는 게 좋겠다.)
All of them turned and **looked at her** as she entered the room.
(그녀가 방에 들어갔을 때 그들 모두는 고개를 돌려 그녀를 쳐다봤다.)
When I came in, she was **looking for** her contact lenses.
(내가 들어왔을 때 그녀는 콘택트렌즈를 찾고 있었다.)

1 **연결동사**: look는 연결동사로 쓰일 경우 (C28을 보라) 형용사구와 명사구를 보어로 취할 수 있다.

The road **looks very icy**—drive carefully. (길이 몹시 미끄러워 보이니 조심해서 운전해라.)
That dress **looks nice** on you. (저 옷 너에게 잘 어울려 보인다.)
You **look angry**—what's the matter? (화가 나 보이는데 무슨 일 있어?)

2 like: 명사구는 제한적으로 look의 보어로 쓰일 수 있으며 보어 앞에 like를 넣는 것이 더 자연스럽다.

He **looked like a friendly sort of person**. (그는 친절한 사람인 것 같다.)
The container **looks like a small boat**. (그 용기가 작은 배처럼 보인다.)
The twins just **look like their mother**. (그 쌍둥이는 어머니를 똑 닮았다.)

3 **진행형**: 현재의 모습을 말할 때는 단순 현재시제와 현재진행형이 큰 의미적 차이가 없이 사용된다.

You **look very tired**/You're **looking very tired**. (몹시 피곤해 보인다.)
What's he **looking like**?/What does he **look like**? (그가 어떤 모습입니까?)

4 as if/though: 절이 look 뒤에 올 때는 종종 as if/though가 올 수 있다.

He **looked as if** he hadn't washed for a week.
(그는 마치 한 주 동안 씻지 않은 것처럼 보였다.)
It **looks as though** we have made the right choice. (우리는 옳은 선택을 한 것 같이 보인다.)

▶ like가 종종 "as if"와 같은 의미로 쓰이기도 한다.

It **looks like** they won't be needing us anymore.
(그들은 더 이상 우리를 필요로 할 것 같지 않아 보인다.)

as if와 like에 대해서는 A69.5를 보라.

▶ "look like being ..."은 때때로 영국영어의 구어체에서 미래를 가리키는 의미로 사용된다.

It **looks like being** a wet night. (비가 올 것 같은 밤으로 보인다.)
(= It looks as if it will be a wet night.)

5 **보통동사**: 보통동사로 쓰일 때는 자동사나 타동사로 쓰일 수 있다. 타동사로 쓰일 때는 일반적으로 목적어 앞에 전치사가 필요하다.

▶ see: see와 달리 동적동사로서 진행형이 가능하며 목적어가 표현될 경우 전치사 at를 동반한다. 그러나 자동사로 쓰일 경우에는 전치사구와 함께 쓰일 수 있다.

We all turned to **look at**/*look her when she entered the room.
(그녀가 방에 들어왔을 때 우리 모두는 고개를 돌려 그녀를 쳐다봤다.)
She **was looking at** the children playing in the backyard.
(그녀는 뒤뜰에서 노는 아이들을 바라보고 있었다.)
He sneaked out when his mum wasn't **looking (*at)**.
(그는 어머니가 보고 있지 않을 때 몰래 빠져나왔다.)
If you **look out of the window**, you'll see my car.
(창문 밖을 내다보면 내 차를 볼 수 있다.)
He **looked up from his newspaper** and smiled at me.
(그는 신문에서 고개를 들어 나를 보고 미소 지었다.)

see와 look에 대해서는 S4.1과 2를 보라.

▶ search: "무엇을 찾다"는 의미로 쓰일 때는 대표적으로 전치사 for가 쓰이지만 다른 전치사나 전치사적 부사들도 쓰일 수 있다.

He's been **looking for** the stolen car all week.
(그는 한 주 내내 도난당한 차를 찾아다니고 있다.)
I'll **look up** the word in a dictionary. (사전에서 그 단어를 찾아보겠다.)
He promised to **look out** the recipe and send it to me.
(그는 요리법을 찾아 나에게 보내기로 약속했다.)
The police are **looking into** the disappearance of the twins.
(경찰은 쌍둥이의 실종을 조사하고 있다.)
My son's going to **look around for** a job.
(나의 아들은 일거리를 찾아 주변을 돌아보려고 한다.)

6 **자주 쓰이는 표현들**: look는 또한 다양한 의미를 가진 복합 동사로 사용된다.

Her boss allowed her to **look after** her son during the day.
(그녀의 상사는 그녀가 낮에 아들을 돌보는 것을 허용했다.)
He was **looking forward to** seeing his grandchildren at Chuseok.
(그는 추석에 손주들을 보는 것을 고대하고 있었다.)

The school is **looking to** its new head to improve its image.
(학교는 그 위상을 개선하는 데 새로운 교장에게 희망을 걸었다.)
We all hope things will start to **look up** in the New Year.
(우리 모두는 새해에 상황이 개선되기 시작하기를 희망했다.)
I've always **looked up to** the man for his courage.
(나는 용기를 가진 그 사람을 항상 존경해 왔다.)
She **looks down on** anyone who hasn't had a college education.
(그녀는 대학교육을 받지 않은 사람을 업신여긴다.)

M1   make

make는 영어에서 문법적으로 가장 다양한 구조를 갖는 동사 중의 하나다.

1   **단순타동사**: make는 목적어 하나만을 취하는 단순타동사로 쓰일 수 있으며, 일반적으로 그 목적어에 의해 의미가 결정된다.

She **made a new dress** for the party. (produce)
(그녀는 파티를 위해 새 드레스를 만들었다.)
The children are supposed to **make their own beds**. (arrange)
(아이들은 자신의 침대를 정돈해야 한다.)
He's the one who always **makes trouble** in the class. (cause)
(그는 교실에서 항상 말썽을 일으키는 학생이다.)
We **made a good breakfast** before leaving. (eat)
(우리는 떠나기 전에 아침을 잘 먹었다.)
She **made over $1 million** last year. (earn)
(그녀는 지난해에 100만 불 이상을 벌었다.)
"What do you **make the time**?" "I **make** it ten to five." (figure out)
("지금 몇 십니까?" "5시 10분전 입니다.")
That sports car can **make over 200 miles** an hour. (run)
(저 스포츠카는 시속 200마일 이상을 달릴 수 있다.)
I'm sure that she'll **make Seoul** next Monday. (arrive)
(나는 그녀가 다음 월요일에 서울에 도착할 것으로 확신한다.)

2   **이중타동사**: 목적어를 두 개 가지는 구조로서 동사에 가까이 있는 목적어를 간접목적어라고 하고 멀리 있는 목적어를 직접목적어라고 부른다. 간접목적어는 항상 명사구가 되고, make의 경우 직접목적어는 명사구, 부정사구, 분사구가 될 수 있다. (V5를 보라.)

▶ 간접목적어 + 직접목적어: 두 개의 명사구를 취한다.

The man **made him a toy horse**, using just straw.
(그 남자는 밀짚만을 써서 그에게 장난감 말을 만들어 주었다.)
This movie **made the young man a star**. (이 영화가 그 젊은이를 스타로 만들었다.)
When was the last time you had **made me sandwiches**?
(네가 나에게 샌드위치를 마지막으로 만들어준 게 언제냐?)

▶ 목적어 + 부정사구: 부정사는 반드시 to-없는 부정사여야 하며 make는 "...하게 하다"의 의미를 갖는다. (C9와 I25.3을 보라.)

They **made me feel** really welcome. (그들은 내가 정말로 환영을 받는다는 느낌을 주었다.)
(*They **made me to feel** really welcome.)
I cannot **make the washing machine work**. (나는 세탁기를 돌릴 줄 모른다.)

▶ 수동구조에서는 반드시 to를 가진 부정사가 쓰인다. (I25.4를 보라.)

I **was made to wait** four hours, before I was examined by a doctor.
(의사의 진찰을 받기 전에 나를 4시간이나 기다리게 했다.)
(*I **was made wait** four hours, before I was examined by a doctor.)
The prisoners **were made to dig** holes. (죄수들에게 땅에 구덩이를 파게 했다.)

▶ 목적어 + 과거분사: 이 경우에는 목적어로 재귀대명사가 사용된다. 이 구조는 "understood, heard, liked, disliked, hated, known 등"과 흔히 같이 쓰인다.

I do not speak French, but I can **make myself understood**.
(나는 프랑스어를 못 하지만 내 생각을 이해시킬 수 있었다.)
She had to shout to **make herself heard** above the sound.
(그녀는 잡음을 누르고 자기 목소리가 들릴 수 있도록 고함을 질러야 했다.)
He **made himself known** throughout the country with this movie.
(그는 이 영화로 자신을 나라 전체에 알렸다.)

3   **복합타동사**: 목적어 다음에 목적어보어로 형용사나 명사가 오는 구조를 말한다. (V6을 보라.)

His attitude **made him very unpopular** with colleagues.
(그는 태도 때문에 동료들 사이에 평판이 아주 좋지 않았다.)
The President has **made it clear** that he's not going to change his mind.
(대통령은 자신의 마음을 바꾸지 않을 것이라고 명백히 밝혔다.)
You've **made me a very happy man**. (당신은 나를 매우 행복한 남자로 만들었습니다.)

4   **주어보어**: make는 연결동사처럼 주어보어를 이끌 수 있으며, make는 "...가 되다"라는 의미를 갖는다. (C28.2와 V3.2를 보라.)

I doubt he'll ever **make** a general. (나는 그가 과연 장군이 될지 의심이 간다.)
Champagne and caviar **make** a wonderful combination.
(샴페인과 철갑상어 알은 완전한 조화를 이룬다.)
She'll **make** a good teacher. (그녀는 훌륭한 교사가 될 것이다.)

5   **행위명사**: make는 여러 가지 행위명사와 결합하여 상응하는 동사적 표현을 만들 수 있다. (V7.4을 보라.)

He **made an** unsuccessful **attempt** to resist arrest.
(그는 체포되지 않으려고 저항했으나 실패했다.)
(= He **attempted** to resist arrest unsuccessfully.)
They **made claims** that they couldn't live up to.
(그들은 자신들이 기대에 부응하는 삶을 살지 못했다고 주장했다.)
(= They **claimed** that they couldn't live up to.)

make arrangements/an attempt/changes/a claim/claims/progress
make a contribution/a donation/an offer/payments/a profit
make an apology/an error/an excuse/a mistake

make a choice/a decision/a guess
make a (phone) call/a request/a speech/a suggestion
make a journey/a trip

M2   make와 전치사/부사

make는 다양한 전치사나 전치사적 부사와 결합하여 관용적 표현을 구성한다.

1   **전치사**: make가 전치사와 결합하면 그 본래의 의미를 유지한다.

▶ make from: 원자재로 완전히 새로운 물건을 만들었을 경우

Beer is **made from** barley. (맥주는 보리로 만든다.)
Butter is **made from** milk. (버터는 우유로 만든다.)

▶ make of: 원자재가 거의 변하지 않은 경우

Most toys seem to be **made of** plastic these days.
(요즈음은 대부분의 장난감을 플라스틱으로 만든다.)
These earings are **made of** gold. (이 귀걸이는 금으로 만들어졌다.)

▶ make with: 자료 중의 하나를 말할 경우

We **make** Kimchi **with** lots of garlic. (우리는 김치를 만들 때 많은 마늘을 넣는다.)
This cake is **made with** six eggs, which give it a rich taste.
(이 케이크에는 6개의 계란이 들어가서 감칠맛이 있다.)

2   **전치사적 부사**: make가 전치사적 부사와 결합하면 본래의 의미에서 상당히 다른 의미를 갖는다.

▶ make out

When you **make out** the bill, please give a copy. (write)
(명세서를 작성하면 나에게도 사본 한 장을 주십시오.)
He couldn't **make out** the dark shape moving towards him. (see clearly)
(그는 자신을 향해서 움직이는 검은 형상을 판별할 수가 없었다.)
Can you **make out** what he is trying to say? (understand)
(너는 그가 무슨 말을 하려고 하는지 알아들을 수 있어?)
Mary has always **made out** that her parents were rich, but it isn't true. (pretend)
(메리는 항상 부모님이 부자인 체했으나 사실이 아니다.)
Whatever professions this young chooses, I'm sure he'll **make out** all right.
(이 젊은이는 어떤 직업을 선택하든 잘 해낼 수 있을 것으로 나는 확신한다.) (be successful)

▶ make over

He **made over** his whole estate to his son. (transfer)
(그는 전 재산을 아들에게 넘겨주었다.)

I'll have to **make** this dress **over** for the graduation party. (change)
(나는 졸업파티를 위해 이 드레스를 개조해야겠다.)

▶ make up

When you're the boss, you can **make up** your own rules. (invent)
(네가 사장이 되면 너 자신의 규칙을 만들 수 있다.)
The committee is **made up** of representatives from every state. (constitute)
(위원회는 각 주에서 온 대표자로 구성된다.)
I think they're **making** the whole thing **up**. (fabricate)
(나는 그들이 모든 것을 조작하고 있다고 생각한다.)
Can you **make up** a bottle of milk for the baby? (prepare)
(아이를 위해 우유 한 병을 준비해 줄 수 있지?)
Wait a minute, while I **make up** my face. (put make-up)
(얼굴 화장을 하는 동안 잠깐만 기다리세요.)
I saved as much as I could, and my parents **made up** the rest. (supplement)
(나는 할 수 있는 데까지 저축하고 나머지는 부모님이 보충해줬다.)
I'm trying to **make up** the time I lost while I was sick. (compensate)
(나는 아플 동안 잃어버린 시간을 벌충하려고 애쓰고 있다.)
Jim and Mary usually **make up** their quarrel the same day. (reconcile)
(짐과 메리는 보통 그들의 다툼을 그날 화해한다.)

3   전치사적 부사 + 전치사

▶ make away with

Thieves **made away with** the contents of the safe. (steal and get away)
(도둑들은 금고 안에 있던 내용물을 훔쳐 달아났다.)
The boy tried to **make away with** himself by drinking poison. (kill)
(그 남자아이는 독을 마시고 자살하려고 했다.)

▶ make up for

I don't eat breakfast much but **I make up for** it at lunch. (compensate)
(나는 아침을 많이 먹지 않고 점심에 벌충한다.)
Carl doesn't have a natural talent for music but he **makes up for** it with hard work.
(칼은 음악에 대한 천부적 자질은 없으나 노력으로 그것을 벌충하고 있다.)

▶ make up to

Have you noticed the disgusting way he **makes up to** the boss? (flatter)
(당신은 그가 상사에게 구역질나게 아첨하는 것을 알아차렸습니까?)
He was looking for a way to **make up to** her for what he had done. (atone)
(그는 자신이 그녀에게 한 짓을 속죄하는 방법을 찾고 있었다.)

M3　man

1　**남성** (male): 여성(woman)과 대조되는 남성을 의미한다.

> Women live longer than **men** on average. (평균적으로 여성이 남성보다 오래 산다.)
> There were two women and a **man** in the car. (차에 여자 두 명과 남자 한 명이 타고 있었다.)
> I've always regarded him as a **man** of integrity. (나는 항상 그를 성실한 사람으로 생각했다.)

2　**개인** (person): 남성과 여성을 구별하지 않은 개인을 의미한다.

> All **men** are equal in the eyes of the law. (모든 사람은 법의 관점에서 평등하다.)
> Who was the first **man** to swim the English Channel?
> (영국해협을 처음 헤엄쳐 건넌 사람이 누구였습니까?)
> The Constitution guarantees a **man**'s right to pursue happiness.
> (헌법은 개인의 행복 추구권을 보장하고 있다.)

3　**인류** (people): man은 인류(mankind) 전체를 가리킬 수 있으며, 이 경우 부정관사와 함께 쓰일 수 없다.

> The pest was one of the worst diseases known to **man**.
> (흑사병은 인류에게 알려진 최악의 질병 중 하나였다.)
> Stone Age **man** began to keep livestock and cultivate crops.
> (인류는 석기시대에 가축을 기르고 곡물을 재배하기 시작했다.)
> **Man** is rapidly destroying the environment of the Earth.
> (인류는 지구의 환경을 급속도로 파괴하고 있다.)

4　**고용인** (worker): 회사나 어떤 조직체에서 일하는 사람을 가리킬 수 있다.

> The company sent a **man** to fix the TV. (회사는 텔레비전을 수리하도록 직원을 보냈다.)
> Why were there no protests from the **men** at the factory?
> (어째서 공장 직원들의 항의가 하나도 없습니까?)
> I've waited all day for the gas **man**. (나는 가스회사 직원을 종일 기다렸다.)

5　**남편** (husband): 종종 남편을 의미한다.

> Have you met her new **man** yet? (너는 그녀의 새 남편을 벌써 봤냐?)
> She waited five years for her **man** to come out of the prison.
> (그녀는 남편이 감옥에서 나오기를 5년이나 기다렸다.)
> They became **man** and wife on April 15th, 2001. (그들은 2001년 4월 15일에 부부가 되었다.)

6　**병사** (soldier): 군 조직에서 장교와 대조되는 병사라는 의미로 쓰인다.

> The captain ordered his **men** to attack the hill.
> (지휘관은 병사들에게 고지를 공격하라고 명령했다.)

About 100 officers and **men** were taken to hospital after the battle.
(전투 후에 약 100명의 장교와 병사가 병원으로 이송되었다.)
The drill sergeant trains the **men** every day in bayonet fencing.
(훈련 담당 중사가 매일 병사들에게 총검술을 훈련시킨다.)

▶ 점점 더 많은 사람이 "man"이라는 단어가 성적인 구별 없이 일반적으로 "사람"을 가리키는 단어로 쓰는 것을 거부하는 경향이 나타나고 있다. 이 점에 대해서는 G1을 보라.

M4 manner(양태), means(수단), instruments(도구)

"양태," "수단," "도구" 부가어는 모두 "how"로 시작하는 의문문의 응답이 될 수 있는 부사구를 가리킨다. 수동문의 행위자를 표현하는 by-구를 포함하여 이 세 부가어를 과정 부가어(process adjuncts)라고도 부른다.

"**How** did they treat the patient?"
("환자를 어떻게 치료했습니까?")
"They treated him **very carefully**."   [양태]
("환자를 신중히 치료했다.")
"They treated him **medically**.   [수단]
("환자를 의학적으로 치료했다.")
"They treated him **with a new drug**."   [도구]
("환자를 새로운 약으로 치료했다.")

수동문의 행위자에 대해서는 P9를 보라.

1. **양태부사**: 양태부사는 일반적으로 형용사에 -ly어미가 붙은 형태를 가지며, 몇몇 -ly형 부사형이 없는 형용사가 양태부사로 쓰인다.

badly	beautifully	coldly	courteously
differently	foolishly	generously	gently
gracefully	hesitantly	honestly	impatiently
loudly	quietly	quickly	slowly
softly	thoroughly	fast	hard
straight	well 등		

Ted was so tired that he couldn't walk **straight**. (테드는 너무 피곤해서 똑바로 걸을 수 없었다.)
We looked for the missing documents **thoroughly**. (우리는 없어진 서류를 철저하게 찾았다.)

2. **양태부사의 위치**: 양태부사는 일반적으로 동사와 그 보충어 뒤에 오지만 장소 부가어와 시간 부가어 앞에 온다.

She sang **beautifully in the music hall last evening**.
(그녀는 어제저녁에 음악당에서 멋있게 노래를 불렀다.)
The boy behaved **well during the visit to the Blue House**.

(그 남자아이는 청와대를 방문하는 동안 훌륭하게 행동했다.)

▶ 양태부사는 다음 조건을 충족할 경우 동사 앞 위치에 올 수 있다.

(a) 부사가 문장의 수의적 성분이고
(b) 부사가 -ly어미를 가지며
(c) 동사가 자신의 보충어나 부사구를 의무적 성분으로 갖는다.

The boy hid his toy car **quickly** when he heard footsteps approaching.
(그 남자아이는 발소리가 가까워지는 소리를 듣자 장난감 차를 재빨리 숨겼다.)
(= The boy **quickly** hid his toy car when he heard footsteps approaching.)
(*The man **quickly** left.)

He ran into the house **fast**. (그는 집으로 빨리 뛰어들어 왔다.)
(*He **fast** ran into the house.)

The small girl said her name to the policeman **slowly**.
(어린 여자아이는 경찰관에게 천천히 이름을 말했다.)
(= The small girl **slowly** said her name to the policeman.)
(*The small girl **slowly** talked.)

▶ 수동문에서 양태부사는 과거분사형 동사 앞에 올 수 있다.

The seminar was organized **badly**. (세미나는 엉망으로 준비됐다.)
(= The seminar was **badly** organized.)

Any complaint about safety must be treated **seriously** in our department.
(우리 부서에서 안전에 대한 불만은 어느 것이든 중요하게 처리되어야 한다.)
(= Any complaint about safety must be **seriously** treated in our department.)

3 **양태 전치사구**: 양태 전치사구는 일반적으로 두 가지 형태로 표현된다.

in a(n) + 형용사 +manner/way
with + 추상명사

양태 전치사구에 나타나는 대부분의 형용사는 -ly어미를 붙여 양태부사로 쓰일 수 있고 또한 형용사에는 상응하는 추상명사가 있기 때문에, 많은 경우에 양태부사와 두 가지 양태 전치사구가 같은 의미로 사용될 수 있다.

He acted **confidently/in a confident manner/with confidence**.
(그는 확신을 갖고 행동했다.)
She dances **gracefully/in a graceful way/with grace**. (그녀는 우아하게 춤을 춘다.)
He greeted us **very courteously/in a very courteous way/with great courtesy**.
(그는 매우 예의 바르게 우리를 맞이했다.)
He handled the new equipment **carefully/in a careful way/with care**.
(그는 새 장비를 조심스럽게 다루었다.)

4 **여타 양태 부가어**

▶ **as와 like**: 유사성을 의미하는 전치사 like와 접속사 as도 양상 부가어를 이끌 수 있다. (A66을 보라.)

He talks and walks **like his father/as his father does**.
(그는 자신의 아버지처럼 말하고 걷는다.)
She makes sandwiches **like her mother/as her mother did**.
(그녀는 자신의 어머니처럼 샌드위치를 만든다.)

▶ as 대신에 "(in) the way (that)"을 사용할 수도 있다.

She makes sandwiches **(in) the way her mother did**.

▶ **as if/as though**: 비실제적 의미를 표현하는 "as if와 as though-절"도 양태의 의미를 표현한다.

They treat him **as if/as though he were a king**. (그들은 그가 마치 왕인 것처럼 대접한다.)

5 **수단과 도구**: 수단 부가어는 일반적으로 "by-전치사구"로 표현되며 "How...?" 의문문의 응답이 될 수 있는 부가어이고, 도구 부가어는 "with-전치사구"로 표현되며 "How...?"와 "What... with?" 의문문의 응답이 될 수 있는 부가어다.

"**How** did he write the letter?"
("그는 편지를 어떻게 썼습니까?")
"He wrote it **by hand/with a fountain pen**."   [수단/도구]
("그는 편지를 손으로/볼펜으로 썼습니다.")
"**What** did he write the letter **with**?"
("그는 무엇으로 편지를 썼습니까?")
"He wrote it **with a ball-point pen**."   [도구]
("그는 편지를 볼펜으로 썼습니다.")

▶ 좀 더 격식적인 표현으로는 "**With what** did he write the letter?"가 있다.

6 **교통수단 (by)**: by는 일반적인 교통수단을 표현할 때 사용된다.

by air   **by** boat   **by** bus   **by** car
by plane   **by** sea   **by** subway   **by** taxi
by train 등

I always go to work **by car**. (나는 항상 차로 출근한다.)
I'd prefer to travel **by air**. (나는 비행기로 여행하는 것을 더 좋아한다.)
The best way to get there is **by bus**. (그곳에 가는 최상의 방법은 버스를 타는 것입니다.)

▶ 그러나 "on foot, on horseback"이라고 한다.

We're planning to travel across the country **on foot**.
(우리는 그 나라를 걸어서 횡단할 계획이다.)

They crossed the Great Plains **on horseback**. (그들은 말을 타고 대평원을 횡단했다.)

7 **통신수단 (by)**: by는 통신방법을 표현할 때 사용된다.

by airmail   **by** e-mail   **by** telegraph   **by** (tele)phone 등

I received the messages **by e-mail**. (나는 이메일로 메시지를 받았다.)
He sent the letter **by airmail**. (그는 항공으로 편지를 보냈다.)
He does most of his work **by (tele)phone**. (그는 대부분의 일을 전화로 한다.)

▶ 한정사의 수식을 받을 경우에는 다른 전치사가 사용되기도 한다.

I'll send the check **in the mail** tomorrow. (나는 내일 수표를 우편으로 보낼 것입니다.)
They discussed the problems **over the (tele)phone**. (그들은 전화로 문제점을 논의했다.)

8 **도구 (with)**: 도구 부가어는 일반적으로 "with-전치사구"로 표현된다.

He catches the ball **with his left hand**. (그는 왼손으로 볼을 받았다.)
The murderer killed him **with a hammer**. (살인범은 그를 망치로 죽였다.)
She cut the meat **with a sharp knife**. (그녀는 고기를 날카로운 칼로 잘랐다.)

▶ 동사 "use"와 with의 목적어를 사용하여 도구의 의미를 표현할 수 있다.

She always writes letters **with a ball-point pen**. (그녀는 항상 볼펜으로 편지를 쓴다.)
She always **uses a ball-point pen** to write letters. (그녀는 편지를 쓸 때 항상 볼펜을 사용한다.)

▶ 전치사 with를 대신하여 "by using, by means of"를 사용할 수도 있다.

He translated the sentence **by using a dictionary**. (그는 사전을 이용하여 그 문장을 번역했다.)
She found out the truth **by means of interrogation**. (그녀는 심문을 이용하여 진실을 밝혔다.)

9 **부사**: 일반적으로 수단 부가어와 도구 부가어는 전치사구로 표현되지만, 드물게 -ly부사로 표현되기도 한다.

The doctor treated the patient **surgically**. (= by surgical means)
(의사는 환자를 외과적 방법으로 치료했다.)
The scientist examined the specimen **microscopically**. (with a microscope)
(과학자는 현미경을 사용하여 표본을 조사했다.)

▶ "They settled their differences **legally**."를 세 가지로 해석될 수 있다.

They settled their differences **quite legally**.   [양태]
(그들은 그들의 다툼을 완전히 합법적으로 해결했다.)
They settled their differences **by invoking the law**.   [수단]
(그들은 그들의 다툼을 법에 호소하여 해결했다.)
They settled their differences **with legal arguments**.   [도구]
(그들은 그의 다툼을 법적 논쟁을 이용하여 해결했다.)

부가어에 대해서는 A18을 보라.

M5 many와 much

many는 few의 반의어로 "다수"를 뜻하고, much는 little의 반의어로서 "다량"을 뜻한다. 이들의 용법은 각각 (a) few와 (a) little과 유사하다. many는 복수가산명사와, much는 불가산명사와 함께 쓰인다.

Many people don't have a car to travel to work.
(많은 사람에게는 일터로 타고 갈 차가 없다.)
I don't have **much money** with me. (나에게는 지금 돈이 많지 않다.)

1 many/much + 명사: many와 much는 명사 앞에서 한정사로 사용되기 때문에 다른 한정사 (a, the, this 등)와 함께 올 수 없다.

Many/These houses are not equipped with modern electronic gadgets.
(많은/이 집들에는 현대식 전기기구가 설치되어있다.)
(***Many these** houses are not equipped with modern electronic gadgets.)
(***These many** houses are not equipped with modern electronic gadgets.)

She doesn't eat **much/his** breakfast. (그녀는 아침을 (많이) 먹지 않았다.)
(*She doesn't eat **much his** breakfast.)
(*She doesn't eat **his much** breakfast.)

2 many/much of + 한정사 + 명사: many나 much 뒤에 오는 명사가 다른 한정사를 가졌거나 대명사일 때 many와 much 뒤에 반드시 전치사 of를 삽입해야 한다. 한정사가 없을 때는 전치사 of의 삽입이 허용되지 않는다.

Many of these houses are equipped with modern electronic gadgets.
(이들 중에 많은 집들에는 현대식 전기기구가 설치되어 있다.)
(***Many of** houses are equipped with modern electronic gadgets.)
Many of them are equipped with modern electronic gadgets.
(그들 중에 많은 집들에는 현대식 전기기구가 설치되어 있다.)
(***Many them** are equipped with modern electronic gadgets.)

She didn't eat **much of his** breakfast. (그녀는 아침을 많이 먹지 않았다.)
(*She didn't eat **much of breakfast**.)
She didn't eat **much of it**. (그녀는 그것을 많이 먹지 않았다.)
(*She didn't eat **much it**.)

▶ 그러나 much of 뒤에 한정사가 따라오지 않는 몇몇 경우에도, 예를 들어 인명과 지명 앞에서 사용될 수 있다.

I have seen too **much of Howard** recently. (나는 최근에 하워드를 너무 많이 만났다.)
Not **much of Denmark** is hilly. (덴마크에는 언덕이 많지 않다.)

3   **대명사** many/much: 대명사로서 의미가 명백하면 홀로 사용될 수 있다.

Many of the houses have bathrooms but **many** do not.
(많은 집에 욕실이 있지만 없는 집도 많다.)
Let the child try as **many** as he likes. (아이들에 좋아하는 만큼 해보라고 해라.)
You haven't eaten **much**. (너는 많이 먹지 않았다.)
He's eating too **much** and drinking too **much**. (그는 지나치게 많이 먹고 지나치게 많이 마신다.)

4   **긍정문**: many와 much는 일반적으로 구어체에서 의문문이나 부정문에서 사용되는 것이 자연스럽다. 긍정문에서는 같은 의미를 가진 다른 표현(plenty of, a lot of, a great deal of, a great number of 등과 같은)이 사용된다.

There're **not very many** weekends left between now and Christmas.
(지금부터 크리스마스 사이에 주말이 별로 많이 남아 있지 않다.)
(There're **very many** weekends left between now and Christmas는 부자연스럽다.)
I **don't** earn **much** money, but I enjoy my job. (돈을 많이 못 벌지만 나는 내 일을 즐긴다.)
(I earn **much** money, but I don't enjoy my job은 부자연스럽다.)
Is there **much** wine left? (포도주가 많이 남아있습니까?)
(There's **much** wine left는 부자연스럽다.)
How many students are there in each class? (각 반에 학생 몇 명이 있습니까?)
(There're **many** students in each class는 부자연스럽다.)
He always carries **plenty/a lot/lots/a great deal of** money.
(그는 항상 돈을 많이 가지고 다닌다.)
(He always carries **much** money보다 더 자연스럽다.)
There're **plenty/a lot/lots/a great number of** cars on the street. (길에 차들이 많다.)
(There're **many** cars on the street보다 자연스럽다.)

far와 long(= a long time)도 대체로 의문문과 부정문에서 사용된다. F1과 L13을 보라.
a lot of 등 양화사에 대해서는 A5와 Q1을 보라.

▶ 그러나 many와 much는 "so, as, too"와 함께 쓰이는 경우에 긍정문에서 자연스럽게 사용될 수 있다.

You make **too many** mistakes—lots of spelling mistakes, for example.
(너는 오류를 너무 자주 저지른다. 예를 들어 철자에 오류가 많다.)
There weren't **as many** people as we had expected. (우리가 기대했던 만큼 사람이 많지 않았다.)
I didn't realize that I had **so many** friends. (나는 나에게 친구가 이렇게 많은지 몰랐다.)
We've wasted **too much** time. (우리는 시간을 너무나 많이 낭비했다.)
There was **so much** traffic that it took me an hour to get home.
(교통량이 너무 많아서 집에 오는 데 한 시간이 걸렸다.)
Schools must be given **as much** freedom as possible.
(학교에는 가능한 한 많은 자율권을 주어야 한다.)

▶ 또한 공식적 문어체에서는 many와 much가 긍정문에서 사용되기도 한다.

Many politicians concern about the high level of defense spending.
(많은 정치인이 높은 수준의 방위비를 염려하고 있다.)

Much has been written about the causes of unemployment. In the opinion of many economists, ... (실업의 원인에 대해 많은 글들이 나왔다. 많은 경제학자들의 의견에 따르면 ...)

5   much: much는 many와 달리 부사로 사용될 수 있다.

I'm not **much** good at knitting. (나는 뜨개질을 잘하지 못한다.)
She doesn't go out **much** since her husband died.
(그녀는 남편이 죽은 이래 외출을 많이 하지 않는다.)
I haven't met him **many times/much**, and I can't remember his name.
(나는 그를 여러 번 만나지 않아서 그의 이름을 기억하지 못한다.)
(*I haven't met him **many**, and I can't remember his name.)

► much는 비교형 형용사나 부사를 수식할 수 있으며, too 수식을 받는 형용사나 부사를 수식할 수도 있다.

These shoes are **much more** comfortable. (이 신발이 훨씬 더 편안하다.)
How **much longer** do you have to wait? (얼마나 더 오래 기다려야 합니까?)
The hamburger is **much too big** for the children to eat.
(햄버거가 아이들이 먹기에는 지나치게 크다.)
He's **much too old** for her to marry. (그는 그녀가 결혼하기에는 나이가 너무 많다.)
I think you've drunk **much too much** to drive.
(너는 술을 너무 많이 마셔서 운전하지 말아야 한다고 생각한다.)
He keeps **much too many** books in his library.
(그는 서재에 너무나 많은 책을 보관하고 있다.)

► much는 문어체에서 명사를 수식하는 몇몇 과거분사형 형용사를 수식할 수 있다.

Education is one of the **much discussed** problems of the country.
(교육은 이 나라에서 많이 논의된 문제 중의 하나다.)
The money will buy **much needed books** for the school.
(그 돈은 학교가 많이 필요로 하는 책들을 살 것이다.)

6   very much: very much는 긍정문에서 부사로 흔히 사용되지만, 명사를 직접 수식하는 한정사로는 사용되지 않는다.

I liked it **very much**. (나는 그것을 몹시 좋아한다.)
Thank you **very much**. (매우 감사합니다.)
There's **a whole lot of** water coming under the door.
(대단히 많은 물이 문 밑으로 흘러 들어오고 있다.)
(*There is **very much** water coming under the door.)

7   much as: much as는 although의 뜻으로 사용될 수 있다.

Much as I like John, I wouldn't want to marry him.
(나는 존을 좋아하지만 결혼하고 싶지는 않다.)
Much as they want to go home now, they're resigned to staying on until the end of the month. (그들은 지금 집에 가고 싶지만 월말까지 기꺼이 머물기로 했다.)

8   much less: much less는 이미 언급한 것보다 지금부터 말하는 것이 더 진실에서 멀다는 점을 강조할 때 사용된다.

Mary can barely boil an egg, **much less** cook dinner.
(메리는 계란도 겨우 삶는데 저녁 식사를 요리하다니 말도 안 된다.)
We are always short of water to drink, **much less** to bathe in.
(우리는 마실 물도 항상 부족한데 목욕할 물은 말할 것도 없다.)

9   many: many는 복수명사를 수식하는 more를 수식할 수 있다.

There're **many more opportunities** now for college graduates than there were fifty years ago. (대학 졸업생들에게는 지금이 50년 전보다 기회가 훨씬 더 많다.)
They're making **many more grammatical mistakes**, even after they took an English grammar course last semester.
(그들은 지난 학기에 영문법 과목을 수강했는데도 더 많은 문법적 오류를 범한다.)

10   many a + 단수명사: 공식적인 글에서 다수를 강조하기 위해서 이 표현을 사용한다. 이 표현이 주어에 오면 단수동사와 일치를 이룬다.

Many a firm has gone bankrupt through mismanagement.
(많은 회사가 관리 잘못으로 파산한다.)
I have spent **many a morning** with my wife drinking tea.
(나는 오전을 내 처와 차를 마시면서 보낼 때가 많다.)
Many a mother tries to act out her unrealized dreams through her daughter.
(많은 어머니들은 실현하지 못한 자신의 꿈을 딸을 통해서 실현하려고 한다.)

11   a good/a great many: 큰 수를 강조할 때 사용한다.

Thousands of young men went off to the war, and **a good many** never came back.
(수천 명의 젊은이가 전쟁터로 떠나가서 많은 수가 돌아오지 못했다.)
It all happened **a great many** years ago. (모든 것이 아주 여러 해 전에 일어났다.)

M6   marry와 divorce

marry와 divorce는 다음의 세 가지 형태의 문장이 가능하다.

Lulu and Joe **got married/divorced** last week.
Lulu and Joe **married/divorced** last week.
Lulu and Joe **were married/divorced** last week. (룰루와 조는 지난주에 결혼했다/이혼했다.)

1   get married: "get married/divorced"는 구어체에서 문어적인 "were married/ divorced"나 "married/divorced"보다 더 자주 쓰인다.

When are you going to **get married**? (너는 언제 결혼할 거냐?)
My parents are **getting divorced**. (나의 부모님은 이혼하려고 한다.)

2   (be) married: 문어체에서는 "marry/divorce"나 "be married/divorced"가 더 자주 쓰인다.

Although she had many lovers, she never **married**.
(그녀는 애인이 많았으나 한 번도 결혼하지 않았다.)
After three very unhappy years they **were divorced**.
(매우 불행한 3년을 보낸 후에 그들은 이혼했다.)

3   목적어: 이들은 모두 단수주어를 가질 수 있으며, 목적어를 수의적으로 취할 수 있다.

I **divorced/married** when I was 35. (나는 서른다섯 살에 이혼했다/결혼했다.)
He **divorced/married his wife** when he was 35.
(그는 서른다섯 살 때 부인과 이혼했다/결혼했다.)

4   전치사: 목적어 앞에 전치사를 둘 수 없다.

He **married his wife** when he was 35. (그는 서른다섯 살 때 부인과 결혼했다.)
(*He **married to his wife** when he was 35.)
He **divorced his wife** when he was 35. (그는 서른다섯 살 때 부인과 이혼했다.)
(*He **divorced from his wife** when he was 35.)

▶ 수동형인 "be/get married"와 "be/get divorced"는 전치사를 대동한다.

I **was/got married to her** when I was 35.
I **was/got divorced from her** when I was 35.

5   marry: marry는 "결혼을 시키거나 배우자를 찾아준다"는 의미로도 쓰인다.

The priest **married** us in the church. (신부님이 교회에서 우리의 결혼식을 주례했다.)
He was determined to **marry** all her daughters to rich men.
(그는 딸들을 모두 돈 많은 남자와 결혼시키기로 결심했다.)

M7   matter

matter는 명사와 동사로서 다양한 관용적 표현에 나타난다.

It was clear that she wanted to discuss some private **matter**.   [명사]
(그녀가 어떤 개인적인 사정에 대해서 논의하고 싶어 하는 것이 명백했다.)
Will it **matter** if I'm a little bit late?   [동사]
(내가 좀 늦게 오는 것이 문제가 됩니까?)

1. **as a matter of fact**: 방금 언급한 말에 관해 설명을 첨가하거나 좀 더 상세한 반의적 내용을 추가할 때 (in fact와 같은 뜻으로) 사용된다.

   "Have you had many visitors yet?" "No, **as a matter of fact** you're the first."
   ("벌써 방문객이 많이 왔습니까?" "아니. 사실은 네가 첫 방문객이다.")
   I don't work. **As a matter of fact**, I've never had a job.
   (나는 일을 하지 않습니다. 사실은 나는 직업을 가진 적이 없습니다.)

2. **what's the matter?**: 어떤 대상에게 어떤 좋지 않은 일이 일어났다고 생각할 때 사용된다.

   What's the matter? You look as though you've been crying.
   (왜 그래? 울고 있었던 것처럼 보이는데.)
   What's the matter with your office? (너희 사무실에 무슨 일이 있어?)

3. **no matter what**: "no matter how/whether/what" 등은 어떠한 상황에서도 어떤 것이 사실이거나 일어날 것이라고 표현할 때 사용된다.

   No matter what your age, you can lose weight by following this program.
   (나이에 상관없이 이 프로그램대로 하면 체중을 줄일 수 있다.)
   Feeding a baby is a messy job, **no matter how** careful you are.
   (아무리 조심한다고 해도 아이를 먹이는 것은 궂은 일이다.)

   ▶ "no matter what"는 어떤 일을 확실히 실행할 것이라는 것을 표현할 때도 사용된다.

   I'll call you tonight, **no matter what**. (오늘 밤에 반드시 너에게 전화할게.)
   We have to get to the airport on time, **no matter what**.
   (무슨 일이 있어도 우리는 공항에 정각에 도착해야 한다.)

4. **no matter that**: 어떤 상황이 다른 상황에 아무런 영향도 미칠 수 없음을 표현할 때 사용된다.

   I would always be an outsider, **no matter that** I spoke fluent Korean.
   (나는 한국어를 유창하게 하지만 어디까지나 국외자다.)
   He visited his parents every year, **no matter that** he lived far away.
   (그는 멀리 떨어져 살지만 부모님을 매년 찾는다.)

5. **it doesn't matter that**: 말하는 것이 중요하지 않다는 것을 표현할 때 사용된다.

   It doesn't matter that the gun was in fact unloaded.
   (실제로 총이 장전되어 있지 않았다는 것은 중요하지 않다.)
   It doesn't matter that people know the fact.
   (사람들이 그 사실을 안다는 것은 문제가 되지 않는다.)

6. **it doesn't matter what**: "it doesn't matter who/why/what" 등은 중요하지 않아서 어떤 상황에 아무런 영향도 미칠 수 없음을 표현할 때 사용된다.

It doesn't matter what you wear, as long as you look neat and tidy.
(깨끗하고 깔끔하게 보이는 한 네가 무엇을 입든 상관이 없다.)
As long as they are smart, **it doesn't matter how** long their hair is.
(그들이 똑똑하면 됐지 머리카락 길이는 문제가 되지 않는다.)

7   all that matters: "all/the only thing that matters/what matters/nothing else matters"는 가장 중요한 것을 표현할 때 사용된다.

All that matters is that you come back safe.
(무엇보다도 중요한 것은 네가 안전하게 돌아오는 것이다.)
I don't care what it looks like—**what matters** is that it works.
(나는 모양에 관심이 없다. 중요한 것은 그것이 작동하는 것이다.)

8   it doesn't matter: 어떤 결과가 크게 문제가 되지 않는다는 것을 표현할 때 사용된다.

"I've spilled coffee on the carpet." "**It doesn't matter**."
("내가 양탄자 위에 커피를 쏟았습니다." "괜찮습니다.")
"Red or white wine?" "Oh, either, **it doesn't matter**."
("적포도주를 드시겠습니까 백포도주를 드시겠습니까?" "오, 어느 것이나 상관이 없습니다.")

9   what does it matter?: 언급한 것이 중요하지 않다는 것을 표현할 때 사용된다.

It all happened long before you were born, **what does it matter?**
(모든 것이 네가 태어나기 전인 오래전 일인데 무엇이 문제냐?)
What does it matter how old she is? (그녀의 나이가 몇이든 무엇이 문제냐?)

M8   may와 might-1: 개요

may와 might는 양상조동사이므로 그 문법적 특성에 대해서는 M18을 보라. 이들은 가능성(possibility), 허가(permission), 양보(concession), 제안(suggestion), 소원(wish) 등 다양한 의미를 표현할 때 사용된다.

I **may** see you at the meeting later.   [가능성]
(회의에서 나중에 너를 볼 수 있을 것이다.)
Don't go any closer—it **might** be dangerous.
(더 가까이 가지 마라. 위험할 수 있다.)
You **may** go swimming, but be home by six.   [허가]
(수영을 가도 되지만 6시까지 집에 와라.)
Might I have a quick look at your newspaper?
(당신의 신문을 잠시 볼 수 있을까요?)
Some evidence **may** suggest she's guilty,   [양보]
  although it's hardly conclusive.
(결정적인 것은 아니지만 증거가 그가 유죄임을 암시할 수 있다.)

He **might** be nearly 17, **but** he's still very immature.
(그는 17살이 다 됐을지는 몰라도 아직 매우 철이 없다.)
If you're tired, it **might** be a good idea to go to bed early. [제안]
(피곤하면 일찍 잠자는 것이 좋을 것이다.)
May she rest in peace. [소망]
(고이 잠드소서.)

M9 may와 might-2: 가능성

1 **may와 might**: may와 might는 어떤 일이 사실이거나 일어날 가능성이 있지만 확신이 없을 때 종종 사용된다.

I **may** be late, so don't wait for me. (내가 늦을 수도 있으니까 기다리지 마라.)
(= It is possible that I am late, so don't wait for me.)
There **may** not be enough money to pay for the repairs.
(수리비를 낼 돈이 충분하지 않을 수 있다.)
He **might** not want to come with us. (그가 우리와 함께 가는 것을 원하지 않을 수 있다.)
Peter **might** call. If he does, ask him to call later.
(피터가 전화할 수도 있습니다. 그가 전화하면 다음에 전화하라고 하십시오.)

2 **might**: might는 일반적으로 may의 과거형으로 사용되지 않는다. may와 might는 둘 다 현재나 미래를 가리킬 수 있으며, might는 대체로 may보다 덜 확정적이고 더 공손한 의미로 사용된다. may는 어떤 일이 일어날 확률이 반반일 경우에 사용되고, might는 가능성은 있지만 실제로 일어날 확률이 낮을 때 사용된다.

I **may** be in New York next week. (나는 다음 주에 뉴욕에 갈지도 모른다.)
"Are you going to Bill's party?" "I suppose I **may**."
("빌의 파티에 갈 거냐?" "갈 수도 있다고 생각해.")
She **might** come with me. (그녀가 어쩌면 우리와 같이 갈지도 모른다.)
He's very fast; he **might** finish in the top three in the race.
(그는 매우 빠르다. 경주에서 3등 안에 들 수도 있다.)

▶ may와 might는 과거의 가능성에 대해 말할 때는 일반적으로 사용될 수 없다.

I could not think clearly, then. **Perhaps** I was ill.
(그때 나는 생각을 투명하게 할 수가 없었다. 내가 몸이 좋지 않았나봐.)
(*Perhaps I **might** be ill.)
Jessica was my classmate in high school. **Maybe** I was in love with her then.
(제시카는 고등학교 때 급우였다. 아마 그때 내가 그녀를 사랑했었나봐.)
(*Maybe I **might** be in love with her then.)

3 **may/might not**: "may/might not"는 "cannot/can't"와 대조를 이룬다. "may/ might not"는 어떤 일이 "일어나지 않을 가능성"을 의미하는 데 반하여 (it is possible that ... not ...),

"cannot/can't"는 "가능성이 없음"을 의미한다. (it is not possible that ...) 다음을 비교해보라.

Noise **may/might not** be a problem when you're living on the top floor.
(위층에 살면 소음이 문제가 되지 않을 가능성이 있다.)
(= **It is possible that** noise is not a problem when you're living on the top floor.)
Noise **cannot** be a problem when you're living on the top floor.
(위층에 살면 소음이 문제될 수 없다.)
(= **It is impossible that** noise is a problem when you're living on the top floor.)

4   의문문: 가능성을 질문하는 의문문에서는 may가 사용되지 않고 might가 사용된다.

Might he still be at the station? (그가 아직도 정거장에 있을까요?)
(***May** he still be at the station?)
Might he be able to help you? (그가 당신을 도와줄 수 있을까요?)
(***May** he be able to help you?)

5   may와 can: can은 어떤 것이 성립할 가능성이 확실한 경우에 쓰이고 may는 가능성이 반반일 경우에 흔히 쓰인다.

Anybody **can** make mistakes. (누구나 실수를 할 수 있다.)
John **may** make mistakes. (존이 실수를 할 수 있다.)

"누구나 실수를 할 수 있다"는 것은 우리가 모두 인정하는 사실이므로 첫 문장에 may는 적합하지 않다. 그러나 두 번째 문장에서 John이 실수할 확률은 반반이다. 따라서 두 번째 문장은 "John may not make mistakes"의 뜻도 가지고 있다.

6   실질적 가능성: may는 can과 같이 가능성을 뜻하는 양상조동사이지만, may는 "사실적 가능성(factual possibility)"을 표현하는 데 반하여, can은 "이론적 가능성(theoretical possibility)"을 표현한다. 다음을 비교해 보라.

The road **may** be blocked. (도로가 차단되었을 수 있다.)
(= **It is possible that** the road is blocked.)

The road **can** be blocked. (도로를 차단할 수 있다.)
(= **It is possible to** block the road.)

▶ may 문장은 "it is possible that-절/it may be that-절"이나 "possibly/perhaps" 따위의 부사를 써서 바꾸어 쓸 수 있다.

You **may** be right. (네가 옳을 수 있다.)
(= **It is possible that** you are right.)
(= **It may be that** you are right.)
(= **Possibly/Perhaps** you are right.)

이 이론적 가능성과 실질적 가능성에 대해서는 C3.2를 보라.

7   may/might well: 가능성이 높음을 암시한다.

You **may well** get lost, so take a map. (길을 잃기 쉬우니까 지도를 가져가라.)
He's not well. It **might well** be his last public speech.
(그는 건강이 좋지 않다. 이것이 그의 마지막 대중연설이 될 가능성이 높다.)

8   may/might + have + 과거완료: 어떤 일이 과거에 일어났거나 사실이었을 가능성을 말할 때 사용된다. 다음을 비교해 보라.

I think I saw her on the campus. Well, I **may have been** wrong.
(나는 그녀를 교정에서 보았다고 생각한다. 그런데 내가 틀렸을 수도 있다.)
(= it is possible that I was wrong.)
He hasn't arrived yet. He **might have missed** the train.
(그가 아직 도착하지 않았다. 어쩌면 그 기차를 놓쳤을 수도 있다.)
(= It is possible that he missed the train.)

▶ 이 구조는 가능하지만 실제로 일어나지 않은 사태를 표현한다.

Had I been more perceptive, I **might have noticed** that she was not happy.
(나에게 좀 더 감수성이 있었더라면 그녀가 행복하지 않았다는 것을 알아차렸을 것이다.)
If she had not been so bad-tempered, I **might not have divorced** her.
(그녀가 그렇게 화를 잘 내는 성격을 가지지 않았다면 나는 그녀와 이혼하지 않았을 것이다.)

▶ 이 구조는 또한 (현재 완료나 미래 완료처럼) 현재나 미래를 가리킬 수 있다.

I'm going to visit him, but he **may have left** his office by now.
(내가 그를 찾아가려고 하는데 지금쯤 사무실에 없을 수도 있다.)
I **might have saved** enough money to buy my own house in 20 years from now.
(나는 지금부터 20년 후에 나 자신의 집을 살 충분한 돈을 저축하게 될지도 모른다.)

can과 could도 가능성을 의미할 수 있으며, 이 점에 대해서는 C3을 보라.
could have + 과거분사의 유사한 용법에 대해서는 C3을 보라.

M10 may와 might-3: 허가

1   허가: may와 might는 어떤 일을 하도록 허가할 때 사용된다. might는 may보다 좀 더 공손하고 형식적 표현에 흔히 나타난다.

Thank you. You **may** go now. (고맙다. 지금 가도 된다.)
You **may** sit down or stand, just as you wish.
(네가 원하는 대로 앉아 있어도 되고 서 있어도 된다.)
I wonder if I **might** speak to your son. (당신의 아들과 말을 했으면 하는데요.)
Might I make a suggestion? (내가 제안을 해도 되겠습니까?)

▶ 공손하게 허가해 줄 것을 의문문 형태로 표현할 수 있다.

May I come in and wait? (들어가서 기다려도 되겠습니까?)
May we borrow your office for a few days? (당신의 사무실을 며칠 동안 사용해도 되겠습니까?)

2 **허가의 여부와 불허**: may는 허가의 여부를 물을 때 사용되고, may not는 불허할 때 사용된다. might와 might not는 이런 뜻으로 사용되지 않는다. may와 may not는 문어적이며, 구어체에서는 can과 cannot/can't가 더 흔히 쓰인다.

"**May/Can** I go home now?" "Yes, of course you **may/can**."
("지금 집에 가도 됩니까?" "응, 물론 가도 되지.")
"**May/Can** I borrow your bike?" "No, I'm afraid you **may/can not**."
("자전거를 빌려 가도 됩니까?" "아니요. 빌려 갈 수 없습니다.")
Students **may not/cannot** park cars in this parking lot.
(학생들은 이 주차장에 차를 주차할 수 없다.)

3 **금지**: 어떤 것을 하지 말 것을 표현할 때는 흔히 "must not"를 사용하지만, "may not"도 종종 사용된다.

You **may not/must not** smoke in this building. (이 건물 내에서 담배를 피워서는 안 된다.)
You **may not/must not** see my daughter again. (너는 내 딸을 다시 만나서는 안 된다.)

같은 뜻으로 쓰이는 can과 could에 대해서는 C4를 보라.

M11   may와 might-4: 제안과 소망

1 might: might는 어떤 일을 할 것을 공손히 제안할 때 사용된다.

If you need more information, you **might** try the Internet.
(정보가 더 필요하면 인터넷을 이용해 보세요.)
It **might** be a good idea to put those plants in the shade.
(저 식물들을 그늘에 놓는 것이 좋을 수도 있습니다.)

2 may/might as well: 구어에서 많이 나타나며 흥미롭거나 유용한 다른 일이 없으니 어떤 일을 할 것을 강력히 제안할 때 사용된다.

If there's nothing more to do, you **may as well** go to bed.
(할 일이 더 없으면 잠을 자는 것이 좋다.)
You **may as well** tell us now—we'll find out sooner or later.
(지금 말하는 것이 좋을 것 같다. 우리가 머지않아 알게 될 거야.)
I suppose we **might as well** go home. (우리는 집에 가는 편이 좋을 것 같다고 생각한다.)

▶ may/might as well과 had better: 이들의 차이점에 유의하라. 다음을 비교해보라.

I think you **may as well** go home.
((별로 할 일도 없으니까) 너는 집에 가는 게 어떤가 하고 생각한다.)
(참고: I think you ought to go home; **there's nothing more interesting to do**.)

I think you **had better** go home. ((집에 일이 있으니까) 너는 집에 가는 게 좋겠다고 생각한다.)
(참고: I think you ought to go home; **there is a good reason to go home now**.)

3 **비판**: 우리는 타인의 어떤 행위를 비판할 때 might를 사용할 수 있다. "might have +과거분사"는 과거를 말할 때 사용된다.

You **might** ask before you borrow my car. (차를 빌려가기 전에 물어봐야 하잖아.)
She **might have told** me she was going to stay out all night.
(그녀는 밤새도록 밖에 있을 것이라는 것을 나에게 말했어야 하잖아.)

4 **소망** (wish/hope): may는 원하는 것 혹은 희망을 표현하는 문장을 이끈다.

May the New Year bring you all your heart desires. (새해에는 모든 소원을 이루시기 바랍니다.)
May God be with you. (신이 함께하기를.)
May she rest in peace. (고이 잠드소서.)
Long **may** the peace continue. (평화가 오래도록 지속되기를!)
May the rest of your married life be as happy as it has been.
(남은 결혼 생활이 여전히 행복하기를 빕니다.)

도치된 어순에 대해서는 I33.2를 보라.

M12 may와 might-5: 목적절, 간접화법, 대조적 내용

1 **목적절** (purpose clauses): may와 might는 목적 접속사 so that-절과 in order that-절에 나타날 수 있다. 여기서는 might가 may의 과거형으로 쓰인다.

The hero sacrifices his life **so that/in order that** his friend **may** live.
(영웅은 친구를 구하기 위해 자신의 생명을 희생한다.)
The hero sacrificed his life **so that/in order that** his friend **might** live.
(그 영웅은 친구를 구하기 위해 자신의 생명을 희생했다.)

so that과 in order that 다음에 나타나는 may와 might에 대해서는 S17를 보라.

2 **간접화법**: might는 간접화법 문장에서 인용동사가 과거시제일 때 may 대신에 쓰인다.

"Where are you going for your vacation?" "I **may** go to Australia to see my aunt."
("방학에 어디를 갈 거냐?" "고모를 보러 호주에 갈지도 모른다.")
Tom **said** that he **might** go to Australia to see his aunt.
(탐은 고모를 보려고 호주에 갈지도 모른다고 말했다.)

3 **대조적 내용**: may와 might는 양보 또는 대조 접속사절과 함께 실제로 언급하고 싶은 것과 대조가 되는 내용을 말할 때 사용된다.

He **might** be nearly 17, **but** he still acts like a little child.
(그는 17세가 다 되었을지는 몰라도 아직도 어린애처럼 행동한다.)

Although I **may be** slow, at least I don't make stupid mistakes.
(내가 좀 느릴지는 몰라도 적어도 바보 같은 실수는 하지 않는다.)
You **might** have plenty of money, **but** that does not mean you are better than me.
(네가 돈은 많을지 몰라도 그것이 네가 나보다 잘났다는 의미는 아니다.)

M13   mean

1   의미: "의미하다/표현하다(express)"의 의미로 특정 표현의 의미를 정의할 때 사용되며, 일반적으로 진행형이 없다.

In American slang, "cancer stick" **means** "a cigarette."
(미국 속어에서는 "궐련"을 "암 막대기"라고 한다.)
This light **means** you're running low on fuel. (이 빛은 연료가 떨어져 간다는 것을 의미한다.)
These figures **mean** that almost 7% of the working population is unemployed.
(이 수치들은 노동인구의 거의 7퍼센트가 실업상태라는 것을 의미한다.)

▶ 어떤 표현의 의미를 물어볼 때는 일반적으로 다음과 같이 질문한다.

What does "hectic" mean? ("hectic"은 무엇을 의미합니까?)
(*What means "hectic"?라고 하지 않는다.)

2   결과: "어떤 특정 결과가 일어날 것이다(result in)"는 의미로 사용되며, 일반적으로 진행형이 없다.

Lower cost **means** low prices. (낮은 비용은 낮은 가격을 의미한다.)
The merger **means** the closure of the Jamsil Branch of the Bank.
(합병은 은행의 잠실지점 폐쇄를 가져올 것이다.)
The high cost of housing **means** that many young people can't afford to buy a house.
(주거의 고비용은 많은 젊은 사람들이 집을 살 수 없는 결과를 낳는다.)

3   중요성: "중요성을 가지다(have importance)"의 의미로 쓰이며 진행형이 없다.

It isn't a valuable picture, but it **means** a lot to me.
(그것은 값나가는 그림은 아니지만 나에게 특별한 의미를 갖는다.)
Possessions **mean** nothing to him. (그에게 소유는 의미가 없다.)
I know how much your work **means** to you.
(나는 너의 일이 너에게 얼마나 중요한지 알고 있다.)

4   의도: "의도하다/시도하다(intend)"의 의미로 쓰이고, "(목적어 +) 부정사 구조"를 허용하며 종종 진행형을 허용한다.

I didn't **mean to upset you**. (나는 너를 당황하게 할 의도는 아니었다.)
He never **meant her to find out**. (그는 결코 그녀가 알게 하려는 의도는 아니었다.)
I didn't **mean for him to get hurt**. (나는 그를 마음 상하게 할 생각은 아니었다.)

I'm sure he didn't **mean any harm**. (나는 그가 해코지하려고 한 것이 아니라고 확신한다.)
I've **been meaning to call you for a week**. (나는 너와 일주일 동안 연락하려고 애썼다.)

5   what do you mean: 상황에 따라 몇 가지 의미로 사용된다.

▶ 상대방이 어떤 표현을 무슨 뜻으로 말하는지 이해하지 못할 때

"When you meet her, be careful." "**What do you mean**?"
("그녀를 만나면 조심해라." "왜 그런 말씀을 하시는 겁니까?")
What do you mean by "patronizing my daughter"? ("내 딸을 후원하다니" 무슨 말이야?)

▶ 상대방이 한 말이나 행한 행위에 대해 놀라거나 짜증이 날 때

What do you mean it's my fault? (내 잘못이라니 무슨 뜻이야?)
What do you mean you don't care what happens to her?
(그녀에게 어떤 일이 일어나도 상관없다니 무슨 말이야?)
What do you mean you've decided not to come to the meeting?
(모임에 오지 않기로 했다니 무슨 말씀입니까?)
What do you mean by arriving so late? (이렇게 늦게 와서 어떻게 하겠다는 거야?)

6   I mean: 상대의 행동에 불찬성하는 입장에서 말을 할 때

I mean, he should have asked me before he borrowed my bike.
(내 말은 그가 자전거를 빌려가기 전에 나에게 물어봤어야 한다는 거야.)
I mean, he was late to the meeting, because he didn't take the 10 o'clock train.
(참 기가 막힌 것은 그가 회의에 늦은 것이 10시 기차를 타지 않았기 때문이랍니다.)

▶ 방금 말한 것을 수정하거나 설명을 붙일 때

She's very talented—as a performer, not as a musician, **I mean**.
(그녀는 매우 재능이 뛰어납니다. 음악가로서가 아니라 연기자로서 말입니다.)
He's rich—**I mean**, he's a billionaire. (그는 부잡니다. 다시 말해서 억만장자입니다.)

7   see what I mean: 일어난 상황이 내가 말한 것을 입증해 줄 때

You have to lift up the bar to open the gate—**see what I mean**?
(대문을 열려면 빗장을 들어올려야 한다. 무슨 말인지 알겠지?)
She's an odd sort of person—**(you) see what I mean**?
(그녀는 이상한 성격의 사람이다. 내가 왜 그런 말을 하는지 알겠지?)

M14   means

1   **수단**: means는 복수어미를 가진 명사로서 단수 또는 복수로 쓰일 수 있으며, 어떤 일을 하는 데 필요한 "수단, 방법"을 의미한다.

We must use **every means** at our disposal. (우리는 우리가 가진 모든 수단을 사용해야 한다.)
The city provides **several means** of transportation for the citizens.
(시는 시민을 위해 다양한 교통수단을 제공한다.)

2 **돈**: means는 종종 "돈, 수입"을 의미하기도 한다.

He has the **means** to buy a big house in the uptown.
(그에게는 외곽 주택지구에 큰 집을 살 수 있는 재력이 있다.)
They describe him as a man of **means**. (우리는 그를 재력가라고 평한다.)

3 **특별 용법**

▶ by all means: "of course"의 뜻으로 공손하게 어떤 것을 허가할 때 사용된다.

"May I use the computer?" "**By all means**." ("컴퓨터를 써도 됩니까?" "물론입니다.")
"Can I bring my dog?" "**By all means!**" ("개를 데려와도 되겠습니까?" "좋지요!")

▶ by no means/not by any means: "not at all"의 뜻으로 강하게 부정할 때 사용된다.

It is **by no means** certain that the match will take place.
(시합이 있을지는 전혀 확실치 않다.)
He is **not** a bad boy, **by any means**. (그는 결코 나쁜 아이가 아니다.)

▶ a means to an end: 어떤 목표를 달성한 한 가지 수단을 의미한다.

For him, the job was simply **a means to the end**.
(그에게는 직장이 단지 목적달성을 위한 한 가지 수단이었다.)
He doesn't seem to realize the fact that marketing is **a means to an end**.
(그는 마케팅이 목적달성을 위한 한 가지 수단이라는 사실을 인정하지 않는 것 같다.)

M15   measurements(치수): 유표형과 무표형

영어에서 "나이, 무게, 높이, 길이, 넓이" 등 그 크기의 정도를 표현할 때 일반적으로 형용사를 사용한다. 이 형용사들은 자신과 반의어 관계에 있는 형용사와 쌍을 이루게 된다.

old ∷ young   high ∷ low   deep ∷ shallow
heavy ∷ light   tall ∷ short   fast ∷ slow
long ∷ short   wide ∷ narrow 등

위의 단어 쌍에서 왼쪽 단어가 치수 등급에서 상위 등급을, 오른쪽 단어가 하위 등급을 가리키는 단어다.

He is too **old** for the job. (그는 그 일을 하기에는 나이가 너무 많다.)
He is too **young** for the job. (그는 그 일을 하기에는 너무 젊다.)

1 **무표적 형용사**: 그러나 위 단어들의 반의어적 관계가 치수를 말하는 표현에서는 유지되지 않는다. 다시 말해서, 상위 등급의 단어가 의미적으로 중화가 되어 상위 등급의 의미를 상실한

다. 문법학자들은 단어의 이러한 용법을 "무표적(unmarked)" 용법이라고 한다. 예를 들어, 아무리 키가 작은 사람의 키를 물을 때도 "How tall is he?"라고 말해야지 "How short is he?"라고 말하지 않는다.

My brother is very **tall** but I am very **short**. [유표적]
(내 동생은 키가 매우 큰데 나는 매우 작다.)
How **tall** is he? [무표적]
(그는 키가 얼마나?)
(*How **short** is he?)

He is too **young** to be a manager. [유표적]
(그는 너무 젊어서 지배인이 될 수 없다.)
Nobody knows how **old** he is. [무표적]
(그가 몇 살인지 아무도 모른다.)
(*Nobody knows how **young** he is.)

This lake is too **wide** for me to swim across. [유표적]
(이 호수는 너무나 넓어서 내가 수영해서 건너갈 수 없다.)
How **wide** is this lake? [무표적]
(이 호수의 폭이 어떻게 됩니까?)
(*How **narrow** is this lake?)

2 **무표적 명사**: 명사들도 일반적인 치수를 표현할 때는 무표적으로 사용될 수 있다.

age   height   length   depth 등

Some of the furniture was showing signs of **age**. [유표적]
(가구 중에 어떤 것은 오랜 세월의 표시가 났다.)
Do you know her exact **age**? [무표적]
(그녀의 정확한 나이를 압니까?)

We are annoyed at the **length** of time the movie has taken. [유표적]
(우리는 영화의 긴 상영시간에 짜증이 났다.)
What's the **length** of a standard swimming pool? [무표적]
(표준 수영장의 길이가 어떻게 됩니까?)

The ship sank slowly to the **depths** of the ocean. [유표적]
(배는 대양의 심연으로 천천히 가라앉았다.)
What's the **depth** of this lake? [무표적]
(호수의 깊이가 어떻게 됩니까?)

3 **질문**: 나이나 키 또는 체중을 물을 때는 일반적으로 "How ...?"와 "What ...?"를 사용하지만 "how" 구조를 쓰는 것이 자연스럽다. 체중을 물을 때는 "weigh" 라는 동사를 사용하는 것이 자연스럽다.

How old are you? (너 몇 살이나?)

What's his **age**? (그의 나이가 어떻게 됩니까?)

How tall is he? (그는 키가 어떻게 됩니까?)
What's your **height**? (키가 어떻게 됩니까?)

How heavy are you?
What's your **weight**?
What do you **weigh**?
How much do you **weigh**?
(몸무게가 어떻게 됩니까?)

M16 mind(동사)

mind는 명사로도 쓰이지만 동사로 더 널리 사용된다. 여기서는 동사로 쓰일 경우만을 논하기로 하겠다.

It is impossible to understand the complex nature of the human **mind**.
(인간 정신의 복잡한 본질을 이해한다는 것은 불가능하다.)
I don't **mind** the heat, in fact I quite like it. (나는 더위에 신경 안 쓴다. 사실은 즐긴다.)

1 **동사 mind**: mind는 "조심하다 (be careful), 싫어하다 (dislike), 반대하다 (oppose), 돌보다 (look after), 따르다 (obey), 유의하다 (pay attention)" 등 다양한 의미로 쓰인다. mind는 일반적으로 부정문과 의문문에 많이 나타나지만, 긍정문에서도 제한적으로 사용된다.

She asked me if I'd **mind** the children for an hour.
(그녀는 나에게 아이들을 한 시간 정도 보살필 수 있는지를 물었다.)
Mind you don't fall. (넘어지지 않도록 조심해라.)
Some dogs **mind** instructions better than others.
(어떤 개들은 다른 개들보다 지시를 더 잘 따른다.)
I wish he would **mind his own business** and get on with his own work.
(나는 그가 남의 일에 참견 말고 자기 일을 다시 계속하기를 바란다.)

2 not mind: "관심이 없다(not care/ignore)"라는 의미로 쓰일 때는 일반적으로 의문문과 부정문에서 사용된다.

Don't your parents **mind** you staying out so long at night?
(너의 부모님은 네가 밤에 그렇게 오래 집에 안 들어가도 뭐라고 하지 않냐?)
He **didn't mind** that other people in the village thought him odd.
(그는 동네의 다른 사람들이 그를 괴이하다고 생각하는 것에 관심이 없었다.)

3 never mind: "걱정하지 않다(not worry/be annoyed)"라는 의미로 사용된다.

"We haven't done very well, have we?" "**Never mind**. At least we tried."
("우리가 잘 해내지 못했지?" "걱정하지 마라. 적어도 노력은 했잖아.")

"I'm really sorry I was late to the party." "**Never mind**. You came anyway."
("파티에 늦어서 정말 미안하다." "괜찮아. 여하튼 왔잖아.")

4   **not mind doing sth**: "반대하지 않다(not oppose)"를 의미한다.

I don't mind driving if you're tired. (네가 피곤하다면 내가 운전을 할 수도 있다.)
I don't mind having a dog in the house so long as it's clean.
(깨끗하게 한다면 집에서 개를 키우는 것을 반대하지 않는다.)

5   **wouldn't mind (doing) sth**: "원하다(want)"라는 의미를 지닌다.

I wouldn't mind something to eat. (뭐 좀 먹고 싶은데.)
She's gorgeous! **I wouldn't mind looking** like her.
(그녀는 정말 멋지다. 나도 그녀를 닮았으면 좋겠다.)

6   **Would/Do you mind ... ?**: 공손하게 무엇을 하라고 부탁하거나 타인의 허가를 청할 때 사용되며, 일반적으로 -ing형이나 if-절이 뒤에 온다.

▶ would/do you mind if: 공손하게 타인의 허가를 청할 때

Would you mind if I opened the window? (문을 열어도 되겠습니까?)
(= Can/May I open the window?)
Would you mind if I came with you? (당신과 같이 가도 되겠습니까?)
Do you mind if I turn your radio down a little?
(당신의 라디오 소리를 약간 줄여도 되겠습니까?)

▶ would you mind (sb) doing sth: 타인에게 무엇을 할 것을 요청할 때

Would/Do you mind turning your radio down a little?
(당신의 라디오 소리를 약간 줄여주시겠습니까?)
(= Would you turn your radio down a little?)
Would/Do you mind my turning your radio down a little?
(당신의 라디오 소리를 약간 줄여도 되겠습니까?)
(= Can I turn your radio down a little?)

▶ would you mind doing sth: 타인에게 화가 나서 무엇을 할 것을 요구할 때도 쓰인다.

Would you mind telling me what you're doing in here?
(지금 여기서 무엇을 하고 있는지 말해줄 수 있습니까?)
Would you mind shutting up for a minute? (잠시 입을 다물고 있을 수 있습니까?)

▶ Do you mind ...?: 생각에 대한 일반적인 질문을 할 때는 일반적으로 "Would you mind ...?"를 사용하지 않고 "Do you mind ...?"를 사용한다.

Do you mind people smoking in your house? (너희 집에서 담배를 피워도 되냐?)
(*Would you mind people smoking in your house?)
Do you mind if people smoke in your house? (너희 집에서 담배를 피워도 되냐?)

7 no와 not at all: "Would/Do you mind …?" 다음에 허락하는 대답으로 "No" 혹은 "Not at all"을 사용한다.

"**Do you mind** if I come along with you?" "**No/Not at all**."
("당신을 따라가도 되겠습니까?" "좋습니다.")
"**Do you mind** if I look at your paper?" "**No, please do**."
("당신의 논문을 봐도 되겠습니까?" "네. 그러십시오.")

8 if you don't/wouldn't mind: "의향이 있다(be willing), 허용하다(allow to do)"의 의미로 쓰인다.

If you don't mind, I won't be joining you at the party tonight.
(만약 네가 괜찮다면 나는 오늘 밤에 파티에 너와 함께 가지 않으려고 한다.)
I'd like to stay a while longer **if you wouldn't mind**.
(만약 네가 허용한다면 나는 잠시 더 머물고 싶다.)

9 if you don't mind my/me saying so/asking: 말한 내용이 듣는 사람에게 실례가 될 수도 있다고 생각할 경우 뒤에다 이 표현을 첨부할 수도 있다.

You look tired, **if you don't mind my saying so**. (말하기가 죄송한데요 피곤해 보이십니다.)
How old are you, **if you don't mind me asking**?
(물어봐도 될지 모르겠지만 나이가 어떻게 됩니까?)

M17 miss

1 fail: 어떤 일을 하는 데 실패하거나 어떤 일이 일어나지 않을 경우를 표현할 때 사용된다.

He threw an ashtray at me, but narrowly **missed**.
(그는 나에게 재떨이를 던졌으나 간신히 빗나갔다.)
He had **missed** being elected by a single vote. (그는 한 표 차로 당선에 실패했다.)
The arrow **missed** his heart by a couple of centimeters.
(화살이 그의 심장을 2센티미터 정도 빗나갔다.)

2 late: 어떤 일을 하기에는 너무나 늦었음을 표현할 때 사용된다.

I **missed** the bus yesterday and was late for school.
(나는 어제 버스를 놓쳐서 학교에 지각했다.)
By the time we got to the theater, we'd already **missed** the start of the movie.
(우리가 영화관에 도착했을 때는 영화가 이미 시작했다.)

3 lonely: 좋아하는 사람이나 사물과 함께 있지 않음으로써 느끼는 외로움을 표현할 때 사용된다.

I **miss** him so much, now that he's gone away. (그가 떠나버리니까 매우 그립다.)
This little girl keeps crying. I think she's **missing** her mom.

(이 어린 여아가 계속 울고 있다. 내 생각에는 엄마를 찾는 것 같다.)
He really **missed** his girlfriend when she went away.
(그는 여자친구가 떠나니까 정말로 보고 싶어 했다.)

4　**not notice**: 어떤 것이 어렵기 때문에 알아채지 못함을 표현할 때 사용된다.

He noticed a fault in the design which everybody else had **missed**.
(그는 설계에서 다른 사람들이 지나친 오류를 알아냈다.)
The restaurant is easily **missed** because its name has fallen off the entrance.
(그 음식점은 입구에 있던 간판이 떨어져서 쉽게 지나칠 수 있다.)

5　**give something a miss**: 어떤 것이 중요하지 않다고 생각하거나 다른 어떤 것을 하려고 무엇을 하지 않는 것을 표현할 때 사용된다.

Do you mind if we **give the show a miss**? It's for kids, after all.
(오늘 공연에 가지 않아도 괜찮지? 어쨌든 아이들을 위한 공연이잖아.)
John decided to **give school a miss** and went for a ride in his new car instead.
(존은 학교에 가지 않기로 하고 대신에 그의 새 차로 드라이브를 갔다.)

6　**you can't miss it/him**: 너무나 명백해서 알아차릴 수밖에 없음을 의미한다. 이 표현은 길을 묻거나 사람을 찾는 사람에게 정보를 알려주면서 함께 종종 사용된다.

Their house is on the left. It has a pink door. **You can't miss it**.
(그들의 집은 왼쪽에 있으며 문이 분홍색입니다. 지나칠 수가 없습니다.)
"I'm looking for Mr. Jones." "He's wearing a white suit and white shoes with a red tie. **You can't miss him**." ("존스 씨를 찾고 있는데요?" "존스 씨는 흰 양복과 흰 구두 그리고 빨간색 타이를 하고 있습니다. 쉽게 알아볼 수 있을 겁니다.")

7　**miss a chance/opportunity**: 좋거나 유익한 기회를 놓치는 것을 표현할 때 사용된다.

Jerry's sold the car to someone else. You've **missed your chance**.
(제리는 차를 다른 사람에게 팔아버렸다. 너는 기회를 놓쳤다.)
Don't **miss this great opportunity** to fly for a half price.
(반값에 비행기를 탈 수 있는 이 좋은 기회를 놓치지 마라.)

▶ "miss a chance"와 유사한 의미의 "miss out on"과 구어체의 "miss the boat"가 있다.

Her family made her leave school very young so she **missed out on** her education.
(그녀의 가족은 그녀를 아주 어릴 때 학교를 그만두게 했기 때문에 교육을 받을 기회를 못 가졌다.)
If you don't come to the picnic, you'll **miss out on** all the fun.
(야유회에 오지 않으면 재미있는 것을 모두 놓치게 될 거야.)

Buy your shares in the company now or you'll **miss the boat**.
(지금 회사의 지분을 사라. 그렇지 않으면 너는 기회를 놓치게 될 것이다.)
He didn't get the application in early enough so he **missed the boat**.

(그는 지원을 일찍 하지 않아서 기회를 놓쳤다.)

8   **miss the point**: 글이나 말의 요점을 잘못 알고 있음을 표현할 때 사용된다.

It was obvious from his reply that he **missed the point** completely.
(그가 핵심을 완전히 벗어났다는 것은 그의 응답에서 명백했다.)
I think you **missed the point**. We want to encourage competitiveness, not prevent it.
(나는 당신이 요점을 잘못 알고 있다고 생각합니다. 우리는 경쟁을 막는 것이 아니라 권장하고 싶습니다.)

9   **missing**: 형용사로서 사람이나 물건이 사라지거나 분실되어 있어야 할 곳에 없음을 표현한다.

Her son has been **missing** since March 2001. (그녀의 아들은 2001년 3월 이래 실종되었다.)
The burglars are in prison now but the jewellery's still **missing**.
(강도는 지금 감옥에 있는데 보석은 아직도 행방불명이다.)
They have been borrowing my tool kit and now there are several tools **missing**.
(그들이 내 연장 상자를 빌려가곤 했는데 지금은 연장 몇 개가 없어졌다.)
The police have been doing their best to find his **missing** son.
(경찰은 그의 실종된 아들을 찾으려고 최선을 다하고 있다.)

▶ missing은 특히 군에서 전투 중에 전사한 것이 확인되지 않은 군인을 가리킬 때 사용된다.

After the battle, the company leader reported an officer and three soldiers were **missing in action**. (전투가 끝난 후 중대장은 장교 한 명과 병사 세 명이 전투 중 실종이라고 보고했다.)

M18   modal auxiliary verbs(양상조동사)-1: 개요

영어의 조동사에는 기본조동사(have, be, do)와 준조동사 (have to, had better 등) 그리고 양상조동사 세 가지가 있다. (A79를 보라.) 학자에 따라 약간 다르지만 양상조동사에 "can, could, may, might, will, would, shall, should, must, ought to"를 포함시키는 것에는 이의가 없는 것 같다. 어떤 학자는 "used to, need, dare, had better"도 양상조동사로 분류하기도 하고 조동사가 아닌 어휘적 동사로 분류하기도 한다. 그 분류기준은 곧 논의할 양상조동사의 문법적 특성이다. 따라서 "used to, need, dare, had better"는 양상조동사의 문법적 특성을 준수하지 않는 경우도 있다. 이들은 양상조동사의 문법적 특성과 어휘적 동사의 문법적 특성을 모두 포함하고 있다고 할 수 있다.

양상조동사는 어휘적 동사와 다음과 같은 점에서 다르다.

1   **삼인칭 단수어미**: 양상조동사는 삼인칭 단수어미 -s를 갖지 않는다.

She **may** know his address. (그녀가 그의 주소를 알지도 모른다.)
(*She **mays** know his address.)
He **can** go to the beach with us. (그는 우리와 바다에 갈 수 있다.)
(*He **cans** go to the beach with us.)

2 **의문문과 부정문**: 의문문, 부정문, 부가의문문, 짧은 응답을 do 없이 만든다.

Can you swim? (수영할 줄 알아?)
(***Do** you **can** swim?)
He shouldn't be sleeping there, **should** he? (그는 거기서 잠을 자면 안 되잖아?)
(*He **doesn't should** be sleeping there, **should** he?)
"**Will** you come with me?" "No, I **won't**." ("나와 함께 갈 거야?" "아니요. 안 갑니다.")
(*No, I **don't will**.)

3 **부정사**: 양상조동사 다음에는 to없는 부정사가 온다. (ought는 예외다 (O16을 보라)).

I **must water** the flowers. (나는 꽃에 물을 주어야 한다.)
(*I **must to water** the flowers.)
You really **ought to quit** smoking. (너는 정말 담배를 끊는 게 좋겠다.)
(*You really **ought quit** smoking.)

4 **순서**: 양상조동사는 "진행조동사, 완료조동사, 수동조동사"와 결합할 수 있으며, 이 경우 양상조동사가 다른 조동사들을 항상 앞선다.

I **may not be** working tomorrow. (나는 내일 일을 하지 않을 수도 있다.)
(*I **am not may** working tomorrow.)
She was so angry she **could have** killed him. (그녀는 너무나 화가 나서 그를 죽일 수도 있었다.)
(*She was so angry she **has could** killed him.)
The kitchen **ought to be painted** one of these days. (머지않아 부엌에 페인트칠을 해야 한다.)
(*The kitchen **is ought to painted** one of these days.)

5 **부정사형과 완료형**: 양상조동사에는 부정사형과 진행형 그리고 완료형이 없으며 (*to may, *maying, *mayed) 일반적으로 과거형이 없다. "would, could, should, might"가 때때로 "will, can, shall, may"의 과거시제형으로 사용될 수 있으나, 꼭 필요할 경우 다른 표현을 사용하기도 한다.

I would like **to be able to** skate. (나는 스케이트를 탈 줄 알면 좋겠다.)
(*I would like **to can** skate.)
People really **had to** work hard in those days.
(그 당시에는 사람들이 정말로 열심히 일해야 했다.)
(*People really **musted** work hard in those days.)

to없는 원형부정사에 대해서는 I25를 보라.

6 **과거**: 과거의 개념을 "양상조동사 + have + 과거분사" 구조를 써서 표현할 수 있다.

You **should have told** me you were coming. (너는 온다는 것을 나에게 말했어야 한다.)
I think I **may have annoyed** Aunt Mary. (내가 메리 고모를 괴롭혔을지도 모른다고 생각한다.)

7 　　**의미**: 우리가 위의 조동사를 양상조동사라는 이름을 붙인 것은 그 문법적 특성뿐만 아니라 문장 해석에서 이 조동사들이 하는 역할 때문이기도 하다. 양상조동사는 일반적으로 문장이 표현하는 행위나 상태에 대한 화자나 필자의 "심적 태도"를 표현한다. 따라서 어떤 상황이나 행위가 명백한 사실이거나 실제로 실현되어 그 상황이나 행위에 대해 화자/필자의 생각을 덧붙일 여지가 없을 경우에는 양상조동사가 사용되지 않는다. 양상조동사는 문장이 기술하고 있는 사태가 사실이거나 실현될 "가능성의 정도," "기대의 정도," "필요성의 정도," "강제성의 정도" 등에 대한 "화자/필자의 심적 태도"를 표현한다. 예를 들어 다음의 문장을 생각해 보자.

It **may** rain.

양상조동사 may를 가진 위 문장이 전달하려는 의미를 생각해보자. 화자는 이 문장을 통해서 "It rains"가 표현한 현상이 실현될 가능성(possibility) 또는 개연성(probability)이 있다는 자기 생각을 청자에게 전달하고 있다.

양상조동사의 의미는 크게 두 가지 유형, 즉 확실성의 정도(degrees of certainty)와 의무의 정도(degrees of obligation)로 나눌 수 있다. 이외에도 능력(ability), 미래성(futurity), 습관(habit) 등을 표현한다.

양상조동사의 상세한 용법에 대해서는 각 양상조동사의 항목을 보라.

M19　modal auxiliary verbs-2: 확실성

양상조동사는 어떤 사태가 실현될 또는 실현되지 않을 "확실성(certainty)"의 다양한 정도를 표현한다.

1 　　**강한 확실성** (긍정적 혹은 부정적): must, shall, will, can't, have to

He **must** be nearly 90 years old now. (그분은 지금쯤 틀림없이 90살 가까이 됐을 것이다.)
He **can't** be nearly 90 years old now. (그분은 지금쯤 90살 가까이 됐을 리가 없다.)
We **shall** be away next week. (우리는 다음 주에 떠날 것이다.)
I **shan't** see you again. (나는 너를 다시 보지 않을 것이다.)
He **will** be seventeen next Monday. (그는 다음 월요일 17살이 될 것이다.)
That car **won't** hold five people comfortably. (그 차는 다섯 사람을 편하게 태울 수 없다.)
House prices **have to** go up sooner or later. (집값은 언제고 오를 수밖에 없다.)

▶ 과거시제 맥락에서 나타나는 조동사: could, would

I said he **couldn't** be nearly 90 years old then.
(나는 그분이 그 당시 90살 가까이 됐었을 리가 없다고 말했다.)
I knew he **would** be seventeen the next Monday.
(나는 그가 그 다음 월요일에 17살이 될 것이라는 것을 알았다.)
I told you that the car **wouldn't** hold five people comfortably.
(그 차가 다섯 사람을 편하게 태울 수 없다고 내가 너에게 말했잖아.)

> "must not"는 금지를 표현할 때 사용되고 확실성을 나타내는 must의 부정은 "can't"가 사용된다.

He **must** be guilty. (그는 유죄가 틀림없어.)
He **cannot** be guilty. (그는 유죄일 수 없어.) (*He **must not** be guilty.)
She **cannot** be hungry, because she had a big lunch an hour ago.
(그녀는 한 시간 전에 풍성한 점심을 먹었기 때문에 배가 고플 리가 없다.)
(*She **must not** be hungry, because she had a big lunch an hour ago

2 **중간 확실성**: should, ought

The next road **should/ought to** be King Street. (다음 길이 킹 스트릿일 것이다.)
It **shouldn't/oughtn't to** be difficult to get there. (그곳을 찾아가는 것이 어렵지 않을 것이다.)

3 **가능성**: may, can

We **may** buy a new house. (우리가 새집을 살 수도 있다.)
The water **may** not be warm enough to swim. (물이 수영할 정도로 따뜻하지 않을 수 있다.)
New England **can** be very warm in September. (뉴잉글랜드는 9월 매우 더울 수 있다.)

> 약한 가능성: might, could

I **might** see you again—who knows? (누가 알아, 다시 보게 될지?)
Things **might** not be as bad as they seem. (상황이 겉보기처럼 나쁘지 않을 수도 있다.)
We **could** all be millionaires one day. (우리 모두는 언젠가 백만장자가 될 수도 있다.)

> may는 가능성을 뜻하는 의문문에는 쓰이지 않는다.

Can/Could/Might she still be at the station? (그녀가 아직도 정거장에 있을 가능성이 있습니까?)
(***May** she still be at the station?)

4 **과거 가능성**: 가능성의 등급에 따라 "must/should/ought/may/might + have +과거분사"를 써서 표현한다.

He **must have arrived** at the office by now.
(그는 지금쯤 사무실에 틀림없이 도착했을 것이다.)
He **should/ought to have arrived** at the office by now.
(그는 지금쯤 사무실에 도착했을 것이다.)
He **may/might have arrived** at the office by now.
(그는 지금쯤 사무실에 도착했을 수도 있다.)

M20 modal auxiliary verbs-3: 의무

양상조동사는 의무, 금지, 요청, 권고, 허가, 제안 등을 표현한다.

1   **강한 의무**: must, have (got) to, will, need to

   All passengers **must** wear seat belts. (모든 승객은 안전띠를 매야 한다.)
   You **have got to** mix the flour and the water. (밀가루와 물을 뒤섞어야 한다.)
   What time **do** we **have to** be there? (그곳에 몇 시까지 가야 합니까?)
   All sales staff **will** arrive for work by 8:40 a.m.
   (모든 판매사원은 아침 8시 40분까지 일터에 도착해야 한다.)
   He **needs to** see a doctor immediately. (그는 즉시 의사를 봐야 한다.)

2   **강한 금지**: must not, may not, cannot

   You **must not** show this letter to anyone else. (이 편지를 다른 사람에게 보여서는 안 된다.)
   Books **may not** be taken out of the library. (책을 도서관 밖으로 반출해서는 안 된다.)
   You **cannot** park over there—there's a sign telling you not to.
   (그곳에 주차할 수 없습니다. 표지판을 보면 알 수 있잖아요.)

3   **의무의 결여**: need not, not have to

   You **needn't** work this Saturday. (이번 토요일에는 일을 안 해도 된다.)
   You **don't have to** go to Busan tomorrow. (내일 부산에 가지 않아도 된다.)

4   **권고** (긍정적/부정적): should, ought, had better

   You **should** try to work harder. (더 열심히 일을 하도록 하십시오.)
   She really **ought to** wash her hair. (그녀는 정말 머리를 감아야 한다.)
   You'**d better** leave a note so they'll know when you're late.
   (네가 늦으면 그들이 알 수 있도록 쪽지를 남기는 것이 좋겠다.)
   You **ought not to** meet him—he's really mean.
   (그를 만나지 않는 게 좋겠다. 그는 정말 비열하다.)
   The company **shouldn't** make changes in its marketing strategy.
   (회사는 마케팅 전략을 바꾸지 말아야 한다.)
   You'**d better** not call to say you'll be late. (늦는다고 말하려는 전화를 하지 않는 게 좋겠다.)

5   **의향, 결심, 주장, 제안**: will, should, shall, would

   Shall we go out for dinner tonight?   [제안]
   (오늘 저녁 식사하러 나갈까요?)
   Don't worry, I **shall** be there to meet you.   [의향/결심]
   (걱정하지 마세요. 당신을 만나러 그곳에 갈 것입니다.)
   I **will** always love you.   [결심]
   (항상 당신을 사랑할 것입니다.)
   You'**ll** need a strong will in order to succeed.   [주장]
   (성공을 하려면 강한 의지가 필요하다.)

It worries me that you **should** drive all the way to Mokpo. [의향]
(목포까지 쭉 운전할 생각이라니 걱정이 된다.)
You **might** like to join us for dinner. [제안]
(저녁 식사를 우리와 함께하시겠습니까?)
We're going to the concert. You **might** like to come with us. [제안]
(우리는 연주회에 가는 중입니다. 우리와 함께 가시겠습니까?)

6 　허가: can, may, might

You **can** have a piece of cake if you want to. (원하면 케이크 한 조각 먹어도 된다.)
Can I borrow your keys? (열쇠를 빌려도 됩니까?)
A reader **may** borrow up to five books at any one time.
(독자는 한 번에 책을 다섯 권까지 빌려 갈 수 있다.)
May we use the phone? (전화를 써도 됩니까?)
I wonder if I **might** have a quick look at your paper. (당신의 보고서를 잠시 볼 수 없을까요?)
Might I borrow your dictionary, please? (미안합니다만 사전을 좀 빌리고 싶은데요?)

M21　modal auxiliary verbs-4: 능력, 습관, 비실제적 상황

1 　능력: can, could

I **can** read English, but I **can't** speak it. (나는 영어를 읽을 줄 알지만 말할 줄은 모른다.)
My father **could** speak five different languages. (나의 아버지는 5개 국어를 말할 수 있다.)

2 　습관: will, would, used to

Most evenings he **will** just sit in front of the TV and go to sleep. [나쁜 습관]
(그는 대부분의 저녁 시간에 텔레비전 앞에 앉아 있다가 자러 간다.)
On summer evenings they **would** sit out in the garden. [과거의 습관]
(여름 저녁에는 그들은 정원에 나가 앉아 있곤 했다.)
They **used to** go to the park every day. [과거의 습관]
(그들은 매일 공원에 가곤 했었다.)

3 　비실제적 상황: could/might/should/ought/needn't + have + 과거분사

She **could have married** a millionaire, if she wanted to.
(그녀는 원했다면 백만장자와 결혼할 수 있었다.) [She didn't marry a millionaire.]
They **might have cleaned** up the room before they left.
(그들은 떠나기 전에 방을 깨끗이 청소할 수 있었다.) [They didn't clean up the room.]
Mary **should have gone** to the dentist yesterday.
(메리는 어제 치과에 갔어야 했다.) [Mary didn't go to the dentist.]
He **ought to have arrived** last night, but the train was delayed.
(그는 어젯밤에 도착했어야 하는데 기차가 연착됐다.) [He didn't arrive last night.]

He **needn't have sent** me flowers.
(그는 나에게 꽃을 보낼 필요가 없었다.) [She did send flowers.]

상세한 것은 각각의 양상 조동사 항목을 보라.

M22　modifiers(수식어)와 head-words(핵어)

두 개 이상의 단어로 구성된 표현을 우리는 구(phrase)라고 하며, 모든 구는 일반적으로 구의 핵심이 되는 핵어(head-word)와 그 핵어를 제한하는 수식어(modifier)로 구성된다. 수식어의 역할은 핵어의 의미를 더 정확하게 규정하는 것이다. 예를 들어 "animals(동물)" 보다 "domestic animals(가축)"가 더 의미상으로 구체적이게 되고, "large female domestic animals that produce milk for people"라고 하면 우리는 대략 어떤 동물을 의미하는지를 알 수 있다.

1　**명사와 수식어**: 명사의 수식어로는 한정사, 명사, 형용사, 전치사구, 비정형절, 관계절 등이 있다. (N34-N37을 보라.)

a man	**my** son	[한정사]
a **rain** coat	the **railroad** station	[명사]
some **important** information	another **interesting** story	[형용사]
a book **on Vietnam War**	the road **to Rome**	[전치사구]
students **arriving late**	any coins **found on this site**	[비정형절]
the next train **to arrive**	a tiny kitchen **that she likes**	[관계절]

전통문법에서는 관사, 부정사절, 관계절 등을 종종 모두 "형용사구"로 분류하기도 한다. 우리의 문법적 설명에서도 어떤 표현이 명사를 수식할 경우 그 표현이 "형용사적으로 사용되었다"고 한다.

2　**부사**: 부사의 기본기능은 다른 표현을 수식하는 것이다. 많은 문법서에서 부사는 동사, 형용사, 다른 부사를 수식한다고 정의하고 있지만, 실제로 부사는 거의 모든 표현을 수식할 수 있다.

Fortunately, everything worked out all right in the end.	[문장 수식]
(다행히도 결국 모든 것이 잘 해결되었다.)	
Slowly they walked back home.	[동사 수식]
(그들은 천천히 걸어서 집으로 돌아왔다.)	
They walked back home **very slowly**.	[부사 수식]
(그들은 매우 천천히 걸어서 집으로 돌아왔다.)	
I hope they'll be **really happy**.	[형용사 수식]
(나는 그들이 진정으로 행복하기를 희망한다.)	
He made his application **well within** the time.	[전치사 수식]
(그는 마감 시간을 넉넉히 남기고 지원을 했다.)	
I think she loves **only you**.	[대명사 수식]

(나는 그녀가 너만을 사랑한다고 생각한다.)
They recovered **roughly half** their equipment.   [한정사 선행어 수식]
(그들은 장비의 절반 정도를 되찾았다.)
Over two hundred deaths were reported.   [수사 수식]
(200명 이상이 죽은 것으로 보도되었다.)
That was **quite a party** we had last night.   [명사구 수식]
(어젯밤 파티는 대단한 것이었다.)

M23   money(화폐)

화폐(currency)는 나라에 따라 그 단위와 호칭이 다르다. 일반적으로 화폐단위를 표현하는 기호는 숫자 앞에 표시하고, 말을 할 때는 숫자 뒤에 말한다.

미국:	$537:	"five hundred (and) thirty-seven **dollars**"
	$10.25:	"ten **dollars** (and) twenty-five **cents**"
		"ten **dollars** twenty-five"
		"ten **dollars** and a quarter"
		"ten twenty-five"
영국:	£3.7m:	"three point seven million **pounds**"
	£9.40:	"nine **pounds** forty **pence**"
		"nine **pounds** forty"
		"nine forty"
한국:	₩2,567:	"two thousand five hundred (and) sixty-seven **won**"
일본:	¥534:	"five hundred (and) thirty-four **yen**"

1 **dollar와 won**: 한국화폐 won과 일본화폐 yen은 미국화폐 dollar와 영국화폐 pound와는 달리 "복수형"이 없다.

one **dollar**	*100 **dollar**	100 **dollars**
one **pound**	*100 **pound**	100 **pounds**
one **yen**	100 **yen**	*100 **yens**
one **won**	100 **won**	*100 **wons**

2 **영국화폐**: 영국화폐에서 파운드(pound(£))는 100 펜스(pence)다.

▶ 지폐: 영국에서는 지폐를 "note"라고 한다.

£10:   "a ten pound note"
£100: "a hundred pound note"
£200: "a two-hundred pound note"

▶ 동전: pence 표지인 "p"는 파운드 표지와는 달리 숫자 뒤에 표시한다.

1p:	"a one-p (piece)"
2p:	"a two-p (piece)"
5p:	"a five-p (piece)"
10p:	"a ten-p (piece)"
20p:	"a twenty-p (piece)"
50p:	"a fifty-p (piece)"
£1:	"a (one-) pound (coin)"
£2:	"a two-pound (coin)"

우리는 종종 "piece"를 생략할 수 있다. 따라서 1p와 2p를 각각 "a one-p/piː/"와 "a two-p/piː/"라고 말한다. "p"의 복수는 "p's/piːz/"라는 점에 유의하라.

Can you change this one pound coin with two 50p's?
(이 1파운드 동전을 50펜스 동전 두 개와 바꿔줄 수 있습니까?)

▶ "penny"의 복수는 "pence"이지만, 어떤 사람들은 구어체에서 복수의 pence를 단수로 사용하기도 한다.

How many **pence** are there in a pound? (1파운드 몇 펜스입니까?)
That's two **pounds** and one **pence**, please. (2파운드 1펜스입니다.)

3 **미국화폐**: 미국 화폐에서 1달러(dollar($))는 100 센트(cent(¢))다.

▶ 지폐: 미국에서는 지폐를 "bill"이라고 한다.

$1:	"a dollar bill"
$5:	"a five-dollar bill"
$10:	"a ten-dollar bill"
$100:	"a hundred-dollar bill"

▶ 동전: 미국에서는 1 dollar보다 적은 화폐단위를 "cent"라고 부른다. 미국의 동전에는 특별한 별칭이 있다. "cent" 대신에 "penny"를 사용하기도 한다.

1¢/cent:	"a **penny**"
5¢/cents:	"a **nickel**"
10¢/cents:	"a **dime**"
25¢/cents:	"a **quarter**"
50¢/cents:	"a **half dollar**"

4 **money와 change**: "money"와 잔돈 또는 거스름돈을 의미하는 "change"는 모두 불가산명사로서 양을 묻는 질문에서는 "how much"와 함께 쓰인다. 그러나 지폐(note/bill)나 동전(coin)은 가산명사이기 때문에 그 수를 묻는 표현에서는 "how many"가 사용된다.

How much money do you have now? (지금 돈이 얼마나 있습니까?)
How many one dollar bills do you have? (1불짜리 지폐를 얼마나 가지고 있습니까?)
How much change do I have to give you? (거스름돈을 얼마나 드려야 합니까?)

How many coins do you have in your pocket? (주머니에 동전이 얼마나 있습니까?)

5 **금액과 수**: 금액의 표현이 비록 복수형 명사구라고 할지라도 하나의 단위로 간주하여 단수가 되며, 한상 "단수 동사, 단수 한정사, 단수 대명사"를 사용한다.

Twelve dollars is all I have. (20불이 내가 가진 전부입니다.)
(***Twelve dollars are** all I have.)
"Where **is that fifty dollars** I lent you?" "I saved **it**."
("내가 빌려준 그 50불이 어디 있습니까?" "저축했습니다.")
("*Where **are those fifty dollars** I lent you?" "*I saved **them**.")

M24 mood(서법)와 modality(양상성)

1 **직설법**: 화자는 보거나 듣거나 혹은 알고 있는 "사실"을 (그 사실에 대해 화자 자신이 어떤 생각을 가지고 있는가를 표현하지 않고) 그대로 상대방에게 전달할 수 있다. 우리는 이러한 발화방법을 직설법(indicative mood)이라고 부른다.

We went to Hawaii in 2010. (우리는 2010년에 하와이에 갔다.)
My mother-in-law is coming to see us next month. (장모님이 다음 달에 우리를 보러 옵니다.)
They don't care about money anymore. (그들은 더 이상 돈에 관심이 없다.)

이 책의 대부분의 예문이 직설법 문장이라고 할 수 있다.

2 **명령법**: 우리는 말을 함으로써 상대방에게 어떻게 할 것을 지시하거나 요청할 수 있으며, 이 방식을 우리는 명령법(imperative mood)이라고 한다. 명령법에는 2인칭 명령법과 1인칭 명령법이 있다.

▶ 2인칭 명령법: 주어는 일반적으로 생략되며, 동사는 원형부정사가 사용된다.

Open the door. (문을 열어라.)
Don't open the door. (문을 열지 마라.)

▶ 1인칭 명령법: let로 시작한다.

Let's open the door. (문을 엽시다.)
Let's **not** open the door. (문을 열지 맙시다.)

명령법에 대해서는 I8을 보라.

3 **양상성**: 양상성이란 화자가 자신의 발화 내용에 대해 갖는 태도를 가리킨다. 우리는 우리가 말한 것이 사실이라기보다 사실이 될 "가능성, 확실성, 필연성, 비실제성" 등을 표현할 수 있다. 그 방법에는 크게 세 가지가 있다. 특별한 동사형을 사용하는 가정법(subjunctive mood)과 양상(modal)조동사를 사용하는 방법 그리고 특별한 어휘를 사용하는 방법이다.

▶ 가정법: 가정법에서는 동사의 원형이 일반적으로 사용되며, were가 be동사의 과거형으로 사용된다.

I **demanded** that she **be** on time. (나는 그녀에게 정시에 오라고 요구했다.)
It is **desirable** that he **not** leave school before finishing his exams.
(그는 시험을 마치기 전에 학교를 나가지 않는 것이 바람직하다.)
If I **were** you, I'd accept his apology. (내가 너라면 그의 사과를 받아들일 것이다.)
I wish I **were** a millionaire. (내가 백만장자면 얼마나 좋을까.)

▶ 양상조동사: 양상조동사는 문장이 기술하고 있는 상황이 사실이거나 실현될 "가능성의 정도", "기대의 정도," "필요성의 정도," "강제성의 정도" 등에 대한 화자의 심적 태도를 표현한다.

We **might** all be millionaires some day. (우리는 언제고 모두 백만장자가 될 수도 있다.)
He **must** be over 80 years old now. (그는 지금쯤 틀림없이 80은 넘었을 것이다.)
You **needn't** work on Saturday. (토요일에 일할 필요가 없다.)
We**'d better** leave some money for them. (우리는 그들을 위해 돈을 좀 남겨두는 게 좋겠다.)
You **can't** park your car in this area. (이 지역에는 차를 세워서는 안 됩니다.)

양상조동사에 대해서는 M18-M21을 보라.

▶ 어휘: "perhaps, probably"와 같은 부사나 "possible, necessary, certain"과 같은 형용사를 써서 양상성을 표현할 수 있다.

Perhaps, he's no longer bother us. (어쩌면 그는 우리를 더 이상 괴롭히지 않을 것이다.)
It's **possible** that we find a right person for the job.
(그 일에 맞는 사람을 찾을 가능성이 있다.)

M25　more

more는 "더 큰 수량 또는 더 높은 정도"를 의미하는 단어로서 부사, 한정사, 대명사로 쓰이며, 비교구문을 구성하는 핵심적인 단어다.

You'll have to be **more careful** next time.　　　　　　　　[부사]
(다음에는 좀 더 조심해야 할 것이다.)
She needs **more money** to live in the big city like Seoul.　[한정사]
(그녀는 서울과 같은 큰 도시에서 살기 위해 돈이 더 필요하다.)
Perhaps **more of us** will be able to afford holidays abroad.　[대명사]
(어쩌면 우리 중에 더 많은 사람이 외국에서 휴가를 보낼 수 있을 것이다.)
She walks **more slowly than** her mother.　　　　　　　　[비교구문]
(그녀는 자신의 어머니보다 더 느리게 걷는다.)

1　　부사: more는 동사, 형용사, 부사를 수식한다.

You need to listen **more**, and talk less. (우리는 남의 말은 더 듣고 내 말은 적게 해야 한다.)
You couldn't be **more wrong**. (너는 완전히 틀렸다.)
Play that last section **more passionately**. (그 마지막 부분을 더 정열적으로 연주하라.)

2 **한정사**: more는 한정사이기 때문에 다른 한정사(a, the, his 등)의 수식을 받는 명사를 수식할 수 없다.

More people live in the city than in the rest of the country.
(도시에 사는 국민의 수가 도시를 제외한 곳에 사는 국민의 수보다 더 많다.)
(***More the people** live in the city than in the rest of the country.)
Could I have some **more time** to finish the job? (일을 끝낼 시간을 좀 더 줄 수 있습니까?)
(*Could I have some **more my time** to finish the job?)
He's **more Christian** than Buddhist. (그는 불교신자라기보다 더 기독교인이다.)
(*He's **more a Christian** than Buddhist.)

▶ one more 다음에는 단수명사가 오지만 "no more, two more" 등 다음에서는 복수명사가 온다.

I have **one more question** to ask. (나는 질문이 하나 더 있습니다.)
I have **no more questions** to ask. (나는 질문할 것이 더 없습니다.)
I have **two more questions** to ask. (나는 질문이 두 개 더 있습니다.)

유사한 another에 대해서는 A55를 보라.

3 **대명사**: more는 "of-전치사구"와 결합할 수 있으며, 이 경우 전치사 of의 목적어는 대명사가 되거나 한정사의 수식을 받는 명사구가 되어야 한다.

He's **more of a poet** than a musician. (그는 음악가이기보다 시인에 더 가깝다.)
(*He's **more of poet** than a musician.)
You should take some **more of your medicine**. (너는 약을 좀 더 먹어야 한다.)
(*You should take some **more of medicine**.)
Could I have some **more of that smoked fish**? (그 훈제 물고기를 좀 더 먹어도 됩니까?)
I don't think any **more of them** want to come.
(나는 그들 중에 오고 싶어 하는 사람이 더 없다고 생각한다.)

▶ 그러나 사람의 이름이나 지역 명칭과 같은 고유명사는 한정사의 수식 없이 of-구에 나타날 수 있다.

It would be nice to see **more of Ray and Barbara**.
(레이와 바바라를 더 자주 보게 되면 좋겠다.)
Five hundred years ago, much **more of Britain** was covered with trees.
(500년 전에는 브리타니아의 더 많은 부분이 나무로 덮여 있었다.)

▶ 의미가 명백할 경우 more 다음에서 명사를 생략할 수 있다.

I'd like to have some **more**, please. (= more food)
(미안하지만 좀 더 먹고 싶은데요.)
We should spend **more** on health and education. (= more money)
(우리는 건강과 교육에 돈을 더 써야 한다.)

4   **비교구조**: more는 긴 형용사와 대부분의 부사의 비교급형을 만드는 데 사용된다. (비교구문에 대해서는 C15-C20을 보라.)

As you get **older**, you get **more tolerant**. (나이가 들어가면 인내심이 는다.)
Please, drive **more slowly**. (제발 더 천천히 운전하십시오.)

▶ more는 than과 결합하여 비교구문을 구성한다.

She cares **more** for her dog **than** she does for me. (그녀는 나에게보다 개에 더 마음을 쓴다.)
He's **more intelligent than** his brother. (그는 형보다 더 머리가 좋다.)

no more, not anymore/any longer에 대해서는 N18을 보라.
far more, much more, many more 등에 대해서는 C20을 보라.

M26 most

most는 부사, 한정사, 대명사로 쓰인다.

Our department needs two more computers to work **most effectively**.
(우리 부서는 가장 효과적으로 일을 하기 위해서 컴퓨터 두 대가 더 필요하다.)
Most people think the President has done a good job last four years.
(대부분의 국민은 대통령이 지난 4년간 일을 잘했다고 생각한다.)
More than 50 people were killed by the terrorist attack. **Most** are women and children.
(50명 이상의 사람이 테러리스트의 공격으로 죽었다. 대부분이 여성과 아이들이다.)

1   **한정사**: most는 한정사로서 한정사가 없는 명사구를 수식하며, "비교를 하지 않을 경우"에는 most 앞에 정관사 the를 쓰지 않는다.

Most cheese is made from cow's milk. (대부분의 치즈는 소젖으로 만든다.)
(***The most cheese** is made from cow's milk.)
Like **most people**, I try to take a vacation every year.
(대부분의 사람들처럼 나도 매해 휴가를 가려고 애쓴다.)
(*Like **the most people**, I try to take a vacation every year.)

2   **most of**: "most of"는 한정사(예: 관사나 소유격)를 가진 명사구나 대명사 앞에 오며, 이 경우에도 most 앞에 the를 사용할 수 없다.

Most of the songs they played were new to us.
(그들이 연주한 노래의 대부분은 우리에게는 생소했다.)
(***The most of the songs** they played were new to us.)
It was Sunday and **most of the shops** were shut all day.
(그날은 일요일이었고 대부분의 상점이 종일 문을 닫았다.)
(*It was Sunday and **the most of the shops** were shut all day.)
Most of what Tom told me wasn't true at all.
(탐이 나에게 말한 것의 대부분은 전혀 사실이 아니다.)

Most of us support the price increase of tobacco.
(우리의 대부분은 담배 값을 올리는 것을 지지한다.)

▶ 인명이나 지명과 같은 고유명사는 한정사 없이 "most of" 뒤에 나타날 수 있다.

I had plenty of time to see **most of Demark** last winter.
(나는 지난겨울에 덴마크의 대부분을 충분히 볼 시간이 있었다.)
We found **most of John** covered with mud. (우리는 진흙을 흠뻑 뒤집어쓴 존을 발견했다.)

3   (the) most: the most 또는 most는 의미가 명백할 경우 명사 없이도 사용될 수 있다.

The most (thing) I can hope is to make him listen to my ideas.
(내가 가장 바라는 것은 그가 내 아이디어를 듣게 만드는 것이다.)
Some people had difficulty with the lecture, but **most (people)** understood.
(어떤 사람들은 강좌를 어려워했으나 대부분(의 사람)은 이해했다.)

4   the most: 다른 대상과 비교하여 더 혹은 가장 큰 수나 양을 가리킨다.

The team that scores **the most points** wins the game.
(가장 많은 점수를 득점한 팀이 경기를 이긴다.)
Which of you earns **the most money**? (너희들 중에 누가 가장 돈을 많이 버느냐?)

5   **부사**: 형용사나 부사를 수식한다.

▶ (the) most는 또한 형용사와 부사와 결합하여 최상급 구문을 구성한다.

The gardening is said to be **the most popular** activity among the over 50.
(정원 가꾸기가 50세가 넘은 사람들에게 가장 인기 있는 활동이라고 말한다.)
It's the tea **most often** served in Chinese restaurants.
(중국 음식점에서 가장 흔히 제공되는 것은 차다.)

▶ (the) most: 부사로도 사용될 수 있으며 the는 종종 구어체에서 생략된다.

They all talk a lot, but your little girl talks **(the) most**.
(그들 모두가 말을 많이 하지만 너의 꼬마 아가씨가 가장 말을 많이 한다.)
You can help me **(the) most** by preparing the vegetables for dinner.
(나를 가장 많이 돕는 길은 저녁 식사에 먹을 채소를 준비하는 것이다.)

▶ most: 특히 주관적 평가(subjective evaluation)를 의미하는 형용사를 수식할 경우 "very" 의 의미를 갖는다. (A14.2를 보라.)

He argued his case **most persuasively**. (그가 자신의 입장을 매우 설득력 있게 주장했다.)
It was a **most interesting** morning. (그날은 매우 흥미로운 아침이었다.)
The experience he had was **most distressing**. (그의 경험은 마음을 몹시 아프게 했다.)

그러나 most의 의미가 내포된 "favourite(= most liked)나 principal(= most important)"와 같은 단어는 "most"와 함께 쓰지 않는 것이 좋다.

"Gone with the Wind" is my **(*most) favourite** movie.
(〈바람과 함께 사라지다〉가 내가 가장 좋아하는 영화다.)
The **(*most) principal** reason for changing my mind is that she is much too rich.
(내가 마음을 바꾼 가장 주된 이유는 그녀가 지나치게 부자라는 것이다.)

6   mostly: 부사로서 어떤 대상이나 상황의 대 부분을 언급할 때 사용된다.

Green teas are **mostly** from China and Japan. (녹차는 대부분 중국과 일본에서 생산된다.)
There're about twenty people in the lounge, **mostly** men.
(휴게실에 20명 정도의 사람이 있는데 대부분이 남자다.)

7   관용적 표현: "most of all, at (the) most, at the very most, make the most of/out of sth" 등이 있다.

▶ **most of all**: 부사구로서 "더욱더, 무엇보다도 더"를 의미한다.

The kids loved the playground, but they enjoyed the bumper cars **most of all**.
(아이들은 유원지를 좋아했지만 무엇보다도 범퍼카를 더 좋아했다.)
He wanted **most of all** to be fair to all the students.
(더욱이 그가 원하는 것은 모든 학생을 공정하게 대하는 것이었다.)

▶ **at (the) most**와 **at the very most**: 이들은 언급된 수량보다 더 많지 않다는 "최대로, 많아야, 고작"을 의미한다.

It'll take 30 minutes **at most** for me to come up with a solution of the problem.
(그 문제의 해답을 생각해 내는 데 많아야 30분이면 됩니다.)
Many companies are expecting **at the most** a 2 to 3 percent increase of sales this year.
(많은 회사들이 올해에 고작 2에서 3퍼센트의 판매 증가를 예상하고 있다.)
It will cost us $10,000 **at the very most**. (최대로 10,000불이 필요할 것입니다.)

▶ **make/get the most of/out of**: 주어진 상황을 최대로 이용하여 최상의 이득을 얻는 것을 의미한다.

She'll help you **get the most of** your visit.
(방문하는 동안 최대로 즐겁게 보내시도록 그녀가 도와드릴 것입니다.)
Happiness is the ability of **making the most out of** what you have.
(행복은 가진 것을 최대로 이용하는 능력이다.)
It's a lovely day—let's **make the most of** our picnic.
(오늘 날씨가 좋습니다. 야유회를 마음껏 즐깁시다.)

M27   multipliers(배수)

배수를 나타내는 표현으로는 다음과 같은 것들이 있다.

twice/double, (드물게) thrice, triple (미국)/treble (영국), quadruple, quintuple,

기수 + times (예: three times, four times, etc.)

1 **한정사 선행어**: 배수는 한정사 선행어로서 복수 가산명사, 불가산명사 그리고 "수(number)"나 "양(amount)"을 뜻하는 단수 가산명사 앞에 나타날 수 있다. (N35.4를 보라.)

The lawyer charged me **three times the legal fees** of an average lawyer.
(그 변호사는 평균보다 세 배나 많은 변호사 비용을 나에게 청구했다.)
She exerted **twice/double her normal strength** to lift the refrigerator.
(그녀는 냉장고를 들기 위해 그녀의 정상적인 힘의 두 배를 발휘했다.)
My wife earns **treble/three times/triple my salary**. (내 처가 나보다 세 배를 번다.)
The young boy ate about **four times the amount** that I usually eat.
(그 소년은 내가 보통 먹는 양의 네 배 정도를 먹었다.)

2 **of-구**: 배수는 다른 한정사 선행어와는 달리 수식하는 명사구 앞에 전치사 "of"를 허용하지 않는다.

*My wife earns **double/twice of my salary**.
*The young boy eats about **four times of the amount** that she usually eats.
*The lawyer charged me **three times of the legal fees** of an average lawyer.

다른 한정사 선행어에 대해서는 P26-P28을 보라.

M28　must-1: 개요

must는 양상조동사로서 원형부정사와 함께 쓰이며, 어떠한 어미도 가질 수 없다 (즉, -s나 -ed어미를 붙일 수 없다). 양상조동사의 일반적인 속성에 대해서는 M18을 보라.

▶ must가 나타날 수 없을 경우 "have to"가 대신하며, must에는 과거형이 없기 때문에 (*musted) 필요한 경우 상응하는 have to의 과거형 "had to"를 대신 사용한다. (H8을 보라.)

All the passengers **must** wear seat belts. (모든 승객은 안전띠를 매야한다.)
All the passengers **have to** wear seat belts. (모든 승객은 안전띠를 매야한다.)
All the passengers **had to** wear seat belts. (모든 승객은 안전띠를 매야했다.)
(*All the passengers **musted** wear seat belts.)
All the passengers **will have to** wear seat belts. (모든 승객은 안전띠를 매야할 것이다.)
(*He **will must** wear seat belts.)
All the passengers **has always had to** wear seat belts. (모든 승객은 안전띠를 항상 매야했다.)
(*She **has always musted** wear seat belts.)

▶ 그러나 과거의 개념은 must 다음에 완료형 부정사를 놓아 (have + 과거분사) 표현할 수도 있다.

I cannot find my keys. I **must have left** them at home.
(열쇠를 찾을 수 없다. 틀림없이 집에 놓고 온 것 같다.)

▶ must는 종종 간접화법에서 과거의 의미를 나타낼 수 있다.

Everybody **told** me I **must** stop worrying. (모두가 나보고 걱정을 그만하라고 말했다.)

▶ must는 양상조동사의 두 개의 의미 축, 즉 확실성성과 의무에서 가장 위에 있는 "강한 의무"와 "강한 확실성"을 의미한다. (M19와 M20 그리고 M29와 M30을 보라.)

M29   must-2: 의무

must는 필요한 것을 말할 때 또는 강력한 충고나 명령을 할 때 주로 사용된다.

1   의무: "어떤 행위를 하는 것"이 극히 중요하거나 불가피하다고 말할 때 사용한다.

We **must** eat to live. (우리는 살기 위해 먹어야 한다.)
All passengers **must** wear seat belts. (모든 승객은 안전띠를 매야한다.)
You **must** take these pills regularly every day. (매일 이 알약을 규칙적으로 먹어야 한다.)
The lever **must** be up for the engine to work. (엔진을 작동하려면 지렛대를 위로 올려야한다.)
"**Must** I finish the job by 5 o'clock?" "Yes, you **must**."
("5시까지 일을 끝내야 합니까?" "네, 그래야 합니다.")

▶ must를 대신하여 미국영어의 구어체에서는 "have to"가, 영국영어의 구어체에서는 "have got to"가 자주 사용된다.

You **have to** clean your room, before mother gets home.
(어머니가 집에 오기 전에 너는 방을 깨끗이 치워야 한다.)
What time **have** we **got to** be there? (우리가 몇 시까지 그곳에 가야합니까?)
Does he **have to** follow the instructions? (그는 명령을 따라야 합니까?)

2   must not과 not have to: "must not"은 "어떤 행위를 하지 않는 것"이 매우 필요하다고 생각할 때 사용되고, "do not have to"는 어떤 행위를 반드시 할 "의무/필요가 없음"을 표현할 때 사용된다.

You **must not** show this letter to anyone else.
(너는 이 편지를 타인에게 보여주어서는 안 된다.)
You **mustn't** bite your finger nails. (손톱을 깨물면 안 된다.)
"Can you let me come in?" "No, I **mustn't**."
("들어가게 해 줄 수 있습니까?" "아니요, 그럴 수 없습니다.")

"Must I sign this letter?" "No, You **don't have to**."
("이 편지에 서명해야 합니까?" "아니요, 할 필요 없습니다.")
You **don't have to** work this Saturday. (너는 이번 토요일에 일을 안 해도 된다.)
He **doesn't have to** go to Busan tomorrow. (그는 내일 부산에 가지 않아도 된다.)

not have to와 같은 의미를 가진 need not에 대해서는 N7을 보라.

3   **have to**: 일반적으로 외부로부터 오는 의무를 표현할 때 사용된다.

I **have to** go to Busan tomorrow for business. (나는 내일 사업 차 부산에 가야한다.)
(I **must** go to Busan tomorrow for business보다 자연스럽다.)
What time do we **have to** be there? (우리는 몇 시까지 그곳에 가야합니까?)
(What time **must** we be there?보다 자연스럽다.)

4   **had to**: 과거의 필요성과 의무를 표현할 때는 일반적으로 must를 (간접화법을 제외하고는) 사용하지 않고 had to를 사용한다.

My brother and I **had to** walk three miles to school when we were children.
(어린 시절에 형과 나는 학교에 가기 위해 3마일을 걸어야 했다.)
We didn't have time—we **had to** rush to work.
(우리에게 시간이 없어서 일터로 급히 서둘러가야 했다.)

5   **간접화법**: must는 과거형 보고동사 다음에서 마치 과거시제형처럼 사용될 수 있다.

The staff **said** that candidates **must** satisfy the general conditions for admission.
(지원자는 입학을 위한 일반적인 조건을 충족해야 한다고 직원이 말했다.)
The professor **said** that the book **must** not be removed from the shelf.
(교수님은 그 책을 서가에서 옮겨서는 안 된다고 말했다.)

► 의무의 경우에는 또한 "had to"와 "would have to"를 쓸 수도 있다.

The staff **said** that candidates **had to/would have to** satisfy the general conditions for admission. (지원자는 입학을 위한 일반적인 조건을 충족해야 한다고 직원이 말했다.)

6   **will have to와 must**: 이미 결정된 미래의 약속에 대해서는 "have (got) to"가 선호되지만, "will have to"와 "must"는 일반적으로 미래의 의무에 대해서 표현할 때 사용된다.

You've **(got) to** be at the hospital at 4 o'clock tomorrow. (너는 내일 4시에 병원에 가야한다.)
You **must** come and stay with us in Daejeon sometime.
(언제고 대전에 반드시 와서 우리 집에 묵어야 한다.)
You may go out with him, but you **will have to** return home before ten.
(그와 외출할 수는 있지만 10시 전에 귀가해야 한다.)

have (got) to에 대해서는 H8을 보라.
needn't과 don't need to에 대해서는 N7.5과 6을 보라.

M30   must-3: 확실성

1   **강한 확실성**: must는 어떤 일이 일어날 것이 확실하거나 높은 가능성이 있음을 표현할 때 사용한다.

She **must** be the same age as my grandson. (그녀는 틀림없이 내 손자와 동갑일 것이다.)

You **must** be Anna's sister—you look just like her.
(너는 안나의 여동생이 틀림없다. 안나를 빼닮았다.)
There **must** be something wrong with the engine. (엔진에 뭔가 문제가 있는 것이 확실하다.)

▶ have (got) to도 확실성을 표현한다.

This **has to** be a mistake. (이것은 실수일 수밖에 없다.)
You've **got to** be joking! (틀림없이 농담이겠지요!)

2 **부정적 확실성** (cannot): 어떤 일이 실현되거나 일어날 가능성이 거의 없음 표현할 때 "must not"가 아니라 "cannot"을 사용한다.

You **can't** be hungry already—you had lunch only an hour ago.
(네가 배가 고플 리가 없다. 한 시간 전에 점심을 먹었잖아.)
(*You **mustn't** be hungry already—you had lunch only an hour ago.)
"She **can't** be his daughter—she's much older."
(그녀는 그의 딸일 수가 없다. 그녀는 나이가 훨씬 많다.)

3 can: 의문문에서 강한 확실성을 표현할 때도 "can"을 사용한다.

Can this be the right road? (이 길이 확실히 맞는 겁니까?) (***Must** this be the right road?)
"Somebody's knocking at the door." "Who **can** it be?"
("누가 문을 노크하고 있습니다." "그게 누굴까요?") (*Who **must** it be?)

must와 should의 차이점에 대해서는 S8.3을 보라.

4 mustn't: 일반적으로 영국영어의 부가의문문과 부정의문문에서 확실성을 부정하는 의미로 사용된다.

He must be kind to us, **mustn't** he? (그는 우리한테 친절해야 하는 것 아닙니까?)
Mustn't it have been hard to work under such a director?
(그런 상사 밑에서 일하는 것이 힘들지 않았을 리가 없지요?)

5 need not와 not have to: 어떤 일이 반드시 그래야 할 필요가 없다고 말할 때 "need not"이나 "do not have to"가 사용된다. "must not"는 이런 의미로 사용되지 않는다.

Going to the dentist **need not** necessarily be a painful experience.
(치과에 가는 것이 반드시 괴로운 경험이 될 필요는 없다.)
(*Going to the dentist **must not** necessarily be a painful experience.)
You **don't have to** accept this job offer right now.
(이 일자리 제안을 당장 받아들일 필요는 없다.)
(*You. **must not** accept this job offer right now.)

6 must + have + 과거분사: 과거에 어떤 일이 실현된 것이 확실하다고 생각할 때 사용한다.

"Her son broke an old Chinese vase." "She **must have been** really upset."
("그녀의 아들이 오래된 중국 꽃병을 깨뜨렸다." "그녀는 몹시 화가 났을 것이 틀림없다.")
There's no food left—we **must have eaten** it all.
(음식이 하나도 남지 않았다. 우리가 다 먹어버린 것이 틀림없다.)
Her new car **must have costed** at least 70 million won.
(그녀의 새 차는 적어도 7천만 원은 준 것이 틀림없다.)

▶ 과거의 확실성을 표현하는 의문문과 부정문에서는 "can"이 사용된다.

Where **can** John **have put** the matches? He **can't have thrown** them away.
(존이 어디에 성냥을 두었을까? 그것을 버리지는 않은 것은 틀림없어.)

7   **간접화법**: must는 과거형 보고동사 다음에서 마치 과거시제형처럼 사용될 수 있다.

I **thought** there **must** be some mistakes. (나는 틀림없이 어떤 실수가 있었다고 생각했다.)
He **said** she **must** be Tracy's sister. (그녀가 트레시의 여동생이 틀림없었다고 그는 말했다.)

N1 names(인명)와 titles(직함)-1: 개요

1 **성명과 관사:** 성명은 항상 대문자로 시작되며, 성명이 홀로 쓰이거나 "직함 + 성명"이 쓰이거나 일반적으로 정관사 the를 붙이지 않는다. (A63.1을 보라.)

직함과 함께: Dr. Zhibago, General MacArthur, President Kennedy
직함이 없이: John Smith, Mary O'connor, Bill, Shakespeare

▶ 고유명사도 보통명사처럼 부정관사나 복수형을 가질 수 있는데, 이 경우에는 뜻이 변한다.

an Edison (에디슨과 같은 발명가)
Shakespeare**s** (셰익스피어와 같은 작가들)
the Lees, **the** Smiths (가문)

2 **VIP:** 교황, (여)왕, 왕자, 성직자, 고위직에 붙는 존칭에는 정관사나 인칭대명사의 소유격이 붙는다.

Your/His Holiness (성하): 교황을 부를 때 혹은 대해서 말할 때
Your Majesty (폐하): 황제, 왕, 여왕을 부를 때
His/Her Majesty (폐하): 황제, 왕이, 여왕에 대해서 말할 때
Your (Royal) Highness (전하): 왕자, 공주, 왕비를 부를 때
His/Her (Royal) Highness (전하): 왕자, 공주, 왕비에 대해서 말할 때
His/Her Highness (각하): 대통령이나 수상과 같은 높은 공직자에 대해서 말할 때
The Reverend ((추기경/목사/신부)님): 성직자에 대해서 말할 때

His Holiness the Pope John Paul II had an official visit to Korea in 1984.
(존 바울 2세 교황 성하께서는 1984년 한국을 공식 방문하셨다.)
The Prime Minister is here to see you, **Your Majesty**. (폐하, 수상이 알현을 청하옵니다.)
Her Majesty the Queen requests your presence in the royal chamber.
(여왕 폐하께서는 궁중 사무실에 귀하의 참석을 요청하시었습니다.)

3 **보통 사람**(Mr., Mrs., Miss, Ms.): 보통사람의 성명 앞에는 남성이냐 여성이냐 혹은 결혼여부에 따라 다른 직함을 쓴다. 결혼여부와 상관없이 남성에게는 Mr.(=Mister /místə(r)/)라는 직함이 붙고, 여성에게는 결혼했을 경우에 Mrs. (/mísɪz/)를, 결혼하지 않았을 경우에 Miss를 붙인다. Ms.는 결혼여부를 모르거나 결혼여부를 밝힐 이유가 없을 때 여성을 호칭할 때 사용된다. 많은 여성들이 자신들의 성명 앞에 Mrs.나 Miss 대신에 Ms.(/mɪz/)를 선택적으로 사용한다. Ms.는 비교적 최근의 직함으로 영국에서는 1970년대 이후부터 많이 사용되고 있으며 미국에서는 좀 더 오래 사용되었다.

약자 뒤에 마침표를 찍는 문제에 대해서는 P47을 보라.

4 **직업과 호칭:** 직업에 따른 호칭은 직업에 따라 다양하다.

President Obama decided to bomb Syria to defeat the IS.
(오바마 대통령은 이슬람 국가를 물리치기 위해 시리아 폭격을 결정했다.)

Judge O'Connor sentenced him life in prison. (오코너 판사는 그를 종신형에 선고했다.)
Reverend (Rev./Revd) Billy Graham gave a sermon to about 1 million people in Seoul, Korea. (빌리 그레이엄 목사님께서는 한국의 서울에서 약 100만 명의 신도 앞에서 설교를 했다.)
Professor (Prof,) Mozart will be new head of our Department.
(모차르트 교수가 우리 학과의 새 학과장이 될 것이다.)
General (Gen.) Douglas MacArthur led the US Forces in the Pacific during World War II.
(더글라스 맥아더 장군은 2차 세계대전 동안에 태평양 지역의 미군을 지휘했다.)
Colonel (Col.) Maxwell served as a pilot during the Vietnam War.
(맥스웰 대령은 베트남 전에서 조종사로 근무했다.)
Sergeant (Serg.) Lewis was a machine-gun instructor in Fort Benning.
(루이스 중사는 포트베닝에서 기관총 교관이었다.)

N2   names와 titles-2: 호칭

상대를 호칭할 때는 일반적으로 다음의 세 가지 방법 중 하나를 사용한다.

1   **이름** (first/given/Christian name): 구어체로서 가까운 친척, 친구, 아래 사람, 아이들에게 사용된다.

   Hi, **Rachel**! How are you doing? (안녕, 레이첼! 어떻게 지내?)
   John, I can't believe what you've just said. (존아, 네가 방금 말한 것을 믿을 수가 없다.)

2   **직함과 성** (title + last/family name/surname): 문어체로서 존경을 표시한다.

   Dr. Williams will see you now, **Miss Green**. (그린 양, 윌리엄 박사님이 지금 보자고 합니다.)
   Excuse me, **Mr. Brown**, you've dropped your umbrella.
   (실례합니다만, 브라운 씨, 우산을 떨어뜨렸습니다.)
   What can I do for you, **Ms. Woods**? (우즈 씨, 무엇을 도와드릴까요?)

   ▶ 사람의 이름을 호칭할 때 이름과 성과 직함을 함께 사용하기도 하지만 일반적으로 이름과 성을 함께 사용하지 않는다.

   Excuse me. **Peter/Mr. Brown**, you've dropped your umbrella.
   (실례합니다만. 피터/브라운 씨, 우산을 떨어뜨렸습니다.)
   (*Excuse me, **Peter Brown**, you've dropped your umbrella.)

   ▶ 공공의 인물을 지칭하거나 남성으로만 구성된 집단의 구성원들끼리는 때때로 성만을 사용하기도 한다.

   Do you think **Johnson** would make a good Senator for the State?
   (너는 존슨이 우리 주를 위해 훌륭한 상원의원이 될 거라고 생각해?)
   Owens won four gold medals in the 1936 Berlin Olympics.
   (오웬스는 1936년 베를린 올림픽에서 4개의 금메달을 땄다.)

3　　**직함**: 이름을 모를 때에 남성을 호칭할 때는 Mister(= Mr.)를, 여성을 호칭할 때는 Miss를 사용한다. Mrs.와 Ms.는 이렇게 사용되지 않는다.

Would you sign at the bottom of the page please, **Miss/*Ms**?
(아가씨, 이 페이지의 아랫부분에 서명해 주시겠습니까?)
Excuse me, **Mister/*Mrs.**, can you spare some change for a cup of tea?
(실례합니다. 선생님, 차 한 잔 마실 잔돈을 적선해주실 수 있으십니까?)

▶ sir와 Madam/ma'am: 영국에서는 대체로 이름을 모르는 고객에게 종업원들이 말할 때 사용한다.

Can I help you, **Sir**? (선생님, 무엇을 도와드릴까요?)
Are you being served, **Madam/ma'am**? (여사님, 도와드릴까요?)

▶ 미국영어에서는 "sir와 ma'am"이 영국영어에서보다 덜 문어적이며, 이름을 모르는 사람을 부를 때 매우 자주 사용된다.

Excuse me **sir**, would you mind telling me what sort of car that is?
(미안합니다만 저 차가 무슨 차인지 말씀해 주실 수 있으십니까?)
Ma'am, would you repeat that please? (여사님, 다시 말씀해 주시겠습니까?)

▶ sir와 miss: 학교의 어린 학생들은 자신의 선생님을 "sir" 혹은 "miss"라고 부른다.

Sir, I've forgotten my homework. (선생님, 숙제를 잊었습니다.)
Would you let me know the result of my last exam, **Miss**?
(선생님, 나의 마지막 시험 결과를 알려주실 수 있으십니까?)

▶ doctor와 professor: "doctor"는 의사뿐만 아니라 학문 분야에서 최고의 학위(즉, 박사학위)를 취득한 사람에게 붙는 직함이고, "professor"는 대학 이상의 교육 기관에서 가르치는 사람에게 붙는 직함이다.

Doctor, I've had this headache for a month. (박사님, 내 이 두통이 한 달이 되었습니다.)
Doctor Lee is chief engineer of our company. (이 박사는 우리 회사의 수석 기술자다.)
He retired from Sogang University as a **professor** in 2004.
(그는 2004년에 서강대학교에서 교수로 은퇴했다.)

▶ Miss: 국가, 도시, 지역, 단체 등을 대표하는 미인대회에서 뽑힌 여성을 대표하는 곳의 명칭 앞에 "Miss"를 붙여 부른다.

Has ever **Miss Korea** won **Miss World** contest?
(미스 코리아가 미스 월드에 뽑힌 적이 있습니까?)

▶ Dear Sir와 Dear Madam: 잘 모르는 사람에게 쓰는 편지를 시작할 때 흔히 사용된다. (L9를 보라.)

Dear Sir/Madam, (선생님 귀하)
Your letter of the 13th of October ... (10월 13일의 귀하의 편지 ...)

N3   names와 titles-3: 글과 말

글이나 말에서 "이름"을 들어 어떤 사람에 대해 언급할 때는 네 가지 방법을 사용한다.

1 **이름**: 구어체에서는 일반적으로 이름이 사용된다. 대체로 친척이나, 친구, 아이들에 대해 말할 때 사용된다.

I haven't seen **Peter** lately. He said he'd been abroad.
(나는 근래에 피터를 못 봤다. 그는 해외에 있었다고 말했다.)
How is **Maud** getting on at school? (마우드가 학교에서 어떻게 지내고 있습니까?)

2 **이름 + 성**: 이 표현은 중립적이다. 특별히 문어체도 아니고 특별히 구어체도 아니다. 알지만 그렇게 친밀한 사이가 아닌 사람에 대해서 말할 때 사용된다.

Isn't the man you met **Soan Connolly**? (네가 만난 남자가 숀 코널리가 아니냐?)
We are going on holiday with **Mary** and **Daniel Sinclair**.
(우리는 메리와 다니엘 싱클레어와 휴가를 가려고 한다.)

3 **직함 + 성**: 문어적이며 모르는 사람에 대해 말할 때나 존경을 표시할 때 또는 공손할 필요가 있을 때 사용된다. 종종 "직함 + 이름 + 성"을 사용하기도 한다.

May I speak to **Ms. Maggie Smith**? (매기 스미스 씨와 통화할 수 있을까요?)
We have a new teacher called **Mrs. Campbell**. (캠벨 부인이 우리 새 선생님이다.)
Why don't you ask **Miss Andrews** where you can find the book?
(그 책이 어디 있는지 앤드류 양에게 물어보시지 그래요.)

▶ 자신을 소개할 때는 일반적으로 직함을 붙이지 않는다.

My name is **Soan Johnson**. (내 이름은 숀 존슨입니다.) (*My name is **Mr. Soan Johnson**.)
I'm **Soan Johnson**. (나는 숀 존슨입니다.) (*I'm **Mr. Soan Johnson**.)

▶ 그러나 남을 소개할 때는 "직함 + 이름 + 성"을 흔히 쓴다.

Mr. Smith, this is **Miss Stacy Lewis**. (스미스 씨, 이 분이 스테이시 루이스 양입니다.)
John, this is **Mrs. Mary Trump**. (존아, 이 분이 메리 트럼프 부인이시다.)

4 **성**: 대중적 인물, 즉 정치인, 운동선수 등 유명인에 대해 말할 때 "성"만을 종종 사용하기도 한다.

Everybody thinks **Jones** is a good candidate for the job.
(모두는 존스가 그 일에 잘 맞는 후보자라고 생각한다.)
In the 1936 Berlin Olympic Games, **Owens** won the men's 100 meter sprint.
(1936년 베를린 올림픽에서 오웬스는 남자 100미터 단거리 경주에서 우승했다.)
Is it true that Queen Elizabeth wouldn't exchange India with **Shakespeare**?
(엘리자베스 여왕이 셰익스피어를 인도와도 바꾸지 않을 것이라고 한 것이 사실입니까?)

▶ 때때로 (특히 남성) 피고용인을 부를 때, (특히 군인, 학교, 운동선수와 같은 남성만의 집단에서) 서로 호칭을 할 때 성만을 사용한다.

Tell **Stanton** to pitch in the ninth inning. (스탠튼에게 9회에 투구하라고 말해라.)
Sergeant Peterson wants to interview **Johnson** in his office.
(피터슨 중사는 그의 사무실에서 존슨을 면담하기를 원한다.)

N4 nationalities와 countries(국적과 국가)

국가나 지역 그리고 그곳과 관련이 있는 것에 대해 말하기 위해서는 적어도 "네 가지" 단어를 알 필요가 있다. 이 네 가지 단어들은 모두 대문자로 시작된다. 일반적으로 형용사형은 그 국가의 언어를 의미하기도 한다.

국명	형용사	개인	국민
Denmark	Danish	a Dane	the Danes
Japan	Japanese	a Japanese	the Japanese
France	French	a French(wo)man	the French
Catalonia	Catalan	a Catalan	the Catalans

일반적으로 한 국가의 개인을 가리키는 명사는 형용사와 같은 형태를 가지며 (예: Japanese, Mexican 등), 국민을 가리키는 명사는 복수어미 "-s"를 (예: the Mexicans 등) 갖는다. 그러나 많은 예외가 있다.

1 **-an 어미**: 형용사와 개인을 가리키는 명사가 형태가 같으며 "-an 어미"로 끝나면 국민을 가리키는 명사는 복수어미를 갖는다.

국명	형용사	개인	국민
Afghanistan	Afghan	an Afghan	the Afghans
America	American	an American	the Americans
Belgium	Belgian	a Belgian	the Belgians
Brazil	Brazilian	a Brazilian	the Brazilians
Europe	European	a European	the Europeans
Italy	Italian	an Italian	the Italians
Kenya	Kenyan	a Kenyan	the Kenyans
Korea	Korean	a Korean	the Koreans
Morocco	Moroccan	a Moroccan	the Moroccans
Norway	Norwegian	a Norwegian	the Norwegians
Tyrol	Tyrolean	a Tyrolean	the Tyroleans

2 **특정 어미가 없는 것**: 특정 어미를 가지고 있지 않지만 형용사와 개인 명사의 형태가 같으면서 국민 명사가 복수어미를 갖는 예는 다음과 같다.

국명	형용사	개인	국민
Argentina	Argentine	an Argentine	the Argentines
Czech	Czech	a Czech	the Czechs
Greece	Greek	a Greek	the Greeks
Iraq	Iraqi	an Iraqi	the Iraqis
Israel	Israeli	an Israeli	the Israelis
Thailand	Thai	a Thai	the Thais

3 **-ese 어미**: Swiss를 포함하여 형용사가 "-ese 어미"로 끝날 경우 개인 명사와 국민 명사는 형용사와 같은 형태를 갖는다.

국명	형용사	개인	국민
China	Chinese	a Chinese	the Chinese
Congo	Congolese	a Congolese	the Congolese
Japan	Japanese	a Japanese	the Japanese
Portugal	Portuguese	a Portuguese	the Portuguese
Vietnam	Vietnamese	a Vietnamese	the Vietnamese
Switzerland	Swiss	a Swiss	the Swiss

4 **형용사와 개인이 다른 것**: 형용사와 개인을 가리키는 명사의 형태가 다를 경우 국민 명사는 개인 명사에 복수어미를 붙여 만든다.

국명	형용사	개인	국민
Britain	British	a Briton	the Britons
Denmark	Danish	a Dane	the Danes
Finland	Finnish	a Finn	the Finns
Poland	Polish	a Pole	the Poles
Scotland	Scottish/Scotch	a Scot	the Scots
Sweden	Swedish	a Swede	the Swedes
Turkey	Turkish	a Turk	the Turks

5 **-man/-woman 어미**: 형용사에 "-man/-woman 어미"을 붙여 개인명사를 만드는 경우도 있다.

국가	형용사	개인	국민
England	English	an Englishman/Englishwoman	the English
France	French	a Frenchman/Frenchwoman	the French
Ireland	Irish	an Irishman/Irishwoman	the Irish
The Netherlands/ Holland	Dutch	a Dutchman/Dutchwoman	the Dutch
Wales	Welsh	a Welshman/Welshwoman	the Welsh

6   유의할 점

- ▶ Argentina와 연관이 있는 단어로는 위에 제시된 것 외에도 Argentinian(형용사), an Argentinian(개인), the Argentinians(국민)가 있다.
- ▶ 형용사 Scottish가 널리 사용되고 있으며, the Scottish는 국민을 가리키기도 한다. 어떤 사람들은 종종 옛 형태인 Scotch를 형용사로 사용하며, Scotch는 "whisky"를 의미하기도 한다.
- ▶ British라는 단어는 신문의 기사 제목이나 영국의 공공기관(예: the British government)에 주로 사용된다. 대영제국에 사는 대부분의 사람은 출신에 따라 Scottish, Welsh, Irish, English를 사용한다.
- ▶ English는 British와 다르며, 스코틀랜드인이나 웨일스인 혹은 아일랜드인에게는 사용되지 않는다.
- ▶ American이라는 단어는 미합중국 시민과 미합중국과 관련이 있는 사건을 가리키는 전형적인 영어 단어지만, 미주 대륙의 다른 부분에 사는 사람들은 이 단어를 이런 식으로 쓰는 것을 반대하며, 어떤 사람들은 이러한 이유로 이 단어를 사용하는 것을 회피한다.
- ▶ Arabia와 연관된 형용사로는 Arabic과 Arab 그리고 Arabian이 있으며, 아랍인은 Arab이라고 하고 아랍어는 Arabic이라고 한다. 아랍인 전체를 가리키는 표현은 "the Arabs"다.
- ▶ Irishman/men, Dutchman/men과 같은 단어의 발음에 유의하라. 단수의 발음이 복수의 발음 /aɪrɪʃmən, dʌtʃmən/과 같다.

N5   near (to), nearby, nearly

near는 공간, 시간, 관계에 있어서 근접함(proximity)을 의미한다. near는 형용사와 부사 그리고 전치사 to의 도움이 없이도 전치사로 사용될 수 있다.

The house is located about 20 miles from the **nearest** town.   [형용사]
(그 집은 가장 가까운 도시와 약 20마일 정도 떨어져 있다.)
As he came **nearer**, I clearly saw the scar of his face.   [부사]
(그가 가까이 옴에 따라 나는 그의 얼굴의 상처를 명백히 보았다.)
We stayed at a hotel **near (to)** the beach.   [전치사]
(우리는 해변 가까이에 있는 호텔에 투숙했다.)

1   near (to): near to는 일반적으로 어떤 행위나 추상적 개념에 대한 근접함을 말할 때 자주 사용되지만, 공간적 접근성을 표현할 때도 사용하기도 한다.

The two parties are **near (to) signing a peace agreement**.
(양측은 평화협정 서명에 임박했다.)
He seems to know that he is **near (to) death**.
(그는 자신이 죽음에 가까이 왔음을 아는 것 같다.)

- ▶ near (to)는 시간, 수, 양의 근접성에도 사용될 수 있다.

My Dad gives us presents a bit **nearer to Christmas**.
(우리 아버지는 크리스마스에 아주 가까워서 우리에게 선물을 준다.)
Inflation of the country is **near (to) 7%**. (나라의 물가인상이 7퍼센트에 가깝다.)
The factory manufactures **near (to) 1 million cars a year**.
(그 공장은 일 년에 100만대에 가까운 자동차를 생산한다.)

▶ near (to)는 공간적 근접성을 의미하기도 한다.

She lives **near (to) Suwon**. (그녀는 수원 가까이에 산다.)
He said he stayed at a cabin **near (to) the lake**.
(그는 호수 가까이에 있는 오두막에 머물렀다고 말했다.)

2. **nearby**: nearby는 공간적 근접성을 뜻하며 형용사와 부사로 사용될 수 있다.

Lucy was staying in the **nearby** town of Boston.
(루시는 보스턴 근교의 도시에 머무르고 있었다.)
Tom got a job on one of the factories **nearby**.
(탐은 가까이 있는 공장들 중 하나에 일자리를 얻었다.)

3. **nearby와 near**

▶ nearby가 형용사로 쓰일 때는 명사 앞에만 올 수 있으며, 공간적 접근성을 표현할 때는 near를 형용사로 사용할 수 없다.

I saw a couple sitting at **the nearby table**.
(나는 가까이에 있는 식탁에 앉아있는 부부를 보았다.)
(*I saw a couple sitting at **the near table**.)
They always take a walk at **the nearby park**. (그들은 근교의 공원에서 항상 산책한다.)
(*They always take a walk at **the near park**,)

▶ 다음의 예에서 볼 수 있듯이 공간적 근접성이 아닌 경우에는 nearby를 사용할 수 없다.

The election was a **near disaster** for the Republican Party.
(선거는 공화당에게는 재앙에 가까웠다.)
(*The election was a **nearby disaster** for the Republican party.)
They promised to contact us in the **near future**.
(그들은 가까운 장래에 우리와 접촉할 것이라고 약속했다.)
(*They promised to contact us in the **nearby future**.)

4. **nearly**: nearly는 부사로만 쓰이며 공간적 근접성이 아닌 "almost"의 뜻으로 쓰인다.

It took **nearly** two hours to get there. (그곳에 가는데 두 시간 가까이 걸렸다.)
Is the job **nearly** finished? (일이 거의 끝났습니까?)

nearly와 유사한 의미를 가진 almost에 대해서는 A42를 보라.

N6 nearest와 next

nearest는 "공간적으로 가장 가까움"을 뜻하고, next는 "시간상으로 가장 가까운 미래" 또는 "어떤 대상의 다음"을 의미한다.

Excuse me. Where is **the nearest** coffee shop? (실례합니다. 가까운 커피점이 어디 있습니까?)
We went to **the nearest** subway station to get there as soon as possible.
(우리는 그곳에 가능한 한 빨리 가기 위해 가장 가까이에 있는 지하철로 갔다.)

We got up early **the next** morning. (우리는 그다음 날 아침에 일찍 일어났다.)
(*We got up early **the nearest** morning.)
Who do you think will be **our next president**?
(누가 우리나라 다음 대통령이 될 것으로 생각합니까?)
(*Who do you think will be **our nearest president**?)

▶ next와 nearest는 공간적 근접성을 나타낼 때는 종종 같은 의미로 사용된다.

We got off the train at **the next/nearest station**. (우리는 다음 정거장에서 기차에서 내렸다.)
Turn left at **the nearest/the next corner** and go straight.
(다음 모퉁이에서 좌회전한 후에 직진하십시오.)
We have to stop at **the nearest/the next gas station** for fuel.
(우리는 연료를 넣기 위해 다음 주유소에 서야 한다.)

next와 the next에 대해서는 N15를 보라.

N7 need

need는 보통동사로도 쓰이고 양상조동사로도 쓰인다. (M20을 보라.)

1 **보통동사**: need는 보통동사로서 타동사로 사용되며 to-부정사가 따라올 수 있다. 이 경우 삼인칭 단수어미 -s를 가질 수 있고 의문문과 부정문에서 조동사 do의 도움을 받는다.

Plants **need** light in order to survive. (식물은 살아남기 위해 빛이 필요하다.)
My camcorder **needs** a new battery. (나의 캠코더는 새 전지가 필요하다.)
I think you **don't** really **need** a car. (나는 차가 너에게 꼭 필요하다고 생각하지 않는다.)
Do we **need to go out** for dinner? (저녁을 먹으러 나갈 필요가 있습니까?)
Everybody **needs to rest** sometimes. (모든 사람은 때때로 휴식이 필요하다.)

2 **양상조동사**: need는 양상조동사로 쓰일 경우에는 다른 양상조동사처럼 삼인칭 단수어미 -s를 가질 수 없으며, 의문문과 부정문에서 do를 필요로 하지 않는다. need 다음에는 to 없는 부정사가 온다. need가 양상조동사로 사용될 때는 일반적으로 긍정문에서 사용되지 않으며 부정문, 의문문, if-절 등 비단언적 구조에서 사용된다. (N21을 보라.)

He **need never find out** what I said.
(내가 말한 것을 그가 절대로 알지 못하게 할 필요가 있다.)

(*He **needs never find out** what I said.)
Need we **leave** so soon? (우리가 그렇게 빨리 떠날 필요가 있습니까?)
(*Do we **need leave** so soon?)
We **need not reserve** seats—there will be plenty of room.
(좌석을 예약할 필요가 없습니다. 충분한 자리가 있을 것입니다.)
I wonder **if I need fill** in the form. (이 양식의 빈칸을 채울 필요가 있는지 의심스럽다.)
You **need only look at** the car to see that we can afford.
(우리가 감당할 수 있는 차인지 보아만 주시면 됩니다.)

3   **필요성**: need는 무엇을 할 필요가 있다는 것을 말할 때와 무엇을 반드시 할 필요가 없음을 말할 때 사용된다.

You **need** to let me know by Monday if you accept our offer.
(우리의 제안을 받아들일 것인지에 대해 월요일까지 저에게 알려줄 필요가 있습니다.)
More blood donors are urgently **needed**. (더 많은 헌혈자가 긴급하게 필요합니다.)
He **doesn't need** to see a doctor immediately. (의사를 당장 만나볼 필요는 없습니다.)
(= He **needn't see** a doctor immediately.)
He **doesn't need** to catch up on his office work.
(그는 사무실 업무가 뒤처진 것을 만회할 필요가 없다.)

have to의 유사한 용법에 대해서는 H8.5를 보라.
미국영어에서는 need를 양상조동사로 자주 사용하지 않는다.

4   need not + have + 과거분사: 누군가 무엇을 했는데 그럴 필요가 없었다는 것을 표현할 때 사용된다.

You **needn't have sent** me the book you wrote. I bought one a week ago.
(네가 쓴 책을 나에게 보낼 필요가 없었다. 한 주 전에 한 권을 샀다.)
You **needn't have worried** about the dinner—it was absolutely delicious!
(저녁 식사에 대해서 걱정할 필요가 없었다. 식사는 정말로 맛있었다.)
I **need not have watered** the flowers. Just after I finished it started raining.
(나는 꽃에 물을 줄 필요가 없었다. 물을 준 후에 바로 비가 오기 시작했다.)

5   did not + need to: 어떤 일을 할 필요가 없는데 했거나, 할 필요가 없어서 하지 말았어야 한다는 것을 단순히 말할 때 사용된다.

It started raining, so I **did not need to water** the flowers.
(비가 오기 시작해서 나는 꽃에 물을 줄 필요가 없었다.)
I **didn't need to buy** any extra material. I regret having spent all that money.
(나는 재료를 추가로 살 필요가 없었다. 나는 그 모든 돈을 써 버린 것을 후회한다.)
He already prepared all the necessary material, so I **didn't need to buy** more.
(그는 이미 필요한 모든 재료를 준비했으므로 나는 더 살 필요가 없었다.)

6   need not과 must not: "need not"는 무엇을 "할 필요가 없다"는 것을 말할 때 사용되고, "must not"는 무엇을 "하지 말아야 할 의무가 있다"는 것을 말할 때 사용된다.

You **need not** take any money—we already have enough.
(너는 돈을 가져갈 필요가 없다. 우리에게 이미 돈이 충분히 있다.)
You **mustn't** take any sharp objects on the plane—they are not allowed.
(비행기에 날카로운 물체를 지참해서는 안 된다. 그런 물체는 비행기에 허용되지 않는다.)
You **need not come** to the meeting—it's cancelled.
(회의에 올 필요가 없습니다. 회의가 취소되었습니다.)
You **must not come** to the meeting—you're not eligible.
(회의에 오면 안 됩니다. 당신은 자격이 없습니다.)

7   미래: need의 현재시제형은 미래에 대한 결정을 말할 때 사용된다.

She **needs** to lose a lot of weight in the near future.
(그녀는 가까운 장래에 체중을 많이 줄일 필요가 있다.)
We **need** to find an answer to the problem by tomorrow.
(우리는 내일까지 그 문제의 해답을 찾아야 한다.)

▶ 보통동사인 need는 조동사 will과 함께 사용될 수 있으며, 미래에 할 필요가 있는 일이나 충고를 표현할 때 사용될 수 있다.

He **will need** to fix his car before taking a vacation.
(그는 휴가를 떠나기 전에 차를 수리할 필요가 있을 것이다.)
We **will need** to practice hard to win the Sunday match.
(우리는 일요일에 있을 시합에서 이기려면 열심히 연습할 필요가 있다.)

8   need ... ing: 영국영어에서 need 다음에 -ing형이 사용될 수 있으며, 그 의미는 수동 부정사와 같다.

This room **needs brightening** up a bit. (이 방은 조금 더 밝게 할 필요가 있다.)
(= This room **needs to be brightened** up a bit.)
She **needs** her hair **washing/washed**. (그녀는 머리를 감을 필요가 있다.)
(= She **needs** her hair **to be washed**.)

there is no need to ... 에 대해서는 T8.11을 보라.
need ... ing와 유사한 구조에 대해서는 G8.5를 보라.

N8   negatives(부정적 표현)-1: 특성

영어의 대표적인 부정문은 부정소 not를 사용하는 것이다. 영어의 부정문은 다음과 같은 문법적 특성을 가지고 있다.

1   긍정 부가의문문: 부정문은 긍정문과는 달리 긍정 부가의문문을 갖는다.

She **doesn't** work hard, **does she**? (그녀는 열심히 일하지 않지요?)
(*She **doesn't** work hard, **doesn't she**?)
He **won't** do such a thing, **will he**? (그는 그런 일을 하지 않을 거지요?)
(*He **won't** do such a thing, **won't he**?)

2 **등위접속절**: 부정문은 축약된 부정 등위접속절을 대동한다.

She **didn't** work hard, and **neither did he**/**he didn't either**.
(그녀도 열심히 일하지 않았고, 그도 열심히 일하지 않았다.)
(*She **didn't** works hard, and **so didn't he**/**he didn't too**.)

3 **비단언적 표현**: 부정문에는 비단언적(nonassertive) 표현이 나타날 수 있다. (N21을 보라.)

We **haven't** had **any** lunch. (우리는 전혀 점심을 먹지 않았다.)
(*We **haven't** had **some** lunch.)

They **haven't** arrived **yet**. (그들은 아직 도착하지 않았다.)
(*They **haven't** arrived **already**.)

He's **not** at school **any longer**. (그는 더 이상 학생이 아니다.)
(*He's **not still** at school.)

4 **조동사 도치**: 부정소가 붙은 표현이 문장 앞에 오면 주어와 조동사의 도치가 일어난다. (I33.4를 보라.)

Not once was his smile genuine. (그의 미소는 한 번도 진정인 적이 없다.)
(***Not once his smile was** genuine.)
For once his smile was genuine. (그의 미소가 한 번은 진정이었다.)

N9 negatives-2: 부정문의 구성

긍정 평서문을 부정 평서문으로 만드는 가장 기본적인 방법은 not를 동사 앞에 놓아 부정문을 만드는 것이다.

1 **조동사가 있는 경우**: 긍정문에 조동사가 있으면 조동사 다음에 not를 놓아 부정문을 구성한다. (조동사에 대해서는 A79를 보라.)

He **has not** finished the book yet. (그는 책을 끝내지 못했다.)
I **will not** be working tomorrow. (나는 내일 일하지 않는다.)

2 **조동사가 없는 경우**: 긍정문에 조동사가 없는 경우에는 조동사 do를 not 앞에 놓아 부정문을 만든다.

I like the salad, but I **do not** like the soup. (나는 샐러드는 좋아하지만 수프는 싫어한다.)
She **does not** want to go to Arizona during the summer.

(그녀는 여름에 애리조나에 가고 싶지 않다.)

3 **be 동사가 있는 경우**: be 동사는 조동사로 사용되든 본동사로 사용되든 바로 뒤에 not를 넣어 부정문을 만든다.

He **was not** at his office this afternoon. (그는 오늘 오후에 사무실에 없었다.)
(*He **did not be** at his office this afternoon.)
She **is not** coming to the party. (그녀는 파티에 오지 않는다.)
They **were not** invited to the conference. (그들은 학회에 초청받지 못했다.)

4 **be 동사 명령문**: be동사가 있는 명령문에서는 be동사 앞에 do가 올 수 있다.

Don't be silly! (바보처럼 굴지 마!) (*Not be silly!/*Be not silly!)
Do not be noisy! (소리 내지 마!)

5 **have 동사가 있는 경우**: have는 완료 조동사로 사용될 수도 있으나 본동사로도 사용될 수 있다. 완료 조동사로 사용될 경우에는 not를 have 다음에 놓아서 부정문을 만들고, 본동사로 사용될 경우에는 조동사 do의 도움을 받아 부정문을 구성한다.

They **have not** finished their assignments yet. (그들은 아직 숙제를 마치지 않았다.)
She **has not** visited her parents since she saw them 10 years ago.
(그녀는 부모님을 10년 전에 본 후 찾지 않았다.)
We **did not have** lunch until 2 o'clock. (우리는 2시까지 점심을 먹지 않았다.)
I'm afraid that they **did not have** a good holiday.
(그들은 휴가를 즐겁게 보내지 못한 것 같다.)

▶ 그러나 영국영어에서는 본동사로 사용되는 have가 기본적으로 "소유하다(possess)"를 뜻하면서 진행형이 불가능할 경우 종종 not를 직접 뒤에 넣어 부정문을 만들 수 있다. 물론 이 경우에도 미국영어에서는 일반적으로 do의 도움을 받는다. (H6을 보라.)

I **have not** a new car. (나는 차가 없다.)
I **do not have** a new car. (나는 차가 없다.)
We **have not** any sympathy for these troublemakers.
We **do not have** any sympathy for these troublemakers.
(우리는 이 말썽꾸러기들에게는 어떠한 동정심도 갖지 않았다.)

6 **가정법 문장의 부정**: 가정법 문장의 "that-종속절"에서는 본동사 앞에 직접 not를 넣어 부정문을 만든다. (S29.1을 보라.)

It is important that she **not realize** what is happening.
(그녀가 무슨 일이 일어나고 있는지 모르는 것이 중요하다.)
It is essential that pilots **not be** distracted while operating airplanes.
(비행기를 조종하는 동안 조종사들은 주의가 산만해지지 않는 것이 매우 중요하다.)

7 **부정사와 -ing절의 부정:** not를 부정사와 -ing동사 바로 앞에 놓는다.

Try **not to come** late. (늦지 않도록 해라.) (*Try **to not come** late.)
It is absolutely essential **not to interfere** with other people's life.
(타인의 생활을 간섭하지 않는 것이 절대적으로 필요하다.)
(*It is absolutely essential **to do not interfere** with other people's life.)
I regret **not having** left her sooner. (나는 그녀를 더 일찍 떠나지 않은 것을 후회한다.)
(*I regret **having not** left her sooner.)
Not knowing that she would feel uncomfortable, he decided to stay longer.
(그녀가 불편해할 것이라는 것도 모르고 그는 더 오래 머물기로 했다.)
(***Don't knowing**/*Knowing not** that she would feel uncomfortable, he decided to stay longer.)

have to, dare, need, used to의 부정형에 대해서는 각 동사의 항목을 보라.
방언인 ain't에 대해서는 A48과 C25.8을 보라.

8 **조각 문장:** 불완전한 조각 문장에서 동사 외의 다른 성분을 부정하는 경우가 있다.

"Can you go to the park?" "No, **not today**."
("공원에 갈 수 있으세요?" "아니요, 오늘은 안 됩니다.")
Come early, but **not before six**. (일찍 와! 그러나 6시 전에는 안 돼.)
"Would you go to the movies this afternoon?" "No, **not interested**."
("오늘 오후에 영화 보러 갈까요?" "아니요, 관심이 없어요.)
"Who has taken my pen?" "**Not me**." ("누가 내 펜을 가져갔나?" "나는 아닙니다.")

명사와 함께 쓰이는 not과 no의 차이점에 대해서는 N16을 보라.

9 **짧은 응답:** not는 절을 대치하는 긍정적 so에 대응하는 부정적 표현으로 사용된다.

"Has the children returned home safely?" "I'm afraid **so**./I'm afraid **not**."
("아이들이 안전하게 집에 돌아왔습니까?" "그런 것 같습니다./그렇지 않은 것 같습니다.")

▶ not를 짧은 응답에서 허용하는 동사로는 다음과 같은 것들이 있다.

appear	believe	expect	guess
hope	imagine	presume	reckon
seem	suppose	suspect	think 등

"The missiles have recently been moved." "It **appears/seems so/not**."
("미사일이 근래에 이동됐습니다." "그런 것 같은데요./그런 것 같지 않은데요.")
"Do you think there'll be snow tomorrow?" "I **believe/suppose/think so**.")
("내일 눈이 올 것으로 생각합니까?" "그렇게 생각합니다.")
"Do you think there'll be snow tomorrow?" "I **believe/suppose/think not**.")
("내일 눈이 올 것으로 생각합니까?" "안 올 거라고 생각합니다.")
"Will he come to see you tomorrow?" "I **hope so/not**.")

("그가 내일 널 보러 올까?" "그러기를 바란다./그러지 않기를 바란다.")
"Is she going to donate some money to the school?" "I **don't suppose/think so**."
("그녀가 학교에 돈을 좀 기증할까요?" "나는 그렇게 생각하지 않습니다.")

N10 negatives-3: 다른 단어에 의한 부정

not 외에도 다른 부정적 단어(no, never, little 등)를 써서 동사가 아닌 단어와 결합하여 부정문을 구성할 수 있다.

1 **완전한 문장**: 완전한 문장 내에서 동사 아닌 다른 성분을 부정하는 경우

There's **no food** left in the refrigerator. (냉장고에 음식이 하나도 남아 있지 않다.)
(= There's **not any food** left in the refrigerator.)
No trains will be affected by this incident.
(어떤 기차도 이 사건으로 영향을 받지 않을 것입니다.)
(= **Trains** will **not** be affected by this incident.)
We left **not one bottle** behind. (우리는 한 병도 남겨놓지 않았다.)
(= We **didn't** leave **one bottle** behind.)
I'm **never** going back to Australia again. (다시는 호주로 돌아가지 않을 것이다.)
(= I'm **not** going back to Australia **ever** again.)

▶ 부정된 성분을 앞으로 이동하면 주어와 조동사의 도치가 일어난다.

No food is there left in the refrigerator. (냉장고에 음식이 하나도 남아 있지 않다.)
(*No food there's left in the refrigerator.)
Not one bottle did we leave behind. (우리는 한 병도 남겨놓지 않았다.)
(*Not one bottle we left behind.)
Never am I going back to Australia again. (다시는 호주로 돌아가지 않을 것이다.)
(*Never I'm going back to Australia again.)

2 **부정 부사**: 부정부사를 써서 부정문을 만들 수 있다.

barely   hardly   never   rarely
scarcely   seldom 등

He has **never** been so confused. (그가 그렇게 당황해본 적이 없다.)
The city had **scarcely/hardly** changed in 20 years. (도시가 20년간 거의 변하지 않았다.)
I've **seldom/rarely** read an article that was so full of lies.
(나는 거짓으로 가득 찬 이런 기사를 거의 본 적이 없다.)

▶ 이들이 부정문이라는 것은 두 가지 점에서 알 수 있다. 부정부사를 문두 위치에 두면 주어와 조동사의 도치가 일어나고, 긍정 부가의문을 대동한다.

Never has he been so confused.
Hardly had the city changed in 20 years.

Seldom have I read an article that was so full of lies.

He has **never** been so confused, **has he**? (그가 그렇게 당황해 해본 적이 없지?)
(*He has **never** been so confused, **hasn't he**?)
The city had **scarcely/hardly** changed in 20 years, **had it**?
(도시가 20년간 거의 변하지 않았지?)
(*The city had **scarcely/hardly** changed in 20 years, **hadn't it**?)
You've **seldom/rarely** read an article that was so full of lies, **have you**?
(너는 거짓으로 가득 찬 이런 기사를 거의 본 적이 없지?)
(*You've **seldom/rarely** read an article that was so full of lies, **haven't you**?)

도치에 대해서는 I33.4와 5를 보라.

3   **little과 few**: little과 few를 포함하는 문장도 부정문이 된다. 긍정 부가의문절만이 가능하다는 점에 유의하라. (A4를 보라.)

Few people want low-paid jobs, **do they**?
(낮은 임금을 받고 일하기를 원하는 사람은 많지 않지요?)
(***Few** people want low-paid jobs, **don't they**?)
The government has done **little** to change the situation, **has it**?
(정부가 상황을 바꾸기 위해 한 것이 별로 없지요?)
(*The government has done **little** to change the situation, **hasn't it**?)

4   **단어 부정**: no와 not 그리고 un-등 다양한 부정접사를 써서 단어의 의미를 부정의 뜻으로 바꿀 수 있다. 그러나 이것이 문장을 부정문으로 만드는 것은 아니다. 예를 들어, "He's not happy"와 "He's unhappy"는 유사한 뜻을 가지지만 전자는 부정문이고 후자는 긍정문이다. 다음을 비교해보라.

He's **not** happy, **is he**? (그는 행복하지 않지요?)
He's **unhappy, isn't he**? (그는 불행하지요?) (*He's **unhappy, is he**?)

Not surprisingly, they missed the train. (예상했던 것처럼 그들은 기차를 못 탔다.)
I visit my parents **not very often**. (나는 부모님을 그렇게 자주 찾지는 않는다.)
I talked with them **no long ago**. (나는 얼마 전에 그들과 말을 했다.)
We'll be there **in no time**. (우리는 즉시 그곳에 갈 것이다.)

5   **비단언적 단어**: 부정문에서는 일반적으로 "some, somebody, something" 등과 같은 단언적 표현을 사용하지 않는다. 대신에 비단언적 단어인 "any, anybody, anything" 등을 사용한다. 다음을 비교해보라.

I've found **some** mushrooms. (나는 버섯을 좀 찾았다.)
I **haven't** found **any** mushrooms. (나는 버섯을 하나도 못 찾았다.)

They've left the town **already**. (그들은 이미 마을을 떠났다.)
They **haven't** left the town **yet**. (그들은 아직 마을을 떠나지 않았다.)

He's **still** working late. (그는 아직도 일하고 있다.)
He's **not** working **anymore**. (그는 이제는 일하고 있지 않다.)

I've met **both** of Lucy's parents. (나는 루시의 부모님 두 분을 다 만났다.)
I **haven't** met **either** of Lucy's parents. (나는 루시의 부모님 중에 어느 분도 만나지 않았다.)

다른 비단언적 단어들도 대체로 의문과 부정문에 나타난다. 상세한 것은 N21을 보라.

N11 negatives-4: 전이된 부정

다음의 두 부정문을 비교해보라.

I **think** he's **not** a good man. (나는 그가 좋은 사람이 아니라고 생각한다.)
I **don't think** he's a good man. (나는 그가 좋은 사람이라고 생각하지 않는다.)

두 번째 문장은 자신의 의미(즉, 그 사람이 좋은 사람인지 아닌지에 대해 아무런 생각이 없다는 것) 외에 첫 번째 문장의 의미(즉, 그 사람이 좋은 사람이 아니라는 생각)도 가지고 있다. 다시 말해서 종속절의 부정이 주절의 부정으로 전이될 수 있다는 것이다. 이러한 현상을 "전이된 부정(transferred negation)"이라고 부른다. 이에 반하여 다음의 두 문장을 비교해보라. 이 두 문장 사이에는 앞에서 논의한 의미적 관계를 볼 수 없다.

He **knows** she's **not** alive. (= He knows she's dead.)
(그는 그녀가 살아있지 않다는 것을 안다.) (= 그는 그녀가 죽었다는 것을 안다.)
He **doesn't know** she's alive. (= He doesn't know the fact that she's alive.)
(그는 그녀가 살아있다는 것을 모른다.) (= 그는 그녀가 살아있다는 사실을 모른다.)

1 **동사**: 전이된 부정을 허용하는 동사는 매우 제한적이며, 일반적으로 부정소의 인상이 일어난 문장이 그렇지 않은 문장보다 더 자연스럽다.

▶ 견해/생각(opinion) 동사

anticipate	be supposed to	believe	calculate
expect	figure	imagine	reckon
suppose	think 등		

I **anticipate** the schedule **isn't** final. (나는 그 일정표가 최종적인 것이 아니라고 예상한다.)
I **don't anticipate** the schedule's final. (나는 그 일정표가 최종적인 것이라고 예상하지 않는다.)

I **believe** I **haven't** met you before. (나는 너를 전에 만난 적이 없다고 생각한다.)
I **don't believe** I've met you before. (나는 너를 전에 만난 적이 있다고 생각하지 않는다.)

We **expect not** to win. (우리는 이기지 못할 것이라고 기대한다.)
We **don't expect** to win. (우리는 이길 것이라고 기대하지 않는다.)

▶ think와 유사한 의미를 가진 assume과 presume은 전이된 부정이 허용되지 않는다.

I **assumed** that he **didn't** know me. (나는 그가 나를 모른다고 가정했다.)

I **didn't assume** that he knew me. (나는 그가 나를 안다고 가정하지 않았다.)

I **presumed** that we **wouldn't** be there by 6 o'clock.
(나는 우리가 그곳에 6시까지 가지 못할 것이라고 추정했다.)
I **didn't presume** that we would be there by 6 o'clock.
(나는 우리가 그곳에 6시까지 갈 것이라고 추정하지 않았다.)

▶ 감각(perception)동사

appear   feel   look   seem   sound 등

It **seems** that we **can't** get our money back. (우리는 돈을 돌려받을 수 없을 것 같다.)
It **doesn't seem** that we can get our money back.
(우리는 돈을 돌려받을 수 있을 것 같지 않다.)

It **looks like** it **isn't** going to rain. (비가 오지 않을 것 같이 보인다.)
It **doesn't look like** it's going to rain. (비가 올 것 같이 보이지 않는다.)

2   **형용사**: "likely, probable, possible"과 같은 형용사도 전이된 부정을 허용한다.

It is **likely** that he **isn't** alive. (그가 살아있지 않은 것 같다.)
It **isn't likely** that he's alive. (그가 살아있는 것 같지 않다.)

It's **possible** that she **isn't** at home. (그녀는 집에 없을 가능성이 있다.)
It's **not possible** that she's at home. (그녀가 집에 있을 가능성이 없다.)

3   **양상조동사와 부사**: 주절에 양상조동사가 있거나 부사가 있으면 전이된 부정이 불가능하다.

You **must** believe that he's **not** broke. ≠ You **mustn't** believe that he's broke.
(그가 파산하지 않았다는 것을 믿어야 한다.) ≠ (그가 파산했다는 것을 믿어서는 안 된다.)

It **just** seemed that it **wouldn't** rain. ≠ It **just didn't seem** that it would rain.
(비가 안 올 것이 틀림없는 것 같다.) ≠ (전혀 비가 올 것 같지 않다.)

N12   negatives-5: 부정문의 해석

1   **부정문의 다중적 해석**: 부정문의 동사 앞에 not는 동사뿐만 아니라 문장의 다른 성분도 부정할 수 있다.

I **didn't tell** Andy to work in the office today.
(나는 앤디에게 오늘 출근하라고 말하지 않았다.)
I forgot **to tell Andy to work in the office today**. [전형적인 부정문 해석]
(나는 앤디에게 오늘 출근하라고 말하는 것을 잊었다.)

▶ 다시 말해서 부정소 not가 어느 성분에 초점을 두느냐에 따라 부정문의 해석이 달라진다. 다음 문장에서 각괄호 속의 단어가 부정의 초점이 된다.

I didn't tell **Andy** (but Mary) to work in the office today.　　　　[Andy]
(나는 (메리에게 그러나) 앤디에게는 오늘 출근하라고 말하지 않았다.)
I didn't tell Andy to **work** (but relax) in the office today.　　　　[work]
(나는 앤디에게 사무실에서 (쉬고) 일하지 말라고 말했다.)
I didn't tell Andy to work **in the office** (but in my house) today.　[office]
(나는 앤디에게 (집에서 일하고) 출근하지 말라고 말했다.)
I didn't tell Andy to work in the office **today** (but yesterday).　　[today]
(나는 앤디에게 (어제가 아니고) 오늘 출근하라고 말하지 않았다.)
I didn't (not I but my brother) tell Andy to work in the office today.　[I]
(앤디에게 오늘 출근하라고 말한 것은 (내 동생이지) 내가 아니다.)

이들의 정확한 의미는 말에서는 강세와 억양으로 나타낼 수 있으며, 글에서도 일반적으로 맥락과 상황에서 명백히 나타난다. 그러나 때때로 혼동을 피할 수가 없다.

2　　**분열문 구조**: 이러한 혼동은 일반적으로 문장구조를 강조구문으로 재구성함으로써 피할 수 있다.

It wasn't **Andy** that I told to work in the office today.
(내가 오늘 출근하라고 말한 사람은 앤디가 아니었다.)
What I didn't tell Andy is to **work** in the office today.
(내가 앤디에게 말하지 않은 것은 오늘 출근하라는 것이다.)
It wasn't **in the office** that I told Andy to work today.
(내가 앤디에게 오늘 출근하라는 곳은 사무실이 아니었다.)
It wasn't **today** that I told Andy to work in the office.
(내가 앤디에게 출근하라고 한 날은 오늘이 아니었다.)
It wasn't **I** who told Andy to work in the office today.
(오늘 앤디에게 출근하라고 말한 사람은 내가 아니었다.)

▶ 다음의 문장을 비교해보면 의미의 모호성이 어떻게 살아지는가를 알 수 있다.

Jane didn't marry Max. (제인은 맥스와 결혼하지 않았다.)
It wasn't Jane who married Max. (맥스와 결혼한 사람은 제인이 아니었다.)

첫 문장만 보고는 말하고 있는 시점에 Max가 총각인지 결혼했는지를 알 수가 없다. 그러나 두 번째 문장에서는 Max가 결혼을 했는데 결혼한 사람이 Jane이 아니고 다른 사람이라는 것을 말하고 있다.

3　　**because-절의 모호성**: because-절이 나타나는 부정문은 종종 그 의미가 모호해진다.

I **didn't** leave **because I loved her**.

이 문장은 "내가 떠나지 않은 이유는 그녀를 사랑했기 때문이다"라는 의미와 "내가 떠난 이유는 그녀를 사랑했기 때문이 아니다"를 의미할 수 있다. 첫 번째 의미는 because-절을 문두위치에 놓으면 명백해진다.

Because I loved her, I didn't leave.

위 문장의 모호성은 "it...that" 구문으로 바꾸어 쓰면 사라지는 것을 알 수 있다.

It was **because I loved her** that I **didn't** leave.
(내가 떠나지 않은 것은 그녀를 사랑했기 때문이다.)
It was **not because I loved her** that I left. (내가 떠난 것은 그녀를 사랑했기 때문이 아니다.)

4   **부정의문문**: 부정의문문에는 두 가지 형태가 있다.

축약형: 조동사 + -n't + 주어 ...
비축약형: 조동사 + 주어 + not ...

축약형은 구어에서뿐만 아니라 두루 널리 사용되고 비축약형은 문어적 표현이다.

Didn't I tell you Mark would give up smoking?   [축약형]
Did I not tell you Mark would give up smoking?   [비축약형]
(마크가 담배를 끊을 것이라고 내가 너에게 말하지 않았느냐?)

5   **긍정 편향적 해석과 부정 편향적 해석**: 다음과 같은 상황을 생각해보자. 가령 화자가 "John이 성탄절을 자신의 부모와 함께 보낼 예정"이라는 정보를 가지고 있다고 하자. 그런데 성탄절 모임에 John이 참석한 것을 보고 다음과 같이 말했다고 하자.

Isn't John spending Christmas with his parents?
(존이 부모님과 함께 크리스마스를 보내는 것 아닙니까?)

이 상황에서 이 말은 "John이 성탄절을 자신의 부모와 함께 보내지 않고 있다"는 의미가 되므로 "부정 편향적 해석"이 된다. 이와는 반대로 누가 화자에게 John이 어째서 성탄절 모임에 오지 않느냐고 물었다고 하자. 이 경우에 위의 문장은 "John이 성탄절을 자신의 부모와 함께 보내고 있다"는 의미로 해석됨으로 "긍정 편향적 해석"이 된다.

6   **긍정 편향적 해석**: 화자가 자신의 정보나 믿음에 대해 확신을 가지고 말할 때 종종 부정의문문을 사용한다. 다시 말해서 위의 문장을 내면적으로 "Isn't it true that John is spending Christmas with his parents?"말하면서 긍정적 응답을 기대하는 것이다.

Didn't you meet Helen yesterday? How is she? (= I believe you met Helen yesterday.)
(너 어제 헬렌을 만지나 않았어? 어때?) (= 나는 네게 어제 헬렌을 만났다고 생각한다.)

▶ 긍정 편향적 부정의문문은 종종 감탄문 또는 수사적 의문문으로 사용되기도 한다.
   (E24.6과 Q6.4를 보라.)

Aren't they lovely? (= How lovely they are!)
(그들이 귀엽지 않아?) (= 그들이 정말 귀엽군!)
Haven't I been a fool? (= What a fool I have been!)
(내가 바보였던 것 아냐?) (= 나는 참 바보였다!)
Isn't the answer obvious? (= Surely the answer is obvious.)
(답이 명백한 것 아냐?) (= 답이 명백하다.)
Who **doesn't** know? (= Everyone knows.)

(누가 몰라?) (= 모두가 안다.)

7 **부정 편향적 해석**: 긍정 편향적 해석과는 달리 부정 편향적 해석은 자신의 부정적 생각이나 믿음에 대한 확인을 요청할 때 사용되며, 일반적으로 화자의 불만이나 비난을 표현한다.

Can't you think of a more useful idea?
(= It appears you **can't** think of a more useful idea.)
(너는 더 도움이 되는 생각을 해낼 수 없어?) (= 너는 더 도움이 되는 생각을 해낼 수 없는 것 같다.)
Didn't you turn off the gas valve? (= You apparently **didn't** turn off the gas valve.)
(너는 가스 밸브를 잠그지 않았어?) (= 가스 밸브를 잠그지 않은 것이 명백하다.)
Don't you have any sympathy for these innocent victims?
(= It seems that you **don't** have any sympathy for them.)
(너는 이 죄 없는 희생자들에게 어떠한 동정심도 느끼지 않느냐?)
(= 너는 이 죄 없는 희생자들에게 어떠한 동정심도 느끼지 않는 것 같다.)
Didn't the alarm go off? I wonder what's wrong with it.
(경보기가 작동하지 않았어? 무엇이 잘못된 것 같다.)

8 **정중한 초대와 제안**: 정중한 초대나 제안을 할 때 부정의문문을 사용할 수 있다.

Won't you have some more tea? (차를 좀 더 드시지 않으실래요?)
Wouldn't you like to help that old lady? (저 나이 드신 여자분을 도와드릴 수 있으십니까?)
Why don't you sit on the sofa and wait for a while? (소파에 앉아서 잠시 기다리시겠습니까?)

N13 neither (of), neither/not ... nor, not ... either

이 표현들은 모두 부정문과 연관이 있다. 영국에서는 neither를 /náɪðə/ 또는 /níːðə/로 발음하고, 미국에서는 /níːðər/로 발음한다.

1 neither (of): neither는 "두 대상 중에 어느 하나도 아니"라는 것을 뜻한다. neither는 한정사, 대명사, 부사로 사용될 수 있다.

I think **neither** team deserves to win.　　　　　　[한정사]
(나는 둘 중에 어느 팀도 승리할 만하다고 생각하지 않는다.)
"Would you like tea or coffee?" "**Neither**, thanks."　　[대명사]
("차를 드시겠습니까 커피를 드시겠습니까?" "고맙지만 둘 다 아닙니다.")
"I don't have any money." "**Neither** do I."　　　　　[부사]
("나는 돈이 없다." "나도 없다.")

2 neither + 단수명사: neither는 단수명사와만 결합할 수 있다.

There're two men in the room, but **neither man** can speak English.
(방에 두 남자가 있는 데 둘 중에 누구도 영어를 할 줄 모릅니다.)
"Can you come on Monday or Tuesday?" "I'm afraid **neither day** is possible."

("월요일이나 화요일에 올 수 있습니까?" "미안합니다만 둘 중에 어느 날도 불가능한데요.)

3 **neither of + 복수명사**: "neither of"는 한정사(예: the, his, those)의 수식을 받는 복수명사나 복수대명사와 결합할 수 있다.

Neither of his sisters likes me. (그의 여동생 둘 중에 아무도 나를 좋아하지 않는다.)
(***Neither of sisters** likes me.)
Neither of them is likely to be aware of my absence.
(그들 중에 아무도 나의 결근을 알지 못하는 것 같다.)
(***Neither them** is likely to be aware of my absence.)

▶ "neither of + 복수명사/대명사"는 일반적으로 단수동사를 취하지만, 구어체에서는 종종 복수동사도 쓰인다.

Neither of his sisters like me.

4 **neither**: 맥락에서 그 의미를 알 수 있을 경우 명사나 대명사 없이 neither를 홀로 쓸 수 있다.

We have two TVs, but **neither** works properly.
(텔레비전이 두 대 있는데 둘 다 잘 작동하지 않는다.)
"Which one would you choose?" "**Neither**. They're both terrible."
("어느 것을 선택할 것이냐?" "둘 다 아닙니다. 그것들은 끔찍합니다.")

5 **neither do**: 앞에 오는 부정문을 받아 이것이 다른 대상에 대해서도 사실이라는 것을 표현한다.

If Sandra **doesn't** agree to the plan, **neither will** Ed.
(샌드라가 그 계획에 동의하지 않으면 에드도 동의하지 않을 것이다.)
"I **don't** feel like going out this evening." "**Neither do** I."
("저는 오늘 저녁에 외출할 기분이 아닙니다." "나도 그렇다.")
Tom **didn't** believe a word she said, and **neither did** the police.
(탐도 그녀가 말한 것을 한 마디도 믿지 않았고 경찰도 믿지 않았다.)

▶ neither 앞에 오는 접속사를 임의로 생략할 수 없다.

I never learned to swim, **and neither did** he. (나도 수영을 배운 적이 없었고 그도 그랬다.)
(*I never learned to swim, **neither did** he.)
He isn't going to the party, **and neither am** I.
(그도 파티에 가지 않을 것이고 나도 안 갈 것이다.)

▶ "neither do"는 부정문 뒤에 오는 부정문을 강조하기 위해서 사용될 수 있다.

I **don't** ever recall Dad hugging me. **Neither did** I sit on his knee.
(나는 아버지에게 안긴 기억도 없고 아버지 무릎에 앉아본 기억도 없다.)

6 **neither/not ... nor**: nor는 항상 neither나 not과 함께 사용되며, 두 개의 상황이 둘 다 진실이

아니거나 일어나지 않을 때 사용된다.

He can **neither** read **nor** write. (그는 읽을 줄도 쓸 줄도 모른다.)
(= He can**not** read **and** write.)
Neither Mr. Smith **nor** Miss Taylor is going to visit the school.
(스미스 씨와 테일러 양 두 분 중에 아무도 학교를 방문하지 않을 것입니다.)

▶ "neither A nor B"의 표현이 주어일 경우 동사는 B와 일치한다.

Neither John **nor** I **am** responsible for the accident. (존도 나도 사고에 책임이 없다.)

▶ "neither A nor B"는 "both A and B"의 반의적 표현이므로 후자를 부정문에서 사용할 수 없다.

*Both John and I aren't** responsible for the accident.
*Both Mr. Smith and Miss Taylor aren't** going to visit the school.

▶ "neither A nor B"에서 A와 B가 문장이 될 수는 없다. 이 점은 "both A and B" 구조와 유사하다. (B23.8을 보라.)

*Neither** Peter was responsible **nor** was his wife responsible.
Neither Peter **nor** his wife was responsible. (피터도 그의 부인도 책임이 없다.)

*Both** Peter was responsible **and** his wife was responsible.
Both Peter **and** his wife were responsible. (피터와 그의 부인 두 분 다 책임이 있다.)

7   **nor do**: neither처럼 부정문 뒤에 오는 부정문을 강조하기 위해서 사용될 수 있다.

I **don't** expect the child to be rude, **nor do** I expect him to be disobedient.
(나는 그 아이가 버릇이 없을 거라고 생각하지도 않았고 더욱이 반항적이라고는 생각하지도 않았다.)
They **can't** even read, **nor can** they understand such concepts.
(그들은 읽을 수 없을 뿐만 아니라 그런 개념을 이해한다는 것은 불가능하다.)

▶ neither do처럼 앞에 오는 부정문을 받아 이것이 다른 대상에 대해서도 사실이라는 것을 표현하며, neither와 같이 nor 앞에 접속사가 올 수도 있다.

"I **don't** want to go." "**Nor do** I." ("나는 가고 싶지 않다." "나도 가고 싶지 않다.")
They **couldn't** understand it at the time, **(and) nor could** I.
(그때는 그들도 그것을 이해하지 못했고 나도 그랬다.)

8   **do not either**: "neither do"와 같은 의미로 사용되며 정상적인 어순을 갖는다.

I **never** learned to swim, and he **didn't either**.
(나도 수영을 배운 적이 없고 그도 배운 적이 없다.)
(*I **never** learned to swim, and **either didn't** he.)
"I **can't** swim." "I **can't either**." ("나는 수영을 못한다." "나도 못한다.")

▶ 흥미로운 점은 미국영어에서 다음의 두 문장이 뜻이 같다는 점이다.

"I **don't** have any money." "Me **neither**."
"I **don't** have any money." "Me **either**."
("나는 돈이 하나도 없다." "나도 없다.")

N14 never

never는 "앞으로도 또는 지금까지 … 않다"를 의미하며, not와는 달리 조동사의 도움을 필요로 하지 않는다. never는 일반적으로 조동사 다음이나 어휘동사 앞에 온다.

My parents **never let** me go out in the evening.
(나의 부모님은 내가 저녁에 외출하는 것을 결코 허락하지 않는다.)
I'm never going back there, not as long as I live.
(나는 살아있는 한 그곳에 절대로 돌아가지 않을 것이다.)
Most Americans **have never** been to Hawaii. (미국인 대부분은 하와이에 가본 적이 없다.)

▶ never는 not과 함께 사용되지 않으며, 대신 ever가 사용된다.

I **didn't ever** doubt that I would pass the test.
(나는 시험을 통과할 것이라는 것을 의심한 적이 없었다.)
(*I **didn't never** doubt that I would pass the test.)

▶ ever는 강조하려고 할 때 never와 함께 쓰인다.

She'll **never ever** forgive me for leaving her.
(그녀는 자기를 떠난 나를 결코 절대로 용서하지 않을 것이다.)

▶ 강조하기 위해서 never를 문장 앞으로 전치하면 주어와 조동사의 도치가 일어난다.

Never have I lost the weight I put on in my teens.
(나는 10대의 체중에서 내려가 본 적이 한 번도 없다.)

N15 next와 the next

1. the next: next는 현재의 것 바로 다음에 오는 것 또는 앞서 있었던 것 바로 다음에 오는 것을 의미하며, 시간명사와 결합하는 특별한 경우를 제외하고는 일반적으로 정관사 the를 동반한다.

Who will be **the next President**? (누가 다음 대통령이 될 것입니까?)
I just missed the KTX to Seoul. When's **the next one**?
(방금 서울행 KTX를 놓쳤습니다. 다음 KTX는 언제 있습니까?)
Go straight on at the traffic lights and take **the next turning** on the right.
(교통신호에서 계속 직진하고 그다음에 오른쪽으로 도십시오.)
He could hear them arguing about his background in **the next room**.
(그는 자신의 배경에 대해서 그들이 옆방에서 논쟁하는 소리를 들을 수 있었다.)

2 **next와 시간명사**: 말하는 시점 바로 다음에 오는 시점을 지칭할 때는 관사 없이 사용된다. 따라서 "next week, next month, next year"는 "현재의 다음 날, 주, 달, 년도"를 의미한다. 이 경우에 정관사를 사용할 수 없다.

Let's plan a big night **next week**. (다음 주에 성대한 밤을 계획합시다.)
(*Let's plan a big night **the next week**.)
I'm spending **next Christmas** with my family.
(나는 다음 크리스마스를 가족과 함께 보낼 것이다.)
(*I'm spending **the next Christmas** with my family.)
What do you think we'll be doing this time **next year**?
(다음 해 이때쯤에 우리는 무엇을 하고 있을 것이라고 생각하느냐?)
(*What do you think we'll be doing this time **the next year**?)

▶ "next day"라는 말은 없으며 대신에 "tomorrow"를 사용한다.

I'm going to see her **tomorrow**. (나는 내일 그녀를 보려고 한다.)
(*I'm going to see her **next day**)

다음 문장에서 "the next day"는 이 문장이 의미하는 과거의 어느 날의 "그다음 날"을 의미한다.

I was going to see her **the next day**. (나는 그다음 날에 그녀를 보려고 했다.)

3 **next Monday**: next가 요일명이나 월명을 가리키는 명사와 결합하면 의미가 모호해질 수 있다.

I'll be seeing her **next Monday**. (나는 다음 월요일에 그녀를 보려고 한다.)
He's planning to have a big birthday party **next April**.
(그는 다음 4월에 거창한 생일파티를 계획하고 있다.)

위의 문장은 각각 두 개의 의미를 가질 수 있다.

Are you saying **this Monday or the one after**?
(이번 주 월요일을 말하는 겁니까 혹은 다음 주 월요일을 말하는 겁니까?)
Do you mean **this April or the one after**? (올해 4월을 의미합니까 내년 4월을 의미합니까?)

우리는 말하는 시점이 월요일(Monday)이나 4월(April)에서 떨어져 있을수록 앞의 뜻(this Monday와 this April)으로 해석하고, 가까울수록 뒤의 뜻(the one after)으로 해석하는 경향이 있다. (조사에 의하면 "3"이라는 숫자가 경계선이라고 한다.) 이러한 혼동을 피하기 위하여 다음과 같은 표현을 쓰기도 한다.

I'll be seeing you **on Monday/this Monday/the coming Monday/
  this coming Monday/(on) Monday this week**   [금주]
(나는 너를 금주 월요일에 볼 것이다.)
I'll see you **(on) Monday week/a week on Monday/
  (on) Monday next week/ one week after Monday**.   [다음 주]
(나는 너를 다음 주 월요일에 볼 것이다.)

He is planning to have a big birthday party **in April/
this April/the coming April/this coming April/in April this year**.   [올해]
(그는 올해 4월에 거창한 생일파티를 계획하고 있다.)
He is planning to have a big birthday party **next April/
in April next year/a year after April**.   [내년]
(그는 내년 4월에 거창한 생일파티를 계획하고 있다.)

4 **the next와 시간명사**: the next는 말하는 시점부터가 아니라 미래 또는 과거의 어느 시점 바로 뒤따라오는 "시점"을 가리킨다.

She called me and we arranged to meet **the next week**.
(그녀는 나에게 전화를 걸었고 우리는 그다음 주에 만나기로 결정했다.)
(*She called me and we arranged to meet **next week**.)
They met at a party in 2001 and got married **the next year**.
(그들은 2001년에 파티에서 만났으며 그다음 해에 결혼했다.)
(*They met at a party in 2001 and got married **next year**.)

5 **the next + 기간명사**: 시간명사가 순수하게 "기간"만을 의미할 때는 the next는 "현시점으로부터 시작하는 기간"을 의미할 수 있다. 따라서 다음의 예에서 "the next"는 "(바로) 다음의" 의미가 아니라 "지금부터"를 의미한다.

He's going to stay at our place **for/during the next week**.
(그들은 우리 집에 1주일간 머물 것이다.)
The next year will be very difficult for the company.
(지금부터 1년간은 회사가 매우 어려울 것이다.)

위 예문에서 "the next week"는 "the next one week"를, "the next year"는 "the next one year"를 의미한다.

6 **the next + 수 + 시간명사**: 구체적인 숫자나 양화사와 시간명사를 써서 기간을 표현할 수 있다.

I'll be in Hawaii for **the next three years**. (나는 지금부터 3년 동안 하와이에 갈 것이다.)
We're going to spend **the next six weeks** to finish the job.
(우리가 일을 끝내는 데 지금부터 6년이 걸릴 것이다.)
The next few days are going to be wet. (다음 며칠은 축축한 날이 될 것이다.)
The country will experience severe economic hardship for **the next several years**.
(나라는 지금부터 수년간 심각한 경제적 어려움을 겪을 것이다.)
The next couple of weeks are a critical period of the patient.
(다음 2주 정도가 환자에게는 중대한 기간이다.)

7 **the next + 복수 시간명사**: 숫자나 양화사가 중간에 끼지 않을 경우에는 the next와 복수 시간명사를 결합하여 쓸 수 없다.

*I will be in Hawaii for **the next years**.
*We're going to spend **the next weeks** to finish the job.
***The next days** are going to be wet.
*The country will experience severe economic hardship for **the next years**.
***The next weeks** are a critical period of the patient.

the next와 the nearest의 차이점에 대해서는 N6을 보라.
last와 the last에 대해서는 L1을 보라.

N16   no와 not

이 두 단어는 영어에서 부정적 표현을 만드는 대표적인 단어다.

1   not: 단어, 구, 절, 문장을 부정적으로 만드는 데 사용된다. 다음 문장에서 not를 no로 바꿀 수 없다.

Not surprisingly, we were all late to the meeting. (예상했던 대로 우리는 모두 회의에 늦었다.)
She's a **not unattractive** girl. (그녀는 매력이 없다고 할 수 없는 여자다.)
Not a single person said thank you. (고맙다고 말한 사람이 하나도 없었다.)
The students went on strike, but **not the teachers**.
(학생들은 동맹휴교를 계속했지만 선생들은 하지 않았다.)
You were wrong **not to inform** the police. (경찰에 알리지 않은 것은 네가 잘못했다.)
I can come tomorrow, but **not on Monday**. (내일은 올 수 있지만 월요일은 안 된다.)
I've **not seen** the film. (나는 그 영화를 못 봤다.)
She does **not like** your attitude. (그녀는 너의 태도를 좋아하지 않는다.)

2   no: no는 한정사로서 "단수와 복수명사" 뿐만 아니라 "동명사"를 수식할 수 있으며, 부사로서 "비교급 표현"과 함께 쓰일 수 있다.

No workers joined the strike. (노동자는 누구도 파업에 동참하지 않았다.)
I knocked at the door, but there was **no answer**. (문에 노크를 했으나 응답이 없었다.)

I'll pay you $10, and **no more**. (나는 너에게 10불은 주겠지만 더 이상은 안 된다.)
He's **no longer** interested in the project. (그는 그 계획에 더 이상 관심이 없다.)

There's **no knowing** what this lunatic will do next.
(이 미치광이가 다음에 무슨 짓을 할지 알 수가 없다.)

| NO SMOKING | NO CROSSING | NO PARKING |
| (금연) | (횡단금지) | (주차금지) |

3   **부정적 응답**: no는 질문, 제안, 부탁에 대한 부정적 응답을 이끄는 역할을 한다. (Y1을 보라.)

"Are you Japanese?" "**No**, I'm Korean." ("일본인입니까?" "아니요, 한국인입니다.")
"Could you help me finish the letter?" "**No**, sorry, I don't have time."

("편지를 끝내도록 나를 도와줄 수 있습니까?" "아니요, 미안합니다. 시간이 없습니다.")

4   no + 명사와 not any/not a + 명사: 때때로 "not any/a(n) +명사"를 가진 문장과 "no + 명사"를 문장이 유사한 의미를 갖지만 후자가 더 강조적이다.

not any/a +명사	**no + 명사**
There **wasn't an answer**. (응답이 없었다.)	There was **no answer**.
He's **not a friend of yours**. (그는 네 친구가 아니다.)	He's **no friend of yours**.
She **isn't any different**. (그녀는 다르지 않다.)	She's **no different**.
An honest man would **not** lie. (정직한 사람은 거짓말을 하지 않는다.)	**No honest man** would lie.
He **didn't** earn **any money**. (그는 돈을 한 푼도 벌지 못한다.)	He earned **no money**.
You're **not any better** than the rest of them. (너는 나머지 그들보다 더 나은 것이 없다.)	You're **no better** than the rest of them.
They are **not staying** here **any** longer. (그들은 여기에 더 이상 머물지 않을 것이다.)	They are **no longer staying** here.
He **didn't** say **a word**. (그는 한마디도 안 했다.)	He said **not a word**.
He **didn't** leave **one bottle** behind. (그는 한 병도 남기지 않았다.)	He left **not one bottle** behind.

N17   no doubt

1   no doubt: no doubt는 부사구로서 어떤 것이 "어쩌면 사실일 수 있다"고 생각할 때 사용된다.

No doubt you'll have your own car soon. (아마도 너는 너 자신의 차를 곧 가지게 될 것이다.)
We will **no doubt** discuss these issues at the next meeting.
(우리는 분명히 다음 모임에서 이 문제들을 논의하게 될 것이다.)

2   not any doubt: 어떤 것이 "확실하다"고 생각할 때는 no doubt를 홀로 사용하지 않고, 다음과 같은 표현을 사용한다.

There is no doubt/not a shadow of doubt that the world is getting warmer.
(지구가 더워지고 있다는 것은 의심의 여지가 없다.)
(*No doubt the world is getting warmer.)
I **never had any doubt that** we would win. (우리가 승리할 것이라는 것을 의심하지 않았다.)
(= I **had no doubt that** we would win.)
The prosecution must establish his guilt **beyond (a) reasonable doubt**.
(검찰 당국은 의심의 여지가 없이 그의 범법행위를 입증해야 한다.)

Mr. Park is **without (any) doubt** one of the greatest swimmers in the world.
(박 군은 세계에서 가장 위대한 수영선수 중에 하나인 것은 분명하다.)

3 doubtless: doubtless는 (문어적이지만) no doubt와 유사한 반면, undoubtedly는 "there is no doubt that"와 유사하다는 점에 유의하라.

Doubtless there would be lots of rumors. (어쩌면 많은 소문들이 있을 수 있다.)
Undoubtedly the world's getting warmer. (분명히 지구는 더워지고 있다.)

N18 no more, not anymore, no longer, not any longer

이 표현들은 부사로 사용될 경우 과거에 존재했었거나 일어났던 일이 더 이상 존재하지 않거나 일어나지 않을 때 사용된다.

Harry lives in London **no more/no longer**.　　　　[문어적]
(해리는 런던에 더 이상 살지 않는다.)
Harry **doesn't** live in London **anymore/any longer**.
(해리는 런던에 더 이상 살지 않는다.)

1 no more: no more는 형용사로서 모든 형태의 명사와 함께 쓰일 수 있으며, "how much/many"로 표현되는 수, 양 또는 정도에 대한 질문에 대해 대답할 때도 사용된다.

I have **no more questions** on your proposals.
(나는 당신의 제안에 대해 더 이상 질문이 없습니다.)
We have **no more time** to finish the work. (우리에게는 그 일을 끝낼 시간이 더 없다.)

▶ no more ... than: 어떤 대상이 무엇이 되기에는 자질이 없음을 말할 때 사용한다.

A whale is **no more a fish than** a horse is.
(말이 물고기가 아닌 것처럼 고래도 물고기가 아니다.)
He's **no more a great football player than** I am.
(내가 위대한 축구선수가 아닌 것처럼 그도 아니다.)

2 no more와 동사: 표준영어에서는 no more를 행위나 상황의 중지를 표현하는 부사로 쓰일 수 있으나 동사 앞에는 오지 않는 것이 정상이다.

He **plays** the piano on the stage **no more**. (그는 무대에서 피아노를 더 이상 연주하지 않는다.)
(*He **no more plays** the piano on the stage.)

3 no longer/not ... any longer/not ... anymore: 이들은 no more를 대신하여 동사 앞에는 나타날 수 있다.

He **no longer plays** the piano on the stage. (그는 무대에서 피아노를 더 이상 연주하지 않는다.)
(= He **plays** the piano on the stage **no longer**.)

He **didn't any longer see** her. (그는 그녀를 더 이상 만나지 않았다.)
(= He **didn't see** her **any longer**.)

He **doesn't anymore love** her. (그는 그녀를 더 이상 사랑하지 않는다.)
(= He **doesn't love** her **anymore**.)

4   any more: anymore는 특히 영국영어에서 두 단어로 쓰인다.

He **didn't** want to see her **any more**. (그는 그녀를 더 이상 보고 싶지 않았다.)

N19 no one과 nobody

no one과 nobody는 부정적 부정대명사다. (I15를 보라.) no one과 nobody는 거의 모든 맥락에서 바꾸어 사용될 수 있으나, no one은 글에서, nobody는 말에서 더 자주 쓰인다.

No one/Nobody knows where Allen lives. (앨런이 어디 있는지 아무도 모른다.)
No one/Nobody wants to speak to her. (아무도 그녀에게 말하고 싶어 하지 않는다.)

1   **비단언적 맥락**: no one과 nobody를 포함하는 문장은 부정문이 되기 때문에 비단언적 표현과 함께 쓰일 수 있다. (N21을 보라.)

No one saw **anyone** leaving the building. (아무도 건물을 나가는 사람을 못 봤다.)
Nobody has arrived **yet**. (아직 아무도 도착하지 않았다.)

2   **대명사**: 수적으로는 단수이지만 다른 부정대명사에서와 마찬가지로 삼인칭의 모든 대명사가 no one과 nobody를 선행사로 가리킬 수 있다.

No one/Nobody had finished **his/her/their** homework in time.
(아무도 시간 내에 숙제를 마치지 못했다.)

3   nobody: "하찮은 사람"을 의미하기도 한다.

I have nothing to fear about a **nobody** like you.
(나는 너 같이 별 볼일 없는 사람을 두려워할 이유가 없다.)

N20 no one과 none

none은 형태적으로 no one과 유사하지만, none은 단순 부정대명사이고 no one은 복합 부정대명사다. (I15와 I16을 보라.)

No one wants to speak to her. (아무도 그녀에게 말하고 싶어 하지 않는다.)
None of my students missed the class. (나의 학생 중에 아무도 수업에 빠지지 않았다.)

1   none of: none은 다른 단순 부정대명사와 마찬가지이고 "of-구"를 대동할 수 있으며, of-구의 명사구는 "한정사(예: the, my, this)를 가진 명사구"나 "대명사"이어야 한다.

None of the presidential candidates won over 50% of the vote.
(대통령 후보 중에 누구도 투표의 50퍼센트 이상을 얻지 못했다.)
(***None of presidential candidates** won over 50% of the vote.)
None of his children ever visit their parents.
(자식 중에 누구도 부모님을 지금까지 찾지 않는다.)
(***None of children** ever visit their parents.)
None of this food is any good. (이 음식 중에 어느 것도 맛이 조금도 없다.)
(***None of food** is any good.)

They were not good students, but **none of them** failed in the exam.
(그들은 뛰어난 학생은 아니지만 그들 중에 누구도 시험에 실패하지 않았다.)
None of it is worth buying. (이 중에 살 만한 것이 없다.)
None of us knows how to make spaghetti. (우리 중에 누구도 스파게티를 만들 줄 모른다.)

▶ 복수명사나 대명사를 none of와 함께 사용할 경우에 동사는 단수(문어체) 혹은 복수(구어체)가 될 수 있다.

None of my friends is interested.   [문어체]
None of my friends are interested.   [구어체]
(내 친구들 중에 누구도 관심이 없다.)

2   no one: "nobody, nothing, nowhere"와 같이 독립 대명사로 사용되며, none과는 달리 "of + 명사구"가 따라 올 수 없다.

I saw **nobody/no one**. (나는 아무도 보지 못했다.)
(참고: I **didn't** see **anybody/anyone**보다 강조적이다.)
(*I saw **no one of** my children.)
I know **nothing** about her family. (나는 그녀의 가족에 대해서는 아는 바가 없다.)
(참고: I **don't** know **anything** about her family보다 강조적이다.)
No one/Nobody did anything about the problem.
(어느 누구도 그 문제에 대해서 아무것도 하지 않았다.)
(***Not anyone/anybody** did anything about the problem.

any에 대해서는 A55를 보라.
no와 not any에 대해서는 N16.4를 보라.

3   none of와 neither of: "none of"는 두 대상에 대해 말할 때는 사용되지 않으며, 대신에 "neither of"를 사용한다.

Neither of my parents could be there.
(나의 부모님 두 분 중에 어느 분도 그곳에 갈 수 없다.)
(***None of my parents** could be there.)
Neither of my eyes has restored the sight after the operation.
(내 두 눈 중의 어느 것도 수술 후에 시력을 회복하지 못했다.)

(***None of my eyes** has restored the sight after the operation.)

같은 의미로 사용되는 both에 대해서는 B23.1을, each에 대해서는 E2.1을, either에 대해서는 E5.1을 보라.

4 **독립적 none**: none은 앞의 맥락에서 그 의미가 명백해지면 홀로 사용될 수 있다.

"How many of the employees have you met?" "**None**."
("직원 중에 몇 명을 만났습니까?" "한 명도 만나지 않았습니다.")
Although they were good students, **none** had a score over 70.
(그들은 뛰어난 학생들이었으나, 아무도 70점 이상을 받지 못했다.)

5 **not any**: none은 "not any"의 부정적 의미를 강조하고 싶을 때 사용될 수 있다.

Despite her illness, she **hadn't** lost **any of her enthusiasm** for life.
(그녀는 몸이 좋지 않음에도 불구하고 생활에 대한 그녀의 열정은 잃지 않았다.)
Despite her illness, she had lost **none of her enthusiasm** for life.   [강조적]

She **didn't** make **any** attempts to extend her life.
(그녀는 자신의 생명을 연장하기 위해 어떠한 시도도 하지 않았다.)
She made **none of** the attempts to extend her life.   [강조적]

▶ "not any"는 주어와 함께 사용될 수 없으며, 대신에 "none of"가 사용된다.

I know what people are saying—**none of it** is true.
(사람들이 무슨 말을 하고 있는지 알고 있다. 그중에 어느 것도 사실이 아니다.)
(*I know what people are saying—**not any of it** is true.)
None of my friends call me anymore.
(나의 친구 중에 누구도 나에게 더 이상 연락을 하지 않는다.)
(***Not any of my friends** call me anymore.)

6 **none too + 형용사/부사**: 어떤 상황이 "전혀 ... 않다(not at all)"는 것을 강조할 때 사용한다.

I was **none too pleased** to have to take the exam again.
(나는 시험을 다시 쳐야 한다는 것에 기분이 매우 좋지 않았다.)
His strong hand grasped my wrist, **none too gently**.
(그는 거칠게 강한 손으로 나의 손목을 움켜잡았다.)

7 **none but**: "외에는 결코 ... 아니다(only)"라는 의미로 명사 앞에 쓰인다.

None but God will ever know what I suffered.
(신을 제외하고는 아무도 내가 얼마나 상처를 입었는지 절대로 모를 것이다.)
She whispered so softly that **none but Tom** heard her.
(그녀는 너무나 낮게 속삭였기 때문에 탐을 제외하고는 그녀의 말을 아무도 듣지 못했다.)

8   **none + the 비교급**: 어떤 상황이 전과 비교하여 "전혀 바뀐 것이 없다"는 것을 표현할 때 사용된다. (C18.3을 보라.)

She became convinced that her illness is purely imaginary: that made it **none the better**.
(그녀는 자신의 병이 전적으로 상상이라는 것을 확신하게 되었으나, 그렇다고 더 나아진 것이 없었다.)
He seemed **none the worse for** his night out in the cold.
(그는 추위에 밤새도록 나가 있었으나 더 나빠지지 않은 것 같았다.)

N21   nonassertive expressions(비단언적 표현)

모든 언어에서 대부분의 단어는 문장의 형태에 상관없이 두루 사용될 수 있다. 그러나 단어 중에는 긍정 서술문에서 일반적으로 사용되는 단어들이 있는가 하면, 긍정 서술문이 아닌 부정문이나 의문문에서 주로 사용되는 단어들이 있다. 긍정 서술문은 화자가 어떤 상황이 진실이라고 단언(assertion)할 때 사용되기 때문에, 긍정 서술문에만 주로 사용되는 단어를 단언적 단어(assertive words)라고 부르고, 의문문이나 부정문에 주로 사용되는 단어를 비단언적(nonassertive words) 단어라고 부른다. 물론 이 구분이 절대로 넘을 수 없는 경계가 아니다. 맥락에 따라 단언적 단어가 비단언적 문장에서 사용될 수도 있으며 그 반대 현상도 가능하다. 비단언적 표현에는 세 가지 유형, 즉 대명사, 한정사, 부사가 있다.

대명사: any, anybody, anyone, anything
한정사: any, either
부사: anyplace, anywhere, anytime, anymore, any longer, at all, either, ever, in the least, whatsoever

Are **any** of the paintings for sale? (그림들 어느 것이나 판매하는 것입니까?)
(***Any** of the paintings **are** for sale.)
We **haven't** met **either** man. (우리는 두 사람 중에 누구도 만나지 않았다.)
(*We've met **either** man.)
He has **no** interest **whatsoever** in the royal family. (그는 왕족에게 조금의 관심도 없다.)
(*He has **some** interest **whatsoever** in the royal family.)

1   **단언적과 비단언적**: 대부분의 경우 비단언적 표현에 상응하는 단언적 표현이 있다.

단언적	비단언적
I need **some** money for lunch.	Do you need **any** money for lunch?
(점심 먹을 돈이 좀 필요하다.)	(점심 먹을 돈이 필요하냐?)
Somebody called you up.	Did **anybody** call me up?
(어떤 사람이 너에게 전화했다.)	(누군가가 나에게 전화했어요?)
He bought her **something**.	He didn't buy her **anything**.
(그는 그녀에게 무엇인가 사줬다.)	(그는 그녀에게 아무것도 사주지 않았다.)
They lived **somewhere** else.	Did they live **anywhere** else?
(그들은 다른 어딘가에 살았다.)	(그들은 다른 어딘가에 살았습니까?)
I've met **both** of your parents.	I haven't met **either** of your parents.

(나는 너의 부모님 두 분 다 만났다.)   (나는 너의 부모님 두 분 중에 아무도 못 만났다.)
I met the Queen **once**.   Have you **ever** met the Queen?
(나는 예전에 여왕님을 알현했다.)   (너는 여왕님을 알현한 적이 있느냐?)
I **sometimes** go to the theatre.   Do you **ever** go to the theatre?
(나는 때때로 연극을 보러 간다.)   (너는 연극을 보러 간 적이 있느냐?)
They've arrived **already**.   They haven't arrived **yet**.
(그들은 이미 도착했다.)   (그들은 아직 도착하지 않았다.)
He's **still** at school.   He's **not** at school **anymore/any longer**.
(그는 아직도 학생이다.) (그는 더 이상 학생이 아니다.)
He's a teacher **too**.   He **isn't** a teacher **either**.
(그도 선생이다.)   (그는 선생도 아니다.)

2   **비단언적 맥락**: 비단언적 문장은 의문문과 부정문에 국한되지 않는다. if-절, 비교구문, 부정의 의미를 가진 부사, 동사, 전치사, 형용사, 한정사가 나타나는 문장도 비단언적 맥락을 형성한다.

I will give you some money, **if** you need **any**.
(필요하다면 내가 너에게 돈을 좀 주겠다.)
She is **taller than anyone** I know.
(그녀는 내가 아는 누구보다 키가 크다.)
She **seldom** buys me **anything**.
(그녀는 나에게 거의 아무것도 사주지 않는다.)
He **denied** that he had **ever** accepted the bribe.
(그는 뇌물을 받은 적이 없다고 부인했다.)
He climbed the mountain **without anyone's** help.
(그는 누구의 도움도 없이 산을 등정했다.)
No students want to stay at school **anymore/any longer**.
(어떠한 학생도 학교에 더 있기를 원하지 않았다.)
It is **difficult** to understand **anything** he says. (그가 말하는 어떤 것도 이해하기가 어렵다.)
Few visitors have seen it **yet**. (그것을 본 방문자는 아직 많지 않다.)

3   **동사**: "mind"와 "lift a finger"와 같은 표현도 비단언적 표현이라고 할 수 있다.

I **don't mind** if she has a limp. (그녀가 절어도 괜찮습니다.)
(*I **mind** if she has a limp.)
He **never lifts a finger** to help me with the kids.
(그는 아이들을 돌보는 나를 돕는 데 손가락 하나 까딱하지 않는다.)
(*He always **lifts a finger** to help me with the kids.)

4   **비단언적 맥락과 단언적 단어**: 단언적 단어들도 비단언적 맥락인 의문문이나 if-절 등에서 긍정적 뜻을 강조하기 위해서 사용될 수 있다.

When are you planning to hire **someone**? (언제 사람을 뽑을 겁니까?)

[누군가를 뽑을 것이라는 전제에서 그것이 언제인가를 묻는 말이다.]
Did you say **something**? (뭔가 말했습니까?)
[네가 무엇인가 말을 했다는 것을 암시한다.]
Would you like **something** to eat? (뭔가 좀 드시고 싶으십니까?)
[무엇인가를 먹고 싶어 한다는 것을 암시한다.]
If you have **already** finished, let's go. (일이 벌써 끝났으면, 갑시다.)
[일이 이미 끝났음을 암시한다.]

특정 비단언적 단어들에 대해서는 각 단어의 항목을 보라.
any의 단언적 용법에 대해서는 A55.2를 보라.

N22 not only (... but also)

1 not only X but Y: "not only X but Y"는 "both X and Y"와 같이 첨가적 의미를 지닌 등위접속 구문이지만 not과 but를 사용함으로써 더 강한 의미를 표현한다.

She is **both** attractive **and** bright. (그녀는 매력적이고 영리하다.)
She is **not only** attractive **but** bright. (그녀는 매력적일 뿐만 아니라 영리하다.)

2 also, as well, too: "not only X but Y"에서 화자는 X의 내용도 놀라울 뿐만 아니라 Y의 내용은 더 놀랍다는 것을 표현한다. but 다음에 종종 "also, as well, too 등"을 넣어 뒤 절의 내용을 더 강조하게 된다.

She studied **not only** history **but also** literature. (그녀는 역사뿐만 아니라 문학도 공부했다.)
They **not only** broke into his office **but** they stole his manuscripts **as well**.
(그들은 그의 사무실에 침입했을 뿐만 아니라 그의 서류도 훔쳐 갔다.)
He had told the story **not only** to the teachers **but** to the students **too**.
(그는 그 이야기를 선생들뿐만 아니라 학생들에게도 말했다.)

3 등위접속사: "not only X but Y"에서 X와 Y가 등위접속되는 기본원리는 X와 Y가 동일한 문법적 속성을 가진 성분이라는 점과 일반적으로 접속사가 등위접속되는 성분 바로 앞에 온다는 점이다. 그러나 not only는 문법적으로 both나 neither와 다른 속성을 가지고 있다.

Bill **both** loves Joan **and** wants to marry her.
(빌은 조안을 사랑하며 그녀와 결혼하기를 원한다.)
(*Bill **both** loves Joan **and** Mary.)
Bill loves **both** Joan **and** Mary. (빌은 조안과 메리를 둘 다 사랑한다.)
Bill **neither** loves Joan **nor** wants to marry her.
(빌은 조안을 사랑하지도 않으며 그녀와 결혼하기도 원하지 않는다.)
(*Bill **neither** loves Joan **nor** Mary.)
Bill loves **neither** Joan **nor** Mary. (빌은 조안도 메리도 사랑하지 않는다.)

Bill **not only** loves Joan **but** (also) wants to marry her.
(빌은 조안을 사랑할 뿐만 아니라 (또한) 그녀와 결혼하기를 원한다.)

Bill loves **not only** Joan **but** (also) Mary. (빌은 조안뿐만 아니라 메리도 (역시) 사랑한다.)
Bill **not only** loves Joan **but** (also) Mary. (빌은 조안뿐만 아니라 메리도 (역시) 사랑한다.)

▶ 위에서 본 것처럼 not only는 both나 neither보다 그 위치가 훨씬 자유롭다. 다음을 비교해보라.

Absolute power **not only** corrupts **but** it also attracts the greedy.
(절대 권력은 부패할 뿐만 아니라 또한 탐욕스러운 사람들을 끌어들인다.)
*Absolute power **both** corrupts **and** it also attracts the greedy.
*Absolute power **neither** corrupts **nor** it attracts the greedy.

She **not only** plays the piano, **but** also the violin.
(그녀는 피아노뿐만 아니라 바이올린도 연주한다.)
*She **both** plays the piano **and** (also) the violin.
*She **neither** plays the piano **nor** the violin.

He said that he was **not only** sick, **but** he was also penniless.
(그는 병들었을 뿐만 아니라 무일푼이었다고 말했다.)
*He said that he was **both** sick **and** he was also penniless.
*He said that he was **neither** sick **nor** he was also penniless.

4　**조동사 도치의 유발**: not only는 전체 문장에 대한 더 극적인 효과를 위하여 정상적인 위치인 동사 앞 위치에서 문두위치로 이동할 수 있다. 이 경우 주어와 조동사의 도치가 동반하며 조동사가 없으면 do동사의 도움을 받는다.

Not only has she been late three times, but (she) has also done no work.
(그녀는 세 번이나 지각했을 뿐만 아니라 일을 끝낸 것도 없다.)
Not only did he tell the story to the teachers but to the students **too**.
(그는 그 이야기를 선생들뿐만 아니라 학생들에게도 말했다.)

▶ 구어체에서는 종종 but가 생략되기도 한다.

Not only was she attractive, she was bright as well.
(그녀는 매력적일 뿐만 아니라 또한 영리하다.)
Absolute power **not only** corrupts, it also attracts the greedy.
(절대 권력은 부패할 뿐만 아니라 또한 탐욕스러운 사람들을 끌어들인다.)
We **don't only** go there in winter, we go in summer too.
(우리는 겨울에 그곳에 갈 뿐만 아니라 여름에도 간다.)

both ...and에 대해서는 B23과 C29를 보라.
neither ... nor에 대해서는 N13을 보라.

N23　nouns(명사)-1: 유형과 기능

1　**유형**: 전통문법은 영어의 명사를 다음과 같이 분류한다.

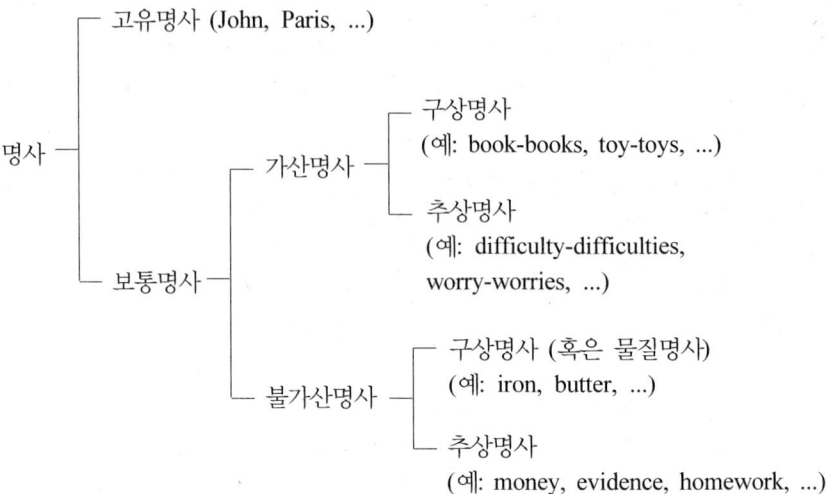

▶ 보통명사와 고유명사: 영어의 명사는 보통(common)명사와 고유(proper)명사로 분류된다. 보통명사는 사람이나 사물을 가리키는 반면, 고유명사는 이러한 사람이나 사물에 주어지는 고유의 명칭(names)을 의미한다. 보통명사는 일반적으로 관사(a(n)과 the)와 함께 쓰일 수 있는 데 반하여, 고유명사는 특별한 경우에만 관사와 함께 쓰일 수 있다. 글에서 고유명사는 대문자로 시작한다.

a book   the friend   the water   a tiger
Brian   Korea   Miss Williams Earth

고유명사와 정관사의 관계에 대해서는 A63을 보라.
대문자에 대해서는 P46을 보라.

▶ 가산명사와 불가산명사: 보통명사는 복수형을 허용하면 가산명사가 되고 허용하지 않으면 불가산명사가 된다. 영어에서 단수와 복수는 비단 의미적 구분이 된다는 것뿐만 아니라 영어에서 중요한 문법적 현상의 하나인 "주어-동사 일치"와 관계가 있다.

The **window is** open. (창문이 열려있다.) (*The **window are** open.)
The **windows are** open. (창문들이 열려있다.) (*The **windows is** open.)

주어-동사 일치에 대해서는 A31을 보라.
가산명사와 불가산명사에 대해서는 N24를 보라.

▶ 추상명사와 구상명사: 추상(abstract)명사는 실체가 없어서 눈으로 보거나 만질 수 없는 추상적인 개념을 가리키며, 구상명사는 우리가 볼 수 있거나 만질 수 있는 것 혹은 시간과 공간에서 어떤 위치를 차지하는 대상을 가리킨다.

추상명사: freedom, belief, emotion, hope, trust 등
구상명사: baby, people, table, knife, snake, mountain 등

추상명사와 구상명사에 대해서는 N25를 보라.

2   **기능**: 명사는 여러 가지 수식어와 더불어 자신이 핵어(head)가 되는 "명사구"를 구성한다. 이렇게 구성된 명사구는 문장 내에서 "주어, 직접/간접 목적어, 전치사 목적어, 주어/목적어 보어, 동격구, 호격구 등"의 역할을 한다.

The walls are painted white.	[주어]
(벽은 흰 페인트칠이 되어있다.)	
The man liked **his new house**.	[직접목적어]
(그 사람은 그의 새집을 좋아했다.)	
He bought **his wife** a Christmas present.	[간접목적어]
(그는 부인에게 크리스마스 선물을 사주었다.)	
He deposited the money in **the bank**.	[전치사 목적어]
(그는 돈을 은행에 예금했다.)	
Mr. Smith is **an intelligent teacher**.	[주어보어]
(스미스 씨는 지성적인 선생님이다.)	
The committee elected Mr. Jones **chairman**.	[목적어보어]
(위원회는 존스 씨를 회장으로 뽑았다.)	
Mr. Bush, **president of the club**, gave a speech.	[동격구]
(클럽 회장인 부시 씨가 연설했다.)	
Mr. Kim, please come in.	[호격구]
(미스터 김, 들어오세요.)	

명사구의 구조에 대해서는 N34를 보라.

N24   nouns-2: 가산명사와 불가산명사

영어의 보통명사는 가산명사와 불가산명사로 분류된다. 가산명사는 단수와 복수로 사용될 수 있지만, 불가산명사는 단수로만 사용된다.

She eats **an apple** every day.	[가산명사]
(그녀는 매일 사과 하나씩을 먹는다.)	
She bought **a dozen apples** in the supermarket.	
(그녀는 슈퍼에서 사과 한 다스를 샀다.)	
She usually eats **bread** with her soup.	[불가산명사]
(그녀는 통상적으로 빵을 수프와 함께 먹는다.)	
(*She bought **a dozen breads** in the supermarket.)	

1   **가산과 불가산의 개념**: 가산명사는 동일한 유형의 독립적 개체들의 집합을 의미한다. 예를 들어 "house"라는 단어는 "house"라는 독립적 개체들의 집합체를 가리킨다. 이 개체는 같은 유형의 개체로 분리될 수 없는 것이 특징이다. "house"에는 "출입문, 창문, 안방, 건너방, 마루" 등등이 있지만 이들이 개별적으로 "house"가 될 수 없다. 또한 가산명사는 독립적 개체를 가리키기 때문에 단수와 복수가 가능하며, 따라서 부정관사(a/an)와 기수(cardinal numbers)와 함께 쓰일 수 있다. 그러나 "water, air, salt, oxygen, milk"와 같은 불가산명사

는 일종의 물질을 가리키며, 이들을 작게 쪼갠 부분도 여전히 동일한 물질을 가리킨다.

I always buy **a newspaper** before getting on the bus.
(나는 버스를 타기 전에 항상 신문을 산다.)
(*I always buy **newspaper** before getting on the bus.)
We need to put **air** in the tires. (타이어에 공기를 넣어야 한다.)
(*We need to put **an air** in the tires.)
He bought **a new car** for his wife. (그는 부인에게 새 차를 사줬다.)
There's **water** all over the bathroom floor. (욕실 바닥이 온통 물이다.)
He ordered **two plates** of bacon and eggs for them.
(그는 그들이 먹을 베이컨과 계란 두 접시를 주문했다.)
(*He needed **two more crockery** to store the food.)

▶ 많은 경우에 한 명사가 가산명사로도 쓰이고 불가산명사로도 쓰일 수 있다.

I'd like to have another **chocolate**.   [가산명사]
(초콜릿을 하나 더 먹고 싶습니다.)
I'd like to have some more **chocolate**.   [불가산명사]
(초콜릿을 좀 더 먹고 싶습니다.)

2   **음료**: "coffee, tea, lemonade, whiskey, orange-juice"와 같은 단어는 음료 자체를 가리킬 때는 불가산명사가 되고, 잔이나 병 또는 컵과 같은 용기에 담겨서 제공될 때는 가산명사로 취급한다.

Not everyone likes **coffee**. (모든 사람이 커피를 좋아하는 것은 아니다.)
We want **two lemonades** and **one coffee**. (레몬에이드 두 개와 커피 하나를 주십시오.)

3   **재료**: 재료 자체를 가리킬 때는 불가산명사로 쓰이고, 이 재료가 용기에 담겼거나 가공된 물품으로 표현될 때는 가산명사로 사용된다.

Cheese is used for a variety of western dishes. (치즈는 다양한 종류의 서양 음식에서 사용된다.)
There're two of my favorite **cheeses**. (내가 가장 좋아하는 치즈 두 종류가 있다.)

4   **동물**: 동물 자체를 가릴 때는 가산명사로 쓰이고, 음식자료로 쓰일 때는 불가산명사로 쓰인다.

I was lucky to catch three **salmons** today. (오늘 내가 연어 세 마리를 잡은 것은 행운이었다.)
We're going to have **salmon** for dinner. (우리는 저녁 식사로 연어를 먹을 것이다.)

▶ 몇몇 단어는 동물 자체와 (불가산명사로 쓰이는) 고기를 가리키는 단어가 다르다.

cow :: beef   deer :: venison   pig :: pork   sheep :: mutton

▶ 그러나 동물의 고기가 음식점의 요리로 만들어 제공될 때는 가산명사로 쓰인다.

We'd like to order three **porks** and two **lambs**.
(돼지고기 세 개와 양고기 두 개를 주문하고 싶습니다.)

Two roast **beefs** and three **chickens**, please. (구운 소고기 두 개와 닭고기 세 개를 주십시오.)

5 **곡물과 콩**: 일반적으로 곡물(cereals)은 불가산명사이고 콩과식물(legumes)은 가산명사다.

곡물: rice, wheat, barley, corn, millet, rye 등
콩: bean(s), pea(s), peanut(s), soybean(s), lentil(s) 등

6 **과일**: 과일(fruits)은 (예: apple(s), banana(s), cherry(cherries), coconut(s), fig(s), grape(s), lemon(s), mango(es), orange(s), pear(s), peach(es), plum(s), strawberry(strawberries)) 일반적으로 가산명사로 쓰이지만, 몇몇 과일은 (예: grapefruit, melon, pineapple, watermelon)은 가산/불가산명사로 쓰인다.

She eats **an apple** every day for her health. (그녀는 건강을 위해 매일 사과 하나씩 먹는다.)
(*She eats **apple** every day for her health.)
I paid 10,000won for **five apples**. (나는 사과 다섯 개에 만 원을 주었다.)

We'll have **watermelon** for dessert. (후식으로 수박을 먹을 것이다.)
She bought **five watermelons** for the picnic. (그녀는 야유회를 위해 수박 다섯 개를 샀다.)

7 **채소**: 채소는 그 종류에 따라 가산, 불가산, 가산/불가산명사로 분류할 수 있으나 예외도 있다.

▶ 가산명사

과일 채소: avocado(s), tomato(es), olive(s), pepper(s), eggplant(s), orange(s) (pumpkin, cucumber, cauliflower는 가산/불가산명사)
구근(bulb)채소: leek(s), scallion(s), onion(s), potato(es), yam(s) (garlic은 불가산명사다)

▶ 불가산명사

줄기채소: asparagus, broccoli, celery, chard (mushroom은 가산명사다)

▶ 가산/불가산명사

잎채소: cabbage, lettuce, kale (bok choy, spinach는 불가산명사다)
뿌리채소: carrot, radish, beet, turnip (ginger, ginseng은 불가산명사다)

8 **빵**: 일반적인 명칭인 빵(bread)은 불가산명사이지만 특정 종류의 빵은 가산명사다.

croissant(s), baguette(s), bagel(s), muffin(s), tortilla(s), doughnut(s)

9 **질병**: 복수형 병명과 "염증"을 의미하는 접사 -itis를 가진 병명은 일반적으로 불가산명사로 사용된다.

measles(홍역), diabetes(당뇨병), piles(치질), shingles(대상포진)
arthritis(관절염), bronchitis(기관지염), crytitis(방광염), tonsillitis(편도선염)

Shingles is often very painful; I hope I never get **it**.

(대상포진은 종종 몹시 고통스럽다. 걸리지 않기를 바랄 뿐이다.)
If you've already had **measles**, you can't get **it** again.
(홍역은 한 번 걸리면 다시 걸리지 않는다.)

▶ 그러나 우리가 흔히 접하는 질병은 세 가지 유형으로 분류된다.

불가산명사: influenza/flu(독감), diarrhea(설사), heart failure(심장마비) 등
가산명사: (a) cold, (a) headache, (a) heart attack, (a) sore throat 등

A great number of people came down with **flu** last year.
(많은 수의 사람들이 지난해에 독감으로 몸져누웠다.)
One should drink clean water not to be infected with **diarrhea**.
(설사에 걸리지 않으려면 깨끗한 물을 마셔야 한다.)
Wear warm clothes so you don't catch **a cold**. (감기에 걸리지 않으려면 따뜻한 옷을 입어라.)
His father died of **a heart attack** last night. (그의 아버지가 어젯밤에 심장마비로 돌아가셨다.)

▶ cancer(암), backache(등통), earache(이통), toothache(치통) 등은 일반적으로 불가산명사로 사용되지만, 이 질병에 대한 특성을 기술하는 형용사의 수식을 받을 경우에는 가산명사로 쓰인다.

Everybody knows smoking causes **lung cancer**.
(모든 사람들이 흡연이 폐암을 유발한다는 것을 안다.)
The doctor told her that she had **cancer**. (의사는 그녀에게 암에 걸렸다고 말했다.)
He suffers from **a malignant cancer**. (그는 악성 암으로 고통을 받고 있다.)
He couldn't sleep all night because of **toothache**. (그는 치통으로 밤에 한숨도 잘 수 없었다.)
I've got **a terrible toothache**. (나는 치통이 심하다.)

10 **대표 불가산명사**: 용도나 목적이 유사한 개체들을 뭉뚱그려 가리키는 대표적인 불가산명사가 있다. 예를 들어 cutlery는 "나이프, 포크, 스푼" 등 우리가 음식을 먹을 때 사용하는 도구를 가리킨다. cutlery와 유사한 불가산명사로는 다음과 같은 것들이 있다.

baggage	clothing	crockery	cutlery
equipment	footwear	furniture	greenery
jewellery	luggage	machinery	tableware
underwear 등			

Check your **baggage/*baggages** at the desk. (프런트에 가서 가방을 잠시 보관하세요.)
She bought a new set of **cutlery/*cutleries** for the dinner party.
(그녀는 저녁 파티를 위해 식탁용 날붙이를 한 벌 샀다.)
She wore a lot of gold **jewellery/*jewelleries**. (그녀는 많은 금 장신구로 치장했다.)
We need to buy warm **underwear/*underwears** for the winter.
(우리는 겨울에 대비하여 따뜻한 내복을 사야 한다.)

11 **추상명사와 가산성**: 추상적 개념을 의미하는 추상명사는 수량화가 불가능하기 때문에 일반

적으로 불가산명사로 사용된다. 그러나 추상명사가 추상적인 개념을 나타낼 때는 불가산명사로 쓰이고, 추상적인 개념이 구체화될 경우에는 가산명사로 쓰이기도 한다.

They'll continue to fight **injustice** in the legal system of the country.
(그들은 국가의 법체계 내에 있는 불공정성에 맞서 계속 싸울 것이다.)
There've been innumerable **injustices** against the black population.
(흑인에 대한 수많은 권리침해가 있어 왔다.)

These're the topics suggested for **discussion** in this meeting.
(이번 회의에서의 논의를 위해 제안된 주제들이 있다.)
We'll have high-level **discussions** about trade and commerce.
(우리는 무역과 상업에 대해 고위급 논의를 할 것이다.)

There's been little **improvement** in her condition. (그녀의 상태에는 거의 진전이 없다.)
There've been significant **improvements** in our health care system.
(우리의 건강보험 제도에는 의미 있는 개선이 있었다.)

▶ 그러나 추상명사가 가산명사로 쓰이는 경우는 예외가 많기 때문에 일반화하기 매우 어렵다. 예를 들어, "harm과 consent"는 가산명사로 사용될 수 없으나, 의미가 유사한 "injury와 permission"은 가능하다.

Serious **harm** was done to the project's prospects. (계획의 전망에 심각한 손상을 주었다.)
(*Several serious **harms** were done to the project's prospects.)

Luckily the child escaped **injury**. (다행히도 그 아이는 부상을 피했다.)
The child suffered horrific **injuries** to his legs and arms.
(그 아이는 다리와 팔에 심한 부상을 당했다.)

Contraceptives are widely distributed without parental **consent**.
(피임기구가 부모의 동의 없이 널리 사용되고 있다.)
(*The poet's family gave their **consents** for the publications of his letters.)

They didn't have **permission** to cross the river. (그들은 도강 허가를 받지 못했다.)
Oil exploration **permissions** are required to drill for oil.
(원유탐사 허가는 원유채굴이 요구된다.)

이 점에 대해서는 좋은 사전을 참조하기 바란다.

▶ "difference, point, reason, idea, change, difficulty, chance, question"과 같은 가산 추상명사는 little, much 등의 한정사 다음에서 불가산명사로 쓰일 수 있다.

There's **a big difference** between knowing that something is true and being able to prove it. (어떤 것이 진실이라는 것을 아는 것과 그것이 진실이라는 것을 증명하는 능력 사이에는 큰 차이가 있다.)
There's very **little difference** between the two parties on the issues.
(그 문제에 대한 두 정당 간의 차이는 거의 없다.)

There're **three important points** we must bear in mind.

(우리가 마음에 새겨야 할 세 가지 중요한 요점이 있다.)
I think there isn't **much point** in having an interview for the job.
(그 일자리를 위해 면담을 하는 것이 큰 의미가 없다고 생각한다.)

He presented **compelling reasons** for rejecting this theory.
(그는 이 이론을 거부하는 결정적인 이유를 제시했다.)
We've **little reason** to expect prices to fall. (가격이 내리기를 바랄 이유가 없다.)

It was **a bad idea** to leave the little girl on her own.
(어린 여아를 홀로 남겨두는 것은 잘못된 생각이었다.)
He doesn't have **much idea** of what happened to the money.
(그는 돈에 무슨 일이 있었는지 아는 것이 별로 없다.)

▶ 몇몇 불가산명사는 고정된 표현에서 복수형을 갖는다.

We had **good weather** for playing golf yesterday. (어제는 골프하기에 좋은 날씨였다.)
He goes running **in all weathers**. (그는 날씨와는 관계없이 뛴다.)

Rail travel in Korea is getting more and more reliable.
(한국에서 철도 여행은 더욱더 신뢰를 주고 있다.)
Did you meet anybody exciting **on your travels**?
(여행 중에 마음을 설레게 하는 사람을 만났습니까?)

12 **불가산명사의 가산성 표현**: 가산성을 표현하기 위해 영어의 어떤 불가산명사는 상응하는 가산명사를 사용하는 반면, 어떤 불가산명사는 특유의 부분사(partitives) 또는 단위명사(unit nouns)를 사용한다. (P6을 보라.)

불가산명사	가산명사
baggage	a trunk/bag/case
bread	a loaf/roll
food	a meal
luggage	a trunk/bag/case
money	a note/coin/bill/sum
poetry	a poem
publicity	an advertisement
travel	a journey/trip
work	a job; a piece of work
advice	a piece of advice
chess	a game of chess
chewing gum	a piece of chewing gum
equipment	a tool; a piece of equipment
evidence	a piece of evidence
furniture	a piece/article of furniture
grass	a blade of grass
information	a piece of information

lightning	a flash of lightning
luck	a bit/stroke of luck
news	a piece of news
research	a piece of research
rubbish	a piece of rubbish
spaghetti	a piece of spaghetti
thunder	a clap of thunder

가산명사와 불가산명사와 함께 쓰이는 관사의 용법에 대해서는 A60-A62를 보라.

N25 nouns-3: 구상명사와 추상명사

구상명사와 추상명사에는 둘 다 가산명사와 불가산명사가 있다.

1 **구상명사**: 구상명사란 추상명사와 상반되는 개념으로서 우리가 볼 수 있거나 만질 수 있는 것 혹은 시간과 공간에서 어떤 위치를 차지하는 대상을 가리킨다.

▶ 대부분의 구상명사는 사람, 동물, 물건, 장소를 가리킨다.

사람: man, student, doctor, cook, baby 등
동물: dog, cat, snake, salmon, horse 등
물건: chair, car, key, book, knife 등
장소: village, river, island, mountain, park 등

이 명사들은 일반적으로 가산명사(countable nouns)로서 복수형이 가능하다.

five students   ten dogs   a couple of cars   two rivers

▶ 구상명사 중에는 우리가 흔히 말하는 물질명사(mass nouns)가 있다.

고체: wood, rock, soil glass, sand, silicon 등
액체: water, blood, wine, rain, milk 등
기체: air, gas, smoke, oxygen, steam 등
금속: iron, gold, silver, steel, copper, brass 등
음식: meat, flour, sugar, butter, honey. flour 등

이 명사들은 별개의 개체로 쉽사리 나눌 수 없는 대상으로서 대부분의 경우에 복수형이 없다.

2 **추상명사**: 추상명사는 구상명사와는 대조적으로 실체가 없어서 눈으로 보거나 손으로 만질 수 없으며, 일반적으로 감정(feelings), 개념(ideas/concepts), 속성(quality), 상태(states), 사건(events), 과정(process), 활동(activities) 등을 가리킨다. 어쩌면 추상명사를 이렇게 분류한다는 것은 무모하다고 할 수 있다. 많은 추상명사가 이 분류의 어디에도 속하지 않을 뿐만 아니라 어떤 것들은 이 분류의 어느 것에 속하는지를 결정하기 어렵기 때문이다. 여기서 "U"는 불가산명사를, "C"는 가산명사를 의미한다.

3 **감정**: 마음의 상태, 느낌 또는 심적 반응을 가리키는 명사를 가리킨다. 이 명사들은 대부분의 경우 불가산명사이지만, 어떤 것들은 다른 의미로 가산명사로도 쓰인다.

abhorrence(U)	adoration(U)	admiration(U)
affection(U)	amazement(U)	anger(U)
annoyance(U)	anxiety(U/C)	apathy(U)
stonishment(U)	aversion(U)	boredom(U)
concern(U/C)	confidence(U)	delight(U/C)
depression(U/C)	disappointment(U)	disgust(U)
dislike(U/C)	doubt(U/C)	embarrassment
envy(U)	esteem(U)	excitement(U)
faith(U)	fascination(U)	fear(U/C)
grief(U)	hate(U)	horror(U)
indifference(U)	insensibility(U)	joy(U/C)
love(U/C)	pleasure(U/C)	zeal(U) 등

4 **개념**: 어떤 사실이나 주장 또는 실질적 예나 복잡한 내용을 포괄적으로 표현하는 명사를 가리킨다. 대부분이 가산명사로 사용된다.

assumption(C)	belief(C)	cause(C)	concept(C)
conclusion(C)	conjecture(C)	conviction(C)	estimation(C)
event(C)	example(C)	fact(C)	feeling(C)
hypothesis(C)	idea(C)	notion(C)	opinion(C)
principle(C)	process(C)	theory(C)	view(C) 등

5 **상태/속성**: 이 명사들은 대부분의 경우에 상응하는 형용사가 있으며, 일반적으로 불가산명사로 쓰이지만, 몇몇은 가산명사로도 쓰인다.

ability(C)	accuracy(U)	beauty(U/C)	cruelty(U/C)
curiosity(U/C)	freedom(U/C)	gentleness(U)	goodness(U)
happiness(U)	honesty(U)	intimacy(U)	kindness(U/C)
length(U/C)	sadness(U)	silence(U)	sincerity(U)
strength(U)	truth(U/C)	usefulness(U)	wealth(U) 등

6 **활동/과정/사건**: 이 명사들은 많은 경우에 상응하는 동사를 가지고 있으며, 대부분은 가산명사 또는 불가산명사로 사용된다. 어떤 것들은 의미적 차이를 보인다.

admission(U/C)	arrival(U/C)	belief(U/C)	betrayal(U/C)
burial(U/C)	connection(U/C)	denial(U/C)	departure(U/C)
dismissal(U/C)	employment(U)	existence(U/C)	failure(U/C)
insistence(U)	inspection(U/C)	judgement(U/C)	marriage(U/C)
objection(U/C)	permission(U)	pressure(U/C)	refusal(U/C)
resistance(U)	removal((U/C)	trial(U/C)	utterance(U/C) 등

7 **추상명사의 가산성**: 많은 경우에 추상명사는 그 의미만을 보고 가산성을 예측하기가 쉽지 않다.

가산명사: accident, cause, disaster, event, example, fact, form, guess, invitation, month, poem, process, report, visit 등

불가산명사: accommodation, advice, evidence, homework, information, knowledge, music, news, progress, research, transport, weather 등

(불)가산명사: administration, change, difficulty, experience, murder, work 등

가산명사와 불가산명사에 대해서는 N24를 보라.

명사를 만드는 파생어미에 대해서는 D10.1과 2를 보라.

N26 nouns-4: 규칙명사

영어의 대부분의 명사는 단수형(singular)과 복수형(plural)을 가지고 있다. 영어에서 명사가 단수형이냐 복수형이냐는 단순한 형태적인 차이만이 아니다. 예를 들어 삼인칭 단수 주어는 (조)동사의 경우에는 현재형에 영향을 미치고, be동사의 경우에는 현재형과 과거형에도 영향을 미친다.

The girl likes ice cream.   [단수 주어]
(그 아가씨는 아이스크림을 좋아한다.)
The girl is/was pretty.
(아가씨는 예쁘다/예뻤다.)

The girls like ice cream.   [복수 주어]
(그 아가씨들은 아이스크림을 좋아한다.)
The girls are/were pretty.
(그 아가씨들은 예쁘다/예뻤다.)

또한 명사구를 대명사(pronoun)로 대치할 때도 단수와 복수의 차이가 나타난다. 다시 말해서 단수 대명사 he/she/it는 단수 명사구를 선행사로 가질 수 있으며, 복수 대명사 they는 복수 명사구를 선행사로 가질 수 있다.

The boy did **his** best to solve the problem. (그 소년은 문제를 풀기 위해 최선을 다했다.)
The boys did **their** best to solve the problem. (그 소년들은 문제를 풀기 위해 최선을 다했다.)

규칙적 복수명사는 단수명사에 "-(e)s 어미"를 붙여 만들며, 다음의 몇 가지 규칙을 따라야 한다.

1 **-s, -z, -x, -ch, -sh로 끝나는 명사**: 이 단어의 마지막 음이 치찰음 /s, z, tʃ, dʒ, ʃ, ʒ/로 발음될 경우 -es어미를 붙인다.

bus : buses   buzz : buzzes   box : boxes
church : churches   dish : dishes   change : changes

▶ -z로 끝나는 명사의 복수는 -zzes로 끝난다.

fez : fezzes　　　　　quiz : quizzes

▶ -ch로 끝나는 단어가 /-k/로 발음될 경우에는 -s를 붙인다.

epoch : epochs　　　monarch : monarchs　　stomach : stomachs

2　　**-y로 끝나는 명사**: "자음문자 + y"로 끝나는 (예를 들어 -by, -dy, -ry, -ty) 명사의 복수형는 -y를 -ie로 바꾼 다음 -s어미를 붙인다.

baby : babies　　　　lady : ladies　　　　country : countries
party : parties

▶ 그러나 "모음문자 + y"로 끝나는 단수명사의 복수형은 -s를 붙여 만든다.

day : days　　　　　key : keys　　　　　boy : boys
guy : guys　　　　　play : plays　　　　valley : valleys

▶ "자음문자 + y"로 끝나는 고유명사는 -s어미를 붙여 복수형을 만든다.

Januarys　　　　　　the Kennedys　　　　the two Germanys

3　　**-o로 끝나는 명사**: -o로 끝나는 명사에는 많은 경우 -es를 붙여 복수형을 만든다.

echo : echoes　　　　embargo : embargoes　　hero : heroes
Negro : negroes　　　potato : potatoes　　　tomato : tomatoes

▶ 그러나 음악과 관련이 있는 단어를 비롯하여 영어에 새롭게 받아들여진 단어에는 -s어미를 붙인다.

concerto : concertos　　piano : pianos　　　soprano : sopranos
solo : solos　　　　　alto : altos　　　　commando : commandos
photo : photos　　　　zero : zeros　　　　kilo : kilos
logo : logos　　　　　ghetto : ghettos　　memo : memos
Eskimo : Eskimos　　　Filipino : Filipinos　　Nero : Neros

▶ "모음문자 + o"로 끝나는 단수명사에도 -s만 붙인다.

radio : radios　　　　zoo : zoos　　　　　cameo : cameos
scenario : scenarios　　folio : folios　　　studio : studios
kangaroo : kangaroos　taboo : taboos　　　bamboo : bamboos

▶ 다음의 단어들은 두 가지 형이 허용된다.

buffalo : buffalo(e)s　　cargo : cargo(e)s　　tornado : tornado(e)s
volcano : volcano(e)s　mosquito : mosquito(e)s

4　　**-th로 끝나는 명사**: -th로 끝나는 단어 중에 복수어미가 붙으면 무성음 /θ/가 유성음/ð/로 바뀌는 것이 있다.

mouth /maʊθ/ : mouths /maʊðz/　　　oath /əʊθ/ : oaths /əʊðz/

▶ 그러나 다음 단어들은 /-θs/와 /-ðz/가 둘 다 가능하다.

bath   path   truth   wreath
youth

▶ 그러나 -th로 끝나는 대부분의 단어들은 발음의 변화가 일어나지 않는다.

birth   booth   breadth   cloth
death   earth   girth   hearth
heath   length   month   myth
sixth   width

house/haʊs/는 복수어미가 붙으면 houses/haʊzɪz/로 발음된다.

5 **-s 어미가 붙는 명사**: 이외의 모든 규칙동사에는 -s 어미가 붙는다.

sofa : sofas   rib : ribs   pad : pads
pie : pies   gag : gags   bough : boughs
kick : kicks   call : calls   germ : germs
pen : pens   cap : caps   car : cars
hat : hats   menu : menus   law : laws

6 **규칙명사 어미의 발음**: 복수어미 -(e)s는 동사의 마지막 음의 성격에 따라 세 가지 다르게 발음된다.

▶ /ɪz/: 치찰음(sibilants) /s, z, tʃ, dʒ, ʒ, ʃ/로 끝나는 단어는 복수어미 -es가 /ɪz/로 발음된다.

boxes /báksɪz/   quizzes /kwízɪz/   catches /kǽtʃɪz/
changes /tʃéɪndʒɪz/   garages /gərá:ʒɪz/   dishes /díʃɪz/

▶ /s/: /s, tʃ, ʃ/를 제외한 무성자음/f, k, p, θ, t/로 끝나는 단어의 복수어미 -(e)s는 /s/로 발음된다.

laughs /læfs/   lack : lacks /læks/   tape : tapes /teɪps/
month /mʌnθs/   mate : mates /meɪts/

▶ /z/ : /z, dʒ, ʒ/를 제외한 모든 유성자음/b, d, g, l, m, n, r, ð, v, w/와 모음으로 끝나는 단어의 복수어미 -(e)s는 /z/로 발음된다.

cabs /kæbz/   ends /endz/   gags /gægz/
cells /selz/   lambs /læmz/   sons /sʌnz/
songs /sɔŋz/   cars /kɑrz/   clothes /kloʊðz/
hives /haɪvz/   days /deɪz/   bees /bi:z/
saws /sɔ:z/   heroes /híərəʊz/   bows /boʊz/

7 **-(e)s 어미**: 영어에는 -(e)s를 붙는 경우가 복수형 외에도 세 가지가 더 있다. 물론 이들은 복수형 -(e)s를 붙이는 방법과는 다르지만, 모두 복수형 명사를 발음하는 방식에 따른다는

점에 유의하라.

발음	/-ɪz/	/-z/	/-s/
속격	the church's bell	the boy's hat	Mark's house
3인칭 단수 현재	teaches	runs	hates
is/has 축약형	the judge's	the girl's	the cop's

속격은 G2-G4를, 3인칭 단수 현재동사는 P36을, is/has의 축약형은 C25.2를 보라.

N27 nouns-5: 불규칙명사

불규칙명사란 N26에서 논의한 법칙을 따르지 않고 복수형을 만드는 명사를 가리킨다. 불규칙명사에는 다양한 형태가 있다.

1   **-f(e) 어미**: -f(e)로 끝나는 단음절 명사의 복수는 f를 v로 바꾼 다음 -(e)s를 붙여 복수형을 만든다.

       knife : knives   wife : wives   life : lives
       leaf : leaves   loaf : loaves   thief : thieves
       calf : calves   shelf : shelves   wolf : wolves

     ▶ 다음절 단어를 포함하여 단음절 단수명사에 단순히 -s를 붙이는 복수형도 있다.

       belief : beliefs   sheriff : sheriffs   cliff : cliffs
       chief : chiefs   staff : staffs   roof : roofs
       safe : safes   gulf : gulfs   proof : proofs

     ▶ 다음의 단어들은 -fs와 -ves형이 둘 다 가능하다.

       dwarf : dwarfs : dwarves   hoof : hoofs : hooves
       scarf : scarfs : scarves   wharf : wharfs : wharves

2   **-en 어미**: 몇몇 명사는 단수형에 -en을 붙여 복수형을 만든다.

       단수   복수
       child   children
       ox   oxen
       brother   brethren/brothers

3   **모음/형태 변경**: 단수형의 모음을 바꾸거나 단수형의 형태를 변경시켜 복수형을 만든다.

       foot : feet   mouse : mice   man : men
       goose : geese   tooth : teeth   penny : pence/pennies
       louse : lice   woman : women   person : people/persons

4   **brethren, pence, penny**: brethren은 brother의 옛 복수형으로서 지금은 특별한, 특히 종교집단에서 사용한다. pence는 penny의 복수로서 영국화폐의 1파운드는 100 pence다. 미국과 가나다에서 penny는 1센트(cent)를 가리키며 1달러(dollar)에는 100 pennies가 있다. 어떤 영국인들은 pence를 단수로 사용하기도 한다. (M23을 보라.)

       We must help our **brethren**—it's our duty. (우리는 형제를 도와야 하며, 이것은 우리의 의무다.)
       I paid five pounds and one **pence/penny** for the book.
       (나는 책값으로 5파운드 1펜스를 지급했다.)

5   **person과 people**: person의 일반적인 복수형은 people이며, persons는 공적인 공시나 형식적 맥락에서 흔히 사용되는 복수형이다.

       Seventy-six innocent **people** were killed in the latest terrorist attack.
       (최근의 테러공격으로 75명의 무고한 사람들이 죽었다.)
       All **persons** born in the United States are citizens of the United States.
       (미국에서 태어난 사람은 모두 미국시민이 된다.)

▶ people은 그 복수형으로 peoples를 가질 수 있다. 이 경우 people은 "국민(nation)/민족(race)"을 뜻하며, 일반적으로 복수동사를 취한다.

       The American **people** consist of **peoples** emigrated from all over the world.
       (미국국민은 전 세계에서 이민 온 민족들로 구성되어 있다.)
       The Basques, a **people** of northern Spain, revolt against Spain for its independence.
       (북부 스페인의 국민인 바스크인들은 독립을 위해 스페인에 대항하여 반란을 일으키고 있다.)

"외래어"들은 영어의 규칙적 복수형을 취하는 경향이 있지만 몇몇 단어들은 자신의 복수형을 그대로 유지하고 있다.

6   **-us**: 복수어미 -i는 /aɪ/ 또는 /iː/로 발음된다.

       bacill**us** : bacill**i**   Mag**us**/méɪgəs/ : Mag**i**/méɪdʒaɪ/   stimul**us** : stimul**i**

▶ 어떤 것들은 규칙적 -es 복수어미를 취한다.

       bon**us** : bon**uses**   circ**us** : circ**uses**   chor**us** : chor**uses**
       geni**us** : geni**uses**   octop**us** : octop**uses**   vir**us** : vir**uses**
       camp**us** : camp**uses**

▶ 어떤 것들은 -i와 규칙적 -es를 둘 다 취할 수 있다.

       cact**us** : cact**i**/cact**uses**   croc**us** : croc**i**/croc**uses**
       foc**us** : foc**i**/foc**uses**   fung**us** : fung**i**/fung**uses**
       nucle**us** : nucle**i**/nucle**uses**   radi**us** : radi**i**/radi**uses**
       syllab**us** : syllab**i**/syllab**uses**

7   **-a**: 복수어미 -ae는 /aɪ/ 또는 /iː/로 발음된다.

alga/ǽlgə/ : algae/ǽldʒiː/   larva : larvae

▶ 다음의 단어는 규칙적 복수도 허용된다.

antenna : antennae (동물 더듬이)/antennas (공중파 안테나)
formula : formulae/formulas   vertebra : vertebrae/vertebras

8   -um: 복수어미 -a는 /ə/로 발음된다.

       addendum : addenda   bacterium : bacteria
       curriculum : curricula   datum : data (종종 단수)
       desideratum: desiderata   erratum : errata

▶ 다음은 규칙적 복수도 허용된다.

       aquarium : aquaria/aquariums   memorandum : memoranda/memorandums
       stadium : stadia/stadiums   ultimatum : ultimata/ultimatums
       symposium : symposia/symposiums

▶ 다음은 규칙적 형태만 허용한다.

       album : albums   asylum : asylums
       chrysanthemum : chrysanthemums   museum : museums

9   -on: 복수어미 -a는 /ə/로 발음된다.

       criterion : criteria   phenomenon : phenomena
       automaton : automata

▶ 다음은 규칙적 형태만 허용한다.

       demon : demons   electron : electrons   neutron : neutrons
       proton : protons

10   -is: 복수어미 -es는 /iːz/로 발음된다.

       axis : axes   analysis : analyses
       basis : bases   crisis : crises
       diagnosis : diagnoses   ellipsis : ellipses
       hypothesis : hypotheses   oasis : oases
       parenthesis : parentheses   synopsis : synopses
       thesis : theses   neurosis : neuroses

예외: metropolis : metropolises

▶ series와 species는 단복수형이 같다.

11   -ex/ix: 어미 -ices는 /ɪsiːz/로 발음된다.

appendix : appendices /əpédɪsi:z/ (부록)/appendixes (맹장)
index : indices /índɪsi:z/ ((수학의) 지수)/indexes (색인)
matrix : matrices /méɪtrɪsi:z/matrixes
codex : codices

▶ 복수형 agenda, spaghetti 등은 영어에서 단수로 사용된다.

N28   nouns-6: 복수형 명사

명사 중에는 항상 복수형으로만 쓰이는 것들이 있다. 비록 형태는 복수형이지만 어떤 것은 복수동사만, 어떤 것은 단수동사만, 어떤 것은 단수와 복수동사를 둘 다 허용한다.

1 **두 개의 부분**: 두 개의 동일한 부분으로 구성된 명사로서 항상 복수표지를 가지며 복수로 사용된다.

▶ 의류

bermudas	braces	breeches	flannels
jeans	knickers	nylons	pants
pajamas	shorts	suspenders	tights
trousers 등			

▶ 도구

bellows	binoculars	glasses	handcuffs
pincers	pliers	reins	scales
scissors	shears	spectacles	tongs
tweezers 등			

Jeans are very popular among the young people.
(청바지는 젊은이들 사이에 매우 인기가 높다.)
She wore **striped pajamas** that **were** manufactured in China.
(그녀는 중국에서 생산된 줄무늬가 있는 잠옷을 입고 있었다.)
"How much **are those binoculars**?" "They're $95."
("저 쌍안경은 값이 얼마입니까?" "95불입니다.")
These scissors are very blunt—bring a new pair of scissors.
(이 가위가 몹시 무디다. 새 가위 한 자루를 가져와라.)

이 단어들은 함께 쓰이는 "pair"라는 부분사에 대해서는 P6.6을 보라.

2 **의미변화 복수형 명사** (pluralia tantum): 여기에 속한 단어 중에는 개체의 집합을 의미하지만, 일반적으로 복수형으로 쓰일 때는 그 의미가 단순히 단수형의 복수의미가 아닌 다른 의미를 갖는다.

▶ 개체의 집합: 일반적으로 복수형으로 더 자주 쓰이며, 그 의미가 단수형과 밀접한 관계가 있다.

arms	clothes	clubs	contents
covers	diamonds	dishes	goods
groceries	hearts	leftovers	munitions
refreshments	remains	spades	spoils
steps	stairs	supplies	valuables 등

Most of the museum's contents were damaged in the fire.
(박물관 소장품 대부분이 화재로 손상되었다.)
The leftovers were always given to the dog. (음식 찌꺼기는 항상 개에게 주었다.)
The fuel supplies are the most important issues of the country.
(연료 재고량은 국가의 가장 중요한 문제점이다.)
The valuables have to be kept in the safe. (귀중품은 금고에 보관해야 한다.)

▶ 단순 복수형: 일반적으로 단수형이 없으며, 있을 경우 의미적 차이를 보인다.

accommodations	amends	annals	archives
arrears	ashes	assets	auspices
banns	billiards	belongings	bounds
bowels	brains	checkers	communications
congratulations	credentials	customs	damages
darts	dominos	draughts	dregs
earnings	entrails	fireworks	funds
grassroots	greens	gums	guts
grassroots	greens	gums	guts
heads	heavens	honors	humanities
intestines	letters	lodgings	looks
mains	manners	minutes	misgivings
oats	odds	outskirts	pains
particulars	premises	proceedings	proceeds
quarters	regards	remains	resources
riches	savings	shortcomings	spirits
suds	surroundings	systems	tails
thanks	troops	tropics	tidings
wages	waters	wits	writings 등

Excellent living accommodations were provided for the crews.
(훌륭한 생활시설이 승무원들에게 제공되었다.)
(*Excellent living **accommodation was** provided for the crews.)
The company's earnings have dropped 10% in the second quarter.
(회사의 수익이 2분기에 10퍼센트 하락했다.)
(*The company's **earning has** dropped 10% in the second quarter.)
The minutes of the last meeting have to be saved in the computer.
(지난 회의의 의사록은 컴퓨터에 저장해야 한다.)

All her riches were donated to children's charities.
(그녀의 모든 재산은 어린이 자선기금에 기증되었다.)
My lodgings are next to the post office. (나의 하숙방은 우체국 옆에 있다.)

3 **질병**: 이 명사들은 일반적으로 단수로만 쓰인다.

    diabetes   measles   mumps   piles
    rabies   rickets   shingles 등

Measles was/*were rampant in the early 20th century. (20세기 초기에는 홍역이 만연했다.)
Shingles usually attacks/*attack weak and old people.
(대상포진은 약하고 나이 든 사람들에게 침범한다.)
Rabies is/*are transmitted to human beings if bitten by an infected animal.
(광견병은 감염된 동물에게 물리면 사람에게 전염된다.)

4 **학문/전문 분야**: -ics로 끝나는 명사는 일반적으로 단수로 사용된다.

    acoustics   aesthetics   athletics   bionics
    classics   economics   ethics   gymnastics
    linguistics   mathematics   metaphysics phonetics
    physics   politics   statistics   tactics 등

Mathematics is/*are the subject that is not so easy to learn.
(수학은 배우기가 쉽지 않은 과목이다.)
Physics was/*were my major in college. (나는 대학에서 물리학을 전공했다.)

    ▶ 그러나 "acoustics, politics, statistics, tactics 등"은 학문이 아니라 견해나 적용을 의미할 때는 복수로도 쓰일 수 있다.

Politics is one of the most popular subjects in the school.
(정치학은 학교에서 가장 인기 있는 과목 중의 하나다.)
I think **her politics are** rather conservative.
(나는 그녀의 정견이 오히려 보수적이라고 생각한다.)

Acoustics is a specialized subject in sciences. (음향학은 과학에서 전문화된 과목이다.)
The acoustics of the hall are good enough for the concert.
(이 강당의 음향은 음악회를 가질 정도로 훌륭하다.)

5 **오락/경기**: 일반적으로 단수로 사용된다.

    billiards   darts   checkers   draughts
    craps   dominoes   fives   ninepins 등

Checkers is/*are played by two people. (체커는 두 사람이 둔다.)
Craps is/*are very popular among gamblers.
(주사위도박은 도박사 사이에는 매우 인기가 높다.)

► news는 항상 단수로 쓰인다.

That's **the best news** I have heard for a long time.
(그것은 내가 오랫동안 들어본 최고의 소식이다.)
The news of the shipwreck **has** surprised everyone. (난파선 소식은 모두를 놀라게 했다.)

6 **단수 또는 복수동사**: 이 복수형 명사들은 단수 또는 복수동사를 둘 다 취할 수 있다.

barracks	crossroads	gallows	headquarters
innings	kennels	links	mews
means	oats	series	species
steelworks	waterwings	waterworks	works 등

The **barracks is/are** surrounded by a high barbed-wire fence.
(병영은 높은 철조망 울타리로 둘러싸여 있다.)
The company's **headquarters is/are** located in Amsterdam.
(그 회사의 본부는 암스테르담에 있다.)
There **is only one golf links/are several golf links** in the city.
(그 도시에는 골프장이 오직 하나/여러 개가 있다.)
We must use **all/every means** available to assist the teachers.
(우리는 선생님들을 돕기 위해 가용한 모든 수단을 동원해야 한다.)
A big steelworks was built here in the 1970s.
(대규모 제철소 하나가 1970년대에 이곳에 건설되었다.)
There**'re a number of steelworks** around this area. (이 지역 주위에 제철소가 여러 개 있다.)

N29 nouns-7: 단수형 명사

복수표지가 없는 명사들 중에는 복수동사만을 취하는 것과 단수 또는 복수동사를 취하는 것이 있다.

1 **단수형 복수명사**: 이 단수형 명사는 일반적으로 복수명사로 사용되며, 복수동사를 취한다.

cattle	clergy	livestock	people
the police	poultry	the press	the public
vermin	wildfowl 등		

He has about **100 cattle/*cattles** on his farm.
(그는 농장에 100마리 정도의 소를 기르고 있다.)
The Catholic **clergy do/*does** not support the birth control policy.
(가톨릭 성직자들은 산아제한 정책을 지지하지 않는다.)
Flies, lice, mosquitoes, and cockroaches can all be considered as **vermin/*virmins**.
(파리, 이, 모기, 바퀴벌레는 모두 해충이라고 할 수 있다.)

2 **집합명사 (group nouns)**: 가장 흔히 쓰이는 집합명사는 특별한 관계로 엮여있는 사람들의

집단을 가리키며, 단수나 복수동사를 취한다.

admiralty	aristocracy	army	audience
band	choir	class	club
committee	company	congress	council
crew	crowd	department	family
government	group	jury	left
management	nation	navy	nobility
orchestra	peasantry	population	royalty
staff	team	union	youth 등

이들 집합명사는 화자가 집단 전체를 강조할 때는 단수동사를 취하고, 집단의 구성원을 강조할 때는 복수동사를 취한다.

It seems that **the audience is/are** enjoying the show. (청중은 공연을 즐기고 있는 것 같다.)
The government never **makes** up its mind/**make** up their minds in a hurry.
(정부는 절대로 황급히 결정을 내리지 않는다.)
The crowd was/were delighted by the musician's performance.
(대중은 음악가의 연주에 환호했다.)

3   **국민**: -ese/-ss/-ish 어미를 가진 국민을 가리키는 명사는 단수 또는 복수로 쓰인다.

Burmese	Chinese	Japanese	Lebanese
Maltese	Vietnamese	Swiss	Danish
Finnish	Flemish	Polish	Spanish
Swedish	Turkish 등		

▶ -ese/-ss로 끝나는 명사는 정관사 the와 결합하면 전체 국민을 의미한다. -ish로 끝나는 단어를 비롯하여 이 단어들은 국민이나 국가를 의미하는 형용사로도 쓰이고, 가능할 경우 그 국가의 언어도 의미한다. (N4.3과 4를 보라.)

Our team consist of two Americans, three Koreans, and **one Chinese**.
(우리 팀은 미국인 두 명, 한국인 세 명, 중국인 한 명으로 구성되어 있다.)
The Chinese are the most travelling people in the world.
(중국인은 세계에서 가장 많이 여행하는 국민이다.)
I know **a Swiss** whose father owns a watch factory.
(나는 아버지가 시계공장을 소유하고 있는 스위스인을 안다.)
The Swiss are the people who overcame its natural obstacle.
(스위스 국민은 자연장애를 극복한 국민이다.)

▶ -ish로 끝나는 명사도 정관사 the와 결합하면 전체 국민을 의미하지만 같은 의미를 가진 다른 표현이 또 존재한다.

the **Danish** = the Danes   the **Finnish** = the Finns
the **Flemish** = the Flemings   the **Polish** = the Poles

the **Scottish** = the Scots　　　the **Spanish** = the Spaniards
the **Swedish** = the Swedes　　　the **Turkish** = the Turks 등

4　**단수 또는 복수동사**: 다음의 명사는 단수 또는 복수동사를 취할 수 있으며, 어떤 것들은 복수형에 -(e)s를 붙이기도 한다.

▶ 동물
deer　　　　　offspring　　　　reindeer(s)　　　sheep
antelope(s)　　buffalo(es) 등

You can see **a deer** running away from a hound.
(사냥개에 쫓겨 도망치는 사슴 한 마리를 볼 수 있다.)
Deer are still the best game animals in the country.
(사슴은 아직도 그 나라에서 최고의 사냥 짐승이다.)

▶ 조류
grouse　　　　duck(s)　　　　snipe　　　　fowl 등

There's only **one grouse** left in the zoo. (동물원에 뇌조가 딱 한 마리만 있다.)
Grouse are the birds we can't see easily. (뇌조는 우리가 쉽게 볼 수 있는 새가 아니다.)

▶ 물고기
salmon　　　　mackerel　　　　trout(s)　　　fish(es)
herring(s)　　plaice(s)　　　　pike　　　　carp 등

He hooked **a salmon** for dinner. (그는 저녁 식사 감으로 연어 한 마리를 낚았다.)
Salmon are known as fish that return to the rivers where they were hatched.
(연어는 자신이 알에서 부화된 강으로 회귀하는 물고기로 알려져 있다.)

▶ 이동수단
craft　　　　aircraft　　　　spacecraft　　　hovercraft 등

An aircraft is approaching the carrier to land on.
(비행기가 착륙하기 위해 항공모함으로 접근하고 있다.)
Three military aircraft were clashed this month. (이번 달에 세 대의 군용 비행기 추락했다.)

▶ 군사
foot (= infantry)　　horse (= cavalry)　　cannon(s) 등

The horse were ordered to attack at dawn. (기병은 새벽에 공격하라는 명령을 받았다.)
The foot are hardly numerous enough to defend the city.
(도시를 방어하기에는 보병의 수가 턱없이 적다.)
The attacking troops are equipped with about **100 cannon(s)**.
(공격 부대는 약 100문의 대포로 무장되어있다.)

▶ dice: dice는 die의 복수이지만 지금은 dice가 단수와 복수로 사용된다.
He holds **one dice** in his left hand and another in the right hand.

(그는 왼손에는 한 주사위를 들고 오른손에는 다른 주사위를 들고 있다.)
Two dice are necessary to play this game. (이 놀이를 하려면 두 개의 주사위가 필요하다.)

5   **수사**: 숫자는 다양한 형태로 언어에 나타난다. 쓰이는 방법에 따라 단수 또는 복수동사를 취한다. (N39를 보라.)

▶ 금액과 수량: 비록 복수형 명사구라고 할지라도 하나의 단위로 간주하여 단수가 되며, 항상 단수 동사, 단수 한정사, 단수 대명사를 사용한다.

Ten dollars is/*are all I have. (10불이 내가 가진 전부다.)
Four kilometers is/*are as far as they can walk. (4킬로가 그들이 걸을 수 있는 거리다.)
Two thirds of the area is/*are under water. (그 지역의 3분의 2가 물에 잠겨있다.)

Where **is that ten dollars** I lent you? (내가 빌려준 그 10불이 어디 있느냐?)
(*Where **are those ten dollars** I lent you?)
We have **only five gallons of gasoline**, which **isn't** enough.
(휘발유 5갤런밖에 없으며, 이것으로 충분하지 않다.)

▶ 계산: 수학적 계산은 단수 또는 복수로 취급된다.

$2 + 3 = 5$ Two **and** three **is/are** or **makes/make** five.
                   Two **plus** three **equals/is** five.
$5 - 2 = 3$ Two **from** five **is/leaves** three.
                   Take away two from five **is/leaves** three.
                   Five **minus** two **equals/is** three.
$3 \times 4 = 12$ Three **fours are** twelve.
                   Three **times** four **is** twelve.
                   Three **multiplied by** four **equals/is** twelve.
$4 \div 2 = 2$ Two(s) **into** four **goes** two (times).
                   Four **divided by** two **equals/is** two.

N30   nouns-8: 복합명사의 복수형

복합명사는 그 구성성분에 따라 복수어미가 붙는 곳이 다르다.

1   **두 개의 명사**: 일반적으로 두 번째 명사에 복수어미가 붙는다.

girl **scouts**   tooth**brushes**   lady **customers**
shoe **shops**   fox **hunters**   time**tables** 등

2   man과 woman: man이나 woman이 복합명사에서 하는 역할에 따라 복수형이 달라진다.

▶ man과 woman이 뒤에 오는 명사의 성(sex)을 표현하는 역할을 할 때 두 명사가 둘 다 복수가 된다.

men-servants   men-friends   men-supporters
women-doctors   women-cooks   women-lawyers 등

▶ 앞 명사와 뒤에 오는 명사가 목적어-동사 관계일 때는 두 번째 명사만이 복수가 된다.

man-**eaters**   man-**hunters**   man-**slayers**
woman-**admirers**   woman-**haters**   woman-**chasers** 등

▶ man이 두 번째 성분이 되는 복합명사의 경우에는 man과 woman이 복수가 된다.

milk**men**   police**men**   post**men**
watch**men**   fore**men**   sea**men**
mail**men**   show**men**   work**men** 등

▶ man이 복합명사의 일부로 느껴지지 않는 경우 -s어미를 붙여 복수를 만든다.

Norman**s**   German**s**   Roman**s**   brahman**s** 등

3   **단독 명사**: 복합명사에서 하나의 성분만이 명사인 경우에는 명사가 복수가 된다.

small**holders**   pick**pockets**   U-**boats**
passersby   **runners**up   **not**aries general
court **martials**/**courts** martial   **consuls** general/consul **generals** 등

▶ "명사 + ful"의 복합명사에서의 경우에는 끝에 복수어미가 붙는다.

basket**fuls**   hand**fuls**   mouth**fuls**   spoon**fuls** 등

4   **명사 + 전치사구**: 이 구조를 가진 복합명사에서는 앞에 오는 명사가 복수가 된다.

fathers-in-law   **sons**-in-law   **maids**-of-honor
grants-in-aid   **commanders**-in-chief   **men**-of-honor 등

어떤 사람들은 father-in-**laws**, mother-in-**laws**를 사용한다.

5   **명사가 없는**: 복합명사의 어느 성분도 명사가 아닐 경우에 끝 단어가 복수가 된다.

hold-**ups**   break-**ins**   look-**outs**
forget-me-**nots**   merry-go-**rounds**   good-for-**nothings** 등

6   **복수형 명사수식어**: "명사 + 명사"의 구조에서는 앞에 오는 복수형 명사가 일반적으로 단수가 된다. 많은 경우에 단수형으로 사용되지 않는 명사도 단수형이 쓰인다.

billiard tables   **trouser** pockets   **dartboards**
binocular vision   **pantsuit**   **pajamas** bottoms 등

▶ 그러나 종종 앞 명사가 복수가 되는 경우가 있다. 특히 복수형이 나타나는 경우는 headquarters나 clothes처럼 단수형이 없는 경우와 arms나 customs처럼 복수형이 단수형과 의미가 다를 경우 그리고 sports나 savings처럼 복수형이 자주 쓰이는 경우가 있다.

a **clothes** designer
drugs therapy
gallows humor

a **headquarters** office
a **glasses** frame
the **waterworks** project

the **arms** control
a **customs** officer
an **honors** list

a **mews** house
earnings statistics
the **fireworks** display

savings account
the **sales** department
a **systems** analyst

a **sports** car
the **communications** system
an **antiques** dealer

▶ 미국에서보다 영국에서 복수를 더 자주 사용된다.

영국	미국
a **greetings** card	a **greeting** card
the **arrivals** platform	the **arrival** platform
a **drinks** party	a **drink** party
a **sports** shirt	a **sport** shirt

N31　nouns-9: 여타 복수형

1 **문자와 비명사**: 단독 문자의 복수를 만들 때는 -'s를 붙이고, 명사가 아닌 단어에는 -s를 붙인다.

There're two **m's**, two **t's** and two **e's** in "committee."
("committee"라는 단어에는 m이 두 개, t가 두 개, e가 두 개 있다.)
The proposal includes too many **ifs** and **buts**.
(그 제안에는 "만약"과 "그러나"가 지나치게 많다.)
I want no **ifs, ands or buts**—just pay the money now!
(나는 "만약", "그리고", "그러나"라는 말을 듣고 싶지 않다. 지금 당장 돈을 갚아라!)

2 **약자**: 약자의 복수에는 -'s를 붙일 수도 있고 -s를 붙일 수도 있다.

Many **VIP's/VIPs** are invited to the opening ceremony.
(개회식에 많은 요인들이 초청되었다.)
Only **PhD's/PhDs** are eligible to apply for that position.
(박사학위를 가진 사람만이 그 자리에 지원할 자격이 있다.)

3 **숫자**: 숫자의 복수는 -'s 또는 -s를 붙여 만든다.

The movie showed the lifestyle of **the 1970's/1970s**.
(그 영화는 1970년대의 생활양식을 보여줬다.)
The couple are both in their **80's/80s**. (그 부부는 두 분 다 80대다.)

4 **화폐**: 화폐에 따라 복수표지 -s가 붙기도 하고 안 붙기도 한다.

He only gave me 100 **dollars/pounds** for the trip.
(그는 나에게 여행비로 100불/파운드밖에 주지 않았다.)
The shoes will cost you at least 200,000 **won/yen**.
(그 신은 적어도 20만 원/엔은 나갈 것이다.)

N32   noun-noun structures-1: 명사 + 명사 구조

영어에는 둘 또는 그 이상 명사가 나란히 결합된 구조가 있다. 이러한 구조에서 앞에 오는 명사는 형용사처럼 뒤에 오는 명사의 의미를 제한하게 된다. 두 개의 명사를 결합하는 방법에는 두 개의 명사가 단순히 결합하는 방법과 앞의 명사가 속격이 되는 경우가 있다.

명사 + 명사: an airport bus, coffee beans, ...
속격 명사 + 명사: John's car, a women's college, ...

명사 + 명사 구조: 명사-명사구조에서는 일반적으로 뒤의 명사가 앞에 오는 명사가 속하는 집단을 분류 또는 구분(classification)하는 역할을 한다. 매우 불완전하지만 분류의 기준에는 다음과 같은 것이 있다.

1 **재료** (material): 사용된 재료에 의한 분류

   cotton pants (= pants made from cotton)
   corn bread (= bread made from corn)
   an **wood** table (= a table made of wood)
   rubber gloves (= gloves made of rubber)

2 **목적** (purpose): 만든 목적이나 용도에 따른 분류

   a **conference** hall (= a hall for conference)
   an **office** building (= a building for offices)
   a **book**shop (= a shop for books)
   beef cattle (= cattle for beef)

3 **장소/위치** (place/position): 장소나 상대적 위치에 따른 분류

   the **London** station   the **Liverpool** fans   the **Seoul** citizens
   the **front** door   the **bottom** drawer   the **top** shelf

4 **시간** (time): 시간을 분류의 기준을 할 때

   morning coffee   **afternoon** tea   a **Sunday** paper
   holiday plans   a **winter** vacation   the **1988** Olympics

   ▶ 그러나 특정 사건을 말할 때는 첫 명사가 종종 소유격이 된다.

today's weather report   yesterday's news   last **Sunday's** game

5   **직업** (occupation): 직업이나 하는 일과 관련이 있을 때

     a **taxi** driver   a **post**man   an **insurance** man
     a **animal** doctor   a **milk**man   a **delivery** man

6   **성** (sex): 성을 표현할 때

     a **woman** doctor   a **girl**friend   a **man**servant
     a **boy** scout   a **he**-goat   a **she**-devil

7   **부속물** (accessories): 완성체와 부속물의 관계를 표현할 때

     a **table** leg   the **car** door   the **chest** drawer
     the **door** knob   the **book** cover   the **shoe** string

8   **목적어-주어**: 두 명사 사이에 목적어-주어 관계가 성립할 때

     an **oil** well (= a well that produces oil)
     a **sheep**dog (= a dog that looks after sheep)
     an **animal** doctor (= a doctor who cures animals)
     a **history** book (= a book that describes history)
     a **bicycle** factory (= a factory that manufactures bicycles)

N33   noun-noun structures-2: 속격 + 명사 구조

다음의 두 표현을 비교해보라.

my brother's bicycle
a child's bicycle

이 구조는 일반적으로 어떤 특정 대상을 제한(specification)할 때 사용될 뿐만 아니라 앞에서 논의한 "명사 + 명사" 구조와 같이 어떤 대상을 분류할 때도 사용된다. 다시 말해서 "my brother's bicycle"은 한 "특정의 자전거"를 가리키는 데 반하여, "a child's bicycle"은 "자전거의 한 종류"를 가리킨다. 전자를 제한속격(specifying genitives)이라 하고, 후자를 분류속격(classifying genitives)이라고 한다. 이 구조는 다음과 같은 경우에 많이 사용된다.

1   **소속관계**: 두 명사 사이에 일종의 소유 또는 소속관계가 있을 때

     Mr. Brady's cottage (= Mr. Brady owns a cottage.)
     my mother's sister (= My mother has a sister (who is a teacher).)
     the city's plan (= The sister has a plan (to build a bridge over the river).)
     the treaty's importance (= the importance that the treaty has)

2　**생산물**: 창작물이나 생산물 또는 근원을 가리킬 때

  Shakespeare's **plays**　　Dan Brown's **novels**　　cow's **milk**
  the earth's **gravity**　　a hen's **egg**　　　　　sheep's **wool**

 ▶ 생명체의 희생의 결과로 생산된 물건의 경우에는 "명사 + 명사 구조"를 갖는다. 다음을 비교해보라.

  cow's **milk** :: **cowhide**　　　　　goat's **milk** :: **goatskin**
  lamb's **wool** :: **lamb chop**　　　a camel's **hump** :: **camel meat**

 ▶ 사람이나 동물에 의해 사용되는 물건을 가리킬 때

  women's **magazines**　　my wife's **refrigerator**　　a women's **college**
  men's **rooms**　　　　　children's **clothes**　　　　bird's **nests**

3　**주어-동사 관계**: 두 명사 사이에 주어-동사 관계가 성립될 때

  my parents' **response** (⇐ my parents responded to something)
  Mary's **protest** (⇐ Mary protested about something)
  the train's **arrival** (⇐ the train arrived (in time))
  the plane's **departure** (⇐ the plane departed (late))
  the doctor's **performance** (⇐ the doctor performed (an operation))

4　**목적어-동사 관계**: 두 명사 사이에 목적어-동사 관계가 성립할 때

  the prisoner's **execution** (⇐ somebody executed the prisoner)
  John's **punishment** (⇐ somebody punished John)
  Mr. Smith's **arrest** (⇐ somebody arrested Mr. Smith)
  the city's **destruction** (⇐ somebody destroyed the city)
  the people's **liberators** (⇐ somebody liberated the people)
  the enemy's **defeat** (⇐ somebody defeated the enemy)

5　**신체의 일부**: 사람이나 동물의 신체 일부를 가리킬 때

  a man's **hand**　　　　an elephant's **trunk**　　a lion's **claw**
  an eagle's **beak**　　　my son's **leg**　　　　　the horse's **mane**

6　**지속 시간**: 어떤 행위나 상황이 지속되는 시간을 표현할 때

  an **hour's** walk　　　two **days'** journey　　thirty **minutes'** delay

7　**제한속격과 분류속격의 차이점**: 두 속격은 다른 문법적 속성을 보인다.

 ▶ 속격 앞에 부정관사 a/an이 올 경우 분류속격으로 해석된다.

  a cardinal's hat　　**a** mother's heart　　**an** artist's model

► 대명사의 한정사적 소유격은 제한속격으로만 사용된다.

his car　　　　　**my** book　　　　　**her** house　　　　　**your** passport

► 분류속격은 뒤에 오는 명사와 복합명사(noun compound)를 구성하기 때문에 이 둘 사이에 어떤 표현도 올 수 없다. 다음을 비교해보라.

*a women's **new** college　　*cow's **fresh** milk
John's **new** car　　the grocery's **fresh** vegetables

► 제한속격 앞에 오는 한정사와 수식어는 속격만을 수식한다.

my **beautiful** neighbour's house
(= the house of my **beautiful** neighbour/*the **beautiful** house of my neighbour)
his **old** friend's expensive car
(= the expensive car of his **old** friend/*the **old** expensive car of his friend)

► 분류속격의 경우에는 속격을 수식할 수도 있고 전체 명사구를 수식할 수도 있다.

an **old** man's coat (= a man's coat that is **old**/a coat for an **old** man)
a **strong** mother's heart (= a mother's heart that is **strong**/a heart of a **strong** mother)

N34　noun phrases(명사구)-1: 기본 구조

1　**기능**: 대부분의 명사구는 핵인 명사와 이를 수식하는 표현으로 구성되며, 동사구와 더불어 문장을 구성하는 중요한 두 요소 중의 하나다. 명사구는 문장 내에서 주어, 직접/간접 목적어, 전치사 목적어, 주어/목적어 보어, 동격구, 호격구 등으로 널리 쓰인다.

The walls are painted white.　　　　　　　　　　[주어]
(벽은 흰 페인트칠이 되어 있다.)
The man liked **his new house**.　　　　　　　　　[직접목적어]
(그 사람은 그의 새집을 좋아했다.)
He bought **his wife** a Christmas present.　　　　[간접목적어]
(그는 부인에게 크리스마스 선물을 사주었다.)
He deposited the money in **the bank**.　　　　　　[전치사 목적어]
(그는 돈을 은행에 예금했다.)
Mr. Smith is **an intelligent teacher**.　　　　　　　[주어보어]
(스미스 씨는 지성적인 선생님이다.)
The committee elected Mr. Jones **chairman**.　　　[목적어보어]
(위원회는 존스 씨를 회장으로 뽑았다.)
Mr. Bush, **president of the club**, gave a speech.　[동격구]
(클럽 회장인 부시 씨가 연설을 했다.)
Mr. Kim, please come in.　　　　　　　　　　　[호격구]
(미스터 김, 들어오세요.)

2　　**구조**: 명사를 수식하는 표현은 명사 앞에 올 수도 있고 뒤에 올 수도 있으며, 명사 앞에 오는 수식어를 선행수식어(premodifiers)라고 부르고 뒤에 오는 수식어를 후행수식어 (postmodifiers)라고 부른다.

선행 수식어	명사 머리어	후행 수식어
the handsome	boy	who is standing in the corner

▶ 명사 (nouns): 위의 예에서도 볼 수 있듯이 명사는 명사구의 머리어 또는 핵어(head)로서 명사구의 중요한 속성인 수(number), 성(gender), 격(case) 등을 결정한다. 명사는 다른 품사와는 달리 단수형과 복수형이 있으며(book~books) 관사(articles)를 가질 수 있는 것이 (예: the book~a book) 특징이다. 그러나 모든 명사가 이러한 속성을 가지고 있는 것은 아니다. 예를 들어, money, homework, harm, chess와 같은 명사는 복수형을 가지고 있지 않으며 부정관사(indefinite articles)를 취할 수 없다 (예: *a harm/*a chess). 명사들 간의 이러한 차이를 설명하기 위하여 일반적으로 명사를 고유명사(proper nouns)와 보통명사(common nouns)로 분류한다.

명사구의 핵어가 되는 명사에 대해서는 N23-N31을 보라.

N35　noun phrases-2: 선행수식어

명사를 앞에서 수식하는 선행수식어는 한정사 선행어, 한정사, 제한적 수식어로 나뉜다.

1　　**한정사** (determiners): 한정사에는 관사(the, a/n), 지시사(this, that, these, those), 소유격 (my, his, John's 등), 양화사(some, any, every, either 등), 의문사(what, which 등)이 있다. 한정사에 대해서는 D9를 보라.

선행 수식어			핵어
한정사 선행어	한정사	제한적 수식어	
all	the	intelligent	students

2　　**한정사 선행어** (predeterminers): 명사구 내에서 한정사 앞에 올 수 있기 때문에 한정사 선행어라고 하며, "all, both, half"와 "배수"와 "빈도"(once, twice, three times 등) 그리고 "분수"(a third, a half/half a, a quarter, three-seventh 등)가 여기에 속한다. (한정사 선행어에 대해서는 P26-P28을 보라.)

Have you done **all your homework**?　　　　　　　　　　　　[all]
(숙제를 다 했냐?)
We need **double this amount** for ten students.　　　　　　[배수]
(열 명의 학생에게 주려면 이 양의 두 배가 필요하다.)
Letters are delivered **twice a week** only.　　　　　　　　　[빈도]
(일주일에 두 번만 편지가 배달된다.)

He spent **two-thirds his life** for the poor people in Africa.   [분수]
(그는 아프리카의 빈민을 위해 생애의 3분의 2를 보냈다.)

3   all, both, half: all은 A35를, both는 B23을, half는 H2를 보라.

The man wasted **all his life** looking for the lost city.
(그 남자는 잃어버린 도시를 찾아 그의 전 생애를 낭비했다.)
Both my parents went to Europe. (나의 부모님 두 분은 유럽에 갔다.)
I've finished interviewing just **half these applicants** today.
(나는 오늘 이 지원자의 절반만 면접을 끝냈다.)

4   배수 (multipliers): 배수를 나타내는 표현으로는 "twice, double(드물게), thrice, triple(미국)/treble(영국), quadruple, quintuple 그리고 서수 + times 등"이 있다. (M27을 보라.)

▶ 이들은 복수 가산명사, 불가산명사 그리고 "수(number)"나 "양(amount)"을 뜻하는 단수 가산명사 앞에서 배수를 표현한다.

He spent **twice/double his weekly stipend** for lunch with her.
(그는 그녀와 점심을 먹는 데 자신의 주급의 두 배를 썼다.)
My wife earns **treble/three times/triple my salary**. (내 처는 내 봉급의 3배를 번다.)
The young man can lift **four times the weight** that I can lift.
(그 젊은이는 나보다 4배의 무게를 들 수 있다.)

▶ 이들은 "of-구문"을 허용하지 않는다.

*He spent **twice/double of his weekly stipend** for lunch with her.
*My wife earns **treble/three times/triple of my salary**.
*The young man can lift **four times of the weight** that I can lift.

5   빈도 (frequency): "once, twice, three/four... times 등"은 사건의 빈도를 의미하고, 뒤에 오는 한정사 "a, every, each"와 전치사 "per"는 사건의 간격(interval)을 뜻한다. (F8을 보라.)

She takes a bath **once/twice a day**. (그녀는 하루에 한 번/두 번 목욕한다.)
They visit their parents **four times each year**. (그들은 매년 네 번씩 부모님을 찾는다.)
I go to the movies at least **twice every three weeks**.
(나는 적어도 3주에 두 번은 영화를 본다.)
He eats **five times per day**. (그는 하루에 다섯 번 먹는다.)

6   분수 (fractions): "half와 quarter"를 제외하고 모든 분수는 먼저 기수(cardinal numbers)를 쓴 다음 서수(ordinal numbers)를 그 뒤에 써서 나타낸다. 기수의 수가 둘 이상이면 뒤따라 나오는 서수가 복수형이 된다는 점에 유의하라. 분수는 모든 명사와 결합할 수 있으며 또한 of-구문을 허용한다. 기수와 서수 사이에 종종 하이픈(-)이 사용되며, 특히 분수가 수식어로 사용될 때 그러하다. (F7을 보라.)

½: a half   ⅓: a third/one third

¼: a quarter/a fourth ¾: three quarters/three fourths
⅜: three eighths 3¾: three and three quarters

I have wasted almost **two(-)thirds** (of) my life. (나는 내 생애의 거의 3분의 2를 낭비했다.)
About **three(-)sevenths** (of) the students failed the test.
(학생들의 약 7분의 3이 시험에 떨어졌다.)
He ran a **three-quarter** mile in 3 minutes. (그는 3분에 4분의 3마일을 뛰었다.)

▶ "2분의 1"은 "one second"라고 하지 않고 뒤따라오는 명사에 따라 "half a(n), a half, (the) half of"라는 표현을 쓴다. (상세한 것은 H2를 보라.)

half a dozen   **a half** share   **(the) half of** her fortune

▶ ¾ hour는 "three quarters of an hour/a three-quarter hour"로, 7/10 mile은 "seven tenths of a mile/a seven-tenth mile"로 읽는다.

N36 noun phrases-3: 제한적 수식어

한정사와 머리어인 명사 사이에 오는 수식어를 제한적 수식어(attributive modifiers)라고 부른다. 제한적 수식어는 나타나는 순서에 따라 때때로 한정사 후속어(post-determiners)라고도 부르는 수사(numerals)와 형용사 수식어(adjectival modifiers) 그리고 명사 수식어(noun modifiers)로 분류된다.

한정사	제한적 수식어			명사
	수사	형용사 수식어	명사 수식어	
our	**last**	**young**	**history**	teacher

1 **수사** (numerals): 수에는 차례를 나타내는 서수(ordinal numbers)와 수를 나타내는 기수(cardinal numbers) 그리고 막연한 수 또는 양을 나타내는 양화사(quantifiers)가 있다. 이들의 결합에는 엄격한 제약이 있다. (N39를 보라.)

2 **서수**: 순서를 뜻하는 서수는 항상 한정사와 함께 쓰이는 것이 특징이며, 기수 또는 양화사와의 결합 여부에 따라 둘로 나눌 수 있다. "first, next, last, (an)other, following 등"은 "기수 또는 (뒤따라 나오는 명사가 복수 가산명사일 경우) 양화사 few"와 결합할 수 있지만, "second, third, tenth, ... 따위"는 이러한 결합을 허용하지 않는다.

서수 A: 한정사 + **first/next/last/(an)other/following** + 기수/few
서수 B: 한정사 + **second/third/fourth** ... (+ *기수/*few)

Mary's first two English teachers were very good.
(메리의 첫 번째 영어 선생님 두 분은 참 좋으셨다.)
These last few days have been very busy. (최근 며칠간은 몹시 바빴다.)
The other four men said they would consider my offer.

(그 밖의 네 사람은 나의 제안을 고려해 보겠다고 말했다.)

*My second three English teachers were good
*The tenth few days have been very busy.

3   another: another는 어원적으로 "an + other"이므로 다른 한정사가 앞에 올 수 없으며(이런 이유로 another를 한정사로 분류한다), 바로 뒤에 둘 이상을 뜻하는 기수가 오지 않는 한 항상 단수명사와만 함께 쓰인다.

Please give me **another cup** of coffee. (커피 한 잔 더 주실 수 있습니까?)
He will stay in Seoul for **another three more weeks**.
(그는 서울에 또 3주 동안 더 머물 것이다.)

4   기수: 정확한 수를 뜻하는 기수는 (막연한) 양을 나타내는 양화사와 함께 쓰일 수 없다. 따라서 "*two few, *five many, *three plenty, *one little 따위"의 표현은 허용되지 않는다.

Give me **one good reason** for your decision.
(너의 결정에 대한 합당한 이유를 하나만 말하라.)
All (the) **four brothers** are sailors. (네 명의 형제 모두가 뱃사람이다.)

5   양화사: 대표적인 양화사로는 "many, much, few, little, several"이 있으며, 수량을 뜻한다는 점에서 "a lot of, lots of, plenty of, a good/great deal of, a number of 등"도 함께 다루는 것이 좋다. 양화사는 그들이 수식할 수 있는 명사의 종류에 따라 다음과 같이 세 유형으로 나눌 수 있다. (양화사의 다른 분류에 대해서는 Q1을 보라.)

(a): **many/few/a few/a number of/several** + 복수 가산명사
(b): **much/little/a little/a great deal of** + 불가산명사
(c): **plenty of/a lot of/lots of** + 복수 가산명사/불가산명사

He has **few** (= not many) **friends** and **little** (= not much) **money**.
(그는 친구도 많지 않고 돈도 많지 않다.)
He has **a few** (= some) **friends** and **a little** (= some) **money**.
(그는 친구도 몇 명 있고 돈도 조금 있다.)
A large number of people were here last night.
(매우 많은 수의 사람들이 어젯밤에 여기 모였었다.)
John got **a great deal of sympathy** but **little help**.
(존은 동정심은 많이 받았으나 도움은 별로 받지 못했다.)

He has **lots of friends** and **plenty of money**. (그는 친구도 많고 돈도 많다.)
He has **lots of money** and **plenty of friends**. (그는 돈도 많고 친구도 많다.)

He paid **a lot of money** for that house. (그는 저 집을 사는 데 큰돈을 지급했다.)
He grows **a lot of vegetables** for his family. (그는 가족을 위해 채소를 많이 재배한다.)

6   other: other는 기수 앞에 올 수도 있고 뒤에 올 수도 있지만, 양화사와 함께 쓰일 때는

양화사 다음에 오는 것이 원칙이다.

He recommended the **five other/other five** students for the scholarship.
(그는 장학금을 위해 또 다른 다섯 명의 학생을 추천했다.)
John and **several other** people went fishing together.
(존과 또 다른 몇 명의 사람이 함께 낚시를 하러 갔다.)
(*John and **other several** people went fishing together.)
I know **many other** girls didn't come to the party.
(나는 그 밖의 많은 아가씨들이 파티에 오지 않았다는 것을 안다.)
(*I know **other many** girls didn't come to the party.)

7   more: more는 other와 마찬가지로 기수나 양화사 뒤에 올 수 있다.

Only **two more** napkins are needed. (냅킨 두 장만 더 있으면 된다.)
Many more people came than were expected. (기대했던 것보다 더 많은 사람이 왔다.)
In **a few more** days he will be leaving for California.
(며칠 더 지나서 그는 캘리포니아로 떠날 것이다.)

8   **명사 수식어**: 명사 수식어란 머리어인 명사를 수식하는 명사 또는 동명사를 가리키며 두 가지가 있다. 하나는 명사 머리어의 재료(material)를 의미하는 명사이고, 다른 하나는 일반적으로 명사 머리어의 목적(purpose)이 된다. 이 둘이 함께 나타날 경우에는 재료가 목적을 앞선다. 목적을 나타내는 단어로 종종 형용사가 쓰일 수도 있다. (명사 수식어에 대해서는 N32를 보라.)

the famous **opera** singers (... singers for opera)
the next **bus** stop (... stop for bus)
Spanish **riding** boots (... boots for riding)
a famous **medical** doctor (... doctor for medicine)

a rare **metal** bracelet (... bracelet made of metal)
my expensive **leather** shoes (... shoes made of leather)

the American **aluminum cooking** foil (... aluminum foil for cooking)
an Italian **glass flower** vase (... glass vase for flowers)
a white **ceramic beer** mug (... ceramic mug for beer)

9   **형용사 수식어**: 다양한 형용사가 명사 앞에서 명사를 수식할 수 있다. (명사의 형용사 수식어에 대해서는 A14를 보라.)

10   **후행 형용사**: 형용사는 명사 앞에서 명사를 수식하는 것이 일반적이지만 다음과 같은 경우 명사 다음에 나타난다. (A15를 보라.)

▶ 불어에서 온 고정된 표현

court-**martial**   the body **politic**   postmaster **general**

▶ 공간 또는 시간을 나타내는 표현

fifteen feet **long**   twelve miles **wide**   fifty years **old**

▶ 이름을 붙이거나 식별을 목적으로 기수를 사용할 경우

chapter **five**   paragraph **three**
line **five**   World War **Two**
(참고: the **fifth** chapter   the **Second** World War)

▶ 수식받는 표현이 "someone, somebody, something, anyone, anybody, anything, no one, nobody, nothing, everyone, everybody, everything"과 같은 부정 대명사일 경우 형용사 수식어는 뒤에 오는 것이 특징이다.

Mr. Kim seems to have met **someone very important** in Moscow.
(김 군은 모스크바에서 매우 중요한 사람을 만난 것 같다.)
Did she buy **anything expensive** from your store? (그녀가 당신 가게에서 비싼 것을 샀습니까?)

N37   noun phrases-4: 후행수식어

명사구의 후행수식어는 관계절, 비정형절, 전치사구로 크게 나눌 수 있다. 일반적으로 비정형절 수식어와 전치사구 수식어는 관계절이 축약된 것으로 간주된다.

The woman **who stood in the corner** is my sister.   [관계절]
(모퉁이에 서 있던 여자는 내 누님이다.)
The woman **standing in the corner** is my sister.   [비정형절]
(모퉁이에 서 있는 여자는 내 누님이다.)
(= The woman **who is standing in the corner** is my sister.)
The woman **in the corner** is my sister.   [전치사구]
(모퉁이에 있는 여자는 내 누님이다.)
(= The woman **who is in the corner** is my sister.)

1   **관계절** (relative clauses): 관계절에 대해서는 R7-R10을 보라.

2   **비정형절** (nonfinite clauses): 세 가지 종류의 비정형절 모두가 명사의 후행수식어로 쓰일 수 있다. (명사를 수식하는 비정형절에 대해서는 I27과 P3을 보라.)

Students **arriving** late will not be permitted to enter the lecture hall.
(지각한 학생은 강연장에 들어가는 것이 허용되지 않을 것이다.)
Any coins **found** on this site must be handed to the police.
(이 장소에서 발견되는 동전은 어느 것이든 경찰에 넘겨야 합니다.)
The next train **to arrive** was from Busan. (그다음에 도착한 기차는 부산 발 기차였다.)

앞에서도 지적했듯이, 비정형절은 해당하는 제한적 관계절을 가지고 있지만 일률적으로 "관계대명사 + be 동사"가 생략된 것으로 볼 수는 없다. 예를 들어, "the man writing the obituary is my friend"는 그 문장이 쓰이는 맥락에 따라 다음의 어느 것으로도 해석될 수 있다.

The man **who will write/writes/wrote/was writing** the obituary is my friend.
(사망기사를 쓸/쓰는/쓴/쓰고 있던 사람은 내 친구다.)

3 **전치사구** (prepositional phrases): 명사구의 후행수식어 중에서 가장 많이 쓰이는 것이 전치사구다.

the road **to Rome**　　　　　　　　a tree **by the stream**
two years **before the war**　　　　the book **on grammar**
the building **behind the park**　　the house **opposite the police station**

a letter **concerning my son's admission**
the passengers **excluding the crew**
his suspension **pending further investigations**
various ideas **regarding the students' alcoholism**

your recent inquiry **with regard to side-effects of the drug**
the church **in front of the City Hall**
an American citizen **by virtue of her marriage**
the number of votes **in favor of Senator Johnson**

N38　now와 nowadays

now는 "단순히 현시점(at the present moment)"을 의미하고 nowadays는 "과거와 대조되는 현시점"을 의미한다.

There's nothing I can do about this right **now**.
(지금 당장 내가 이것에 대해서 할 수 있는 것은 아무것도 없다.)
Nowadays people are rarely shocked by the sex on television.
(요즈음에는 사람들이 텔레비전의 성행위에 별로 놀라지 않는다.)

1 **부사**: now는 부사로 가장 널리 쓰인다. 더 형식적인 표현으로는 "at the moment, at present, currently, presently 등"이 있다.

They **now** live in a town house near Seoul. (그들은 지금 서울 근교의 타운 하우스에 산다.)
I am working in a restaurant **at the moment**. (나는 지금 음식점에서 일하고 있다.)
Mr. Kim's **currently** working on a new action movie.
(김 군은 현재 새로운 액션 영화를 만들고 있다.)

2 **전치사**: now는 명사로서 종종 전치사와 결합할 수 있다.

Sara should have been home **by now**. (사라는 지금쯤 집에 있어야 한다.)
Until now, doctors have been unable to find the way to treat the disease.

(지금까지 의사는 그 질병을 치료하는 방법을 찾지 못하고 있다.)
You may leave your shoes on the back porch **for now**.
(당분간 신발을 뒷마루에 놔두어도 된다.)

3 **now (that)**: now (that)는 접속사로서 "... 때문에, ... 결과로"의 뜻을 가지며, that를 종종 생략할 수 있다.

Now that you are older, you should know better. (나이가 더 들었으니까 철이 들어야 한다.)
I'm going to relax, **now** the school year is over. (학년이 끝났으니까 나는 쉬려고 한다.)

4 **nowadays**: 부사로만 사용된다.

Most people **nowadays** are well aware of the importance of a heathy diet.
(오늘날에는 사람들 대부분이 건강한 식사의 중요성을 잘 알고 있다.)
Nowadays, we buy bread at the bakery rather than bake it on our own.
(요즈음에는 빵을 스스로 굽기보다 빵집에서 산다.)

N39 numerals(수사)

가장 많이 사용하는 수는 기수(cardinal numbers)와 서수(ordinal numbers)라고 할 수 있다. 이들은 (대)명사로 쓰일 수도 있고 명사를 수식하는 한정사 후속어(post-determiners)로 사용될 수 있다. 우리는 기수와 서수를 써서 언어에서 필요로 하는 여러 가지 수의 개념을 표현한다.

He's only been in this job for **nine** months. (그는 이 자리에 9개월간 있었을 뿐이다.)
She was taught by her brother till she was **nine**. (그녀는 9살이 될 때까지 오빠에게 배웠다.)
We prepared a small party for her **ninth** birthday.
(우리는 그녀의 아홉 번째 생일을 축하하기 위해 작은 파티를 준비했다.)
I'm planing to leave on the **ninth**. (나는 9일에 떠날 계획이다.)

About **three-fifths** of the students failed the test. (대략 학생의 4분의 3이 시험에 떨어졌다.)
Our wage has increased only **zero point eight six%** in the last two years.
(우리 임금은 지난 두 해 동안 단지 0.86 퍼센트가 올랐을 뿐이다.)
Our soccer team won by **three to nil**. (우리 축구팀은 3대 0으로 이겼다.)

1 **기수**: 기수에는 단순형, 파생형, 복합형이 있다.

단순형	파생형	복합형
0 zero, naught		
1 one		21 twenty-one
2 two	12 twelve	20 twenty	32 thirty-two
3 three	13 thirteen	30 thirty	43 forty-three
4 four	14 fourteen	40 forty	54 fifty-four

5 **five**	15 **fifteen**	50 **fifty**	65 sixty-five
6 **six**	16 sixteen	60 sixty	76 seventy-six
7 **seven**	17 seventeen	70 seventy	87 eighty-seven
8 **eight**	18 **eighteen**	80 **eighty**	98 ninety-eight
9 **nine**	19 nineteen	90 ninety	
10 **ten**			
11 **eleven**			
12 **twelve**			

100 a/one **hundred**
1,000 a/one **thousand**
1,000,000 a/one **million**
10^9 a/one **billion**
10^{12} a/one **trillion**
10^{15} a/one **quadrillion**

▶ 다음 철자의 변화에 유의하라.

two : twelve : twenty　　three : thirteen : thirty　　four : fourteen : forty
five : fifteen : fifty　　eight : eighteen : eighty

thirteen, fifteen, eighteen, twenty, thirty, forty, fifty, eighty의 철자에 유의하라.

2　　**1000 넘는 수읽기**: 100보다 더 큰 수를 읽는 방법은 주어진 수에서 가장 큰 "단위수"(예를 들어 hundred, thousand 등)를 찾는다. 단위수 앞에 오는 수를 우리는 "승수(multipliers)"라고 부른다. 승수를 먼저 말하고 그 다음에 단위수를 말한다. 단위수보다 적은 수를 "추가수(additions)"라고 하는데 추가수를 맨 끝에 말하면 수 읽는 것이 끝난다. 추가수에 또다시 단위수가 있으면, 위의 읽는 방법을 반복하면 된다.

▶ 영어의 단위 수

　　　　　　　　100: **hundred** (백)
　　　　　　　1,000: **thousand** (천)
　　　　　　1,000,000: **million** (백만)
　　　　　1,000,000,000: **billion** (십억)
　　　　1,000,000,000,000: **trillion** (조)
　　　1,000,000,000,000,000: **quadrillion** (천조)

예: 54,321에서 가장 윗자리 수인 5는 만 단위로서 이 수가 가리키는 최대의 단위 수는 thousand(천)이므로, 이 단위수 앞에 있는 승수 54를 먼저 말하고 단위 수 thousand를 말한 다음 321을 추가 수로 말하면 된다.

54,321: "fifty-four thousand three hundred and twenty-one"
　　　　(54,321 = 54 × 1,000 + 321)
　　　　　　　　↑　　　↑　　　↑
　　　　　　　승수　단위수　추가수

3   **천 단위를 읽는 법**: 천 단위를 읽은 방법에는 두 가지가 있다.

   1,234: "one **thousand**, two hundred and thirty-four"
   [단위수를 thousand로 보고 승수를 one을 봤을 때]
   "twelve **hundred** and thirty-four"
   [단위수를 hundred로 보고 승수를 twelve로 봤을 때]

4   **and의 사용**: 영국영어에서는 100단위와 10단위 사이에 and를 삽입하며, 미국영어에서는 종종 생략된다.

   543: "five hundred (**and**) forty-three"
   12,345: "twelve thousand, three hundred (**and**) forty-nine"

5   **쉼표 표시**: 단위수 앞에는 쉼표(,)를 써서 쉽게 식별할 수 있게 한다. 여기서 마침표를 사용해서는 안 된다.

   12,234,567,890: twelve **billion**, two hundred and thirty-four **million**, five hundred and sixty-seven **thousand**, eight **hundred** and ninety

6   **복수어미**: "dozen, score, hundred, thousand, million, billion" 등은 "a few, several"을 포함하여 숫자의 수식을 받을 경우에는 복수를 붙이지 않는다.

a dozen	two dozen	*three dozens
a score	three score	*five scores
a hundred	three hundred	*ten hundreds
a thousand	five thousand	*nine thousands
a few million	several million	*a few/several millions

   Over **seven hundred guests** attended their wedding ceremony.
   (700명 이상의 손님이 그들의 결혼식에 참석했다.)
   He needs at least **three thousand voters** to win the election.
   (그는 선거에서 이기기 위해 적어도 3천표가 필요하다.)
   His family moved to this country **three score and ten years** ago.
   (그의 가족은 이 나라로 70년 전에 이사 왔다.)

   ▶ 양화사의 수식을 받지 않을 경우에 복수형은 of-구와 함께 쓰일 수 있다.

dozens of apples	**scores** of farmers
hundreds of students	**thousands** of people
hundreds of **thousands** of people	**millions and millions** of insects

   ▶ 다른 양화사의 수식을 받을 경우에는 확정적 명사구를 목적어로 갖는 of-구와 함께 쓰일 수 있다.

   | *two dozen of eggs | two dozen of those white eggs |
   | *several hundred of students | several hundred of the angry students |

　　　　　*five thousand of paper cups　　　　five thousand of these paper cups

7　　숫자 0: 영국영어에서는 0을 "nought/naught"라고 하고, 미국영어에서는 "zero"라고 한다. 숫자를 하나씩 말할 때는 "0"을 종종 (문자 "o"처럼) "oh"라고 발음한다. 영국에서도 "zero"를 사용하는 사람이 늘어나고 있다.

　　My bank account number is four one three **oh** six (= 41306).
　　(나의 은행 계좌번호는 41306이다.)

　　▶ 온도를 말할 때는 영국과 미국영어에서 공히 "0"을 "zero"라고 하고, "zero"는 그 자체로 섭씨(Celsius/Centigrade)"0°"를 의미하기도 한다.

　　Zero degrees Celsius (= 0°C) is thirty-two degrees Fahrenheit (= 32°F).
　　(섭씨 0도는 화씨 32도다.)
　　The temperature is expected to drop to twenty degrees below **zero** (= -20°) tonight.
　　(오늘 밤에 기온이 영하 20도로 떨어질 것으로 예상된다.)

　　▶ 경기에서 "0점"은 영국영어에서 "nil"이라고 하고, 미국영어에서는 "zero" 혹은 "nothing" 또는 매우 드물게 "zip"이라고 한다. 테니스나 이와 유사한 경기에서는 "0점"에 대해서는 (불어에서 달걀을 뜻하는 "l'oeuf"에서 유래한) "love"라는 단어를 사용한다.

　　And the score at half-time is: Scotland three, England **nil**.
　　(그리고 하프타임 점수는 스코틀랜드 3 영국 0이다.)
　　We beat them ten to **zip** in that football game.
　　(우리는 그 축구경기에서 그들을 10대 0으로 물리쳤다.)
　　Forty-**love**; Andrews to serve. (40대 0. 앤드류 서브하세요.).

8　　서수: "(-)first, (-)second, (-)third"를 제외하면 기수에 "-th어미"를 붙여 서수를 만든다.

　　first: 1st　　　　　　　eleventh: 11th　　　　　twenty-**first**: 21st
　　second: 2nd　　　　　　**twelfth**: 12th　　　　　thirty-**second**: 32nd
　　third: 3rd　　　　　　　thirteenth: 13th　　　　forty-**third**: 43rd
　　fourth: 4th　　　　　　　fourteenth: 14th　　　　fifty-fourth: 54th
　　fifth : 5th　　　　　　　　fifteenth: 15th　　　　　sixty-fifth: 65th
　　ninth: 9th　　　　　　　 twentieth: 20th　　　　 ninetieth: 90th

　　▶ 다음 철자의 변화에 유의하라.

　　one : first　　　　　　　two : second　　　　　　three : third
　　twelve : twelfth　　　　　five : fifth　　　　　　　nine : ninth

　　▶ -y로 끝나는 것은 -th 앞에서 -ie로 바뀐다.

　　twenty : twentieth　　　　thirty : thirtieth　　　　forty : fortieth

9　　소수 (decimals): 1보다 작고 0보다 큰 수, 즉 소수는 다음과 같이 쓰고 말한다.

0.567 = "nought point **five six seven**"   [영국영어]
      = "zero point **five six seven**"   [미국영어]
4.82 = "four point **eight two**"

▶ 위의 수를 정상적인 수읽기의 법칙을 따라서는 안 된다.

0.567 = "*nought/*zero point **five hundred and sixty-seven**"
4.82 = "*four point **eighty-two**"

▶ 소수를 표시하기 위해 "쉼표"를 찍어서는 안 된다.

*0,375: nought comma three seven five
*4,82: four comma eight two

10 **분수** (fractions): 분수는 half와 quarter를 제외하고는 기수 다음에 소수를 놓아 표현한다. 기수의 수가 둘 이상이면 뒤따르는 서수는 복수형이 되고, 기수와 서수 사이에 종종 하이픈(-)이 사용되며 특히 분수가 수식어로 사용될 때는 그러하다. (F7을 보라.)

a/one half: 1/2   a/one third: 1/3
a quarter/fourth : 1/4   three quarters/fourths: 3/4
three and three quarters: 3¾   five over sixty-two: 5/62
five sixty eighths: 5/68

I regret having wasted almost **two-thirds (of)** my life.
(나는 내 생애의 거의 3분의 2를 낭비한 것을 후회한다.)
He's able to run a **three-quarter** mile in 2.5 minutes.
(그는 4분의 3마일을 2분 30초에 달릴 수 있다.)

▶ 1/2은 "*one second"이라고 하지 않고 결합하는 명사에 따라 "half a/an" 또는 "a half" 혹은 "(the) half of"로 표현한다.

About **half a dozen** eggs are in the refrigerator. (대략 반 다스의 계란이 냉장고에 있다.)
I gave them **a half share** of my profits. (나는 그들에게 내 이익 배당의 절반을 주었다.)
She left a will to donate **the half of** her fortune to the University.
(그녀는 재산의 절반을 대학에 기증하는 유서를 남겼다.)

45min: "forty-five minutes/three quarters (of) an hour/a three-quarter hour"
3/10m: "zero point three miles/three tenths (of) a mile/a three-tenth mile"

11 **수와 소수의 수**: 1보다 적은 무게나 시간 또는 거리를 표현하는 분수의 경우에는 단수 계측명사가 쓰이고, 소수 다음에 of를 쓰면 단수 계측명사가, of를 안 쓰면 복수 계측명사가 쓰인다.

3/4 ton: "**three quarters (of) a ton**"
1/10 mile: "**one tenth (of) a mile**"
45 min: "**three quarters (of) an hour**"

0.562 km: **zero/nought point five six two of a kilometer/
zero/nought point five six two kilometers**

▶ 1보다 큰 분사나 소수에는 일반적으로 복수 치수명사가 쓰인다.

My car broke down after **one and a half miles/*mile**.
(내 차는 1.5마일을 간 다음 고장 났다.)
You've kept me waiting for **one and a half hours/*hour**.
(너는 나를 한 시간 반을 기다리게 했다.)
The box weighs **one and a half tons/*ton**. (그 상자는 무게가 1.5톤이다.)

▶ 지금은 자주 사용되지 않지만 "a/one + 치수명사 and a half" 구조도 쓰인다.

He followed her for **an hour and a half**. (그는 그녀를 한 시간 반 동안 따라다녔다.)
He walked **one mile and a half** along the river. (그는 강을 따라 1.5마일을 걸었다.)

▶ 분수나 소수로 양이나 수는 일반적으로 단수동사를 취한다.

Three quarters of a tone is too heavy for us to carry.
(4분의 3톤은 우리가 옮기기에는 너무 무겁다.)
(***Three quarters of a ton are** too heavy for us to carry.)
20.6 kilometers is too far to run for an hour.
(20.6킬로미터는 한 시간에 달리기에는 너무 멀다.)
(***20.6 kilometers are** too far to run for an hour.)

12 **전화번호와 은행구좌번호**: 전화번호는 각 숫자를 하나씩 말하며, 하이픈으로 구별된 숫자 사이는 약간 띄우고 말한다. 같은 숫자가 두 번 나올 때는 영국 사람들은 "double"이라고 말한다.

Dial **five one two, one three double two** (= 512-1322) to speak to the manger.
(지배인에게 말하고 싶으면 512,1322를 돌려라.)
My account number is **three oh seven, four nine double three**. (= 307-4933)
(= three zero seven, four nine three three [미국영어])
(나의 계좌번호는 307,4933이다.)

13 **기수와 서수**: 다음의 경우는 기수와 서수를 옮겨가며 사용한다.

▶ 날짜 (dates)

15 April: "**the fifteenth of April**"
April 15: "**April (the) fifteenth/April fifteen**"
in 1945: "**in nineteen forty-five**"
in the 1800s/the years 1800s: "**in the eighteen hundreds/in the years eighteen hundreds**"
in the 20th century: "**in the twentieth century**"

날짜를 쓰고 말하는 것에 대해서는 D-2를 보라.

▶ 연도를 쓸 때는 단위수 천을 표시하는 콤마를 찍지 않는다.

He was born in **1945**. (그는 1945년에 태어났다.) (*He was born in **1,945**.)

▶ 책, 작품, 계획, 사건 등은 일반적으로 기수를 사용하지만 때때로 서수도 사용된다.

the **fifth** book ∷ Book **Five**
the **third** chapter ∷ Chapter **Three**
the **third** act ∷ Act **Three**
Mozart's **thirty-ninth** symphony ∷ Symphony Number **thirty-nine** by Mozart
the **third** day of the timetable ∷ the timetable for Day **Three**
the **Second** World War ∷ World War **Two**

▶ 왕과 여왕의 칭호에서는 서수가 사용된다.

Henry Ⅷ: Henry **the Eighth** (*Henry Eight)
Louis XIV: Louis **the Fourteenth**
Elizabeth Ⅱ: Elizabeth **the Second**

▶ 건물의 층: 영국과 미국이 다르다.

영국	미국
the **ground** floor	the **first** floor
the **first** floor	the **second** floor
the **second** floor	the **third** floor 등

14 a와 one: "a hundred/one hundred, a thousand/one thousand, a million/one million"이라고 말할 수 있다. one은 더 문어적이며 약간 강조적이다.

Most people want to live for **a hundred years**. (많은 사람들이 100살까지 살고 싶어 한다.)
Pay Mr. J. Baron **one thousand dollars**. (제이 배론 씨에게 천 불을 지불하세요.)

▶ "a"는 숫자의 시작에서만 사용될 수 있다. 다음을 비교해보라.

100,000: **a/one hundred** thousand
3,100: three thousand **one**/*a hundred

▶ "a thousand" 홀로 사용될 수도 있고 "and" 앞에서도 사용될 수 있지만, "백 단위 숫자" 앞에서는 일반적으로 사용되지 않는다. 다음을 비교해보라.

1,049: **a/one thousand and** forty-nine
1,602: **one** thousand, six hundred and two
(**a** thousand, six hundred and two보다 자연스럽다.)

▶ "a"와 "one"은 치수 단어와도 사용될 수 있는데 그 용법은 위와 비슷하다.

a/one kilometer
a/one kilometer and six hundred meters
(*one kilometer, six hundred meters)

an/one hour and seventeen minutes
(*one hour, seventeen minutes)
a/one pound and twelve ounces
(*one pound, twelve ounces)

half 다음의 of에 대해서는 H2를 보라.

15 계산을 말로 하기: 영국영어에서 계산을 말로 하는 흔한 방법은 다음과 같다.

2 + 2 = 4	Two **and** two is/are four.	[구어체]
	Two **plus** two equals/is four.	[문어체]
7 - 4 = 3	Four **from** seven is/leaves three.	[구어체]
	Seven **take away** four is/leaves three.	[구어체]
	Seven **minus** four equals/is three.	[문어체]
3 x 4 = 12	Three fours are twelve.	[구어체]
	Three **times** four is twelve.	[구어체]
	Three **multiplied by** four equals/is twelve.	[문어체]
9 ÷ 3 = 3	Three(s) **into** nine goes three (times).	[구어체]
	Nine **divided by** three equals/is three.	[문어체]

16 곱셈 말하기: 246 x 381의 곱셈(multiplication)을 말로써 계산해 보기로 하자.

```
                    246
                  x 381
첫째 줄   ⇒        246
둘째 줄   ⇒      19680
셋째 줄   ⇒      73800
더하기    ⇒      93726
```

"Two hundred and forty-six times three hundred and eighty-one."

첫째 줄: "One times 246 is 246. Write down 246."

둘째 줄: "Write down one 'zero.' Eight times six is forty-eight; write down 'eight' and carry 'four.' Eight fours are thirty-two and four are thirty-six; write down 'six' and carry 'three.' Eight twos are sixteen and (sixteen and) three is nineteen."

셋째 줄: "Write down 'two zeros.' Three times six is eighteen; write down 'eight' and carry 'one.' Three fours are twelve and (twelve and) one is thirteen write down 'three' and carry 'one.' Three times two is six and (six and) one are seven."

더하기: Six and zero and zero is six. Four and eight and zero are twelve; write down 'two' and carry 'one.' Two plus six plus eight is sixteen and (sixteen and) one are seventeen; write down 'seven' and carry 'one.' Nine and three are twelve and (twelve and) one are thirteen; write down 'three' and carry 'one.' One plus seven is eight and (eight and) one is nine.

17　**근사치의 표현**: 대략적인 "양, 수치, 크기, 기간, 거리 등"을 말할 때는 다음과 같이 말한다.

He lives **about 10 miles** from here. (그는 여기서 약 10마일 떨어진 곳에 산다.)
We left the restaurant at **around 10:30**. (우리는 대략 10시 30분에 음식점을 나왔다.)
The train is arriving in **approximately 30 minutes** (기차는 대략 30분 후에 도착할 것이다.).
My wife gained **some 15 kilograms** in weight during pregnancy.
(나의 처는 임신 중에 약 15킬로그램 정도 몸무게가 늘었다.)
It took **nearly two days** to reach the summit of the mountain.
(산 정상에 도달하는 데 2일 가까이 걸렸다.)
We have to leave in **ten minutes or so**. (우리는 대략 10분 후에 떠나야 한다.)
I stopped reading after **thirty or so pages**. (나는 30페이지 정도 읽고 그만두었다.)

01 object(목적어)

목적어란 자신을 선택하는 표현의 의미를 완성하는 역할을 한다. 예를 들어 타동사는 자동사와는 달리 목적어가 있어야 그 의미가 완성된다. (V3-V6을 보라.)

1 **직접목적어** (direct object): 일반적으로 명사구나 대명사가 동사의 직접목적어가 되며, 동사의 행위에 직접적으로 영향을 받는 사람이나 물건을 가리킨다. (D13과 V4를 보라.)

Peter sent **my brother** home. (피터는 내 동생을 집으로 보냈다.)
My grandson keeps **two dogs** in his room. (내 손자는 자기 방에서 개 두 마리를 기른다.)
The man locked **the gate** after us. (그 남자는 우리가 나온 다음 대문을 잠갔다.)

2 **전치사 목적어**: 전치사는 그 목적어인 명사구나 대명사를 문장의 다른 성분과 연결하는 역할을 한다. (P29와 P31을 보라.)

He sat on **the table**. (그는 식탁에 앉았다.)
She ran out of **the room**. (그녀는 방에서 뛰어나왔다.)
They left for **Africa** yesterday. (그들은 어제 아프리카로 떠났다.)

3 **간접목적어** (indirect object): 일반적으로 직접목적어와 함께 나타나며 동사의 수혜자가 된다. (V5를 보라.)

John gave **Stacy** the flowers. (존은 스테이시에게 꽃을 주었다.)
Bill bought **Jane** a new dress. (빌은 제인에게 새 드레스를 사줬다.)
He sent **his parents** a Christmas present. (그는 부모님에게 크리스마스 선물을 보냈다.)

▶ 간접목적어는 일반적으로 직접목적어 앞에 오지만 전치사 to나 for와 함께 그 뒤로 보낼 수 있다.

John gave the flowers **to Stacy**.
Bill bought a new dress **for Jane**.
He sent a Christmas present **to his parents**.

4 **절 목적어** (clausal object): 동사의 직접목적어로 정형절과 비정형절 모두 사용될 수 있다. 목적어로 쓰이는 정형절에는 that-절과 wh-절이 있고, 비정형절에는 부정사절과 -ing형 동명사가 있다. that-절과 부정사절을 제외하고는 wh-절과 동명사는 전치사의 목적어로도 쓰인다. (V4와 V5를 보라.)

Everybody hoped **that she would sing**. (모두는 그녀가 노래를 부르기를 희망했다.)
He asked **what we wanted**. (그는 우리가 무엇을 원하는지 물었다.)
They determined **to cross the river**. (그들은 강을 건너기로 결심했다.)
We asked **what to do next**. (우리는 다음에 무엇을 할 것인가를 물었다.)
He started **working** in my office. (그는 내 사무실에서 일하기 시작했다.)

We talked **about what we would do the next day**.

(우리는 그다음 날 무엇을 할 것인가에 대해서 말했다.)
They haven't decided **on which train to take to get there**.
(그들은 그곳에 가기 위해 어느 기차를 탈 것인가를 결정하지 않았다.)
He was accused **of smuggling gold**. (그는 금 밀수로 고발당했다.)

O2   object complement(목적어 보충어)

1   **명사와 형용사**: 일명 "불완전 타동사"라고 부르기도 하는 복합타동사(complex- transitive verbs)는 목적어 다음에 목적어보어(object complement)를 갖는다. 목적어와 목적어보어 사이에는 주어-술어 관계가 성립하며, 목적어보어는 일반적으로 명사구 또는 형용사구가 되지만 동사에 따라 다양한 형태로 구현된다. (V6을 보라.)

I consider him **a supporter of free speech**.
(나는 그를 언론의 자유를 지지하는 사람이라고 생각한다.)
(참고: He is a supporter of free speech.)
I have often wished myself **a millionaire**. (나는 종종 내 자신이 백만장자이기를 바란다.)
(참고: I'm not a millionaire.)
The exercises made us all **very happy**. (운동은 우리 모두를 매우 행복하게 만든다.)
(참고: We are all very happy.)
They keep the streets **nice and clean**. (그들은 거리를 매우 청결하게 유지한다.)
(참고: The streets are nice and clean.)

2   **부정사절과 as-구**: 부정사절과 as-전치사구도 목적어보어로 쓰인다.

He appointed Miss Kim **to be his secretary**. (그는 김 양을 그의 비서로 임명했다.)
The doctor pronounced his condition **to be hopeless**.
(의사는 그의 상태가 절망적이라고 발표했다.)
We regarded him **as a friend**. (우리는 그를 친구로 여긴다.)
He described the situation **as promising**. (그는 상황이 희망적이라고 평했다.)

3   **for-구**: take와 mistake는 for-구를 보어로 취한다.

Joan took me **for a fool**. (조안은 나를 바보로 생각한다.)
She mistook him **for his brother**. (그녀는 그를 그의 동생으로 착각했다.)

O3   of

of는 영어에서 가장 널리 사용되는 전치사로서 두 개의 명사나 명사구(즉, N1 of N2)를 결합하여 다양한 관계를 표현하는 역할을 한다. (N33을 보라.)

1   **부분**: of는 N1이 N2의 한 부분이거나 부속물이라는 것을 표현한다.

the roof **of** the house   the end **of** the day

the handle **of** a knife   the front page **of** the newspaper

2 **소유/연관**: of는 N1이 N2의 소유이거나 N2와 연관이 있음을 표현한다.

a friend **of** Mozart   the owner **of** the car
the name **of** my dog   the son **of** a famous politician
the history **of** the nation   the teacher **of** the young girls

▶ 이 구조는 N's + N1의 구조로도 많이 쓰인다. (N22를 보라.)

Mozart's friend   the car's owner
my dog's name   the famous politician's son
the nation's history   the young girls' teacher

3 **특성**: of는 N1이 N2의 자질 또는 특성을 표현한다.

the cost **of** the meal   the beauty **of** the scene
the height **of** the building   the color **of** her hair
the depth **of** the lake   the physical characteristics **of** objects

▶ of는 be동사와 결합하여 사람이나 사물의 특성을 표현한다.

The economic crisis over the next few years **is of entirely different scale**.
(다음 몇 해에 걸친 경제위기는 완전히 다른 규모가 될 것이다.)
In every job, safety **is of paramount importance**.
(모든 직업에서 안전은 가장 중요시 된다.)

4 **소속/출신**: of는 N1이 N2 집단의 소속 또는 출신이라는 것을 표현한다.

a member **of** the club   one **of** the nicest people
some **of** the students   two **of** the guests
Jesus **of** Nazareth   the people **of** Greece
the students **of** Harvard University

5 **직책**: of는 N1이 N2가 가리키는 나라나 집단에서 특별한 직책을 가지고 있음을 표현한다.

Elizabeth II **of** Great Britain
the secretary **of** the tennis club
the president **of** Harvard University
the captain **of** the baseball team

6 **수량**: of는 N_1이 N_2의 수나 양을 표현할 수 있다.

▶ 계측단위나 숫자로 수량을 표현할 때

two kilos **of** flour   millions **of** the passengers
ten pounds **of** sugar   five acres **of** the land

      a pair **of** pants   two sets **of** tools

  ▶ N₂가 담긴 용기를 써서 수량을 표현할 때

      a bowl **of** rice   a cup **of** coffee
      several packets **of** cigarettes   two trucks **of** cabbages
      two boxes **of** potatoes   two glasses **of** milk

  ▶ N₁이 특정 단위 명사로 수량을 표현할 때

      a herd **of** cows   the group **of** his friends
      a bunch **of** bananas   several pieces **of** paper
      tow bars **of** chocolate   two lumps **of** sugar

7   **동일성**: of는 N1이 N2가 동일한 것임을 표현한다.

      the city **of** New York   the art **of** painting
      the problem **of** unemployment the age **of** 64
      an increase **of** 5%   the game **of** football

8   **창작물**: of는 N1이 N2가 창작하거나 만든 작품 또는 결과물을 표현한다.

      the novels **of** Dan Brown   the paintings **of** Rembrandt
      the work **of** a great artist   the 9th Symphony **of** Beethoven

  ▶ of는 N1이 N2에 대한 이야기, 소식, 사진, 그림 등을 표현한다.

      news **of** his death   a photo **of** Obama
      a map **of** Indonesia   a portrait **of** the President

9   **동사-주어 관계**: of는 N1이 N2에 일어난 결과를 표현한다. 이 구조는 N₁이 N₂가 동사-주어 관계를 갖는다.

      the sudden death **of** the millionaire (참고: the millionaire died suddenly)
      the late arrival **of** the actress (참고: the actress arrived late)
      the excellent performance **of** the young pianist
      (참고: the young pianist performed excellently)

10   **동사-목적어 관계**: of는 N1이 N2에게 가해진 행위나 일어난 상황을 표현한다. 이 구조는 N₁과 N₂가 동사-목적어 관계를 갖는다.

      the cancellation **of** the meeting (참고: cancel the meeting)
      the killing **of** innocent people (참고: kill innocent people)
      supporters **of** the project (참고: support the project)
      the release **of** official information (참고: release official information)

11   **속성**: of는 N1이 N2의 자질 혹은 특성 또는 연령을 가졌음을 표현한다.

	a man **of** courage	a woman **of** ability
	a building **of** great beauty	an area **of** considerable historical interest
	a girl **of** fifteen	a boy **of** twelve

12 **보어-주어 관계**: of는 N₁이 N₂의 관계가 보어-주어 관계가 성립한다.

    the responsibility **of** the manager (참고: the manager is responsible)
    the weakness **of** the pound (참고: the pound is weak)
    the excitement **of** the game (참고: the game is exciting)
    the difficulty **of** learning English (참고: learning English is difficult)

13 **시점/기간**: of는 N1이 N2가 발생한 시점이나 기간을 표현하거나, 날짜와 시간을 표현할 때

the day **of** the accident	the week **of** the festival
the moment **of** the murder	the period **of** World War II
the 25th **of** January	a quarter **of** eleven

14 **재료**: of는 N2가 N1의 재료가 된다.

a dress **of** pure silk	a bridge **of** stone
a ring **of** 24 caret gold	the columns **of** white marble
a handbag **of** crocodile skin	the floor **of** oak trees

▶ 위의 구조(N₁ of N₂)는 일반적으로 N2-N1 구조로 바꿀 수 있다. (이 구조에 대해서는 N32.1을 보라.)

a pure silk dress	a stone bridge
a 24 caret gold ring	the white marble columns
a crocodile skin handbag	the oak tree floor

15 **동사 + of**: 전치사 of는 동사와 결합하여 전치사적 동사를 구성한다. (P35를 보라.)

▶ of는 다음과 같은 동사와 결합할 경우 "about"의 의미를 가지며, 많은 경우 of를 about로 대치할 수 있다.

dream of/about	know of/about	speak of/about
talk of/about	think of/about 등	
advise ~ of/about	convince ~ of/about	remind ~ of/about
suspect ~ of/about	warn ~ of/about 등	

▶ of-구가 어떤 상황이 있게 된 "원인(cause)" 또는 "근원(source)"을 표현할 수 있다.

die of	accuse ~ of	consist of	suspect ~ of 등

▶ of-구가 어떤 상황의 "박탈" 또는 "제거"를 표현할 수 있다.

cleanse ~ of	deprive ~ of	rid ~ of	rob ~ of 등

▶ 이 외에 of를 가진 전치사적 동사로는 다음과 같은 것이 있다.

approve ~ of	ask ~ of	beg ~ of
expect ~ of	require ~ of 등	

16 **형용사 + of**: of-구는 다양한 형용사의 보충어로 사용된다.

▶ about: of가 about의 의미를 가지며, 몇몇 형용사의 경우에는 of와 about이 둘 다 가능하다.

aware of	certain of/about	conscious of
critical of	ignorant of/about	positive of/about 등

▶ of-구가 어떤 상황이 있게 된 "원인(cause)" 또는 "근원(source)"을 표현할 수 있다.

afraid of	ashamed of	envious of	desirous of
fearful of	fond of	glad of	guilty of
innocent of	jealous of	proud of	thoughtful of
worthy of	kind of	nice of	stupid of
silly of	tired of 등		

▶ of-구가 어떤 상황의 "박탈" 또는 "제거"를 표현할 수 있다.

devoid of	empty of	free of	rid of 등

▶ 이 외에 of를 가진 형용사는 다음과 같은 것이 있다.

capable of	deserving of	full of	tolerant of 등

속격(genitives)에 대해서는 G2-G4를 보라.

O4 of course

of course는 문장 전체를 수식하는 부사구로 쓰인다.

1 **당연한 것**: 말하는 내용이 이미 잘 알려진 것이거나 당연히 기대되는 것일 때 사용된다.

The Second World War ended, **of course**, in 1945.
(2차 세계대전은 알다시피 1945년에 끝났다.)
Of course, there are exceptions to every rule. (물론 모든 규칙에는 예외가 있다.)

2 **공손한 허가**: 공손하게 질문에 대해 동의하거나 요청에 대해 허가를 표현할 때 사용된다.

"Could you help me?" "**Of course**." (= Yes.) ("좀 도와주시겠습니까?" "예, 물론이지요.")
"May I have a look at your newspaper?" "**Of course**." (= Please do.)
("신문을 좀 봐도 되겠습니까?" "그러십시오.")

3 **긍정적 반응**: 말하는 내용이 사실이거나 옳다는 것을 강조할 때도 사용된다.

Of course, he'll come! (틀림없이 그는 온다!)
Well, **of course,** I love you. (아니, 물론 나는 너를 사랑해.)

▶ 사실을 말한 것에 대한 응답으로 사용하면 무례할 수 있다. 다음의 두 응답을 비교해보라.

"It's cold outside." "**Of course** it is." ("밖이 춥습니다." "당연하지요.")
"It's cold outside." "It **certainly** is." ("밖이 춥습니다." "그렇습니다.")

4 강한 부정: "of course not"는 사실이 아니거나 옳은 것이 아니라는 것을 매우 강력하게 말할 때 사용된다.

"You don't mind if I call her?" "**Of course not.**"
("내가 그녀에게 전화해도 괜찮아?" "물론 괜찮지.")
"Where did you get the money? Did you steal it?" "**Of course not.**"
("돈이 어디서 났어? 훔쳤어?" "물론 아닙니다.")

05 often

often은 부사로서 일반적으로 동사 앞이나 문장 끝 위치에 나타난다. 동의어로는 "again and again, time and again, over and over, frequently, repeatedly, many times, a lot of times" 등이 있다.

I **often** see her walking past with the children on the way to school.
(나는 등교 중에 그녀가 아이들과 함께 걸어가는 것을 자주 본다.)
If you wash your hair too **often,** it can get too dry.
(머리를 지나치게 자주 감으면 머리카락이 몹시 건조하게 될 수 있다.)
I quite **often** go to London in business. (나는 사업차 꽤 자주 런던에 간다.)

1 반복적 행동: often은 동일한 상황에서 반복적으로 일어나는 행동에는 일반적으로 사용되지 않는다.

I've told you **again and again** not to see her.
(그녀를 만나지 말라고 내가 너에게 여러 번 말했다.)
(*I've told you **often** not to see her.)
He fell **many times** yesterday when he was skating.
(그는 어제 스케이트를 타면서 여러 번 넘어졌다.)
(*He fell **often** yesterday when he was skating.)
The Mongols tried **repeatedly** to invade Japan from the Korean Peninsula.
(몽고는 한반도를 통해 일본을 침략하려고 여러 번 시도했다.)
(*The Mongols tried **often** to invade Japan from the Korean Peninsula.)

2 how often: often은 how와 결합하여 빈도를 묻는 의문문을 구성한다.

How often do you wash your hair? (얼마나 자주 머리를 감느냐?)

How often did you use to play tennis, when you were young?
(젊었을 때 얼마나 자주 테니스를 치셨습니까?)

3   all too often: "only too often"이라고도 하며, 좋지 않은 일이 자주 일어날 때 사용된다.

All too often fathers are too busy to talk with their children.
(매우 자주 아버지들은 너무나 바빠서 아이들과 대화를 갖지 못한다.)
This type of accident happens **only too often**. (이런 사고는 매우 자주 일어난다.)

4   as/so often as not: "more often than not"이라고도 하며, "자주(usually)"를 의미한다.

As often as not the train arrives late in this country. (이 나라에서는 자주 기차가 연착한다.)
More often than not women live longer than men. (대체로 여성이 남성보다 오래 산다.)

5   every so often: 비교적 긴 간격을 두고 반복해서 일어나는 것을 표현한다. 유사한 표현으로는 "sometimes"와 "now and then" 등이 있다.

The director comes to the room **every so often** to check how we work.
(이사님은 우리의 작업을 점검하기 위해 때때로 방에 오신다.)
She's going to come back **every so often** to see us. (그녀는 우리를 보러 자주 돌아올 것이다.)

6   발음: often은 /ɔ(:)fən/ 혹은 /ɔ(:)ftən/로 발음된다.

다른 빈도부사에 대해서는 A18.2를 보라.

O6   on

on은 at과 in과 더불어 영어의 대표적인 장소 및 시간 전치사다. 이 용법에 대해서는 A75와 A76을 보라.

1   전치사: on은 이 외에도 다양한 의미관계를 표현한다.

▶ 신체의 일부가 몸을 지지하기 위해 표면과 접속한 경우 또는 신체의 한 부분을 접속하거나 때릴 경우

He was **on** his knees to look for the contact lens.
(그는 콘택트렌즈를 찾기 위해 무릎을 꿇고 있었다.)
He lay **on** his back to sleep. (그는 자려고 등을 대고 누웠다.)

I wanted to punch him **on** the nose. (나는 주먹으로 그의 코에 한 방 먹이고 싶었다.)
Mark kissed her **on** the cheek. (마크는 그녀의 볼에 키스했다.)

▶ 어떤 대상을 가리키거나 바라볼 경우

Her eyes were fixed **on** the stranger in the doorway.
(그녀의 시선이 문간에 있는 낯선 사람에게 머물렀다.)

He trained his binoculars **on** that house. (그는 쌍안경을 그 집 쪽으로 향하게 했다.)

▶ 어떤 대상에 영향을 미치거나 그것과 연관이 있을 경우

The government decided to increase the tax **on** cigarettes.
(정부는 담배에 부과되는 세금을 올리기로 결정했다.)
What effect will these changes have **on** the tourist industry?
(이 변화가 관광 산업에 어떤 영향을 미칠 것입니까?)

▶ 특정 주제에 대해서 말할 때

Do you have any books **on** Afghanistan? (아프가니스탄에 대한 책이 있습니까?)
We can get information **on** local hotels by calling this number.
(이 번호를 부르면 지역 호텔에 대한 정보를 얻을 수 있다.)

▶ 어떤 사건의 결과로 무엇이 일어날 경우

He was executed **on** the king's orders. (그는 왕의 명령으로 처형되었다.)
He inherited a million dollars **on** her mother's death.
(그는 어머니의 사망으로 백만 불을 상속받았다.)

▶ 수송 수단을 표현할 때

He managed to sleep **on** the plane. (그는 비행기에서 잠을 이룰 수 있다.)
She said she'd be arriving **on** the one-thirty train.
(그녀는 1시 반 기차로 도착할 것이라고 말했다.)

▶ 재정 관계를 말할 때

He retired **on** a generous pension from the company.
(그는 회사에서 넉넉한 연금을 받고 은퇴했다.)
People **on** low incomes will be hit hardest by the tax increases.
(저소득층이 세금 인상으로 가장 큰 타격을 받을 것이다.)

▶ 시간, 금전, 에너지 등이 사용된 대상을 표현할 때

He resolved not to waste money **on** computer games.
(그는 컴퓨터 게임에 돈을 낭비하지 않기로 결심했다.)
He must concentrate more time and energy **on** the domestic affairs.
(그는 국내 문제에 더 많은 시간과 돈을 집중해야 한다.)

▶ 소비되는 음식, 연료, 약품 등을 표현할 때

They live **on** a balanced, healthy diet. (그들은 균형 있는 건강식을 한다.)
Most buses run **on** diesel. (대부분의 버스는 디젤로 간다.)
A lot of these kids are **on** heroin by the age of twelve.
(많은 이 어린이들은 12살 이전에 헤로인에 중독된다.)

▶ 기계나 악기를 사용하거나 연주할 때

He's been **on** the computer all afternoon. (그는 오후 내내 컴퓨터를 하고 있다.)
My wife is still **on** the phone. (내 처는 아직도 전화하고 있다.)
He played Beethoven's sonata **on** the piano. (그는 피아노로 베토벤의 소나타를 연주했다.)

▶ 라디오나 TV에서 방송되는 것 또는 음악이나 영상 또는 서류가 보존된 형태를 말할 때

What's **on** TV tonight? (오늘 밤 텔레비전에 뭐 있어?)
I heard that programme **on** the radio yesterday. (나는 어제 라디오에서 그 프로그램을 들었다.)
The movie is now available **on** video and DVD.
(지금은 그 영화를 비디오와 디브이디로 볼 수 있다.)
He always keeps a backup copy **on** disk. (그는 항상 디스크에 예비 복사를 해 놓는다.)

▶ 집단이나 목록의 한 부분으로 연관되어 있을 경우

Why aren't there any women **on** the committee? (위원회에 어째서 여성이 한 명도 없습니까?)
There's no steak **on** the menu. (메뉴에 스테이크가 없다.)
In a game of baseball there're nine players **on** each side.
(야구경기에서는 각 팀에 아홉 명의 선수가 있다.)

▶ 비교할 때

This essay is a definite improvement **on** the last one.
(이번 글은 지난번 글보다 확실히 개선되었다.)
The productivity figures are down **on** last year's. (생산성 수치가 지난해보다 떨어졌다.)

▶ 소지하고 있을 때

I don't have any money **on** me now. (나에게는 지금 돈이 한 푼도 없다.)
Do you have a spare cigarette **on** you? (여유 담배가 한 대 있으십니까?)

▶ 어떤 행위나 사건 뒤에 연속해서 어떤 일이 일어나는 경우

All patients are examined **on** admission to the hospital.
(모든 환자는 병원에 입원하기 전에 검사를 받는다.)
Couples are presented a bottle of wine **on** their arrival at the hotel.
(부부들은 호텔에 도착하면 포도주 한 병씩을 증정 받는다.)

2 **형용사**: on은 형용사로도 쓰이지만 보통의 형용사와는 달리 명사를 앞에서는 수식할 수 없다.

▶ 모든 종류의 장치나 기계의 스위치가 켜있거나 작동 중임을 표현할 때

The central heating system was left **on** all day by mistake.
(착오로 중앙난방 시설을 온종일 켜놨었다.)
Someone has turned their radio **on** upstairs. (누가 위층에 라디오를 켜놓았다.)

▶ 어떤 행위의 시작이나 진행을 표현할 때

There's a tennis match **on** at Wimbledon at the moment.

(지금 윔블던에서는 테니스 경기가 진행되고 있다.)
We hardly knew a war was **on** in Berlin in 1941.
(1941년에 베를린에서 전쟁이 진행 중이라는 것을 우리는 거의 몰랐다.)

3 **부사**: on은 부사로도 쓰인다.

▶ 어떤 행위를 계속하거나 어떤 사태가 이어서 발생할 때

We decided to play **on** even though it was snowing.
(눈이 오고 있었지만 우리는 경기를 계속하기로 했다.)
If you walk **on** a little, you can see the coast. (조금만 더 걸어가면 해변을 볼 수 있다.)

▶ 어떤 특정 시점 이후를 가리킬 때

Now, fifty years **on**, this is one of the most successful educational institutes in the country. (현재 이 학교는 50년 동안 계속해서 나라에서 가장 성공적인 교육기관의 하나다.)
From that moment **on**, I never believed a word he said.
(나는 그 순간부터 쭉 그가 말한 것은 한 마디도 믿지 않았다.)

▶ 의복을 착용하는 것을 표현할 때

All he had **on** was a pair of tattered shorts. (그가 입은 것은 넝마 같은 짧은 바지뿐이었다.)
They like wandering about the house with nothing **on**.
(그들은 아무것도 입지 않고 집 주위를 돌아다니는 것을 좋아한다.)

▶ 매달리거나 떨어지지 않음을 표현할 때

Hold **on** until we can get a rope. (우리가 밧줄을 가져올 때까지 매달려 있어라.)
I wish you wouldn't screw the lid **on** so tightly. (뚜껑을 너무 꽉 잠그지 않으면 좋겠다.)

07 once

once는 부사와 접속사로 사용된다.

They had **once** owned a house like this.　　　　　　　　　　[시간부사]
(그들은 한때 이와 같은 집을 소유했었다.)
I went to Italy **once**, but I didn't like it very much.　　　　　[빈도부사]
(나는 이탈리아를 한 번 가봤는데 별로 좋지 않았다.)
Once you've been to Iceland, you'll understand why I like it so much. [접속사]
(네가 일단 한 번 가보면 왜 내가 아이슬란드를 그렇게 좋아하는지 이해할 것이다.)

1 **시간부사**: 시간부사로서 불확정적 "과거의 한때"를 뜻한다.

I lived in German **once**, but now I'm living in France.
(나는 한때 독일에 살았으나 지금은 프랑스에 살고 있다.)
Computers are much cheaper nowadays than they **once** were.
(컴퓨터가 옛날보다 지금 값이 많이 싸다.)

▶ "미래의 한때"를 가리킬 때는 once를 사용하지 않고, "some time/sometime" 혹은 "one day/some day"를 사용한다.

Would you like to go for a drink **some time**? (언제 한잔하러 가겠습니까?)
(*Would you like to go for a drink **once**?)
There'll probably be a united Asia **one day**.
(어쩌면 언제고 아시아가 하나로 통합될 수도 있다.)
(*There'll probably be a united Asia **once**.)
We must have a drink together **some day**. (머지않아 우리 함께 한잔해야겠다.)
(*We must have a drink together **once**.)

2 **빈도부사**: 빈도부사로서 "단 한 번만"을 의미하며 미래를 포함하여 아무때나 말할 수 있다. "once, twice, three times 등"은 "a day/week/month ..." 또는 "every + 기수 + days/weeks/months ... 등"과 더불어 규칙적으로 일어나는 사건을 표현한다. (F8을 보라.)

I'm only going to say this **once** (but not again). (딱 한 번만 이것을 말하겠다.)
We have lunch together **once/twice a month**. (우리는 한 달에 한 번/두 번 점심을 같이한다.)
They have separate holidays at least **once every two years**.
(그들은 2년마다 적어도 한 번은 별도의 휴가를 갖는다.)

3 **at once**: 지체 없이 "즉각적" 또는 "동시에"를 뜻한다.

When I saw him, I recognized him **at once**. (나는 그를 보았을 때 즉각적으로 알아봤다.)
I can't do two things **at once**. (나는 두 가지 일을 동시에 할 수 없다.)

4 **all at once**: "갑자기" 또는 "동시에"를 뜻한다.

All at once there was a loud banging on the door. (갑자기 문에서 큰 굉음이 났다.)
I can't do it **all at once**, but I'll have it finished by the end of the week.
(나는 그것을 한꺼번에 할 수는 없으나 주말까지는 끝낼 수 있을 것이다.)

5 **for once**: "(just) for once"는 다른 때는 몰라도 "한 번만은"을 의미한다.

Be honest **for once**. (한 번만은 솔직해라.)
Just for once, let me make my own decision. (한 번은 나 스스로 결정을 내리겠다.)

6 **once and for all**: 어떤 일을 "완전하고 마지막으로" 끝내는 것을 의미한다.

Let's settle this matter **once and for all**. (최종적으로 이 문제에 결말을 냅시다.)
Our intention was to destroy their offensive capability **once and for all**.
(우리의 의도는 그들의 공격 능력을 완전하고 최종적으로 파괴하는 것이었다.)

7 **once upon a time**: 옛이야기를 할 때 "옛날 옛적"이라는 뜻으로 혹은 현 상황보다 과거에 더 좋다고 생각하는 상황을 표현할 때 사용된다.

"**Once upon a time**," he began, "there was a man who had everything ..."
("옛날 옛적에 부족한 것이 없는 한 남자가 있었다. ..."라고 그는 이야기를 시작했다.)
Once upon a time we used to be able to leave our front door unlocked.
(옛날에는 앞문을 잠그지 않은 채 내버려 둘 수 있었다.)

8   접속사: once는 접속사로서 "어떤 사건이 발생한 시점부터" 혹은 "어떤 사건 다음에 즉시"를 의미한다.

Once the new software is installed, customers will be able to place orders over the Internet. (일단 새로운 소프트웨어가 장착되면 고객들은 인터넷으로 주문을 할 수 있을 것이다.)
Once you've learned how to ride a bicycle, you never forget it.
(자전거 타는 것을 일단 한번 배우면 절대로 잊어버리지 않는다.)

O8   one

one는 대명사, 한정사, 한정사 후속어로 사용된다.

I'm having a **drink**. Would you like **one** too?   [대명사]
(한잔하려고 하는데 너도 한잔 어때?)
The auditorium is big enough to seat **one** thousand people.   [한정사]
(강당은 천 명이 앉을 정도로 크다.)
My **one** regret is that I've never learned Chinese.   [한정사 후속어]
(나의 한 가지 후회는 중국어를 배우지 않은 것이다.)

1   모든 사람: one은 화자 자신을 포함한 "사람 전부(people in general)"를 가리킬 수 있다. (O9를 보라.)

One should always have respect for one's parents.
(우리는 우리 부모에 대해 항상 존경심을 가져야 한다.)
One cannot do that kind of thing unless he is crazy.
(미치지 않은 이상 사람은 그런 짓을 할 수 없다.)

▶ 특정한 사람을 말하거나 화자가 포함되지 않은 사람들을 가리킬 때는 one을 사용할 수 없다.

Someone is knocking at the door. (누가 문을 노크하고 있다.)
(*One is knocking at the door.)
In the Middle Ages, **people** thought that the earth was flat.
(중세에는 사람들이 지구가 평평하다고 생각했다.)
(*In the Middle Ages, **one** thought that the earth was flat.)

2   대용어: one은 단수 가산명사의 대용어로, ones는 복수 가산명사의 대용어로 사용될 수 있다.

Here are some **apples**. Would you like **one**? (여기 사과가 몇 개 있다. 하나 줄까?)

"Which is your **boy**?" "The **one** in the blue coat."
("어느 아이가 네 아들이냐?" "파란색 코트를 입은 아이가 내 아들이다.")
I would like a **cake** in particular, a big **one** with lots of cream.
(나는 케이크를 좋아하는데, 특히 크림을 듬뿍 얹은 큼직한 것을 좋아한다.)

Small **apples** are often more delicious than big **ones**.
(작은 사과가 종종 큰 것보다 더 맛있다.)
The only **jokes** I tell are the **ones** that I hear from you.
(내가 아는 조크들은 너한테 들은 것들뿐이다.)

3   **one (of)**: one (of)는 집단 중의 한 성분 또는 구성원을 언급하거나 두 대상을 비교할 때 사용될 수 있다.

This is **one of** my favorite books. (이것은 내가 가장 좋아하는 책 중의 하나다.)
One of the teachers was furious, **the other** frightened.
(선생님 중에 한 분은 화가 났고 다른 분은 놀랐다.)
I have two friends; **one** lives in Seoul and **the other** in Busan.
(나에게 친구가 둘이 있는데, 하나는 서울에 살고 다른 하나는 부산에 산다.)

▶ one of 다음에는 명사구와 대명사가 올 수 있으며, 이 경우 명사구는 반드시 한정사(예: the, these, those, 소유격 등)를 동반하는 복수명사로 구성되어야 하고, 대명사는 복수가 되어야 한다. 이 구조에서는 of를 생략할 수 없다.

One of the students missed the class. (학생들 중의 한 명이 수업을 빼먹었다.)
(***One of my student/*One of students** missed the class.)
He decided to buy **one of those horses** as his wife's birthday present.
(그는 부인의 생일 선물로 저 말 중의 한 마리를 구입하기로 했다.)
(*He decided to buy **one of that horse/one of horses** as his wife's birthday present.)
I recommended **one of them** for that position. (나는 그 자리에 그들 중의 한 명을 추천했다.)
(*I recommended **one of him** for that position.)

때때로 one of 다음에 단수 집단명사가 올 수도 있다.

Why don't you ask **one of the crew**? (승무원 중의 한 명에게 물어보지 그래?)
She solved the problem with the help of **one of the Korean medical team**.
(그녀는 한국의료팀의 한 사람의 도움으로 그 문제를 해결했다.)

▶ one of ...가 주어이면 단수 동사가 나타난다.

One of my friends is a pilot of Korean Airline. (내 친구 중의 한 명이 대한항공의 조종사다.)
(***One of my friends are** a pilot of Korean Airline.)
One of our cars has disappeared. (우리 차 중의 한 대가 사라졌다.)
(***One of our cars have** disappeared.)

▶ one of는 한 대상이 같은 유형의 대상과 비교하여 뛰어난 자질을 가지고 있음을 표현할 때 사용된다.

Incheon Interdnational Airport is **one of the biggest** airports in the world.
(인천국제공항은 세계에서 가장 큰 공항 중의 하나다.)
Subaru is **one of the smallest** Japanese car makers.
(스바루는 가장 작은 일본 자동차 제조사 중의 하나다.)

4   상호대명사: one은 another와 결합하여 상호(reciprocal)대명사를 구성한다. (E3을 보라.)

They love **one another/each other**. (그들은 서로 사랑한다.)
We often stay at **one another's/each other's** houses. (그들은 종종 서로의 집에서 머문다.)

5   one by one: 어떤 집단에서 구성원의 각자가 차례로 어떤 행동을 할 때는 "one by one"이라고 한다.

We went into the auditorium **one by one** and gave a final salute to the deceased soldier.
(그들은 한 명씩 강당으로 들어가 고인이 된 병사에게 마지막 예를 표했다.)
He told the applicants to come in the room **one by one** for interview.
(그는 지원자에게 면담을 위해 한 명씩 방으로 들어오라고 말했다.)

6   한정사와 함께: one(s)는 "최상급, this, that, these, those, either, neither, another" 그리고 몇몇 다른 한정사 바로 다음에서 생략될 수 있다.

He believes that his car is the **fastest (one)**. (그는 자신의 차가 가장 빠른 차라고 믿는다.)
"Which coat would you like to buy?" "**That (one)** would be good."
("어느 코트를 사고 싶으냐?" "저것이 좋을 것 같아요.")
There were two witnesses, but I wouldn't trust **either (one)**.
(목격자가 두 명 있었지만 나는 그들 중의 어느 하나도 믿을 수 없다.)
There're four rooms, **each (one)** with its shower. (방에 네 개가 있으며 방마다 샤워가 있다.)
Let's have **another (one)**. (하나 더 먹자.)

7   these와 those: 미국영어에서 ones는 일반적으로 these와 those 바로 다음에는 오지 않는다. (영국영어에서도 그리 흔치 않다.).

Do you prefer these roses or **those**? [영국영어에서는 those ones도 가능하다.]
(이 장미가 더 좋습니까 저 장미가 더 좋습니까?)

8   소유격: one(s)는 소유격 다음에는 쓰이지 않는다.

Take your coat and pass me **mine**. (네 코트는 가져가고 내 코트는 나에게 건네줘.)
(*Take your coat and pass me **my one**.)
That's my bike, not **my brother's**. (그것은 내 남동생 자전거가 아니고 내 거다.)
(*That's my bike, not **my brother's one**.)

9   some, any, both: one(s)는 "some, any, both" 다음에는 쓰이지 않는다.

Do you have any milk? I want to borrow **some**. (우유 있습니까? 좀 빌리고 싶은데요.)
(*I want to borrow **some one**.)
I need some matches. Do you have **any**? (성냥이 필요한데 가지고 있어?)
(*Have you got **any ones**?)
"There're only two pairs of **shoes**." "I'll take **both**."
("신발이 두 켤레밖에 없습니다." "내가 둘 다 가져가겠습니다.")
(*I'll take **both ones**.)

10 **기수**: one(s)는 기수 다음에는 쓰이지 않는다.

"Do you have any apples?" "Yes, I have **six**."
("사과가 있습니까?" "네, 여섯 개 있습니다.") (*Yes, I have **six ones**.)
We have ten balls altogether. I brought **three**.
(우리한테 볼이 모두 합쳐서 열 개가 있다. 내가 세 개를 가져왔다.) (*I brought **three ones**.)

11 **형용사의 수식**: one(s)는 형용사의 수식을 받을 경우에는 지시사, 소유격 대명사, 기수, some 등과 함께 쓰일 수 있다.

My car's run out of gas. Let's use **your new one**.
(내 차가 기름이 떨어졌다. 네 새 차를 사용하자.)
"Which dress would you like?" "**That green one**."
("어느 드레스를 좋아하냐?" "저 녹색 드레스요.")
I don't think much of **those new ones**. (나는 저 새로운 것들을 대단한 것으로 여기지 않는다.)
I bought **some sweet ones** today. (나는 오늘 단 것을 좀 샀다.)
"Has the cat had her kittens?" "Yes, she had **four white ones**."
("고양이가 새끼를 낳았냐?" "네, 네 마리를 낳았습니다.")

12 **재료 명사**: one(s)는 재료를 의미하는 명사의 수식을 받는 경우를 제외하면 일반적으로 명사의 대용어로 사용되지 않는다.

Which would you like to buy? Leather shoes or **rubber ones**?
(어느 것을 사고 싶으냐? 가죽 신발이냐 고무 신발이냐?)
We can lend you plastic chairs or **metal ones**.
(우리는 플라스틱 의자나 쇠 의자를 너에게 빌려줄 수 있다.)

*Do you need coffee (cups) or **tea ones**?
*Are you planning to invite a Korean opera singer or an Italian **opera one**?

13 **불가산명사와 추상명사**: one(s)는 불가산명사와 추상명사의 대용어로는 사용되지 않는다. 다음을 비교해보라.

If you don't have a fresh **chicken**, I'll take a frozen **one**.
(생닭이 없으면 냉동 닭을 가져가겠습니다.)
They like Italian **food**, but the kids like Chinese (food).

(그들은 이탈리아 음식을 좋아하지만 아이들은 중국 음식을 좋아한다.)
(*They like Italian **food**, but the kids like Chinese **one**.)

► 추상명사에 대해서 one를 사용하는 것도 비정상이다.

He prefers accurate **information** to useful information.
(그는 정확한 정보보다 쓸모 있는 정보를 더 좋아한다.)
(He prefers accurate **information** to useful **one**보다 자연스럽다.)
The Dutch grammatical **system** is very similar to the English system.
(네덜란드어의 문법 체계는 영어와 매우 흡사하다.)
(The Dutch grammatical **system** is very similar to the English **one**보다 자연스럽다.)

14 **beloved/dear**: one(s)는 "beloved, dear, great, little, young"과 같은 몇몇 형용사 다음에서 명사구의 대리 핵어(dummy head) 역할을 할 수 있다.

Don't look forward to seeing your **dear ones** again.
(사랑하는 사람들을 다시 볼 것이라고 기대하지 마라.)
This book is about the **great ones** of the world. (이 책은 세계의 위대한 인물에 관한 것이다.)

15 **지시적 대명사**: the one(s)는 that/those처럼 일종의 지시적 대명사처럼 쓰일 수 있다.

Their center forward is **the one** who scored most of their goals.
(그들의 센터포드가 대부분의 골을 득점한 그 선수다.)
My students are **the ones/those** playing in the ground.
(나의 학생은 운동장에서 놀고 있는 저 아이들이다.)

► 그러나 the one(s)는 that/those와는 달리 일반적으로 of 앞에 오지 않는다.

The mountains of Switzerland attract more tourists that **those of** Scotland.
(스위스의 산은 스코틀랜드의 산보다 더 많은 관광객을 끌어들인다.)
(*The mountains of Switzerland attract more tourists that **the ones of** Scotland.)
The economy of my country is as difficult as **that of** yours.
(우리나라의 경제는 너희 나라의 경제만큼이나 어렵다.)
(*The economy of my country is as difficult as **the one of** yours.)

16 **a ... one**: one은 앞에 수식어를 동반할 경우에만 부정관사 a/an을 가질 수 있다.

He ate **a big one** with onions and mustard on. (그는 양파와 겨자를 얹은 큰 것을 먹었다.)
(*He ate **a one** with onions and mustard on.)

► "a + one"이 친근한 관계에서 쓰이는 대화에서 흔히 사용되는데 주로 감탄문에 나타나며, 사람을 가리킬 때는 "용기 있고 재미있는 사람"을 뜻하고 사물을 가리킬 때는 "단 하나"라는 뜻을 갖는다.

Oh, you are **a one**, telling that joke in front of the priest!
(오, 네가 바로 신부 앞에서 그런 농담을 한 대단한 사람이구나!)

He used to own lots of luxury cars, but he doesn't have **a one** now!
(그는 한때 많은 고급 차를 소유했었으나 지금은 한 대도 없다.)

17   **한정사**: one은 two, three 등과 같이 수사로 쓰이며, 종종 one은 강세를 받은 부정관사 a(n)의 개념으로 쓰이기도 한다.

We have two sons and **one** daughter. (우리에게는 아들 둘과 딸 하나가 있다.)
A terrible thing happened to the couples. **One of** their children was killed in the car crash. (끔찍한 일이 그 부부에게 일어났다. 아이 중의 한 명이 자동차 충돌로 죽었다.)

18   **시간명사**: one은 시간명사와 결합하여 "과거 또는 미래의 어느 불특정 시점"을 표현한다.

One morning I was sitting at the desk when a policeman knocked at the door.
(어느 날 아침 내가 책상에 앉아 있었는데 경찰관이 문을 노크했다.)
One day we hope to move to California. (언제고 우리는 캘리포니아로 이사하기를 희망한다.)

19   **이름**: one은 사람의 이름 앞에 붙여서 "그런 이름으로 부르는"이라는 뜻으로 쓰인다. 이 경우 이름 앞에 호칭이나 직함을 붙이지 않는다.

It seems that the next person is **one John Smith**.
(그다음 사람이 존 스미스라고 부르는 사람인 것 같다.)
(*It seems that the next person is **one Mr. John Smith**.)
He was accused of stealing a horse from **one Peter Clinton**.
(그는 피터 클린턴이라는 사람에게서 말을 훔친 혐의로 기소되었다.)

20   **(an)other**: one은 another 또는 the other와 상관구문(correlative construction)을 구성한다. 가리키는 대상이 둘일 경우에는 one... the other를 쓰는 것이 보통이다.

We overtook **one** car after **another/the other**. (우리는 앞차를 하나씩 차례로 추월했다.)
One after another, tropical storms battered the Pacific coastline.
(열대성 폭풍우는 차례로 태평양 연안을 강타했다.)
I've been busy **with one** thing or **another**. (나는 이런저런 일로 바빴다.)

21   **한정사 후속어**: one은 정관사나 소유격 한정사 다음에 올 수 있으며 "오직 하나의(only)"의 의미로 쓰인다.

My one regret is that I didn''t marry her.
(나의 단 한 가지 후회는 그녀와 결혼하지 않은 것이다.)
Detective Collins is **the one person** that can solve the murder case.
(콜린스 형사가 그 살인사건을 해결할 수 있는 유일한 사람이다.)

대치 전반에 대해서는 S30을 보라.

09 one, you, we, they

"one, you, they, we"는 영어의 대표적인 전칭적 인칭대명사(universal personal pronouns)다. 이들 사이에는 약간의 의미 차이와 용법의 차이가 있다.

1 **모든 사람**: one과 you는 화자와 청자를 포함하여 "사람 전반(people in general)"을 가리킬 때 사용될 수 있다.

One/You can learn a lot through experience. (사람은 경험을 통해 많은 것을 배울 수 있다.)
Al Smith could make **one/you** laugh. (앨 스미스는 사람들을 웃게 한다.)
One always thinks other people's lives are more interesting.
(사람은 항상 다른 사람들이 더 재미있게 사는 것으로 생각한다.)

▶ one과 you는 또한 "누구나(anyone)"를 의미할 수도 있다.

These days, **one** has to be careful with one's money.
(요즈음은 누구나 자신의 돈을 절제 있게 써야 한다.)
One has to be 21 or over to buy alcohol in Florida.
(플로리다에서는 술을 사려면 누구나 21살 이상이 되어야 한다.)
It's not easy for **one/you** to find people who speak English in this country.
(이 나라에서 영어를 말하는 사람을 찾는 것이 누구에게나 쉽지 않다.)
One/You should knock before going into somebody's room.
(누구나 다른 사람의 방에 들어가기 전에 노크해야 한다.)

2 **you와 one**: one은 격식적이고 구식이며 사용하는 사람이 스스로 자신을 높이는 것처럼 들리기 때문에 you를 대신 사용하는 것이 좋다. 특히 구어체 미국영어에서는 거의 one을 사용하지 않는다.

"How do **you** get to Ansung City?" "Go straight down Route 45."
("안성시를 어떻게 갑니까?" "45번 도로를 타고 똑바로 내려가십시오.")
You can never be sure what she's thinking.
(그녀가 무슨 생각을 하고 있는지 절대로 확신할 수가 없다.)
You can't get a driver's license till **you**'re seventeen in this country.
(이 나라에서는 17세가 될 때까지 운전면허증을 발급받을 수 없다.)

3 **one**: one은 일반적으로 단수 의미를 가지므로 특정 집단을 가리킬 때는 사용되지 않는다.

*****One** speaks a strange dialect where I come from.
We speak a strange dialect where I come from.
(내가 태어난 곳에서는 사람들이 이상한 방언을 말한다.)
*****One** loves to eat raw fish in Korea.
They love to eat raw fish in Korea. (한국에서는 사람들이 생선회를 즐겨 먹는다.)

4   **화자와 청자**: one은 화자를 포함하는 경우에 사용되고, you는 청자를 포함할 때 사용된다. 다음을 비교해보라.

   One/You must obey the law. (누구나 법을 지켜야한다.)
   In my country, **one/you** must do **one's/your** military service.
   (우리나라에서는 누구나 군 복무를 해야 한다.)
   In the Middle ages, **they/people** thought that the earth was flat.
   (중세에는 사람들이 지구가 평평하다고 생각했다.)
   *In the Middle Ages, **one/you** thought that the earth was flat.
   [위의 예에서 "one/you"는 화자나 청자를 포함할 수 없다.]

5   **one과 대명사**: 미국영어에서 한 문장 내에서 앞에 오는 one을 가리키는 대명사로 "he, him, his"를 일반적으로 사용하지만, 영국영어에서는 one과 one's를 사용한다.

   One cannot succeed as an actor unless **he** tries hard.   [미국영어]
   One cannot succeed as an actor unless **one** tries hard.)   [영국영어]
   (누구나 열심히 노력하지 않으면 배우로서 성공할 수 없다.)
   One should always be polite to **his** teachers.   [미국영어]
   One should always be polite to **one's** teachers.   [영국영어]
   (우리는 우리 선생님에게 항상 공손해야 한다.)

6   **we**: we는 화자와 청자의 참여를 강조한다. (W3을 보라.)

   We must be careful not to jump to conclusions.
   (우리는 서둘러 결론을 내리지 않도록 조심해야 한다.)
   We must take care of our bodies. (우리는 자신의 몸을 돌봐야 한다.)

7   **they**: they는 one이나 you보다 덜 일반적인 의미를 갖는다. they는 일반적으로 화자와 청자를 배제하며 모호한 특정 집단을 (예를 들어 이웃 사람들, 주위 사람들, 당국자들을) 가리킨다.

   They don't make this kind of stove anymore.
   (그들은 이런 종류의 난로를 더 이상 만들지 않는다.)
   In this country **they** eat a variety of insects.
   (이 나라에서는 사람들이 다양한 종류의 곤충을 먹는다.)
   I bet **they**'ll put taxes up next year. (틀림없이 당국은 내년에 세금을 올릴 것이다.)

   ▶ 흔히 쓰이는 "they say (= people say)/they call"("사람들이 그러는데"의 의미)이라는 표현에 유의하라.

   They say there's plenty of opportunities out there.
   (사람들은 사회에 나가면 기회가 많다고들 말한다.)
   (***One says** there's plenty of opportunities out there.)
   They call us terrorists, and **say** we must be destroyed.
   (사람들은 우리를 테러리스트라고 부르며 제거되어야 한다고 말한다.)
   (***One calls** us terrorists, and **say** we must be destroyed.)

O10 only

only는 주로 문장의 어떤 성분에 초점을 주는 부사로 사용되며 (A28.4를 보라). 종종 형용사나 드물게 접속사로도 쓰인다.

I was **only** doing my job. [부사]
(나는 내 일을 하고 있을 뿐이다.)
I was the **only** one who disagreed to the plan. [형용사]
(내가 그 계획에 동의하지 않는 유일한 사람이었다.)
It's just as dramatic as a movie, **only** it's real. [접속사]
(그것은 마치 영화처럼 극적이지만 사실이다.)

1 초점 종속어: only는 초점 종속어로서 거의 대부분의 형태의 성분에 초점을 줄 수 있으며, 일반적으로 수식하는 성분 바로 앞에 온다.

Only Steve played the piano in the concert. [주어]
(스티브만 연주회에서 피아노를 연주했다.)
Steve **only played** the piano in the concert. [동사]
(스티브는 연주회에서 피아노를 연주했을 뿐이다.)
Steve played **only the piano** in the concert. [목적어]
(스티브는 연주회에서 피아노만을 연주했다.)
Steve played the piano **only in the concert**. [전치사구]
(스티브는 연주회에서만 피아노를 연주했다.)
I was the **only woman** there. [명사]
(나는 그곳에 있는 유일한 여자였다.)
The office is closed **only temporarily**. [부사]
(사무실은 일시적으로만 폐쇄됐다.)

2 주어: 주어에 초점을 주려고 하면 only를 주어 바로 앞에 놓아야 한다.

Only the President could authorize the use of the atomic bombs.
(대통령만이 원자탄의 사용을 인가할 수 있다.)
Only 10% of the people agreed the Prime Minister had broken the law.
(국민의 10퍼센트만이 수상이 법을 어겼다는 것에 동의했다.)

3 문중위치: 문중위치인 동사 앞이나 조동사와 본동사 사이에 오는 only는 바로 뒤에 오는 동사뿐만 아니라 동사구의 다른 성분에도 초점을 둘 수 있다. 예로서 다음의 예를 생각해보라.

He **only** kissed the girl last night.

위 문장에서 only는 전체 동사구 "kissed the girl last night"를 비롯하여 "kissed"와 "the girl" 그리고 "last night"에도 초점을 부여할 수 있다. 구어에서는 화자가 초점을 받는 성분에 강세를 줌으로써 모호성을 없앨 수 있지만, 글에서는 독자가 글의 맥락에 의존하여 모호성을 해결해야 한다. 이러한 모호성을 피하는 좋은 방법은 물론 only를 초점을 두고 싶은 성분 바로 앞에 놓는 것이다.

He kissed **only** the girl last night. (그는 어젯밤에 그 아가씨에게만 키스했다.)
He kissed the girl **only** last night. (그는 어젯밤에만 그 아가씨에게 키스했다.)

4 **분열문**: only가 문중위치에 오는 문장의 모호성을 제거하는 또 다른 방법은 분열문 구조를 사용하는 것이다. (C12를 보라.)

What he did was **only to kiss the girl last night**.
(그가 한 것은 어젯밤에 그 아가씨에게 키스한 것뿐이다.)
What he did to the girl last night was **only to kiss**.
(그가 어젯밤에 그 아가씨에게 한 것은 키스뿐이다.)
The person he kissed last night was **only the girl**.
(그가 어젯밤에 키스한 사람은 그 아가씨뿐이다.)
The time when he kissed the girl was **only last night**.
(그가 그 아가씨에게 키스한 때는 어젯밤뿐이었다.)

5 **시간표현**: only가 시간표현을 수식하면 "바로 전에(as recently as)" 혹은 "불과(not later/earlier than)"를 의미할 수 있다.

She spoke to me **only a few minutes ago**. (그녀는 바로 몇 분 전에 나에게 말했다.)
It's **only five o'clock** and it's already getting dark.
(불과 다섯 시밖에 안 됐는데 벌써 어두워지고 있다.)
I saw her **only today**—she looked much better.
(내가 그녀를 바로 오늘 봤는데 많이 좋아 보였다.)
Only then did she tell him about the meeting.
(그때 비로소 그녀는 그에게 회의에 대해서 말했다.)

6 **강한 소망**: 강한 소원이나 희망을 표현하려고 할 때 "I only wish"나 "if only"를 사용한다.

"What's happening?" "**I only wish** I knew." ("무슨 일이 있는 거야?" "나도 정말 알고 싶다.")
I only hope I could afford to. (내가 감당할 수 있기를 바랄 뿐이다.)
If only I had some money! (나에게 돈이 좀 있으면 좋으련만!)

7 **only to-부정사**: 어떤 행위로 인해 놀랍고 실망스러운 사실을 알게 될 때 사용된다.

He returned home **only to learn** that his mother was dead.
(그는 집으로 돌아왔을 때 그의 어머니가 죽었다는 것을 알게 됐다.)
I arrived **only to find** that the others had already left.
(나는 도착해서야 다른 사람들이 이미 떠났다는 것을 알았다.)

8 **조동사 전치**: 강조를 위하여 only의 수식을 받는 성분을 문두위치로 옮기면, 조동사가 주어 앞으로 전치된다.

Only by changing its staff can the organization continue to succeed.
(그 조직은 간부를 바꿔야만 계속 발전할 수 있다.)
Only in Paris did he find a purpose in life. (그는 파리에서 비로소 생의 목적을 찾았다.)

유사한 구문에 대해서 l33.5를 보라.

9 형용사: 어떤 행위나 사태에 참여한 대상이 그 대상뿐이라는 것을 의미한다.

He is our **only** child. (그는 우리 집 독자다.)
She was the **only** woman in the legal department. (그녀는 법률 부서의 유일한 여성이다.)
Cutting costs is the **only** solution. (비용 삭감이 유일한 해결책이다.)

10 유일한 존재: 단 한 사람뿐이라는 것을 강조할 때 "the one and only"를 붙이기도 한다.

You are **my one and only** friend in the world. (너는 이 세상에서 나의 유일무이한 친구다.)
Ladies and gentleman, one of the greatest ever rock performers, **the one and only** Tina Turner! (신사숙녀 여러분, 역사상 가장 위대한 로큰롤 가수 중의 한 분, 이 세상에 단 한 분뿐인 티나 터너입니다.)

11 접속사: only는 드물게 접속사로 사용되며, "but" 혹은 "except (that)"의 뜻으로 사용된다.

He's a good man, **only** he sometimes drinks too much.
(그는 좋은 사람이지만 때때로 지나치게 술을 마신다.)
It's a bit like my house, **only** nicer. (이 집은 우리 집과 거의 같은데 조금 더 좋다.)
I'd like to help you, **only** I'm really busy just now.
(나는 너를 도와주고 싶은데 지금은 몹시 바쁘다.)

O11 open과 close

1 동사 open과 close: 이들이 동사로 쓰일 경우 반의어 관계를 갖는다.

Jack **opened/closed** the window. (잭은 창문을 열었다/닫았다.)
She heard the door **open** and then **close**. (그녀는 문이 열리고 닫히는 소리를 들었다.)

2 형용사 open과 closed: 형용사 open의 반의어는 close가 아니라 closed다.

I was so sleepy, I couldn't keep my eyes **open**.
(나는 너무나 졸려서 눈을 뜨고 있을 수가 없었다.)
He was so tired, he kept his eyes **closed**. (그는 몹시 피곤해서 눈을 감고 있었다.)
The desk was covered with **open** books. (책상은 펼쳐진 책들로 덮여 있었다.)
They held the discussion behind **closed** doors. (그들은 비공개로 토론을 했다.)

3 opened: closed와는 달리 opened는 일반적으로 형용사로 쓰이지 않고, 동사 open의 과거시제형과 과거분사형으로 쓰인다.

Are the banks **open** on Saturdays? (토요일에 은행이 엽니까?)
(*Are the banks **opened** on Saturdays?)
She looked at the **open** suitcase with surprise.
(그녀는 열려있는 가방을 놀라운 눈으로 바라보았다.)
(*She looked at the **opened** suitcase with surprise.)
She **opened** the drawer of the desk. (그녀는 책상 서랍을 열었다.)
The new City Hall was **opened** by the mayor. (새 시청은 시장에 의하여 개소되었다.)

O12 operators(연산자)

영어에서 "조동사"라는 개념은 의미적으로뿐만 아니라 통사적으로도 매우 중요하다. 여기서 부정문과 의문문에서의 조동사의 역할을 생각해 보자.

1 **부정문**: 조동사는 긍정문을 부정문으로 만들어 주는 단어인 not를 자신의 바로 뒤에 가질 수 있다.

He **can** speak English. (그는 영어를 할 줄 안다.)
He **cannot** speak English. (그는 영어를 할 줄 모른다.)

▶ 긍정문을 부정문으로 만드는 위의 법칙은 엄밀히 말해서 두 개 이상의 조동사를 포함하고 있는 긍정문에 적용하면 문제가 될 수 있다. 다음의 긍정문은 세 개의 조동사를 포함하고 있다.

The patient **may have been** examined by Dr. Kim.
(그 환자는 김 박사의 진찰을 받았을 수 있다.)

위의 법칙에 따르면 "not"가 나타날 수 있는 위치가 세 군데가 있다. 즉 "may" 다음에, "have" 다음에, "been" 다음에 올 수 있다.

The patient **may not** have been examined by Dr. Kim.
(그 환자는 김 박사의 진찰을 받지 않았을 수 있다.)
*The patient may **have not** been examined by Dr. Kim.
*The patient may have **been not** examined by Dr. Kim.

실제로는 "not"가 허용되는 위치는 "첫 조동사(이 경우 may)" 다음이다. 우리는 이 첫 조동사를 "연산자(operator)"라고 한다.

2 **의문문**: 조동사는 의문문에서 주어 앞에 올 수 있다.

He can speak English. (그는 영어를 할 줄 안다.)
Can he speak English? (그는 영어를 할 줄 아느냐?)

▶ 두 개 이상의 조동사가 있을 경우 위의 정의는 문제가 될 수 있다. 다음 문장에서 주어를 넘어갈 수 있는 조동사가 셋이 있다.

The patient **may have been** examined by Dr. Kim.

(그 환자는 김 박사의 진찰을 받았을 수 있다.)
May the patient have been examined by Dr. Kim?
(그 환자가 김 박사의 진찰을 받았을 수 있을까?)
*****May have the patient** been examined by Dr. Kim?
*****May have been the patient** examined by Dr. Kim?

위의 예에서 볼 수 있듯이 의문문에서도 "첫 조동사", 즉 "연산자"만이 주어 앞에 오는 것이 허용된다.

3   **연산자 do**: 조동사가 하나밖에 없는 문장에서는 그 조동사가 연산자 역할을 하고, 조동사가 없는 문장에서는 "do"를 연산자로 삽입하게 된다.

He speaks English. (그는 영어를 쓴다.)
He **doesn't** speak English. (그는 영어를 쓰지 않는다.)
Does he speak English? (그는 영어를 씁니까?)

He wanted to leave her. (그는 그녀를 떠나고 싶어 했다.)
He **didn't** want to leave her. (그는 그녀를 떠나고 싶어 하지 않았다.)
Did he want to leave her? (그는 그녀를 떠나고 싶어 했느냐?)

▶ 조동사가 없는 문장을 의문문으로 바꿀 때 연산자 "do"가 삽입되는 위치 또는 시점에 대해 의문을 제기할 수 있다. 다시 말해서 "do"를 주어 앞에 직접 삽입할 것인가 혹은 주어 뒤에 삽입한 다음 주어 앞으로 이동할 것인가에 대한 질문이 있을 수 있다. 후자의 절차가 옳은 것 같다. 연산자 "do"는 의문문에서는 주어 앞에 오지만 부정문을 비롯한 다양한 구조에서 주어 다음에 온다.

He **doesn't** speak English. (그는 영어를 쓰지 않는다.)
He **does** speak English. (그는 영어를 쓰고 있단 말입니다.)
"Does he speak English?" "Yes, **he does**." ("그는 영어를 씁니까?" "네, 그렇습니다.")

따라서 조동사가 없는 서술문을 의문문으로 바꾸는 과정은 다음과 같다고 할 수 있다.

He wanted to leave her. ⇒ He **did** want to leave her. ⇒ **Did** he want to leave her?

013   opposite와 across

opposite는 전치사, 형용사, 부사, 명사로 쓰일 수 있다.

The people sitting **opposite** us look very familiar. [전치사]
(우리 반대편에 앉아있는 사람들이 매우 낯익어 보인다.)
If you want to go to the station, you should be walking in the [형용사]
   opposite direction. (정거장에 가고 싶다면 반대 방향으로 걸어가야 한다.)
The people who live **opposite** are always making a lot of noise. [부사]
(맞은편에 사는 사람들은 항상 몹시 시끄럽다.)
My father is a very calm person, but my mother is just the **opposite**. [명사]

(우리 아버지는 매우 조용한 분인데 어머니는 정반대다.)

1. **형용사**: opposite가 형용사로 쓰일 경우에는 두 개의 대상이 서로 대면 또는 대조를 이루는 것을 의미한다.

   They came to completely **opposite conclusions** on the same subject.
   (그들은 같은 주제에 대해 완전히 상반된 결론을 내렸다.)
   The couple work at **opposite ends** of the city. (그 부부는 도시의 정반대 쪽에 직장이 있다.)
   We need to approach the problem from the **opposite direction**.
   (우리는 그 문제를 반대 방향에서 접근해 볼 필요가 있다.)

2. **부사**: opposite가 부사로 쓰일 경우에는 화자/청자 또는 이미 언급된 사람/장소와 대면하고 있음을 의미한다.

   He asked the **woman opposite** if she minded if he opened the window.
   (그는 맞은편에 있는 여자에게 창문을 열어도 괜찮겠냐고 물었다.)
   The lady who lives in the **house opposite** is looking for a maid.
   (반대편 집에 사는 부인이 하녀를 구하고 있다.)
   You can find the item you want to buy in the **shop directly opposite**.
   (바로 맞은편에 있는 상점에서 사고 싶은 물품을 찾을 수 있다.)

3. **전치사**: 특히 영국영어에서 전치사로 사용된다.

   She sat **opposite me** at the graduation party. (그녀는 졸업 파티에서 나의 반대편에 앉아있었다.)
   We decided to hang our father's portrait on the wall **opposite the window**.
   (우리는 아버지의 초상화를 창문 맞은편 벽에 걸기로 했다.)
   There's a parking lot **opposite the hotel**. (호텔 맞은편에 주차장이 있다.)

4. across (from): 미국영어에서는 전치사나 부사로 쓰일 경우 opposite 대신에 across (from)를 더 많이 사용한다. across는 형용사나 명사로는 쓰이지 않는다는 점에 유의하라.

   They've just moved in the house **across the street**.
   (그들은 거리 건너편에 있는 집으로 좀 전에 이사 왔다.)
   We hanged the portrait on the wall **across the door**.
   (우리는 문 맞은편 벽에 초상화를 걸었다.)
   The woman sitting **across from** us in the train was our aunt.
   (기차에서 우리 맞은편에 앉아있던 여자분은 우리 이모였다.)
   Sarah slid in beside Sean, and her husband sat **across**.
   (사라는 숀 옆으로 슬쩍 끼어들었고, 그녀의 남편은 반대편에 앉았다.)

O14 or

or는 등위접속사로서 양자택일 또는 몇 개의 방안 중의 하나를 선택하라는 의미다. 다시 말해서 우리가 A or B라고 말하면 A와 B 둘 다가 아니라 A나 B중의 하나를 선택하라는 말이 된다.

Shall we **go out to the cinema or stay at home**? (영화구경을 갈까요 혹은 집에 있을까요?)

그러나 특별한 경우에 "or"가 "and"로 해석될 수 있다.

This product can be used by **men or women**. (이 상품은 남성이나 여성이 사용할 수 있다.)
(= This product can be used by **men and women**.)
Novelists or playwrights have to invent characters.
(소설가나 극작가는 등장인물을 만들어 내야 한다.)
(= **Both novelists and playwrights** have to invent characters.)

1 **등위접속사**: or는 단어, 구, 절의 접속사로 사용된다.

   Would you like **coffee or tea**? (커피나 차를 마시겠습니까?)
   We can **go swimming or sit on the beach**. (수영할 수도 있고 해변에 앉아 있을 수도 있다.)
   We could arrange a whole tour, or you could book the flight and the hotel for you. (우리가 전체 여행을 준비할 수도 있고 또는 비행기와 호텔을 여러분이 예약할 수 있습니다.)

2 **or의 생략**: or는 둘 이상의 성분을 결합하는 접속사로 사용될 수 있으며, 마지막 두 요소 사이의 or를 제외하고는 생략될 수 있다.

   You can have **ham, tuna or cheese**. (햄이나 참치 또는 치즈 샌드위치를 먹을 수 있다.)
   You can buy one of these handbags in **blue, brown, black or green**.
   (푸른색, 갈색, 검은색 또는 초록색인 이 핸드백들 중의 하나를 살 수 있다.)

3 **or else**: or는 두 문장을 결합할 경우 or else(= otherwise)의 의미로 쓰이기도 한다.

   I had to defend myself **or (else)** he'd have killed me.
   (나 자신을 방어할 수밖에 없었다. 안 그랬다면 그는 나를 죽였을 것이다.)
   We have to prevent violence on the streets. **Or (else)** the situation will become very serious.
   (우리는 거리 위의 폭력을 막아야 한다. 안 그러면 상황이 매우 심각하게 될 것이다.)

4 **조건절**: or로 결합되는 두 문장 중에 앞 문장이 명령문일 경우 이 문장은 조건절로 이해되며, 전체 문장은 일종의 협박으로 해석된다.

   Don't call me again, **or** I'll report you to the police.
   (나에게 다시 전화하면 너를 경찰에 알릴 것이다.)
   (= If you call me again, I'll report you to the police.)
   Don't make a move, **or** I'll shoot. (움직이면 쏜다.)
   (= If you make a move, I'll shoot.)

5 **not과 or**: or는 not과 결합하여 둘 다 부정하는 and처럼 해석된다.

I **don't** want anything to eat **or** drink. (나는 아무것도 먹고 싶지도 않고 마시고 싶지도 않다.)
(= I don't want anything to eat, **and** I don't want anything to drink.)
Don't spread the inside of the bread with mayonnaise **or** butter.
(빵 안쪽에 마요네즈나 버터를 바르지 마세요.)

6 **의문문**: or는 의문문에서 두 가지로 해석될 수 있다. 다시 말해서 "A or B"에서 B를 상승억양으로 말하면 가부(yest-no)를 묻는 말이 되고, B를 하강억양으로 말하면 **선택**(alternative)을 묻는 말이 된다.

"Would you like something to **eat or drink** ↗?" "Yes, thanks. I'd like a cup of coffee."
("먹을 것이나 마실 것을 좀 드릴까요?" "네, 고맙습니다. 커피 한 잔 주십시오.")
"Would you like **coffee or tea** ↘?" "Coffee, please."
("커피나 차를 드시겠습니까?" "커피 주세요.")

7 **동일 명칭**: or는 같은 사물을 두 개의 명칭으로 말할 때 사용된다.

NaCl stands for **sodium chloride or common salt**.
("NaCl"은 염화나트륨 또는 보통 소금을 의미한다.)
A bowl believed to have been used by Jesus Christ at the meal before his death is called **the Grail or the Holy Grail**. (예수님이 죽기 전에 가진 식사 때 사용한 것으로 믿어지는 잔을 "the Grail(성배)" 또는 "the Holy Grail(성배)"이라고 한다.)

8 **대략적 수치**: or는 대략적인 수치를 말할 때 사용된다.

He's **forty or fifty** years old. (그는 40 혹은 50세다.)
I'm going to invite **one or two** people to dinner.
(나는 한 두 사람을 저녁 식사에 초청하려고 한다.)

9 **either와 함께**: or는 양자택일을 강조할 때 종종 either와 함께 사용된다.

You can have **either fruit salad or ice cream** for dessert.
(후식으로 과일 샐러드나 아이스크림을 드실 수 있습니다.)
He is **either your friend or your enemy**. (그는 너의 친구거나 적이다.)

O15 otherwise

otherwise는 접속어(C23.9를 보라), 부사, 드물게 형용사로 사용된다.

You'd better call home, **otherwise** your parents will start to worry.   [접속어]
(집에 전화하는 게 좋겠다. 안 그러면 부모님이 걱정하게 될 것이다.)
In a democratic country, a person is presumed innocent until proved **otherwise**.
(민주국가에서는 유죄로 판명될 때까지는 무죄로 추정된다.)   [부사]
You said she was very beautiful, but the truth is quite **otherwise**.   [형용사]
(그녀가 매우 아름답다고 네가 말했지만, 사실은 완전히 다르다.)

1   **불리한 결과**: 어떤 일을 하지 않으면 (if you don't) 다른 나쁜 일이 일어날 것이라고 말할 때 사용된다.

You'll have to go home now, **otherwise** you'll miss your last bus.
(지금 집으로 가야 할 것이다. 그러지 않으면 마지막 버스를 놓칠 것이다.)
I should wear an overcoat if I were you, **otherwise** you'll catch a cold.
(내가 너라면 코트를 입겠다. 안 그러면 감기에 걸릴 것이다.)

2   **부정적 조건**: 어떤 일이 없었더라면 (if it were not the case) 다른 일이 일어났을 수도 혹은 일어나지 않았을 수도 있었다는 것을 표현한다.

We were delayed at the airport. **Otherwise** we would have been here by lunch time.
(공항에서 지연되었다. 안 그랬다면 우리는 점심시간까지 여기 도착했을 것이다.)
Mario couldn't play with us. **Otherwise** we would have won the game.
(마리오가 우리와 함께 경기할 수 없었다. 했더라면 우리가 경기에 승리했을 것이다.)

3   **제외된 상황**: 이미 언급한 것을 제외하고는 (apart from that) 모든 것이 문제가 없다는 것을 표현한다.

The weather was terrible, but **otherwise** we had a good time.
(날씨가 몹시 나쁜 것을 제외하고는 재미있는 시간을 가졌다.)
He was tired, but **otherwise** in good health. (그는 지친 것이지 건강에는 이상이 없다.)

4   **상이한 상황**: 부사로서 앞에서 언급한 것과 다른 상황을 표현할 때 사용된다.

They claim that the economy is improving, but this survey suggests **otherwise**.
(당국은 경제가 좋아지고 있다고 주장하지만 이 조사는 그렇지 않다는 것을 보여준다.)
He said that there wouldn't be any tax increase, but most people think **otherwise**.
(그는 어떠한 세금 인상도 없을 것이라고 말했으나 대부분의 사람은 다르게 생각한다.)

O16   ought to

1   **형태**: 양상조동사인 ought의 문법적 특성에 대해서는 M18을 보라. 단지 ought는 원형부정사를 취하는 다른 양상조동사와는 달리 바로 뒤에 to-부정사를 갖는다는 점에 유의하라.

You really **ought to quit** smoking. (너는 정말 담배를 끊어야 한다.)
(*You really **ought quit** smoking.)

2   **권고**: ought(와 should)는 자신을 포함하여 상대방에게 어떤 일을 하라고 권고 또는 제안하거나 어떤 일을 할 의무가 있음을 표현할 때 사용된다. ought(와 should)는 must보다 약한 의무를 의미한다. (M20.4를 보라.)

The company **ought to** make changes in the marketing strategy.
(회사는 마케팅 전략에 변화를 주어야 한다.)

We **ought to** get her some flowers for her birthday.
(우리는 그녀의 생일에 꽃을 좀 보내는 게 좋겠다.)
You **ought to** be ashamed of yourself. (너는 부끄러워할 줄 알아야 한다.)
People **ought not to** drive like that. (사람들은 저렇게 운전해서는 안 된다.)

3 **가능성**: ought(와 should)는 상황이나 상식에 비추어 어떤 일이 일어날 가능성 또는 개연성이 높다고 생각할 때 사용될 수 있다. (M19.2를 보라.)

He left two hours ago, so he **ought to** be there by now.
(그가 두 시간 전에 떠났으니까 지금쯤은 그곳에 도착했어야 한다.)
There **ought to** be enough food for all of us.
(우리 모두가 먹을 수 있는 충분한 음식이 있을 것이다.)
The weather **ought to** improve after the weekend. (날씨가 주말 지나서는 좋아질 것이다.)

4 **의문문과 부정문**: ought는 의문문과 부정문에서 사용되면 지나치게 문어적으로 생각되기 때문에 구어체에서는 종종 should를 대신 사용하거나 think와 같은 동사를 써서 간접적으로 질문을 하거나 부정의 의미를 전달한다.

He **ought to** be here soon. (그는 곧 여기 올 것이다.)
You **should** invite the couple. (그 부부를 초청해야 한다.)
You **oughtn't to/shouldn't** invite the couple. (그 부부를 초청하지 마라.)

Do you think we **ought to** go now? (우리가 지금 가야 한다고 생각합니까?)
I don't think people **ought to** drive like that.
(나는 사람들이 저렇게 운전해서는 안 된다고 생각한다.)

▶ 표준영어에서는 사용되지 않지만 어떤 방언에서는 do를 사용하여 의문문과 부정문을 만들기도 한다.

Did you **ought** to cook your own meal? (먹을 음식을 직접 만들어야 합니까?)
She **didn't ought** to do that. (그녀는 그렇게 해서는 안 된다.)

5 **ought to have**: ought to는 "have + 과거분사"와 결합하여 어떤 일이 일어난 것이 확실하지 않은 과거의 개연성과 일어날 것으로 예상했던 것이 일어나지 않은 것을 말할 때 사용된다.

He **ought to have arrived** by now. (그가 지금쯤은 도착했어야 한다.)
They **ought to have been** in Africa. (그들은 아프리카에 가봤어야 한다.)
He **ought to have gone** to the dentist yesterday. (그는 어제 치과에 갔어야 한다.)
I **ought to have called** Ed this morning, but I forgot.
(내가 오늘 아침에 에드에게 전화를 했어야 하는데 잊었다.)

▶ 이 구조의 의문문과 부정문은 어떤 행위가 실현되었음을 표현한다.

Ought he **to have gone** to the dentist yesterday? (그는 어제 치과에 갔어야 합니까?)
He **ought not have gone** to the dentist yesterday. (그는 어제 치과에 가지 않았어야 한다.)

▶ 이 구조는 지금까지 혹은 미래의 어느 시점까지 일어나야만 하는 (ought to have happened) 사태에 대해 말할 수도 있다.

It's ten o'clock. She **ought to have arrived** at her office by now.
(지금 10시다. 그녀는 지금쯤 그녀의 사무실에 도착했어야 한다.)
We **ought to have finished** painting the house by the end of next week.
(우리는 다음 주 말까지 집에 페인트칠을 끝내야 한다.)

017 out of

1   **외부로**: out of는 어떤 공간에서 바깥으로 일어나는 행위나 현상을 표현할 때 사용된다.

　　The keys must have fallen **out of** my pocket. (열쇠가 내 호주머니에서 떨어진 것이 틀림없다.)
　　All the roads **out of** the city were snowbound.
　　(도시 외곽으로 나가는 모든 도로가 눈으로 갇혔다.)
　　He went on staring **out of** the window. (그는 창문 밖을 계속 응시했다.)

2   **연관 없음**: out of는 어떤 대상이나 상태와 더 이상 연관이 없음을 표현한다.

　　Mr. James is **out of** the country until June 7th. (제임스 씨는 6월 7일까지 국외에 있을 것이다.)
　　My son is just **out of** college. (나의 아들은 얼마 전에 대학을 졸업했다.)
　　The patient is now **out of** danger. (그 환자는 지금 고비를 넘겼다.)
　　He missed two practices, and he's now **out of** the team.
　　(그는 연습에 두 번이나 빠졌고 지금은 팀에서 제외됐다.)

3   **재료**: out of는 어떤 것을 만드는 데 필요한 재료를 표현할 때 사용된다.

　　The dress was made **out of** silk. (그 드레스는 비단으로 만들었다.)
　　The statue was carved **out of** a single block of stone.
　　(그 조각상은 한 덩어리의 바위를 쪼아서 만들었다.)
　　He made a toy boat **out of** old tin cans. (그는 오래된 깡통으로 장난감 배를 만들었다.)

4   **이유**: out of는 어떤 일을 하게 된 이유를 표현할 때 사용된다.

　　He took up office **out of** a sense of duty. (그는 의무감에서 공직에 취임했다.)
　　He left the room **out of** embarrassment. (그는 당황해서 방을 나왔다.)
　　I came to you **out of** desperation—you have to help me.
　　(나는 자포자기 상태에서 찾아왔습니다. 꼭 도와주십시오.)

5   **한 부분**: out of는 집단의 일부를 표현할 때 사용된다.

　　Nine **out of** ten people agreed to accept my proposal.
　　(열 명 중의 아홉 명이 내 제안을 받아들이는 데 동의했다.)
　　No one got 20 **out of** 20 for the test. (시험에서 20개 중의 20개를 푼 사람이 없다.)

Only ten **out of** fifty students were able to finish the course.
(50명의 학생 중에 10명만이 과목을 끝낼 수 있었다.)

6 **근원**: out of는 어떤 대상으로부터 무엇을 획득하는 것을 표현한다.

They tried to get necessary information **out of** the prisoner.
(그들은 그 포로에게서 필요한 정보를 얻으려고 했다.)
We all had a lot of fun **out of** him. (우리 모두는 그로 인해 많이 즐거웠다.)
A lot of good music came **out of** the hippy culture in the 1960s.
(많은 훌륭한 음악이 1960년대의 히피 문화에서 나왔다.)

7 **소진**: out of는 어떤 것이 소진되었음을 표현한다.

I can't find sugar, and we're **out of** milk. (설탕도 찾을 수 없고 우유도 떨어졌다.)
They've run **out of** ideas. (그들은 아이디어가 고갈되었다.)
They had to stop building the bridge because they ran **out of** cement.
(그들은 시멘트가 없어서 교량 건설을 중지해야 했다.)

in에 대해서는 I9를, into에 대해서는 I31을 보라.

O18 over

1 **높은 위치**: 어떤 것이 다른 것보다 더 높은 위치에 있음을 표현할 때

He looked at himself in the mirror **over** the table.
(그는 식탁 위에 있는 거울에 비친 자신을 바라보았다.)
The troops successfully crossed a bridge **over** the river Danube.
(부대는 다뉴브강 위에 놓인 교량을 넘었다.)

2 **위 표면**: 어떤 것 위에 무엇을 덮어씌우거나 떨어뜨리는 것을 표현할 때

She wore a large jacket **over** her sweater. (그녀는 스웨터 위에 큰 재킷을 입었다.)
Please, don't spill coffee **over** my best tablecloth.
(제발, 내가 가진 최고의 식탁보 위에 커피를 흘리지 말아주세요.)

3 **기준 초과**: 어떤 기준을 넘어가는 것을 표현할 때

Children **over** the age of 12 must have full-price air tickets.
(12세가 넘는 아이들은 전액 비행기 표를 소지해야 한다.)
Korea is producing **over** 100 million tons of steel each year.
(한국은 매년 1억 톤 이상의 강철을 생산하고 있다.)

4 **반대편으로**: 어떤 공간이나 장소 등의 한 편에서 다른 편으로 이동하는 것을 표현할 때

Hannibal made the famous march **over** the Alps with elephants.

(한니발은 코끼리를 거느리고 알프스를 넘는 그 유명한 행군을 했다.)
She leaned **over** the box to get the bottle.
(그녀는 병을 집어 들기 위해 상자 너머로 몸을 구부렸다.)

5   **넘기**: 어떤 것이 다른 것을 넘어가는 것을 표현할 때

The car plunged **over** the cliff. (자동차가 낭떠러지 너머로 돌진했다.)
A taxi ran **over** a man at this spot last night. (택시가 어젯밤에 이 지점에서 사람을 치었다.)

6   **지속 기간**: 어떤 상황이나 사건이 지속되는 기간을 표현할 때

Many changes happened **over** the six months that she was in charge of the company.
(그녀가 회사를 책임진 6개월 동안 많은 변화가 있었다.)
Can we talk about the subject **over** dinner? (저녁 식사 때 그 문제에 대해서 말할 수 없을까?)

7   **영향력**: 사물이나 사람에 대한 영향 또는 통제를 표현할 때

Her husband always has a great influence **over** her. (그녀는 항상 남편의 영향을 크게 받는다.)
As treasurer, he has control **over** how much money is spent.
(그는 재무담당으로서 돈이 얼마나 사용되는가에 대한 통제권을 가지고 있다.)

8   **극복**: 나쁜 상황에서 벗어났음을 표현할 때

Liz has never got **over** the shock of her mother's death.
(리즈는 어머니의 죽음으로 인한 충격에서 결국 벗어나지 못했다.)
I think we're **over** the worst of the crisis now.
(우리는 최악의 위기 상태에서 벗어났다고 나는 생각한다.)

9   **우위**: 어떤 것이 다른 것보다 더 우위라는 것을 표현할 때

Can the Labor maintain its lead **over** the Conservatives?
(노동당이 보수당에 대한 우세를 유지할 수 있을까요?)
We have great advantages **over** our rivals. (우리는 우리의 경쟁자에 비해 크게 유리합니다.)

10   **기기 사용**: 장비나 기기와 같은 것을 사용할 때

I don't want to talk about it **over** the telephone.
(나는 그것에 대해 전화상으로 말하고 싶지 않다.)
We heard the news **over** the radio. (우리는 라디오에서 그 소식을 들었다.)

O19   own

own은 형용사 또는 대명사로서 항상 소유격 한정사와 함께 쓰인다.

He cooks **his own** meal every evening. (그는 자신이 먹을 음식을 매일 밤 요리한다.)

Your proposal is no better than **my own**. (네 제안이 내 것보다 더 좋을 것 없다.)

1. **자신의 것**: own은 어떤 것이 다른 사람이나 물건의 것이 아니라 자신의 것이라는 것을 강조한다.

   The yacht was built for **the King's own** personal use.
   (그 요트는 왕의 개인적인 용도를 위해 건조되었다.)
   The ideas are drawn from **his own** observations and experiences.
   (그 아이디어들은 그 자신의 관찰과 경험에서 나온 것이다.)

2. **한정사 + 명사 + of + one's own**: own은 항상 소유격 한정사를 동반하게 되는데, 다른 한정사와 함께 사용하려면 "한정사 + 명사 + of + one's own" 구조를 이용한다.

   He'll soon save enough money to buy **a car of his own**.
   (그는 머지않아 자신의 차를 살 돈을 저축할 것이다.)
   (*He'll soon save enough money to buy **a own car**.)
   She planned to remove **some books of her own** from the book shelves.
   (그녀는 서가에서 그녀 자신의 책 일부를 옮길 계획이다.)
   (*She planned to remove **some own books** from the book shelves.)
   They have **no ideas of their own** of improving the working conditions.
   (그들은 작업 여건을 개선할 그들 자신의 생각은 가지고 있지 않다.)
   (*They have **no own ideas** of improving the working conditions.)

   a ... of mine 구조에 대해서는 G4를 보라.

3. **one's own + 명사**: "one's own +명사" 구조에서 의미가 명백할 경우 명사를 생략할 수 있다.

   "Would you use my pen?" "No, thanks. I can only write with **my own**."
   ("내 펜을 쓰실래요?" "아니요, 감사합니다. 나는 나 자신의 펜으로만 쓸 수 있습니다.")
   James Joyce wrote in a style that was all **his own**.
   (제임스 조이스는 전적으로 자신의 양식에 따라 글을 썼다.)
   Now that I'm retired, my time is **my own**. (은퇴했기 때문에 내 시간은 나 자신의 것이다.)

4. **own과 재귀대명사**: 재귀대명사(예: myself, yourself 등)는 (R5를 보라) 소유격형이 없다. 대신에 one's own이 사용된다.

   I'll do it myself, and I'll do it in **my own** way.
   (나는 그것을 직접 할 것이고 내 방식대로 할 것이다.)
   (*I'll do it myself, and I'll do it in **myself's** way.)
   She can wash herself and brush **her own** hair now.
   (그녀는 직접 씻기도 하고 지금은 자신의 머리를 빗기도 한다.)
   (*She can wash herself and brush **herself's** hair now?)

5   (all) on one's own: "홀로(alone)" 또는 "스스로(without anyone's help)" 두 가지 의미를 갖는다.

My mother lives **on her own**. (우리 어머니는 홀로 사신다.)
You can't expect him to do it **all on his own**.
(너는 그가 그것을 스스로 할 것이라고 기대해서는 안 된다.)

유사한 의미로 쓰이는 by oneself에 대해서는 R5.10을 보라.

P1 part

part는 어떤 "물건, 지역, 상황, 사건, 기간" 등을 구성하는 한 부분을 가리킨다. part를 전체의 한 부분으로 볼 경우에는 불가산명사로 쓰이고, 전체를 구성하는 여러 다른 부분들의 하나로 볼 경우에는 가산명사로 쓰인다.

1 **불가산명사**: part를 전체의 한 부분으로 볼 경우에는 불가산명사로 쓰인다.

Part of my steak isn't cooked properly. (내 스테이크의 일부가 적절히 조리되지 않았다.)
Part of this form seems to be missing. (이 양식의 일부가 없어진 것 같다.)
Part of my trouble is that I cannot see very well.
(나의 어려움의 한 부분은 내가 잘 볼 수 없다는 것이다.)

▶ 이 경우 part 앞에는 일반적으로 부정관사가 쓰이지 않는다.

*A **part** of my steak isn't cooked properly.
*A **part** of this form seems to be missing.
*A **part** of my trouble is that I cannot see very well.

그러나 part가 형용사 수식어를 대동할 경우 부정관사가 쓰이기도 한다.

A large part of my steak isn't cooked properly.
(내 스테이크의 큰 부분이 적절히 조리되지 않았다.)
An important part of this form seems to be missing.
(이 양식의 중요한 일부가 없어진 것 같다.)

2 **가산명사**: part를 전체를 구성하는 여러 다른 부분들의 하나로 볼 경우에는 가산명사로 쓰인다.

The front **part** of my car was damaged last night. (내 차의 앞부분이 어젯밤에 손상을 입었다.)
In **parts** of Canada, French is the first language. (캐나다 일부에서는 프랑스어가 제1언어다.)
The head is more important than any other **part** of the body.
(우리 몸에서 머리가 다른 어느 부분보다 중요하다.)

P2 participles(분사)-1: 개요

1 **형태**: 영어의 동사는 두 가지 분사형을 가지고 있다. 하나는 현재분사(present participle)라고 부르는 "-ing형"과 다른 하나는 과거분사(past participle)이라고 부르는 "-ed형"이 있다. 현재분사라고도 부르는 진행분사는 동사에 "-ing어미"를 붙여 규칙적으로 구성하지만, 과거분사에는 동사에 "-ed어미"를 붙여 구성되는 규칙적인 형태와 불규칙 형태인 "(비음이 붙은) beaten", "(치조음이 붙은) kept", "(어간의 모음이 바뀐) begun", "(동사의 원형과 같은) put" 등이 있다. 이 분사들은 그 명칭과는 달리 "과거, 현재, 미래"에 대해 말할 때 두루 사용될 수 있다는 점에 유의하라.

▶ 현재분사
A man's **talking** to Liz. [현재]
(한 남자가 리즈에게 말을 하고 있다.)
She **was crying** when I saw her. [과거]
(내가 그녀를 보았을 때 그녀는 울고 있었다.)
This time tomorrow I **will be lying** on the beach. [미래]
(나는 내일 이 시간에 해변에 누워있을 것이다.)

▶ 과거분사
He's **very disturbed** by a noisy neighbor. [현재]
(그는 시끄러운 이웃 때문에 신경이 몹시 곤두서 있다.)
The window **was broken** in the storm. [과거]
(창문이 태풍으로 깨졌다.)
The new school **will be opened** next week. [미래]
(새로운 학교가 다음 주에 개교할 것이다.)

2 **-ing형**: 동사에 -ing어미를 붙일 때 몇 가지 유의할 점이 있다.

▶ -e로 끝나는 동사에는 "-e를 삭제"한 다음 -ing를 붙인다.

argue : argu**ing**	change : chang**ing**	come : com**ing**
develope : develop**ing**	hope : hop**ing**	make : mak**ing**

▶ 주강세를 받는 단모음 다음에 단자음으로 끝나면 "자음을 반복"한 다음 -ing어미를 붙인다.

admít : admít**t**ing   occúr : occúr**r**ing   refér : refér**r**ing

▶ "단모음 + 단자음"으로 끝나는 모든 단음절 동사는 단자음에 주강세가 오기 때문에 바로 위의 법칙을 따른다.

get : get**t**ing   plan : plan**n**ing   run : run**n**ing

▶ 그러나 "-y, -w, -x"로 끝나거나 두개의 모음문자가 단자음 앞에 나타나면 이 법칙을 따르지 않는다.

row : row**ing**	say : say**ing**	fix : fix**ing**
look : look**ing**	rain : rain**ing**	wait : wait**ing**

▶ 단모음과 단자음으로 끝나는 동사라 할지라도 주강세가 마지막 모음에 오지 않으면 자음을 반복하지 않는다.

exhíbit : exhíbit**ing**   énter : énter**ing**   vísit : vísit**ing**

▶ 특히 영국영어에서 "-l, -p, -s, -t"로 끝나는 단어에서 종종 예외가 나타난다. 아래 단어에서 주강세가 첫 음절에 온다.

bias : biasing/biassing	combat : combating/combatting
equal : equaling/equalling	focus : focusing/focussing
handicap : handicapping	kidnap : kidnaping/kidnapping

travel : traveling/travelling   worship : worshiping/worshipping

▶ -ie로 끝나는 동사는 "-ie를 -y"로 바꾼 다음 -ing어미를 붙인다.

die : d**ying**   lie : l**ying**   tie : t**ying**

그러나 dye의 현재분사형은 "dyeing"이다.

▶ -c로 끝나는 동사는 "-c를 -ck로 바꾼" 다음 -ing어미를 붙인다.

mimic : mimic**king**   panic : panic**king**   picnic : picnic**king**

3 **-ed형**: 규칙동사는 단순 과거형과 과거분사형이 동일하다. 따라서 규칙동사의 과거분사형에 대해서는 P15를 보라. 불규칙동사의 과거분사형에 대해서는 V8을 보라.

4 **be와 have**: 분사형 동사는 조동사 be나 have와 결합하여 "진행, 완료, 수동"구문을 만들 수 있다.

He's **studying** at the library.   [진행]
(그는 도서관에서 공부하고 있다.)
He **was watching** TV, when you called last evening.
(네가 어제저녁에 전화했을 때 그는 텔레비전을 보고 있었다.)
I've recently **met** her at the seminar.   [완료]
(나는 최근에 그녀를 세미나에서 만났다.)
We **had been living** at a country house before.   [완료 진행]
(우리는 전에 시골집에서 살고 있었다.)
The building **was built** last year.   [수동]
(그 건물은 지난해에 건축되었다.)
You'll **be told** as soon as possible.
(우리는 곧 듣게 될 것이다.)

현재진행에 대해서는 P37을, 현재완료진행에 대해서는 P39를, 과거진행에 대해서는 P16을, 과거완료진행에 대해서는 P18을 보라. 수동문에 대해서는 P7-P14를 보라.

5 **형용사적 용법과 부사적 용법**: 분사형 동사는 형용사처럼 명사를 수식할 수 있으며, 접속사가 없이도 다양한 의미의 부사구로 사용될 수 있다.

I couldn't tolerate his **boring** lecture anymore.   [형용사적 용법]
(나는 그의 지루한 강의를 더 이상 견딜 수가 없었다.)
The road was blocked with a **fallen** tree.
(길은 쓰러진 나무로 막혔다.)

Having finished all his work, he left his office. [부사적 용법]
(그는 일이 모두 끝났기 때문에 사무실을 나왔다.)
Born in better times, he would become a great businessman.
(더 좋은 시대에 태어났다면 그는 훌륭한 실업가가 될 것이다.)

P3   participles-2: 형용사적 용법

분사는 형용사와 마찬가지로 주어보어와 목적어보어로 쓰일 수 있으며 명사를 수식하는 표현으로 쓰인다.

1   **명사 수식어**: 동사의 분사형은 명사를 수식하는 제한적 형용사로 사용될 수 있다.

I love the noise of **falling rain**. (나는 비 내리는 소리를 좋아한다.)
He attacked the man with a **broken bottle**. (그는 그 남자를 깨진 병으로 공격했다.)

모든 동사의 분사형이 명사 앞에서 제한적 수식어로 쓰일 수 있는 것은 아니다. 예를 들어 "the lost dog/the missing child"라고는 해도 "*the found dog/*the appearing child"라고는 하지 않는다. 그러나 우리는 "the losing game/the winning game" 또는 "the rejected principles/the accepted principles"이라고 말한다. 이 분야는 아직도 연구가 필요한 분야 중의 하나다.

2   **명사 후속수식어**: 명사의 대표적인 후속 수식어는 관계절이다. 분사형 후속수식어는 관계절에서 관계대명사와 be동사가 생략되어 만들어진 것으로 생각할 수 있다.

She's looking at a baby **who is sleeping** in the cradle.
(그녀는 요람에서 자고 있는 아이를 바라보았다.)
⇒ She's looking at a baby **sleeping** in the cradle.
He received a letter **that was written** in French. (그는 프랑스어로 쓴 편지를 받았다.)
⇒ He received a letter **written** in French.

▶ 분사가 다른 수식어를 동반할 경우에는 명사 앞으로 이동할 수 없다.

*She's looking at a **sleeping** baby **in the cradle**.
(참고: She's looking at a baby who is **sleeping in the cradle**.)
*He received a **written** letter **in French**.
(참고: He received a letter that was **written in French**.)

3   **those**: those는 종종 분사와 함께 사용될 수 있으며 분사가 명사 앞으로 이동하지 않는다.

Most of those questioned refused to answer.
(질문을 받는 사람의 대부분이 답하기를 거부했다.)
Those selected will begin training on Monday.
(선발된 사람들은 월요일에 훈련을 시작할 것이다.)

4   **보어**: 분사는 형용사처럼 주어보어나 목적어보어로 사용될 수 있다.

His ideas seem extremely **interesting**. (그의 아이디어는 매우 흥미로운 것 같다.)
I found **his talk** very **interesting**. (나는 그의 담화가 매우 흥미롭다는 것을 알았다.)
The disease was too far **advanced** to be treated. (병이 치료하기에는 너무나 많이 진행되었다.)

We found **the weapon systems** very **advanced**. (우리는 무기체계가 크게 발전했음을 알았다.)

분사형 형용사에 대해서는 A16.4와 7을 보라.

P4 participles-3: 부사적 용법

분사절은 "조건, 이유, 시간관계, 결과 등"을 표현하는 완전한 부사절과 유사하게 사용될 수 있다. 우리가 흔히 "접속사 + 주어 + 정형 동사구"의 구조를 써서 나타내는 부사절을 접속사와 주어를 생략하고 -ing형의 분사구를 써서 나타낼 수 있다. 다음을 비교해보라.

After I put down my newspaper, I walked over to the window.
Putting down my newspaper, I walked over to the window.
(나는 신문을 내려놓은 다음 창문 쪽으로 걸어갔다.)

1   **비진행형 동사**: 부사적으로 쓰이는 분사구는 -ing형이 되기 때문에 진행시제로 사용될 수 없는 "be, have, know. believe, want, wish 등"도 -ing형이 가능하다.

Being unable to cook, she took her friends to a restaurant for dinner.
(그는 요리할 줄 모르기 때문에 친구들을 음식점으로 데려갔다.)
(*She **was being unable** to cook, she took her friends to a restaurant for dinner.)
Not knowing the telephone number, he called 114.
(전화번호를 모르기 때문에 그는 114에 전화했다.)
(*He **wasn't knowing** the telephone number, he called 114.)
Wanting to go to America, he decided to learn English first.
(그는 미국에 가고 싶었기 때문에 먼저 영어를 배우기로 했다.)
(*He **was wanting** to go to America, he decided to learn English first.)

2   **접속사와 주어**: 접속사를 포함하는 부사절 대신에 분사구를 사용하려면 분사구가 지니는 접속사적 의미와 분사구의 주어를 문맥에서 쉽게 찾을 수 있어야 한다. 일반적으로 주절의 주어가 분사구의 주어로 이해되며, 문맥에 의해서 결정되는 분사구의 접속사적 의미는 "시간, 이유, 조건, 결과, 양보, 동시 또는 연속 상황 등"을 가리킨다.

He handed a card to her, **having written something on it**.　　　　[시간]
(그는 카드에 무엇인가 써서 그녀에게 주었다.)
(= He handed a card to her, **when/after he had written something on it**.)

Having lived in America in his youth, he can speak English very well.　[이유]
(그는 젊었을 때부터 미국에 살았기 때문에 영어를 매우 잘한다.)
(= **As/Because/Since he has lived in America in his youth**,
  he can speak English very well.)

Born in better times, he would become a great scientist.　　　　[조건]
(더 좋은 시대에 태어난다면 그는 훌륭한 과학자가 될 것이다.)
(= **If he were born in better times**, he would become a great scientist.)

It rained all the time, **completely ruining our holiday**. [결과]
(내내 비가 내려서 우리들의 휴가를 완전히 망쳤다.)
(= It rained all the time, **so that it completely ruined our holiday**.)

Admitting what you have said, I still don't believe it. [양보]
(네가 말한 것을 인정은 하지만 나는 아직도 그것을 믿지는 않는다.)
(= **Although I admit what you have said**, I still don't believe it.)

Walking along the street, I ran across an old friend of mine. [동사상황]
(나는 거리를 따라 걷다가 우연히 옛 친구 한 명과 마주쳤다.)
(= I ran across an old friend of mine, **walking along the street**.)
(= I ran across an old friend of mine, **while I was walking along the street**.)

Our train started from Seoul at 6:30 pm, **arriving here at 10:00 pm**. [연속상황]
(우리 기차는 오후 6시 30분에 서울에서 출발하여 오후 10시에 그곳에 도착한다.)
(= Our train started from Seoul at 6:30 pm, **and arrived there at 10:00 pm**.)

위 예에서 -ed형의 분사구는 수동형 being born에서 being이 생략된 것이다.

3 **주절의 주어**: 부사적으로 사용되는 분사구의 주어는 주절의 주어가 된다. 그러나 아래 문장에서는 "looking"의 주어가 "a stream of heavy traffic"가 될 수 없으며, "walking"의 주어가 "a car"가 될 수 없다.

***Looking** out of the window, **a stream of heavy traffic** was seen.
(참고: **Looking** out of the window, **she** saw a stream of heavy traffic.)
(창문 밖을 내다보던 그녀는 수많은 차량의 흐름을 보았다.)
***Walking along the street**, a car ran over a little girl.
(참고: **Walking along the street, a little girl** was ran over by a car.)
(어린 여자 어린이가 거리를 따라 걷다가 자동차에 치였다.)

4 **허사 주어**: 주절이 허사 it이나 there로 시작할 경우에 이 규칙이 위반될 수도 있지만 분사절은 자신의 주어를 주절의 어디에선가 찾아야 한다.

Being American, **it**'s surprising that **she** speaks English so poorly.
(그녀는 미국인이지만 영어를 그렇게 형편없이 한다는 것은 놀라운 일이다.)
Having so little money, **there** was not much that **I** could do.
(돈이 별로 없어서 내가 할 수 있는 것도 별로 없었다.)

5 **접속사와 전치사**: 주어가 없는 분사구는 다양한 접속사 다음에서 사용될 수 있다.

after	(al)though	as	as
if	before	once	since
unless	until	when	whenever
where	wherever	whether	while 등

After visiting Busan and Masan, we travelled on to Namhae.

(부산과 마산을 방문한 다음 우리는 계속해서 남해로 갔다.)
Although hired as a bookkeeper, she also does secretarial work.
(그녀는 회계사로 고용되었지만 비서 일도 한다.)
He closed the lid quickly, **as if wanting** to hide something inside.
(무엇인가 속에 감추고 싶은 것처럼 그는 뚜껑을 재빨리 닫았다.)
If carefully **done**, the experiment should be very successful.
(만약 조심스럽게 실시된다면 실험은 매우 성공적일 수밖에 없다.)
Since agreed on by the majority, this measure will be carried out.
(이번 조치는 다수의 동의를 받았기 때문에 실행될 것이다.)
She always turns on the radio **when doing** the housework.
(그녀는 집안일을 할 때 항상 라디오를 켠다.)

6 **절대절**: 앞에서도 지적했듯이 주절의 주어가 분사구의 주어로 해석되는 것이 보통이지만, 분사구가 주절과 다른 독립적인 주어를 가질 수 있으며 우리는 이러한 구문을 "독립 분사구" 또는 "절대절(absolute clauses)"이라고 부른다.

The elevator being out of order, everyone had to walk up the stairs.
(엘리베이터가 고장 나서 모두가 걸어서 계단을 올라가야 했다.)
(= Everyone had to walk up the stairs, **the elevator being** out of order.)
(= Everyone had to walk up the stairs, because the elevator was out of order.)
The boy came running into the room, **his face and hands covered** with mud.
(그 소년은 얼굴과 손에 진흙이 묻은 채 방 안으로 뛰어들어 왔다.)
(= The boy came running into the room, while his face and hands were covered with mud.)
Nobody having anymore to say, the meeting was closed.
(아무도 할 말이 더 없어서 회의는 끝났다.)
(= Because nobody has anymore to say, the meeting was closed.)

▶ with는 이유를 의미하는 전치사로서 종종 절대절의 주어 앞에 올 수 있다. (W19.4를 보라.)

He's been at home **with a bad cold** for the past week.
(그는 지난주에 고약한 감기로 집에 있었다.)
With all that noise, I can't do anything. (이 모든 잡음 때문에 나는 아무것도 할 수가 없다.)
With his wife (being) sick, he is taking care of the children alone.
(부인이 아파서 그는 혼자서 아이들을 돌보고 있다.)
With exams approaching, it's a good idea to review your class notes.
(시험이 가까워지면 학업 노트를 복습하는 것이 좋은 생각이다.)

▶ what with: 이유가 둘 이상일 경우에는 "what with"가 사용될 수 있다.

What with the snow and the bronchitis, I haven't been out for weeks.
(눈과 기관지염으로 나는 수 주 동안 외출하지 않았다.)
She lay in bed **what with the door unlocked and the window open**.
(그녀는 문을 잠그지도 않고 창문은 열어놓은 채 잠자리에 들어있었다.)

He couldn't get to sleep, **what with all the shooting and shouting**.
(총소리와 고함으로 인해 그는 잠을 잘 수가 없었다.)

7   **we/you 주어**: 분사구의 주어가 일반적인 "we" 또는 "you"를 가리킬 때는 표현되지 않는다. 이러한 분사구문을 "비인칭 독립분사구"라고 부른다.

Generally **speaking**, there's little rain in November here.
(일반적으로 말하면 여기는 11월에 비가 많이 내리지 않는다.)
(= If we speak generally, there's little rain in November here.)
Judging from his expression, it is certain he got a grade A in maths.
(그의 표정에서 판단하건대 그가 수학에서 A 학점을 받은 것이 확실하다.)
(= When we judge from his expression, it is certain he got a grade A in maths.)
Granting that he is right, we have nothing to expect from him.
(가령 그가 옳다고 하더라도 우리는 그에게서 기대할 것이 없다.)
(= Although we grant that he is right, we have nothing to expect from him.)

P5   participles-4: -ing형과 -ed형

1   **능동과 수동**: 일반적으로 -ing형은 "능동적" 의미를, -ed형은 "수동적" 의미를 나타낸다. 다음을 비교해보라.

Be quiet, or you might wake up the **sleeping baby**.
(조용히 해라. 안 그러면 자는 아이를 깨울 수 있다.)
(참고: the baby **is sleeping**)
John submitted a **written report** on last year's sales to the committee.
(존은 지난해의 매출에 대한 서면 보고서를 위원회에 제출했다.)
(참고: a report **is written** by John)
She's looking at the man **parking the car on the driveway**.
(그녀는 차도에 주차를 하고 있는 남자를 바라보고 있다.)
(참고: the man **is parking** the car on the driveway)
They're repairing the roof **damaged during the last storm**.
(그들은 지난 폭풍우에 망가진 지붕을 수리하고 있다.)
(참고: the roof **was damaged** during the last storm)

2   **감정상태**: 감정상태를 표현하는 동사는 일반적으로 -ing형과 -ed형이 둘 다 형용사처럼 사용될 수 있다.

amusing : amused   annoying : annoyed
boring : bored   disappointing : disappointed
disgusting : disgusted   disturbing : disturbed
embarrassing : embarrassed exciting : excited
frightening : frightened   interesting : interested

intriguing : intrigued   pleasing : pleased
surprising : surprised   terrifying : terrified
tiring : tired   troubling : troubled 등

이들 쌍에서 -ing형은 우리의 느낌에 원인을 제공하는 사람이나 사물을 기술하고, -ed형은 우리의 느낌을 표현하고 있다.

I thought the lecture was **interesting**. (나는 그 강연이 흥미로웠다고 생각했다.)
I was **interested** in the lecture. (나는 그 강연에 관심이 있었다.)

The party was very **boring**. (파티가 몹시 지루했다.)
Most of the guests went home early because they felt **bored**.
(손님들 대부분은 지루함을 느껴서 일찍 집으로 갔다.)

It has been a very **tiring** day for everybody. (오늘은 모두에게 매우 피곤한 하루였다.)
It made everybody **tired**. (그것은 모두를 피곤하게 했다.)

3   **동사와 분사**: 동사에 따라 선택하는 분사가 다르며 그 의미도 달라진다.

▶ have동사의 경우에는 -ing형과 -ed형이 의미가 다르다.

He **had** her picture **hanging** in his office. (그는 그녀의 초상화를 그의 사무실에 걸어 두었다.)
He **had** her picture **hung** in his office. (그는 그녀의 초상화를 그의 사무실에 걸게 했다.)
(= He **had** someone **hang** her picture in his office.)

▶ "catch, find, keep, leave, send 등"의 동사도 목적어와 술어관계를 갖는 분사를 가질 수 있다.

The police **caught** the boy **stealing** a car. (경찰은 자동차를 훔치는 소년을 잡았다.)
The soldiers **caught** the terrorists **trapped** at the roadblock.
(병사들은 도로방어벽에 갇힌 테러분자들을 잡았다.)
He **found** the car key **stolen**. (그는 자동차 열쇠를 도난당했다는 것을 알게 됐다.)
She **found** him quietly **weeping** alone. (그녀는 그가 혼자서 조용히 울고 있는 것을 보게 됐다.)

▶ "sit, stand, lie"와 같은 동사도 분사구를 동반할 수 있으나, 그 의미는 주어를 수식하는 비제한적 관계절과 유사하다. (R8을 보라.)

John was sitting on a chair, **reading** a sports magazine.
(존은 의자에 앉아서 스포츠 잡지를 읽고 있었다.)
(= John was sitting on a chair, and (he was) **reading** a sports magazine.)
He just stood at the corner, **wondering** where to turn.
(그는 모퉁이에 서서 어느 쪽으로 갈 것인가를 망설이고 있었다.)
(= He just stood at the corner, and (he) **wondered** where to turn.)

이러한 이유에서 이 분사구는 부사적 분사구의 "동시 상황"이나 "연속 상황"을 의미하는 것으로 분석할 수도 있다. (P4.2를 보라.)

4 **-ed형 자동사**: 몇몇 자동사의 -ed형은 특히 명사 앞에서 능동적 의미로 해석된다.

a **retired** general
the **departed** guests
faded wallpaper
fallen rocks
developed country
molten lave
a **drunken** bully

an **escaped** prisoner
a **grown** boy
a **burnt-out** cigar
vanished civilization
swollen ankles
a **sunken** ship
a **shrunken** old woman

▶ -ed형 자동사 중에는 부사를 대동할 경우에만 명사 앞에서 능동적 의미로 사용된다.

a **well-read** student (*a **read** student)
a **much-travelled** woman (*a **travelled** woman)
a **newly-arrived** visitor (*an **arrived** visitor)

5 **very**: -ed형 분사 중에 특히 감정상태를 의미하는 것은 전형적인 형용사의 수식어인 very의 수식을 받을 수 있다. (P5.2를 보라.)

annoyed	bored	concerned	confused
delighted	disappointed	embarrassed	interested
irritated	pleased	puzzled	satisfied
shocked	startled	surprised	tired
troubled	upset 등		

I'll be **very annoyed** if you don't finish by eight.
(만약 네가 8시까지 끝내지 않으면 나는 몹시 짜증이 날 것이다.)
All the people are **very concerned** with children's education.
(모든 국민이 어린이들의 교육에 큰 관심이 있다.)
She was **very upset** with the way her father treated her.
(그녀는 자기 아버지가 그녀를 대하는 방식에 매우 화가 났다.)

He was **fully occupied** with work. (그는 일에 푹 빠져있다.)
(*He was **very occupied** with work.)
He's **much admired** by his students. (그는 학생들에게 매우 존경을 받는다.)
(*He's **very admired** by his students.)
He's **well-known** for his artistic ability. (그는 자기의 예술적 재능으로 유명하다.)
(*He's **very known** for his artistic ability.)

6 **위치와 의미**: 몇몇 분사는 위치에 따라 의미가 변한다. 다음을 비교해보라.

The mayor came under attack from **concerned** (= worried) citizens.
(시장은 염려하는 시민들로부터 공격을 받았다.)
Some of the farmers **concerned** (= affected) suffered from the low prices.
(영향을 받는 농부들의 일부가 낮은 가격으로 피해를 보았다.)

He presented an **involved** (= complicated) explanation of his project.
(그는 자기의 계획에 대한 복잡한 설명을 제시했다.)
An essential element is good communication between the people **involved**. (= concerned)
(필수적인 요소는 관련된 사람들 간의 원활한 의사소통이다.)

They talked to the consultant about their **adopted** (= non-biological) son.
(그들은 그들이 양자에 대해서 상담사와 의논했다.)
This is the solution finally **adopted** (= chosen) for the peace between us.
(이것이 우리 사이의 평화를 위해 마지막으로 선택된 해결책이다.)

7   **-en 분사형**: 몇몇 옛날 분사형인 -en분사는 명사 앞에만 오는 형용사로 사용된다. 다음을 비교해보라. (A14.8을 보라.)

     drunk : drunken   melt : molten   shaved : shaven
     shrunk : shrunken   sunk : sunken 등

     Drunken driving is very dangerous. (음주운전은 매우 위험하다.)
     (***Drunk** driving is very dangerous.)
     He is **drunk**. (그는 취했다.) (*He is **drunken**.)
     They exhibit **shrunken** heads. (그들은 줄어든 두개골을 전시하고 있다.)
     (*They exhibit **shrunk** heads.)
     The firm's staff had **shrunk** to only five people. (회사의 보좌진이 단지 다섯 명으로 줄어들었다.)
     (*The firm's staff had **shrunken** to only five people.)

8   **-ed형 분사와 전치사**: 과거분사형 동사의 여러 기능 중에 하나는 be동사와 결합하여 수동문을 만드는 것이다. 수동문에는 일반적으로 행위자(agent)를 포함하며, 행위자는 전치사 by를 대동한다. 그러나 -ed형 분사는 동사처럼 사용될 때는 전치사 by를 대동하지만, 형용사처럼 사용될 때는 자신의 특유의 전치사를 대동한다.

     The government have been **embarrassed by** the revelation in the press.
     (정부는 언론의 폭로에 당황해 했다.)
     He was very **embarrassed at** her rude behavior. (그는 그녀의 무례한 행동에 매우 당황스러웠다.)

     He was **amazed by** the fact that she was attracted to Sam.
     (그는 그녀가 샘에게 매료되었다는 사실에 놀랐다.)
     We were all **amazed at** his rapid recovery. (우리 모두는 그의 신속한 회복에 놀랐다.)

     They've been deeply **troubled by** the allegations.
     (그들은 그 근거 없는 주장으로 심한 괴로움을 당했다.)
     You don't have to be **troubled about** the precise details.
     (너는 정확한 세부사항에 대해서는 걱정을 할 필요가 없다.)

     -ed형 형용사에 대해서는 A16.4와 P9.3을 보라.

9   **동사 특성의 상실**: -ed형 분사 중에는 동사의 특성을 잃은 것들도 있다.

They're completely **absorbed in** their new house. (그들은 새집에 완전히 빠져있다.)
The boy is **accustomed to** the practice of getting up early in the morning.
(그 소년은 아침에 일찍 일어나는 훈련에 익숙해졌다.)
He's **blessed with** uncommon ability to fix things.
(그는 고장 난 것을 고치는 비상한 재능을 축복받았다.)
I'm deeply **indebted to** him for his help. (나는 도움을 준 그에게 크게 신세를 졌다.)
He's the only person who is **qualified for** the job.
(그는 그 자리에 맞는 자격을 가진 유일한 사람이다.)

P6   partitive constructions(부분사 구조)

부분사 구조란 "전체의 한 부분(a part of a whole)"을 의미하는 구조를 가리킨다. 가산명사와 불가산명사가 모두 부분사 구조를 구성할 수 있으며, 부분사 구조에는 "종류(kind)"를 가리키는 것(a kind of cloth)과 "양(quantity)"을 가리키는 것(a piece of cloth) 두 가지 유형이 있다.

▶ 종류
a new type of computer/shirt/apartment ...   [가산명사]
new types of computers/shirts/apartments ...

a different kind of coffee/cheese/work ...   [불가산명사]
different kinds of coffee/cheese/work ...

▶ 양
a large crowd of people/visitors/spectators ...   [가산명사]
crowds of people/shoppers/angry protesters ...

a piece of cake/bread/wood ...   [불가산명사]
several pieces of cake/bread/wood ...

1   **종류 부분사 구조**: 종류를 나타내는 부분사 구조는 "brand, form, kind, mode, sort, style, type" 등의 가산명사로써 표현된다.

The company developed **a new brand of** deodorant. (회사는 새로운 품종의 탈취제를 개발했다.)
Hindi is **a form of** the Indo-European group of languages.
(힌두어는 인구어족에 속하는 한 언어 형태다.)
The flowers attract several **different kinds of** insects.
(꽃은 저마다 다른 종류의 곤충을 끌어들인다.)
The old couple have **a relaxed mode of** life that suits them well.
(그 노부부는 그들에게 잘 어울리는 편안한 방식의 생활을 하고 있다.)
What sort of shampoo do you use? (어떤 종류의 샴푸를 사용합니까?)
Cubism is **a 20th century style of** art initiated by Picasso.
(입체파는 피카소가 시작한 20세기 예술의 한 양식이다.)
What type of music did the Beatles play? (비틀즈는 어떤 형태의 음악을 했습니까?)

2 **양 부분사 구조**: 양 부분사 구조는 of-구에 어떤 유형의 명사(구)가 오느냐에 따라 of-구 앞에 오는 부분사 명사가 결정된다. of-구에는 가산명사와 불가산명사 둘 다 나타날 수 있다.

A herd of sheep blocked our bus on the road. (양 떼가 길에서 우리 버스를 막고 있다.)
Flocks of geese often fly in a V-shaped formation. (야생거위 떼는 종종 브이 형태로 비행한다.)
Let me give you **a piece of advice**—sell your stocks.
(내가 너에게 충고 한마디 하겠다. 네 주식을 팔아라.)
She bought **three loaves of bread** for dinner.
(그녀는 저녁 식사를 위해 빵 세 덩어리를 샀다.)

3 **불가산명사**: 불가산명사는 일반적으로 분리할 수 없는 덩어리로 정의된다. 그러나 우리는 부분사 명사를 써서 불가산명사에 가산성(countability)을 부여할 수 있다. 부분사 명사에는 불가산명사에 두루 사용될 수 있는 "일반 부분사"와 불가산명사의 의미에 따라 사용되는 "특수 부분사"가 있다.

▶ **일반 부분사**: 가장 널리 사용되는 일반 부분사로는 piece가 있다.

How about a **piece** of cake for desert? (후식으로 케이크 한 조각이 어떻습니까?)
She ate several **pieces** of cakes after a good meal.
(그녀는 꽤 많은 식사를 한 후에 케이크를 여러 조각 먹었다.)

piece는 불가산 구상명사와 불가산 추상명사를 구별하지 않고 두루 쓰인다.

구상명사: a **piece** of butter/coal/furniture/land/paper/wood ...
추상명사: a **piece** of advice/help/information/luck/news/research ...

▶ **특수 부분사**: 결합하는 불가산명사에 따라 부분사가 결정된다.

a **bar** of chocolate/soap
a **blade** of grass
a **block** of ice
a **cup** of coffee/tea
a **drop** of water/oil/vinegar/blood
a **glass** of water/milk/whiskey/beer
a **grain** of sand/salt/rice/corn
an **item** of information/news/clothing/furniture
a **loaf** of bread
a **lump** of coal/sugar
a **scrap** of paper/cloth/news/evidence
a **sheet** of paper/stamps
a **slice** of bread/cheese/cake/meat/paper
a **speck** of dust/blood
a **stick** of dynamite/chalk
a **strip** of cloth/tape/land/water
a **suit** of clothes

4   **가산명사**: 일반적으로 가산명사는 그 유형에 따라 "집단을 표현하는 부분사"가 있으며 of-구 다음에는 항상 복수명사가 온다. 상당수의 부분사는 둘 이상의 명사 유형과 함께 쓰인다.

   a band of volunteers/soldiers/rebels ...
   a bundle of newspapers/clothes/sticks ...
   a bunch of flowers/grapes/bananas ...
   a crowd of people/children ...
   a deck of cards ...
   a flock of sheep/goats/birds/children ...
   a herd of cattle/goats/elephants ...
   a horde of people/tourists/protesters ...
   a pack of cigarettes/cards/frozen peas/wolves/dogs ...
   a packet of cigarettes/envelopes/biscuits ...
   a series of events/experiments/articles/books ...
   a throng of excited spectators/Christmas shoppers ...

   ▶ band와 horde: 사람 명사와 함께 쓰이는 부분사가 여러 개 있다. 이들은 약간씩 다른 의미를 표현하기도 한다. 예를 들어 "band"는 공통의 목표나 이익을 가진 사람의 집단을 의미하고, "horde"는 흥분상태에 있는 큰 집단의 사람을 의미한다.

   ▶ flock과 herd: flock과 herd는 일반적으로 동물의 집단을 의미하지만 종종 사람집단에게도 사용된다. "flock"은 큰 집단의 사람을 의미하고, "herd"는 남에 의해 쉽게 좌우되는 사람들의 집단을 의미한다.

5   **부정구문**: 이 부분사들 중에 어떤 것들은 부정구문에서 "not at all"의 의미로 사용된다.

   There's **not a grain of** truth in what he says. (그의 말에는 티끌만큼의 진실도 없다.)
   There **hasn't** been **a breath of** fresh air for an hour.
   (한 시간 동안 약간의 신선한 공기도 들어오지 않았다.)
   I **couldn't** find **a scrap of** evidence to prove his innocence.
   (그의 무죄를 입증할 단편적인 증거도 찾을 수 없었다.)
   He came downstairs **without a stitch of** clothing on.
   (그는 옷을 한 올도 걸치지 않고 아래층으로 내려왔다.)

   ▶ 이들 중에 "a grain of, a breath of 등"은 긍정적 표현에서는 일반적으로 사용되지 않는다.

   *There's **a grain of** truth in his claims.
   *A breath of air disturbed the stillness of the day.

6   pair: pair는 항상 둘이 함께 사용되는 대상이나 두 부분으로 구성된 복수명사에 사용된다. (N28.1을 보라.)

   a pair of shoes/socks/ear-rings/sandals/skis ...
   a pair of glasses/binoculars ...
   a pair of trousers/jeans/pajamas ...

a **pair** of scissors/pliers ...

7 **set**: set라는 단어는 일반적으로 복수명사와 함께 사용되지만, 대표 불가산명사와도 함께 사용될 수 있다. (대표 불가산명사에 대해서는 N24.10을 보라.)

a **set** of napkins/dishes/tires/sparking plugs/spanners ...
a **set** of baggage/cutlery/footwear/furniture/tableware ...

형용사와 부사 앞에서 수식어로 쓰이는 a bit에 대해서는 A3을 보라.
a bit of a ...에 대해서는 A3.1과 D6.1을 보라.
an amount, a lot, a large number 등에 대해서는 A5와 Q1을 보라.
sort of, type of, kind of에 대해서는 K1을 보라.

P7   passives(수동문)-1: 형태

1 **능동문과 수동문**: 어떤 사람이나 물체가 어떤 행위를 하는 것을 말할 때는 능동문을 사용하고, 어떤 사람이나 물체에 어떤 일이 일어났는지를 말할 때는 수동문을 사용한다.

The dog chased the cat.   [능동문]
(개가 고양이를 쫓았다.)
The cat was chased by the dog.   [수동문]
(고양이가 개에게 쫓겼다.)

능동문의 목적어는 수동문의 주어로 이동하고, 능동문의 주어는 전치사 by를 붙인 다음 문장 끝으로 보낸다. 동사는 조동사 be를 첨가한 다음 동사 자체는 과거분사형으로 바꿔주어야 한다. 수동문의 필요조건은 동사가 타동사(transitive verbs)여야 한다는 점이다.

2 **수동형 동사**: 다음은 영어의 보통동사의 모든 수동형과 그 명칭이다.

► 단순현재

능동	수동
speak	am/is/are spoken

We **speak** English here. (우리는 여기서 영어를 사용한다.)
English **is spoken** here. (여기서는 영어가 사용된다.)

► 단순과거

능동	수동
spoke	was/were spoken

They **spoke** only English there. (그들은 거기에서 영어만을 사용했다.)
Only English **was spoken** there. (거기에서는 영어만 사용되었다.)

► 현재진행

| am/is/are painting | am/is/are being painted |

We **are painting** the house. (우리는 집에 페인트칠을 하고 있다.)
The house **is being painted**. (집이 페인트칠이 되고 있다.)

▶ 과거진행

| was/were watching | was/were being watched |

I felt as if someone **was watching** me. (나는 누군가 나를 감시하고 있는 것처럼 느꼈다.)
I felt as if I **was being watched**. (나는 감시당하고 있는 것처럼 느꼈다.)

▶ 현재완료

| have/has invited | have/has been invited |

We've **invited** Mary to the party. (우리는 메리를 파티에 초청했다.)
Mary's **been invited** to the party. (메리는 파티에 초청을 받았다.)

▶ 과거완료

| had chosen | had been chosen |

I knew why they **had chosen** me. (나는 그들이 나를 선택했다는 것을 알았다.)
I knew why I **had been chosen**. (나는 내가 선택되었다는 것을 알았다.)

▶ 완료진행

| have been burning | have been being burned |

The enemy **has been burning** down the whole city. (적은 전 도시에 불을 지르고 있었다.)
The whole city **has been being burned** down by the enemy.
(전 도시가 적에 의해서 불에 타고 있었다.)

▶ will 미래

| will tell | will be told |

We **will tell** you about it tomorrow. (우리는 내일 그것에 대해서 너에게 말할 것이다.)
You **will be told** about it tomorrow. (너는 내일 그것에 대해서 듣게 될 것이다.)

▶ will 완료

| will have done | will have been done |

We'll **have done** it by Tuesday. (우리는 화요일까지 그것을 해내야 할 것이다.)
It'll **have been done** by Tuesday. (그것은 화요일까지 끝이 나야 할 것이다.)

▶ 현재부정사

| (to) love | (to) be loved |

She wants everyone **to love** her. (그녀는 모든 사람이 자기를 사랑하기를 바란다.)
She wants **to be loved** by everyone. (그녀는 모든 사람의 사랑을 받기를 바란다.)

▶ 완료부정사

| (to) have invited | (to) have been invited |

It's possible for them **to have invited** her to the party.
(그들이 그녀를 파티에 초청했을 가능성이 있다.)
It's possible for her **to have been invited** to the party.
(그녀가 파티에 초청되었을 가능성이 있다.)

▶ will 진행형: 흔히 쓰이지 않는다.

| will be burning | will be being burned |

The enemy **will be burning** down the whole city. (적이 전 도시에 불을 지를 것이다.)
The whole city **will be being burned** down by the enemy.
(전 도시가 적에 의해 불이 타게 될 것이다.)

3. **get 수동문**: 비형식적 영어에서는 수동문에서 be동사 대신에 get를 사용하기도 한다. get는 주로 동적인(dynamic) 동사와 함께 사용된다. (G11.2와 V2.1을 보라.)

My camera **got broken** while I was jumping out of the car.
(차에서 뛰어 내릴 때 카메라가 깨졌다.)
He **got caught** by the police driving at 120 mph.
(그는 시속 120마일로 운전하다가 경찰에게 체포되었다.)
My uncle **got killed** in a car clash. (나의 삼촌은 자동차 충돌 사고로 사망했다.)
*It **got believed** that the letter was a forgery.
(참고: It **was believed** that the letter was a forgery.)
(그 편지는 위조인 것으로 믿어진다.)
*The manager **gets admired** by most of the staff.
(참고: The manager **is admired** by most of the staff.)
(이사님은 직원 대부분의 존경을 받는다.)
*He **got forgiven** for what he had said.
(참고: He **was forgiven** for what he had said.)
(그는 자신이 말한 것에 대해 용서를 받았다.)

▶ get는 주로 주어에게 이득이 되거나 안 좋은 상황을 표현할 때 사용된다.

Helen'll **get promoted** to senior manager at the end of the year.

(헬렌은 연말에 수석 지배인으로 승진할 것이다.)
They're **getting married** early next year. (그들은 내년 초에 결혼할 것이다.)
You might **get hurt** if you don't follow me closely.
(나를 바짝 따라오지 않으면 다칠지도 모른다.)
Does he ever **get asked** for his autograph? (그는 서명해달라고 요청받은 적이 있습니까?)

▶ get는 느낌이나 상황 또는 상태의 변화를 표현한다.

I soon **got bored** with my new job. (나는 얼마 안 돼서 새로운 일에 싫증이 났다.)
She really **got upset** about the way her father treated her.
(그녀는 자기 아버지가 그녀를 대하는 방식에 정말로 화가 났다.)
I **got surprised** to find how smart you are about math.
(나는 네가 얼마나 수학에 재능이 있는지 알고는 놀랐다.)

▶ 또한 get는 지속적이고 의도적이며 계획된 행동에 대해 말할 때는 일반적으로 사용되지 않는다.

Our house **was built** in 1827. (우리 집은 1827년에 건축되었다.)
(*Our house **got built** in 1827.)
Congress **was opened** on Thursday. (의회가 목요일에 개회했다.)
(*Congress **got opened** on Thursday.)
Mr. Kim **was** seen to leave the room with Prof, Lee.
(김 군이 이 교수와 함께 방을 나오는 것을 보았다.)
(*Kim **got** seen to leave the room with Prof, Lee.)

get에 대해서는 G11을 보라.

P8   passives-2: 타동사

수동형 동사의 필요조건은 목적어를 가질 수 있는 타동사이지만, 모든 타동사가 수동형이 될 수 있는 것은 아니다. 수동화는 기본적으로 동사가 표현하는 상황이 어떤 동작주가 하는 행위(action) 또는 활동(activity)을 가리킬 경우 가능하다. 따라서 동적동사인 행위동사는 대부분의 경우에 수동형이 가능하다. 그러나 동적동사인 과정동사와 사건동사 등은 비록 타동사라 할지라도 수동화에 많은 제약을 받는다.

1   **과정동사** (process verbs): 상태의 변화 또는 어떤 상태로의 전환을 의미하는 과정동사는 사람에 의해 통제될 수 없는 과정을 가리킬 때는 일반적으로 수동형이 불가능하다. (G11.2와 V2.1을 보라.)

change	darken	decrease	deepen
develop	diminish	expand	grow
improve	increase	reduce	slow down
strengthen	thicken	widen	worsen 등

The new president has greatly **expanded** the firm. (새 사장님이 회사를 크게 팽창시켰다.)

The firm has greatly **been expanded** by the new president.
(회사는 새 사장님에 의해 크게 팽창되었다.)

The captain suddenly **changed** the course of the ship. (선장이 배의 진로를 갑자기 변경했다.)
The course of the ship **was** suddenly **changed** by the captain.
(배의 진로가 선장에 의해 갑자기 변경되었다.)

The ship **changed** its course. (배가 진로를 바꿨다.)
(*The course **was changed** by the ship.)
Giving up smoking significantly **reduces** the risk of heart disease.
(금연이 심장병의 위험을 현저하게 감소시켰다.)
(*The risk of heart disease **is** significantly **reduced** by giving up smoking.)

The typhoon **reduced** its strength. (태풍의 위력이 감소했다.)
(*Its strength **was reduced** by the typhoon.)

The ice on the road **slowed us down**. (길 위에 깔린 얼음이 우리를 지체시켰다.)
(*We **were slowed down** by the ice on the road.)

2 **사건동사**: 동사가 인위적으로 만들어진 사건이 아니고 그냥 발생한 사건을 의미할 때는 수동화가 불가능하다.

| befall | burst | catch | explode |
| inherit | receive 등 | | |

The Russians **exploded** an atomic bomb far sooner than anyone thought possible.
(러시아인은 가능할 것이라고 생각했던 것보다 훨씬 빨리 원자탄을 폭발했다.)
An atomic bomb **was exploded** by the Russians far sooner than anyone thought possible.
(가능할 것이라고 생각했던 것보다 훨씬 빨리 원자탄이 러시아인에 의해 폭발되었다.)

Michael **inherited** a lot of money from his grandparents.
(마이클은 조부모에게서 많은 돈을 상속받았다.)
(*A lot of money **was inherited** by Michael from his grandparents.)

Michael **caught** the pitcher's fast ball. (마이클은 투수의 빠른 볼을 잡았다.)
The pitcher's fast ball **was caught** by Michael. (투수의 빠른 볼이 마이클에게 잡혔다.)

Jane has **caught** a cold. (제인이 감기가 들었다.) (*A cold has **been caught** by Jane.)

3 **인지동사**: 대부분의 인지동사는 수동형을 허용하지만 몇몇은 수동형을 허용하지 않는다.
(V2.2를 보라.)

| guess | hate | like | mean |
| mind | want 등 | | |

He **guessed** the identity of the special guests. (그는 특별한 손님들의 신원을 추측했다.)
(*The identity of the special guests **was guessed** by him.)

He **hates** his job. (그는 자기 일을 싫어한다.) (*His jobs **are hated** by him.)
He **likes** you. (그는 너를 좋아한다.) (*You **are liked** by him.)
They **wanted** me to be with them. (그들은 내가 그들과 함께하기를 원했다.)
(*I was wanted to be with them.)

▶ 인지동사 중에 "심적 상태, 반응, 느낌"을 표현하는 동사는 자주 수동형으로 쓰인다.

| astonish | frighten | impress | irritate |
| please | shock | surprise 등 | |

We're all **surprised** by what she said. (우리 모두는 그녀의 말에 놀랐다.)
The passengers **were frightened** by the sudden drop of the plane.
(승객들은 비행기의 갑작스러운 하강에 겁이 났다.)

4 **모호성**: 모든 "be + 과거분사형 동사구"가 수동구조인 것은 아니다. 동사구가 어떤 완료된 상태를 만들어 내는 상황을 가리키면, 이 문장은 어떤 사건(event)을 의미하는 동적(dynamic)해석의 수동구조와 어떤 상태(state)를 의미하는 정적(stative)해석의 비수동(non-passive)구조로 두 가지 해석이 가능하다. 특히 이러한 현상은 어떤 완성된 결과를 초래하는 동적인 동사에서 나타난다. "break, close, cut, build, lock, marry, pack, ruin 등"의 동사에서 나타나고 "carry, hit, live, speak 등"의 동사에서는 나타나지 않는다. 다음의 문장을 보라.

The vase **was broken**.

위의 문장은 두 가지로 해석될 수 있다. 첫째는 수동문으로 해석되는 경우로서 능동문 "someone broke the vase"와 같이 한 사건을 의미하고, 둘째는 (꽃병을 깬) 사건의 결과로 만들어진 상태를 의미한다. 후자의 경우에 과거분사형 동사는 형용사처럼 본동사의 보어로 해석된다.

The vase **was broken** by the maid.   [수동]
(꽃병을 하녀가 깨뜨렸다.)
The vase **was broken** when it was brought to me. [비수동]
(꽃병이 나에게 가져왔을 때는 깨져 있었다.)

▶ 행위자인 by-구는 이 문장이 수동문이라는 것을 가리킨다.

They **were married** by a minister in Las Vegas.   [수동]
(그들은 라스베이거스에서 목사의 주례로 결혼했다.)
They **were married** when I first met them.   [비수동]
(그들은 내가 처음 만났을 때 결혼했었다.)
They **were married** last year.   [수동과 비수동]
(그들은 지난해에 결혼했다.)

5 **수동과 조동사**: "조동사 + 본동사" 구조가 수동화되면 본동사만 수동화되고 조동사에는 아무런 변화가 없다.

They **will welcome** him whole-heartedly. (그들은 진심으로 그를 환영할 것이다.)
He **will be welcomed** whole-heartedly. (그는 진심으로 환영을 받을 것이다.)
You **ought not to inform** him. (너는 그에게 알려서는 안 된다.)
He **ought not to be informed**. (그는 알아서는 안 된다.)

▶ 이러한 현상은 부정사를 취하는 소위 준조동사(semi-auxiliaries)라고 하는 표현에서도 나타난다.

begin to	come to	get to	happen to
fail to	tend to	turn out to	be apt to
be bound to	be certain to	be liable to	(un)likely to
be sure to	appear to	seem to	need to
tend to	be about to 등		

The police **are bound to catch** the murderer. (경찰은 살인자를 꼭 체포해야 한다.)
The murderer **is bound to be caught**. (살인자는 꼭 체포되어야 한다.)
They **failed to recognize** me. (그들은 나를 알아보지 못했다.)
I **failed to be recognized**. (나를 알아차리지 못했다.)
They **happened to have seen** her crossing the street.
(나는 그녀가 길을 건너가는 것을 우연히 보았다.)
She **happened to have been seen** crossing the street.
(그녀가 길을 건너가는 것을 우연히 보게 되었다.)

6 **능동형이 없는 수동형**: 몇몇 동사는 상응하는 능동형 표현이 없다.

He **is reputed** to be extremely wealthy. (그는 엄청 부자라는 소문이 있다.)
(*Someone reputes him to be extremely wealthy.)
It **was rumored** that the King had been poisoned. (왕이 독살되었다는 소문이 돌았다.)
(*They rumored that the President had been poisoned.)
The lady **is said** to be over 100 years old. (그 부인이 100세가 넘었다는 소문이 있다.)
(*They say the lady to be over 100 years old.)

수동문에서의 전치사 위치에 대해서는 P11와 P34.3을 보라.
타동사와 자동사에 대해서는 V3을 보라.

P9 passives-3: 행위자

1 **행위자**: 행위자(agent)란 어떤 행위가 있게 한 주체를 말한다. 행위자는 스스로 그 행위를 실행하거나 또는 다른 사람으로 하여금 그 행위를 실행에 옮기도록 하는 주체를 가리킨다. 능동문에서 일반적으로 행위자는 주어 위치에 오고, 수동문에서는 by-구로 표현된다.

Everyone criticized her. (모두가 그녀를 비판했다.)
She was criticized **by everyone**. (그녀는 모두에게 비판을 받았다.)

The thieves broke the kitchen window. (도둑이 부엌 창문을 깼다.)
The kitchen window was broken **by the thieves**. (부엌 창문이 도둑에 의해 깨졌다.)

Your bold attitude shocked me. (너의 과감한 태도가 나를 놀라게 했다.)
I was shocked **by your bold attitude**. (나는 너의 과감한 태도에 놀랐다.)

2 **행위자의 생략**: 수동문에서 행위자를 언급할 필요가 없거나 관심이 없을 때는 생략될 수 있다.

That government building **was built** in 1995. (저 정부청사는 1995년에 건설되었다.)
The bridge **was destroyed** during the war. (그 다리는 전쟁 중에 파괴되었다.)
The shop **was closed** a hour ago. (그 상점은 한 시간 전에 닫았다.)

3 **수동동사와 형용사**: 마음의 상태 또는 느낌을 표현하는 동사의 과거분사가 수동동사로 사용될 때는 전치사 by를 대동하지만, 형용사처럼 사용될 때는 자신의 특정전치사를 대동한다. 후자의 경우에 과거분사형은 일반적으로 전형적인 형용사의 수식어인 "very"의 수식을 받을 수 있다.

amazed (at)	annoyed (at/with)
ashamed (at)	astonished (at)
bored (with)	concerned (about)
contented (with)	delighted (with/at/by)
depressed (about/over)	disappointed (at/with/about)
disgusted (at/by/with)	dissatisfied (with)
embarrassed (about/at)	excited (at/about/by)
fascinated (with)	grieved (at)
honored (with)	horrified (by)
infuriated (at)	overwhelmed (by/with)
perturbed (by/at/about)	pleased (about/with)
puzzled (about/at)	satisfied (with)
shocked (by/at)	surprised (at)
terrified (at/of)	thrilled (about)
worried (about/by) 등	

The government have been **embarrassed by** the revelation in the press.
(정부는 언론의 폭로에 당황해했다.)
(*The government have been **very embarrassed by** the revelation in the press.)
He was **very embarrassed at** her rude behavior. (그는 그녀의 무례한 행동에 몹시 당황했다.)

He was **amazed by** the fact that she got married with John.
(그는 그녀가 존과 결혼했다는 사실에 놀랐다.)
(*He was **very amazed by** the fact that she got married with John.)
They were all **very amazed at** his rapid promotion.
(그들은 모두 그의 빠른 승진에 매우 놀랐다.)

Peter's family were **delighted by** his success at college.
(피터의 가족은 그의 성공적인 대학 생활에 기뻤다.)
(*Peter's family were **very delighted by** his success at college.)
Alex was **very delighted at** Max's misfortune. (알렉스는 맥스의 불행에 매우 기뻤다.)

P10 passives-4: 수동문의 사용

능동문 대신에 수동문을 사용하는 이유는 다음 몇 가지로 요약할 수 있다.

1. **주어의 불필요**: 능동문의 주어가 확실하지 않거나 주어를 언급할 필요가 없을 경우 (주로 학술적인 글에서 이런 현상이 많이 일어난다.)

    This Buddhist Temple **was built** around 1000 years ago. (이 불교사원은 약 천 년 전에 지어졌다.)
    Too many songs have **been written** about love. (사랑에 대해서 엄청나게 많은 노래가 쓰였다.)

2. **언급하고 싶지 않은 주어**: 화자/필자가 행위자를 언급하고 싶지 않을 때

    Thanks to the installment of a new computer, about 20% of the staff has to **be reduced** by the end of the year. (새 컴퓨터의 설치 덕분에 약 20퍼센트의 직원이 연말까지 감원되어야 한다.)
    (Thanks to the installment of a new computer, we have to reduce about 20% of the staff 보다 선호된다.)

3. **by 행위자**: 반대로 행위자를 강조하기 위해서 "by-행위자"를 문장 끝에 놓을 수 있다. (I29.5 를 보라.)

    The trade agreement was not approved **by the National Assembly**.
    (무역협정이 국회에서 인준되지 않았다.)

4. **목적어에 관심**: 화자가 능동문의 주어가 아니라 목적어에 어떤 일이 일어났는가에 관심이 있을 경우에 수동문이 사용된다.

    The escaped prisoner was caught again two hours later.
    (탈출한 죄수가 두 시간 후에 다시 체포됐다.)
    My brother and his cousin were killed during the Korean War.
    (나의 형님과 사촌 형이 한국전에서 전사했다.)

5. **새로운 정보**: 문장은 일반적으로 알려진 정보로 시작되고 새로운 정보로 끝을 맺는다.

    "What happened to **that man**?" "**He** was hit by **a falling rock**."
    ("저 사람에게 무슨 일이 있었습니까?" "낙석에 맞았습니다.")
    ("that man"이 앞 문장에서 언급되었기 때문에 "A falling rock hit him"보다 더 자연스럽다)

6. **긴 표현의 후치**: 길고 복잡한 표현을 문장 끝으로 보내는 영어의 특성 때문에 수동형이 사용

될 수 있다.

We were surprised **by John's decision to quit smoking**. (우리는 존의 금연 결심에 놀랐다.)
(**John's decision to quit smoking** surprised us 보다 자연스럽다.)

▶ 이 현상은 "it...that" 구문과도 관련이 있다. (E25를 보라.)

It surprised me **that John decided to quit smoking**.
(존이 금연하기로 결심한 것이 나를 놀라게 했다.)
(**That John decided to quit smoking** surprised me보다 자연스럽다.)

정보가 문장 내에서 조직화되는 것에 대해서는 I29를 보라.

P11   passives-5: 전치사적 동사

특정의 전치사를 대동하는 동사를 전치사적 동사라고 한다. (P35를 보라.) 전치사적 동사에는 목적어가 하나인 것과 두 개인 것 두 유형이 있다. 이들 중에 어떤 것은 수동형을 허용하고, 어떤 것은 허용하지 않는다. 다음은 수동형을 허용하는 전치사적 동사들이다.

1   **목적어가 하나인 동사**: 전치사의 목적어가 직접목적어가 된다.

account for	agree on	aim at/for	allow for
apply for	approve of	attend to	ask for
believe in	call for	call on	care for
consent to	comment on	deal with	decide on
hint at	hope for	interfere with	keep on
listen to	look after	look at	look into
look for	object to	pay for	refer to
rely on	run over	stare at	talk about
talk of	talk to	wonder at 등	

She hasn't **accounted for** the accident. (그녀는 사고에 관해 설명하지 않았다.)
The accident hasn't **been accounted for** by her. (사고가 그녀에 의해 설명되지 않았다.)

The nurse will **look after** the kids tomorrow. (간호사가 내일 아이들을 보살필 것이다.)
The kids will **be looked after** by the nurse tomorrow.
(아이들은 내일 간호사의 보살핌을 받을 것이다.)

My brother **paid for** my driving lessons. (형님이 나의 운전연습 비용을 지급했다.)
My driving lessons **were paid for** by my brother. (나의 운전연습 비용은 형님에 의해 지급됐다.)

2   **두 개의 목적어를 가진 동사**: 이 동사는 간접목적어가 주어가 되는 수동문을 허용한다.

accuse ~ of	advise ~ about	charge ~ with
compare ~ with	congratulate ~ on	convince ~ of
deprive ~ of	interest ~ in	inform ~ of

persuade ~ of   prevent ~ from   protect ~ from
punish ~ for   thank ~ for 등

He **advised me** about my new job. (그는 나의 새로운 직업에 대해 충고했다.)
I was advised about my new job. (나는 나의 새로운 직업에 대해 충고를 받았다.)

They **informed me** of the sad news. (그들은 나에게 슬픈 소식을 전해주었다.)
I was informed of the sad news. (나는 슬픈 소식을 전달받았다.)

We **thanked them** for their help. (우리는 그들의 도움에 감사했다.)
They were thanked for their help. (그들은 그들의 도움에 감사를 받았다.)

P12 passives-6: 이중타동사

이중타동사란 두 개의 목적어, 즉 직접목적어와 간접목적어를 가질 수 있는 타동사를 가리킨다. (상세한 것은 V5를 보라.)

1 두 개의 목적어가 명사구인 경우: 몇몇 동사는 이중타동사로 쓰일 경우 간접목적어와 직접목적어가 항상 명사구가 된다.

allow	bet	charge	cost
envy	excuse	fine	forgive
permit	refuse	strike	tax
wish 등			

They **allow** passengers one item of hand luggage each.
(항공사는 승객 각자에게 손가방 하나만을 허용한다.)
His brave action **cost** him his life. (그의 용감한 행위로 그는 생명을 잃었다.)
They **fined** the club 20 million won for financial irregularities.
(당국은 재정적 불법행위 때문에 그 클럽에 이천만 원의 벌금을 부과했다.)
We **wish** you a Merry Christmas and a Happy New Year.
(우리는 여러분에게 즐거운 성탄과 행복한 새해를 기원합니다.)
The government **refused** her a work permit. (정부는 그녀에게 취업허가를 거부했다.)

▶ 이 동사들은 직접목적어를 주어로 하는 수동문을 허용하지 않지만, "allow, charge, fine, permit, refuse"는 간접목적어를 주어로 하는 수동문을 허용한다.

Passengers **are allowed** one item of hand luggage each.
(승객 각자에게 손가방 하나만이 허용된다.)
(*One item of hand luggage **is** each **allowed** passengers.)

The club **was fined** 20 million won for financial irregularities.
(그 클럽은 재정적 불법 행위 때문에 이천만 원의 벌금이 부과되었다.)
(*20 million won **was fined** the club for financial irregularities.)

We **were charged** 150,000won for the wine. (포도주 값으로 십오만 원이 우리에게 청구됐다.)

She **was refused** a work permit. (그녀는 취업허가가 거부됐다.)

2   **전치사구 간접목적어를 허용하는 동사**: 두 개의 명사구를 목적어로 허용하는 동사 중에는 "to-전치사구"를 간접목적어로 허용하는 것과 "for-전치사구"를 간접목적어로 허용하는 것이 있다. (V5.2-5를 보라.)

3   **명사구/to-전치사구**: 이 동사들은 간접목적 앞에 전치사 to를 허용하며, to-전치사구 간접목적어는 문장 끝으로 이동된다. 이로 인하여 이 동사들은 또 하나의 수동구조를 허용한다.

award	bring	cable	deny
feed	give	hand	leave
lend	offer	owe	pass
promise	read	sell	send
show	take	teach	tell
throw	write 등		

He showed **the detective** John's picture. (그는 형사에게 존의 사진을 보여주었다.)
He gave **his wife** an expensive car. (그는 부인에게 값비싼 차를 주었다.)

▶ 제1수동문: 간접목적어가 주어가 된다.

The detective was shown John's picture. (형사에게 존의 사진을 보여주었다.)
His wife was given an expensive car. (그의 부인에게 값비싼 차를 주었다.)

▶ 제2수동문: 직접목적어가 주어가 된다.

John's picture was shown the detective. (존의 사진이 형사에게 보여졌다.)
An expensive car was given his wife. (값비싼 차가 그의 부인에게 주어졌다.)

▶ to-전치사구의 후치: 이 동사들은 간접목적어 앞에 전치사 to를 허용하며, to-전치사구 간접목적어는 문장 끝으로 이동된다. 이로 인하여 이 동사들은 또 하나의 수동구조를 허용한다.

He showed John's picture **to the detective**.
He gave an expensive car **to his wife**.

▶ 제3수동문: 직접목적어가 주어가 된다.

John's picture **was shown** to the detective.
An expensive car **was given** to his wife.

제3수동문이 제2수동문보다 선호되며, 어느 수동문을 선택할 것인가는 P10에서 언급한 필요에 의해 결정된다.

4   **to-전치사구**: 이중타동사 중에는 간접목적어가 항상 "to-전치사구"가 되는 것들이 있다. say 등 몇 개의 단어를 제외하고는 이들은 일반적으로 다른 언어에서 영어로 차입된 "다음절" 단어들이다.

announce	confess	contribute	convey
declare	deliver	describe	donate
exhibit	explain	introduce	mention
refer	return	reveal	say
submit	transfer 등		

He **described** his house **to us**. (그는 자기 집을 우리에게 설명했다.)
I **explained** the problem **to her**. (나는 문제를 그녀에게 설명했다.)
She **returned** the book **to the library**. (그녀는 책을 도서관에 돌려줬다.)
The students **submitted** their papers **to the professor**.
(학생들은 그들의 보고서를 교수에게 제출했다.)

▶ 수동문: 이들은 직접목적어가 주어가 되는 수동문만을 허용한다.

His house was described to us by him.
The book was returned to the library.

5   **대명사 직접목적어**: 이중타동사 구문에서 대명사 직접목적어는 일반적으로 문장 끝에 올 수 없다. 이 경우 명사구 간접목적어를 전치사구로 바꾸어 문장 끝으로 이동해야 한다. 다음의 문장을 비교해보라.

*He threw me **it**.   He threw **it to me**.
He threw **me a ball**.   He threw **a ball to me**.

*He sent **her them**.   He sent **them to her**.
He sent **her flowers**.   He sent **them to her**.

6   **명사구/for-전치사구**: 두 개의 명사구를 목적어로 가지는 동사 중에는 간접목적어를 "for-전치사구"로 허용하는 동사가 있다.

bake	build	buy	cook
design	fetch	find	fix
get	hire	leave	make
order	rent	reserve	save
sing	spare	write 등	

Jim **bought Mary** a present. (짐은 메리에게 선물을 사 줬다.)
(= Jim **bought** a present **for Mary**.)
She **made me** a hat. (그녀는 나에게 모자를 만들어 줬다.)
(= She **made** a hat **for me**.)
I'll **save you** some cake. (나는 너에게 케이크를 좀 챙겨주겠다.)
(= I'll **save** some cake **for you**.)

▶ 이 동사들은 일반적으로 간접목적어가 주어가 되는 수동문을 허용하지 않는다.

A present **was bought** for Mary. (*Mary was bought** a present.)

A hat **was made** for me. (*I was made a hat.)
Some cake will **be saved** for you. (*You'll **be saved** some cake.)

7 **대명사 직접목적어**: 직접목적어가 대명사일 경우에는 간접목적어는 강제로 전치사구로 바꾸어야 한다.

*She saved **me it**.
She saved **it for me**. (그녀가 너를 위해 그것을 챙겼다.)
She saved **me some cake**. (그녀는 나를 위해 케이크를 좀 챙겨두었다.)
(= She saved **some cake for me**.)

*He bought **her them**.
He bought **them for her**. (그는 그녀에게 그것들을 사줬다.)

He bought **her flowers**. (그는 그녀에게 꽃을 사줬다.)
(= He bought **them for her**.)

8 **for-전치사구**: 이중타동사 중에는 항상 "for-전치사구"를 간접목적어로 취하는 동사들이 있다.

acquire   borrow   collect   obtain
recover   retrieve   withdraw 등

John **acquired** a big apartment **for Mary**. (존은 메리를 위해 큰 아파트를 취득했다.)
He **borrowed** a large sum of money **for her**. (그는 그녀를 위해 큰돈을 빌렸다.)
She **withdrew** her resignation **for him**. (그녀는 그를 위해 사표를 철회했다.)

▶ 이 동사들은 일반적으로 직접목적어가 주어가 되는 수동문을 허용한다.

A large sum of money **was borrowed** for her. (큰돈이 그녀를 위해 차용되었다.)
Her registration **was withdrawn** for him. (그녀의 사표가 그를 위해 철회되었다.)

P13 passives-7: 절 목적어

타동사 중에는 절을 목적어로 가질 수 있는 것들이 있다. (V4-V6을 보라.)

He advised his wife **to see a doctor**.	[부정사]
(그는 처에게 의사를 만나보라고 충고했다.)	
He advised his wife **what to wear for the party**.	[wh-부정사]
(그는 처에게 파티에 무엇을 입을 것인가를 충언했다.)	
He convinced his wife **that he was innocent**.	[that-절]
(그는 처에게 자신이 죄가 없다는 것을 납득시켰다.)	
He told his wife **who she should invite to his birthday**.	[wh-절]
(그는 처에게 그의 생일에 누구를 초청할 것인가를 말했다.)	
He saw his wife **crossing the street**.	[-ing 분사]
(그는 처가 길을 건너가는 것을 보았다.)	

He wants his wife **examined medically**.   [-ed 분사]
(그는 처가 의학적으로 검사받기를 원했다.)

1. **부정사절 목적어**: 부정사절 목적어에는 "to-부정사절"과 "wh-부정사절" 그리고 "원형부정사절"이 있다. 이 동사들은 간접목적어가 주어가 되는 수동문을 허용한다.

   ▶ to-부정사

advise	ask	beg	beseech
command	direct	entreat	forbid
instruct	invite	order	persuade
pray	remind	request	recommend
teach	tell	urge 등	

   Bill **advised** Mark **to see** a doctor. (빌은 마크에게 의사를 만나 보라고 충고했다.)
   (= Mark **was advised** by Bill **to see** a doctor.)

   They **persuaded** Mary **to stay** with them. (그들은 메리에게 그들과 함께 머물라고 설득했다.)
   (= Mary **was persuaded to stay** with them.)

   ▶ wh-부정사

advise	ask	instruct	remind
show	teach	tell	warn 등

   She **advised** me **what to wear** for the party.
   (그녀는 나에게 파티에 무엇을 입을지를 조언해주었다.)
   (= I **was advised** by her **what to wear** for the party.)

   The instructor **taught** us **how to drive** the truck.
   (강사가 트럭을 운전하는 방법을 가르쳐 주었다.)
   (= We **were taught** by the instructor **how to drive** the truck.)

   ▶ 사역동사(have, make, let(=allow), bid(=request))와 지각동사(feel, hear, listen to, look at, notice, observe, overhear, see, watch)는 원형부정사를 목적어로 취하지만, 수동문에서는 "원형부정사"가 "to-부정사"로 변한다. (C9, P21, P22를 보라.)

   We **made** John **fix** the refrigerator. (우리는 존에게 냉장고를 고치게 했다.)
   (= John **was made to fix** the refrigerator.)

   They **noticed** him **leave** the building. (그들은 그가 건물을 나가는 것을 알았다.)
   (= He **was noticed to leave** the building.)

2. **that-절과 wh-절**: 명사구를 간접목적어로 취하고 that-절과 wh-절을 직접목적어로 취하는 동사는 다음과 같으며, 모두 수동구조를 허용한다.

   ▶ that-절

advise	assure	convince	inform
notify	persuade	promise	remind

satisfy	show	teach	tell
warn	write 등		

John **convinced** everyone (that) he was innocent.
(존은 모두에게 자신이 무죄라는 것을 납득시켰다.)
(= Everyone **was convinced** by John (that) he was innocent.)

They **told** me (that) John was ill. (그들은 존이 아프다고 나에게 말했다.)
(= I **was told** (that) John was ill.)

▶ wh-절: wh-절을 직접목적어로 취하는 동사는 ask가 대표적이며, that-절을 취하는 동사는 일반적으로 비단언적 맥락에서 wh-절을 목적어로 취한다.

He **asked** me what time it was. (그는 나에게 몇 시냐고 물었다.)
(= I **was asked** (by him) what time it was.)

He **didn't remind** me (about) how we would start the engine.
(그는 엔진을 어떻게 시동하는가를 일깨워주지 않았다.)
(= I **wasn't reminded** (about) how we would start the engine.)

3 **that-절을 직접목적어로, to-전치사구를 간접목적어로 취하는 동사**: 이 동사는 that-절이 수동문의 주어가 되는 것을 허용한다. 여기서 간접목적어는 수의적 요소로서 생략되어도 문법적으로 이상이 없다.

acknowledge	admit	announce	complain
confess	declare	explain	mention
notify	point out	promise	propose
prove	recommend	remark	report
say	show	signal	state
suggest	teach	write 등	

He **admitted** to me that he took my purse. (그는 내 지갑을 가져갔다고 나에게 시인했다.)
(= That he took my purse **was admitted** to me.)
(= It **was admitted** to me that he took my purse.)

I **reported** to the police that there was a car accident.
(나는 차 사고가 있었다고 경찰에 알렸다.)
(= That there was a car accident **was reported** to the police.)
(= It **was reported** to the police that there was a car accident.)

P14 passives-8: 복합 타동사

복합타동사(complex-transitive verbs)는 직접목적어 다음에 이 목적어를 설명하거나 분류하는 명사나 형용사 목적어보어를 가질 수 있다. (V6을 보라.)

1. **명사와 형용사**: 명사구와 형용사구가 목적어보어로 쓰인다.

    We **consider** him **a supporter of free speech**.
    (우리는 그가 언론의 자유를 지지하는 사람이라고 생각한다.)
    They **elected** Mrs. Sanderson **President**. (그들은 샌더슨 부인을 회장으로 뽑았다.)
    The exercises **made** us all **very happy**. (운동은 우리 모두를 매우 행복하게 만든다.)
    They **keep** the streets **nice and clean**. (그들은 거리를 매우 청결하게 유지한다.)

2. **부정사와 as-구**: 부정사절과 as 전치사구도 목적어보어로 쓰인다.

    He **appointed** Miss Kim **to be his secretary**. (그는 김 양을 그의 비서로 임명했다.)
    The doctor **pronounced** his condition **to be hopeless**.
    (의사는 그의 상태가 절망적이라고 발표했다.)
    Everybody **regarded** him **as a friend**. (모든 사람이 그를 친구로 간주한다.)
    He **described** the situation **as promising**. (그는 상황이 희망적이라고 설명했다.)

3. **for-구**: "take"와 "mistake"는 for-구를 보어로 취한다.

    Joan **took** me **for a fool**. (조안은 나를 바보로 생각했다.)
    She **mistook** him **for his brother**. (그녀는 그를 그의 형으로 잘못 생각했다.)

4. **수동문**: 이들은 모두 수동구조를 허용하며, 목적어보어는 주어보어가 된다.

    He **is considered a supporter of free speech**. (그는 자유언론의 지지자로 생각된다.)
    We **were all made very happy** by the exercises. (우리 모두는 운동으로 매우 행복해졌다.)
    Miss Kim **was appointed to be his secretary**. (김 양은 그의 비서로 임명되었다.)
    He **was regarded as a friend** by everybody. (그는 모든 사람에게 친구로 간주된다.)
    He **was mistaken for his brother** by her. (그는 그녀에게 그의 동생으로 오인되었다.)

P15 past tenses(과거시제)-1: 단순과거

과거시제는 진행시제와 완료시제와 결합하여 단순과거, 과거진행, 과거완료, 과거완료진행 4가지 동사 복합체를 구성한다.

I **worked**. (나는 일을 했다.)	[단순과거]
I **was working**. (나는 일을 하고 있었다.)	[과거진행]
I **had worked**. (나는 일을 했었다.)	[과거완료]
I **had been working** (나는 일을 하고 있었었다.)	[과거완료진행]

영어의 단순 과거시제형에는 규칙형(regular verbs)과 불규칙형(irregular verbs)이 있다. (불규칙형에 대해서는 V8을 보라.) 여기서 규칙동사란 과거형과 과거분사형(past participle)이 곧 논의할 법칙에 따라 구성되는 동사를 가리킨다.

1. **철자**: 규칙동사란 과거형과 과거분사형이 원형에 -ed어미를 붙여 만들어지는 동사를 가리

킨다. -ed어미를 붙이는 방법에는 동사의 형태에 따라 지켜야 할 몇 가지 추가적인 규칙이 있다.

▶ -e로 끝나는 동사에는 -d 어미를 붙인다.

conclude : concluded   decide : decided   hope : hoped

▶ "자음문자 + y"로 끝나는 동사에는 "y를 i로 바꾼" 다음 -ed어미를 붙인다.

cry : cried   hurry : hurried   study : studied

▶ "모음문자 + y"로 끝나는 동사에는 -ed 어미를 붙인다.

play : played   stay : stayed   survey : surveyed

▶ 동사가 주강세를 받는 "하나의 모음문자 + 하나의 자음문자"로 끝나면, 그 자음문자를 반복한 다음 -ed어미를 붙인다. 단음절이면서 하나의 자음문자로 끝나는 모든 동사에서도 자음문자의 반복이 일어난다.

admít : admítted   occúr : occúrred   refér : reférred
bat : batted   flip : flipped   plan : planned

▶ 다음의 동사들은 "두 개의 모음문자"가 있어서 자음의 반복이 일어나지 않는다.

fail : failed   shout : shouted   cook : cooked

▶ 다음의 동사들은 "두 개의 자음문자"로 끝나기 때문에 자음문자의 반복이 일어나지 않는다.

walk : walked   attack : attacked   work : worked

▶ "하나의 모음문자 + w, y, x"로 끝나면 자음의 반복이 일어나지 않는다.

row : rowed   play : played   fix : fixed

▶ 하나의 모음문자와 하나의 자음문자로 끝나는 동사라 할지라도 주강세가 마지막 모음에 오지 않으면 자음을 반복하지 않는다.

bórrow : bórrowed   énter : éntered   vísit : vísited

▶ 특히 영국영어에서 위의 자음반복 법칙에 대한 예외가 "-l, -p, -s, -t"로 끝나는 단어에서 종종 나타난다. 아래 단어에서 주강세가 첫 음절에 온다.

bias : biased/biassed   combat : combated/combatted
equal : equaled/equalled   focus : focused/focussed
handicap : handicapped   kidnap : kidnaped/kidnapped
travel : traveled/travelled   worship : worshiped/worshipped

▶ -c로 끝나는 동사는 -c를 -ck로 바꾼 다음 -ed어미를 붙인다.

mimic : mimicked   panic : panicked   picnic : picnicked

2   **발음**: 동사의 마지막 음에 따라 -ed어미의 발음이 달라진다.

► /-d/나 /-t/로 끝나면 /-ɪd/로 발음된다.

batted /bætɪ**d**/	concluded	decided
regretted	started	waited

► 모음과 /-d/를 제외한 "유성 자음"으로 끝나면 /-d/로 발음된다.

failed /feɪl**d**/	cried	rained
showed	used	wondered

► /-t/를 제외한 "무성 자음"으로 끝나면 /-t/로 발음된다.

helped /hel**pt**/	hoped	walked
cooked	fixed	laughed

단순과거시제는 다음과 같은 상황에서 사용된다.

3 **현재와의 단절**: 과거에 발생한 것으로서 현시점과 단절된 "행위, 현상, 사건, 습관 등"을 말할 때

Mr. Jones **bought** a new house. (존스 씨는 새집을 샀다.)
He **spent** all his childhood in Africa. (그는 자신의 어린 시절을 모두 아프리카에서 보냈다.)
We **used to** play tennis very often. (우리는 매우 자주 테니스를 쳤었다.)

4 **명시된 과거**: 과거 시간이 명시적으로 주어질 때

I met Mr. Jones **yesterday**. (나는 어제 존슨 씨를 만났다.)
There was a haunted house on that hill, **when I was a boy**.
(내가 어렸을 때 저 언덕 위에 유령의 집이 있었다.)

5 **과거의 행위**: 과거의 반복적 행위나 습관적 행위를 말할 때

We **went** swimming every day, when we lived in Incheon.
(우리는 인천에 살 때 매일 수영하러 갔다.)
(*We were going swimming every day, when we lived in Incheon.)
When I was a child, we **made** our own toys. (내가 어릴 때는 장난감을 직접 만들었다.)
(*When I was a child, we were making our own toys.)

6 **현 상황의 원인**: 현 상황이 있게 한 원인을 묻거나 말할 때

Who **gave** you that hat? (누가 그 모자를 너에게 주었느냐?)
The Chinese **invented** paper for the first time. (중국인이 처음으로 종이를 발명했다.)
The boy's crying, because John **slapped** him on the cheek.
(존이 뺨을 때렸기 때문에 그 소년이 울고 있다.)

7 **불일치**: 기대나 실제와 일치하지 않을 때

She's not as pretty as I **expected**. (그녀는 내가 생각했던 것처럼 예쁘지 않다.)
He's much younger than I **thought**. (그는 내가 생각했던 것보다 훨씬 젊다.)
Please let us go as you **promised**. (약속했던 것처럼 우리를 가게 해 주십시오.)

8 **가상적 상황**: 가상적 행위나 상황을 나타내는 "if, as if, as though, it is time, if only, wish, would sooner/rather"와 함께 사용된다.

If I **dropped** this, it would explode. (내가 이것을 떨어뜨리면 폭발할 것이다.)
He would buy her what she wants, **if** he **had** money.
(그에게 돈이 있다면 그녀가 원하는 것을 사 줬을 것이다.)
He behaves **as if** he **was** the host. (그는 마치 주인처럼 행동한다.)
He talks **as though** he **knew** everything. (그는 마치 모든 것을 아는 것처럼 말한다.)
It's time you **went** to bed. (잠잘 시간이 됐다.)
Only if he **didn't meet** her. (그가 그녀를 만나지 않았더라면 좋았을 것을!)
If only I **had** some money. (나에게 돈이 좀 있으면 좋겠다.)
I **wish** I **knew** the answer. (내가 답을 알고 있다면 바랄 게 없겠다.)
I'd **rather/sooner** she **went** by train. (나는 차라리 기차로 떠났어야 했다.)

P16 past tenses-2: 과거진행

1 **형태**: be 동사의 과거형 + 동사의 현재분사형을 결합하여 만든다. be 동사의 과거형은 1인칭 단수주어와 3인칭 단수주어와 일치하는 형태와 2인칭 주어와 모든 복수주어와 일치하는 형태 두 가지가 있다.

긍정문	의문문	부정문
I/he/she/it **was working**	**was** I/he/she/it **working**?	I/he/she/it **was not working**
you/we/they **were working**	**were** you/we/they **working**?	you/we/they **were not working**

과거진행형은 다음과 같은 상황에서 사용된다.

2 **불명확한 시각과 끝**: 시작과 끝이 명확하지는 않지만 과거의 어느 시점에 일정 기간 동안 진행된 행위나 사건을 말할 때

It **was getting** darker. (날이 어두워지고 있었다.)
The wind **was growing** stronger. (바람이 점점 세지고 있었다.)
At 7 o'clock, I **was having** supper. (7시에 나는 저녁을 먹고 있었다.)

3 **과거의 시점**: 다른 절의 과거시제의 동사가 가리키는 과거의 어느 시점에 진행되고 있었던 행위를 표현할 때

I **was watching** TV, when you **called** last evening.
(네가 어젯밤에 전화했을 때 나는 텔레비전을 보고 있었다.)

When I **arrived**, Tom **was talking** on the telephone.
(내가 도착했을 때 탐은 전화를 하고 있었다.)

4   **진행되고 있는 행위**: 과거의 어느 기간 동안 어떤 행위가 진행되고 있었음을 강조할 때

I **was reading** all day yesterday. (나는 어제 종일 독서를 했다.)
The couple **were** always **arguing** when they were together.
(그 부부는 같이 있을 때는 항상 다툰다.)

5   **회상**: 과거의 상황을 마치 진행 중에 있는 것처럼 마음에 그리듯 기술할 때

A warm breath of wind **was blowing** from the south, and a dog **was sleeping** on the porch. A young man **was playing** the guitar and **was singing** to himself ...
(따스한 바람이 남쪽에서 산들산들 불어오고 개는 툇마루에서 잠을 즐기고 있었다. 한 젊은이가 기타를 들어 자신에게 노래를 불러주고 있었고 ...)

6   **진행형과 부사**: 과거진행형과 always와 같은 부사에 대해서는 P40.12를 보라.

7   **간접화법 구조**: 간접화법에서 직접화법의 현재진행형을 표현할 때

He said, "I **am staying** at Hotel Lotte." ("나는 롯데호텔에 묵고 있다"라고 그는 말했다.)
He said that he **was staying** at Hotel Lotte. (그는 롯데호텔에 묵고 있다고 말했다.)

화법에 대해서는 I18-I21을 보라.

P17   past tenses-3: 과거완료

1   **형태**: 완료조동사 have의 과거형인 "had + 동사의 과거분사형"과 결합하여 구성한다.

긍정문	의문문	부정문
I/he/she/it/you/we/they **had worked**	**had** I/he/she/it/you/we/they **worked**?	I/he/she/it/you/we/they **had not worked**

동사의 과거완료형은 다음과 같은 경우에 사용될 수 있다.

2   **과거에서 시작-완료**: 과거에서 시작하여 과거의 어느 시점에 완료된 것으로 여겨지는 행위나 사건 또는 상황을 말할 때

When I met him, he **had been** in the army for thirty years.
(내가 그를 만났을 때는 그는 군에서 30년을 보냈었다.)
I didn't realize that we **had met** before. (나는 우리가 전에 만났었다는 것을 몰랐다.)
Mary **had** already **left** the city, when I arrived.
(내가 도착했을 때는 메리가 이미 도시를 떠났었다.)

3 **과거에서의 회상**: 말하는 사람이 과거의 어느 시점에서 옛것을 말할 때

John was fifteen when the story begins. His mother **had died** two years before, and since then he **had lived** alone. ... (이야기는 존이 13살이 되던 때부터 시작한다. 그의 어머니는 2년 전에 돌아가셨고, 그때부터 그는 홀로 살았었다. ...)

4 **과거행위의 순서**: 과거의 두 행위가 일어난 순서를 표현하려고 할 때

When he **had sung** his song, he sat down. (그는 노래를 부른 후에 자리에 앉았다.)
They refused to leave until they **had eaten** all the food.
(그들은 모든 음식을 먹어 치울 때까지 떠나려 하지 않았다.)

5 **간접화법 구문**: 직접화법의 현재완료나 단순과거시제를 간접화법으로 바꿀 때

He said, "I've lived in New York for twenty years."
("나는 20년 동안 뉴욕에 살았다"라고 그는 말했다.)
He said that he'**d lived** in New York for twenty years.
(그는 20년 동안 뉴욕에 살았었다고 말했다.)
He said, "I **loved** her very much." ("나는 그녀를 많이 사랑했다"라고 그가 말했다.)
He said that he **had loved** her very much. (그는 그녀를 많이 사랑했었다고 말했다.)

6 **wish와 함께**: "wish, as if, as though, if, only if"와 함께

I wish you **hadn't told** him. (네가 그에게 말하지 않았었더라면 좋았을 텐데.)
He talks/talked about Rome **as though** he **had been** there himself.
(그는 마치 자신이 그곳에 있었던 것처럼 말한다/말했다.)

Only if he **had listened** to his parents! (그가 부모님을 말을 들었었더라면!)
If he **had seen** you, he would have helped you.
(그가 너를 보았었더라면 너를 도와주었을 것이다.)

7 **시간 접속사** (time conjunctions): 두 개의 과거 행위나 사건이 연속해서 일어날 때 시간접속사를 사용할 수 있으며, 과거완료형이 종종 사용되기도 하지만 반드시 그럴 필요는 없다.

After he **(had) finished** his exams he went to Paris for a month.
(그는 시험을 마친 후에 한 달간 파리에 갔다.)
She did not feel the same **after** her dog **(had) died**.
(그녀는 개가 죽은 후에 옛날과 같지 않았다.)
As soon as I **(had) put** the phone down it rang again. (전화를 내려놓자마자 다시 울렸다.)

▶ 그러나 첫 번째 행위가 두 번째 행위의 시작 전에 완료되는 독립적인 별개의 행위로 표시할 때는 과거완료형이 사용되고, 이와는 대조적으로 첫 번째 행위가 두 번째 행위를 일어나도록 하거나 이 행위 사이에 인과관계가 있음을 암시할 때 과거시제가 사용된다. 다음을 비교해보라.

When I **had opened** the windows, I **sat down** and had a cup of tea.
(나는 창문을 연 뒤에 앉아서 커피를 한 잔 마셨다.)
(***When I opened** the windows, I **sat down** and had a cup of tea.)
When I **opened** the windows, the cat **jumped out**. (내가 창문을 여니까 고양이가 뛰어나갔다.)
(**When I had opened** the windows, the cat **jumped out**보다 자연스럽다.)

When I **had finished** reading the novel, I **took** a walk in the park.
(나는 그 소설책을 다 읽은 후에 공원으로 산책을 했다.)
(***When I finished** reading the novel, I **took** a walk in the park.)
When I **finished** reading a novel, she **gave** me another novel.
(내가 소설책 한 권을 다 읽었을 때 그녀는 나에게 다른 소설책 한 권을 주었다.)

P18 past tenses-4: 과거완료진행

1 **형태**: 완료조동사의 과거형인 "had + (be동사의 과거분사형인) been + 동사의 -ing 분사형"을 결합하여 구성한다.

긍정문	의문문	부정문
I/he/she/it/you/we/they **had been working**	**had** I/he/she/it/you/we/they **been working**?	I/he/she/it/you/we/they **had not been working**

동사의 과거완료 진행형은 다음과 같은 경우에 사용된다.

2 **과거 어느 시점까지 지속**: 과거 어느 시점까지 지속되고 있는 것으로 사료되는 행위나 상황을 말할 때

We **had been living** at a country house, before we **moved** in the apartment.
(우리는 아파트로 이사 들어오기 전에 시골 저택에서 살았었다.)
When I **found** her, it seemed that she **had been crying** for several hours.
(내가 발견했을 때 그녀는 몇 시간을 울고 있었던 것 같았다.)

3 **일시적 상황**: 장기적이거나 영구적인 상황에 대해서는 단순 과거완료형을 쓰고, 일시적인 상황에 대해서는 과거 완료진행형을 쓴다.

She lived in an old mansion that **had stood** on the hill for about 500 years.
(그녀는 약 500년간 저 언덕 위에 서 있었던 오래된 저택에 살았다.)
I was very tired because I **had been standing** still for a long time.
(나는 꼼짝도 않고 오랫동안 서 있었기 때문에 몹시 피곤했다.)

P19 past tenses-5: 현재와 미래

과거시제가 항상 과거시간을 가리키는 것은 아니다. 단순과거와 과거진행은 종종 현재시간

이나 미래시간을 가리킬 때도 사용된다.

1. **가상적 상황**: 다음의 표현들은 가상적 행위나 상황을 나타낼 때 사용되며, 과거시제가 이 표현들과 함께 사용되면 현재나 미래를 의미한다.

if	as if	as though	it is time
if only	only if	wish	would sooner
would rather	supposing 등		

   If I **were** you, I would accept his apology. (내가 너라면 그의 사과를 받아들일 것이다.)
   He looks **as if** he **heard** some bad news. (그는 마치 어떤 나쁜 소식을 들은 것 같이 보인다.)
   He talks **as though** he **knew** everything. (그는 마치 모든 것을 아는 것처럼 말한다.)
   It's time you **went** to bed. (잠자러 갈 시간이다.)
   Only if he **didn't meet** her. (그가 그녀를 만나지 않았더라면 좋았을 텐데.)
   If only I **had** some money. (나에게 돈이 좀 있으면 좋으련만!)
   I **wish** I **knew** the answer. (내가 답을 알면 좋으련만!)
   I'd **rather/sooner** you **came** tomorrow. (나는 네가 내일 집에 오면 좋겠다.)
   Supposing you **lost** your job tomorrow, what would you do?
   (내일 직업을 잃게 된다면 너는 어떻게 할 거냐?)

2. **공손한 의사표현**: 우리가 부탁이나 질문 또는 제안을 공손하게 그리고 직접적이 아니라 간접적으로 돌려서 할 때 과거시제를 사용한다.

   I **was wondering** if I **could** borrow your car this afternoon.
   (미안합니다만 오늘 오후에 차 좀 빌릴 수 있을까요?)
   (Can I borrow your car this afternoon?보다 공손한 표현이다.)
   Would you mind if I **opened** the window? (창문을 열어도 되겠습니까?)
   (Can I open the window?보다 공손한 표현이다.)
   I **thought** we could go swimming tomorrow.
   (우리가 내일 수영하러 갈 수 있을 것이라고 생각했는데요.)
   (Can we go swimming tomorrow?보다 공손한 표현이다.)
   I just **wanted** to check that the meeting's still on next week.
   (나는 회의가 다음 주에도 여전히 열리는지를 알고 싶었을 뿐입니다.)
   (Is the meeting still on next week?보다 공손한 표현이다.)

3. **과거형 양상조동사**: 과거형인 양상조동사 "could, might, should, would"는 현재나 미래를 의미할 수 있다. (F12.7과 W22.2를 보라.)

   Could I have a glass of water, please? (물 한 잔 마실 수 있겠습니까?)
   We're going to a concert—you **might** like to come with us.
   (음악회에 가려고 하는데 우리와 함께 가시지요.)
   We **should** be delighted to help you in any way we can.
   (우리는 할 수 있는 데까지 당신을 기꺼이 도와드리겠습니다.)

Would someone tell me what is going on? (무슨 일인지 누가 말 좀 해줄 수 없을까?)

4   **현시점까지 지속**: 과거의 어떤 상황을 말할 때, 그 상황이 현재까지도 사실이고 존재할 경우에도 과거시제를 사용할 수 있다.

I drove her home because only I **had** a driver's license.
(나만 운전면허증을 가지고 있어서 내가 그녀를 집까지 태워주었다.)
I never forget the time I studied at Brown. It **was** a nice university.
(나는 브라운대학에서 공부할 때를 잊을 수가 없다. 브라운은 훌륭한 대학교다.)
We met a group of young men on a train for Busan. They **were** all doctors.
(우리는 부산행 기차에서 한 집단의 젊은이들을 만났는데 그들은 모두 의사였다.)
We travelled across America with old people, some of whom **were** Korean.
(우리는 노인들과 함께 미국 횡단 여행을 했는데 그들 중의 몇 분은 한국인이었다.)

it's time이 쓰이는 구조에 대해서는 I36을 보라.
would rather에 대해서는 R2.4와 5를 보라.
wish에 대해서는 W18을 보라.

P20   past time(과거시간)

영어에서는 과거와 관련된 행위나 상황을 표현하는 여섯 가지 시제가 사용될 수 있다.

I **lived** in this city.   [단순과거]
(나는 이 도시에서 살았다.)
I **was living** in this city.   [과거진행]
(나는 이 도시에서 살고 있었다.)
I **have lived** in this city.   [현재완료]
(나는 이 도시에서 살아왔다.)
I **have been living** in this city.   [현재완료진행]
(나는 이 도시에서 살아오고 있다.)
I **had lived** in this city.   [과거완료]
(나는 이 도시에서 살았었다.)
I **had been living** in this city.   [과거완료진행]
(나는 이 도시에서 살아오고 있었다.)

1   **단순과거와 현재완료**: 단순과거와 현재완료는 둘 다 과거의 행위나 상황을 표현하는 데 사용될 수 있다.

▶ 현시점과의 단절과 연관: 과거의 어느 시점에 끝난 행위나 상황을 말할 때는 단순과거를, 과거의 어느 시점에서 시작하여 현재까지 계속되고 어쩌면 미래로도 지속될 수 있는 행위나 상황을 말할 때는 현재완료를 사용한다.

He **lived** in this town all his life. (그는 이 마을에서 평생을 살았다.)

He **has lived** in this town all his life. (그는 이 마을에서 평생을 살아왔다.)

▶ 결과의 소멸과 지속: 과거의 행위나 상황의 결과가 현시점에 사라졌을 때는 단순과거를, 그 결과가 현시점까지도 남아있을 때는 현재완료를 사용한다.

He **broke** the window. (그가 창문을 깼다.)
[어쩌면 깨진 창문을 새것으로 갈아 끼웠을 수 있다.]
He **has broken** the window. (그가 창문을 깼다.)
[어쩌면 깨진 창문을 그대로 놓아두었을 수 있다.]

▶ 최근 상황: 비교적 최근에 일어난 행위나 상황을 말할 때는 현재완료를 사용한다.

Did you have your breakfast this morning? (오늘 아침 식사를 했냐?)
Have you **had** your breakfast? (아침 식사를 했냐?)

▶ 불명확한 과거시점: 어떤 행위나 상황이 일어난 과거의 시점에 대해 명백히 알지 못하고 있을 때 현재완료를 사용한다.

I **visited** a mosque, when I was in Cairo two years ago.
(나는 2년 전에 카이로에 갔을 때 모스크를 방문했다.)
Have you ever **visited** a mosque? (모스크를 방문해 본 적이 있습니까?)

▶ 부사구: 과거의 한 시점을 가리키는 부사구가 있을 경우 과거시제를, 현재까지의 기간을 가리키는 부사구가 있을 때는 현재완료를 사용한다.

Mike **saw** her **last night/at 10 o'clock/in 2001/two month ago**.
(마이크는 그녀를 어젯밤에/10시에/2001년에/두 달 전에 만났다.)
We **have lived** in this city **since 2005/for ten years**.
(우리는 2005년부터/10년 동안 이 도시에서 살았다.)

2   **단순과거와 과거진행**: 단순과거와 과거진행은 종종 함께 사용된다.

▶ 진행과 완료: 과거의 어느 시점에 어떤 행위나 상황이 진행 중에 있을 때는 과거진행을, 이 기간 중에 어떤 행위나 상황이 일어났을 때는 단순과거를 사용한다.

As he **was crossing** the street, a car **hit** him. (그가 길을 건너고 있었는데 차가 그를 쳤다.)
I **saw** the accident through the window, while I **was drinking** my coffee.
(나는 커피를 마시고 있다가 창문을 통해 사고를 목격했다.)

▶ 영구적인 것과 일시적인 것: 단순과거는 비교적 영구적이고 지속적인 행위나 상황을 표현하고, 과거진행은 일시적인 행위나 상황을 표현한다.

He studied physics at Harvard, while I **was chasing** girls.
(내가 여자들 꽁무니를 쫓고 있을 때, 그는 하버드에서 물리학을 공부했다.)
We lived in a small fishing village when I **was** a child.
(내가 어릴 때 우리는 작은 어촌에서 살았다.)

▶ 반복적이고 습관적 행위: 과거의 반복적이고 습관적인 행위를 말할 때는 과거진행을 사용하지 않고 단순과거를 사용한다.

We **went** golfing every weekend, when we lived in the South.
(우리는 남쪽에 살 때는 주말마다 골프를 했다.)
(*We **were going** golfing every weekend, when we lived in the South.)
When I was a child, we **made** our own toys. (내가 어릴 때는 장난감을 직접 만들었다.)
(*When I was a child, we **were making** our own toys.)

3 현재완료와 현재완료진행

▶ 현시점과의 연관과 진행: 과거의 어느 시점에 시작된 행위나 상황이 현시점과 어떤 연관이 있다고 생각될 때는 현재완료를, 현시점에도 일어나고 있다고 생각될 때는 현재완료진행을 사용한다.

All the students **have been invited** to the graduation party.
(모든 학생들이 졸업파티에 초청되었다.)
We all **have been waiting** for you for two years. (우리는 당신을 2년간이나 기다려 왔다.)

▶ 현시점까지의 반복적 행위: 과거의 어느 시점에서 시작하여 현시점에도 반복적으로 일어나는 행위나 상황을 말할 때는 현재완료진행을 사용한다. 다음을 비교해 보라.

He **has visited** his parents every year. (그는 매년 부모님을 찾았다.)
[어쩌면 그는 내년에 부모님을 찾을 수도 있고 안 찾을 수도 있다.]
He **has been visiting** his parents every year. (그는 매년 부모님을 찾고 있다.)
[그가 내년에도 부모님을 찾을 것이 확실하다.]

▶ 현시점까지의 지속: 현재완료진행은 과거에 시작된 행위나 상황이 현시점까지 지속되고 있다고 강조할 때 종종 쓰인다.

It's **been snowing** since Christmas. (크리스마스 이래 눈이 오고 있다.)
I've **been learning** English for five years. (나는 5년 동안 영어를 배우고 있다.)

4 과거완료와 과거완료진행

▶ 오래된 과거: 과거완료의 기본적인 용법은 어느 과거시점보다 더 과거시점에서 시작하여 완료된 행위나 상황을 표현할 때 사용되고, 과거완료진행은 과거시점에서 시작된 행위나 상황이 어느 과거시점까지 지속되는 비교적 길게 진행되는 행위나 상황을 말한다.

I didn't know that we **had met** at the meeting two years ago.
(나는 우리가 2년 전에 회의에서 만났었다는 것을 몰랐다.)
We **had been living** in a mobile house for three years, before we moved to an apartment.
(우리는 아파트로 이사하기 전에 3년 동안 이동 주택에 살았었다.)

▶ 일시적 행위와 지속적 행위: 모든 진행시제와 마찬가지로 과거완료진행도 일시적인 행위나 상황을 표현하고, 과거완료는 지속적이고 비교적 영구적인 행위나 상황을 표현한다.

We were all very tired, because we **had been waiting** for him for two hours.
(우리는 그를 두 시간이나 기다리고 있었기 때문에 모두 몹시 지쳤다.)
They **had dated** for long, before they got married. (그들은 결혼하기 전에 오랫동안 사귀었었다.)

5   과거에서의 미래 (future in the past): 더 먼 과거로부터 미래인 과거의 사건을 말하고 싶을 때는 다음과 같은 몇 가지 표현이 있다.

▶ was/were to (B2와 F11.7을 보라.)
John and Mary, who got married in 2001, **were to** visit Australia in 2002.
(2001년에 결혼한 존과 메리는 2002년에 호주를 방문할 예정이었다.)

▶ was/were going to (F11.7을 보라.)
He **was going to** call me yesterday, but I haven't heard from him yet.
(그는 어제 나에게 전화하기로 했는데 아직까지 연락이 없다.)

▶ would (W18을 보라.)
They took me to the hotel where we **would** be staying.
(그들은 우리가 머물게 될 호텔로 나를 데려갔다.)

▶ was/were + 동사-ing (P16을 보라.)
He left the meeting early, because he **was flying** to Seoul the next morning.
(그는 다음 날 아침에 서울행 비행기를 타야 해서 회의에서 일찍 나왔다.)

P21   perception verbs(지각동사)-1: 특성

지각동사란 우리의 오감(five senses)인 "시각, 청각, 촉각, 후각, 미각"과 관련이 있는 동사를 가리킨다. 대표적인 지각/감각동사로는 "hear, feel, see, smell, taste"가 있으며, 이 동사들은 여러 방법으로 사용될 수 있다. (a) 무의식적인 지각 현상, (b) 의식적인 지각 활동, (c) 지각을 불러일으키는 현상이 있다. 어떤 지각동사는 이 세 가지 용법에 다른 동사를 사용하지만, 어떤 동사는 동일한 동사를 사용한다.

(a)	(b)	(c)
hear	listen	sound
feel	feel	feel
see	look	look
smell	smell	smell
taste	taste	taste

위 단어 외에도 우리의 감각과 연관이 있는 단어로는 다음 몇 가지를 들 수 있다.

(a) notice, observe, overhear, watch
(b) observe, watch
(c) appear, seem

지각동사 구문에서는 지각하는 주체가 주어가 될 수도 있고, 지각되는 대상이 주어가 될 수 있다. (a)에서는 주어가 무의식적 주체가 되고 (b)에서는 의식적 주체가 되는 반면, (c)에서는 주어가 지각의 대상이 된다.

1   무의식적 지각의 주체: (a) 동사가 쓰인 문장에서는 주어가 무의식적 지각의 주체가 된다.

I **heard** the children's voice upstairs. (나는 위층에서 나는 아이들의 목소리를 들었다.)
I **saw** a big ship in the distance. (나는 멀리 떠 있는 큰 배를 보았다.)
I **smelled** cigarette smoke in this room. (나는 이 방에서 담배 연기 냄새를 맡았다.)
I **overheard** part of their conversation. (나는 그들의 대화 일부를 우연히 엿들었다.)

2   can: (a) 동사는 진행형이 없는 대신 (특히 영국영어에서는) 양상조동사 can을 써서 어떤 상황을 지각하고 있음을 표현할 수 있다. (C2.5를 보라.)

I **can hear** the children's voice upstairs. (나는 위층에서 나는 아이들의 목소리를 들을 수 있다.)
I **can see** a big ship in the distance. (나는 멀리 떠 있는 큰 배를 볼 수 있다.)
I **could smell** cigarette smoke in this room. (나는 이 방에서 담배 연기 냄새를 맡을 수 있었다.)

3   의식적 지각의 주체: (b) 동사가 쓰인 문장에서는 주어가 의식적 지각의 주체가 된다.

I'm listening to the music. (나는 음악을 듣고 있다.)
The cook's tasting the soup. (요리사가 수프의 맛을 보고 있다.)
She was feeling his forehead to check fever.
(그녀는 열이 있나 알아보기 위해 그의 이마를 만지고 있었다.)
He sat and **watched** the sunset. (그는 앉아서 일몰을 지켜봤다.)

4   지각의 대상: (c) 동사가 쓰인 문장에서는 주어가 지각의 대상이 된다.

That building looks very old. (저 건물은 매우 오래된 것처럼 보인다.)
The sunshine felt good. (햇빛이 좋았다.)
He sounds as if he's quite exhausted. (그는 매우 지친 것 같은 인상을 준다.)
The idea appears useful. (그 생각이 쓸 만해 보인다.)

5   as if/as though와 함께: (c) 동사와 함께 사용될 수 있다.

It **seemed as if** the end of the world had come. (마치 세상이 끝나는 것 같았다.)
It **appears as though** we didn't have much choice.
(우리에게 선택의 여지가 많지 않은 것 같이 보인다.)
My leg **feels as if** it's broken. (나는 마치 다리가 부러진 것 같은 느낌이다.)
It **sounds** to me **as if** he needs medical attention.
(나에게는 그가 의학적 관심이 필요한 것처럼 생각된다.)

P22   perception verbs-2: 지각동사 + 목적어 + 동사 구조

"hear, see, feel, observe, overhear, oversee, notice, watch"와 같은 지각동사(perception verbs) 다음에는 "목적어 + (to없는) 부정사/-ing형"이 올 수 있으며, 이 두 구조 사이에는 종종 의미적 차이가 나타난다.

▶ 지각동사 + 목적어 + 원형 부정사/-ing형

I **heard him go up** the stairs. (나는 그가 계단을 올라가는 소리를 들었다.)
I **heard him going up** the stairs. (나는 그가 계단을 올라가고 있는 소리를 들었다.)
(*I **heard him to go/went up** the stairs.)

He **saw her park** a car outside the building. (그는 그녀가 건물 밖에 주차하는 것을 보았다.)
He **saw her parking** a car outside the building.
(그는 그녀가 건물 밖에 주차하고 있는 것을 보았다.)
(*He **saw her to park/parked** a car outside the building.)

1. **전체와 부분**: 어떤 행위나 사태의 전체를 듣거나 보았을 때는 부정사를 사용하고, 진행 중인 행위나 사태를 일부분 듣거나 보았을 때 -ing형을 사용한다. 다음을 비교해 보라.

   I **saw her swim** across the river. (나는 그녀가 강을 건너 헤엄치는 것을 보았다.)
   ["그녀가 강의 한쪽에 반대쪽까지 헤엄을 쳐서 건넜다"는 의미를 표현한다.]
   I **saw her swimming** across the river.
   (나는 그녀가 강을 가로질러 헤엄을 치고 있는 것을 보았다.)
   ["그녀가 강을 건널 의도에서 헤엄을 치는 중이었다"를 의미한다.]

   I **heard him talk** on world economy. (나는 그가 세계 경제에 대해 말하는 것을 들었다.)
   ["나는 그의 세계 경제에 대한 연설을 처음부터 끝까지 들었음"을 의미한다.]
   As I walked past his room, I **heard him talking** on world economy.
   (나는 그의 연구실 옆을 지나가다가 그가 세계 경제에 대해 말하는 것을 들었다.)

   I **felt something touch** my feet. (나는 무엇인가 내 발에 닿는 느낌이 들었다.)
   As I crossed the river on bare foot, I **felt something touching** my feet.
   (나는 맨발로 강을 건널 때, 무엇인가 발을 건드리는 느낌이 들었다.)

   The teacher **observed him climb(ing)** over the fence.
   (선생님은 그가 담을 넘어가는 것을 보았다.)
   She **overheard two doctors discuss(ing)** her case.
   (그녀는 의사 둘이 그녀의 상태에 대해서 논의하는 것을 엿들었다.)
   Did you **notice me leave/leaving** the house? (내가 집을 나가는 것을 알았습니까?)
   Watch me jump over the stream. (내가 냇물을 뛰어 넘어가는 것을 봐라.)
   I like to **watch people walking** in the street.
   (나는 사람들이 걸어 다니는 것을 지켜보는 것을 좋아한다.)

2. **순간적 상황과 지속적 상황**: "순간적으로 일어나는 상황"을 의미하는 동사는 hear 다음에서 ing형이 될 수 없고, "상태의 지속성"을 의미하는 동사는 see 다음에서 부정사형이 될 수 없다.

   I **heard the bomb explode**. (나는 폭탄이 터지는 소리를 들었다.)
   (*I **heard the bomb exploding**.)
   I **heard the plane crash** on the mountain. (나는 비행기가 산에 충돌하는 소리를 들었다.)
   (*I **heard the plane crashing** on the mountain.)

I **saw the book lying** on the table. (나는 책상 위에 책이 놓여 있는 것을 보았다.)
(*I **saw the book lie** on the table.)
I **saw my mother sitting** quietly in her chair.
(나는 어머니가 의자에 조용히 앉아있는 것을 보았다.)
(*I **saw my mother sit** quietly in her chair.)

3 **반복적 상황**: 진행형은 동사에 따라 반복적 현상을 암시할 수 있다.

I **saw her throwing** stones at the other children.
(나는 그녀가 다른 아이들에게 돌을 던지는 것을 보았다.)
I **heard the tap** in the kitchen **dripping**.
(나는 부엌의 수도꼭지에서 물이 똑똑 떨어지는 소리를 들었다.)
I **heard the man kicking** on the door. (나는 그 남자가 문을 차는 소리를 들었다.)

4 **can see/hear**: (진행의 의미를 가진) "can see/hear"는 목적어 다음에 -ing형만 가능하다.

I **can see John getting** on the bus. (나는 존이 버스에 타고 있는 것을 볼 수 있다.)
(*I **can see John get** on the bus.)
I **could hear someone calling** my name.
(나는 누군가가 내 이름을 부르는 소리를 들을 수 있었다.)
(*I **could hear someone call** my name.)

5 **수동형**: hear와 see의 수동형 다음에서도 -ing형은 그대로 유지되며, 부정사형의 경우에는 to를 갖게 된다.

I **saw him cross/crossing** the street. (나는 그가 길을 건너가는 것을 보았다.)
(= He **was seen to cross/crossing** the street.)
(*He **was seen cross** the street.)
We **heard him talk/talking** to himself. (우리는 그가 자신에게 말을 하는 것을 들었다.)
(= He **was heard to talk/talking** to himself.)
(*He **was heard talk** to himself.)
They **noticed him leave/leaving** the building. (그들은 그가 건물을 떠나는 것을 알았다.)
(= He **was noticed (by them) to leave/leaving** the building.)
(*He **was noticed (by them) leave** the building.)

6 **과거분사**: 목적어 다음에 과거분사형 동사가 오면 수동의 의미를 지니게 되고, 진행형(being + 과거분사)이 오면 진행 중인 수동의 의미를 지닌다.

I saw a police car **parked** outside the building. (나는 건물 밖에 경찰차가 주차된 것을 보았다.)
I heard my name **repeated** several times. (나는 내 이름이 여러 번 반복되는 것을 들었다.)
He watched the tree **being cut down**. (그는 나무가 잘려나가는 것을 바라보았다.)
I woke up to hear the bedroom door **being opened** slowly.

(나는 침실 문이 천천히 열리는 소리를 듣고 깨어났다.)

▶ hear와 see의 수동형 다음에서는 수동 진행형 구조가 불가능하다.

*He **was seen being beaten** by her.
*She **was heard being criticized** by her assistants.

7   look at: look at 다음에도 "목적어 + -ing형"이 가능하며, 미국영어서는 "목적어 + 부정사"도 가능하다.

They **looked at** the children **playing** in the backyard.
(그들은 뒤뜰에서 아이들이 뛰어노는 것을 쳐다봤다.)
They **looked at** the children **play** in the backyard.　　[미국영어]

부정사와 -ing형 앞에 나오는 동사에 대해서는 G8을 보라.
hear와 listen의 차이점에 대해서는 H9를 보라.
see, look, watch에 대해서는 S4를 보라.

P23　phrasal verbs(구동사)

구동사는 외형적으로는 전치사적 동사와 유사하다. 차이는 전치사적 동사의 경우에는 동사와 전치사가 결합한 구조를 가지고 (P35를 보라), 구동사는 동사와 전치사적 부사가 결합한 구조를 갖는다는 점이다. 또 한 가지 차이는 구동사를 구성하는 동사와 전치사적 부사가 매우 제한적이라는 점이다. 그러나 이 둘은 활발한 결합을 통해 일상생활에 소위 "식자"들이 사용하는 고급단어를 대신하는 역할을 한다.

1   **동사**: 구동사를 구성하는 동사는 일반적으로 자주 쓰이는 단음절 동사다.

ask	be	break	come
drop	fall	find	get
give	go	keep	let
look	make	put	run
set	take	turn 등	

2   **전치사적 부사**: 구동사를 구성하는 전치사적 부사는 일반적으로 장소전치사다.

around	across	along	around
away	back	by	down
forward	in	off	on
over	through	under	up 등

3   **자동사**: 구동사는 어떠한 보충어 없이 자동사로 사용될 수 있다.

ask around	be up	break down	come in
fall back	get by	give in	go away

keep on	let up	look out	make off
run out	set in	take off	turn up 등

Are the kids still **up**? (아이들이 아직도 잠을 안 자고 있어?)
After a week of fierce fighting, the enemies began to **fall back**.
(한 주 동안의 격렬한 전투 후에 적은 후퇴하기 시작했다.)
Eventually he **gave in** and decided to go to college.
(그는 결국 항복하고 대학에 진학하기로 결정했다.)
Stop **messing around** and get ready for school.
(빈둥거리는 것 그만두고 학교 갈 준비나 해라.)
How long can the economic boom **keep on**? (경제적 호황이 얼마나 오래 지속될까요?)
The wind had dropped and the rain gradually **let up**. (바람이 잦아들고 비가 점차 멎어 갔다.)
We have to act now because time is **running out**.
(시간이 다 되어 가니까 우리는 지금 행동해야 합니다.)
Winter seems to be **setting in** early this year. (올해에는 겨울이 빨리 시작할 것 같다.)
He felt excited as the plane **took off** from Incheon. (비행기가 인천공항을 뜨자 그는 흥분했다.)

4 **단순타동사**: 전치사적 부사 뒤에 하나의 목적어를 가지는 단순타동사를 구성할 수 있으며, 그 수는 방대하다.

bring about	bring up	call up	call off
catch on	give up	give out	hand in
hold up	keep back	look up	make out
make up	mess up	pull up	put off
take up	turn down	turn off	turn on 등

She has **brought up** five children without husband. (그녀는 남편 없이 다섯 아이를 양육했다.)
They **called off** the picnic because of bad weather.
(그들은 나쁜 날씨 때문에 야유회를 취소했다.)
There're people at the entrance **giving out** leaflets.
(입구에서 사람들이 전단을 나누어주고 있다.)
It's hard to **make out** what criteria are used.
(어떤 기준이 사용되고 있는지 판별하기가 쉽지 않다.)
The policeman **pulled** him **up** for speeding. (경찰관이 과속으로 그의 차를 세우게 했다.)
They offered her the job, but she **turned** it **down**.
(그들은 그녀에게 일자리를 제안했으나 거절했다.)

5 **전치사적 구동사** (prepositional phrasal verbs): 전치사적 구동사란 "동사 + 전치사적 부사 + 전치사"로 이루어진 복합동사를 말하며, 이 복합동사는 구어체에서 널리 쓰인다. 전치사적 구동사에서 마지막 단어가 전치사이므로 그 뒤에 오는 표현은 전치사의 목적어로서 명사적 표현이 와야 한다.

catch on with	catch up with	come through with

do away with	drop in on	drop out of
get along with	get away with	give in to
keep up with	look down on	look forward to
look up to	put up with	run out of 등

She ran after him and managed to **catch up with** him.
(그녀는 그의 뒤에서 달려 그를 따라잡는 데 성공했다.)
Our goal must be to **do away with** nuclear weapons altogether.
(우리의 목표는 핵무기를 모두 없애는 것이어야 한다.)
He thinks he can **get away with** everything. (그는 무엇을 하든 벌을 모면할 수 있다고 생각한다.)
Wages are failing to **keep up with** inflation. (임금이 물가인상을 따라잡지 못하고 있다.)
We are all **looking forward to** meeting you on Saturday.
(우리 모두는 토요일에 당신을 만나기를 고대하고 있습니다.)
He had to **put up with** a lot of teasing at school.
(그는 학생 때 많은 괴롭힘을 참아내야 했다.)
They **ran out of** money and had to abandon the project.
(그들은 돈이 떨어져서 그 계획을 포기해야 했다.)

구동사와 전치사적 동사의 차이에 대해서는 P35.6을 보라.

P24 place(장소)

영어에서 장소를 의미하는 표현은 "Where...?" 의문문의 응답으로 쓰일 수 있다. 영어에서 "장소"를 표현하는 데 가장 중요한 성분은 "전치사"다.

1　**전치사**: 영어의 장소나 위치를 표현할 때 사용되는 전치사로는 다음과 같은 것들이 있다.

aboard	about	above	across
after	against	ahead of	along
alongside	amid	among(st)	around
at	away from	before	behind
below	beneath	besides	between
beyond	by	close to	down
for	from	in	in front of
inside	into	near	next to
off	on	onto	on (the) top of
opposite	out	out of	outside
over	past	round	since
through	throughout	to	toward(s)
under	underneath	up	via
within	without 등		

The airliner flies **above** the clouds. (여객기가 구름 위를 날고 있다.)

A car parked **in front of** the bus. (버스 앞에 자동차가 주차되어 있다.)
The President's motorcade is going just **around** the corner.
(대통령의 차량 행렬이 막 모퉁이를 돌아가고 있다.)
An old man's fishing **by** the lake. (한 노인이 호수 가에서 낚시하고 있다.)
A big tree stands **between** two buildings. (두 건물 사이에 큰 나무 한 그루가 서 있었다.)
The van's driving **past** the school. (그 밴이 학교를 지나가고 있다.)
The subway runs **under** the street. (지하철은 도로 밑으로 지나간다.)
There's lots of snow **on top of** the mountain. (산 정상에 눈이 많이 쌓여있다.)

2　　at, in, on: 영어의 대표적인 장소 전치사다. 이들에 대해서는 A75를 보라.

3　　**장소부사**: 장소부사로는 다음과 같은 것이 있다.

　　　here　　　　　there　　　　　somewhere　　　anywhere
　　　everywhere　　nowhere　　　　downstairs　　　upstairs 등

There must be **somewhere** to rest tonight. (오늘 밤 쉴 곳이 틀림없이 어딘가 있을 것이다.)
We could go to my place and have lunch **there**. (우리 집에 가서 점심을 먹을 수 있다.)
He ran **downstairs** to answer the door. (그는 문을 열어주기 위해 아래층으로 뛰었다.)

4　　**전치사적 부사**: (at, in, into를 제외한) 대부분의 장소 전치사는 목적어가 없는 독립 전치사, 즉 전치사적 부사로 쓰일 수 있다.

The bridge was built **above the river.** (강 상류에 다리가 건설되었다.)
The bridge is ten miles **above.** (다리가 10마일 상류에 있다.)

They ran straight **across the road.** (그들은 길을 가로질러 똑바로 뛰었다.)
We'll have to swim **across.** (우리는 가로질러 수영을 해야 한다.)

He parked his car **alongside mine.** (그는 내 차와 나란히 옆에 주차했다.)
A car drew up **alongside.** (차 한 대가 나란히 옆에 섰다.)

They camped a few meters **below the summit.**
(그들은 정상 아래 몇 미터 지점에서 야영을 했다.)
Answer each of the questions **below.** (아래 주어진 각각의 질문에 답하시오.)

Tears were streaming **down her face.** (눈물이 그녀의 얼굴 아래로 흘러내렸다.)
Ken fell asleep face **down.** (켄은 얼굴을 아래로 한 채 잠에 빠졌다.)

He stayed at the hotel **near the beach.** (그는 해변 가까이에 있는 호텔에 머물렀다.)
The school is quite **near.** (학교는 아주 가까이에 있다.)

He got **on the bus** and left the town. (그는 버스를 타고 마을을 떠났다.)
The bus stopped and two people got **on.** (버스가 섰고 두 사람이 탔다.)

A fighter plane flew **over the building.** (전투기 한 대가 건물 위로 날아갔다.)
A fighter plane flew **over.** (전투기 한 대가 위로 날아갔다.)

We slowly walked **up the hill**. (우리는 천천히 언덕 위로 걸어 올라갔다.)
He lay on his back, staring **up** at the ceiling. (그는 등을 대고 누워서 천장을 올려다봤다.)

독립전치사에 대해서는 P33을 보라.

P25 politeness(공손함)

공손함이란 상대방의 감정을 배려한 언어행위를 가리킨다. 사람들은 일반적으로 나이가 많거나 높은 직위를 가진 사람 또는 잘 모르는 사람에게 "정중한" 말을 하게 된다. 영어에서는 일반적으로 긴 표현이 짧은 표현보다 더 "공손한 표현"이 될 수 있다는 점에 유의하라. 다음을 비교해보라.

명령   The door! (문 닫아!)
       Close the door! (문을 닫아라!)
       Close the door, please. (문 좀 닫을까요.)
⇕   Can you close the door, please? (문을 좀 닫아줄 수 있을까요?)
       Could you close the door, please? (문을 좀 닫아주실 수 있습니까?)
       Would you mind closing the door, please? (미안하지만 문 좀 닫아주시겠습니까?)
부탁   I wonder if you'd mind closing the door, please?
       (죄송합니다만 문 좀 닫아주시면 고맙겠습니다.)

1   **가까운 사람**: 친구나 동료 또는 나이 차이가 크지 않은 가족에게 지나치게 공손한 표현을 쓸 필요는 없다. 이 경우에는 일반적으로 명령문 형태가 쓰인다.

Close the door! (문을 닫아라!)
Have another biscuit! (비스킷 하나 더 먹어라!)

2   **please**: 명령형 문장을 좀 더 겸손한 표현으로 바꾸려면 "please"를 사용한다.

Close the door, **please**! (문 좀 닫아줄래요!)
Have another cup of tea, **please**! (차 한 잔 더 드세요!)

3   **양상조동사** (could, would): 양상조동사와 "please"를 사용하면 더 공손한 표현이 된다.

Could/Would you close the door, **please**! (문 좀 닫아 주실 수 있습니까?)

4   **과거시제**: 과거시제를 써서 우리의 생각을 간접적으로 표현하는 것이 공손한 표현이 될 수 있다.

I **was wondering** if I **could** borrow your car this afternoon.
(미안합니다만 오늘 오후에 차 좀 빌릴 수 있을까요?)
I **thought** we could go swimming tomorrow.
(우리가 내일 수영을 갈 수 있을 것으로 생각했는데요.)
I just **wanted** to check that the meeting is still on next week.

(다음 주에 회의가 여전히 있을 것인지 알고 싶을 뿐입니다.)

5 **공손함**: 우리는 직장 상사, 선생님, 연장자, 잘 모르는 사람에게는 공손한 표현을 사용한다.

Would you mind closing the door, please? (미안하지만 문 좀 닫아주시겠습니까?)
Could you possibly close the door, please? (미안하지만 문 좀 닫아주시겠습니까?)

6 **공손한 말씨**: 영어에서 다음과 같은 표현을 사용하면 더 공손한 말씨가 된다.

(a) 사람을 만나면 먼저 "Good Morning!/Good Afternoon!/Good Evening!"과 같은 인사를 해라.
(b) "How are you?" "How are you doing?" 등을 사용하여 먼저 안부를 물어라.
(c) "Please," "Excuse me," "Thank you"와 같은 말을 자주 써라
(d) 아무리 작은 실수라 할지라도 항상 "Sorry"라는 말을 하라.
(e) 처음 만난 사람에게 말을 걸 때는 먼저 "Excise me"라고 말하라.

동사 mind에 대해서는 M16을 보라.

P26 predeterminers(한정사 선행어)-1: all, both, half

한정사 선행어란 명사의 선행 수식어의 일종으로서 한정사 앞에 나타날 수 있는 것이 그 특징이다. 우리는 한정사 선행어를 문법적 그리고 의미적 특성에 따라 네 종류로 나눌 수 있다.

all, both, half
배수: twice, double, triple, quadruple, three times, ...
빈도: once, twice, three times, four times, ...
분수: a third, a half/half a, a quarter, three-sevenths, ...
기타: what, such, many

1 **한정사와 한정사 선행어**: 한정사 선행어가 모든 한정사 앞에 자유롭게 나타날 수 있는 것은 아니다. 한정사 선행어들은 의미적 이유 때문에 양화사 한정사나 의문사 한정사와 함께 쓰일 수 없으며, 일반적으로 관사, 소유격 한정사 그리고 지시사와 함께 쓰인다. 이 경우에도 그 결합이 자유스러운 것이 아니라 한정사 선행어와 한정사 그리고 한정사 선행어와 명사 사이에는 엄격한 제약이 있다.

| *all some books | *both no books | *half which coffee |
| all the books | both his sons | half this coffee |

2 **all**: all은 모든 명사와 결합할 수 있으며, "부정관사"와 "양화사" 그리고 "의문사"를 제외한 모든 한정사 앞에 올 수 있다.

The man spent **all his fortune** looking after the poor.
(그 남자는 자신의 모든 재산을 가난한 사람들을 돌보는 데 사용했다.)
I still remember names of **all the students** in the 2003 English grammar class.

(나는 아직도 2003년 영문법 과목을 수강한 모든 학생의 이름을 기억한다.)
She poured **all (the) milk** into the sink. (그는 우유를 모두 하수구에 쏟아 버렸다.)

3 **all과 both**: all은 셋 이상을 가리키고 both는 둘을 가리킨다.

I'll take **all three balls**. (내가 볼 세 개를 다 가져가겠습니다.) (*I'll take **all two balls**.)
I'll take **both balls**. (내가 볼 둘 다 가져가겠습니다.)

4 **all과 단수 시간명사**: all이 단수 시간명사와 함께 쓰일 때는 정관사 the를 생략해도 좋다.

She spent **all ((of) the) day/week** at home. (그녀는 종일/일주일 내내 집에서 보냈다.)
It took **all ((of) the) morning** for her to put on makeup.
(그녀는 화장하는 데 오전 내내 걸린다.)

5 **half**: half는 모든 명사와 결합할 수 있으며, (양화사와 의문사를 제외한) 모든 한정사 앞에 올 수 있을 뿐만 아니라 반드시 한정사를 동반해야 한다.

She gave me **half a pumpkin pie**. (그녀는 호박파이 절반을 나에게 주었다.)
I wasted **half my life** for nothing. (나는 반평생을 아무것도 하지 않고 낭비했다.)
She spilt **half the ink** on the floor. (그녀는 잉크 절반을 마루에 엎질렀다.)
(*She spilt **half ink**) on the floor.

▶ half가 부정관사와 결합할 때 미국영어에서는 종종 부정관사와 어순이 뒤바뀌기도 한다.

The baby slept just for **half an hour/a half hour**. (아이가 딱 반 시간 동안 잠을 잤다.)

6 **both**: both는 복수 가산명사와만 결합할 수 있으며 "부정관사 a(n)와 양화사와 의문사"를 제외한 한정사와 결합할 수 있다. both 바로 다음에서 정관사 the는 생략될 수 있으며 의미적 변화는 없다.

Both my brothers went to Europe. (나의 남자 형제가 둘 다 유럽에 갔다.)
Both (the) students passed the test. (학생 둘 다 시험에 통과했다.)

▶ "both... not"은 일반적으로 쓰지 않으며 대신 neither를 사용한다.

*****Both** the students **didn't** pass the test.
Neither of the students passed the test. (학생 둘 다 시험에 통과하지 못했다.)

7 **of-구**: "all, both, half" 모두 of-구문을 허용하며, of 다음에 오는 명사구는 반드시 "정관사나 지시사 또는 소유격 한정사"를 포함해야 한다. 양화사의 경우와 마찬가지로 of 다음에 대명사가 오면 of-구문이 의무적으로 쓰인다.

She used **all (of) the meat** to prepare the banquet.
(그녀는 연희를 준비하는 데 그 고기를 모두 사용했다.)
(*She used **all of meat** to prepare the banquet.)
I introduced **both (of) Mary's students** to my boss.

(나는 메리의 두 학생을 나의 상사에게 소개했다.)
(*I introduced **both of students** to my boss.)
He spent **half (of) his time** arranging books. (그는 시간의 절반을 책을 정리하는 데 썼다.)
(*He spent **half of time** arranging books.)
All of them are planning to climb the mountain. (그들은 모두 산에 오를 계획이다.)
(***All them** are planning to climb the mountain.)

"*all of meat, *all of students"는 불가능하지만 "all meat, all students"는 가능하다. 이 경우는 "전칭적(generic)" 의미를 가지며 "특정의(specific)" 대상을 가리키는 "all the meat, all the students"와는 의미상으로 대조를 이룬다.

8   **대명사**: all, both, half는 모두 대명사로서 독립적으로 쓰일 수 있다.

All/Both/Half passed the test for driver's license.
(모두가/둘 다/절반이 운전면허 시험에 통과했다.)

9   **표류** (floating): all과 both는 주어 뒤로 이동할 수 있으며, 조동사가 있으면 조동사 뒤로 이동한다. 주어가 대명사일 경우에는 의무적으로 이동해야 한다.

The students **all** attended the graduation ceremony. (모든 학생이 졸업식에 참석했다.)
(= **All** (of) the students attended the graduation ceremony.)

The professors **both** missed the concert. (교수님 두 분 다 연주회에 못 갔다.)
(= **Both** ((of) the) professors missed the concert.)

They **all/both** visited China. (그들은 모두/둘 다 중국을 방문했다.)
(= **All/Both** of them visited China.) (***All/*Both** they visited China.)

The students will **all/both** attend the concert. (학생들 모두/둘 다 음악회에 참석했다.)
Those apples were **all/both** rotten. (저 사과가 모두/둘 다 상했다.)
We can **all/both** play golf. (우리는 모두/둘 다 골프를 한다.)

명사구와 all, both, half에 대해서는 N35.3을 보라.
all은 A35을, both는 B23을, half는 H2를 보라.

P27   predeterminers-2: 배수와 빈도

배수(multipliers)와 빈도(frequency)를 나타내는 표현은 부분적으로 겹친다. 예를 들어 "twice"는 "두 배(double)"를 의미할 수도 있고 "두 번"을 의미할 수도 있다.

배수: twice, double, triple, treble, thrice, three times, quadruple, ...
빈도: once, twice, thrice, three times, four times, ...

▶ 배수를 의미하는 단어 중에 "double, triple, treble, quadruple 등"은 빈도를 나타낼 수 없는 데 반하여, 빈도를 의미하는 단어 중에 (의미상 배수가 될 수 없는) "once"를 제외하면 모두 배수를 나타내는 단어로 사용될 수 있다.

1 **배수**: 배수는 복수 가산명사, 불가산명사, "수(number)"나 "양(amount)"을 뜻하는 단수 가산명사 앞에서 배수를 표현한다.

We'll need **double or triple the multilingual volunteers** for the successful 2018 Winter Olympics. (우리는 성공적인 2018년 동계올림픽을 위해 두 배 또는 세 배의 다중언어 능력을 갖춘 자원봉사자가 필요할 것이다.)
She requested **twice/double** the amount of money for the same project.
(그녀는 같은 사업에 두 배의 돈을 요청했다.)
My wife spends **treble/three times** my salary. (나의 처는 내 봉급의 세 배를 쓴다.)
The boy eats about **four times** the amount that I usually eat.
(그 소년은 내가 보통 먹는 양의 약 4배를 먹는다.)

2 **빈도**: 빈도 표현은 한정사 "a, every, each"와 전치사 "per"와 결합하여 빈도를 표현하게 된다.

She took a bath **once/twice a day**. (그녀는 하루에 한 번/두 번 목욕했다.)
They visit their parents **four times each year**. (그들은 부모를 매년 네 번씩 찾는다.)
We eat our meals out at least **twice every three weeks**.
(우리는 적어도 3주마다 두 번씩 외식한다.)
This old castle is open to the public only **once per year**.
(이 오래된 성은 일 년에 한 번씩만 대중에게 개방된다.)

3 **of-구와 표류**: 배수와 빈도를 표현하는 단어는 "all"이나 "both"와는 달리 "of-구" 뿐만 아니라 주어의 뒤로 표류하는 것도 허용되지 않는다.

My wife earns **treble/three times (*of) my salary**. (나의 처는 내 봉급의 세 배를 번다.)
(*My salary is **treble/three times** earned by my wife.)

She took a bath **twice (*of) a day**. (그녀는 하루에 두 번 목욕했다.)
Twice a day is enough for me. (나에게는 하루에 두 번으로 충분합니다.)
(*A day is twice enough for me.)

명사구와 배수와 빈도에 대해서는 N35.4와 5를 보라.
배수에 대해서는 M27을, 빈도에 대해서는 F8을 보라.

P28   predeterminers-3: 분수와 특별한 표현

"half"와 "quarter"를 제외하면 영어에서 분수는 먼저 기수(cardinal number)를 쓴 다음 서수(ordinal number)를 써서 나타낸다. 기수(즉, 분자(numerator))의 수가 둘 이상이면 뒤따라 나오는 서수(즉, 분모(denominator))가 복수형이 된다는 점에 유의하라.

½: a half   ⅓: a third/one third
¼: a quarter/a fourth   ¾: three quarters/three fourths
⅛: one eighth   ⅜: three eighths

3¾: three and three quarters   5/68: five over sixty-eight/five sixty eighths

1 of-구와 표류: 분수는 모든 종류의 명사와 함께 쓰일 수 있으며, "all"과 "both"와 같이 of-구는 허용하지만 주어 뒤로 표류하는 것은 허용되지 않는다.

He finished the job in **one third (of) the time** that was allowed him.
(그는 그에게 허용된 시간의 3분의 1 기간에 그 일을 끝냈다.)
Two thirds (of) the food has been consumed in a day. (식량의 3분의 2를 하루에 소비했다.)
Three fifths (of) the applicants didn't appear for the interview.
(지원자의 5분의 3이 면접에 나오지 않았다.)

*The food has **two thirds** been consumed in a day.
*The applicants didn't **three fifths** appear for the interview.

2 하이픈: 기수와 서수 사이에 종종 하이픈(-)이 사용되기도 한다.

I have wasted almost **two-thirds of my life**. (나는 일생의 거의 3분의 2를 낭비했다.)
About **three-sevenths of the students** failed the test. (학생들의 약 7분의 3이 시험에 떨어졌다.)

▶ 분수가 수사로서 명사의 제한적 수식어로 쓰일 경우에는 분사의 기수와 서수 사이에 하이픈을 반드시 삽입해야 하며, 분수의 분모(denominator)는 단수가 된다.

He can run **a three-fifth mile** in 3 minutes. (그는 5분의 3마일을 3분에 달릴 수 있다.)
(*He can run **a three-fifths mile** in 3 minutes.)
It took **a three-quarter hour** to reach the bottom of the lake.
(호수의 밑바닥에 도달하는 데 45분이 걸렸다.)
(*It took **a three-quarters hour** to reach the bottom of the lake.)

3 half: "2분의 1"은 "one second"라고 하지 않고 뒤따라오는 명사에 따라 "half a(n), a half, (the) half of"라는 표현을 쓴다.

half a dozen   **a half** share   **(the) half of** her fortune

4 what/such/many/quite/rather: 이들은 특별한 구문에서 특히 부정관사 "a" 앞에 나타날 수 있다.

What a surprise! (참, 놀랐습니다!)
He's **such a** nice boy! (정말 매력적인 남자아이입니다.)
Many a man has tried and failed. (많은 사람이 해봤으나 실패했다.)
There's **quite a** large crowd. (꽤 많은 군중이 모였다.)
He's **rather an** idiot. (그는 좀 바보다.)

분수에 대해서는 F7을 보라.
what에 대해서는 W6.10을, such에 대해서는 S31.2, 5-7, 9를, many에 대해서는 M5.10을, rather에 대해서는 R2.1을, quite에 대해서는 Q8.7을 보라.

P29   prepositions(전치사)-1: 개요

전치사의 역할은 자신의 목적어와 문장의 다른 성분과의 관계를 맺어주는 것이다. 다음의 예를 보라.

There's **a cup on the table**. (식탁 위에 컵이 있다.)

위 문장에서 전치사 "on"은 자신의 목적어인 "the table"과 "a cup"의 관계, 즉 "a cup이 the table 위에 놓여있음"을 나타낸다. 여기서 전치사는 두 대상 간의 "물리적 공간관계"를 표현하고 있다. 이러한 전치사의 물리적 공관관계는 시간, 상황, 상태 등의 "추상적 공간관계"로 확대될 수 있다.

1. **물리적 공간**: 영어의 대표적인 장소 전치사로는 "at, on, in"이 있다. 이들의 기본적인 의미는 어떤 대상이 다른 대상에 대해서 어떤 물리적 공간관계에 있는가를 표현한다. 다시 말해서 이들은 어떤 대상과 그것이 있는 장소와의 관계를 표현한다. (A75와 P24를 보라.) 다음의 문장을 비교해보라.

   I live **at 101 Jongro Street**. (나는 종로 101번지에 산다.)
   He put the bag **on the floor**. (그는 마루 위에 가방을 놓았다.)
   There's some milk **in the refrigerator**. (냉장고에 우유가 좀 있다.)

   at는 어떤 대상이 있는 "위치 혹은 장소"를 표현하고, on은 어떤 대상이 "평면 위에" 놓여있거나 접촉되어 있음을 표현하며, in은 어떤 대상이 "지역이나 용적을 가진 공간 안에" 있음을 표현한다.

2. **시간적 공간**: "at, on, in"의 물리적 공간의 의미는 시간적 공간으로 연장될 수 있다. (A76, T11, T12를 보라.) 다음의 문장을 보라.

   There was a big explosion **at midnight**. (자정에 큰 폭발이 있었다.)
   We had a concert **on Monday**. (우리는 월요일에 연주회를 했다.)
   She'll have a birthday party **in April**. (그녀는 4월에 생일파티를 열 것이다.)

   시간적 공간의 길이에 따라 at는 "시"를, on은 "일"을, in은 "월"을 가리킨다.

3. **상황적 공간**: 물리적 공간관계를 표현하는 전치사는 그 영역을 상황적 공간관계에까지 확장한다.

   The two nations are **at war**. (두 나라는 전쟁 중이다.)
   The workers have been **on strike** almost for a month.
   (노동자들은 거의 한 달 동안 파업 중에 있다.)
   People of different religions can live together **in peace**.
   (다른 종교를 가진 사람들도 평화롭게 같이 살 수 있다.)

4. **물리적 공간과 추상적 공간의 비교**: 다음의 표현에서 왼쪽 칸에 있는 것은 물리적 공간을 의미하지만 오른쪽 칸에 있는 표현은 물리적 공간의 의미를 비유적으로 확대한 추상적인

의미를 나타낸다.

물리적 공간	추상적 공간
at home	**at** ease
in office	**in** safety
into the tunnel	**into** difficulties
out of the room	**out of** danger
under the tree	**under** suspicion
from Seoul **to** Busan	**from** bad **to** worse
with a shield	**with** horror
through the forest	**through** the ordeal
to the window	**to** my horror
across the river	**across** the color barriers
off a ladder	**off** duty
for you	**for** glory 등

5 **전치사구**: 전치사는 목적어와 함께 전치사구를 구성하며 전치사구는 문장 내에서 "부사적, 형용사적, 명사적" 역할을 한다.

I'll see my dentist **at 10 o'clock**. [부사적]
(나는 10시에 치과에 갈 것이다.)
He wrote a book **on World Wat II**. [형용사적]
(그는 2차 세계대전에 대한 책을 썼다.)
He couldn't account **for his movements** on that night. [명사적]
(그는 그날 밤에 있었던 자신의 동정을 설명할 수 없었다.)

6 **전치사의 목적어**: 전치사의 목적어로는 "명사구, 대명사, wh-절, 동명사 등"이 쓰일 수 있다.

He threw himself **on the bed**. [명사구]
(그는 자신을 침대 위에 던졌다.)
We don't know what happened **between you and her**. [대명사]
(우리는 너와 그녀 사이에 어떤 일이 있었는지 모르고 있다.)
What he did is very different **from what he said**. [wh-절]
(그의 행동은 그의 말과 매우 다르다.)
The war came to an end **by signing a peace treaty**. [동명사]
(전쟁은 평화협정에 서명함으로써 끝났다.)

▶ 전치사구가 또 다른 전치사의 목적어로 쓰일 수 있다.

He picked up the gun **from under the table**. (그는 식탁 밑에서 총을 집어 들었다.)
We didn't meet **until after the show**. (우리는 공연이 끝난 후까지 만나지 않았다.)
Food has been scarce **since before the war**. (식량은 전쟁 전부터 모자랐다.)

P30 prepositions-2: 유형

전치사의 종류에는 하나의 단어로 구성된 단순 전치사와 두 개 이상의 단어로 구성된 복합 전치사가 있다.

1 **단순 전치사** (simple prepositions): 대부분의 단순 전치사는 단음절이거나 두 음절로 구성되며 역사적으로 복합 전치사였던 것이 한 단어로 결합된 것도 있다.

aboard	about	above	across
after	against	along(side)	amid
among(st)	around	as	at
before	behind	below	beneath
beside	between	beyond	but
by	despite	down	during
except (for)	for	from	in
inside	into	less	like
minus	near	of	off
on	onto	opposite	out (of)
outside	over	past	plus
re	round	save	since
than	through	throughout	till
times	to	toward(s)	under
underneath	until	up	versus
via	with	within	without 등

2 **분사형 전치사**: 분사형 단순 전치사로는 다음과 같은 것들이 있다.

barring	concerning	considering	during
excepting	excluding	including	following
including	pending	regarding 등	

I know nothing **concerning** the matter. (나는 그 사태에 대해 아무것도 모른다.)
(= I know nothing **about/on** the matter.)
He works every day **excluding** Sundays. (그는 일요일을 제외하고 매일 일을 한다.)
(= He works every day **except** Sundays.)
Sales of the new drug have been stopped, **pending** further research.
(새로운 약품의 판매는 추가적인 연구 때까지 중지되었다.)
(= Sales of the new drug have been stopped, **until** further research.)

3 **복합 전치사** (complex prepositions): 복합 전치사에는 두 개의 단어로 된 것과 세 개 이상의 단어로 구성된 것이 있다.

▶ 부사 + 전치사 (from/of/to/with)

apart from	aside from	away from	ahead of
instead of	next to	along with	together with 등

Apart from the ending, it's a really good film. (종결부분을 제외하면 정말 좋은 영화다.)
The explosions happened **ahead of** our departure. (우리의 출발을 앞두고 폭발이 일어났다.)
He was murdered, **along with** three bodyguards. (그는 세 명의 경호원과 함께 살해되었다.)

▶ 형용사 + 전치사 (of/to)

devoid of	exclusive of	inclusive of	irrespective of
regardless of	short of		
close to	contrary to	due to	prior to
relative to	subject to 등		

He seems to be **devoid of** any compassion whatsoever. (그는 어떠한 동정심도 없어 보인다.)
We're **short of** space in this apartment. (우리가 이 아파트에 살기에는 공간이 부족하다.)
The AIDS virus may not have existed **prior to** the 1960s.
(후천성 면역결핍 증후군 바이러스는 1960대 이전에는 존재하지 않았을 수도 있다.)
Any such settlement is **subject to** the court's permission.
(그런 종류의 어떠한 합의도 법원의 허가를 받아야 한다.)

▶ 분사 + 전치사 (to)

according to   owing to 등

According to our records you owe us 100,000 won.
(우리의 기록에 따르면 당신은 우리에게 10만원을 빚졌다.)
Flight KAL123 has been delayed **owing to** fog. (대한항공 123편이 안개로 연착되었다.)

▶ 접속사/전치사 + 전치사 (for/of/to)

as for	but (for)	except (for)	save (for)
because of	on to	as to 등	

As for racism, much progress has been made, but there is still much to do.
(인종 차별에 있어서는 많은 발전이 있었으나 아직도 할 일이 많다.)
She answered all the questions **save (for)** one. (그녀는 하나를 제외하고는 모든 질문에 답했다.)

4 **세 개 이상의 단어로 된 전치사**: 세 개 이상의 단어로 구성된 복합 전치사로 일반적으로 다음의 구조를 갖는다.

▶ 전치사 + (관사) 명사 + 전치사

as a consequence of	as a result of	at the risk of
by dint of	by means of	by order of
by reason of	by virtue of	by way of
for the benefit of	for fear of	for lack of
for the purpose of	for the sake of	for want of

in return for	in advance of	in back of
in care of	in the course of	in the event of
in the face of	in favor of	in front of
in the hands of	in lieu of	in the process of
in spite of	in addition to	in proportion to
in regard to	in respect to	in accordance with
in comparison with	in connection with	in contrast with
on account of	on behalf of	on the face of
on the part of	on (the) top of	to the point of
with the exception of	with the purpose of	with an eye to
with a view to	with reference to	with regard to
with respect to 등		

They will go fishing tomorrow, even **at the risk of** offending their parents.
(그들은 부모님을 화나게 할 위험이 있음에도 내일 낚시를 하러 갈 것이다.)
By dint of hard work, he had got the job of manager.
(열심히 일한 덕분으로 그는 지배인 직위를 얻었다.)
The company is **in the process of** updating its computer systems.
(회사는 컴퓨터 시스템을 새롭게 하는 과정에 있다.)
Most novels are published **with an eye to** commercial success.
(대부분의 소설은 상업적 성공을 고려하여 출판된다.)

P31 prepositions-3: 전치사의 선택

전치사가 결합되는 단어는 다양하며 일반적으로 함께 쓰이는 단어나 표현에 의해서 선택된다. 다음의 문장을 보라.

We decided to go **by bus**. (우리는 버스로 가기로 했다.)
I can't do two things **at once**. (나는 동시에 두 가지 일을 할 수 없다.)
We made repeated **requests for** more information. (우리는 더 많은 정보를 반복해서 요청했다.)
How do you intend to **deal with** this problem? (이 문제를 어떻게 처리할 생각입니까?)
She is **fond of** pointing out my mistakes. (그녀는 나의 실수를 지적하는 것을 즐긴다.)

위 문장에서 전치사는 함께 쓰이는 단어에 의해서 선택된 것이다. 예를 들어 by는 명사 bus에 의해서, at는 부사 once에 의해서, for는 명사 request에 의해서, with는 동사 deal에 의해서, of는 형용사 fond에 의해서 선택된다.

경우에 따라서는 이러한 전치사의 선택을 구조적으로 혹은 의미상으로 예견할 수도 있으나, 많은 경우에 그렇지 않다. 따라서 우리는 전치사와 결합하여 나타나는 표현을 대부분의 경우에 관용구로 배운다. 전치사의 용법은 우리가 영어를 배우는 데 큰 부담을 준다. 그 이유는 대부분의 전치사들이 여러 가지 용법으로 사용되고(예를 들어, 잘 알려진 사전을 보면 in에 대해서는 30여 개, at에 대해서는 20여 개에 가까운 중요 용법을 나열하고 있다), 같은 의미를 여러 전치사가 표현할 수 있기 때문이다. 다음의 문장을 보라.

There was a big explosion **at midnight**. (자정에 큰 폭발이 있었다.)
We had a meeting **on Monday**. (우리는 월요일에 회의를 했다.)
She'll have a baby **in April**. (그녀는 4월에 아이를 낳을 예정이다.)

한국어에서는 시간명사가 찰나를 가리키든 하루를 가리키든 시간명사에 "-에"를 붙이면 되지만, 영어에서는 시간명사의 종류에 따라 다른 전치사가 선택된다.

1. **school, church, college, university**: 이 단어들은 전치사 at의 목적어로 쓰이면, 장소의 의미보다 그들의 기능이 중요시된다. at school은 "학교가 있는 곳"이 아니라 "학교의 기능", 즉 "학생"이라는 의미를 표현하게 된다.

    We've two children **at elementary school**, and one **at college**. [재학 중이다]
    (우리는 아이 중에 둘은 초등학생이고 하나는 대학생이다.)
    We were great friends when we were **at college**. [대학생 시절에]
    (우리는 대학생 시절에 대단한 친구 사이였다.)
    I didn't see you **at church** this morning. [예배드리다]
    (나는 오늘 아침에 네가 예배에 참석한 것을 못 봤다.)
    The applicant studied physics **at university**. [대학생으로서]
    (그 지원자는 대학에서 물리학을 공부했다.)

    ▶ 이 단어들은 go to와 결합하여 자주 쓰이며, 이때 관사를 쓰지 않는다.

    Some young people don't want to **go to college**.
    (어떤 젊은이들은 대학에 진학하고 싶어 하지 않는다.)
    My parents **go to church** every Sunday. (나의 부모님은 주일마다 교회에 가신다.)
    She **went to college/university** to study physics.
    (그녀는 물리학을 공부하기 위해 대학에 진학했다.)

    ▶ 이 명사들은 관사와 함께 사용될 수 있으며, 이 경우 이들은 기능보다 장소의 의미가 나타난다.

    I went to **the school** to meet an old friend of mine. (나는 옛 친구를 만나러 학교에 갔다.)
    He was admitted to **a college** in Seoul. (나는 서울에 있는 한 대학에 입학했다.)
    I visited **the church** to interview the minister. (나는 목사님과 면담을 위해 교회에 갔다.)

2. **at school과 in school**: 영국영어와 미국영어에서 차이를 보인다.

    [재학 중이다]
    We have two kids **at school**.   [영국영어]
    (우리는 학생이 둘이다.)
    Are your boys still **in school**?   [미국영어]
    (너의 남자아이들이 아직 학생이냐?)

    [학교(건물)에 가다]
    Sara isn't **in school** today.   [영국영어]
    (사라가 오늘 학교에 오지 않았다.)

I can have a rest while the kids are **at school**. [미국영어]
(나는 아이들이 학교에 있는 동안 쉴 수 있다.)

3   **at play**: 전치사 at는 활동이나 상태를 의미하는 명사와 결합할 수 있다.

at bay	at ease	at leisure	at liberty
at odds	at peace	at play	at rest
at risk	at war	at work 등	

She felt completely **at ease** with Bill. [편안한]
(그녀는 빌과 함께 있으면 완전히 편안함을 느낀다.)
Have lunch and then we can discuss it **at leisure**. [여유를 가지고]
(점심을 먹고 그 다음에 우리는 그것을 여유를 갖고 논의할 수 있다.)
The wounded man is **at rest** now. [사망한]
(부상을 당한 사람은 지금 사망했습니다.)
The newcomers are always **at sea** about what's going on. [혼란스러운]
(갓 온 사람들은 일이 어떻게 돌아가고 있는지 항상 혼란스러워한다.)
Russia and Poland were **at war** in 1920. [전쟁 중]
(러시아와 폴란드는 1920년에는 전쟁 중이었다.)
After 10 years in prison, he is **at liberty** finally. [자유로운]
(감옥에서 10년을 보낸 후에 그는 드디어 자유로운 몸이 되었다.)

4   **at the show와 in the show**: at는 "관람"을 의미하고 in은 "참여"를 의미한다.

I first met her **at the show** a year ago. (나는 일 년 전에 공연에 갔다가 그녀를 처음 만났다.)
She will dance **in the show** tomorrow. (그녀는 내일 공연에서 춤을 출 것이다.)
He said that he was **at the movies** with her. (그는 그녀와 함께 영화를 보았다고 말했다.)
She starred with Humphrey Bogart **in the movie** "Casablanca."
(그녀는 〈카사블랑카〉라는 영화에서 험프리 보가트와 함께 주연을 맡았다.)

5   **by car**: by는 일반적인 교통수단을 표현할 때 사용된다.

by air	**by** bike	**by** boat	**by** bus
by car	**by** land	**by** plane	**by** sea
by subway	**by** taxi	**by** train 등	

We can go to the beach only **by boat**. (우리는 해변에 버스로만 갈 수 있다.)
I always go to work **by car**. (나는 항상 차로 출근한다.)
I'd prefer to travel **by air**. (나는 비행기로 여행하는 것을 더 좋아한다.)
Troops began an assault on the city **by land and sea**.
(부대는 육지와 바다로 도시를 공격하기 시작했다.)
The best way to get there is **by bus**. (그곳에 가는 최상의 방법은 버스로 가는 것이다.)

▶ 특정 교통수단을 가리킬 경우에는 한정사가 필요하며, 전치사 "in" 또는 "on"이 사용된다.

He left his passport **in the car**. (그는 여권을 차에 놓아두었다.)
They had to send me home **in a taxi**. (그들은 나를 택시를 태워 집으로 보내야 했다.)
They first met when they were **on the train** from Seoul to Busan.
(그들은 서울발 부산행 기차에서 처음 만났다.)
I left my glasses **on the bus**. (나는 안경을 버스에 놓고 내렸다.)

▶ "on foot, on horseback"이라고 한다.

It takes about an hour **on foot**. (걸어서 약 한 시간 걸린다.)
We traveled the Grand Canyon **on horseback**. (우리는 말을 타고 그랜드 캐니언을 여행했다.)

6   by mail: by는 통신방법을 표현할 때 사용된다.

     by airmail   by e-mail   by flag   by mail
     by telegraph   by (tele)phone 등

I received the messages **by e-mail**. (나는 이메일로 메시지를 받았다.)
Did you send the application form **by mail**? (너는 지원서를 우편으로 보냈느냐?)
He sent the letter **by airmail**. (그는 항공우편으로 편지를 보냈다.)
The news came **by telegraph**. (소식이 전보로 왔다.)
He does most of his work **by (tele)phone**. (그는 대부분의 일을 전화로 한다.)

▶ 특정 통신수단을 가리킬 때는 한정사의 수식을 받으며 다른 전치사가 사용된다.

I'll send the check **in the mail** tomorrow. (나는 내일 우편으로 수표를 보낼 것이다.)
They discussed the problems **over the (tele)phone**. (그들은 전화로 그 문제를 논의했다.)
He read the news of her marriage **in the telegraph**.
(그는 그녀의 결혼 소식을 전보에서 읽었다.)

7   on TV: 전자 기기의 경우에는 일반적으로 on이 사용된다.

What's **on TV** tonight? (오늘 밤 텔레비전에 무엇이 있습니까?)
Did you hear the news **on the radio** last night? (어젯밤에 라디오에서 뉴스를 들었습니까?)
Do you know who's **on the phone**? (누가 전화를 하는지 압니까?)
I always keep a backup copy **on disk**. (나는 항상 디스크에 백업해 놓는다.)
This movie is now available **on DVD**. (이 영화는 지금 디브이디로 볼 수 있다.)

8   at hand, in hand, on hand: 이들은 약간씩 다른 의미로 사용된다.

The recent statistics shows that an economic crisis is **at hand**. [임박한]
(최근의 통계는 경제위기가 임박하다는 것을 보여준다.)
Having the right equipment **at hand** will be extremely helpful. [가까이에]
(가까이에 원하는 장비가 있으면 크게 도움이 될 것이다.)

I have enough money **in hand** to buy a new car. [쓸 수 있는]
(나는 새 차를 사는 데 쓸 수 있는 돈이 충분히 있다.)

He seemed to have everything **in hand** by the time she returned. [수습된]
(그는 그녀가 돌아왔을 때는 모든 것을 수습한 것 같았다.)
The Olympic organizers say that the arrangements are well **in hand**. [준비된]
(올림픽 조직위원들은 준비가 거의 다 되었다고 말한다.)

My bank always has an advisor **on hand** to discuss financial problems. [가용한]
(우리 은행은 재정적 문제를 도와줄 상담역을 항상 준비하고 있습니다.)

9   at the end와 in the end: at the end는 "어떤 상황의 끝"을 의미하고, in the end는 부사구로서 일정한 "시간이 지난 후"를 의미한다.

What did you find **at the end** of your journey?
(당신은 여행을 끝냈을 때 얻은 것이 무엇이었습니까?)
We decided to go to Australia **in the end**. (우리는 결국 호주로 가기로 했다.)

10   in time과 on time: "in time"은 시간적으로 여유가 있음을 말하고, "on time"은 정각을 의미한다.

Will you be able to finish it **in time**? (네가 그 일을 일찍 끝낼 수 있을까?)
John was worried about whether he'd be able to get there **on time**.
(존은 그곳에 시간에 맞춰 도착할 수 있을지 염려했다.)

11   **전치사 + 형용사/부사**: 형용사 또는 부사가 전치사의 목적어로 쓰일 수 있으며 이 경우 대개 관용구로 쓰인다.

at **last**	at **least**	at **once**
at **worst**	before **long**	by **far**
by **now**	by **then**	for **ever**
for **good**	for **now**	in **brief**
in **common**	in **private**	in **public**
in **short**	since **then**	until **now**
until **then**	up to **now** 등	

We reached the summit **at last**. (우리는 드디어 정상에 도달했다.)
Her husband is always nice to her **in public**.
(그녀의 남편은 사람들 앞에서는 항상 그녀에게 잘한다.)
In brief, we should invest more money in Swiss stocks.
(간단히 말해서 우리는 스위스 주식에 더 많은 돈을 투자해야 한다.)

12   **명사 + 전치사**: 어떤 명사는 특별한 전치사만을 선택한다.

access to	ability in	authority on
confidence in	congratulation on/for	difficulty with/in
discussion about	faith in	influence over

interest in	marriage to	proof of
reason for	request for	responsibility for

We all gave our **congratulations on** her superb performance.
(우리 모두는 그녀의 뛰어난 연주에 축하를 보냈다.)
The minster has **responsibility for** coordinating child-care policy.
(그 장관은 어린이 보육 정책을 조정할 책임이 있다.)
He seems to place a great deal of **faith in** you. (그는 너를 크게 신뢰하고 있는 것 같다.)

13 **동사 + 전치사**: 전치사적 동사에 대해서는 P35를 보라.

Recent pressure at work **accounts for** his behavior.
(작업 중에 받은 최근의 중압감이 그의 행동을 설명하고 있다.)
Jennifer really **takes after** her mother. (제니퍼는 정말로 어머니를 돌보고 있다.)

14 **동사 + 목적어 + 전치사**: P35.2를 보라.

She **reminded** her husband **of** his dental appointments.
(그녀는 남편에게 치과 예약을 상기시켰다.)
They **blamed** me **for** the accident. (그들은 사고를 내 탓으로 돌렸다.)

15 **형용사 + 전치사**: 형용사는 특정한 전치사를 취한다. (상세한 것은 A16.3과 4를 보라.)

He's written a number of books on the theories **applicable to** education.
(그는 교육에 적용할 수 있는 이론에 대해 많은 책을 썼다.)
These features aren't **typical of** the Chinese language.
(이 특성들은 중국어 특유의 것이 아니다.)

P32 prepositions-4: 전치사의 생략

전치사는 다양한 구조에서 생략될 수 있으며, 의무적으로 혹은 수의적으로 생략된다.

1 **that-절 앞에서**: that-절은 전치사의 목적어로 쓰일 수 없다. 예외로는 "except/ in/save + that-절"이 있다. 다음의 예들을 비교해 보자.

He was surprised **that she noticed him**. (그는 그녀가 그를 알아본 것에 놀랐다.)
(= He was surprised **at the fact that she noticed him**.)
(*He was surprised **at that she noticed him**.)

I know nothing about the man **except/save that** he lives next door.
(나는 그 남자가 이웃에 산다는 것 외에 그에 대해 아는 것이 없다.)
John held responsible **in that** (= because) he was the leader of the team.
(존은 팀의 지도자이기 때문에 책임을 졌다.)

2 to-**부정사 앞에서**: 부정사 바로 앞에서는 전치사가 생략된다.

He was **surprised at** the news. (그는 그 소식에 놀랐다.)
He was surprised **to see her**. (그는 그녀를 보고 놀랐다.)
(*He was surprised **at to see her**.)

She was really **sorry for** her rude behavior. (그녀는 자신의 무례한 행동을 정말로 미안해했다.)
She was really **sorry to** hear the news. (그녀는 그 소식을 듣고 정말로 안쓰럽게 여겼다.)
(*She was really **sorry for to** hear the news.)

3 wh-**절 앞에서**: 전치사는 "tell, ask, depend, sure, idea, look"와 같은 동사 다음에 오는 wh-절 앞에서 수의적으로 생략될 수 있다. 이러한 생략은 특히 간접의문문에서 흔히 일어난다. 다음을 비교해보라.

Tell me **about** your trip. (너의 여행에 대해서 말해봐라.)
Tell me **(about)** where you went. (네가 어디 갔었는지 말해라.)

I **asked** her **about** her religious beliefs. (나는 그녀의 종교적 신념에 대해서 그녀에게 물었다.)
I **asked** her **whether** she believed in God. (나는 신을 믿느냐고 그녀에게 물었다.)
(I **asked** her **about whether** she believed in God보다 자연스럽다.)

We may be late—it **depends on** the traffic.
(우리는 지각을 할 수도 있는데, 그것은 교통량에 달렸다.)
We may be late—it **depends (on) how** much traffic there is.
(우리는 지각을 할 수도 있는데, 그것은 교통량이 얼마나 많은가에 달렸다.)

You must have some **idea of** his disappearance.
(너는 틀림없이 그의 실종에 대해 조금은 알고 있을 것이다.)
You must have some **idea (of) what** happened to him.
(너는 그에게 무슨 일이 있었는지 틀림없이 좀 알고 있을 것이다.)

I'm not **sure of** his method. (나는 그의 방식에 확신이 없다.)
I'm not **sure how** he does it. (나는 그가 그것을 어떻게 할 것인지 확신이 없다.)
(I'm not **sure of how** he does it보다 자연스럽다.)

Look at this. (이것을 봐라.)
Look (at) what I have. (내가 무엇을 가지고 있는지 봐라.)

▶ 그러나 다른 경우에는 전치사를 생략하는 것이 이상하거나 불가능하다.

I'm **worried about** where she is. (나는 그녀가 어디 있는지 걱정이 된다.)
(*I'm **worried whether** she is.)
The police **questioned** me **about what** I'd seen. (경찰은 내가 목격한 것에 대해 질문을 했다.)
(*The police **questioned** me **what** I'd seen.)
There's **the question of who**'s going to pay. (문제는 누가 돈을 낼 것인가이다.)
(There's **the question who**'s going to pay보다 자연스럽다.)
People's chances of getting jobs **vary according to whether** they live in the North or

the South. (사람들이 직업을 얻을 기회는 그들이 북부에 사느냐 남부에 사느냐에 따라 다르다.)
(*People's chances of getting jobs **vary whether** they live in the North or the South.)

▶ if는 전치사 뒤에 오지 않으며, 대신에 whether를 사용한다.

I'm worried **about whether** you're happy. (나는 네가 행복한지 염려된다.)
(*I'm worried **about if** you're happy.)

if와 whether에 대해서는 W10을 보라.

4 **시간 전치사의 생략**: 명사구와 결합하여 시간을 표현하는 전치사는 종종 생략될 수 있으며, 실제로 전치사의 목적어인 명사구만 남게 된다. (A76.6을 보라.)

▶ at, on, in의 생략: 시점을 나타내는 전치사 "at, on, in"의 목적어인 시간명사가 "last, next, this, that"과 같은 "직시적"(deictic) 표현의 수식을 받거나, 목적어가 이러한 직시적 의미를 가진 시간명사일 경우 (yesterday, tomorrow, today 등) 또는 목적어가 "some, every"와 같은 양화사의 수식을 받을 때는 전치사를 의무적으로 생략해야 한다.

I saw her **last** Thursday. (나는 지난 목요일에 그녀를 봤다.)
(*I saw her **on last** Thursday.)
He's going to go to America **next** year. (그는 내년에 미국에 가려고 한다.)
(*He's going to go to America **in next** year.)
John came to see me **this** (morning)/**yesterday** (morning).
(존은 오늘/내일 (오전에) 나를 보러 왔다.)
(*John came to see me **on this** (morning)/**yesterday** (morning).)
Every summer she returns to her childhood home.
(매년 여름 그녀는 어릴 때 살던 집으로 돌아온다.)
(***In every** summer she returns to her childhood home.)

"직시적" 표현이란 말하는 사람, 시간, 상황에 의해 그 의미가 결정되는 표현을 말한다. 예를 들어, "나"는 철수가 쓰면 "철수"를 가리키고 영호가 쓰면 "영호"를 가리키며, "오늘, 내일, 어제"라는 말을 2000년 10월 31일에 쓰면, 오늘은 "2000년 10월 31일"이고 내일은 "2000년 11월 1일"이며 어제는 "2000년 10월 30일"이 된다.

▶ before와 after 앞에서: 현재에서 두 단위 이상 떨어진 직시적 시간을 나타내는 표현에서는 전치사가 수의적으로 생략된다.

He left the town **(on) the day before yesterday**. (그는 그저께 마을을 떠났다.)
He will leave the town **(on) the day after tomorrow**. (그는 모레 마을을 떠날 것이다.)
The war ended **(in) the January before last**. (전쟁은 재작년 1월에 끝났다.)

▶ the next 앞에서: 과거 또는 미래의 어떤 주어진 시점의 전이나 후의 시간을 가리킬 때 전치사는 수의적으로 생략될 수 있다.

They got married **(at) the next weekend**. (그들은 그다음 주말에 결혼했다.)
We met **(on) the following day**. (우리는 그다음 날 만났다.)
John visited us **(in) the previous spring**. (조는 그 전년도 봄에 우리를 방문했다.)

▶ 요일 명 앞에서: 구어체에서 요일 명이나 요일 명으로 시작하는 표현 앞에서는 전치사 on이 수의적으로 생략될 수 있다.

I start my new job **(on) Monday**. (나는 월요일에 새 일터에서 일을 시작한다.)
He first heard the news **(on) Tuesday evening**. (그는 화요일 저녁에 그 소식을 처음 들었다.)

▶ 구어체에서 "의문사 + 시간명사" 앞에서도 전치사가 생략될 수 있다.

What day will you have a party for your wedding anniversary?
(결혼기념 파티를 언제 여실 겁니까?)
(**On what day** will you have a party for your wedding anniversary?보다 더 자연스럽다)

What time will she arrive? (그녀는 몇 시에 도착합니까?)
(**At what time** will she arrive?보다 자연스럽다)

▶ for의 생략: 기간을 의미하는 전치사 for는 지속적 상태를 뜻하는 동사와 쓰일 경우에 수의적으로 생략될 수 있다. 그러나 명시된 기간 동안 계속적으로 어떤 행위나 상태가 지속되지 않을 경우에는 for를 생략할 수 없다.

We **stayed** there **(for) three months**. (우리는 그곳에 3개월간 머물렀다.)
The rainy weather **lasted (for) the whole time** we were there.
(비 오는 날씨가 우리가 그곳에 있는 동안 내내 지속됐다.)
I **taught** her **for three years**. (나는 그녀를 3년간 가르쳤다.)
(*I **taught** her **three years**.)
I haven't **spoken** to her **for three years**. (나는 그녀에게 3년간 말을 하지 않았다.)
(*I haven't **spoken** to her **three years**.)

▶ 문두위치: 전치사구가 문두에 올 경우에는 전치사 for를 생략하지 않는 것이 좋다.

For 600 years, the cross lay undisturbed.
(600년 동안 그 십자가는 어떠한 손길도 닿지 않은 채 묻혀 있었다.)
(***600 years**, the cross lay undisturbed.)
The cross lay undisturbed **(for) 600 years**.

▶ about 앞에서: 구어체에서 시간 전치사구가 about의 수식을 받으면 전치사가 생략될 수 있다.

We left the restaurant **(at) about** 10:30. (우리는 10시 30분경에 음식점을 나왔다.)
He taught at the University **(for) about 20 years**. (그는 대학에서 약 20년간 가르쳤다.)

▶ all 앞에서: 전치사의 목적어가 all의 수식을 받으면 for는 의무적으로 생략된다.

We stayed there **all week**. (우리는 그곳에 이번 주 내내 머물렀다.)
(*We stayed there **for all week**)
I haven't seen her **all day**. (나는 그녀를 종일 못 봤다.)
(*I haven't seen her **for all day**)

5   **전치사가 생략된 것으로 오해되는 동사**: 다음의 동사들은 전치사를 대동하는 것으로 오해하

기 쉽다.

answer	approach	concern	confuse
describe	discuss	disbelieve	enter
lack	marry	meet	obey
oppose	resemble 등		

Think carefully before you **answer (*to)** the question. (질문에 답하기 전에 신중히 생각해라.)
They are **approaching (*to)** the bridge. (그들은 다리에 접근하고 있다.)
The report **concerns (*with)** the drug traffic on the Mexican-US border.
(보고서는 멕시코와 미국 국경에서의 마약거래를 문제로 삼고 있다.)
They **confuse (*between)** the noun and verb forms.
(그들은 명사와 동사의 형태를 혼동하고 있다.)
She **described (*about)** her new boyfriend to me.
(그녀는 나에게 그녀의 새 남자친구에 대해서 말해주었다.)
I see no reason to **disbelieve (*in)** him. (나는 그를 믿지 않을 이유를 모르겠다.)
John refused to **discuss (*about)** the case publicly.
(존은 그 사건을 공개적으로 논의하는 것을 거부했다.)
Few reporters dared to **enter (*into)** the war zone.
(전쟁 지역에 감히 들어가려고 하는 기자는 많지 않다.)
Alex's problem is that he **lacks (*in/*of)** confidence.
(알렉스의 문제는 신용이 부족하다는 것이다.)
I'm going to ask her to **marry (*with)** me on St. Valentine's Day.
(나는 그녀에게 성 발렌타인 데이(2월 14일)에 나와 결혼해 달라고 요청할 것이다.)
I have promised to **meet (*with)** some friends that afternoon.
(나는 그날 오후에 친구 몇 명과 만나기로 약속했다.)
"Sit!" he said, and the dog **obey (*to)** him instantly.
("앉아!"라고 그가 말했고, 개는 즉각적으로 그의 말에 복종했다.)
They **oppose (*against/*to)** the project vehemently. (그들은 그 사업에 격렬하게 반대했다.)
He grew up to **resemble (*with)** his father. (그는 자라면서 그의 아버지를 닮아갔다.)

▶ 위 단어들은 다른 품사로 사용될 때는 전치사를 필요로 한다. 종종 형태의 변화도 일어난다.

Nobody could come up with an appropriate **answer to** the question.
(아무도 그 질문에 대한 적절한 해답을 생각해 낼 수 없었다.)
All the people are always **concerned with** children's education.
(모든 국민이 항상 아이들의 교육에 관심이 있다.)
They refused the open **discussion about** his sex scandals.
(그들은 그의 성 추문에 대한 공개 토론을 거부했다.)
His **marriage to** Marilyn Monroe was one of the biggest news then.
(그의 마린 먼로와의 결혼은 그 당시 최대 뉴스의 하나였다.)
He lived in **obedience to** the church's teachings.
(그는 교회의 가르침에 복종하는 삶을 살았다.)

We have to overcome their vehement **opposition against** the project.
(우리는 그 사업에 대한 그들의 격렬한 반대를 극복해야 한다.)

6 여타 전치사의 생략

▶ 부정관사 a: 부정관사 a가 each의 개념으로 "가격, 비율, 속도" 등을 표현할 때 전치사가 사용되지 않는다.

She took a shower three times **a day**. (그녀는 하루에 세 번 샤워를 했다.)
(*She took a shower three times **on a day**.)
The eggs cost 2000 won **a dozen**. (계란은 한 다스에 2000원이다.)
(*The eggs cost 2000 won **in a dozen**.)
The cheetah can run 50 miles **an hour**. (치타는 시속 50마일로 달릴 수 있다.)
(*The cheetah can run 50 miles **in an hour**.)

▶ home: home이 방향을 의미하는 부사로 쓰일 때는 전치사 to를 생략한다.

What time are you coming **home**? (몇 시에 집에 옵니까?)
(*What time are you coming **to home**?)
We stayed **(at) home** last night. (우리는 어젯밤에 집에 있었다.)

▶ place: place가 "any, no, some, every"와 결합하면 각각 "anywhere, nowhere, somewhere, everywhere"의 뜻으로 쓰일 수 있기 때문에 종종 전치사가 생략된다.

Let's go **(to) someplace** where we can talk about it.
(우리가 그 문제에 대해 말할 수 있는 곳으로 갑시다.)
He has no job and **no place** to live **(in)**. (그는 집도 없고 살 곳도 없다.)
I can't imagine living **(in) anyplace** else now.
(내가 지금 다른 곳에서 산다는 것을 상상할 수 없다.)

▶ 형용사적 부정사: 구어체에서는 "명사 + 부정사구 + 전치사" 구조에서 전치사가 생략될 수 있다.

The boy don't have **a single toy to play (with)**.
(그 남자아이는 갖고 놀 장난감이 하나도 없다.)
We need at least **an hour to finish it (in)**.
(우리는 그것을 끝내는 데 적어도 한 시간이 필요하다.)
I have **no place to go (to)**. (나는 갈 곳이 없다.)
I'm looking for **a place to live (in)**. (나는 살 곳을 찾고 있다.)

▶ 외모적 특성: 외모의 특성을 표현하는 "height, weight, length, size, shape, age, color 등"이 be동사와 함께 사용될 때 전치사가 사용되지 않는다.

John **is the same height** as his sister now. (존은 지금 그의 여동생과 키가 같다.)
(*John **is in the same height** as his sister now.)
Her eyes **are the same color** as her father's (그의 눈 색깔은 그의 아버지와 같다.).
(*Her eyes **are in the same color** as her father's.)

Sam is **the same age** as me. (샘은 나와 동갑이다.)
(*Sam is **at the same age** as me.)
The table **is the funny shape**. (그 식탁은 모양이 기묘하다.)
(*The table **is in the funny shape**.)
I **am the same weight** as I was ten years ago. (나는 몸무게가 10년 전과 같다.)
(*I **am in the same weight** as I was ten years ago.)
Her house **is the same size** of ours. (그녀의 집은 크기가 우리 집과 같다.)
(*Her house is **in the same size** of ours.)

P33 prepositions-5: 독립 전치사

전치사 목적어는 문장 해석에 어려움이 없을 경우 종종 생략될 수 있는데, 전통문법에서 일반적으로 이러한 전치사를 전치사적 부사(prepositional adverbs)라고 부른다. 어쩌면 우리는 전치사적 부사를 "독립 전치사"라고 분석하는 것이 옳을지도 모른다.

He's left two hours **before the end**. [전치사구]
(그는 끝나기 두 시간 전에 떠났다.)
He's left two hours **before**. [전치사적 부사/독립 전치사]
(그는 두 시간 전에 떠났다.)

1 **보충어의 생략**: 영어에는 보충어가 생략되는 경우 많이 있다. 다음의 예들을 비교해보라.

Charlie chatted cheerfully as he **ate (some food)**. [동사의 보충어 생략]
(찰리는 (음식을) 먹으면서 즐겁게 말을 했다.)
"What's he doing in the symphony?"
(그는 교향악단에서 하는 일이 무엇이냐?)
He's **the conductor (of the symphony)**. [명사의 보충어 생략]
(그는 (교향악단의) 지휘자다.)
"What time does the show start?"
(몇 시에 공연이 시작합니까?)
"I'm not **sure (when the show starts)**." [형용사의 보충어 생략]
((공연이 언제 시작하는지) 잘 모르겠는데요.)

위의 예에서 "동사, 명사, 형용사"가 보충어를 잃어도 그 문법적 범주는 변하지 않는다. 이 논리에 따르면 다음의 예에서 보충어가 생략된 전치사의 문법적 범주를 바꿀 필요가 없다.

I haven't seen her **since the war**. (나는 전쟁 후에 그녀를 못 봤다.)
I haven't seen her **since**. (나는 그 이후 그녀를 못 봤다.)

2 **문법적 특성**: 완전한 전치사구와 독립 전치사가 동일한 수식어의 수식을 받는다.

I haven't seen her **ever since the war**. (나는 전쟁 후에 지금까지 그녀를 못 봤다.)

I haven't seen her **ever since**. (나는 그 이후 지금까지 그녀를 못 봤다.)

He went **straight inside the house**. (그는 집안으로 똑바로 들어갔다.)
He went **straight inside**. (그는 안으로 똑바로 들어갔다.)

Not long after the wedding, his wife became ill. (결혼 후 얼마 안 돼서 그의 부인이 병들었다.)
He left the company **not long after**. (그는 얼마 안 돼서 회사를 그만두었다.)

3 **독립 전치사**: 전치사 중에 특히 공간을 표현하는 전치사와 몇몇 시간 전치사가 보충어 없는 독립 전치사로 사용될 수 있다. 다음의 목록을 보라.

about	above	across	after
along	alongside	around	before
behind	below	beneath	besides
between	beyond	by	downin
inside	near	off	on
opposite	outside	over	past
round	since	through	throughout
under	underneath	up	within
without 등			

He spent the whole afternoon walking **about town**.
(그는 오후 내내 마을 여기저기를 걸어 다녔다.)
People were rushing **about**, trying to find the driver.
(사람들은 운전기사를 찾으려고 여기저기 뛰어다녔다.)

There're more than 40 radio stations **around the country**.
(나라 여기저기에 40개 이상의 라디오 방송국이 있다.)
When I finished college, I travelled **around** for a while.
(나는 대학을 졸업한 후에 잠깐 여기저기로 여행을 했다.)

He arrived 10 minutes **before the ceremony**. (그는 기념식 10분 전에 도착했다.)
We were in Paris last week and in Rome the week **before**.
(우리는 지난주에 파리에 있었고, 그전 주에는 로마에 있었다.)

I turned to speak to the person **behind me**. (나는 뒤에 있는 사람에게 말을 하려고 돌아섰다.)
He set off down the road with the rest of us following close **behind**.
(그는 나머지 우리들이 바싹 뒤를 쫓는 가운데 도로 아래로 출발했다.)

The dolphins disappeared **beneath the waves**. (돌고래들은 파도 아래로 사라졌다.)
He was standing on the bridge looking at the river **beneath**.
(그는 다리 위에 서서 그 아래 강물을 바라보았다.)

People choose jobs for other reasons **besides money**.
(사람들은 돈 외의 다른 이유로 직업을 선택한다.)
The area has stunning scenery, beautiful beaches, and much more **besides**.

(그 지역은 놀라운 경치와 아름다운 해변과 그 외에 좋은 곳들이 많이 있다.)
I sat down **between Sue and Jane**. (나는 수와 제인 사이에 앉았다.)
There're a house and a stable with a few yards in **between**.
(몇 야드 간격으로 집과 마구간이 있다.)

Cattle were grazing **beyond the river**. (소들이 강 너머에서 풀을 뜯고 있었다.)
They crossed the mountains and headed for the valleys **beyond**.
(그들은 산을 넘어 그 너머의 계곡으로 향했다.)

She hanged the picture on the wall **opposite the door**. (그녀는 그림을 문 반대쪽 벽에 걸었다.)
The people who live **opposite** are always making a lot of noise.
(반대편에 사는 사람들은 항상 시끄러운 소리를 많이 낸다.)

She sat for two hours on the floor **outside her room**.
(그녀는 방 밖에 있는 마루에 두 시간 동안 앉아 있었다.)
Since it's such a nice day, shall we eat **outside**? (날씨가 정말 좋으니까 밖에서 식사합시다.)

We've been waiting here **since three o'clock**. (우리는 3시 이후부터 여기서 기다리고 있다.)
We came to Seoul in 1999 and have lived here ever **since**.
(우리는 1999년에 서울에 왔고, 그 이후 지금까지 여기서 살았다.)

She smiled at him as she walked **through the door**.
(그녀는 문을 지나 걸어오면서 그에게 미소를 지었다.)
There were people standing in the doorway and I couldn't get **through**.
(툇마루에 사람들이 서 있어서 나는 지나갈 수가 없었다.)
The disease spread quickly **throughout the country**.
(그 질병은 나라 전체로 재빨리 퍼져나갔다.)
The house was in excellent condition, with fitted carpets **throughout**.
(그 집은 전체에 맞춤 양탄자가 깔린 훌륭한 상태였다.)

He had hidden the stolen jewels **under the bed**. (그는 침대 밑에 절도한 보석을 숨겼다.)
I'd scare my mom by diving in and staying **under** for as long as I could.
(나는 물속에 들어가서 할 수 있을 때까지 오래 머무름으로써 어머니를 겁주곤 했다.)
It's near where the railway goes **underneath the road**.
(그곳은 도로 아래를 지나가는 철로와 가까운 곳이다.)
He got out of the car and looked **underneath**. (그는 차에서 내려서 밑을 살펴보았다.)

He managed to buy a small house **without a garden**.
(그는 정원이 없는 작은 집을 살 수 있었다.)
We passed two ruined abbeys, one with tower and one **without**.
(우리는 황폐해진 수도원 두 곳을 지나왔는데 하나에는 탑이 있었고 다른 하나에는 없었다.)

P34 preposition stranding(전치사 좌초)

그 명칭이 말해 주듯이 전치사는 일반적으로 자신의 목적어 앞에 온다. 그러나 다양한 구조에서 목적어만 문장의 다른 위치로 (일반적으로 절의 맨 앞 위치로) 이동하고, 전치사는 전치사구가 있던 원래 위치에 남는 경우가 있다. 이 현상을 "전치사의 좌초"라고 부른다.

1 **wh-의문문**: 영어에서 wh-의문사는 문장 또는 절의 맨 앞 위치로 이동하며, 그 의문사가 전치사의 목적어일 경우에는 이동하는 의문사는 전치사를 동반할 수도 있고 원래 위치에 좌초될 수도 있다.

To whom did you talk? (누구에게 말했느냐?)
Who did you talk **to**? (누구에게 말했느냐?)
Who do you want to go **with**? (누구와 함께 가고 싶으냐?)

▶ wh-어의 이동은 간접의문문과 감탄문에서도 일어난다.

I don't know **who** I should speak **with**. (나는 누구와 말을 해야 할지 모르고 있다.)
What appalling conditions she's **in**! (그녀는 상태가 매우 좋지 않다.)

▶ 의문문 중에는 "의문사 + 전치사"로만 이루어진 것이 있다.

"She's decided to work part time." "**What for**?"
("그녀는 시간제로 일하로 했다." "왜 그랬대요?")
"We're going on a long journey." "**Where to**?"
("우리는 긴 여행을 떠나려고 한다." "어디로요?")

▶ "where ... to, what ... like, what ... for"는 관용적으로 그 위치가 고정되어 있어서 전치사가 그 자리에 좌초된 채 있어야 한다.

Where shall I attach the photograph **to**? (사진을 어디에 붙일까요?)
(***To where** shall I attach the photograph?)
What does she look **like**? (그녀가 어떻게 생겼습니까?)
(***Like what** does she look?)
What did you do that **for**? (왜 그것을 했습니까?)
(***For what** did you do that?)

2 **관계절**: 관계대명사가 전치사의 목적어일 경우 특히 구어체에서 전치사가 좌초된다.

They failed to find the lost car **(that)** they had searched **for**.
(그들은 찾던 분실 자동차를 찾는 데 실패했다.)
(They failed to find the lost car **for which** they had searched는 문어적이다.)
He was the only man **(who)** I'd really been in love **with**.
(그는 내가 진정으로 사랑했던 유일한 남자였다.)
She reminds me of a girl **(who)** I was at school **with**.
(그녀는 나와 함께 학교에 다녔던 한 아가씨를 상기시킨다.)
I ran into the man **(who)** you were very rude **to** in the interview.
(나는 당신이 면담할 때 매우 거칠게 대했던 그 남자와 우연히 만났습니다.)

3 **수동문**: 전치사의 목적어가 수동문에서 주어 위치로 이동할 경우 전치사의 좌초가 일어난다.

The children have been well looked **after**. (아이들은 보살핌을 잘 받고 있다.)
I hate being laughed **at**. (나는 웃음거리가 되는 것이 싫다.)
Their inexperience was taken advantage **of** by everyone.
(그들의 미숙함이 모든 사람에게 악용됐다.)

4 **부정사절**: 부정사 관계절에서 전치사의 목적어가 관계대명사일 경우와 형용사의 보어절인 부정사에서 전치사의 목적어가 주어 위치로 이동하면 전치사가 좌초될 수 있다. (부정사 관계절에 대해서는 R10.1-3을 보라.)

He needs **some money to travel with**. (그는 여행할 때 쓸 돈이 필요하다.)
(= He needs **some money with which to travel**.)
She found **a pretty vase to put** the flowers **in**. (그녀는 꽃을 꽂을 예쁜 꽃병을 발견했다.)
(= She found **a pretty vase in which to put** the flowers.)
John is easy **to get along with**. (존은 함께 지내기가 쉽다.)
(= It's easy **to get along with John**.)
Mathematics was difficult for me **to major in**. (수학은 내가 전공으로 공부하기에는 어려웠다.)
(= It was difficult for me **to major in mathematics**.)
The village is pleasant **to live in**. (그 마을은 살기가 좋은 곳이다.)
(= It's pleasant **to live in the village**.)

5 **예외적 구조**: 일반적으로 "부사적으로 쓰이는 전치사구"에서는 전치사와 목적어가 밀접한 관계가 있기 때문에 전치사와 목적어의 분리가 불가능하다.

Until when did you remain there? (언제까지 그곳에 있었습니까?)
(*When did you remain there **until**?)
Besides whom did all of us pass the exam? (우리 중에 누구를 제외하고 시험을 통과했습니까?)
(*Who did all of us pass the exam **besides**?)
During which period did you visit France? (어느 기간에 프랑스를 방문했습니까?)
(*Which period did you visit France **during**?)
I wonder **with whom** he will come to dinner. (네가 누구와 저녁 식사에 올지 궁금하다.)
(*I wonder **who** he will come to dinner **with**.)

P35 prepositional verbs(전치사적 동사)

전치사적 동사란 동사와 전치사가 결합하여 마치 하나의 동사처럼 행동하는 복합동사를 가리킨다. 전치사적 동사는 일반적으로 관용적인 의미를 가지며, 그 수가 매우 많기 때문에 여기서는 몇 가지 대표적인 예들만 논의하기로 하겠다. 전치사적 동사에는 하나의 목적어를 가지는 것과 두 개의 목적어를 가지는 것 두 가지가 있다.

1 **하나의 목적어**: "동사 + 전치사구" 구조를 갖는다.

account for   agree on   agree with   agree about

agree on	agree to	aim at	aim for
allow for	apologize to	appeal to	apply for
approve of	arrive at	arrive in	ask for
attend to	believe in	belong in	belong on
belong to	call for	call on	care about
care for	come up	comment on	congratulate on
consent to	crash into	deal with	decide on
depend on	die of	die from	divide into
do without	dream about	dream of	dress in
drive into	enter into	fall in	fight with
get in	get into	get off	get on
get onto	get over	get to	go over
hint at	hope for	increase in	insist on
interfere with	keep on	laugh at	laugh about
listen to	live on	look at	look after
look for	look upon	make from	make of
object to	occur to	operate on	pay for
refer to	rely on	run across	run into
run over	search for	shout at	shout to
smile at	speak to	speak with	stare at
succeed in	suffer from	talk about	take after
take to	think of	think about	turn up
wonder at 등			

The pressure at the job **accounts for** his behavior.
(일에서 받는 중압감이 그의 행동을 설명해주고 있다.)
That job will allow her to **look after** her son during the day.
(그 일은 그녀에게 낮 동안에 아들을 돌보는 것을 허용했다.)
Jennifer really **takes after** her mother. (제니퍼는 정말 그녀의 어머니를 닮았다.)
I **ran across** her at a conference in Rome. (나는 로마의 한 학회에서 그녀를 우연히 만났다.)
The investigation hasn't **turned up** any new evidence.
(그 조사는 어떠한 새로운 증거도 찾아내지 못했다.)

2 　　두 개의 목적어: "동사 + 명사구 + 전치사구" 구조를 갖는다.

accuse ~ of	advise ~ of/about	ask ~ about
ask ~ for	base ~ on	blame ~ for
borrow ~ from	buy ~ from	collect ~ from
connect ~ with	convince ~ of/about	deprive ~ of
distinguish ~ from	entrust ~ with	forgive ~ for
help ~ with	inflict ~ on	keep ~ from
prevent ~ from	protect ~ from	provide ~ with

question ~ about	remind ~ of/about	rob ~ of
stop ~ from	suspect ~ of	warn ~ of/about 등

She's **accusing** me **of** lying. (그녀는 내가 거짓말한다고 비난하고 있다.)
He **entrusted** me **with** the task of looking after the money.
(그는 돈을 관리하는 임무를 나에게 맡겼다.)
The strike **inflicted** serious financial damage **on** the company.
(파업은 회사에 심각한 재정적 손실을 입혔다.)
She **reminded** me **of** my appointment with a client at 11.
(그녀는 나에게 고객과의 약속을 일깨워줬다.)
They **blamed** me **for** the accident. (그들은 사고를 내 탓으로 돌렸다.)
His back injury may **prevent** him **from** playing in tomorrow's game.
(그의 등 부상은 그를 내일 경기에서 뛰지 못하게 할 수도 있다.)

3 **전치사적 동사와 구동사의 차이**: 전치사적 동사와 구동사는 몇 가지 통사적 차이를 보인다. 다음의 두 문장을 비교해 보자.

▶ 전치사적 동사
The man **called on** the woman. (그 남자가 그 여자를 방문했다.)
She **looked after** her little sister at the weekend. (그녀는 주말에 여동생을 돌봤다.)
He **ran across** an old friend of his at the supermarket. (그는 슈퍼에서 옛 친구를 마주쳤다.)

▶ 구동사
The man **called up** the woman. (그 남자가 그 여자를 전화로 불러냈다.)
She **brought up** five children all on her own. (그녀는 혼자 힘으로 다섯 아이를 모두 키웠다.)
She **took off** her coat in the room. (그녀는 방에서 코트를 벗었다.)

▶ 목적어: 구동사에서는 일반적으로 전치사적 부사가 목적어를 넘어갈 수 있지만 전치사적 동사에서는 전치사가 목적어를 넘어갈 수 없다. 목적어가 대명사이면 구동사에서 부사는 목적어를 의무적으로 넘어가야 한다.

▶ 전치사적 동사
*The man **called** the woman **on**.
*She **looked** her little sister **after** at the weekend.
*He **ran** an old friend of his **across** at the supermarket.

▶ 구동사
The man **called** the woman **up**.
She **brought** five children **up** all on her own.
She **took** her coat **off** in the room.

The man **called her up**. (그 남자는 그녀를 전화로 불러냈다.)
She **brought them up** all on her own. (그녀는 혼자의 힘으로 그들을 모두 키웠다.)
She **took it off** in the room. (그녀는 방에서 그것을 벗었다.)

*The man **called up her**.

*She **brought up them** all on her own.
*She **took off it** in the room.

► 관계대명사: 목적어가 관계대명사가 될 경우 전치사적 동사 구문에서는 전치사가 관계대명사와 함께 수의적으로 이동할 수 있지만, 구동사 구문에서는 전치사적 부사가 제자리에 남아 있어야 한다.

► 전치사적 동사

The man **called on** the woman.
I just met the woman **(who)** the man had **called on** yesterday.
(나는 그 남자가 어제 방문했던 그 여자를 방금 만났다.)
(= I just met the woman **on who(m)** the man had **called** yesterday.)

She **looked after** her little sister at the weekend.
Her little sister **(who)** she **looked after** at the weekend is 15 years old.
(그녀가 주말에 돌봤던 여동생은 열다섯 살이다.)
(= Her little sister **after who(m)** she **looked** at the weekend is 15 years old.)

He **ran across** an old friend of his at the supermarket.
This is an old friend of his **(who)** he **ran across** at the supermarket.
(이 분이 그가 슈퍼에서 마주친 옛 친구분이시다.)
(= This is an old friend of his **across who(m)** he **ran** at the supermarket.)

► 구동사

The man **called up** the woman.
I met the woman **(who)** the man **had called up** yesterday.
(나는 그 남자가 어제 전화로 불러냈던 여자를 만났다.)
(*I met the woman **up (who)** the man **had called** yesterday.)

She **brought up** five children all on her own.
The five children **(who)** she **brought up** all on her own are all doctors.
(그녀가 혼자의 힘으로 키운 다섯 아이들은 모두 의사가 되었다.)
(*The five children **up who(m)** she **brought** all on her own are all doctors.)

She **took off** her coat in the room.
This is the coat **(which)** she **took off** in the room. (이것이 그녀가 방에서 벗은 코트다.)
(*This is the coat **off which** he **took** in the room.)

► 부사: 구동사 구문에서는 부사가 동사와 전치사적 부사 사이에 나타날 수 없지만 전치사적 동사구문에서는 동사와 전치사 사이에 부사적 표현이 올 수 있다.

► 전치사적 동사

The man **called early on** the woman. (그 남자는 그 여자를 일찍 방문했다.)
She **looked carefully after** her little sister at the weekend.
(그녀는 주말에 여동생을 정성들여 돌봤다.)
He **ran suddenly across** an old friend of his at the supermarket.
(그는 슈퍼에서 옛 친구를 갑자기 마주쳤다.)

▶ 구동사
*The man **called early up** the woman.
*She **brought earnestly up** five children all on her own.
*He **took quickly off** her coat in the room.

P36 present tenses(현재시제)-1: 단순현재

영어에서 현재시제와 연관된 동사구의 형태에는 네 가지가 있다.

I **work**/he **works**	[단순현재형]
I **am working**/he **is working**	[현재진행형]
I **have worked**/he **has worked**	[현재완료형]
I **have been working**/he **has been working**	[현재완료진행]

동사의 단순현재형은 주어가 삼인칭 단수일 경우에만 -(e)s어미를 붙이고 다른 경우에는 동사의 원형과 동일하다.

긍정문	의문문	부정문
he/she/it **works** I/you/we/they **work**	**Does** he/she/it **work**? **Do** I/you/we/they **work**?	he/she/it **does not work** I/you/we/they **do not work**

be 동사의 변화에 대해서는 B2를 보라.

1   **형태**: 영어에서 동사의 3인칭 단수 현재형은 다음과 같이 만든다.

▶ "-s, -z, -ch, -sh, -x"로 끝나는 동사에는 -es 어미를 붙인다.

kiss : kiss**es**   buzz : buzz**es**   catch : catch**es**
rush : rush**es**   fix : fix**es**

▶ "자음문자 + y"로 끝나는 동사는 "-y를 -i로 바꾼 후"에 -es 어미를 붙인다.

cry : cr**ies**   reply : repl**ies**   hurry : hurr**ies**
buy : buy**s**   play : play**s**   destroy : destroy**s**

▶ 그 외의 동사에는 -s 어미가 붙는다.

call : call**s**   wait : wait**s**   promise : promise**s**

▶ 다음의 세 단어는 위의 법칙을 벗어난다.

have : has   do : does   go : goes

2   **발음**: "동사의 3인칭 단수 어미의 발음"은 "명사의 복수어미의 발음"과 같다. (N26.6을 보라.) 예외적으로 says는 /seɪz/가 아니라 /sez/로 발음되고, does는 /duz/가 아니라 /dʌz/로 발음된다.

단순현재형 동사는 다음과 같은 경우에 사용된다.

3 **영구적/반복적**: 영구적인 상황이나 규칙적이고 반복적인 현상을 말할 때

The sun **rises** on the east. (해는 동쪽에서 뜬다.)
Water **freezes** at zero degrees Celsius. (물은 섭씨 영도에서 언다.)
Seoul **stands** on the Han River. (서울은 한강 변에 있다.)
Jane **works** for an insurance company. (제인은 보험회사에서 일한다.)

4 **습관**: 습관적인 행위나 현상을 말할 때

He **plays** golf every Wednesday. (그는 매 수요일에 골프를 친다.)
I **go** to bed at 10 o'clock. (나는 10시에 잠자리에 든다.)
He **walks** to work every day. (그는 매일 걸어서 출근한다.)

5 **해설**: 일련의 상황을 해설하거나 어떤 작업에 대해 시범을 보일 때 또는 일련을 행위를 지시할 때

Now, Brown **passes** the ball to Johnson, Johnson to Bundy, Bundy **crosses** to Smith, who **loses** the ball ... (지금 브라운이 존슨에게, 존슨은 번디에게 볼을 패스하고, 번디는 스미스에게 볼을 크로스했으나 스미스가 볼을 빼앗기고, ...)

First we **turn on** this switch. We **wait** a little, while the monitor **shows** all its icons. Then **move** the mouse to select and **click** the icon we want ...
(먼저 스위치를 켜고 화면에 모든 아이콘이 나타날 때까지 잠시 기다려라. 그리고 마우스를 움직여 원하는 아이콘을 선택하여 클릭해라 ...)

To get to the station, you **go** straight on the traffic lights, and then **turn** left.
(정거장에 가려면 신호등에서 직진한 다음 왼쪽으로 도십시오.)
Please **wait** outside the store, until the manager arrives.
(지배인이 도착할 때까지 미안하지만 상점 밖에서 기다려 주십시오.)

6 **here와 there**: here나 there로 시작하는 감탄표현에서는 단순현재형이 사용된다.

Here we **are**—home at last! (자, 드디어 집에 도착했네!)
Here **comes** your wife! (네 부인께서 오셨다.)
There she **goes** again—complaining the weather! (또 시작하네. 날씨만 탓하고!)

7 **정적동사**: 현재 시점에 일어나고 있는 상황이나 행위를 기술할 때는 현재진행형을 사용하지만, 진행형이 없는 정적동사의 경우에는 현재형을 사용한다. (V2를 보라).

He **loves** you. (그는 너를 사랑한다.)
I **like** the wine very much. (나는 포도주를 매우 좋아한다.)
We all **understand** your trouble. (우리 모두는 너의 어려움을 이해한다.)

8　**미래 상황**: 현시점에서 이미 정해진 미래의 상황이나 행위를 말할 때

　　Next year the Spring Semester **begins** on March 2. (다음 해에는 봄 학기가 3월 2일에 시작한다.)
　　Flight 007 **takes** off at 12:45 p.m. (비행번호 007은 오후 12시 45분에 이륙합니다.)

9　**언표적 행위**: 말로서 우리의 행위를 표현할 때

　　I **promise** not to smoke again. (나는 다시 담배를 피우지 않을 것을 약속한다.)
　　I **agree** with you. (나는 너와 뜻이 같다.)
　　I **pronounce** you man and wife. (나는 당신들을 남편과 부인으로 선포합니다.)
　　I **wish** you a merry Christmas. (즐거운 성탄이 되시기를 빕니다.)

10　**부사절**: 시간 부사절과 조건 부사절이 미래 시간을 의미할 때, 단순 현재시제형을 쓴다.

　　The party will be over **by the time we get there**.
　　(우리가 도착할 때쯤에는 파티가 끝났을 것이다.)
　　What will he do **when he leaves school**? (그는 학교를 그만두면 무엇을 할 것입니까?)

P37　present tenses-2: 현재진행형

1　**형태**: 현재진행형은 현재형 be동사와 -ing 현재분사형을 결합하여 구성한다.

긍정문	의문문	부정문
I **am working** he/she/it **is working** you/we/they **are working**	**am** I **working**? **Is** he/she/it **working**? **are** you/we/they **working**?	I **am not working** he/she/it **is not working** you/we/they **are not working**

be 동사는 특히 구어체에서 축약형이 많이 사용된다. (C25를 보라.)

I**'m** working.
He/She/It**'s** working.
You/We/They**'re** working.

동사에 -ing어미를 붙이는 방법에 대해서는 G2를 보라.

현재진행형은 다음과 같은 경우에 사용된다.

2　**진행 중**: 현시점에 진행되고 있는 행위나 상황을 말할 때

　　We**'re** all **waiting** for the department store to open.
　　(우리는 모두 백화점이 문을 열기를 기다리고 있다.)
　　Don't take the newspaper away. I**'m** still **reading** it.
　　(신문을 치우지 마라. 내가 아직 다 읽지 않았다.)
　　"What **are** you **doing**?" "I**'m resting**." ("무엇을 하고 있습니까?" "쉬고 있습니다.")

3   **현시점 중심의 행위**: 비록 현시점이 아니라 할지라도 현시점을 중심으로 일어나고 있는 행위나 현상을 말할 때

   I**'m reading** a novel by Lee Moonyul. (나는 이문열의 소설을 읽고 있다.)
   Mr. Lee**'s teaching** English and **learning** French.
   (이 군은 영어를 가르치고 프랑스어를 배우고 있다.)

4   **미래 행위**: 확정된 가까운 미래의 행위를 말할 때

   We**'re going** to New York on Sunday. (우리는 일요일에 뉴욕에 갈 것이다.)
   Uncle John**'s coming** here next week and **is staying** with us until July.
   (존 삼촌은 다음 주에 여기 와서 7월까지 우리와 함께 있을 것이다.)
   Are you **doing** anything tonight? (오늘 밤에 무엇인가를 할 겁니까?)

5   **현시점과 연관된 변화**: 현시점과 연관되어 일어나는 변화나 성장을 강조할 때

   We**'re getting** tired of hearing all his negative remarks.
   (우리는 그의 모든 부정적 말에 지쳐가고 있다.)
   They say CO_2 emissions of cars **are** greatly **affecting** the climate change of the world.
   (자동차의 이산화탄소 배출이 세계의 일기변화에 크게 영향을 주고 있다고 말한다.)
   They say the universe **is expanding**, and has been since its beginning.
   (우주는 지금 팽창하고 있고 그 시초 이래 팽창해 왔다고 말한다.)

6   **일시적 상황과 영구적 상황**: 일시적 상황을 말할 때는 진행형을, 오래 지속되거나 영구적인 상황을 말할 때는 단순현재를 사용한다. (P36.3을 보라.)

   Smoke **is rising** from the chimneys. (연기가 굴뚝에서 피어오르고 있다.)
   The sun **rises** on the east. (태양은 동쪽에서 뜬다.)

   Do you know why the man **is standing** on the table?
   (그 남자가 왜 식탁 위에 서 있는지 알고 있느냐?)
   Seoul **stands** on the Han River. (서울은 한강 변에 있다.)

   Jane**'s working** for a law firm for the summer. (제인은 여름 동안 법률회사에서 일하고 있다.)
   Jane **works** for an insurance company. (제인은 보험회사에서 일한다.)

7   **느낌**: "feel, hurt, ache"와 같은 육체적 느낌을 말할 때는 진행형과 단순 현재형이 큰 의미적 차이 없이 쓰인다.

   You can never tell what **he's feeling**. = You can never tell what **he feels**.
   (너는 그가 어떻게 느끼고 있는지 결코 알 수 없을 것이다.)
   My right shoulder **is hurting** like hell. = My right shoulder **hurts** like hell.
   (나의 오른쪽 어깨가 몹시 아프다.)
   My feet **are aching** from standing so long. = My feet **ache** from standing so long.
   (나는 너무 오래 서 있어서 발이 아프다.)

8 **진행형과 부사**: 진행형 동사와 always와 같은 부사에 대해서는 P40.12를 보라.

P38 present tenses-3: 현재완료형

1 **형태**: 현재완료형은 "현재형 have 동사와 -ed 과거분사형"을 결합하여 구성한다.

긍정문	의문문	부정문
he/she/it **has worked** I/you/we/they **have worked**	**has** he/she/it **worked**? **have** I/you/we/they **worked**?	he/she/it **has not worked** I/you/we/they **have not worked**

▶ have와 has는 구어체에서 축약형이 흔히 사용된다.

I/You/We/They've worked.
He/She/It's worked.

동사의 과거분사형을 만드는 방법에 대해서는 P15와 V8을 보라.

현재완료형은 다음과 같은 경우에 사용된다.

2 **완료된 행위**: 완료된 행위나 사건이 현시점과 연관이 있다고 생각할 때

The students **have invited** us to the graduation party. (학생들이 우리를 졸업파티에 초청했다.)
At last, I**'ve finished** my homework. (드디어 나는 숙제를 끝냈다.)

3 **부사구**: "up to now, since 1900, so far"와 같은 부사구가 있을 때

I**'ve lived** in this city **since** I was born. (나는 태어나서부터 이 도시에 살았다.)
Nothing particular **has happened so far**. (지금까지는 특별한 일이 일어나지 않았다.)

4 **가까운 과거**: 가까운 과거를 의미하는 "recently, just, this minute, lately" 등의 부사가 있을 때

he telegram **has just arrived**. (전보가 방금 도착했습니다.)
I **have recently met** him at the seminar. (나는 얼마 전에 세미나에서 그를 만났다.)

5 **과거의 행위**: 과거에서 현시점 사이에 적어도 한 번은 발생한 행위나 사건을 말할 때

Have you **seen** Mary? (너는 메리를 본 적이 있느냐?)
Have you ever **been** to Africa? (너는 아프리카에 가본 적이 있느냐?)
I don't believe I've ever **heard** about it before.
(나는 그것에 대해서 전에 들어본 적이 있다고 생각하지 않는다.)
I'm sure we**'ve met** before. (나는 우리가 전에 만났다고 확신한다.)

6 **최근 소식**: 최근의 뉴스를 말할 때

The yen **has fallen** against the dollar. (엔화가 달러에 비해 하락했습니다.)
There **has been** an explosion at New York. (뉴욕에서 폭발이 있었습니다.)
President Bush **has had** a talk with Prime Minister Blair.
(부시 대통령이 블레어 수상과 회담을 했습니다.)

7 **특별 구문**: "this/that/it + is + the first/second/only/best/most/worst" 구문에서 사용된다.

This is the first time you've **asked** my help. (네가 나의 도움을 청한 것이 이것이 처음이다.)
It's the third cup of coffee you've **drunk** this afternoon.
(이 커피가 네가 오늘 오후에 마신 세 번째 잔이다.)
This is the best birthday present I've ever **received** in my life.
(이것은 내 생애에서 내가 받은 최고의 생일 선물이다.)

▶ "one of the best/most/worst" 구문에서 사용된다.

He's **one of the most** interesting persons I've ever **met**.
(그는 내가 지금까지 만난 가장 재미있는 사람 중의 한 명이다.)
Seoul is **one of the most** expensive cities in Asia I've **lived**.
(서울은 내가 아시아에서 살아본 가장 비싼 도시 중의 하나다.)

P39 present tenses-4: 현재완료진행형

1 **형태**: 현재완료진행형은 현재형 "have동사"와 "be동사의 관거분사형 been"과 "동사의 -ing 현재분사형"을 결합하여 구성한다.

긍정문	의문문	부정문
he/she/it **has been working** I/you/we/they **have been working**	**has** he/she/it **been working**? **have** I/you/we/they **been working**?	he/she/it **has not been working** I/you/we/they **have not been working**

현재완료진행형은 다음과 같이 사용된다.

2 **현시점까지 지속**: 과거에 시작되어 현시점에도 지속되는 행위나 상황을 말할 때

He **has been working** in the garden since 9 o'clock. (그는 9시부터 정원에서 일하고 있다.)
We've **been waiting** for you for two hours. (우리는 두 시간 동안 너를 기다리고 있다.)
It's **been snowing** since Christmas. (크리스마스 때부터 눈이 내리고 있다.)
How long **have** you **been learning** English? (얼마나 오랫동안 영어를 배우고 있습니까?)
What **have** you **been doing** in my office? (너는 내 사무실에서 무엇을 하고 있었느냐?)

3 **반복적 행위**: 과거부터 현시점에도 반복적으로 일어나는 행위나 사건을 말할 때

I've **been playing** tennis a lot recently. (나는 근래에 테니스를 많이 치고 있다.)

He's **been visiting** his sick mother very often. (그는 병든 어머니를 매우 자주 찾아뵙고 있다.)

4 **일시적 행위**: 장기간 또는 영구적인 것에 대해서는 현재완료형을 쓰고 단기간 또는 일시적인 행위나 상황을 말할 때는 현재완료진행형을 사용한다.

The stone wall **has stood** on the hill for 600 years. (돌담은 600년간 언덕 위에 서 있다.)
The man **has been standing** at the corner all day. (그 남자는 모퉁이에 온종일 서 있다.)

My parents **have lived** at Busan all their lives. (나의 부모님은 부산에 평생 동안 살고 계시다.)
I've **been living** in Mary's apartment for a month.
(나는 한 달간 메리의 아파트에서 살고 있다.)

P40 progressive verbs(진행형 동사)

1 **형태**: -ing어미가 붙은 동사는 영어에서 "동명사(gerund)"와 "진행분사(progressive participle)"로 사용된다.

동명사에 대해서는 G5-G10을, 동사에 -ing어미를 붙이는 방법에 대해서는 P2.2를 보라.

2 **-ing형이 나타나는 구조**: 모든 구조가 흔히 쓰이는 것은 아니지만 진행형 동사는 이론적으로 다음과 같은 동사구에 나타난다. 물론 아래에 예로 든 모든 진행형이 자연스럽게 두루 사용되는 것은 아니다.

He's **looking** for the wallet he lost. (그는 잃어버린 지갑을 찾고 있다.)	[현재진행]
His office **is being** thoroughly **searched**. (그의 사무실은 철저하게 수색을 받았다.)	[현재진행 수동]
I've **been being examined** by the doctor. (나는 의사의 진찰을 받고 있었다.)	[현재완료 진행수동]
She **was cooking** dinner for him. (그녀는 그를 위해 저녁을 준비하고 있다.)	[과거진행]
He **was being examined** at the time. (그는 그때 진찰을 받고 있었다.)	[과거진행 수동]
Nobody knew how long she **had been sitting** there. (그녀가 그곳에 얼마나 오래 앉아있었는지 아무도 몰랐다.)	[과거완료 진행]
He didn't know I **had been being examined**. (그는 내가 진찰을 받았다는 것을 몰랐다.)	[과거완료 진행수동]
I'd like **to be lying** on the beach now. (나는 지금 해변에 누워있고 싶다.)	[현재진행 부정사]
I believed her **to have been doing** her homework. (나는 그녀가 숙제하고 있었다고 생각했다.)	[과거진행 부정사]
She is believed **to have been being examined** by him. (그녀는 그에게 진찰을 받고 있었던 것으로 믿어진다.)	[과거진행 수동부정사]

3 **단순형과 진행형과 완료형**: 진행시제와 완료시제는 전통적으로 각각 진행상(progressive aspect)과 완료상(perfective aspect)이라고 부른다. 상이란 동사가 의미하는 상황이나 행위가 시간과 어떤 관계에 있는가를 표현한다. 그 상황이나 행위를 지속적이고 영구적인 것으로 볼 때는 단순(현재 또는 과거)시제를 사용하고, 완료된 것으로 볼 때는 완료시제를 사용하며, 진행 중이거나 일시적인 것으로 볼 때 진행시제를 사용한다. 다음을 비교해보라.

The Yalu **flows** into the Yellow Sea. [영구적]
(압록강은 황해로 흐른다.)
Fresh air **is** freely **flowing** through the building, [일시적]
 as the windows are open.
(창문이 열리니까 신선한 공기가 건물을 통해 자유롭게 흐르고 있다.)
I**'ve read** your letter. [완료된 행위]
(나는 너의 편지를 읽었다.)
I**'ve been reading** a lot of thrillers recently. [반드시 완료된 것이 아님]
(나는 최근에 스릴러물을 많이 읽고 있다.)

▶ 짧은 반복적 행위를 표현할 때도 진행형을 사용한다.

John **was kicking** a ball around the ground. (존은 운동장에서 볼을 차면서 돌아다녔다.)
Fans**'re jumping** up and down and **cheering**.
(팬들이 아래위로 깡충깡충 뛰면서 환호성을 지르고 있다.)
Waves**'re pounding** against the pier in the storm.
(폭풍우 속에서 파도가 선창을 세게 때리고 있다.)

진행형에 대한 상세한 용법에 대해서는 각 형태의 항목들을 보아주기 바란다.

4 **진행형과 동사의 의미**: 진행형은 일반적으로 동적인(dynamic) 상황, 즉 "행위, 사건, 과정"을 의미하는 동사로 표현된다. (V2.1을 보라.)

These men **are constructing** a road through the forest. [행위]
(이 사람들은 숲을 가로지르는 도로를 건설 중이다.)
Knowledge in the field of genetics **is developing** very rapidly. [과정]
(유전학 분야의 지식이 급속도로 발전하고 있다.)
The machine **is** no longer **functioning**. [사건]
(기계가 더 이상 작동하지 않는다.)

5 **정적인 상황**: 정적인(stative) 상황을 표현하는 동사는 일반적으로 진행형으로 사용될 수 없다. 정적인 상황을 의미하는 동사로는 감각(perception)동사와 지각(cognition) 동사 그리고 관계와 상태(relation and state)동사가 있다. (V2.2를 보라.)

I **didn't notice** her leave the shop. [지각]
(나는 그녀가 상점을 나가는 것을 몰랐다.)
(*I **wasn't noticing** her leave the shop.)
I **love** you very much. [인지]

(나는 너를 매우 사랑한다.)
(*I'm **loving** you very much.)
It **depends** on you whether you'll succeed. [관계]
(네가 성공할 것인가 아닌가는 너에게 달렸다.)
(*It's **depending on** you whether you'll succeed.)

6   **지각동사**: 우리의 오감을 통해서 인지되는 현상을 의미하는 지각동사는 진행형이 없다. (P21과 V2를 보라.)

The surveys **appear** to contradict the government's claims.
(조사는 정부의 주장과 반대인 것으로 보인다.)
(*The surveys **are appearing** to contradict the government's claims.)
Istanbul **sounds** very exciting and rewarding.
(이스탄불은 매우 감동적이고 보람을 느끼는 곳으로 보인다.)
(*Istanbul **is sounding** very exciting and rewarding.)
Do you **hear** the sound of footsteps on the porch?
(너는 툇마루에서 나는 발소리를 들을 수 있어?)
(*Are you **hearing** the sound of footsteps on the porch?)

7   **인지동사** (verbs of cognition): 인지동사에는 두 가지 종류가 있으며 진행형이 없다. (V2를 보라.)

▶ 마음의 상태를 의미하는 동사

Everybody **understands** your problem. (모두가 너의 어려움을 이해한다.)
(*Everybody's **understanding** your problem.)
I **forgot** your name. (나는 네 이름을 잊었다.)
(*I **was forgetting** your name.)
I **wish** I could help him. (내가 너를 도와줄 수 있으면 좋겠다.)
(*I'm **wishing** I could help him.)

▶ 감정적 상태, 반응, 느낌을 유발하는 동사

astonish	frighten	impress	irritate
please	shock	surprise 등	

It **astonished** me that they're getting divorced. (그들이 이혼할 것이라는 사실에 나는 놀랐다.)
(*It **was astonishing** me that they're getting divorced.)
The news of the plane crash **has shocked** all of us.
(우리는 모두 비행기 추락 소식에 충격을 받았다.)
(*The news of the plane crash **has been shocking** all of us.)

8   **지각동사와 인지동사**: 지각동사와 인지동사 중에 "see, hear, feel, taste, smell, understand, remember"와 같은 동사는 can/could와 결합하여도 큰 의미적 변화를 보이지 않는다. (P21

을 보라.)

I **can feel** an insect crawling on my back. (나는 내 등에 벌레가 기어가는 것을 느낄 수 있다.)
(= I feel an insect crawling on my back.)
Can you **smell** something burning? (무엇인가 타는 냄새를 맡을 수 있습니까?)
(= Do you smell something burning?)
I **can't** really **understand** the political situation in Northern Ireland.
(나는 북아일랜드의 정치적 상황을 정말로 이해할 수가 없다.)
(= I don't really understand the political situation in Northern Ireland.)

9   관계와 상태동사: "관계, 상태, 존재"를 의미하는 동사는 진행형이 없다. (V2.2를 보라.)

Do the same rules **apply** to part-time workers?
(시간제 노동자들에게도 같은 규칙이 적용됩니까?)
(***Are** the same rules **applying** to part-time workers?)
It **depends on** him whether they will succeed. (그들이 성공할 것인가는 그에게 달려있다.)
(*It **is depending on** him whether they will succeed.)
The water **surrounds** the entire castle. (물이 성을 빙 돌아 둘러싸고 있다.)
(*The water **is surrounding** the entire castle.)
She **owns** a very expensive car. (그녀는 대단히 비싼 차를 소유하고 있다.)
(*She **is owning** a very expensive car.)

10 진행형과 비진행형 용법: 어떤 동사들은 의미하는 바에 따라 진행형으로도 사용될 수도 있고 비진행형으로도 사용될 수 있다. 다음을 비교해보라.

I'**m seeing** the doctor at ten o'clock. (나는 10시에 의사를 만나볼 것이다.)
I **see** what you mean. (네가 무슨 말을 하는지 알겠다.)
(*I'**m seeing** what you mean.)

Why **are** you **smelling** the meat? Is it bad? (어째서 고기 냄새를 맡고 있느냐? 상했어?)
Does the meat **smell** bad? (고기가 나쁜 냄새가 납니까?)
(***Is** the meat **smelling** bad?)

He's **having** a good time. (그는 즐기고 있다.)
He **has** a nice wife. (그는 좋은 부인을 가지고 있다.)
(*He's **having** a nice wife.)

Wait a minute—I'**m thinking**. (잠깐만 기다려. 생각 중이야.)
What do you **think** of the new school? (새로운 학교가 어떻다고 생각하느냐?)
(*What **are** you **thinking** of the new school?)

I'm just **tasting** the cake to see if it's OK. (괜찮은지 알아보려고 케이크를 맛보고 있을 뿐이다.)
The cake **tastes** wonderful. (케이크가 맛이 매우 좋다.)
(*The cake **is tasting** wonderful.)

The scales broke when I **was weighing** myself this morning.

(오늘 아침에 내가 체중을 달다가 저울이 망가졌다.)
I **weighed** 68 kilos three months ago—and look at me now!
(나는 3개월 전에 68킬로였다. 지금 날 봐!)

► 많은 비진행 동사들도 "변화나 발전의 과정"을 강조할 경우에는 진행형으로 사용될 수 있다. 특히 이런 현상은 비교급 표현이나 양상부사와 함께 많이 나타난다.

Our economy **is gradually and steadily depending** on the world economy.
(우리나라의 경제도 점차 꾸준히 세계 경제에 의존해 가고 있다.)
These days, **more and more people are preferring** to take early retirement.
(근래에 와서 점점 더 많은 사람이 조기 은퇴를 선호하고 있다.)
The water's **tasting better** today. (물맛이 오늘 더 좋아졌다.)
Fish **are** quickly **smelling** bad, **as the temperature rises**.
(기온이 오르면 생선은 급속도로 나쁜 냄새를 풍기게 된다.)

► 육체적 느낌을 의미하는 "hurt, ache, itch, tingle, feel 등"은 진행형과 비진행형이 큰 의미적 차이가 없이 쓰인다.

My left arm **itches/is itching**. (나의 왼쪽 팔이 근질근질하다.)
He said his stomach **hurt/was hurting**. (그는 위에 통증을 느낀다고 말했다.)
My back **ached/was aching** after the wrestling. (나는 레슬링을 한 후에 등이 쑤신다.)

11 **비진행형 동사의 -ing형**: 진행형으로 절대로 사용될 수 없는 동사라 할지라도 분사구문과 동명사에서는 -ing형을 가질 수 있다.

Knowing her tastes, I bought her a large box of chocolates.
(나는 그녀의 기호식품을 알았기 때문에 그녀에게 큰 초콜릿 한 상자를 사 주었다.)
I don't like to go to a country without **knowing** something of the language.
(나는 언어에 대해서 좀 알지 않고는 어느 나라에 가고 싶지 않다.)

12 **진행형과 부사**: 앞에서 지적했듯이 진행형은 진행 중이고 일시적인 상황을 가리키기 때문에 제한 없이 불명확한 기간을 표현하는 "always, continually, constantly, for ever, perpetually, eternally"와 같은 부사와는 양립할 수 없지만, 이 부사들이 진행형과 같이 사용되면 "매우 자주(very often)"라는 의미를 갖는다.

I'm always losing my keys. (나는 열쇠를 항상 잃어버린다.)
(= I keep losing my keys.)
This dishwasher **is continually breaking** down. (접시 세척기가 계속해서 고장이 난다.)
Mr. Smith **is forever complaining** about the weather.
(스미스 씨는 끊임없이 날씨에 대해 불평한다.)
We **are constantly being** warned that tobacco is poison.
(우리는 담배가 독약이라는 경고를 지속적으로 받는다.)

► 이 경우 진행형과 비진행형 간에는 의미적 차이가 난다. 다음을 비교해보라.

He **always reads** detective stories. (그는 항상 탐정소설을 읽는다.)

(= He reads only detective stories.)
He's **always reading** detective stories. (그는 항상 탐정소설을 읽고 있다.)
(= He keeps reading detective stories.)

She **always cleaned** the house. (그녀는 집을 항상 깨끗이 했다.)
(= She kept the house clean.)
She **was always cleaning** the house. (그녀는 집을 항상 청소하고 있다.)
(= She kept cleaning the house.)

▶ 계획되지 않고 "우연한 반복적 상황"에는 진행형이 사용되고, "계획되고 규칙적으로 반복되는 상황"에는 단순형이 사용된다.

I'**m always meeting** that girl in the museum. (나는 그 아가씨를 박물관에서 항상 만난다.)
I **always meet** that girl in the museum. (나는 그 아가씨와 박물관에서 항상 만났다.)

Her mother **was always arranging** little surprise picnics and outings.
(그녀의 어머니는 항상 예기치 않은 작은 피크닉과 소풍을 준비한다.)
When I was a child, we **always had** picnics on Saturdays in the summer.
(내가 어렸을 때 여름에는 항상 토요일에 피크닉을 가졌다.)

▶ 이들 부사와 함께 사용되는 진행형은 종종 "불편함, 노여움, 괴로움, 실망, 불만"을 표현하기도 한다.

My boss **is always smoking** cigars in my presence.
(나의 상사는 내가 있을 때 항상 시가를 피운다.)
He'**s continually talking** about how beautiful his wife is.
(그는 자신의 부인이 매우 예쁘다고 계속해서 말한다.)
They'**re perpetually grumbling** over the salaries they get.
(그들은 그들이 받는 봉급에 대해서 끊임없이 투덜거린다.)

P41 pronouns(대명사)-1: 핵심 대명사

1   **대명사의 유형**: 영어의 대명사는 다음 표와 같다.

```
          ┌─ 핵심대명사 ┬─ 인칭대명사: I/me, he/him, ...
          │            ├─ 재귀대명사: myself, himself, ...
          │            └─ 소유대명사: my/mine, our/ours, ...
          ├─ 상호대명사: each other, one another
          ├─ 관계대명사: that, who, ...
          ├─ 의문대명사: who, what, ...
          ├─ 지시대명사: this, these, that, those
          └─ 부정대명사: all, someone, anything, no one, ...
```

상호대명사에 대해서는 E3을 보라.
관계대명사에 대해서는 R7을 보라.
의문대명사에 대해서는 Q4를 보라.
지시대명사에 대해서는 D9를 보라.
부정대명사에 대해서는 I15와 I16을 보라.

2 **핵심대명사**: 핵심대명사는 다른 대명사들과는 달리 인칭(person), 성(gender), 수(number)에 따라 그 형태가 변하며, 특히 인칭대명사는 격(case)에 따라 다른 모습을 취한다.

		인칭대명사		재귀대명사	소유대명사	
		주어	목적어		한정사적	명사적
일인칭	단수	I	me	myself	my	mine
	복수	we	us	ourselves	our	ours
이인칭	단수	you	you	yourself	your	yours
	복수	you	you	yourselves	your	yours
삼인칭	남성 단수	he	him	himself	his	his
	여성 단수	she	her	herself	her	hers
	중성 단수	it	it	itself	its	없음
	복수	they	them	themselves	their	theirs

▶ 인칭대명사 (personal pronouns): 인칭대명사에는 주어형과 목적어형이 있으며 (I/me, we/us, he/him, she/her, they/them), it와 you는 주어형과 목적어형이 동일하다. 주어형은 주어 또는 때때로 주어보어로 쓰이며, 목적어형은 동사의 목적어, 전치사의 목적어, "me"의 경우에는 주어보어로도 가끔 쓰인다.

He was late. [주어]
(그는 늦었다.)
It was **he**. [주어보어]
(그것은 그였다.)
It was **him**. [주어보어]
(그것은 그였다.)
I saw **him** at the station. [동사의 목적어]
(나는 그를 정거장에서 보았다.)
We cannot manage without **him**. [전치사의 목적어]
(우리는 그가 없이는 해낼 수가 없다.)
"I'm hungry." "**Me** too." [주어]
("나는 배가 고프다." "나도 그렇다.")

인칭대명사 중에 "it과 they/them"은 사람 외에 사물을 가리킬 수도 있다.

▶ 대명사의 필요성: 영어에서는 한 담화(discourse) 내에서 완전한 명사구를 가급적 반복해서 사용하지 않고 상응하는 대명사로 대치하는 것이 원칙이다. 다음을 비교해 보라.

John and Mary are here. Ask them what they want.
(존과 메리가 여기 있다. 그들에게 무엇을 원하는지 물어봐라.)
(*Ask John and Mary what John and Mary want.)

John took a toy from my daughter. I told him to return it to her.
(존이 내 딸에게서 장난감을 빼앗아 갔다. 나는 그에게 장난감을 내 딸에게 돌려주라고 했다.)
(*I told John to return the toy to my daughter.)

3 **대명사와 선행사**: 대명사가 가리키는 명사(구)를 우리는 흔히 그 대명사의 선행사(antecedents)라고 한다. 선행사와 대명사의 관계를 나타내는 법칙은 다음과 같다.

▶ 선행사 법칙: 선행사는 대명사를 선행한다.

John said that he would go to Africa next year. (존은 내년에 아프리카에 갈 것이라고 말했다.)
Because John was hungry, he ate hamburgers. (존은 배가 고파서 햄버거를 먹었다.)
John's son doesn't like him. (존의 아들은 그를 좋아하지 않는다.)

4 **대명사가 선행사를 선행하는 경우**: 일반적으로 다음의 경우 선행사가 대명사 뒤에 올 수 있다.

▶ 대명사가 주절 앞에 오는 종속절 내에 있고 선행사가 주절 내에 있을 때는 대명사가 선행사를 선행할 수 있다. 따라서 다음의 두 문장이 다 가능하다.

Because John was hungry, he ate hamburgers (존은 배가 고파서 햄버거를 먹었다.)
Because he was hungry, John are hamburgers. (배가 고파서 존은 햄버거를 먹었다.)

그러나 종속절이 주절 뒤에 올 때는 대명사가 선행사를 선행할 수 없다.

*He said that John would go to Africa next year.
*He ate hamburgers, because John was hungry.

▶ 소유격 대명사는 같은 문장에서도 선행사를 선행할 수 있다.

His son doesn't like John. (= John's son doesn't like him.)
(그의 아들이 존을 좋아하지 않는다./존의 아들이 그를 좋아하지 않는다.)
His sister can sing better than John can. (= John's sister can sing better than he can.)
(그의 여동생이 존보다 노래를 더 잘 부를 수 있다./존의 여동생이 그보다 노래를 더 잘 부를 수 있다.)

5 **단문 내에서의 대명사와 선행사**: 소유격 대명사를 제외하면 단문 내에서는 대명사와 선행사가 함께 나타날 수 없다. 다음 문장에서 대명사 him과 her는 각각 John과 Mary를 선행사로 가질 수 없다.

John likes him. (존이 그를 좋아한다.)
Mary hates her. (메리는 그녀를 미워한다.)

▶ 대명사가 단문 내에서 선행사를 가지려면 재귀대명사로 바뀌어야 한다.

John likes himself. (존은 자신을 좋아한다.)

Mary hates **herself**. (메리는 자신을 미워한다.)

재귀대명사에 대해서는 R5를 보라.

P42   pronouns-2: 개별 대명사의 특성

1   **we와 you**: we와 you는 다른 인칭대명사와는 달리 복수명사 앞에 오는 한정사로 사용될 수 있다.

We Koreans are proud of our history. (우리 한국 사람들은 우리의 역사를 자랑스러워한다.)
Are **you guys** coming to lunch? (너희 녀석들은 점심 먹으러 올 거냐?)

2   **you**: 미국영어의 비격식적 대화에서 상대의 주의를 끄는 한 형태로 특정 단수명사 앞에서 you를 한정사처럼 사용할 수 있다.

You (silly) fool, you've missed your chance, now.
(이 (어리석은) 바보 같은 놈, 지금 너는 기회를 놓친 거야.)
You (stupid) idiot! That's a month's work you've lost.
(이 (바보 같은) 멍청이야! 너는 한 달분의 일감을 날린 거야.)
You poor thing, you've had a hard time, haven't you?
(이 불쌍한 녀석, 참 힘든 시간을 보냈구나.)

▶ 이 외에도 "you people, you lot, you two/three 등"의 표현도 있다.

Come on, **you lot/people**, hurry up! (제발 너희들 서둘러라!)
Are **you two** ready? (너희 둘 다 준비됐냐?)
You've succeeded in answering all those tricky questions. **You clever boy**!
(네가 그 교묘한 질문에 다 답을 했다면서. 참 똑똑한 녀석 같으니!)

3   **us**: we의 목적어형인 us도 "women/men/teachers 등"과 같은 사람 복수명사와 함께 쓰일 수 있다.

Life is hard for **us women**. (우리 여성에게는 삶이 어렵다.)
Another exciting time for **us youngsters** was when Michael Jackson visited Korea.
(우리 젊은이들에게 있었던 또 하나의 감동적인 시간은 마이클 잭슨이 한국을 방문했을 때였다.)

4   **lucky you와 silly me**: 인칭대명사는 일반적으로 형용사의 수식을 받을 수 없다. 그러나 비격식적 영국영어에서 "lucky/poor/clever/silly (old) + you/me"와 같은 표현이 가능하다.

"My husband is a rich man, and devoted to me." "**Lucky you!**"
("내 남편은 부자이며 나에게 헌신적이다." "너는 행운이다!")
They expected that it would have to be done by **poor old me**.
(그들은 그것을 이 가련한 늙은 내가 해야 했다고 생각했다.)

▶ "Silly me!"는 가능하지만 "*Silly I!"는 안 되는 것을 보면, "Silly/Lucky you!"에서

"you"는 목적어형임을 말해준다. 따라서 다음 표현은 옳지 않다.

*Poor **you** have to accompany her to dinner.

5 **전칭적(generic) 대명사 we, you, they**: 영어에서 사람을 일반적으로 가리킬 때는 종종 "people" 또는 "one"을 사용하거나, 주어가 없는 수동문을 사용한다. 그러나 많은 경우에 인칭대명사 "we, you, they"를 사용하기도 한다.

People seldom follow the rule. (사람들은 규칙을 지키는 경우가 드물다.)
One seldom follows the rule. (사람들은 규칙을 따르는 경우가 드물다.)
The rule **is** seldom **followed**. (규칙은 지켜지는 경우가 드물다.)

▶ we: 화자와 청자를 포함하는 사람 전체를 의미한다.

We must love one another. (우리는 서로 사랑해야 한다.)
We always have to be careful not to jump to conclusions.
(우리는 속단을 내리지 않도록 항상 조심해야 한다.)

▶ you: 청자를 포함하는 사람 전체를 의미한다.

You have to work hard if you want to make it in this business.
(누구나 이 사업에서 성공하기를 원한다면 열심히 해야 한다.)
You can count on Bill to tell a good joke. (재미있는 농담을 하는 문제는 빌을 믿어도 된다.)

▶ they: 화자와 청자를 제외한 사람 전체 또는 권력을 가진 당국자를 의미한다.

They say it's going to be a hot summer this year.
((기상청) 당국은 올해 여름이 더울 것이라고 말한다.)
Why don't **they** pay nurses enough?
(그들은 어째서 간호사들에게 금전적으로 충분히 보상하지 않습니까?)

we, you, they의 이러한 용법에 대해서는 O9를 보라.

P43 pronouns-3: it

1 **개요**: it는 크게 "의미를 지닌" 것과 "의미가 없는" 것으로 나눌 수 있다. 의미를 지닌 it는 이미 언급된 사물, 동물, 개념, 상황 등 사람이 아닌 명사나 명사구를 가리키는 대명사로 쓰이고, 일명 허사(expletive)라고도 부르는 의미가 없는 it는 문장 내에서 주어 혹은 목적어가 정상적으로 나타나는 위치에 나타나서 진(true) 주어 혹은 목적어의 출현을 "예비해주는 (preparatory)" 역할을 한다. (E25를 보라.) 허사 "it"는 "날씨, 시간, 거리" 등을 표현할 때도 사용된다. 또한 허사 "it"는 강조구문인 분열문에서 주어 위치에 나타난다. (C12를 보라.)

"Where is **your office**?" "**It**'s on the third floor."   [대명사]
("당신의 사무실은 몇 층에 있습니까?" "3층에 있습니다.")
It's three years since I last saw her.   [시간]
(내가 그녀를 본 것이 3년이 되었다.)
It's important **(for you) to be there in time**.   [허사 주어]

((네가) 그곳에 일찍 도착하는 것이 중요하다.)
We think **it** possible **that they may arrive next week**. [허사 목적어]
(우리는 그들이 다음 주에 도착하는 것이 가능하다고 생각한다.)
It was **yesterday** that I sent the present to you. [강조 허사]
(내가 너에게 선물을 보낸 것이 어제였다.)

2   **확인 it**: it는 사람이 누구인가를 확인할 때 사용된다.

"Who's that over there?" "**It**'s John Cook." (***He**'s John Cook.)
("저기 있는 사람이 누굽니까?" "존 쿡입니다.")
"Is that our waiter?" "No, **it** isn't." (*No, **he** isn't.)
("저분이 우리 웨이터입니까?" "아닌데요.")
On the phone: "Hello, who's **it**?" "**It**'s Alan Williams." (***I**'m Alan Williams.)
(전화 통화: "여보세요. 누구십니까?" "앨런 윌리엄즈입니다.")

3   **유아 it**: 남녀 성을 모르는 유아나 성의 구별이 중요하지 않은 어린이를 가리킬 때 종종 it를 사용한다.

He persuaded her to support **the child** after **it** was born.
(그는 아이가 태어난 후에 그 아이를 부양하도록 그녀를 설득했다.)
He tossed **the baby** high in the air and **it** stopped crying.
(그가 아이를 위로 높이 들어 올리니까 아이가 울음을 멈췄다.)

4   **대명사**: "물건, 동물, 상황 등"을 가리키는 대명사로 쓰인다.

"Where's **the book**?" "**It**'s on the desk." ("책이 어디 있습니까?" "책상 위에 있습니다.")
I can hear **a dog** barking. Where do you keep **it**?
(개가 짖는 소리가 들립니다. 개를 어디에 둡니까?)
The building was on fire; **it** was terrible. (건물에 불이 났는데 끔찍했다.)

5   **현 상황**: 현재 일어나고 있는 상황이나 처한 상황을 의미하는 단어로 쓰일 수 있다.

I can't stand **it** any longer; I'm resigning. (나는 더 이상 참을 수가 없다. 나는 그만두겠다.)
Stop **it** now. You're just being silly. (그만해라. 너 정말 우스꽝스럽다.)
If you run, you can make **it**. (뛰면 성공할 수 있다.)

6   **날씨, 시간, 거리 대명사**

It's getting cloudy. (날씨가 흐려지고 있다.)
It's ten o'clock. (10십니다.)
It's about ten miles to the station. (정거장까지 약 10마일입니다.)

7   **예비/예시(preparatory/anticipatory) 주어**: 일반적으로 절(clause)이 문장의 주어가 될 때는 절-주어가 문두 위치에 오지 않고 "예비 it"이 문장의 문법적 주어 역할을 담당하고 절주

어는 문미 위치에 온다. 이러한 구문을 외치(extraposed) 구문이라고 부르고, 외치절에는 "부정사절, that-절, 의문절, -ing절"이 있다. (E25를 보라.)

It's important **for you to be there on time**.　　　　　　　　[부정사절]
(네가 그곳에 정각에 도착하는 것이 중요하다.)
(= For you to be there on time is important.)
It's my hope **to have an opportunity to visit Greenland this summer**.
(올해 여름에 그린란드를 방문할 기회를 갖는 것이 나의 희망이다.)
It pleases me **to see a well-designed book**.
(잘 만들어진 책을 보는 것은 나를 기쁘게 한다.)

It's a shame **that we lost the game**.　　　　　　　　　　　　[that-절]
(우리가 그 경기에 진 것은 수치다.)
(= That we lost the game is a shame.)
It's probable **that electronic books will replace paper ones soon**.
(전자책이 곧 종이책을 대체하는 것이 가능하다.)
It pleased me **that my son chose a college close to home**.
(나의 아들이 집에서 가까운 대학에 가기로 해서 나는 기뻤다.)

It's unbelievable **what doctors can do these days**.　　　　　　[Wh-절]
(오늘날에는 의사가 무슨 일까지 할 수 있는지 믿어지지 않는다.)
(= What doctors can do these days is unbelievable.)
It's surprising **how she dares to show her face!**
(그녀가 어떻게 얼굴을 들고 나타날 수 있는지 놀라울 뿐이다!)
It's unclear **whether he arrived before or after the shot was fired**.
(그가 도착한 것이 총이 발사되기 전인지 혹은 후인지 명백하지 않다.)

It surprised him **my not remembering his name**.　　　　　　　[-ing절]
(내가 그의 이름을 기억하지 못한 것이 그를 놀라게 했다.)
(= My not remembering his name surprised him.)
It was nice **seeing you**. (만나서 반가웠습니다.)
It's no use **trying to escape from the prison**.
(감옥에서 탈출하려는 시도는 소용이 없다.)

▶ 예비 it는 종종 "if, as if, as though"를 포함하는 문장을 시작할 수 있다. (A69를 보라.)

It looks **as if** you're going to be in trouble with Mary again.
(네가 메리와 다시 말썽이 일어날 것 같이 보인다.)
It sounds **as though** she's been seriously ill. (그녀가 심각한 병에 걸린 것 같은 느낌이 든다.)
It'd be crazy **if** we have to go to the party.
(우리가 파티에 가야 한다면 그것은 미친 짓일 것이다.)

▶ 예비 it는 또한 강조 분열구문에서 주어 역할을 한다.

It was some poet **who said that we live in an age of anxiety**.
(우리가 불안의 시대에 살고 있다고 말한 것은 어떤 시인이었다.)

It was four years ago **that he died**. (그가 죽은 것은 4년 전이었다.)

▶ "it takes ... 부정사절"을 써서 어떤 일을 하는 데 필요한 기간을 표현한다.

It'll take about five hours by car **to get to Busan from here**.
(여기서 부산까지 차로 다섯 시간 정도 걸릴 것이다.)
(= To get to Busan from here will take about five hours by car.)
It took me three hours **to reach the top of the mountain**.
(나는 산 정상에 도달하는 데 세 시간 걸렸다.)

▶ "it is not that"를 써서 우리가 어떤 일을 하는 데는 다른 이유가 있음을 표현한다.

It's not that I don't want to be with her. (내가 그녀와 함께 있고 싶지 않다는 것이 아니다.)
It's not simply that she owed me some money.
(단순히 그녀가 나에게 돈을 좀 빚지고 있다는 것이 아니다.)

8 **예비 목적어**: 예비 주어의 경우와 마찬가지로 "that-절, 의문절, 부정사절, -ing절"이 "진(true) 목적어"가 될 수 있다.

I find **it** hard **to do all this work**.	[부정사절]
(내가 이 모든 일을 하는 것이 어렵다는 것을 알았다.)	
My blister made **it** a problem **to walk**.	
(나의 발에 난 물집이 걷는 데 문제가 됐다.)	
We think **it** possible **that they may stay another week**.	[that-절]
(우리는 그들이 한 주를 더 머물 가능성이 있다고 생각한다.)	
We believe **it** to be strange **that she left him**.	
(우리는 그녀가 그를 떠난 것이 이상하다고 생각한다.)	
John made **it** clear **what he wanted**.	[Wh-절]
(존은 그가 원하는 것이 무엇인지 명백히 밝혔다.)	
We find **it** interesting **talking to him**.	[-ing절]
(우리는 그와 말하는 것이 재미있다는 것을 알았다.)	
I'd appreciate **it if you let me get on with my job**.	[if-절]
(나에게 일을 계속하도록 허락해 주시면 감사하겠습니다.)	

▶ "leave/owe it to someone to do" 구조에 유의하라.

We'll **leave it to you to decide** where you go for the holiday.
(우리는 네가 휴가로 갈 곳을 결정하는 문제를 너에게 맡길 예정이다.)
You **owe it to your supporters** not to give up now.
(네가 지금 포기하지 않은 것은 너의 지지자들 덕분이다.)

9 **관용구 속의 it**: it는 몇몇 관용적 표현에 나타나며 특별히 가리키는 것이 없다.

▶ if it wasn't/weren't/hadn't been for: 어떤 사람이나 사물이 어떤 일을 하는 것을 방해하거나 방치했을 때 사용된다.

We would have arrived much earlier **if it hadn't been for** the snow.
(눈이 아니었더라면 우리는 훨씬 더 일찍 도착했을 것이다.)
If it wasn't/weren't for you, I never got to university.
(네가 아니었더라면 나는 결코 대학에 안 갔을 것이다.)

▶ this is it/that's it/that does it: "this is it"는 기대했던 일이 실제로 일어날 때, "that's it"는 어떤 일이 완전히 끝나서 변할 수 없을 때, "that does it"는 화가 나서 어떤 일을 계속하고 싶지 않을 때 사용된다.

This is it, girls, the moment we've been waiting for.
(아가씨들, 바로 이것이 우리가 지금까지 기다려왔던 순간이다.)
That's it then. There's nothing more we can do.
(그렇다면 이것으로 끝이다. 우리가 할 수 있는 것이 더 없다.)
That does it. I'm leaving. (참을 만큼 참았다! 난 갈 거야.)

P44 pronouns-4: 용법

1 **대명사의 회피**: 사람을 대면하고 직접 말을 할 때는 인칭대명사를 사용하는 것보다 성명이나 다른 호칭을 사용하는 것이 예의에 맞는다.

Dad said I could go out. (아빠가 내가 나가도 된다고 하셨다.)
(**He** said I could go out 보다 예의 바른 표현이다.)
This lady needs an ambulance. (이 부인께서 구급차가 필요하시다.)
(**She** needs an ambulance 보다 예의 바른 표현이다.)

2 **등위접속된 선행사와 대명사**: 복수 대명사만이 and로 접속된 선행사를 가질 수 있다. 선행사에 따라 어떤 대명사를 선택할 것인가는 다음의 법칙에 따른다.

접속된 선행사의 인칭	대명사의 인칭
you and I/we	we
he/she/they and I/we	we
he/she/they and you	you
he/she/they and you and I	we

▶ 일인칭 대명사가 접속된 선행사의 일부로 포함되어 있으면 이 선행사를 받는 대명사는 다른 부분의 인칭과 상관없이 일인칭이어야 하고, 접속된 선행사가 이인칭 대명사와 삼인칭 명사구로 구성되어 있으면 이것을 받는 대명사는 이인칭이 되어야 한다.

You and I have a lot to talk about **our** present situation.
(너와 내가 우리의 현 상황에 대해 말할 것이 많다.)
Fred and I have finished **our** work. (프레드와 나는 일을 끝냈다.)
You and John can stop **your** work now, if you like.

(너와 존은 너희들이 원하면 지금 일을 그만둘 수 있다.)
Because **you, Mary and I** have already finished, **we** can have lunch.
(너와 메리 그리고 나는 이미 일을 끝냈기 때문에 점심을 먹을 수 있다.)

3 **일인칭 대명사의 위치**: 접속구문에서 화자 자신은 일반적으로 마지막에 놓는 것이 예의에 맞다.

Why don't **you and I** go away for the weekend? (주말에 너와 내가 어딘가 가는 게 어때?)
(Why don't **I and you** go away for the weekend? 보다 예의 바르다.)
The invitation was for **Tracy and me**. (초청은 트레이시와 나에게 온 것이었다.)
(The invitation was for **me and Tracy** 보다 예의 바르다.)

4 **명사의 수와 대명사**: 영어의 조응적(anaphoric) 대명사, 즉 명사구를 선행사로 갖는 대명사는 선행사의 수, 성, 격에 따라 그 형태가 결정되는 것이 대원칙이다.

선행사	대명사		
	주격	목적격	소유격
남성 단수 명사	**he**	**him**	**his**
여성 단수 명사	**she**	**her**	**her**
중성 단수 명사	**it**	**it**	**its**
복수 명사	**they**	**them**	**their**

John said that **he** would take a trip to Africa. (존은 아프리카로 여행 갈 것이라고 말했다.)
Mary said that **she** would take a trip to Africa. (메리는 아프리카로 여행 갈 것이라고 말했다.)
John said that Mary loved **him**. (존은 메리가 그를 사랑한다고 말했다.)
Mary said that John loved **her**. (메리는 존이 그녀를 사랑한다고 말했다.)
John and Mary said that **they** would take a trip to Africa.
(존과 메리는 아프리카로 여행 갈 것이라고 말했다.)
The car is so expensive that we can't afford **it**. (자동차가 너무 비싸서 우리는 살 수가 없다.)

위 문장에서 마지막 문장을 제외하면 대명사가 조응적으로 사용되지 않을 경우에도 문법적인 문장이 될 수 있다.

5 **집합명사와 대명사**: 집합명사는 집단을 비인격적 모임으로 간주할 때는 단수로, 무엇을 결정하고 희망하고 계획하는 집단의 구성원들을 가리킬 때는 복수로 사용된다. 따라서 이들을 가리키는 대명사도 다를 뿐만 아니라 관계대명사도 다르다. 집합명사가 비인격적 단체를 의미할 때는 대명사 it가, 구성원을 가리킬 때는 they가 사용된다.

The committee has met and **it** has rejected the proposal.
(위원회가 소집되어 그 제안을 거부했다.)
The committee have met and **they** have rejected the proposal.

(위원회 위원들이 만나서 그 제안을 거부했다.)

▶ 또한 비인격적 단체를 의미할 때는 관계대명사 which를, 구성원을 의미할 때는 who를 사용한다.

The committee, which has rejected the proposal, **plans** to meet again soon.
(그 제안을 거부한 위원회는 곧 다시 소집될 계획이다.)
The committee, who have rejected the proposal, **plan** to meet again soon.
(그 제안을 거부한 위원회 위원들은 곧 다시 만날 계획이다.)

▶ 종종 단수동사를 취하는 집합명사가 복수대명사를 택하는 경우도 있다.

Our team was defeated last week, but **they** are determined to win this week.
(우리 팀이 지난주에 패배했으나 선수들은 이번 주에 승리할 결의를 다지고 있다.)
The orchestra gave **its** first concert in March, and **they** are preparing **their** second one in June.
(관현악단은 첫 연주회를 3월에 가졌고, 단원들은 6월의 두 번째 연주회를 준비하고 있다.)

6   **부정대명사와 단수 한정사**: 불특정 대상을 가리키는 부정대명사와 단수 한정사 a(n), each, every, either, neither, no의 수식을 받는 명사구를 가리키는 대명사로는 종종 복수형 "they/them/their"가 사용된다.

If you want to know of **a person**, first find out what kind of friends **they** have.
(네가 어떤 사람에 대해서 알고 싶으면, 먼저 그에게 어떤 친구들이 있는가를 알아봐라.)
Someone has donated a good deal of money for a charity hospital without leaving **their** name and address.
(어떤 분이 자신의 이름과 주소를 남기지도 않고 자선병원에 큰돈을 기부했다.)
Everybody thinks **their** children are smart and different.
(모든 사람이 자신의 아이들은 영리하고 특이하다고 생각한다.)
Whoever comes, tell **them** to go away. (누가 찾아오든 가 버리라고 해라.)
The boss told **each employee** to do **their** best for the company.
(사장은 각 직원에게 회사를 위해 최선을 다해 달라고 말했다.)

P45   pronouns-5: 주어형과 목적어형

인칭대명사에는 주어형과 목적어형이 있으며 (I/me, we/us, he/him, she/her, they/them, who/whom), it와 you는 주어형과 목적어형이 같다.

I love **him**. (나는 그를 사랑한다.)
He loves **me**. (그는 나를 사랑한다.)

We sent **her** some flowers. (우리는 그녀에게 꽃을 보냈다.)
She sent **us** some flowers. (그녀는 우리에게 꽃을 보냈다.)

This is Mr. Perkins, **who** works with me. (이분은 저와 함께 일하는 퍼킨즈 씹니다.)

This is Mr. Perkins, with **whom** I am working at the moment.
(이분은 현재 제가 함께 일하고 있는 퍼킨즈 씹니다.)

1 **주어보어**: 전통적 문법규칙에 따르면 주어보어로는 주어형의 대명사가 쓰이는 것이 옳지만, 구어체에서는 주어보어로서 목적어형 대명사가 널리 쓰인다.

"Who said that?" "(It was) **him**." (= It was **he**.)
("그 말을 한 사람이 누굽니까?" "그분입니다.")
"Who is there?" "(It's) **me**." (= It's **I**.)
("거기 있는 사람이 누굽니까?" "접니다.")

▶ 더 간단히 대답할 경우에는 "He/I"라고 하기보다 "Him/Me"라고 하는 것이 옳다. 응답에서 "주어 + 조동사" 구문이 사용될 경우에는 대명사만 사용될 수 없다.

"Who turned off the air conditioner?" "**He did**." (*He.)
("누가 에어컨을 껐느냐?" "그가 껐습니다.")

2 **분열문** (it is/was + 대명사 + 관계절): 여기서 대명사는 문어체에서 주어형이 사용되지만 구어체에서는 목적어형이 사용된다. (that-절과 who-절에 나타나는 동사의 형태에 유의하기 바란다.)

▶ 대명사의 목적어형 + that-절 [구어체]

It's **me** that needs your help most. (너의 도움을 가장 많이 필요로 하는 사람은 나다.)
It was **her** that reported the accident to the police. (경찰에 사고를 알린 사람은 그녀였다.)

▶ 대명사의 주어형 + who-절 [문어체]

It's **I who am** to blame. (비난을 받을 사람은 나다.) (= It's **me that is** to blame.)
It's **I who love** you. (너를 사랑하는 사람은 나다.) (= It's **me that loves** you.)
It's **you who are** responsible. (책임져야 할 사람은 너다.) (= It's **you that is** responsible.)

3 **비교구문**: 주어형과 목적어형의 대명사는 비교구문에서도 혼용될 수 있다. 이때 주어형은 식자인 척하는 표현이 되므로 필요한 조동사와 함께 쓰는 것이 좋으며, 구어체에서는 목적어형이 두루 쓰인다.

John is more intelligent than **she (is)/her**. (존은 그녀보다 더 총명하다.)
John is as intelligent as **she (is)/her**. (존은 그녀처럼 총명하다.)
You don't need help as much as **I (do)/me**. (너는 나만큼 도움을 필요로 하지 않는다.)

4 **but/except와 대명사**: but나 except는 전치사로서 그 대명사 목적어가 주어위치에 와도 목적어형이 된다.

Everybody **but me** knows where they went.
(나를 제외하고 모두가 그들이 어디를 갔는지 알고 있다.)
(*Everybody **but I** knows where they went.)

Every student **except him** went picnicking. (그를 제외하고 모든 학생이 야유회를 갔다.)

▶ 그러나 다음은 용납될 수 있다.

Nobody **but she/her** can tell us what to do.
(그녀를 제외하고는 아무도 우리에게 무엇을 하라고 말할 수 없다.)

5   **I 또는 me**: 목적어형은 구어체에서 때때로 and와 함께 등위접속 주어로 사용된다. 이것은 문어체에서 잘못된 것으로 간주된다.

John **and me** are going skiing this weekend. (존과 나는 이번 주말에 스키를 타러 갈 것이다.)
(**John and I** are going skiing this weekend가 더 옳은 것으로 간주된다.)

6   **목적어 위치의 I**: 구어체에서 목적어 위치에 "I"가 등위접속된 목적어로 사용되는 경우가 있는데, 이것도 역시 문어체에서는 잘못된 것으로 간주된다.

Between **you and I**, I think his marriage is in trouble.
(너와 나 사이의 말인데, 나는 그의 결혼에 문제가 있다고 생각한다.)
(Between **you and me**, I think his marriage is in trouble가 더 정확하다.)
That's a matter for **Peter and I**. (이것은 피터와 나의 문제다.)
(That's a matter for **Peter and me**가 더 정확하다.)

▶ 어떤 사람들은 "you and me"를 주어로 사용하는 것이 옳지 않다고 학교에서 배웠기 때문에 "you and I"를 목적어로 사용하게 되었고, "you and me"는 항상 잘못된 표현이라는 막연한 생각을 하고 있다.

7   who(m): who(m)은 의문대명사와 관계대명사로 사용될 수 있다.

▶ 의문대명사: 구어체에서 목적어형 whom은 거의 사용되지 않는다. whom을 사용하면 지나치게 문어적이어서 피하는 경향이 있다. (Q4.1을 보라.)

Who did you see? (당신을 누구를 만났습니까?)
Who did you talk to? (당신은 누구에게 말을 했습니까?)

Whom did you see? (당신은 누구를 만났습니까?)
To **whom** did you talk? (당신은 누구에게 말을 했습니까?)

▶ 관계대명사: 제한적 관계절에서는 whom은 예외적이다. 목적어 관계대명사를 생략하거나 that 혹은 who를 사용한다. (상세한 것은 R7을 보라.)

There's the man **(that/who)** we met in the pub last night.
(어젯밤에 우리가 만난 그 사람이 저기 있다.)

▶ 비제한적 관계절에서는 (R8을 보라) 필요할 경우 목적어로 whom을 일반적으로 사용한다. (그러나 구어체 영어에서는 흔치 않다.)

This is John Perkins, **whom** you met at the sales conference.
(이분이 당신이 판매 회의에서 만난 존 페킨즈입니다.)

I have a number of American relatives, **most of whom** live in Texas.
(나에게는 미국인 친척이 많으며, 그들의 대부분은 텍사스에서 산다.)

P46　punctuations(구두법)-1: 대문자

구두법이란 우리가 글을 쓸 때 활자를 제외하고 지켜야 할 법칙이다. 영어에는 대문자를 사용하는 데 따라야 할 법칙이 있다.

1　**문장의 시작**: 영어의 모든 문장은 대문자로 시작한다.

He sat on a chair, reading a book. (그는 의자에 앉아 책을 읽고 있었다.)
The man's a computer programer who works for a Chinese company.
(그 남자는 중국 회사에서 일하는 컴퓨터 프로그래머다.)

2　**일인칭 단수 주어**: 일인칭 인칭대명사는 항상 대문자 I로 쓴다.

I couldn't see her, but **I** could feel her. (나는 그녀를 볼 수는 없으나 느낄 수는 있다.)

3　**고유명사와 대문자**: 일반적으로 고유명사는 대문자로 시작하며, 중간에 있는 중요한 단어도 대문자로 표현된다. 고유명사에 대해서는 A63을 보라.

P47　punctuations-2: 마침표, 의문부호, 감탄부호

1　**마침표 (.)**: 마침표는 다음과 같은 경우에 사용된다.

▶ 서술문과 명령문이나 청유문 등의 끝을 나타낸다.

Robert's planning to travel across Alaska this summer.
(로버트는 올해 여름에 알라스카를 가로지르는 여행을 계획하고 있다.)
Carry this package for me, please. (이 보따리를 좀 들어주실래요?)

▶ 특히 미국영어에서 이름의 머리글자(initials)나 약자(abbreviations) 다음에 마침표를 찍는다.

Mr. John **B.** Smith will arrive at Washington, **D.C.** at 2:10 p.m.　　[미국영어]
Mr John **B** Smith will arrive at Washington, **DC** at 2.10 am.　　[영국영어]
(존 비 스미스 씨는 오후 2시 10분에 워싱턴 디시에 도착할 것입니다.)

▶ 과거의 글에서보다 최근의 글에서는 마침표의 사용이 감소하고 있다. 다음을 비교해보라.

JFK/J.F.K.　　　　　　kg/kg.　　　　　　　cm/cm.
FBI/F.B.I.　　　　　　NATO/N.A.T.O.　　　RSVP/R.S.V.P.
radar/*r.a.d.a.r.　　　　UNESCO/*U.N.E.S.C.O.

▶ 인용문이나 대화에서 생략이 일어나거나 일시적 중지가 일어날 경우에 세 개의 연속된 마침표를 찍는다.

We the People of the United States, in order to ... secure the Blessings of Liberty to ourselves and our Posterity, do ... establish this Constitution for the United States of America. (미국 국민인 우리는 자유의 축복을 우리 자신과 후손에게 ... 보장하기 위해 미합중국을 위한 이 헌법을 ... 제정합니다.)

"Now let me think.... Yes, ... I suppose so."
("어디 생각 좀 해봅시다. ... 네에 ... 그렇게 생각합니다.")

2   **의문부호 (?)**: 의문부호는 다음과 같은 경우에 사용된다.

▶ 직접의문문 끝에 찍는다.

Will you go with me? (저와 함께 가겠습니까?)
What are you going to buy? (무엇을 사려고 합니까?)

▶ 간접의문문 끝에는 의문부호를 찍지 않는다.

He asked whether I would go with him. (그는 내가 그와 함께 갈 것인가를 물었다.)
He doesn't know what he's going to buy. (그는 무엇을 사야 할지 모른다.)

▶ 말하고자 하는 사실이나 수치에 확신이 없을 경우 괄호 친 의문부호를 사용한다.

John Smith was born in 1787(?) and died in 1855.
(존 스미스는 1787(?)년에 태어나서 1855년에 죽었다.)

3   **감탄부호 (!)**: 강력한 느낌이나 감정을 표현하는 문장이나 청자의 주의를 끌기 위한 표현 끝에 찍는다.

Help! (도와주세요!)   Fire! (불이야!)   Watch out! (주의!)
What a nice day! (날씨 좋네!)   You're so kind! (참 친절하십니다!)

P48   punctuations-3: 쉼표

영어의 구두법에서 쉼표(comma(,))는 그 용법이 매우 광범위하고 다양하기 때문에 규칙화하기가 어려우며, 쉼표의 용법에 대한 규칙에는 예외가 있는 경우가 많다. 다음의 표현을 비교해보라.

We all know fiber is important for good health. And **yet** all the natural fiber is removed from many foods such as bread and sugar. (우리 모두는 섬유질이 건강에 중요하다는 것을 안다. 그러나 모든 자연 섬유질은 빵이나 설탕과 같은 많은 식료품에서 제거된다.)
The economy continues to do well, but **even so**, many analysts are predicting a slowdown in the near future. (경제는 계속 잘 되어가고 있다. 그렇지만 많은 분석가들은 가까운 장래에 둔화될 것이라고 예측하고 있다.)

위 문장에서 yet과 even so는 이들의 앞뒤에 있는 문장이 대조를 이룬다는 것을 말해주는 대조 접속어(contrastive conjuncts)다. (C23.10을 보라.) 그런데 yet 다음에는 쉼표가 없고 even so 다음에는 쉼표가 있다. 만약 누가 yet 다음에 쉼표를 넣고 even so 다음에 쉼표를 넣지 않았다고 하자. 어느 누구도 이것이 문법적으로 잘못되었다고 할 수 없다. 이것은 글을 쓸 때 쉼표를 넣을 것인가 뺄 것인가는 글을 쓰는 사람에 따라 다를 수 있다는 것을 말해준다. 쉼표는 종종 문장해석에 도움을 주기 위해서 사용되기 때문에, 정확한 의미를 전달하는 것이 목표인 글에서 더 많이 쓰이는 경향이 있다. 자연히 쉼표는 우리가 문장을 쉽게 이해하는 데 도움을 주게 된다.

쉼표가 없는 문장을 읽을 때와 있는 문장을 읽을 때가 어떻게 다른가를 비교해 보자.

After washing the boy rushed into the room.
Before starting to eat the meat should be cut to size.
Above the sun burned a dull red; below the sand radiated heat like a furnace.

After washing, the boy rushed into the room. (그 소년은 씻고 나서 방으로 뛰어 들어갔다.)
Before starting to eat, the meat should be cut to size.
(고기는 먹기 전에 적절한 크기로 잘라야 한다.)
Above, the sun burned a dull red; **below**, the sand radiated heat like a furnace.
(위에서는 태양이 검붉게 타오르고, 아래서는 사막이 용광로와 같이 열을 뿜어냈다.)

위의 예에서 쉼표는 우리가 문장을 이해하는 데 큰 도움을 준다.

1 **등위접속사**: 두 개의 절이 등위접속사 혹은 유사 등위접속사 "and, but, or, nor, for 등"에 의해 결합될 경우, 특히 절이 길 경우 쉼표를 찍는다.

Their son is a medical doctor, **and** their daughter is a pharmacist.
(그들의 아들은 의사이고, 딸은 약사다.)
I can't tell whether she is pretty or ugly, **for** I have never seen her.
(나는 그녀를 본 적이 없어서 그녀가 예쁜지 미운지 말할 수가 없다.)

2 **선행 종속절**: 종속절이 주절을 앞설 경우 일반적으로 쉼표를 찍는다.

When he finally arrived at 8 o'clock, we all felt relieved.
(그가 드디어 8시에 도착했을 때 우리 모두는 안심했다.)
After they took off from the airport, we headed back to the city.
(그들이 공항에서 이륙한 후에 우리는 다시 도시로 향했다.)

▶ 그러나 선행하는 종속절이 짧을 경우 또는 쉼표가 없어도 문장 해석에 어려움이 없을 경우에는 쉼표를 생략할 수 있다.

When he gives us a test he usually leaves the class room.
(그는 우리에게 시험을 치게 하고는 보통 교실을 비운다.)
If the boy comes I shall tell him to look for you in the shop.
(그 남자아이가 오면 상점에서 너를 찾아보라고 말하겠다.)

After John left his wife started vacuuming the floor.
After John left, his wife started vacuuming the floor.
(존이 나간 후에 그의 부인이 마루를 청소하기 시작했다.)

▶ 종속절이 주절의 뒤에 올 때는 쉼표를 찍지 않을 수도 있다.

The seminar started **when the professor arrived.** (교수님이 도착하자 세미나가 시작되었다.)
He went to the movies **after he had finished his homework.**
(그는 숙제를 마치고 영화를 보러갔다.)

3   **비제한적 관계절**: 명사를 수식하는 비제한적 관계절은 쉼표로 표시된다. (R8을 보라.)

John, **who studied hard,** always received good grades.
(열심히 공부한 존은 항상 좋은 점수를 받았다.)
I met Mary, **who graduated last term.** (나는 지난 학기에 졸업한 메리를 만났다.)
The Golden Gate Bridge, **which was completed in 1937,** connects South Point of San Francisco to the Marine Peninsular in the north. (금문교는 1937년에 건설되었으며 샌프란시스코의 사우스 포인트와 북쪽에 있는 머린 반도를 연결한다.)

▶ 명사를 수식하는 분사절도 비제한적일 경우에는 쉼표를 찍는다. 다음을 비교해 보라.

The boy **standing near the door** is waiting to see you.
(문 가까이에 서있는 남자아이가 너를 보려고 기다리고 있다.)
John Steinbeck, **standing there by the door,** is waiting to see you.
(문 옆 저기에 서있는 존 스타인벡 씨가 당신을 보려고 기다리고 있습니다.)

4   **분사 부사절**: 분사 부사절과 절대절은 일반적으로 쉼표로 분리시킨다. (P4를 보라.)

Being unable to cook, she took her friends to a restaurant for dinner.
(그녀는 요리를 할 줄 몰라서 저녁 식사를 위해 친구들을 음식점으로 데려갔다.)
A great dam came into view, **water boiling from its spillways.**
(물이 방수로에서 소용돌이치며 내려오는 큰 댐이 시야에 들어왔다.)

5   **추가 정보**: 앞에 오는 명사에 "추가적인 정보"를 제공하는 동격 명사구에는 쉼표를 찍는다.

James, my brother, lives in **Seoul, the capital of Korea.**
(나의 동생인 제임스는 한국의 수도인 서울에 산다.)
He finally finished reading ***Gone with the Wind**, a novel by Margaret Mitchell*.
(그는 드디어 마거릿 미첼의 소설인 〈바람과 함께 사라지나〉를 다 읽었다.)

위의 문장들은 추가적인 정보를 제공하는 역할을 하는 비제한적 관계절 구조로 전환해도 큰 의미적 차이가 없다. (R8을 보라.)

James, who is my brother, lives in **Seoul, which is the capital of Korea.**

▶ 앞의 명사를 "확인"시켜 주는 동격 명사구에는 일반적으로 쉼표를 찍지 않는다.

My brother James lives in Seoul. (내 동생 제임스는 서울에 살고 있다.)
He finally finished reading **Mitchell's novel *Gone with the Wind*.**
(그는 드디어 미첼의 소설 〈바람과 함께 사라지다〉를 읽었다.)

확인 동격명사구 구조는 비제한적 관계절 구조로 전환할 수 없다는 점에 유의하기 바란다.

***My brother, who is James,** lives in Seoul.
*He finally finished reading **Mitchell's novel, which is *Gone with the Wind*.**

6   **삽입 구문**: 주제의 흐름에 끼어드는 삽입구문인 "indeed, however, incidentally, by the way, I think, surprisingly, believe it or not"와 같은 표현에는 쉼표를 찍는다.

Indeed, he met her yesterday. (정말 그가 어제 그녀를 만났습니다.)
My father, **by the way,** retired from teaching two years ago.
(그런데 말입니다, 제 아버지는 2년 전에 교직에서 은퇴하셨습니다.)
He's disappointed, **I think**. (내 생각에는 그가 실망했습니다.)
She is, **incidentally,** my sister. (말이 난 김에 말인데 그녀는 제 여동생입니다.)
We were, **believe it or not,** in love with each other.
(믿거나 말거나 우리는 서로 사랑하고 있습니다.)
The institution, **therefore,** may fail because the standards are too high.
(그러므로 그 제도는 기준이 너무 높아서 실패할 것입니다.)

7   **yes와 no**: 문장을 도입할 때 쓰이는 "yes, no, well"과 같은 표현에는 쉼표를 찍는다.

Yes, I hope so. (네, 그럴 겁니다.)
No, I didn't do it. (아니오, 나는 안 그랬습니다.)
Well, I'll go with you. (어디 봅시다. 당신과 함께 가지요.)

8   **호칭**: 호칭으로 사용되는 표현 다음에는 쉼표를 찍는다.

John, will you please be quiet? (존아, 좀 조용히 할래?)
Ladies and Gentlemen, I'm honored to speak to you.
(신사 숙녀 여러분, 여러분에게 연설하게 된 것은 영광입니다.)

9   **인용구**: 직접 인용되는 표현에는 쉼표를 찍는다.

She shouted, **"Go home."** ("집에 가"라고 그녀가 소리를 질렀다.)
"Will you," she begged, **"go to bed at once?"**
("즉시 잠자러 가지 않을래?"라고 그녀가 간청했다.)
"Wait for me," she called. ("나를 기다려라"라고 그녀가 전화로 말했다.)

10   **날짜와 주소**: 날짜와 주소를 쓸 때 쉼표를 찍는다.

We married on **Monday, March 10, 1999**. (우리는 1999년 3월 10일 월요일에 결혼했다.)
He was born in **Berkeley, Alameda County, California, on July 21, 1987**.
(그는 1987년 7월 21일에 캘리포니아 주 앨러미더 군 버클리에서 태어났다.)

11   **나열**: 나열되는 단어나 구 또는 절에는 쉼표를 찍는다.

I want to visit **Boston, New York, Niagara Falls, Chicago, San Francisco, and Los Angeles**.
(나는 보스턴, 뉴욕, 나이아가라 폭포, 시카고, 샌프란시스코 그리고 로스앤젤레스를 방문하고 싶다.)
The **tall, thin, dark** gentleman is my history teacher.
(키 크고 날씬하고 피부가 검은 신사분이 우리 역사 선생님이시다.)
She bought **potatoes, lettuce, meat, asparagus, and peas**.
(그녀는 감자, 상추, 고기, 아스파라가스 그리고 콩을 샀다.)
The boys **stopped, looked, and then darted** for cover.
(남자아이들은 정지하여 바라본 다음 안전한 곳을 찾아 쏜살같이 뛰었다.)

12 **숫자**: 큰 단위의 수를 세 단계씩 즉, 천(thousand), 백만(million), 십억(billion) 등으로 나누어 표시할 때 쉼표를 쓴다. (N39.5를 보라.)

    4,321,000,000   4,321,000   4,321

P49 punctuations-4: 세미콜론

세미콜론(;)은 두 절을 구분한다는 점에서 마침표와 쉼표의 중간 위치를 차지하며, 두 개의 주절을 연결한다는 점에서 "and"와 유사하다. 그러나 세미콜론을 써서 주절에서 종속절을 분리할 수 없다. 다음을 비교해보라.

(*He was very critical of me; **because** my manners, she said, were crude and my habits inconsiderate.)
He was very critical of me; my manners, she said, were crude and my habits inconsiderate. (그는 나에 대해서 몹시 비판적이었다. 그녀는 나의 태도는 무례하고 나의 성질은 배려심이 없다고 말했다.)

1 **의미적 연관성**: 두 문장이 문법적으로는 독립적이지만 의미적으로 긴밀하게 연결되어 있을 경우 때때로 등위접속사 대신에 세미콜론을 사용한다.

The singular form is *mouse*; the plural form is *mice*.
(단수형은 "mouse"이고, 복수형은 "mice"다.)
Some people work best in the mornings; others do better in the evenings.
(어떤 사람은 아침에 최대의 능력을 발휘하고, 어떤 사람들은 저녁에 일을 더 잘한다.)
The rain fell heavily; the thunder and lightening added to the confusion.
(비가 억수같이 왔고, 이 혼란 상태에 천둥과 번개가 더해졌다.)

▶ 위 문장의 두 절 사이에 "and"를 넣었다고 잘못된 것은 아니다.

The singular form is mouse, **and** the plural form is mice.
The rain fell heavily, **and** the thunder and lightening added to the confusion.

2 **복잡한 문항**: 세미콜론은 문법적으로 복잡한 문항을 목록에서 분리시킬 때 사용된다.

The humanist dismisses what he dislikes by calling it *romantic*; the liberal, by calling it *fascist*; the conservative, by calling *communistic*.
(인도주의자는 자신이 좋아하지 않는 것을 "비현실적"이라고 퇴짜 놓고, 자유주의자는 "전제적"이라고 퇴짜 놓으며, 보수주의자는 "공산주의적"이라고 퇴짜 놓는다.)

You may use the sports facilities on condition that your subscription is paid regularly; that you arrange for all necessary cleaning to be carried out; that you undertake to make good any danger; ...
(여러분은 다음의 조건을 지킬 경우 체육 시설을 이용할 수 있다. 회비를 정기적으로 낼 것, 필요한 청소가 이루어지도록 계획을 세울 것, 어떠한 위험도 감수할 것을 약속할 것 ... 등)

3 **접속어**: 접속어 "furthermore, moreover, besides, still, however, nevertheless, otherwise, therefore, consequently, thus, then, namely, meanwhile 등"의 접속어를 사용하여 두 문장을 결합할 경우 이들 부사 앞에 세미콜론을 찍을 수 있으며, 종종 쉼표가 쓰이기도 한다. (접속어에 대해서는 C23을 보라.)

The violinist couldn't come; **therefore**, the concert was canceled.
(바이올리니스트가 올 수가 없었다. 따라서 음악회는 취소되었다.)
The Democratic candidate was popular; **however**, he failed to win the election.
(민주당 후보가 평판이 좋았다. 그러나 그는 선거에서 졌다.)
The cost of transportation is a major expense for an industry; **hence**, factory location is an important consideration.
(물류비용이 기업의 주요비용 중의 하나다. 그러므로 공장의 위치가 중요한 고려사항이 된다.)

P50 punctuations-5: 아포스트로피

아포스트로피(')는 다음의 경우에 사용된다.

1 **축약형**: 아포스트로피는 축약형에서 생략된 문자를 나타낸다.

can't (= cannot)   **it's** (= it is/has)   **he's** (= He is/has)
I'd (= I would/had)   **who's** (= who is/has)   **won't** (= will not)

2 **속격**: 명사의 속격 어미 -s 앞에 아포스트로피를 사용한다. (G2를 보라.)

Sarah's grades are good. (사라의 성적 평점이 좋습니다.)
She's a designer of **children's** clothes. (그녀는 어린이 옷 디자이너다.)
It's about **three hours'** walk from my house. (우리 집에서 걸어서 약 3시간 거리다.)

3 **복수명사**: -s로 끝나는 복수 명사의 소유격에는 아포스트로피만 찍는다.

He reviewed the **reporters'** articles. (그는 기자들의 기사에 대해 비평을 쓴다.)
Ladies' hats are displayed on the third floor. (숙녀의 모자는 3층에 전시되어 있습니다.)

▶ 복수형이 없는 단어는 복수형을 쓸 때 때때로 아포스트로피를 찍는다.

He's a nice person, but he says too many **maybe's/maybes**.
(그는 좋은 사람인데, "어쩌면"이란 말을 너무 많이 쓴다.)
It's a nice idea, but there are a lot of **if's/ifs**. (좋은 생각인데 "만약"이란 말이 많이 들어있다.)

4 **숫자와 약자**: "문자, 숫자, 약자의 복수"에는 아포스트로피를 찍기도 하고 안 찍기도 한다.

He writes b's instead of **d's/ds**. (그는 d를 b로 쓴다.)
It was in the early **1960's/1960s**. (때는 1960년대 초였다.)
I know two **MP's/MPs** personally. (나는 하원의원 두 분을 개인적으로 안다.)

P51 punctuations-6: 따옴표

인용부호/따옴표(quotation marks)는 일반적으로 영국영어에서는 "도치된 쉼표 (inverted commas)"라고 부르는 단일따옴표('...')를 사용하고 미국영어에서는 이중따옴표("...")를 사용한다.

1 **직접화법**: 화자의 말을 직접적으로 표현할 때 따옴표를 찍는다.

"I'm going for a walk," he said. ("산책을 가려고 한다"라고 그는 말했다.)
He asked, **"Are you all right?"** ("너 괜찮으냐?"라고 그는 물었다.)

▶ 화자의 말의 중간에 다른 표현이 끼어들면 추가적인 따옴표를 찍는다.

"Moreover," he explained, **"she will stay here three more days."**
("더욱이 그녀는 여기 3일 더 머물 것이다"라고 그는 말했다.)
"Excuse me," he said, **"I believe you are mistaken."**
("미안합니다만 잘못 알고 계시는 것 같습니다"라고 그는 말했다.)

2 **제목**: "시, 음악, 이야기, 기사, 단어, 글 등"의 제목에 따옴표를 찍는다.

We read Walt Whitman's **"O Captain, My Captain"** last night.
(우리는 어젯밤에 월트 휘트만의 시 "O Captain, My Captain"을 읽었다.)
"The Blue Danube" is still one of the most popular waltzes.
("푸른 다뉴브"는 아직까지도 가장 인기 있는 왈츠 중에 하나다.)
"The Column" is a daily article of *the Chosun Ilbo*.
("The Column"은 조선일보의 일일 기사의 하나다.)
People disagree about how to use the word **"disinterested."**
(사람들은 "disinterested"라는 단어 사용에 의견을 달리한다.)

3 **단어**: 글에서 단어가 단어 자체로서 언급될 때는 따옴표를 사용한다. (격식적 글에서는 종종 이탤릭체로 쓴다.)

What I had to overcome was the traditional attitude toward such scare words as "socialism," "socialization," and "subsidization." (내가 극복해야 했던 것은 "socialism (사회주의)," "socialization(사회화)," "subsidization (장려금 지급)"과 같은 겁을 주는 단어에 대한 전통적인 태도였다.)

▶ 글을 쓰는 사람이 다른 사람이 사용한 단어를 반대의 의미로 사용하려고 할 때 따옴표를 사용한다.

National greed has disguised itself in mandates to govern **"inferior"** races.
(국가주의적 탐욕이 "열등" 민족을 통치하는 위임이라는 모습으로 변장해왔다.)

▶ 단어의 정의나 의미를 표현하는 데 종종 따옴표를 사용한다.

The meaning of *pretty* is from an early meaning **"sly,"** through **"clever"** to **"beautiful."**
("pretty"라는 단어의 의미는 "sly(교활한)"라는 초기 의미에서 시작하여 "clever(재치 있는)"을 거쳐 "beautiful(예쁜)"이 되었다.)

4   **이중 인용문**: 인용문 내에 다른 인용문을 표현할 때는 바깥 인용문은 이중따옴표를, 내부 인용문은 단일따옴표를 찍는다.

He said, "They are studying William Shakespeare's **'Romeo and Juliet'**."
("그들은 윌리엄 섹스피어의 '로미오와 줄리엣'을 공부하고 있다"라고 그는 말했다.)
"Finally," she said, "I just turned to him and shouted, **'Leave me alone, won't you?'**"
("나는 결국 그에게 고개를 돌려 '나를 내버려 두세요'라고 소리를 질렀다"라고 그녀는 말했다.)

5   **긴 인용문**: 인용된 표현이 둘 또는 그 이상의 문단으로 이루어질 경우 모든 문단의 시작에 여는 따옴표를 찍지만 닫는 따옴표는 마지막 문단의 끝에만 찍는다.

The Nineteenth Amendment to the Constitution, which gives women the right to vote, reads as follows:
  "The right of citizens to vote shall not be denied or abridged by the United States or by any State on account of sex. "Congress shall have power to enforce this article by appropriate legislation."
(여성에게 선거권을 준 미국헌법의 제 9수정개조는 다음과 같다:
  "국민의 선거권은 성 때문에 연방정부나 주정부에 의해 거부되거나 박탈될 수 없다. "의회는 적절한 입법을 통해서 이 조항을 강제로 집행할 수 있는 힘을 갖는다.")

6   **쉼표와 마침표**: 따옴표는 쉼표나 마침표 다음에 찍는다.

"Here is the key," she said. ("여기 열쇠가 있다"라고 그녀는 말했다.)
We sang, **"Auld Lang Syne."** (우리는 "올드 랭 사인"을 불렀다.)

7   **콜론과 세미콜론**: 따옴표는 콜론이나 세미콜론 앞에 찍는다.

The old general sang **"The National Anthem"**; however, he forgot to remove his hat.
(나이 든 장군이 "애국가"를 노래 불렀다. 그런데 모자 벗는 것을 깜박했다.)
At midnight on New Year's Eve, they sing **"Auld Lang Syne"**: it's a tradition.

(섣달 그믐날 밤 자정이 되면 사람들은 "올드 랭 사인"을 부른다. 그것은 전통이다.)

8 **의문부호와 감탄부호**: 따옴표는 의문부호나 감탄부호의 다음에 오지만, 의문부호와 감탄부호가 전체문장에 속할 경우 따옴표가 이들 앞에 온다.

"**Where are you?**" he asked. ("너 지금 어디 있어?"라고 그는 물었다.)
The girl shouted, "**Help!**" ("사람 살려주세요!"라고 아가씨는 소리를 질렀다.)

Shall we sing "**My Old Kentucky Home**"? ("나의 옛 켄터기 집"을 노래합시다.)
How beautifully she sang "**Vissi d'Arte**"! (그녀는 "비씨 다르테"를 정말로 아름답게 불렀다.)

P52　punctuations-7: 콜론

콜론(:)은 다음과 같은 경우에 사용된다.

1 **추가 설명**: 콜론은 앞에 말한 것을 추가로 설명할 때 사용된다.

We decided not to go on holiday: we had too little money.
(우리는 휴가를 가지 않기로 했다. 돈이 별로 없었다.)
Mother may have to go to hospital: she's got kidney trouble.
(어머니는 병원에 가야할 지도 모른다. 신장에 문제가 생겼다.)

2 **as follows**: 특히 "as follows" 혹은 "the following" 다음에 오는 표현 앞에 콜론을 찍는다.

The following are English coordinating conjunctions: *and, or, but,* and *nor*.
(다음은 영어의 등위접속어다: and, or, but, nor.)
The message reads **as follows**: "See me before you leave."
(통지문에 다음과 같이 쓰여 있었다: "떠나기 전에 나를 만나라.")

3 **콜론과 대문자**: 영국영어에서는 콜론 다음에 (인용문의 시작을 제외하고는) 대문자가 오지 않는 것이 보통이다. 그러나 콜론 다음에 몇 개의 완전한 문장이 오면 대문자가 올 수 있다.

My main objections are **as follows:**
First of all, no proper budget has been drawn up.
Secondly, there is no guarantee that ...
(내가 반대하는 주요한 이유는 다음과 같다:
첫째, 적절한 예산이 뒤받침 되고 있지 않다.
둘째, ... 할 보장이 없다.)

미국영어에서는 콜론 다음에 대문자가 더 자주 나타난다.

4 **연극대본**: (연극 대본이나 명언을 인용할 경우) 이름이나 짧은 어구 다음에 사용된다.

POLINIUS: What do you read, my lord? (폴리니우스: 주인님, 무엇이 쓰여 있습니까?)
HAMLET: Words, words, words. (햄릿: 말, 말, 말.)

In the words of Murphy's Law: "Anything that can go wrong will go wrong."
(머피의 법칙에 따르면, "잘못될 수 있는 것은 결국 잘못 된다.")

5 **직접화법**: 직접화법의 경우에 일반적으로 콤마(쉼표)를 사용하지만 긴 글은 콜론으로 시작하기도 한다.

Stewart opened his eyes and said**, "Who's your beautiful friend?"**
(스튜어드는 눈을 뜨고 말했다. "너의 아름다운 친구가 누구냐?")
Introducing his report for the year, the Chairman said**: First of all, "A number of factors have contributed to the firm's very gratifying results ..."**
(한 해에 대한 그의 보고서를 소개하면서 회장은 말했다: 첫째, "여러 가지 요소가 회사의 만족스러운 결과에 공헌했습니다. ...")

6 **소제목**: 주제의 세분, 예를 들어 소제목 혹은 하위 표제 등 앞에 사용된다.

questions: basic rules (의문문: 기본적인 규칙)
punctuations-7: colon (구두법-7: 콜론)

7 **편지**: 미국인들은 일반적으로 상업적 편지를 쓸 때 서두의 인사말 (Dear ...) 다음에 콜론을 찍는 데 반하여, 영국인들은 쉼표를 찍거나 아무런 구두점도 사용하지 않는다.

Dear Mr. Callan:	**Dear Mr Callan(,)**
Gentlemen:	**Gentlemen(,)**
Dear Sir:	**Dear Sir(,)**
I am writing to ...	I am writing to ...

8 **시간표기**: 미국영어에서 시간을 숫자로 표현할 때 시(hour)와 분(minute) 사이에 콜론을 찍고, 영국영어에서는 쉼표를 찍는다.

He'll arrive at Seoul Station at **8:30/8,30**. (그는 서울역에 8시 30분에 도착할 것이다.)
She left the house at **9:00/9,00**. (그녀는 집에서 9시에 떠났다.)

P53 punctuations-8: 대쉬

대쉬 (—)는 다음과 같이 사용된다.

▶ 특히 비격식적 글에서 많이 쓰이며, 콜론, 세미콜론 혹은 괄호와 같은 방식으로 사용될 수 있다.

There are three things I can never remember—**names, faces, and I've forgotten the other**. (나에게는 기억을 못하는 것이 세 가지가 있다. 이름, 얼굴 그리고 또 하나는 잊어버렸다.)
We had a great time in Greece—**the kids really loved it**.
(우리는 그리스에서 대단한 시간을 보냈다. 아이들이 정말로 좋아했다.)
My mother—**who rarely gets angry**—really lost her temper.

(웬만해서 화를 내지 않는 어머니가 정말 성이 나셨다.)

▶ 대쉬는 뒤돌아 생각하거나 놀랍고 기대하지 않았던 것을 말할 때 사용된다.

We'll be arriving on Monday morning—**at least, I think so**.
(우리는 월요일 아침까지는 도착할 것이다. 나는 적어도 그렇게 생각해.)
And then we met Bob—**with Lisa, believe it or not!**
(그다음 우리는 밥을 만났는데, 그것도 믿거나 말거나 리사와 함께 말이야.)

▶ 어떤 내용을 나열한 후에 그 내용의 요약을 "all"이나 "these"와 같은 단어로 시작할 때 대쉬를 사용하기도 한다.

Beers, dances, new clothes, blind dates—**all these** should be a part of your freshman year. (맥주, 춤, 새 옷, 소개 데이트, 이 모든 것은 대학 초년생의 겪는 경험의 한 부분이다.)

P54 punctuations-9: 괄호

괄호(parentheses)와 각괄호(brackets)는 다음과 같은 경우에 사용된다.

1 **괄호 (( ))**: 괄호는 문장이 표현하는 주제를 보충하거나 설명하는 소견이지만 꼭 필요한 것이 아닐 경우 사용된다.

He invited three girls **(they are all sisters, you know)** to the party.
(그는 파티에 세 아가씨를 초청했다. (알다시피 그 아가씨들은 자매간이다.)
If it rains **(and we certainly hope it doesn't)**, the picnic will be postponed.
((안 그러기를 바라지만) 만약 비가 오면, 야유회는 연기될 것이다.)

2 **곽괄호 ([ ])**: 각괄호는 필자가 아닌 사람이 인용문에 논평이나 의문을 추가할 때 사용된다.

"He **[Lincoln]** gave his famous Gettysburg Address in November, 1863."
("그는 [링컨 대통령은] 1863년 11월에 그의 유명한 게티즈버그 연설을 했다.")
"Shakespeare died in April, 1616**[?]**." ("섹스피어는 1616[?]년 4월에 죽었다.")

P55 punctuations-10: 이탤릭체와 밑줄

인쇄물에서 일반적으로 이탤릭체로 표현되는 것을 손으로 쓰거나 옛 타자로 찍을 때는 밑줄을 쳤다. 다음을 비교해보라.

In the March, 1959 issue of **Harper's Magazine** there is a review of Robert Payne's The Gold of Troy.
In the March, 1959 issue of *Harper's Magazine* there is a review of Robert Payne's *The Gold of Troy*.
(1959년 3월 판 〈하퍼 잡지〉에 〈트로이의 금〉에 대한 로버트 페인의 서평이 실려 있다.)

1 **창작물**: "책, 잡지, 신문, 대본, 악보, 예술 작품의 명칭"을 표현할 때

Soldier's Pay *Huckleberry Finn*
Sports Illustrated *Scientific American*
The Los Angeles Times *the Donga Ilbo*
Mozart's *Marriage of Figaro* Michelangelo's *Pietà*
Shakespeare's *Romeo and Juliet* the Portland *Oregonian*

2 외래어: 외래어나 어떤 표현을 강조할 때

The French expression *noblésse oblige* roughly means the moral duty of the people of a high social class to those of a lower social class.
(프랑스어 표현인 "noblésse oblige"는 대략적으로 높은 사회 계층의 사람들이 낮은 사회 계층에 대해 갖는 도덕적 의무감을 의미한다.)
Quotation marks are placed *outside, not inside*, the period.
(인용부호는 마침표 안이 아니라 밖에 표시해야 한다.)
Do not write *yours, your favor*, or *your esteemed favor* to end a letter.
(편지를 끝낼 때 "yours, your favor, your esteemed favor"와 같은 표현을 쓰지 마라.)

P56   purpose(목적)

"목적"을 표현하는 부사구로는 다음과 같은 것들이 있으며, 이들은 "What... for?"나 "Why...?"의문문의 응답으로 쓰일 수 있다.

for + 명사구/동사-ing ...
to/in order to/so as to + 동사 ...
in order that-절/so that-절

1 for: 전치사 for-전치사구로 목적을 표현할 수 있다.

"**What**'s the $100 **for?**" "It's **for books.**" ("그 100불은 무슨 돈이야?" "책 살 돈이야.")
"**What**'s this equipment **for?**" "It's **for measuring weight.**"
("이 장비가 무엇에 쓰는 거야?" "무게를 다는 데 쓰는 장비야.")

2 부정사: "to/in order to/so as to + 부정사" 구조가 목적을 표현할 때 가장 많이 사용된다.

"Why did you come home so early?" "**To play with our kids.**"
("어째서 집에 그렇게 일찍 왔습니까?" "아이들과 놀려고요.")
We all need water **in order to survive**. (우리 모두는 살아남기 위해 물이 필요하다.)
I drive at a steady 80 kilometers an hour **so as to save fuel**.
(나는 연료를 절약하기 위해 시속 80킬로로 일정하게 운전한다.)

3 절: "in order that-절"이나 "so that-절"을 써서 목적을 표현할 수 있다.

The research is necessary **in order that new treatments can be developed**.
(새로운 치료법을 개발하기 위해서는 연구가 필요하다.)

They lowered their voices **so that nobody could hear**.
(그들은 아무도 들을 수 없게 목소리를 낮췄다.)

so that-절과 in order that-절에 대한 상세한 것은 S17을 보라.
결과절을 이끄는 so that-절에 대해서는 R13을 보라.

Q1 quantifying words(양화사)

수량을 나타내는 표현은 한정사나 대명사로 사용될 수 있으며, 수량을 표현하는 데는 세 가지 방법이 있다.

▶ A-형: 양화사 "홀로" 쓰일 수 있다.

I've just bought some apples. Would you like **some**? (내가 방금 사과를 샀다. 좀 줄까?)
My parents went to Stanford. **Both** got jobs in Boston after the graduation.
(나의 부모님은 스탠퍼드대학을 다녔고, 졸업 후에 두 분 다 보스턴에서 일자리를 얻었다.)

▶ B-형 (양화사 + of-구): "of-구"를 대동할 수 있다.

Can I take **some of your apples**? (사과를 좀 가져가도 되겠습니까?)
Both of my parents went to Stanford. (나의 부모님 두 분 다 스탠퍼드대학을 다녔다.)

▶ C-형 (양화사 + (수식어) + 명사): 명사의 선행 수식어로 쓰일 수 있다.

I bought **some delicious apples** for you. (나는 너를 위해 맛있는 사과를 좀 샀다.)
He seems to know **every single student** in the class.
(그는 학급에 있는 학생 하나하나를 다 알고 있는 것 같다.)

1 **ABC-형**: 세 가지 모든 형태로 쓰이는 양화사

all	any	both	each
either	enough	(a) few	fewer/fewest
half	less/least	(a) little	many
more/most	much	neither	one
plenty	several	some	the/a whole 등

I hope **all** is well with you. (나는 모두가 너를 좋아하기를 바란다.)
Have you drunk **all of the milk**? (우유를 다 마셨습니까?)
All imported timber must be chemically treated against disease.
(모든 수입 목재는 질병에 대비하여 화학적으로 처리되어야 한다.)

There're apples and pears—you can have **either**. (사과와 배가 있는데, 어느 것을 먹어도 된다.)
Could **either of you** lend me 10,000 won? (둘 중에 어느 분이 만 원만 빌려줄 수 있습니까?)
Either person would be fine for the job. (둘 중에 누구도 그 일에 맞을 것 같다.)

On **the whole**, I thought the movie was pretty good.
(대체로 나는 영화가 매우 훌륭하다고 생각했다.)
I wasted **the whole of the morning** to find the documents.
(나는 서류를 찾는 데 오전을 다 써버렸다.)
The whole truth came out yesterday. (모든 진실이 어제 밝혀졌다.)

▶ "one, two, ... a million, ...등 모든 기수"가 여기에 속한다.
"Do you have a notebook computer?" "No." "You should buy **one**."

("노트북 컴퓨터가 있냐?" "없는데." "하나 사야한다.")
"I don't know much about girls." "Well, that makes **two of us**."
("나는 여자에 대해서 아는 것이 많지 않다." "그렇다면 그런 점은 우리 둘이 같네.")
She's dated about **ten handsome boys** before choosing one for her husband.
(그녀는 한 사람을 남편으로 선택하기 전에 약 10명의 멋진 청년과 데이트를 가졌다.)

2   **AB-형**: A-형과 B-형으로 사용되는 양화사

a bit	a couple	a dozen	dozens
hundreds	a lot	lots	a/the majority
none	a mass	masses	millions
a quarter	thousands	two-thirds	0.56
a great/good deal	a (large) number	a/the (small/large) quantity	

I can't eat all this chocolate—would you like **a bit**?
(내가 이 초콜릿을 다 먹을 수 없다. 네가 조금만 먹을래?)
You can have **a bit of my chocolate**, if you want.
(네가 원하면 내 초콜릿을 조금 먹어도 된다.)

British wines will never be cheap, because they are produced in **a small quantity**.
(영국 포도주는 소량으로 생산되기 때문에 값이 싸게 될 수가 없다.)
The police found **a large quantity of drugs** in his possession.
(경찰은 다량의 마약을 그가 소지하고 있는 것을 찾아냈다.)

The trains provided cheap travel for **the masses**.
(기차는 대중들이 값싸게 여행하도록 해줬다.)
There was **a mass of people** around the club entrance.
(클럽 입구 주위에 많은 사람들이 있었다.)

3   **C-형**: C-형으로만 사용되는 양화사

every   no

The police interviewed **every employee** about the theft.
(경찰은 절도 사건에 대해 모든 직원을 면담했다.)
No students want to have classes on Saturday.
(토요일에 수업을 하고 싶어 하는 학생은 없다.)

양화사에 대해서는 각 항목의 설명을 보라.

Q2   questions(의문문)-1: 기본적 속성

모든 다른 언어에서와 같이 영어에도 두 가지 기본적인 의문문, 즉 "가부의문문(yes-no question)"과 "내용의문문(content question)"이 있다. 한국어와 같은 언어와는 달리 영어의 이 두 의문문 사이에는 뚜렷한 구조적 차이가 있다. 영어의 가부의문문은 일반적으로 "조동

사"로 시작하고, 내용의문문은 "의문사"로 시작한다.

Can you tell me the truth?　　　[가부의문문]
(나에게 진실을 말해 줄 수 있어?)
Who do you want to speak to?　　[내용의문문]
(누구와 말하고 싶으냐?)

1. **조동사의 이동**: 서술문에서는 조동사를 포함하여 모든 동사적 성분이 일반적으로 주어 다음에 온다. 영어에서 의문문을 구성하는 가장 기본적인 규칙은 조동사를 주어 앞으로 이동하는 것이다. 이때 이동하는 조동사를 "연산자"라고 한다.

    He **has** received my letter of June 17. (그는 나의 7월 17일 편지를 받았습니다.)
    Has he ____ received my letter of June 17? (그는 나의 7월 17일 편지를 받았습니까?)
    All those people **are** looking at something. (저 모든 사람들이 무엇인가를 쳐다보고 있다.)
    What **are** all those people ____ looking at? (저 모든 사람들이 무엇을 쳐다보고 있습니까?)
    You **will** be able to go with us. (너는 우리와 같이 갈 수 있을 것이다.)
    Will you ____ be able to go with us? (너는 우리와 같이 갈 수 있을까?)

    조동사에 대해서는 A80을, 연산자에 대해서는 O12를 보라.

    ▶ do의 도움: 서술문에 조동사가 없으면 "do 동사"가 연산자 역할을 대신하여 주어 앞에 온다.

    She **enjoyed** the concert. (그녀는 음악회를 즐겼다.)
    Did she enjoy the concert? (그녀는 음악회를 즐겼느냐?)
    *** Did** she **enjoyed** the concert?

    He **wants** to do something. (그는 무엇인가 하고 싶어 한다.)
    What **does** he want to do? (그는 무엇을 하고 싶어 하느냐?)
    *** What do** he **wants** to do?

    She **takes** a walk every day. (그녀는 매일 산책을 한다.)
    Does she take a walk every day? (그녀는 매일 산책을 합니까?)
    *** Do** she **takes** a walk every day?

2. **wh-이동**: how를 제외한 의문사는 모두 "wh-"로 시작하기 때문에 의문사가 문장 앞으로 이동하는 현상을 종종 "wh-이동(movement)"이라고 부른다. 주어가 아닌 wh-어가 문장 앞으로 이동하면, 조동사도 주어 앞으로 이동한다. 다시 말해서 이 경우 wh-이동과 조동사 이동이 동시에 일어난다.

    What did you buy ____ at the shop? (그 상점에서 무엇을 샀느냐?)
    Who(m) will you meet ____ tomorrow? (내일 누구를 만날 것이냐?)
    Whose car is this ____? (이것이 누구 자동차냐?)

    ▶ 그러나 의문사가 주어(이거나 주어의 일부)일 경우에는 어떠한 이동도 일어나지 않는다.

Who bought the book? (누가 책을 샀느냐?)
What brought you here? (무엇 때문에 여기 왔느냐?)
How many people work in your office? (너의 사무실에는 직원이 몇 명이 있느냐?)

Q3 questions-2: 가부의문문

가부의문문은 화자가 청자에게 자신이 말한 내용에 동의하는지 혹은 동의하지 않는지를 묻는 의문문을 가리킨다.

1 **가부의문문의 억양**: 가부의문문은 서설문의 어순에서 조동사나 be 동사를 주어 앞으로 이동하거나, 이들이 없을 경우에는 do 동사를 주어 앞에 삽입하여 구성한다. 서술문과 가부의문문의 차이는 어순에만 국한된 것이 아니다. 서술문은 상승-하강억양으로 끝나고 가부의문문은 상승억양으로 끝난다.

Will you be waiting for me? (나를 기다리겠느냐?)
Has the plane arrived? (비행기가 도착했느냐?)
Is she from Austria? (그녀는 오스트리아인이냐?)
Were the kids given presents? (아이들이 선물을 받았느냐?)

Do you want to come with us? (우리와 함께 가고 싶으냐?)
Does your son enjoy camping? (너의 아들은 야영을 좋아하느냐?)
Did she arrive in time? (그녀는 일찍 도착했느냐?)

2 **가부의문문에 대한 응답**: 가부의문문에 대한 응답은 일반적으로 "yes + 주어 + 조동사" 또는 "no + 주어 + 조동사 + not"로 구성되는 짧은 응답이 선호된다.

"Can you speak English?" "Yes, **I can**/No, **I can't**."
("영어를 할 수 있습니까?" "네, 할 수 있습니다./아니오, 못합니다.")

▶ 그러나 질문에 포함된 정보의 전부를 생략하고 단순히 가부만을 표현할 수도 있다.

"Can you speak English?" "**Yes./No**." ("영어를 할 수 있습니까?" "네./아니오.")

▶ 또한 질문에 포함되는 어휘에 따라 다양한 짧은 응답이 가능하다.

"Is the dinner ready **yet**?" ("벌써 저녁이 준비되었습니까?")
(a) "**No, it isn't**." ("아니오, 준비되지 않았습니다.")
(b) "**No, not yet**." ("아니오, 아직인데요.")
(c) "**Not yet**." ("아직인데요.")
(d) "**No**." ("아니오.")

▶ afraid를 써서 가부의문문에 대한 응답을 할 수도 있다.

"Does this mean I have to leave?" "I'm **afraid so**." (= Yes)/"I'm **afraid not**." (= No)
("이것은 내가 떠나야 한다는 뜻이지요?") ("미안하지만 그런 것 같습니다."/"안 그래도 될 것 같은데요.")

3   **짧은 응답과 축약**: 짧은 응답에서는 조동사 축약이 일어나지 않는다. 그러나 부정소 not가 올 때는 조동사나 not 중에 하나만이 축약이 가능하다.

"Are you a student?" "Yes, I **am**." (*Yes, I'm.)
("학생이냐?" "네, 학생입니다.")
"Is he a teacher?" "No, he **isn't**/he's **not**."
("그분이 선생님이냐?" "아닌데요.")
"Have you been there?" "No, I've **not**/I **haven't**."
("그곳에 가본 적이 있느냐?" "아니, 가본 적이 없어.")

4   **부정 가부의문문**: 부정 가부의문문에는 두 가지 형태가 있다.

축약형: 조동사 + -n't + 주어 ...
비축약형: 조동사 + 주어 + not ...

축약형은 구어에서 뿐만 아니라 널리 사용되고 비축약형은 문어적 표현이다.

Didn't I tell you Mark would give up smoking?   [축약형]
Did I not tell you Mark would give up smoking?   [비축약형]
(마크가 금연할 것이라고 내가 너에게 말하지 않았느냐?)

5   **부정 가부의문문의 해석**: 부정 가부의문문은 일반적으로 화자의 의도에 따라서 긍정편향적 해석과 부정편향적 해석이 가능하다. 다음 문장의 해석에 대해 생각해 보자.

Isn't John spending Christmas with his parents?
(존이 부모님과 크리스마스를 보내기로 한 것 아니야?)

화자가 John이 성탄절을 자신의 부모와 함께 보낼 예정이라는 정보를 가지고 있다고 하자. 그런데 어느 성탄절 모임에 John이 참석한 것을 보고 위의 문장을 말했다고 하면, 위 문장은 "John이 성탄절을 자신의 부모와 함께 보내지 않고 있다"는 의미가 되므로 "부정 편향적 해석"이 된다. 이와는 반대로 누가 화자에게 John이 어째서 성탄절 모임에 오지 않느냐고 물었을 때, 화자가 말한 위 문장은 "John이 성탄절을 자신의 부모와 함께 보내고 있다"는 의미로 해석되므로 "긍정 편향적 해석"이 된다. (N12를 보라.)

6   **서술형 의문문** (declarative questions): 구어체 의문문에서는 조동사가 항상 주어 앞으로 이동하는 것은 아니다. 이러한 "서술형 의문문"은 화자가 무엇인가를 알고 있으며, 그것을 확인하거나 놀라움을 표현할 때 일반적으로 사용된다. "긍정 서술의문문"은 긍정적 대답을 기대하고, "부정 서술의문문"은 부정적 대답을 기대한다. 상승억양이 사용된다.

You've finished reading the book? (당신은 그 책을 다 읽었지요?)
(= I suppose you have finished reading the book, haven't you?)

You haven't finished reading the book? (당신은 그 책을 다 읽은 것 아니지요?)
(= I suppose you haven't finished reading the book, have you?)

They no doubt misunderstood my intentions? (그들은 나의 의도를 오해한 것이 확실하지?)

You're surely not going to agree? (너 정말로 동의하려는 것 아니지?)

7   **any**와 **some**: 의문문은 비단언적 맥락을 형성하기 때문에 any와 같은 비단언적 표현이 더 자연스럽다. (N21을 보라.) 그러나 종종 긍정적 응답을 기대하는 가부의문문에는 some과 같은 단언적 표현이 쓰인다.

Did **anyone** telephone this afternoon? (누군가 오늘 오후에 전화했습니까?)
Did **someone** telephone this afternoon? (누군가 오늘 오후에 전화했지요?)
Do you need **any** money? (너는 돈이 필요하냐?)
Do you need **some** money? (너는 돈이 필요하지?)
Have you learned to ski **yet**? (너는 스키를 벌써 배웠느냐?)
Have you learned to ski **already**? (너는 스키를 이미 배웠지?)

Q4   questions-3: wh-의문문

우리가 질문을 통해 어떤 정보를 얻기를 원하는가에 따라 의문사를 선택하고, 선택된 의문사는 주어 앞으로 이동한다. 이렇게 만들어진 문장을 wh-의문문이라고 부른다.

Who bought it?   [사람]
(누가 그것을 샀느냐?)
What did he buy?   [물건]
(그가 무엇을 샀느냐?)
Where did he buy it?   [장소]
(그가 그것을 어디서 샀느냐?)
When did he buy it?   [시간]
(그가 그것을 언제 샀느냐?)
Why did he buy it?   [이유]
(그는 그것을 왜 샀느냐?)
How did he buy it?   [방법]
(그는 그것을 어떻게 샀느냐?)
Which did he buy?   [선택]
(그는 어느 것을 샀느냐?)

의문사는 그 통사적 기능에 따라 세 가지 유형, 즉 의문대명사, 의문부사, 의문한정사로 분류된다.

1   **의문대명사**(who, whom, whose, what, which): who와 whom은 각각 주어와 목적어로 사용될 수 있지만, 많은 경우 who가 whom 대신에 사용된다.

Who said that? (누가 그것을 말했느냐?)
Who(m) did he meet? (그가 누구를 만났느냐?)
Whose is the bike? (자전거는 누구 것이냐?)

What did you buy? (너는 무엇을 샀느냐?)
Which is yours? (어느 것이 너의 것이냐?)

▶ what는 의문대명사로서 문장의 주어보어에 대해 질문을 할 때 "be like/look like/feel like"와 함께 사용된다.

"**What's** his new girlfriend **like**?" "She's pretty and a bit shy."
("그의 새 여자친구가 어떻게 생겼느냐?" "예쁘고 부끄러움을 조금 탄다.")
"**What** does he **look like**?" "Handsome, tall, very cheerful."
("그는 어떻게 생겼느냐?" "잘 생기고 키 크고 매우 명랑하다.")
"What does the thing **feel like**?" "It's fabric—it **feels like** velvet."
("그 물건의 느낌이 어떠하냐?" "섬유이고, 벨벳 같은 느낌이다.")

2   의문부사 (where, when, why, how): 이 의문사들은 문장 내에서 부사적 표현, 즉 "장소, 때, 이유, 방법 등"에 대한 정보를 원할 때 사용된다.

Where did he go? (그는 어디 갔느냐?)
When did he go? (그는 언제 갔느냐?)
Why did he go? (그는 왜 갔느냐?)
How did he go? (그는 어떻게 갔느냐?)

▶ how가 "be/look/feel"과 같은 동사와 함께 사용되면 일반적으로 건강상태에 대한 질문이 된다.

"**How's** Ron?" "He's very well." ("론이 어떠냐?" "매우 건강하다.")
"**How** does she **look** today?" "Tired." ("그녀가 오늘 어떠냐?" "피곤해 보인다.")
"**How** do you **feel** today?" "Much better." ("오늘 기분이 어떠냐?" "아주 좋다.")

▶ how는 "수량, 크기, 정도 등"을 질문하는 의문사로 사용될 수 있다.

How much money do you have now? (지금 돈이 얼마나 있느냐?)
How many kids do they have now? (그들은 아이가 몇 명이냐?)
How tall is she? (그녀는 키가 어떻게 되느냐?)
How far can you hit the golf ball? (너는 골프 볼을 얼마나 멀리 칠 수 있느냐?)

▶ how는 종종 상대의 의견이나 경험에 대해 질문할 때 사용된다.

"**How** was the movie?" "Very good." ("영화가 어땠어?" "매우 좋았어.")
"**How's** the new job?" "Not bad." ("새 직장이 어때?" "나쁘지는 않아.")

3   의문한정사 (whose, what, which): 이들은 명사를 수식할 수 있으며 명사에 대한 제한적 정보를 원할 때 사용된다.

Whose car is it? (그것은 누구 자동차냐?)
What time is the seminar? (세미나가 몇 시에 있느냐?)
Which house is his? (어느 집이 그의 집이냐?)

4　**동사에 대한 질문**: 영어에는 동사에 대한 질문을 할 수 있는 하나의 단어가 없다. 동사에 대한 질문을 위해서는 일반적으로 what과 do를 사용한다.

"**What** were you **doing** last night?" "**Reading**."
("어젯밤에 너는 무엇을 하고 있었느냐?" "책을 읽고 있었다.")
"**What** did you **do** last night?" "(I) **stayed home**."
("너는 어젯밤에 무엇을 했느냐?" "집에 있었다.")

▶ 타동사에 대해 질문할 때는 "what ... do to/with"를 사용한다.

"**What** did he **do** to you?" "**Kicked me**."
("그가 너에게 어떻게 했느냐?" "나를 걷어찼다.")
"**What** are you **doing** with my car?" "**Just looking**."
("내 차를 어떻게 하려고 하느냐?" "그냥 보고 있다.")

▶ 한 사건에 대해 완전한 정보를 물을 때는 "what ... happen"을 사용한다.

"**What's happening** in the National Assembly these days?" "Always **quarreling with each other** without producing anything useful."
("요사이 국회에서는 무슨 일이 일어나고 있습니까?" "유용한 것은 하나도 생산하지 않으면서 항상 서로 싸움질만 합니다.")

▶ 목적어가 언급될 때는 "what ... happen to"를 사용한다.

"**What happened to** your parents?" "They had been lost in Africa for two weeks."
("당신의 부모님께 무슨 일이 있었습니까?" "아프리카에서 2주 동안이나 행방불명이었습니다.")

의문문의 어순에 대해서는 Q2를 보라.

5　**내용의문문에 대한 짧은 응답**: 구어체에서 내용의문문에 짧은 응답은 일반적으로 의문사에 대한 응답으로 구성된다.

"**What** are you doing?" "(I'm) **studying**." ("무엇을 하고 있어?" "공부하고 있어.")
"**Where** is he going?" "(He's going) **to his office**."
("그가 어디를 가고 있습니까?" "사무실에 가고 있습니다.")
"**Who** did you meet yesterday?" "(I met) **Dr. Smith**.
("어제 누구를 만났습니까?" "스미스 박사를 만났습니다.")

▶ 강조를 위해 종종 질문에 포함되지 않은 어휘가 사용되기도 한다.

"Did he break it?" "He **certainly** did." ("그가 그것을 깨느냐?" "그렇고말고.")
"Can I come along?" "**Certainly**." ("제가 따라 가도 되겠습니까?" "물론이지.")
"Do you let your kids go out alone at night?" "(No,) **Absolutely not**."
("당신은 아이들을 밤에 혼자 나가게 합니까?" "절대로 안 되지요.")
"Is it true that there's life on Mars?" "(Yes,) **Absolutely**."
("화성에 생명체가 있다는 것이 사실입니까?" "그렇고말고.")

6 **간접의문문과 조동사**: 간접의문문(indirect questions), 즉 종속절로 쓰이는 의문문에서는 조동사이동이 일어나지 않다.

Tell me **when you are** going on holiday. (너는 언제 휴가를 갈 것인지 말해라.)
(*Tell me **when are you** going on holiday.)
Ask him **what it is**. (그것이 무엇인지 그에게 물어봐라.)
(*Ask him **what is it**.)

▶ 가부의문을 간접의문문으로 만들 때는 "whether"나 "if"를 절 앞 위치에 놓는다.

I doubt **whether** there'll be enough time to sleep.
(잠을 잘 충분한 시간이 있을지 나는 의심이 간다.)
I wonder **if** many people will be at the concert.
(나는 음악회에 많은 사람들이 올지 확신할 수가 없다.)

whether와 if의 차이점에 대해서는 W10을 보라.

7 **간접의문문의 해석**: 간접의문문이 목적어로 쓰일 경우 간접의문문을 이끄는 의문사는 여전히 "질문의 대상"이 될 수도 있고, "응답된 대상"을 가리킬 수도 있다.

▶ 질문의 대상: 의문사가 가리키는 대상에 대해 질문하고 있다.

The manager asked **who wanted to work at the weekend**.
(지배인은 누가 주말에 일하기를 원했느냐고 물었다.)
I wonder **where she bought her new coat**.
(그녀가 어디에서 새 코트를 샀는지 놀랍다.)
Jansen wants to know **what they have done to his brother**.
(잰슨은 그들이 그의 남동생에게 무슨 짓을 했는지 알고 싶어 한다.)
Would you tell me **which of you were responsible for the accident**?
(너희들 중에 누가 사고에 책임이 있는지 말해 줄 수 있어?)

▶ 응답된 대상: 의문사가 가리키는 대상에 대해서는 이미 언급되었다.

He told me **who he invited to the barbecue**, but I've forgotten.
(그는 바비큐 파티에 누구를 초청했는지 나에게 말했는데 내가 잊어버렸다.)
(= He told me the names of the people he invited to the barbecue, but I've forgotten.)
She explained to him **what the problem was**. (그녀는 그에게 무엇이 문제인지 설명했다.)
(= She explained the problem to him.)
Mary knows **why he doesn't want to come**.
(메리는 그가 어째서 오고 싶어 하지 않는지 알고 있다.)
(= Mary knows the reason that he doesn't want to come.)

▶ 의문사 절은 목적어뿐만 아니라 주어, 보어, 부사절로도 사용된다. 이 구조는 구어체에서 종종 사용된다.

Where we stay doesn't matter. (우리가 어디에 묵던지 상관없다.)
This shows **how much I've done**. (이것이 내가 얼마나 많이 했는가를 보여준다.)

I'm surprised at **how fast she can run**. (나는 그녀가 얼마나 빨리 달리는지 놀랐다.)
You can eat it **how you like**. (그것을 네가 원하는 방식으로 먹을 수 있다.)

▶ "예시의" it가 종종 주어절과 함께 사용된다. (P43.7을 보라.)

It's your business **who you invite**. (누구를 초청할 것인가는 네가 할 일이다.)
It doesn't matter **where we stay**. (우리가 어디에 머물던지 상관이 없다.)

▶ whether는 간접의문문에서만 사용되는 의문사다.

We need to know **whether he's coming tomorrow**.
(우리는 그가 내일 오는지를 알 필요가 있다.)
*Whether is he coming tomorrow?

특정 의문사와 표현에 대해서는 이들에 대한 각 항목을 보라.
who ever, what ever 등에 대해서는 W13을 보라.
whoever, whatever 등에 대해서는 W15를 보라.
who else, what else 등에 대해서는 E15를 보라.
I'm not sure (of) where we are와 같은 문장에서 전치사 다음에 오는 의문사에 대해서는 P32.3을 보라.

8 **의문사의 전이**: 의문사는 일반적으로 자신이 속한 절의 앞 위치로 이동하지만 "feel, hope, know, say, suppose, think, wish"와 같은 동사의 종속절에 포함되어 있는 의문사는 주절의 앞 위치까지 이동할 수 있다. 다음을 비교해보라.

What does he want ____? (그는 무엇을 원하느냐?)

What do you think (that) he wants ____? (너는 그가 무엇을 원한다고 생각하느냐?)
What do you think (that) she said (that) he wants ____?
(너는 그가 무엇을 원한다고 그녀가 말했다고 생각하느냐?)
What do you think (that) she said (that) he wanted to buy ____?
(너는 그가 무엇을 사고 싶어 한다고 그녀가 말했다고 생각하느냐?)

▶ 의문사가 종속절의 주어일 경우에는 접속사 that가 의무적으로 생략된다.

Who wants the car? (누가 자동차를 원하느냐?)

Who do you think ____ wants the car? (너는 누가 자동차를 원한다고 생각하느냐?)
(*Who do you think **that** ____ wants the car?)
Who do you think **(that)** she said ____ wants the car?
(너는 누가 자동차를 원한다고 그녀가 말했다고 생각하느냐?)
Who do you think **(that)** she said ____ wanted to buy the car?
(너는 누가 자동차를 사고 싶어 했다고 그녀가 말했다고 생각하느냐?)
(*Who do you think (that) she said **that** ____ wanted to buy the car?)

9 **선택의문문** (alternative questions): 선택의문문이란 질문자가 몇 가지 가능한 응답 중에서

하나를 선택하도록 요구하는 의문문으로서 가부의문문 형태와 내용의문문 형태 두 가지가 있다. 선택의문문을 발음할 때 조심해야 할 점은 나열된 가능한 응답 중에서 "맨 마지막 것은 하강억양"으로 발음하고, "나머지 것은 상승억양"으로 발음해야 한다.

Would you like **chocolate, vanilla,** or **strawberry (ice cream)**?
(초콜릿, 바닐라, 딸기 아이스크림 중에 어느 것을 원합니까?)
(= Which ice cream would you like? **Chocolate, vanilla,** or **strawberry**?)
Will you **call her, write a letter,** or **send a telegraph**?
(너는 그녀에게 전화를 할 거냐, 편지를 쓸 거냐, 혹은 전보를 보낼 거냐?)

Q5 questions-4: 반응의문문

청자는 화자의 질문에만 응답을 하는 것은 아니다. 물론 청자는 화자의 "명령, 지시, 요청, 부탁 등"에도 반응하지만, 화자의 진술에 대해서도 의문문 형태를 써서 다양한 반응을 보인다. 이러한 의문문을 반응의문문(reply questions)이라고 부른다.

1 **짧은 의문문** (short questions): 화자의 진술에 대해 청자가 추가적인 정보를 얻고자 할 때 종종 짧은 의문문을 사용한다. 이 의문문은 일반적으로 비격식적 구어체에서 사용되며, 하나의 의문사나 의문사로 시작하는 짧은 구로 구성된다.

"They have occasional arguments over the children." "**Who doesn't?**"
("그들은 아이들 문제로 종종 언쟁을 벌인다." "안 그러는 사람이 있어?")
"We are getting married." "**When?**" ("우리 결혼할 겁니다." "언제?")
"The boss wants to see you." "**What for?**" ("두목이 너를 보고 싶대." "왜?")
"I think you have to attend the conference." "**Why me?**"
("나는 당신이 학회에 참석해야 한다고 생각한다." "왜 접니까?")
"She isn't coming to the party." "**Why not?**"
("그녀가 파티에 오지 않습니다." "왜 안 온답니까?")
"I don't think I'll be able to go with you." "**How come?**"
("나는 당신들과 함께 갈 수 없을 것 같습니다." "어째서요?")

2 **반향의문문** (echo questions): 반향의문문이란 청자가 화자로부터 기대하지 않았던 말을 들었을 때, 화자의 말을 전부 또는 일부를 반복함으로써 화자의 말한 것을 확인하는 의문문이다. 이 의문문에서는 상승억양이 흔히 쓰인다.

"I'm leaving her." "**You're leaving her?**" ("나는 그녀를 떠나려고 한다." "그녀를 떠난다고?")
"I didn't enjoy the show." "Did you say **you didn't enjoy it**?"
("나는 공연이 별로였다." "공연이 별로였다고 말했어?")

▶ 문장의 일부에 대해 질문할 때는 질문하고자 하는 부분을 강세를 준 의문사로 대치한다.

"I'll pay for the dinner." "**You'll what?**"
("제가 저녁 값을 내겠습니다." "당신이 뭘 하겠다고?")
"Have you ever been to Greenland?" "**Have I ever been where?**"

("그린란드에 가본 적이 있습니까?" "어디에 가본 적이 있느냐고?")
"She's invited thirteen people to dinner." "**She's invited how many?**"
("그녀는 저녁에 13명을 초대했다." "몇 명을 초대했다고?")

▶ 동사나 동사로 시작하는 문장의 한 부분에 대해 질문할 때는 "do what"가 사용된다.

"She set fire to the garage." "**She did what (to the garage)?**"
("그녀가 차고에 불을 질렀다." "그녀가 (차고에) 뭘 했다고?")

▶ 청자는 화자의 의문문을 반복함으로써 질문을 확인할 수 있으며, 바로 뒤에 질문에 대한 대답을 끝낼 수 있다.

"What are you doing?" "**What am I doing? Eating lunch.**"
("뭘 하고 있어?" "뭘 하고 있느냐고? 점심 먹고 있어.")
"What does he want?" "**What does he want? Money, as usual.**"
("그가 원하는 게 뭐야?" "그가 원하는 게 뭐냐고? 항상 그랬듯이 돈이지 뭐.")
"Are you hungry?" "**Am I hungry? Of course not.**"
("배고프냐?" "배고프냐고? 물론 아니지.")
"Is she angry?" "**Is she angry? Certainly.**"
("그녀가 화났냐?" "그녀가 화났냐고? 그렇고말고.")
"Do chimpanzees eat meat?" "**Do chimpanzees eat meat? I'm not sure.**"
("침팬지가 고기를 먹습니까?" "침팬지가 고기를 먹느냐고? 잘 모르겠는데.")

3   유의신호(attention signals): 유의신호란 상대방의 말에 청자가 관심을 나타낼 때 사용하는 표현을 말한다. 유의신호로 짧은 의문문을 사용하기도 하고 "Oh, yes, Really?"와 같은 표현이나, "부가의문문"을 (Q7을 보라) 사용하기도 한다.

"I'm really tired." "**Really?**" ("나 정말 지쳤어." "정말?")
"It was a wonderful meeting." "**Oh, yes!**" ("참 훌륭한 모임이었습니다." "네, 그랬습니다.")

▶ 여기서 의문문은 정보를 요구하는 것이 아니라 화자의 말에 대한 청자의 단순한 반응 또는 동의를 표현한다.

"He has a lot of work to do." "**Does he?** I may help him."
("그가 할 일이 많은데." "그래요? 내가 도와줄 수도 있는데.")
"I didn't get a word of his lecture." "**Didn't you?** I'm sorry."
("나는 그의 강의를 한 마디로 알아들을 수 없었다." "그랬어? 안됐다.")
"She's a really wonderful girl." "**Yes, isn't she?** I like her."
("그녀는 정말로 멋있는 아가씨다." "그래, 그렇지? 내가 그녀를 좋아해.")

Q6   questions-5: 수사의문문

의문문의 기본적인 역할은 청자에게서 어떤 "응답"을 유도해내는 것이다. 그러나 우리는 의문문의 구조를 가진 표현을 청자에게서 어떤 응답을 원하는 표현이 아니라, 화자가 말하고 싶은 "강력한 진술(forceful statement)"을 표현하는 데 사용할 수 있다. 이러한 의문문을 우리는 "수사적(rhetorical) 의문문"이라고 부른다.

1 **강력한 진술이 되는 의문문**: 영어를 포함하여 많은 언어에는 의문문을 통해서 서술형 진술보다 더 강력한 진술을 표현할 수 있다.

"We have a quarrel occasionally." "**Who doesn't?**" [모든 사람이 종종 다툰다.]
("우리는 종종 다툰다." "누구는 안 그래?")
What can one do about it? [아무도 어떻게 할 수 없다.]
(우리가 뭘 어떻게 하겠어?) (= one cannot do anything about it)
Do you know what time it is? [너는 늦었다.]
(너 지금 몇 신지 알아?) (= you are late)

2 **긍정적 진술과 부정적 진술**: 긍정적 수사의문문은 부정적 진술을 표현하고, 부정적 수사의문문은 긍정적 진술을 표현한다.

Who wants to come second? (누가 2등이 되고 싶겠어?) (= No one wants to come second.)
What's the use of asking her? (그녀에게 물어보는 게 무슨 소용이 있겠어?)
(= There's no use asking her.)
Have you lost your mind? (너 정신 나갔어?) (= You're not normal.)
Is there a reason for despair? (절망할 이유가 있어?) (= There's no reason for despair.)
Who doesn't know that? (누가 그것을 몰라?) (= Everyone knows that)
Why don't you do something about it? (왜 그 문제에 대해 무슨 조치를 좀 취하지 그래?)
(= You should do something about it.)
Do you expect me to wait here all day? (너는 내가 여기서 종일 기다리리라고 기대해?)
(= You shouldn't expect me to wail here all day.)
Didn't I tell you he would forget? (그가 잊을 것이라고 내가 말하지 않았어?)
(= Surely, I told you he would forget.)

3 **some**: 부정적 수사의문문에 단언적 맥락에서 사용되는 "some, someone, something"와 같은 표현을 사용하면 긍정적 진술을 의미할 수 있다.

Isn't there **someone** who could help us? (우리를 도와줄 수 있는 사람이 없겠습니까?)
(= Surely, there is someone who could help us.)
Mustn't there be **some** rational explanation for the situation?
(그 상황에 대한 어떤 합리적인 설명이 틀림없이 있지 않겠습니까?)
(= Surely, there must be **some** rational explanation for the situation?)

4 **부정적 yes/no 의문문**: 부정적 yes/no 의문문도 종종 긍정적 상황을 의미한다.

Didn't you meet Helen yesterday? (너 어제 헬렌을 만나지 않았냐?)
(= I believe you met Helen yesterday.)
Aren't they lovely? (그들이 정말 사랑스럽지 않아?) (= How lovely they are!)
Haven't I been a fool? (내가 참 어리석지 않았어?) (= What a fool I have been!)

Isn't the answer obvious? (답이 명백하지 않아?) (= Surely the answer is obvious.)

부정의문문에 대해서는 N12.4-8을 보라.

Q7   questions-6: 부가의문문

부가의문절(tag questions)은 질문자가 응답자에게서 자신이 기대하는 대답을 끌어내려고 할 때 사용된다. 부가의문절은 문장 끝에 오는 짧은 의문절로서 구어와 비격식적 글에서 흔히 나타난다.

It was a wonderful lecture, **wasn't it?** (훌륭한 강연이었다. 그렇지?)

1   **구조**: 부가의문절은 "주절의 조동사 + (-n't) + 주절 주어의 대명사" 또는 "주절의 조동사 + 주절 주어의 대명사 + (not)"로 구성되며, 주절에 조동사가 없으면 do 조동사를 대신 사용한다.

▶ 조동사 + (-n't) + 대명사?/조동사 + 대명사 + not?

John can't go with us, **can he?** (존은 우리와 함께 갈 수 없지? 그렇지?)
Mary wants to go with us, **doesn't she?** (메리는 우리와 같이 가고 싶어 하지? 안 그래?)
They promised to finish it by tomorrow, **did they not?**
(그들이 내일까지 그 일을 끝내겠다고 약속했잖아? 안 그랬어?)

주절이 긍정형이면 부가의문절은 부정형이 되고, 주절이 부정형이면 부가의문절은 긍정형이 된다. 부가의문절은 끝을 올려서 발음하는 상승억양으로 발음되기도 하고 끝을 내려서 발음하는 하강억양으로 발음될 수도 있는데, 어떤 억양 행태를 쓰느냐에 따라 화자가 기대하는 응답의 내용이 달라진다. 부가의문문에는 다음과 같은 네 가지 기본형이 있다.

| 긍정 주절 + 부정 부가의문절 |

하강억양: John likes his job, **doesn't he?** (존이 자기 일을 좋아하지? 맞지?)
상승억양: John likes his job, **doesn't he?** (존이 자기 일을 좋아하나?)

| 부정 주절 + 긍정 부가의문절 |

하강억양: John doesn't like his job, **does he?** (존이 자기 일을 좋아하지 않지? 그렇지?)
상승억양: John doesn't like his job, **does he?** (존이 자기 일을 좋아하지 않나?)

2   **억양과 의미**: 화자가 부가의문절을 하강억양으로 발음하면, 응답자가 주절의 내용이 사실임을 확인해 줄 것을 기대하는 반면, 상승억양으로 발음하면 주절의 내용에 대한 긍정 또는 부정에 대해서 화자는 중립적 입장을 취한다.

John likes his job, **doesn't he?**   [하강억양]
(존이 자기 일을 좋아하지? 내가 맞지?)

(= I assume John likes his job; am I right?)
John likes his job, **doesn't he**?   [상승억양]
(존이 자기 일을 좋아하나?)
(= Does John like his job?)

3   **일인칭 주어 문장의 부가의문절**

I'm right, **aren't I**? (내가 옳지? 안 그래?)
We're right, **aren't we**? (우리가 맞지? 안 그래?)

▶ 종종 aren't 대신에 ain't가 쓰이기도 한다.

I'm right, **ain't I**? (내가 옳지? 안 그래?)

ain't에 대해서는 A48.2를 보라.

4   **명령문과 감탄문의 부가의문절**

Open the window, **won't you**? (문 좀 열어줄래?)
Don't make a noise, **will you**? (소리 좀 그만 낼래?)
What a beautiful house it is, **isn't it**? (정말 아름다운 집이지?)

▶ 명령문에는 "would/can/can't/could you?"도 부가의문절로 사용될 수도 있다.

Open the window, **would you**? (문 좀 열어줄 수 있어?)
Be quiet, **can't you**? (조용히 할래?)

5   **let's 구문**: let's 구문에는 "shall we?"가 사용된다.

Let's have lunch, **shall we**? (점심 먹읍시다.)

6   **there 구문의 부가의문절**: there는 부가의문절에서 주어로 사용된다.

There's something wrong, **isn't there**? (무엇인가 잘못됐지?)
There weren't any problems, **were there**? (어떤 문제도 없었지?)

7   **부정어와 부가의문절**: "never, no, nobody, hardly, scarcely, little"과 같은 부정어를 포함하는 문장 다음에서는 긍정 부가의문절이 사용된다.

You **never** say what you want, **do you**? (너는 네가 원하는 것을 절대로 말하지 않지?)
It's **no** use to you anymore, **is it**? (그것은 너에게는 더 이상 소용이 없지?)
We can **hardly** believe it, **can we**? (우리는 그것을 믿을 수가 없지요?)
There was very **little** traffic on the road, **was there**? (길에 차량이 별로 없었지?)

8   **부정대명사와 부가의문절**: "nothing"은 부가의문절에서 대명사 "it"로 표현되고, "nobody, somebody, everybody, no one"은 부가의문절에서 "they"로 표현된다.

Nothing can happen, **can it**? (아무 일도 일어날 수가 없지?)
Nobody phoned, **did they**? (아무도 전화하지 않았지요?)
Somebody wanted a drink, **didn't they**? (누군가 마실 것을 달라고 했지요?)

9   **어휘적 동사 have**: (상태를 가리키는) 비조동사 have 다음에서는 영국영어에서 have와 do를 가진 두 가지 부가의문절이 가능하지만, 미국영어에서는 do를 사용하는 것이 정상이다.

Your father **has** a bad back, **hasn't/doesn't he**? (너의 아버지는 등이 좋지 않으시지?)
Your father **has** breakfast very early every day, **doesn't he**?
(너의 아버지는 매일 아주 일찍 아침식사를 하시지?)
(*Your father **has** breakfast very early every day, **hasn't he**?)

have와 함께 사용되는 do에 대해서는 H6을 보라.

10 **생략**: 부가의문절을 가진 문장에서 대명사 주어와 조동사가 흔히 생략된다.

(It's a) Nice day, **isn't it**? (날씨가 좋지요?)
(She was) Talking to my husband, **wasn't she**? (그녀가 내 남편에게 말하고 있었지요?)

11 **의문문과 부가의문문**: 매우 비격식적 구어에서 부가의문절이 때때로 생략이 일어난 의문문 다음에 사용될 수 있다.

(Did you) Have a good time, **did you**? (즐거운 시간을 보냈지?)
(Is) Your mother at home, **is she**? (너의 어머니가 집에 계시지?)
(Will) John be here tomorrow, **will he**? (존이 내일 여기 올 거지요?)

Q8   quite

quite는 정도의 강약을 표현하는 부사로 널리 사용된다. 그러나 quite는 미국영어와 영국영어에서 약간의 의미적 차이를 보인다.

1   **비등급성 단어**: 비등급성 (즉, 비교급이 없는) 형용사, 부사, 동사와 함께 사용될 경우 "완전히(completely/absolutely)"의 의미를 가지며, 명사구일 경우 "실제로/정말(really/truly)"의 의미를 갖는다.

I'm afraid that's **quite** (= absolutely) **impossible**. (미안합니다만 그것은 절대로 불가능합니다.)
Are you **quite** (= completely) **satisfied** now? (지금은 완전히 만족하십니까?)
She lives **quite** (= absolutely) **alone** in that big mansion.
(그녀는 저 큰 대저택에서 아무도 없이 홀로 살고 있다.)
I **quite** (= absolutely) **agree** with you that we meet again next Monday.
(나는 우리가 다음 월요일에 다시 만나자는 너의 제안에 전적으로 동의한다.)

I know she's **quite** (= really) **a girl**. (나는 그녀가 대단한 아가씨라는 것을 안다.)
We're all experiencing **quite** (= actually) **a change** in the weather.

(우리는 모두 일기의 변화를 실제로 경험하고 있다.)
That's **quite** (= truly) **a different matter**. (그것은 진정으로 별개의 문제다.)

2. **등급성 단어**: 등급성 (즉, 비교급이 있는) 단어인 경우 일반적으로 미국식 영어에서는 "매우 (very)"를 의미하고, 영국식 영어에서는 "꽤/상당히(fairly/rather)"를 의미한다.

The film was **quite good**, but the book was much better.
(영화도 상당히 좋았으나, 책이 훨씬 더 좋았다.)
Maggie's at college, and she's doing **quite well**. (매기는 대학생인데 매우 잘 하고 있다.)
I **quite like** Chinese food. (나는 중국 음식을 꽤 좋아한다.)
He's **quite a good baseball player**. (그는 매우 훌륭한 야구선수다.)
He was **quite a success**. (그는 상당한 성공을 거두었다.)

3. **quite a(n)**: quite는 부정관사 a/an을 가진 명사구와 결합할 때 부정관사 앞에 온다.

My boss is **quite a woman**! (나의 상사는 대단한 여성이다.)
I must have been **quite a fool** at that time. (나는 그때 형편없는 바보였던 게 틀림없었다.)
My wife bought **quite a nice car**. (나의 처가 꽤 좋은 차를 샀다.)
I watched **quite an old movie** on TV last night.
(나는 어젯밤에 텔레비전에서 상당히 오래전 영화를 봤다.)

▶ 영국영어에서는 quite가 때때로 정관사 the 앞에 오기도 한다.

He was **quite the most wonderful man** I'd ever met.
(그는 내가 만나 본 진정으로 가장 훌륭한 사람이었다.)

4. **비교급**: quite가 비록 등급성 단어와 함께 쓰일 수 있지만 비교급 앞에는 올 수 없다. (비교급 수식어에 대해서는 C20을 보라.)

She looks **rather healthier** than me. (그녀는 나보다 상당히 더 건강해 보인다.)
(*She looks **quite healthier** than me.)
She looks **far smarter** than me. (그녀는 나보다 많이 더 똑똑해 보인다.)
(*She looks **quite smarter** than me.)
She looks **much happier** than me. (그녀는 나보다 훨씬 더 행복해 보인다.)
(*She looks **quite happier** than me.)
She looks **a bit taller** than me. (그녀는 나보다 약간 커 보인다.)
(*She looks **quite taller** than me.)
She looks **no prettier** than me. (그녀는 나보다 더 예뻐 보이지는 않는다.)
(*She looks **quite prettier** than me.)

▶ quite better는 "(병에서) 완전히 회복됨(completely recovered)"을 의미한다.

When you're **quite better**, we can see about planning a trip.
(네가 완전히 회복되면, 우리가 여행을 하는 계획을 생각해 볼 수 있다.)

▶ 영국영어에서 "quite similar"와 "quite different"에서 quite가 다르게 해석된다.

The two brothers are **quite** (= fairly) **similar**. (두 형제는 상당히 닮았다.)
The two brothers are **quite** (= completely) **different**. (두 형제는 완전히 다르다.)

5 **not quite**: "not completely" 또는 "not exactly"의 의미로만 쓰인다.

They weren't **quite ready**, so we waited in the car.
(그들이 전혀 준비가 되지 않아서 우리는 차에서 기다렸다.)
I'm **not quite sure** where she lives. (나는 그녀가 어디 사는지 정확히 모른다.)
That's **not quite the dress** I wanted. (그것은 내가 정확히 원했던 옷이 아니다.)

▶ "not quite what/why/where" 등에서는 "not exactly"를 의미한다.

The play wasn't **quite what** we expected. (연극은 정확히 우리가 기대했던 것이 아니었다.)
That wasn't **quite why** I refused to see her.
(그것은 내가 그녀를 보지 않는 정확한 이유가 아니다.)

6 **quite a lot/a bit/a few**: "quite a bit"과 "quite a few"는 (비격식적 용법에서) "quite a lot"와 거의 비슷한 의미를 가지며, 일반적으로 "꽤 많은 수나 양"의 긍정적 의미로 쓰인다.

My son has **quite a lot** of friends. (나의 아들은 친구가 꽤 많다.)
We've made **quite a bit** of profit on the deal. (우리는 그 거래에서 꽤 큰 이득을 보았다.)
Quite a few cities are banning cars from their shopping centers.
(상당히 많은 도시들이 상업중심지에 차의 진입을 막고 있다.)

7 **quite a/some + 명사**: 영국영어에서 어떤 대상이 "매우 좋거나 흥미롭거나 크다"는 것을 표현한다.

That was **quite a party** you had. (네가 연 파티가 참 대단했다.)
He's **quite a character**. (그는 참 흥미로운 인물이다.)
Her working place is **quite some distance** away. (그녀의 직장은 매우 멀리 떨어져있다.)

8 **quite right/that's right**: 다른 사람의 말에 "강력한 동의"를 표현할 때 사용된다.

"I refuse to do any more work for nothing." "**Quite right**."
("나는 대가없이 어떤 일도 더 하는 것을 거부한다." "네 말이 옳다.")
"I gather you're teaching at Sogang?" "**That's right**."
("당신은 서강대학교에서 가르치고 있는 것으로 알고 있습니다." "네, 맞습니다.")

9 **that's quite all right**: 영국영어에서 어떤 사람이 한 행동에 대해 "화가 나지 않았음"을 표현할 때 사용된다.

"I'm sorry we're so late." "**That's quite all right**." ("너무 늦어서 죄송합니다." "괜찮습니다.")

정도를 나타내는 다른 구조에 대해서는 D4-D8을 보라.

R1   rarely와 seldom

rarely와 seldom은 "드물게/좀처럼 ... 않다"를 뜻하며, 동사 앞이나 조동사가 있으면 조동사 다음에 온다. seldom은 문어체에서 더 흔히 쓰인다.

People **rarely ask** questions. (사람들은 거의 질문을 하지 않는다.)
This method **is rarely/seldom** used in modern laboratories.
(이 방식은 현대식 실험실에서는 좀처럼 사용되지 않는다.)
I've **rarely/seldom** seen a better game. (나는 더 멋있는 경기를 좀처럼 못 봤다.)

▶ 긍정적 부가의문절이 따라오는 것을 보면 위 문장들은 부정문이라고 할 수 있다.

She **rarely/seldom** comes to see her parents, **does she**?
(그녀는 부모님을 보러 거의 오지 않지요?)

▶ 격식적인 글에서 rarely와 seldom을 강조하기 위해서 문장 앞 위치에 놓을 수 있으며, 이때 주어와 조동사의 도치가 일어난다.

Rarely/Seldom are the patients consulted about their diseases.
(환자들은 좀처럼 자신의 병에 대해서 상담을 받지 못한다.)

주어와 조동사 도치에 대해서는 I33을 보라.

R2   rather

rather는 정도를 나타내는 한정사 선행어 또는 부사로 사용되며 형용사, 부사, 동사 그리고 명사구를 수식할 수 있다. 그 의미는 "quite"나 "fairly"와 유사하지만 더 강조적이다. 미국 영어에서는 rather가 자주 사용되지 않는다.

I was **rather surprised** to see him with his ex-wife.   [형용사]
(나는 그가 전 부인과 함께 있는 것을 보고 좀 놀랐다.)
He was limping **rather badly**.   [부사]
(그는 꽤 심하게 절고 있었다.)
She **rather likes** the new style of architecture.   [동사]
(그녀는 도리어 새 건축 양식을 좋아한다.)
It's **rather a shame** that you can't come to the party.   [한정사 선행어]
(네가 파티에 올 수 없다는 것은 참 유감스러운 일이다.)

1   rather a/an: rather는 명사구를 수식할 수 있으며, 일반적으로 관사 앞에 오지만 명사 앞에 형용사가 있으면 a/an 다음에도 올 수 있다.

He's **rather a fool**. (그는 좀 바보다.) (*He's **a rather fool**.)
Rather a large crowd gathered to hear the speaker.
(그 연설가의 말을 들으려고 상당히 큰 대중이 모였다.)
(= **A rather large** crowd gathered to hear the speaker.)

▶ rather는 형용사의 수식을 받지 않는 복수명사 앞에는 사용되지 않는 것이 정상이다.

They're **rather stupid fools**. (그들은 꽤 어리석은 바보들이다.)
(*They're **rather fools**.)
He'd made **rather bad mistakes** that couldn't be corrected.
(그는 되돌릴 수 없는 상당히 심각한 실수를 저질렀다.)
(*He'd made **rather mistakes** that couldn't be corrected.)

2 **비교급과 too**: rather는 비교급 단어와 too를 수식할 수 있다.

The exam was **rather easier** than I expected. (시험은 내가 생각했던 것보다 상당히 쉬웠다.)
The job proved to be **rather more difficult** than I had expected.
(그 작업은 내가 기대했던 것보다 상당히 어렵다는 것이 증명되었다.)
It's a nice house, but **rather too small** for a family of five.
(집은 좋지만 다섯 명의 가족에게는 너무나 협소하다.)

정도를 표현하는 다른 구조에 대해서는 D4-D8을 보라.

3 rather than: 대조되는 두 개의 대상이나 상황에서 뒤의 것이 사실이 아니거나 원하는 것이 아닐 경우 사용된다. 이 두 개의 대상이나 상황은 "형용사, 부사, 명사, 부정사, -ing형 등"이 될 수 있다.

The dress is **pink rather than purple**. (그 드레스는 보라색이라기보다 분홍이다.)
I'd prefer to go **to California rather than to Florida**.
(나는 플로리다보다 캘리포니아에 가고 싶다.)
I think you'd call it **a lecture rather than a talk**.
(담화라기보다 강의라고 말해야 한다고 나는 생각한다.)
Bill decided **to quit rather than accept the new job**.
(빌은 새로운 일자리를 받아들이지 않고 그만두기로 했다.)
He likes **starting early rather than staying late**.
(그는 늑장을 부리는 것보다 일찍 출발하는 것을 좋아한다.)

▶ 주절이 to-부정사를 가지고 있을 경우에는 rather than을 뒤따라 나오는 부정사는 to를 갖지 않는 것이 일반적이며, 종종 동사의 -ing형이 오기도 한다.

I decided **to get a job rather than go/going to college**.
(나는 대학에 진학하지 않고 일을 하기로 결심했다.)
I'd like **to stay at home this evening rather than go/going out**.
(나는 오늘 밤에 외출하는 것보다 집에 있고 싶다.)

▶ 동사의 -ing형은 rather than이 문장 맨 앞 위치에 올 때 자주 나타나며, 이 경우 rather than은 일종의 접속사 역할을 한다.

Rather than go straight on to college, why not get some work experience?
(대학에 곧바로 진학하기보다 직장 경험을 해보는 것이 어때?)
Rather than get/getting a job, I decided to study engineering at college.

(나는 직장을 얻기보다 대학에 가서 공학을 공부하기로 했다.)

4   would rather: 무엇을 하는 데 있어서 한 방법 대신에 다른 방법을 선호한다고 말할 때 사용할 수 있다.

I'd rather have a quiet night in front of TV.
(나는 차라리 텔레비전 앞에서 조용히 밤을 보내고 싶다.)
"I think you'd better ask her." "**I'd rather** not (= I don't want to)."
("그녀에게 물어봐야 한다고 나는 생각한다." "나는 그러고 싶지 않다.")
I'd rather die **than** apologize to her. (나는 그녀에게 사과하기보다 차라리 죽는 게 낫겠다.)

5   주어1 + rather + 주어2 + 과거시제 동사: 주어1이 주어2가 어떤 행동을 할 것을 바란다고 할 때 사용한다.

I'd rather you didn't go out alone. (나는 네가 혼자서 나가지 않으면 좋겠다.)
(= I don't want you to go out alone.)
My wife **would rather we left** the party now.
(나의 처는 우리가 지금 파티에서 나오기를 원한다.)
We don't have money. I **would rather we had** a vacation next year.
(우리는 돈이 없다. 내년에 휴가를 가면 나는 좋겠다.)
"Shall I bring a chair for you?" "**I'd rather you didn't**."
("의자를 가져다 드릴까요?" "그러지 않는 게 좋겠다.")

▶ 때때로 현재시제가 이 구조에서 사용되기도 하지만 (예: I'd rather you go home now) 흔치않으며, 과거의 행동에 대해 말할 때는 과거완료가 사용된다.

I'd rather he hadn't gone to the meeting. (나는 그가 회의에 가지 않았어야 한다고 생각한다.)
I'd rather I hadn't left her. (나는 그녀를 떠나지 않았어야 했다.)

▶ 실제 구어체에서는 "I wish" 구문이 더 자주 사용된다. (W18을 보라.)

I wish he hadn't gone to the meeting. (나는 그가 회의에 가지 않았으면 했다.)
I wish I hadn't left her. (나는 그녀를 떠나지 않았어야 했다.)

과거시제가 현재와 미래 의미를 가진 다른 구조에 대해서는 P19를 보라.

6   or rather: 잘못 말한 것을 수정하거나 더 구체적 정보를 제공할 때 종종 사용한다.

He has to see a psychologist—**or rather**, a psychoanalyst.
(그는 심리학자, 아니 심리분석 전문의를 만나봐야 한다.)
We all went in Jane's car, **or rather**, her mother's car.
(우리 모두는 제인의 자동차, 아니 제인의 어머니 차를 타고 갔다.)

7   not A but rather B: A가 아니고 B가 진실이라는 점을 표현할 때 사용된다.

She's **not** a writer **but rather** a painter. (그녀는 저술가라기보다 화가다.)

Their failure was **not** the lack of funding **but rather** the lack of planning.
(그들의 실패는 자금의 부족이 아니라 계획의 결핍이었다.)

8   **rather you than me**: 내가 아니라 다른 사람이 어떤 일을 하게 되어 기쁘다고 말할 때 사용된다.

"I've to have two teeth out next week." "**Rather you than me**."
("나는 다음 주에 이빨 두 개를 빼야한다." "그게 내가 아니라 너여서 다행이다.")
"He has to drive all the way to Busan at Chuseok." "**Rather him than me**."
("그는 추석에 부산까지 운전해 가야한다." "그게 내가 아니라서 좋다.")

R3   reason과 cause(이유와 원인)

우리가 어떤 행위를 하는 것이 어떤 이유가 있을 때 "이유절"를 사용한다. 이유를 표현하는 부사구로는 다음과 같은 것들이 있으며, 이들은 "Why...?" 의문문의 응답으로 쓰일 수 있다.

"**Why** did they stop the game?" "**Because** it rained very hard."
("그들은 어째서 경기를 중단했습니까?" "비가 너무 와서요.")
"**Why** did she give up her job?" "**Because of** her bad health."
("그녀는 왜 직장을 포기했습니까?" "건강이 나빠서요.")

▶ 이유절 구조에서 주절과 이유절이 그 역할을 바꾸면 "결과절" 구조가 된다.

They stopped the game, **because it rained very hard**.
(비가 너무 심하게 오기 때문에 그들은 경기를 중단했다.)
It rained **so hard that they stopped the game**. (비가 너무 심하게 와서 그들은 경기를 중단했다.)

She gave up her job, **because of her bad health**.
(건강이 좋지 않기 때문에 그녀는 직장을 그만두었다.)
Her health was **so bad that she gave up her job**.
(건강이 좋지 않아서 그녀는 직장을 그만 두었다.)

결과절에 대해서는 R13을 보라.

1   **구조**: 이유를 표현하는 부사구는 일반적으로 다음과 같은 구조를 갖는다.

접속사 (because, as, since, for) + 절
전치사 (because of, on account of, owing to, due to, through + 명사구

The flight was pretty bumpy, **because** we ran into a thunderstorm.
(폭풍우를 만나서 비행기가 매우 덜컹거렸다.)
We couldn't understand the TV, **as** we hadn't learned any Italian.
(우리는 이탈리아어를 전혀 배우지 않아서 텔레비전을 이해할 수 없었다.)
We spent the evening watching TV, **since** the nightclub was closed.
(나이트클럽이 문을 닫아서 우리는 텔레비전을 보면서 저녁시간을 보냈다.)

My Dad never left the country, **for** in those days only rich people travelled abroad.
(그 당시에는 부자만이 외국 여행을 했기 때문에 나의 아버지는 나라 밖을 나가 본 적이 없다.)

He couldn't walk fast **because of** his bad leg.
(좋지 않은 다리 때문에 그는 빨리 걸을 수 없었다.)

The game was cancelled **on account of** bad weather. (나쁜 날씨 때문에 경기가 취소되었다.)
They couldn't come **owing to** the rainstorm. (폭풍우 때문에 그들은 올 수 없었다.)
He had a bad accident **due to** his careless driving.
(그는 부주의한 운전 때문에 큰 사고를 냈다.)
The company lost the order **through** production delays.
(회사는 생산 지연 때문에 주문을 빼앗겼다.)

▶ 이유 부사절과 부사구는 주절 앞으로 전치할 수 있다. "for-절"은 주절 앞으로 보낼 수 없다.

Because we ran into a thunderstorm, the flight was pretty bumpy.
(폭풍우를 만나서 비행이 매우 덜컹거렸다.)
Because of his bad leg, he couldn't walk fast.
(좋지 않은 다리 때문에 그는 빨리 걸을 수 없었다.)

2 글: 특히 글에서는 연결동사를 써서 다음과 같이 "이유"를 표현한다.

Fortunately, no passengers were killed in the bus crash. **The reason (for it) was that** all passengers fastened seat belts. (다행히도 버스 충돌사고에서 승객이 한 명도 죽지 않았다. 그 이유는 모든 승객이 안전띠를 맸기 때문이었다.)

"Look how slim she is!" "**That's because** she doesn't eat much."
("그녀가 얼마나 날씬한가 봐라!" 그것은 그녀가 많이 먹지 않기 때문이다.")

▶ 대화가 아니고 글을 쓸 때는 부사구나 부사절을 독립절로 사용하지 않는 것이 좋다.

Fortunately, no passengers were killed in the bus crash. *****Because** all passengers fastened seat belts.
Look how slim she is! *****Because** she doesn't eat much.

3 the reason... because: the reason과 because를 한 문장에서 함께 쓰는 것은 바람직하지 않다.

The reason (why) he lost the race was **that** he caught a cold.
(그가 경기에서 진 이유는 감기가 들었기 때문이었다.)

(*****The reason** (why) he lost the race was **because** he caught a cold.)

because-절의 상세한 속성에 대해서는 B10을 보라.

R4 recently와 lately

1. **recently와 lately**: recently와 lately는 둘 다 현재와 가까운 시점을 가리키지만, 상황에 따라 그것이 며칠, 몇 주, 몇 달이 될 수도 있다.

   The President has **recently** come back from the five-day visit to China.
   (대통령은 5일 간의 중국 방문을 마치고 최근에 귀국했다.)
   Recently birth rates have gone down significantly in Korea.
   (최근에 한국에서 출생률이 심각할 정도로 감소했다.)
   The company went through a bad time last year, but **lately** things have been looking up.
   (회사는 지난해에 힘든 시간을 보냈으나, 근래에는 상황이 좋아지고 있다.)
   What have you been doing **lately**? (요사이 무엇하고 지내?)

2. **lately**: lately는 recently보다 좀 더 현시점에 가까운 개념이기 때문에 일반적으로 과거시제나 과거완료시제와는 쓰이지 않는 것이 보통이다.

   I **have been** thinking about this a lot **lately/recently**.
   (나는 이것에 대해서 요사이 많이 생각해 보고 있다.)
   I **recently visited** Russia. (나는 최근에 러시아를 방문했다.)
   (*I **lately visited** Russia.)
   Nobody **had opposed** the new road plans **until recently**.
   (아무도 근래까지 새로운 도로계획에 반대하지 않았다.)
   (*Nobody **had opposed** the new road plans **until lately**.)
   I **had only recently returned** and was still feeling tired from the trip.
   (나는 돌아온 지 얼마 되지 않아서 여행에서 얻은 피곤함을 아직도 느낀다.)

3. **유사한 표현**: 이들과 유사하게 쓰이는 표현으로는 "not long ago, a little/short while ago, a short time ago" 등이 있으며, 이들은 모두 과거시제와 함께 쓰인다.

   Not long ago women **were** expected to stay at home and look after the children.
   (얼마 전까지만 해도 여성은 집에 있으면서 아이들을 돌보는 것으로 생각했다.)
   He **went** to the meeting **a short time ago**. (그는 얼마 전에 회의에 갔다.)
   Bob's attorney **gave** me a call just **a little while ago**.
   (잠시 전에 밥의 변호사가 나에게 전화를 했다.)

R5 reflexive pronouns(재귀대명사)

1. **형태와 종류**: 재귀대명사란 일반적으로 같은 절 내에 있는 다른 명사구를 가리키며, 대부분의 경우에 그 명사구가 절의 주어일 가능성이 높다. 재귀대명사는 단수형일 때는 -self로 끝나고 복수형일 때는 -selves로 끝난다. (P36을 보라.)

   ▶ 일/이인칭 재귀대명사 = 한정사적 소유대명사 + -self/-selves

단수 = **myself, yourself**
복수 = **ourselves, yourselves**

▶ 삼인칭 재귀대명사 = 목적어형 인칭대명사 + -self/-selves

단수 = **himself, herself, itself**
복수 = **themselves**

▶ herself는 외관상으로는 소유형과 목적어형 둘 다에 속한다.

2 **재귀대명사의 조건**: 영어의 재귀대명사는 전형적으로 한 문장 또는 절 내에 있는 주어와 목적어가 동일한 사람이나 물건을 가리킬 때 나타난다.

He describes **himself** as a liberalist. (그는 자신을 자유주의자라고 평했다.)
I was surprised that everybody acquired the ability to defend **themselves**.
(나는 모두가 자신을 지킬 수 있는 능력을 가지고 있다는 것에 놀랐다.)
Please drive more carefully or **you'll kill yourself**.
(제발 조심해서 운전해라. 안 그러면 너는 죽게 될 것이다.)
The city defended **itself** from attack. (그 도시는 공격으로부터 자신을 지켰다.)

3 **복합문**: 복합문에서 재귀대명사는 가까이 있는 주어를 가리킨다.

He said that **she** described **herself** as a liberalist.
(그는 그녀가 자신이 자유주의자라고 평했다고 말했다.)
(***He** said that **she** described **himself** as a liberalist.)

4 **재귀대명사의 지시관계**: 재귀대명사는 문장의 주어가 아닌 것을 가리킬 수도 있다.

His letters are all about **himself**. (그의 편지는 모두 자신에 관한 것이다.)
I'm going to tell **her** a few facts about **herself**.
(나는 그녀에게 그녀 자신에 대한 몇 가지 사실을 말하려고 한다.)
I love **you** for **yourself**, not for your money.
(나는 너를 네 돈 때문이 아니라 너 자신 때문에 사랑한다.)

5 **주어와 재귀대명사**: 재귀대명사는 시제절의 주어로는 쓰일 수 없다.

*****Himself** wanted to do it.
*He said that **himself** could do it.

6 **비강조적 용법**: 비강조적 용법에는 다음의 다섯 가지 유형이 있다.

▶ 재귀동사(reflexive verbs)는 재귀대명사 목적어를 의무적으로 필요로 한다.

absent oneself (from)	acquit oneself	avail oneself (of)
bsy oneself with	conceal oneself	comport oneself
conduct oneself	perjure oneself	pride oneself (on) 등

I think that he **acquitted himself** admirably in today's meeting.
(나는 그가 오늘 회의에서 훌륭하게 행동했다고 생각한다.)
She **comported herself** with great dignity at her husband's funeral.
(그녀는 남편의 장례식에서 매우 의연하게 행동했다.)
Mr. Smith always **prides himself** on his academic background.
(스미스 씨는 항상 자신의 학문적 배경을 자랑한다.)

▶ 재귀대명사 목적어를 수의적으로 취하는 동사에서는 재귀대명사를 삭제해도 그 뜻에 있어서는 거의 변화가 없다.

abstain oneself	adjust (oneself) to	behave (oneself)
dress (oneself)	hide (oneself)	prepare (oneself) for
prove (oneself) (to be)	submit(oneself)	surrender (oneself)
wash (oneself)	worry (oneself) 등	

You must **behave (yourself)** at the party. (너는 파티에서 잘 처신해야 한다.)
The animal seems to know how to **adjust (itself)** to its environment.
(동물은 자신의 환경에 적응할 줄 아는 것 같다.)
During the rescue she **proved (herself)** to be a highly competent climber.
(구조 활동 동안에 그녀는 자신이 매우 능력 있는 등산가임을 입증했다.)

▶ "dress, shave, wash"와 같은 동사는 그 행위를 한 사람을 명백히 밝혀야 할 필요가 있을 경우 재귀대명사를 사용할 수 있다.

She's old enough to **dress herself** now. (그녀는 스스로 옷을 입을 나이다.)
The barber shaves all the people in the town who don't **shave themselves**.
(이발사는 스스로 면도할 수 없는 마을의 모든 사람을 면도해준다.)
He's too old to **wash himself**. (그는 나이가 많아서 스스로 씻지 못한다.)

7 **대명사와 재귀대명사**: 보통 타동사의 목적어로 쓰이는 재귀대명사는 일반 대명사와 그 지시관계(즉, 선행사의 선택)에 있어서 대조를 이룬다. 다음의 두 문장을 비교해 보자.

Williams saw **himself** in the mirror. (윌리엄은 거울에 비친 자신을 보았다.)
Williams saw **him** in the mirror. (윌리엄은 거울에 비친 그를 보았다.)

첫 번째 예에서 himself는 의무적으로 주어인 Williams를 가리키지만 두 번째 예의 him은 절대로 주어인 Williams를 가리킬 수 없다.

▶ 전치사적 동사가 나타나는 문장에서 전치사 목적어로 재귀대명사가 쓰인다.

Mary stood **looking at herself** in the mirror. (메리는 서서 거울에 비친 자신을 쳐다봤다.)
Do **look after yourselves**! (너 자신을 돌보도록 해라!)
He **thinks** too much **of himself**. (그는 자신을 너무 대단하게 생각한다.)

8 **전치사 목적어 대명사**: 완전히 일반화하기는 어렵지만 공간적 관계를 나타내는 부사적 전치사구에서는 전치사의 목적어로 목적어형 인칭대명사가 쓰일 수 있으며, 그 대명사는 주어를

선행사로 가질 수 있다.

He looked **about him**. (그는 그의 주위를 살펴봤다.)
They placed their papers **in front of them**. (그들은 그들 앞에 논문을 놓았다.)
We have the whole day **before us**. (우리 앞에 완전한 하루가 있다.)

▶ 전치사 "as, but (for), except (for), like, than 등"의 목적어로 쓰일 경우 또는 다른 명사구와 등위접속될 경우 재귀대명사가 인칭대명사 대신에 쓰일 수 있다.

For someone like **me/myself**, this is a big surprise.
(나와 같은 사람에게 이것은 크게 놀라운 사건이다.)
Except for **us/ourselves**, the whole village was asleep.
(우리를 제외하고는 전 마을이 잠에 들어있었다.)
My brother and **I/myself** went fishing yesterday. (동생과 나는 어제 낚시를 갔었다.)

9   **강조적 용법**: 재귀대명사는 어떤 행위를 한 사람이 다른 사람이 아닌 특정한 사람이라는 것을 말할 때 쓰인다. 이 경우 재귀대명사는 일반적으로 강조하고자 하는 사람 바로 다음 위치에 오지만 종종 문장 끝에 위치하기도 한다. 강조적 재귀대명사는 발음할 때 주강세를 주어 발음해야 한다.

The President himself attended the meeting. (대통령이 직접 회의에 참석했다.)
(= **The President** attended the meeting **himself**.)

Please don't wash my cup, **I myself** will do it. (내 컵을 씻지 마세요. 내가 직접 할 겁니다.)
(= Please don't wash my cup, **I'll** do it **myself**.)

▶ 목적어를 강조하는 재귀대명사는 일반적으로 목적어 바로 다음이나 문장 끝에 온다.

They want **us** to lead the discussion **ourselves**.
(그들은 우리 자신이 그 토의를 이끌어가기를 원한다.)
We spoke to **the victims themselves** about the accident.
(우리는 사고에 대해서 희생자와 직접 말을 했다.)

10 **여타용법**

▶ by oneself: "홀로(alone), 스스로(without help)"를 의미한다.

It can be very lonely living **(all) by yourself**.
((아무도 없이) 혼자 산다는 것은 매우 고독할 수 있다.)
She's able to carry out some repairs on her car **by herself**.
(그녀는 자신의 차를 스스로 고치는 일을 할 수 있다.)

▶ oneself와 each other: 재귀대명사와 상호대명사는 그 용법이 다르다. (E3을 보라.)

Nick and John talked to **themselves**. (닉과 존은 자신에게 말을 했다.)
(= Nick talked to himself, and John talked to himself.)
Nick and John talked to **each other**. (닉과 존은 서로에게 말을 했다.)

(= Nick talked to John, and John talked to Nick.)

▶ 속격: 재귀대명사에는 속격 어미를 붙일 수 없다.

Nick and John talked to **each other's** sisters. (닉과 존은 서로의 여동생에게 말을 했다.)
(*Nick and John talked to **themselve's** sisters.)

▶ own: 소유격 대신에 own을 사용한다. (O19를 보라.)

I always type **my own** letters. (나는 항상 내 자신의 편지를 타자로 친다.)
Would you mind **your own** business? (자신의 일에나 신경 쓰시지요.)
She cooks all **her own** meals. (그녀는 자신의 음식을 모두 요리한다.)

R6 reinforcement(보강)

보강은 구어체에서 흔히 쓰이는 방법으로서 강조나 초점화 또는 주제화를 위해 문장의 일부 또는 전부를 이동 또는 반복하거나 대용어로 대치하는 것을 말한다.

1 **단순 반복**: 가장 간단한 방법은 강조나 명확성을 위해 단어나 구를 강세를 넣어 반복하는 것이다.

The job was so **very, very** much easier than I thought.
(일은 내가 생각했던 것보다 아주 훨씬 더 쉬웠다.)
The suit's **far, far** too expensive. (양복이 지나치게 너무 비싸다.)
I agree with **every word** you've said—**every single word**.
(나는 네가 한 모든 말 한마디 한마디에 동의한다.)

2 **좌측전위** (left-dislocation): 문장의 한 부분을 분리하여 문장의 맨 앞으로 이동하고 그 자리에 해당하는 대명사를 남기는 것을 말한다. 이럴 때 나타나는 대명사를 재생대명사(resumptive pronouns)라고 부른다. (F11.2를 보라.)

Your father, everyone thinks **he** is a great guy.
(너의 아버지 말이야, 모두가 훌륭한 사람이라고 생각한다.)
Those kids, no one told me **they** were sick.
(저 아이들 말인데, 누구도 그들이 아프다고 나에게 말하지 않았다.)
The book I lent you, have you finished reading **it** yet?
(내가 빌려준 책 말인데, 아직 다 읽지 않았나?)
Your friend John, I saw **him** last night. (네 친구 존 말인데 어젯밤에 내가 봤어.)

3 **우측전위** (right-dislocation): 문장의 한 부분을 문장 끝으로 옮기고 그 자리에 해당하는 대명사나 서술적 표현을 남기는 것을 말한다.

It went on far too long, **your speech**. (네 연설이 지나치게 오래 끌었다.)
I wouldn't trust **him** for a moment, **your brother-in-law**.
(나는 너의 처남을 일순간도 믿지 않는다.)

He's **a complete idiot, that brother of yours**. (너의 그 남동생 말이야, 완전한 멍청이야.)

▶ 이동하는 성분이 주어일 경우 조동사(조동사가 없을 경우 do)도 함께 반복될 수 있다.

You're really an idiot, **you are**. (너 정말로 바보다.)
He likes a drink now and then, **Fred does**. (프레드는 종종 한잔하는 것을 좋아한다.)
She's really disappointed me, **Jane has**. (제인은 진정으로 나를 실망시켰다.)

R7 relative clauses(관계절)-1: 구조와 관계사

1. **관계절의 구성**: 두 문장이 공통의 명사구를 소유하고 있을 때 하나의 문장을 관계절로 만들어 다른 문장의 명사구를 수식하는 절로 만들 수 있다. 관계절에 있는 명사구는 관계사로 바꾸어 관계절 앞 위치로 이동시킨다.

    [he likes the man] who [she hates the man]

    ⇒ He likes the man who she hates ____.

    [she hates the man] who [the man likes her]

    ⇒ She hates the man who ____ likes her.

2. **관계사의 종류**: 관계절을 이끄는 관계사의 형태는 선행사의 종류와 관계사 자신이 관계절에서 수행하는 문법적 기능에 따라 결정된다.

기능 \ 선행사 종류	사람	사물	시간	장소	이유	방법
주어	who/that	which/that	when	where	why	how/that
목적어	who(m)/that	which/that				
한정사	whose	of which/whose				

    "who, whom, whose, which, that"를 관계대명사(relative pronouns)라고 부르고, "when, where, why, how"를 관계부사(relative adverbs)라고 부른다. "that"를 제외한 관계사는 "의문사"와 그 형태가 같으며, 또한 의문사와 마찬가지로 관계사도 절 앞 위치에 온다는 점에서 관계사의 이동도 "WH-이동"의 일종이라고 할 수 있다. (Q2.2를 보라.)

3. who, which, that: "who, which, that"는 관계절에서 주어 역할을 할 수 있으며, who는 사람을, which는 사물을, that는 사람과 사물을 가리킬 수 있다.

    The **woman who/that** ____ invited us is my mother.   [주어: 사람]
    (우리를 초청한 여자 분이 나의 어머니다.)
    (*The **woman which** ____ invited us is my mother.)

Here is a **book which/that** ____ describes animals. [주어: 사물]
(여기 동물을 설명하는 책이 한 권 있다.)
(*Here is a **book who** ____ describes animals.)

4   who, whom, which, that: 관계절에서 동사의 목적어 또는 전치사의 목적어 역할을 할 수 있으며, who와 whom은 사람을, which는 사물을, that는 사람과 사물을 가리킬 수 있다.

The **woman who(m)/that** we invited ____ is my mother. [목적어: 사람]
(우리가 초청한 여성은 나의 어머니다.)
(*The **woman which** we invited ____ is my mother.)
The **chair which/that** he broke ____ has been repaired. [목적어: 사물]
(그가 망가뜨린 의자는 수리되었다.)
(*The **chair who(m)** he broke ____ has been repaired.)
The **woman who(m)/that** you spoke to ____ is my mother. [전치사 목적어: 사람]
(네가 말을 한 여자 분이 나의 어머니다.)
(*The **woman which** you spoke to ____ is my mother.)
Here are the **papers which/that** you were looking for ____. [전치사 목적어: 사물]
(여기 네가 찾고 있던 서류가 있다.)
(*Here are the **papers who(m)** you were looking for ____.)

▶ whom은 격식적 문체에서만 사용되며, 비격식적 문체에서 who가 목적어 관계대명사로 사용된다.

The woman **who** I marry will have a good sense of humor.
(내가 결혼할 여성은 유머감각을 가지기를 바란다.)
(The woman **whom** I marry will have a good sense of humor.보다 자연스럽다.)

5   **아이와 반려동물과 관계대명사**: 어린 아이나 반려동물(특히 개)에는 인칭대명사 he 나 she 또는 중성인 it를 사용할 수 있는 것처럼, 이들에게는 사람 관계대명사 who 또는 사물 관계대명사 which를 다 사용할 수 있다.

The baby lost **his/her/its** toy.	the **baby who/which** lost the toy
(아기가 장난감을 잃어버렸다.)	(장난감을 잃어버린 아이)
The dog lost **his/her/its** bone.	the **dog who/which** lost the bone
(개가 뼈다귀를 잃어버렸다.)	(뼈다귀를 잃어버린 개)
The boy lost **his** toy.	the **boy who** lost the toy
(그 소년이 장난감을 잃어버렸다.)	(장난감을 잃어버린 소년)
(*The boy lost its toy.)	(*the boy which lost the toy)

사람에 따라서는 자신의 반려동물에 대해 it나 which를 사용하는 것을 매우 싫어한다.

6   **관계대명사의 생략**: 관계절에서 동사나 전치사의 목적어 역할을 하는 관계대명사는 생략될 수 있다.

The woman **(who) we invited** _____ was my mother.
(우리가 초청한 여성은 나의 어머니다.)
The chair **(which) he broke** _____ has been repaired.
(그가 망가뜨린 의자는 수리되었다.)
The woman **(who) you spoke to** _____ was my mother.
(네가 말을 한 여자 분이 나의 어머니다.)
Here are the papers **(which) you were looking for** _____.
(여기 네가 찾고 있던 서류가 있다.)

▶ 전치사 목적어 역할을 하는 관계대명사가 전치사를 대동할 경우에는 생략될 수 없다.

The girl **to who(m)** you spoke was my sister. (네가 말을 한 아가씨는 나의 여동생이었다.)
(*The girl **to** _____ you spoke was my sister.)
Here are the papers **for which** you were looking. (여기 네가 찾고 있던 서류가 있다.)
(*Here are the papers **for** _____ you were looking.)

7   **관계대명사 that와 전치사**: 관계대명사 that는 앞에 전치사를 대동할 수 없다.

The girl **that** you spoke **to** was my sister. (네가 말을 한 아가씨는 나의 여동생이었다.)
(*The girl **to that** you spoke was my sister.)
Here are the papers **that** you were looking **for**. (여기 네가 찾고 있던 서류가 있다.)
(*Here are the papers **for that** you were looking.)

예외에 대해서는 P32.1을 보라.

8   **whose**: whose는 관계절에서 한정사 역할을 하며 사람과 사물을 둘 다 가리킬 수 있다.

The **girl whose** friends we invited was my sister.   [한정사: 사람]
(우리가 친구를 초청한 아가씨는 내 여동생이었다.)
They lived in the **house whose** roof was damaged.   [한정사: 사물]
(그들은 지붕이 망가진 집에서 산다.)

9   **관계부사 when, where, why**: when, where, why는 각각 시간, 장소, 이유를 가리키는 명사를 수식하는 관계절을 이끈다. 관계부사는 "전치사 + which"로 대치될 수 있다.

1988 was the **year when** the Olympic Games were held in Korea.   [시간]
(1988년이 올림픽이 한국에서 개최되었던 해였다.)
(= 1988 was the **year in which** the Olympic Games were held in Korea.)
Here is the **house where** I live.   [장소]
(여기가 내가 사는 집이다.)
(= Here is the **house in which** I live.)
That was the **reason why** I refused to do it.   [이유]
(그것이 내가 그 일을 거절한 이유였다.)
(= That was the **reason for which** I refused to do it.)

10 how: how는 선행사를 가질 수 없다.

This is **the way that** he treated me. [방법]
(이것이 그가 나를 대한 방식이다.)
(*This is **the way how** he treated me.)

11 **관계부사와 선행사**: 관계부사는 선행 명사구가 없이도 "시간, 장소, 이유, 방법"을 표현할 수 있다.

1988 was **when** the Olympic Games were held in Korea.
(1988년이 올림픽이 한국에서 개최되었던 때였다.)
Here is **where** I live. (여기가 내가 사는 곳이다.)
That was **why** I refused to do it. (그것이 내가 그 일을 거절한 이유였다.)
This is **how** he treated me. (이것이 그가 나를 대한 방식이다.)

12 **관계부사의 생략**: 목적어 관계대명사와 마찬가지로 관계부사도 적절한 선행사를 가지면 생략될 수 있다.

1988 was the **year (when)** the Olympic Games were held in Korea.
(1988년이 올림픽이 한국에서 개최되었던 해였다.)
Here is the **house (where)** I live. (여기가 내가 사는 집이다.)
That was the **reason (why)** I refused to do it. (그것이 내가 그 일을 거절한 이유였다.)

▶ how는 선행사를 가질 수 없으므로 생략이 일어날 수 없다.

That was **how** he treated me. (그것이 그가 나를 대한 방식이었다.)
(*That was **the way how** he treated me.)

13 that: "장소, 시간, 이유, 방법"을 뜻하는 단어 다음에서 관계부사는 that으로 대치될 수 있다. 물론 이 that도 비격식적 문체에서는 생략될 수 있다.

Let's go to my **place (that)** we can have coffee. (우리 집에 가서 커피를 마실 수 있습니다.)
Leonard was only nine at the **time (that)** his father died.
(아버지가 죽었을 때는 레오나드는 9살밖에 되지 않았었다.)
She didn't give any **reason (that)** she should see me.
(그녀는 나를 봐야 할 어떠한 이유도 말하지 않았다.)
She suggested the **way (that)** we could overcome the present crisis.
(그녀는 우리가 현 위기를 극복할 수 있는 방법을 제안했다.)

way에 대해서는 W2를 보라.

14 **복합 부정부사**: "somewhere, anywhere, everywhere, nowhere"는 특히 미국영어의 구어에서 각각 "someplace, anyplace, everyplace, no place"로도 쓰이며, "place"의 경우에서와 마찬가지로 관계부사 where를 생략할 수도 있고 대신에 that가 올 수도 있다.

We need **a place (that)** we can stay for a few days.
(우리는 며칠간 머무를 수 있는 곳이 필요하다.)
There must be **somewhere/someplace (that)** we can eat cheaply.
(우리가 값싸게 먹을 수 있는 곳이 틀림없이 있을 것이다.)
You may sit **anywhere/anyplace (that)** you like. (네가 좋아하는 곳에 어디나 앉을 수 있다.)
He's looked for his watch **everywhere/everyplace (that)** he visited.
(그는 시계를 찾아 그가 갔던 모든 곳을 다 뒤졌다.)
I've **nowhere/no place (that)** we can lie down for an hour.
(우리가 한 시간 동안 누워있을 수 있는 곳이 나에게는 없다.)

15 **최상급과 부정대명사 선행사**: 선행사가 최상급이거나 서수사 또는 "all, every, some, any, no, none, little, few, much, only"와 같은 양화사 그리고 "everything, something, anything, nothing"과 같은 부정대명사 다음에서는 관계대명사 "that"가 일반적으로 사용된다.

He is the **best** student **that** has ever studied here.
(그는 이곳에서 지금까지 공부를 한 최고의 학생이다.)
(He is the **best** student **who** has ever studied here보다 자연스럽다)
Anything that you say to John will make him angry.
(네가 존에게 무슨 말을 하든지 그는 화를 낼 것이다.)
(**Anything which** you say to John will make him angry보다 자연스럽다)
The **only** thing **that** matters is to find our way home.
(유일한 문제는 우리가 집으로 가는 길을 찾는 것이다.)
I hope the **little** thing **that** I've done has been useful.
(내가 한 조그마한 일이 도움이 되었기를 바란다.)

16 **whose와 of which와 that ...of**: 관계절 내의 속격의 관계를 나타낼 때 사용된다.

▶ whose: whose는 속격 관계대명사로서 사람과 사물을 모두 가리킬 수 있으며, 속격 인칭대명사와 마찬가지로 한정사로서 명사와 결합하여 명사구를 구성한다. 이 명사구는 다른 관계대명사와 마찬가지로 관계절의 주어로서, 동사나 전치사의 목적어로서 관계절의 앞 위치로 이동한다.

That's the man **whose house** _____ has burned down recently. [주어]
(저 분이 최근에 집이 완전히 타버린 사람이다.)
It was a meeting **whose purpose** I did not understand _____. [동사의 목적어]
(그 모임은 나로서는 그 목적을 이해할 수 없었던 모임이었다.)
This is the man **whose sister** I am in love with _____. [전치사의 목적어]
(이분이 내가 그의 여동생과 사랑에 빠진 사람이다.)

▶ whose도 비제한적 관계절의 관계대명사로 사용될 수 있다. (R8을 보라.)

Jurors, **whose identities** will be kept secret, will be paid $50 a day.
(신분이 비밀에 싸인 배심원들은 하루에 50불씩 받을 것이다.)

▶ of which와 that ...of: whose 대신에 "of which" 혹은 "that ... of"가 사용될 수 있으며

경우에 따라서는 후자의 표현이 선호된다. 따라서 관계절의 속격관계를 표현하는 방법에는 네 가지가 있다.

He submitted **reports whose lettering** the government regulates.
(그는 정부에서 문자 체계를 규정하는 보고서를 제출했다.)
(= He submitted **reports the lettering of which** the government regulates.)
(= He submitted **reports that** the government regulates **the lettering of**.)
(= He submitted **reports of which** the government regulates **the lettering**.)

▶ of who(m): 속격관계를 나타내는 관계대명사로 사용되지 않는다.

*This is the man **the sister of who(m)** I am in love with.
*Jurors, **identities of whom** will be kept secret, will be paid $50 a day.

▶ of whom/of which/that ... of와 whose: whose가 관계절에서 명사 앞에 오는 속격한정사로 사용되기 때문에 소유관계가 아닐 경우에는 "of whom/which" 혹은 "that ... of"를 사용한다.

He reported **the news of which** you might not heard.
(그는 네가 듣지 못했을 수도 있는 뉴스를 발표했다.)
(= He reported **the news which/that** you might not heard **of**.)
(*He reported **whose news** you might not heard.)
She brought several of her friends home, **none of whom** I had ever met before.
(그녀는 내가 전에 만나본 적이 없는 친구 몇 명을 집으로 데려왔다.)
(참고: She brought several of her friends home but I had never met **any of them** before.
/She brought several of her friends home but I had ever met **none of them** before.)

17 **관계절의 축약**: 관계절에서 주어 역할을 하는 관계대명사와 뒤따르는 be동사가 생략되고 관계절이 분사형이 될 수 있다. 이 현상을 어떤 사람들을 "WHIZ-생략"이라고 부른다.

The boy (who is) talking to the policeman is my brother.
(경찰관과 말하고 있는 소년은 내 동생이다.)
Prof. Lee likes only **the students (who are) studying** hard.
(이 교수는 열심히 공부하는 학생들만 좋아한다.)
They climbed to **the peak of the mountain (which was) covered** with snow.
(그들은 눈이 덮인 산 정상까지 올라갔다.)
The cathedral **(that was) destroyed** by fire was completely rebuilt in 1425.
(화재로 파괴되었던 대성당은 1425년에 완전히 개축되었다.)

▶ be 동사가 형용사를 보어로 가질 경우에도 소위 "WHIZ-생략"이 적용될 수 있다.

The movie director finally found an actress **(who was) suitable** for the part.
(영화감독은 그 역할에 맞는 여배우를 드디어 찾아냈다.)
He bought an apartment **(that is) larger** than mine. (그는 내 것보다 더 큰 아파트를 구입했다.)

R8 relative clauses-2: 비제한적 관계절

1. **비제한적 (nonrestrictive 혹은 appositive) 관계절**: 비제한적 관계절은 글에서는 콤마로써 선행사와 분리되고, 말을 할 때는 선행사와 관계절을 떼어 읽는 것이 원칙이다. 다음의 두 문장을 비교해 보라.

   Snakes **which are poisonous** should be avoided.   [제한적 관계절]
   ((뱀 중에) 독이 있는 뱀은 피해야 한다.)
   Rattlesnakes, **which are poisonous**, should be avoided.   [비제한적 관계절]
   (방울뱀은 독이 있으며 피해야 한다.)

   위의 첫 문장에서 제한적 관계절은 "뱀 중에 독이 있는 뱀"으로 제한하는 역할을 하는 반면에, 두 번째 문장에서 관계절은 "방울뱀은 모두 독이 있다"는 사실을 추가로 말해 주고 있다. 만약 위 문장에서 관계절을 바꾸면 사실을 왜곡하는 표현이 된다.

   Snakes, **which are poisonous**, should be avoided. (뱀은 모두 독이 있으며 피해야 한다.)
   Rattlesnakes **which are poisonous** should be avoided.
   ((방울뱀 중에) 독이 있는 방울뱀은 피해야 한다.)

2. **any, all, every**: 모든 사람이나 사물을 가리키는 한정사를 갖는 명사구는 일반적으로 비제한적 관계절을 허용하지 않는다.

   *__Every child__, who is under 12, ought not to be left alone.
   *I don't want to see **anyone/any person**, who hasn't made an appointment.
   *__All the books__, which are written to deceive the readers, should be banned.

   ▶ 그러나 someone과 같은 단언적 대명사는 비제한적 관계절을 허용하기도 한다.

   Someone, who sounded like your mother, called to say she wanted to see you.
   (너의 어머니와 같은 목소리를 가진 사람이 너를 만나고 싶다고 전화했다.)
   (참고: Someone called to say she wanted to see you, and she sounded like your mother.)
   We need **somebody, who can carry the luggage for us**.
   (우리는 짐을 들어줄 사람이 필요하다.)

3. **고유명사**: 고유명사는 일반적으로 비제한적 관계절만을 허용한다.

   She thanked **John, who had been very helpful**.
   (그녀는 자신에게 도움을 많이 준 존에게 감사했다.)
   Mary Smith, who is a hairdresser, inherited 2 million dollars from her deceased aunt.
   (미용사인 메리 스미스는 고인이 된 고모로부터 200만 불을 상속받았다.)

4. **비제한적 관계절의 관계사**: 관계사 중에 "that"를 제외하고는 모두 비제한적 관계절을 이끌 수 있다.

   I enjoyed reading *the Da Vinci Code*, **which** Dan Brown published in 2003.

(나는 댄 브라운이 2003년에 출판한 〈다 빈치 코드〉를 재미있게 읽었다.)
(*I enjoyed reading *the Da Vinci Code*, **that** Dan Brown published in 2003.)
The President awarded the Medal of Honor to Sgt. Abraham Johnson, **whose** both legs were lost in Iraq.
(대통령은 이라크에서 양다리를 잃은 아브라함 존슨 상사에게 명예훈장을 수여했다.)
The couple spent the summer in Canada, **where** their son has a farm.
(그 부부는 아들이 농장을 가진 캐나다에서 여름을 보냈다.)
He was born on December 7, 1941, **when** Japanese airplanes bombed Pearl Harbor.
(그는 일본의 전투기가 진주만을 폭격한 1941년 12월 7일에 태어났다.)
No one dared to question his decision on the issue, **why** he opposes cutting government spending. (아무도 그가 정부 지출을 줄이는 것을 반대하는 이유에 대해 그가 내린 결정에 감히 이의를 제기하지 않았다.)

5 **명사구가 아닌 선행사**: 제한적 관계절과는 달리 비제한적 관계절은 명사구가 아닌 표현도 선행사로 가질 수 있으며, 이 경우에는 "which" 만이 관계대명사로 쓰인다.

They say John **plays hookey**, **which** he doesn't.   [술어 선행사]
(그들이 존이 학교를 빼먹는다고 말하는데, 그는 학교를 빼먹지 않는다.)
(= They say John plays hookey, but he doesn't play hookey.)
(*They say John **plays hookey**, **that** he doesn't.)

The students admires Prof. Lee, **which** I find strange.   [절 선행사]
(학생들이 이 교수를 존경하는데 나는 그것이 이상하다고 생각한다.)
(= **The students admires Prof. Lee**, and I find it strange that the students admires Prof. Lee.)
(*The students admires Prof. Lee, **that** I find strange.)

John married my sister, and I married his brother,   [복문 선행사]
which makes John and me double in-laws.
(존이 나의 여동생과 결혼하고 내가 그의 여동생과 결혼한 것은 존과 나를 겹사돈이 되게 했다.)
(= **John married my sister, and I married his brother**, and the fact that John married my sister, and I married his brother makes John and me double-in-laws.)
(***John married my sister, and I married his brother**, **that** makes John and me double in-laws.)

6 **한정사 which**: 관계절에서 한정사로 사용될 수 있는데, 수식받는 명사는 일반적으로 앞에 오는 표현을 포괄적으로 의미하는 명사가 된다. 이 구조는 격식적이며 주로 전치사 다음에 온다.

She may have missed the train, **in which case** she won't arrive for another hour.
(그녀가 기차를 놓쳤을 수도 있다. 이 경우에 그녀는 한 시간 더 늦게 도착할 것이다.)
He lost his temper, **at which point** I decided to go home.
(그는 화가 났고 그 시점에 나는 집에 가기로 결심했다.)

We picked apples for a week, **for which work** we receive no money.
(우리는 일주일간 사과를 땄는데 그 일의 대가로 우리는 돈을 받지 못했다.)
He was appointed Lord Chancellor, **in which post** he spent the rest of his life.
(그는 대법관으로 임명되었으며 그는 그 직위에 평생 동안 있었다.)
He spoke in Greek, **which language** I could only follow with difficulty.
(그는 그리스어로 말했는데 나는 그 언어를 간신히 이해할 수 있을 뿐이다.)

7 **단순 부정대명사와 비제한적 관계절**: 단순 부정대명사의 특징 중의 하나는 뒤에 of-구를 가질 수 있다는 점이다. (I16을 보라.)

a few	a little	all	any
both	each	either	fewer
fewest	less	least	many
much	more	most	neither
none	one	ones	some 등

Only **a few of the staff members** come from the local area.
(직원들 중의 몇 명만이 지방출신이다.)
The students understood **a little of his speech**. (학생들은 그의 연설의 조금만 이해했다.)
Some of my friends plan to go abroad during the vacation.
(나의 친구들 중에 몇 명은 방학 동안에 외국에 갈 계획이다.)
None of the employees complained about working conditions.
(직원 중에 아무도 작업 조건에 대해 불평하지 않았다.)

▶ 단순 부정대명사의 of-구 특성은 비제한적 관계절에서 "단순 부정대명사 + of + 관계대명사(whom/which/whose)" 구조를 가능하게 한다.

Our department hired more than 100 staff members, only **a few of whom** come from the local area. (우리 부서는 100명 이상의 직원을 채용했는데 그중에 몇 명만이 지방 출신이다.)
The politician gave the students a long speech, only **a little of which** was understood.
(그 정치인이 학생들에게 긴 연설을 했는데 연설의 일부만을 이해할 수 있었다.)
The inspector interviewed all the employees of the company, **none of whom** complained about working conditions.
(감독관은 회사의 모든 직원과 면담을 가졌으나 아무도 작업 조건에 대해서 불평하지 않았다.)
Everybody likes his jokes, **some of which** are very rude.
(모든 사람들이 그의 농담을 좋아하지만 어떤 것은 몹시 상스럽다.)
I met a war hero at the meeting, **both of whose arms** were amputated.
(나는 모임에서 전쟁 영웅을 만났는데 두 팔이 없었다.)

▶ 같은 맥락에서 뒤에 of-구를 가질 수 있는 "최상급, last, first, second 등의 서수, one, two 등 기수, a number, a great deal, the majority 등의 양화사"도 같은 구조를 허용한다.

The company hired many workers, **a number of whom** were Korean Chinese.
(회사는 많은 직원을 채용했는데 꽤 많은 사람이 한국계 중국인이었다.)
The committee consists of ten members, **three of whom** I recommended.

(위원회는 열 명의 위원으로 구성되는데 그 중에 세 명은 내가 추천했다.)
She bought a gallon of milk last Sunday, almost **half of which** went bad.
(그녀는 지난 일요일에 우유 1갤런을 샀는데 절반이 상했다.)
There're a number of boys standing in a row, **the last of whom** is my son.
(여러 명의 남자아이들이 줄을 서 있는데 마지막 아이가 내 아들이다.)

8 　**전치된 of whom/which**: "of + 관계대명사"만 관계절 앞으로 이동하는 구조도 가능하다. 그러나 "of whose"의 경우는 허용되지 않는다.

Our department hired more than 100 staff members, **of whom only a few** come from the local area. (우리 부서는 100명 이상의 직원을 채용했는데 그중에 몇 명만이 지방출신이다.)
The politician gave the students a long speech, **of which only a little** was understood.
(그 정치인이 학생들에게 긴 연설을 했는데 연설의 일부만을 이해할 수 있었다.)
The inspector interviewed all the employees of the company, **of whom none** complained about working conditions.
(감독관은 회사의 모든 직원과 면담을 가졌으나 아무도 작업 조건에 대해서 불평하지 않았다.)
Everybody likes his jokes, **of which some** are very rude.
(모든 사람들이 그의 농담을 좋아하지만 어떤 것은 몹시 상스럽다.)
*I met a war hero at the meeting, **of whose arms both/of whose both arms** were amputated.
(참고: I met a war hero at the meeting, **both of whose arms** were amputated.)

R9　relative clauses-3: 명사적 관계절

what는 관계대명사 또는 관계한정사로 쓰일 수 있으며, 다른 관계대명사나 관계한정사와는 달리 선행사가 없는 독립적인 관계절을 이끌 수 있다.

1 　**what-관계절**: what는 선행사가 없는 독립 관계대명사로 쓰이며, 이 경우 what는 "... 것/바/일(the thing(s) that)"을 의미한다.

What he did was morally wrong. (그가 한 짓은 도덕적으로 잘못되었다.)
What those kids need is some love and affection.
(저 아이들이 필요로 하는 것은 약간의 사랑과 애정이다.)
Show me **what** you bought at the market. (시장에서 네가 산 것을 나에게 보여라.)
I hope you're going to give me **what** I need.
(내가 필요로 하는 것을 네가 나에게 주기를 바란다.)

▶ what-절은 단수 또는 복수동사를 취할 수 있다. (A34.2를 보라.)

What we need most **is/are** books. (우리가 가장 필요로 하는 것은 책이다.)
What those kids need **is/are** some love and affection.
(저 아이들이 필요로 하는 것은 약간의 사랑과 애정이다.)

▶ what-절은 명사구처럼 주어 또는 목적어로 사용될 수 있으므로 명사적 관계절(nominal

relative clauses)이라고도 불린다. 현대영어에서도 가끔 쓰이지만 초기 현대영어에서는 "that which"가 명사적 관계대명사 what처럼 사용되었다.

We have **that which** we need. (우리는 필요한 것을 다 가지고 있다.)
(현대영어: We have **what** we need.)

2   **한정사 what**: 명사적 관계절에서 what는 명사와 함께 나타나는 한정사로 사용될 수 있다.

She gave his son **what money** she had. (그녀는 그가 가진 돈을 다 아들에게 주었다.)
(= She gave his son **all the money** she had.)
I'll give you **what help** I can. (나는 힘껏 너를 도와줄 것이다.)
(= I'll give you **any help** that I can.)

3   **wh-ever 관계절**: 명사적 관계대명사로 쓰이는 다른 단어로는 "whatever, whoever, whichever, where, wherever, when, whenever, why, how"가 있다.

You can choose **whatever** you want. (너는 무엇이든 원하는 것을 선택할 수 있다.)
(= You can choose **anything** that you want.)
I'll meet **whoever** offers me a job. (나는 일자리를 주는 사람은 누구나 만날 것이다.)
(= I'll meet **anyone** who offers a job.)
I don't care of **whichever** method you choose. (나는 네가 어떤 방법을 선택하든 관심이 없다.)
(= I don't care of **any method** you choose.)
You have to go back to **where** you started. (너는 시작했던 곳으로 되돌아가야 한다.)
(= You have to go back to **the place where** you started.)
He stayed at **wherever** he could find work. (그는 일거리가 있는 곳에는 어디든지 머물렀다.)
(= He stayed at **any place where** he could find work.)
My parents bought a cottage in the country for **when** they retire.
(나의 부모님은 은퇴할 때를 대비해서 시골에 오두막을 한 채 사셨다.)
(= My parents bought a cottage in the country for **the time when** they retire.)
He always wears glasses except **whenever** he plays football.
(그는 축구를 할 때를 제외하면 항상 안경을 쓴다.)
(= He always wears glasses except **the time when** he plays football.)
We'd like to know the reason for **why** he didn't accept the job.
(우리는 그가 왜 그 일자리를 받아들이지 않았는지 이유를 알고 싶다.)
(= We'd like to know **the reason why** he didn't accept the job.)
We have a number of suggestions as to **how** the services can be improved.
(우리는 봉사활동을 개선할 수 있는 방안에 대해 여러 가지 제안을 가지고 있다.)
(= We have a number of suggestions as to **the way that** the services can be improved.)

4   **who**: 현대영어에서 who는 whoever와는 달리 명사적 관계대명사로 사용될 수 없다.

*I hate **who** you like. (참고: I hate **the person who** you like.)

그러나 초기 현대영어에서는 명사적 관계대명사로 사용되었다.

Who steals my purse steals trash. [Shakespeare의 *Othello*에서]
(내 지갑을 훔치는 자는 쓰레기를 훔치는 것이다.)
(현대영어: **Whoever/Anybody who** steals my purse steals trash.)

whoever, whatever 등 -ever로 끝나는 단어의 용법에 대해서는 W115를 보라.
how-절에 대해서는 H14를 보라.

R10 relative clauses-4: 여타 관계절

1 **부정사 관계절**: 관계절은 부정사 형태를 취할 수 있다. 부정사 관계절의 선행사 명사구는 관계절의 "주어" 또는 "목적어"가 될 수 있지만 관계대명사는 나타날 수 없다.

He's not a person **to let** little things **disturb him**.
(그는 사소한 일로 괴로워하는 그런 사람이 아니다.)
(= He's not a person **who would let** little things **disturb him**.)
(*He's not a person **who to let** little things **disturb him**.)
She has no one **to help her**. (그녀에게는 도움을 줄 사람이 하나도 없다.)
(= She has no one **who can help her**.)
(*She has no one **who to help her**.)
He's a good man **for you to know**. (그는 네가 알아 두어야 할 훌륭한 분이다.)
(= He's a good man **who you should know**.)
(*He's a good man **who for you to know**.)
The next question **to consider** was the crucial one.
(고려해야 할 다음 질문은 매우 중요한 것이다.)
(= The next question **that we should consider** was the crucial one.)
(*The next question **that to consider** was the crucial one.)

2 **관계대명사 + 부정사 관계절**: 선행사 명사구가 부정사 관계절에서 "전치사의 목적어"일 경우에는 관계대명사가 사용될 수 있다. 이 경우 관계대명사는 앞에 "전치사"를 반드시 대동해야 된다.

We have to save some money **with which to travel**.
(우리는 여행에 들어갈 돈을 좀 저축해야 한다.)
(*We have to save some money **which to travel with**.)
She bought a pretty vase **in which to put the flowers**.
(그녀는 꽃을 꽂을 예쁜 꽃병을 샀다.)
(*She bought a pretty vase **which to put the flowers in**.)
I would be happy, if I didn't have neighbors **with whom to quarrel**.
(나는 다툴 이웃이 없으면 행복할 것이다.)
(*I would be happy, if I didn't have neighbors **whom to quarrel with**.)

3 **관계대명사의 생략**: 전치사가 부정사 관계절의 원 위치에 있을 경우에는 관계대명사는 생략

되어야 한다. 관계대명사가 생략된 문장이 더 많이 사용된다.

We have to save some money **to travel with** ___.
She bought a pretty vase **to put the flowers in** ___.
I would be happy, if I didn't have neighbors **to quarrel with** ___.

4   **전이(transferred) 관계절과 that-절**: 관계사는 일반적으로 자신이 속한 절의 앞 위치로 이동하지만, "feel, hope, know, say, suppose, think, wish"와 같은 동사의 "that-종속절"에 포함되어 있는 관계사는 주절의 앞 위치까지 이동할 수 있다. 마치 이 현상은 부정소 "not"가 종속절에서 주절로 전이되는 것(N11을 보라)과 같은 현상이므로 이러한 관계절을 "전이 관계절"이라고 부른다. 관계사의 전이는 종속절에서 의문사가 주절의 문두위치로 이동하는 의문절과 동일하다. (Q3.4를 보라.) 다음을 비교해보라.

The company hired the man **who** you had recommended ___ for that position.
(회사는 그 자리에 당신이 추천한 사람을 채용했다.)
The company hired the man **who I knew** (that) you had recommended ___ for that position. (회사는 그 자리에 당신이 추천한 것으로 내가 알고 있는 사람을 채용했다.)

It's the country **that** we like to visit ___ next summer.
(그 나라가 내년 여름에 우리가 방문하고 싶은 국가다.)
It's the country **that we think** (that) we like to visit ___ next summer.
(그 국가가 내년 여름에 우리가 방문하고 싶다고 생각하는 국가다.)

My parents met the man **who** I'd marry ___.
(나의 부모님은 내가 결혼할 남자를 만났다.)
My parents met the man **who I wish** (that) I'd marry ___.
(나의 부모님은 내가 결혼하기를 원하는 남자를 만났다.)

5   **that의 생략**: 의문사와 마찬가지로 이동한 관계사가 주어일 경우에는 접속사 that를 의무적으로 생략해야 한다.

The company hired the man **who** ___ had been recommended for that position by you.
(회사는 그 자리에 당신의 추천을 받은 사람을 채용했다.)
The company hired the man **who I knew** (*that) ___ had been recommended for that position by you. (회사는 그 자리에 당신의 추천을 받은 것으로 내가 알고 있는 사람을 채용했다.)

My parents met the man **who** ___ would marry me.
(나의 부모님은 나와 결혼할 남자를 만났다.)
My parents met the man **who I wish** (*that) ___ would marry me.
(나의 부모님은 나와 결혼해 주기를 바라는 남자를 만났다.)

6   **관계절과 종속절**: 관계절은 또한 "if-절" 또는 "whether-절"과 결합할 수도 있다.

I'm recommending a man, **who** I should be grateful **if** you would accept ___ as your assistant. (나는 만약 당신이 보좌관으로 받아주면 감사하게 생각할 남자를 추천하려고 한다.)

The man was carrying a big bag, **which** I wondered **whether** there was enough room for ____. (그 남자는 놓을만한 충분한 공간이 있는지 의심이 가는 큰 가방을 운반하고 있었다.)
I'm enclosing an application form, **which** I should be grateful **if** you would sign and return ____. (나는 만약 당신이 서명하여 돌려보내주시면 감사하게 생각할 지원서를 동봉합니다.)

7   관계절과 의문절: 일반적으로 관계절은 간접의문문과 결합하지 않지만 때때로 비격식적 구어에서 나타난다.

These're the only dish **that** he doesn't know **how** to cook ____.
(이것들이 그가 어떻게 요리하는지를 모르는 유일한 음식이다.)
This is the picture **that** I can't remember **where** we took ____.
(이것이 우리가 어느 곳에서 찍었는지 기억할 수 없는 사진이다.)

▶ 관계대명사가 관계절의 주어일 경우에는 주어 자리에 해당하는 대명사가 나타난다. 이렇게 이동해 간 성분의 원위치에 나타나는 해당 대명사를 재생 대명사(resumptive pronouns)라고 부른다.

I was driving **a car that** I didn't know **how** fast **it** could go.
(나는 얼마나 빨리 달릴 수 있는지 모르는 자동차를 운전하고 있었다.)
It's ridiculous to sing **songs that** you don't know **what they** mean.
(무슨 의미를 가졌는지 모르는 노래를 부르는 것은 우스꽝스러운 일이다.)

8   관계대명사의 이중 목적어: 관계절 내에 특히 "before ...-ing, after ...-ing, without ...-ing"와 같은 절이 나올 때 관계대명사가 두 동사의 목적어를 가리킬 수 있다. 사람에 따라서는 부사절의 목적어 위치에 재생대명사를 쓰기도 한다.

Here's some leftover **food that** you should eat ____ **after** heating (it).
(여기에 네가 데워서 먹어야 할 남은 음식이 좀 있다.)
We have **water that** it's best not to drink ____ **before** boiling (it).
(우리에게는 끓이기 전에는 마시지 않는 것이 최선인 물이 있다.)
I'm sending you **a letter that** I want you to destroy ____ **after** reading (it).
(나는 읽은 후에 찢어버리기를 원하는 편지 한 통을 너에게 보낸다.)
He was **a man that** you could like ____ **without** admiring (him).
(그는 존경하지 않으면서도 좋아할 수 있는 사람이었다.)

다른 재생대명사에 대해서는 F11.2와 R6.2와 3을 보라.

R11   requests(요청)

여기서 "요청(requests)"이란 타인이 어떤 행동을 하기를 바랄 때 사용하는 표현을 가리킨다. 요청을 강도에 따라 분류하면 명령, 요청, 제안, 부탁으로 분류할 수 있다.

1   명령 (commands): 가장 강력한 요청은 타인에게 어떻게 할 것을 명령하거나 지시하는 것을 의미한다. 일반적으로 명령문(imperatives) 형태나 "be to-부정사" 구조를 사용한다.

Don't come home late! (늦게 귀가하지 마라.)
Take two tablets with a glass of water twice a day! (매일 두 번씩 두 알을 물 한잔과 섭취해라.)
Stay home until I come back. (내가 돌아올 때까지 집에 있어라.)

You **are to do** exercises 1 to 4 inclusive. (연습문제 1부터 4까지 풀어야한다.)
All the class **are to read** Chapter 1 by Monday.
(모든 반 학생들은 월요일까지 1장을 읽어 와야 한다.)

You **are not to waste** time chattering. (여러분은 잡담으로 시간을 낭비하지 마세요.)

2   **요청** (requests): 요청은 조동사와 please를 포함하는 문장과 "wish + that-절" 등이 사용된다.

I wish (that) ... would + 동사 ...
Will/Can you + 동사 ... (please)?
Would/Could you + 동사 ... (please)?

Please, can/will you open the door? (문을 좀 열어 주겠습니까?)
Would/Could you carry this bag for me, please? (이 가방을 좀 들어주실 수 있으세요?)
Could you tell me the way to the Hong Kong Bank, please?
(홍콩은행을 가는 길을 알려줄 수 있습니까?)
I **wish** (that) you **would** keep quiet when he's listening to the radio.
(그가 라디오를 들을 동안에는 좀 조용히 해 주면 좋겠습니다.)

3   **제안** (suggestions): 상대방에게 어떻게 하라고 하거나 어떤 것을 함께 하자고 제안할 때는 다음과 같은 표현을 사용한다.

Why don't you/we + 동사 ...
Shall I/we + 동사 ...
How/What about + 동사-ing ...
Let's (not) + 동사 ...
You'd/We'd better (not) + 동사 ...
You should/ought to + 동사 ...
I (don't) think we should + 동사 ...

Why don't you try to move the car? (차를 움직여 보지 그러세요?)
Shall we go out for a meal? (식사하러 갈까요?)
I don't think we should touch the car. (자동차를 건드리지 않는 게 좋겠습니다.)
What about having a drink? (한잔하는 게 어때요?)
We'd better pull the car back onto the road.
(자동차를 도로 위로 끌어올리는 것이 좋을 것 같습니다.)
How about having a game of go after work? (퇴근 후에 바둑 한판 두는 것 어떻습니까?)
Let's not waste time. (시간 낭비 맙시다.)
Let's wipe down the kitchen cupboards, shall we? (부엌 찬장을 깨끗하게 닦아 냅시다.)
You should/ought to rest after hard work. (심하게 일한 후에는 쉬어야 한다.)

4　　　**부탁** (polite requests): 타인에게 어떤 행위를 해줄 것을 정중하게 부탁할 때 사용된다.

Would you mind + 동사-ing ...
Would you be so kind as to + 동사 ...
Perhaps you'd like to + 동사 ...
I wonder if ...

Would you be so kind as to carry this bag for me, please?
(이 가방을 대신 좀 들어 주실 수 있으십니까?)
Could you tell me the way to the Victoria Falls, please?
(빅토리아 폭포로 가는 길을 말씀해 주시겠습니까?)
Would you mind calling a taxi for me, please?
(저를 대신해서 택시를 좀 불러주시겠습니까?)
I wonder if you could tell me how to get to Piccadilly Circus.
(피커딜리 광장에 어떻게 갈 수 있는지 좀 알려주시겠습니까?)
Perhaps, you'd like to open the window for me, please.
(제 대신에 창문 좀 열어주시겠습니까?)

동사 mind에 대해서는 M16을 보라.
공손한 표현에 대해서는 P25를 보라.

R12　rest, leftover, remains, residue, remainder

1　　　the rest: the rest는 가장 일반적이고 많이 쓰이는 표현으로서 정해진 수량 외의 "나머지 (what is left)"를 의미한다. rest는 항상 단수로서 정관사 "the"가 반드시 함께 나타난다.

You carry these two bags, and I'll bring **the rest**.
(네가 이 가방 두 개를 들어라. 나머지는 내가 들겠다.)
We only use three rooms. **The rest** of the house is empty.
(우리는 방 세 개만 사용하고, 집의 나머지는 비어 있다.)

▶ the rest가 복수명사를 가리킬 때는 복수동사를 갖는다.

There're four **chocolates** for Penny, three for Joe and **the rest are** mine.
(페니에게 초콜릿 네 개, 조에게 세 개, 나머지는 내 것이다.)
(*There're four **chocolates** for Penny, four for Joe and **the rest is** mine.)
Two of the **attackers** were killed, and **the rest were** captured.
(공격자들 중에 두 명이 사살되고 나머지는 포로가 되었다.)
(*Two of the **attackers** were killed, and **the rest was** captured.)

2　　　leftover: leftover는 비교적 비격식적 표현으로서 특히 먹고 남은 음식이나 과거의 것이 현재까지 남아있는 것을 가리킨다.

Give the **leftovers** to the dog. (나머지 음식을 개에게 주어라.)
That's an idea that was a **leftover** from the McCarthy era. (그 생각은 매카시 시대의 잔재다.)

3 residue: residue는 실제로 물질적인 나머지(leftovers)로서 별로 유용성이 희박한 것을 가리킨다.

   She scraped the **residue** of food from the plates. (그녀는 접시에서 음식 찌꺼기를 닦아냈다.)
   Rinse off any soap **residue**. (비누 찌꺼기를 물로 헹구세요.)

4 remains: 항상 복수형으로 사용되는 remains는 사용하거나 먹거나 파괴하고 남아있는 것에 대해 말할 때 종종 사용되며, 사람의 시신을 가리킬 수도 있다.

   On the table were **the remains** of the evening meal.
   (식탁 위에 저녁 식사를 먹고 남은 것들이 있었다.)
   You'll see extensive **Roman remains**, if you visit Rome.
   (로마를 방문하면 광범위한 로마시대 유적을 볼 것이다.)
   Ten years after he died, **his remains** were returned to his homeland.
   (그가 죽은 지 10년이 되어 그의 유골이 조국으로 돌아왔다.)

5 the remainder: 어떤 수량에서 일부 수량을 빼고 남은 것을 가리키며, 종종 수치를 계산할 때 쓰인다.

   The remainder will be paid by next Monday. (나머지는 다음 월요일까지 지불될 것이다.)
   Fifteen divided by four gives you **a remainder** of 3. (15를 4로 나누면 3이 남는다.)

R13 result(결과)

결과절은 어떤 행위나 상황이 있음으로써 그 결과로 다른 행위나 상황이 있게 되는 것을 말한다. 그러므로 여기서 주절은 "이유/원인(reason/cause)"이 되고 종속절이 결과절이 된다. 따라서 주절과 종속절의 역할을 바꾸면 "이유절" 구조가 된다. (이유절에 대해서는 R3를 보라.)

We haven't learned any Spanish, **so that we couldn't understand the waiters**.
(우리는 스페인어를 전혀 배우지 않아서 웨이터의 말을 이해할 수 없었다.)
We couldn't understand the waiters, **because we haven't learned any Spanish**.
(우리는 스페인어를 전혀 배우지 않았기 때문에 웨이터의 말을 이해할 수 없었다.)

결과절은 다음과 같은 구조를 써서 표현한다.

1 so that-절

   I drove into town earlier, **so that I could avoid the rush-hour traffic**.
   (나는 일찍이 차로 시내를 들어갔기 때문에 러시 아워의 교통 혼잡을 피할 수 있었다.)
   The school bus broke down this morning, **so that we were late for school**.
   (학교버스가 오늘 아침에 고장이 나서 우리는 수업에 늦었다.)

2   so + 형용사/부사 + that-절

The bag was **so heavy that I couldn't move it.** (가방이 너무 무거워서 나는 들 수가 없었다.)
The sofa was **so huge that it hardly went through the door.**
(소파가 너무 커서 문으로 들어올 수가 없었다.)

3   so much + 불가산명사 + that-절
        so many + 복수명사 + that-절

We've had **so much snow that most of the roads are closed.**
(눈이 너무 와서 대부분의 도로가 폐쇄되었다.)
He has **so many children that he couldn't even remember their names.**
(그에게는 아이들이 너무나 많아서 아이들의 이름도 기억할 수 없었다.)

4   such + (a(n)) 명사구 + that-절

The rug had **such a big hole in it that we had to throw it out.**
(양탄자에 너무나 큰 구멍이 나서 내다 버려야 했다.)
He's **such a gentleman that everybody likes him.** (그는 멋진 신사여서 모두가 좋아한다.)

S1   same

same은 두 가지 의미로 사용된다. same은 동일한 "하나의 대상"을 의미할 수도 있고, 어떤 둘 또는 그 이상의 대상이 "정확히 유사하다"는 것을 의미할 수도 있다.

Rachel is still going out with **the same** boyfriend.
(레이첼은 아직도 같은 남자친구와 교제한다.)
We went to **the same** school. (우리는 같은 학교를 다녔다.)

My twin sister and I have **the same** nose, **the same** hair and **the same** tastes in clothes.
(나의 쌍둥이 자매와 나는 똑같은 코, 똑같은 모발, 옷에 대한 똑같은 취향을 가지고 있다.)
Both women were wearing **the same** dress. (두 여자 분이 똑같은 옷을 입고 있었다.)

1 **정관사 the**: same은 정관사 the와 함께 사용되는 것이 정상이다.

My brother and I sleep in **the same** room. (형과 나는 같은 방에서 잔다.)
My teacher always wears **the same** pullover. (나의 선생님은 항상 같은 풀오버를 입는다.)
I bought a new toy car and my brother wanted **the same** one.
(내가 새 장난감 차를 샀는데 남동생도 같은 것을 원했다.)

2 the same (...) as + **명사구**: 비교의 대상을 as 뒤에 둔다.

People say I exactly look **the same as** my brother.
(사람들은 내가 형과 아주 똑같다고 말한다.)
He gets **the same pay as** me but he has his own office.
(그는 나와 동일한 보수를 받지만 그에게는 자신의 사무실이 있다.)
She wore **the same hat as** my mother's. (그녀는 나의 어머니 것과 같은 모자를 쓰고 있었다.)
He was born on **the same day as** me. (그는 나와 같은 날에 태어났다.)

3 the same (...) as + **절**: as 뒤에 절이 나올 경우에는 as가 일종의 관계대명사처럼 사용된다.
(T7을 보라.)

She was wearing **the same dress as** she'd had yesterday.
(그녀는 어제 입었던 것과 같은 드레스를 입고 있었다.)
His son graduated from **the same medical school** last year **as** Garry'd had thirty years ago. (그의 아들은 개리가 30년 전에 졸업한 같은 의과대학을 작년에 졸업했다.)
She was dating **the same man as** she'd dated two years ago.
(그녀는 그녀가 2년 전에 데이트했던 같은 남자와 데이트를 하고 있었다.)

▶ 위의 예에서 접속사 as 대신에 관계대명사 that/who가 올 수 있다.

She was wearing **the same dress that** she'd had yesterday.
(그녀는 어제 입었던 그 드레스를 입고 있었다.)
His son graduated from **the same medical school** last year **that** Garry'd graduated thirty years ago.

(그의 아들은 개리가 30년 전에 졸업한 그 의과대학을 작년에 졸업했다.)
She was dating **the same man as/who/that** she'd dated two years ago.
(그녀는 2년 전에 데이트했던 같은 남자와 데이트를 하고 있었다.)

4   **be the same age/height/weight as**: "나이, 키, 체중"이 같다는 것을 표현할 때 사용된다.

She's **the same age as** I am/me. (그녀는 나와 동갑이다.)
She's about **the same height as** I am/me. (그녀는 나와 키가 비슷하다.)
She's **the same weight as** I am/me. (그녀는 나와 몸무게가 같다.)

5   **as의 생략**: as는 관계대명사 who/that가 동사의 목적어를 가리킬 때는 생략될 수 있는 것처럼 생략될 수 있다.

She was dating **the same man** she'd dated two years ago.
(그녀는 2년 전에 데이트했던 같은 남자와 데이트를 하고 있었다.)

관계대명사의 생략에 대해서는 R7.6과 T6.9를 보라.

6   **as와 who/that**: as는 who/that과는 달리 주어를 가리킬 때는 쓰일 수 없다.

She was dating **the same man who/that** had dated me two years ago.
(그녀는 나와 2년 전에 데이트했던 같은 남자와 데이트를 하고 있었다.)
(*She was dating **the same man as** had dated me two years ago.)

7   **do the same**: 남의 행위를 따라하는 것을 표현한다.

The boy always tries to **do the same** as his big brother.
(그 소년은 항상 자신의 형이 하는 대로 따라하려고 한다.)
Jack's family went on a camping trip to Jeju Island, and we might **do the same**.
(잭의 가족은 제주도로 야영을 갔다. 우리도 따라갈까 한다.)

8   **(and the) same to you**: 행복과 건강을 빌어주는 인사에 대한 응답으로 자주 사용되며, 가끔씩 무례한 말에 대한 분노를 표현할 때도 사용된다.

"Have a nice Easter!" "**And the same to you**, Max!"
("즐거운 부활절을 보내기 바란다!" "맥스야, 너도 그러기를 바란다!")
"You're a pathetic idiot!" "**Same to you!**"
("너는 가련한 멍청이다!" "너도 마찬가지야!")

9   **all/just the same**: 어떤 집단이 좋지 않은 특성을 가지고 있다고 말할 때 사용된다.

Wherever they live, men are **all the same**. (사람은 어디에 살든지 다를 바가 없다.)
(= Men all have the same weaknesses.)
They say there're honest politicians, but I think politicians are **all the same**.
(정직한 정치인도 있다고들 말하지만 나는 정치인은 똑같다고 생각한다.)

▶ "방금 언급한 사실임에도 불구하고"라는 뜻으로도 쓰인다.

It rained every day of our holiday—**all the same** (= despite of this) we had a good time.
(우리 휴가 동안 매일 비가 왔다. 그렇지만 우리는 재미있었다.)
Mark is shy and dependent, but I love him **all the same**.
(마크는 수줍어하고 의존적이다. 그래도 나는 그를 사랑한다.)

10 more of the same: "다를 바 없다"고 강조할 때 사용한다.

People feel that, whichever party wins the election, it's just going to be **more of the same**. (선거에서 어느 당이 승리하든지 달라질 게 없다고 사람들은 생각한다.)
We have a new manager, but the working conditions are **more of the same**.
(새로운 감독이 왔지만 작업 여건은 달라진 것이 없다.)

11 one and the same: 별개의 개체로 알았는데 하나의 개체임을 표현할 때 사용된다.

Muhammad Ali and Cassius Clay are **one and the same**.
(무하마드 알리와 케이셔스 클레이는 동일한 사람이다.)
We decided to support him because his interests and our interests are **one and the same**.
(우리는 그의 이해관계와 우리의 이해관계가 같기 때문에 그를 지지하기로 했다.)

12 same difference: 자신이 말한 것이 정확한 것은 아니지만 그 차이가 별로 중요하지 않다고 생각할 때 사용한다.

"Did you see that bus? Actually it was a coach." "**Same difference**."
("저 버스 봤어? 실제로는 우등버스였어." "그게 그거지 뭐.")
"I could mail a letter or send a fax in the morning." "**Same difference**. It won't get there on time." ("편지를 보내거나 오전에 팩스를 보낼 수 있습니다." "다를 게 없다. 어느 것도 제 시간에 도착할 수 없을 것이다.")

S2 say와 tell

say는 우리의 "생각, 느낌, 의견, 사실, 제안 등"을 표현하는 모든 유형의 언어표현을 가리키고, tell은 말을 써서 "정보, 지시, 생각, 느낌, 이야기 등"을 전달하는 언어행위를 가리킨다.

1 화법: say와 tell은 둘 다 직접화법과 간접화법에서 사용될 수 있지만 직접화법에서는 "say"가 더 자주 쓰인다. 직접화법에서 일반적으로 "진술, 지시, 명령, 간청, 부탁, 충고, 경고, 약속, 위협 등"에는 "say"와 "tell"이 둘 다 사용되고, "질문, 감탄, 인사, 고별, 소개, 축하, 축복, 사과 등"에는 "say"가 사용된다.

▶ say
He **said**, "How do you do?"   [질문]
("처음 뵙겠습니다"라고 그가 말했다.)
(*He **told** them, "How do you do?")

"What a beautiful present," **said** John. [감탄]
("정말 멋진 선물입니다"라고 존이 말했다.)
(*"What a beautiful present," John told us.)
"It's been nice knowing you," I **said**. [인사]
("만나서 반갑습니다"라고 나는 말한다.)
(*"It's been nice knowing you," I **told** her.)
"I'm sorry. I spilt your coffee," she **said**. [사과]
("당신 커피를 엎질러서 미안합니다"라고 그녀가 말했다.)
(*"I'm sorry. I spilt your coffee," she **told** me.)

▶ say와 tell
"I don't like this party," Bill **said**/Bill **told** me. [진술]
("나는 이 파티가 싫다"라고 빌이 (나에게) 말했다.)
"I think you'd better see a doctor," she **said**/she **told** me. [충고]
("나는 네가 의사를 봐야한다고 생각한다"라고 그녀가 (나에게) 말했다.)
"Do not walk on the grass," he **said**/he **told** us. [지시]
("잔디를 밟지 마라"라고 그가 (우리에게) 말했다.)
He **said**/He **told** me, "I'll definitely pay the bill." [약속]
("내가 틀림없이 계산할 것이다"라고 그는 (나에게) 말했다.)

2   **간접목적어**: tell은 일반적으로 말을 듣는 사람, 즉 간접목적어를 대동한다.

He **told me** that the meeting was cancelled. (그는 회의가 취소되었다고 나에게 말했다.)
(*He **told** that the meeting was cancelled.)

▶ "tell a story/lie/joke/secret/the truth ... 등"에서는 간접목적어가 나타나지 않을 수도 있다.

Anthony is **telling the truth**. (안토니는 진실을 말하고 있다.)
Max **told some funny stories** about his sister.
(맥스는 자신의 여동생에 대해 재미있는 이야기를 했다.)

▶ say는 많은 경우 간접목적어 없이 사용되지만, 목적어가 나타날 경우에는 전치사 to를 대동한다.

A spokesman **said** that the company had improved its safety standards.
(대변인은 회사가 안전 기준을 향상시켰다고 말했다.)
He **said to me** that he would buy a motorcycle when he had enough money.
(그는 나에게 돈이 생기면 오토바이를 살 것이라고 말했다.)
(*He **said me** that he would buy a motorcycle when he had enough money.)

3   **직접목적어**: say와 tell은 언어를 사용하는 행위, 즉 "speak"를 의미한다. 그러나 say는 "언어표현 자체"에 중점을 두는 데 반하여, tell은 언어표현을 통해서 "정보를 전달하는 것"에 중점을 둔다. 다음을 비교해보라.

She left last night without **saying goodbye**. (그녀는 잘 있으라는 말도 없이 어젯밤에 떠났다.)

(*She left last night without **telling goodbye**.)
I've **said I'm sorry**—what more do you want? (내가 미안하다고 했잖아. 더 이상 무엇을 원해?)
(*I've **told (you) I'm sorry**—what more do you want?)
Can we go now, sir? Please, **say yes**! (선생님, 저희들 가도 됩니까? 제발 된다고 말씀해 주세요!)
(*Can we go now, sir? Please, **tell yes**!)
I would like to **say a few words** before the party. (파티 전에 내가 몇 마디 말하고 싶습니다.)
(*I would like to **tell (you) a few words** before the party.)

She's always **telling lies** about her past. (그녀는 자신의 과거에 대해서 항상 거짓말을 한다.)
(*She's always **saying lies** about her past.)
How do you know she's **telling the truth**? (당신은 그녀가 진실을 말하는지 어떻게 압니까?)
(*How do you know she's **saying the truth**?)
Can you **tell the difference** between sparkling wine and champaign?
(발포성 포도주와 샴페인의 차이점을 말해 줄 수 있습니까?)
(*Can you **say the difference** between sparkling wine and champaign?)
My daughter just learned to **tell the time**. (내 딸은 얼마 전에 시간을 말하는 것을 배웠다.)
(*My daughter just learned to **say the time**.)

4 **부정사**: tell은 뒤에 "목적어 + 부정사" 구조를 가질 수 있다.

I told **her to go home**. (나는 그녀에게 집에 가라고 말했다.) (*I **said to her to go home**.)
The book **told them what to do**. (그 책은 그들에게 무엇을 할 것인가를 말해주었다.)
(*The book **said to them what to do**.)

5 **간접의문문**: tell과 say는 둘 다 "간접의문문"을 이끌 수 없다.

I **asked who wanted to come**. (나는 누가 오고 싶어 하느냐고 물었다.)
(*I **said** who wanted to come.)
Jansen wants to **know what they've done to his brother**.
(잰슨은 그들이 그의 남동생에게 무슨 짓을 했는지 알고 싶어 한다.)
(*Jansen **told** me what they've done to his brother.)

▶ 그러나 say와 tell은 질문에 대한 응답을 이끌 수 있다.

He **told** me **who he invited to the barbecue**, but I've forgotten.
(그는 나에게 바비큐 파티에 누굴 부를 것인가를 말해주었는데 내가 잊어버렸다.)
(= He told me **the names of the people he invited to the barbecue**, but I've forgotten.)
Mary hasn't **said why she doesn't want to come**.
(메리는 왜 오고 싶지 않은지 말하지 않았다.)
(= Mary hasn't said **the reason that she doesn't want to come**.)

간접화법에 대해서는 I18- I21을 보라.
say와 tell 다음에 오는 so에 대해서는 S14.2를 보라.

S3　see

see의 가장 기본적인 의미는 "눈으로 주위에 있는 사물을 지각하거나 살펴보는 것"이다. 이 기본의미에서 다양한 의미가 파생된다.

1　can: "눈으로 지각하다"의 의미로 사용될 때는 진행형이 없는 것이 특징이며, 현장에서 어떤 것을 볼 경우에는 can이 사용될 수도 있다. (P21.2를 보라.)

I **can see** two cars on the street. (나는 거리에 차 두 대가 있는 것을 볼 수 있다.)
(미국영어에서는 I **see** two cars on the street도 가능하다.)
(*I'm seeing two cars on the street.)
Can I **see** your ticket, please? (표를 좀 볼 수 있을까요?)
Do/Can you **see** a couple in the third row? (세 번째 줄에 있는 부부가 보이지?)
The teacher **saw/could see** the van park outside.
(선생님은 밴이 밖에 주차해있는 것을 보았다.) (*He **was seeing** the van park outside.)

▶ 놀라운 일이 눈앞에서 일어날 경우 종종 진행형이 사용되기도 한다.

I can't believe what **I'm seeing**—is that car really yours?
(내가 지금 보고 있는 것을 믿을 수가 없다. 저 차가 정말로 네 거냐?)

2　understand: "이해하다/알게 되다"의 의미로 사용될 수 있으며, 이 경우에도 진행형이 없다. 이 경우에도 can이 사용될 수 있다.

I **(can) see** what you mean. (네가 무슨 말을 하는지 알겠다.)
I **can't/don't see** the point of spending so much money on a car.
(나는 자동차에 그렇게 큰돈을 쓰는 의도를 이해할 수가 없다.)
They **couldn't/didn't see** the need to add more members to the club.
(그들은 클럽에 회원을 더 추가할 필요성을 이해하지 못했다.)

3　consider: 어떤 상황이나 대상에 대해 "… 의견을 가지다"라는 의미로 사용될 수 있으며 진행형이 없다.

I **see** my new job as a challenge. (나는 나의 새 직업을 도전으로 생각한다.)
We **didn't see** him as a potential leader. (우리는 그를 잠재적 지도자로 고려하지 않았다.)
Violence **is seen** in different ways by different people. (폭력은 사람에 따라 다르게 생각된다.)

4　see … 부사구: " … 을 확인하다/주시하다"의 의미로 사용될 수 있으며 항상 부사적 표현과 함께 사용된다.

My mother used to **see** me **across the road**.
(나의 어머니는 내가 길을 건너가는 것을 바라보시곤 했다.)
I'll get my secretary to **see** you **home**. (나의 비서가 당신이 집에 가도록 해 줄 것입니다.)
My parents **saw** me **off** at the airport. (나의 부모님은 내가 공항에서 이륙하는 것을 보셨습니다.)

5   **find out**: "(어떤 정보나 사실을) 알아보다"라는 의미로 쓰인다.

       I'll **see** how the job interview went. (내가 그 일자리 면담이 어떻게 되었는지 알아보겠다.)
       We went outside to **see** what was happening.
       (우리는 무슨 일이 일어나고 있는지 알아보기 위해 밖으로 나갔다.)
       I'll **see** if/whether he wants to go out for a drink.
       (그가 한잔하러 나가고 싶어 하는지 내가 알아보겠다.)

6   **make certain**: "확인하다"라는 의미로 쓰인다.

       It's up to you to **see** that the job's done properly.
       (일이 적절히 완료되었는지 확인하는 것은 네 책임이다.)
       Please **see** that the lights are switched off before you leave.
       (나오기 전에 전등이 꺼져있는지 확인하십시오.)
       See that you're ready by ten. (10시까지 준비하도록 하시오.)

7   **meet**: "만나다, 방문하다, 같이 시간을 보내다"를 의미하며, 진행형이 허용된다.

       Dr. Thomas **is seeing** a patient at 2:00 p.m. (토마스 박사는 오후 2시에 환자를 볼 것입니다.)
       I'**ll be seeing** my parents tomorrow night. (나는 내일 밤에 부모님을 찾아뵐 것입니다.)
       They'**ve been seeing** each other for a long time. (그들은 오랫동안 만나고 있었습니다.)

       ▶ 진행형은 "연인관계에 있다"를 의미할 때도 있다.

       Is she **seeing** anyone at the moment? (그녀에게 현재 만나는 사람이 있습니까?)
       How long **have** you **been seeing** her? (너는 얼마 동안이나 그녀를 만나고 있었느냐?)

8   **ability to see**: 단순히 "볼 수 있는 능력"을 말할 때는 진행형이 허용되지 않지만, "시력의 변화"에 대해 말할 때는 진행형이 때때로 사용된다.

       From the tower, you **can see** for miles. (그 탑에서는 수 마일까지 볼 수 있다.)
       I **can't see** a thing without my glasses. (나는 안경이 없으면 전혀 볼 수 없다.)
       I'**m seeing** much better since I got those new glasses.
       (나는 새 안경을 쓴 후에 훨씬 잘 본다.)
       I'm reading *War and Peace* again, and I'**m seeing** a lot of things that I missed the first time. (나는 〈전쟁과 평화〉를 다시 읽고 있는데, 처음 읽었을 때 놓쳤던 많은 것을 볼 수 있다.)

       see + 목적어 + 부정사/-ing형에 대해서는 P22를 보라.
       see, look, watch의 차이점에 대해서는 S4와 P21을 보라.
       see above와 see over에 대해서는 A9.6을 보라.

S4   see, look, watch

이 세 단어는 모두 시각(vision)과 관계가 있다.

1. **see**: 가장 흔히 쓰이는 동사로서 우리가 의식했던 안했던 우리에게 눈이 있어 "보이는 것"을 의미한다.

   We **saw** some strange animals at the zoo. (우리는 동물원에서 낯선 동물들을 봤다.)
   He **saw** the suspect entering the building. (그는 용의자가 건물로 들어가는 것을 봤다.)

   ▶ see에는 정상적으로는 진행형이 없으며 종종 조동사 can이 대신 쓰인다.

   You **(can) see** the Capitol Building from here. (여기서 미국 국회의사당을 볼 수 있다.)

2. **look (at)**: 어떤 목적을 가지고 의식적으로 보는 것을 의미한다.

   The twins **looked at** each other and smiled. (쌍둥이는 서로를 쳐다보고 웃었다.)
   I **looked at** the picture, but I didn't see anybody I knew.
   (나는 사진을 살펴보았으나, 내가 아는 사람은 한 명도 못 찾았다.)
   She turned to **look at** the young man beside her.
   (그녀는 옆에 있는 젊은이를 보기 위해 고개를 돌렸다.)

   ▶ 전치사 at는 명사적 목적어가 있을 때는 의무적으로 나타나고 목적어가 없을 경우에는 나타나지 않는다. 그러나 wh-절 앞에서는 at가 가끔 나타나기도 하지만 일반적으로 쓰이지 않는다.

   Look! The baby's trying to walk by herself! (이봐! 애기가 혼자서 걸으려고 한다!)
   (*Look at! The baby's trying to walk by herself!)
   Look at that! What a horrible mess! (저것 봐! 엉망진창이네!)
   (*Look that! What a horrible mess!)
   Look (at) what you're doing! (네가 무엇을 하려는지 생각해봐라!)
   Look who's here! (누가 여기 왔는지 봐!)

3. **watch**: 어떤 상황이 일어나는 가 또는 어떤 변화가 일어나는 가를 일정 기간동안 관찰하는 것을 말한다.

   We sat and **watched** the sunset. (우리는 앉아서 일몰을 지켜봤다.)
   He **watched** helplessly as Paul fell into the icy water.
   (그는 폴이 얼음물 속으로 빠질 때 무기력하게 바라만 보았다.)
   They have been **watching** that independent house for several weeks.
   (그들은 수 주 동안 저 독립가옥을 지켜보고 있었다.)

4. **see와 watch**: "공연, 연극, 영화, 경기, 텔레비전 프로그램 등"의 전반에 대한 관람을 말할 때는 see가 더 많이 쓰이고, "진행 중인 것을 관람하는 행위"를 것을 말할 때는 watch가 선호된다.

   Did you **see/watch** that programme on chimpanzees last night?
   (너는 어젯밤에 침팬지에 대한 프로그램을 봤나?)
   We're going to **see/watch** "Romeo and Juliet" tonight.

(우리는 오늘 밤에 "로미오와 줄리엣"을 관람하려고 합니다.)
Did you **see/watch** the World Series on TV last night?
(너는 어젯밤에 텔레비전에서 월드시리즈를 봤느냐?)
We **watched/saw** a great movie on TV last night.
(우리는 어젯밤에 텔레비전에서 유명한 영화를 한 편 봤다.)

I was **watching** the World Series on TV, when you called me.
(네가 전화했을 때 나는 텔레비전에서 월드시리즈를 보고 있었다.)
(*I was **seeing** the World Series on TV, when you called me.)

▶ TV/a video의 경우에는 watch만 가능하다.

In the evenings I like to relax and **watch television**.
(나는 저녁에 편한 자세로 텔레비전을 보는 것을 좋아한다.)
(*In the evenings I like to relax and **see television**.)
Let's stay at home and **watch a video**. (집에서 비디오나 보자.)
(*Let's stay at home and **see a video**.)

5   see if/whether: see 다음에 if나 whether가 따라 나올 수 있으며, see는 "find out"의 의미를 갖는다. (S3.5를 보라.) 여기서 look나 watch는 사용될 수 없다.

I'll **see if/whether** I can borrow some money for you.
(내가 너 대신에 돈을 좀 빌릴 수 있는지 알아볼게.)
Will you **see if/whether** you can find anyone to help?
(도와줄 사람을 구할 수 있는지 알아봐 줄 수 있어?)

hear와 listen 간의 유사한 차이점에 대해서는 H9를 보라.
지각동사 전반에 대해서는 P21을 보라.
이들 동사 다음에 오는 부정사와 -ing형에 대해서는 P22를 보라.
if와 whether에 대해서는 W10을 보라.

S5   seem

seem은 연결동사로서 진행형이 허용되지 않으며 (C28과 P21을을 보라), 형용사구와 명사구를 보어로 취할 수 있다.

The news **seems too good** to be true. (뉴스가 사실이라고 하기에는 지나치게 멋있어 보인다.)
He **seemed such a nice man**. (그는 참 훌륭한 사람으로 보인다.)

1   to be: seem 다음에는 큰 의미적 차이가 없이 to be가 올 수 있다.

The news **seems to be** too good to be true.
(뉴스가 사실이라고 하기에는 지나치게 멋있어 보인다.)
He **seemed to be** such a nice man. (그는 참 훌륭한 사람으로 보인다.)

▶ 종종 주관적 판단보다 객관적 사실로 보이는 것을 말할 때 to be를 사용하기도 한다.

The boss called an emergency meeting early this morning; he **seems to be very angry**.
(사장이 오늘 아침 일찍이 긴급회의를 소집했다. 그는 몹시 화나 보인다.)
(The boss called an emergency meeting early this morning; he **seems very angry**보다 자연스럽다.)
It **seems insane** to you that I'll join the army next month.
(내가 다음 달에 군에 입대할 것이라는 것이 너에게는 미친 짓으로 보일 수 있다.)
(It **seems to be insane** to you that I'll join the army next month보다 자연스럽다.)

2 **부정사**: seem 다음에는 to be 외에도 다른 동사의 부정사형이 올 수 있다.

Patrick just can't **seem to relax** anymore.
(패트릭은 더 이상 긴장을 풀지 못하는 것 같이 보인다.)
They **seem to be taking** a long time to decide.
(그들은 결정하는 데 시간이 걸리는 것 같이 보인다.)
I **seem to have lost** my car keys. (나는 자동차 열쇠를 잃어버린 것 같다.)

3 **전이된 부정소**: not seem은 seem을 부정하는 것이 일반적이지만, 격식적 표현에서는 not가 뒤에 오는 부정사를 부정할 수도 있다. 다음을 비교해보라.

He **doesn't seem to know** about her.
(그는 그녀에 대해서 아는 것 같지 않다.)
He **seems not to know** about her.　　　　　　　　　　[격식적]
(그는 그녀에 대해서 모르는 것 같다.)

▶ can't seem to 구조에 유의하라.

I **can't seem to** catch up with the old people.
(나는 어르신네들을 따라잡을 수 있을 것 같지 않다.)
I **seem not to be able to** catch up with the old people.　　[격식적]
(나는 어르신네들을 따라잡을 수 없을 것 같다.)

전이된 부정의 다른 예에 대해서는 N11을 보라.

4 seem like: seem의 명사구 보어 앞에 like가 수의적으로 올 수 있다.

It **seemed (like) a good idea** at the time. (그 당시 그것은 좋은 생각처럼 보였다.)
Julian **seems (like) a nice girl**. (줄리안은 좋은 아가씨 같다.)

5 it seems ... that/as if/as though/like: 여기서 it는 예비 주어로 사용되고 있다.

It **seems** to me **that** you don't have much choice.
(내가 보기에는 너에게 선택의 여지가 많지 않은 것 같다.)
It **seemed as if** the end of the world had come. (마치 세상의 끝이 온 것 같았다.)

It **seems like** you're catching a cold. (네가 감기가 드는 것 같다.)

▶ 허사 there도 seem to be의 예비 주어로 쓰인다.

There seems to be some mistake. (어떤 착오가 있는 것 같다.)
There seemed to be some difficulty in finishing it in time.
(그것을 시간 내에 끝내는 데는 좀 어려움이 있어 보였다.)

like와 as에 대해서는 A66을 보라.
예비 주어로서의 it에 대해서는 P43.7을 보라.
예비 주어로서의 there에 대해서는 T8을 보라.

S6 sentences(문장)

문장은 일반적으로 주어와 술어로 구성되며 (종종 조동사가 둘 사이에 나타날 수 있다), 주어는 명사구(noun phrases)로 술어는 동사구(verb phrases)로 표현된다.

▶ 문장 = 명사구 + (조동사) + 동사구

주어: 명사구	조동사	술어: 동사구
the committee	will	discuss the matter in the afternoon

1 **주어** (subjects): 주어는 문장 내에서 동사구 앞에 나타나는 명사구에 주어지는 명칭이다. 주어 역할을 하는 명사구에 대해서는 N23-N26을 보라.

2 **술어** (predicates): 문장의 술어는 동사구로 표현되며 조동사를 포함하기도 한다. 술어의 형태는 동사구의 핵인 동사의 속성에 따라 다양한 구조를 갖는다. 동사는 필요로 하는 보충어의 유형에 따라 자동사, 연결동사, 단순타동사, 이중타동사, 복합타동사로 분류된다.

My keys have **disappeared** again.   [자동사]
(나의 열쇠가 또다시 없어졌다.)
Everyone **looks** happy.   [연결동사]
(모두가 행복해 보였다.)
They **asked** a lot of questions.   [단순타동사]
(그들은 많은 질문을 했다.)
He **gave** her a present.   [이중타동사]
(그는 그녀에게 선물을 주었다.)
We **elected** him club president.   [복합타동사]
(우리는 그를 클럽 회장으로 뽑았다.)

▶ **자동사** (intransitive verbs): 동사구에서 어떤 보충어의 도움 없이도 홀로 쓰일 수 있는 동사를 가리킨다. (V3.1을 보라.)

John has **arrived**. (존이 도착했다.)

Your views do not **matter**. (너의 견해는 중요하지 않다.)

▶ 연결동사 (copular/linking verbs): 불완전 자동사라고 불리며 주어와 보어 또는 부가어를 연결하는 역할을 한다. (C28과 V3.2를 보라.)

Jack **is** very happy. (잭은 매우 행복하다.)
Oslo **seems** a pleasant city. (오슬로는 아름다운 도시인 것 같다.)
My uncle **lives** in Busan. (나의 삼촌은 부산에 산다.)

▶ 단순타동사 (mono-transitive verbs): 하나의 목적어를 필요로 하는 동사를 가리킨다. (V4를 보라.)

Tom **caught the ball**. (탐은 볼을 받았다.)
They **built this bridge** over the river last year. (그들은 작년에 강을 건너는 다리를 놓았다.)

▶ 이중타동사 (di-transitive verbs): 두개의 목적어, 즉 직접목적어와 간접목적어를 필요로 하는 동사를 가리킨다. (V5를 보라.)

The new car **cost them a lot of money**. (새 차는 그들에게 큰돈을 쓰게 했다.)
He **taught us English**. (그는 우리에게 영어를 가르쳤다.)

▶ 복합타동사 (complex-transitive verbs): 불완전 타동사라고도 불리며 목적어와 보어 또는 부가어를 필요로 하는 동사를 가리킨다. (V6을 보라.)

You should always **keep vegetables fresh**. (채소는 항상 신선하게 보존해야 한다.)
I now **pronounce you man and wife**. (나는 이 자리에서 당신들을 남편과 아내로 선포합니다.)
You can **put the vase on the table**. (식탁 위에 꽃병을 놓을 수 있다.)

3 **문장의 유형**: 문장은 문장 내에 포함된 절의 수와 결합된 방식에 따른 분류된다.

▶ 단문 (simple sentences): 하나의 절만이 있는 문장

John is reading an English grammar book. (존은 영문법 책을 읽고 있다.)

▶ 중문 (compound sentences): 두 개 이상의 절이 등위 접속된 문장 (C27을 보라.)

John is reading an English grammar book, **and** Mary is writing a letter.
(존은 영문법 책을 읽고, 메리는 편지를 쓰고 있다.)

▶ 복문 (complex sentences): 한 절이 다른 절의 일부로 포함된 문장 (C24를 보라.)

John is reading an English grammar book, **because** he has to take a test next week.
(존은 다음 주에 시험을 치러야 하기 때문에 영문법 책을 읽고 있다.)

4 **문장의 기능**: 문장이 언어에서 어떤 기능을 하느냐에 따른 분류

▶ 평서문 (declarative sentences): 일반적으로 주어가 동사를 앞서는 특성을 가지고 있으며, 일반적으로 우리가 상대방에게 어떤 정보를 전달하자 할 때 사용된다.

I visited France last year. (나는 작년에 프랑스를 방문했다.)

I didn't visit France last year. (나는 작년에 프랑스를 방문하지 않았다.)

▶ 의문문 (interrogative sentences): 일반적으로 조동사가 주어를 앞서는 특성을 가지고 있으며, 일반적으로 우리가 상대방에게서 어떤 정보를 얻고자 할 때 사용된다. (Q2-Q73을 보라.)

Did you visit France last year? (당신은 작년에 프랑스를 방문했습니까?)
When did you visit France? (당신은 언제 프랑스를 방문했습니까?)
Where did you visit last year? (당신은 작년에 어디를 방문했습니까?)

▶ 명령문 (imperative sentences): 주어인 이인칭 대명사가 표현되지 않는 것이 특징이며, 일반적으로 우리가 상대방에게 어떤 것을 할 것을 요청할 때 사용된다. (I8을 보라.)

Finish your homework in time. (숙제를 미리 끝내라.)
Call me when you're ready. (준비가 되면 나에게 연락해라.)

▶ 감탄문 (exclamatory sentences): 많은 경우 how 또는 what으로 시작되는 것이 특징이며, 일반적으로 어떤 현상에 대한 화자의 느낌이나 태도를 표현한다. (E24를 보라.)

What a wonderful time we've had today! (오늘 정말로 좋았다!)
How wonderful it is today! (오늘 정말 좋았다!)
What a nice person he is! (그분은 참 좋은 사람이다!)

S7 shall

양상조동사의 하나지만 그 사용이 매우 제한적이다. shall은 현대영어에서 주로 일인칭 주어를 가진 문장에서 사용된다.

1 **제안과 요청**: 제안하거나 상대방에게 어떤 결정을 내릴 것을 요청할 때 사용된다.

Shall I open the window? (창문을 열까요?)
What **shall I** get for dinner? (저녁 식사로 무엇을 드시겠습니까?)
Shall we go out for a walk? (산책하러 갈까요?)

2 **미래**: 영국영어에서 종종 will 대신에 미래를 표현할 때 사용된다.

I **shall** never forget you. (나는 당신을 결코 잊지 않을 것입니다.)
(= I will never forget you.)
We **shall** be away next week. (우리는 다음 주에 떠날 것입니다.)
(= We will be away next week.)

3 **지시와 약속**: 격식을 가춘 지시나 약속 등을 표현할 때 사용된다.

All students **shall** attend classes regularly. (모든 학생들은 수업에 정규적으로 참석해야 한다.)
All payments **shall** be made in cash. (모든 지불은 현금으로 해야 한다.)

4   shan't: shall not의 축약형으로 미국영어에서는 흔히 사용되지 않는다.

I **shan't** be here tomorrow. (나는 내일 여기 올 수 없을 것이다.)
(= I won't be here tomorrow.)
I **shan't** see you again. (나는 너를 다시는 보지 않을 것이다.)
(= I won't see you again.)

S8   should

should는 양상조동사로서 다른 양상조동사와 마찬가지로 뒤에는 동사의 원형이 오며, 다양한 의미를 표현한다.

You **should** be more careful. (더 조심해야 한다.)
He **should** have had his dissertation in by May 1.
(그는 5월 1일까지 논문을 제출했어야 했다.)

1   충고 (advice): 충고란 그것을 받아들일 것인가 아닌가를 결정할 권리를 청자에게 주는 것이지만, 종종 일종의 지시나 명령으로 간주될 수도 있다.

You **should** stay in bed until you feel better. (더 나아질 때까지 침대에 누워 있어야 한다.)
Everybody **should** wear seat belts. (누구나 안전벨트를 매야 한다.)

► "would, ought to, had better"도 유사한 의미를 표현한다.

I **would** see a doctor if I were you. (내가 너라면 의사를 볼 것이다.)
You **ought to** take your medicine as prescribed. (약을 처방에 따라 먹어야 한다.)
You**'d better** read the first two chapters by tomorrow. (내일까지 첫 2개의 장을 읽어야 한다.)

2   의무 (duty): 바람직하거나 필요하다고 생각되는 행위를 표현할 때 사용한다.

All students **should** submit their papers by a given date.
(모든 학생들은 주어진 날짜까지 보고서를 제출해야 한다.)
You **should** change trains at Daejeon if you're going to Mokpo.
(목포에 가려면 대전에서 기차를 갈아타야 한다.)

► ought to, had better, need to 등도 의무를 표현할 수도 있다.

I **ought to** phone my parents tonight. (나는 오늘 밤에 부모님에게 전화해야 한다.)
You**'d better** be in a hurry if you want to catch the train.
(기차에 타려면 서두르는 것이 좋다.)
He **needs to** exercise more if he is to lose weight.
(그는 체중을 빼려면 운동을 더 해야 할 필요가 있다.)

had better에 대해서는 H1을 보라.

3   개연성 (probability): 어떤 상황이 실현될 개연성이 있음을 표현한다.

It **should** be a nice day tomorrow. (내일 날씨가 좋을 겁니다.)
They **should** be feeling hungry after all that work.
(그 모든 일을 끝냈으니 그들은 배고픔을 느낄 거야.)

▶ ought to도 같은 의미로 쓰인다.

He **ought to** be in his office by now. (그는 지금쯤 사무실에 있을 겁니다.)

▶ should과 ought to는 개연성의 정도에 있어서 may/might보다 높고 must보다 약하다.

He **may/might** be at the office by now.　　　　[불확실]
(그는 지금쯤 사무실에 있을 지도 모릅니다.)
He **should** be at the office by now.　　　　　[예상]
(그는 지금쯤 사무실에 있을 겁니다.)
He **must** be at the office by now.　　　　　　[확실]
(그는 지금쯤 틀림없이 사무실에 있을 겁니다.)

▶ 이 조동사들은 have 조동사와 함께 과거의 개연성을 나타낼 수 있다.

He **may have** arrived at the office by then. (그는 그때쯤 사무실에 있었을 지도 모릅니다.)
He **should have** arrived at the office by then. (그는 그때쯤 사무실에 있었을 겁니다.)
He **must have** arrived at the office by then. (그는 그때쯤 틀림없이 사무실에 있었을 겁니다.)

4　　**추정적 상황** (putative situations): 미래에 일어날 것으로 추정되는 상황을 표현할 때 사용된다.

If an economic crisis **should** arise, the government would have to take immediate action.
(만약 경제적 위기가 일어난다면 정부는 즉각적인 조치를 취해야 할 것이다.)
Tell him to see me, if you **should** meet him. (만약 그를 만나면 나를 만나보라고 말해라.)

5　　**가상적 상황** (imagined situations): 일인칭 주어(I 또는 we)와 함께 가상적 상황을 표현할 때 사용된다.

I **should** be surprised if many people voted for him.
(그에게 투표하는 사람이 많다면 나는 놀랄 것이다.)
If anyone treated me like that, I **should** complain to the manager.
(누구든 나를 그런 식으로 대하면 나는 지배인에게 불만을 표시할 것이다.)

▶ 이런 의미로는 would가 더 널리 사용된다.

What **would** you do if you won a million dollars?
(만약 너에게 100만 불이 생긴다면 무엇을 할 것이냐?)
I wish they **would** come and visit us. (그들이 우리를 찾아오면 좋으련만.)

6　　**과거의 의도 또는 기대**: 일인칭 주어(I 또는 we)와 함께 과거의 의도 또는 기대를 표현한다.

We knew that we **should** be leaving the next day.
(우리는 그 다음 날 떠날 것이라는 것을 알았다.)

I **should** be amazed if I got the job. (내가 취직이 됐다면 놀랐을 것이다.)

▶ 또한 would가 더 널리 사용된다.

They said they **would** meet us at 10:30 at the station.
(그들은 정거장에서 10시 30분에 우리를 만날 것이라고 말했다.)
Alex knew he **would** be tired the next day. (앨릭스는 그 다음 날 지치게 될 것을 알았다.)

7 간접화법: should는 간접화법에서 shall의 과거형으로 사용된다.

I asked him if I **should** leave the window open. (나는 그에게 창문을 열어놔도 되는지 물었다.)
He knew that we **should** be away the following week.
(그는 우리가 그 다음 주에 떠날 것이라는 것을 알고 있었다.)

8 특정 어휘 다음에서: 특히 영국영어에서 "요구, 권유, 계획, 의도, 제안 등"을 뜻하는 동사, 형용사, 명사의 보충어로 오는 that-절에 쓰인다. (S29를 보라.)

He **insisted** that we **should** leave at once. (그는 우리가 즉시 떠나야 한다고 강력히 주장했다.)
They expressed their **wish** that he **should** accept the offer.
(그들은 그가 그 제안을 받아들일 것을 소망했다.)
It is **essential** that a meeting **should** be convened this week.
(회의가 금주에 소집되는 것이 매우 중요하다.)

▶ 미국영어에서는 종속절에서 should가 생략된 가정법 동사, 즉 원형동사가 쓰인다.

He **insisted** that we **leave** at once. (그는 우리가 즉시 떠나야 한다고 강력히 주장했다.)
They expressed their **wish** that he **accept** the offer.
(그들은 그가 그 제안을 받아들이기를 소망했다.)
It is **essential** that a meeting **be** convened this week.
(회의가 금주에 소집되는 것이 매우 중요하다.)

9 should have: 기대하였으나 실제로 일어나지 않은 상황을 말할 때 사용된다.

They **should have** called the police. (그들은 경찰을 불렀어야 했다.)
He **should have** arrived last night, but his train was delayed.
(그는 어젯밤에 도착했어야 하는데 기차가 연착되었다.)

if-절의 should에 대해서는 I4.2를 보라.
in case 다음에 오는 should에 대해서는 I10.3을 보라.
so that과 in order that 다음에 오는 should에 대해서는 S17을 보라.
How should ...?에 대해서는 H14.4를, Why should ...?에 대해서는 W16.3을 보라.
must의 상세한 용법에 대해서는 M28-M30을 보라.

S9　since(시간)

since는 기간(duration)을 표현하는 전치사, 접속사, (전치사적) 부사로 사용될 수 있다.

They have been living in Nigeria **since** 1990.　　　　[전치사]
(그들은 1990년부터 나이지리아에서 살고 있다.)
He has been very unhappy **since** he lost his wife.　　[접속사]
(그는 부인과 사별한 후에 매우 불행해 했다.
We first met 10 years ago. We have been great friends **since**.　[부사]
(우리는 10년 전에 처음 만났으며, 그때부터 우리는 좋은 친구 사이였다.)

이유를 의미하는 since에 대해서는 B11을 보라.
전치사적 부사 또는 독립전치사에 대해서는 P28을 보라.

1　**for와 since**: 영어에서 기간을 의미하는 대표적인 단어로는 전치사 for가 있다. for는 단순히 기간을 표현하지만, since는 기간의 시점을 표현한다는 점에서 다르다. 다음을 비교해보라.

I haven't seen a movie **since the birth of my baby**.
(나는 우리 아이의 출생 이후 영화를 한 편도 못 봤다.)
(*I haven't seen a movie **for the birth of her baby**.)
I haven't seen a movie **for years**. (나는 몇 년 동안 영화를 한 편도 못 봤다.)
(*I haven't seen a movie **since years**.)

위의 예에서 since는 "아이의 출산 이후"부터 시작하여 현시점까지를 의미하고, for는 "과거 수년 전"부터 현시점까지를 의미한다. since-구/절이 표현하는 기간의 종점은 발화가 일어나는 현시점(now)이 될 수도 있고, 그 기간의 시점과 현시점 사이의 어느 시점이 될 수도 있다.

since-구/절을 포함하는 문장에서 주절의 시제는 사용되는 동사의 속성과 since-절이 나타내는 기간의 종점이 어느 시점이냐에 따라 결정된다.

2　**현재완료**: 어떤 행위가 과거의 어느 시점에서 현시점까지 지속될 경우 주절의 시제는 현재완료가 된다.

He **has worked** in the same office **since** he came here in 1980.
(그는 1980년도에 여기에 온 이래 같은 사무실에서 일해 왔다.)
Since I came to Korea in 2010, I **haven't spoken** English.
(나는 2010년에 한국에 온 이후 영어를 사용하지 않았다.)
We've **been** waiting here **since** two o'clock. (우리는 2시부터 여기서 기다리고 있었다.)
The factory's **been** at this place **since** the 1970s. (공장은 1970년대부터 이 장소에 있었다.)

3　**과거완료**: 어떤 행위가 과거의 어느 시점과 현 시점 사이의 어느 시점에서 일어났을 경우에는 주절의 시제는 과거완료가 된다.

Before I met him in 1990, he **had worked** in the same office **since** 1980.

(내가 1990년에 그를 만나기 전에 그는 1980년부터 같은 사무실에서 일했었다.)
Before he got a job at school, he **hadn't studied** the subject **since** he graduated from college in 2001.
(그는 학교에 취직하기 전에는 2001년에 대학을 졸업한 이래 그 과목을 공부하지 못했다.)
Before they got married last year, they **had maintained** a good friendship **since** they were boys. (그들은 어린 시절부터 작년에 결혼하기 전까지 좋은 우정을 유지했다.)

4 **현재시제**: 정신적 또는 육체적 변화로 현시점에 어떤 상태에 있을 때 주절의 시제는 단순현재가 될 수 있다.

He **seems** to know a lot about Africa **since** he met an African friend.
(그는 아프리카 친구를 만난 이후 아프리카에 대해서 많이 아는 것 같다.)
She **looks** much prettier **since** her plastic surgery last year.
(그녀는 작년에 성형 수술을 받은 이후 훨씬 더 예뻐 보인다.)
Everything **is** going well **since** I returned from five months in America.
(내가 미국에서 5개월을 보내고 귀국한 이래 모든 것이 잘 되고 있다.)

▶ 현시점의 습관적 행위의 경우에도 현재시제를 사용할 수 있다.

They **visit** their parents every month **since** they bought a car.
(그들은 차를 산 이후에 매달 부모님을 찾는다.)
He **reads** the Bible every day **since** he accepted Christianity.
(그는 기독교를 받아들인 후에 매일 성경을 읽는다.)

5 **과거시제**: 주절의 동사가 비지속적 행위를 의미할 때는 주절의 시제는 과거형이 되고 since-절의 시제는 과거완료가 될 수 있다.

She **stopped** seeing him **since** her father **had died** a few years ago.
(그녀는 아버지가 몇 년 전에 돌아가신 이후 그를 만나는 것을 그만두었다.)
We **moved** to a small suburban apartment **since** Father **had lost** his job.
(우리는 아버지가 실직한 이후 변두리의 작은 아파트로 이사했다.)
He **changed** his mind **since** he **had talked** to his lawyer.
(그는 변호사와 말한 후에 마음을 바꿨다.)

6 **since-절**: since-절의 동사가 그 기간 동안 지속적인 행위를 의미할 경우에는 시제가 완료형이 될 수 있다.

Since they **have lived** in Seoul, they **have been** increasingly happy.
(그들은 서울에서 살게 된 후부터 점차적으로 행복해졌다.)
We've been feeling better **since** we've **been** taking more exercise.
(우리는 운동을 더 많이 한 후부터 기분이 더 좋아졌다.)
Since he **has had** a garden, he has grown all their vegetables himself.
(그는 정원을 가진 다음부터는 직접 모든 채소를 기른다.)

▶ 완료시제와 과거시제의 since-절은 대조를 이룬다. 다음을 비교해보라.

Since they **have lived** in Seoul, they **have been** increasingly happy.
(그들은 서울에서 살게 된 후부터 점점 더 행복해졌다.)
Since they **lived** in Seoul, they **have been** increasingly happy.
(그들은 서울에 살아본 후부터 점점 더 행복해졌다.)

완료형은 현시점(now), 즉 발화시점에도 "그들이 서울에 살고 있다"는 것을 암시하지만, 과거형은 "그들이 현시점에는 서울에 살고 있지 않다"는 것을 암시한다. 그러나 live와 같은 동사와는 달리 비지속적 의미를 가진 동사의 경우에는 과거형이 그러한 의미를 나타내지 않는다. 다음을 비교해보라.

Since they **moved** to Seoul, they have been increasingly happy.
(그들은 서울로 이사 온 후부터 점점 더 행복해졌다.)

위 문장은 "그들이 서울에 아직도 살고 있는지 않는지"를 말하지 않고 있다.

7   it is + 기간 + since: 이 구조에서는 주절에서 현재완료와 현재시제가 둘 다 쓰일 수 있으며, 특히 미국영어에서는 완료형이 선호된다.

It's **at least 10 years since** those riots took place.
It's **been at least 10 years since** those riots took place.
(그 소동이 일어난 지 적어도 10년이 된다.)

It's **a long time since** we had a salary increase.
It's **been a long time since** we had a salary increase. (임금이 인상된 것이 오래 되었다.)

8   ever since: since-구를 강조할 때 사용된다.

We bought that house in 1980, and have lived there **ever since**.
(우리는 저 집을 1980년에 샀고, 그때부터 그곳에 살았다.)
She's been terrified of the sound of aircraft **ever since** the clash.
(그녀는 비행기 추락 사고 이후부터 항공기 소리를 들으면 겁에 질린다.)

9   since when ...?: 놀라움이나 노여움을 표현할 때 사용된다.

Since when have you been interested in my feelings?
(네가 언제부터 내 기분에 관심을 가졌었느냐?)
Since when have you decided to pay for the expenses?
(너는 언제부터 비용을 내기로 했느냐?)

현재완료시제에 대해서는 P38을 보라.
과거완료시제에 대해서는 P17을 보라.
since와 from의 차이점에 대해서는 F10을 보라.
as 혹은 because를 의미하는 since에 대해서는 B11을 보라.

S10 small과 little

1 **크기**: 단순히 크기만을 말할 때는 small과 little이 큰 의미적 차이가 없이 사용될 수 있다.

He lives in a **little/small** room at the top of my house.
(그는 우리 집의 조그마한 옥탑 방에서 산다.)
We sat around a **little/small table**, eating and drinking wine.
(우리는 조그마한 식탁에 둘러앉아서 음식을 먹고 포도주를 마셨다.)
A **little/small** group of art students have applied for the contest.
(소집단의 미술 학도들이 콩쿠르에 지원했다.)

▶ 그러나 어떤 기준이나 평균에 비하여 작거나 적은 것은 small이 더 자연스러우며, little은 크기뿐만 아니라 화자의 감정적 선호를 표현하기도 한다.

You're too **small** to be a policeman. (너는 경찰관이 되기에는 키가 너무 작다.)
(You're too **little** to be a policeman보다 자연스럽다.)
The shirt comes in three sizes—**small**, medium and large.
(셔츠는 세 가지 크기 즉, 소, 중, 대로 만들어진다.)
She's **small** for her age. (그녀는 나이에 비해 키가 작다.)
My brother is a nasty **little** monster. (내 남동생은 심술쟁이 꼬마 괴물이다.)
(My brother is a nasty **small** monster보다 자연스럽다.)
They've bought a pretty **small** house in the country. (그들은 시골에 예쁜 작은 집을 샀다.)
It was another of his silly **little** jokes. (그것은 그의 또 다른 분별없는 야비한 농담이었다.)

2 **나이**: small과 little은 둘 다 어린 나이(young)를 의미할 수 있다.

We didn't have toys like this when we were **small/little**.
(우리가 어렸을 때 이런 장난감들이 없었다.)
Looking after **small/little** children can be very tiring.
(나이 어린 아이들을 돌보는 것은 정말 사람을 지치게 하는 일일 수 있다.)

▶ 그러나 동생이나 어린 자식을 가리킬 때는 little을 사용한다.

Her **little** (= younger) brother and sister are fighting again.
(그녀의 남동생과 여동생이 또다시 싸우고 있다.)
Mom, I'm 17—I'm not **your little girl** any longer.
(엄마, 내 나이가 열일곱이야. 나는 더 이상 엄마의 어린 딸이 아니란 말이야.)

3 **고정된 표현**: 몇몇 고정된 표현에서 little은 short의 의미로 사용된다.

She had a ring on her **little finger**. (그녀는 새끼손가락에 반지를 끼고 있었다.)
The little hand of the clock has stopped at six. (시계의 시침이 6시에 서 있다.)
For **a little/short while**, the city functioned as the region's capital.
(잠시 동안 그 도시는 그 지역의 수도 역할을 했다.)

▶ 그러나 다음과 같은 경우에는 small이 사용된다.

"Did you know Bill went to school with my brother?" "It's **a small world**, isn't it?"
("너는 빌이 내 동생과 함께 학교에 다녔다는 것을 알았어?" "세상 참 좁지요?")
It must have cost him **a small fortune**. (그분 돈 꽤나 들었겠습니다.)
I didn't have any **small change** for the parking meter.
(나에게는 주차 미터기에 필요한 잔돈이 하나도 없었다.)
You can buy **small arms** easily in the United States.
(미국에서는 누구나 소형 총기를 쉽게 살 수 있다.)

양화사로서의 little에 대해서는 A4를 보라.

S11   smell

smell은 영국영어에서 불규칙동사로서 과거시제형과 과거분사형이 smelt이지만, 미국영어에서는 규칙동사다. smell은 "연결동사" 또는 "정적 타동사"로 사용될 때는 진행형이 없다.

1 **연결동사**: 연결동사란 주어와 그 보어를 연결시켜 주는 역할을 하는 동사를 말한다. smell은 보어로 형용사나 명사구를 취할 수 있으며, 주어가 어떤 냄새를 가지고 있는가를 표현한다. (C28을 보라.)

The stew **smelled delicious**. (스튜가 맛있는 냄새가 났다.)
(*The stew **was smelling** delicious.)
M'm! Something **smells good**! (음! 좋은 냄새가 나네!)
(*M'm! Something's **smelling** good.)

▶ 보어로 명사구가 오면 그 앞에 of 또는 like가 필요하다.

It **smells like a rotten egg**. (그것은 썩은 달걀과 같은 냄새가 난다.)
My clothes **smelled of smoke**. (내 옷에서 연기 냄새가 났다.)

2 **자동사**: smell은 주어에서 "나쁜 냄새가 나다(smell bad)"의 의미를 가질 수 있다.

Your **feet smell**! Why don't you wash them? (발에서 냄새가 난다. 발 좀 씻지 그래!)
I should tell you that **your breath smells**. (너 입 냄새가 난다고 말하지 않을 수 없다.)

3 **정적 타동사**: 정적 타동사: "(냄새를) 느끼다, 감지하다(perceive)"의 의미로 쓰이며, 종종 can 조동사가 사용된다.

Can you **smell something** burning? (무언가 타는 냄새가 나지 않아?)
When we opened the door, we **smelled the gas**. (우리가 문을 열었을 때 가스 냄새가 났다.)

4 **동적 타동사**: 진행형이 가능하며 코로써 "냄새를 맡다/맡아보다(sniff)"의 의미를 갖는다.

When I entered the greenhouse, she **was smelling the flowers**.

(내가 온실에 들어갔을 때 그녀는 꽃 냄새를 맡고 있었다.)
He picked the scarf up and **smelt it** carefully. "Chanel No. 5," he said.
(그는 스카프를 집어 들고 조심스럽게 냄새를 맡았다. 그리고는 "샤넬 넘버 파이브"라고 말했다.)

▶ 동적 타동사로서 어떤 좋지 않은 상황을 "알아차리다/낌새를 채다"를 의미한다.

Mike **smelled** trouble when he heard of her presence at the club meeting.
(마이크는 클럽 회의에 그녀가 참석했다는 말을 듣고 소동이 일어날 낌새를 챘다.)

smell과 유사한 동사들에 대해서는 P21을 보라.

S12   so-1: 부사

so는 어떤 자질을 강조하거나 화자의 강한 감정적 느낌을 표현하는 정도부사로서 형용사나 부사 앞에서 그 의미를 강조하는 역할을 한다.

Thank you for being **so patient**. (그렇게 참아줘서 고맙습니다.)
Why are you driving **so fast**? (너는 왜 그렇게 빨리 운전을 하느냐?)

I didn't know she had **so many** children. (나는 그녀에게 그렇게 많은 자녀가 있는 줄 몰랐다.)
I've never seen **so much** money in my life. (나는 평생 그렇게 많은 돈을 본 적이 없다.)

정도부사에 대해서는 D4-D7을 보라.

1 so much: so는 비교급 형용사나 비교급 부사를 직접 수식할 수 없으며, much를 대동해야 한다.

She looks **so much older**. (그는 훨씬 더 늙어 보인다.)
(*She looks so older.)
He felt **so much better** than the day before. (그는 전날보다 훨씬 더 기분이 좋았다.)
(*He felt so better than the day before.)

so many와 so much의 다른 용법에 대해서는 S16을 보라.

2 so + 형용사/부사 (that-)절: 이 구조는 어떤 결과가 나오게 된 원인을 강조할 때 사용된다.

I'm **so tired that** I could sleep in this chair.
(나는 너무나 지쳐서 이 의자에 앉아서도 잘 수 있다.)
You were **so rude to her (that)** I don't think she'll be coming back.
(네가 그녀에게 너무나 무례하게 해서 그녀가 돌아올 것이라고 나는 생각하지 않는다.)
He walks **so slowly that** nobody's willing to go with him.
(그는 걸음이 하도 느려서 아무도 함께 걸으려고 하지 않는다.)
Everything happened **so quickly (that)** I didn't have time to think.
(모든 것이 너무나 빨리 일어나서 나는 생각할 시간이 없었다.)

▶ so +형용사/부사 as to: 이 구조는 주절의 주어와 종속절의 주어가 같을 때 종종 사용된다.

She's not **so stupid as to** believe what you said.
(그녀는 네가 말한 것을 믿을 정도로 바보가 아니다.)
(= She's not so stupid (that) she would believe what you said.)
I'm not **so desperate as to** agree to that. (나는 그것에 동의할 정도로 절망적이지는 않다.)
(= I'm not so desperate (that) I would agree to that.)
The word is **so rarely used as to** be almost obsolete.
(그 단어는 아주 드물게 사용되어서 거의 폐어가 되었다.)
(= The word is so rarely used (that) it is almost obsolete.)

결과절에 대해서는 R13을 보라.

3   **so + 형용사 + a(n) 명사**: so의 수식을 받는 형용사가 단수 가산명사를 수식할 경우에는 "so + 형용사"를 부정관사 앞으로 이동시킨다.

I've never been to **so expensive a restaurant** before.
(나는 이렇게 값비싼 음식점에 지금까지 가 본 적이 없었다.)
I've never spoken to **so large a crowd** before.
(나는 전에 이렇게 큰 대중 앞에서 연설해 본 적이 없었다.)

▶ 위 구조에서 형용사를 관사와 명사 사이에 그대로 두면 so를 such로 바꿔야 한다.

Such a big increase in tax would be very damaging.
(그렇게 큰 세금 인상은 매우 해로울 수 있다.)
(*A **so big increase** in tax would be very damaging.)
It's **such terrible weather**. (정말 끔찍한 날씨다.)
(*It's **so terrible weather**.)

이 구조에 대해서는 A14.7과 S31을 보라.

4   **문장 + so**: 앞에서 언급한 내용을 강조할 때 문장 끝에 so를 놓는다.

Is that why you hate him **so**? (그것이 네가 그를 그렇게 미워하는 이유냐?)
He annoys me **so**. (그는 나를 몹시 귀찮게 한다.)
You worry **so**! (걱정을 많이 하는구나!)

5   **고정된 표현**

▶ so long: 헤어질 때 구어체에서 종종 사용된다. (G15.1을 보라.)

Well, **so long**, friend, see you around. (그래 친구야 잘 있어. 또 보자.)
So long, John, I'll come back next Monday. (존아 잘 있어. 다음 월요일에 다시 올게.)

▶ so be it: 체념하듯 어떤 것을 받아들일 경우 사용된다.

If that means delaying the trip, **so be it**.
(만약 그것 때문에 여행을 연기해야 한다면, 할 수 없지 뭐.)

▶ and so on/forth: 목록을 나열한 표현의 끝에서 사용되며, 목록에 더 추가할 것이 있음을 나타낸다.

The patient can eat apples, apple juice, apple sauce, **and so on**.
(환자는 사과, 사과주스, 사과소스 등을 먹을 수 있다.)

▶ so-and-so: 이름을 잊어버리거나 직접 언급하고 싶지 않을 경우 또는 불경스러운 표현을 사용하고 싶지 않을 경우에 사용된다.

Don't worry about what old **so-and-so** says.   [이름 대신에]
(나이 많은 누군가가 말한 것에 신경 쓰지 마라.)
She dined with Mr. **so-and-so** at **so-and-so's**.
(그녀는 모처에서 모씨와 식사를 같이 했다.)

▶ so-so: 어떤 상태가 그리 좋지 않을 경우 사용된다.

"How are you feeling today?" "Oh, **so-so**." (= "Not too well.")
("오늘 기분이 어때?" "오, 그저 그래.")
"Was the concert any good?" "**So-so**." (= "Not too good.")
("음악회가 좋았어?" "그저 그랬어.")
He's a **so-so** tennis player. (그는 그저 그런 테니스 선수야.)

S13   so-2: 접속사

so는 접속사로 사용될 수 있으며 앞의 절과 뒤에 오는 절을 연결하는 역할을 한다.

1   이유: 방금 언급한 이유 때문에 어떤 행위나 상황이 일어나는 것을 말할 때 (R3을 보라.)

I was feeling hungry, **so** I made myself a sandwich.
(나는 배가 고파서 직접 샌드위치를 만들어 먹었다.)
I was getting tired, **so** I came home early. (나는 지쳐서 집에 일찍 왔다.)

2   결과: 어떤 상황의 결과로 다른 상황이 발생하는 것을 말할 때 (R13을 보라.)

Why don't you start out early, **so (that)** you don't have to hurry?
(서두르지 않으려면 왜 일찍 출발하지 않느냐?)
There're no buses, **so** we'll have to walk. (버스가 없으니 걸어야만 할 것이다.)

3   계획: 상대방의 어떤 계획을 알고 있거나 무엇인가를 알게 되었을 때

So we leave on Thursday and get back the next Tuesday, yes?
(그러니까 목요일에 떠나서 다음 화요일에 돌아오는 것 맞지요?)
So we're not getting away this weekend after all?
(그렇다면 결국 이번 주말에는 어디 가지 않는다는 거지요?)
So that's what he does, when I'm not around!

(그러니까 그것이 내가 없으면 그가 하는 짓이라는 거지!)
So that's why he made an excuse and left early!
(그것 때문에 그가 핑계를 대고 일찍 떠났다는 거지!)

4   **so what?**: 어떤 상황에 관심이 없거나 중요성을 부여하지 않을 때 (W6.6을 보라.)

"She might complain to your manager." "**So what** (if she does)?—I know I'm in the right."
("그녀가 지배인에게 불만을 표시할 수도 있다." "그래서 어쨌다는 거야? 내가 옳다는 것 나는 알아.")
"The Manchester United allowed two goals in the first half." "**So what?** I'm no longer interested in the game." ("맨체스터 유나이티드가 전반 전 두 꼴을 허용했다." "그게 어떻다는 거야? 나는 그 경기에 더 이상 관심이 없어.")

S14   so-3: 대용어

so는 (조)동사와 결합하여 앞에서 이미 언급된 내용을 대신하는 대용어(substitute words)역할을 한다.

1   **do so**: do so는 앞에서 언급된 동사구를 대신하여 쓰인다.

"Has he **informed the police**?" "No, but he will **do so** tomorrow."
("그가 경찰에 알렸습니까?" "아니요. 그가 내일 알릴 겁니다.")
We didn't **complain**: we knew that to **do so** would be pointless.
(우리는 불평하지 않았다. 그래봤자 소용이 없다는 것을 우리는 알고 있었다.)

▶ do so는 정적 동사구의 대용어로 사용되지 않는다.

*He **loved her**; at least he said he **did so**.
(참고: He **loved her**; at least he said he **did**.)

do so에 대해서는 D19를 보라.

2   **think so**: 이 구조에서 so는 앞에서 언급한 절을 가리키는 대용어로 사용된다.

"Are they putting the price up?" "I **think so**." (= I think they are putting the price up)
("그들은 값을 올릴 겁니까?" "그럴 거라고 생각합니다.")
She thought he was wrong but was too polite to **say so**. (= say that he was wrong)
(그녀는 그가 잘못이라고 생각했으나 예의상 그렇게 말하지 못했다.)

▶ think 외에도 다음과 같은 동사가 이 구조를 허용한다.

appear	assume	believe	fear
gather	guess	hope	imagine
presume	reckon	regret	say
seem	suppose	tell	trust 등

► 이 구조는 조건 접속사 if와 형용사 afraid와도 허용된다.

"It's going to rain tomorrow." "**If so**, we will postpone the picnic."
("내일 비가 올 것입니다." "만약 비가 오면 야유회를 연기할 것입니다.")
"Does this mean that he has to give up?" "I'm **afraid so**." (= Yes)
("이것은 그가 포기해야 한다는 것을 의미합니까?" "그렇습니다.")

3   **not think와 hope not**: 긍정적 so에 대응되는 부정적 대응어로는 not가 사용된다.

"Will Kim be there?" "I **hope not**." (= I hope Kim will not be there.)
("김 군이 그곳에 있을 까요?" "없기를 바랍니다.")
We'll have the party in the garden if the weather is good. **If not** (= the weather is not good), it'll have to be inside.
(날씨가 좋으면 정원에서 파티를 가질까 합니다. 그렇지 않으면 실내에서 가져야지요.)

► so는 부정소와 함께 앞에 오는 문장을 부정할 수 있다.

"Aren't you coming here tomorrow?" "No, I **don't suppose so**."
("내일 이 곳에 안 올 겁니까?" "예, 못 올 것으로 생각합니다.")
"Will it rain?" "I **don't expect so**." ("비가 올까요?" "안 올 겁니다.")

► "hope so"와 "be afraid so"의 부정은 일상적인 부정문 형태를 따르지 않고, so를 not로 대치하여 만든다.

I **hope not**. (아니기를 바랍니다.) (*I don't hope so.)
I'm **afraid not**. (아닌 것 같습니다.) (*I'm not afraid so.)

► think의 경우에는 일상적인 부정문 형태가 더 자주 쓰인다.

I **don't think so**. (나는 그렇게 생각하지 않습니다.)
(I think not보다 더 자주 쓰인다.)

4   **so do I**: 앞에서 언급한 상황이나 행동이 다른 대상에게도 적용된다는 것을 표현한다.

He likes to have a ham sandwich for lunch. **So do I**.
(그는 점심으로 햄 샌드위치를 좋아한다. 나도 그렇다.)
"I've an enormous amount of work to do." "**So do I**."
("나는 할 일이 엄청나게 많다." "나도 그렇다.")
"I'm allergic to nuts." "**So is my brother**."
("나는 견과류에 알레르기 반응을 보인다." "내 동생도 그렇다.")
She'll take a vacation at the end of July, and **so will he**.
(그녀는 7월 말에 휴가를 가려고 하고, 그도 그렇다.)

► 이 구조는 부정문 다음에는 쓰이지 않고 부정형으로 사용되지도 않는다.

*She **doesn't** want to go with him, and/but **so do I**.
*She'll take a vacation at the end of July, and/but **so won't he/not will he**.

5 **so I do**: 이 구조는 앞에 언급한 상황에 대해 확실한 동의를 표현할 때 사용된다.

"Look, she's wearing a hat just like yours." "**So she is!**"
("봐! 그녀가 네 것과 똑같은 모자를 쓰고 있잖아." "정말, 그러네요!")
"That's her brother—he looks like James Dean." "**So he does!**"
("저 사람이 그녀의 남동생인데 제임스 딘을 닮았다." "참, 그렇네!")
"Jill has misspelled our name." "**So she has!**"
("질이 우리 이름의 철자를 잘못 썼다." "정말, 그랬네.)

6 **so I understand**: "say, hear, understand, tell, believe 등"과 같은 단어와 함께 사용되며, 이 구조는 화자의 의견이 어디에서 왔는지 혹은 그 의견의 근거가 무엇인지를 말할 때 사용된다.

"Has he lost a fortune?" "**So they say.**" ("그는 큰돈을 잃었다면서?" "사람들이 그러던데요.")
"Mary's getting married." "Yes, **so I heard**." ("메리가 결혼한다던데." "네, 그렇게 들었습니다.)
"The Professor's ill." "**So I understand.**"
("교수님이 아프시다는데." "나도 그렇게 알고 있습니다.")

▶ 이 구조는 "think, hope, suppose"와 같은 동사들과는 사용되지 않는다.

"Mary's getting married." "*Yes, **so I hope**."
"Are they putting the price up?" "***So I think**."

neither/nor am I 등에 대해서는 N13.5와 7을 보라.
도치된 어순의 다른 예에 대해서는 I34와 I35를 보라.

S15 so, then, therefore

"so, then, therefore"는 현 상황이 방금 언급한 상황의 결과로 일어났다고 표현할 때 사용하는 접속어다.

1 **therefore**: 독립적이지만 논리적으로 연결된 두 개의 절을 연결하며, 두 번째 절이 첫 번째 절에서 도출될 수밖에 없는 논리적 결론임을 의미하는 격식을 갖춘 표현이다.

He was the only candidate; **therefore** he was elected.
(그는 유일한 후보자였으므로 의당 그는 당선되었다.)
I missed the last flight, and **therefore** decided to stay the night at the airport.
(나는 마지막 비행기를 놓쳤기 때문에 당연히 그날 밤을 공항에서 보내기로 했다.)

2 **so**: 구어체에서 많이 쓰이는 접속사로서 두 절의 연결이 반드시 논리적이 아닐 수도 있고 불명확할 수도 있다.

There're no buses, **so** you'll have to go home on foot.
(버스가 없으니까 걸어서 집에 가야할 것이다.)
I felt bad, **so** I stopped working and went home.

(나는 기분이 좋지 않아서 일을 그만두고 집으로 갔다.)

3   **then**: 한 화자의 말에 다른 화자가 연결된 응답으로 말할 때 많이 사용된다.

"You say you don't want to be a doctor." "**Then**, what do you want to be?"
("너는 의사가 되고 싶지 않다고 하는데." "그렇다면 무엇이 되고 싶으냐?")
"It isn't here." "**Then**, it must be in the next room."
("그것이 여기 없다." "그렇다면 다음 방에 있겠네.")
이들과 유사한 접속어에 대해서는 C23.9를 보라.

S16   so much와 so many

so much는 단수 (불가산)명사와 함께 쓰이고, so many는 복수명사와 함께 쓰인다.

I didn't know she had **so many children**. (나는 그녀에게 그렇게 자녀가 많은지 몰랐다.)
We don''t want to spend **so much money** for food.
(우리는 먹는 데 그렇게 많은 돈을 쓰고 싶지 않다.)

1   **only so much/many**: 수와 양의 한계를 말할 때 사용된다.

I could buy **only so much** sugar for you. (나는 너에게 그 정도의 설탕만을 사줄 수 있었다.)
There're **only so many** hours in the working day. (작업 일에는 그 정도의 시간만이 있다.)

2   **so much와 so**: so much는 so와는 달리 형용사 앞에서 사용될 수 없고, 반대로 비교급 표현 앞에서는 so much만 사용될 수 있다.

Your hair is **so beautiful**. (너의 머리카락은 정말 아름답다.)
(*Your hair is **so much beautiful**.)
She's **so much more beautiful** now. (그녀는 지금이 훨씬 더 아름답다.)
(*She's **so more beautiful** now.)

3   **대명사**: so much와 so many는 의미가 명백하면 명사 없이 사용될 수 있다.

He ate three already, and said he could eat **as many** again.
(그는 이미 세 개를 먹었고 다시 그만큼 더 먹을 수 있다고 말했다.)
I can't eat all that meat—there's **so much**!
(나는 그 고기를 다 먹을 수 없다. 고기가 너무 많다.)
I was expecting a few phone calls, but not **so many**. (나는 몇 번의 전화가 올 것으로는 생각하고 있었으나 그렇게 많은 전화가 오리라고는 생각하지 않았다.)
I have **so much** to tell you. (나는 너에게 할 말이 너무 많다.)

4   **부사**: so much는 부사로 쓰일 수 있다.

We are looking forward to your visit **so much**.

(우리는 당신의 방문을 진정으로 고대하고 있습니다.)
I wish you didn't smoke **so much**. (나는 당신이 지나치게 담배를 많이 피우지 않기를 바랍니다.)

5   **so much for**: 구어체에서 어떤 것이 더 이상 가능하지 않다고 말할 때

Now, it's started raining; **so much for** my idea of taking a walk.
(지금 비가 오기 시작했으니 산책을 하자는 나의 생각은 접어야겠다.)
The car's broken down again. **So much for** our trip to the seaside.
(자동차가 다시 고장이 났다. 해변으로의 여행은 그만두어야겠다.)

6   **without/not so much A as/but B**: "A보다는 오히려 B임"을 표현한다.

I do**n't so much** dislike him **as** hate him! (나는 그를 싫어한다기보다 혐오한다.)
It was**n't so much** his appearance I liked **as** his personality.
(내가 좋아했던 것은 그의 외모가 아니라 그의 인품이었다.)
It's **not so much** that I don't want to come, **but** I simply don't have the time.
(내가 오고 싶지 않은 것이 아니라 단순히 시간이 없다.)

7   **(not/without) so much as**: 비단언적 맥락에서 "... 조차(even)"라는 의미로 쓰인다.

He did**n't so much as** say thank you, after all we'd done for him.
(우리는 그에게 모든 것을 해 주었는데 그는 고맙다는 말조차 하지 않았다.)
(= He didn't even say thank you, after all we'd done for him.)
If he **so much as** looks at another woman, she'll kill him.
(그가 다른 여자를 쳐다보기만 해도 그녀는 그를 죽일 것이다.)
(= If he even looks at another woman, she'll kill him.)
He left **without so much as** saying goodbye. (그는 작별인사 조차도 하지 않고 떠났다.)
(= He left without even saying goodbye.)

many와 much의 상세한 용법에 대해서는 M5를 보라.

S17   so that과 in order that

so that과 in order that는 목적절을 이끄는 접속사 역할을 한다. 주절의 상황은 목적절의 상황이 발생하게 하는 것을 목적으로 하지만, 주절의 상황이 발생하여도 목적절의 상황이 앞으로 일어날 수도 있고 그렇지 않을 수도 있다. 따라서 목적절에는 "미래성을 표현하는 will, 가능성을 표현하는 can, 개연성을 표현하는 may, 추정을 표현하는 should"와 같은 양상조동사가 나타난다. "in order that"는 "so that"보다 격식적 표현이다. (P56을 보라.)

▶ ... so that/in order that ... will/can/may/should ...

They're going to London **so that** they **may** see the Queen.
(그들은 여왕을 볼 수도 있기 때문에 런던을 가려고 한다.)
Fasten the sunshade securely **so that** it **won't** blow away.

(바람에 날아가지 않도록 차양을 안전하게 잡아매라.)
Parents are willing to help **in order that** the children **can** have an after-school club every day. (아이들이 매일 방과 후 클럽 활동을 할 수 있도록 부모님들은 도울 의향이 있다.)

비격식적 문체에서는 so 뒤에서 that가 종종 생략된다.

He's left early **so** he **will** arrive in time. (그는 시간 안에 도착할 수 있도록 일찍 떠났다.)
Speak slowly **so** everyone **may** understand you. (모두가 너를 이해할 수 있도록 천천히 말해라.)

1   will과 현재시제: 목적절의 현재시제는 목적절의 미래 조동사 will 대신에 사용될 수 있다.

Leave early **so that** you **won't/don't** miss the train. (기차를 놓치지 않도록 일찍 떠나라.)
We ought to write to him **in order that** he **does not/will not** feel we are hiding things from him.
(우리가 그에게 무엇인가 숨기고 있다고 생각하지 않도록 우리는 그에게 편지를 써야한다.)

2   과거시제: 주절이 과거시제일 경우 목적절의 조동사가 과거형인 "would, could, should"가 되며, may의 과거형 might는 매우 격식적 문체에서만 사용된다.

I **packed** him a little food **so** he **wouldn't** get hungry.
(나는 그가 배고프지 않도록 그에게 음식을 약간 싸 주었다.)
He **stood** on a chair **so that** he **could** reach the top shelf.
(그는 꼭대기 선반에 닿을 수 있도록 의자 위에 올라섰다.)
Everyone **was** informed by letter **in order that** no mistakes **should** be made.
(어떠한 착오도 발생하지 않도록 모든 사람에게 편지로 통보되었다.)
We **sent** monthly reports to the director **in order that** he **might** have full information about progress. (우리는 감독이 진전에 대한 완전한 정보를 가질 수 있도록 월간 보고서를 보냈다.)

3   (in order) for ... to와 (in order) to: 이들도 목적 부정사절을 이끌 수 있다.

Send the letter express **in order for him to** get it before Monday.
(그가 편지를 월요일 이전에 받을 수 있도록 속달로 보내라.)
I'm making an early start **(in order) not to** get stuck in the traffic.
(교통에 막히지 않도록 나는 일찍 출발하려고 한다.)

in order to와 so as to의 부정사 구조에 대해서는 P56을 보라.
결과를 표현하는 so ... that에 대해서는 R13을 보라.
"so that ... not"를 의미하는 lest에 대해서는 L6.1을 보라.

S18   some

some은 강 발음/sʌm/과 약 발음/səm/을 가지고 있으며, "양화사, 한정사, 대명사, 부사" 등으로 쓰인다.

We need someone with **some** experience.   [양화사]

(우리는 경험이 좀 있는 사람이 필요하다.)
Can you give me **some** idea of the cost? [한정사]
(가격에 대해서 약간의 단서라도 줄 수 있습니까?)
I've just made a pot of coffee. Would you like **some**? [대명사]
(내가 방금 커피를 한 그릇 끓였습니다. 좀 드시겠습니까?)
Would you like **some** more cake? [부사]
(케이크를 좀 더 드시겠습니까?)

1 **양화사**: 수량을 정확히 말하지는 않지만 막연한 수량을 표현한다.

She needs **some** apples for this recipe. (그녀는 이 요리를 위해 약간의 사과가 필요하다.)
My mother has inherited **some** land. (나의 어머니는 약간의 땅을 상속받았다.)
Some people believe in life after death. (어떤 사람들은 사후 세계를 믿는다.)

▶ 막연한 수량을 표현할 필요가 없을 때는 some이 생략될 수 있다.

She bought **(some)** pears for dessert. (그녀는 후식으로 배를 (좀) 샀다.)
We've planted **(some)** roses in the garden. (우리는 정원에 장미를 (좀) 심었다.)
They ordered **(some)** blankets for the winter. (그들은 겨울에 대비해 담요를 (좀) 주문했다.)

▶ some은 치수명사 앞에서 상당한 정도의 수량을 의미한다.

The fire went on for **some** time, before it was brought under control.
(화재는 제압되기까지 상당한 시간 동안 지속되었다.)
The railway station is at **some** distance from the village.
(기차 정거장은 마을에서 상당한 거리에 있다.)
It was **some** years later when they met again. (그들이 다시 만난 것은 여러 해가 지난 후였다.)

2 **한정사**: some/səm/은 명사 앞에서 가리키는 대상이 명확하지 않음을 표현한다. 우리말로는 "어떤"이라는 뜻에 가깝다.

There must be **some** reason for her behavior.
(그녀의 행동에는 틀림없이 어떤 이유가 있을 것이다.)
Some guy called you while you were gone. (네가 없을 때 어떤 사람이 전화를 했다.)

이 경우 some은 부정관사 a/an과 유사하다. 그러나 항상 바꿔서 사용될 수 있는 것은 아니다.

Some/A girl called you while you were out. (네가 외출했을 때 어떤/한 아가씨가 전화했다.)
She's currently seeing **some/a** man from New York.
(그녀는 현재 뉴욕 출신의 어떤/한 남자를 만나고 있다.)
My daughter needs **a** new coat. (나의 딸은 새 코트가 한 벌 필요하다.)
(*My daughter needs **some** new coat.)
I have **a** car. (나에게는 차 한 대가 있다.) (*I have **some** car.)

▶ some은 매우 "인상적인 상황" 또는 "실망스러운 상황"을 말할 때도 사용된다.

Wow, that was **some** dinner! (와, 대단한 저녁식사였다!)

That was **some** party last night! (어젯밤 파티 정말 대단했다.)

Some hotel that turned out to be—it was dreadful!
(나중에 알게 된 것이지만 그 호텔은 형편이 없었다.)
Some people just don't know when to shut up. (어떤 인간은 입을 다물어야 할 때를 모른다.)

3 some과 any: some은 특히 긍정문에서 any와 대조를 이루며, 의문문에서는 some은 긍정적 응답을 기대하지만 any는 비단언적 맥락에서 두루 쓰인다.

There must be **some** reason for what he has done.
(그가 그것을 한 것에는 틀림없이 어떤 이유가 있을 것이다.)
(*There must be any reason for what he has done.)
We don't just accept **any** students. (우리는 어떠한 학생도 받아들이지 않을 뿐입니다.)
(*We don't just accept some students.)

Do you have **some** money? (돈 좀 있지?)   [긍정적 응답 기대]
Do you have **any** money? (돈 좀 있냐?)   [중립적 입장]

any에 대해서는 A55를 보고, some과 any의 차이에 대해서는 S19를 보라.

4 대명사: some/sʌm/은 그 의미해석에 문제가 없을 경우 독립적인 대명사로 사용될 수 있다.

He asked for money and I gave him **some** (money).
(그가 돈을 요구해서 내가 (돈을) 좀 주었다.)
"Do you know where the screws are?" "There're **some** in the garage."
("나사못이 어디 있는지 아세요?" "차고에 몇 개 있는데요.")

▶ some of: some은 대명사로서 of-구를 대동할 수 있다. 이 경우에 of 다음에 오는 명사구는 대명사가 되거나 정관사, 지시사, 소유격과 같은 한정사를 대동해야 한다.

Some of you here have already met the President.
(여기 있는 너희들 중에 몇 사람은 이미 대통령을 만났다.)
Some of his jokes are very rude. (그의 농담의 어떤 것은 너무 야하다.)
(***Some of jokes** are very rude.)
Can I have **some of the cake**? (케이크 좀 먹을 수 있을까요?)
(*Can I have **some of cake**?)

5 부사: some/sʌm/은 숫자 앞에서 개략적인 수량을 표현한다. (N39.17을 보라.)

Some fifty tons of stone are taken from the quarry every day.
(약 50톤의 돌이 채석장에서 매일 채굴된다.)
It happened **some twenty** years ago. (그것은 대략 20년 전에 일어났다.)

▶ 이때 some은 one을 의미하는 부정관사 a/an과 함께 쓰일 수 없다.

There were **some thousand** people demonstrating in the street.
(대략 천 명의 사람들이 거리에서 시위하고 있었다.)

(*There were **some a thousand** people demonstrating in the street.)
There were **some one thousand** people demonstrating in the street.
(대략 천 명의 사람들이 거리에서 시위하고 있었다.)

▶ 그러나 같은 의미의 about는 some과 대조를 이룬다.

There were **about a thousand** people demonstrating in the street.
(대략 천 명의 사람들이 거리에서 시위하고 있었다.)
(*There were **about thousand** people demonstrating in the street.)
There were **about one thousand** people demonstrating in the street.
(대략 천 명의 사람들이 거리에서 시위하고 있었다.)

S19 some과 any

1 **단언적 맥락과 비단언적 맥락**: some과 any는 둘 다 정확한 수량이 중요하지 않은 불확정적 양과 수를 의미할 수 있다. some은 단언적 맥락에서, any는 의문문이나 부정문과 같은 비단언적 맥락에서 사용된다. (N21을 보라.)

He wants to acquire **some** information about our work.
(그는 우리 작업에 대한 정보를 좀 얻고 싶어 한다.)
Do you need **any** information about our work? (당신은 우리 작업에 대한 정보가 필요합니까?)

2 **any**: any는 불가산명사와 복수가산명사와 함께 쓰일 수 있으며, 단수가산명사가 올 때는 일반적으로 부정관사 a(n)이 사용된다.

He didn't provide **any evidence** to support this claim.
(그는 이 주장을 뒷받침할 어떠한 증거도 내놓지 않았다.)
Have there been **any studies** to prove this? (이것을 입증할 어떤 연구가 있습니까?)

She doesn't have **a bank account**. (그녀는 은행계좌가 없다.)
(*She doesn't have **any bank account**.)
I don't have **a car**. (나는 차가 없다.) (*I don't have **any car**.)

3 **의문문의 some**: 긍정적 응답을 기대하는 의문문이나 혹은 의문문 형태로 무엇을 요청하거나 제안할 경우에는 some이 사용된다.

Have you bought **some** milk at the grocery store?
(식품점에서 우유를 샀지요?) [화자는 청자가 우유를 샀을 것으로 기대한다.]
Shouldn't there be **some** instructions with it? (그것과 함께 어떤 지시문이 있을 텐데?)
Could I have **some** water? (물 좀 마실 수 있을까요?)
Would you like **some** more coffee? (커피 좀 더 드시지요.)

긍정문의 any에 대해서는 A55.2를 보라.

4 **if-절**: some과 any는 if-절에도 많이 나타난다.

If you want to have **some/any** more coffee, please ask the waitress.
(커피를 더 마시고 싶으면 웨이트리스에게 말하십시오.)
If you want **some/any** help, let me know. (도움이 필요하면 저에게 알려 주십시오.)

▶ 때때로 any는 "if there is/are any"의 의미를 암시한다.

Any cars parked in this road will be towed away. (이 길에 주차하는 차는 모두 견인될 것이다.)
(= **If there are any cars** parked in this road, they will be towed away.)
The police will arrest **any men** trespassing on government property.
(경찰은 국유지를 불법 침입하는 사람은 누구든지 체포할 것이다.)
(= **If there are any men** trespassing on government property, the police will arrest them.)

some에 대해서는 S18을 보라.

S20 some time, sometime, sometimes

유사한 철자를 가진 이 세 표현은 의미적으로나 통사적으로 다르다.

1   some time: 두 단어에 강세가 다 오는 /sʌ́m táɪm/으로 발음되며, "꽤 오랫동안, 상당한 기간 동안"을 의미하는 명사구다.

It was **some time** before they managed to turn the alarm off.
(경보기를 끄기까지 꽤 시간이 걸렸다.)
She's lived in Italy for **some time**, so she speaks Italian quite well.
(그녀는 이탈리아에 꽤 오랫동안 살았기 때문에 이탈리아어를 상당히 잘한다.)

2   sometime/some time: /sʌ́mtaɪm/으로 발음되며, 일반적으로 미래 또는 과거의 미확정 시간을 의미하는 부사다.

We'll take a vacation **sometime/some time** in July. (우리는 7월 언제쯤에 휴가를 갈 것이다.)
Our house was built **sometime/some time** around 2000.
(우리 집은 2000년경 언젠가 건축되었다.)

▶ sometime은 형용사로서 "(지금이 아니고) 이전의(former)" 의미로도 사용된다.

The inquiry will be headed by Lord James, **sometime** editor of the "Daily News."
(조사는 한때 "데일리 뉴스"의 편집인이었던 제임스 경이 이끌게 될 것이다.)
Allen, a **sometime** delivery driver, lives with his elderly mother.
(이전에 배달 기사였던 앨런은 그의 노모와 같이 살고 있다.)

3   sometimes: /sʌ́mtaɪmz/로 발음되며 빈도부사로서 (F8.3을 보라) "때때로"를 의미한다.

I **sometimes** have to work late. (나는 때때로 늦게까지 일해야 한다.)
The journey takes an hour, **sometimes** even longer.
(그 여정은 한 시간 걸리는데 때때로 더 걸리기도 한다.)

Sometimes, Grandma would tell us stories about her childhood.
(종종 할머니는 자신의 어린 시절에 대해서 우리에게 이야기를 하시곤 했다.)

S21 soon

soon은 "현 시점으로부터 곧" 또는 "어떤 사건 후에 곧"을 의미하는 부사로서, 문두나 문미 그리고 문중 위치에 나타날 수 있다.

Soon the ice will be thick enough to walk on.
(곧 얼음이 두꺼워져서 그 위를 걸을 수 있을 것이다.)
The men should be released **soon**. (그 사람들은 곧 풀어주어야 한다.)
The dog will **soon** learn that this behavior is unacceptable.
(개는 이런 행동이 허용되지 않는다는 것을 곧 배우게 될 것이다.)

Paula became pregnant **soon** after they were married.
(그들은 결혼하고 곧 폴라가 임신했다.)
As soon as she entered the room, she knew there was something wrong.
(그녀는 방에 들어가자마자 무엇인가 이상하다는 것을 알았다.)

1 as soon as: "as soon as-절"이 미래를 의미할 때 조동사 will이 사용되지 않고 현재시제 또는 현재완료가 사용된다.

I'll tell you **as soon as** I hear from her. (그녀에게서 소식이 오는 대로 너에게 알려주겠다.)
(*I'll tell you **as soon as** I'll hear from her.)
They will be allowed to go, **as soon as** they pay the bill.
(청구서를 지불하면 언제든지 그들은 가도 됩니다.)
(*They will be allowed to go, **as soon as** they **will** pay the bill.)

2 sooner: soon의 비교급으로 다양한 의미를 표현한다.

The sooner we get this job finished **the better**. (우리는 이 일을 빨리 끝낼수록 더 좋다.)
The sooner I get this work done **the sooner** I can go home.
(나는 이 일을 빨리 마치면 마칠수록 더 빨리 집에 갈 수 있다.)
I'd **sooner** die **than** marry her. (나는 그녀와 결혼하기보다 차라리 죽겠다.)
(= I'd die **rather than** marry her.)
"Would you like to go out for dinner?" "I'd **sooner** stay home."
("저녁식사를 나가서 하겠습니까?" "나는 집에 있고 싶은데요.)
(= I'd **rather** stay home.)

3 no sooner ... than: "as soon as"의 의미로 사용된다.

No sooner had he sat down **than** the telephone rang. (그가 앉자마자 전화가 울렸다.)
(= **As soon as** he had sat down the telephone rang.)
"Can you fix my phone?" "Don't worry—**no sooner** said **than** done."

("내 전화 좀 고쳐줄 수 있어요?" "걱정 마세요. 금방 됩니다.")
(= it will be fixed **immediately**.)

no sooner ... than과 같은 의미로 쓰이는 hardly ... when에 대해서는 H3을 보라.

S22 sound

sound는 연결동사의 하나로서 "무엇을 듣거나 들은 소리로써 한 대상이 어떤 것 같이 보이거나 생각된다"는 것을 의미한다. sound는 다른 연결동사와 마찬가지로 형용사나 명사구를 보어로 갖는다.

1   **형용사 보어**: 모든 연결동사와 마찬가지로 형용사를 보어로 취한다.

The whole story **sounded very odd**. (이야기 전체가 몹시 이상하게 들렸다.)
$80 a day **sounds about right** for a decent hotel room.
(그 정도 깨끗한 호텔방 치고는 하루에 80불이면 괜찮게 생각된다.)
She **sounded very depressed** when I spoke on the phone yesterday.
(그녀는 어제 전화로 말할 때 목소리가 몹시 침울하게 들렸다.)

2   **명사구 보어**: 명사구가 보어로 올 때는 like가 뒤 따르지만 명사구가 형용사처럼 주어의 속성을 기술할 때는 영국영어에서 종종 like가 생략될 수도 있다.

He **sounds just like someone** who I used to work with.
(그는 내가 한때 함께 일을 했던 누군가와 똑같은 것 같다.)
Nick **sounds like a nice guy**. (닉은 좋은 친구 같다.)
That **sounds a good idea**. (그것 좋은 생각 같은데.)

3   **절 보어**: 절이 보어로 올 때는 "like/as if/as though"가 뒤 따른다.

It **sounds like** you had a good time on your trip.
(여행 중에 재미있는 시간을 보낸 것 같이 들린다.)
It **sounds** to me **as if** he needs professional help.
(나는 그가 전문가의 도움이 필요한 것처럼 생각된다.)
You **sound as though** you have a sore throat. (너는 마치 목이 아픈 것 같은 목소리다.)

4   **How does it sound?**: 제안에 대한 상대방의 의견을 물을 때 사용한다.

I'll be in Busan next Friday and take you out for dinner in the evening. **How does it sound?** (나는 다음 주 금요일에 부산에 가서 저녁에 당신과 밖에서 식사를 할 것입니다. 어떻게 생각하세요?)

연결동사에 대해서는 C28을 보라.

S23 speak와 talk

두 단어 모두 "말하다(say words)"라는 의미로 사용되며 거의 의미적 차이가 없다.

She was **speaking/talking** so fast that I could hardly understand her.
(그녀는 말을 너무 빨리 해서 나는 거의 알아듣지 못했다.)
How do babies learn to **speak/talk**? (아이들은 어떻게 말하는 것을 배웁니까?)
He **spoke/talked** very softly. (그는 매우 차분한 목소리로 말했다.)
They were **speaking/talking** in a whisper, and no one could hear what they were saying.
(그들은 작은 목소리로 말을 해서 아무도 그들이 말하는 것을 알아들을 수 없었다.)

1. 대화 (conversation): speak는 목소리를 써서 말하는 것을 모두 가리키며 반드시 청자가 있어야 하는 것은 아니다. talk는 반대로 청자가 반드시 있고 대화함으로써 서로 상의하거나 어떤 정보를 전달하는 것을 의미한다.

   I was so shocked that I couldn't **speak**. (나는 너무 충격을 받아서 말을 할 수 없었다.)
   "Hello, may I **speak** to John Smith?" "Yes, **speaking**."
   ("여보세요. 존 스미스와 통화할 수 있을까요?" "존 스미스가 전데요.")
   They sat and **talked** about their trip. (그들은 앉아서 그들의 여행에 대해서 말했다.)
   I got the truth from **talking** with Elena. (나는 엘러너와의 대화를 통해 진실을 밝혔다.)

2. 연설 (speech): speak는 격식을 가춘 강의나 연설을 의미하고, talk는 격식을 가추지 않은 강의나 담화를 의미한다.

   Dr. Johnson **spoke** at the teachers' annual convention.
   (존슨 박사는 교사들의 연례집회에서 연설했다.)
   Only one member of Parliament **spoke** in favor of the bill.
   (국회의 한 의원만이 그 법안에 찬성하는 연설을 했다.)

   He intends to **talk** to young people about the dangers of AIDS.
   (그는 에이즈의 위험성에 대해 젊은이들에게 말할 예정이다.)
   She will **talk** on the issues she cares about including education.
   (그녀는 교육을 포함하여 관심이 있는 문제에 대해서 말할 것이다.)

3. 언어 (languages): speak는 언어를 구사할 수 있는 능력을 말할 때 사용되며, talk는 언어를 써서 말하는 것을 의미할 수 있다.

   Can you **speak** English? (당신은 영어를 할 줄 압니까?)
   I don't **speak** a word of French. (= any French at all)
   (나는 프랑스어를 한 마디도 못한다.)

   They started **talking** in Spanish. (그들은 스페인어로 대화하기 시작했다.)
   She **talks** (in) French at work and English at home.
   (그녀는 일할 때는 프랑스어를 쓰고 집에서는 영어를 쓴다.)

▶ 그러나 항상 어떤 언어를 쓰는 사람을 표현할 때는 speaking을 사용한다.

We hired a French-**speaking** secretary. (우리는 프랑스어를 말하는 비서를 뽑았다.)
(*We hired a French-talking secretary.)
German-**speaking** people are known to be diligent.
(독일어를 쓰는 사람들은 부지런한 것으로 알려졌다.)

4 **생각/의견과 중요한 주제**: speak는 통상적인 생각이나 의견을 말하는 것을 말하고, talk는 어떤 주제에 대해 대화하는 것을 말한다.

Her co-workers do not **speak** ill of her. (그녀의 동료들은 그녀를 나쁘게 말하지 않는다.)
He emphasized that he was **speaking** as a private citizen, not in any official capacity.
(그는 어떤 공적인 자격에서가 아니라 사적인 시민의 한 사람으로서 말하고 있다는 것을 강조했다.)
Strictly **speaking**, it's my money, not yours. I earned it.
(엄밀히 말해서 그것은 네 돈이 아니라 내 돈이다. 내가 번 것이다.)

Parents should **talk** with their children about drug abuse.
(부모는 아이들과 마약 남용에 대해서 대화를 해야 한다.)
Is there somewhere we can **talk** in private?
(우리가 은밀히 대화를 할 수 있는 곳이 어디 있을까?)
He tried to stop his ex-wife from **talking** on live TV.
(그는 전 부인이 생방송 텔레비전에 나가서 말하는 것을 막으려고 애썼다.)

5 **여타의 경우**: 다음의 경우에는 speak와 talk를 바꾸어 쓰지 않는다.

We have to pull down the barriers, **so to speak**, of poverty.
(우리는 소위 빈곤의 장벽을 무너뜨려야 한다.)
The club accepts only people who **speak the same language**.
(클럽은 같은 언어를 사용하는 사람들만 받아들인다.)
Dan, **speaking for** the students, started the meeting.
(학생들을 대변하는 댄이 회의를 시작했다.)
Do you think he's **speaking the truth**? (당신은 그가 진실을 말하고 있다고 생각합니까?)

How dare you **talk back** to me! (네가 감히 나한테 대꾸를 해!)
You do **talk nonsense** as usual. (당신은 여전히 허튼 소리를 하는 군요.)
What are you **talking about**? We got there in plenty of time.
(무슨 말을 하는 거야? 우리는 시간이 넉넉하게 그곳에 도착했어.)
I worked in hotels for years, so I **know what I'm talking about**.
(나는 수년간을 호텔에서 일했기 때문에 내가 무슨 말을 하고 있는지 알고 있습니다.)

say와 tell에 대해서는 S2를 보라.

S24 spelling(철자)

가장 좋은 철자법은 단어의 철자가 그 발음을 가장 잘 반영하는 것이라고 할 수 있다. 단어 중에는 그 자체가 어근(root)일 수도 있지만, 많은 단어들은 어근 또는 어간(stem)에 접사(affixes)를 붙여 만들어 진다. 예를 들어 leaders라는 단어는 lead라는 어근에 파생접미사(derivational suffix) -er이 붙여 leader라는 단어가 만들어진 다음, 어간 leader에 굴절접미사(inflectional suffix) -s가 붙여 만들어 진다. 그러나 접사를 적절한 위치를 찾아 붙이기만 하면 단어가 만들어지는 것은 아니다. lead에 단순히 -er을 붙이면 되지만, hit라는 단어에는 마지막 자음을 반복한 다음 -er을 붙여 hitter라고 해야 하고, leader에 단순히 -s를 붙이면 복수가 되지만 coach라는 단어에는 -es를 붙여 coaches라고 해야 한다.

1 **대문자**: 영어로 글을 쓸 때 중요시되는 대문자의 사용에 대해서는 P46과 N1-N4를 보라.

2 **자음의 반복**: 모음으로 시작하는 접미사 앞 단어가 다음과 같은 조건을 모두 충족시키면 마지막 자음문자가 반복된다.

(a) 단어가 하나의 자음문자로 끝날 때
(b) 마지막 자음문자 앞에 하나의 모음문자가 올 때
(c) 마지막 자음문자 앞의 모음에 강세가 올 때

3 **단음절 단어**: 하나의 자음문자로 끝나는 단음절 단어에서는 "자음문자의 반복"이 일어난다.

big : bigger	drug : druggist	red : reddish
stop : stopped	swim : swimming	slip : slippery

4 **다음절 단어**: 다음절 단어에서는 "마지막 음절에 강세"가 올 때만 자음문자의 반복이 일어난다. 다음을 비교해보라.

forgét : forgétting	vísit : vísiting
begín : begínning	gállop : gálloper
permít : permítted	cléver : cléverer
occúr : occúrrence	ópen : ópened

confér : conférring : conférred : cónference
defér : deférring : deférred : déference
infér : inférring : inférred : ínference
prefér : preférring : preférred : préference
refér : reférring : reférred : réference

▶ 특히 영국영어에서 (b)와 (c)의 조건에 대한 예외가 "-l, -p, -s, -t"로 끝나는 단어에서 종종 나타난다. 아래 단어에서 주강세가 첫 음절에 온다.

bias : biasing/biassing	combat : combating/combatting
equal : equaling/equalling	focus : focusing/focussing

handica**p** : handica**pp**ing   kidna**p** : kidna**p**ing/kidna**pp**ing
trave**l** : trave**l**ing/trave**ll**ing   worshi**p** : worshi**p**ing/worshi**pp**ing

5   **-ic 어미**: -ic으로 끝나는 동사는 "-ed, -er, -ing 어미"와 결합하면 -ick로 바뀐다.

mimi**c** : mimi**ck**ed : mimi**ck**ing   picni**c** : picni**ck**ed : picni**ck**er
pani**c** : pani**ck**ed : pani**ck**ing   traffi**c** : traffi**ck**er : traffi**ck**ing

6   **마지막 -e의 생략**: "모음문자로 시작하는 접미사" 앞에서는 단어의 마지막 -e를 생략된다.

debat**e** : debat**ed**   explor**e** : explor**ation**   fam**e** : fam**ous**
hop**e** : hop**ing**   refus**e** : refus**al**   solv**e** : solv**able**

7   **die와 dye, sing과 singe**: 이들 단어에서는 각각 die와 sing의 -ing형과 구분하기 위해 dye와 singe에서는 마지막 -e가 생략되지 않는다.

die : d**ying** /dáɪɪŋ/   dye : d**yeing** /dáɪɪŋ/
sing : sing**ing** /síŋɪŋ/   singe : sing**eing** /síndʒɪŋ/

8   **-ce나 -ge로 끝나는 단어**: -ce와 -ge로 끝나는 단어는 각각 /s/와 /dʒ/의 발음을 유지하기 위해서 "a-"나 "o-"로 시작하는 접미사 앞에서는 마지막 -e를 유지한다. 다시 말해서 "c"와 "g"는 "a"나 "o" 바로 앞에서는 각각 /k/와 /g/로 발음되기 때문에 마지막 -e를 생략하면 잘못된 발음을 유발할 수 있다.

noti**ce** : noti**c**ing : noti**ce**able : *noti**c**able
tra**ce** : tra**c**ing : tra**ce**able : *tra**c**able
chan**ge** : chan**g**ing : chan**ge**able : *chan**g**able
(en)coura**ge** : encoura**g**ing : coura**ge**ous : *coura**g**ous

▶ 다음의 단어는 두 가지 형이 가능하다.

like : lik(e)able   love : lov(e)able   move : mov(e)able
mile : mil(e)age

9   **마지막 -e의 보존**: "자음문자로 시작하는 접미사" 앞에서는 마지막 -e가 생략되지 않는다.

move : move**ment**   force : : force**ful**
care : care**less**   lone : lone**ly**
trouble : trouble**some**

▶ 다음의 단어는 예외다.

argue : argu**ment**   awe : aw**ful**   due : du**ly**
true : tru**ly**   whole : whol**ly**

▶ 다음의 단어는 두 가지가 가능하다.

abridg(e)ment   acknowledg(e)ment   judg(e)ment

10   **-y의 -i로의 변화**: "자음문자 + y"로 끝나는 다음절 단어는 접미사 앞에서 -y를 -i로 바꿔야 한다.

happy : happ**i**ly   study : stud**i**es   amplify : amplif**i**er
mercy : merc**i**ful   colony : colon**i**al   mystery : myster**i**ous
reply : repl**i**ed   empty : empt**i**ness   pacify : pacif**i**cation

▶ busy + ness는 business와 구별하기 위해서 busyness로 쓴다.

11   **-y 어미의 보존**: "자음문자 + y"로 끝나는 단음절 단어는 접미사와 결합해도 -y 어미를 그대로 보존한다.

dry : dr**y**ness : dr**y**ly/dr**i**ly   shy : sh**y**ly : sh**y**ness
sly : sl**y**ly : sl**y**ness   wry : wr**y**ly : wr**y**ness

▶ 또한 "-ing" 어미와 "-'s" 어미와 결합할 때도 -y가 유지된다.

apply : appl**y**ing   play : pla**y**ing   study : stud**y**ing
the spy : the sp**y**'s name   the mercenary : the mercenar**y**'s fiancée

▶ "모음문자 + y"로 끝나는 단어는 접미사와 결합해도 -y가 보존된다.

employ : emplo**y**er   play : pla**y**ful   annoy : anno**y**ance
destroy : destro**y**s   spray : spra**y**ed   pay : pa**y**ment

▶ -y로 끝나는 고유명사에는 접미사가 붙어도 -y가 -i로 변하지 않는다. 이것은 인명의 원래의 철자를 유지하려는 의도에서라고 할 수 있다.

Harry : the Harr**y**s   Mary : two Mar**y**s

▶ 예외로는 다음과 같은 것들이 있다.

day : da**i**ly   gay : ga**i**ly   lay : la**i**d
pay : pa**i**d   say : sa**i**d   slay : slain

12   **명사의 -s복수형과 동사의 삼인칭 단수 현재의 -s형**: 명사에 대해서는 N26을 보고, 동사에 대해서는 P36을 보라.

13   **-ly 접미사와 -le로 끝나는 단어**: -le로 끝나는 단어가 -ly와 결합할 경우 "-le + -ly"는 -y로 바꾼다.

ample : amp**ly**   probable : probab**ly**   simple : simp**ly**
able : ab**ly**   noble : nob**ly**   idle : id**ly**

▶ 예외로는 다음과 같은 것들이 있다.

sole : sole**ly**   pale : pale**ly**   whole : whol**ly**

14　**-ly 접미사와 -ue로 끝나는 단어**: -ue로 끝나는 단어에는 -e를 생략하고 -ly를 붙인다.

　　due : duly　　　　　true : truly

　▶ 예외로는 vague와 vaguely가 있다.

15　**-ly 접미사와 -ll/-l로 끝나는 단어**: -ll로 끝나는 단어는 -ly와 결합할 경우에 -y만 붙이고, -l로 끝나는 단어에는 -ly를 붙인다.

　　chill : chilly　　　　dull : dully　　　　full : fully
　　faithful : faithfully　　economical : economically

16　**-c로 끝나는 단어**: -ic로 끝나는 형용사에 -ally를 붙인다. 정상적인 대화에서는 -ally의 -al은 발음 되지 않는다. 예를 들어 basically는 /béɪzɪklɪ/로 발음된다. (I1을 보라.)

　　basic : basically　　　　dramatic : dramatically
　　economic : economically　　emphatic : emphatically
　　realistic : realistically　　specific : specifically

　▶ 예외로는 public : publicly가 있다.

영국영어와 미국영어의 철자 차이에 대해서는 A52를 보라.

S25　spelling과 pronunciation(철자와 발음)

많은 영어 단어에서 철자와 발음은 다르다. 그 주된 이유는 지난 몇 백 년 동안 발음에는 큰 변화가 있었으나 철자법은 크게 변하지 않았기 때문이다. 이로 인하여 영어에서는 한 문자가 여러 가지 음으로 발음되고, 반대로 한 음이 여러 가지 문자로 표현될 수 있다. 특히 문자와 발음의 차이는 자음에서보다 모음에서 더 많이 나타난다.

1　**이음 동문자**: 하나의 문자가 여러 가지 음으로 발음되는 경우

a	/eɪ/ ate	/æ/ at	/e/ many	/ə/ woman
ea	/e/ bread	/eɪ/ break	/ɪə/ hear	/ə:/ heard
	/ɑ:/ heart	/i:/ lead		
ou	/ʌ/ country	/əʊ/ soul	/aʊ/ sound	/ʊ/ would
	/ɔ:/ bought			
oo	/u:/ fool	/ʊ/ foot	/ʌ/ blood	/oʊ/ brooch
th	/θ/ think	/ð/ then	/t/ Thomas	
ch	/tʃ/ chapter	/ʃ/ champagne	/k/ chaos	

2　**동음 이문자**: 하나의 음이 여러 가지 문자로 표기되는 경우

/i:/	keep	me	key	tea
	belief	receipt	amoeba	machine

/ɪ/	bit minute	biscuit	busy	women
/ʌ/	butter blood	come	couple	once
/aɪ/	eye idea	buy Thai	by height	bye guide
/eɪ/	hate	daily	great	lay
/k/	chemist	curious	kite	quick
/ʃ/	ship chef	audition admission	suspicion issue	unscheduled insurance
/tʃ/	champion	catch	adventure	

3 **묵음 문자**: 철자에는 나타나지만 실제로 발음되지 않는 경우 (괄호 속의 문자는 발음되지 않는다.)

(b) bom(b), clim(b), com(b), bom(b), dum(b), lam(b), plum(b)er, de(b)t, de(b)tor, dou(b)t, su(b)tle
(c) a(c)quire, a(c)quit, as(c)ertain, des(c)end, fas(c)inate, indi(c)t, mus(c)le, s(c)ent, s(c)issors
(ch) s(ch)ism, bla(ck)guard
(d) han(d)kerchief, san(d)wich, We(d)nesday
(g) ali(g)n, champa(g)ne, forei(g)n, si(g)n, poi(g)nant, impu(g)n, (g)nat, (g)nome, (g)naw
(gh) bou(gh)t, cau(gh)t, dau(gh)ter, hei(gh)t, hi(gh), li(gh)t, mi(gh)t, nei(gh)bor, ni(gh)t, ou(gh)t, ri(gh)t, strai(gh)t, thou(gh)t, throu(gh), ti(gh)t, wei(gh)t
(h) w(h)at, w(h)en, w(h)ere, w(h)ether, w(h)ich, w(h)ip, w(h)y, (h)eir, (h)erb, (h)onor, (h)our, ex(h)ibition, r(h)etoric, r(h)ythm, shep(h)erd, spag(h)etti, ve(h)ement, ve(h)icle
(k) (k)nee, (k)nife, (k)nob, (k)nock, (k)now
(l) a(l)mond, ca(l)m, cou(l)d, fo(l)k, ha(l)f, sa(l)mon, shou(l)d, ta(l)k, wa(l)k, wou(l)d
(m) (m)nemonic, autum(n), colum(n), condem(n), dam(n), hym(n), solem(n)
(p) (p)neumonia, (p)salm, (p)sychiatrist, (p)sychology, (p)sychotherapy, (p)seudo, cu(p)board, cor(p)s, em(p)ty, recei(p)t
(r) i(r)on
(s) ai(s)le, i(s)le, i(s)land, i(s)let
(t) bankrup(t)cy, cas(t)le, ches(t)nut, Chris(t)mas, fas(t)en, glis(t)en, lis(t)en, mor(t)gage, mus(t)n't, whis(t)le, wres(t)le, of(t)en, sof(t)en, stre(t)ch
(th) as(th)ma
(u) bodyg(u)ard, ga(u)ge, g(u)arantee, g(u)ess, g(u)est, g(u)ide, g(u)ilty, g(u)ise, g(u)itar, disg(u)ise

(w) (w)rap, (w)rite, (w)rong, (w)ho, (w)hose, (w)hom, (w)hole, ans(w)er, s(w)ord

S26 street, avenue, boulevard

"street, avenue, boulevard"는 행인보다 차를 위한 도로(passage)를 의미한다.

1. **street**: street는 도시나 마을 내에 있는 차를 위한 도로를 총칭적으로 가리킨다.

   I walked further down **the street**. (나는 거리를 따라 더 아래로 걸었다.)
   He parked the car on the other side of **the street**. (그는 차를 거리의 다른 쪽에 주차했다.)

2. **avenue**: avenue는 street과 같은 의미로 쓰일 수 있으며, 종종 street와 보충적 의미로 쓰인다. 한 도시나 마을에서 street가 한 방향으로 놓여있으면, street와 교차되는 도로를 종종 avenue라고 부르며, 이 경우 종종 avenue가 더 넓고 변화한 도로를 가리킨다. avenue는 또한 모든 종류의 넓고 좁은 street를 비롯하여 street의 한 부분을 가리키기도 한다. (뉴욕시에서는 남북으로 난 도로를 "avenue"라고 하고 동서로 난 도로를 "street"라고 부른다.)

   There's a shop at the eastern corner of **Fourth Street** and **Fifth Avenue**.
   (4번가와 5번가의 동쪽 모퉁이에 상점이 있다.)
   We drove through a beautiful tree-lined **avenue** leading to the mansion.
   (우리는 대저택으로 향하는 양쪽에 가로수가 있는 아름다운 길을 따라 운전했다.)

3. **boulevard**: boulevard는 도시의 넓은 street을 가리킨다. 특히 푸른 나무와 잔디 그리고 관목이 양쪽에 심어진 거주지의 street를 의미한다.

   The government planned to replace the narrow streets of the capital city with wide **boulevard**. (정부는 수도의 좁은 거리를 넓은 대로로 바꾸기로 계획했다.)
   It was quite an experience to drive through **Sunset Boulevard**.
   (썬셋 가를 따라 운전하는 것은 대단한 경험이었다.)

4. **road**: road는 street보다 더 포괄적인 의미를 갖는다. road는 차가 다니는 비포장도로에서부터 매우 현대적인 고속도로(highway)까지를 가리킬 수 있다.

   There're far more cars on the **roads** now than there used to be.
   (옛날보다 지금은 도로에 자동차가 훨씬 더 많다.)
   I was driving along the **road** when a kid suddenly stepped out in front of me.
   (내가 도로를 따라 운전하고 있었는데 갑자기 아이가 내 앞으로 걸어 나왔다.)

   ▶ 일반적으로 시골길에는 street를 붙이지 않으며, road는 도시와 시골 길에 두루 쓰인다.

   Cars can be parked on both sides of **the road**. (도로의 양쪽에 자동차를 세울 수 있다.)
   The road out of our village goes up a steep hill.
   (우리 마을에서 나오는 길은 가파른 언덕으로 올라간다.)

S27　stress(강세), rhythm(운율), intonation(억양)

1　**강세 (stress)**: 우리는 어떤 음절에 주위의 음절보다 더 강한 강세를 주어 발음함으로써 그 음절을 두드러지게 만든다. 예를 들면 company에서는 첫 음절인 com-에, determine에서는 두 번째 음절인 -ter-에 강세가 온다.

　　company /kˈʌmpənɪ/　　　determine /dɪtˈɜːrmɪn/

2　**주강세와 부강세**: 종종 더 긴 단어는 두 개의 강세음절(stressed syllable)을 갖기도 한다.

　　economical /ˌiːkənˈɑmɪkəl/

　　/i/의 강세는 /nɑ́m/의 강세보다 약하지만 다른 음절보다는 강하다. 이런 음절을 부강세(secondary stress) 음절이라고 부른다. 음절 중에 주강세나 부강세가 오지 않는 음절을 무강세(unstressed) 음절이라고 부른다. 강세를 받는 음절의 모음은 /i/, /ɪ/, /e/, /ɛ/, /ɒ/, /ʌ/, /ə/, /æ/, /ɑ/, /ɔ/, /u/, /ʊ/, /aɪ/, /aʊ/, /eɪ/, /oʊ/, /ɔɪ/ 등이지만, 무강세 음절의 모음은 거의 대부분의 경우 /ə/ 또는 /ɪ/로 발음된다.

　　confidence /kɑ́ːnfɪdənt/
　　confusion /kənfjúːʒən/
　　apparently /əpǽrəntlɪ/
　　congregation /kɑ̀ːŋgrɪgéɪʃən/

3　**강세의 착오**: 영어에서 잘못된 음절에 강세를 주어 발음하면 많은 경우 잘 못 알아듣게 된다. 두 개의 음절을 가진 다음 단어들의 강세에 대해 살펴보자. 이 단어들은 "명사"로 사용될 때는 첫 번째 음절에 강세가 오고, "동사"로 사용될 때는 두 번째 음절에 강세가 온다. 이러한 현상은 16세기 중반에 시작하여 지금은 약 150개의 단어로 확대되었다고 한다. 몇 개의 예를 들면 다음과 같다.

concert	conduct	conflict	content
contest	contract	contrast	convert
desert	digest	exploit	exploit
incline	increase	insert	insult
object	permit	present	produce
progress	project	protest	rebel
record	refuse	survey	suspect 등

▶ 이렇게 강세가 오는 음절의 위치가 바뀜에 따라 모음의 발음에도 변화가 나타났다. 예를 몇 가지 들면 다음과 같다.

	명사	동사
concert	/kɑ́ːnsərt/	/kənsə́rt/
present	/prézənt/	/prɪzént/
record	/rékərd/	/rɪkɔ́ːrd/
produce	/próʊdjus/	/prədjúːs/

4 **리듬** (rhythm): 모든 단어는 독립적으로 말할 때는 강세음절을 가지고 있다. 그러나 단어를 연결하여 문장을 구성하게 되면 강세를 유지하는 단어와 강세를 잃는 단어가 나타난다. 우리는 이러한 강세를 문장강세(sentence stress)라고 한다. 예를 들어 "I am glad to see you" 문장에서 glad와 see에 문장강세가 온다: "I am glád to sée you." 다른 언어와는 달리 영어에서는 문장강세가 문장을 읽는 리듬과 관계가 있다.

▶ 리듬법칙: 문장강세는 규칙적인 간격으로 발생한다.

다음의 두 문장을 비교해보라.

The bóy is ínterested in enlárging his vocábulary.
(그 소년은 자신의 어휘력을 넓히는데 관심이 있다.)
Gréat prógress is máde dáily. (매일 큰 진전이 이어지고 있다.)

첫 번째 문장에는 15개의 음절이 있고 두 번째 문장에는 7개의 음절이 있지만, 문장강세를 받는 음절은 둘 다 네 개씩이다. 그러나 이 두 문장을 읽는 속도는 거의 같다. 즉, 첫 번째 문장을 읽을 때는 무강세음절들을 압축하여 발음하고, 두 번째 문장을 읽을 때는 부족한 무강세음절을 보충하기 위해 강세음절을 좀 길게 발음함으로써 전체 문장을 읽는 속도를 맞춘다. 일반적으로 문장강세를 받는 단어는 문장에 어휘적 의미를 부여하는 내용어(content words)이고, 강세를 받지 않는 단어는 문장의 문법적 개념을 표현하는 기능어(function words)다.

내용어: 명사, 동사, 형용사, 부사, 지시사, 의문사
기능어: 조동사, 관사, 전치사, 인칭대명사, 소유격 대명사, 관계대명사, 접속사

5 **억양** (intonation): 억양이란 우리가 말하는 선율(tune)을 가리킨다. 우리는 어떤 음절을 높은 음조(pitch)로 발음할 수도 있고 낮은 음조로도 발음할 수 있다. 항상 그런 것은 아니지만 문장강세를 받는 음절은 높은 음조로 발음되고, 무강세 음절은 낮은 음조로 발음된다. 사람에 따라 음조의 영역이 다르지만, 문장의 억양을 설명하기 위해 음조를 정상음조(normal), 고음조(high), 저음조(low)로 나눈다. 음조는 한 음절에서 다른 음절로 옮겨가면서 변할 수가 있는데 이러한 음조의 변화를 이동(shift)이라고 하고, 한 음절에서 다른 음절로 또는 한 음절 내에서 음조가 미끄러지듯 변화가 일어나는 것을 굴절(inflection)이라고 부른다. 억양이란 문장에서 일어나는 음조의 변화를 가리킨다. 억양은 특히 문장 끝에서 가장 뚜렷하게 나타난다. 문장 끝에서 나타나는 억양에는 "상승-하강(rising-falling)억양"과 "상승(rising)억양"이 있다. 상승-하강억양은 일반적으로 서술문, 명령문, 의문사 의문문에서 쓰이고, 상승억양은 가부(yes-no)의문문과 서술문형의 의문문에서 쓰인다.

상승-하강억양
The dinner is ready. ↗ ↘ (저녁식사가 준비됐다.)
Come to see me. ↗ ↘ (나를 보러 와라.)
What time did you call? ↗ ↘ (몇 시에 전화했느냐?)

상승억양
Are you ready? ↗ (준비됐어?)
It's time to end the class? ↗ (수업이 끝날 시간 아닌가?)

S28   subjuncts(종속어)

종속어는 문장의 한 성분 또는 전체를 수식하는 부사구로서, 견해, 예절, 주어지향, 초점, 정도, 강조, 확실성 부사구가 있다.

1 **견해 종속어**: "from what point of view"의 응답이 될 수 있는 부사구로서 문두위치에 오는 것이 특징이다.

economically	ethically	geographically
legally	linguistically	personally
politically	scientifically	technically 등

Personally, the proposal seems irrelevant at the present moment.
(개인적으로 보면 그 제안이 현재로서는 적절치 않은 것 같다.)
(= From a personal viewpoint, the proposal seems irrelevant at the present moment.)
Technically, the two countries are still at war.
(기술적으로는 두 국가가 아직도 전쟁 중에 있다.)
(= From a technical point of view, the two countries are still at war.)

▶ 다음을 비교해 보라.

Scientifically, the question that John raised is relatively unimportant.
(과학적 입장에서 볼 때 존이 거론한 질문은 비교적 중요하지 않다.)
The scientist is analyzing the phenomenon **scientifically.**
(과학자가 그 현상을 과학적으로 분석하고 있다.)

앞 문장에서는 scientifically가 "from a scientific point of view"라는 의미의 견해 종속어이고, 두 번째 문장에서는 "in a scientific way"라는 의미의 방식 부가어다.

2 **예절 종속어**: please처럼 문장에 겸손함을 추가해 주는 부사구로서 일반적으로 문중위치에 오며, cordially, kindly 등이 있다.

You are **cordially** invited to our wedding on May 10.
(5월 10일에 있을 저희들의 결혼에 당신을 성심으로 초대합니다.)
He **kindly** offered me his seat. (그는 친절하게도 자신의 자리를 나에게 양보했다.)

위 문장을 "He offered me his seat kindly" (= 그는 친절하게 (= in a kind manner(양태부가어)) 자신의 자리를 나에게 양보했다")와 비교해 보라. 위 문장을 풀어쓰면 "He was kind enough to offer me his seat (= 그는 친절하게도 나에게 자리를 양보했다)"와 같다.

3 **주어지향 종속어** (subject-oriented): 문장의 주어가 문장이 표현하는 상황에 대해 가지는 태도나 느낌을 표현하는 부사구로서 일반적으로 문두위치에 온다.

consistently	deliberately	intentionally
proudly	resentfully	with great pride

enthusiastically　　　　　reluctantly　　　　　　sadly 등

Deliberately, the boss told us nothing about the accident.
(일부러 사장은 사고에 대해서 우리에게 아무 말도 하지 않았다.)
With great pride, he announced that President Kim Dae Jung would receive the Year 2000 Nobel Peace Prize.
(큰 자부심을 갖고 그는 김대중 대통령이 2000년도 노벨평화상을 수상할 것이라고 발표했다.)

4　　**초점 종속어**: 문장 성분의 의미를 제한하거나 강조하는 부사구로서 문중위치나 수식하는 성분 바로 앞에 온다.

especially	even	just
largely	mainly	merely
mostly	only	primarily
precisely	purely	solely 등

I am **merely** telling you what has happened. (나는 무슨 일이 있었는지를 너에게 말할 뿐이다.)
("I am not telling you anything else"의 의미를 내포한다.)
Only her sister visited her in hospital. (그녀의 여동생만이 입원한 그를 방문했다.)
("No one else visited her in hospital"의 의미를 내포한다.)
The story seemed to be **mostly** true. (이야기가 대부분 사실인 것 같았다.)
("Most of the story seemed true"의 의미를 내포한다.)

5　　**정도 종속어**: 문장의 술어 부분이 기술하고 있는 상황의 강도를 증가 또는 감소시키는 부사구로서 문중위치에 나타나는 것이 특징이다.

absolutely	almost	as
barely	by no means	completely
considerably	deeply	entirely
extremely	far	fully
hardly	highly	in no way
largely	little	more
most	much	nearly
particularly	partly	perfectly
quite	rather	scarcely
slightly	so	somewhat
strongly	thoroughly	too
to some extent	totally	very
virtually	wholly 등	

He ran **too** fast for me to catch up. (그는 너무나 빨리 달려서 내가 따라 잡을 수 없었다.)
They have **so** little money they can't afford their meals.
(그들은 돈이 별로 없어서 먹을 것도 마련할 수 없다.)

They have **completely** ignored my instructions. (그들은 나의 지시를 완전히 무시했다.)
My final decision has been **somewhat** influenced by your remarks.
(나의 마지막 결심은 어느 정도 당신의 말에 영향을 받았다.)

6 **강조 종속어**: 문장의 한 성분의 의미를 강조하는 부사구로서 일반적으로 조동사를 앞서는 문중위치에 나타나며, 대부분이 부연어(disjuncts)로도 쓰일 수 있다. (D15를 보라.)

actually	certainly	clearly	definitely
frankly	honestly	indeed	just
literally	obviously	plainly	really
right	simply	surely	way 등

I **honestly** don't think that is true. (나는 솔직히 그것이 사실이라고 생각하지 않는다.)
I **just** can't understand why he should have left her.
(나는 그가 왜 그녀를 떠났는지 전혀 이해할 수 없다.)
They have **obviously** been misled by him. (그들은 그에 의해 명백히 잘못 인도되었다.)
She **definitely** ruined his chances to be elected President.
(그녀는 그가 대통령으로 선출될 수 있는 기회를 명백하게 망쳤다.)

7 **확실성 종속어**: 어떤 사건에 대한 확실성의 정도를 표현하는 부사구다.

absolutely	certainly	clearly	definitely
maybe	obviously	perhaps	probably 등

It would **probably** be a good time to take a break.
(어쩌면 지금이 잠깐 쉴 좋은 시간일 수 있다.)
She is **definitely** much older than me. (그녀는 확실히 나보다 나이가 많다.)

▶ maybe와 perhaps는 종종 문두위치에도 나타난다.

Maybe you were right after all. (어쩌면 결국 네가 옳았을 수 있다.)
Perhaps it'll snow tomorrow. (어쩌면 내일 비가 올 거야.)

8 **방식 종속어**: 방식 종속어는 방식 부가어로도 사용될 수 있으며 (방식 부가어에 대해서는 A18.6을 보라), 수식하는 표현 바로 앞에 온다.

economically	ethically	geographically	legally
politically	scientifically	technically 등	

In **economically** advanced countries, women tend to marry later.
(경제적으로 발전한 국가에서는 여성이 늦게 결혼하는 경향이 있다.)
Election law is a **politically** sensitive issue. (선거법은 정치적으로 민감한 문제다.)

S29 subjunctive mood(가정법)

가정법 동사는 특히 미국영어에서 많이 나타난다. 우리가 누구에게 어떻게 할 것을 제안하거나(suggest), 추천하거나(recommend), 요청하거나(ask), 요구하거나(demand), 주장하거나(insist), 충고(advice)할 때, 또는 어떤 상황이 중요하다거나(important), 필수적이거나(essential), 불가결한 것이라(vital)고 주장할 때 종속절의 동사가 "원형형태"를 취한다. 즉, 삼인칭 단수 현재 동사는 -s 어미를 취하지 않으며, be 동사는 모든 경우에 원형인 "be"가 사용된다. 또한 동사는 "시제"에 대해서도 변화를 보이지 않는다.

He **suggested** to her that they **go** out for dinner.
(그는 그녀에게 저녁 먹으러 나가자고 제안했다.)
I **demanded** that she **be** on time. (나는 그녀에게 늦지 말라고 요구했다.)
He **insisted** that she **reconsider** her decision. (그는 그녀가 그녀의 결정을 재고하라고 주장했다.)
It's **essential** that every child **have** the same medical treatment.
(모든 아이들이 동일한 의학적 진료를 받는 것이 필수적이다.)
Our **advice** was that the company **invest** in new equipment.
(우리는 회사가 새로운 장비에 투자하라고 충고했다.)

1 **부정**: 가정법 동사는 부정형을 만들 때 do 동사를 필요로 하지 않는다.

It is **desirable** that he **not** leave school before finishing his exams.
(그가 시험이 끝나기 전에 학교를 나가지 않는 것이 바람직하다.)
He **insisted** that she **not reconsider** her decision.
(그는 그녀가 그녀자신의 결정을 재고하지 말라고 주장했다.)

2 should: 영국영어에서는 원형동사 대신에 "should + 동사"나 일상적인 현재시제와 과거시제 동사가 널리 사용된다.

He said it is **essential** that you **should be/were** on time.
(그는 네가 늦지 않는 것이 매우 중요하다고 말했다.)
He **insisted** that he **should be/was given** the same opportunities.
(그는 자신에게도 동일한 기회가 주어져야 한다고 주장했다.)

3 if ... were: 비실제적 조건을 의미하는 if-절에서 were는 종종 모든 주어와 함께 쓰인다.

If he **were** naturalized, he **could vote** in the next presidential election.
(만약 그가 귀화했다면 다음 대통령 선거에서 투표를 할 수 있을 것이다.)
If I **were** a bit younger, I **would spend** all my time travelling.
(만약 내가 조금만 젊었다면 나는 여행하는 데 나의 모든 시간을 쓸 것이다.)

▶ "if I were you"는 또한 타인에게 충고를 하거나 어떻게 행동하는 것이 좋은가를 말할 때 종종 사용된다.

I wouldn't worry about it **if I were you**. (내가 너라면 그것에 대해서 걱정하지 않을 것이다.)

If I were you, I'd accept his apology. (내가 너라면 그의 사과를 받아들일 것이다.)

▶ 불가능한 소원을 말할 때 wish 다음에 오는 that-절에는 일반적으로 과거형 동사가 온다.

I **wish** I **were** a millionaire. (내가 백만장자라면 좋겠다.)
All our friends **wish** you **didn't leave** the team.
(우리 친구 모두는 네가 팀을 떠나지 않기를 원했다.)

4   act/behave as if: "... 인 양 행동하다"의 의미로 사용되며 동사는 가정법 were나 과거완료가 사용될 수 있다.

He **acts as if** he **were** a millionaire. (그는 마치 백만장자인 것처럼 행동한다.)
He **acted as if** he **had been** a king. (그는 자기가 마치 왕이었던 것처럼 행동했다.)
Why does she **behave as if** she **were** stupid?
(그녀는 어째서 자신이 멍청이인 것처럼 행동합니까?)

5   **관용적 표현**: 관용적인 표현에서도 가정법 동사가 사용된다.

God **save** the Queen! (여왕폐하 만세!)
God **bless** Korea! (한국에 신의 가호가 있기를!)
(If we have to pay 1 million won,) then so **be** it.
((우리가 100만원을 갚아야 한다면) 할 수 없지 뭐.)
Heaven **help** us! (신이여 우리를 도와주소서!)

S30   substitution(대치)

영어뿐만 아니라 모든 언어의 보편적 속성의 하나는 말을 할 때 가능한 한 동일한 표현을 반복하는 것을 가급적 자제한다는 것이다. 앞에서 말한 표현과 같은 표현이 나타나면 뒤 표현을 아주 삭제하는 방법과 더 간단한 표현으로 대치(substitution)하는 방법이 있다. 이러한 생략과 대치는 의미적으로 아무런 문제가 없을 경우에만 허용된다.

My brother didn't like to study. So **my brother** didn't go to college.
(나의 남동생은 공부하기를 싫어한다. 따라서 나의 남동생은 대학에 진학하지 않았다.)

이 두 문장을 결합하여 하나의 문장을 구성할 수 있다. 두 가지 방법이 있는데 하나는 대치 방법이고 다른 하나는 생략방법이다. (생략에 대해서는 E8-E14를 보라.)

My brother didn't like to study, and so **he** didn't go to college.
(나의 남동생은 공부하기를 싫어했고, 따라서 그는 대학에 진학하지 않았다.)
My brother didn't like to study, and so ___ didn't go to college.
(나의 남동생은 공부하기를 싫어했고, 따라서 대학에 진학하지 않았다.)

1   **삼인칭 대명사**: 삼인칭 대명사(예: he, she 등)는 명사구를 대치할 수 있으며, 대명사는 대치한 명사구와 수와 성에서 일치한다.

The little boy looked down at **his left hand**, and found out that **it** was covered with blood. (그 어린 남자아이는 자신의 왼손을 내려다 보았고, 왼손에 피가 범벅인 것을 알았다.)

대명사 "his"는 "the little boy"를 가리키고, "it"는 "his left hand"를 가리킨다.

The new professor kept **her** distance. **She** didn't call **students** by **their** first names. (새로 온 교수님은 일정한 거리를 두었다. 그녀는 학생을 부를 때 이름을 부르지 않았다.)

위 문장에서 대명사 "her"와 "she"을 통해 "the new professor"가 여성이라는 것을 알 수 있다.

2   **재귀대명사**: 재귀대명사는 가리키는 명사구가 같은 절 내에 있을 때 쓰인다. (R5를 보라.)

In despair, **the old man** hanged **himself**. (그 노인은 절망에 빠져 목을 맸다.)
Tourists have to take measures to protect **themselves**.
(여행자들은 자신을 보호할 조치를 취해야 한다.)

3   **관계대명사**: 관계대명사도 선행 명사구와 일치를 보인다. (R7-R10을 보라.)

The man who was invited to the conference is my uncle.
(학회에 초청된 사람은 나의 삼촌이다.)
The house which was repainted white is my uncle's.
(흰색으로 다시 칠한 집이 나의 삼촌 집이다.)

4   **일인칭과 이인칭 대명사**: 이들 대명사도 명사구를 대치할 수 있는데 제약이 있다. 일인칭 대명사는 일인칭 대명사가 포함된 등위접속 명사를, 이인칭 대명사는 일인칭 대명사를 포함하지 않고 이인칭 대명사와 등위접속된 명사구를 대치한다. (P44.2를 보라.)

My wife and I are going to Brazil. **We** hope to stay there for a week.
(내 처와 나는 브라질에 가려고 한다. 우리는 그곳에서 일주일 간 머물기를 희망한다.)
You and Mary can stop work now. **You** can both eat **your** lunch in the kitchen.
(당신과 메리는 지금 일을 멈출 수 있습니다. 당신들 두 분은 부엌에서 점심을 드실 수 있습니다.)

5   **부정대명사**: "everyone, someone, somebody, no one, anyone 등"과 같은 부정대명사는 종종 복수대명사로 대치된다.

Everyone should take care of **themselves**. (모든 사람은 스스로를 돌봐야 한다.)
Everybody was shocked when **they** heard the news.
(모든 사람이 그 소식을 듣고 충격을 받았다.)
No one deserves a vacation unless **they** finish their homework.
(누구도 숙제를 마치지 않으면 휴가를 갈 자격이 없다.)
Anyone can come to the picnic with **their** family. (누구나 가족과 함께 야유회에 올 수 있다.)

▶ 격식적 문체에서는 종종 등위접속된 단수 대명사를 사용한다.

The teacher told **every student** to submit **his or her** assignment by tomorrow.

(선생님은 모든 학생들에게 내일까지 숙제를 제출하라고 말했다.)

6   **집단명사**: 집단을 하나의 개체로 볼 때는 단수대명사로, 집단의 구성원에 중점을 줄 때는 복수대명사로 대치된다.

The Kennedy family still has **its** summerhouse on that island.
(케네디 가족은 아직도 그 섬에 여름별장을 소유하고 있다.)
My next-door family always quarrel among **themselves**.
(나의 이웃집 가족은 항상 그들끼리 다툰다.)

7   one과 ones: one은 단수명사구 전체 또는 단수명사구의 명사만을 대치할 수 있고, ones는 복수명사구의 명사를 대치할 수 있다.

"Do you have **a computer**?" "No. I'm going to buy **one**."
("컴퓨터 가지고 있어?" "아니요. 한 대 사려고 합니다.")
The **train** was crowed so we decided to catch a late **one**.
(기차가 만원이 되서 우리는 다음 기차를 타기로 했다.)
The only **jokes** I know are the **ones** that I hear from you.
(내가 알고 있는 농담은 너한테 들은 것이 전부다.)

8   that과 those: that는 단수, those는 확정적 (definite) 복수 명사구를 대치할 수 있다. that는 비인칭 단수명사구만을 대치할 수 있다.

The wine is quite different from **that** produced in France.
(그 포도주는 프랑스에서 생산되는 것과 상당히 다르다.)
The paintings of Gaugin's Tahiti period are more famous than **those** he painted in France. (고갱이 타히티에 있을 때 그린 그림이 그가 프랑스에서 그린 것보다 더 유명하다.)
The students of the 1990s were much taller than **those** of the 1960s.
(1990년대의 학생들이 1960년대의 학생들보다 키가 훨씬 크다.)

9   do: do/does/did는 be 동사를 제외한 모든 어휘동사를 포함하고 있는 동사구를 대치할 수 있다. (D19.1을 보라.)

"Do you go to church on Sundays?" "Yes, I **do** / No, I **don't**."   [짧은 응답]
("일요일에 교회에 갑니까?" "네, 갑니다./아니요, 안 가는데요.")

He denied doing it, **didn't** he?   [부가의문문]
(그는 그것을 하지 않았다고 부인했지?)
He didn't do it, **did** he?
(그가 그것을 하지 않았지?)

They like to watch football, and so **do** we/we **do** too.   [등위접속절]
(그들도 축구경기를 보는 것을 좋아하고, 우리도 그렇다.)
They don't like to play football, and neither **do** we/we **don't** either.

(그들도 축구를 하는 것을 싫어하고, 우리도 그렇다.)

They enjoyed the visit more than we **did**.　　　　　　[비교구문]
(그들은 우리보다 구경을 더 즐겼다.)
Do you go fishing as often as he **did**?
(당신도 그분만큼 자주 낚시를 갑니까?)

10　　do so/it/that: "do so/it/that"는 동적(dynamic)동사에 속하는 행위(action)동사(예: write, read, walk, drink, eat, look at 등)나 사건(event)동사(예: take place, occur, happen, explode 등) 또는 과정(process)동사(예: change, grow, die, improve, develop, increase 등)가 머리어인 동사구의 대용어로 사용되며, do so는 격식을 갖춘 표현에서 주로 사용된다. (D19.2와 V2를 보라.)

"**Park the car in the garage.**" "I've already **done so**."
("차를 차고에 대라." "이미 그렇게 했는데요.")
John **paid for the movie tickets** tonight; he **did so** last week too.
(존은 오늘밤 영화표를 샀는데, 그는 지난주에도 그랬다.)
Mary **goes to the hospital every week**. In fact, she has been **doing so/doing it/doing that** since I've known her.
(메리는 매주 병원에 가고 있다. 실제로 그녀는 내가 그녀를 안 이후 계속 그래 왔다.)
He **told me to write a letter**, and I **did so/it/that** as soon as possible.
(그는 나에게 편지를 하라고 했고, 나는 가능한 한 빨리 그렇게 했다.)

▶ do so/it/that는 정적(stative)동사(예: know, own, cost, weigh, seem, hear, mean, believe, resemble, consist of 등)가 핵인 동사구의 대용어로 쓰일 수 없다.

"Does anybody **know who he is**?" "*I certainly don't **do so/it/that**."
(참고: "Does anybody **know who he is**?" "I certainly **don't**.")
"He **heard footsteps upstairs** this morning." "*I also **did so/it/that** last night."
(참고: "He **heard footsteps upstairs** this morning." "I also **did** last night.")

11　　do so와 do it/that: do so는 주로 앞에서 언급한 동일한 주어에 의한 동일한 행위를 말할 때 사용하고, 다른 경우에는 "do it/that"를 사용한다. (D19.3-6을 보라.)

I don't have enough time to **buy the tickets**. Who's going to **do it/that**?
(나는 티켓을 구입할 시간이 없다. 누가 그것을 할 수 있을까?)
(*Who's going to **do so**?)
You can **borrow my car**, if you want to **do so**. (네가 원한다면 내 차를 빌려갈 수 있다.)
I can lend you my car, if you don't find someone else to **do it/that**.
(만약 너에게 차를 빌려줄 다른 사람을 찾지 못하면 내가 차를 빌려줄 수 있다.)
(*I can lend you my car, if you don't find someone else to **do so**.)

12　　so와 not: so와 so의 부정형인 not는 우리의 "생각이나 의견"을 표현할 때 사용되는 동사

(appear, believe, expect, guess, hope, imagine, presume, seem, suppose, think 등)와 함께 쓰일 경우 앞에서 언급된 절의 내용을 가리키는 대용어가 될 수 있다. (S14를 보라.)

"Will you be able to help us?" "I believe **so**." ("우리를 도와줄 수 있으세요?" "그러지요.")
"Weren't your parents pleased?" "No, I suppose **not**."
("부모님이 기뻐하지 않으셨어요?" "기뻐하지 않았습니다.)
"He promised to visit us next week." "I hope **so/not**."
("그가 다음 주에 우리를 찾아오기로 약속했다." "그랬으면/안 그랬으면 좋겠는데.")

▶ so와 not는 "if"나 "afraid"와도 함께 쓰일 수 있다.

"Has the news reached home yet?" "I'm afraid **so**/I'm afraid **not**."
("그 소식이 벌써 집에 도착했습니까?" "그런 것 같은데요/아직 아닌 것 같은데요.)
"I may be free this evening." "If **so**, let's have dinner at Outback."
("나는 오늘 저녁에 시간이 있을 것 같다." "만약 그렇다면 아웃백에서 저녁을 합시다.)
The weather forecast said it would be fine all day; if **not**, we'll cancel all the outdoor activities. (일기예보에 따르면 종일 날씨가 개일 것이다. 만약 그렇지 않으면 우리는 모든 야외행사를 취소할 것이다.)

13 **it와 that**: 12에서 언급한 동사들을 제외한 많은 동사들은 it 또는 that가 함께 쓰인다.

"Bill hasn't found a job yet." "How do you **know it/that**?"
("빌은 아직도 직업을 구하지 못했다." "너는 그것을 어떻게 알았어?")
(*How do you **know so/not**?)

"The FBI was investigating the explosion in the city." "I **heard it/that** from my brother." ("에프비아이가 도시에서 있었던 폭발사건을 조사하고 있었다." "나는 내 동생에게서 그것을 들었다.)
(*I **heard so/not** from my brother.)

14 **부사 대용어**: 부사 대용어에는 시간부사 대용어, 장소부사 대용어, 과정부사 대용어 그리고 정도부사 대용어가 있고, 형용사 대용어로는 so가 종종 쓰인다. (S14를 보라.)

▶ 시간부사 대용어 (then, that): 대표적인 대용어로는 then이 있으며, 종종 that가 대용어로 사용될 수 있는데 이 경우 that는 주어로 쓰여야 한다.

We saw John **on Monday evening**; we told him **then** that we would be coming to the party. (우리는 월요일 저녁에 존을 만났으며, 그때 그에게 우리가 파티에 갈 것이라고 말했다.)
"He'll arrive here just **before six o'clock**." "**That** seems early enough."
("그는 6시 바로 전에 도착할 것입니다." "그 시간이면 충분히 빠른 것 같습니다.)

▶ 장소부사 대용어 (here, there, it, that): 대표적인 장소 대용어로는 here와 there가 있으며, 종종 it와 that가 장소부사를 대신하는 대용어로 쓰일 수 있는데 반드시 주어로 쓰여야 한다.

John is **in London** and Mary is **there** too. (존도 런던에 있고 메리도 그곳에 있다.)

"He put the pen **in the top drawer**." "**That/It** seemed a good place."
("그는 펜을 꼭대기 서랍에 넣어 두었다." "그곳이 좋은 곳은 것 같다.")

> ▶ 양태부사 대용어 ((in) that way, like that): 대표적인 양태 대용어로는 "(in) that way"와 "like that"이 있다.

She plays the piano **with great concentration**. But she doesn't study **that way/like that**. (그녀는 온정신을 집중하여 피아노를 연주하지만, 공부는 그런 식으로 하지 않는다.)

15 **형용사 대용어** (so): so는 때때로 형용사의 대용어로 사용된다.

The weather is **stormy**, and will remain **so** through the weekend.
(날씨가 폭풍우가 치고 있고 주말 내내 그렇게 지속될 것이다.)
"Is she still **depressed**?" "Less **so** than yesterday."
("그녀는 아직도 의기소침해 있느냐?" "어제보다는 덜 그렇습니다.")

S31 such와 so

1 **기능과 위치**: such는 명사구 내에서 한정사, 한정사 선행어, 한정사 후행어가 나타날 수 있는 위치에 나타나며, 격식적 문체에서 종종 대명사로도 쓰인다. so는 부사나 형용사 앞에 와서 이들을 수식하는 역할을 한다. (so에 대해서는 S12-S14를 보라.)

I've never had **such delicious food** in my life.	[한정사]
(나는 일생 동안 이렇게 맛있는 음식을 먹어본 적이 없다.)	
It's not clear what we should do in **such a situation**.	[한정사 선행어]
(우리는 그런 상황에서 무엇을 해야 할지 명백하지 않다.)	
I don't tolerate **any such behavior** in my class.	[한정사 후행어]
(나는 내 학급에서 그런 행동을 절대로 용납하지 않는다.)	
Thank you for being **so patient**.	[형용사]
(그렇게 인내해 주신 것에 감사합니다.)	
Why are you driving **so fast**?	[부사]
(왜 운전을 그렇게 빨리 합니까?)	

2 **한정사**: such가 한정사 선행어로 쓰이는 경우는 뒤에 오는 단수 가산명사가 부정관사 a/an을 대동할 경우에 한하며, 불가산명사와 복수 가산명사의 경우에는 한정사처럼 사용된다.

I've never seen **such a beautiful house**. (나는 이렇게 아름다운 집을 본 적이 없다.)
Such behavior is not acceptable in this school. (그러한 행동은 이 학교에서는 용납될 수 없다.)
I don't believe **such rumors**. (나는 그런 소문은 믿지 않는다.)

3 **양화 한정사**: such는 양화 한정사(some, any, no 등)와 함께 쓰일 때는 한정사 후행어로서 양화 한정사 다음에 온다.

You shouldn't listen to **any such** nonsense. (너는 그런 허튼 소리를 들어서는 안 된다.)

There's **no such** thing as ghosts. (귀신같은 것은 없다.)

4   **대명사**: such는 격식적 문체에서 종종 대명사로 쓰인다.

I may have offended you, but **such** was not my intention.
(내가 당신을 화나게 했나요. 그러나 그것이 내 의도는 아니었습니다.)
A victory for Brazil had been predicted and **such** indeed was the result.
(브라질의 승리가 예견되었으며, 그것이 실제로 결과였다.)

5   **강조**: such와 so는 어떤 속성의 강도를 강조하는 한정사 또는 한정사 선행어로 쓰인다. 이 경우 such는 형용사를 포함하는 명사구 내에 나타나지만, so는 아래에서와 같이 형용사가 부정관사 앞으로 이동할 경우에 쓰일 수 있다.

That's **such a good movie**. (그것은 참 훌륭한 영화다.)
(= That's **so good a movie**.) (*That's **so a good movie**.)
I've never seen **such a beautiful house** in my life.
(나는 평생 이렇게 아름다운 집을 본 적이 없다.)
(= I've never seen **so beautiful a house** in my life.)
(*I've never seen **so a beautiful house** in my life.)

I've never seen **such beautiful pearls**. (나는 그렇게 아름다운 진주를 본 적이 없다.)
(*I've never seen **so beautiful pearls**.)
I've never had **such delicious food** in my life.
(나는 평생 이렇게 맛있는 음식을 먹어본 적이 없다.)
(*I've never had **so delicious food** in my life.)

6   such/so ... that: 이 구문은 어떤 대상이 지닌 속성으로 인하여 일어난 결과를 표현할 때 사용된다. (R13을 보라.)

It was **such a tiny kitchen that** I didn't have to do much to keep it clean.
(부엌이 너무나 작아서 깨끗이 유지하는 데 별로 할 일이 없었다.)
The homework was **so easy that** it could be done in ten minutes.
(숙제가 하도 쉬워서 10분 만에 끝낼 수 있었다.)

▶ 위에서와 마찬가지로 so는 단수 가산명사 앞에 있는 형용사가 부정관사 a(n) 앞으로 오면 such를 대신할 수 있다.

It was **so tiny a kitchen that** I didn't have to do much to keep it clean.
(부엌이 너무나 작아서 깨끗이 유지하는 데 별로 할 일이 없었다.)

7   such/so ... as to: 격식적 문체로서 "such/so ... that"과 유사하게 쓰인다.

He was **such an important man/so important a man as to** be protected by the police.
(그는 경찰의 보호를 받을 정도로 매우 중요한 인물이었다.)
His handwriting was **so small as to** be visually illegible.

(그는 글씨를 하도 작게 써서 육안으로 볼 수 없을 정도였다.)

8 such that/as to: 격식적 문체로서 한 속성이 너무 강해서 어떤 결과가 나게 됨을 표현할 때 사용된다.

The force of the explosion was **such that** windows were blown out.
(폭발의 힘이 창문이 깨져나갈 정도로 강했다.)
His manner was **such as to** offend nearly everyone he met.
(그의 태도는 그가 만나는 거의 모든 사람에게 불쾌감을 줄 정도다.)

9 such (a(n)) (...) + 명사 + as: as 뒤에는 명사구 또는 절이 올 수 있으며, "... 와 같은/... 인 것처럼"의 의미로 쓰인다.

I've never lived in **such a large house as this** before.
(나는 전에 이 집과 같은 큰 집에서 살아본 적이 없다.)
Nowadays inflation is not **such a big problem as it used to be**.
(오늘날에는 인플레이션이 옛날처럼 그렇게 큰 문제가 아니다.)
Such clothes as they gave us were not fit to wear.
(그들이 기증한 것과 같은 옷은 입기에 적합하지 않았다.)

10 such + 명사: 매우 격식을 갖춘 문체에서 "이미 언급된 형태의" 의미로 쓰인다.

He always comes to school late. He must know that **such behavior** is not acceptable in this school.
(그는 항상 학교에 지각한다. 그는 그런 행동이 이 학교에서는 용납되지 않는다는 것을 알아야 한다.)
People talk bad things about Mary, but I don't believe **such rumors**.
(사람들은 메리에 대해서 나쁜 점을 말하지만 나는 그런 소문을 믿지 않는다.)
"Did you say she was pregnant?" "No, I said **no such thing**."
("그녀가 임신했다고 말했습니까?" "아니요. 나는 그런 말 안 했습니다.")
She needs to see a psychiatrist or **some such person**.
(그녀는 정신과의사 또는 그와 같은 사람을 만나봐야 한다.)

11 such와 very: such는 종종 very가 적절한 단어로도 사용될 수 있는 상황에서 어떤 속성의 높은 정도를 말할 때 사용된다. very는 단순히 정보를 제공하는 문장에서 사용되고, such는 주로 이미 주어진 정보나 이미 알려진 정보 혹은 명백한 정보를 가리키는 데 사용된다. 다음을 비교해보라.

He married **a very wonderful wife**.　　　[새로운 정보]
(그는 매우 좋은 부인과 결혼했다.)
Where did he meet **such a wonderful wife**?　[알려진 정보]
(그는 어디서 그렇게 좋은 부인을 만났습니까?)
The weather was **very cold**.　　　　　　　[새로운 정보]
(날씨가 매우 춥다.)

I wasn't expecting **such cold weather**.　　　[알려진 정보]
(나는 그런 추운 날씨를 기대하고 있지 않았다.)

▶ 명사 앞에 직접 사용되는 such는 "great, extreme" 등과 같은 단어와 대조된다. 다음을 비교해보라.

There was **great confusion**.　　　[새로운 정보]
(큰 혼동이 있었다.)
Why was there **such confusion**?　　　[알려진 정보]
(어째서 그렇게 큰 혼동이 있었습니까?)

12　such as: 예를 들 때 사용된다.

That sum of money will cover costs **such as** travel and accommodations.
(그 금액은 여행과 숙박과 같은 비용을 포함할 것입니다.)
My doctor told me to avoid fatty foods **such as** bacon or hamburgers.
(나의 전문의는 베이컨이나 햄버거와 같은 기름진 음식을 피하라고 말했다.)

13　as such: 종종 부정적 의미로 "말 그대로의" 의미로 사용된다.

There wasn't much vegetarian food **as such**, although there were several different types of cheese. (다양한 종류의 치즈가 있지만 말 그대로의 채식주의자 음식은 많지 않다.)
We were second-class citizens and they treated us **as such**.
(우리는 2등 시민이며, 그들은 우리를 그렇게 대했다.)

14　such and such: 한정사 선행어 위치에 오며 정확하게 언급하고 싶지 않은 특정 대상을 가리킬 때 사용된다.

If they tell you to come at **such and such** a time, just get there a couple of minutes early.
(만약 그들이 너에게 여차여차한 시간에 오라고 하면, 그곳에 이삼 분 일찍 가도록 해라.)
The bank is offering **such and such** gifts if you open an account there.
(은행은 우리가 새로운 계좌를 열면 어떤 선물을 준다.)

very에 대해서는 D5.5와 6 그리고 V10을 보라.
정도의 개념을 표현하는 다른 방법에 대해서는 D4-D8을 보라.

S32　suggest와 propose

1　**제안**: suggest는 다른 사람에게 무엇을 할 것인가 또는 어디로 갈 것인가 등에 대해 자신의 생각을 말할 때 사용되는 데 반하여, propose는 공식적으로 어떤 계획이나 해결책 또는 새로운 이론을 제시할 때 사용된다.

She wrote to me and **suggested** a meeting. (그녀는 편지로 나에게 회동을 제안했다.)
Helen **suggested** asking her father for his opinion.
(헬렌은 그녀의 아버지에게 의견을 물어보라고 제안했다.)

I **suggest** that you call me before you leave. (떠나기 전에 나에게 전화할 것을 제안한다.)

She **proposed** a boycott of the meeting. (그녀는 회의의 거부를 제안했다.)
The project also **proposes** extending the expressway.
(그 사업은 또한 고속도로를 연장할 것을 제안하고 있다.)
In his speech he **proposed** that the UN should set up an emergency plan for the refugees.
(그는 연설에서 유엔이 난민을 위한 비상계획을 세워야 한다고 제안했다.)

2   **목적어**: 이 두 단어는 절, 동명사, 명사를 목적어로 취할 수 있으나, "목적어 + 부정사 구조"는 허용하지 않는다.

*He **suggested her to ask** her father for his opinion.
*He **proposed the President to sign** the treaty.

3   **that-절**: that-절의 동사형태는 미국영어와 영국영어에서 다르다.

▶ 미국영어의 격식적 문체에서 가정법 동사가 자주 쓰인다.

She proposed that the UN **set up** an emergency fund for poor countries.
(그녀는 유엔이 빈국을 위한 비상기금을 설치해야 한다고 제안했다.)
He suggests that she **not go** to college. (그는 그녀에게 대학에 진학하지 말라고 말한다.)

▶ 영국영어에서는 조동사 should가 흔히 쓰인다.

She proposed that the UN **should set up** an emergency fund for poor countries.
(그녀는 유엔이 빈국을 위한 비상기금을 설치해야 한다고 제안했다.)
He suggests that she **should not go** to college. (그는 그녀에게 대학에 진학하지 말라고 말한다.)

4   **간접목적어**: 간접목적어는 항상 전치사 to를 동반해야 한다.

Can you suggest a good bookstore **to us**? (너는 우리에게 좋은 서점을 말해줄 수 있어?)
(*Can you suggest **us** a good bookstore?)
I propose a toast **to the bride and groom**. (나는 신랑과 신부에게 건배를 제안합니다.)
(*I propose **the bride and groom** a toast.)

5   **May/Can I suggest**: 공손하게 대안을 제안할 때 쓰인다.

May I suggest that you think carefully before you act?
(행동하기 전에 주의 깊게 생각해보시라고 말씀드리고 싶습니다.)
Can I suggest that we take the subway instead of a taxi?
(택시 대신에 지하철을 탈 것을 말씀드립니다.)

T1 take

take는 타동사로서 취하는 목적어에 따라 다양한 의미를 갖는다. 몇 가지 중요한 의미를 제시하면 다음과 같다.

1. **remove**: "(동의 없이) 가져가다/옮기다"라는 의미로 사용된다.

   Who's **taken** my umbrella? (누가 내 우산을 가져갔느냐?)
   Someone **took** my shoes by mistake so I had to wear John's to go home.
   (누가 실수로 내 신발을 가져가서 나는 존의 신을 신고 집에 가야 했다.)

2. **accept**: "받아들이다"라는 의미로 사용된다.

   We'd like you to **take** the gift of your choice. (우리는 네가 선택한 선물을 받으면 좋겠다.)
   If you'd **taken** my advice, you wouldn't have lost so much money.
   (만약 네가 내 충고를 받아들였다면 그렇게 많은 돈을 잃지 않았을 것이다.)

3. **hold**: "잡다"라는 의미로 사용된다.

   He **took** her arm and led her across the street.
   (그는 그녀의 팔을 잡고 거리 건너편으로 데리고 갔다.)
   The man **took** the girl by the neck and dragged her away.
   (그 남자는 아가씨의 목을 잡고 끌고 가버렸다.)

4. **catch**: "노획하다/점유하다"라는 의미로 사용된다.

   Rebels ambushed the train and **took** several prisoners.
   (반군들은 기차를 습격하여 몇 사람을 포로로 잡아갔다.)
   Now that the enemy forces have **taken** the airport, the end of the war is nearer.
   (적군이 공항을 점령했기 때문에 전쟁의 끝이 더 가까워졌다.)

5. **move**: "이동하다/데려가다"라는 의미로 사용된다.

   My suitcases were **taken** to London by mistake. (나의 가방이 실수로 런던까지 가버렸다.)
   We **took** him to look at some new houses. (우리는 그를 데려가서 새 집들을 보여주었다.)

6. **gain**: "얻다/벌다"라는 의미로 사용된다.

   The film **took** $10 million in its first week. (그 영화는 개봉 첫 주에 천만 불을 벌었다.)
   The princess **takes** the title of queen when she marries the king.
   (공주는 왕과 결혼하면 여왕의 직위를 얻는다.)

7. **study**: "공부하다/연구하다"라는 의미로 사용된다.

   Clara is **taking** economics at university. (클라라는 대학에서 경제학을 공부한다.)

What subjects are you planning to **take** next semester?
(너는 다음 학기에 어떤 과목들을 공부할 계획이냐?)

8   react: "반응하다"라는 의미로 사용된다.

He doesn't **take** any interest in his children.
(그는 자신의 아이들에게 관심을 전혀 보이지 않는다.)
She **took** offence too easily. (그녀는 너무 쉽게 화를 낸다.)

9   intake: "(약 따위를) 섭취하다"라는 의미로 사용된다.

Take two tablets before bedtime. (자기 전에 두 알을 섭취하십시오.)
The doctor will ask whether you're **taking** any medication.
(의사는 당신이 어떤 약을 먹고 있는 중인지를 물을 것입니다.)

10   subtract: "빼다/감하다"라는 의미로 사용된다.

"What do you get if you **take** 5 from 12?" "Seven."
("12에서 5를 빼면 답이 무엇이냐?" "7입니다.")
Ten **take** away nine equals one. (10에서 9를 빼면 1이다.)

11   need: 어떤 일을 하는 데 어느 정도의 시간, 돈, 속성 등이 "필요한가"를 표현한다. 여기에는 네 가지 구조가 흔히 쓰인다.

▶ 예비 it 주어

It **took** me three hours to get home last night. (나는 어젯밤에 집에 가는 데 3시간이 걸렸다.)
It **takes** courage to admit you are wrong. (자신의 잘못을 인정하려면 용기가 있어야 한다.)
It **takes** patience to look after the children. (아이들을 돌보려면 인내심이 있어야 한다.)

▶ 사람 주어: 일반적으로 시간 명사를 목적어로 취한다.

I **took** three hours to get home last night. (나는 어젯밤에 집에 가는 데 3시간이 걸렸다.)
She **takes** all day to get out of the bathroom. (그녀는 욕실에서 나오는 데 하루 종일 걸린다.)
They **took** two hours to unload the cargoes. (그들은 짐을 하역하는 데 2시간 걸렸다.)

▶ 행위 주어

The journey **took** me a fortune. (나는 여행에 큰돈을 썼다.)
Parachuting **takes** a lot of courage. (낙하산을 타고 내려오는 것은 많은 용기를 필요로 한다.)
Gardening **takes** a lot of time. (정원 가꾸는 일은 많은 시간이 소요된다.)

▶ 부정사 동사의 목적어가 주어

This house will **take** all week to clean. (이 집은 청소하는 데 한 주가 걸릴 것이다.)
The wound **took** a long time to heal. (그 상처는 치유되는 데 오래 걸렸다.)
Repairs **take** a lot of energy to carry out. (수리를 하는 것은 많은 에너지를 필요로 한다.)

12   **actions**: take는 행위명사와 함께 다양한 행위를 표현한다. (V7.5를 보아라.)

He's **taking a rest** after working all night. (그는 밤새도록 일한 후에 쉬고 있다.)
I'd like to **take a look** at the new furniture. (나는 새 가구를 보는 것을 좋아한다.)
Mike enjoys **taking a shower** every morning. (마이크는 매일 아침 샤워를 즐긴다.)
It's good to **take a break** when you can't concentrate on your work.
(일에 집중할 수 없을 때 쉬는 것이 좋다.)

이외에도 take는 많은 행위명사를 목적어로 취할 수 있다.

take a drink/a sip/a picture
take a bath/a shave/a wash
take a break/a rest/a seat/a sleep
take a breath/a dive/exercise/a leap/a step/a swim/a walk
take a guess

T2   taste

taste는 지각동사의 하나로서 진행형이 없으며 어떤 것이 어떤 맛을 가지고 있는가를 표현할 때 사용된다. (P21을 보아라.) taste는 또한 연결동사로서 형용사와 명사구를 보어로 취한다. (C28을 보아라.)

These oranges **taste nice**. (이 오렌지는 맛이 좋다.)
Oh, this **tastes delicious**! (와, 이거 정말 맛있다!)

명사를 보어로 취할 경우에는 명사 앞에 of나 like가 온다.

This yogurt **tastes of strawberries**. (이 요구르트는 딸기 맛이 난다.)
It **tastes just like champaign** to me. (나에게는 샴페인과 똑같은 맛이 난다.)

1   **지각하다** (perceive): 음식의 맛을 알아차리는 것을 말하며 진행형이 없으며, 종종 can과 함께 사용된다.

I **taste almond** in this cake. (나는 이 케이크에서 아몬드 맛이 난다.)
I've caught a bad cold so I **can't taste what I'm eating**.
(나는 심한 감기가 들어서 먹는 음식의 맛을 알 수 없다.)

2   **시험하다/해보다** (test): 맛을 알아보기 위해 적은 양의 음식을 먹어보거나 마셔보는 것을 의미한다. 진행형이 가능하며, 종종 can과 함께 사용된다. (P21.3을 보아라.)

I always **taste the wine** before allowing the waiter to fill my glass.
(나는 웨이터가 내 잔에 포도주를 붓기 전에 항상 시음한다.)
Taste this sauce and tell me if I need to add some more salt.
(이 소스의 맛을 보고 소금을 좀 더 넣을 필요가 있는지 말해줘.)
"Stop eating the cake." "I'm just **tasting it** to see if it's OK."

("케이크를 그만 먹어라." "나는 케이크가 어떤가 보려고 맛을 보고 있을 뿐인데.")

3   **경험하다** (experience): 어떤 상황을 짧은 기간에 걸쳐 경험하는 것을 표현한다.

Once people have **tasted luxury**, it's very hard to settle for anything less.
(일단 사람들은 사치스러운 삶을 경험하게 되면, 그보다 덜한 삶을 받아들이기가 매우 힘들다.)
Having **tasted freedom**, the bird would not return to its cage.
(그 새는 자유를 경험했기 때문에 새장으로 돌아오지 않을 것이다.)

T3   that

that는 영어에서 가장 다양하게 쓰이는 단어 중의 하나다.

What's **that** you're writing?	[지시대명사]
(네가 쓰고 있는 저것이 무엇이냐?)	
Look at **that** man!	[지시한정사]
(저 사람 봐라!)	
She said **that** she would come.	[접속사]
(그녀는 오겠다고 말했다.)	
The letter **that** came this morning is from my father.	[관계사]
(오늘 아침에 온 편지는 아버지한테서 온 것이다.)	
"Mary, he wanted to talk to you." "Why was **that**?"	[대용어]
("메리야, 그가 너와 말하고 싶었대." "왜 그랬대요?")	
No one expected it to cost **that** much.	[부사]
(아무도 그렇게 많은 비용이 들 것으로 생각하지 않았다.)	

1   **지시사**: 어떤 대상을 지시하거나 확인할 때 사용된다.

That's my wife you're talking to. (네가 말하고 있는 저 여자가 내 처다.)
That looks heavy—may I carry it for you. (그거 무거워 보이는데요, 제가 들어 드릴까요?)
"Who is **that** with you?" "A friend of mine."
("너와 함께 있는 저 사람 누구냐?" "제 친굽니다.")

2   **지시한정사**: 어떤 대상을 가리키는지 청자가 볼 수 있다고 생각할 때 한정사로 사용된다.

Look at **that** man. (저 사람 봐라.)
Did you get **that** cheque I sent? (내가 보낸 그 수표 받았어?)
That idiot delivery man again knocked on my door!
(저 바보 같은 배달원이 다시 우리 문에 노크를 하네!)

▶ that가 시간명사의 한정사로 쓰이면 과거의 시간을 표현한다.

When I was ten, I visited the town where my grandfather was born. **That year** the weather was hot and humid.

(내가 10살 때 할아버지가 태어난 마을에 방문했었다. 그 해는 날씨가 덥고 습했다.)

3   **접속사**: that가 이끄는 절에 대해서는 T4-T7을 보라.

4   **대용어**: that는 앞에서 언급한 표현을 가리키는 대용어로 사용될 수 있다.

"We're going to have dinner at **La Seine**." "Where's **that**?"
("우리는 라센느에서 저녁을 먹으려고 한다." "그것이 어디 있어요?")
"Grandma gave me **$1,000** for my birthday." "What are you going to do with **that**?"
("할머니가 내 생일에 천 불을 주었다." "너는 그것으로 뭘 하려고 하느냐?")
My **handwriting** is like **that** of a much younger child.
(내 글씨는 아주 어린아이들의 것과 같다.)
"**You've never cared about me**." "**That**'s not true."
("너는 나에게 관심을 가진 적이 없었다." "그것은 사실이 아니다.")
"They say here **that tomatoes are fruit**." "**That** can't be right. They're vegetables."
("사람들이 토마토를 과일이라고 말한다." "그것은 옳지 않다. 토마토는 채소다.")

5   **부사**: that는 부사로서 so처럼 정도의 강도를 표현할 때 사용된다.

He's too old to walk **that far**. (그는 나이가 많아서 그렇게 멀리 걸을 수 없다.)
She missed hitting the car in front by **that much**. (그녀는 차와 정면충돌을 요정도로 면했다.)
He said that not even a child could be **that stupid**.
(그는 어린아이도 그렇게 미련할 수 없다고 말했다.)

this와 that, these와 those에 대해서 D9를 보라.

T4　that-절-1: 명사절

that-절은 명사절 외에도 형용사절, 부사절, 동격절 등으로 사용될 수 있다.

I can't believe **that she's only 40**.	[명사절]
(나는 그녀가 40밖에 안 됐다는 것을 믿을 수 없다.)	
That's the car **that John wants to buy**.	[형용사절]
(저것이 존이 사고 싶어 하는 차다.)	
I was so tired **that I fell asleep**.	[부사절]
(나는 너무 피곤해서 잠이 들었다.)	
It's a fact **that I have written this book**.	[동격절]
(내가 이 책을 쓴 것이 사실이다.)	

우리가 어떤 절을 명사절(nominal clauses)이라고 부르는 것은 이 절이 문장 내에서 명사구가 나타날 수 있는 위치에 올 수 있기 때문이다. 문장에서 명사구가 올 수 있는 위치는 주어와 목적어 그리고 전치사의 목적어 위치다. 그 중에서 간접목적어는 "수혜자(recipient)" 역할을 하기 때문에 명사구를 제외한 어떠한 표현도 올 수 없다.

1   **주어절**: that-절은 문장의 주어가 될 수 있다.

      That the water has been polluted is a matter of grave concern.
      (물이 오염되었다는 것이 중요한 관심사다.)

      ▶ 외치: 주어 that-절은 뒤로 외치되고 그 자리에 허사 it가 오는 구조가 더 자주 쓰인다. (E25와 P43.7을 보라.)

      It is a matter of grave concern **that the water has been polluted**.
      (물이 오염되었다는 것이 중요한 관심사다.)

      ▶ the fact: that-절이 주어 위치에 오면 부자연스럽기 때문에 종종 the fact를 앞에 두기도 한다.

      The fact that the water has been polluted is a matter of grave concern.
      (물이 오염되었다는 사실은 중요한 관심사다.)

2   **목적어절**: that-절은 문장의 직접목적어로 쓰일 수 있다. (that-절을 목적어로 택하는 동사에 대해서는 V4.3과 V5.6과 7을 보라.)

      We believe **that he may take the last train home**.
      (우리는 그가 마지막 기차로 집에 올 것이라고 생각한다.)

      ▶ 수동형과 외치: 목적어 that-절은 수동문의 주어 위치에 올 수 있으며, 주어 위치에 있는 that-절은 문장 끝으로 외치되고 그 자리에 허사 it가 온다. (E25를 보라.)

      That he may take the last train home is believed.
      It is believed **that he may take the last train home**.
      (그가 마지막 기차로 집에 올 것으로 생각된다.)

3   **보어절**: that-절은 주어보어가 될 수 있다.

      My assumption is **that interest rates will soon fall**.
      (나의 가정은 이자율이 곧 떨어질 것이라는 것이다.)
      One hypothesis is **that the victim fell asleep while driving**.
      (한 가지 가설은 희생자가 운전 중에 잠들었다는 것이다.)

4   **형용사 보충절**: that-절은 형용사 보충어로 쓰일 수 있다. (A15.5를 보라.)

      I'm **sure that there's a logical explanation for all this**.
      (나는 이 모든 것에 대한 논리적 설명이 존재한다고 확신한다.)
      I'm really **glad that I don't have to go back there again**.
      (나는 그곳에 다시 돌아가지 않게 되어 정말로 기쁘다.)

5   **동격절**: that-절은 동격절로 사용될 수 있다. (A58.2를 보라.)

      His claim **that coffee grows in Brazil** is correct.

(브라질에서 커피를 재배한다는 그의 주장은 옳다.)
Not everyone believes the idea **that inflation is a necessary evil**.
(모든 사람이 인플레이션이 필요악이라는 생각을 믿는 것은 아니다.)

6 **전치사 목적절**: that-절 앞에는 일반적으로 전치사가 올 수 없다. 전치사를 that-절 앞에서 생략할 수 없는 상황이 오면 일반적으로 the fact를 that-절 앞에 놓는다.

Everybody was surprised **at the fact that** she was only 40 years old.
(모든 사람이 그녀가 40세밖에 되지 않았다는 사실에 놀랐다.)
(*Everybody was surprised **at that** she was only 40 years old.)
He refused to help me **despite the fact that** I asked him several times.
(내가 그에게 여러 번 요청했음에도 불구하고 그는 나를 돕는 것을 거절했다.)
(*He refused to help me **despite that** I asked him several times.)
In spite of the fact that she had three small children, the judge sent her to prison for six months.
(그녀에게 세 명의 어린 자녀가 있다는 사실에도 불구하고 판사는 그녀를 6개월간 감옥에 보냈다.)
(***In spite of that** she had three small children, the judge sent her to prison for six months.)

▶ that-절은 예외적으로 전치사 "but, except, in, save"를 가질 수 있다. (P32.1을 보라.)

I know nothing about the man **except/save that** he lives next door.
(나는 그가 이웃에 산다는 것 외에 그에 대해서 아는 것이 없다.)
John was held responsible **in that** (= because) he was the leader of the team.
(존은 팀의 지도자였기 때문에 책임을 졌다.)

T5   that-절-2: 형용사절과 부사절

1 **형용사절**: that-절은 사람과 사물을 두루 수식할 수 있는 형용사절, 즉 관계절로 사용될 수 있다. (R7.7을 보라.)

The girl **that we invited to the party** is my sister.
(우리가 파티에 초청한 그 아가씨는 내 여동생이다.)
I repaired the chair **that my son had broken**. (나는 내 아들이 부순 의자를 수리했다.)

2 **부사절**: that는 여러 유형의 단어와 결합하여 복합 접속사를 구성하여 부사절을 이끈다.

전치사 + that
부사 + that
분사 + that
for all/such/in order + that

▶ 전치사 + that: but/except/in/save that

There's no question **but that** he's the guilty one. (그가 죄인이라는 것 외에는 질문이 없다.)

I know nothing about him **except that** he lives next door.
(나는 그가 이웃에 산다는 것 외에 그에 대해서 아는 바가 없다.)
I've been lucky **in that** I've never had to worry about money.
(나는 돈 때문에 걱정했던 경우가 없었다는 점에서 행운이었다.)
Little is known about his early life, **save that** he had a brother.
(그에게 남자 형제가 있었다는 것 외에 그의 초기 생애에 대해서는 알려진 것이 거의 없다.)

▶ 부사 + that: now/only/so (that)와 so/such ... (that)

Now (that) I've heard the music I understand why you like it.
(내가 그 음악을 들어보니까 네가 왜 좋아하는지 알겠다.)
He'd succeed, **only (that)** he's rather lazy. (그는 게으르지만 않다면 성공할 것이다.)
I packed him a little food **so (that)** he wouldn't get hungry.
(내가 음식을 좀 싸 주었기 때문에 그는 배가 고프지 않을 것이다.)
It moved **so** quickly **(that)** we didn't see anything.
(너무나 빨리 움직여서 우리는 아무것도 볼 수 없었다.)
The interview was **such** a nightmare **(that)** I prefer to forget all about it.
(그 대담은 끔찍한 악몽이어서 나는 모든 것을 잊고 싶다.)

▶ 분사 + that: considering/given/granted/granting/provided/providing/seeing/supposing + (that)

Considering (that) he's only been learning English a year he speaks it very well.
(그가 1년간 영어를 배웠다는 점을 고려할 때 영어를 참 잘한다.)
Granted (that) he has a lot of money, it doesn't mean that he's going to pay for our dinner. (그에게 돈이 많다고 하더라도 그것이 그가 우리의 저녁식사 값을 낼 것이라는 것을 의미하지는 않는다.)
We shall hold the meeting here, **provided (that)** there's no opposition.
(반대가 없다면 우리는 여기서 회의를 개최할 것이다.)

▶ for all/such/in order that: for all (that)에서만 that의 생략이 허용된다.

For all (that) I know, he may have already arrived at his destination.
(내가 아는 한 그는 이미 목적지에 도달했을 것이다.)
His enthusiasm was **such that** it inspired everybody. (그의 열정은 모두를 고무시킬 정도였다.)
They went to Spain **in order that** they might see a bullfight.
(그들은 투우를 관람하려고 스페인을 방문했다.)

3 **소원**: 불가능한 것이 일어나기를 소원할 때 사용되는 문학적 표현으로 사용된다.

That I might see her once more! (내가 그녀를 다시 한 번 더 만날 수 있다면!)
Oh, **that** she were alive to see this! (아, 그녀가 살아서 이것을 본다면!)

T6   that-절-3: that의 생략

비격식적 문체에서 접속사 that는 종종 생략될 수 있다. that의 생략에 대해서는 사람에 따라 다른 견해를 가지고 있다는 점에 유의하라.

1   **목적어절**: that-절이 동사의 목적어로 쓰일 경우 흔히 that가 생략될 수 있다.

We **believe (that)** he may take the last train home.
(우리는 그가 막차로 집에 올 것이라고 생각한다.)
She **said (that)** she'd never get there in time.
(그녀는 그곳에 절대로 시간 내에 도달할 수 없다고 말했다.)
It wasn't easy to **convince** my wife **(that)** we couldn't afford a new car.
(우리가 새 차를 감당할 수 없다는 것을 내 처에게 확신시키는 것이 쉽지 않았다.)
He **reminded** me **(that)** I hadn't written to Mother.
(그는 내가 어머니에게 편지를 쓰지 않았다는 것을 알려주었다.)

2   **that 생략을 허용하지 않는 목적어절**: 다음의 단순타동사와 이중타동사 다음에서는 일반적으로 that의 생략이 허용되지 않는다.

▶ 단순타동사

acknowledge	agree	argue	conjecture
explain	point out	propose	remark
reply	report	scream	shout
telegraph 등			

They **agreed that** elections would be held in May.
(그들은 5월에 선거를 치르기로 합의했다.)
The government **reported that** inflation had fallen.
(정부는 인플레이션이 진정되었다고 발표했다.)
Mother **telegraphed that** she would arrive home by afternoon plane.
(어머니는 오후 비행기로 집에 올 것이라고 전보를 보냈다.)

▶ 이중타동사

advise	assure	notify	teach 등

I **advised** her **that** she should wait. (나는 그녀에게 기다리라고 충고했다.)
The doctor has **assured** us **that** he'll be fine. (의사는 그가 나을 것이라고 우리에게 장담했다.)
We **notified** the police **that** our new car had been stolen.
(우리는 우리의 새 차가 도난당했다고 경찰에 알렸다.)
Failing the test **taught** me **that** I needed to work harder.
(시험에 실패한 것이 더 열심히 공부해야 한다는 것을 가르쳐 주었다.)

3   **형용사 보충어절**: that-절이 인칭주어를 선택하는 감정(emotion)형용사의 보충어로 쓰일 경우 that가 생략될 수도 있고 되지 않을 수도 있다. 이 분류는 학자에 따라 약간의 차이를

보인다.

afraid	angry	certain	fearful
glad	happy	hopeful	positive
proud	sorry	sure	amazed
annoyed	astonished	concerned	delighted
determined	disappointed	surprised	pleased
worried 등			

I'm **sure (that)** there's a logical explanation for all this.
(나는 이 모든 것에 대한 논리적 설명이 있을 것으로 확신한다.)
I'm really **glad (that)** I don't have to go back there again.
(나는 그곳에 다시 돌아가지 않아도 되어서 정말 기쁘다.)
He was **proud (that)** the magazine had agreed to publish her first novel.
(그는 그 잡지가 그의 첫 소설을 출간하기로 동의한 것을 자랑스럽게 여겼다.)
He's **amazed (that)** I've never heard of the Rolling Stones.
(그는 내가 롤링스톤에 대해서 들어본 적이 없다는 것에 놀랐다.)
He was **worried (that)** we wouldn't have enough money.
(그는 우리에게 돈이 충분하지 않다는 것을 걱정했다.)

4 **that 생략이 허용되지 않는 형용사 보충어절**

| aware | cognizant | conscious | ashamed |
| disgusted | perplexed | puzzled | upset 등 |

Were you **aware that** the country had huge economic problems?
(당신은 나라가 크나큰 경제적 난관에 봉착해 있다는 것을 압니까?)
He wasn't **conscious that** he was the only man who wasn't wearing a suit.
(그는 자신이 양복을 입지 않은 유일한 사람이라는 것을 의식하지 못하고 있었다.)
He was **ashamed that** he had shouted at her. (그는 그녀에게 소리를 지른 것을 창피해했다.)
He was very **upset that** you didn't reply to his letters.
(그는 네가 편지 답장을 하지 않은 것에 매우 화가 났다.)

5 **보어절**: that-절이 보어로 쓰일 경우에는 일반적으로 that가 생략되지 않는다.

My assumption is **that** interest rates will soon fall.
(나의 가정은 이자율이 곧 하락할 것이라는 것이다.)
The government's claim was **that** war was inevitable.
(정부의 주장은 전쟁이 불가피하다는 것이었다)
One hypothesis is **that** the victim fell asleep while driving.
(한 가지 가설은 희생자가 운전 중에 졸았다는 것이다.)

6 **동격절**: 명사구의 동격절로 사용될 경우에는 일반적으로 that가 생략되지 않는다.

Many people support **my belief that** he is right.
(많은 사람들이 그가 옳다는 나의 믿음을 지지하고 있다.)
His claim that the Korean War hasn't technically ended yet is correct.
(한국전쟁이 법적으로 아직 끝나지 않았다는 그의 주장은 옳다.)
I've come to **the conclusion that** he's not responsible for the accident.
(나는 그가 사고에 책임이 없다는 결론에 도달했다.)
Not everyone agrees to **the idea that** three's no life on Mars.
(모든 사람들이 화성에 생명체가 없다는 생각에 동의하는 것은 아니다.)

▶ 그러나 fact, proof 등과 같은 명사 다음에서는 종종 that가 생략될 수 있다.

The fact (that) people are not interested in this election bothers the Mayor.
(사람들이 이번 선거에 관심이 없다는 사실이 시장을 괴롭혔다.)
Do you have **any proof (that)** he stole your bag?
(그가 당신의 가방을 훔쳤다는 증거가 있습니까?)

7 **외치절**: that-절이 주어 위치에 나타날 경우에는 that의 생략이 허용되지 않지만, 주어 위치에서 문장 끝으로 외치될 경우에는 that의 생략이 허용된다. 다음을 비교해보라.

Everybody believes **(that)** the problem cannot be solved.
(모든 사람이 그 문제는 해결될 수 없다고 믿는다.)
That the problem cannot be solved is believed by everybody.
(그 문제는 해결될 수 없다고 모두에 의해 믿어졌다.)
(= **It**'s believed by everybody **(that)** the problem cannot be solved.)
(*The problem cannot be solved is believed by everybody.)
That the water has been polluted is a matter of grave concern.
(물이 오염되었다는 것은 심각한 문제다.)
(= **It**'s a matter of grave concern **(that)** the water has been polluted.)
(*The water has been polluted is a matter of grave concern.)

▶ 외치절에서의 that의 생략은 비인칭 형용사(certain, clear, essential, inevitable, likely, necessary, obvious, possible, true 등)와 연결동사(appear, be, seem 등) 구조에서 특히 많이 나타낸다.

It is **certain (that)** the presidential election will be held in next year.
(대통령 선거가 내년에 있을 것이 확실하다.)
It was **obvious (that)** Bill was lying. (빌이 거짓말을 하고 있는 것이 명백했다.)
It **seemed (that)** he had killed the girl and dumped the body in the lake.
(그가 그 아가씨를 죽여서 시체를 호수에 버린 것 같았다.)

8 **분열문**: 분열문에서도 that의 생략이 허용된다.

It was the dog **(that)** I gave the water to. (내가 물을 준 것은 개였다.)
It was in September **(that)** I first noticed it. (내가 처음 알아차린 것이 9월이었다.)

It was a white suit **(that)** John wore at the dance last night.
(존이 어젯밤에 댄스할 때 입었던 것은 흰 양복이었다.)
It was last night **(that)** John wore a white suit at the dance.
(존이 댄스할 때 흰 양복을 입었던 것은 어젯밤이었다.)
It was at the dance **(that)** John wore a white suit last night.
(존이 어젯밤에 흰 양복을 입었던 것은 댄스할 때였다.)

9   **관계절**: that가 목적어를 가리키는 관계대명사나 부사적 표현을 가리키는 관계부사로 쓰일 때 생략이 허용된다.

The man **(that)** we invited to the picnic is my brother-in-law.
(우리가 야유회에 초청한 사람은 나의 매형이다.)
I repainted the house **(that)** we had painted ten years before.
(나는 우리가 10년 전에 페인트칠을 한 집을 다시 페인트칠을 했다.)
He's the policeman **(that)** the burglar fired the gun at. (그가 도둑이 총을 쏜 경찰관이다.)
This is the house **(that)** my family used to live in. (이것이 우리 가족이 살았던 집이다.)
(= This is the house where/in which my family used to live.)
She will arrive the day **(that)** I graduate from college (on).
(그녀는 내가 대학을 졸업하는 날에 도착할 것이다.)
(= She will arrive the day when/on which I graduate from college.)
I'm making cakes the way **(that)** my mother made them.
(나는 나의 어머니가 하던 방식으로 케이크를 만들고 있다.)
(= I'm making cakes the way in which my mother made them.)

▶ 그러나 관계대명사가 주어를 가리킬 경우에는 that가 생략될 수 없다.

The girl **that** invited us to the party is my sister.
(우리를 파티에 초청한 아가씨는 나의 여동생이다.)
(*The girl invited us to the party is my sister.)
I repaired the chair **that** had been broken by my son.
(나는 나의 아들에 의해 부서진 의자를 수리했다.)
(*I repaired the chair had been broken by my son.)

▶ 그러나 주어를 가리키는 관계대명사 that도 전이(transferred)관계절에서 생략될 수 있다. (R10.4를 보라.)

He decided to give a second chance to the boy **(that)** he thought was honest.
(그는 정직하다고 생각하는 소년에게 다시 한 번 기회를 주기로 했다.)
My parents met the man **(that)** I wish would marry me.
(나의 부모님은 나와 결혼해 주기를 바라는 남자를 만났다.)

10   **부사절**: that가 포함된 접속사가 이끄는 부사절에서의 that의 생략에 대해서는 T5.2를 보라.

T7   that-절과 비교절

1   **that-관계절**: that는 관계절을 이끌고, than과 as는 비교절을 이끈다. 주어나 목적어가 관계절의 선행사가 될 경우 관계절에서는 이들이 생략되어야 한다.

There're lots of things **that** we need to buy ____ before the trip.
(여행 전에 우리가 사야할 물건이 많다.)
(*There're lots of things **that** we need to buy **them** before the trip.)

They've installed a machine **that** ____ prints names on badges.
(그들은 배지에 이름을 새기는 기계를 설치했다.)
(*They've installed a machine **that it** prints names on badges.)

2   **비교절**: 관계절에서와 마찬가지로 비교절에서도 동일한 형태의 생략이 일어난다.

She said she'd rather die **than** ____ live in this city.
(그녀는 이 도시에 살기보다 차라리 죽겠다고 말했다.)
(*She said she'd rather die **than she** live in the city.)

They sent more books **than** we ordered ____.
(그들은 우리가 주문한 것보다 더 많은 책을 보냈다.)
(*They sent more books **than** we ordered **them**.)

David writes short stories, **as** you know ____).
(데이빗은 네가 아는 것처럼 단편소설을 쓴다.)
(*David writes dictionaries, **as** you know **it**.)

He's certainly a teacher, **as** ____ is clear from his manner.
(그의 태도에서 명백한 것처럼 그는 확실히 선생님이다.)
(*He is certainly a teacher, **as it** is clear from his manner.)

3   **the same (...) as + 절**: as 뒤에 절이 나올 경우에는 as가 일종의 관계대명사처럼 사용된다. (S1.3을 보라.)

They're living in **the same house as** they lived 10 years ago.
(그들은 10년 전에 살았던 같은 집에서 살고 있다.)
I graduated from **the same university** last year **as** my Dad had thirty years ago.
(나는 아버지가 30년 전에 졸업한 같은 대학을 작년에 졸업했다.)

▶ 따라서 뒤따르는 성분이 절일 경우에는 관계대명사나 관계부사가 올 수 있다.

They're living in **the same house where** they lived 10 years ago.
(그들은 10년 전에 살았던 같은 집에서 살고 있다.)
I graduated from **the same university** last year **that** my Dad had thirty years ago.
(나는 아버지가 30년 전에 졸업한 같은 대학을 작년에 졸업했다.)
I was wearing **the same suit as/which/that** I'd worn two years ago.

(나는 2년 전에 입었던 같은 양복을 입고 있었다.)

T8 there is와 there are

"there"는 대명사로서 어떤 대상의 존재나 어떤 상황의 발생을 표현하는 소위 "존재문(existential sentences)"이라고 부르는 문장의 "가주어(dummy subject)" 또는 "문법적 주어(grammatical subject)"로 사용된다. 이렇게 사용되는 there를 "존재 there"라고 부르며, 이 경우 there는 장소부사인 there의 발음인 /ðeər/가 아니라 /ðər/로 발음된다. there를 뒤따르는 동사는 항상 자신이 대치한 "진(true) 주어"와 일치한다.

There's **a cat** in the kitchen. (부엌에 고양이가 있다.)
(= **A cat is** in the kitchen.)
There're **lots of people** at the plaza. (광장에 많은 사람들이 있다.)
(= **Lots of people are** at the plaza.)
There's **nothing** wrong, is there? (아무 일 없지?)

1 **불확정**(indefinite) **명사구 주어**: 불확정 명사구가 주어이고 be가 나타나는 문장에는 there-구문이 더 자연스럽다.

Three birds are in that cage. (저 새장에 새 세 마리가 있다.)
There are three birds in that cage.

Is anyone interested? (관심이 있는 사람 있습니까?)
Is there anyone interested?

2 **진행조동사 be**: 진행조동사 be와 불확정 명사구 주어를 가진 문장은 there-구문으로 바꾸어 쓸 수 있다.

No one was helping her with setting the table.
(식탁을 준비하는 데 아무도 그녀를 돕고 있지 않았다.)
There was no one helping her with setting the table.

A speech therapist will be helping the children who have problems.
(언어치료사가 문제가 있는 아이들을 도울 것이다.)
There will be a speech therapist helping the children who have problems.

3 **수동조동사 be**: 수동조동사 be와 불확정 명사구 주어를 가진 문장도 there-구문으로 바꾸어 쓸 수 있다.

A statue was erected in honor of the fallen soldiers.
(전사한 병사들을 기념하는 동상이 세워졌다.)
There was a statue erected in honor of the fallen soldiers.

Important documents were stolen from the office yesterday.
(중요한 서류가 어제 사무실에서 도난당했다.)

There were important documents stolen from the office yesterday.

4 **존재동사 be 홀로**: 불확정 명사구 주어와 존재동사 be로만 구성된 문장에는 there가 의무적으로 쓰인다.

*Honest politicians **are**.
There are honest politicians. (정직한 정치가도 있다.)

*Ten-thousand species of beetles **are**.
There're ten-thousand species of beetles. (딱정벌레만 수만 종이 있다.)

*Accidents **have** always **been**.
There've always **been** accidents. (사고는 항상 있게 마련이다.)

5 **존재동사 be와 비정형절**: 존재동사 be를 가진 비정형(nonfinite)절에는 there가 의무적으로 쓰인다. (비정형 동사에 대해서는 F3을 보라.)

*I'd like **a photocopier to be** in the library.
I'd like **there to be a photocopier** in the library. (나는 도서관에 복사기가 있는 것이 좋겠다.)
(참고: There's a photocopier in the library.)

*He was dismayed at **so little interest being** in his work.
He was dismayed at **there being so little interest** in his work.
(그는 자신의 일에 거의 관심이 없는 것에 당황했다.)
(참고: There's so little interest in his work.)

6 **불확정 명사구 선행사**: 비록 존재동사 be가 없는 문장이라 할지라도 그 문장의 불확정 명사구를 관계절의 선행사로 가질 경우 there-구문을 만들 수 있다.

She wants to tell him **something** about me.
(그녀는 그에게 나에 대해서 무엇인가 말하고 싶어 한다.)
(참고: **something** (that) she wants to tell him about me ...)
There's **something** (that) she wants to tell him about me.
(그녀가 그에게 나에 대해서 말하고 싶은 무엇인가 있다.)

I'd like to put **some books** on the bookshelf. (나는 서가에 책들을 좀 올려놓고 싶다.)
(참고: **some books** (that) I'd like to put on the bookshelf ...)
There're **some books** (that) I'd like to put on the bookshelf.
(내가 서가에 올려놓고 싶은 책들이 좀 있다.)

7 **be 동사 외의 동사들**: 문학적 글에서는 존재문에 be 동사 외에도 위치나 이동 또는 존재를 표현하는 동사들이 제한적으로 쓰인다.

| come | enter | exist | follow |
| go | live | remain | ride |

sit   stand 등

There will **come** a time when you will regret your decision.
(당신은 자신의 결정을 후회하게 될 때가 올 것입니다.)
Suddenly there **entered** a strange figure dressed all in black.
(온통 검게 옷을 입은 낯선 사람이 갑자기 들어왔다.)
There **followed** an uncomfortable silence. (불편한 침묵이 이어졌다.)
Once upon a time there **lived** a princess and a wicked queen.
(옛날 옛적에 공주와 사악한 여왕이 살았습니다.)
There **remained** only two people in the room. (방에는 두 사람만 남았다.)
In front of the door there **stood** a couple of policemen. (문 앞에 두 명의 경찰관이 서 있었다.)

8 **be 동사를 동반하는 동사와 형용사**: 어떤 동사와 형용사는 "to be"를 동반할 경우 there를 가주어로 가질 수 있다.

동사: appear, happen, seem, tend 등
형용사: bound, certain, likely, sure 등

There seem to be too many applicants for the job.
(그 일자리에 너무 많은 지원자들이 온 것 같다.)
(= It seems that there are too many applicants for the job.)
There happened to be a car accident on the way. (도중에 자동차 사고가 있었다.)
There tends to be less sleep when people get older.
(나이가 들면 사람들은 잠을 덜 자는 경향이 있다.)
Do you think **there's likely to be** a storm this afternoon?
(당신은 오늘 오후에 폭풍우가 있을 가능성이 있다고 생각합니까?)
(= Do you think it's likely there is a storm this afternoon?)
Is there bound to be any difficulty in getting tickets?
(티켓을 얻는 데 어떤 어려움이 있게 마련입니까?)
There's sure to be trouble when he gets home late.
(그가 집에 늦게 올 때는 확실히 문제가 있다.)

9 **확정 명사구**: 일반적으로 존재문은 확정적(definite)명사구를 진주어로 가질 수 없다.

The man is in the living room. (응접실에 그 남자가 있다.)
*There's **the man** in the living room.

John is working in the garden. (존이 정원에서 일하고 있다.)
*There's **John** working in the garden.

▶ 그러나 어떤 질문의 응답으로 혹은 문제에 대한 해결로 사람이나 물건의 명칭을 열거할 때 종종 존재 there를 사용하기도 한다. 이 경우 항상 단수 be동사가 사용된다는 점에 유의하라.

"Who else do you want to invite?" "Well, there's **Bill, and John, and Mary or**

Barbara. ("그 외에 누구를 초청하고 싶으냐?" "저, 빌과 존과 메리나 바바라가 있습니다.")
"What's left to pack?" "There's **the lantern** I borrowed from your brother and **the tent** we need for tonight."
("짐 쌀 것이 무엇이 남았지?" "내가 네 형님에게서 빌린 랜턴과 밤에 필요한 천막이 있다.)

10 **동사의 일치**: 비격식적 문체에서는 be 동사가 진주어의 수와 일치하지 않는 경우가 흔히 나타난다.

There's several pages of this book missing. (이 책에서 여러 쪽이 없어졌다.)
There's two policemen at the door, Dad. (아빠, 문 앞에 경찰 두 명이 왔어.)
There's some grapes in the refrigerator, if you're still hungry.
(아직도 배가 고프면 냉장고에 포도가 좀 있다.)

▶ 문법적으로 올바른 것은 아니지만 진주어가 등위접속된 두 개의 명사구로 구성되어 있을 경우 종종 근접 명사구와 일치를 보이는 경우가 있다.

There's a hammer and two screwdrivers in the trunk.
(트렁크에 망치와 드라이버 두 개가 있다.)
There're two screwdrivers and a hammer in the trunk.
(트렁크에 드라이버 두 개와 망치가 있다.)

11 **there의 특별 용법**: "need, point, purpose, reason, sense, use" 등은 there와 특별한 구조를 형성한다.

There's no need for you to come if you don't want to. (원하지 않으면 올 필요 없다.)
Is there any point in talking about it again? (그것에 대해서 다시 말할 필요가 있어?)
There's no purpose in trying to escape. (도망치려고 애쓸 이유가 없다.)
There's no reason whatsoever to doubt her story.
(그녀의 이야기를 의심할 하등의 이유가 없다.)
There's no sense in getting upset about it now.
(지금 그것에 대해서 화를 내는 것은 의미가 없다.)
There's no use you asking any more questions about it.
(그것에 대해서 네가 더 의문을 제기하는 것은 아무 소용이 없다.)

T9 think

think는 어떤 상황이 우리에게 알려짐으로써 그것에 대한 우리의 "의견을 표현"하는 의미와 어떤 상황에 대해 우리의 "두뇌를 능동적으로 사용"하는 의미 그리고 어떤 것을 "기억"하거나 "상상"하는 의미로 사용된다.

1 **의견의 표현**: 어떤 대상이나 상황에 대한 특별한 의견이나 생각을 표현하며, 일반적으로 진행형이 허용되지 않는다.

He **thought** that they'd be going away in July. (그는 그들이 7월에 떠날 것이라고 생각했다.)

What do you **think** of your new school? (너는 새 학교에 대해서 어떻게 생각하느냐?)
I **thought** it appropriate to invite him to the picnic.
(나는 그를 야유회에 초대하는 것이 적절하다고 생각했다.)
"Do you **think** it will rain?" "Yes, I **think** so."
("비가 오리라고 생각합니까?" "네, 그렇게 생각합니다.")
We **thought** her quite a clever girl. (우리는 그녀가 매우 영리한 아가씨라고 생각했다.)
They have been **thought** to be lost. (그들은 행방불명된 것으로 생각된다.)

2 **두뇌의 사용**: 어떤 의견이나 결론을 얻기 위해 두뇌를 쓰는 의미로 사용되며, 일반적으로 진행형을 허용한다.

Are animals able to **think**? (동물도 생각할 수 있습니까?)
You should **think** before doing that. (우리는 행동하기 전에 생각을 해야 한다.)
Do you **think** in English when you speak English?
(당신은 영어를 말할 때 영어로 생각합니까?)
He **thought** very hard before deciding to leave her job.
(그는 직장을 그만두기로 결정하기 전에 매우 깊이 생각을 했다.)
I can't **think** what else we could have done.
(나는 우리가 그 외에 무엇을 할 수 있었을지 생각이 안 난다.)
It was impossible to know what he **was thinking**.
(그가 무슨 생각을 하고 있는지 아는 것이 불가능하다.)

3 **remember**: "기억하다" 또는 "회상하다"의 의미로 쓰인다.

He's trying to **think** where he'd seen her before.
(그는 그녀를 전에 어디서 보았는지 기억해 내려고 애쓰고 있다.)
She was **thinking** to herself how handsome the young man was.
(그녀는 그 젊은이가 얼마나 잘 생겼는가를 속으로 생각하고 있었다.)
I couldn't **think** where I'd left my keys. (내가 열쇠를 어디에 두었는지 생각이 나지 않았다.)

4 **imagine**: 특히 can't/couldn't와 함께 "상상하다"의 의미로 쓰인다.

I **can't think** what you mean. (네가 무엇을 의미하는지 나는 상상이 안 간다.)
I **couldn't think** why she had left. (나는 그녀가 왜 떠났는지 상상할 수가 없다.)
You **can't think** how glad I am to see you.
(내가 너를 만나서 얼마나 기쁜지 너는 상상하지 못할 것이다.)

5 **think about/of**

▶ 적절성의 점검: 어떤 계획이나 제안이 바람직한가를 알아보는 것을 의미한다.

They're seriously **thinking about/of** emigrating to Australia.
(그들은 호주로 이민 가는 것을 심각하게 고려하고 있다.)
Please **think about** his proposal and let me know your opinions tomorrow.

(그의 제안을 검토해 보시고 내일 저에게 의견을 알려 주십시오.)

▶ remember: "기억하다" 또는 "회상하다"의 의미로도 쓰인다.

We may be 5,000 miles apart but I'm **thinking about/of** you.
(우리가 5,000마일이나 떨어져 있지만 나는 당신을 생각하고 있을 것이다.)
I always **think of** Joe in that long brown fur coat.
(나는 조를 항상 긴 갈색 털 코트를 입은 사람으로 기억한다.)

6　**think of/about ... as**: 어떤 대상이 특정 신분이나 속성을 가지고 있음을 표현한다.

Dick had always **thought of Kate as** someone to be avoided.
(딕은 항상 케이트를 회피해야 할 인물로 보고 있었다.)
My parents **thought of me as** capable of doing a degree.
(나의 부모님은 나에게 학위를 취득할 능력이 있는 것으로 간주했다.)

7　**think to do something**: think 다음에는 일반적으로 to-부정사를 선택하지 않지만, 이 구조는 어떤 것을 "기대하다" 또는 "의도하다"의 의미로 사용된다.

I never **thought to see** you again. (나는 결코 너를 다시 볼 것으로 기대하지 않았다.)
He **thinks to deceive** us. (그는 우리를 속이려고 한다.)
I never **thought to look** for the book under the cushions.
(나는 방석 아래서 책을 찾아볼 생각을 해보지 않았다.)
Who would have **thought to see** you! (누가 너를 보리라고 기대했겠느냐!)

8　**think + 목적어 (+ to be) + 보어**: 매우 격식적인 글에서 사용되는 구조다.

Dick had always **thought Kate (to be)** a fool. (딕은 항상 케이트를 바보라고 생각했었다.)
We **thought him (to be)** a sensible person. (우리는 그를 재치 있는 사람으로 생각했다.)
My parents **thought me (to be)** capable of doing a degree.
(나의 부모님은 나에게 학위를 취득할 능력이 있는 것으로 간주했다.)
They **thought her (to be)** fascinating. (그들은 그녀를 매혹적이라고 생각했다.)

▶ 수동구문에서는 to be가 있는 것이 자연스럽다.

He **was thought to be** a sensible person. (그는 재치 있는 사람으로 여겨졌다.)
Fred **is thought to be** capable of doing a degree.
(프레드는 학위를 취득할 능력이 있는 것으로 생각된다.)
She **was thought to be** a terrorist. (그녀는 테러리스트로 생각됐다.)

9　**think it + necessary/possible/best 등**: it가 부정사의 예비 목적어로 사용될 수 있다.

I **thought it appropriate** to invite him to speak at the meeting.
(나는 그를 회의에서 연설하도록 초대하는 것이 적절하다고 생각했다.)
I **thought it better** to pretend that I knew nothing.

(나는 아무 것도 모르는 척하는 것이 더 나을 것으로 생각했다.)

10 **전이된 부정**: think와 같은 동사를 주절의 동사로 가지고 있는 복합문에서 종속절의 부정이 주절의 부정으로 전이되는 것을 말한다. 이런 전이된 부정은 매우 제한된 동사가 주절의 동사로 쓰일 때만 가능하다. 다음의 두 부정문을 비교해보라.

I think it's **not** a good idea. (나는 그것이 좋은 생각이 아니라고 생각한다.)
I **don't** think it's a good idea. (나는 그것이 좋은 생각이라고 생각하지 않는다.)

두 번째 문장은 자신의 의미 외에 첫 번째 문장의 의미도 가지고 있다. 그런데 일반적으로 부정이 전이된 문장이 그렇지 않은 문장보다 더 자연스럽다. (N11을 보라.)

11 I ... think/thought (that): 이 구조는 다양한 의미를 표현할 수 있다.

▶ I thought (that) ... : 어떤 것을 공손히 제안할 때

I thought we'd go swimming tomorrow. (우리 내일 수영하러 가는 것 어떠세요?)
I thought we'd meet for dinner. (저녁식사를 위해 만나는 것이 어떻습니까?)

▶ I had thought (that)...: 어떤 것을 잘못 앎으로써 실망감을 표현할 때

I had thought that we'd go swimming tomorrow.
(우리가 내일 수영하러 가는 것으로 알았는데요?)
I had thought we'd meet for dinner.
(우리가 내일 저녁식사를 위해 만나기로 되어 있는 것으로 알았는데요?)

▶ I should/would think와 I should/would have thought...: 어떤 것이 사실일 수도 있다고 생각할 때

I should think we'll need at least twelve bottles of wine.
(나는 우리가 적어도 포도주 12병이 필요할 것으로 생각합니다.)
I would have thought that it would be better to wait.
(나는 기다리는 것이 더 좋을 것이라고 생각했었다.)

"I should have thought"는 또한 비판을 이끌 수 있다.

I should have thought he could have washed his hands, at least.
(나는 그가 적어도 손은 닦을 수 있었을 것이라고 생각했어야 했다.)

▶ you would think/you would have thought (that): 사실이 아닌 것을 사실이기를 바랄 때

You would have thought the school would do more to help a child like Craig.
(당신은 학교가 크레이그와 같은 아이를 더 도울 수 있다고 생각했었다.)

12 to think: 한 일이나 경험한 것이 얼마나 놀라운 것인지 또는 어리석은 것인지를 표현할 때 사용한다.

To think that we went to Las Vegas and won a $100,000 jackpot!

(우리가 라스베이거스에 가서 10만 불짜리 잭팟을 터뜨렸다고 생각해 보라!)
To think that I left you alone in a place with a madman at large!
(내가 당신을 미친 사람이 돌아다니고 있는 곳에 홀로 남겨두었다고 생각해 보시오.)

I (don't) think so와 I thought so에 대해서는 S14.2와 3을 보라.

T10 through

영어에서 기간의 (시작과) 끝을 표현하는 것 중에 (from ...) to가 있다. 이 경우 일반적으로 to/till의 목적어는 그 기간에 포함되지 않는다. 예를 들어 (from June) to September에서 September는 기간에 포함되지 않는다. 미국영어에서는 September도 포함하는 표현으로 to 대신에 through를 사용한다.

We camped there **from** June **through** September.
(우리는 그곳에서 6월부터 9월 끝까지 야영을 했다.)
The strike continued **through** the summer. (파업은 여름 내내 계속되었다.)

그러나 영국영어에서는 이런 의미로 through를 사용하지 않고 목적어 앞에 "the end of"를 놓거나 뒤에 "inclusive"를 사용한다.

We camped there from June to September **inclusive**.
(우리는 6월부터 9월을 포함하여 그곳에 야영을 했다.
The strike continued to **the end of** the summer. (파업은 여름 끝까지 계속되었다.)

from ... to에 대해서는 F9와 U2.2를 보라.

T11 time

1 **기간**: "초, 분, 시간, 날, 달, 년 등"의 개념으로 정의되는 시간의 흐름을 의미한다. 이 경우 time은 불가산명사로서 사용된다.

Einstein changed the way we think about space and **time**.
(아인슈타인은 우리가 공간과 시간에 대해서 생각하는 방식을 바꾸어 놨다.)
Customers are allowed only the limited amount of **time** to examine the goods.
(고객에게는 상품을 살펴보는 데 제한된 시간만이 허용된다.)
Only **time** will tell whether we made the right decision.
(시간만이 우리가 옳은 결정을 했다는 것을 말해줄 것이다.)
I'll visit him if I have **time**. (시간이 나면 너를 찾아보겠다.)

▶ 그러나 기간을 제한하는 형용사의 수식을 받을 때는 부정관사 a(n)를 가질 수 있다.

I first met Jennifer **a long time** ago. (나는 제니퍼를 오래전에 처음 만났다.)
They stopped for **a short time** to rest horses. (그들은 말을 쉬게 하려고 잠시 동안 정지했다.)
I enjoyed the course at first, but after **a time** I got bored with it.
(나는 처음에는 과목이 좋았으나 조금 지나서 싫증이 났다.)

2   **시계의 시간**: 시계에 나타나는 시간을 의미할 수 있다.

"**What time** is it?" "It's about ten thirty." ("몇 십니까?" "대략 10시 정도 되었습니다.")
What time do you finish work? (몇 시에 일이 끝나느냐?)

▶ 시계를 가진 사람에게 시간을 물을 때

What time do you have? (지금 몇 십니까?)   [미국영어]
What time do you make it? (지금 몇 십니까?)   [영국영어]

▶ 시간을 아는 사람에게 시간을 물을 때

Do you have the time? (시간이 어떻게 됐습니까?)   [미국영어]
Have you got the time? (시간이 어떻게 됐습니까?)   [영국영어]

3   **때** (occasion): 어떤 사건이 발생하거나 어떤 일이 일어난 때를 표현한다.

It was **the first time** that we lost the game. (우리가 경기에 진 것이 처음이었다.)
The last time I saw Jane was Tuesday evening.
(내가 제인을 마지막으로 본 것은 화요일 저녁이었다.)
How many times did you take your driving test? (너는 운전 시험을 몇 번이나 치렀느냐?)

4   **시점**: 어떤 사건의 발생에 적절한 시점 또는 어떤 일이 기대되는 시점을 표현한다.

What would be **a good time** for me to call you?
(언제가 내가 너에게 전화하기 좋은 시간이냐?)
It's **time** for me to go. (내가 갈 시간이다.)
It's **time** we fed the dog. (개에게 밥 줄 시간이다.)

5   **when**: 비격식적 문체에서는 time 다음에 오는 관계절에서 when 대신에 종종 that가 사용되거나 생략된다.

Do you remember **the time (that)** Freddy pretended to be a bachelor?
(프레디가 총각인 체하던 때를 너는 기억하나?)
You can come up and see me **any time (that)** you like.
(네가 좋을 때 아무 때나 올라와서 나를 볼 수 있다.)
The first time (that) I saw her, my heart stopped.
(내가 그녀를 처음 봤을 때 내 심장이 멈췄다.)

6   **on time과 in time**: on time은 "정각에"를 의미하고 in time은 "여유 있게"를 의미한다.

The plane arrived right **on time**. (비행기가 정각에 도착했다.)
If we don't hurry up, we won't be **in time** to catch the train.
(우리가 서두르지 않으면 기차 시간에 맞출 수 없을 것이다.)

시간표현과 함께 쓰이는 take에 대해서는 T1.11을 보라.
It's time 다음에 오는 구조에 대해서는 I36을 보라.

by the time에 대해서는 B26.5를 보라.

T12 time expressions(시간 표현)

영어에서 시간은 "부사," "전치사구," "명사구," "부사절"을 써서 표현한다.

I'll go fishing **tomorrow**.   [부사]
(나는 내일 낚시를 갈 것이다.)
She went to the library **in the afternoon**.   [전치사구]
(그녀는 오후에 도서관에 갔다.)
He's coming to see us **next week**.   [명사구]
(그는 다음 주에 우리를 보러 온다.)
My dad died **when I was 17**.   [부사절]
(나의 아버지는 내가 17살일 때 돌아가셨다.)

▶ 대부분의 시간표현은 일반적으로 문두와 문미위치에 올 수 있다.

Tomorrow, I'll go fishing.
In the afternoon, she went to the library.
Next week, he's coming to see us.
When I was 17, my dad died.

1 **부사**: 시간부사로는 다음과 같은 것들이 있다.

afterwards	before	now	once
recently	sometime	soon	then
today	tomorrow	tonight	yesterday 등

We had lunch, and **afterwards** we sat on the sofa for a while.
(우리는 점심을 먹고, 그 후에 잠시 소파에 앉아있었다.)
We have to leave **tonight**. (우리는 오늘 밤에 떠나야 한다.)
Where did you go **yesterday**? (너는 어제 어디에 갔었느냐?)

▶ 단음절 부사 "now, once, soon, then"와 "recently"는 문중위치에도 올 수 있다.

They **now** live in the suburb. (그들은 지금 교외에 살고 있다.)
We have **once** owned a house like this. (우리는 한때 이와 같은 집을 소유한 적이 있다.)
They **soon** realized their mistake. (그들은 이내 실수를 알아차렸다.)
I was **then** studying in the United States. (그때 나는 미국에서 공부하고 있었다.)
He has **recently** been promoted to Assistant Professor. (그는 최근에 조교수로 승진했다.)

▶ "today, tomorrow, tonight, yesterday"는 명사로 쓰일 수 있다.

Today is Monday, so **tomorrow** is Tuesday. (오늘이 월요일이므로 내일은 화요일이다.)
Yesterday was my birthday. (어제가 내 생일이었다.)

2 **전치사구**: 대부분의 시간표현은 전치사구로 구성되며, 시간전치사에는 다음과 같은 것들이 있다.

after	before	at	between
by	from	in	on
since	through(out)	till	until
up to 등			

대표적인 시간전치사는 "at, on, in"으로서 이들에 대해서는 A76을 보라.
after와 before에 대해서는 A25와 A26을 보라.
between에 대해서는 B21을 보라.
by에 대해서는 B26.4-6을 보라.
from과 since에 대해서는 F10을 보라.
through에 대해서는 T10을 보라.
till과 until에 대해서는 U2를 보라.
up to에 대해서는 U4를 보라.

3 **명사구**: 시간명사가 다음의 단어의 수식을 받을 경우 시간전치사를 대동할 수 없다.

all	any	each	every
last	next	that	this
tomorrow	yesterday 등		

He's going to Africa **next week/next year**. (그는 다음 주에/내년에 아프리카에 간다.)
(*He's going to Africa **in next week/in next year**.)
I saw her **last Thursday/last month**. (나는 그녀를 지난 목요일에/지난달에 봤다.)
(*I saw her **on last Thursday/in last month**.)
John came to my office **yesterday morning/yesterday afternoon**.
(존은 어제 오전에/어제 오후에 내 사무실에 왔다.)
(*John came to my office **on yesterday morning/on yesterday afternoon**.)
I see her **every evening/every night**. (나는 매일 저녁/매일 밤 그녀를 본다.)
(*I see her **in every evening/in every night**.)
Every summer/Every winter she returns to her childhood home.
(매해 여름/매해 겨울 그녀는 어릴 때 살던 집으로 돌아온다.)
(***In every summer/In every winter** she returns to her childhood home.)
They visit their parents **each year**. (그들은 매해 부모님을 찾는다.)
(*They visit their parents **in each year**.)
I didn't feel very well **that week**. (나는 그 주에 몸이 매우 좋지 않았다.)
(*I didn't feel very well **in that week**.)
Come to see me **any time**. (나를 보러 언제든 와라.)
(*Come to see me **at any time**.)
He watched the TV **all day**. (그는 하루 종일 텔레비전을 봤다.)
(*He watched the TV **for all day**.)

4　　　this, last, next: this는 "지금", last는 "바로 전", next는 "바로 다음"을 의미한다. 이 단어들은 모든 시간명사와 결합할 수 있지만, "day"와는 결합할 수 없다. 대신에 "today, yesterday, tomorrow"가 사용된다.

We'll have a bridge game **this Sunday/this week/this month/this year**.
(우리는 이번 일요일에/이번 주에/이 달에/올해에 브리지 카드놀이를 할 것이다.)
We'll have a bridge game **today**. (우리는 오늘 브리지 카드놀이를 할 것이다.)
(*We'll have a bridge game **this day**.)

He left the town **last Saturday/last weekend/last year**.
(그는 마을을 지난 토요일에/지난 주말에/작년에 떠났다.)
He left the town **yesterday**. (그는 어제 마을을 떠났다.)
(*He left the town **last day**.)

We'll be ready to fight **next Friday/next week/next month**.
(우리는 다음 금요일에/다음 주에/다음 달에 싸울 준비가 될 것이다.)
We'll be ready to fight **tomorrow**.) (우리는 내일 싸울 준비가 될 것이다.)
(*We'll be ready to fight **next day**.)

▶ morning과 afternoon: "last"와 "next"는 "morning"이나 "afternoon"과 결합할 수 없으며, 대신에 "yesterday"나 "tomorrow"가 쓰인다. 그러나 "today"는 "this" 대신에 쓰일 수 없다.

He arrived here **yesterday morning/afternoon**. (그는 어제 오전에/어제 오후에 여기 도착했다.)
He'll arrive here **tomorrow morning/tomorrow afternoon**.
(그는 내일 오전에/내일 오후에 여기 도착할 것이다.)
*He arrived here **last morning/last afternoon**.
*He'll arrive here **next morning/next afternoon**.
We had lunch together **this morning/this afternoon**.
(우리는 오늘 오전에/오늘 오후에 점심을 같이 했다.)
(*We had lunch together **today morning/today afternoon**.)

▶ evening과 night: "evening"의 경우에는 "this evening"과 "tomorrow evening" 그리고 "yesterday evening"이 가능하지만, "night"의 경우에는 "*this night" 대신에 "tonight"가 있고, "tomorrow night"는 가능하지만 "*yesterday night" 대신에 "last night"라고 한다.

	morning	afternoon	evening	night	day
this	O	O	O	tonight	today
last	X	X	X	O	yesterday
next	X	X	X	X	tomorrow
today	X	X	X	X	X
yesterday	O	O	O	X	X
tomorrow	O	O	O	O	X

5   **today/tomorrow week**: 특히 영국영어에서 종종 "다음 주 오늘(a week from today)"과 "다음 주 내일(a week from tomorrow)"을 각각 "today week/a week today"와 "tomorrow week/a week tomorrow"로 표현한다.

He left on Monday, so he should be back **today week/a week today**.
(그는 월요일에 떠났기 때문에 다음 주 월요일에 돌아올 것이다.)
He left on Monday, so he should be back **tomorrow week/a week tomorrow**.
(그는 월요일에 떠났기 때문에 다음 주 화요일에 돌아올 것이다.)

6   **부사절**: 영어에는 다양한 시간접속사가 있다. (C24.2를 보라.)

after	before	as	as soon as
immediately	now (that)	once	since
till	until	when	whenever
while 등			

after와 before에 대해서는 A25와 A26을 보라.
as에 대해서는 A64와 A68을 보라.
as soon as에 대해서는 S21.1을 보라.
now (that)에 대해서는 N38.3을 보라.
once에 대해서는 O7을 보라.
since는 S9를 보라.
till과 until에 대해서는 U2를 보라.
when에 대해서는 W7을 보라.
whenever에 대해서는 W15를 보라.
while에 대해서는 A68과 W12를 보라.

T13   to

to는 "이동, 방향, 시간, 수혜자 등"을 표현하는 전치사로 쓰이며, 특히 부정사를 이끄는 단어로 쓰인다.

1   **이동**: 이동하여 도달하는 종착지를 표현한다.

He stoop up and walked **to the door**. (그는 일어서서 문까지 걸어갔다.)
They intend to send a spaceship **to Mars** in June. (그들은 6월에 화성에 우주선을 보낼 예정이다.)
We enjoy taking a weekly **trip to** the supermarket. (우리는 슈퍼에 매주 가는 것을 즐긴다.)

▶ from-구을 써서 출발지를 표현할 수 있다.

The train ran **from Seoul to Busan**. (그 기차는 서울에서 부산까지 운행했다.)
I used to cycle all the way **from home to the office** and back every day.
(나는 옛날에 매일 자전거로 집에서 사무실까지 갔다가 돌아오곤 했다.)

▶ from ... to는 거리를 표현할 수도 있다.

How many kilometers is **from Seoul to Busan**? (서울에서 부산까지 몇 킬로미터나 됩니까?)
The equipment helps us to measure the exact distance **from Earth to Moon**.
(그 장비는 우리가 지구에서 달까지의 정확한 거리를 재는 데 도움이 된다.)

2 **방향**: 우리가 향해서 이동하는 방향이나 어떤 대상이 있는 방향을 표현한다.

You have to turn **to the left** at the next intersection to go to the station.
(정거장에 가려면 다음 교차로에서 왼쪽으로 돌아야 한다.)
Incheon is about 20 miles **to the west of Seoul**.
(인천은 서울에서 서쪽으로 약 20마일 정도 된다.)
There's a very steep trail **to the top of the mountain**.
(산 정상까지 가는 매우 가파른 오솔길이 있다.)

3 **수혜자/경험자**: 어떤 행위의 수혜자 또는 경험자를 표현한다.

His uncle had left big money **to him** before he died.
(그의 삼촌은 죽기 전에 그에게 큰돈을 남겼다.)
The little boy believes Santa Claus sends presents **to the children**.
(그 어린 남자아이는 산타클로스가 아이들에게 선물을 보낸다고 믿는다.)
He whispered something **to the girl** beside him.
(그는 옆에 있는 아가씨에게 무엇인가 속삭였다.)

4 **목적**: 어떤 장소에 가는 목적, 그곳에서 일어날 사태나 행위를 표현한다.

My parents go **to church** every Sunday. (나의 부모님은 일요일마다 교회에 간다.)
Did you receive an invitation **to the party**? (파티 초청장을 받았습니까?)
I have asked Ben and Cathy **to dinner** next week.
(나는 다음 주에 벤과 캐시를 저녁식사에 청했습니다.)

5 **변화**: 어떤 상황의 변화를 표현한다.

You have to wait until the traffic lights change **to green**.
(우리는 교통 신호등이 녹색으로 바뀔 때까지 기다려야 한다.)
Not everybody supports a return **to the traditional way of life**.
(모든 사람이 전통적 생활 방식으로 돌아가는 것을 지지하는 것은 아니다.)
She sang to put the baby **to sleep**. (그녀는 노래를 불러 아이를 잠들게 했다.)

6 **시간**: 기간의 끝을 표현할 때 사용된다.

The normal working week is from Monday **to Friday**.
(정상적인 주 노동일은 월요일부터 금요일까지다.)
It'll take from this year **to the end of 2021** to build the subway.

(지하철을 건설하는 데 올해부터 2021년 말까지 걸릴 것이다.)

> ► to는 일반적으로 from ... to 구조에서만 시간을 표현한다. 기간의 끝만을 표현할 때는 until 또는 up to를 사용한다. (U2를 보라.)

We're going to stay here **until/up to Sunday**. (우리는 이곳에 일요일까지 머물려고 한다.)
(*We're going to stay here **to Sunday**.)

> ► 그러나 to 앞에 "기간"을 의미하는 시간명사가 오면 to를 시간 전치사로 사용할 수 있다.

It's only **two weeks to your birthday**. (네 생일까지 2주밖에 남지 않았다.)
I have **two more years to the retirement** from teaching.
(나는 교직에서 은퇴하기까지 2년 더 남았다.)

7 **접촉/연결**: 어떤 것이 다른 것과 접촉 또는 연결된 상태를 표현한다.

The gangster held a knife **to her throat**. (그 악한은 그녀의 목에 칼을 들이댔다.)
Would you tie the rope **to the tree**? (로프를 나무에 묶어 줄래요?)
They were dancing cheek **to cheek** all night. (그들은 밤새도록 볼을 맞대고 춤을 추었다.)

8 **태도/의견**: 어떤 상황에 대한 태도나 의견을 표현할 때 사용된다.

Tickets cost $200 each and **to some people** that's a lot of money.
(표 한 장에 200불을 지불했다. 어떤 사람에게는 이것이 큰돈이다.)
To her, ages do not matter; only love is what matters.
(그녀에게는 나이는 문제가 되지 않고 오직 사랑만이 중요하다.)
The whole thing sounds suspicious **to me**. (모든 것이 나에게는 의심스러워 보인다.)

9 **비교**: 두 대상이나 수치를 비교할 때 사용된다.

Korea beat Japan by **two goals to none** at the soccer game of the London Olympics.
(한국은 런던 올림픽 축구 경기에서 일본을 2대 0으로 패배시켰다.)
His tough prison sentence is **nothing to the pain** he caused the family.
(그의 무거운 실형은 그가 가족에게 끼친 고통에 비하면 아무것도 아니다.)
We're only getting **1,000 won to a dollar** at the moment.
(우리는 현재 1달러에 천 원을 받는다.)

10 **대략**: 정확한 수치를 모를 때 두 수치 사이에 사용된다.

There must have been **ten to twelve thousand** people at the concert.
(음악회에 1만 명에서 1만 2천 명 정도의 사람이 온 것이 틀림없다.)
I think I saw **seven to eight** children walking through the hall.
(나는 강당을 가로질러 걸어가는 칠팔 명의 아이들을 본 것으로 생각한다.)
He jumped from **eight to ten** meters of the rock.
(그는 8에서 10미터 정도 높이의 바위에서 뛰어내렸다.)

11 **부정사**: to는 부정사구를 이끈다. (부정사에 대해서는 I22-I28을 보라.)

We **agreed to help them**. (우리는 그들을 돕기로 동의했다.)
We have **permission to stay here overnight**.
(우리는 이곳에 밤새도록 있을 수 있는 허가를 받았다.)
Nobody doubted that our team was **certain to win**.
(아무도 우리 팀이 확실히 승리할 것을 의심하지 않았다.)

T14 too

too는 필요 또는 적절 기준을 넘는 정도를 표현하는 부사로서 형용사와 부사 그리고 much와 many와 같은 한정사들 앞에 올 수 있다.

I'm getting **too old** for romantic relationships.
(나는 낭만적 관계를 갖기에는 너무나 나이가 들어가고 있다.)
We're **too late**—the meeting was over. (우리가 너무 늦었다. 회의가 끝났다.)
You've put **too much** salt in the soup. (수프에 소금을 너무 많이 넣었다.)

1 **to-부정사**: "too + 형용사/부사/한정사" 구조는 "to-부정사구"를 대동할 수 있으며, 어떤 사건이 발생하거나 어떤 상황이 성립하기에는 어떤 속성의 강도가 지나치다는 것을 표현한다.

He's **too young to get married**. (그는 결혼하기에는 너무 어리다.)
It was **too hot to go sightseeing**. (관광을 나가기에는 날씨가 너무나 더웠다.)
The holyday flew by **too quickly to have a rest**.
(휴일은 너무 빨리 지나가서 쉬지를 못 한다.)
There're **too many students to study** in this small room.
(이 작은 방에서 공부하기에는 학생이 너무 많다.)

2 **부정사의 주어**: 부정사는 자신의 주어를 가질 수 있으며, 주어 앞에는 전치사 for가 온다.

This box is too heavy **for me to lift**. (이 상자는 내가 들기에 너무 무겁다.)
It is **too cold for them to go out to play**. (그들이 나가서 놀기에는 날씨가 너무 춥다.)
He spoke **too fast for us to follow what he was saying**.
(그는 너무 빨리 말해서 무슨 말을 하는지 우리는 이해할 수가 없었다.)
There was **too much snow for us to go walking**.
(눈이 너무 와서 우리는 산책을 할 수 없었다.)

3 **주절의 주어**: 주절의 주어는 (a) 표현되지 않을 수도 있고, (b) 주절의 주어와 부정사의 주어가 동일할 수도 있고, (c) 부정사 동사의 목적어가 될 수도 있고, (d) 부정사의 전치사구의 목적어가 될 수도 있다.

(a) It's too cold **to play tennis**. (테니스를 하기에는 날씨가 너무 춥다.)
(b) **We**'re too old **to travel abroad**. (우리는 외국 여행을 하기에는 나이가 너무 많다.)
(c) **The problem** was too easy **to understand**. (그 문제는 이해하기가 너무 쉬웠다.)

(d) **The wall** is **too** thick for the drill **to pierce through**.
   (그 벽은 드릴이 뚫기에는 너무나 두껍다.)

4 **목적어 주어**: 위의 (c)와 (d)에서와 같이 목적어가 주절의 주어로 이해될 경우 일반적으로 부정사의 대명사 목적어는 표시되지 않지만, 부정사가 "별도의 주어"를 가질 경우 대명사 목적어가 수의적으로 나타날 수 있다.

The water is **too salty to drink**. (물이 너무 짜서 마실 수가 없다.)
(***The water** is **too salty to drink it**.)
The box is **too heavy to lift**. (상자가 너무 무거워서 들어 올릴 수가 없다.)
(***The box** is **too heavy to lift it**.)
The water is **too salty for us to drink (it)**. (물이 너무 짜서 우리가 마실 수가 없다.)
They moved **too quickly for us to see (them)**.
(그들은 너무 빨리 움직여서 우리가 볼 수 없었다.)

5 **중의성**: too 구문은 종종 중의성을 보인다.

She is **too young to date**. (그녀는 데이트하기에는 너무 어리다.)
(= She is too young to date others./She is too young for others to date her.)
(그녀는 너무 어려서 다른 사람과 데이트할 수 없다./그녀는 너무 어려서 다른 사람이 그녀와 데이트 할 수 없다.)

He is **too stubborn to talk to**. (그는 고집이 너무 세서 말을 할 수가 없다.)
(= He is too stubborn for anyone to talk to him./He is too stubborn to talk to anyone.)
(그는 고집이 너무 세서 누가 그에게 말을 할 수가 없다./그는 고집이 너무 세서 아무도 말을 하지 않는다.)

6 **수식어**: 비교급을 수식하는 "much, far, very much, a lot (구어체), lots (구어체), any와 no, rather, a little, a bit (구어체), even"은 too를 수식할 수 있다. (C20.1을 보라.)

The package is **a bit too big** to send by mail. (소포가 우편으로 보내기에는 약간 너무 크다.)
The stairs are **much too steep** for the old people. (층계가 노인들에게는 지나치게 가파르다.)
He is **a lot too weak** to help you at all. (그는 너에게 어떤 도움을 주기에는 매우 허약하다.)
She's **rather too polite** to say anything like that.
(그녀는 지나칠 정도로 공손해서 그런 말을 할 리가 없다.)

7 **명사구**: too는 명사를 수식하는 형용사를 수식할 수 없다.

*He couldn't solve this **too simple** problem.
(참고: He couldn't solve this **very simple** problem.)
(그는 아주 간단한 이 문제를 풀 수 없었다.)
*It's **too strong** evidence to support his theory.
(참고: It's **very strong** evidence to support his theory.)
(그것은 그의 이론을 뒷받침하는 매우 강력한 증거다.)

▶ 그러나 "부정관사 a(n) + 형용사 + 명사"의 구조에서는 too가 형용사를 수식할 수 있다. 이 경우 형용사가 부정관사 a(n) 앞으로 반드시 이동되어야 한다. (A13.7을 보라.)

It's **too expensive a desk** for a child's room. (그 책상은 아이 방에 놓기에는 너무 비싸다.)
(*It's **too an expensive desk** for a child's room.)
It's **too cold a day** to go walking. (산책하기에는 날씨가 너무 춥다.)
(*It's **too a cold day** to go walking.)

8   all/only too: 바람직하지 않은 상황이 실현되었음을 강조할 때 사용된다.

Beggars are becoming an **all too familar** sight in our cities.
(거지가 우리 도시에서는 너무나 흔한 광경이 되고 있다.)
I regret to say that these rumors are **only too true**.
(유감이지만 이 소문들은 애석하게도 사실입니다.)

9   not too: "not very"를 뜻한다.

She **doesn't** seem **too upset** about it. (그녀는 그것에 대해서 그렇게 화가 난 것 같지 않다.)
He **won't** be **too pleased** to see you. (그는 당신을 만나는 것을 그렇게 반가워하지 않을 겁니다.)

10   too much: too와는 달리 too much는 형용사 앞에 올 수 없다.

The houses would be **too expensive** for average people.
(그 집들은 보통 사람들에게는 너무 비쌀 수 있다.)
(*The houses would be **too much expensive** for average people.)

too much에 대해서는 T15를 보라.
also를 의미하는 too에 대해서는 A46.7을 보라.

T15   too much와 too many

too much와 too many의 차이는 much와 many의 차이와 같다. too much는 불가산명사와 함께 사용되고 too many는 복수명사와 함께 사용된다.

Nowadays we eat food with **too much fat and cholesterol**.
(오늘날에는 사람들이 지방과 콜레스테롤이 지나치게 많은 음식을 먹는다.)
Too many people have been killed since the war began.
(전쟁이 발발한 이래 너무 많은 사람들이 죽었다.)

many와 much의 차이점에 대해서는 M5를 보라.

1   **수식어**: 비교급과 too를 수식하는 "much, far, a lot, lots, rather, a little, a bit 등"은 too much와 too many를 수식할 있다. (T14.7을 보라.)

I've been drinking **much too much** alcohol recently.

(나는 최근에 지나칠 정도로 많은 술을 마신다.)
You ask **far too many** questions. (너는 지나치게 많은 질문을 한다.)
This coffee contains **a bit too much** caffeine. (이 커피에는 조금 많은 카페인이 들어있다.)
It's **a little too much** work for one person. (한 사람이 하기에는 일이 좀 많다.)
He smokes **rather too many** cigarettes a day. (그는 하루에 꽤 많은 담배를 피운다.)

▶ 비록 "much too much"는 허용되지만 "much too many"는 허용되지 않는다.

*You ask **much too many** questions.
(참고: You ask **far too many** questions.)

2 **대명사**: 의미가 명백할 경우 too much와 too many는 수식받는 명사를 생략하고 독립적으로 대명사처럼 쓰일 수 있다.

She's eating **too much** and drinking **too much**. (그는 너무 많이 먹고 너무 많이 마신다.)
"Do you know how many girls applied for the secretarial job?" "**Too many**."
("비서직에 몇 명의 여성들이 지원했는지 알아?" "굉장히 많은 사람들이 지원했어.")

▶ too much of a: 등급성 명사와 함께 쓰이며 어떤 자질이나 속성이 지나침을 가리킨다.

He's **too much of a coward** to do that. (그는 그것을 하기에는 너무나 비겁하다.)
The soldier was **too much of a patriot** to betray his country.
(그 병사는 애국심이 아주 강해서 조국을 배반하지 않았다.)

too much of a(n)와 같은 구조에 대해서는 D5.4를 보라.

U1 unless

unless는 부정적 조건절을 이끄는 접속사로서 종종 "if ... not"를 대치하여 쓰일 수 있다. 이 경우 unless는 "except if"의 의미로서 주절에서 언급된 상황에 대한 예외를 말할 때 "if ... not"를 대치할 수 있다.

You keep working **unless** I tell you to stop. (내가 너에게 그만두라고 말하지 않으면/내가 너에게 그만두라고 말할 경우를 제외하고는 일을 계속해라.)
(=... **if** I **don't** tell you to stop/... **except if** I tell you to stop.)

Unless there's a strike, the trains will be running normally.
(파업이 없으면/파업이 있는 경우를 제외하고는 기차는 정상적으로 운행할 것이다.)
(= **If** there's **not** a strike.../**Except if** there's a strike ...)

1. if ... not과 unless: 그러나 "if ... not"를 언제나 unless로 바꿀 수 있는 것이 아니다. 다음을 비교해보라.

    You can't get a job **unless** you have experience.
    (경험이 있을 경우를 제외하고는 취직을 할 수 없다.)
    You can't get a job **if** you **don't** have experience. (경험이 없으면 취직을 할 수 없다.)

    unless 문장은 "경험이 있을 경우에만 취직을 할 수 있다(= you can only get a job if you have experience)"고 말하고 있지만, if not 문장은 "경험이 없으면 취직할 수 없다"고 할 뿐 "경험이 있으면 취직할 수 있다"고 말하지는 않는다. 다시 말해서 unless는 어떤 사태가 일어나지 않거나 거짓이 될 수 있는 "유일한" 상황을 말하고자 할 때 사용된다.

    Don't promise anything **unless** you're 100 per cent sure.
    (100퍼센트 확신할 경우를 제외하고는 약속을 하지 마라.)
    (= Only promise things that you're 100 per cent sure of.)

2. **부정적 상황**: unless는 주절의 상황을 바꿀 "예외적인 긍정적" 상황을 말할 때 사용되기 때문에, "부정적" 상황이 우리가 말하고자 하는 상황이 있게 한 주요 원인이라고 생각할 때는 unless를 사용할 수 없다. 다음 문장을 보라.

    My wife will be very upset **if** I **don't** get home early.
    (내가 집에 일찍 들어가지 않으면 내 처는 몹시 화가 날 것이다.)

    위 문장에서 "내가 일찍 귀가하지 않는 것 (즉, 부정적 상황)"이 내 처를 화나게 하는 "주요 원인"이기 때문에, "if ... not"를 unless로 바꿀 수 없다. "if ... not"를 unless로 바꾸면 "내가 일찍 귀가하는 경우만을 제외하고 내 처가 화가 나게 될 것이다"라는 의미가 된다. 다음 문장들을 비교해보라. if-절의 부정적 상황이 주절의 상황이 있게 한 주요 원인이기 때문에 if를 unless로 바꾸는 것은 적절하지 않다.

    He felt much better **if** you were **not** late to the party.
    (네게 파티에 늦지 않았다면 그는 기분이 훨씬 좋았을 것이다.)

(*I felt much better **unless** you were late to the party.)

I'll be really surprised **if** they were **not** late to the meeting.
(그들이 회의에 늦지 않았다면 나는 정말 놀랄 것이다.)
(*I'll be really surprised **unless** they were late to the meeting.)

What shall we do **if** they do**n't** reply to our letter?
(그들이 우리 편지에 답장을 하지 않으면 어떻게 할 것입니까?)
(*What shall we do **unless** they reply to our letter?)

3 **비실제적 상황**: 비실제적 상황이란 실현될 수 없는 상황을 말하기 때문에 unless를 사용할 수 없다. 왜냐하면 있을 수 없는 상황을 제외할 수 없기 때문이다.

He would be our best player **if** he were **not** so lazy.
(그가 게으르지 않으면 우리의 최고 선수가 될 수 있을 겁니다.)
(*He would be our best player **unless** he were so lazy.)

If she had**n't** waked me up, I would have missed the school bus.
(그녀가 나를 깨우지 않았다면 나는 학교 버스를 못 탔을 것이다.)
(***Unless** she had waked me up, I would have missed the school bus.)

첫 번째 문장에서는 "he is lazy"가 전제되기 때문에 이 상황을 제외할 수 없으며, 두 번째 문장에서는 "she waked me up"이 전제되기 때문에 이 상황을 제외할 수 없다.

4 **비단언적 표현**: 조건절에 비단언적 표현이 있을 때 "if ... not"를 unless로 바꿀 수 없다.

I'm cancelling the order **if** the goods are**n't** ready **yet**.
(상품이 아직 준비가 안 됐다면 나는 주문을 취소하겠다.)
(*I'm cancelling the order **unless** the goods are ready **yet**.)

I'll have to go to the movie alone, **if** I **can't** find **anyone** to go with.
(같이 갈 사람을 찾지 못하면 나는 혼자서 영화 구경을 가야 할 것이다.)
(*I'll have to go to the theater alone, **unless** I can find **anyone** to go with.)

위 문장에서 비단언적 단어인 "yet"과 "anyone"은 자신이 포함될 문장이 비단언적 문장인 "부정문"이라는 것을 전제로 하기 때문에, 위 문장에서는 unless를 사용하기 위한 "긍정적" 상황을 가정할 수가 없다.

5 **whether**: if가 whether의 의미로 쓰일 때는 "if ... not"를 unless로 바꿀 수 없다.

I want to know **if** he **hasn't** stayed overnight.
(나는 그가 밤새도록 머물지 않았는지 알고 싶다.)
(*I want to know **unless** he has stayed overnight.)

Maurice asked me **if** I **didn't** want to go to the beach.
(모리스는 나에게 바다로 수영하러 가고 싶지 않느냐고 물었다.)
(*Maurice asked me **unless** I wanted to go to the beach.)

6   not unless: "only if"의 뜻으로 쓰인다.

"Will you go with her?" "**Not unless/Only if** she wants me to."
("그녀와 함께 갈 겁니까?" "그녀가 원할 경우에만.")
We will fire at them **not unless/only if** they fire at us.
(그들이 우리에게 총을 쏘지 않는 한 우리는 그들에게 총을 쏘지 않을 것이다.)

if가 쓰이는 문장에 대해서는 I2-I5를 보라.

U2   until과 till

until/till은 전치사 또는 접속사로 쓰이며 어떤 상황이 일정 기간 동안 지속되다가 종료되는 시점을 표현할 때 사용된다. till은 구어체에서 더 자주 쓰인다.

The ticket is valid **until/till** March.　　　　　　　[전치사]
(표는 3월까지 유효하다.)
The shop's open **until/till** the sunset.
(상점은 일몰까지 연다.)

He waited **until/till** she had finished speaking.　　[접속사]
(그는 그녀가 말을 다할 때까지 기다렸다.)
She didn't have a boyfriend **until/till** she was 18.
(그녀는 18세까지 남자친구가 없었다.)

1   until/till + 명사/절: until/till와 결합하는 표현은 시간 표현일 수도 있고 사태 표현일 수도 있다.

He said that we had to be there **until 10 o'clock**.
(그는 우리가 10시까지 그곳에 도착해야 한다고 말했다.)
We camped there **until/till September**. (우리는 9월까지 그곳에서 야영을 했다.)
He didn't have a girlfriend **until he was thirty**. (그는 30이 될 때까지 여자 친구가 없었다.)
She worked for the same company **until the war**. (그녀는 전쟁 때까지 같은 회사에서 일했다.)

2   from: 어떤 기간의 시작부터 끝을 표현할 때는 "from ... until/till"보다는 "from ... to"를 사용하는 것이 좋다.

We camped there **from June to September**. (우리는 6월부터 9월까지 그곳에서 야영을 했다.)
(*We camped there **from June until September**.)
She took care of her father **from 1990 to the time of his death**.
(그녀는 아버지를 1990년부터 돌아가실 때까지 돌봤다.)
(*She took care of her father **from 1990 till the time of his death**.)

▶ up to가 until/till 대신에 사용되기도 한다.

We camped there **from June up to September**.

(우리는 6월부터 9월까지 그곳에서 야영을 했다.)

▶ until/till/up to는 어떤 기간의 끝만을 나타낼 때 사용될 수 있지만, to는 시작 시점을 표현하는 from-구가 없을 경우에는 사용하지 않는 것이 좋다.

We camped there **until/till/up to September**. (우리는 그곳에서 9월까지 야영을 했다.)
(*We camped there **to September**.)
She continued to care for her father **until/till/up to the time of his death**.
(그녀는 아버지가 돌아가실 때까지 계속해서 돌봤다.)
(*She continued to care for her father **to the time of his death**.)

▶ 그러나 앞에 기간을 의미하는 명사구가 올 경우 to도 사용될 수 있다.

It's only **two weeks until/till/up to/to Christmas**. (크리스마스까지 2주밖에 남지 않았다.)
He has **only a few years until/till/up to/to retirement**.
(그는 은퇴까지 몇 년밖에 남지 않았다.)

3   **장소**: 종종 until/till이 장소 명사와 함께 쓰이지만, 실제로는 어떤 상황이 종료되는 시점을 의미한다고 볼 수 있다.

Stay on the train **until** (we get to) **Daejeon**, and then change.
(대전(에 도착할 때)까지 기차에 타고 있다가 그다음에 기차를 갈아타세요.)
(*Stay on the train **to** (we get to) **Daejeon**, and then change.)
It took almost ten hours to walk **to the top of the mountain**.
(산 정상까지 걸어가는 데 거의 10시간이 걸렸다.)
(*It took almost ten hours to walk **until the top of the mountain**.)

4   **until-절의 시제**: until-절이 미래에 어떤 것이 일어날 것을 표현할 경우 현재시제 동사가 사용된다.

She'll stay in her house **until her son returns from the war**.
(그녀는 아들이 전쟁에서 돌아올 때까지 그녀의 집에 머무를 것이다.)
(*She'll stay in her house until her son **will return** from the war.)
We won't start **until Jack comes**. (잭이 오지 않으면 우리는 출발하지 않을 것이다.)
(*We won't start until Bob **will come**.)

▶ 그러나 until-절이 상황의 완결을 의미할 때는 현재완료와 과거완료형이 사용된다.

Add sugar and stir **until it has dissolved**. (설탕을 넣은 다음 녹을 때까지 저어주세요.)
We waited **until he had finished speaking**. (우리는 그녀가 말을 다할 때까지 기다렸다.)

5   **until과 동사**: until은 어떤 상황이나 사태가 일정 기간 동안 지속되는 것을 의미하기 때문에 순간적 행위를 의미하는 동사와는 함께 쓰일 수 없다.

We **stayed** there **until Easter**. (우리는 부활절까지 머물렀다.)
(*We **arrived** there **until Easter**.)

He **slept until 10 o'clock**. (그는 10까지 잤다.) (*He **got up until 10 o'clock**.)

▶ 순간적 행위를 의미하는 동사의 부정형은 그 행위가 일어나지 않는 상황이 지속적이기 때문에 until과 함께 나타날 수 있다.

We **didn't arrive until Easter**. (우리는 부활절까지 도착하지 못했다.)
He **didn't get up until 10 o'clock**. (그는 10시까지 일어나지 않았다.)

▶ 그러나 반복적인 순간적 행위를 의미하는 동사와는 함께 쓰일 수 있다.

He **knocked** on the door **until she opened it**. (그는 그녀가 문을 열 때까지 노크했다.)
We were **kicking** balls **until 6 o'clock in the afternoon**.
(우리는 오후 6시까지 공을 차고 놀고 있었다.)

6   by: until은 어떤 상황이 특정 시점까지 "지속되는 것"을 말하지만, by는 어떤 행위나 사건이 특정 시점 이전이나 그보다 늦지 않은 시점에 "일어나는 것"을 말한다.

I think they'll arrive here **by Easter**. (나는 그들이 부활절까지는 올 것이라고 생각한다.)
The final report needs to be ready **by next Monday**.
(최종 보고서는 다음 월요일까지 준비되어야 한다.)

7   not until: not until은 어떤 시점 이전이나 어떤 상황이 일어나기 전에는 다른 상황이 일어날 수 없다는 것을 강조할 때 사용된다.

"Can I go to the beach and swim now?" "**Not until** you've done your homework."
("지금 해변에 가서 수영해도 됩니까?" "숙제를 마칠 때까지는 안 돼.")
It was **not until** midnight that their quarrel finally came to an end.
(자정이 돼서야 그들의 언쟁이 드디어 끝이 났다.)

8   until recently: "until recently/now/then"은 변화가 있기 전에 상황이 어떠했는가를 말할 때 사용된다.

Until recently, make-up was not allowed in high schools.
(최근까지 고등학교에서는 화장이 허용되지 않았다.)
Until now, I could not earn enough money to support my family.
(지금까지 나는 가족을 부양할 충분한 돈을 벌 수 없었다.)

U3   up과 down

up과 down은 일반적으로 부사 또는 전치사로 사용된다.

Put these books **up** on the shelf.   [부사]
(이 책들을 서가 위에 올려놓아라.)
Get **down** off the table.
(식탁 위에서 내려와라.)

We followed her **up the stairs** and to a large room. [전치사]
(우리는 그녀를 층계 위로 따라가서 큰 방에 다다랐다.)
I walked **down the hill** to where I'd parked my car.
(나는 언덕 아래로 걸어서 차를 주차해 놓은 곳으로 갔다.)

1. **높은 위치와 낮은 위치**: up과 down은 각각 더 높은 위치와 낮은 위치로 이동하거나 그 위치에 있는 것을 표현한다.

    We climbed **up** a tree to have a better view. (우리는 더 잘 보려고 나무 위로 올라갔다.)
    The sun was going **down** and it would soon be dark. (해가 지고 있었고 곧 어두워졌다.)
    His office is just **up** those stairs. (그의 사무실은 저 계단 바로 위에 있다.)
    The bedroom is **down** those stairs. (침실은 저 계단 밑에 있다.)

2. **중심과 변두리**: 어떤 곳이 출발지보다 더 "중심"이 된다고 생각할 때는 up을 쓰고 "변두리"가 된다고 생각할 때는 down을 사용한다.

    Have you been **up to London** recently? (당신은 최근에 런던에 올라간 적이 있습니까?)
    She's just gone **down to her summer house** by the beach.
    (그녀는 해변에 있는 여름 별장으로 방금 내려왔다.)

    이런 의미에서 런던 행 기차를 "up trains"라고 하고 런던 발 기차를 "down trains"라고 한다. 마찬가지로 우리말에도 "상경"과 "낙향"이라는 말이 있다.

3. **along**: up과 down은 큰 의미적 차이 없이 길이나 통로를 따라 일정한 거리를 이동하거나 근처에 있는 위치를 표현할 때 "along"과 유사한 의미로 쓰인다.

    We walked **up/down/along** the road towards the station.
    (우리는 정거장을 향하는 길을 따라 걸었다.)
    The bathroom is just **up/down/along** the corridor. (화장실은 복도 바로 저쪽에 있습니다.)

4. **north와 south**: (지도에서 북쪽은 위로, 남쪽은 아래로 향하고 있기 때문에) up과 down은 각각 북쪽과 남쪽으로 이동하거나 그 방향의 위치를 표현한다.

    We drove **up to Chicago** for the conference.
    (우리는 학회에 참석하기 위해 시카고로 운전해 올라갔다.)
    They drove all the way **down from Boston to Miami**.
    (그들은 보스턴에서 마이애미까지 쭉 운전해 내려갔다.)
    They live **up north**. (그들은 저 위 북쪽에 산다.)
    We have a summer villa **down south**. (우리는 저 아래 남쪽에 여름 별장을 가지고 있다.)

5. **uptown과 downtown**: 미국영어에서 uptown은 도시의 상업중심지(downtown)를 벗어난 비교적 부유한 계층이 사는 지역을 가리킨다.

He now lives in an apartment a little **uptown**.
(그는 지금 약간 변두리의 주택지에 있는 아파트에 살고 있다.)
I have to go **downtown** later for shopping. (나는 좀 있다가 쇼핑하러 시내로 가야한다.)

U4   up to

1 **상한선**: 수나 양의 상한선을 표현한다.

The World Cup Stadium can hold **up to 50,000 spectators**.
(월드컵 경기장은 관객을 5만 명까지 수용할 수 있다.)
The young man can eat jajangmyun **up to five bowls**.
(그 젊은이는 자장면을 다섯 그릇까지 먹을 수 있다.)

2 up until: up to와 함께 어떤 사태가 지속된 시점까지를 표현할 때 사용된다. (U2를 보라.)

You may call me any time **up until/up to** nine at night.
(밤 9시까지는 언제든지 나에게 전화할 수 있다.)
Up to 1990, the growth of per capita income increased 5% per year.
(1990년까지 일인당 소득이 매년 5%씩 성장했다.)

3 **자격/능력**: 어떤 것을 할 수 있는 자격 또는 능력이 있음을 표현할 때 사용된다.

He played quite **up to his reputed ability**. (그는 소문으로 들었던 능력에 맞게 경기를 했다.)
I'm afraid Tim isn't **up to the job**. (미안하지만 팀은 그 일에 맞지 않습니다.)
His sons were not **up to running the business without him**.
(그의 아들들은 그 없이 사업을 끌고 갈 정도가 아니었다.)

4 **비밀**: 하지 말아야 할 일을 비밀리에 하는 것을 표현한다.

Why did you need a room unless you are **up to something**?
(무언가 꿍꿍이가 있지 않으면 왜 방이 필요했느냐?)
They must have known what their father was **up to**.
(그들은 아버지가 무엇을 꾸미려고 했는지 알았어야 했다.)

5 **책임**: 누구에게 책임이 있음을 말할 때 사용된다.

It's **up to the manager** to make sure things are done on time.
(제시간에 일이 확실히 끝나도록 하는 것은 지배인의 책임이다.)
It's **up to you** to make the final decision on the journey.
(여행에 대한 최종 결정은 너에게 달려 있다.)

U5   used to-부정사

used to는 양상조동사의 (M21.2를 보라) 하나로서 동사의 원형, 즉 부정사와 함께 쓰인다. used to는 항상 과거시제로서 현재시제형이 없으며, 현시점에는 이미 끝난 과거의 습관이나 상태를 표현한다.

He **used to smoke** when he was young, but now he's stopped.
(그는 젊었을 때 담배를 피웠으나 지금은 끊었다.)
(* He **used to smoke** when he was young, and he's still smoking.)
(참고: He **smoked** when he was young and he is still smoking.)
There **used to be** a jewelry shop at that corner. (저 모퉁이에 보석상이 있었다.)
I **used to work** in New York City. Now, I'm working in Chicago.
(나는 한때 뉴욕에서 일했으나, 지금은 시카고에서 일하고 있다.)

be used to에 대해서는 U6을 보라.

1   **의문형과 부정형**: used to 문장의 가장 무난한 의문형과 부정형은 used를 어휘적 동사로 간주되는 형태다.

You **didn't use to** eat fish when you were younger. (너는 젊었을 때 물고기를 먹지 않았었다.)
Did you **use to** go to church regularly? (너는 규칙적으로 교회에 다녔느냐?)
He **used to** smoke, **didn't** he? (그는 담배를 피웠었지?)

▶ 영국영어의 격식적 문체에서는 간혹 used를 조동사로 간주하는 형태가 나타나지만 무리한 표현으로 간주된다. used는 부가의문문에서는 조동사로 쓰이지 않는다.

?You **used not** to eat fish when you were younger.
?**Used** you to go to church regularly?
*He used to smoke, **usedn't** he?

2   **used to의 사용**: used to는 한 일생의 앞부분에서 "규칙적으로 혹은 지속적으로 있었던 습관적 행위나 상황이 여건의 변화로 지금은 더 이상 존재하지 않게 되었음"을 의미한다. 따라서 used to는 "과거의 어느 한때에 있었던 일이나, 이것이 얼마나 오래 지속되었는가, 혹은 얼마나 자주 일어났는가"를 단순히 말하는 데는 사용되지 않는다. 다음을 비교해보라.

*I **used to** work very hard **last month**.
(참고: I **worked** very hard **last month**.) (나는 지난달에 열심히 공부했다.)

*I **used to** live in Suwon **for three years**.
(참고: I **lived** in Suwon **for three years**.) (나는 수원에 3년간 살았다.)

*I **used to** live in Busan **until 1990**.
(참고: I **lived** in Busan **until 1990**.) (나는 1990년까지 부산에 살았다.)

*I **used to** go to France **seven times last year**.
(참고: I **went** to France **seven times last year**.) (나는 지난해에 일곱 번 프랑스에 갔다.)

*I **used to** go to France **twice every year until I was 15**.
(참고: I **went** to France **twice every year until I was 15**.)
(나는 15살이 될 때까지 매년 두 번씩 프랑스에 갔다.)

used to와 would의 차이점은 W22.6을 보라.
used의 발음에 대해서는 U6을 보라.

U6　used to + 동명사

▶ "be/become/get/grow used to + (동)명사"는 어떤 상황에 익숙해있어서 그 상황이 놀랍지도 생소하지도 당황스럽지도 않다는 것을 표현한다.

I do the dishes every day, so I'**m used to it**. (나는 매일 접시를 닦아서 지금은 익숙하다.)
She'**s not used to being** spoken to in that rude way.
(그녀는 그런 식의 무례한 말을 듣는 것에 익숙하지 않다.)
I can't **get used to the idea** that spiders are not insects.
(나는 거미가 곤충이 아니라는 생각은 아직도 받아들여지지 않는다.)

▶ "accustomed to"가 "used to"와 같은 의미로 사용된다.

It took a while for me to **get accustomed to** all the rules and regulations.
(내가 모든 규칙과 규정에 익숙해지는 데 시간이 좀 걸렸다.)
Our eyes will quickly **become accustomed to** the dark.
(우리의 눈은 어둠에 재빨리 적응할 것이다.)

▶ "used to"의 경우에는 used를 /juːst/로 발음하고, used가 형용사로 사용될 때는 (예를 들어 "used cars"의 경우에는) /juːzd/로 발음된다.

V1　verbs(동사)-1: 정형동사와 비정형동사

동사는 그 기준에 따라 여러 형태로 구분될 수 있다. 시제를 포함하느냐 않느냐에 따라, 동사가 어떤 의미적 속성을 지니느냐에 따라, 어떤 종류의 보충어(comple-ments)를 선택하느냐에 따라 분류할 수 있다.

동사는 시제(tense)와 서법(mood)요소를 포함하느냐 않느냐에 따라 정형(finite forms)과 비정형(non-finite forms)으로 나뉜다. (F3을 보라.)

He **talks** too much.　　　　　　　　　　　[정형동사]
(그는 말을 너무 많이 한다.)
He **talked** too much.
(그는 말을 너무 많이 했다.)
He doesn't want to **talk** in public.　　　　[비정형동사]
(그는 사람들 앞에서 말하고 싶어 하지 않는다.)
I don't like **talking** in public.　　　　　　[비정형동사]
(나는 사람들 앞에서 말하는 것을 좋아하지 않는다.)
We've **talked** about his background.　　　[비정형동사]
(우리는 그의 배경에 대해서 말했다.)

1　　**정형동사**: 정형동사는 화자가 자신이 말하는 내용에 대해서 어떤 생각을 가지고 있느냐를 표현하게 되는데, 이것을 동사의 법(mood)이라고 한다. 영어의 동사는 세 가지 법, 즉 직설법(indicative mood), 명령법(imperative mood), 가정법(subjunctive mood) 중의 어느 하나에 속하거나 양상(modal)조동사를 대동하게 된다.

　　　　John **was sleeping**.　　　[직설법]
　　　　(존은 잠을 자고 있었다.)
　　　　Leave at once.　　　　　[명령법]
　　　　(즉시 떠나라.)
　　　　I wish I **were** you.　　　[가정법]
　　　　(내가 너라면 좋겠다.)
　　　　He **may** not be there.　　[양상조동사]
　　　　(그는 그곳에 없을 수도 있다.)

2　　**직설법**: 직설법 정형동사를 포함하는 문장은 화자가 자신이 말하는 것이 사실이라고 생각하거나 사실이라고 믿을 만한 근거가 있다고 생각할 때 사용되며, 현재시제형과 과거시제형이 있다.

　　　　They **play** poker on Saturday nights. (그들은 토요일 밤에는 포커게임을 한다.)
　　　　They **expected** us to be back in a week. (그들은 우리가 일주일 후에 돌아오기를 기대했다.)

3　　**명령법**: 요청이나 명령 또는 지시를 표현할 때 쓰이며 동사의 원형(simple form)이 쓰인다.

　　　　▶ 2인칭 명령법: 주어는 일반적으로 생략된다.

Open the door. (문을 열어라.)
Don't open the door. (문을 열지 마라.)

▶ 1인칭 명령법: let로 시작한다.

Let's open the door. (문을 열자.)
Let's **not** open the door. (문을 열지 말자.)

4 **가정법**: 가정법 동사는 우리가 누구에게 어떻게 할 것을 "제안, 추천, 요구, 주장, 충고"할 때, 또는 어떤 상황이 "중요하다거나, 필수적이거나, 불가피한" 것이라 말할 때 종속절의 동사가 "원형형태"를 취한다. be 동사는 모든 경우에 원형인 "be"가 사용되며, 동사는 "시제"에 대해서도 변화를 보이지 않는다.

He **suggested** to her that they **leave** early to get the bus.
(그는 그녀에게 버스를 타기위해 일찍 떠날 것을 제안했다.)
Her boss **demanded** that she not **be** late. (그녀의 상사는 그녀에게 늦지 말라고 요구했다.)
I **insisted** that he **reconsider** his decision to get a job.
(나는 그가 취직을 하겠다는 결심을 재고하기를 강력히 주장했다.)
It is **essential** that everyone **have** the same medical treatment.
(모든 사람이 동일한 의학적 치료를 받는 것이 매우 중요하다.)
Our **advice** was that the company **invest** in new equipment.
(우리의 충고는 회사가 새로운 장비에 투자하는 것이었다.)

▶ **should**: 영국영어에서는 원형동사 대신에 "should + 동사"나 일상적인 현재시제와 과거 시제 동사가 널리 사용된다.

He said it is **essential** that you **should be/were** on time.
(그는 네가 정시에 도착하는 것이 중요하다고 말했다.)
He **insisted** that he **should be/was given** the same opportunities.
(그는 자기에게도 같은 기회가 주어지기를 강력히 주장했다.)

▶ **were**: 비실제적 조건이나 비실제적 소망을 표현하는 절에서 were는 종종 모든 주어와 함께 쓰인다.

If he **were** naturalized, he **could vote** in the next presidential election.
(만약 그가 귀화가 됐다면 다음 대통령 선거에서 투표할 수 있을 것이다.)
If I **were** you, I should stop smoking. (내가 너라면 담배를 끊을 것이다.)
I wish it **were** Saturday. (토요일이라면 좋겠다.)

가정법에 대해서는 S29를 보라.

5 **양상조동사**: 정형동사의 특성의 하나는 화자가 자신의 말에 대한 다양한 생각을 표현하는 양상조동사를 가질 수 있다는 것이다.

He **may** know her address. (그는 그녀의 주소를 알지도 모른다.)
I think you **ought to** see a lawyer. (나는 네가 변호사를 만나야 한다고 생각한다.)

You **must** be tired. (너는 지친 게 틀림없다.)

양상조동사에 대해서는 M18-M21을 보라.

6 **비정형동사**: 비정형동사는 정형동사와는 달리 시제(tense)나 서법(mood)을 나타내는 요소를 포함하지 않기 때문에, "수"나 "인칭"과의 일치를 보이지 않으며 또한 "양상조동사"를 포함하지 않는다. 그런 의미에서 비정형동사는 "불완전한" 형태의 동사라고 할 수 있지만, 이들은 문장 내에서 정형동사가 할 수 없는 다양한 기능을 수행한다. 비정형동사에는 부정사형(infinitives)과 분사형(participles) 두 유형이 있으며, 분사형에 "-ing(현재)분사형"과 "-ed(과거)분사형"이 있다. 비정형동사를 포함하는 구조는 의미를 함축적으로 나타내기 때문에 같은 의미를 나타내는 정형동사 구문보다 축약된 구조를 갖는 것이 일반적이다. 따라서 고급스러운 글을 쓰는 사람들은 비정형동사 구문을 많이 쓰며, 어려운 영어 글을 이해하려면 비정형동사 구조를 이해하는 것이 매우 중요하다.

He advised me not **to invest** money at this time.　　[부정사]
(그는 나에게 이 시점에는 돈을 투자하지 말라고 충고했다.)
Not **knowing** anyone in town, he felt very lonesome.　　[-ing형 분사]
(그는 마을에 아는 사람이 하나도 없어서 몹시 외로움을 느꼈다.)
Persuaded by his brother, he decided to go to college.　　[-ed형 분사]
(그는 형님에게 설득되어 대학에 진학하기로 결심했다.)

7 **부정사**: 부정사란 동사의 원형, 즉 사전에 나타나는 형태의 동사를 가리키며 일반적으로 동사 앞에 to를 갖는다. 부정사는 "명사적, 형용사적, 부사적"으로 사용될 수 있다.

▶ 명사적 용법: 주어, 목적어, 보어로 사용될 수 있다.

To see his children again will make him very happy.　　[주어]
(그의 아이들을 다시 보는 것은 그를 매우 행복하게 할 것이다.)
For you to come to the meeting is absolutely necessary.
(당신이 회의에 참석하는 것은 절대적으로 필요하다.)
It will make him very happy **to see** his children again.　　[외치된 주어]
(그의 아이들을 다시 보는 것은 그를 매우 행복하게 할 것이다.)
It is absolutely necessary **for you to come to the meeting**.
(당신이 회의에 참석하는 것은 절대적으로 필요하다.)
Every student wants **to learn English**.　　[목적어]
(모든 학생이 영어를 배우기를 원한다.)
She advised him **to go to the doctor**.
(그녀는 그에게 의사를 만나보라고 충고했다.)
The best thing is **to tell the truth**.　　[보어]
(최선은 진실을 말하는 것이다.)
We consider him **to be a genius**.
(우리는 그가 천재라고 생각한다.)

▶ 형용사적 용법: 명사를 수식하는 관계절처럼 쓰인다.

She has no one **to help her**. (그녀를 도와 줄 사람이 아무도 없다.)
He is a good man **for you to know**. (그는 네가 알아두어야 할 훌륭한 분이다.)

▶ 부사적 용법: 부정사는 다른 부사처럼 "전체 문장, 동사, 형용사 또는 다른 부사"를 수식할 수 있다.

To tell the truth, I don't understand him at all.
(사실대로 말하면 나는 그를 전혀 이해할 수 없다.)
We eat **to live**; we should not live **to eat**.
(우리는 살기 위해 먹어야지 먹기 위해 살아서는 안 된다.)
The music is too difficult for me **to play correctly**.
(그 음악은 너무 난해해서 나는 정확하게 연주할 수가 없다.)
It's raining too hard **to go out for walking**. (비가 너무 심하게 와서 산책을 나갈 수 없다.)

부정사에 대해서는 122-128을 보라.

8 **분사**: 분사란 동사의 현재분사형(-ing형)과 과거분사형(-ed형)을 가리킨다. -ing형은 진행형을, -ed형은 완료형과 수동형을 구성할 때 사용된다.

We**'re waiting** for the department store to open. [진행형]
(우리는 백화점이 열기를 기다리고 있다.)
I**'ve lived** in this city since I was born. [완료형]
(나는 태어나서부터 이 도시에 살았다.)
We **were** all **invited** to the graduation party. [수동형]
(우리 모두는 졸업식 연회에 초대되었다.)

분사는 이 외에도 형용사적, 부사적, 서술적 그리고 명사적으로 사용된다.

▶ 형용사적 용법: 명사를 앞에 또는 뒤에서 수식할 수 있다.

Don't disturb the **sleeping** baby. (잠자는 아이를 건드리지 마라.)
Look at the baby **sleeping** in the cradle. (요람에서 자고 있는 아이를 봐라.)
He issued a **written** statement. (그는 문서화된 성명서를 배포했다.)
He received a letter **written** in English. (그는 영어로 쓴 편지 한 통을 받았다.)

▶ 부사적 용법: 접속사 없이 쓰이는 분사는 "시간, 이유, 조건, 결과, 양보" 등 다양한 부사적 의미를 표현한다.

Writing something on a card, he handed it over to her. [조건]
(그는 카드에 무엇인가 쓴 다음 그것을 그녀에게 주었다.)
The elevator **being out of order**, we had to walk up the stairs. [이유]
(엘리베이터가 고장이 나서 우리는 계단으로 걸어 올라가야 했다.)
Although **hired as a bookkeeper**, she also does secretarial work. [양보]
(그녀는 회계사로 채용되었으나 비서일도 한다.)

▶ 서술적 용법: 주절의 주어나 목적어와 서술적 관계, 즉 보어관계를 형성한다.

He seemed **frightened** at the news. (그는 뉴스에 놀란 것 같다.)
I find the news very **frightening**. (나는 뉴스가 놀랍다고 생각한다.)

▶ 명사적 용법: 명사적으로 사용되는 -ing형 분사를 종종 동명사(gerunds)라고 부르며, 동명사는 주어, 동사의 목적어, 전치사의 목적어, 보어로 쓰일 수 있다. (동명사에 대해서는 G5-G10을 보라.)

Looking after the children requires patience.　　　　[주어]
(아이를 돌보는 것은 인내심을 요구한다.)
He will never admit **having done such a thing**.　　　　[목적어]
(그는 그런 짓을 했다고 절대로 인정하지 않을 것이다.)
He was accused of **smuggling illegal goods**.　　　　[전치사 목적어]
(그는 불법적 상품을 밀수한 것으로 고발되었다.)
Her worst habit is **smoking**.　　　　[보어]
(그녀의 가장 나쁜 버릇은 흡연이다.)

분사에 대해서는 P2-P5를 보라.

V2　verbs-2: 의미

동사는 행위(action), 사건(event), 과정(process) 등 동적인(dynamic) 상황을 의미할 수도 있고, 지각(perception), 인지(cognition), 관계/상태(relation/state) 등 정적인(stative) 상황을 의미할 수도 있다.

1　**동적 동사**: 행위, 사건, 과정동사가 있다.

▶ 행위동사

abandon	ask	climb	construct
drink	eat	hit	kick
learn	look (at)	move	play
read	say	speak	tell
walk	write 등		

▶ 사건동사

befall	break down	burst	explode
happen	inherit	occur	receive
take place 등			

▶ 과정동사

change	contain	darken	deepen
deteriorate	develop	die	decrease
diminish	expand	grow	improve
increase	lack	mature	reduce

slow down	strengthen	thicken	widen 등

2 **정적 동사**: 지각, 인지, 관계/상태 동사가 있다.

▶ 지각동사

appear	feel	hear	look
notice	observe	see	seem
smell	taste 등		

▶ 인지동사

abhor	admire	adore	agree
appreciate	assume	believe	consider
desire	detest	disagree	dislike
doubt	envy	esteem	expect
fancy	fear	feel (=think)	find (= consider)
follow (= understand)	forget	forgive	gather (= understand)
guess	hate	hope	imagine
intend	know	like	love
mean	mind	need	plan
prefer	presume	promise	realize
recall	recognize	recollect	refuse
regard	regret	remember	respect
satisfy	see (= understand)	suggest	suppose
think (that)	trust	understand	want
wish 등			

▶ 관계/상태동사

apply to	be	become	belong to
comprise	concern	consist of	contain
cost	depend on	deserve	differ from
equal	exist	fit	have
hold	include	interest	involve
lack	matter	mean	need
owe	own	please	possess
remain	require	resemble	satisfy
suffice	suit	tend	weigh 등

3 **동적 동사와 정적 동사의 차이**: 이 두 부류의 동사는 몇 가지 문법적 차이를 보인다.

▶ 진행형: 정적 동사는 일반적으로 진행형이 허용되지 않는다.

These men **constructed/are constructing** a road through the forest.
(이 사람들은 숲을 가로지르는 도로를 건설했다/건설하고 있다.)
The machine **functioned/is functioning** normally again.

(그 기계는 다시 정상적으로 작동했다/작동하고 있다.)
Knowledge in the field of genetics **has developed/is developing** very rapidly.
(유전학 분야의 지식이 급속도로 발전했다/발전하고 있다.)

The surveys **appear** to contradict the government's claims.
(조사는 정부의 주장을 반박하는 것으로 보인다.)
(*The surveys **are appearing** to contradict the government's claims.)
Everybody **understands** your problem. (모두가 너의 문제를 이해한다.)
(*Everybody **is understanding** your problem.)
It **depends** on him whether they will succeed. (그들이 성공 여부는 그에게 달려있다.)
(*It **is depending** on him whether they will succeed.)

▶ 명령문: 정적 동사는 일반적으로 명령문에서 쓰이지 않는다. (I9를 보라.)

Learn the language! (그 언어를 배워라!) (***Know** the language!)
Look at me! (나를 봐라!) (***See** me!)

▶ do: 정적 동사는 do 대동사가 나타나는 유사분열문에서 쓰일 수 없다. (C12.6을 보라.)

What I **did** was (to) **learn** the language. (내가 한 것은 그 언어를 배우는 것이었다.)
(*What I **did** was (to) **know** the language.)
What I **did** was (to) **go** to college. (내가 한 것은 대학에 가는 것이었다.)
(*What I **did** was (to) **resemble** him.)

▶ 사역구문: 정적 동사는 사역구문의 종속절로 쓰일 수 없다. (C9를 보라.)

I made her **learn** the language. (나는 그녀가 그 언어를 배우도록 했다.)
(*I made her **know** the language.)
He persuaded me to **go** to college. (그는 나에게 대학에 진학하라고 설득했다.)
(*He persuaded me to **resemble** him.)

4   **수동형**: 문법적으로 타동사만이 수동형이 가능하지만, 타동사라고 할지라도 의미적으로 수동형을 허용하지 않는 경우가 많다. (P7-P14를 보라.)

▶ 행위와 과정: 일반적으로 행위동사는 수동형을 허용하지만, 과정동사는 행위자(agent)의 통제를 받을 경우에만 수동형이 허용된다.

The rebels **attacked** the city.   [행위]
(반군이 도시를 공격했다.)
The city **was attacked** by the rebels.
(도시가 반군의 공격을 받았다.)
The captain **changed** the course of the ship.   [과정]
(선장은 배의 항로를 바꿨다.)
The course of the ship **was changed** by the captain.
(배의 항로가 선장에 의해 바뀌었다.)

그러나 행위자에 의해 통제되지 않는 과정은 수동을 허용하지 않는다.

The ship **changed** its course. (배가 항로를 바꿨다.)
(*The course **was changed** by the ship.)
The evening shadows **darkened** the room. (저녁의 그림자가 방을 어둡게 했다.)
(*The room **was darkened** by the evening shadows.)

▶ 사건: 사건동사는 일반적으로 수동형을 허용하지 않지만, 행위자에 의하여 만들어진 사건일 경우에는 수동형을 허용하기도 한다.

The first atomic bomb was exploded in 1945. (첫 원자폭탄이 1945년에 폭발했다.)
(= We exploded the first atomic bomb in 1945.)
The murderer **was caught** by the detective. (살인자가 형사에게 잡혔다.)
(= The detective **caught** the murderer.)
My brother **caught** malaria in Malaysia. (내 남동생은 말레이시아에서 말라리아에 걸렸다.)
(*Malaria **was caught** by my brother in Malaysia.)
Jessica **inherited** quite a lot of money from her uncle.
(제시카는 삼촌에게서 꽤 많은 돈을 상속받았다.)
(*A lot of money **was inherited** by Jessica from her uncle.)
My sister **received** an anonymous letter yesterday.
(나의 여동생은 어제 발신인 불명의 편지를 한 통 받았다.)
(*An anonymous letter **was received** by my sister yesterday.)

▶ 관계/상태: 관계동사는 일반적으로 수동형을 허용하지 않는다.

She **resembles** her mother. (그녀는 어머니를 닮았다.)
(*Her mother **is resembled** by her.)
He **owns** an expensive car. (그는 비싼 차를 소유하고 있다.)
Your password should **consist of** at least 5 characters.
(패스워드는 적어도 다섯 개의 문자로 구성된다.)

V3 verbs-3: 보충어

동사는 보충어를 갖느냐 안 갖느냐, 갖는다면 어떤 종류의 보충어를 갖느냐에 따라 다양한 형태로 분류된다. 동사 뒤에 오는 보충어로는 직접목적어, 간접목적어, 주어보어, 주어부가어, 목적어보어, 목적어부가어가 있다.

1 **자동사** (intransitive verbs): 자동사란 동사구를 구성함에 있어서 목적어나 보어 또는 부가어를 필요로 하지 않는 동사를 가리킨다. 자동사에는 세 가지 종류가 있다.

▶ 순수 자동사: 목적어나 보어를 어떠한 경우도 취할 수 없는 동사를 가리킨다.

appear   arrive   blink   blush

collapse	come	cough	cry
die	disappear	elapse	fade
faint	fall	go	happen
laugh	lie	materialize	matter
pause	rain	rise	scream
sleep	slip	smile	sneeze
snow	tremble	vanish	wait
walk	yawn 등		

It was **raining**; suddenly, the clouds **disappeared**, and the sun **rose**.
(비가 오고 있었다. 갑자기 구름이 사라지고 해가 떴다.)
Time **elapsed** but no one **arrived** and the show didn't **materialize**.
(시간이 지났으나 아무도 도착하지 않았고 공연은 열리지 않았다.)
The baby was **coughing**, **sneezing** and **crying** all night without **sleeping**.
(아이가 밤새도록 잠을 자지 않고 기침하고 재채기를 하고 울어댔다.)

▶ 목적어: 동사 중에는 목적어를 취함으로써 타동사로도 쓰일 수 있고, 목적어가 없이 자동사로 쓰일 경우에는 목적어가 있는 것으로 이해되는 자동사가 있다.

approach	cook	drink	drive
enter	help	hunt	kill
knit	leave	pass	play
read	sew	smoke	write 등

A big storm is **approaching** (the city). (큰 폭풍우가 (도시에) 접근하고 있다.)
George **smokes** (a pipe). (조지는 (파이프) 담배를 피운다.)
He is **reading** (a book). (그는 독서를 하고 있다.)

▶ 주어와 목적어: 자동사로도 쓰이고 타동사로도 쓰이는 동사 중에 "주어"와 "동사" 관계에 변화가 일어나는 자동사가 있다. 수동문에서처럼 타동사의 목적어가 자동사의 주어가 된다. 이 동사에는 두 가지 종류가 있다.

▶ 능격동사 (ergative verbs): 이 동사에서는 목적어가 주어가 되면서 동사의 행위자는 표현되지 않는다.

begin	break	change	close
drop	explode	float	freeze
grow	improve	increase	melt
move	roll	sink	slow
start	stop	tear	turn
unite	vary	wake	walk
widen	work 등		

He broke **the vase**.　　　　　　　　**The vase** broke.
(그가 꽃병을 깼다.)　　　　　　　　(꽃병이 깨졌다.)
He opened **the door** slowly.　　　　**The door** opened slowly.

(그는 문을 천천히 열었다.)
We can't start **the engine**.
(우리는 엔진을 작동할 수 없다.)
The new governor has improved **conditions in prison**.
(새 주지사는 교도소의 상태를 개선했다.)

(문이 천천히 열렸다.)
The engine won't start.
(엔진이 작동되지 않을 것이다.)
Conditions in prison have improved.
(교도소의 상태가 개선되었다.)

▶ 중간동사 (middle verbs): 기본적으로 타동사이지만 양태부사와 함께 수동의 의미를 지닌 자동사로 사용될 수 있다.

amuse	clean	cut	drive
embarrass	flatter	frighten	intimidate
iron	offend	pacify	please
read	sell	shock	translate
wash 등			

The meat **cut surprisingly easily**. (고기가 놀랍게도 잘 잘린다.)
She doesn't **frighten easily**. (그녀는 쉽사리 놀라지 않는다.)
My car doesn't **drive smoothly**. (내 차가 부드럽게 달린다.)
His recent book **sells well**. (그가 최근에 낸 책이 잘 팔린다.)
The shirt **washed cleaner than I'd expected**.
(셔츠가 내가 생각했던 것보다 더 깨끗이 세탁되었다.)

2 **연결동사** (copular verbs): 연결동사란 주어와 주어보어(subject complements) 혹은 주어지향 부가어(subject-oriented adjuncts)를 연결해 주는 동사를 가리킨다. 주어보어와 주어지향 부가어는 주어의 속성을 규정하거나 주어가 누구인가를 확인하거나 또는 주어가 어떤 상황에 있는가를 표현한다. 가장 대표적인 연결동사는 be동사이며, 주어보어로는 명사(구)와 형용사(구)가 쓰이고, 주어지향 부가어는 부사(구)가 사용된다.

Mary is **the most beautiful girl I've ever met**.
(메리는 내가 지금까지 만났던 가장 아름다운 아가씨다.)
Mary is **very happy**. (메리는 매우 행복하다.)
Mary is **in bed**. (메리는 잠자고 있다.)

▶ 명사구: 명사구를 보어로 가지는 연결동사들 중에는 보어 앞에 **to be** 또는 **like**를 동반하는 것이 보통이다.

appear	be	become	feel (like)
look (like)	make	prove	seem
smell like	sound (like)	turn 등	

John **turned traitor**. (존은 배반자가 되었다.)
Oslo **seems (to be) a pleasant city**. (오슬로는 즐거운 도시인 것 같다.)
He **looks like a fine boy**. (그는 좋은 아이로 보인다.)
I **feel (like) an absolute fool**. (나는 완전히 바보 같은 느낌이 든다.)

He will **make a good teacher**. (그는 훌륭한 선생이 될 것이다.)

▶ "be, appear, seem 등"은 "that-절, 부정사구 또는 동명사구"를 보어로 가질 수 있다.

His only object in life **is to make much money**.
(그의 생애의 유일한 목표는 돈을 많이 버는 것이다.)
What she insists on **is his watering the plants every day**.
(그녀가 주장하는 것은 그가 매일 나무에 물을 주는 것이다.)
It **appears that he is ill**. (그는 아픈 것 같이 보인다.)
(= He appears to be ill.)

▶ 형용사구: 형용사를 보어로 취하는 동사는 다음과 같다.

appear	be	become	feel
get	look	remain	seem
smell	sound	taste 등	

I feel **tired**. (나는 지쳤다.)
She looks **happy**. (그녀는 행복해 보인다.)
He became **ill**. (그는 병이 들었다.)
The soup tastes **good**. (수프가 맛이 좋다.)

▶ 부가어: 다음의 동사는 일반적으로 공간/방향 부가어 또는 시간 부가어를 대동함으로써 완전한 동사구를 구성한다.

be	come	go	hang
last	lie	live	last
remain	sail	stand	stroll
stay	take 등		

The children are **at the zoo**. (아이들은 동물원에 갔다.)
The kitchen is **downstairs**. (부엌은 아래층에 있다.)
The ship sailed **out of the harbour**. (배가 항구 밖으로 나아갔다.)
My uncle lives **in Busan**. (나의 삼촌은 부산에 산다.)
His boring lecture lasted **(for) three hours**. (그의 지루한 강연은 세 시간이나 지속됐다.)
The refugees are allowed to remain **in Korea**. (피난민들은 한국에 남는 것이 허용되었다.)

3   **타동사** (transitive verbs): 타동사는 자동사와는 달리 (직접)목적어를 의무적으로 동반하는 동사로서 단순 타동사, 이중 타동사, 복합 타동사 세 가지 유형이 있다. 타동사의 문법적 특징은 일반적으로 수동형을 허용한다는 것이다. (수동형에 대해서는 P7-P14를 보라.)

They **built this building** last year.   [단순타동사]
(그들은 작년에 이 다리를 건설했다.)
This building **was built** last year.
(이 다리는 작년에 건설되었다.)

He **gave his sister the car**.   [이중타동사]

(그는 그의 여동생에게 차를 주었다.)
His sister **was given** the car.
(그의 여동생은 차를 받았다.)

They **elected** Mr. Peterson president of the company.　　　　[복합타동사]
(그들은 피터슨 씨를 회사의 사장을 뽑았다.)
Mr. Peterson **was elected** president of the company.
(피터슨 씨가 회사의 사장으로 뽑혔다.)

V4　Verbs-4: 단순타동사

일명 "완전 타동사"라고도 불리는 단순타동사(mono-transitive verb)는 명사구, 전치사구, 절을 직접목적어로 취할 수 있다.

He lost **the tickets** for tonight's game. (그는 오늘밤 경기의 티켓을 잃어버렸다.)
The Minister can't account **for the loss of votes**. (장관은 투표용지의 분실을 설명하지 못한다.)
I didn't realize **that the band had stopped playing**.
(나는 악대가 연주를 멈췄다는 것을 알아차리지 못했다.)

1　**명사구 목적어**: 가장 대표적인 타동사로서 대부분의 타동사가 이에 속한다.

Tom **caught the ball**. (탐이 볼을 잡았다.)
Did you **telephone the doctor**? (의사에게 전화했느냐?)
Nobody will **believe you**. (아무도 너를 믿지 않을 것이다.)
Where did you **hear that rumor**? (그 소문을 어디서 들었느냐?)

2　**전치사구 목적어**: 일명 "전치사적 동사"라고 하며 전치사구의 목적어가 동사의 목적어로 행동한다.

My friend **paid for my round trip air fares**. (내 친구가 왕복 항공권을 지불했다.)
Mary hasn't **accounted for the accident**. (메리는 사고의 원인을 설명하지 않았다.)

▶ 수동문에서 전치사의 목적어가 주어가 된다는 점에 유의하라.

My round trip air fares were paid for by my friend.
(나의 왕복 항공권은 내 친구에 의해 지불되었다.)
The accident hasn't been accounted for by Mary.
(사고의 원인은 메리에 의해 설명되지 않았다.)

전치사적 동사에 대해서는 P35를 보라.

3　that-**정형절 목적어**

| admit | agree | announce | argue |
| bet | believe | claim | consider |

complain	decide	doubt	expect
explain	fear	feel	forget
guess	hear	hope	insist
know	notice	predict	promise
prove	realize	recognize	regret
remember	report	say	see
suggest	suppose	tell	think
warn	write	understand 등	

Everybody **hoped (that) she would sing**. (모두는 그녀가 노래하기를 희망했다.)
The government **announced (that) the economy had hit the bottom**.
(정부는 경제가 바닥을 쳤다고 발표했다.)
She suddenly **realized (that) the students're all crying**.
(그녀는 모든 학생들이 울고 있다는 것을 갑자기 알아차렸다.)
He **said (that) the road would be blocked**.
(그는 도로가 차단되었을 수도 있다고 말했다.)

4   wh-정형절 목적어

ask	beware	check	choose
decide	demonstrate	depend	disclose
discover	discuss	doubt	enquire
explain	express	find out	forget
guess	inquire	judge	know
ponder	prove	reflect	show
wonder 등			

He **asked what** we wanted. (그는 우리가 무엇을 원하는지 물었다.)
We have to **decide (on) which train** we'll take.
(우리는 어느 기차를 탈 것인가를 결정해야 한다.)
The waiter **inquired whether** we'd like to sit near the window.
(웨이터는 우리가 창문 가까이에 앉고 싶은지를 물어봤다.)
We're **pondering why** our football team's lost the game.
(우리는 우리 축구팀이 왜 패배했는지를 곰곰이 생각해보고 있다.)

▶ 부정문과 의문문에서 wh-정형절 목적어를 갖는 동사

argue	arrange	care	confirm
consider	hear	imagine	indicate
know	learn	make out	mind
note	notice	observe	perceive
point out	predict	realize	remember
say	see	tell	think 등

I **don't mind whether you're ready to join us**.

(나는 당신이 우리와 함께 할 준비가 되어있는지에 관심이 없다.)
Do you know whether he can get here in time?
(너는 그가 이곳에 늦지 않게 도착할 수 있는지 알고 있느냐?)
He won't notice **who's behind the conspiracy**.
(그는 그 음모 뒤에 누가 있는지 알아차리지 못할 것이다.)

5 부정사절 목적어

choose	claim	decide	demand
deserve	determine	fail	forget
hate	hope	intend	learn
like	love	manage	mean
offer	prefer	pretend	promise
proceed	refuse	resolve	struggle
tend	try	undertake	volunteer
want	wish 등		

They **determined to cross the desert**. (그들은 사막을 가로지르기로 결심했다.)
Everyone **refuses to talk to her**. (모든 사람이 그녀에 말하기를 거부했다.)
The girls **prefer to go by train**. (아가씨들은 기차로 가기를 원한다.)

▶ 의문문과 부정문에서 부정사절 목적어를 취하는 동사

afford　　　　　arrange　　　　　care 등

We **can't afford to buy a new rug**. (우리는 새로운 양탄자를 살 능력이 없다.)
She **doesn't care to spend much time with my children**.
(그녀는 나의 아이들과 많은 시간을 보내는 것을 개의치 않는다.)

6 wh-부정사 목적어

ask	check	decide	demonstrate
depend	discover	discuss	enquire
explain	find out	forget	inquire
judge	show	wonder 등	

John **asked what to do next**. (존은 다음에 무엇을 해야 하는지 물었다.)
We haven't yet **decide (on) which train to take**.
(우리는 어느 기차를 탈지 아직 결정하지 않았다.)
I **wonder who to interview for the job**.
(나는 취직을 위해 누구를 면담해야 할지 잘 모르겠다.)

▶ 부정문과 의문문에서 wh-부정사 목적어를 취하는 동사

arrange	consider	hear	imagine
indicate	know	learn	note

notice	observe	perceive	remember
say	see	tell 등	

Have you **considered whether to accept** my **offer**?
(당신은 나의 제안을 받아들일 것인가를 생각해 봤습니까?)
No body **knows what to do** to overcome the financial problems.
(아무도 재정적 난관을 극복하기 위해 무엇을 해야 할지 모르고 있다.)
Do you **remember who to invite to** the **party**?
(파티에 누구를 초대할 것인지 기억하고 있습니까?)

7   동명사 목적어

acknowledge	admit	appreciate	avoid
cannot help	complete	contemplate	consider
defer	delay	deny	discuss
dislike	encourage	endure	enjoy
escape	evade	excuse	face
fancy	feel like	finish	forgive
give	imagine	involve	keep (on)
leave off	mean	mention	mind
miss	postpone	practice	put off
quit	recall	recommend	regret
remember	report	resent	resist
risk	(can't) stand	stop	suggest
tolerate	understand	withhold 등	

They have **considered selling** their **home to pay back** the **debt**.
(그들은 부채를 갚기 위해 집을 파는 것을 생각해 보았다.)
You must **practice playing** the **piano if** you **want to be good at it**.
(피아노를 잘 치기를 원하면 연습을 해야 한다.)
She really **appreciated** his/him **helping** her **sister yesterday**.
(그녀는 자신의 여동생을 어제 도와준 그에게 진심으로 감사했다.)
I **recommend** your/you **studying** the **report very carefully**.
(나는 당신이 그 보고서를 매우 신중하게 연구해 보기를 권고한다.)

▶ mind는 의문문과 부정문에서 동명사 목적어를 갖는다.

I **don't mind driving if** you're **tired**. (나는 네가 피곤하다면 운전하는 것은 상관없다.)
I **don't mind going where** you **go**. (나는 네가 가는 곳에 가도 괜찮다.)
Did you **mind being away from home for so long**?
(당신은 오랫동안 집을 나와 있어도 상관이 없습니까?)

부정사와 동명사를 둘 다 목적어로 취하는 동사에 대해서는 G8을 보라.

V5 Verbs-5: 이중타동사

일명 "여격동사(dative verbs)"라고도 부르는 이중타동사(di-transitive verbs)는 두 개의 목적어, 즉 직접목적어와 간접목적어를 갖는다. 이중타동사에는 다양한 유형이 있다.

1 **동사 + 명사구 + 명사구**: 직접목적어와 간접목적어가 둘 다 명사구인 경우

allow	ask	bet	charge
cost	envy	fine	forgive
permit	refuse	strike	tax
wish 등			

My parents **allow me only 100,000 won a month**.
(나의 부모님은 나에게 한 달에 10만원의 용돈만 허용한다.)
The new car **cost them a lot of money**. (새 차는 그들에 큰돈을 쓰게 했다.)
He will **forgive her the debt**. (그는 그녀에게 빚을 면제해 주었다.)
I **wish you good luck**. (너에게 행운을 빈다.)

2 **동사 + 명사구 + 명사구/to-전치사구**: 간접목적어를 수의적으로 to-전치사구로 바꿀 수 있는 경우

award	bring	cable	deny
feed	give	grant	hand
leave	lend	offer	owe
pass	promise	read	sell
send	show	take	teach
tell	throw	write 등	

He **gave me the book**. (그는 나에게 책을 주었다.)
He **gave the book to me**.

We **lent him some money**. (우리는 그에게 돈을 빌려주었다.)
We **lent some money to him**.

He **taught us English**. (그는 우리에게 영어를 가르쳐 주었다.)
He **taught English to us**.

3 **동사 + 명사구 + 명사구/for-전치사구**: 간접목적어를 수의적으로 for-전치사구로 바꿀 수 있는 경우

bake	build	buy	cook
design	fetch	find	fix
get	hire	leave	make
order	peel	rent	reserve
save	sing	spare	write 등

Jim **bought Mary a present**. (짐은 메리에게 선물을 사 주었다.)
Jim **bought a present for Mary**.

She **made me a hat**. (그녀는 나에게 모자를 만들어 주었다.)
She **made a hat for me**.

I'll **save you some cake**. (나는 너를 위해 케이크를 좀 남겨놓을 것이다.)
I'll **save some cake for you**.

▶ 직접목적어가 대명사일 경우에는 간접목적어는 전치사구로 표현되어야 한다.

He **gave it to me**. (그는 그것을 나에게 주었다.) (*He **gave me it**.)
Jim **bought it for Mary**. (짐은 메리에게 그것을 사 주었다.) (*Jim **bought Mary it**.)

4   동사 + 명사구 + to-전치사구: 간접목적어로 to-전치사구를 취하는 경우

announce	confess	contribute	convey
declare	deliver	describe	donate
exhibit	explain	introduce	mention
refer	return	reveal	say
submit	transfer 등		

He **described his house to us**. (그는 우리에게 그의 집에 대해서 설명해 주었다.)
I **explained the problem to her**. (나는 그녀에게 문제를 설명했다.)
She **returned the book to the library**. (그녀는 도서관에 책을 반납했다.)
The students **submitted their papers to the professor**.
(학생들은 보고서를 교수에게 제출했다.)

5   동사 + 명사구 +for-전치사구: 간접목적어로 for-전치사구를 취하는 경우

| acquire | borrow | collect | excuse |
| obtain | recover | retrieve | withdraw 등 |

John **acquired a big apartment for Mary**. (존은 메리를 위해 큰 아파트를 취득했다.)
He **borrowed a large sum of money for her**. (그는 그녀를 위해 큰돈을 빌렸다.)
She **withdrew her resignation for him**. (그녀는 그를 위해 사퇴를 철회했다.)

6   동사 + 명사구 + that-절/wh-정형절: 정형절이 직접목적어가 되는 경우

advise	assure	convince	inform
notify	persuade	promise	remind
satisfy	show	teach	tell
warn	write 등		

John **convinced everyone (that) he was innocent**.
(존은 모든 사람에게 자신이 무죄라는 것을 납득시켰다.)
Everyone **was convinced by John (that) he was innocent**.

(존에 의해 모든 사람들에게 자신이 무죄라는 것이 납득되었다.)

They **told me (that)** John was ill. (그들은 나에게 존이 아프다고 말했다.)
I **was told (that)** John was ill. (나는 존이 아프다고 들었다.)

▶ ask를 비롯하여 위의 동사들은 일반적으로 비단언적 맥락에서 wh-정형절을 취할 수 있다.

He **asked me what time it was**. (그는 나에게 몇 시냐고 물었다.)
I **was asked (by him) what time it was**. (나는 (그에게서) 몇 시냐고 질문을 받았다.)

He **didn't remind me (about) how we would start the engine**.
(그는 엔진을 어떻게 시동을 거는지 나에게 알려주지 않았다.)
She **didn't tell me when she had returned from Europe**.
(그녀는 나에게 언제 유럽에서 돌아왔는지 말하지 않았다.)

7 **동사 + to-전치사구 + that-절**: that-절을 직접목적어로, to-전치사구를 간접목적어로 취하는 동사

acknowledge	admit	announce	complain
confess	declare	explain	mention
notify	point out	promise	propose
prove	recommend	remark	report
say	show	signal	state
suggest	teach	write 등	

He **admitted to me that he took my purse**. (그는 나에게 지갑을 가져갔다고 인정했다.)
That he took my purse **was admitted** to me. (그가 내 지갑을 가져갔다는 것이 나에게 인정됐다.)
(= It **was admitted** to me that he took my purse.)

I **reported to the police that there was a car accident**.
(나는 자동차 사고가 있었다고 경찰에 알렸다.)
That there was a car accident **was reported** to the police.
(자동차 사고가 있었다는 것이 경찰에 알려졌다.)
(= It **was reported** to the police that there was a car accident.)

8 **동사 + 명사구 + to-부정사/wh-부정사**: 비정형절이 직접목적어가 되는 경우

▶ to-부정사 목적어

advise	ask	beg	beseech
command	direct	entreat	forbid
instruct	invite	order	persuade
pray	remind	request	recommend
teach	tell	urge 등	

Bill **advised Mark to see a doctor**. (빌은 마크에게 의사를 만나보라고 충고했다.)
Mark **was advised** by Bill to see a doctor. (마크는 의사를 만나보라는 빌의 충고를 받았다.)

They **persuaded Mary to stay with them**. (그들은 메리를 자신들과 함께 있으라고 설득했다.)
Mary **was persuaded** to stay with them. (메리는 그들과 함께 있으라고 설득 받았다.)

▶ wh-부정사 목적어

advise	ask	instruct	remind
show	teach	tell	warn 등

She **advised me what to wear for the party**.
(그녀는 나에게 파티에 무엇을 입을 것인가를 충고했다.)
I **was advised** by her what to wear for the party.
(나는 파티에 무엇을 입을 것인가에 대해 그녀의 충고를 받았다.)
The instructor **taught us how to drive the truck**.
(교관은 우리에게 트럭을 운전하는 법을 가르쳐 주었다.)
We **were taught** by the instructor how to drive the truck.
(우리는 트럭을 운전하는 법을 교관에게서 배웠다.)

9 **이중타동사의 특성**: 이중타동사는 몇 가지 문법적 특성을 가지고 있다.

▶ 대부분의 이중타동사는 간접목적어를 생략하고 단순타동사로 사용될 수 있다.

The old man may **give a large donation**. (그 노인은 큰 기부금을 낼지도 모른다.)
The student **bought several new books**. (그 학생은 새 책 몇 권을 샀다.)

▶ "ask, pay, teach, tell, show 등" 몇몇 동사는 직접목적어나 간접목적어를 생략할 수 있다.

The professor **taught us linguistics**. (그 교수님은 우리에게 언어학을 가르친다.)
The professor **taught linguistics**. (그 교수님은 언어학을 가르친다.)
The professor **taught us**. (그 교수님은 우리를 가르친다.)

▶ "assign, bring, give, hand, lend, send, tell 등" 몇몇 동사는 두 가지 수동문을 허용한다.

The company **gave** us the guarantee in writing. (회사는 우리에게 문서로 된 보증서를 주었다.)
We **were given** the guarantee in writing. (우리는 문서로 된 보증서를 받았다.)
The guarantee **was given** us in writing. (문서로 된 보증서가 우리에게 주어졌다.)

▶ 두 번째 수동문에서 간접목적어를 전치사구로 표현하는 것이 더 자연스럽다.

The guarantee was given **to us** in writing. (문서로 된 보증서가 우리에게 주어졌다.)

V6　Verbs-6: 복합타동사

일명 "불완전 타동사"라고도 부르는 복합타동사(complex-transitive verb)는 목적어 다음에 목적어보어를 취하거나 목적어지향 부가어를 취하는 것이 특징이다.

1 **목적어보어**: 목적어보어는 일반적으로 명사구 또는 형용사구가 되지만 동사에 따라 다양한 형태로 구현된다. 유의할 점은 한 동사가 다양한 유형의 목적어보어를 취할 수 있다는 점이

며, 이들은 대부분 수동형이 가능하다.

2 **형용사구 목적어보어**: 동사 + 명사구 + 형용사구

believe	call	certify	confess
consider	declare	drive	find
get	have	hold	imagine
judge	keep	leave	like
make	paint	prefer	presume
proclaim	pronounce	prove	render
report	think	send	set
suppose	think	turn	wish 등

She **left** all the letters **unopened**. (그녀는 모든 편지를 개봉하지 않은 채 놔두었다.)
All the letters **were left unopened** (by her). (모든 편지가 개봉되지 않은 채 놓여 있었다.)
You should always **keep** vegetables **fresh**. (우리는 채소를 항상 신선하게 보존해야 한다.)
Vegetables should always **be kept fresh**. (채소는 항상 신선하게 보존되어야 한다.)
We **painted** the house **white**. (우리는 집을 희게 페인트칠을 했다.)
The house **was painted** white. (집이 희게 페인트칠 됐다.)
I **found** the cage **empty**. (나는 새장이 빈 것을 발견했다.)
The cage **was found** empty. (새장은 빈 채 발견됐다.)
The doctor **pronounced** the man **dead**. (의사는 그 사람이 사망했다고 선언했다.)
The man **was pronounced** dead by the doctor. (그 사람은 죽은 것으로 의사에 의해 선언되었다.)

▶ 기본적으로 단순타동사 구문에 목적어보어가 나타나는 경우가 있다.

They **bought** the house **cheap**. (그들은 집을 싸게 샀다.)
He always **drinks** his coffee **hot**. (그는 항상 커피를 뜨겁게 마신다.)
The man **opened** the window **wide**. (그 사람은 창문을 활짝 열어놓는다.)
She **served** the food **cold**. (그녀는 음식을 차게 대접했다.)
I **want** my coffee **stronger than this**. (나는 커피가 이것보다 더 진하기를 원한다.)

3 **to be + 형용사구 목적어보어**: 동사 + 목적어 + to be + 형용사구

believe	certify	confess	consider
declare	drive	find	get
imagine	judge	make	paint
presume	proclaim	pronounce	prove
render	report	think	set
suppose	think	wish 등	

The doctor **pronounced** her condition **to be hopeless**.
(의사는 그녀의 상태가 희망이 없다고 선언했다.)

Her condition **was pronounced** to be hopeless (by the doctor).
(그녀의 상태가 희망이 없는 것으로 (의사에 의해) 선언되었다.)

We **consider Mr. Lee to be very intelligent**. (우리는 이 군이 매우 똑똑한 것으로 생각한다.)
Mr. Lee **is considered** to be very intelligent. (이 군이 매우 똑똑한 것으로 생각된다.)

We all **knew this snake to be very venomous**.
(우리는 모두 이 뱀이 맹독이 있다는 것을 알고 있었다.)
I **hold you to be responsible**. (나는 너에게 책임이 있다고 생각한다.)
The exercise **makes us all be hungry**. (운동은 우리 모두를 배고프게 만든다.)

4 명사구 목적어보어: 동사 + 명사구 + 명사구

appoint	baptize	believe	call
certify	choose	christen	confess
consider	crown	declare	elect
find	hold	imagine	judge
keep	leave	make	name
presume	proclaim	pronounce	prove
suppose	think	vote	wish 등

We **considered Bill a genius**. (우리는 빌을 천재로 여겼다.)
Bill **was considered** a genius. (빌은 천재로 여겨졌다.)

They **elected John chairman**. (그들은 존을 회장으로 뽑았다.)
John **was elected** chairman. (존이 회장으로 뽑혔다.)

They **named him William** after his grandfather. (그들은 할아버지를 따라 윌리엄이라고 불렀다.)
I now **pronounce you man and wife**.
(나는 당신들이 지금부터 남편과 아내가 되었음을 선언합니다.)

5 to be + 명사구 목적어보어: 동사 + 명사구 + to be + 명사구

appoint	baptize	choose	christen
consider	crown	elect	name
vote 등			

He **appointed Miss Kim to be his secretary**. (그는 김 양을 비서로 임명했다.)
Miss Kim **was appointed** to be his secretary (by him).
(김 양은 (그에 의해) 비서로 임명되었다.)

We **considered him to be a genius**. (우리는 그를 천재로 여겼다.)
He **was considered** to be a genius. (그는 천재로 여겨졌다.)

The President **named him to be Secretary of State**.
(대통령은 그를 국무장관으로 임명했다.)

6　**as-명사구 목적어보어**: 동사 + 명사구 + as-명사구

accept as	acknowledge as	appoint (as)
certify (as)	characterize as	choose (as)
class as	consider (as)	count (as)
crown (as)	define as	describe as
elect (as)	esteem (as)	intend as
proclaim (as)	regard as	report (as)
see as	take as	treat as
use as 등		

He **appointed Miss Kim as his secretary**. (그는 김 양을 비서로 임명했다.)
Miss Kim **was appointed** as his secretary (by him).
(김 양은 (그에 의해) 비서로 임명되었다.)

We **regarded Bill as our friend**. (우리는 빌을 친구로 간주했다.)
Bill **was regarded** as our friend. (빌은 우리 친구로 간주되었다.)

The judge **took what he said in the court as evidence**.
(판사는 그가 법정에서 말한 것을 증거로 채택했다.)

7　**as-형용사구 목적어보어**: as-명사구를 취하는 동사들 중에 "appoint (as), esteem (as), elect (as), crown (as), intend as"를 제외하고 모든 동사가 "as-형용사구"를 보어로 취할 수 있다. 여기서 as-형용사구는 "as + being + 형용사구"에서 being이 생략된 것이라고 할 수 있다.

He **described the situation as (being) hopeless**. (그는 상황이 희망이 없다고 설명했다.)
They **regarded the future as (being) promising**.
(그들은 미래가 기대할 만하다고 생각하고 있었다.)

8　**take와 mistake**: for-구를 목적어보어로 취한다.

John **took me for a fool**. (존은 나를 바보로 생각했다.)
I **mistook her for my sister**. (나는 그녀를 나의 여동생으로 잘못 생각했다.)

9　**목적어 지향 부가어**: 복합타동사에는 목적어 다음에 부가어를 취하는 것이 있다. 이 경우 부가어로는 공간(space) 전치사구, 특히 (추상적) 방향을 가리키는 전치사구가 나타난다. 따라서 이동의 의미를 지닌 사역동사가 주로 쓰인다.

bring	drive	get	lay
lead	leave	place	put
see	send	set	show
sit	stand	take 등	

I **slipped the key into the lock**. (나는 열쇠를 자물쇠 속으로 밀어 넣었다.)
He will **see you home**. (그는 당신을 집까지 데려다 줄 것입니다.)

(= He will escort you home)
You can **put the vase on the table**. (꽃병을 식탁 위에 놓아도 됩니다.)
Nobody here wants to **put you in danger**.
(여기의 아무도 너를 위험에 빠뜨리기를 원하지 않는다.)
Take your hands out of your pockets. (네 호주머니에서 손을 빼라.)

V7 verbs-7: 경동사

우리는 일반적으로 동사를 사용하여 행위(action)를 표현한다. 그러나 이러한 행위동사 중에 상당수가 동일한 형태의 명사를 가지며, 우리는 이러한 명사를 행위명사(action nouns)라고 부른다. 이러한 행위명사는 일명 "경동사(light verbs)"라고도 부르는 다목적(general-purpose)동사(예: give, have 등)와 결합하여 상응하는 행위동사와 같은 의미를 가진 표현을 구성할 수 있다.

Suddenly, she **screamed** loudly and **fell** to the ground.
(갑자기 그녀는 크게 소리를 지르면서 땅 위에 쓰러졌다.)
(= Suddenly, she **gave a** loud **scream** and **had a fall** to the ground.)

He **attempted** to speak to the President. (그는 대통령에게 말을 하려고 시도했다.)
(= He **made an attempt** to speak to the President.)

1 give: give는 사람들이 내는 소리를 표현하는 명사나 얼굴의 표정을 표현하는 명사 또는 몸동작을 표현하는 명사와 결합할 수 있다.

He **gave a cough** to attract my attention. (그는 나의 주의를 끌기 위해 기침을 했다.)
I'm going to **give a speech** on women's liberation movement.
(나는 여성 해방 운동에 대해서 연설을 하려고 한다.)
She **gave a frown** at him disapprovingly. (그녀는 찬성하지 않는다는 표시로 눈살을 찌푸렸다.)
He's **giving a talk** about early Korean poetry. (그는 초기 한국의 시에 대해서 말하려고 한다.)

give a chuckle/a cough/a cry/a laugh/a lecture/a shout/a scream/a speech/a talk
give a frown/a grin/a smile/a yawn
give a clean/a hug/a kick/a push/a shake/a signal/a wave

▶ 이 구조는 간접 목적어와 함께 사용될 수 있다 (예: She **gave me a smile**.).

If the car won't start, we'll **give it a push**. (차가 시동이 걸리지 않으면 우리가 차를 밀 것이다.)
(= If the car won't start, we'll **push it**.)
If something doesn't work, I usually **give it a kick**.
(무엇인가 작동하지 않으면 나는 보통 발로 찬다.)
(= If something doesn't work, I usually **kick it**.)
Could you **give the carpet a clean**? (양탄자를 세척해 줄 수 있습니까?)
(= Could you **clean the carpet**?)

▶ 흔히 쓰이는 다른 표현에는 다음과 같은 것들이 있다.

"Perhaps salt will make it taste better." "OK, let's **give it a try**."
("어쩌면 소금이 맛을 더 좋게 할 겁니다." "그래요, 한 번 해봅시다.")
I'll **give you a ring** if I hear anything. [영국영어]
(무엇인가 들으면 전화할게요.)
"Are you coming to the movie?" "No, I'm tired. I'll **give it a miss**."
("영화 보러 올 겁니까?" "아니요, 피곤해서요. 한 번 빼먹을까 합니다.")

give에 대해서는 G12를 보라.

2   go (for): 스포츠나 운동과 관련이 있는 명사가 온다.

He offered me to **go for a ride** in his new car.
(그는 그의 새 차를 타보러 가자고 제안했다.)
Let's **go for a walk**. (걸으러 갑시다.)

go for a drive/a ride/a run/a sail/a swim/a walk

▶ 또한 "go for a bath/a shower, go for a pee/a piss/a crap/a shit"와 같은 표현에도 유의하기 바란다.

Do I have time to **go for a pee** before we leave?
(우리가 떠나기 전에 소변을 볼 시간이 있습니까?)

go 동사에 대해서는 G13을 보라.

3   have: 여러 가지 행위명사와 결합하여 다양한 행위를 표현한다.

Let's **have a drink**. (한잔 합시다.)
I'm going to **have a bath**. (나는 목욕을 하려고 합니다.)
What time do you usually **have supper**? (보통 저녁식사를 언제 합니까?)

▶ 이외에도 have는 많은 행위명사를 목적어로 취할 수 있다.

have breakfast/dinner/lunch/supper/a drink/a sip/a meal
have a bath/a shave/a shower
have a dream/a lie-down/a rest/a sleep
have a chat/a fight/a quarrel/a talk
have a dance/a swim/a ride/a walk/a fall
have a look/a try

have와 행위명사의 결합에 대해서는 H5.2를 보라.

4   make: make는 여러 가지 행위명사와 결합할 수 있다.

He **made an** unsuccessful **attempt** to resist arrest.
(그는 체포에 반항하려고 시도했으나 실패했다.)
They **made a trip** around the world for their 50th wedding anniversary.d

(그들은 결혼 50주년 기념으로 세계일주 여행을 했다.)
You must **make a careful choice** of your profession.
(직업을 선택할 때는 주의해야 한다.)

make arrangements/an attempt/changes/progress
make a contribution/a donation/an offer/payments/a profit
make an apology/an error/an excuse/a mistake
make a choice/a decision/a guess
make a (phone) call/a request/a speech/a suggestion
make a journey/a trip

make와 행위명사에 대해서는 M1.5를 보라.

5   take: 어떤 행위를 표현할 때 동사 대신에 take와 행위명사를 써서 표현한다.

Would you like to **take a look** at the painting? (이 그림을 보시겠습니까?)
Mike's just **taking a shower**. (마이크는 막 샤워를 하고 있다.)
He pured wine into the glass and **took a sip**. (그는 포도주를 잔에 따라서 한 모금 마셨다.)

take a drink/a sip
take a bath/a shave/a wash
take a break/a rest/a seat/a sleep
take a breath/care/a dive/exercise/a leap/a step/a swim/a walk
take a guess

take와 행위명사에 대해서는 T1.12를 보라.

V8   verbs-8: 불규칙동사

불규칙동사(irregular verbs)란 과거형과 과거분사형을 구성할 때 -ed어미를 붙이지 않는 동사를 가리킨다. 영어의 불규칙동사에는 여러 가지 유형이 있으며, 그 대표적인 불규칙동사를 유형별로 나열하면 다음과 같다. 불규칙동사의 완전한 목록은 좋은 사전을 보라. (규칙동사에 대해서는 P15와 P17을 보라.

1   세 가지 형이 동일한 동사: 몇몇 동사는 두 가지 형태를 허용한다.

원형	과거형	과거분사형
bet	bet/betted	bet/betted
cost	cost	cost
cut	cut	cut
hit	hit	hit
hurt	hurt	hurt
let	let	let
put	put	put

quit	quit/quitted	quit/quitted
read /riːd/	read /red/	read /red/
set	set	set
shut	shut	shut
split	split	split
wed	wed/wedded	wed/wedded
wet	wet/wetted	wet/wetted

2 모음에서 차이가 나는 동사

원형	과거형	과거분사형
become	became	become
begin	began	begun
bind	bound	bound
bleed	bled	bled
come	came	come
dig	dug	dug
drink	drank	drunk
feed	fed	fed
fight	fought	fought
find	found	found
get	got	got/gotten
hang	hung	hung
hold	held	held
lead	led	led
light	lit/lighted	lit/lighted
meet	met	met
ring	rang	rung
run	ran	run
shine	shone	shone
shoot	shot	shot
sing	sang	sung
sink	sank	sunk
sit	sat	sat
speed	sped	sped
spin	span/spun	spun
spit	spat	spat
stand	stood	stood
stick	stuck	stuck
strike	struck	struck
swing	swung	swung
swim	swam	swum
understand	understood	understood
win	won	won
wind /waɪnd/	wound /waʊnd/	wound /waʊnd/

3 과거분사형이 /-n/으로 끝나는 동사

원형	과거형	과거분사형
arise	arose	arisen
awake	awoke	awaken
be	was/were	been
beat	beat	beaten
bite	bit	bitten
blow	blew	blown
break	broke	broken
choose	chose	chosen
do	did	done
draw	drew	drawn
drive	drove	driven
eat	ate /eɪt/	eaten /iːtn/
fall	fell	fallen
fly	flew	flown
forget	forgot	forgotten
forgive	forgave	forgiven
freeze	froze	frozen
give	gave	given
go	went	gone
grow	grew	grown
hide	hid	hidden
know	knew	known
ride	rode	ridden
rise	rose	risen
see	saw	seen
shake	shook	shaken
show	showed	shown
speak	spoke	spoken
steal	stole	stolen
take	took	taken
tear	tore	torn
throw	threw	thrown
wake	woke	woken
wear	wore	worn
write	wrote	written

4 과거형과 과거분사형이 치음인 /-d/ 또는 /-t/로 끝나는 동사

원형	과거형	과거분사형
bend	bent	bent
bring	brought	brought

build	built	built
burn	burnt	burnt
buy	bought	bought
catch	caught	caught
deal	dealt /delt/	dealt
dream	dreamt /dremt/ dreamed	dreamt/ dreamed
feel	felt	felt
have	had	had
keep	kept	kept
lay	laid	laid
lean	leant/leaned	leant/leaned
learn	learnt/learned	learnt/learned
leave	left	left
lend	lent	lent
lose	lost	lost
make	made	made
mean	meant /ment/	meant /ment/
pay	paid	paid
say	said /sed/	said /sed/
sell	sold	sold
send	sent	sent
sleep	slept	slept
smell	smelled/smelt	smelled/smelt
spell	spelled/spelt	spelled/spelt
spoil	spoiled/spoilt	spoiled/spoilt
teach	taught	taught
think	thought	thought

5 혼동을 일으키는 동사들

▶ lay와 pay는 철자에 있어서는 불규칙동사이지만, 발음에 있어서는 규칙동사다.

원형	과거형	과거분사형
lay	**laid**	**laid**
pay	**paid**	**paid**

▶ 이들은 자동사와 타동사로서 상호교환해서 사용될 수 있지만, 이 동사들 중에 wake가 가장 흔히 쓰이며 종종 전치사적 부사 up과 함께 쓰인다.

원형	과거형	과거분사형
awake	awaked/awoke	awaked/awoken
wake	waked/woke	waked/woken
awaken	awakened	awakened
waken	wakened	wakened

I **woke** up three times in the night. (나는 밤에 세 번이나 깼었다.)
Please **wake** me (up) at 5:30. (5시 30분에 나를 깨워주세요.)

waken은 문학 작품에서 wake 대신 종종 사용된다.

The princess didn't **waken** for a hundred years. (공주는 백 년 동안 깨어나지 않았다.)
Then the prince **wakened** her with a kiss. (그런데 왕자가 키스로써 공주를 깨게 했다.)

awake와 awaken도 문학작품에서 종종 사용되는 단어로서 감정이나 인식의 각성을 의미할 때 자주 사용된다.

Her letter **awoke** old memories. (그녀의 편지가 옛 추억을 일깨웠다.)
Old memories **awoke** in her when she read the letter.
(그녀가 편지를 읽었을 때 옛 추억이 그녀에게서 되살아났다.)
The news **awakened** the country to the danger of war.
(그 소식은 국가에게 전쟁의 위험을 깨닫게 했다.)

▶ find와 found는 종종 혼동을 일으킨다.

원형	과거형	과거분사형
find	found	found
found	founded	founded

They **found** the lost child. (그들은 실종된 아이를 찾았다.)
The room was **found** empty, when they got there. (그들이 그곳에 갔을 때는 방이 비어있었다.)

He **founded** the school in 1970. (그는 1970년에 학교를 설립했다.)
Harvard University was **founded** by John Harvard in 1636.
(하버드 대학은 1636년에 존 하버드에 의해 설립되었다.)

▶ lay, lie, lie는 자주 혼동을 일으키는 동사다.

원형	과거형	과거분사형
lay	laid	laid
lie	lay	lain
lie	lied	lied

I **laid** the newspaper on the table. (나는 신문을 식탁 위에 놓았다.)
A bird **lays** an egg. (새는 알을 낳는다.)

The wounded soldiers were **lying** on the battleground.
(부상당한 병사들이 전쟁터에 누워있었다.)
I'm very tired; I must **lie** down. (나는 너무 지쳐서 누워있어야 한다.)

It's not good to **lie** to your friend. (친구에게 거짓말을 하는 것은 좋지 않다.)
You **lied** to me when you said you loved me.
(너는 나를 사랑한다고 말했을 때 나에게 거짓말을 했다.)

▶ arise, raise, rise도 유사한 의미를 가진 동사로 혼동을 일으킨다.

원형	과거형	과거분사형
arise	arose	arisen
raise	raised	raised
rise	rose	risen

Difficulties will **arise** as we do our job. (우리가 일을 하다보면 어려운 일이 있게 마련이다.)
I **raised** my finger to my lip as a sign for silence.
(나는 침묵의 표시로 손가락을 들어 입술에 갔다댔다.)
The river **rose** high after the heavy rain. (폭우 후에는 강물이 상승했다.)

arise는 "(사건, 어려움 등이) 일어나다, 발생하다"라는 뜻으로, rise는 "(해, 달 등이) 뜨다, (fall의 반의어로) 오르다, 상승하다"의 뜻으로 주로 사용된다. 시에서는 가끔 arise가 rise의 의미로 쓰이기도 한다. "아침에 일어나다"라는 뜻으로는 구어체인 get up이 있지만, arise는 시에서 가끔 같은 뜻으로 사용되기도 한다. rise도 좀 딱딱한 표현이지만 get up의 뜻으로 사용된다.

6 **영국영어과 미국영어의 차이**: 미국영어와 영국영어 사이에는 다음과 같은 몇 가지 차이가 있다.

▶ 미국영어에서는 "burn, dream, lean, learn, smell, spell, spill, spoil 등"이 규칙동사로 사용되지만, 영국영어에서는 과거시제와 과거분사에 -t가 흔히 나타나며 또한 규칙형도 나타난다. 이 두 형태는 때때로 용법이 다르기도 하다.

원형	과거형	과거분사형
burn	burned/burnt	burned/burnt
dream	dreamed/dreamt	dreamed/dreamt
lean	leaned/leant	leaned/leant
learn	learned/learnt	learned/learnt
smell	smelled/smelt	smelled/smelt
spell	spelled/spelt	spelled/spelt
spill	spilled/spilt	spilled/spilt
spoil	spoiled/spoilt	spoiled/spoilt

▶ wake는 미국영어에서 규칙동사로 사용되기도 한다.

원형	과거형	과거분사형
wake	woke/waked	woken/waked

▶ spit는 미국영어에서 spit과 spat을 둘 다 과거시제 혹은 과거분사로 사용할 수 있다.

원형	과거형	과거분사형
spit	spit/spat	spit/spat

▶ quit와 wet가 영국영어에서는 규칙동사이지만 미국영어에서는 fit를 포함하여 quit와 wet가 일반적으로 불규칙동사로 사용된다.

원형	과거형	과거분사형
fit	fit	fit
quit	quit/quitted	quit/quitted
wet	wet/wetted	wet/wetted

▶ dive는 영국영어에서 규칙동사이지만 미국영어에서는 불규칙동사로 쓰일 수 있다.

원형	과거형	과거분사형
dive	dived/dove	dived

▶ 미국영어에서 get의 과거분사는 got 혹은 gotten이다. (G11을 보라).

원형	과거형	과거분사형
get	got	got/gotten

V9 verbless clauses(무동사절)

우리가 어떤 표현을 "절(clause)"이라고 하면, 이 표현이 동사적 성분을 포함하고 있음을 의미한다. 동사적 성분이 없는 표현을 절이라고 부르는 이유는 이 표현이 완전한 절처럼 이해된다는 점과 종종 완전한 절 형태로 재구성할 수 있다는 점이다. 무동사절은 구어체에서 흔히 쓰인다.

1 **주절**: 무동사절이 주절이 되는 이 표현은 특히 대화에서 많이 사용된다.

How about Monday at eight?   [제안]
(월요일 8시가 어떠세요?)
What about a nice cup of tea?
(차 한잔하는 것 어떠세요?)

("He's decided to work part-time.") What for?　　　　[질문]
("그는 시간제로 일하기로 했다.") (왜요?)
("Will you drive her home, please?") Why me?
("네가 좀 그녀를 집까지 차로 데려다 줄 수 있나?") (왜 납니까?)

Everybody out! (모두 나가시오)　　　　[지시]
Off the grass! (잔디를 밟지 마시오!)

How strange a remark! (참으로 이상한 촌평이네!)　　　　[감탄]
What a beautiful bride! (정말 예쁜 신부다!)

Good morning! (안녕하세요!)　　　　[인사]
Hi! (안녕!)

Good luck! (행운을 빕니다!)　　　　[소망]
Happy birthday! (행복한 생일 되십시오!)

2　　**종속절**: 무동사절은 종속절로 자주 쓰인다.

When alone, the girl started screaming. (그 아가씨는 혼자가 되자 소리를 지르기 시작했다.)
Though a good student, Jim failed to pass his English exam.
(짐은 훌륭한 학생이지만 영어시험에 떨어졌다.)
When a child, he had been taught to listen rather than speak.
(그는 어릴 때 말하기보다 듣는 것을 배웠다.)
With the children at school, we can't leave the town.
(아이들이 학교를 다니기 때문에 우리는 이 도시를 떠날 수 없습니다.)
While at college, he was an active member of the dramatic society.
(대학시절에 그는 연극 협회의 활동적인 멤버였다.)
Whether right or wrong, he comes off worst in argument.
(옳든 그르든 그는 논쟁에서 최악으로 끝날 것이다.)
If in doubt, contact the local safety officer. (의심이 가면 지방 안전국 요원을 접촉하시오.)

3　　**격언**: 무동사절은 격언이나 속담에서 자주 사용된다.

The more, the better. (많을수록 더 좋다 (다다익선))
No smoke without fire. (불 안 땐 굴뚝에 연기 날까.)
Like father, like son. (부전자전)
More haste, less speed. (바쁠수록 천천히 해라.)
Out of sight, out of mind. (눈에서 멀어지면 마음에서도 멀어진다.)

V10　very

1　　**부사**: very는 부사로서 형용사, 부사, 양화사의 의미를 강조하는 표현이다.

The fishing industry is **very important** to this area. (어업은 이 지역에 매우 중요하다.)

The traffic's moving **very slowly** this morning. (오늘 아침에는 차들이 매우 천천히 움직인다.)
Very little is known about the causes of the disease.
(병의 원인에 대해서 알려진 것이 별로 없다.)

2   very: very는 이미 "very"의 의미를 내포하고 있는 "awful, fascinating, fantastic, horrible, horrific, terrible, tremendous"와 같은 형용사와는 함께 사용하지 않는 것이 좋다. 대신에 absolutely나 really와 같은 표현을 사용한다.

Their house is **absolutely fantastic**. (그들의 집은 엄청나게 화려하다.)
(*Their house is **very fantastic**.)
You're making an **absolutely terrible** mistake. (너는 대단히 큰 실수를 하고 있는 것이다.)
(*You're making a **very terrible** mistake.)
This plan could save us a **really tremendous** amount of money.
(이 계획은 우리에게 정말로 엄청나게 큰돈을 절약하게 해 줄 수 있다.)
(*This plan could save us a **very tremendous** amount of money.)

▶ 그러나 very는 최상급 형용사의 의미를 강조할 수 있다.

This is the **very best** chocolate cake I've ever tasted.
(이것은 내가 지금까지 먹어본 최고의 초콜릿 케이크다.)
I think we selected the **very worst** candidate for the next election.
(나는 우리가 다음 선거를 위해 최악의 후보를 선출했다고 생각한다.)

3   very much: very는 much와 함께 동사를 수식할 수 있다.

Thank you **very much**. (대단히 감사합니다.)
He **very much regrets** what happened. (그는 있었던 일에 대해서 매우 유감스러워 한다.)

▶ very much는 전치사구를 수식하기도 한다.

He was **very much in demand** as a teacher. (그는 선생으로도 필요로 하는 곳이 많다.)
He must have been **very much out of his mind** to employ her.
(그녀를 채용한 것은 그가 정신이 나가도 많이 나간 것이 틀림없었다.)

4   **형용사**: very는 형용사로서 한정사 the(그리고 몇몇 확정적 한정사)와 함께 명사 앞에 올 수 있으며, 어떤 특정 대상에 대한 정확성을 강조하는 의미로 쓰인다.

The famous scientist died in **this very room**. (그 유명한 과학자가 바로 이 방에서 서거했다.)
This is **the very book** I've been looking for all month.
(이것이 내가 한 달 동안 찾아다니던 바로 그 책이다.)

유사한 강조어인 too에 대해서는 T14를, enough에 대해서는 E17을 보라.

W1 -ward와 -wards

방향을 가리키는 표현으로 backward(s), downward(s), forward(s), homeward(s), northward(s), outward(s), upward(s) 등이 있으며, 이들은 형용사 또는 부사로 사용될 수 있다.

1 형용사: 이 단어들이 형용사로 쓰일 때에는 -s가 붙지 않으며, 명사를 앞에서만 한정적으로 수식할 수 있다.

Some people still think of Korea as a **backward** country.
(어떤 사람들은 아직도 한국을 후진국으로 생각하고 있다.)
(*Some people still think of Korea as a **backwards** country.)
(*Some people still think that Korea is **backward**.)
The **eastward** route might be quicker. (동쪽 노선이 더 빠를 수도 있다.)
You're not allowed to make a **forward** pass in rugby.
(럭비에서는 전방으로 공을 패스하는 것이 허용되지 않는다.)

2 부사: 부사로 사용되면 -s가 붙을 수도 있고 붙지 않을 수도 있다. -s를 가진 것은 영국영어에서 더 흔히 쓰이고, 없는 것은 미국영어에서 더 흔히 쓰인다.

They moved the chairs **backward(s)**. (그들은 의자를 뒤로 움직였다.)
The soldiers stepped **forward(s)** three paces. (병사들은 앞으로 세 걸음을 내디뎠다.)
He turned his face **upward(s)** to the plane. (그는 비행기를 향해 얼굴을 위로 들었다.)
Let's start driving **homeward(s)**. (집을 향해 차로 출발하자.)

▶ "look forward, bring forward, put forward"와 같은 비유적 표현에서는 항상 -s 없는 형태가 사용된다.

I **look forward** to hearing from you soon. (나는 당신에게서 곧 소식을 듣기를 고대합니다.)
None of the ideas that you **put forward** has been accepted.
(네가 내놓은 아이디어의 어느 것도 채택되지 않았다.)
The government **has brought forward** new proposals to tackle the problem.
(정부는 문제를 타개하기 위해 새로운 제안을 제시했다.)

3 toward(s)와 afterward(s): toward(s)는 전치사로만 사용되며, towards는 영국영어에서 사용되고 toward는 미국영어에서 흔히 사용된다. afterwards는 부사로만 사용되며, 영국영어에서 afterwards가 사용되고, 미국영어에서는 afterward와 afterwards 둘 다 사용된다.

She stood up and walked **toward(s) him**. (그녀는 일어나서 그를 향해 걸어갔다.)
He leaned **toward(s) his wife** and whispered. (그는 몸을 부인을 향해 기울인 다음 속삭였다.)
We had tea, and **afterward(s)** we sat in the garden for a while.
(우리는 차를 마시고, 그 후에 정원에 잠시 동안 앉아 있었다.)

W2   way

1   **길**: 길, 방향, 통로 등을 의미한다.

   Does anybody know **the way** to Incheon International Airport?
   (누군가 인천 국제공항을 가는 길을 압니까?)
   Route 35 is **the quickest way** to the sea from here.
   (35번 도로가 여기서 바다로 가는 가장 빠른 길이다.)
   I was afraid of losing **my way** in the dark. (나는 어둠 속에서 길을 잃을까봐 두려웠다.)

2   **거리/기간**: 거리 또는 기간을 의미한다.

   We still have **a long way** to go. (우리는 아직도 갈 길이 멀다.)
   I had to park the car **some way** from the restaurant.
   (나는 음식점에 좀 떨어진 곳에 차를 주차해야 했다.)
   She stayed with him in the ambulance **all the way** to the hospital.
   (그녀는 병원으로 가는 내내 구급차에서 그와 함께 있었다.)
   A peace settlement seems **a long way** off. (평화 정착은 먼 것 같다.)

3   **가능성**: 여러 가능성 중에 특정의 의견, 생각, 행위를 선택하는 것을 의미한다.

   I'm not sure **which way** he'll decide. (나는 그가 어느 방책으로 결정할지 확신할 수 없다.)
   Make your mind up **one way** or the other. (이렇게든 저렇게든 결심을 하십시오.)

4   **방법**: 원하는 결과를 얻기 위한 방법을 표현할 때 사용된다.

   What's **the best way** to learn a foreign language? (외국어를 배우는 최상의 방법은 무엇입니까?)
   There're **many ways** of solving the problem. (그 문제를 해결하는 데는 많은 방법이 있다.)

5   **상태**: 좋지 않은 상태나 조건을 의미한다.

   He's been in **a bad way** (=very ill) ever since the operation.
   (그는 수술 이후부터 몸이 매우 좋지 않았다.)
   She's in **a terrible way** (= very upset) since her husband left her.
   (그녀는 남편이 그녀를 떠난 후부터 몹시 힘든 정신 상태에 있다.)

6   **관점**: 어떤 사태를 보는 관점을 말할 때 사용된다.

   In a/one way you're right, I suppose. (어떤 점에서는 네가 옳다고 생각한다.)
   Working at home makes sense, **in many ways**.
   (여러 관점에서 볼 때 집에서 일하는 것이 이치에 맞는다.)

7   **강조**: 강조부사로 사용되기도 한다.

   After the third lap, he was **way behind the other runners**.

(그는 세 바퀴를 돌았을 때 다른 주자보다 많이 뒤떨어져 있었다.)
Dinosaurs became extinct **way before mankind first appeared on Earth**.
(공룡은 인간이 지구상에 처음 나타나기 훨씬 이전에 멸종했다.)
She spends **way too much money on clothes**. (그녀는 옷에 지나치게 많은 돈을 쓴다.)
Her IQ is **way above the average**. (그녀의 아이큐는 평균을 훨씬 능가한다.)

8   **in/on the way**: 정관사는 소유격 대명사(예: my, your, our 등)로 대치될 수 있다. "in the way"는 어떤 행위를 가로막는 장애를 표현하고, "on the way"는 어떤 상황이 진행 중이거나 곧 발생할 것임을 가리킨다.

I can't move the car—there's a big truck **in the way**.
(나는 차를 움직일 수가 없다. 큰 트럭이 가로 막고 있다.)
Sorry, am I **in your way**? (미안합니다. 제가 방해가 됩니까?)

They think many changes **on the way**. (그들은 많은 변화가 일어나고 있는 중이라고 생각한다.)
The ships are already **on their way** to Busan. (배들은 이미 부산을 향해 가고 있는 중이다.)

9   **by the way**: 대화의 주제를 바꿀 때 종종 사용되는 접속어. (C23.12를 보라.)

I met John on the campus yesterday. **By the way**, he sent you his regards.
(어제 교정에서 존을 만났다. 그런데 말이야, 그가 너에게 안부를 전했다.)
I think we've considered the subject enough. **By the way**, what time is it?
(나는 우리가 그 주제를 충분히 고려했다고 생각합니다. 도대체, 지금 몇 십니까?)

10   **to-부정사와 of-ing**: way가 "방법" 또는 "태도"를 의미할 경우 to-부정사와 of-ing 구조가 다 가능하며 의미적으로 큰 차이는 없다

There's **no way to prove/of proving** that he's guilty.
(그가 유죄라는 것을 입증할 방법이 없다.)
Evening classes are **one way to meet/of meeting** new people.
(야간학교는 새로운 사람들을 만나는 한 방법이다.)
There's **no way to know/of knowing** if the treatment will work.
(그 치료가 효력이 있을지 알 길이 없다.)

11   **관계절**: way를 수식하는 관계절에서 how가 관계부사로 사용될 수 없다. (R7.10을 보라.)

*This is **the way how** he spoke.

▶ how 대신에 구어체에서는 "that"가, 문어체에서는 "in/by which"가 사용된다.

This is **the way that** he spoke. (이것이 그가 말하는 방식이다.)
This is **the way in which** he spoke. (이것이 그가 말하는 방식이다.)

12   **전치사의 생략**: 구어체에서 way를 포함하는 전치사구에서 종종 전치사가 생략될 수 있다.

I think you're approaching the problem **(in) the wrong way**.
(나는 네가 그 문제에 잘못된 방식으로 접근하고 있다고 생각한다.)
Sorry, I didn't know he felt **(in) that way**.
(미안합니다. 나는 그가 그렇게 생각하고 있는지 몰랐습니다.)
Do it **(in) any way** you like. (당신이 좋아하는 방식대로 하시오.)
I find it easier to work **(in) this way**.
(나는 이 방식으로 일하는 것이 더 쉽다는 것을 알게 됐다.)

W3   we

▶ 일인칭 복수 we: we는 일인칭 복수 대명사로서 you를 포함할 수도 있고 안 할 수도 있다.

"When shall **we** meet again?" "Let's meet on Friday, shall **we**?"
("언제 우리 다시 만날까요?" "금요일에 만나는 것 어때요?")
"Did you go to the supermarket?" "No, **we** didn't."
("슈퍼에 갔었습니까?" "아니요, 우리 안 갔는데요.")

▶ mankind: 인간 전부를 가리킬 수 있다.

We live in a period of great changes. (우리는 대변혁의 시대에 살고 있다.)
Science tells **us** that the sun is getting hotter.
(과학은 우리에게 태양이 점점 뜨거워지고 있다고 말한다.)

▶ 사설(editorial) we: 화자나 필자가 말이나 글에서 청자나 필자들을 끌어들이는 표현으로 사용된다.

As **we** saw in Chapter 4, slavery was not the only cause of the Civil War.
(우리가 4장에서 본 것처럼 노예제도가 남북전쟁의 유일한 원인이 아니었다.)
In this class **we** will briefly look at the history of art since Rembrandt.
(이번 수업에서 우리는 렘브란트 이후의 미술 역사를 간단히 살펴볼 것이다.)

▶ 조직(organizational) we: 정부 또는 어떤 조직을 가리킬 때 사용되기도 한다.

In the 19th century **we** neglected our poor as we amassed wealth.
(19세기에 우리는 부를 축적하면서도 우리의 가난한 이웃을 방치했다.)
Today **we** are much concerned with the welfare of the people.
(오늘날 우리는 국민의 복지에 더 많은 관심을 쏟는다.)

▶ 어버이(parental) we: 환자나 어린아이에게 말할 때 종종 "you"의 의미로 쓰인다.

How are **we** feeling today, Bill? (빌아 우리 오늘 기분이 어때?)
Now **we** don't want to be late to school, do **we**? (우리 오늘 학교에 지각하고 싶지 않지?)

▶ 제왕(royal) we (짐): 군주가 종종 자신을 가리킬 때 사용한다.

We are not amused. (짐은 마음이 즐겁지 않다.)
We are not interested in the possibilities of defeat. (짐은 패배의 가능성에 관심이 없다.)

W4 well, good, fine

1. **well과 good**: 이 두 단어는 유사한 의미를 가질 뿐만 아니라 better와 best를 비교급과 최상급으로 갖는다는 점에서 같다. (건강을 말할 때를 제외하고는) well은 부사로 사용되고 good은 형용사로 사용된다.

   The car runs **well**. (자동차가 잘 달린다.)
   It's a **good** car. (좋은 차다.)

   He teaches very **well**. (그는 매우 잘 가르친다.)
   I like that teacher. He's very **good**. (나는 저 선생님을 좋아한다. 그는 매우 훌륭한 선생님이다.)

   She speaks English **well**. (그녀는 영어를 잘 한다.)
   She speaks **good** English. (그녀는 나무랄 데 없는 영어를 구사한다.)

   It's a **well**-made car. (잘 만든 차다.)
   She's a **good**-looking girl. (그녀는 잘 생긴 아가씨다.)

   ▶ 미국영어의 구어에서 good이 부사 well처럼 사용되지만 많은 교사들이 이러한 용법을 잘못된 것으로 간주한다.

   The business is doing **good** now. (사업이 지금 잘 되고 있다.)
   Listen to me **good**! (내 말 잘 들어!)

2. **well과 fine**: well은 형용사로 사용될 경우 "건강상태"를 말하며, 종종 fine도 유사한 뜻으로 사용된다.

   "How are you today?" "Very **well**, thanks." ("오늘 어떠세요?" "덕분에 매우 좋습니다.")
   I hope you get **well** again soon. (다시 빨리 건강해지기를 바랍니다.)

   "How are you?" "**Fine**, thanks, how are you?"
   ("안녕하십니까?" "덕분에 잘 지냅니다. 선생님은 어떠십니까?")

3. **good**: good은 부정문이나 비교구문에서 "healthy/well"의 의미로 쓰이기도 하지만, 일반적으로 "건강에 좋은 것"을 의미하며 이 경우 well은 사용되지 않는다.

   She **isn't** feeling too **good/well** today. (그녀는 오늘 건강이 그렇게 좋지 않습니다.)
   Fresh fruit and vegetables are **good** for you. (신선한 과일과 채소는 건강에 좋습니다.)
   (*Fresh fruit and vegetables are **well** for you.)
   Make sure you eat plenty of **good** fresh food. (건강에 좋은 신선한 음식을 많이 먹도록 하시오.)

4. **well**: well은 명사 앞에 올 수 없다.

   He's a **healthy** baby. (그는 건강한 아이다.) (*He's a **well** baby.)

   ill과 sick에 대해서는 I7을 보라.

5   연결부사 well: 새로운 것을 말하려고 할 때 구어체에서 많이 사용되는 연결부사, 즉 접속어다. 특히 어떤 상황에 대한 자신의 응답이 갑자기 생각나지 않거나 응답을 생각하는 데 시간이 필요할 때 사용된다. (C23.13을 보라.)

Well, what shall we do today? (그런데, 우리 오늘 뭘 할까요?)
"What's your opinion on my proposed course of action?" "**Well**, I don't really know."
("내가 제안한 행동 방향을 어떻게 생각하십니까?" "글쎄요, 나는 잘 모르겠는데요.")
"I think Scotland is beautiful." "**Well**, yes, but the weather can be terrible!"
("나는 스코틀랜드가 아름다운 곳이라고 생각합니다." "네, 그렇습니다만 날씨가 가혹할 수 있지요.")

W5   were

were는 형태적으로 be동사의 복수 과거시제형으로서 일인칭과 3인칭 단수 현재시제형 was와 대조를 이룬다. (B2를 보라.)

we/you/they **were** ...
I/he/she/it **was** ...

▶ 비실제적 의미: 조건절이 비실제적 의미를 표현할 때 were는 모든 주어에 대해서 사용된다.

I wouldn't lend the man the money even if **he were** my brother.
(그가 내 형이라 할지라도 나는 그 사람에게 돈을 빌려주지 않을 것이다.)
If **I were** living in Busan, we could meet more often.
(내가 부산에 산다면 우리가 더 자주 만날 수 있을 것이다.)
If **I were** you, I wouldn't let him come with us.
(내가 너라면 그를 우리와 함께 가게 하지 않을 것이다.)

were to에 대해서는 B8.7을 보고, 가정법에 대해서는 S29를 보라.

W6   what

1   의문대명사: what는 의문대명사로서 사람이 아닌 사물에 대한 정보를 요구할 때 사용된다.

"**What** are you looking for?" "I'm looking for **my car key**."
("무엇을 찾고 있습니까?" "자동차 열쇠를 찾고 있습니다.")
"**Who** are you looking for?" "I'm looking for **my son**."
("누구를 찾고 있습니까?" "내 아들을 찾고 있습니다.")

She asked me **what** I had to buy. (그녀는 내가 사야했던 것이 무엇이냐고 물었다.)
I want to know **what** happened to the lady. (나는 그 부인께 무슨 일이 있었는지 알고 싶다.)

2   의문한정사: what는 사람 또는 다른 사물에 대해 물어볼 때 한정사로 사용된다. (Q4.3을 보라.)

What color is the new car? (새 차가 무슨 색깔이냐?)
What painters do you admire most? (어떤 화가를 너는 가장 존경하느냐?)

They're discussing **what programmes** to develop for children.
(그들은 아이들을 위해 어떤 프로그램을 개발할 것인가를 논의하고 있다.)
I don't know **what children** she's talking about.
(나는 그녀가 어떤 아이들에 대해서 말하고 있는지 모르겠다.)

3 **직업**: what는 직업을 물어볼 때 사용된다.

"**What** is her father?" "He's a lawyer." ("그녀의 아버지는 무슨 일을 하십니까?" "변호삽니다.")
"**Who** is her father?" "He's John Smith, the son of a banker."
("그녀의 아버지는 누구십니까?" "존 스미스 씨로서 그는 은행가의 아들입니다.)

4 **시간과 날짜**: what는 시간과 날짜를 물어볼 때 사용된다.

"**What time** is it?" "It's 10 a.m." ("몇 십니까?" "오전 10십니다.")
"**What**'s the date (today)?" "It's April the first." ("(오늘이) 며칠입니까?" "4월 1일입니다.)
"**What**'s the day of the week?" "It's Monday." ("무슨 요일입니까?" "월요일입니다.")
"**What date** is your birthday?" "(It's) the fifteenth of April."
("생일이 언젭니까?" "4월 15일입니다.")
"In **what year** was Beethoven born?/**What year** was Beethoven born (in)?" "In 1770."
("베토벤이 어느 해에 태어났습니까?" "1770년에 태어났습니다.")

5 **반향의문문**: what는 반향의문문에서 앞 문장의 일부에 대해 질문할 때 사용된다. (Q5.2를 보라.)

"I'll pay for the lunch." "You'll **what**?" ("점심 값을 내가 내겠다." "네가 뭘 하겠다고?")
"She set fire to the garage." "She did **what** (to the garage)?"
("그녀는 차고에 불을 질렀다." "그녀가 (차고에) 뭘 했다고?")

6 **특별 의문문**: 완전한 문장 형태를 갖추지 않고 what를 사용하여 질문을 할 수 있다.

▶ what?: 방금 말한 것을 반복할 것을 요청하거나 놀라움을 표현할 때 (매우 불손한 표현이 될 수 있기 때문에 가급적 사용하지 않는 것이 좋다.)

"Could you turn the music down a bit?" "**What?**"
("음악을 약간 낮추어 줄 수 있습니까?" "뭐라고?")
"I think I've lost my passport." "**What?**" ("내가 여권을 잊어버린 것 같다." "뭐라 그랬어?")

▶ what about: 무엇을 제안하거나 새로운 것을 소개할 때

What about the supper at my place next Monday?
(다음 주 월요일에 우리 집에서 저녁 식사하는 것이 어떻습니까?)
What about going to a movie? (영화 구경 가는 것 어떠세요?)

That's the food for the party—**what about** the wine?
(이것이 파티를 위한 음식입니다. 포도주는 어떻게 됐습니까?)

What about Patricia for the job? What's she doing nowadays?
(그 자리에 퍼트리셔가 어떻습니까? 그녀는 요사이 무엇을 하고 있답니까?)

▶ what for: 이유를 물어 볼 때

"She's decided to work part time." "**What for?**"
("그녀는 시간제로 일하기로 했답니다." "왜 그랬대?")
What did you do that **for**? (너는 왜 그랬느냐?)

▶ so what: 개의치 않음을 표현할 때

"Your room is a real mess." "**So what**?" ("네 방이 엉망이다." "그래서 어떻다는 거야?")

▶ what if: 어떤 것을 하자고 제안하거나 또는 어떤 상황이 발생하면 좋지 않은 일이 일어날 수 있다는 것을 표현할 때

What if we move to a house closer to the school?
(학교에 가까운 집으로 우리 이사하면 어떻까?)
What if we get married next month? (다음 달에 결혼하는 것 어떻게 생각하세요?)
What if this plan of yours fails, what then?
(만약 당신의 이 계획이 실패한다면 그다음은 어떻게 됩니까?)
What if it rains tomorrow? We'll just have to postpone the picnic.
(내일 비가 오게 되면요? 야유회를 연기할 수밖에 없지 뭐.)

동사에 대한 질문에 사용되는 what에 대해서는 Q2.4를 보라.

7 **관계대명사**: 관계대명사 what는 선행사가 없는 독립 관계대명사로 쓰인다. 이 경우 what는 "... 것/바/일(the thing(s) which)"을 의미한다. (상세한 것은 R9.1과 2를 보라.)

Show me **what** you bought at the market. (네가 시장에서 산 것을 나에게 보여줘라.)
I hope you're going to give me **what** I need.
(네가 내가 필요로 하는 것을 마련해 주기를 희망한다.)

8 **유사분열문**: 문장의 한 성분을 강조하기 위해 what를 문장 앞에 두어 유사분열문을 구성할 수 있다. (C12.3을 보라.)

What he did was morally wrong. (그가 한 것은 도덕적으로 옳지 않았다.)
What those kids need is some love and affection.
(그 어린이들이 필요로 하는 것은 약간의 사랑과 애정이다.)

9 **한정사** what: 명사적 관계절에서 what는 명사와 함께 나타나는 한정사로 사용될 수 있다.

She gave his son **what money** she had. (그녀는 가진 모든 돈을 아들에게 주었다.)
(= She gave his son all the money she had.)
I'll give you **what help** I can. (나는 할 수 있는 데까지 너를 돕겠다.)
(= I'll give you any help that I can.)

10   **감탄사**: what는 명사구와 결합하여 감탄표현을 만든다. (상세한 것은 E24.3을 보라.)

      What a lovely garden you have! (정말 아름다운 정원을 가지셨습니다!)
      What beautiful weather! (참 쾌청한 날씨입니다!)
      What nice people they are! (참으로 좋은 분들입니다!)

W7   when

when은 시간을 묻는 의문부사로 쓰이거나 시간절을 이끄는 접속사로 사용되며, 시간 대명사로도 사용된다.

"**When** do you plan to come back home?" "On the fifth of June."   [부사]
("언제 너는 집에 돌아올 계획이냐?" "6월 5일에요.")
Call me **when** you get back.   [접속사]
(돌아오면 나에게 전화해라.)
Since **when** have you regarded her as your future wife?   [대명사]
(언제부터 당신은 그녀를 당신의 미래 부인이라고 간주했습니까?)

1   **의문부사**: 의문문에서 "언제((at) what time)"를 의미한다. (Q4.2를 보라.)

      "**When** are you coming back?" "At five in the afternoon."
      ("너는 언제 돌아올 것이냐?" "오후 5시에요.")
      "Do you know **when** Japan surrendered in the Pacific War?" "On August 15th, 1945."
      ("당신은 일본이 태평양 전쟁에서 언제 항복했는지 압니까?" "1945년 8월 15일입니다.")
      I don't know **when** I'll see you again. (나는 당신을 언제 다시 볼지 모른다.)

2   **시간부사절**: when은 시간을 의미하는 부사절을 이끌 수 있다.

      Rachel was ten **when** her mother died. (레이첼은 어머니가 죽었을 때 열 살이었다.)
      When he was in the college, he taught American history.
      (그는 대학에 있을 때 미국역사를 가르쳤다.)
      I'll call you **when** I get home. (내가 집에 도착하면 너에게 전화할게.)

3   **관계부사절**: when은 시간명사를 수식하는 관계부사절을 이끌 수 있다. (R7.9-13을 보라.)

      Spring is **the season when** the farmers are busiest. (봄은 농부들이 가장 바쁜 계절이다.)
      1988 was **the year when** the Olympic Games were held in Korea.
      (1988년은 올림픽이 한국에서 개최된 연도다.)
      We remember **the time when** they first arrived at our place.
      (우리는 그들이 우리 집에 처음 도착했을 때를 기억한다.)

4   **if**: 자연현상이나 일상적으로 있을 수 있는 상황을 말할 때는 when이 if의 의미로 쓰인다.

      When water boils, it changes into steam. (물이 끓으면 증기로 변한다.)
      It's not easy to make speeches, **when** you've never spoken in public before.

(대중 앞에서 전에 말을 해본 적이 없으면 연설을 한다는 것이 쉽지 않습니다.)

5   **while**: when-절이 진행형일 경우 when은 while로 이해될 수 있다.

I ran into her, **when** I **was jogging** in the park this morning.
(나는 오늘 아침에 공원에서 조깅을 하다가 그녀와 마주쳤다.)
They arrived **when** we **were having** dinner.
(우리가 저녁을 먹고 있을 때 그들이 도착했습니다.)

6   **in spite of the fact that**: " ...이 사실임에 불구하고"라는 뜻으로 쓰일 수 있다.

He hardly pays for his own meal **when** in fact he has thousands of dollars in his account.
(그는 실제로 은행에 수천 달러를 가지고 있지만 자신이 먹은 음식 값을 거의 내지 않는다.)
Why did she steal the bag **when** she could easily afford to buy it?
(그녀는 핸드백을 부담 없이 살 수 있는 처지임에도 불구하고 왜 절도를 했습니까?)

7   **considering the fact that**: 한 사실에 비추어 어떤 사실이 놀랍다는 점을 표현한다.

How can you say that you love her **when** you've never even met her?
(당신은 그녀를 한 번도 만난 적이 없는데 어떻게 그녀를 사랑한다고 말할 수 있습니까?)
You can't complain of being lonely **when** you don't attempt to meet people.
(당신은 사람들을 만나려고 해보지도 않고 외롭다고 불평할 수 없습니다.)

8   **대명사**: 전치사의 목적어로 쓰일 수 있다.

Until when do you wish to stay with us? (언제까지 우리와 함께 있기를 원합니까?)
They're getting married in August, **by when** the house should be finished.
(그들이 결혼하는 8월까지는 집이 마무리 되어야 합니다.)
Since when have you been interested in my feelings?
(언제부터 당신이 내 기분에 관심이 있었습니까?)

W8   when-절과 if-절

1   **확실성과 개연성**: when은 어떤 것이 실현될 것을 확신하고 있을 때 사용하고, if는 어떤 것이 실현될 개연성이 있을 때 사용된다.

We'll go driving **when you are ready**. (네가 준비가 될 때 우리는 운전하러 갈 것이다.)
[준비가 될 것이라고 확신하고 있을 때]
We'll go driving **if you are ready**. (네가 준비가 되면 우리는 운전하러 갈 것이다.)
[준비가 될 수도 있고 안 될 수도 있을 때]
We'll stay at home **when it rains**. (비가 올 경우 우리를 집에 있을 것이다.)
[비가 올 것으로 확신하고 있을 때]
We'll stay at home **if it rains**. (만약 비가 오면 우리는 집에 있을 것이다.)
[비가 올 수도 있고 안 올수도 있을 때]

2   **원인과 결과**: 어떤 사건이나 상황이 일어나면 따라서 일어나게 되는 유형의 사건이나 상황을 말할 때 사용된다.

When/If lead is added to gasoline, it improves the car's performance.
(휘발유에 납을 추가하면 차의 성능을 향상시킨다.)
If/When I go to bed late, I feel terrible in the morning.
(잠자리에 늦게 들면 아침에 몹시 힘들다.)
If/When you boil water, it changes into steam. (물은 끓이면 증기로 변한다.)

3   **미래의 상황**: 미래의 상황을 말할 때는 when-절과 if-절 둘 다 현재시제나 현재완료시제를 사용한다.

I'll call you again **when I get home**. (내가 집에 도착하면 너에게 다시 전화할게.)
(*I'll call you again when I'll get home.)
Remove the supports **when concrete has hardened**.
(콘크리트가 굳으면 지지대를 제거하시오.)

If you need money, I can lend you some. (돈이 필요하면 내가 좀 빌려줄게.)
(*If you will need money, I can lend you some.)
I'll tell you **if I've finished**. (끝나면 내가 너에게 말할게.)

when과 과거완료에 대해서는 P17.7을 보라.

W9   whether (or)

▶ "whether ... or ..."는 상호 접속사로서 우리가 어떤 것을 선택하거나 불확실한 것에 대해서 말할 때 사용된다.

She wasn't sure **whether to stay or leave**.
(그녀는 머물 것인가 떠날 것인가를 결심할 수 없었다.)
Elizabeth asked me **whether I needed any help**.
(엘리자베스는 도움이 필요한지를 나에게 물었다.)
He can't decide **whether or not he tells her**.
(그는 그녀에게 말할 것인지 말 것인지를 결정할 수가 없다.)

▶ whether는 주절의 상황이 일어나고 안 일어나고는 상관이 없음을 표현하는 부사절을 이끌 수 있다.

I'm going to report to the police **whether you like it or not**.
(나는 네가 좋아하든 않든 경찰에 알릴 것이다.)
Only poor farmers, **whether owners or tenants**, will be affected by the bill.
(지주가 됐든 소작농이 됐든 가난한 농부들만이 그 법령의 영향을 받을 것이다.)

▶ or not이 사용되는 방법에는 다음의 세 가지가 있다.

I don't care **whether** you like it **or not**.

I don't care **whether or not** you like it.
I don't care **whether** you like it **or whether** you **don't**.
(네가 좋아하든 말든 나는 상관이 없다.)

whether와 if에 대해서는 W10을 보라.

W10　whether와 if

1　**간접 가부의문절**: whether와 if는 간접 가부의문절이 종속절로 나타날 때 사용된다. (Q4.6을 보라.)

Do you know **whether/if the banks are open (or not)**?
(은행이 열었는지 아닌지 압니까?)
I'm not sure **whether/if she'll agree**. (그녀가 동의할지 아닐지 나는 확신할 수 없다.)

2　**접속사 or**: whether와 if는 or 다음에 오는 표현이 완전한 절일 경우 반복해서 나타난다.

I can't find out **whether/if the flight has been delayed or whether/if it has been cancelled**. (나는 비행기가 연착된 것인지 아닌지 혹은 취소된 것인지 아닌지 알 수가 없다.)

3　**주어절과 보어절**: if는 간접 가부의문절이 주어절이나 보어절로 사용될 때는 쓰이지 않는다.

Whether she likes the present isn't clear to me.
(그녀가 선물을 좋아하는지 아닌지 나에게는 분명하지 않다.)
(***If she likes the present** isn't clear to me.)
The question was **whether we could pass the test**.
(질문은 우리가 시험에 통과할 수 있느냐다.)
(*The question was **if we could pass the test**.)

▶ 그러나 주어절을 문장 끝으로 외치시키면 if도 가능하다.

It isn't clear to me **whether/if she likes the present**.
(그녀가 선물을 좋아하는지 아닌지 나에게는 분명하지 않다.)

4　**전치사**: 전치사 다음에는 if가 올 수 없다.

He didn't answer the question **of whether the membership fee should be raised**.
(그는 회비를 올려야 하는가에 대한 질문에는 답하지 않았다.)
(*He didn't answer the question **of if the membership fee should be raised**.)
The question arose **as to whether his decision was unlawful**.
(그의 결정이 불법이라는 것에 대해 질문이 제기됐다.)
(*The question arose **as to if his decision was unlawful**.)

접속사 앞에서는 전치사 생략에 대해서는 P32.3을 보라.

5 **부정사절**: if는 부정사절을 이끌 수 없다.

    I didn't know **whether to believe him or not**. (나는 그를 믿어야 할지 말아야 할지 몰랐다.)
    (*I didn't know **if to believe him or not**.)
    He was uncertain **whether to stay or leave**.
    (그는 머물러야 할지 떠나야 할지에 대해 분명하지 않았다.)
    (*He was uncertain **if to stay or leave**.)

6 **or not**: whether만이 바로 뒤에 or not을 가질 수 있다.

    I wondered **whether or not** we would accept the proposal.
    (나는 우리가 그 제안을 받아들여야 할지 의심이 갔다.)
    (= I wondered **whether/if** we would accept the proposal **or not**.)
    (*I wondered **if or not** we would accept the proposal.)
    Tell me **whether or not** you agree. (동의하는지 안하는지를 나에게 말하십시오.)
    (= Tell me **whether/if** you agree **or not**.)
    (*Tell me **if or not** you agree.)

7 **whether ... or**: or 양쪽에 선택을 위한 두 상황이 주어질 때는 whether가 선호된다.

    He wasn't sure **whether he would stay or leave**.
    (그는 머물 것인가 떠날 것인가에 확신이 없다.)
    (*He wasn't sure **if he would stay or leave**.)
    Nobody knows **whether he'll go to college or get a job**.
    (아무도 그가 대학에 갈 것인지 직업을 얻을 것인지 모른다.)
    (*Nobody knows **if he'll go to college or get a job**.)

8 **문두위치**: 간접 가부의문절이 문장의 주어로 쓰이거나 문두위치로 전치되면 whether만 사용된다.

    Whether he'll be on time doesn't seem to be certain.
    (그가 정각에 도착할 것인가 아닌가는 분명하지 않은 것 같다.)
    (***If he'll be on time** doesn't seem to be certain.)
    Whether he really intends to help me, I cannot say.
    (그가 진심으로 나를 도와 줄 의향이 있는지 나는 말할 수 없다.)
    (***If he really intends to help me**, I cannot say.)

W11 which

which는 의문사로서 의문문을 구성하는 데 사용되며, 명사를 수식하는 관계절을 이끄는 관계대명사로도 쓰인다.

    (There're five shirts.) **Which** are you buying?   [의문사]

((셔츠가 다섯 개가 있다.) 어느 것을 사려고 합니까?)
She does like **the dress which** I bought for her birthday.   [관계대명사]
(그녀는 내가 생일선물로 사준 드레스를 정말 좋아한다.)

1   **의문사**: 다른 의문사 who나 what와는 달리 which는 "정해진 몇 가지 가능성" 중에서 어느 하나를 선택할 것인가를 묻는 질문을 구성한다.

What do you want to buy? (무엇을 사고 싶습니까?)
Which do you want to buy? (어느 것을 사고 싶습니까?)

Who do you want to take? (누구를 데려가고 싶습니까?)
Which do you want to take? (어느 사람을 데려가고 싶습니까?)

2   **of-구**: 다른 의문사와는 달리 of-구를 가질 수 있으며, of-구는 which의 선택의 범위를 규정한다.

Which of the musicians do you admire most? (그 음악가들 중에 누구를 가장 존경합니까?)
Which of these chocolates would you like to have?
(이 초콜릿들 중에 어느 것을 먹고 싶습니까?)

There're so many beautiful cars. I don't know **which (of them)** to buy.
(멋있는 차가 너무 많아서 어느 것을 사야할지 모르겠다.)

3   **의문 한정사**: which가 한정사로 쓰일 경우에도 선택의 범위가 정해진다. 다음을 비교해 보라.

Which newspaper do you read? (Dong-a, Chosun, or Jungang?)
((동아일보, 조선일보, 중앙일보 중에) 어느 신문을 보십니까?)
What newspaper do you read? (무슨 신문을 보십니까?)

I asked her **which movie** she wanted to watch. (나는 그녀가 어느 영화를 보고 싶은지 물었다.)

4   **관계대명사**: which는 사람이 아닌 사물을 가리키는 명사구를 선행사로 갖는 관계절의 관계대명사로 사용될 수 있다.

The chair **which he broke** has been repaired. (그가 부러뜨린 의지가 수리됐다.)
Here are the papers **which you were looking for**. (네가 찾고 있던 신문이 여기 있다.)

Here's **a good book which** describes animals. (여기 동물을 설명하는 좋은 책이 한 권 있다.)
The house which has just been sold was built in the early 1900s.
(방금 팔린 그 집은 1900년대에 지어졌다.)

▶ which는 비제한적 관계대명사로서 명사구가 아닌 표현을 선행사로 가질 수 있다. (R8.5를 보라.)

They say John **loves Mary, which** he doesn't.
(존이 메리를 사랑한다고 그들이 말하는데 그렇지 않다.)
(= They say John loves Mary, but he doesn't love her.)

Bill likes mathematics, which I find strange.
(빌이 수학을 좋아하는데 나는 그것이 이상하다고 생각한다.)
(= **Bill likes mathematics,** and I find it strange that Bill likes mathematics.)

W12 while

while은 접속사 또는 명사로 사용된다.

They arrived **while** we were having breakfast.　　[접속사]
(우리가 아침을 먹고 있는데 그들이 왔다.)
It takes a **while** to recover from the operation.　　[명사]
(수술에서 회복하려면 시간이 좀 걸릴 것이다.)

1　**동시성**: 두 상황이나 행위가 동시에 일어남을 표현할 때 사용된다.

While she was asleep, thieves broke in and stole her handbag.
(그녀가 잠자고 있을 때 도둑이 들어 그녀의 손가방을 훔쳐갔다.)
Would you look after the children **while I do shopping**?
(내가 장보는 동안 아이들을 좀 봐주시겠습니까?)

2　**대조 (whereas)**: 두 상황이나 행위가 대조되고 있음을 나타낼 때 사용한다. 이 경우 whereas가 같은 의미로 사용될 수 있다.

He earns forty thousand dollars a year **while/whereas I earn a meager five thousand**.
(그는 일 년에 4만 달러를 버는데 반하여 나는 미미한 오천 달러를 번다.)
Tom is extrovert and confident **while/whereas Katy's shy and quiet**.
(캐시는 수줍음을 타고 조용한데 반하여 탐은 외향적이고 자신감에 차 있다.)

3　**기대 밖**: 한 상황이 다른 상황의 관점에서 볼 때 놀랍거나 기대되지 않을 경우에 사용된다.

While he hates mathematics, he always gets good grades in it.
(그는 수학을 싫어하는데 항상 수학에서 좋은 점수를 받는다.)
While we welcome his support, we disagree with a lot of his views.
(우리는 그의 지지를 환영하지만 많은 그의 견해에는 동의하지 않는다.)

4　whilst: 영국영어의 격식적 문체에서 while 대신에 whilst가 쓰이기도 한다.

Whilst I fully understand your point of view, I do also have some sympathy with Abraham's.
(나는 당신의 견해를 충분히 이해하지만 아브라함의 견해에도 어느 정도 공감을 합니다.)
Whilst you were out socializing with all your friends, I was at home working.
(당신은 밖에서 친구들과 교제하는 동안 나는 집에서 공부만 하고 있었다.)

5　**명사**: while은 (짧은) 기간을 의미하는 명사로 사용될 수 있다.

At least, he is able to relax **for a while**. (적어도 그는 잠시 동안 쉴 수 있었다.)
The doctor will be with you **in a while**. (의사 선생님이 곧 오실 것입니다.)
I was upstairs asleep in bed **all the while**. (나는 그동안 내내 위층에서 잠을 자고 있었습니다.)
I saw her in the shop **once in a while**. (나는 이따금씩 그녀를 상점에서 보았습니다.)
"When did that happen?" "Oh, it was **a while ago**.
("그것이 언제 일어났습니까?" "오, 잠시 전에요.")
I heard they stayed there **quite a while**. (나는 그들이 그곳에 꽤 오랫동안 머물렀다고 들었습니다.)

as와 while의 차이에 대해서는 A68을 보라.

W13 wh-어와 ever

▶ ever는 wh-의문사와 함께 사용되면 문장의 의미에 "놀라움, 분노, 감탄 등"의 감정을 더하게 된다.

Who ever is calling us up at this hour? (누가 도대체 이 시간에 잠자는 우리를 깨우는 거야?)
What ever made you do such a thing? (무엇이 너로 하여금 그런 짓을 하게 만든 거야?)
How ever did you manage to start the car? I couldn't.
(네가 무슨 수로 자동차 시동을 건거야? 나는 할 수 없었는데?)
When ever will you have time to have a rest?
(당신은 도대체 언제쯤이나 쉴 시간을 가질 수 있습니까?)
Why ever didn't you tell the police the truth?
(여하튼 당신은 어째서 경찰에 진실을 말하지 않은 겁니까?)
Where ever can she have hidden the stolen jewelry?
(도대체 어느 곳에 그녀가 장물 보석을 숨겼을까?)

▶ ever는 wh-관계절에서도 같은 감정적 의미로 사용된다.

Who ever robbed the safe is still a complete mystery.
(도대체 누가 금고를 털었는지 지금까지 완전한 미스터리다.)
Nobody knows **what ever** caused this panic.
(대관절 무엇이 이러한 공포를 유발시켰는지 아무도 모른다.)

▶ 비격식적 구어체에서 "on earth, the hell 등"과 같은 표현이 ever 대신에 사용될 수 있다.

What the hell are you talking about? (대관절 너는 지금 무슨 말을 하고 있는 거야?)
Where on earth have you been? (도대체 너는 어디 갔었어?)
How on earth did you manage to open the lock?
(도대체 너는 그 자물쇠를 어떻게 열 수 있었던 거야?)
I don't know **what on earth** caused this mess.
(무엇이 이런 혼란을 야기했는지 나는 전혀 알 수가 없다.)

whoever 등에 대해서는 W15를 보라.
ever에 대해서는 E20을 보라.

W14 who, whom, whose

"who, whom, whose"는 사람을 가리킬 때 사용되는 의문사나 관계대명사로 쓰인다. whom은 who의 목적어형으로 지금은 점점 사용의 빈도가 낮아지고 있으며, whom이 사용되던 위치에 who가 사용되고 있다. whose는 who의 속격형으로 명사를 수식하는 한정사로 쓰이며, 종종 독립적으로 사용되기도 한다.

1   who: who는 주어, 목적어, 보어, 전치사 목적어로 쓰일 수 있다.

Who was late to the meeting?   [주어]
(회의에 누가 지각했습니까?)
I don't know **who** will be my brother-in-law.
(나는 누가 나의 매부가 될지 모릅니다.)

Who do you love?   [목적어]
(너는 누구를 사랑하느냐?)
Guess **who** I saw at the bus stop.
(내가 버스 정류장에서 누구를 봤는지 맞춰봐.)

Who are they?   [보어]
(그들은 누굽니까?)
Nobody knows **who** they are.
(아무도 그들이 누군지 모릅니다.)

Who do you want to speak to?   [전치사 목적어]
(누구에게 말하고 싶습니까?)
Can you tell me **who** you want to speak to?
(누구에게 말하고 싶으신지 나에게 말해 줄 수 있습니까?)

▶ 목적어와 전치사 목적어 위치에는 whom이 쓰일 수도 있다.

Whom do you love? (너는 누구를 사랑하느냐?)
Whom did you talk to? (누구와 이야기 했느냐?)
To **whom** did you talk? (누구와 이야기 했느냐?)

2   관계대명사: who, whom, whose는 관계절을 이끌 수 있다. (R7과 R8을 보라.)

The woman **who we invited** to the party was our teacher.
(우리가 연회에 초대했던 여자 분은 우리 선생님이었다.)
The woman **who was invited** to the party was our teacher.
(연회에 초대된 여자 분은 우리 선생님이었다.)
The woman **who you spoke to** was my mother-in-law.
(네가 말을 한 여성은 나의 장모였다.)
The girl **to whom you spoke** was my sister-in-law.
(네가 말을 한 아가씨는 내 처제였다.)

▶ whose는 사람이 아닌 명사를 수식하는 한정사로 쓰일 수 있다.

The girl whose friends we invited was my sister.　　[사람]
(우리가 친구를 초대한 아가씨는 내 여동생이었다.)
They lived in **the house whose** wall was painted white.　　[사물]
(그들은 벽을 흰색으로 페인트칠한 집에서 살았다.)

W15 whoever, whatever 등

why와 whose 그리고 (현대영어에서는) whom을 제외한 모든 wh-단어에 -ever를 붙여 하나의 단어로 만들 수 있다.

| whoever | whatever | whichever | however |
| whenever | wherever | whomever | |

이 단어들은 선행사를 가지고 있지 않은 또는 선행사를 자체 내에 가지고 있는 관계대명사나 관계부사처럼 사용되며, 일반적으로 다음의 세 가지 의미로 사용된다.

1　**양보절**: 양보 부사절로서 "아무리 ... 일지라도(no matter who/what ...)"를 의미한다. 이러한 해석은 일반적으로 wh-절이 문장의 필수성분 즉, 주어절나 목적어절이 아닌 부사절처럼 사용될 경우에 나타난다.

Whoever you are, don't come in. (네가 누가 됐든 들어오지 마라.)
Whatever happens, you know that I'll stand by you.
(무슨 일이 일어난다 할지라도 나는 너를 지지할 것이라는 것을 잊지 마라.)
It'll cost a lot of money **whichever way you do it**.
(어떤 방식으로 그것을 처리하든지 간에 많은 돈이 들어갈 것이다.)
However you look at it, it's still a mess.
(네가 그것을 어떻게 생각하는지는 몰라도 아직 엉망이다.)
Come and visit me **whenever you want**. (원하면 언제든지 나를 찾아와라.)
Wherever I go, I always bump into him. (어디를 가든지 나는 항상 그와 마주친다.)

2　any/every person/thing ...: (필요하거나 원하거나 가능한 것이) "누구이든, 무엇이든, 어느 것이든, 어떤 것이든" 등을 의미한다.

I'll take **whoever** wants to go. (나는 가기를 원하는 사람은 누구든지 데려가겠다.)
I eat **whatever** I want and I don't put on weight.
(나는 먹고 싶은 것은 다 먹지만 체중은 늘지 않는다.)
Either Monday or Wednesday—choose **whichever** day is best for you.
(월요일과 수요일 중에 당신에게 가장 좋은 날을 택하십시오.)
However you travel, it'll take you at least three days.
(어떻게 여행을 하든 적어도 3일은 걸릴 것이다.)
People always want more, **however** rich they are.
(사람들은 아무리 부자라 할지라도 항상 더 갖기를 원한다.)

Whenever I go to Seoul, I try to see my friend Vicky.
(나는 서울에 갈 때마다 친구 비키를 보려고 한다.)
Children will play **wherever** they happen to be.
(아이들은 어느 곳에 있든 간에 장난하며 논다.)

▶ whoever와 whichever는 "(누구인지는 모르지만) 어떤 특정 대상"을 가리킬 수 있다.

Could I speak to **whoever** is in charge of cosmetics department?
(화장품 부서를 책임지고 있는 분이 누군지는 몰라도 그분과 말 좀 할 수 있을까요?)
(= Could I speak to the person (**whoever** he/she may be) who is in charge of cosmetics department?)
Whichever player scores the highest number of points will be the winner.
(가장 많은 점수를 얻는 선수가 누구이든 간에 승자가 될 것이다.)
(= The player (whichever player he/she may be) who scores the highest number of points will be the winner.)

3 **놀라움**: ever가 의문사와 함께 쓰일 때와 마찬가지로 -ever어미를 가진 의문사는 whichever를 제외하고 긍정 의문문의 앞 위치에 올 때 놀라움을 표현한다.

Whoever would do a thing like that to an old woman?
(도대체 누가 나이 드신 여자 분에게 그런 짓을 한 거야?)
Whatever is he doing with that rod? (대관절 그는 그 막대기로 무엇을 하려고 합니까?)
However did you manage to get him to agree to that?
(도대체 당신은 어떻게 그가 그것에 동의하도록 한 겁니까?)
Whenever do you get the time to do these things?
(당신은 언제쯤 이 일을 할 시간을 낼 겁니까?)
Wherever did you get that idea? (당신은 도대체 어디서 그런 아이디어를 얻었습니까?)

4 **whatever와 whichever**: 이들은 접속사이면서 명사를 수식하는 한정사로 쓰일 수 있다.

Whatever trouble you are in, I'm always willing to help you.
(네가 어떠한 어려움에 처할지라도 나는 항상 너를 도와줄 의향이 있다.)
Whichever country you travel, make sure you prepare thoroughly.
(당신은 어느 나라를 여행하든지 철저히 준비를 하는 것을 잊어서는 안 된다.)

▶ however는 접속사이면서 형용사나 부사를 수식하는 부사로 쓰일 수 있다.

However much he eats, he never gets fat. (그는 아무리 많이 먹어도 절대로 살이 찌지 않는다.)
However fast we drive, we're not going to get there in time.
(아무리 빨리 운전해도 우리는 그곳에 시간 내에 도착하지 못 할 것입니다.)

5 **주어와 목적어**: "whoever, whatever, whichever"가 이끄는 절은 "주어, 목적어, 전치사 목적어"로 쓰일 수 있다.

Whoever uprooted that tree ought to be ashamed of themselves.

(저 나무를 뿌리째 뽑은 사람은 그가 누구든지 부끄러워해야 한다.)
I'll take **whoever wants to go**. (나는 가기를 원하는 사람은 누구든지 데려갈 것이다.)
He's shot **at whoever leaves the school building**.
(그는 학교 건물을 나오는 사람에게는 그가 누구든 총을 쐈다.)

Whatever caused the disease is not clear. (무엇이 그 병의 원인이었는지 명백하지 않다.)
Children were allowed to do **whatever they liked**.
(아이들은 그들이 좋아하는 것이 무엇이든지 하게 했다.)
Spend the money **on whatever you like**. (네가 좋아하는 것이 무엇이든 그것에 돈을 써라.)

Whichever method you choose will be accepted.
(당신이 선택한 방법이 무엇이든 받아들여질 것입니다.)
Either Monday or Tuesday, choose **whichever day**.
(월요일이나 화요일 중에 어느 날이든지 선택하십시오.)
Whichever coffee shop would you prefer to meet **in**?
(어느 커피 점에서든지 당신은 모임을 갖는 것이 괜찮습니까?)

6   whatever와 however: whatever는 부정문을 강조하는 부사로, however는 연결부사로서 앞에 말한 것과 대조되는 것을 말할 때 사용된다.

He has shown no interest **whatever** in anything scientific.
(그는 과학적인 것에는 그것이 무엇이든 간에 관심을 보이지 않았다.)
Setting up a business is exciting. **However**, it requires a great deal of effort.
(사업을 시작하는 것은 흥분되는 일이다. 그러나 사업은 많은 노력을 요구한다.)

▶ 격식적 문체에서는 whatsoever가 whatever와 같은 의미로 사용되기도 한다.

That's just a stupid argument that has nothing **whatsoever** to do with your job.
(그것은 당신의 일과 전혀 관련이 없는 바보 같은 논쟁이다.)

7   **동사의 생략**: whatever와 however로 시작하는 절에서 동사와 때때로 비인칭 주어가 생략될 수 있다.

Whatever **the outcome of the war (may be)**, there'll be no winners.
(전쟁의 결과가 무엇이든 승자는 없을 것이다.)
The building must be saved, **whatever the cost (may be)**.
(그 건물은 비용이 얼마가 되든지 살려야 한다.)
There is no meal, **however delicious (it is)**, that I can enjoy only by myself.
(식사가 아무리 맛이 있다고 할지라도 내가 혼자서만 즐길 수 있는 식사는 없다.)
I'd like to see you **whenever (it is) convenient**. (나는 편리할 때는 언제고 너를 보고 싶다.)
Wherever (it is) possible I use honey instead of sugar.
(나는 가능한 곳에는 설탕 대신에 꿀을 사용한다.)

8   whoever he/she is, whatever/wherever that is: 방금 언급한 사람이나 상황 또는 장소를

알지도 못하고 들어보지도 못했다는 것을 표현할 때 사용되며, 종종 be동사 대신에 may be가 나타나기도 한다.

He's received a letter from **Raoul Smith, whoever he is/may be**.
(그는 누군지는 모르지만 라울 스미스라는 사람에게서 편지를 받았다.)
The doctor says she has **fibrositis, whatever that is**.
(의사는 그녀가 무엇인지 모르지만 섬유 조직염이라는 병에 걸렸다고 한다.)
She wants to move to **Faxton, wherever that is**.
(그녀는 어딘지는 모르지만 팩스턴이라는 곳으로 이사 가기를 원한다.)

9   **응답**: 이 단어들은 구어체에서 종종 질문에 대한 응답으로 사용된다.

"What flavor do you want? Strawberry, vanilla, chocolate?" "**Whatever**."
("딸기, 바닐라, 초콜릿 중에 어떤 맛을 좋아합니까?" "아무거나 좋습니다.")
"I'll call you tomorrow or the day after." "Okey, **whenever**."
("내일이나 그 다음날 전화하겠습니다." "아무 때나 좋습니다.")
"Do you want tea or coffee?" "**Whichever**."
("차를 마시겠습니까? 커피를 마시겠습니까?" "어느 것이든 좋습니다.")

10   **or whatever/wherever/whenever**: 이 단어들은 앞에서 나열한 것을 제외한 같은 유형의 "물건, 장소, 시간 등"을 표현할 때 사용된다.

Would you like some orange juice or a beer **or whatever**?
(오렌지 주스나 맥주 또는 무엇이든지 마시고 싶으십니까?)
Whether they arrive tonight, tomorrow, **or whenever**, they'll be welcome.
(그들이 오늘밤이나 내일 또는 언제 도착하든지 환영받을 것이다.)
You can find her at home, at school, **or wherever**.
(너는 그녀를 집이나 학교 또는 어디서든지 볼 수 있다.)

no matter who/what/etc.에 대해서는 M7.3을 보라.

W16   why와 why not

why는 기본적으로 이유를 묻는 의문사나 관계부사로 사용된다. (의문문에 대해서는 Q4를 보라.)

Why do you have to take all these tests?	[의문사]
(당신은 왜 이 모든 검사를 받아야 합니까?)	
I don't know **why** she isn't here.	[의문사]
(나는 그녀가 어째서 여기 없는지 모릅니다.)	
There's no reason **why** we shouldn't succeed.	[관계부사]
(우리가 성공 못 할 이유가 없다.)	

1   **짧은 응답**: 일반적으로 긍정 서술문에 대해서는 "why"가, 부정 서술문에 대해서는 "why

not"가 이유를 묻는 짧은 응답으로 사용된다.

"She wants to meet you." "**Why?**" ("그녀가 당신을 만나고 싶답니다." "왜요?")
"I won't be able to come into work tomorrow." "**Why not?**"
("나는 내일 출근하지 못할 수 있습니다." "어째서요?")

▶ why not?는 또한 제안이나 동의를 표현할 때도 사용될 수 있다.

If you're so unhappy, **why not** get a divorce? (그렇게 불행하면 이혼하지 그러세요?)
"We could invite Mary and John." "Yes, **why not**."
("우리는 메리와 존을 초대할 수 있다." "네, 좋아요.")
"Shall we eat Italian food this evening?" "Yes, **why not**."
("오늘 저녁에 이탈리아 음식을 먹읍시다." "네, 좋습니다.")

2   why + 부정사: 여기서는 to 없는 원형부정사가 사용되며 어떤 행위를 할 필요가 없음을 표현할 때 사용된다.

Why wait? Let's leave now. (왜 기다립니까? 지금 떠납시다.)
Why worry? You can't do anything about it.
(걱정을 왜 하십니까? 당신이 할 수 있는 게 없잖아요.)

3   why ... should: 어떤 행위에 대한 놀라움이나 거부의 의사를 표현할 때 사용된다.

Why should I bother to help you, if you're so ungrateful?
(당신이 그렇게 고마워할 줄 모르는데 내가 왜 당신을 돕는 데 신경을 써야합니까?)
"Lend me some money." "**Why should** I?" ("돈 좀 빌려주세요." "왜 내가 그래야 합니까?")

how와 함께 쓰이는 유사한 구조는 H14와 Q4를 보라.

4   why not do sth/why doesn't sb do sth?: 제안을 할 때 사용된다.

If you're so unhappy, **why not leave** her? (그렇게 불행하면 그녀를 떠나지 그러세요?)
Why don't you bring over the video for us to watch?
(우리가 볼 수 있게 비디오를 좀 가져오지 그러세요?)

▶ 어떤 행위를 할 것을 화가 나서 말할 때 사용된다.

Why don't you mind your own business? (당신의 일에나 신경을 쓰세요.)
Why don't they leave her alone? (그녀를 왜 가만히 두지 않는 거야?)

5   특정 대상: 어떤 대상이 선택된 이유를 물어볼 때 사용된다.

Why me? Why can't somebody else drive you?
(왜 납니까? 다른 사람이 당신을 태워다 줄 수 없습니까?)
"He's going to accompany your daughter to the party." "**Why him**?"
("그가 당신의 딸과 파티에 동반할 것입니다." "왜 그 사람입니까?")

6   **why don't you**: 명령문을 좀 부드럽게 만드는 역할을 한다.

> Have a drink, **why don't you**. (한잔하는 거 어때?)
> **Why don't you** sit down and relax! (앉아서 쉬시는 게 어떠세요?)

W17   will

will은 영어에서 미래(future)시간을 표현하는 대표적인 양상조동사다. (양상조동사에 대해서는 M18-M21을 보고, 미래시간에 대해서는 F12를 보라.) will과 그 축약형인 "-'ll"과 will not의 축약형 "won't"는 모든 인칭의 주어와 함께 쓰일 수 있다. (축약형에 대해서는 C25를 보라.)

> A meeting **will** be held at 10 a.m. next Monday.
> (다음 월요일 오전 10시에 회의가 개최될 것이다.)
> We **will** need money next week. (다음 주에 우리는 돈이 필요하다.)
> I hope they **won't** be late. (그들이 늦지 않기를 바란다.)
> No doubt **I'll** see you tomorrow. (확실히 나는 내일 너를 볼 것이다.)

1   **의향/의도**: 어떤 일을 할 의향이 있거나 준비가 되었음을 표현한다.

> The doctor **will** see you tomorrow. (의사는 내일 당신을 볼 것입니다.)
> I **won't** eat anything. (나는 아무 것도 먹지 않겠다.)
> **Will** you have another cup of coffee? (커피 한 잔 더 마실래?)

2   **요청/부탁**: 다른 사람에게 어떤 일을 해 줄 것을 부탁하거나 요청할 때 사용된다.

> **Will** you call me later? (나중에 전화할래?)
> **Will** you give me her address, please? (제발 그녀의 주소를 나에게 알려주실래요?)
> You **will** do it because I said so. (내가 하라고 했으니까 해라.)
> **Won't** you have some cake? (케이크 좀 안 드시겠어요?)

3   **가능성/능력**: can의 의미로 가능성을 표현할 수 있다.

> This car **will** hold five people comfortably. (이 차에는 다섯 사람이 편히 탈 수 있다.)
> The food we have here **will** feed only six people.
> (우리가 여기 가지고 있는 음식으로는 여섯 명만 먹일 수 있습니다.)
> **Will** this single fireplace heat the whole house?
> (이 벽난로 하나로 집 전체를 난방할 수 있을까요?)

4   **일반적 사실**: 일반적으로 일어나는 현상이나 진리인 것을 표현할 때 사용된다.

> The product with the better-known brand **will** always sell better.
> (잘 알려진 상표를 붙인 제품이 항상 더 잘 팔린다.)
> Oil **will** float on water. (기름은 물 위에 뜬다.)

Fruit **will** keep longer in the refrigerator. (과일은 냉장고에서 더 오래 보존된다.)

5   **명령/규칙**: 명령이나 어떤 규칙을 말할 때 사용된다.

Will you be quiet! (조용히 할래!)
You'**ll** go to college because your Dad said so. (너는 아버지 가라니까 대학에 가야한다.)
Every employee **will** carry an identity card at all times.
(모든 직원은 항상 신분증을 소지해야 한다.)

6   **습관**: 종종 어떤 대상의 좋지 않은 "습관적" 또는 "독특한" 행동이나 속성을 말할 때 사용된다. 이 경우에는 동사의 현재형을 써도 그 의미의 차이가 거의 없다.

He'**ll talk** for hours if you give him the chance. (기회를 주면 그는 몇 시간이고 말한다.)
(= He **talks** for hours if you give him the chance.)
Tracy **will keep** asking silly questions. (트레이시는 말도 안 되는 질문을 계속한다.)
(= Tracy **keeps** asking silly questions.)

7   **확실성**: 현재나 미래 상황에 대한 확실성 혹은 믿음을 표현할 수 있다.

That **will** be Tom coming home now. (그것은 지금 집에 오고 있는 탐이 틀림없어.)
Don't call them now—they'**ll** be having supper.
(지금 전화하지 마라. 그들은 저녁을 먹고 있을 것이다.)
"There's somebody coming up the stairs." "That'**ll** be Mary."
("누군가 계단을 올라오고 있다." "그건 메리일 겁니다.")

▶ "will have + 과거완료"는 과거에 대한 확실성이나 믿음을 표현할 수 있다.

As you **will have noticed**, there're some flaws in the data.
(당신이 알아차린 것처럼 재료에 약간의 오류가 있습니다.)
You **will** recently **have received** the result of testing the equipment.
(귀하는 최근에 장비 실험 결과를 받으셨을 것입니다.)
We can't go and see them now—they'**ll have gone** to bed.
(지금 가도 그들을 보지 못할 것입니다. 그들은 잠에 들었을 겁니다.)

W18   wish

1   **부정사**: "would like 또는 want"의 의미로서 to-부정사와 함께 쓰일 수 있으며, 이들보다는 더 격식적인 표현이다.

I **wish to make** a complaint. (나는 불평을 하고 싶습니다.)
If you **wish to discuss** this matter, please do not hesitate to contact me.
(만약 이 문제에 대해서 토의하고 싶으면 나에게 언제고 연락하십시오.)
You may leave now, if you **wish**. (원하면 지금 떠나도 좋다.)

2 **명사구 목적어**: wish는 "would like나 want"와 마찬가지로 부정사 앞에 목적어를 가질 수 있지만, wish는 일반적으로 부정사가 없는 명사구 목적어는 허용하지 않는다.

I don't **wish you to report** the accident to the police.
(나는 네가 사고를 경찰에 알리지 않으면 좋겠다.)
Do you **wish me to come** back later? (내가 나중에 돌아오기를 바랍니까?)
Would you **like me to come** back later? (내가 나중에 돌아와도 좋겠습니까?)
Do you **want me to come** back later? (내가 나중에 돌아오기를 원합니까?)
Would you **like a drink**? (뭐 마시겠습니까?)
Do you **want a drink**? (마실 것 드릴까요?) *Do you **wish a drink**?

▶ 부정사에서 종종 to be는 생략될 수 있다.

We **wished the work (to be) complete**, but it wasn't.
(우리는 작업이 끝나기를 바랬지만 끝나지 않았다.)
They **wished her (to be) anywhere** except in their house.
(그들은 그녀가 그들의 집을 제외하고는 어디든지 가 있기를 소원했다.)

3 **두개의 목적어**: 어떤 사람에게 축복을 비는 표현에서 두 개의 목적어를 갖는다.

We **wish you a Merry Christmas and a Happy New Year**.
(즐거운 성탄과 행복한 새해가 되기를 기원합니다.)
They all **wish us a safe journey**. (그들 모두는 우리의 안전한 여행을 기원했다.)
I **wish you good luck**. (행운이 있기를 빕니다.)

4 **that-절**: 불가능하거나 있을 수 없는 일 또는 비실제적 상황임을 알면서도 그것이 이루어지기를 바랄 때 사용되며, that-절의 시제는 일반적으로 과거가 된다.

I **wish (that)** I didn't have to go to work today. (오늘 출근하지 않아도 된다면 좋겠다.)
I **wish (that)** I could afford a new car. (새 차를 살 수 있으면 좋으련만.)
They **wished (that)** she were with them. (그들은 그녀가 그들과 함께 있길 바랐다.)

5 **미래의 소원**: wish는 일반적으로 미래에 어떤 일이 일어나기를 소원할 때는 사용되지 않으며, 대신에 hope가 자주 사용된다.

I **hope** you **get** home safely. (집까지 무사히 오기를 바란다.)
(*I **wish** you **get** home safely.)
We **hope** that more young people **will join** the club.
(우리는 더 많은 젊은이들이 클럽에 가입하기를 희망한다.)
(*We **wish** that more young people **will join** the club.)

6 **시제**: "wish + that-절"에서 과거시제는 현재 또는 미래시간을 의미하고, 격식적 문체에서는 많은 사람들이 was 대신에 were를 사용한다.

I wish I **spoke** Russian. (내가 러시아어를 할 수 있으면 좋겠다.)
(= I hope I can speak Russian now.)
We wish you **were** staying a little longer. (우리는 네가 좀 더 머물렀으면 했는데.)
I wish I **was/were** a bird. (내가 새라면 좋을 텐데.)

7   would와 과거완료: wish절에서 "어떤 일이 일어나거나 일어나지 않기"를 원할 때는 과거시제나 조동사 would/could를 사용하고, "어떤 일이 일어났거나 일어나지 않았기"를 원할 때는 과거완료를 사용한다.

I wish I **didn't** have to go. (나는 가지 않으면 했는데.)
[여하튼 나는 가야한다.]
I wish they **would** stop arguing. (그들이 싸움을 그만두면 좋을 텐데.)
[그들은 싸움을 그만두지 않았다.]
I wish they **could** help us more. (그들이 우리를 더 도와줄 수 있으면 좋을 텐데.)
[그들은 우리를 더 이상 도울 수가 없다.]
I wish you **hadn't said** that. (네가 그 말을 하지 않았으면 좋았을 텐데.)
[너는 이미 그 말을 해버렸다.]
Now she wishes she **had gone** to university.
(지금은 그녀가 대학에 갔으면 좋았을 것이라고 생각한다.) [그녀는 대학에 가지 않았다.]
Do you ever wish you**'d remained** single instead of marrying?
(당신은 결혼 대신에 독신으로 남아 있을 것을 하고 바란 적이 있습니까?)
[당신은 결혼했다.]

if only와 함께 쓰이는 유사한 구조에 대해서는 I6.1을 보라.
과거시제가 현재 또는 미래 의미를 갖는 여타 경우에 대해서는 P19를 보라.

W19   with

1   동반 (accompaniment): 둘 또는 그 이상의 사람이나 사물 또는 상황이 함께 존재하거나 일어나는 것을 표현한다.

She's in the kitchen **with her mother**. (그녀는 어머니와 함께 부엌에 있다.)
I always wear **these shoes with this dress**. (나는 항상 이 드레스를 입을 때 이 신을 신는다.)
Could I have **my ice cream with some apple pie**, please?
(죄송하지만 아이스크림을 애플파이와 함께 먹을 수 있을까요?)
He's been **with the department** since 1990. (그는 1990년부터 이 부서와 함께했다.)
Did you know that **the glasses have been with us** since the 14th century?
(14세기부터 우리가 안경을 쓰기 시작했다는 것을 알고 있습니까?)

He lay in bed **with the window open**. (그는 창문을 열어 놓은 채 침대에 누워있었다.)
The day started **with the great American breakfast**.
(하루를 맛있는 미국식 아침식사로 시작했다.)
My son always studies **with television on**.

(내 아들은 항상 텔레비전을 켜 놓은 채 공부를 한다.)

2 **수단/방법** (means/method): 어떤 것을 "도구, 방법, 수단"으로 사용하는 것을 말한다.

He shot her at close range **with a pistol**. (그는 권총으로 근접한 거리에서 그녀를 쏘았다.)
I paid for the jacket **with a gift certificate** I'd been given for Christmas.
(나는 크리스마스 때 받은 상품권으로 재킷 값을 치렀다.)
Please, handle this package **with care**. (제발 이 소포를 조심스럽게 다루십시오.)
They set up the business **with the help of a bank loan**.
(그들은 은행 대출의 도움으로 사업을 시작했다.)
The car window was smashed by the thief **with a baseball bat**.
(도둑놈이 야구방망이로 자동차 창문을 부쉈다.)

3 **부분/특성** (part/feature): 어떤 사람이나 사물의 한 부분 또는 특성을 표현한다.

The tall gentleman **with a beard** is my uncle. (턱수염이 있는 키 큰 신사분이 내 삼촌이다.)
We need someone **with new ideas**. (우리는 새로운 아이디어를 가진 사람이 필요하다.)
I'd like a double room **with a sea view**. (바다가 보이는 2인용 객실을 주십시오.)
He left the school **with no qualifications**.
(그는 어떠한 자격증명서도 받지 못하고 학교를 떠났다.)
The doctor spoke **with a soft Irish accent**.
(의사는 부드러운 아이리시 말투로 말을 했다.)
He arrived in Los Angeles **with nothing but the clothes he was wearing**.
(그는 입고 있는 옷 외에는 아무것도 가진 것이 없이 로스앤젤레스에 도착했다.)

4 **이유** (reason): 어떤 느낌이나 행위 또는 상황의 원인이 상황을 표현한다.

He was trembling **with fear at the thought of another injection**.
(그는 주사를 또 한 대 맞아야 한다는 생각에서 오는 공포 때문에 떨고 있었다.)
He's been at home **with a bad cold** for the past week.
(그는 심한 감기로 지난주에 집에 있었다.)
I can't do anything **with all that noise going on**.
(나는 이 모든 잡음 때문에 아무것도 할 수 없다.)
With exams approaching, it's a good idea to review your class notes.
(시험이 가까워지고 있으므로 수업 요약 기록을 복습하는 것이 좋은 생각이다.)

5 **느낌** (feeling): 어떤 대상에 대한 느낌이나 감정을 표현하는 형용사들과 함께 쓰인다.

angry	bored	delighted	disappointed
furious	irritated	patient	pleased
satisfied	upset 등		

She was **furious with** him for letting things get out of hand.
(그녀는 사태를 주체하지 못하게 만든 것에 대해 그에게 격노했다.)

Katherine has been very **patient with** me. (캐서린은 나에게 큰 인내심을 보였다.)
You're not still **upset with** me, are you? (나한테 아직도 화가 나신 것 아니지요?)

▶ "faithful, generous, good, hostile, kind, nice, polite, rude"와 같은 형용사는 어떤 대상에 대해 행한 행위를 보여주며, 이 경우 전치사 to가 사용된다.

He was **faithful to** his principles to the last. (그는 끝까지 자신의 원칙에 충실했다.)
Everybody was very **nice to** me. (모두가 나에게 몹시 친절했다.)
Why are you so **rude to** her? (너는 왜 그녀에게 그렇게 막 대하느냐?)

6 **지지와 반대** (support and opposition): with는 무엇을 함께하거나 지지를 표현한다.

They worked **with** their oldest competitor to kill off their new rivals.
(그들은 새로운 적수를 쓰러뜨리기 위해 오래된 경쟁자와 손을 잡았다.)
Shall we work **with** Ann? (앤과 함께 일합시다.)
They conspired **with** the enemy. (그들은 적과 음모를 꾸몄다.)
I'll be **with** Harry all the way on this issue.
(나는 이 문제에 대해서는 해리와 끝까지 같이 할 것이다.)

▶ 그러나 다음의 동사들과 사용되면 반대(against)의 의미를 표현한다.

argue	battle	clash	compete
conflict	contend	debate	dispute
fight	play	quarrel	struggle 등

New evidence **conflicts with** previous findings. (새로운 증거가 먼저의 결과와 상충한다.)
We **debated with** him on the future of democracy.
(우리는 민주주의 장래에 대해서 그와 논쟁했다.)
Britain **contended with** Spain for control of the sea in the 17th century.
(브리튼은 17세기에 바다의 지배권을 놓고 스페인과 다투었다.)
Stop **playing with** the light switch! (전등 스위치를 가지고 장난하지 마라.)

7 **비율** (rate): 어떤 상황이 비율적으로 나타나는 것을 의미한다.

The risk of cancer increases **with the number of cigarettes you smoke**.
(암의 위험은 당신이 피우는 담배 수에 따라 증가합니다.)
Stopping distances for cars vary **with the speed they are travelling at**.
(자동차의 정지 거리는 달리는 자동차의 속도에 따라 다르다.)

8 **소원** (wish): (특히 편지 끝에) 안부 인사를 표현할 때 사용된다.

With best wishes from Alfred, (앨프레드가 행운을 빕니다.)
With my love, (나의 사랑) [여성의 편지를 끝맺는 말]

9 **양보** (despite): 양보적 의미를 표현한다.

With all his faults, he's one of the best teachers we've ever had.
(그의 모든 결점에도 불구하고 그는 지금까지 우리에게 있었던 최고의 선생님 중의 한 분이다.)
With all your advantages, you're not a success.
(너의 모든 유리한 입장에도 불구하고 너는 성공하지 못했다.)
With all its disadvantages, the movie was a great success.
(모든 불리한 여건에도 불구하고 영화는 대성공이었다.)

W20 within과 without

within와 without은 전치사와 부사로 사용될 수 있다.

1 within (전치사): 어떤 상황이 어떤 한계 내에서 일어남을 표현할 때 사용된다.

▶ 시간적 한계
We must get back to the base **within 24 hours**.
(우리는 작전기지로 24시간 내에 귀대해야 한다.)
Half of all kinds of birds in the world may disappear **within the next 300 years**.
(세계의 모든 종류의 새들 중의 절반은 다음 300년 내에 사라질 수 있다.)

▶ 공간적 한계
The invading German troops came **within 50 miles of Paris**.
(침공하는 독일 군부대가 파리에서 50마일 내에 도달했다.)
Adjust the driver's seat so that all the controls are **within reach**.
(모든 조정 장치에 손이 닿을 수 있도록 운전 좌석을 조정하시오.)

▶ 조직체 또는 규칙의 한계
There've been a lot of changes **within the department** since I joined.
(내가 들어온 이래 부서 내에서 많은 변화가 있었다.)
Security firms have to work strictly **within the law**.
(보안 회사들은 엄격히 법 테두리 내에서 일해야 한다.)

2 without (전치사): 어떤 것이 결여된 상황을 표현한다.

▶ 필요한 것의 결여
After the storm we were **without electricity** for a week.
(폭풍이 지나간 후에 우리는 한 주 동안 전기 없이 지냈다.)
The refugees walked for two days **without food and water**.
(피난민들은 먹을 음식과 마실 물 없이 이틀간을 걸었다.)

▶ 기대되는 것의 결의
I got to my destination **without too much difficulty**.
(나는 큰 어려움 없이 목적지에 도달했다.)
He was able to bend the pipe **without breaking it**.
(그는 파이프를 부러뜨리지 않고 구부릴 수 있었다.)

▶ 생각이나 느낌의 결여

She told her story **without anger or bitterness**.
(그녀는 분노나 괴로움 없이 자신의 이야기를 했다.)
This is **without doubt** the best Chinese food I've ever had.
(의심의 여지없이 이것은 내가 먹어본 최고의 중국 음식이다.)

▶ 결여될 경우의 상황

Breakfast is not the same **without a cup of coffee and the morning paper**.
(아침식사는 커피 한 잔과 조간신문이 없으면 같은 것이 아니다.)
I don't know what I'd do **without you**. (나는 너 없이는 무엇을 할 수 있을지 모른다.)

3 within과 without: within은 장소전치사로서 "안에(inside)"라는 의미로 사용될 수 있으나, without은 within과 대조를 이루는 경우에 "밖에(outside)"라는 의미의 전치사로 사용된다.

The princess has lived only **within the walls of the castle**.
(공주는 성벽 내에서만 살았다.)
We walked along the footpaths **within the public park**.
(우리는 공원 안에 있는 보도를 따라 걸었다.)
Thousands of excited fans gathered both **within and without the hall**.
(수천 명의 흥분된 팬들이 공연장 안팎에 모여들었다.)
Proving the existence of God is not the problem **within or without the realm of science**. (신의 존재를 증명하는 것은 과학의 영역 안 또는 밖의 문제가 아니다.)

4 부사: within과 without은 드물게 부사로 사용되며, within은 "안에"를, without은 "밖에"를 의미한다.

It's cold outdoors but warm **within**. (밖은 추운데 안은 따뜻하다.)
The house has been painted white **within and without**. (집을 안팎으로 흰 페인트칠을 했다.)
The curtains are white **within** and blue **without**. (커튼이 안은 하얗고 밖은 파랗다.)

5 from: within은 from의 목적어 위치에 올 수 있다.

A soft voice **from within** said, "I'm just coming."
(내부로부터의 부드러운 목소리가 "내가 곧 갈 것이다"라고 말했다.)
The government must make an attempt to reform **from within**.
(정부는 내부로부터의 개혁을 시도해야 한다.)

W21 worth, worthwhile, worthy

worth는 전치사 또는 명사로 사용되고, worthwhile과 worthy는 형용사로 사용된다.

This painting is **worth** $one million.   [전치사]
(이 그림은 백만 불의 가치가 있다.)

He doesn't seem to know the true **worth** of friendship. [명사]
(그는 진정한 우정의 가치를 모르는 것 같다.)
Everybody wants to do a **worthwhile** job. [형용사]
(모든 사람이 보람이 있는 일을 하기를 원한다.)
His courage is **worthy** of high praise. [형용사]
(그의 용기는 높은 칭찬을 받을 만하다.)

1. **전치사**: 가치를 표현하는 명사구를 목적어로 가질 수 있다.

   His art collection is **worth** a fortune. (그의 미술품 수집은 천만금의 가치가 있다.)
   She bought a piece of land **worth** five billion won. (그녀는 50억 원짜리 땅을 샀다.)
   It was a lot of hard work, but it was **worth** it. (많이 힘든 일이었으나 그만한 가치가 있었다.)

2. **it's worth ... ing**: 어떤 행위의 가치를 말할 때는 동명사를 사용한다.

   It isn't **worth waiting** for Joan. (조안을 기다릴 가치가 없다.)
   It isn't **worth helping** you. (너를 도와줄 가치가 없다.)
   It's **worth talking** to your father. (너의 아버지에게 말할 만한 가치가 있다.)
   It isn't **worth getting** angry with her. (그녀에게 화를 낼 가치가 없다.)

   ▶ 위의 구조에서 동명사절의 목적어를 주절의 주어로 이동할 수 있다.

   Joan isn't **worth** waiting for. (조안을 기다릴 가치가 없다.)
   You aren't **worth** helping. (너를 도와줄 가치가 없다.)
   Your father is **worth** talking to. (너의 아버지에게 말할 만한 가치가 있다.)
   She isn't **worth** getting angry with. (그녀에게 화를 낼 가치가 없다.)

3. **명사**: 금전적 또는 시간적 가치나 어떤 대상의 중요성을 표현한다.

   She bought **$50,000 worth** of land from me last year.
   (그녀는 작년에 나에게서 5만 달러 가치의 땅을 구입했다.)
   The thunder storm caused **millions of dollars' worth** of damage.
   (폭풍우는 수백만 달러의 피해를 입혔다.)
   We had only **two days' worth** of food left. (우리에게는 이틀 먹을 음식만이 남았다.)
   The new computer system has already proved its **worth**.
   (새로운 컴퓨터 체계는 이미 자신의 가치를 입증했다.)

4. **worth one's while**: 어떤 일을 하는 것이 그만한 가치가 있다는 것을 표현할 때 사용한다.

   It might be **worth your while** to talk to the head of the department.
   (네가 부서장에게 말을 하는 것이 그만한 가치가 있을 것 같다.)
   Some people think it isn't **worth their while** to work without payment.
   (어떤 사람들은 보수를 받지 않고 일할 가치가 없다고 생각한다.)
   You'll find it **worth your while** to learn something about her before meeting her.

(너는 그녀를 만나기 전에 그녀에 대해서 알아보는 것이 가치가 있다는 것을 알게 될 것이다.)

5   worthwhile: 형용사로서 명사를 수식할 수 있으며, -ing형 분사와 부정사를 둘 다 보충어로 취할 수 있다.

He wanted to do a **worthwhile job**. (그는 보람 있는 일을 하기를 원했다.)
We have to make the program financially **worthwhile** for the students.
(우리는 프로그램을 재정적으로 학생들에게 이득이 되도록 만들어야 한다.)
It wasn't **worthwhile continuing the project**. (그 계획은 계속할 가치가 없다.)
I think it's **worthwhile to clarify your position**.
(나는 당신의 입장을 명백히 할 가치가 있다고 생각합니다.)

▶ "worth + -ing 구조"에서와는 달리 "worthwhile + -ing 구조"에서는 목적어를 주어로 할 수 없다.

The project wasn't **worth continuing** ___. (그 계획은 계속할 가치가 없다.)
*The project wasn't **worthwhile continuing** ___.

6   worthy: 형용사로서 일반적으로 -ing형 분사나 부정사를 보충어로 취하지 않는다.

The bank might think you are **worthy of** a loan for your new project.
(은행은 당신의 새로운 계획에 대해 당신에게 대출을 해줄 가치가 있다고 생각할지 모릅니다.)
She's willing to donate a big money to **a worthy cause**.
(그녀는 가치 있는 이유에 대해서는 큰돈을 기증할 의향이 있습니다.)
I'm sure his motives were **worthy**. (나는 그의 동기가 훌륭했다고 확신한다.)

7   worthies: 복수형 worthies는 명사로서 존경을 받거나 중요한 인물을 의미한다.

We were met by a group of local **worthies**. (우리는 한 집단의 지방 명사들의 마중을 받았다.)
The front row of chairs were reserved for civilian **worthies**.
(앞 줄 의자들은 민간인 명사들을 위해 남겨두었다.)

W22 would

would는 양상조동사로서 형태적으로는 will의 과거형이며, 축약형으로 had의 축약형과 같은 "-'d"를 갖는다.

1   **비실제적 의미**: would는 if-절과 함께 사용될 때 비실제적 의미를 표현한다.

▶ would + 원형부정사: 이 구조는 현재 또는 미래에 있지도 않고 있을 수도 없는 것을 표현한다.

If I were rich, I **would go** on a cruise around the world.
(나는 부자라면 세계 일주 크루즈 여행을 할 것이다.)
If I were you, I **wouldn't marry** the girl. (내가 너라면 그 아가씨와 결혼하지 않을 것이다.)

▶ would have + 과거분사: 이 구조는 과거에 있지도 않았고 있을 수도 없는 것을 표현한다.

If we had lived in the 19th century, we **wouldn't have driven** a car.
(우리가 19세기에 살았다면 자동차를 운전하지 못했을 것이다.)
If I hadn't met her, I **would have lived** single.
(만약 내가 그녀를 만나지 않았다면 독신으로 살았을 것이다.)

2 **미래**: 말하는 시점에는 아직도 일어나지 않은 과거 행위에 대해 말하는 "과거에서의 미래 (future in the past)"를 표현하는 데 사용된다. (F12.7과 P19.3을 보라.)

We hoped that elementary schools **would** be open on Monday.
(우리는 초등학교가 월요일에 개학하기를 희망했다.)
A report said that Korean unemployment **would** continue to rise.
(보고서는 한국의 실직자 수가 계속 상승할 것이라고 했다.)
He introduced me the woman who he **would** marry one day.
(그는 자신이 언제고 결혼할 여성을 나에게 소개했다.)
None of us expected he **would** win the world chess championship.
(우리 중에 아무도 그가 세계 체스대회에서 우승을 할 것이라고 기대하지 않았다.)

▶ would have는 과거의 관점에서 과거를 돌이켜 말할 때 사용된다.

We thought they **would have gotten** home by 5 o'clock, but there was no reply when we called. (우리는 그들이 5시까지 집에 도착할 것으로 생각했다. 그러나 우리가 그들에게 전화했으나 응답이 없었다.)

3 **간접화법**: 간접화법에서 인용동사가 과거시제일 경우 직접화법의 will은 간접화법에서 would가 된다. (상세한 것은 I19와 I20을 보라.)

직접화법: Tomorrow **will** be fine. (내일은 날씨가 좋을 것이다.)
간접화법: The forecast said the next day **would** be fine.
(예보는 그 다음날 날씨가 좋을 것이라고 했다.)

4 **의도/기대**: 과거에서의 의도나 기대를 표현할 때 사용된다.

He said that he **would** see his brother tomorrow. (그는 남동생을 내일 보겠다고 말했다.)
He said he **would** always love her. (그는 그녀를 항상 사랑할 것이고 말했다.)
They promised that they **would** help. (그들은 돕겠다고 약속했다.)
They said they **would** meet us at 10 o'clock at the station.
(그들은 우리를 정거장에서 10시에 만나겠다고 말했다.)
She said she **wouldn't** be coming to the library anymore.
(그녀는 도서관에 더 이상 오지 않겠다고 말했다.)

5 **상상의 상황**: 상상하거나 일어나기를 원하는 가상적 상황을 표현할 때 사용된다.

What **would** you do if you won one million dollars?

(100만 달러가 생긴다면 무엇을 할 것입니까?)
I wish they'd come and visit us. (그들이 우리를 찾아오면 좋을 텐데.)
If only he **would** listen to me. (그가 내 말을 듣는다면 좋을 텐데.)

▶ 일어나지 않았거나 일어날 수 없는 상황을 말할 때도 사용된다.

Everything **would** be very different if your father were still alive.
(너의 아버지가 아직도 살아 계시다면 모든 것이 달라졌을 것이다.)
I **would have called** you, but there wasn't time.
(내가 너에게 전화를 했어야 하는데 시간이 없었다.)

6   **습관**: 과거에 자주 또는 항상 "습관처럼 한 행동"을 표현할 때 사용된다. 이 경우 would 대신에 used to를 사용할 수도 있다. (U5를 보라.)

When we were younger, we **would/used to** help each other with our homework.
(우리는 젊었을 때 숙제를 하는데 서로를 돕곤 했다.)
When we worked in the same office, we **would** often have coffee together.
(우리가 같은 사무실에서 일했을 때는 종종 커피를 함께 마시곤 했다.)
On summer evenings we **would** sit out in the garden.
(우리는 여름밤에는 정원에 나가 앉아 있곤 했다.)

▶ would는 used to와는 달리 "과거의 상황"에 대해 말할 때는 사용할 수 없다.

We **used to** live in Busan. (우리는 부산에 살았다.) (*We **would** live in Busan.)
Do you remember Harry Jones? He **used to** be a radio announcer on the MBC.
(해리 존스를 기억해? 그는 MBC의 라디오 아나운서였다.)
(*Do you remember Harry Jones? He **would** be a radio announcer on the MBC.)

7   **가능한 상황**: 있을 수도 있는 상황을 표현할 때 사용된다.

I **would** hate to miss the show. (나는 그 공연을 놓치고 싶지 않다.)
Christmas **wouldn't** be the same without you. (네가 없는 크리스마스는 똑같지 않을 것이다.)
Don't bother to remove all the weeds—it **would** take too long.
(모든 잡초를 제거하려고 신경 쓰지 마라. 시간이 너무 오래 걸릴 수 있다.)

▶ would have: 있었을 수도 있다고 생각하는 상황을 표현할 때 사용된다.

It **would have been** too boring to sit through the whole speech.
(연설이 끝날 때까지 앉아 있는 것은 몹시 지루할 수 있겠다.)
Everybody **would have regretted** if they saw the show.
(공연을 본 사람은 모두 후회했을 것이다.)

8   **부탁/요청**: will보다 부드러운 형태로서 타인에게 어떤 것을 정중하게 부탁하거나 제안할 때 사용한다. (R11.4를 보라.)

Would you mind sharing a room? (방을 함께 써도 괜찮겠습니까?)

Would someone please tell me what is going on?
(지금 무슨 일이 일어나고 있는지 누가 좀 말해줄 수 있습니까?)
If you **would** just wait a moment, I'll see you soon. (잠시만 기다리시면 곧 뵙겠습니다.)
Would you like to come with us? (우리와 함께 가시겠습니까?)

9   **선호**: 원하는 것을 표현할 때 사용된다.

My parents **would** like to meet you as soon as possible.
(나의 부모님이 가능한 한 빨리 너를 보고 싶어 하신다.)
I'd hate you to leave now. (나는 지금 너를 떠나게 하고 싶지 않다.)
I'd rather stay in this evening, if that's all right with you.
(네가 괜찮다면 나는 오늘 밤에 머물고 싶다.)
Which **would** you **rather** do—go swimming or play tennis?
(수영을 할까요? 테니스를 칠까요? 어느 것이 좋겠습니까?)

▶ would have: 과거시점에서 좋아했던 것을 표현한다.

Clara **would have liked** to refuse the offer.
(클라라는 그 제안을 거절하는 것을 좋아했었을 것이다.)

10 **목적**: so that-절에서 쓰이며 어떤 일을 가능하게 하거나 막으려는 목적을 표현할 때 사용된다.

We packed all the books in wooden boxes **so that** they **wouldn't** get damaged.
(우리는 책들이 못 쓰게 되지 않도록 모두 나무 상자에 넣었다.)
We walked silently on tiptoe **so that** we **wouldn't** disturb anyone.
(우리는 다른 사람들에게 폐를 끼치지 않도록 발끝으로 조용히 걸었다.)
He spoke very slowly in a loud voice **so that** everybody **would** understand his speech.
(그는 모든 사람들이 그의 연설을 이해할 수 있도록 큰 목소리로 아주 천천히 말했다.)

11 **의견** (opinion): 불확실한 것에 대해 겸손하게 의견을 표현할 때 사용된다.

I **would** think I'd be happier in a different school.
(나는 다른 학교에 가면 더 행복할지도 모른다고 생각하는데요.)
"Will it cost a lot?" "I **would** imagine so."
("돈이 많이 들까요?" "그럴지도 모른다고 생각하는데요.")
I **wouldn't have thought** you should do it like that.
(나는 네가 그것을 그런 식으로 해야 할 것이라고 생각조차 못 했을 것이다.)

12 **거부/불발** (would not): 어떤 일을 거부하거나 애써도 어떤 일이 일어나지 않았음을 표현한다.

He **wouldn't** give us any money. (그는 우리에게 어떤 돈도 주지 않았을 것이다.)
The door **wouldn't** open, no matter how hard she pushed.
(그녀가 아무리 힘써 밀어도 문은 열리지 않았을 것이다.)

13   **충고**: 충고를 하거나 요청할 때 사용된다.

I **wouldn't** worry about it, if I were you. (내가 너라면 그것에 대해서 걱정하지 않을 것이다.)
You **would** try to get there if you can. (할 수 있으면 그곳에 가도록 노력해 봐라.)
What **would** you do if you were in my position? (네가 내 입장이라면 너는 어떻게 할 것이냐?)

14   would that (= if only): 강한 소원이나 욕망을 표현할 때 사용된다.

Would that she could see her famous son now.
(그녀가 유명해진 아들을 지금 볼 수 있다면 좋으련만.)
Would that we had seen her before she died.
(그녀가 죽기 전에 우리가 그녀를 만나 봤으면 좋았으련만.)

wish 다음에 오는 would에 대해서 W18.7을 보라.
if only 다음에 오는 would에 대해서는 I6을 보라.
will에 대해서는 W17을 보라.

Y1   yes와 no

1   **긍정적/부정적 응답**: 기본적으로 yes는 "의문문, 서술문, 제안, 부탁"에 대한 "긍정적 대답"을 할 때 사용하고, no는 "부정적 대답"을 할 때 사용된다.

"Is that real gold?" "**Yes**." ("그거 진짜 금이냐?" "네.")
"He's a really nice guy." "**Yes**, he is." ("그는 참 좋은 사람이다." "네, 그렇습니다.")
"Would you like a sandwich?" "**Yes**, please." ("샌드위치 드시겠어요?" "네, 주십시오.")
"Can I have a glass of water?" "**Yes**, of course." ("물 한 잔 마실 수 있습니까?" "네, 물론입니다.")

"Are you Japanese?" "**No**, I'm Korean."
("당신은 일본 사람입니까?" "아니오, 나는 한국 사람입니다.)
"You're always complaining about work?" "**No**, I'm not."
("너는 일에 대해서 항상 불평을 한다지?" "아니오, 저는 안 그러는데요.")
"Would you like some more cake?" "**No**, thank you."
("케이크 좀 더 드시겠습니까?" "저는 괜찮습니다.")
"Would you help me finish the job?" "**No**, sorry. I have to leave right now."
("일을 끝내도록 저를 도와주시겠습니까?" "미안합니다만 안 되겠는데요. 저는 지금 가야 합니다.")

2   **부정 의문문과 yes/no**: 부정 의문문 대한 대답에서 yes와 no는 그 내용에 동의하느냐 동의하지 않느냐에 따라 사용되는 것이 아니라, yes를 쓰면 "긍정적 답변"이 되고 no를 쓰면 "부정적 답변"이 된다. 예를 들어 다음을 비교하라.

"**Are** you happy?" ("행복하십니까?")
"**Yes**." ("네.") / "**No**." ("아니오.")

"**Aren't** you happy?" ("행복하지 않습니까?")
"**Yes**." ("네.") / "**No**." ("아니오.")

위의 두 질문에 대해서 "yes"라는 대답은 "I am happy(나는 행복하다)"를 의미하고, "no"라는 대답은 "I am not happy(나는 행복하지 않다)"를 의미한다.

3   **부정 서술문**: no는 부정 서술문을 인정하거나 용납함을 표현한다.

"They **shouldn't** drive so fast." "**No**, it's really dangerous."
("그들은 그렇게 과속해서는 안 된다." "안 되지요. 정말 위험합니다.")
"We're **not** at the center of the city." "**No**, but we're almost there."
("우리는 도시 중심에 도착하지 못 했다." "못 했지만 거의 왔습니다.")

4   **반응**: "부름, 손짓, 신호"에 대해 긍정적 반응을 표현할 때 사용된다.

"Mike!" "**Yes** sir, how can I help you?" ("마이크 군!" "네 어르신, 무엇을 도와드릴까요?")
[전화벨이 울려서 전화를 집어 귀에 대고] **Yes**? (여보세요!)

5   **감정**: yes는 행복감이나 흥분상태를 표현할 때 쓰이고, no는 "놀라움, 괴로움, 실망감"과

같은 감정을 표현할 때 사용된다.

Yes, Mesi's scored again! (그럼 그렇지, 메시가 다시 골을 넣었어!)
"She's nearly sixty." "**No**, you're kidding." ("그녀는 거의 60세가 되었다." "설마, 농담이지.")
Oh no, I've lost my passport!. (오, 맙소사. 여권을 분실했다.)
"Jane and I are just good friends." "**Oh yes**."
("제인과 나는 그저 좋은 친구일 뿐이다." "오, 그래.")

6   **한정사**: no는 yes와는 달리 한정사로 사용될 수 있다.

There's **no** food left in the refrigerator. (냉장고에 음식이 남아있지 않다.)
They live in a house with **no** central heating. (그들은 중앙난방이 없는 집에서 산다.)

7   **no way**: no를 강조하는 표현으로 "no way"가 종종 쓰인다.

"Did you pay the bill?" "**No way**, not until they deliver the computers."
("청구 금액을 지불했습니까?" "컴퓨터가 배달될 때까지는 천만의 말씀입니다.")

8   **yeah와 nope**: 미국영어에서 쓰이는 비격식적 구어체로 "yeah(=yes)"와 "nope (=no)"가 있다.

Michael said, "**Yeah**, that's right." (마이클이 "응, 그것이 옳다"라고 말했다.)
"Will you help me win an argument?" "**Nope**. Slug it out!"
("내가 논쟁에서 이길 수 있도록 도와줄 수 있냐?" "아니, 힘껏 해봐!")

부정 의문문에 대해서는 N12.4-8을 보라.
Do/Would you mind ...?에 대한 응답에서의 yes와 no에 대해서는 M16.6과 7을 보라.

Y2   you

you는 2인칭 대명사로서 대명사 중에 유일하게 단수와 복수의 구분이 없다. 단지 재귀대명사에서는 구분이 있다.

	주어	목적어	속격 한정사	속격 대명사	재귀대명사
단수	you	your	yours		yourself
복수					yourselves

영어에서 2인칭 대명사가 단수와 복수의 구분이 없는 것은 언어변화의 산물이다. 현대영어의 초기까지도 단수 2인칭 대명사 thou(주어), thee(목적어), thy(속격 한정사), thine(속격 대명사), thyself(재귀대명사)와 더불어 복수 2인칭 대명사 ye(주어), you(목적어), your(속격 한정사), yours(속격 대명사), yourself(재귀대명사)가 사용되었다. 중세영어에 들어와서 프랑스어의 "vous와 tu"의 영향으로 단수의 위 사람에게 말을 할 때 단수 thou와 thee 대신

에 복수 ye와 you를 사용하기 시작했으며, 16세기 말에 와서는 주어형 ye가 목적어형 you와 통합되게 된다.

	주어	목적어	속격		재귀대명사
			한정사	대명사	
단수	thou	thee	thy	thine	thyself
복수	ye	you	your	yours	yourselves

우리는 지금도 고전을 읽거나 약간 오래 전에 출판된 성경을 읽으면 "thou, ye, thy"와 같은 2인칭 대명사와 마주치게 된다.

you의 다른 용법에 대해서는 O9를 보라.

Z1   zero elements(영의 요소)

영(zero)의 개념은 언어연구에서 오래 전부터 애용되어 왔다. 가령 대부분의 유사한 단어나 구조에 나타나는 어떤 언어현상이 일부 단어나 구조에 나타나지 않는다고 하자. 우리는 일반적으로 이 현상을 두 가지 방법으로 설명하려고 한다. 하나는 나타나지 않기 때문에 아예 존재하지 않는다고 보는 것이고, 다른 하나는 비록 외형은 없지만 "영의(zero)" 단어나 구조가 있다고 보는 것이다. 다음의 두 동사를 비교해보자.

I **walked** all the way to Incheon. (나는 인천까지 내내 걸었다.)
He **cut** the cord with a knife. (그는 칼로 줄을 끊었다.)

walk에는 과거시제 형태소 -ed가 있지만 cut에는 없다. 우리는 이 현상을 두 가지 방법으로 설명할 수 있다. 하나는 cut와 같은 동사는 과거시제 형태소를 붙이지 않고도 과거시제형으로 사용될 수 있다는 방법이고, 다른 하나는 보이지는 않지만 "영의" 과거시제 형태소가 있다고 보는 방법이다.

1   **영의 관사** (zero article): 영의 관사에 대해서는 A62를 보라.

2   **영의 복수** (zero plural): 영어에서 명사의 복수형은 여러 가지 형태로 실현된다.

dog + 복수 형태소 = dogs
knife + 복수 형태소 = knives
man + 복수 형태소 = men

그러나 어떤 단어는 단수형과 복수형이 동일하다. 이 경우 복수명사는 영의 복수 형태소를 가지고 있다고 할 수 있다. (N29.2를 보라.)

You can see **a deer** running away from a hound. (너는 사냥개에 쫓기는 사슴을 보고 있다.)
Deer are still the best game animals in the country.
(사슴은 이 나라에서 아직도 최고의 사냥 동물이다.)

deer + (영의) 복수 형태소 = deer

그리고 cattle과 같이 복수형으로만 쓰이는 명사에는 영의 복수 형태소가 내제되어 있다고 할 수 있다. (N29.1을 보라.)

3   **영의 속격** (zero genitive): 그리스어나 라틴어식 성명이나 유명인의 경우에는 s-속격과 영의 속격이 둘 다 가능하다. (G2.3를 보라.)

Jesus'(s) disciples   **Socrates'(s)** philosophy
Moses'(s) Ten Commandments   **Aristophanes'(s)** works

Dickens'(s) novels   **Keats'(s)** poems
James'(s) works   **Burns'(s)** poems

여기서 유의해야 할 점은 종종 영의 속격형이 s-속격형처럼 발음된다는 점이다.

▶ for ... -'s sake구의 속격형: 고유명사의 경우에는 치찰음으로 끝나도 s-속격을 사용하지만, 보통명사의 경우에는 치찰음으로 끝나면 영의 속격을 사용한다.

for **Charles's** sake   for **Jones's** sake   for **God's** sake
for **goodness'** sake   for **peace'** sake   for **convenience'** sake

4. **영의 관계대명사** (zero relative pronoun): 관계절에서 동사의 목적어나 전치사의 목적어가 관계대명사를 가리킬 경우 관계대명사가 생략될 수 있다. (R7.6을 보라.)

The woman **(who)** we invited is my mother. (우리가 초대한 여성분은 나의 어머니다.)
The chair **(which)** he broke has been repaired. (그가 부순 의자는 수리되었다.)
The woman **(who)** you spoke to is my mother. (네가 말을 한 여자 분이 나의 어머니다.)
Here are the papers **(which)** you were looking for. (여기 네가 찾던 신문이 있다.)

이 현상도 두 가지 방법으로 설명할 수 있다. 지금까지의 분석처럼 관계대명사가 있다가 생략되었다고 말할 수도 있고, 위의 조건이 충족되면 영의 관계대명사가 온다고 분석할 수도 있다.

5. **영의 that-접속사** (zero that-conjunction): 우리는 앞에서 목적어절, 형용사 보충어절, 외치절, 분열문을 이끄는 접속사 that를 수의적으로 생략할 수 있다고 분석했다. 그러나 이 경우에도 "영의 that-접속사"가 나타난다고 말할 수 있다. (T6을 보라.)

We **believe (that)** he may take the last train home. (우리는 그가 막차를 탈 것으로 생각한다.)
She **said (that)** she'd never get there in time.
(그녀는 시간 내에 그곳에 절대로 도착하지 못할 것이라고 말했다.)

I'm **sure (that)** there's a logical explanation for all this.
(나는 이 모든 것에 논리적인 설명이 있다고 확신한다.)
He was **worried (that)** we wouldn't have enough money.
(그는 우리가 충분한 돈을 마련하지 못 할 것을 걱정했다.)

It is **believed** by everybody **(that)** the problem cannot be solved.
(그 문제는 해결될 수 없다고 모든 사람이 믿고 있다.)
It is **certain (that)** the election will be held in May. (선거가 5월에 치러질 것이 확실하다.)

It was **the dog (that)** I gave water to. (내가 물을 준 것은 개였다.)
It was **last night (that)** John wore a white suit at the dance.
(존이 춤을 출 때 흰 양복을 입었던 것은 어젯밤이었다.)

용어 해설

가부 의문문(yes-no question): yes나 no가 적절한 응답이 될 수 있는 의문문을 말한다: Do you like to study English grammar?

가산명사(count noun): 가산명사는 동일한 유형의 독립적 개체들의 집합을 의미한다. 예를 들어 "house"라는 단어는 "house"라는 독립적 개체들의 집합체를 가리킨다. 이 개체는 같은 유형의 개체로 분리될 수 없는 것이 특징이다. "house"에는 "출입문, 창문, 안방, 건넌방, 마루" 등이 있지만 이들이 개별적으로 "house"가 될 수 없다. 또한 가산명사는 독립적 개체를 가리키기 때문에 단수와 복수가 가능하며, 따라서 부정관사(a/an)와 기수(cardinal numbers)와 함께 쓰일 수 있다: She bought **an new house** for herself; She rent **ten houses** for the staff. 그러나 "water, air, salt, oxygen, milk"와 같은 불가산명사는 일종의 물질을 가리키며, 이들을 작게 쪼갠 부분도 여전히 동일한 물질을 가리킨다: She usually eats **bread** with her soup; *She bought **ten breads** in the supermarket.

가정법(subjunctive): I **demanded** that she **be** on time; It is **essential** that every child **have** the same medical treatment와 같은 문장에서처럼 우리가 상대방에게 어떻게 할 것을 제안, 요청, 주장, 충고할 때 또는 어떤 상황이 중요하다거나 불가피한 것이라고 주장할 때 종속절의 동사가 "원형형태"를 취한다. 다시 말해서 삼인칭 단수 현재 동사는 -(e)s 어미를 취하지 않으며, be 동사는 모든 경우에 원형인 be가 사용되는데, 이러한 동사를 현재시제 가정법 동사라고 한다. If he **were** here, he'd tell you what to do와 같은 문장에서 볼 수 있는 것처럼 be 동사의 과거시제 가정법형은 were로서 모든 형태의 주어와 함께 쓰일 수 있다.

간접의문문(indirect question): 다른 절의 종속절로 나타나는 의문문을 간접의문문이라고 부른다: I'm sure **whether he will turn up**. 간접의문문에서는 주어와 조동사의 도치가 일어나지 않는다: I wonder **who he will meet**.

감탄문(exclamation): 놀라움, 즐거움, 괴로움 등 우리의 감정을 표현할 때 사용하는 구조의 한 형태를 말한다. 감탄문은 일반적으로 "what"(예: **What a fool** I am!) 또는 "how"(예: **How blind** I was!)로 시작한다.

격(case): 격이란 단어가 문장 내에서 하는 역할이나 나타나는 위치에 따라 다른 형태를 취하는데, 이 변하는 형태를 격이라고 한다. 영어의 대명사의 경우는 세 가지 격형태가 구별된다: **She** likes **him**; **He** likes **her**; **I** love **my** parents. 주어로 쓰인 대명사 "she, he, I" 등을 "주어격(nominative case)"이라고 하고, 목적어로 쓰인 대명사 "him, her" 등을 "목적어격(objective case)"이라고 하며, my와 같은 대명사를 "소유격(possessive) 혹은 속격(genitive case)"이라고 한다.

경동사(light verb): 우리는 일반적으로 동사를 사용하여 어떤 행위(action)를 표현한다. 그러나 이러한 행위동사 중에 상당수가 동일한 형태의 명사를 가지며, 우리는 이러한 명사는 행위명사(action nouns)라고 부른다. 행위명사는 일명 "경동사(light verbs)"라고도 부르는 다목적(general-purpose)동사(give, have, get, take 등)와 결합하여 상응하는 행위동사와 같은 의미를 가진 표현을 구성할 수 있다: Suddenly she **screamed** loudly and **fell** to the ground (= Suddenly she **gave a** loud **scream** and **had a fall** to the ground).; He **attempted** to speak to the President(= He **made an attempt** to speak to the President).

공백화(gapping): 생략의 한 형태로서 특히 타동사 문장의 등위접속 구조에서 뒤에 오는 동사를 생략하는 현상을 공백화라고 한다: John **bought** apples and Mary **(bought)** pears and Jane **(bought)** peaches.

관계절(relative clause): He likes the man **who hates him**과 같은 문장에서 "the man"을 수식하는 절인 "who hates him"을 관계절이라고 한다. 관계절은 명사구를 수식하기 때문에 종종 형용사절이라고도 불린다. 관계절에는 위의 예에서처럼 명사구를 제한적으로 수식하는 제한적 관계절과 명사구에 대해 추가적인 설명을 하는 비제한적 관계절(예: Jerry Smith, **who works as a janitor**, won a million dollar lottery)이 있다. "who"처럼 관계절을 이끄는 표현을 관계대명사(relative pronoun)라고 하며, 관계대명사로는 "who, which, that" 등이 있다.

관사(article): 관사는 한정사(determiner)의 일종으로서 정관사(definite article) "the"(예: He rejected **the job** that I offered)와 부정관사(indefinite article) "a(n)"(예: He hasn't had **a job** since 2010) 그리고 "영의 관사(zero article)"(예: Nowadays, **jobs** are hardly available for the boys)가 있다.

구동사(phrasal verb): 구동사는 외형적으로는 전치사적 동사와 유사하지만, 전치사적 동사의 경우에는 동사와 전치사가 결합한 구조를 가지고, 구동사는 동사와 전치사적 부사가 결합한 구조를 갖는다는 점이다: The plane **took off** from Incheon on time; They **called off** the picnic because of bad weather.

능격동사(ergative): "someone broke the window"와 "the window broke"에서처럼 동사의 변화 없이 타동사가 자동사가 되면서 그 목적어를 주어로 취하는 동사를 능격동사라고 한다. 능격동사로는 "begin, close, grow, sink, start, stop" 등이 있다.

능동문(active)과 수동문(passive): 능동문이란 수동문과 대조되는 문장형태로서 행위자가 문장의 주어가 되는 문장형태를 가리킨다: **The boy** broke the window. 이에 반하여 수동문에서는 주어인 행위자가 by-구로 되어 문장 뒤로 이동하고 목적어는 수동문의 주어가 되며, 동사는 "be 동사 + 동사의 과거분사"형을 취한다: The window was broken **by the boy**.

단수(singular)와 복수(plural): 말 그대로 단수는 하나의 사물을 가리키고(예: a boy, the car, this table), 복수는 둘 이상의 사물을 의미한다(예: two boys, cars, these tables). 영어에서 단수와 복수는 주어와 동사의 일치(예: **A student is** waiting for you in your office; **Several**

students are waiting for you in your office.)와 대명사의 선택에서 중요한 역할을 한다(예: "Where's **your car**?" "**It's** in the garage"; He owns about **a dozen cars**—each of **them** is worth at least $100,000.).

단순타동사(monotransitive): "He fixed his car"의 동사 "fix"처럼 하나의 목적어만을 취하는 동사를 말한다.

단언적(assertive)과 비단언적(nonassertive): 단어 중에는 긍정 서술문에서 일반적으로 사용되는 단어들이 있는가 하면, 긍정 서술문이 아닌 부정문이나 의문문에서 주로 사용되는 단어들이 있다. 긍정 서술문에만 주로 사용되는 단어를 "단언적"이라고 부르고(예: I need **some** money for lunch; They've arrived **already**), 의문문이나 부정문에 주로 사용되는 단어를 "비단언적"이라고 부른다(예: Do you need **any** money for lunch?; They haven't arrived **yet**).

대명사(pronoun): 대명사는 일반적으로 명사적 표현을 대신하여 사용되는 단어라고 정의하고 있다. 예를 들어 "John thinks people dislike **him**"과 같은 문장에서 명사 "John"을 반복하는 것을 피하기 위해 문장 끝에서 "John"을 "him"으로 대치했다. 물론 우리가 대명사라고 부르는 단어 중에는 명사를 대신하여 쓰인다고 할 수 없는 것들이 있다. 예를 들어 "**It's** raining now"와 "**Somebody** knocks at the door"에서 허사 "It"와 부정대명사 "Somebody"는 명사적 표현을 대신하여 쓰였다고 할 수 없다.

대치(substitution): 대치는 모든 언어의 보편적 속성의 하나로서 우리가 말을 할 때 가능한 한 동일한 표현을 반복하는 것을 자제하고, 더 간단한 표현을 대신 사용하는 것을 말한다. 예를 들어 "**The man** looked down at **his left hand**, and found out that **it** was covered with blood" 문장에서 대명사 "his"는 "the man"을 대치하고, "it"는 "his left hand"를 대치하고 있다. 또한 "He **hit me**—I don't understand why he **did so**"에서 "did so"는 "hit me"를 대치하고 있다.

도치(inversion): 두 표현의 상대적 위치가 바뀌는 것을 가리킨다. 영어에는 조동사가 주어 앞으로 이동하는 것(예; **Were** the children's toys hidden under the bed?)과 부사구와 함께 동사구를 문장 앞으로 전치하는 것 두 가지 유형이 있다(예: **Under the bed were hidden** the children's toys).

동명사(gerund): 동명사란 동사에 -ing어미를 붙여 명사처럼(예: **Hunting** rare animals is prohibited by law/We enjoyed **fishing** in the lake) 사용하는 표현을 가리킨다. 동사-ing형을 "동명사"라고 부르는 이유는 이 구문이 동사의 특성과 명사의 특성을 모두 가지고 있기 때문이다. 동명사는 명사처럼 "주어, 목적어, 보어, 전치사의 목적어, 명사의 수식어"로 쓰일 수 있으며, 동사처럼 명사구를 목적어로 취하며 동사처럼 부사의 수식을 받을 수 있다: We enjoyed **playing tennis regularly every weekend**.

동사(verb): 동사는 문장을 구성하는 주요 성분의 하나인 술어를 구성하는 핵심적 단어로서 영어에서 가장 다양한 굴절어미를 갖는 단어범주다. 삼인칭 단수 현재시제형(예: He **studies** English), 과거시제형(예: He **studied** English), 완료형(예: He has **studied** English), 진행형(예: He is **studying** English)이 있으며, to-부정사를 구성한다(예: He likes to study English).

동사구(verb phrase): 동사가 핵어인 구로서 동사와 그 보충어로 이루어진다. 동사는 취할 수 있는 보충어의 종류에 따라 연결동사(예: She **looks happy**), 단순타동사(예: He **loves her**), 이중타동사(예: He **gave me cookies**), 복합타동사(예: He **made her happy**)로 분류되며, 보충어 없이도 쓰이는 동사(예: He **disappeared**)를 자동사라고 한다.

등급성(gradable): 정도의 차이를 보이는 속성을 지닌 단어를 등급성 단어라고 부른다. 이 단어들은 정도부사인 "fairly/very/extremely"와 같은 단어의 수식을 받을 수 있으며, 일반적으로 비교급과 최상급 구문을 구성할 수 있다는 점이다. 예를 들어, "very tall"은 가능하지만 "*very dead"는 불가능하며, "taller, tallest"는 가능하지만 "*deader, deadest"는 불가능하다.

명령문(imperative) 지시나 명령을 할 때 사용되는 문장 형태로서 일반적으로 주어가 표현되지 않는다: Be quiet!; Don't say anything!

명사(noun): 영어의 명사는 "보통명사"와 "고유명사(John, Seoul 등)"으로 크게 분류된다. 보통명사는 가산명사와 불가산명사로 분류되며, 가산명사는 가산 구상명사(예: book-books)와 가산 추상명사(예: difficulty-difficulties)로 분류되고, 불가산명사는 불가산 구상명사(예: iron)와 불가산 추상명사(예: homework)로 나뉜다.

명사구(noun phrase): 명사구는 일반적으로 핵어인 명사와 이를 수식하는 표현으로 구성된다. "the handsome boy who is standing in the corner"에서 명사 "boy"가 핵어이며, "the handsome"은 명사를 앞에서 수식하는 "선행수식어"가 되고, "who is standing in the corner"는 명사를 뒤에서 수식하는 "후행수식어"가 된다.

목적어(object): 목적어란 타동사가 자신의 의미를 완성하는 데 필요한 성분으로서 일반적으로 명사구나 대명사가 목적어가 된다. 타동사 중에는 목적어를 하나만 필요로 하는 단순타동사(예: The man locked **the gate**)와 두 개의 목적어를 필요로 하는 이중타동사(예: John gave **Stacy the flowers**)가 있다. 우리는 전치사 뒤에 오는 명사구나 대명사를 전치사의 목적어라고 부른다(예: He sat on **the table**).

문법적 기능(grammatical function): 어느 특정 표현이 문장 내에서 수행하는 역할, 즉 주어, 보어, 목적어, 부가어와 같은 역할을 의미한다.

문장(sentence): 문장이란 우리가 의사소통을 할 때 가장 흔히 쓰는 표현의 단위로서 일반적으로 주어와 술어로 구성되며, 주어는 명사구(noun phrases)로 술어는 동사구(verb phrases)로 표현된다. 영어의 철자법에서 문장은 첫 단어는 대문자로 시작하고(예: **A** boy approached me), 문장의 끝에는 마침표나 의문부호 또는 감탄부호를 찍어야 한다(예: Who's coming with us?; How pretty she is!).

반향 의문문(echo question): 누가 방금 말한 것 중에 어떤 점에 대해서 의구심을 가질 때 우리는 그가 말한 것의 전부 또는 대부분을 메아리처럼 반복함으로써 질문하는 의문문의 한 형태를 말한다. 예를 들어 만약 내가 "I went to Greenland last winter"라고 말하고 당신은 내 말을 믿지 않을 경우 당신은 "You went **where** last winter?"라는 반향 의문문으로 응답할 것이다.

보어(complement): 보어는 일반적으로 두 가지 의미로 쓰인다. 협의의 보어는 주어나 목적어를 보충하는 주어보어와 목적어보어를 가리키지만, 좀 더 광의의 보어는 동사, 형용사, 명사와 함께 쓰여 그 의미를 완성해 주는 모든 보충어를 가리킨다.

Allison is **a famous opera singer**.	[주어보어]
Philip is **very encouraged**.	
Why ever did they elect him **chairman**?	[목적어보어]
You make me **nervous**.	
He lost **the tickets** for tonight's game.	[동사의 목적어]
I suddenly realized **that the band had stopped playing**.	
I'm **interested in cookery**.	[형용사 보충어]
The soup is **ready to eat**.	
He planned our **journey to Rome**.	[명사 보충어]
I heard the **rumour that the city had been captured**.	

보통명사(common noun)와 고유명사(proper noun): 명사는 보통(common)명사와 고유(proper)명사로 분류된다. 보통명사는 사람이나 사물을 가리키는 반면, 고유명사는 이러한 사람이나 사물에 주어지는 고유의 명칭(names)을 의미한다. 보통명사는 일반적으로 관사(a(n)과 the)와 함께 쓰일 수 있는 데 반하여(예: a book, the friend, the water, a tiger 등), 고유명사는 특별한 경우에만 관사와 함께 쓰일 수 있다. 글에서 고유명사는 대문자로 시작한다(예: Brian, Korea, Miss Williams, Earth 등).

복문(complex sentence): 복문이란 둘 이상의 절을 가진 문장으로서 하나의 절이 주절(main clause)이 되고 나머지 절은 종속절(subordinate clause)이 되는 문장을 가리킨다: He said **that he would return home before Christmas**; He went to bed early, **because he was tired**.

부가어(adjunct): 부가어란 부사구의 일종으로서 "시간, 공간, 양태, 수단/도구와 행위자, 방식, 정황 부사구"가 있다. 부가어는 문장의 필수 성분인 "주어, 동사, 목적어, 보어"처럼 문장의 중요한 성분으로 해석되는 경우가 많으며, 한 문장에 여러 개의 부가어가 나타날 수 있다(예: He put his hat **on the table quietly when he entered the room**.). 또한 부가어는 일반적으로 질문의 대상이 될 수 있다. 예를 들어, **Where** did he put his hat quietly when he entered the room?; **How** did he put his hat on the table when he entered the room?; **When** did he put his hat on the table quietly?이 가능하다.

부가의문문(tag question): 부가의문문은 조동사와 대명사로 구성되며 문장 끝에 위치한다. 주절이 긍정일 경우에는 부가의문문은 부정이 되고(예: She **is** happy, **isn't she?**), 주절이 부정일 경우에는 부가의문문은 긍정이 된다(예: She's **not** happy, **is** she?).

부분사(partitive): 부분사 구조란 "전체의 한 부분(a part of a whole)"을 의미하는 구조를 가리킨다. 가산명사와 불가산명사가 모두 부분사 구조를 구성할 수 있으며, 부분사 구조에는 "질(quality) 또는 형태(form)"를 가리키는 것(예: a new **type** of computer, different **types** of)과 "양(quantity)"을 가리키는 것(예: a **piece** of cake, a large **crowd** of people) 두 가지 유형이 있다.

부사(adverb): 부사의 기본적인 역할은 문장을 수식하거나(예: **Fortunately, everything worked out all right in the end**), 동사를 수식할 수 있으며(예: The student **visited** the professor **yesterday**), 형용사와(예: She has a **really beautiful** face), 다른 부사를 수식할 수 있다(예: They are smoking **very heavily**). 많은 부사는 형용사에 "-ly 어미"를 붙여 만들어진다.

부양 양화사(floating quantifier): "all, both, each"와 같은 양화사는 자신이 수식하는 표현의 바로 앞에서 문장의 다른 위치로 이동할 수 있다: **All/Both** the students won the prizes; The students **all/both** won the prizes.

부연어(disjunct): 발화의 형태에 대한 "화자의 논평"이나 발화가 기술하고 있는 상황에 대한 "화자의 생각"을 표현하는 부사구를 "부연어"라고 한다. 부연어에는 문체 부연어(예: **Honestly**, there is nothing I can do to help)와 내용 부연어(예: **Stupidly**, she refused to take his advice)가 있다.

부정(negation) 어떤 명제를 부정하는 것을 말한다. 부정은 일반적으로 조동사 다음에(조동사가 없으면 "do"를 도입한 후에) "not/n't"을 삽입하여 만들지만(예: I **don't** like hamburgers), 부정에는 "not/n't" 외에도 부정대명사 "nobody, nothing, none 등"(예: **Nobody** wants to go)과 부정부사 "never, hardly 등"(예: I've **never** been there)이 사용된다.

부정사(infinitive): 영어의 동사는 "시제, 인칭, 상"에 의해 형태가 변하는데, 동사의 부정사형은 이러한 변화가 전혀 실현되어 있지 않은 동사의 원형을 가리킨다. 동사의 원형은 종종 to 다음에 나타나기 때문에 to-부정사라고도 부른다: The important thing is **to stay calm in the class**. to가 없는 동사의 원형은 양상조동사와 조동사 do 다음에 나타난다: I will **do** it alone/ I don't **like** him. 부정사구는 명사적으로(예: **To see her children again** will make her very happy; I like **to have corn flakes for breakfast**), 형용사적으로(예: She bought a new book **to read during her vacation**), 부사적으로(예: He went to Busan **to visit his grandparents**; **To tell the truth**, it seems that nobody understood his lecture at all) 사용될 수 있다.

분리 부정사(split infinitive): 부정사를 이끄는 to와 관련 동사가 다른 표현이 끼어들어 분리되어 있는 부정사 구조를 가리킨다. "It's important to **really** try hard"와 같은 문장에서 to와 동사 try 사이에 부사 really가 끼어 있으므로 분리 부정사의 한 예라고 할 수 있다.

분사(participle): 영어의 동사는 두 가지 분사형을 가지고 있다. 진행(progressive)분사라고 부르는

"-ing형"과 과거(past)분사라고 부르는 "-ed형"이 있다. "-ing형"분사는 동명사(예: **Hunting animals** is prohibited)와 "be 동사"와 함께 진행상(예: A man's **talking** to Liz)을 표현하는 데 사용되고, "-ed형"은 "have 동사"와 결립하여 완료상(예: I've recently **met** her)과 "be 동사"와 결합하여 수동문(예: The building **was built** last year)을 구성하는 데 사용된다.

분열문(cleft sentence): 분열문이란 문장의 한 성분을 강조하고 싶을 때 사용되는 문장의 형태 중의 하나를 말한다. 분열문의 기본형은 it-분열문으로서 "주어"(예: **It was Jane who/that** put the vase on the table), "목적어"(예: **It was the vase that** Jane put on the table), "부가어"(예: **It was on the table that** Jane put the vase)등이 강조성분이 될 수 있다.

비교급(comparative)과 최상급(superlative): 형용사와 부사 중에 일반적으로 "very"나 "fairly" 등의 수식을 받을 수 있는 것들의 비교급과 최상급으로 사용될 수 있다. 비교급형과 최상급형을 만드는 방법에는 "-er과 -est" 어미를 사용하는 방법(예: John can run **faster** than Bill; His car runs **fastest** among the cars)과 "more"와 "most"를 사용하는 방법(예: This book's **more expensive** than that one; She was **most beautiful** in her wedding dress)이 있다.

비인칭 대명사(impersonal): it가 어떤 지시를 갖지 않고 쓰일 경우 비인칭 대명사라고 부른다. "it"가 비인칭 대명사로 쓰이는 경우는 "날씨, 시간, 거리"등을 표현(예: **It's** ten o'clock; **It's** dark outside)할 때와 외치된 표현의 위치를 예시(preparatory/ anticipatory)해주는 표현(예: **It is** rumoured that he is unhappy)으로 사용될 경우다.

사역동사(causative verb): "bid(= request), cause, get, have, let(= allow), make" 등의 동사는 타동사로서 "어떤 사람이나 물건으로 하여금 어떤 행위나 사건 또는 변화가 일어나도록 한다"는 원인과 결과의 의미로 사용될 때, 이들을 사역동사라고 부른다: Our teacher **let** us stay up all late; He **had** them expelled; She **bid** the children be quiet.

상(aspect): 동사가 표현하는 행위의 상황(즉, 진행 중인지 혹은 완료되었는지)을 가리킬 때 사용되는 용어다. 영어의 상에는 "be + -ing형 동사"로 표현되는 진행상(progressive aspect)(예: He **is taking** the medicine.)과 "have + -ed 분사형 동사"로 표현되는 완료상(perfective aspect) (예: He **has taken** the medicine.)이 있다.

상호대명사(reciprocal pronoun): "They like **each other/one another**"와 같은 문장의 each other와 one another를 상호대명사라고 부른다.

생략(ellipsis): 반복을 피하기 위해서 어떤 표현을 삭제하는 것을 생략이라고 한다. 예를 들어 "I will **do it** if you will **do it**"에서 반복을 피하기 위해서 두 번째 "do it"를 삭제하고 "I will do it if you will"이라고 말할 수 있다. 생략은 광범위한 구조에서 일어난다: He was poor but (**he was**) honest; "Will you **join us**?" "Yes, I will (**join you**)"; Somebody **visited his office**. Do you who (**visited his office**)?

서법(mood): 정형동사의 굴절 속성을 기술하는 용어다. 영어의 동사는 직설법(예: She **loves** pizza),

가정법(예: The judge ordered that he **be** detained immediately), 명령법(예: **Keep** quietly!)으로 사용될 수 있다.

서술적(predicative): 어떤 성분들이 서술적 관계에 있다는 형용사나 명사가 어떤 성분의 보어로 쓰인다는 말이다. 예를 들어 "John is **smart**; I consider John **smart**"와 "They are **fools**; I consider them **fools**"에서 형용사 "smart"와 명사 "fools"는 서술적으로 쓰이고 있다.

선행사(antecedent): 대명사나 재귀대명사가 가리키는 표현을 선행사라고 한다. 예를 들어, John killed himself"에서 "himself"는 "John"을 선행사로 가지고, "He is the man who we all respect"에서 관계대명사 "who"는 "the man"을 선행사로 갖는다.

성(gender): 영어 명사의 문법적 성(gender)은 자연의 성(sex)과 거의 일치한다. 따라서 단어의 의미를 알면 그 단어의 문법적 성을 구별하는 것이 어렵지 않다. 영어에서 명사의 성을 구별 짓는 가장 큰 이유 중의 하나는 영어에 남성(masculine) 대명사 he/him/his와 여성(feminine) 대명사 she/her가 있기 때문이다.

수(number): 수는 영어에서 단수형과 복수형(예: one **dog**, two **dogs**)의 대조를 표시는 개념으로, 지시사(예: **this** book, **these** books), 대명사(예: **he/they**), 정형동사(예: He **smokes**; They **smoke**)에서 수의 대조를 찾아볼 수 있다.

수식어(modifier): 수식어는 자신이 수식하는 핵어/머리어를 규정하고 제약하는 역할을 한다. 전통적으로 "handsome boy"와 같은 표현에서 형용사 "handsome"은 명사 "boy"을 수식한다고 말한다. 부사의 기본적 역할은 동사, 형용사, 다른 부사를 수식하는 것이다: He **walks slowly**; She's **very** beautiful; You're driving **too fast**.

술어(predicate): 술어는 주어와 결합하여 문장을 구성하는 성분을 가리킨다. 술어는 동사구로 구현되며, 술어의 형태는 동사구의 핵인 동사의 속성에 따라 다양한 구조를 갖는다. 동사는 필요로 하는 보충어의 유형에 따라 자동사, 연결동사, 단순타동사, 이중타동사, 복합타동사로 분류된다.

시제(tense): 영어에서 시제는 굴절된 정형동사를 분류하는 한 가지 방법으로서 "현재시제"와 "과거시제" 두 가지가 있다. 우리는 "He **likes** ham sandwiches"의 동사를 현제시제형이라고 하고, "He **liked** ham sandwiches"의 동사를 과거시제형이라고 한다. 현재와 과거시제의 구분은 (어느 정도는) 시간 개념과 관련이 있다. 과거시제 동사는 전형적으로 과거에 일어난 사건을 기술하는 데 반하여, 현재시제 동사는 전형적으로 현재 일어나는 사건을 기술한다. 그러나 이 상관관계가 완전히 일치하는 것이 아니다. "**Would** you mind if I **opened** the window?"에서 과거형인 opened는 과거가 아니라 시간적으로 미래를 가리킨다.

양상조동사(modals): 양상조동사에 "can, could, may, might, will, would, shall, should, must, ought to"를 포함시키는 것에는 이의가 없는 것 같다. 어떤 학자는 "used to, need, dare, had better"도 양상조동사로도 분류하기도 하고 조동사가 아닌 어휘적 동사로 분류하기도 한다.

"used to, need, dare, had better"는 양상조동사의 문법적 특성을 준수하지 않는 경우도 있다. 이들은 양상조동사의 문법적 특성과 어휘적 동사의 문법적 특성 모두 포함하고 있다고 할 수 있다. 양상조동사는 양상(즉, 가능성, 미래성 또는 필연성과 같은 개념)을 표현하며, (to-없는) 원형부정사와 함께 쓰인다.

양화사(quantifier): 수량을 나타내는 표현으로서 명사를 앞에서 수식하는 한정사(예: He knows **every** student in the class; I have **some** apples)로 사용되며, 대부분은 독립적인 대명사로 사용될 수 있다(예: I hope **all** is well with; (My parents went to Stanford.) **Both** got jobs in Boston after the graduation).

연결동사(copular verb): 주어와 주어에 대해 설명하는 표현을 연결하는 동사를 연결동사라고 한다. 가장 대표적인 연결동사는 be 동사이며(예: His father **is** a famous criminal lawyer), 이 외에도 "become, feel, look, seem, turn" 등이 있다(예: I do **feel** sad; That car **looks** expensive; She **became** a horse trainer).

연산자(operator): 의문문에서 주어 앞에 오는 조동사(예: What **have** you done?)와 부정문에서 부정소 "not" 바로 앞에 오는 조동사(예: I **would**n't do such a thing to upset you)를 연산자라고 한다. 조동사가 없는 문장의 의문문이나 부정문에는 연산자 "do"가 삽입된다: **Do** you love me?; You **do**n't love me.

영의 표현(zero): 외형이 없는 언어표현을 가리킨다. 예로는 영의 관사(예: I do't have ( ) money)와 영의 접속사(I think ( ) she's pretty) 등이 있다.

외치(extraposition): 외치란 문장의 한 성분, 특히 주어 또는 목적어를 문장 끝으로 이동하고 그 자리에 허사(expletive)대명사를 남기는 구조를 말한다: It seems **that he's young enough to join the club**. 외치를 가능하게 하는 대표적인 동사는 be동사다: It **is** clear that he is too old for the job. 그 외에 "appear, happen, seem"과 같은 연결동사(예: It **appears** that they are all alive), 말하는 동사 "say, claim 등"과 생각동사 "believe, think 등"의 수동형(예: It **is claimed** that he is too young for the job; It **is believed** that he is innocent), 그리고 "certain, clear, (im)possible, likely"와 같은 형용사가 있다: It's **certain** that he hasn't found the answer yet; It's **likely** it'll rain tomorrow.

원형 부정사(bare infinitive): 부정사절은 일반적으로 to를 동반하지만 to가 없는 원형동사는 양상조동사 다음에서(예: He **can speak** five languages fluently; She'**ll follow** you wherever you go), "사역동사"나 "지각동사"와 함께 쓰일 수 있다: He won't **let** me **help** him; I **saw** him **walk** across the road.

유사분열문(pseudo-cleft): wh-어를 써서 문장의 성분을 분리시키는 것을 유사분열문이라고 한다. 예를 들어 "Jane put the vase on the table"이라는 문장을 wh-어를 사용하여 "**What** Jane put on the table was **the vase**와 **Where** Jane put the vase was **the table**"이라는 유사분열문을 구성할 수 있다.

의문문(question): 의문문에는 화자가 청자에게 자신이 말한 내용에 동의하는지 혹은 동의하지 않는지를 묻는 가부(yes-no)의문문(예: **Will you** be waiting for me?; **Do you** want to come with us?)과 질문을 통해 어떤 정보를 얻기를 위한 wh-의문문, 즉 내용의문문이 있다(예: **Who** bought it?; **What** did he buy?).

인칭(person): 세 가지 인칭 즉, 화자를 포함하는 표현인 일인칭(예: I/we)과 화자를 배제하면서 청자를 포함하는 표현인 이인칭(예: you) 그리고 화자와 청자를 배제한 다른 사람이나 물건을 가리키는 표현인 삼인칭(예:he/she/it/they)이 있다.

인칭대명사(personal pronoun) 본유적인 인칭 속성을 가진 대명사 "I, we, you, he, she, it, they"를 가리킨다.

일치(agreement): 일치란 두 언어 표현 간의 관계로서 어떤 특정한 문법적 자질을 두 표현이 공유하는 것을 의미한다. 영어에서 가장 대표적인 일치현상은 주어와 동사 간의 일치로서 그 기본원리는 "단수주어는 단수동사를 취하고 복수주어는 복수동사를 취한다"는 것이다. 예를 들어 "The **window is** open"과 "The **windows are** open"에서 단수주어는 "is"를 선택하고, 복수주어는 "are"를 선택한다.

자동사(intransitive): "It's raining"의 동사 "rain"처럼 어떠한 보충어의 도움이 없이도 동사구에 홀로 나타날 수 있는 동사를 가리킨다.

재귀대명사(reflexive): 일인칭과 이인칭 재귀대명사는 소유격 대명사에 -self/-selves를 붙여 만들고 (myself, ourselves, yourself, yourselves), 삼인칭 재귀대명사는 목적어격 대명사에 -self/-selves를 붙여 만든다(himself, herself, itself, themselves).

전치사(preposition): 전치사는 불변의 형태를 가진 단어로서 일반적으로 그 목적어와 함께 쓰인다. 전치사는 자신의 목적어와 문장의 다른 성분과의 관계를 맺어주는 것이다. 예를 들어 "There's **a cup on the table**"에서 전치사 "on"은 자신의 목적어인 "the table"과 "a cup"의 관계, 즉 "a cup이 the table 위에 놓여있음"을 나타낸다. 여기서 전치사는 두 대상 간의 "물리적 공간관계"를 표현하고 있다. 그러나 "The man is **in danger**"와 같은 문장에서는 전치사 "in"이 주어인 "the man"이 "위험(danger)"과 "상황적 관계"에 있음을 표현한다.

전치사구(prepositional phrase): 전치사와 그 목적어가 구성하는 구(예: at home, on Monday, in my office, to the station, for yourself)를 가리킨다.

전치사적 동사(prepositional verb): 전치사적 동사란 동사와 전치사가 결합하여 마치 하나의 동사처럼 행동하는 복합동사를 가리킨다: She **looks after** his son during the day; Jennifer really **takes after** her mother.

전치사적 부사(prepositional adverb): 전치사는 일반적으로 목적어와 함께 쓰이지만(예: He's **in his office**; He climbed **up the stairs**), 종종 목적어 없이 홀로 쓰이는데(예: You can go **in**

now; He isn't **up** yet) 이러한 전치사를 전치사적 부사라고 한다.

전치사 좌초(preposition-stranding): 전치사구에 전치사가 자신의 목적어와 분리되어 전치사가 홀로 제 자리에 남는 현상을 말한다. 예를 들어 "**Who** are you looking **for**?"에서 전치사 for는 문장 앞으로 이동한 목적어 who와 분리되어 원래의 위치에 좌초되어 있다.

전칭적(generic): "**Tigers** are ferocious; **The dog** is a faithful animal"과 같은 문장에서 "tigers"와 "the dog"는 각각 모든 "tiger"와 "dog"를 가리키는 전칭적 해석을 받는다.

절(clause): 절은 문장을 구성하는 기본요소인 주어와 술어를 가지고 있는 표현의 단위를 가리킨다. 문장은 하나 또는 그 이상의 절로 구성되고, 모든 문장은 적어도 하나의 주절(main clause)을 포함하고 있으며 하나 또는 그 이상의 종속절(subordinate clause)을 가질 수 있다: I wonder if I could borrow some sugar. 종속절에는 그 기능에 따라 "명사절"(예: We know **that he's a millionaire**), "형용사절"(예: I know a man **who can help you**), "부사절"(예: He arrived **before you came**) 등이 있다.

접속사(conjunction): 접속사란 절 또는 절의 일부를 결합하는 기능을 한다. 접속사에는 문장의 두 부분을 대등하게 연결하는 "등위접속사(coordinating conjunctions)"(예: John has long hair, **and** Bill wears jeans)와 한 부분을 다른 부분에 종속시키는 "종속접속사(subordinating conjunctions)"(예: I went to bed early **because** I was extremely tired) 두 종류가 있다.

접속어(conjunct): 접속어는 앞에서 언급된 내용과 지금부터 언급될 내용을 연결해 주는 역할을 하는 표현이다. 이 연결은 앞의 내용에 뒤의 내용이 "추가"될 수도 있고(예: The rent is reasonable, and, **moreover**, the location is perfect), "해설"이 될 수도 있으며(예: The picture is not an original; **in other words**, it is a forgery), "요약"이 될 수도 있고(예: **To sum up**, we appreciate your willingness to work cooperatively with us), "추론"이 될 수도 있다(예: You'll have to go now; **otherwise**, you'll miss your bus).

정도어(degree word): 정도의 강약을 표현하는 표현을 "정도어"라고 하며, 정도어는 일반적으로 부사로서 등급성 형용사, 동사, 부사, (특별한 경우) 명사를 수식한다. 정도어는 일반적으로 수식하는 단어 앞에 온다. 정도부사를 그 척도의 강약에 따라 분류하면 "absolutely, completely, not at all"처럼 "매우 강한 것"도 있고(예: The story he told us was **completely false**), "very, a great deal, most, highly"와 같은 "강한 것"도 있으며(예: The elephant's natural habitat has been **considerably reduced**), "rather, fairly, largely, enough"처럼 "미미한 것"도 있다(예: Today's lecture was **somewhat better** than the last).

정형동사(finite)와 비정형동사(non-finite): 정형동사는 시제요소와 서법요소를 포함하고 있는 동사로서 **주어격**을 지닌 (대)명사를 주어로 가질 수 있다. "What if **people/ they bother** you?"에서는 주어격 주어(people/they)를 가진 동사 "bother"는 정형동사이지만, "Don't let **people/ them bother** you"에서는 동사 "bother"는 목적어격 주어(people/them)를 가지기 때문에 비정형동사다.

조건절(conditional clause): 조건절은 일반적으로 if(예: **If you don't behave**, I'll bar you)나 unless(예: **Unless you behave**, I'll bar you)로 시작되며, 한 상황이 성립할 수 있는 조건을 제시하는 문장형태다.

조동사(auxiliary): 영어에서 "질문, 부정, 시간, 완료, 계속, 반복, 의향, 가능성, 의무" 등의 의미를 어휘적(lexical) 동사가 아닌 조동사(auxiliary verbs)를 사용하여 표현한다. 조동사에는 세 종류, 즉 기본 조동사(primary auxiliaries: have, be, do), 양상 조동사(modal auxiliaries: can/could, may/might, shall/should, will/would, must, ought (to), used (to), dare, need), 준 조동사(semi-auxiliaries: have to, had better) 등이 있다. 조동사는 어휘적 동사와는 달리 부정소(not)를 바로 뒤에 가질 수 있으며(예: I **cannot** help you.), 의문문에서 주어 앞으로 도치되는(예: **Can** I help you?) 특성 등을 가지고 있다.

종속어(subjunct): 종속어는 문장의 한 성분 또는 전체를 수식하는 부사구로서, 견해, 예절, 주어지향, 초점, 정도, 강조, 확실성 등의 부사구가 있다: **Technically**, the two countries are still at war; He **kindly** offered me his seat; **Only** her sister visited her in hospital.

조응적(anaphoric): 어떤 표현이 조응적이라는 것은 그 표현 독립적인 지시를 갖지 못하고 같은 구나 문장 내에 있는 선행사(antecedent)에서 그 지시를 취하는 표현을 말한다. 예를 들어 "John described **himself** as a liberalist"에서 "himself"가 누구를 가리키는가는 선행사 "John"의 지시에서 알 수 있다.

주어(subject): 주어는 문장을 구성하는 두 개의 주성분 중의 하나로서 일반적으로 명사구(noun phrase)로 표현된다. 의미적으로 "주어"는 전형적으로 술어의 동사가 기술하는 행동을 수행하는 행위자가 되거나, 문장이 기술하고자 하는 주체가 된다. 예를 들어 "**John** smokes"에서 "John"은 "smoke"를 수행하는 행위자가 되고, "**John** is too young to be mayor of the city"에서 "John"은 이 문장의 주제가 된다.

지시사(demonstrative): 지시사는 대명사 또는 한정사로도 사용될 수 있다: **This** is my bicycle; I don't like **this dress**; **That** was my car; Who's **that girl**? this와 these는 공간적으로, 시간적으로, 상황적으로, 심리적으로 화자와 가까운 것을 가리키는 데 반하여(예: There will be another meeting later **this** week; We met **these** girls in the hotel coffee shop), that와 those는 화자와 어느 정도의 거리가 있는 것을 가리킨다(예: What did you do with **those** sandwiches? Things were very different in **those** days).

직설법(indicative): 직설법 동사란 시제 요소를 포함하는 동사로서 평서문과 의문문에서 사용된다: He **loves** you; **Can** you speak French?; He **had** been smoking.

최상급(superlative): 최상급이란 다른 것과 비교하여 특정의 속성이 최고임을 표시하기 위해 등급성 형용사나 부사에 접미사 -est를 붙이거나(예: He's one of the **richest** men in town), 부사 most를 수식어로 사용하는 구조를 가리킨다(예: He's the **most intelligent** student in class).

축약형(contraction): 축약에는 "I have"가 "I've"로 축약되는 것과 같은 "조동사의 축약"과, "do not"가 "don't"로 축약되는 것과 같은 "조동사와 부정소 not의 축약" 두 가지가 있다.

타동사(transitive): 타동사는 자동사와는 달리 (직접)목적어를 의무적으로 동반하는 동사로서 단순타동사(예: They **built this building** last year), 이중타동사(예: He **gave his sister the car**), 복합타동사(예: They **elected him president of the club**) 세 가지 유형이 있다. 타동사의 문법적 특징은 일반적으로 수동형을 허용한다는 것이다(예: This building **was built** last year; His sister **was given** the car; He **was elected** president of the club).

한정사(determiner): 한정사란 명사를 앞에서 수식하는 가장 대표적인 표현으로서 수식받는 명사의 의미해석을 다양한 방식으로 제한하는 역할을 한다. 한정사에는 "관사"(예: He is going to have a date with **the** girl tomorrow; I like to have **a** sandwich), "(대)명사 속격"(예: This is **my** room; I borrowed **John's** car), "지시사"(예: I'd like to buy **these** shoes), "양화사"(예: I'm not sure whether there're **any** clothes left for them; **Most** people think the President has done a good job this year), "의문사"(예: **Which** car do you want to drive today?)가 있다.

한정사 선행어(predeterminer): 한정사 선행어란 명사의 선행 수식어의 일종으로서 한정사 앞에 나타날 수 있는 것이 그 특징이다. 한정사 선행어로는 "all, both, half"(예: **All the guests** left the party; **Both my brothers** went to Europe; I wasted **half my life** for nothing), 배수(예: My wife earns **three times my salary**), 빈도(예: She takes a bath **twice a day**), 분수(예: We ate **two-thirds the food** we have) 등이 있다.

핵어/머리어(head): 한 표현의 핵어/머리어란 그 표현의 속성을 결정하는 주요 단어를 말한다. 예를 들어 "an old **man**"의 문법적 속성은 주로 이 표현의 핵어인 "man"의 속성에 의해 결정되기 때문에, 이 명사구를 주어로 갖는 동사는 삼인칭 단수가 되어야 하며 "**An old man lives** near the beach; **he**'s my uncle"에서 삼인칭 단수 대명사 "he"가 "an old man"을 대치할 수 있다.

행위자(agent): 행위자(agent)란 어떤 행위가 있게 한 주체를 말한다. 행위자는 스스로 그 행위를 실행하거나 또는 다른 사람으로 하여금 그 행위를 실행에 옮기도록 하는 사람을 가리킨다. 능동문에서 일반적으로 행위자는 주어 위치에 오고(예: **Everyone** criticized her), 수동문에서는 by-구로 표현된다(예: She was criticized **by everyone**).

허사(expletive): 영어에는 두 가지 허사가 있다. 하나는 "**there** is almost no truth whatever in the rumour"와 같은 문장에 쓰이는 "there"와 다른 하나는 외치구문인 "**it** is impossible to persuade him to do it"과 같은 문장에 나타나는 "it"다.

형용사(adjective): 형용사의 가장 중요한 역할은 명사를 수식하는 "한정적(attributive) 역할"(예:A **young** man drove his **new** car through the **rough** road)과 주어보어(예: The author of this book is very **famous**) 또는 목적어보어(예: I consider myself **fortunate**)로 쓰이는 "서술적

(predicative) 역할"이다. 형용사는 또한 많은 경우 "-ly 어미"와 결합하여 부사가 되며(예: happy: happily; sad: sadly), "-er/-est"어미(예: happier/happiest) 또는 "more/most"와 결합하여(예: more famous/most famous) 각각 비교급형과 최상급형을 구성한다.

do-지원(do-support): 조동사가 없는 문장(예: He hates grammar)이 의문문(예: **Does** he hate grammar?)이나 부정문(예: He **doesn't** hate grammar)으로 변형될 때 또는 조동사가 필요한 여건이 만들어졌을 때(예: Never **did** we doubt that he would succeed) do동사가 삽입되어 조동사 역할을 하는 것을 가리킨다.

wh-의문문(wh-question): 가부(yes-no)의문문과 대조를 이루는 wh-어를 포함하는 의문문을 가리킨다: **What** are you doing?; **Who** else knows that he hasn't come back yet?

wh-이동(wh-movement): 영어에서 wh-어(즉, who/which/what/where/why/when/how 등)는 의문사(예: **Who** do you recommend to that position?; **Why** did he do that?)와 관계사(예: This is the man **who** I love; they borrowed a cottage **where** they would stay for the summer)로 사용되며, 두 경우 모두에서 wh-어는 자신이 포함된 절의 앞 위치로 이동한다.

참고문헌

Turton, N. 1995. *ABC of Common Grammatical Errors.* London: Macmillan Education Ltd.
Algeo, J. 1974. *Exercises in Contemporary English.* New York: Harcourt Brace Jovanovich, Inc.
Barnhart, C. L., S. Steinmetz and R. K. Barnhart. 1973. *A Dictionary of New English.* London: Longman Group Ltd.
Berk, L. M. 1999. *English Syntax: from Word to Discourse.* Oxford: Oxford University Press.
Burchfield, R. W. (Ed.). 1996. *The New Fowler's Modern English Usage (3rd ed.).* Oxford: Oxford University Press.
Byrd, P. and B. Benson. 2001. *Applied English Grammar.* Orlando, Florida: Harcourt College Publishers.
Cook, L. C., A. Gethin and K. Mitchell. 1967. *A New Way to Proficiency in English.* Oxford: Blackwell.
Courtney, R. (Ed.). 1983. *Longman Dictionary of Phrasal Verbs.* London: Longman Group Ltd.
Cowie, A. P. and R, Mackin (Eds.). 1975. *Oxford Dictionary of Current Idiomatic English.* London: Oxford University Press.
Crystal, D. 1995. *The Cambridge Encyclopedia of the English Language.* New York: Cambridge University Press.
Declerck, R. 1998. *A Comprehensive Descriptive English Grammar.* Tokyo: Kaitakusha Co., Ltd.
Downing, A. and P. Locke. 2002. *A University Course in English Grammar.* London and New York: Prentice Hall International Co.
Eckersley, C. E. and Eckersley, J. M. 1963. *A Comprehensive English Grammar for Foreign Students.* London: Longmans, Green and Co., Ltd.
Embree, J. A. 1996. *Practical English Grammar: a Sentence-to-Paragraph Approach.* Mountain View, California: Mayfield Publishing Company.
Frank, M. 1972. *Modern English: a practical reference guide.* Englewood Cliffs: Prentice-Hall, Inc.
Givón, T. 1993. *English Grammar: A Function-Based Introduction,* vols. 1&2. Amsterdam, The Netherlands: John Benjamins Publishing Co.
Graver, B. D. 1979. *Advanced English Practice.* Oxford: Oxford University Press.
Greenbaum, S. 1996. *The Oxford English Grammar.* Oxford: Oxford University Press.
Greenbaum, S. and G. Nelson. 2002: *An Introduction to English Grammar (2nd ed.).* Harlow, England: Pearson Education Ltd.
Greenbaum, S. and R. Quirk. 1990. *A Student's Grammar of the English Grammar.* London: Longnam Group Ltd.
Hayakawa, S. I. 1968. *Modern Guide to Synonyms and Related Words.* New York: Funk & Wagnalls.

Hayden, R. E., D. W. Pilgrim and A. Q. Haggard. 1975. *Mastering American English*. New York: Prentice-Hall Inc.

Hill. L. 1979. *A Guide to Correct English (2nd ed.)*. Oxford: Oxford University Press.

Huddleston, R. and G. K. Pullum. 2002. *The Cambridge Grammar of the English Language*. Cambridge: Cambridge University Press.

Joos, M. 1964. *The English Verb: Form and Meanings*. Madison Wisconsin: The University of Wisconsin Press.

Kierzek, J. M. and W. Gibson. 1968. *The Macmillan Handbook of English (5th ed.)*. New York: the Macmillan Company Ltd.

Kim, J. M. and H. B. Lee (Eds.). 1978. *Synonyms, Antonyms, Prepositions*. Seoul: Top Publishing Co.

Lee, H. B. 2008. *Standard Practical English Grammar*. Seoul: Hankook Munwhasa.

Lee, H. B., D. H. Lee and J. S. Park. *Understanding Language*. Seoul: Sogang University Press.

Lee, J. M. and Bae Y. N. 1987. *A Dictionary of Linguistics (rev. ed.)*. Seoul: Bakyungsa Co. Ltd.

Leech, G. and J. Svartvik 1978. *A Communicative Grammar of English (2nd ed.)*. London: Longman Group Ltd.

Levi, J. N. 1978. *The Syntax and Semantics of Complex Nominals*. New York: Academic Press.

Lindstromberg, S. 1998. *English Prepositions Explained*. Philadelphia: John Benjamins Publishing Co.

Mackin, R. and J. Seidi. 1979. *Exercises in English Patterns and Usage (2nd ed.)*. London: Oxford University Press.

McArthur, T. 1981. *Longman Lexicon of Contemporary English*. London: Longman Group Ltd.

Palmer, F. R. 1974. *The English Verb*. London: Longman Group Ltd.

Pence, R. W., D. W. Emery. 1963. *A Grammar of Present-Day English*. New York: Macmillan Publishing Co., Inc.

Phythian, B. A. (Ed.). 1980. *A Concise Dictionary of Correct English*. London: Hodder and Stoughton.

Prator, C. H. Jr. 1957. *Manual of American English Pronunciation (rev. ed.)*. New York: Holt, Rinehart and Winston.

Quirk, R. et al. 1985. *A Comprehensive Grammar of the English Language*. London: Longman Group Ltd.

Raimes, A. 1998. *How English Works: A Grammar Handbook with Readings*. Cambridge: Cambridge University Press.

Schibsbye, K. 1970. *A Modern English Grammar (2nd ed.)*. Oxford: Oxford University Press.

Shaw, H. 1970. *Errors in English and Ways to Correct Them (2nd ed.)*. New York: Harper & Row, Publishers.

Swan, M. 1996. *Practical English Usage (2nd ed.)*. Oxford: Oxford Press

Thomson, A. J. and A. V. Martinet. 1981. *A Practical English Grammar Exercises 1-2*. Oxford: Oxford University Press.

Witherspoon, A. M. 1976. *Common Errors in English and How to Avoid Them*. New Jersey: Littlefield, Adams & Co.

Zandvoort, R. W. 1969. *A Handbook of English Grammar*. London: Longmans, Green and Co., Ltd.

사전

Abbreviations Dictionary. 1976. Amsterdam, the Netherlands: Elsevier Publishing Co.
The American Heritage Dictionary of the English Language. 1969. New York: American Heritage Publishing Co., Inc.
Cambridge International Dictionary of English. 1995. Cambridge: Cambridge University Press.
Collins Cobuild English Dictionary for Advanced Learners (3rd ed.). 2001. Glasgow: Harper Collins Publishers.
Dictionary of American Slang. 1975. New York: Thomas Y. Crowell Company.
A Dictionary of English Linguistics. 1990. Seoul: Shinasa.
The Firefly Visual Dictionary. 2002. Buffalo, N. Y.: Firefly Books Inc.
Longman Exams Dictionary. 2007: Pearson Education Ltd., Harlow, Essex CM20 21Ed, England.
Longman Dictionary of English Idioms. 1979. London: Longman Group Ltd.
Longman Language Activator: the World's First Production Dictionary. 1993. London: Longman Group Ltd.
The Merriam-Webster Thesaurus. 1991: Merriam-Webster Inc., Publishers: Springfield, Massachusetts.
A New English-Korean Dictionary. 1964. Seoul: Omungak Publishing Company.
The New Oxford American Dictionary. 2001. Oxford: Oxford University Press.
The New World Comprehensive Korean-English Dictionary. 1979. Seoul: The Si-Sa-Yong-O-Sa Publishers.
Oxford Advanced Learner's Dictionary of Current English. 1974. London: Oxford University Press.
The Random House English-Korean Dictionary. 1991. Seoul: The Si-Sa-Yong-O-Sa Publishers.
Reader's Digest Family Word Finder: A new thesaurus of synonyms and antonyms in dictionary form. 1978. London: The Reader's Digest Association Limited.
Reader's Digest Great Encyclopaedic Dictionary (vols, 3). 1978. London: The Reader's Digest Association Limited.
Reader's Digest How to Increase Your Word Power. 1975. London: The Reader's Digest Association Limited.
Webster's Dictionary of English Usage. 1989. Springfield, Massachusetts: Merriam-Webster Inc., Publishers.
Webster's Guide to Abbreviations. 1985. Springfield, Massachusetts: Merriam-Webster Inc., Publishers.
Webster's Third New International Dictionary. 1996. Springfield, Massachusetts: Merriam-Webster Inc., Publishers.
The World Book Dictionary. 1978d. Chicago; Doubleday & Company, Inc.
270000 Grand English-Korean Dictionary. Seoul: Keumseong-Sa.

찾아보기

어 휘

➡ A

a(n) A1; A32.6; A34.10; A59.3; A61; D11.1; F8.1; N35.1,5; O7.2; P32.6; P44.6
    a(n)와 단수 가산명사 A59.4
    a(n)과 one N39.14

a bit A3; C2; D4.1; D4.2; D12.3; T15.1
    a bit of (a) A3.1; A20.6; C15.9; D6.1; D6.4; D8.2; Q1.2
    a bit과 a little A3.2; D5.1
    not a bit A3.3; D4.2

a couple of A34.3; Q1.2

a few A4; I15; N36.5; Q1.1; R8.7
    a few of A4.3; D8.2
    a few와 a little A4.1

a friend of mine G4

a great/good deal A5.6,7; C20.1; D4.1; D7.1; D12.3; N36.5; Q1.2
    a great deal of A5.3; Q1.2

a group of A34.3

a heck/hell of A20.6

a little A4.7; C20.1; D4.1; D12.3; I15; N36.5; T15.1
    a little bit (of) A4.8; D4.1
    not a bit A3.3
    a little과 a bit A3.2; D5.1; Q1.1; R8.7
    a little과 a few A4.1,2
    a little과 little D6.3

a long time A18.2

a long way F1.1

a lot A5; A5.7; C20.1; D4.1; D7.1; D12.3; Q1.2; T14.6; T15.1

a lot of A5.1,2; A34.3; D8.2; N36.5; Q1.2

a number of A5.3,6; A34.3; N36.5; Q1.2

a pair of P6.6

a-형 형용사 A14.9

able I26.8

aboard G16.4

about A6.3; A20.4; A22.2; C20.1; N39.17; P32.4; S18.5
    about와 around A6
    about와 on A7.1

above와 below A8

above와 over A9

abroad A18.3; A20.8

absolutely C20.4; D4.1; Q4.5; Q8.1; S28.5,7; V10.2

absorbed (in) P5.9

accommodations N28.2

according to A10

accordingly C23.9

(the) accused A17.5

accustomed (to) P5.9

ache P37.7; P40.10

across A20.9; I12.1; P29.4
    across와 over와 through A11

across (from)와 opposite O13.3

act/behave as if S29.4

actor와 actress G2

actually C23.5; D15.2; E16.3; S28.6
AD/A.D. D2.7
advice N24.12; S29
advise G8.4; I26.15
 advise와 want I26.16
afloat와 floating A14.9
afraid A23; G8.7; G9.2; I26.8
 I'm afraid so/not A24.4; S14.3; S30.12; Q3.2
afraid와 frightened A14.9
after C24.2; L13.4; P4.5; P17.7; P32.4; T12.2,4
 after ... ing A25.3; R10.9
 after와 before A25
 after와 in A26
after all A27
afterward(s) A26; T12.1; W1.2
age A28; M15.1; P32.6
 be the same age S1.4
ago A20.9; A29.1,2; L13.4; R4.3
 ago와 before B14.12
ahead (of)
 ahead (of)와 behind B16
ain't A48.2
aircraft N29.4
alike A14.9; A31.4
alive A14.9
all A34.1; A35; A37.2; A76.6; C12.8; I15; I25.5; P26; P32.4; Q1.1; R7.15; R8.2,7
 all of A34.1; A35.3; A40.4,7,8; N35.2,3; P26.7; T12.3; T14.8
 all that-절 A37.3
 all과 대명사 A38.1
 all과 명사 A38.2,3,4
 all과 부정 A39
 all과 both B23.1; P26.3
 all과 every A36
 all과 everyone과 everything A37
 all과 the + 비교급 C18.3
 all과 whole A40
all in all C23.1; C23.8

all the same C26
allegedly D15.2
allow G8.4; L8.2
 allow와 permit와 let A41
almost A6.3; C20.4; D4.2; E2.4; S28.5
 almost와 nearly A42
alone A14.9; A43.2
alone과 lonely A14.9
along A44.1
alongside A44.2
already A18.2; N21; Q3.7
 already와 still과 yet A45
also A46; C23.5; N22.2
although C24.2; C26; D4.1; P4.5
 although와 though A47
altogether C20.4; C23.8
always A18.2; F8.3; P40.12
am A48
 am와 ain't A48.2
 am와 aren't C25.8
amends N28.2
amid B21.8
 amid와 between과 among B21.1
among B21.7
 among와 between과 amid B21.1
amount (of)
 a large amount of A5.3
and A33.1,4,5; A53; C24.1; C27; E9.1,3; I8.2; I25.5; N39.4
angry with W19.5
annals N28.2
annoyed (by/with) P5.5
another A34.10; A54.1; D11.2; N36.1,3; O8.6; O8.20
 another와 other A54.2
 another와 different A54.3
anticipate N11.1
anxious G9.2

any A55; A76.6; C19.7; D11.2; I15; N10.5; N21; O8.9; Q1.1; R7.15; R8.2,7; S19; T12.3
    any of A34.4; A55.9
    any와 긍정문 A55.2
    any와 영의 관사 A55.7; A62.9
    any와 a(n) A55.6
    any와 at all A55.11
    any와 either
    any와 every A55.2
    any와 if-절 S19.4
    any와 some S19.1
    any와 the + 비교급 C18.3
any longer N21
anybody/anyone I16; N10.5; N21; N36.10; Q3.7; S30.5
anyhow C23.2,11; I16.5
anymore N21
anyplace I16.5; R7.14
anything I16; N10.5; N21; N36.10; R7.15
anyway A56; C23.2,11; I16.5
anywhere I16.5; N21; R7.14
apart from B19
    apart from과 except B19
    apart from과 aside from B19.2
apologize A57
apparently D15.2
appear C28; I26.6; N9.9; N11.1; P21; S14.2; T8.8; V3.2
appear to P8.5
approach P32.5
approximately N39.17
archives N28.2
arguably D15.2
arise V8.5
arms N28.2
army N29.2
around와 **about** A6
arthritis N24.9

as A64; A65.8; C24.2; C26; D5.5; D8.1; F1.1; F11.5; I25.5; I33.6; L13.4; M5.4; P4.5; R3.1; R5.8; S1.5; S28.5; T12.4
    as interesting a hobby A14.7
    as와 because와 since와 for B11
    as와 like A66; M4.4
    as와 than과 that T7
    as와 though A67; F11.5
    as와 while A68
    as와 who/that A64.3; A65.8; S1.6
as/so ... as A65; A67.3; C15.1,3,4; C24.2; E11.6; P45.3
    not so ... as A65.2; C15.1
as a matter of fact C23.5
as a result C23.9
as far as ... is concerned C23.1; C24.2
as follows C23.6
as for A72
as from A72
as if A66.8; C24.2; P15.8; P17.6; P19.1
    as if와 as though A69; M4.4
    it'not as if A69.4
as it is/were A70
as/so long as A71; C24.2; I5.1
as much/many ... as A65.6-8; C15.1; C27.4; P45.3
as of A72
as soon as P17.7; T12.4
as such S31.13
as though C24.2; E11.5; P15.8; P17.6; P19.1
    as though와 as if A69; M4.4
as to A72; S31.8
as well A46; N22.2
    might as well A46.4
as well as A73; C27.4
ashamed G9.2
ashes N28.2
aside from

aside from과 except B19
aside from와 apart from B19.3
ask D14.4; P32
asleep과 **sleeping** A14.9
assemble A31.4
assets N28.2
assume N11.1; S14.2
assume/assuming (that) I5.1
at A74; A77.2; P29.3; P31.2-4
at과 in A77.1
at (시간) A76.1; P29.2; P31; P32.4
at와 on 과 in A76
at (장소) A75.1; P29.4; P31; T12.1
at과 in과 on A75
at all A78; D4.2
not at all A78.4; D4.2; D7.1
at all과 any A78.3
at any rate C23.11
at last A21.2
at least C20.2; C23.11
at/in the end P31.9
attempt G8.1
audience A32.5; N29.2
auspices N28.2
available A15.4
avenue S26.2
awake V8.5
away A20.4; A80
awful V10.2

➡ **B**

backward(s) W1
bad B1; C16.8; C17.3
feel bad B1.1
not bad B1.3
badly A18.4; B1.4; C16.8; M4.2
baggage N24.10
banns N28.2

barely C20.4; D4.2; I33.5; N10.2; S28.5
barracks N28.6
BC/B.C. D2.7
be A79.3; B2.2; E10.7; I26.6; L6.2; N9.4; P2.4; P4.1; Q4.2; V3.2
be와 do B2.4
be able to B3; C2.2
be able to와 can B3.3
be about to A22.2; A79.5; B4; F12.6; P8.5
be apt to P8.5
be bound to P8.5
be certain to P8.5
be going to A79.5; B5; F12.4
be gone B6
be liable to P8.5
be supposed to B7; N11.1
be sure to P8.5
be that as it may S29.5
be to A79.5; B8; F12.5; I24.5; R11.1
be/get accustomed to + (동)명사 G10.2; U6
be/get used to + (동명사) G10.2; U6
be willing to B9
because A20.1; A67.2; B10; B11; R3
because of A18.7; I13.1; R3.1
because of와 due to와 owing to B12
become B13; C21.1; C28; V3.2
become of B13.3
before A20.9; B14; C24.2; L13.4; P4.5; P32.4; T12.1,2,4
before ... ing A25.3; R10.9
before와 after A25
before와 ago A29.2; B14.12
before와 ever E20.5
before와 in front of B15
begin G8.1
begin to P8.5
behind와 ahead (of) B16
believe N9.9; N11.1; P2.1; S14.2; S14.6

belongings N28.2
below A18.3
    below와 above A8
    below와 under B17
beneath B17.7
beside와 **besides** B18
besides B19.1; C23.5; E15.1
    besides와 beside B18
    besides와 except B19
    besides와 in addition (to) B20
best C16.8
Best wishes G15
better C16.8
between A and B A18.3; T12.1
    in between B21.1-4
    between과 among과 amid B21.1
beyond B22
bid C9; I25.2
bill M23.3
billiards A32.2; N28.2
binoculars N28.1
blessed (with) P5.9
bloody A14.8; E16.3
bon voyage G14.3
bored (with) P5.5; W19.5
bored와 **boring** P5.2
both B23; I15; N21; N22.3; N35.2,3; O8.9; P26.6; Q1.1; R8.7
    both of-구 B23.2; P26.7
    both와 all B23.1; P26.3
    both와 each E2.2
    both와 not B23.7
both ... and A53.5; B23.8; C24.1; C29.2; N13.6
boulevard S26.3
bound to T8.8
bounds N28.2
bowels N28.2
brains N28.2

bread N24.12
breakfast A62.2; H5.3
brethren N27.4
bride와 **bridegroom** G1.2
briefly D15.1
but B24; C24.1; C26; C27; E9.3; I25.5; P45.4; T4.6
    none but N20.7
    nothing/anything but I25.5
    but과 동사 B24.5
    but과 except B19
but for B25; I4.6; R5.8
but (that) C24.2
but then B25
by A18.5; B26; M4.5-7,9; P31.5,6; T12.1
    by와 during D20.3
    by와 near와 close to B26.2
    by all/any/no means D4.2; M14.3; S28.5
    by means of A18.5; M4.8
    by and large C23.8
    by contrast C23.2,10; C26
    by far C20.4
    by oneself R5.10
    by the time (that) B26.5
    by the way C23.2,12
bye(-bye) G15

➡ C

can A79.4; B3.2; C1-C5; M18; M19.3; M20.1,6; M21.1; M30.3; P21; P40.8; S3.1
    can have C3.7,8
    can과 be able to B3.3
    can과 may C3.1,2
can't M19.1
cannot M20.2; M30.2
cannot but + 동사 C6
can't help + (동)명사 C6
can't help but + 동사 C6; I25.5
cancer N24.9

care C7
　　care (about) C7.3
　　care for C7.4
　　take care C7.2; G15.1
　　take care of C7.1
catch P5.3
cattle A32.3; N29.1
certain G8.7; G9.2; I26.2; T8.8
certainly D15.3; E16.3; Q4.5; S28.6,7
　　certainly와 sure(ly) C10
chance N24.11
change M23.4; N24.11
　　change와 money M23.4
checkers N28.2
chess N24.12
choir N29.2
church P31
class A32.6; N29.2
classic과 classical I1.4
clean A22.1; C17.5
clear A22.1; C17.5
clearly A22.1; S28.6,7
clergy A32.3; N29.1
close와 open O11.1
closed와 open O11.2
close to와 by와 near B26.2
　　close to와 near (to) C13
clothes N28.2
clothing N24.10
club A32.5; N29.2
clubs N28.2
cold N24.9
college P31
color P32.6
come과 go C14
come T8.7
come to P8.5

comic과 comical I1.5
committee A32.5; N29.2
communications N28.2
completely A35.4; D4.1; D7.1; D8.5; Q8.1; S28.5
concerned (with) P5.5
concerning A7.2
confused (with) P5.5
congratulations C22; N28.2
consequently A19.2; C23.9
consider G8.1
considerably D4.1
considering (that) T5.2
constantly P40.12
contents N28.2
continually P40.12
continue G8.1
conversely C23.10
costly A22.1; C17.2
could A79.4; C1-C5; M18; M19.1,3; M21.1; P19.3; P40.8
　　could have C2.5; C3.6,7,8; M21.3
　　could와 might C30
credentials N28.2
crossroads N28.6
customs N28.2

➡ D

daily A22.1; F8.4
damages N28.2
dare A79.4; D1; I18.8; M18
darts A32.2; N28.2
dead A22.2
　　dead와 die D3
deadly A22.1; C17.2
dear A22.1; C17.5; L9.1,2
dearly A22.1

deep와 shallow M15
deeply A22.1; S28.5
deer N29.4
definitely D15.2; S28.6,7
deliberately S28.3
delighted (with) P5.5; W19.5
departed P5.4
depend P32; P40.10
depending on A10.2
depth M15.1
deserve G7.3
desirable S29.1
despite C26; I13.2
    despite와 in spite of I13
developed P5.4
diabetes N24.9; N28.3
diamonds N28.2
diarrhea N24.9
die C28.5
    die와 dead D3
difference N24.11
different A31.4; D12
    different from/to D12.1,2
    different than D12.2
difficult I26.2
difficulty N24.11
dime M23.3
dinner A62.2; H5.3
directly D8.5
disappointed (at/with/about) P5.5; W19.5
dishes N28.2
divided N29.5
divorce와 marry M6
    be divorced M6.2
    get divorced M6.1
do A79.3; D16; D17; D18; D19.1; I8.2; O12.3; Q2.1; S30.9
    do ... ing D18.4
    do it D16; D19.2,4,5; S30.10,11
    do so D16; D19.2,3,5; S14.1; S30.10,11
    do that D19.2,6; S30.10,11
    do this D19.6
    do와 be B2.4
dollar와 won M23; N31.4
double M27.1; N35.4; P26; P27
    double of-구 M27.2
down A20.9
downstairs A18.3; A20.2; A20.8
downward(s) W1
dozen N39.6; Q1.2
draughts N28.2
dregs N28.2
drunken A14.8; P5.4,7
due to B12; R3.1
during과 by D20.3
    during과 for D20.1
    during과 in D20.2

➡ E

each A32.6; A33.3; A76.6; D11.2; E1; F8.1; I15; N35.5; P44.6; Q1.1; R8.7; T12.3
    each of E1.2,6
    each ... the other E3.2
    each와 both E2.2
    each와 every E2.1,3,4,5
each other E3; O8.4
    each other와 oneself R5.10
eager G9.2
early A22.1; C17.2,3; E4
    earlier A20.9
earnings N28.2
earthen A14.8
easily C20.2,4
eastern A14.8
easy C17.3
economic과 economical I1.6

-ed형 형용사 A16.4; P9.3
  발음 A16.4
economically S28.1,7
e.g. C23.7
either A34.1; A46; D11.2; E5; E10.3; I15; N21;
  O8.6; P44.6; Q1.1; R8.7
  not either N13.8
  either of A34.4
  either와 any A55.8
  either와 neither A46.9
either ... or A33.7; C24.1; C29.1; E6; O14.9
elder E7
  elder와 eldest A14.8; C16.8; E7.2
  elder와 older E7.1
electric과 electrical I1.7
else A20.5; C23.9; E15; I16.3
  else than/but E15.3
  or else E15.4
-ed형 분사 P2.3
embarrassed (at/about) P5.5
-e(r)n형 형용사 A14.8; P5.7
Englishman과 Englishwoman G1.2
enough D4.1; D5.2; D8.4; D11.2; E17; F1.1;
  L13.4; Q1.1
  형용사/부사 + enough a A14.7; C15.9
  형용사/부사 + enough + (명사구) +
  to-부정사 C15.9; E17.4
  enough of C15.9; E17.3
enter T8.7
entirely C20.4; D4.1; D7.1; S28.5
entrails N28.2
equipment N24.10,12
escaped P5.4
especially S28.4
essential S29
etc (= et cetra) A33.2
eternally P40.12
even A22.2; D12.3; E16.3; E18; S28.4

even now E18.3
even then E18.3
even so C23.10; C26; E18.3
even if/though C24.2; C26.1; E19; I3.6
ever A18.2; C19.7; E20; F8.3; N21; W13
  as/for ever E20.3
  ever after/since E20.3
  ever so/such E20.7
  ever와 before E20.5
every A32.6; A33.3; A34.10; A61.5; A76.6;
  D11.5; E21; F8.1,2; N35.5; O7.2; P32.4;
  Q1.3; R7.15; R8.2; T12.3
  every day E22.4
  every now and then E21.6
  every other E21.5
  every single E21.5
  every와 all A36
  every와 each E2.1,4,5
every one과 everyone I16.1
  every one of E2.3
everybody/everyone E22.1,2; I16; N36.10;
  Q7.8; S30.5
  everyone과 all과 everything A37
  everyone과 every one I16.1
everyday E22.4
everything I16; N36.10; R7.15
  everything과 all과 everyone A37
everywhere/everyplace E22.3; I16.5; R7.14
evidence N24.12
exactly D8.5; J1.3
example C23.7
  for example C23.7
  for instance C23.7
except (for) C21.2; E23.1-3; I25.5; P45.5; R5.8;
  T4.6
  except + 동사 E23.4
  nothing/anything except (for) I25.5
  except와 besides B19
  except와 but B19.1
excited와 exciting P5.2

excuse me A57.1
exist T8.7
expect N9.9; N11.1
extremely D4.1; S28.5

➡ F
facing I12
    facing과 in front of와 opposite I12
faded P5.4
fail to P8.5
fair C17.5
fairly D4.1; Q8.2
fall C28.5
fallen P5.4
family A32.5; N29.2; S30.6
fantastic V10.2
far A22.2; C16.8; D8.3; D12.3; F1; S28.5; T14.6; T15.1
farther C16.8; F1.1,5
farthest C16.8; F1.1,5
fascinating V10.2
favorite A14.2
fast A18.4; A22.1; C17.3,4; M4.2
    fast와 slow M15
favorite A14.2; M26.5
fear S14.2
feel B3.2; C2.6; C21.1; C28; F2; G8.1; I25.2; N11.1; P21; P22; P37.7; P40.8; P40.10; Q4.2; V3.2
    feel like F2.6
    feel sick I7.3
few A4.2,5,7; C16.8; D8.1; I15; A54.2; N36.5; Q1.1; R7.15
    few of A4.3
    few와 little A4.2; N10.3
    few와 not many A4.4,6
fewer C16.8; C20.1; I15; L5; Q1.1; R8.7
    fewer of L5.5

fewer와 less L5
fewest C16.8; I15; L4; Q1.1; R8.7
    fewest와 least L4
figure N11.1
finally C23.4
find P5.3
fine C17.5
    fine과 well W4.2
fireworks N28.2
firm A32.6; N29.2
first A22.1; C23.4; F4.2; N36.1
    at first F4.1
    first of all C23.4
    for the first time F4.2
    in the first place F4.2
floating과 afloat A14.9
flu N24.9
follow T8.7
following A10.3; N36.1
food N24.12
foot A62.4; B26.8; N29.4
    on foot M4.6
for B11.3; C27.4; F5; P32.4; R3.1
    for ever A18.2
    for와 as와 because와 since B11
    for와 during D20.1
for a long time A18.2
for all (that) T5.2
for ever P40.12
for example C23.7
for instance C23.7
for one/another thing C23.4
for one's sake/for the sake of someone A18.7; G2.4
forget C2.7; G8.3
fortunate I26.2
fortunately A20.1
forward(s) A18.3; A21.2; W1

fowl N29.4
frankly A19.2; E16.3; S28.6
free C17.5
frightened와 afraid A14.9
frightened와 frightening P5.2; V1.8
from F9; F10.2; P29.6; T12.1
    from ... through D20.6
    from ... to A18.3; D20.5; P29.4
    from과 since F10
full C17.5
fully C20.4; S28.5
funds N28.2
furious with W19.5
furniture N24.10,12
further C16.8; F1.1,5
furthest C16.8; F1.1,5
furthermore C23.5

⇒ G

gallows N28.6
gather S14.2
generally C23.8; F8.3
get C9; C28; G11; V3.2
get 수동문 P7.3
get around to ... ing G10.2
get/be accustomed to ... ing G10.2
get/be used to ... ing G10.2
get to P8.5
give V7.1
    give + 행위명사 G12; V7.1
given (that) T5.2
glasses N28.1
go C28.4; T8.7
    go와 come C14
    go ... ing G13.1
    go for a(n) G13.2; V7.2
    go on G8.6
golden A14.8

gone B6
gonna B5.4
good W4.3
    good과 well W4.1
Good morning/afternoon/evening G16.3; V9.1
goods N28.2
goodbye G15
gotta H8.9
gotten H8.10; V8.6
Grace N1.2
    His/Your Grace N1.2
granted/granting (that) T5.2
grassroots N28.2
greatly D4.1
greens N28.2
groceries N28.2
ground floor N39.13
group N29.2
grouse N29.4
grow C21.1; C28.4
grown P5.4
guess N9.9; S14.2
gums N28.2

⇒ H

had I33.8
had best H1.5; I25.5
had better A79.5; H1; I18.8; I25.5; M18; M20.4; S8.1,2
had got H6.2
half C20.2; D7.1; F7.1; H2; N35.2,3,6; N39.10; P26.5; P28; Q1.1
    a half N35.6; N39.10
    half a(n) N35.6
    half of A33.6; A34.1,3,5; H2.2-4; N35.6; P26.7
    one and a half A34.5; H2.7; N39.10

handcuffs N28.1
happen I26.6; Q4.4
happen to P8.5; Q4.4; T8.8
hard A22.1; C17.3,4
hardly A18.2; A22.1; C20.2; C20.4; D4.2; H3; I33.5; N10.2; Q7.7; S28.5
    hardly ... when/before H3.2,3
hate G8.2
have (조동사) A79.3; E10.7; H4.2; N9.5; P2.4
have C9; H4.3,4; H5; H6; H7; I25.2; P2.1; P5.3; P40.10; Q7.9; V3.3
    have + 행위명사 V7.3
    have와 have (got) H6.1,3,4; N9.5
have (got) to A79.5; H8; M19.1; M20.1,3; M28; M29.3; M30.1
    not have (got) to M29.2; M30.5
he G1.6; P41
headache N24.9
headquarters N28.6
heads N28.2
hear B3.2; C2.6; G8.1; H9; I25.2; P21; P22; P40.8; S14.6
    hear of/from H9.9
    hear와 listen to H9
heart attack N24.9
hearts N28.2
heavens N28.2
heavy와 light M15
height M15.1; P32.6
    be the same height as S1.4
heir와 heiress G1.2
help H10; I25.2
    help yourself (to) H10.3
here A20.8; E24.5; H11; I34.5; P36.6; S30.14
hero와 heroine G1.2
high C17.3,4
    high와 low M15
highly D4.1; S28.5

hi G16.2; V9.1
Highness N1.2
    His/Your (Royal) Highness N1.2
historic과 historical I1.8
holiday(s) H12
Holiness N1.2
    His/Your Holiness N1.2
home A18.3; A20.8; H13.1,3; P32.6
    home과 house H13
homeward(s) W1.2
honors N28.2
honestly D15.1; E16.3; S28.6
hope N9.9; S14.2; S14.6
    I hope so/not S14.3; S30.12
horrible V10.2
horrific V10.2
horse N29.4
host와 hostess G1.2
hourly F8.4
house와 home H13
how (의문사) D5.5; D8.1; E11.1; H14.1,4; M4.5; Q4; R10.7; S1.4
    how about H14.4; R11.4; V9.1
    how come Q5.1
    how ever W13
    how good a pianist A14.7
how (관계부사) C24.2; H14.3; R7.2,10-12; R9.3
    how와 the way H14.3
how (감탄사) E24.2; H14.2; S6.4; V9.1
How are you doing? G16.1
How do you do? D18.5; G16.2
however (접속어) A20.7; C23.2; C26
however (접속사) W15
how much D7.2
however A19.2; C23.1,10; H15
humanities N28.2
hundred N39.1,6; Q1.2
hurt P37.7; P40.10

➡ I

I'm afraid so/not A24.4; S14.3; Q3.2; S14.3; S30.12
I'm sorry A57.1
I beg your pardon A57.1
I hope so/not S14.3; S30.12
I mean C23.13
I don't suppose so S14.3
I (don't) think so S14.2,3
I wish R11.2
I wonder if ... R11.4
idea N24.11; P32
if C24.2; E11.5,6; I2-I5; P4.5; P15.8; P17.6; P19.1; Q4.6
    if any/at all/not impossible I4.8
    if anything I4.9
    if ever I4.10
    if in doubt V9.2
    if not I3.3; I4.11,12; S30.12
    if ... or not W10.6
    if so I4.12; S30.12
    if와 in case I10.5
    if와 when W9
    if와 whether W10
if ... had not been for I4.6
if ... happen I4.3
if ... not과 unless U1.1
if ... should I4.2
if I were you S29.3
if it was/were not for I14.5
if ...was/were to I4.4
if ... were A23; I4.1; S29.3
if ... will I14.13
if only I6; O10.6; P15.8; P19.1
ill A22.2
    ill과 sick I7
imagine I5.1; N9.9; N11.1; S14.2
immediately A18.2; C20.1; S21.3

immediately (that) C24.2; T12.4
immensely D4.1; D12.3
important I26.2
in I9; C21.2; I9; P29.3; P31.2,4; T4.6
in (시간) A70.3; A76.3; P29.2; P32.4
    in과 after와 afterwards A26
    in과 at와 on A76
    in과 during A20.2
    in과 later L2.3
in (장소) A75.3; P29.4; T12.1
    in과 at와 on A75
in a word D15.1
in addition (to) C23.5; E15.1
    in addition (to)와 besides B20
in addition to ... ing G10.2
in case I10; L6.1
    in case와 if I10.5
    (just) in case I10.6
in case of I11
in conclusion C23.9
in fact C23.5
in front of B15; I12
    in front of와 before B15
    in front of와 facing과 opposite I12
in general C23.8
in no way S28.5
in order for ... to P56.2; S17.3
in order that-절 C24.2; M12.1; P56.2; S17; T5.2
in other words C23.6,9,10
in particular C23.7
in short D15.1
in spite of C26; I13.1
    in spite of와 despite I13
in sum C23.8
in summary C23.8
(in) that way S30.14
in the first place C23.4
in/at the end P31.9

in/on time P31.10; T11.6
incidentally C23.12
indebted (to) P5.9
indeed C23.5; D5.3; E16.3; I14; S28.6
    indeed와 very I14.1
indoors A18.3
-ing형
    -ing형 동명사 G5-G10
    -ing형 분사 P2.2
    -ing형 수동의미 G7.3; G8.5
    -ing형 전치사 P20.2
    -ing형 형용사 A16.7
information N24.12
innings N28.6
insist S8.8; S29.1
instead (of) C23.10; I30
intend G8.1
intentionally D15.3; S28.3
intestines N28.2
interested (in) G8.7; P5.5
    interested to-부정사 G8.7
    interested와 interesting P5.2
into I31; P29.4
irritated (about/at/with) P5.5; W19.5
it P43; S30.13,14
    it ... for to-절 P43.9
    it ... ing E25.3; G6.5; P43.9
    it ... that-절 E25.1; P43.9
    it ... wh-절 P43.9
    it ... as if/as though P43.9
    it is any/no good G6.5
    it is any/no use G6.5
it's time I36; P15.8
itch P40.10

➡ **J**
jeans N28.1
jewellery N24.10
jury A32.5; N29.2; P44.5

just A18.2; A22.2; E16.3; J1; P38.4; S28.4,6

➡ **K**
keep C21.1; C28.4; P5.3
kennels N28.6
kind of A20.6; C23.13; D7.1; K1; P6
kinda K1.6
kindly S28.1
know G8.1; K2; P2.1
    know about/of K2.1
    know how to K2.3
    you know K2.7
    you know what? K2.8

➡ **L**
largely D4.1; S28.4; S28.5
last A76.6; L1.1; N36.1; P32.4; T12.3
    last와 the last L1.2; T12.4
    last와 latest L1.3
late A18.2; A22.1; C17.3,4; L2.1
    late와 later와 latest L2
lately A18.2; A22.1; L2.4; P38.4; R4
later L2.2
    later와 in L2.3
latest L2.4
latter A26
lay (laying, laid, laid) L3.1
leaden A14.8
learn K2.6
least C16.8; I15; L4; Q1.1; R8.7
    at the (very) least L4.6
    least of all L4.8
    not (in) the least L4.7
    not least L4.9
    the least (of) L4.1,2
    least와 fewest L4
leave C28.5; P5.3
left N29.2

leftovers N28.2; R12.2
legally S28.1
length M15.1
less C16.8; C20.1; I15; L5; Q1.1; R8.7
    less ... than C15.2; L5.3
    less of a(n) C15.4,9; D6.4; L6.5
    no less (... than) L6.4
lesser L6.9
lest L6
let C9; I21.3; I25.2; L7
    let alone L7.4
    let와 allow와 permit A41
let me see C23.13
let me think C23.13
let's I8.7; L8; M24.2; Q7.5; R11.3
let's assume/suppose (that) I5.1
let's see C23.13
letters N28.2
lie (lying, lay, lain) C28.5; L3.2; P5.3
lie (lying, lied, lied) L3.3
life L10
lightning N24.12
like A69.5; C24.2; I25.5; R5.8
    like someone A18.4
    nothing like C20.2
    what ... like A66.14
    like와 as A66; M4.4
like (동사) G8.2; L11
    would like L11.2
likely A22.1; I26.5; L12; N11.2; T8.8
    likely와 probable L12
(un)likely to P8.5
links N28.6
listen (to) H9; I25.2; P21
    listen (to)와 hear H9
little A4.5; A4.7; D4.1; D8.1; I15; I33.5; N36.5; Q1.1; Q7.7; R7.15; S28.5
    little of A4.3
    little과 a little D6.3
    little과 few A4.2; N10.3
    little과 not much A4.4,6
    little과 small S10
live T8.7
lively A22.1
livestock N29.1
lodgings N28.2
l'oeuf N39.7
lone A43.3
lonely A22.1; C17.2
    lonely와 lonesome A43.1
lonely와 alone A14.9
lonesome
    lonesome과 lonely A43.1
long C17.3,4; L13
    (for) a long time L13.1
    for long L13.2
    (for) longer L13.3
    long ago A18.2; R4.3
    long과 short M15
look C21.1; C28; L14; N11.1; P21; Q4.2; V3.2
    look as if/though L14.4
look at I25.2; P32
    look at과 see와 watch S4
look forward to ... ing G10.2
looks N28.2
lots A5.6; C20.1; D12.3; Q1.2; T14.6
    lots of A5.2; N36.5; Q1.2
loud C17.3,4
love G8.2
low C17.3,4
luck N24.12
    good luck G14
lucky I26.2
luggage N24.10,12
lunch A62.2; H5.3

➡ M

Madam/ma'am N2.3
machinery N24.10
magic과 **magical** I1.9
mains N28.2
Majesty N1.2
    His/Your Majesty N1.2
majority
    a/the majority (of) A5.4; A34.3; Q1.2
    in the majority A5.6
make C9; C28; I25.3; M1
    make + 행위명사 M1.5; V3.4
    make와 전치사/부사 M2
mackerel N29.4
man G1.3; M3
mankind G1.3
many A5.5; C16.8; C20.1; D8.1; D11.2; I15; M5; N36.5; Q1.1; R8.7
    a great/good many M5.11
    many a M5.10; P28.4
    many more C20.1; M5.9
    many of A34.3; M5.2
    not many A4.4,6
    many와 much M5
marry M6
    be married M6.2
    get married M6.1
    marry와 divorce 와 전치사 M6.4
mass Q1.2
matter M7
    it doesn't matter M7.8
    as a matter of fact M7.1
    no matter how H15.1
    no matter what M7.3
    what's the matter M7.2
may A79.4; I33.2; M8-M12; M18; M19.3; M20.2,6
    may as well M11.2
    may have C23.8; M9.8; M19.4; S8.3
    may well M9.7
    may와 can M9.5,6
    may와 might M8-M12
maybe S28.7
me N13.8; P42.4
mean I24.5; M13
    see what I mean M13.7
    what do you mean? M13.5
means N28.6
    by all means M14.3
    by means of A18.5
    by no means M14.3
measles A32.2; N24.9; N28.3
meet A31.4
merely S28.4
mews N28.6
might A79.4; M8-M12; M18; M19.3; P19.3
    might as well M11.2
    might have C3.8; M9.9; M19.4; M21.3
    might well M9.8
    might와 could C30
    might와 may M8-M12
million N39.1; Q1.2
mind M16
    if you don't mind M16.8,9
    never mind M16.3
    not mind doing M16.4
    Would you mind M16.6
minus A33.5; L5.8; N29.5
miss M17
molten A14.8; P5.4,7
money M23; N24.12
    money와 change M23.4
monthly A18.2; F8.4
more C16.2,7,8; I15; M25; N36.7; Q1.1; R8.7; S28.5
    more than + 명사 A33.6; C15.7,8; C27.4
    more ... than C15.2,3,5; E11.6; P45.3
    more of C15.4,9; M25.3

the more ... the more C18.2
more or less C20.4
moreover C23.5
most C16.3,7,8; C19.6; D4.1; D5.4; D11.2; I15; M26; Q1.1; R8.7; S28.5
    make/get the most of/out of M26.7
    at (the) most M26.8
    the most M26.3-5
    most of A34.3; M26.2
    most of all M26.7
mostly S28.4
Mr., Mrs., Ms, Miss G1.3; N1.3
much C20.1; C20.4; D4.1; D5.5,6; D8.3; D11.2; D12.3; I15; M5; N36.5; Q1.1; R7.15; R8.7; S28.5; T14.6; T15.1
    how much of a(n) D6.4; D7.2
    much as M5.7
    much less M5.8
    much more C20.1
    much of M5.2
    much too M5.5
    not much A4.4,6
    not much of a(n) D6.4
    very much D4.1; D7.1; D12.3; M5.6; 14.6; V10.3
    very much of a(n) C15.9; D6.4
    much와 many M5
mumps A32.2; N28.3
munitions N28.2
must A79.4; I18.8; M19.1; M20.1,2; M28-M30
    must have M19.4; M20.1,2; M30.5
    must not M30.4; N7.6

➡ **N**

namely C23.6
naught N39.1
near (to) C17.3
    near (to)와 by와 close to B26.2
    near (to)와 close to C13
    near (to)와 nearby N5.3

nearby N5
nearly A6.3; A20.4; C20.2; C20.4; D4.2; E2.4; N5.4; N39.17; S28.5
    nearly와 almost A42
nearest와 next N6
need A79.4; G7.3; G8.5; I18.8; M18; M20.3; N7
    need ... ing G7.3; G85; N7.8
    need not M30.5; N7.6
    need not have M21.3; N7.4
need to N7.1,5; P8.5; S8.2
neither A34.1; A46; B23.7; D11.2; E10.3; I15; I33.3; N13; N22.3; O8.6; P44.6; Q1.1; R8.7
    neither of A34.4; N13.1,3; N20.3
    neither와 either A46.9
neither do N13.5
neither ... nor A33.8; A46.8; A53.5; C24.1; C29.3; E9.2; N13.6
never A18.2; F8.3; I33.4; I33.5; N10.1,2; N14; Q7.7
nevertheless C23.10; C26; H15.1
news N24.12
next A76.6; C23.4; N15; N36.1; P32.4; T12.3,4
    the next C20.4; N15.1,4-7; P32.4
    next와 nearest N6
nickel M23.3
nill N39.7
no B19.4; C20.1; D11.2,5; D12.3; N10.1; N16; P44.6; Q1.3; Q7.7; R7.15
    no + 명사 N16.4
    no와 not all A39.2
no doubt N17.1
no longer N18.3
no matter how/what H15.1; W15.1
no more N18.1,2
no one I16; N19; N20.2; N36.10; Q7.8; S30.5
    no one과 nobody N19
    no one과 none N20
no place I16.5; R7.14

no sooner ... than H3.2,3; I33.4; S21.3
no way I16.5; Y1.7
nobody B19.4; I16; N19; N36.10; Q7.7,8
    nobody와 no one N19
nohow I16.5
none I15; N20.4; Q1.2; R7.15; R8.7
    none but N20.7
    none of A34.1,4; N20.1,3; Q1.2
    none the + 비교급 C18.3; N20.8
    none too + 형용사/부사 N20.6
    none과 no one N20
nonetheless C23.10
nor A33.7; A46; C24.1; C27.4; E9.1; I33.3
    nor와 neither A46.8
nor do N13.7
northern A14.8
not E2.4; N16; S30.12
    not a/any N16.4; N20.5
not a bit A3.3; D4.2
not all
    not all과 no A39.2
not any
    not any doubt N17.1
    not any longer N18.3
    not any more N18.4
    not any와 no A55.4
    not any와 none A55.5
not at all A78.4; D4.1; M16.7
not ... but A33.9; C24.1; R2.7
not merely ... but A33.9
not ... nor E9.2; N13.6
not only ... but (also) A33.9; C24.1; C29.4; E9.2,3; N22
not/without so much as S16.7
not/without so much A as/but B S16.6
not until C12.8; I33.4
note M23.2
nothing B19.4; I16; N36.10; N39.7; Q7.8; R7.15
nothing like C20.2
notice C2.6; I25.2; P21; P22
nought N39.7
now A18.2; N38.1,2; T12.1
now (that) C24.2; E11.4; N38.3; T5.2; T12.4
nowadays N38.4
nowhere I16.5; R7.14

➡ O

oats N28.6
object to ... ing G10.2
observe C2.6; I25.2; P21; P22
obviously S28.6,7
of O3
of course O4
    of course not O4.4
offspring N29.4
often A18.2; F8.3; O5
    all/only too often O5.3
    as/so often as not O5.4
    every so often O5.5
old C16.8
    the old A17.1
old와 young M15
older와 oldest C16.8; E7
    older와 elder E7.1
on O6; P29.3
    on과 about A7.1
    on과 concerning A7.2
    on account of R3.1
    on earth A20.6; W13
    on foot M4.6; P31.5
    on one's own O19.5
    on the contrary C23.1,10; C26
    on the other hand C23.2,10; C26
    on the way W2.8
    on the whole C23.8
    on top of that C23.5
on (시간) A76.2; P29.2; P32.4

on/in time P31.10; T11.6
on (장소) A75.2; T12.1
once C24.2; F8.4; N21; N35.2,6; O7; P4.5; P27; T12.1; T12.4
    (all) at once O7.3,4
    for once O7.5
    once and for all O7.6
one A61.4; O8; O9; Q1.1; R8.7; S18.5; S30.7
    one of O8.3
    one ... another O8.20
    one ... the other O8.20
    one과 a(n) N39.13
    one과 you O9.2
one and a half A33.5
one another E3; O8.4
one by one O8.5
one day O7.1; O8.18
ones O8; R8.7; S30.7
only A22.2; I.27.5; I33.5; J1; O10; R7.15; S28.4; T14.6
only if P17.6; P19.1; U1.6
open과 close O11
    open과 closed O11.2
opposite I12; O13
    opposite와 across (from) O13.3
    opposite와 in front of와 facing I12
or A33.7; C27; E9.1; I8.3; I25.5; O14; Q4.9
    not ... or O14.5
or less O14.3
or rather R2.6
or so N39.17
orchestra N29.2; P44.5
other A54.2; N36.1,6; O8.20
    other와 another A54.2
    other와 different A54.3
otherwise C23.2; C23.9; O15
ought to A79.4; H1.6; I18.8; M18; M19.2; M20.4; O16; S8.1.2,3
    ought to have M19.4; M21.3; O16.5

out of O17; P29.4
outward(s) W1
over A9.7; A20.4; O18
    over와 above A9
    over와 across A11.1
    over와 over와 through A11
    over와 through(out) D20.4
overhear P21; P22
oversee P22
owing to B12; R3.1
own G3.20; O19; R5.10
    of one's own O19.2
    (all) on one's own O19.5

➡ **P**

pajamas/pyamas N28.1
pants N28.1
part P1
particularly S28.5
    in particular C23.7
particulars N28.2
peasantry N29.2
pence와 penny M23.2,3; N27.4
people A32.3; N29.1
    people과 person N27.5
per A61.5; F8.1; N35.5
perfectly S28.5
perhaps S28.7
permit G8.4
    permit와 allow와 let A41
perpetually P40.12
personally D15.1; D15.3; S28.1
physics A32.2
piles N28.3
place P32.6
plainly S28.6
please M16.7
pleased (about/with) P5.5; W19.5

plenty of A5.1,2,6; N36.5; Q1.1
plus A33.5; N29.5
poet and poetess G2
poetry N24.12
point N24.11
policeman/policewoman G1.2
politic and political I1.10
poor A17.1
 the poor A17.1
possible N11.2
poultry N29.1
pound M23.2
practically C20.4; D4.2; E2.4
prefer G8.2; P40.10
premises N28.2
present A15.4
press N29.1
 the press N29.1
presume N9.9; N11.1; S14.2
pretty A20.3; A22.2; D4.1
previously A29.3
primarily S28.4
principal A14.2; M26.5
prior to A29.4
probable N11.2
probably A20.1; S28.7
proceedings N28.2
proceeds N28.2
promise I26.13; V2.1; V4.3,5
proper A15.4
propose G8.6
 propose와 suggest S32
proud G9.2
prove C28
provided/providing (that) C24.2; I5.1; T5.2
public A32.5
 the public N29.1

publicity N24.12
puzzled (at/about) P5.5

➡ Q

qualified (for) P5.9
quantity Q1.2
 a/the quantity of Q1.2
quarter M23.3; N35.6; N39.10; P26; P28; Q1.2
quarters N28.2
quarterly A18.2; F8.4
question N24.11
quick C17.3
quickly A18.4; M4.2
quite A20.4; C20.1,4; D4.1; D6.6; D7.1; D8.2,3,4; D12.3; Q8; S28.5
 quite a(n) D6.2; P28.4; Q8.3,7
quite a bit/a few/a lot Q8.6
quote와 unquote D14.5

➡ R

rabies N28.3
rarely A18.2; D4.2; F8.3; I33.5; N10.2; R1
rather C20.1; D4.1; D8.1,2,3; D12.3; Q8.2; R2; S28.5; T15.1
 rather a(n) A3.1; D6.3; P28.4; R2.1
 rather than C24.2; C27.4; I25.5; R2.3,8
 or rather R2.6
re와 about A7.3
ready I26.8
really A20.3; D15.2; E16.3; S28.6; V10.2
reason N24.11; R3.2
recently A18.2; A20.8; L2.4; P38.4; R4; T12.1
reckon N9.9; N11.1; S14.2
recognize C2.7
recommend G8.4
refreshments N28.2
regarding A7.3

with regard to A7.3
regards N28.2
regret G8.3; S14.2
remain C28; I26.6; T8.7; V3.2
remains N28.2; R12.4
remember C2.7; G8.3; P40.8
require G7.3; G8.5
residue R12.3
resources N28.2
respective(ly) A53.5
retired P5.4
riches N28.2
rickets N28.3
right A20.3; C17.5; D8.5; E16.3; S28.6
road S26.4
roughly C20.2
rubbish N24.12

➡ **S**

(the) same S1
    be the same age as S1.4
    one and the same S1.11
    same difference S1.12
    (and the) same to you S1.8
    the same (...) as C15.1; S1.2,3
satisfied (with) P5.5; W19.5
save C21.2; T4.6
savings N28.2
say S2; S14.2; S14.6
scales N28.1
scarcely C20.2,4; D4.2; J1.3; N10.2; Q7.7; S28.5
school P31
scissors N28.1
score N39.5
scientifically S28.1
see B3.2; C2.6; G8.1; I25.2; P21; P40.8; P40.10; S3
    see if/whether S4.5

see와 look at와 watch S4
see above/below A8.4
see above/over A9.6
seem B9; C21.1; C28; I26.6; N9.9; N11.1; S5; S14.2; T8.8; V3.2
    it seems...that/as if/as though/like S5.5
    seem like S5.4
seldom A18.2; F8.3; I33.5; N10.2; R1
send P5.3
series N28.6
seriously D15.1
several A5.5; D11.2; N36.5; Q1.1
shall A79.4; I20.2; M18; M19.1; M20.5; S7
shall I/we ... R11.3
shan't S7.4
shape P32.6
shaven P5.7
she G1.6
sheep N29.4
shingles N28.3
shocked (by/at) P5.5
short C17.5
shortcomings N28.2
shorts N28.1
shout at/to A77.2,3
should A79.4; H1.6; H14.4; I4.2; I5.2; I10.3; L6.2; M18; M19.2; M20.4,5; M21.3; P19.3; S8; S17.2; S29.1; W16.3
    should have M19.4; S8.9
shrunken P5.4,7
sick과 ill I7
silken A14.8
similar A31.4
similarly C23.5
simply S28.6
since (시간) C24.2; D20.7; F10.1; P4.5; P29.6; P38.3; S9; T12.1; T12.4

ever since S9.8
it is ... since S9.7
since when ... ?S9.9
since와 for S9.1
since와 from F10
since (이유) B11; R3.1
Sir/sir N2.3
sit C28.5; P5.3; T8.7
size P32.6
sleeping과 asleep A14.9
slightly D4.1; D12.3; S28.5
slow C17.5
small과 little S10
smell B3.2; C2.6; C21.1; C28; P21; P40.8; P40.10; S11; V3.2
smell like/of S11.1
so A20.7; C23.9; C27.4; D4.1; D5.5,7; D8.1; E10.3; E16.3; E24.4; F1.1; I33.3; I33.7; M5.4; S12-S14; S15.2; S28.5; S30.14; S31
문장 + so S12.4
so + 형용사 + a(n) A14.7; C15.9; S12.3
so + 형용사 + as (to) S12.2
so와 so much S16.2
so am/do I S14.4
so-and-so S13.5
so as to P56.2
so ... as to S31.7
so be it S12.5
so far A18.2; P38.3
(and) so forth/on S12.5
so I am/do S14.5
so I understand S14.6
so long S12.5
so many/much that R13.3
so many S16.1,3
so much S12.1; S16.1,3,4
so-so S12.5
so (that) C24.2; E11.4; M12.1; R13.1; S17

so ... that C15.9; C24.2; L6.1; R13.2; S12.2; T5.2
so to speak A70.5
so what? S13.4
solely S28.4
some D11.2; N10.5; N21; N39.17; O8.9; P32.4; Q1.1; R7.15; R8.7; S18
some of A34.1,3
some과 영의 관사 A62.9
some과 의문문 S19.4
some과 any S18.3; S12
some/səm/과 some/sʌm/ S18.2,4,5
some day A18.2; O7.1
some time O7.1; S20.1
somebody/someone N10.5; N21; N36.10; Q3.7; Q7.8; R8.2; S30.5
someplace R7.14
something N10.5; N21; N36.10; R7.15
sometime A22.2; O7.1; S20.2; T12.1
sometimes A18.2; F8.3; N21; S20.3
somewhat C20.1; D4.1; D12.3; S28.5
somewhat of a(n) D6.4
somewhere A18.3; N21; R7.14
soon A18.2; C17.3; S21; T12.1
as soon as S21.1,3
sooner S21.2
no sooner ... than C24.2; I25.5; S21.3
sorry G8.7; G9.2
I'm sorry A57.1
sort of A20.6; C23.13; K1
sound B9; C21.1; C28; G8.1; N11.1; P21; S22; V3.2
sound like/as if/as though S22.2,3
southern A14.8
spades N28.2
spaghetti N24.12
speak와 talk S23
species N28.6

specifically C23.6
spectacles N28.1
spirits N28.2
spoils N28.2
stairs N28.2
stand C28.5; P5.3; T8.7
start G8.1
startled P5.5
stay C28.4
steelworks N28.6
steps N28.2
steward와 stewardess G1.2
still A22.2; C23.1; C26; N21
    still과 already와 yet A45
stop G8.6
straight A22.2; M4.1
strictly speaking D15.1
strongly D4.1; S28.5
street S26.1
stupid I26.2
such A20.4; D5.7; D6.5; E16.3; E24.4; I33.7; S31
    such a good movie S31.2,5-7,9
    such as A66.2; S31.12
    such ... as to S31.7
    such that S31.8; T5.2
    such ... that C15.9; C24.2; R13.4; S31.6; T5.2
such and such S31.14
suds N28.2
suggest S29
    May/Can I suggest S32.5
    suggest와 propose S32
sunken P5.4,7
supper A62.2; H5.3
supplies N28.2
suppose N9.9; N11.1; S14.2; S14.6
suppose/supposing (that) I5.1; P19.1; T5.2
sure C10.5; G8.7; P32.3; T8.8
surely A22.1; C17.5; D15.2; S28.6

surely와 certain(ly) C10
surprised (by/at) P5.5
    surprised와 surprising P5.2
surroundings N28.2
suspect N9.9
swollen P5.4
systems N28.2

➡ T
tableware N24.10
tails N28.2
take T1
    take + 행위명사 V7.5
    take ... for V6.8
talk와 speak S23
tell P32; S2; S14.2
taste B3.2; C2.6; C21.1; C28; P21; P40.8; P40.10; T2; V3.2
team N29.2; P44.5
technically S28.1,7
tell S14.6
tend I26.6; T8.8
tend to P8.5; P8.5
terrible V10.2
than C18.6; C24.2; I25.5; I33.6; L13.4; R5.8
    비교급 than C18.1
    than과 as와 that T7
thanks N28.2
that (접속사) D9; D11.1; E11.2,3,4; E24.7; I18.9; N35.1; O8.6; P32.4; T3.3; T12.3
    but/in/except/save that T4.6; T5.2
    it ... that C12.1,5
that (관계사) R7.2-4,7,10,13-17; R10.4,5; T3.3
    that ... of R7.16
    that과 than과 as T7
that (지시사/한정사) A32.6; A76.6; D9; N35.1; O8.6; P32.4; P38.7; S30.13,14; T3.1,2,4
    like that S30.14

that와 this D9.8-10
that와 those D9; D11.1; O8.6,7; S30.8
that (부사) A14.7; D9.9; T3.5
    that big a house A14.7
that is to say C23.6
the A59.2; A60; D11.1; N35.1
    the 최상급 C19.1
    the 최상급 + of/in C19.2,3
    the 형용사 A17
    the와 최상급 C19.5
    the와 약자 A2.4
    the와 단수 가산명사 A59.4
    the와 불가산명사 A59.5
    the와 복수명사 A59.5
    the와 고유명사 A63
the accused A17.5
the fact that P5.8; T4.1
the hell A20.6; W13
the majority A5
    in majority A5.6
    majority of A5.1,4; A34.3
the police A32.3; N29.1
the remainder R12.5
the rest R12.1
thee Y2
then A18.2; C23.9; S15.3; S30.14; T12.1
there A20.8; E24.5; H11; I34.5; P36.6; Q7.6; S30.14
    there is/are T8
there's no need/point/purpose/reason/sense/use T8.11
therefore C23.2; C23.9; S15.1
they G1.7; O9.7; P42.5
think G8.1; N9.9; N11.1; P40.10; S14.6; T9
    I think/thought (that) T9.11
    think about/of T9.5
    think about/of ... as T9.6
    to think T9.12
this (지시사/한정사) A32.6; A76.6; D9; D11.1; I18.9; N35.1; O8.6; P32.4; P38.7; T12.3,4
    this와 that D9.8-10
    this와 these D9; D11.1; O8.6,7
this (부사) A14.7; D9.9
    this + 형용사 + a(n) A14.7
thoroughly D4.1; M4.1; S28.5
those I18.9; O8.6,7; P3.3
thou Y2
though C23.2,10; C24.2; F11.5; P4.5
    even though A47.1
    though와 although A47
    though와 as A67; F11.5
thousand N39.1,5; Q1.2
thrice P27
through(out) (장소) A11; D20.4,6; P29.4; R3.1; T12.1
through (시간) T10
throw at/to A77.2,3
thunder N24.10
thy Y2
tidings N28.2
tight C17.5
tights N28.1
till C12.8; C24.2; D20.5; P4.5; P29.6; T1; T12.4
time T11
    in time과 on time P31.10; T11.6
times A33.5; M27; N29.5; N35.2,4,5; O7.2; P26; P27
tired (of) P5.5
    tired와 tiring P5.2
to (전치사) A77.3; T13
to (부정사) E10.4,6; P56.2
to be honest I28.1
to begin/start with C23.1; I28.1
to conclude I28.1
to cut a long story short D15.1; I28.1
to some extent D4.1; S28.5
to sum up C23.8

to tell the truth I28.1
today P32.4; T12.1; T12.5
tomorrow P32.4; T12.3; T12.5
tonight T12.1
too A46; D5.5; D8.1; E10.3; F1.1; L13.4; M5.4; N21; N22.2; T14.9
    not too T14.9
    too few/little/much/many D8.3
    too + 형용사/부사 + a(n) A14.7
    too와 to-부정사 C15.9; T14
too much와 too many D8.9; T14.10; T15
    too much of a(n) C15.9; T15.2
toothache N24.9
totally D4.1; S28.5
toward(s) W1.3
travel N24.11,12
tremendous V10.2
trillion N39.1
triple/treble N35.4; P26; P27
troops N28.2
tropics N28.2
troubled P5.5
trousers N28.1
trust S14.2
try G8.6
turn C21.1; C28; I26.6
turn out to P8.5
twice C20.1,2; F8.1; M27.1; N35.2,4,5; O7.2; P26; P27
    twice of-구 M27.3
type of K1; P6

➡ **U**

under P29.4
    under와 below B17
underneath B17.7
understand C2.7; G8.1; P40.8; S14.6

underwear N24.10
university P31
unless C24.2; P4.5; U1
    not unless U1.6
    unless와 if ... not U1.1
until/till C12.8; C24.2; D20.5; P4.5; P29.6; T12.1,4; U2
    not until C12.8; U2.7
    until recently/now/then U2.8
    up until U4.2
    until과 by U2.6
up과 down U3
    up until U4.2
    uptown과 downtown U3.5
up to D20.5; P38.3; T12.2; U4
    from ... to/up to U2.2
upset (at/about/with) P5.5; W19.5
upstairs A18.3
upwards A18.3; W1
us P42.3
used to + 동사 M18; M21.2; M21.2; U5
usually F8.3
utterly D4.1

➡ **V**

vacation H12
    vacation과 holiday H2.1
valuables N28.2
vanished P5.4
vermin A32.3; N29.1
very A20.3; A22.2; C19.6; D5.5; D8.1; D12.3; E16.3; Q8.2; S28.5; S31.11; V10
    the very C20.4; V10.4
    this very V10.4
VIP N1.2
virtually C20.4; D4.1; S28.5

➡ W

wages N28.2
waiter와 **waitress** G1.2
want G7.6; G8.5; I26.15; P2.1; W18
    want와 advise I26.16
was/were + 동사 -ing P20.5
was/were going to P20.5
was/were to B8.7; P20.5
watch I25.2; P21; P22
waters N28.2
waterwings N28.6
way S28.6; W2
    a long way W2.2
    by the way W2.9
    in no way S28.5
    in/on the way W2.8
    (in) that way S30.14
    no way I16.5
    way (부사) S28.6; W2.7
we O9.6; P4.7; P42.5; W3
    editorial we W3
    organizational we W3
    parental we W3
    royal we W3
    we와 you P42.1
weather N24.11
weekly A18.2; F8.4
weigh P40.10
weight P32.6
    be the same weight as S1.4
welcome A78.4; C10.6; G16.4
well A18.4; A20.3; A22.2; C23.13; M4.1; W4.4,5
    well과 fine W4.2
    well과 good W4.1
were A68.2; I33.8; S29.3; W5
western A14.8
what (의문사) A34.9; C24.2; E11.1; Q4; S1.4; W6.1-6
    so what W6.6

what about R11.3; V9.1; W6.6
what do you mean M13.5
what ever W13
what if W6.6
what for W6.2
what ... for P34.1; P56.1; Q5.1
what ... like P34.1
what time A76.6
what ... with M4.5
what (관계대명사) C12.3,6-8; C24.2; I25.5; R7.2; R9.1; W6.7-9
    what is more C23.5
what (감탄사) E24.3; W6.10
    what a P28.4; S6.4; V9.1
what (한정사) D11
whatever C24.2; R9.3; W15
    or whatever W15.10
    what ever W13
when (의문사) E11.1; P4.5; P17.7; Q4; Q5.1; W7.1
    when ever W13
when (접속사) C24.2; E11.5; P4.5; T12.4; W7.2; W7.4-7
    when과 if W7.4; W8
    when과 while W7.5
when (관계부사) C12.3,8; C24.2; E11.2; H14.3; R7.2,9; R8.4; R9.3; T11.5; W7.3
when (대명사) W7.8
whenever C24.2; P4.5; R9.3; T12.4; W15
    or whenever W15.10
    when ever W13
where (의문사) C12.3; C24.2; E11.1; P4.5; Q4; R10.7
    where ever W13
where (장소 접속사) C24.2; P4.5
where (관계부사) H14.3; R7.2,9; R8.4; R9.3
wherever P4.5; R9.3
whereas C24.2; C26; W12.2
wherever C24.2; P4.5; W15

whether C24.2; P4.5; Q4.6
    whether ... or E11.5; W10.7
    whether or not W10.6
    whether와 if W10
which (의문사) C24.2; E11.2; P44.5; Q4; W11.1-3
    which ever W13
    which of W11.2
which (관계대명사) R7.2-6,16,17; R10.2; W11.4
    of which R7.16; R8.1,4-6; R8.7,8; R10.6
which (한정사) D11.2; W11.3
whichever C24.2; W15
    or whichever W15.10
while C24.2,5; C26.2; E11.5; P4.5; T12.4; W12
    while과 as A68
while (명사) W12.5
    a while ago R4.3
    for/in a while W12.5
whilst W12.4
who (의문사) A34.9; C24.2; E11.1,2,8; P44.5; Q4; Q5.1; W14.1
    who ever W13
who (관계대명사) C12.1,4,5; R7.2-6,15-17; R8.3; R9.4; R10.2,4,6; W14.2
whom (의문사) P45.7; W14.1
whom (관계대명사) R7.2,4,6,16; W14.2
    of who(m) R7.16; R8.7,8
whoever C24.2; R9.3; W15
whole
    the/a whole Q1.1
    the whole of A40.7,8
    whole과 all A40
wholly D4.1; S28.5
whose (의문사) A34.9; D11; G3.12; Q4
whose (관계사) C24.2; R7.2,8; R8.4; W14.2
why (의문사) E11.2; Q4; Q5.1
    why ever W13
    why not A23; I25.5; W16
    why don't you ... R11.3

why (이유 접속사) C24.2
why (관계부사) H14.3; C12.3; C24.2; R7.2,9,11,12; R8.4
wide C17.5
    wide와 narrow M15
widow와 widower G1.2
wildfowl N29.1
will A79.4; F12.3; I2.2; M18; M19.1; M20.1,5; M21.2; W17
willing I26.8
wish I24.5; P2.1; P15.8; P17.6; P19.1; W18
    I wish you a Happy New Year. W18.3
    I wish that W18.4
    wish와 hope W18.5
    wish와 시제 W18.6,7
with M4.5,8,9; P4.6; W19
    what with P4.6
    with courage A18.4
    with great pride S28.3
with regard to A7.3
within W20
    from within W20.5
without B26.10; W20
    without exception E2.4
    without ... ing R10.9
wits N28.2
won M23
wooden A14.8
woolen A14.8
work N24.12
worried about/by P5.5
worse와 worst B1; T4.1
worth W21.1-4
    worth ... ing W21.2
    worth one's while W21.4
worthwhile W21.5
worthy W21.6,7
would A79.4; I2.3; M18; M19.1; M21.2; P19.3;

P20.5; S8.1; S8.5,6; W22
would have I2.4
would like/love/hate/prefer to E10.5; W18.2
would sooner/rather I25.5; P15.8; P19.1; R2.4,5
would you mind R11.4; W22.8
would that W22.15
would와 used to W22.6
writings N28.2
wrong C17.5

➡ **Y**

ye Y2
yeah와 nope Y1.8
yearly A18.2; F8.4
yell at/to A77.2,3
yes A30.1; C10.4; E10.1; Q3.2; Y1
yes와 no Y1
yesterday P32.4; T12.1,3

yet A18.2; C19.7; C23.10; C24.1; C27.4; N21; Q3.7
as yet A45.3
not yet A45.3
yet와 already와 still A45
you O9; P4.7; P42.4,5; Y2
you and I/me P44; P45.6
you'd better (not) ... R11.3
you know C23.13; K2.7; P43.9
you know what? K2.8
you're welcome C10.6
you should/ought to ... R11.4
you와 one O9.1,2
you와 we P42.1,2
young A17.1
Yours truly/sincerely, G15.4; L9

➡ **Z**

zip N39.7

주 제

➡ ㄱ

가정법 I4.1; M24.3; S29
감탄문 E24
강세, 운율, 억양 S27
강조 E16
격 C8
결과 R13
계산 A33.5; N39.15,16
공손함 P25
과거시간 P20
관계절 R7-R10
　명사적 관계절 R9
　비제한적 관계절 R8
　부정사 관계절 R10
　전이된 관계절 R10.4

관사 A59-A63
　부정관사 A1; A59.1; A61
　영의 관사 A62
　영의 관사와 any/some A62.9
　정관사 A59.2; A60
　정관사와 고유명사 A63
구두법 P46-P55
국적과 국가 A34.6; N4
근사치 A6.3; N39.17
기간 D20

➡ ㄴ

나이 A28
날짜 D2; N39.13
능동형 동사 A12

➡ ㄷ

대명사 P41-P45
  관계대명사 R7.1-8
  의문대명사 Q4.1
  재생 대명사 F11.2; R6.2; R10.7,8
  주어형과 목적어형 P42
대조 C26
대치 S30
도치 I32-I34
  동사구 도치 I34
  조동사 도치 I33
동격 A58
동명사 G5-G10
동사 V1-V8
  경동사 V7
  과정동사 V2.1
  관계/상태동사 V2.2
  구동사 P23
  단순타동사 V4
  동적동사 V2
  복합타동사 V6
  불규칙동사 V8
  사건동사 V2.1
  연결동사 C28
  이중타동사 P12; V5
  인지동사 V2.2
  전치사적 구동사 P23.5
  전치사적 동사 P11; P35
  정적동사 V2
  정형/비정형동사 V1.1; F3
  지각동사 I25.2; P21; P22; V2.2
동의 A30

➡ ㅁ

명령문 I8; M24.2; R11.1
  let's 명령문 I8.7
명사 N23-N31
  가산명사와 불가산명사 A36.3; A59.4,5; N24
  고유명사 A40.8
  구상명사 A40.4; N25
  규칙명사 N26
  단수형명사 N29
  복수형명사 N28
  복합명사 N30
  불규칙명사 N27
  집합명사 A32.5,6; P44.5
  추상명사 A40.5; N24.11; N25
명사구 N34-N37
  사실적 명사구 G5.3
  파생명사구 D10
  행위명사구 G5.3
명사-명사 구조 N32
목적 P56
목적어 O1
  간접목적어 I17; O1.3
  복합타동사 목적어 P14
  부정사절 목적어 P7.1
  전치사의 목적어 O1.2
  절 목적어 O1.4; P13
  직접목적어 D13; O1.1
목적어 보충어 O2
문장 S6
  문장의 기능 S6.4
  문장의 유형 S6.3
미국영어와 영국영어 A49-A52
  문법 A49
  발음 A52
  어휘 A50
  철자 A51
미래 F12

➡ ㅂ

배수 M27
법 M24
  가정법 M24.3
  명령법 M24.2
  직설법 M24.1
보강 R6
보어 C21.1
  목적어보어 A15.2

주어보어 A15.1; I26.6
보충어 C21.2
부가어 A18; A21.1
    공간 부가어 A18.3
    방식 부가어 A18.6
    수단, 도구, 행위자 부가어 A18.5
    시간 부가어 A18.2
    양태 부가어 A18.4
    이유 부가어 A18.7
부사 A18-A21; C23; D15; S28
    관계부사 R7.9-13
    부사와 형용사 A22
    부사의 위치 A21.2
    부정부사 I33.5; N10,2
    의문부사 Q4.2
부사구 A18-21; C23; D15
부분사 구조 P6
부연어 A21.1; D15
부정 A39; N8-N12
    전이된 부정 N11
부정대명사
    단순부정대명사 A34.1; I15; R8.7
    복합부정대명사 A15.1; I16
    복합부정부사 I16.5
부정사 I22-I28
    부정사의 부정 I23.2
    분리부정사 I23.4
    원형부정사 I23.3; I25
분사 P2-P5
    과거분사 (-ed형) P2.3
    현재분사 (-ing형) P2.2
    -ing형과 -ed형의 차이 P5
분열문 C12; N12.2
    유사 분열문 C12.3; I26.7
비교급과 최상급 C15-C20
    비교급과 최상급 수식어 A4.7; C20
비단언적 표현 A42.6; N10.5; N21
빈도 A61.5; F8

➡ ㅅ

사과 A57
사역구문 C9; I2
상 P40.3
    완료상 P17과 18; P38과 39
    진행상 P16과 18; P37과 39
생략 E8-E14
성 G1
속격 G2-G4
속격-명사 구조 N33
수동문 P7-P14
    수동형 동사 P7.2
    get 수동문 G11.2; P7.3
수사 A14.6; N36.1-4; N39
    기수 N36.4; N39.1-7
    분수 F7; N39.10
    서수 N36.2; N39.8
    소수 N39.9,11
수식어와 핵어 M22
시간 표현 T12
시제
    단순과거 A12.2; I36.2; P15
    단순현재 A12.1; P36
    과거완료 A12.2; P17
    과거완료진행 A12.2; P18
    과거진행 A12.2; P16
    현재완료 A12.1; P38
    현재완료진행 A12.1; P39
    현재진행 A12.1; P37

➡ ㅇ

약자 A2
    두문자 약자 A2.2
    두문자어 A2.3
    약자와 마침표 A2.1; P47.1
    약자와 정관사 A2.4
양태, 수단, 도구 M4
양화사 A3-A5; N36.5; P56; Q1
연산자 O12

영 Z1
요청 R11
외치 E25
의문문 Q2-Q7
    가부의문문 Q3
    반응의문문 Q5
    부가의문문 Q7
    서술형의문문 Q3.6
    선택의문문 Q4.9
    수사의문문 Q6
    wh-의문문 Q4
이유와 원인 R3
인명과 직함 N1-N3
인사 G16
일치 A31-A34

➡ ㅈ

작별 G15
장소 P24
재귀대명사 R5
    재귀대명사와 대명사 R5.7,8
전치 F11
전치사 P29-P33
    단순 전치사 P30.1
    독립전치사 P33.3
    복합 전치사 P30.3,4
    분사형 전치사 P30.2
    전치사구 N37.3
    전치사 좌초 P34
    전치사의 생략 P32
절 C11
    동격절 C11.3
    명사절 C11.3
    무동사절 C11.1; V9
    부사절 C11.3
    비교절 C11.3
    비정형절 N37.2
    절대절 P4.6
    주절과 종속절 C11.2
    정형절과 비정형절 C11.1

    형용사절 C11.3
    that-절 T4-T7
접속사 C24
    등위접속사 A33; C24.1; C27
    상관접속사 C29
    접속사와 생략 C24.3
    종속접속사 C24.2
접속어 A21.1; C23; S28
정도어 D4-D8
정보구조 I29
제안 R11.3
조건절 (if-절) I2-I5
조동사 A79
    기본조동사 A79.3
    준조동사 A79.5; P8.5
    양상조동사 A31.3; M18-M21
종속어 A21.1; S28
지시사 D9
진행형 동사 P40

➡ ㅊ

철자 S24
    철자와 발음 S25
초대 I35
축복 G14
축약 C25
    조동사 축약 C25.1
    부정소 축약 C25.5
축하 C22
충고 A23
치수 A15.2; A60.13; M13
    유표형과 무표형 M13

➡ ㅍ

파생명사구 D10
편지 G15.4; L9

➡ ㅎ

한정사 D11; N35.1
한정사 선행어 H2; N35.2-6; P26-P28
행위명사 G12; H5.2
행위자 P9
형식영어과 비형식영어 F6
형용사 A13-A17
    기술형용사 A14.3
    분류형용사 A14.4; C16.2
    제한형용사 A14.1; C16.1
    평가형용사 A14.2
    형용사와 전치사 A16.3
    형용사의 보충어 A16.5-8
    형용사의 서술적 기능 A16
    형용사의 한정적 기능 A14
    a-접두어를 가진 형용사 A14.9
    -ed형 형용사와 전치사 A16.4
    -ed형 형용사의 발음
    -e(r)n 어미를 가진 형용사 A14.7
    -ing형 형용사 A16.7
    -sh와 -ch어미 국가명 형용사 A17.4
    the +형용사 A17.1,3,5,6
화법 I18-I21
    간접화법 I18-I21
    직접화법 D14; I18
화폐 M23

현대 영어 활용 사전
A Dictionary of Modern English Usage

1판1쇄 발행 2018년 11월 10일

지 은 이　　이 홍 배
펴 낸 이　　김 진 수
펴 낸 곳　　**한국문화사**
등　　록　　1991년 11월 9일 제2-1276호
주　　소　　서울특별시 성동구 광나루로 130 서울숲IT캐슬 1310호
전　　화　　02-464-7708
팩　　스　　02-499-0846
이 메 일　　hkm7708@hanmail.net
홈페이지　　www.hankookmunhwasa.co.kr

책값은 뒤표지에 있습니다.

잘못된 책은 구매처에서 바꾸어 드립니다.
이 책의 내용은 저작권법에 따라 보호받고 있습니다.

ISBN 978-89-6817-687-6　93740

이 도서의 국립중앙도서관 출판예정도서목록(CIP)은 서지정보유통지원시스템
홈페이지(http://seoji.nl.go.kr)와 국가자료종합목록시스템(http://www.nl.go.kr/kolisnet)에서
이용하실 수 있습니다. (CIP제어번호 : CIP2018033381)